2nd edition

ISBN 978-88-8398-075-6

www.e-p-a-p.com
www.europeanpress.eu

Proprietà letteraria riservata - Printed in Italy, USA and UK

EUROOPAN UNIONIN TALOUSHALLINTOJÄRJESTELMÄN JOUSTAVUUS

Finanssihallinnollisia tutkimuksia joustavuuden eri muodoista ja kehityksestä vuosina 1968-2009

The Flexibility of the Public Finances of the European Union

La flexibilité des finances publiques de l'Union européenne

Ilkka Saarilahti

EUROOPAN UNIONIN TALOUSHALLINTOJÄRJESTELMÄN JOUSTAVUUS

Finanssihallinnollisia tutkimuksia joustavuuden eri muodoista ja kehityksestä vuosina 1968-2009

Tässä tutkimuksessa tarkastellaan *budjetin jousto –teorian* pohjalta millaisilla keinoilla ja menettelyillä (eli *joustomuodoilla*) Euroopan unionin (EU) taloushallintojärjestelmä on varautunut ja voinut vastata toimintaympäristönsä epävarmuuteen, miten nämä menettelyt ja niiden käyttö ovat muuttuneet unionin talousarviokäytännöissä sekä minkälaisia uudistushaluja sekä rajoitteita ne ovat kohdanneet eri toimijoiden (ja etenkin Euroopan parlamentin, Euroopan unionin neuvoston, Euroopan komission ja EU:n jäsenvaltioiden) taholta.

Budjetin jousto –teoriaa myös kehitetään edelleen unionin budjetoinnin tutkimuksen tarpeisiin kokoamalla tutkimuskirjallisuudessa erillisinä pidetyt ja sellaisina käsitellyt erilaiset joustomenettelyt yhtenäisen tarkastelukehikon alle.

Joustavuustarkastelu laajennetaan EU:n kehityksen teoreettiseen tarkasteluun käyttäen esimerkkeinä vuoden 2002 varainhoitoasetusta, siihen vuonna 2006 tehtyä muutosta sekä vuoden 2006 toimielinten sopimusta ja vuodet 2007–2013 kattavaa rahoituskehystä koskevia neuvotteluja. Metodina käytetään *dokumenttianalyysiä*.

Tutkimuksessa tehdään keskeinen ero yhtäältä *ulkoisen jouston* ja *sisäisen jouston* sekä toisaalta *vuotuisen jouston ja ylivuotisen* (*monivuotisen*) *jouston* välillä. Näiden eri joustomuotojen vaikutus on erilainen niin eri toimijoiden kuin unionin budjettijärjestelmän ja sen kehityksen kannalta.

Tutkimus osoittaa, että EU:n finanssihallintojärjestelmän eri joustomuodot ovat kehittyneet merkittävästi vuosina 1968–2009. Etenkin Euroopan parlamentti ja komissio ovat olleet ajamassa järjestelmän joustavuuden kasvattamista sekä eri joustomuotoihin turvautumista. Tämä puolestaan auttaa selittämään EU:n budjettijärjestelmän kehitystä 1970-luvulta paitsi parlamentin kasvaneen budjettivallan näkökulmasta myös laajemmin koko EU:n finanssihallintojärjestelmän kannalta.

Esitetyt eri joustomuotoihin liittyvien ongelmien ja rajoitteiden tarkasteluun pohjautuvat tulokset auttavat myös ymmärtämään unionin vuotuisten budjettiprosessien aikana kohdattuja keskeisiä kiistakysymyksiä. Merkittävä osa ongelmista on ollut sidoksissa eri joustomuotojen käyttöön ja seurauksiin. Toisaalta tulokset osoittavat, että EU:n rahoituskehysneuvottelut ovat toistuvasti sisältäneet merkittäviä joustoihin liittyviä kysymyksiä.

Tutkimus tarjoaa kokonaisvaltaisen kehikon edellä mainittujen kysymysten ja ongelmien tarkasteluun sekä erilaisten ratkaisuehdotusten esittämiselle heijastusvaikutuksineen, samalla kun se auttaa suuntaamaan EU:n finanssihallinnon parhaillaan käynnissä olevaa uudistustyötä.

ABSTRACT ... 4

ESIPUHE ... 5

KUVIOT, TAULUKOT JA LIITTEET ... 12

CHARTS, TABLES AND APPENDICES ... 18
GRAPHIQUES, TABLEAUX ET ANNEXES ... 23

LYHENTEET ... 28

YHTEENVETOLUKU

1 TUTKIMUKSEN TAVOITE JA ONGELMAN ASETTELU ... 31

2 TEOREETTINEN VIITEKEHYS, AINEISTO JA MENETELMÄT ... 33

2.1 Tutkimuksen lähestymistapa ja teoreettinen viitekehys ... 33
2.2 Tutkimuksen rajaus, aineisto ja menetelmät ... 37
2.2.1 Tutkimuksen rajaus ... 37
2.2.2 Tutkimuksen aineisto ... 38
2.2.3 Tutkimusmenetelmät ... 41
2.2.4 Tutkimuksen kattavuus, validiteetti ja reliabiliteetti ... 43

3 BUDJETTI JA BUDJETOINNIN TUTKIMUS ... 47

3.1 Valtion talousarvio vs yleinen talousarvio ... 47
3.1.1 Talousarviot ... 47
3.1.1.1 Talousarvioiden tehtävät ... 47
3.1.1.2 Talousarvioille asetettuja vaatimuksia ... 49
3.1.2 Euroopan yhteisöjen yleinen talousarvio ... 50
3.1.3 Talousarvioprosessi ja budjettijärjestelmä ... 51
3.2 Budjetoinnin tutkimus ja sen eri lähestymistavat ... 52
3.3 Euroopan unionin budjetoinnin tutkimus ... 63
3.4 Talousarvioiden joustotutkimuksen lähtökohtia ... 67

4 EUROOPAN UNIONIN BUDJETTIJÄRJESTELMÄ, TALOUSARVIOPROSESSI JA YLEINEN TALOUSARVIO ... 71

4.1 Euroopan unionin budjettijärjestelmä ja talousarvioprosessi ... 71
4.1.1 Euroopan unionin budjettijärjestelmän erityisluonne ... 71
4.1.2 Euroopan yhteisöjen yleisen talousarvion laadintaa ohjaavat tekijät ... 73
4.1.3 Euroopan unionin budjettijärjestelmän keskeiset toimijat ... 74
4.1.4 Euroopan unionin budjettiprosessi ... 77
4.2 Euroopan yhteisöjen yleinen talousarvio ... 79
4.2.1 Yleinen talousarvio tutkimuskohteena ... 79
4.2.2 Yleisen talousarvion säädösperusta ... 81
4.2.3 Yleisen talousarvion kasvu ... 84

5 BUDJETIN JOUSTO –TEORIA ... 87

5.1 Ulkoinen ja sisäinen jousto sekä vuotuinen ja ylivuotinen jousto ... 87
5.2 Joustojen käsittely eri tarkastelutasoilla ... 89
5.2.1 Mikrotaso ... 89

5.2.2 Mesotaso 90
5.2.3 Makrotaso 91
5.3 Joustojen vaikutus eri tarkastelutasoilla 91
5.4 "Hyvän budjetin" ongelma 94
5.5 Joustot ja toimintaympäristön epävarmuus 98
5.6 Joustot ja Euroopan unionin kehitys 102
5.6.1 Euroopan unionin kehitystutkimus 102
5.6.2 Jäsenvaltioiden suhtautuminen Euroopan unionin kehitykseen 102
5.6.3 Teoreettinen tarkastelukehikko eri joustomuotoihin suhtautumiselle 104

6 TULOKSET JA JOHTOPÄÄTÖKSET 109

6.1 Euroopan unionin budjettijärjestelmän joustomuodot ja niiden kehitys vuosina 1968-2009 109
6.1.1 Euroopan unionin budjettijärjestelmän joustomuodot 109
6.1.2 Joustomuotojen kehitys sekä niiden käyttöön liittyvät keskeiset hyödyt, rajoitteet ja ongelmat 110
6.1.3 Budjettivallan käyttäjän sekä komission suhtautuminen eri joustomuotoihin ja niiden käyttöön 113
6.2 "EU-15":n jäsenvaltioiden suhtautuminen Euroopan unionin budjettijärjestelmän joustomuotoihin vuosina 2000-2006 116
6.2.1 Jäsenvaltioiden suhtautuminen eräiden joustomuotojen muutoksiin varainhoitoasetuksen kokonaisuudistuksen yhteydessä vuosina 2000-2002 117
6.2.2 Jäsenvaltioiden suhtautuminen eräiden joustomuotojen muutoksiin vuoden 2002 varainhoitoasetuksen ensimmäisen muutoksen yhteydessä vuosina 2005 ja 2006 124
6.2.3 Jäsenvaltioiden suhtautuminen eräiden joustomuotojen muutoksiin vuoden 2006 toimielinten sopimusta ja vuosien 2007-2013 rahoituskehystä valmisteltaessa 131

7 TULOSTEN JA JOHTOPÄÄTÖSTEN MERKITYKSEN ARVIOINTI 139

Tutkimuksessa käytetyt *Revue du Marché commun et de l'Union européenne* –aikakauslehdessä julkaistut Euroopan yhteisöjen ja unionin vuotuista talousarviomenettelyä käsittelevät artikkelit 142

Tutkimuksessa käytetyt oikeuslähteet 145

LIITTEET 153

LÄHTEET 159

OSAJULKAISUT

I. Euroopan unionin yleisen talousarvion joustavuudesta. Osa I. Ulkoinen jousto.
Hallinnon tutkimus 14 (1995): 4. 294-310 203

II. Euroopan unionin yleisen talousarvion joustavuudesta. Osa II. Sisäinen jousto.
Hallinnon tutkimus 15 (1996): 1. 8-31 223

III. Euroopan unionin yleisen talousarvion joustavuudesta. Osa III. Ylivuotinen jousto (ensimmäinen osa).
Hallinnon tutkimus 20 (2001): 4. 409-426 249

IV. Euroopan unionin yleisen talousarvion joustavuudesta. Osa III. Ylivuotinen jousto (toinen osa). *Hallinnon tutkimus 21 (2002): 2.* 150-177 269

V. EU:n uusi varainhoitoasetus yleisen talousarvion joustavuuden kannalta. Ensimmäinen osa – vuotuinen ulkoinen jousto.
Hallinnon tutkimus 23 (2004): 3. 14-47 299

VI. EU:n uusi varainhoitoasetus yleisen talousarvion joustavuuden kannalta. Toinen osa – vuotuinen sisäinen jousto.
Hallinnon tutkimus 24 (2005): 1. 14-47 335

VII. EU:n uusi varainhoitoasetus yleisen talousarvion joustavuuden kannalta. Kolmas osa – ylivuotinen jousto.
Luku VI teoksessa *Euroopan unionin finanssihallinnon modernisointi*. Helsinki University Press. Helsinki 2006. 211-236 373

VIII. Le nouveau règlement financier applicable au budget général de l'Union européenne : un maillon essentiel dans la réforme de la Commission.
(Yhdessä Félix Van Craeyenestin kanssa)
Revue du Marché commun et de l'Union européenne 47 (2004): 474 (janvier). 30-51 401

IX. Vuoden 2006 toimielinten sopimus ja vuosia 2007-2013 koskeva rahoituskehys.
Luvut 16 ja 17 teoksessa *Euroopan unionin kehitys ja tulevaisuuden epävarmuus*. Robert Schuman Centre for Advanced Studies. European University Institute. Badia Fiesolana 2008. 285-340 425

This collection of studies analyses the various ways and means that the financial system of the European Union has at its disposal for handling the inevitable uncertainties of the future and traces their evolution since the creation of the general budget of the European Communities in 1968.

Special attention is paid to the consequences of this evolution not only for the various actors involved – namely the European Parliament, the Council, the Commission and Member States – but also for the financial system of the European Union as a whole.

The question of the uncertainty of the future is addressed in the light of the theory of "Budgetary Flexibility", which posits an essential distinction between "External Flexibility and "Internal Flexibility, on the one hand, and "Annual Flexibility" and "Multiannual Flexibility" on the other.

External Flexibility differs from Internal Flexibility in that, in the case of the former, more resources (or fewer, in the case of budget cuts) can be allocated in the course of the budgetary year. In the case of the latter, budget limits (frames) are maintained, i.e. a reallocation of resources during the financial year will not lead to the growth in the overall size of the budget. At the same time, Multiannual Flexibility differs from Annual Flexibility in that the former can be considered as an exception to the principle of budgetary annuality as set out by the EC and EU Treaties.

The theory of "Budgetary Flexibility" allows to place under a common theoretical framework processes that are often considered separate (and treated in the academic literature as such), and also enables to analyse the pros and cons and the consequences of such flexibility, and to draw conclusions at the level of the European Union. The studies also develop further the theory, devised originally in the 1990s to analyse the budgetary systems of the Member States.

The studies focus on three recent major negotiations which led to the Financial Regulation of 25 June 2002, to its first modification, adopted on 13 December 2006, and to the Interinstitutional Agreement (IIA) of 17 May 2006 between the European Parliament, the Council and the Commission on budgetary discipline and sound financial management and to the Multiannual Financial Framework (MFF) for 2007-2013.

The main forms of flexibility identified in the studies are: the system of amending budgets, the quantity of various budget headings and "operational" budget lines in the general budget and the system of transfer of appropriations during the budgetary year ("structural flexibility"), the system of compulsory vs non-compulsory expenditure ("normative flexibility"), the system of provisional appropriations, reserves and Funds, the system of commitment appropriations, the system of carry-overs, and the various flexibility elements present in budgetary discipline system and the multiannual financial perspectives and framework of the European Union.

"Budjetoinnissa on pohjimmiltaan aina kyse rajallisten resurssien parhaasta käytöstä. Hyväksytty talousarvio on kuitenkin samalla aina kompromissien tulos"
Gaston Jèze

ESIPUHE

Tässä artikkeliväitöskirjassa (jäljempänä "tutkimus") tarkastellaan *finances publiques communautaires* –koulukunnan mukaista teoreettista viitekehystä ja lähestymistapaa noudattaen minkälaisia joustavuusmenettelyjä Euroopan yhteisöjen (EY) ja Euroopan unionin[1] (EU) yleiseen talousarvioon sekä rahoitusnäkymiin ja -kehykseen on sisältynyt, miten menettelyt ja niiden käyttö ovat kehittyneet unionin talousarviokäytännöissä sekä minkälaisia muutos- ja uudistushaluja sekä rajoitteita ne ovat kohdanneet vuosina 1968-2009[2].

Tutkimuksessa joustavuustarkastelu myös laajennetaan EU:n kehityksen teoreettiseen tarkasteluun käyttäen esimerkkeinä vuoden 2002 varainhoitoasetusta, siihen vuonna 2006 tehtyä ensimmäistä muutosta sekä vuoden 2006 toimielinten sopimusta ja vuodet 2007-2013 kattavaa rahoituskehystä koskevia neuvotteluja.

Eri joustavuusmenettelyjä tarkastellaan soveltaen Petri Uusikylän ja tekijän kehittämää *budjetin jousto –teoriaa*[3]. Tutkimuksessa teoriaa kehitetään edelleen unionin budjetoinnin tutkimukseen *finances publiques communautaires* –koulukunnan lähtökohdista ja tarpeisiin.

Tutkimuksen *"punaisena lankana"* on monien tutkimuskirjallisuudessa erillisenä pidettyjen ja sellaisena käsiteltyjen finanssihallinnollisten menettelyjen kokoaminen yhtenäisen tarkastelukehikon alle niin, että moninaisiin ja monimutkaisilta näyttäviin menettelyihin näennäisesti pirstoutunut Euroopan unionin budjettijärjestelmä saadaan koottua selkeämpään ja ymmärrettävämpään järjestykseen, eli *moninaisten eri joustomenettelyiden systematisointi kokonaisuudeksi budjetin jousto –teoriaan tukeutuen.*

Samalla *väite* jota tutkimuksessa systemaattisesti pyritään näyttämään toteen on, että jos budjettijärjestelmän tietynmuotoinen joustavuus onkin välttämättömyys, EU:n budjettijärjestelmän joustavuusmuotojen vaikutukset ovat hyvin erilaisia niin eri toimijoiden kuin unionin toiminnan tulosten kannalta – asia, jota tutkimuskirjallisuudessa ei ole sellaisenaan aikaisemmin käsitelty[4].

Finances publiques communautaires –koulukunnan kahden keskeisen edustajan, Guy Isaacin ja Daniel Strasserin lähestymistapaa mukaillen tutkimus on ennen kaikkea *institutionaalis-deskriptiivinen.* Lähestymistavan mukaisesti siinä nousevat erilaisia taloudellisia tai oikeudellisia kysymyksiä tärkeämmäksi erilaisiin finanssihallinnollisiin menettelyihin liittyvät edut ja rajoitteet eri toimijoiden kannalta yli ajan.

Siten EU:n finanssihallintojärjestelmään ja yleiseen talousarvioon liittyviä erilaisia oikeudellisia kysymyksiä käsitellään vain siinä määrin kuin ne ovat välttämättömiä erilaisten joustomuotojen käyttöön liittyvien etujen ja rajoitteiden ymmärtämiseksi.

---

[1] Tutkimuksessa käytetään yksinkertaisuuden vuoksi systemaattisesti termiä Euroopan unionin budjettijärjestelmä. Käytännöstä poiketaan vain suorissa lainauksissa.

[2] Tutkimuksen aloitusvuodeksi on asetettu vuosi 1968, sillä tällöin yhdistettiin erilliset Euroopan hiili- ja teräsyhteisön (EHTY) niin kutsuttu hallinnollinen talousarvio, Euroopan taloudellisen yhteisön (ETY) talousarvio sekä Euratomin niin kutsuttu toiminnallinen talousarvio Euroopan yhteisöjen (EY) "yleiseksi talousarvioksi" (TA). Tutkimuksen lopetusajankohdaksi on asetettu 30 päivä marraskuuta 2009 eli Lissabonin sopimuksen voimaantuloa edeltävä päivä.

Ensimmäiset rahoitusnäkymät (vuosille 1988-1992) tulivat taannehtivasti voimaan tammikuun alusta vuonna 1988. Rahoitusnäkymät muuttuivat rahoituskehykseksi (vuosille 2007-2013) vuoden 2007 alussa.

[3] Saarilahti & Uusikylä 1991, ks. myös Saarilahti & Uusikylä 1992, 24-46; 1993, 210-223.

[4] Tutkimuksessa (ja etenkin osajulkaisuissa) ei luonnollisesti voida välttää budjettihallintoon liittyvien asioiden teknisyyttä, etenkin kun osajulkaisujen eräänä tavoitteena on – julkisyhteisöjen finanssihallinnon piiriin kuuluvien töiden perinteiden mukaisesti – suuri *tarkkuus* ilmiöiden tarkastelussa. Tutkimuksessa – ja etenkin yhteenvetoluvussa – pyritään kuitenkin korostamaan myös ilmiöiden *poliittisuutta* esimerkiksi lukuisten kytkentöjen kautta Euroopan unionin kehitystä ja sen suuntaa koskien.

Tutkimuksessa ei myöskään valitun lähestymistavan mukaisesti esim. puututa kuin viittauksenomaisesti EU:n budjettijärjestelmään tai yleiseen talousarvioon liittyviin toimeenpano-, tarkastus-, tilintarkastus-, kirjanpito-, tilinpäätös-, vastuuvapaus-, arviointi-, seuranta- tai valvontanäkökohtiin.

Samalla EU:n finanssihallintoon ja talousarvioon liittyvät taloudelliset kysymykset ja näkökohdat (kuten esim. kysymykset fiskaalisesta federalismista tai talousarvion erilaisista taloudellisista "funktioista" ja tehtävistä) on jätetty tutkimuksen ulkopuolelle. Tätä korostaa tutkimuksen keskittyminen Euroopan unionin *meno*puoleen[5].

Finances publiques communautaires –koulukunnan lähestymistavan mukaisesti tarkastelun lähtökohta on "EU-budjettijärjestelmäkeskeinen". Viittaukset kansallisiin budjetointikeskusteluihin ja -tutkimuksiin tai budjetointijärjestelmiin ja -malleihin ovat siten vain satunnaisia ja esimerkinomaisia[6]. Metodina käytetään laadullista *dokumenttianalyysimenetelmää* sellaisena kuin sitä sovelletaan koulukunnan tutkimuksissa.

Tämä tutkimus on siten ennen kaikkea *ymmärtävä* sekä *soveltava* tutkimus eli sen tarkoituksena on, *soveltamalla budjetin jousto –teoriaa unionin toiminnan ymmärtämiseen ja käytännön finanssihallintotoiminnan kehittämiseen*, paitsi lisätä usein varsin monimutkaiseksi koetun Euroopan unionin budjettijärjestelmän[7] toiminnan "ymmärtämistä", myös soveltaa lähestymistavan sekä tutkimusongelmien asettamissa rajoissa löydettyä tietoa paitsi teoreettisiin tarkoituksiin myös käytäntöön ja käytännöllisiin tarkoituksiin.

Finances publiques communautaires –koulukunnan teoreettinen viitekehys ja lähestymistapa on valittu myös tähän tutkimukseen, sillä ne tarjoavat monia kiistattomia etuja: lähestymistapa on vakiintunut, koeteltu ja tunnustettu – Isaacin ja Strasserin töiden myötä jopa eräs "arvostetuimmista" lähestymistavoista EU:n budjettijärjestelmän ja budjetoinnin tutkimukseen ainakin ranskankielisessä tiedemaailmassa, se on kehitetty erityisesti EU:n budjetointikäytäntöjen analyysiin ja se soveltuu siihen siten hyvin. Toisaalta lähestymistapa esimerkiksi auttaa hyvin rajaamaan laajoja sekä monitasoisia tai -syisiä tarkastelukenttiä, kuten tämän tutkimuksen tapauksessa. Samalla viitekehys toimii hyvin laajojen kokonaisuuksien ja pitkien kehityskulkujen hahmottamisessa, kuvaamisessa ja "ymmärtämisessä".

Lähestymistavassa on tietenkin myös ilmeiset rajoituksensa: se esimerkiksi soveltuu huonosti teoriakritiikkiin, eikä se esimerkiksi tue "sofistikoituneempien tutkimusmenetelmien", kuten esimerkiksi peliteorian, käyttöä. Peliteoriaa on kuitenkin jo käytetty kiitettävän paljon EU:n toimintaa tutkittaessa (ks. yhteenveto-osan luku 3.3).

Siten myöskään tämä tutkimus ei ole esimerkiksi vallitsevien budjettikäytäntöjen kriittinen tieteellinen arviointi tai EU:n budjettijärjestelmän tai sen joustavuuden eri muotojen teoreettinen tai kriittinen yleisarvostelu. Työ ei myöskään ole kansallisten budjettijärjestelmien tai EU:n budjettijärjestelmän tai budjetointikäytäntöjen yleiskritiikki, tai teoriakritiikki epävarmuuden teoreettisista hallintakeinoista. Se ei myöskään ole esitys budjettijärjestelmien kaikista toimintaympäristön erilaisista hallintakeinoista, vaan rajoittuu – kuten yllä on esitetty – tiettyihin jouston muotoihin epävarmuuden hallintakeinoina. Lopuksi, työ ei suinkaan ole tutkimus EU:n kehitystä tai toimintaa selittämään pyrkivistä lukuisista kehitetyistä integraatioteorioista.

Valitun lähestymistavan mukaisesti tutkimuksessa ei myöskään esimerkiksi lähdetä liikkeelle tutkimuksellisesta ongelmasta, johon pyrittäisiin hakemaan "vaihtoehtoista vastausta" tai "erilaista

---

[5] Tutkimuksen ulkopuolelle on siten jätetty kaikki *tulo*puolen joustomuodot. On kuitenkin huomattava, että EU:lle ominaisen järjestelmän mukaisesti "tulot seuraavat menoja", eikä päinvastoin.

[6] Tutkimuksessa viitataan etenkin ranskalaiseen tutkimuskeskusteluun. Tämä lienee puolusteltavissa siinä mielessä, että Ranska on perinteisesti tunnettu merkittävästä Euroopan yhteisöjen budjetointitutkimuksesta, samalla kun yhteisöjen budjetointikäytännöt pohjautuivat vahvasti juuri ranskalaisiin finanssihallintokäytäntöihin. Samaan aikaan ranskalainen budjetointitutkimus on Suomessa kiistatta vähemmän tunnettua (ainakin jos kriteerinä käytetään viittausten määrää tutkimusjulkaisuissa) kuin "anglosaksinen", saksalainen tai "skandinaavinen" tutkimus.

[7] Ks. esim. Jacques Ziller teoksessa Saarilahti 2008, 1 tai Saurel 2010, 7-11. Isaacin (1993, 2) sanoin tutkimuksen keskeisenä tarkoituksena on siten ""neutraalin" informaation välittäminen unionin budjettijärjestelmästä, ei informaation "väkisin taivuttaminen" tiettyyn finalistiseen teoreettiseen kaavaan (tulkintakehikkoon)".

ratkaisua". Tutkimus on siten selkeästi rakennettu "joustoilmiölähtöisesti", toisin sanoen ilmiöitä ei kyseenalaisteta sinänsä tai katsota, että ne olisi lähtökohtaisesti korvattava esimerkiksi "muilla (finanssihallinnollisilla) menettelyillä".

Sen sijaan tutkimus tarkastelee seikkaperäisesti ja kriittisesti erilaisiin joustomuotoihin ja "joustoilmiöihin" liittyviä keskeisiä ongelmia ja rajoitteita sekä niihin turvautumisen seurauksia niin eri toimijoiden kuin EU:n budjettijärjestelmän ja sen kehityksen kannalta. Toisaalta, vaikka tutkimus ei olekaan jo olemassa olevan erittäin laajan budjetointitutkimuksen synteesi, analyysi tai kritiikki, se on vahvasti *uutta luova* mitä tulee budjetin eräiden joustomuotojen teoreettisen ja käytännölliseen tarkasteluun ja ymmärtämiseen sekä joustoteorian edelleen kehittämiseen.

Tutkimuksessa puhutaan järjestelmistä (ja ennen kaikkea rahoitusnäkymä- ja rahoituskehys- sekä budjettijärjestelmästä) ja sen osasista, prosesseista (ja ennen kaikkea rahoitusnäkymä- ja rahoituskehys- sekä budjettiprosesseista) sekä ympäristöstä (ja ennen kaikkea toimintaympäristöstä). Helpoiten nämä eri käsitteet ovat hahmoteltavissa *systeemi-* eli *järjestelmäteoreettisen* ajattelun avulla.

Systeemiteoriassa järjestelmällä tarkoitetaan mitä tahansa kokonaisuutta, joka koostuu määritellyistä osista ja niiden vuorovaikutussuhteista ja jolle lisäksi on ominaista, että se kokonaisuutena on enemmän kuin pelkästään sen osia ja niiden välisiä vuorovaikutussuhteita sellaisenaan erittelemällä voitaisiin päätellä (ks. esim. von Bertalanffy 1988, vrt. esim. Katz & Kahn 1971; 1978, 13-25).

Järjestelmäajattelua käytetään tutkimuksessa kuitenkin vain *heuristisena apuvälineenä* kuvattaessa muun muassa talousarviosuunnittelujärjestelmää ja sen toimintaa tai budjetointia, ei varsinaisena teoreettisena viitekehyksenä[8].

Kuten artikkeliväitöskirjan luonteeseen kuuluu, tutkimus on syntynyt useassa eri vaiheessa:

- yhteenvetoluku on pääosin kirjoitettu Yliopistollisen Eurooppa-instituutin (EUI) Robert Schuman -keskuksessa Firenzessä Italiassa vuosina 2011 ja 2012;

- osajulkaisut perustuvat (aikajärjestyksessä) Helsingin yliopistossa, College of Europessa Bruggessä, Ranskan hallintokorkeakoulussa (ENA) Pariisissa ja Strasbourgissa, Tampereen yliopistossa, European Institute of Public Administrationissa (EIPA) Maastrichtissa sekä Euroopan hallintokoulussa Brysselissä vuosina 1990-2007 tehtyihin tutkimuksiin ja selvityksiin seuraavasti:

- ensimmäinen osajulkaisu on viimeistelty ENA:ssa vuosina 1993 ja 1994;

- toinen osajulkaisu on pääosin laadittu Tampereen yliopiston hallintotieteen laitoksella vuonna 1994;

- kolmas osajulkaisu on valmistunut Euroopan yhteisöjen tilintarkastustuomioistuimessa Luxemburgissa vuosina 1999 ja 2000;

- neljäs osajulkaisu on kirjoitettu EIPA:ssa Maastrichtissa vuonna 2000;

- osajulkaisut viisi–seitsemän ovat valmistuneet vuosina 2004-2006 Euroopan unionin palveluksessa Brysselissä;

- kahdeksas osajulkaisu on kirjoitettu vuonna 2003 Université catholique de Louvainin (UCL) Centre d'études européennes'ssa Belgiassa;

- yhdeksäs osajulkaisu on laadittu EUI:n Robert Schuman -keskuksessa vuosina 2007-2008.

[8] Ks. esim. Saarilahti & Uusikylä (1991, 48): "Järjestelmäteoria on hyvä kuvailun ja jäsentämisen väline varsinkin kun on kyse kokonaisuuden ja sen osien välisten erityyppisten suhteiden ja osien erittelystä. Sen vuoksi se onkin hyvä ajattelun apukehikko, mutta yleisluonteisuutensa ja kokonaisvaltaisuutensa takia sille on vaikea antaa konkreettista sisältöä (...)". Alun perin luonnontieteiden parista omaksuttu järjestelmäajattelu ja systeeminen lähestymistapa ovat olleet keskeisessä asemassa myös hallinnon tutkimuksessa 1960-luvulta saakka. "Hallinnon tutkimuksessa järjestelmäajattelulla on muun muassa pyritty korvaamaan vanhanaikaisiksi koettuja juridis-hallinnollisia ajatusrakenteita. Tämän perusteella on esitetty esimerkiksi vaatimuksia hallinnon järjestelmien avoimuuden lisäämisestä" (mts. 48). Budjetointiin systeemiteoreettista ajattelua sovellettiin ensimmäisen kerran ohjelmabudjetoinnin yhteydessä (ks. yhteenvetoluvun luku 3.2).

Kuusi ensimmäistä osajulkaisua on julkaistu täydennetyssä muodossa teoksessa Saarilahti 2006.

Eri osien luettavuuden parantamiseksi tutkimus on järjestetty siten, että *yhteenvetoluvussa* käsitellään *ongelmanasettelun, teoreettisen viitekehyksen, aineiston ja menetelmien* (luku 2), *budjetoinnin ja sen tutkimuksen esittelyn* (luku 3) lisäksi myös *Euroopan unionin budjettijärjestelmän, talousarvioprosessin ja yleisen talousarvion keskeiset piirteet* (luku 4).

Yhteenvetoluvun luvussa 5 esitellään puolestaan *budjetin jousto –teoria (luvut 5.1-5.5)* ja tarkastellaan *joustotarkastelun merkitystä Euroopan unionin ja sen kehityksen kannalta* (luku 5.6).

Yhteenvetoluvun luvussa 6 paitsi *kootaan yhteen osajulkaisujen tutkimustulokset ja johtopäätökset* myös tarkastellaan *"EU-15":n jäsenvaltioiden asennoitumista eri joustomuotoihin ja niiden käyttöön.*

Eri joustomuotoja ja niiden kehitystä tarkastellaan *osajulkaisuissa* siten, että:

- *osajulkaisut I-IV* tarkastelevat *vuotuisen ulkoisen, vuotuisen sisäisen* ja *ylivuotisen jouston* muotoja ja niiden kehitystä *vuodesta 1968 vuoteen 2002*;

- *osajulkaisut V-VIII* tarkastelevat puolestaan eri joustomuotoja ja niiden kehitystä *vuoden 2002 varainhoitoasetuksen kokonaisuudistuksesta*;

- *osajulkaisu IX* syventää *rahoitusnäkymien* ja *rahoituskehyksen* teoreettista joustotarkastelua.

Tätä tutkimusta täydentävät:

- vuonna 2004 ilmestynyt yleisen talousarvion rakennemuutoksia vuosina 1968-2003 koskeva selvitys (Saarilahti 2004);

- vuonna 2008 julkaistu vuosien 2004-2008 EU:n talousarvioprosesseja tarkasteleva kirja (Saarilahti 2008);

- vuonna 2009 valmistunut yleisen talousarvion kehitystä ja rakennejoustoa vuosina 1968-2008 käsittelevä kirja (Saarilahti 2009) ja

- vuonna 2011 ilmestynyt EU:n vuosien 2009-2011 talousarvioprosesseja käsittelevä kirja (Saarilahti 2011). Kirjassa myös tarkastellaan joulukuun alussa 2009 voimaan tulleen Lissabonin sopimuksen tuomia muutoksia EU:n budjettijärjestelmään. Tässä tutkimuksessa Lissabonin sopimukseen ei kuitenkaan tehdä kuin lyhyitä viittauksia.

Käytetyistä termeistä[9]:

- niin yhteenvetoluvussa kuin osajulkaisuissakin esitetään suluissa käytettyjen EU:n finanssihallintoon ja budjetointiin liittyvien termien ja käsitteiden englannin- ja ranskankieliset vastineet. Tällä pyritään muun muassa välttämään väärinymmärryksiä suomenkielisten käännösten ollessa edelleenkin paikoitellen vakiintumattomia, kuten jäljempänä nähdään. Osajulkaisuissa on toisinaan myös mainittu "historiallisista syistä" Suomen EU-jäsenyyttä valmistelemaan asetetun integraatiotoimikunnan valmistelujaoston VII (budjettikysymykset) ehdottama termi, milloin se poikkeaa nykyisin vakiintuneesta suomennoksesta;

- käsitteellä "talousarvio" (*Budget*) tarkoitetaan nimenomaan *valtioiden* talousarvioita. Euroopan yhteisöjen ja unionin yhteydessä talousarviolla tarkoitetaan vuonna 1968 luotua *yleistä talousarviota* (TA). Käsitettä "budjetti" käytetään synonyymina talousarviolle;

- tarkasteluajanjaksolla (yleisen) talousarvion juridisesti oikea nimitys on *Euroopan yhteisöjen* (yleinen) talousarvio (*(General) budget of the European Communities/ budget (général) des Communautés européennes*). Nimitys muuttui virallisesti *Euroopan unionin* (yleiseksi) talousarvioksi (*(General) budget of the European Union/ budget (général) de l'Union européenne*) vasta Lissabonin sopimuksen voimaan tulon myötä;

---

[9] On syytä kuitenkin huomata, että kahdessa ensimmäisessä osajulkaisussa ei niiden "varhaisesta kirjoitusajankohdasta" johtuen käytetä systemaattisesti yllä esiteltyjä käsitteitä (tutkimukset on laadittu ennen Suomen EU-jäsenyyttä tai viimeistelty aivan sen alussa). Termit ja niiden käyttö on "standardisoitu" teoksessa Saarilahti 2006.

- termiä *”toimielin”* (*Institution*) käytetään varainhoitoasetuksen merkityksessä, toisin sanottuna se kattoi tarkastelujakson lopussa joulukuussa 2009 Euroopan parlamentin, Euroopan unionin neuvoston, Euroopan komission, Euroopan yhteisöjen tuomioistuimen ja tilintarkastustuomioistuimen lisäksi myös talous- ja sosiaalikomitean, alueiden komitean, oikeusasiamiehen ja Euroopan tietosuojavaltuutetun;

- ”edustajainkokous” (*Assembly/ Assemblée*) muuttui talousarvioasiakirjoissa ”parlamentiksi” (*Parliament/ parlement*) vuonna 1972. Tutkimuksessa käytetään yksinkertaisuuden vuoksi koko ajan nimitystä ”(Euroopan) parlamentti” (EP);

- ”budjettivallan käyttäjällä” (”budjettivallalla”; *Budget(ary) authority/ autorité budgétaire*) tarkoitetaan 1970-luvulta lähtien Euroopan parlamenttia *ja* neuvostoa. Tätä ennen sillä tarkoitetaan *vain* neuvostoa;

- ”(yleisillä) budjettitoimielimillä” (*(General) Budgetary institutions/ institutions budgétaires (générales)*) tarkoitetaan EP:n ja neuvoston lisäksi Euroopan komissiota;

- käsitteitä *”maksusitoumuksiin käytettävät määrärahat”* ja *”maksumääräyksiin käytettävät määrärahat”* (*Appropriations for commitments, Appropriations for payments/ crédits pour engagements, crédits pour paiements*) käytetään läpi tutkimuksen silloin, kun ilmiselvästi sijoitutaan rahoitusnäkymien, rahoituskehyksen tai yleisen talousarvion ”kokonaistasolle”. Muissa tapauksissa käytetään käsitteitä *”maksusitoumusmääräraha”* ja *”maksumääräraha”* (*Commitment appropriation, Payment appropriation/ crédit d'engagement, crédit de paiement*). Tätä merkintätapaa käytetään siitä huolimatta, että esim. vuoden 2006 toimielinten sopimuksessa, toisin kuin vuoden 1999 toimielinten välisessä sopimuksessa, näitä käsitteitä ei enää erotella vaan ne esiintyvät rinnan ja ristiin;

- *toimintamenoilla* ja *toimintamäärärahoilla* tarkoitetaan yksinomaan yhteisöjen eri toimintapolitiikkojen ja toimintojen rahoittamiseen liittyviä menoja ja määrärahoja;

- *henkilöstömenoilla* tarkoitetaan toimielinten henkilöstön palkkoja ja korvauksia. Tutkimuksessa ei kuitenkaan systemaattisesti erotella, mikäli tilanne ei sitä vaadi, henkilöstö- ja hallintomenoja, vaan käytetään yksinkertaisuuden vuoksi geneeristä käsitettä ”hallintomenot” (”hallintomäärärahat”). Eri käsitteet ja niiden englannin- ja ranskankieliset vastineet on esitetty alla olevassa Taulukossa[10];

- *budjettikohdalla* (*Budget Heading/ ligne budgétaire*) tarkoitetaan yleisesti yleisen talousarvion ”horisontaalisen” tai ”vertikaalisen” rakenteen osaa. *Kohdalla* tarkoitetaan puolestaan yleisen talousarvion rakennejoustoa tarkasteltaessa talousarvion pienimpiä ”toteuttamisyksiköitä” (*(Operational) Budget line/ ligne budgétaire (d'imputation)* tai *imputation*), toisin sanoen *lukuja* niissä erittäin harvinaisissa tapauksissa, jolloin ne eivät jakaudu momentteihin, *momentteja*, jos ne eivät jakaudu alamomentteihin, ja *alamomentteja*;

- *toimintoperusteisesta budjetoinnista* käytetään vakiintunutta englanninkielistä lyhennettä *”ABB”* (*Activity-based budgeting*);

Hallinto- ja toimintamenoja koskevat käsitteet.
The concepts of administrative and operational expenditure.

Hallintomenot (hallintomäärärahat)	***Administrative expenditure (Administrative appropriations)***	***Dépenses administratives (crédits administratifs)***
Pääluokan III A osa*: hallintomäärärahat	***Section III, Part A*: Administrative appropriations***	***Section III, Partie A* : crédits de fonctionnement***
Henkilöstömenot** (henkilöstömäärärahat)	*Staff expenditure** (Staff appropriations)*	*Dépenses de personnel** (crédits de personnel)*
Hallintomenot (hallintomäärärahat)	*Operating expenditure (Operating appropriations)*	*Dépenses de fonctionnement (crédits de fonctionnement)*
Toimintamenot (toimintamäärärahat)	***Operational expenditure (Operational appropriations)***	***Dépenses opérationnelles (crédits opérationnels)***
Pääluokan III B osa*: toimintamäärärahat	***Section III, Part B*: Operating appropriations***	***Section III, Partie B* : crédits opérationnels***

* Vuodesta 1982 vuoteen 2003/ *From 1982 to 2003* ** Toimielinten henkilöstön palkat ja korvaukset; *Remunerations and indemnities of institutions' Staff/ rémunérations et indemnités des personnels des institutions*

[10] Taulukko perustuu vuoden 2002 varainhoitoasetuksen vuoden 2006 muutoksen mukaisiin käsitteisiin. Taulukkoon on myös merkitty pääluokan III (komissio) A ja B osista (vuosina 1982-2003) käytetyt nimikkeet.

- kuten yllä on jo esitetty, vuodesta 2007 rahoitusnäkymiä (*Financial Perspective/ perspectives financières*) alettiin kutsua – neuvoston pitkäaikaisesta painokkaasta vaatimuksesta – (monivuotiseksi) rahoituskehykseksi (*(Multiannual) Financial Framework/ cadre financier (pluriannuel)*);

- rahoitusnäkymien ja rahoituskehyksen yhteydessä otsake- tai alaotsakekohtaisista "katoista" (*Ceiling/ plafond*) käytetään termiä "*enimmäismäärä*" ja menojen "kokonaissummasta" (*Global expenditure ceiling/ plafond global de dépenses*) termiä "*yläraja*". Enimmäismäärän ja yleiseen talousarvioon otettujen määrärahojen välistä otsake- tai alaotsakekohtaista erotusta (*Marge/ margin*) kutsutaan "*liikkumavaraksi*". "*Marginaali*" on rahoitusnäkymiin tai rahoituskehykseen jätetty ennakoimattomiin menoihin tarkoitettu liikkumavara.

Tekijä haluaa kiittää seuraavia tahoja tämän tutkimuksen rahoittamisesta: Alfred Kordelinin säätiö, Centre for International Mobility (CIMO), EIPA, Euroopan komissio, Euroopan tilintarkastustuomioistuin, Euroopan unionin neuvosto, Helsingin yliopisto, Keskuskauppakamari, Paulon säätiö, Ranskan valtio, Suomen kulttuurirahasto, Suomen valtio ja Ulkomaankauppaliitto.

Petri Uusikylän lisäksi tekijä on suuressa kiitollisuuden velassa Guy Isaacille, Daniel Strasserille, Félix Van Craeyenestille ja Daniel Vignes'lle, jotka syvällisten keskustelujen kautta synnyttivät pysyvän kiinnostuksen EU:n finanssihallinnon kysymyksiin jo ennen Suomen EU-jäsenyyttä. Tekijän pitkäaikaisen "*rédacteur en chef* in" Daniel Vignes'n[11] poismeno joulukuun 31 päivänä 2011 ja pitkäaikaisen työtoverin ja "*co-auteur*in" Félix Van Craeyenestin[12] poismeno vaikean sairauden jälkeen tammikuun 1 päivänä 2012 olivat, paitsi erittäin surullisia uutisia, myös muistutus siitä, että EU:n "historiallisten budjetintuntijoiden" joukko harvenee hälyttävää vauhtia näiden kahden suuren persoonallisuuden häviämisen myötä. Toivottavasti tämä tutkimus auttaa osaltaan säilyttämään heidän ajatuksiaan ja kokemuksiaan.

Niin ikään parhaimmat kiitokset lukuisille kollegoille EU:n toimielimissä merkittävästä avusta työn eri vaiheissa sekä kaikille tutkijakollegoille Helsingin, Louvainin ja Tampereen yliopistoilla sekä EUI:ssa erittäin antoisista keskusteluista EU:n kehitystä ja finanssihallintoa koskien. Professoreille Ari Salminen ja Markku Temmes kiitokset aikaista käsikirjoitusversiota koskevista parannusehdotuksista.

Erityiskiitokset Suomen kulttuurirahastolle, EUI:n *Robert Schuman Centre for Advanced Studies*'lle sekä professoreille Pertti Ahonen, Stefano Bartolini, Sophie Baziadoly, Brigid Laffan, Yves Mény ja Jacques Ziller korvaamattomasta avusta ja tuesta tämän tutkimuksen loppuun saattamisessa.

Lopuksi, muttei suinkaan vähiten: esitarkastajille dosentti Tuomas Pöystille ja professori Niilo Kaupille kunnioittavat kiitokset erittäin hyödyllisistä käsikirjoitusta koskevista kommenteista.

Tutkimuksessa esitetyt mielipiteet ovat tekijän eivätkä siten sido EU:n toimielimiä tai edellä mainittuja tahoja ja henkilöitä. Tekstissä mahdollisesti esiintyvät virheet ja epätarkkuudet ovat luonnollisesti yksin tekijän.

Convento di San Domenicossa
Fiesolessa huhtikuussa 2012

Ilkka Saarilahti

---

[11] Daniel Vignes toimi yli kolmekymmentä vuotta arvostetun ranskalaisen *Revue du Marché commun et de l'Union européenne*n päätoimittajana.

[12] Félix Van Craeyenest toimi yli 35 vuoden ajan Euroopan unionin neuvoston oikeudellisella osastolla, vastuualueenaan erityisesti budjettiasiat. Hän jäi eläkkeelle kesällä 2004.

von Bertalanffy, Ludwig: *General System Theory: Foundations, Development, Applications*. Revised Edition, Tenth Printing (First Edition in 1968). George Braziller, Inc. New York 1988.

Katz, Daniel & Kahn, Robert L: Open System Theory. In John G. Maurer (Ed.): *Readings in Organization Theory, Open-System Approaches*. Random House. New York 1971.

Katz, Daniel & Kahn, Robert L: *The Social Psychology of Organizations*. Second Edition. John Wiley & Sons. New York 1978.

Saarilahti, Ilkka: *Talousarvio ja sen uudistaminen. Euroopan unionin yleisen talousarvion rakennemuutokset vuosina 1968-2003*. Helsinki University Press. Helsinki 2004.

Saarilahti, Ilkka: *Euroopan unionin finanssihallinnon modernisointi*. Helsinki University Press. Helsinki 2006.

Saarilahti, Ilkka: *Les procédures budgétaires de l'Union européenne de 2004 à 2008. Du règlement financier de 2002 et de l'élargissement de 2004 à l'élargissement de 2007 et au nouveau cadre financier pour 2007-2013*. Tome I. Robert Schuman Centre for Advanced Studies. European University Institute. European Press Academic Publishing. Florence 2008.

Saarilahti, Ilkka: *40 vuotta Euroopan unionin budjetointia – yleisen talousarvion kehitys vuosina 1968-2008*. Robert Schuman Centre for Advanced Studies. European University Institute. European Press Academic Publishing. Florence 2009.

Saarilahti, Ilkka: *Les procédures budgétaires de l'Union européenne de 2009 à 2011. Du traité de Nice au traité de Lisbonne*. Tome II. Robert Schuman Centre for Advanced Studies. European University Institute. European Press Academic Publishing. Florence 2011.

Saarilahti, Ilkka & Uusikylä, Petri: *Ulkoinen ja sisäinen jousto suomalaisessa budjetoinnissa. Tapaustutkimus sosiaali- ja terveysministeriöstä sekä opetusministeriöstä vuosina 1968-1988.* Yleisen valtio-opin hallinto-opin suuntautumisvaihtoehdon pro gradu –tutkielma. Helsingin yliopisto. Tammikuu 1991. *[Julkaisematon].*

Saarilahti, Ilkka & Uusikylä, Petri: Vuotuinen joustavuus suomalaisessa budjetoinnissa. *Hallinnon tutkimus 11 (1992): 1*. 24-46.

Saarilahti, Ilkka & Uusikylä, Petri: Sosiaali- ja terveysministeriön sekä opetusministeriön lisärahoituksen perustelut vuosina 1968-1992. *Hallinnon tutkimus 12 (1993): 3*. 210-223.

Saurel, Stéphane: *Le budget de l'Union européenne*. Nouvelle édition. Collection "Réflexe Europe". La documentation française. Paris 2010.

KUVIOT, TAULUKOT JA LIITTEET

KUVIOT

YHTEENVETOLUKU

Kuvio 1. EU:n budjettijärjestelmän vuorovaikutustasot 72

Kuvio 2. EU:n budjettijärjestelmän oikeudellinen ympäristö 73

Kuvio 3. EU:n budjetti- ja lainsäädäntövalta 75

Kuvio 4. Vuosien 2007-2010 yleisten talousarvioiden hyväksymiseen sovellettu EU:n talousarvioprosessi 78

Kuvio 5. Yleisen talousarvion laadintaa ja toimeenpanoa säätelevät säädökset ja säännökset 84

Kuvio 6. Ulkoisen ja sisäisen jouston vaikutus eri tarkastelutasoilla 92

Kuvio 7. Ulkoisen ja sisäisen jouston eri muotoihin liittyvät keskeiset kysymykset eri tarkastelutasoilla 93

Kuvio 8. Ulkoisen ja sisäisen jouston vaikutus kun hyvän budjetin kriteerinä ovat "pitävät budjetit" 97

Kuvio 9. Jäsenvaltioiden teoreettinen suhtautuminen EU:n kehitykseen vuosina 2000-2006 104

Kuvio 10. EU:n budjettijärjestelmän ulkoinen ja sisäinen jousto: perinteinen "hallitustenvälinen näkemys" 106

Kuvio 11. EU:n budjettijärjestelmän ulkoinen ja sisäinen jousto: perinteinen "federalistinen näkemys" 107

Kuvio 12. Jäsenvaltioiden suhtautuminen eräiden joustomuotojen muutoksiin varainhoitoasetuksen kokonaisuudistuksen yhteydessä vuosina 2000-2002 125

OSAJULKAISUT

Osajulkaisut I-IV (vuodet 1968-2002)

Kuvio 1. Komission esittämien alustavien talousarvioesitysten, Euroopan parlamentin vahvistamien talousarvioiden, budjettivuoden lopullisten määrärahojen sekä käytettävissä olevien määrärahojen nimellinen kasvu vuosina 1968-1994 213

Kuvio 2. Euroopan yhteisöjen/ Euroopan unionin menojen jakautuminen menolajeittain, menojen loppusumma vuoden 1993 rahassa sekä talousarvioiden loppusumman vuosikasvu (prosentteina) edelliseen vuoteen verrattuna vuosina 1958-1994 214

Kuvio 3. Euroopan yhteisöjen/ Euroopan unionin lisätalousarviomenettely 216

Kuvio 4. Yleiseen talousarvioon vuosina hyväksyttyjen täydentävien ja/tai korjaavien lisätalousarvioiden nimelliset loppusummat sekä loppusummien prosentuaaliset osuudet yleisen talousarvion loppusummasta vuosina 1972-1992 218

Kuvio 5. Pakollisten ja ei-pakollisten menojen suhde yleisessä talousarviossa sekä ei-pakollisten menojen korotuksen enimmäismäärä vuosina 1979-1994 ... 231

Kuvio 6. Rahoitusvarauksen käyttö vuosina 1988-1992 ... 241

Kuvio 7. Jaksottamattomien määrärahojen siirtomenettely seuraavaan varainhoitovuoteen ... 257

Kuvio 8. Jaksotettujen määrärahojen siirtomenettely seuraavaan varainhoitovuoteen sekä määrärahojen uudelleenkäyttömenettely ... 258

Kuvio 9. Ylimääräisten väliaikaisten kahdestoistaosien hyväksyminen ... 264

Osajulkaisut V-VIII (vuoden 2002 varainhoitoasetus)

Kuvio 1. Pääluokan III – komissio – A ja B osien menojen jakautuminen toimintoperusteisessa budjetoinnissa ... 340

Kuvio 2. Yleisen talousarvion toteuttamistavat vuoden 2002 VHA:n mukaan ... 355

Kuvio 3. Euroopan unionin virastot ja laitokset ... 357

Kuvio 4. Menotapahtuman kulku ... 378

Kuvio 5. Määrärahojen siirrot varainhoitovuodesta toiseen vuoden 2002 VHA:n mukaan ... 384

Osajulkaisu IX (vuoden 2006 toimielinten sopimus ja rahoituskehys 2007-2013)

Kuvio 26. Vuoden 1988 toimielinten välisen sopimuksen ja vuodet 1988-1992 kattavien rahoitusnäkymien keskeiset joustomuodot ... 432

Kuvio 27. Vuoden 1993 toimielinten välisen sopimuksen ja vuodet 1993-1999 kattavien rahoitusnäkymien keskeiset joustomuodot ... 432

Kuvio 28. Vuoden 1999 toimielinten välisen sopimuksen ja vuodet 2000-2006 kattavien rahoitusnäkymien keskeiset joustomuodot ... 447

Kuvio 29. Vuoden 2006 toimielinten sopimuksen ja vuosia 2007-2013 koskevan rahoituskehyksen keskeiset joustomuodot ... 481

Kuvio 30. Eräiden toimielinten (välisten) sopimusten joutavuuden muotojen kehitys vuosina 1988-2007 ... 481

TAULUKOT

YHTEENVETOLUKU

Taulukko 1. Määrällisen ja laadullisen tutkimusotteen metodologinen vertailu ... 34

Taulukko 2. Sisällön analyysi tutkimusmenetelmänä ... 41

Taulukko 3. Budjetointitutkimuksen lähestymistavat ... 53

Taulukko 4. Menojen tarkastelun ja budjetoinnin lähestymistavat ... 54

Taulukko 5. Yleisen talousarvion loppusumman kasvu vuosina 1968-2010 ... 85

Taulukko 6. ”Hyvän budjetin” eri kriteereitä ... 95

Taulukko 7. Jäsenvaltioiden suhtautuminen eräiden joustomuotojen muutoksiin varainhoitoasetuksen kokonaisuudistuksen yhteydessä vuosina 2000-2002 ... 118

Taulukko 8. Jäsenvaltioiden suhtautuminen eräiden joustomuotojen muutoksiin vuoden 2002 varainhoitoasetuksen vuoden 2006 muutoksen yhteydessä vuosina 2005 ja 2006 ... 128

Taulukko 9. Jäsenvaltioiden suhtautuminen eräiden joustomuotojen muutoksiin uutta rahoituskehystä 2007-2013 ja uutta toimielinten sopimusta valmisteltaessa vuosina 2004-2006 ... 134

OSAJULKAISUT

Osajulkaisut I-IV (vuodet 1968-2002)

Taulukko 1. EY:n yleiseen talousarvioon hyväksyttyjen täydentävien ja/tai korjaavien lisätalousarvioiden hyväksymispäivämäärät vuosina 1968-1992 ... 215

Taulukko 2. Maksusitoumuksiin käytettävien määrärahojen siirrot lukujen välillä vuosina 1987-1991 ... 228

Taulukko 3. Euroopan yhteisöjen vuosia 1988-1992 koskevat rahoitusnäkymät ... 236

Taulukko 4. ”Menneisyyden painolasti” vuosina 1980-1988 ... 254

Taulukko 5. Maksamatta olevat määrät sekä maksusitoumusmäärärahojen ja maksumäärärahojen suhteen kehitys yleisessä talousarviossa vuosina 1996-1999 ... 254

Taulukko 6. Seuraavaan varainhoitovuoteen siirretyt tai uudelleen käyttöön otetut määrärahat vuosina 1986-1991 ... 260

Taulukko 7. Vuonna *t* käyttämättä jääneet ja seuraavaan vuoteen siirretyt maksusitoumuksiin käytettävät määrärahat ja vapautuneet määrärahat, jotka on otettu uudelleen käyttöön vuosina 1987-1990 ... 260

Taulukko 8. Yleisen talousarvion menojen toteuttaminen ... 261

Taulukko 9. Maksumääräyksiin käytettävien määrärahojen kehitys vuosina 1988-1992 ... 272

Taulukko 10. Rahoitusnäkymien tarkistukset vuosina 1988-1992 ... 273

Taulukko 11. Euroopan yhteisöjen rahoitusnäkymät 1993-1999 ... 276

Taulukko 12. Rahoitusnäkymien tarkistukset vuosina 1993-1999 ... 280

Taulukko 13. Laajentumiseen mukautetut rahoitusnäkymät 1995-1999 ... 281

Taulukko 14. Hätäapuvarauksen käyttö vuosina 1993-1999 ... 292

Osajulkaisut V-VIII (vuoden 2002 varainhoitoasetus)

Taulukko 1. Vuoden 2002 VHA:n hyväksyminen ... 303

Taulukko 2. Vuoden 2002 VHA:n sisältö ... 305

Taulukko 3. Vuoden 2002 VHA:n erittelemät budjettiperiaatteet ... 307

Taulukko 4. Vuoden 2002 VHA:ssa budjettiperiaatteille sallitut keskeiset poikkeukset ... 310

Taulukko 5. Vuosina 1968-1989 hyväksytyt täydentävät ja/tai korjaavat lisätalousarviot ... 312

Taulukko 6. Vuosina 1990-2002 hyväksytyt täydentävät ja/tai korjaavat lisätalousarviot ... 313

Taulukko 7. Vuoden 2002 VHA:n mukaiset lisätalousarviot ... 316

Taulukko 8. Vuosina 2003 ja 2004 hyväksyttyjen lisätalousarvioiden loppusummat ... 317

Taulukko 9. Toimintalohkot yleisen talousarvion pääluokassa III – komissio – vuosina 2004 ja 2005 ... 339

Taulukko 10. Pääluokan III – komissio – budjettinimikkeistön kehitys vuosina 1968-2004 ... 342

Taulukko 11. Määrärahojen siirrot varainhoitovuonna 2003 ... 346

Taulukko 12. Negatiivisen varauksen käyttö vuosina 1968-2004 ... 351

Taulukko 13. Hätäapuvarauksen käyttö vuosina 2000-2004 ... 353

Taulukko 14. Lainatakuuvarauksen käyttö vuosina 1994-2004 ... 354

Taulukko 15. Vuosina 2002-2005 tehdyt ei-automaattiset määrärahojen siirrot varainhoitovuodesta toiseen, määrärahojen ottaminen uudelleen käyttöön ja peruuntuneet määrärahat ... 387

Osajulkaisu IX (vuoden 2006 toimielinten sopimus ja rahoituskehys 2007-2013)

Taulukko 44. Toimielinten (välisten) sopimusten ja rahoitusnäkymien pääasialliset joustomuodot ... 428

Taulukko 45. Vuoden 1988 toimielinten välisen sopimuksen ja vuodet 1988-1992 kattavien rahoitusnäkymien pääasialliset joustomuodot ... 430

Taulukko 46. Vuoden 1993 toimielinten välisen sopimuksen ja vuodet 1993-1999 kattavien rahoitusnäkymien pääasialliset joustomuodot ... 431

Taulukko 47. Vuoden 1999 toimielinten välisen sopimuksen sisältö ... 433

Taulukko 48. Vuosia 2000-2006 koskevat rahoitusnäkymät EU-15:sta ja rahoituskehys EU-21:lle ... 434

Taulukko 49. Euroopan unionin solidaarisuusrahaston käyttö vuosina 2002-2006 ... 435

Taulukko 50. Vuosia 2000-2006 koskevien rahoitusnäkymien tarkistus vuonna 2003 ... 437

Taulukko 51. Vuoden 2004 laajentumiseen mukautetut ja tarkistetut rahoitusnäkymät ... 438

Taulukko 52. Vuosien 2000-2006 rahoitusnäkymien mukauttaminen toteuttamisedellytyksiin ... 440

Taulukko 53. Joustovälineen käyttö vuosina 2000-2006 ... 441

Taulukko 54. Joustovälineen käytettävissä olevien määrärahojen kehitys vuosina 2000-2006 ... 442

Taulukko 55. Hätäapuvarauksen käyttö vuosina 2000-2006 ... 443

Taulukko 56. Lainatakuuvarauksen käyttö vuosina 2000-2006 ... 443

Taulukko 57. Liikkumavarat vuosina 2000-2006 ... 445

Taulukko 58. Vuoden 1999 toimielinten välisen sopimuksen ja vuodet 2000-2006 kattavien rahoitusnäkymien pääasialliset joustomuodot ... 446

Taulukko 59. "Omien varojen" katon kehitys vuodesta 1988 ... 447

Taulukko 60. Vuoden 2006 toimielinten sopimuksen ja vuosia 2007-2013 koskevan rahoituskehyksen hyväksyminen Euroopan unionin neuvostossa ... 450

Taulukko 61. Vuoden 2006 toimielinten sopimuksen sisältö ... 452

Taulukko 62. Vuosia 2007-2013 koskeva rahoituskehys ... 457

Taulukko 63. EU:n menojen luokittelu vuoden 2006 toimielinten sopimuksen Liitteen III mukaan ... 458

Taulukko 64. Liikkumavarat vuosina 2007 ja 2008 ... 477

Taulukko 65. Vuoden 2006 toimielinten sopimuksen ja vuosia 2007-2013 koskevan rahoituskehyksen pääasialliset joustomuodot ... 479

LIITTEET

YHTEENVETOLUKU

Liite I. Vuoden 2002 varainhoitoasetuksen vuoden 2006 muutoksen hyväksymisprosessi ... 154

Liite II. Määrärahasiirrot varainhoitovuonna vuoden 2002 varainhoitoasetuksen vuoden 2006 muutoksen mukaisesti ... 155

Liite III. Yleisen talousarvion toteuttamistavat vuoden 2002 varainhoitoasetuksen vuoden 2006 muutoksen mukaisesti ... 157

Liite IV. Määrärahasiirrot seuraavaan varainhoitovuoteen vuoden 2002 varainhoitoasetuksen vuoden 2006 muutoksen mukaisesti ... 158

OSAJULKAISUT

Osajulkaisut I-IV (vuodet 1968-2002)

Liite. Erilaisia määrärahasiirtoja koskevat menettelytavat vuoden 1994 varainhoitoasetuksen mukaan ... 297

Osajulkaisut V-VIII (vuoden 2002 varainhoitoasetus)

Liite I. Vuoden 1977 varainhoitoasetus ja sen muutokset 331

Liite II. Vuosina 2002-2004 hyväksytyt lisäbudjetit 332

Liite III. Määrärahasiirrot varainhoitovuonna vuoden 2002 varainhoitoasetuksen mukaisesti 371

Liite IV. RAL:n muodostuminen 400

CHARTS, TABLES AND APPENDICES

CHARTS

Summarising part

Chart 1. Interaction modes in EU budgetary politics 72

Chart 2. Legal environment of the EU budgetary system 73

Chart 3. Budgetary and legislative authority in the EU 75

Chart 4. Budgetary procedure of the EU in 2007-2010 78

Chart 5. Legal instruments governing the establishment and implementation of the EU budget 84

Chart 6. External and internal flexibility at different analysis levels 92

Chart 7. Main questions related to external and internal flexibility at different analysis levels 93

Chart 8. External and internal flexibility at different analysis levels when the criteria of a good budget is that the budget "stands" 97

Chart 9. The theoretical attitude of Member States to the development of the EU in 2000-2006 104

Chart 10. External and internal flexibility of the budgetary system of the EU: traditional "Intergovernmental view" 106

Chart 11. External and internal flexibility of the budgetary system of the EU: traditional "Federalist view" 107

Chart 12. Attitude of Members States concerning proposed changes to certain flexibility elements during the recasting of the Financial Regulation in 2000-2002 125

Publications

Publications I-IV (Years 1968-2002)

Chart 1. The preliminary draft budgets, adopted budgets and definitive budget appropriations in 1968-1994 213

Chart 2. Community expenditure in 1958-1994 214

Chart 3. The adoption of supplementary and/ or amending budgets to the general budget 216

Chart 4. Total amounts of supplementary and/ or amending budgets adopted in 1972-1992 compared to the general budgets 218

Chart 5. The amount of compulsory and non-compulsory expenditure in the general budget and the maximum rate of increase in 1979-1994 231

Chart 6. The functioning of the monetary reserve in 1988-1992 241

Chart 7. Carry-over of non-differentiated appropriations 257

Chart 8. Carry-over and making available again of differentiated appropriations 258

Chart 9. Adoption of additional provisional twelfths ... 264

Publications V-VIII (Financial Regulation of 25 June 2002)

Chart 1. Split of expenditure formerly under Section III – Commission – Parts A and B according to ABB ... 340

Chart 2. Methods of implementation of the general budget according to the 2002 Financial Regulation ... 355

Chart 3. Agencies and bodies of the EU ... 357

Chart 4. The different phases of expenditure operations ... 378

Chart 5. Carry-overs of appropriations according to the 2002 Financial Regulation ... 384

Publication IX (IIA of 17 May 2006 and Financial Framework 2007-2013)

Chart 26. Main components of the flexibility of the IIA of 29 June 1988 and of the Financial Perspective 1988-1992 ... 432

Chart 27. Main components of the flexibility of the IIA of 29 October 1993 and of the Financial Perspective 1993-1999 ... 432

Chart 28. Main components of the flexibility of the IIA of 6 May 1999 and of the Financial Perspective 2000-2006 ... 447

Chart 29. Main components of the flexibility of the IIA of 17 May 2006 and of the Financial Framework 2007-2013 ... 481

Chart 30. Development of a number of selected components of flexibility in the Interinstitutional Agreements from 1988 to 2007 ... 481

TABLES

Summarising part

Table 1. Methodological comparison of quantitative and qualitative research approaches ... 34

Table 2. Content analysis as method ... 41

Table 3. Approaches to the study of budgeting ... 53

Table 4. Approaches to expenditure analysis and budgeting ... 54

Table 5. Growth of the total of the general budget in 1968-2010 ... 85

Table 6. Different criteria for a "good budget" ... 95

Table 7. Attitude of Member States concerning proposed changes to certain forms of flexibility during the recasting of the Financial Regulation in 2000-2002 ... 118

Table 8. Attitude of Member States concerning proposed changes to certain forms of flexibility during the first revision of the Financial Regulation of 2002 in 2005 and 2006 ... 128

Table 9. Attitude of Member States concerning proposed changes to certain forms of flexibility during negotiations concerning the Financial Framework 2007-2013 and the IIA of 2006 in 2004-2006 134

Publications

Publications I-IV (Years 1968-2002)

Table 1. Date of adoption of the various supplementary budgets and/ or amending budgets to the general budget in 1968-1992 215

Table 2. Percentage of commitment appropriations transferred between chapters during the year in 1987-1991 228

Table 3. The Financial Perspective 1988-1992 236

Table 4. "Burden of the past" in 1980-1988 254

Table 5. The amount of outstanding commitments and the amount of commitment appropriations vs payment appropriations in the general budget in 1996-1999 254

Table 6. Appropriations carried forward or made available again as percentage of total appropriations for commitments in 1986-1991 260

Table 7. Percentage of appropriations for commitments for year t not used and carried forward and percentage of cancelled commitments for which corresponding appropriations were made available again in 1987-1990 260

Table 8. Evolution and implementation of the general budget 261

Table 9. Appropriations for payments in 1988-1992 272

Table 10. Revisions made to the Financial Perspective in 1988-1992 273

Table 11. The Financial Perspective 1993-1999 276

Table 12. Revisions made to the Financial Perspective in 1993-1999 280

Table 13. Adjusted Financial Perspective following the enlargement of 1 January 1995 281

Table 14. Use of the emergency aid reserve in 1993-1999 292

Publications V-VIII (Financial Regulation of 25 June 2002)

Table 1. Adoption of the 2002 Financial Regulation 303

Table 2. Content of the 2002 Financial Regulation 305

Table 3. Budgetary principles included in the 2002 Financial Regulation 307

Table 4. Main exceptions to the budgetary principles permitted by the 2002 Financial Regulation 310

Table 5. Supplementary and/ or amending budgets adopted in 1968-1989 312

Table 6. Supplementary and/ or amending budgets adopted in 1990-2002 313

Table 7. Amending budgets adopted according to the 2002 Financial Regulation 316

Table 8. Total amounts of amending budgets adopted in 2003 and 2004 ... 317

Table 9. Policy areas in Section III – Commission – of the 2004 and 2005 general budgets ... 339

Table 10. Development of the budgetary nomenclature of Section III – Commission – in 1968-2004 ... 342

Table 11. Transfers of appropriations in 2003 ... 346

Table 12. Use of the negative reserve in 1968-2004 ... 351

Table 13. Use of the emergency aid reserve in 2000-2004 ... 353

Table 14. Use of the reserve for loan guarantees in 1994-2004 ... 354

Table 15. Appropriations carried over following decisions taken by institutions, appropriations made available again or cancelled in 2002-2005 ... 387

Publication IX (IIA of 17 May 2006 and Financial Framework 2007-2013)

Table 44. Main components of the flexibility of Interinstitutional Agreements and of Financial Perspectives ... 428

Table 45. Main components of the flexibility of the IIA of 29 June 1988 and of the Financial Perspective 1988-1992 ... 430

Table 46. Main components of the flexibility of the IIA of 29 October 1993 and of the Financial Perspective 1993-1999 ... 431

Table 47. Content of the IIA of 6 May 1999 ... 433

Table 48. The Financial Perspective 2000 to 2006 for EU-15 and the Financial Framework for EU-21 ... 434

Table 49. Use of the EU Solidarity Fund from 2002 to 2006 ... 435

Table 50. The revision of the Financial Perspective 2000-2006 of 19 May 2003 ... 437

Table 51. The Financial Perspective for 2000-2006 revised and adapted following the enlargement of 1 May 2004 ... 438

Table 52. Adjustment on 3 May 2001 of the Financial Perspective 2000-2006 to take account of the conditions of implementation ... 440

Table 53. Use of the flexibility instrument in 2000-2006 ... 441

Table 54. Resources available for the flexibility instrument in 2000-2006 ... 442

Table 55. Use of the emergency aid reserve in 2000-2006 ... 443

Table 56. Use of the loan guarantee reserve in 2000-2006 ... 443

Table 57. Margins in 2000-2006 ... 445

Table 58. Main components of the flexibility of the IIA of 6 May 1999 and of the Financial Perspective 2000-2006 ... 446

Table 59. Evolution of the ceiling of "Own resources" from 1988 ... 447

Table 60. Adoption of the IIA of 17 May 2006 and of the Financial Framework 2007-2013 in the Council of the EU ... 450

Table 61. Content of the IIA of 17 May 2006 ... 452

Table 62. The Financial Framework 2007-2013 ... 457

Table 63. Classification of expenditure according to Annex III of the IIA of 17 May 2006 ... 458

Table 64. Margins in 2007 and 2008 ... 477

Table 65. Main components of the flexibility of the IIA of 17 May 2006 and of the Financial Framework 2007-2013 ... 479

APPENDICES

Summarising part

Appendix I. The adoption of the first modification of the 2002 Financial Regulation in 2006 ... 154

Appendix II. Transfers of appropriations during the budgetary year according to the 2002 Financial Regulation, as modified in 2006 ... 155

Appendix III. Methods of implementation of the general budget according to the 2002 Financial Regulation, as modified in 2006 ... 157

Appendix IV. Carry-overs according to the Financial Regulation of 2002, as modified in 2006 ... 158

Publications

Publications I-IV (Years 1968-2002)

Appendix. Transfers of appropriations according to the Financial Regulation of 21 December 1977, as modified in 1994 ... 297

Publications V-VIII (Financial Regulation of 25 June 2002)

Appendix I. The Financial Regulation of 21 December 1977 and its amendments ... 331

Appendix II. Supplementary and amending budgets adopted in 2002-2004 ... 332

Appendix III. Transfers of appropriations according to the 2002 Financial Regulation ... 371

Appendix IV. Building up of RAL ... 400

Articles on the budgetary procedures of the European Communities/ European Union published in the "Revue du Marché commun et de l'Union européenne" in 1975-2012 ... 142

Most important legal texts mentioned in this study ... 145

GRAPHIQUES, TABLEAUX ET ANNEXES

GRAPHIQUES

Partie récapitulative

Graphique 1. Modes d'interaction dans les finances publiques de l'Union européenne 72

Graphique 2. Environnement juridique des finances publiques de l'Union 73

Graphique 3. L'autorité budgétaire et législative dans l'Union 75

Graphique 4. La procédure budgétaire de l'Union de 2007 à 2010 78

Graphique 5. Le dispositif juridique s'appliquant à l'établissement et à l'exécution du budget de l'Union 84

Graphique 6. Flexibilité externe et interne aux différents niveaux d'analyse 92

Graphique 7. Principales questions liées aux différents moyens de flexibilité externe et interne à différents niveaux d'analyse 93

Graphique 8. Flexibilité externe et interne aux différents niveaux d'analyse quand le critère pour un bon budget est que celui-ci ne "change pas" au cours de l'année budgétaire 97

Graphique 9. Attitude théorique des États membres concernant le développement de l'Union en 2000-2006 104

Graphique 10. Flexibilité externe et interne du système budgétaire de l'Union : "approche intergouvernementale" classique 106

Graphique 11. Flexibilité externe et interne du système budgétaire de l'Union : "approche fédéraliste" classique 107

Graphique 12. Attitude des États membres concernant les changements proposés à certaines formes de flexibilité lors de la refonte du règlement financier en 2000-2002 125

Publications

Publications I-IV (années 1968-2002)

Graphique 1. Les avant-projets de budgets, les budgets adoptés et les crédits définitifs de 1968 à 1994 213

Graphique 2. Les dépenses communautaires de 1958 à 1994 214

Graphique 3. Adoption des budgets rectificatifs et/ ou supplémentaires au budget général 216

Graphique 4. Le montant des budgets rectificatifs et/ ou supplémentaires adoptés comparé au montant des budgets généraux de 1972 à 1992 218

Graphique 5. Part des dépenses obligatoires et des dépenses non-obligatoires dans le budget général et taux maximal d'augmentation de 1979 à 1994 231

Graphique 6. Mobilisation de la réserve monétaire de 1988 à 1992 241

Graphique 7. Report des crédits non dissociés 257

Graphique 8. Report et reconstitution des crédits dissociés 258

Graphique 9. Adoption des douzièmes provisoires additionnels 264

Publications V-VIII (règlement financier du 25 juin 2002)

Graphique 1. Traitement des dépenses de la Partie A et de la Partie B de la section III – Commission – suite à l'établissement du budget par activités 340

Graphique 2. Modes d'exécution du budget général selon le règlement financier de 2002 355

Graphique 3. Agences et organismes de l'Union 357

Graphique 4. Déroulement des opérations de dépenses 378

Graphique 5. Report des crédits selon le règlement financier de 2002 384

Publication IX (AII du 17 mai 2006 et cadre financier 2007-2013)

Graphique 26. Principaux éléments de la flexibilité de l'AII du 29 juin 1988 et des perspectives financières 1988-1992 432

Graphique 27. Principaux éléments de la flexibilité de l'AII du 29 octobre 1993 et des perspectives financières 1993-1999 432

Graphique 28. Principaux éléments de la flexibilité de l'AII du 6 mai 1999 et des perspectives financières 2000-2006 447

Graphique 29. Principaux éléments de la flexibilité de l'AII du 17 mai 2006 et du cadre financier pour 2007-2013 481

Graphique 30. Développement de certains éléments de flexibilité dans les accords interinstitutionnels de 1988 à 2007 481

TABLEAUX

Partie récapitulative

Tableau 1. Comparaison méthodologique de l'approche quantitative et qualitative 34

Tableau 2. L'analyse du contenu comme méthode 41

Tableau 3. Approches à l'étude des budgets 53

Tableau 4. Approches à l'analyse des dépenses et des budgets 54

Tableau 5. Augmentation du montant des budgets généraux de 1968 à 2010 85

Tableau 6. Différents critères pour un "bon budget" 95

Tableau 7. Attitude des États membres concernant les changements proposés à certaines formes de flexibilité lors de la refonte du règlement financier en 2000-2002 118

Tableau 8. Attitude des États membres concernant les changements proposés à certaines formes de flexibilité lors de la première révision du règlement financier de 2002 en 2005 et 2006 128

Tableau 9. Attitude des États membres concernant les changements proposés à certaines formes de flexibilité lors des négociations sur le cadre financier pour 2007-2013 et l'AII de 2006 en 2004-2006 134

Publications

Publications I-IV (années 1968-2002)

Tableau 1. Date d'adoption des budgets rectificatifs et/ ou supplémentaires au budget général de 1968 à 1992 215

Tableau 2. Part des crédits d'engagement virés de chapitre à chapitre en cours d'exercice de 1987 à 1991 228

Tableau 3. Les perspectives financières 1988-1992 236

Tableau 4. Le "poids du passé" de 1980 à 1988 254

Tableau 5. Le montant des restes à liquider et l'évolution du montant des crédits d'engagement et des crédits de paiement dans le budget général de 1996 à 1999 254

Tableau 6. Crédits reportés ou reconstitués dans le total des crédits pour engagements de 1986 à 1991 .. 260

Tableau 7. Part des crédits pour engagements de l'exercice t non utilisés ayant fait l'objet d'un report et part des dégagements ayant donné lieu à reconstitution de crédits de 1987 à 1990.... 260

Tableau 8. Évolution et exécution du budget général 261

Tableau 9. Les crédits pour paiements de 1988 à 1992 272

Tableau 10. Les révisions des perspectives financières de 1988 à 1992 273

Tableau 11. Les perspectives financières 1993-1999 276

Tableau 12. Les révisions des perspectives financières de 1993 à 1999 280

Tableau 13. L'adaptation des perspectives financières liée à l'élargissement du 1er janvier 1995.... 281

Tableau 14. Recours à la réserve pour aides d'urgence de 1993 à 1999 292

Publications V-VIII (règlement financier du 25 juin 2002)

Tableau 1. Adoption du règlement financier de 2002 303

Tableau 2. Contenu du règlement financier de 2002 305

Tableau 3. Principes budgétaires énumérés par le règlement financier de 2002 307

Tableau 4. Exceptions aux principes budgétaires contenues dans le règlement financier de 2002 310

Tableau 5. Budgets rectificatifs et/ ou supplémentaires adoptés de 1968 à 1989 312

Tableau 6. Budgets rectificatifs et/ ou supplémentaires adoptés de 1990 à 2002 313

Tableau 7. Budgets rectificatifs adoptés conformément au règlement financier de 2002 316

Tableau 8. Montants des budgets rectificatifs adoptés en 2003 et en 2004 317

Tableau 9. Domaines politiques dans la section III – Commission – du budget général pour 2004 et pour 2005 339

Tableau 10. Évolution de la nomenclature budgétaire de la section III – Commission – de 1968 à 2004 342

Tableau 11. Virements de crédits en 2003 346

Tableau 12. Recours à la réserve négative de 1968 à 2004 351

Tableau 13. Recours à la réserve pour aides d'urgence de 2000 à 2004 353

Tableau 14. Recours à la réserve pour garanties de prêts de 1994 à 2004 354

Tableau 15. Reports non-automatiques, reconstitutions et annulations de crédits de 2002 à 2005 387

<u>Publication IX (AII du 17 mai 2006 et cadre financier 2007-2013)</u>

Tableau 44. Principaux éléments de la flexibilité des accords interinstitutionnels et des perspectives financières 428

Tableau 45. Principaux éléments de la flexibilité de l'AII du 29 juin 1988 et des perspectives financières 1988-1992 430

Tableau 46. Principaux éléments de la flexibilité de l'AII du 29 octobre 1993 et des perspectives financières 1993-1999 431

Tableau 47. Contenu de l'AII du 6 mai 1999 433

Tableau 48. Les perspectives financières de 2000 à 2006 pour UE-15 et le cadre financier pour UE-21 434

Tableau 49. Recours au fonds de solidarité de l'UE de 2002 à 2006 435

Tableau 50. La révision des perspectives financières pour 2000-2006 du 19 mai 2003 437

Tableau 51. Les perspectives financières pour 2000-2006 révisées et adaptées suite à l'élargissement du 1er mai 2004 438

Tableau 52. Adaptation du 3 mai 2001 des perspectives financières 2000-2006 aux conditions d'exécution 440

Tableau 53. Recours à l'instrument de flexibilité de 2000 à 2006 441

Tableau 54. Évolution des ressources de l'instrument de flexibilité disponibles de 2000 à 2006 442

Tableau 55. Recours à la réserve pour aides d'urgence de 2000 à 2006 443

Tableau 56. Recours à la réserve pour garanties de prêts de 2000 à 2006 443

Tableau 57. Les marges de 2000 à 2006 445

Tableau 58. Principaux éléments de la flexibilité de l'AII du 6 mai 1999 et des perspectives financières 2000-2006 446

Tableau 59. Évolution du plafond des "ressources propres" depuis 1988 447

Tableau 60. Adoption de l'AII du 17 mai 2006 et du cadre financier pour 2007-2013 au Conseil de l'UE 450

Tableau 61. Contenu de l'AII du 17 mai 2006 452

Tableau 62. Le cadre financier pour 2007-2013 457

Tableau 63. Classification des dépenses selon l'Annexe III de l'AII du 17 mai 2006 458

Tableau 64. Les marges en 2007 et 2008 477

Tableau 65. Principaux éléments de la flexibilité de l'AII du 17 mai 2006 et du cadre financier pour 2007-2013 479

ANNEXES

Partie récapitulative

Annexe I. La procédure d'adoption de la première modification du règlement financier de 2002 en 2006 154

Annexe II. Les virements de crédits (principes généraux) selon le règlement financier de 2002, tel que modifié en 2006 155

Annexe III. Modes d'exécution du budget général selon le règlement financier de 2002, tel que modifié en 2006 157

Annexe IV. Report des crédits selon le règlement financier de 2002, tel que modifié en 2006 158

Publications

Publications I-IV (années 1968-2002)

Annexe. Les virements de crédits selon le règlement financier du 21 décembre 1977, tel que modifié en 1994 297

Publications V-VIII (règlement financier du 25 juin 2002)

Annexe I. Le règlement financier du 21 décembre 1977 et ses modifications 331

Annexe II. Budgets rectificatifs et/ ou supplémentaires adoptés de 2002 à 2004 332

Annexe III. Les virements de crédits selon le règlement financier de 2002 371

Annexe IV. Formation du RAL 400

Articles sur les procédures budgétaires des Communautés européennes/ de l'Union européenne publiés dans la "Revue du Marché commun et de l'Union européenne" de 1975 à 2012 142

Principales sources de droit mentionnées dans cet ouvrage 145

LYHENTEET

ABB	Toimintoperusteinen budjetointi (*Activity-based budgeting*)
AK	Alueiden komitea
AKT-maat	Aasian, Karibian ja Tyynenmeren maat
alak.	Alakohta
APS	Vuotuinen toimintastrategia (*Annual Policy Strategy*)
art.	Artikla
ATAE	Alustava talousarvioesitys
Bull. CE	EY:n tiedote (*Bulletin des Communautés européennes*)
COBU	EP:n budjettivaliokunta (*Commission des budgets*)
COCOBU	EP:n talousarvion valvontavaliokunta (*Commission du contrôle budgétaire*)
COMBUD	Neuvoston budjettikomitea (*Comité budgétaire*)
Coreper	Pysyvien edustajien komitea (*Comité des représentants permanents*)
DAS	Tarkastuslausuma (*Déclaration d'assurance*)
EAKR	Euroopan aluekehitysrahasto
EAS	Euroopan hallintokoulu (*European Administrative School*)
EGR	Euroopan globalisaatiorahasto
EHTY	Euroopan hiili- ja teräsyhteisö
EIP	Euroopan investointipankki
EJM	Jaksottamaton määräraha (jaksottamattomat määrärahat)
EKP	Euroopan keskuspankki
EKR	Euroopan kehitysrahasto(t)
ELY	Eurooppalainen laskentayksikkö
EMOTR	Euroopan maatalouden ohjaus- ja tukirahasto
EP	Euroopan parlamentti
EPM	Ei-pakollinen meno (ei-pakolliset menot)
EPSO	Euroopan yhteisöjen henkilöstövalintatoimisto (*European Communities Personnel Selection Office*)
ESR	Euroopan sosiaalirahasto
ETA	Euroopan talousalue
ETPP	Euroopan turvallisuus- ja puolustuspolitiikka
ETY	Euroopan talousyhteisö
EU	Euroopan unioni
EUR	Euro
Euratom	Euroopan atomienergiayhteisö
EUVL	Euroopan unionin virallinen lehti (1.2.2003 lähtien)
EY	Euroopan yhteisö(t)
EYA	Euroopan yhtenäisasiakirja
EYVJT	Euroopan yhteisöjen virallisten julkaisujen toimisto
EYVL	Euroopan yhteisöjen virallinen lehti (31.1.2003 asti)
HT	*Hallinnon tutkimus* -aikakauslehti
HVK	Hallitustenvälinen konferenssi
Ispa	Liittymistä edeltävä rakennepolitiikan väline (*Instrument for Structural Policies for pre-Accession/ instrument structurel de préadhésion*)
IVM	Integroidut Välimeren maiden ohjelmat
JM	Jaksotettu määräraha (jaksotetut määrärahat)
k.	Kohta
KEM	Ei-pakollisten menojen korotuksen enimmäismäärä

KLTA	Korjaava lisätalousarvio
Kok.	Yhteisöjen tuomioistuimen oikeustapauskokoelma
KOM	Euroopan komissio
KOR	Kalatalouden ohjauksen rahoitusväline
KR	Koheesiorahasto
KTLTA	Korjaava ja täydentävä lisätalousarvio
LTA	Lisätalousarvio
LTAE	Lisätalousarvioesitys
l.y.	Laskentayksikkö
MMKM	Maksumääräyksiin käytettävät määrärahat
MMR	Maksumääräraha(t)
MSKM	Maksusitoumuksiin käytettävät määrärahat
MSM	Maksusitoumusmääräraha(t)
OIB	Infrastruktuuri- ja logistiikkatoimisto, Bryssel (*Office pour les infrastructures et la logistique à Bruxelles*)
OIL	Infrastruktuuri- ja logistiikkatoimisto, Luxemburg (*Office pour les infrastructures et la logistique à Luxembourg*)
OLAF	Euroopan petostentorjuntavirasto (*Office européen de lutte antifraude*)
OVP	"Omia varoja" koskeva päätös
PAR	Potentiaalisesti epänormaali RAL (*Potentially abnormal RAL*)
Pedip	Portugalin teollisuuden kehittämisohjelma (*Programme spécifique de développement de l'industrie portugaise*)
Pl	Pääluokka
PM	Pakollinen meno (pakolliset menot)
p.m.	*Pro memoria* (muistin vuoksi)
PMO	Henkilökohtaisten etuuksien hallinto- ja maksutoimisto (*Paymaster's Office*)
RAL	Maksamatta oleva(t) määrä(t) (*Reste(s) à liquider*)
RK	Vuosia 2007-2013 koskeva rahoituskehys
RN	Rahoitusnäkymät 1988-1992, 1993-1999 ja 2000-2006
RUF	Komission talousyksikköverkosto (*Réseau des unités financières*)
SEHTY	Euroopan hiili- ja teräsyhteisön perustamissopimus
SEM	*Sound and efficient management*
SETY	Euroopan talousyhteisön perustamissopimus
SEU	Sopimus Euroopan unionista
SEY	Euroopan yhteisön perustamissopimus
SEYEY	Euroopan atomienergiayhteisön perustamissopimus
t	Varainhoitovuosi
TA	Talousarvio
TAE	Talousarvioesitys
TI	Euroopan yhteisöjen tuomioistuin
TKLTA	Täydentävä ja korjaava lisätalousarvio
TLTA	Täydentävä lisätalousarvio
TS	Toimielinten sopimus
TSK	Talous- ja sosiaalikomitea
TTI	Euroopan yhteisöjen tilintarkastustuomioistuin
TVS	Toimielinten välinen sopimus
UCLAF	Petostentorjunnan koordinointiyksikkö (*Unité de coordination de la lutte anti-fraude*)
USD	Yhdysvaltain dollari
VHA	Varainhoitoasetus
VSS	Vuoden 2002 varainhoitoasetuksen soveltamissäännöt

YAN	Yleisten asioiden neuvosto
YMP	Yhteinen maatalouspolitiikka
YOR	Yhteinen organisaatiorakenne
YTK	Yhteinen tutkimuskeskus
YUTP	Yhteinen ulko- ja turvallisuuspolitiikka

TUTKIMUKSEN TAVOITE JA ONGELMAN ASETTELU

Voidakseen vastata erilaisiin sisäisiin ja ulkoisiin lyhyen, keskipitkän ja pitkän ajan muutos- ja epävarmuustekijöihin eri maiden budjettijärjestelmät ovat vuosien kuluessa kehittäneet lukuisia erilaisia menetelmiä, keinoja ja menettelyjä, joilla voidaan varautua ja vastata toimintaympäristön muuttuviin tarpeisiin, haasteisiin ja muutoksiin eli – budjetin jousto –teorian käsitteistöä käyttäen (ks. alla luku 5) – kansalliset budjettijärjestelmät ovat kehittäneet vuosien saatossa muun muassa erilaisia vuotuisia ja ylivuotisia (monivuotisia) ulkoisen ja sisäisen jouston muotoja.

Tässä tutkimuksessa keskitytään kansallisten talousarviojärjestelmien sijasta *Euroopan unionin budjettijärjestelmään. Tavoitteena* on *budjetin jousto –teorian pohjalta* tutkia *EU:n talousarviojärjestelmän keinoja varautua ja vastata toimintaympäristönsä muutoksiin.*

Tarkemmat *tutkimusongelmat* ovat:

1) *onko Euroopan unionin budjettijärjestelmä sisältänyt erilaisia jouston muotoja yleisen talousarvion olemassa olon aikana vuodesta 1968 vuoteen 2010?*

2) (jos erilaisia jouston muotoja voidaan identifioida) *minkälaisia nämä jouston muodot ovat* ja *ovatko ne kehittyneet vuodesta 1968 vuoteen 2010?*

3) *mitä mahdollisia hyötyjä, rajoitteita ja/tai ongelmia* (mahdollisesti identifioitaviin) *joustomuotoihin ja niihin turvautumiseen on liittynyt?*

4) *ovatko eri "yhteisötasoiset" toimijat (ja ennen kaikkea Euroopan parlamentti, Euroopan unionin neuvosto ja Euroopan komissio) suhtautuneet eri joustomuotoihin ja niiden käyttöön eri tavalla?*

5) *ovatko "EU-15":n jäsenvaltiot* (ks. alla luku 2.2.1) *suhtautuneet eri joustomuotoihin ja niiden käyttöön eri tavalla?* ja

6) *mitä tämä asennoituminen mahdollisesti kertoo suhtautumisesta Euroopan unionin kehitykseen yleisemminkin?* Tämän viimeisen kysymyksen tarkoituksena on liittää *teoreettinen ja tekninen joustotutkimus laajempaan Euroopan unionin kehitystarkasteluun*[1] (ks. alla luvut 6 ja 7).

Edellä mainittuihin kysymyksiin, joita ei ole aikaisemmin tarkastelu kokonaisvaltaisesti tai tämän tutkimuksen laajuudessa, vastataan seikkaperäisesti *osajulkaisuissa I-IX* sekä alla *tulos- ja johtopäätösluvussa 6.*

Osajulkaisut on jaettu niin, että *julkaisut I-IV* käsittelevät kautta *1968-2002* ja *julkaisut V-VIII* ajanjaksoa *vuodesta 2003.*

Osajulkaisut I-VII on lisäksi järjestelty siten, että ensin tarkastellaan *vuotuisen ulkoisen jouston* mahdollisia muotoja, sitten *vuotuisen sisäisen jouston* mahdollisia muotoja ja lopuksi keskitytään *ulkoisen jouston* mahdollisiin muotoihin.

Osajulkaisu VIII kokoaa vuoden 2002 varainhoitoasetuksen keskeiset uudistukset ja *osajulkaisu IX* syventää osaltaan EU:n rahoitusnäkymien ja -kehysten eri joustomuotojen tarkastelua vuodesta 1988.

Osajulkaisuissa esitettyjen *tutkimustulosten synteettinen yhteenveto ja johtopäätökset* esitetään alla *luvussa 6.* Siinä tarkastellaan lisäksi osajulkaisuja huomattavasti yksityiskohtaisemmin *kahta viimeiseksi mainittua tutkimusongelmaa.*

---

[1] Tämä liittäminen ja tarkastelu tehdään kuitenkin vain alla luvussa 2.2.1 esitetyin rajoin sekä tiukoin ehdoin ja rajoituksin.

Kuten laadullisissa yhteiskuntatieteellisissä tutkimuksissa usein on tapana (ks. alla luku 2), aineistoa lähestyttiin tässäkin tutkimuksessa ilman tarkasti määriteltyjä ennakko-oletuksia. Tärkeintä oli selvittää *mitä* tapahtui ja *miksi* tapahtui (vrt. hallintotieteellisiä tarkastelutapoja käyttäen tavoiteltu hallinnon ja sen toiminnan "ymmärrys"; ks. esim. Salminen 2009, 223). Keskeiset tutkimusongelmakohtaiset *työhypoteesit* olivat kuitenkin:

- Euroopan unionin budjettijärjestelmässä esiintyy jouston muotoja, sillä myös EU:n budjettijärjestelmän on kyettävä vastaamaan toimintaympäristönsä muutoksiin,

- joustomuotojen määrä ja mahdollisuus niihin turvautumiseen on varsin rajoitettu, sillä jäsenvaltiot haluavat pitää kansainvälisen järjestön varainkäytön tiukasti valvonnassa(an),

- joustomuodot ovat kehittyneet yleisen talousarvion olemassaolon ajan, mutta mitään perustavanlaatuisia muutoksia ei sen sijaan ole tapahtunut,

- komissio on EU:n toimeenpanevana toimielimenä ollut ajamassa eri joustomuotojen lisäämistä ja niihin turvautumista, toisin kuin budjettivallan käyttäjä, joka on halunnut rajoittaa järjestelmän (kannaltaan) liiallista joustavuutta,

- "EU-15":n jäsenvaltioiden suhtautumisessa eri EU:n budjettijärjestelmän jouston muotoihin eri aikoina eri asiayhteyksissä on vaikeata löytää säännönmukaisuutta,

- "EU-15":n jäsenvaltioiden suhtautumisessa yhtäältä eri jouston muotoihin ja toisaalta Euroopan unionin kehitykseen on vaikeata löytää mitään yhteyttä.

Kuten tutkimuksessa osoitetaan, työhypoteeseja jouduttiin tarkistamaan kahta lukuun ottamatta työn kuluessa.

TEOREETTINEN VIITEKEHYS, AINEISTO JA MENETELMÄT

2.1 Tutkimuksen lähestymistapa ja teoreettinen viitekehys

Kuten esipuheessa on esitetty, tutkimuksen *lähestymistapa* on ranskalaisen *finances publiques communautaires* –koulukunnan tutkimusperinnettä ja -otetta myötäillen[2] voimakkaasti *hallintotieteellinen*, ennen kaikkea *finanssihallinnollinen lähestymistapa*.

Lähestymistavalle on muun muassa ominaista se, että siinä keskitytään erilaisiin finanssihallinnollisiin menettelyihin sekä niihin liittyviin etuihin ja rajoitteisiin paitsi eri toimijoiden myös finanssihallintojärjestelmän kokonaistoiminnan kannalta.

Tutkimukseen liittyy myös voimakas *poliittinen*, erityisesti *budjettivallan käyttöön* liittyvä näkökulma ottaen huomioon "budjettivaltaa" ja "budjettiautonomiaa" koskevien kysymysten merkitys EU:n finanssihallintojärjestelmän kehityksen ja sen tutkimisen kannalta (ks. alla luku 3.3).

Finanssihallinnollisiin menettelytapoihin liittyviä erilaisia *oikeudellisia* ja *taloudellisia* kysymyksiä tarkastellaan sen sijaan vain siinä määrin kuin ne ovat tarpeellisia tutkittavana olevien menettelyjen, niihin liittyvien rajoitteiden ja niiden käytön seurausten ymmärtämiseksi (vrt. *finances publiques communautaires* –koulukunnan "*toile de fond*" -ajattelu).

Tutkimuksessa otetaan huomioon tutkimusajankohtana voimassa oleva lainsäädäntö ("*droit existant*"). Tarkastelujakson jälkeen joulukuussa 2009 voimaan tulleeseen Lissabonin sopimukseen[3] tehdään siten vain lyhyitä viittauksia.

Lähestymistapa on kautta tutkimuksen "*EU-budjettijärjestelmäkeskeinen*" ja viittaukset kansallisiin budjetointijärjestelmiin tai -malleihin tai niissä kohdattuihin ongelmiin tehdään vain selventämismielessä tai esimerkin vuoksi (ks. esipuhe).

Menetelmäkirjallisuudessa (ks. esim. Quivy & Campenhoudt 2006 tai Mucchielli 2009) *tutkimusotteet* on perinteisesti jaoteltu kahtia, yhtäältä määrälliseen (kvantitatiiviseen) ja toisaalta laadulliseen (kvalitatiiviseen) analyysitapaan (tutkimukseen). Alla olevassa Taulukossa 1 seuraavalla sivulla on synteettisesti ja yksinkertaistaen esitetty molempien analyysitapojen metodologisia[4] eroja.

Finances publiques communautaires –koulukunnan tutkimusotetta ja lähestymistapaa myötäillen myös tämä tutkimus on *laadullinen, "ymmärtävä" hallinnontutkimus* (tutkimusotteen ollessa siten *kvalitatiivinen*[5]), jossa *(virallisten) asiakirjojen tarkastelu*

---

[2] *Paradigmaltaan finances publiques communautaires* –koulukunnan työt voidaan liittää ennen kaikkea *konstruktivistiseen* tieteentraditioon. Siten ontologinen oletus on ennen kaikkea *relativismi* ("(suhteellisen) todellisuuden" konstruoituessa paikallisesti ja spesifisti), epistemologinen oletus on ennen kaikkea *subjektivistinen* (mm. löydösten ollessa tutkijoiden "luomia") ja metodologia on ennen kaikkea *hermeneuttinen* (tiedonhankinnan perustuessa siten ennen kaikkea ilmiöiden merkityksen tutkimiseen ja tulkitsemiseen (tulkintaan; ks. esim. Isaac 1998, 2-10)). Hermeneuttisen metodin perusta on käyttäytymisen (ja hallintotieteellisessä tutkimuksessa hallinnon ja organisaatioiden toiminnan) ymmärtämisessä.

[3] EUVL N:o C 306, 17.12.2007, 1-269.

[4] Ari Salmisen (2009, 188) mukaan *metodologialla* haetaan hallintotieteissä vastausta periaatteessa kahteen kysymykseen: 1) mitä ovat hallintoa ja organisaatioita tutkittaessa metodit, käsitteet ja selitystavat ja miten ne voidaan loogisesti kuvata ja täsmentää sekä 2) mikä on näiden menetelmien noudattamisen perusta. Metodologia liittyy siten menetelmien (metodien) tarkasteluun ja arviointeihin. *Metodit* ovat puolestaan tutkimustekniikoita tai loogisia ja filosofisia periaatteita, jotka "heijastavat tieteellisen, tutkimuksellisen työn luonnetta. Tutkimustekniikoilla tarkoitetaan erilaisia menettelytapoja, joita käytetään tieteellisessä työskentelyssä" (mts. 188). Hallintoon ja sen prosesseihin liittyvät sisällöt "avautuvat" luonnollisesti eri tavalla riippuen siitä, mitä tutkimuksellista lähestymistapaa noudatetaan.

[5] Tämän mukaisesti tutkimuksessa ei esim. pyritä joustomuotojen kvantifiointiin – ainoat joustomuodot,

Taulukko 1. Määrällisen ja laadullisen tutkimusotteen metodologinen vertailu (Lähde/ *Source*: Taulukko perustuu teokseen Paillé & Mucchielli 2008, 1-299).
Table 1. Methodological comparison of quantitative and qualitative research approaches.

	Määrällinen tutkimus *Quantitative research*	**Laadullinen tutkimus** *Qualitative research*
Tiedonintressi *Interest*	Selittävä *Explanatory*	Ymmärtävä *Understanding*
Suhde teoriaan *Relation to theory*	Neutraali *Neutral*	Riippuvainen teoriasta *Theory-dependent*
Aineisto *Source materials*	Otos *Sample*	"Siivu" tutkittavasta toiminnasta *"Slice" of the activity studied*
Validiteetti *Validity*	Perustuu otannan edustavuuteen Mittauksen kyky mitata sitä, mitä halutaan tutkia *Based on the representativeness of the sample The measurability of the object of study*	Perustuu teoriaan Aineiston analyysin kyky tulkita sitä, mitä halutaan tutkia *Theory-based The extent to which the object of the study can be understood through the analysis of the source materials*
Reliabiliteetti *Reliability*	Mittauksen ei-sattumanvaraisuus Mittausvirheen arviointi *Non-randomness of the measurement Assessment of measurement errors*	Aineiston analyysin arvioitavuus ja "uskottavuus" *Possibility to assess the analysis and credibility ("believability")*
Tutkimustulokset *Results*	Tilastolliset korrelaatiot, kausaaliset selitykset jne. *Statistical correlations, causal explanations etc.*	Kuvaukset, tulkinnat ja "merkityksenannot" *Descriptions, interpretations, "attributions of meanings"*

muodostaa pohjan tutkimushavainnoille, tuloksille ja johtopäätöksille. Tutkimuksen pyrkimyksenä on siten Taulukkoa 1 mukaillen *"joustoilmiöiden" kuvaus, tulkinta ja merkityksenanto.*

Ari Salminen (2009, 191-192) kiteyttää keskeiset kvalitatiivisen hallinnollisen analyysitavan piirteet muun muassa seuraavasti[6]:

- hallintoa arvioidaan ensisijaisesti laadullisena ilmiönä,

- hallintoa pyritään selittämään, ymmärtämään ja tulkitsemaan intentionaalisuuden ja tavoitteellisuuden, teleologisuuden kautta: kaikki, mikä tapahtuu, tapahtuu tiettyä tarkoitusta varten,

- tutkimus kohdistuu ilmiöiden ainutkertaisuuteen, uniikkisuuteen ja samalla ilmiöiden kompleksisuuteen[7],

- tutkimusotteessa korostuu subjektivismi, toisin sanoen tutkija voi olla kiinteä osa tutkittavaa todellisuutta.

---

joiden kehitystä seurataan myös määrällisesti, ovat lisäbudjetit, varausmäärärahat ja varaukset. Toisaalta tutkimuksessa tarkastellaan myös yleisen talousarvion budjettikohtien määrän kehitystä (ks. osajulkaisut I-VII).

Lisäbudjettien, budjettikohtien sekä erilaisten varausmäärärahojen, varausten ja rahastojen määrällistä kehitystä on käsitelty tarkemmin teoksissa Saarilahti 2004a; 2008a; 2008b; 2009 ja 2011a.

[6] Salminen (2009, 192) myös korostaa, että "ymmärtävään hallinnontutkimukseen soveltuvat monet ensisijaisesti laadulliseen, ei-numeeriseen aineistoon nojaavat tiedonhankintatavat ja metodit" (ks. alla luku 2.2).

[7] Toisin sanottuna metodologia on idiografinen.

Laadullisen analyysitavan luonteen mukaisesti tutkimuksessa myös korostuu *teorian merkitys* havaintojen, tarkastelun, tulosten ja johtopäätösten ollessa voimakkaasti sidoksissa valittuun teoriaan ja riippuvaisia siitä[8]. Toisaalta havainnoista päästään tutkimustuloksiin tarkastelemalla (tulkitsemalla) niitä teorian kautta. Samalla yhteiskuntatieteille tyypillisesti aineiston empiirisiä havaintoja on toisinaan vaikeata täysin erottaa tutkimuksen tuloksista, havaintojen ollessa itsessään jo kiinnostavia EU:n budjettijärjestelmän toiminnan "ymmärtämisen" kannalta.

Metodikirjallisuudessa laadullisessa tutkimuksessa käytetylle *teorialla* asennetaan useita tehtäviä (ks. esim. *Rôle de la théorie*... 2010, 3-15), muun muassa:

- auttaa käsitteellistämisessä[9],

- jäsentää ja systematisoida tietoa,

- antaa yleisempää merkitystä yksittäisille tutkimustuloksille,

- ohjata uuden tiedon etsinnässä,

- paljastaa erilaisia oletuksia,

- auttaa asettamaan tutkimuskysymyksiä,

- auttaa tekemään havainnot ymmärrettäviksi liittämällä ne laajempiin käsitteisiin ja kokonaisuuksiin,

- edistää tutkimuksen hallittavuutta,

- edistää aineiston yleistettävyyttä,

- auttaa tulkintojen tekemisessä,

- avustaa merkityksenantoa.

Tämän tutkimuksen *teoreettisena viitekehyksenä* käytetään *budjetin jousto –teoriaa*. Teorian keskeisen merkityksen takia tämän tutkimuksen kannalta budjetin jousto –teorian sisältöä ja perusteita käsitellään jäljempänä luvussa 5 suhteellisen laajasti[10]. Samalla nähdään, että valittu teoria pystyy tyydyttävästi vastaamaan useimpiin yllä asetettuihin tehtäviin. Toisaalta on syytä korostaa tutkimuksessa käytetyn *teorian ja menetelmän* (ks. alla luku 2.2) merkitystä pyrittäessä välttämään, että työ muuttuisi vain "omien ennakkoluulojen empiiriseksi todisteluksi" (Alasuutari 2007, 82[11]).

Laadulliselle, ymmärtävälle hallinnontutkimukselle – kuten tällekin tutkimukselle[12] – on niin ikään usein tyypillistä *induktiivinen* päättely (logiikka), jossa pyritään tekemään yleistyksiä ja päätelmiä aineistosta nousevien seikkojen perusteella. Aineistoa pyritään tarkastelemaan monitahoisesti ja yksityiskohtaisesti nostaen siitä esiin merkityksellisiä aspekteja ja teemoja. Tämän mukaisesti (ks. esim. Dépelteau 2009, 97-411) tutkimuksen teossa noudatettiin seuraavia vaiheita:

[8] Luvun 2.1 laadullisen tutkimuksen metodologiaa ja lähestymistapaa koskevat kohdat perustuvat teoksiin "*La méthodologie qualitative*" (Paillé 2006), "*Manuel de recherche en sciences sociales*" (Quivy & Van Campenhoudt 2006), "*L'analyse qualitative en sciences humaines et sociales*" (Paillé & Mucchielli 2008) ja "*Hallintotiede. Organisaatioiden hallinnolliset perusteet*" (Salminen 2009).

[9] Eli tutkittavan ilmiön hahmottamista yleisellä, teoreettisella tasolla (ks. esim. Eskola & Suoranta 2008, 74-79).

[10] Tässä yhteydessä voi myös muistuttaa klassisesta ohjeesta, jonka mukaan juuri teorian esittely ja käyttö erottavat tutkimuksen esim. tutkimusraporteista ja selvityksistä (ks. esim. Eskola & Suoranta 2008, 79-83).

[11] Ks. myös Dépelteau 2009, 203-383 tai Mucchielli 2009, 143-145; vrt. myös alla luku 2.2.3.

[12] On aiheellista Hirsjärveä *et al.* (2009, 123-166, vrt. myös esim. Koskinen *et al.* 2005) mukaillen muistuttaa, milloin metodikirjallisuudessa katsotaan laadullisen tutkimuksen soveltuvan, eli silloin: 1) kun ollaan kiinnostuneita asioista, joita on vaikea mitata määrällisesti, 2) kun tavoitteena on löytää tai paljastaa tosiasioita (eikä todentaa jo olemassa olevia totuusväittämiä), 3) kun halutaan tutkia luonnollisia tilanteita joissa ei voi kontrolloida kaikkia vaikuttavia tekijöitä, 4) kun ollaan kiinnostuneita tapahtumien yksityiskohtaisista rakenteista ja 5) kun ollaan kiinnostuneita yksittäisten toimijoiden merkitysrakenteista.Toisaalta kvalitatiivista tutkimusotetta kehotetaan käyttämään muun muassa silloin, kun 1) lähtökohtana on toiminnan kuvaaminen kokonaisvaltaisesti (todellisuuden ollessa moninainen ja tapahtumien muun muassa muovatessa toinen toisiaan), 2) ei ole mahdollista irtautua arvo- tai teorialähtökohdista (arvojen ja teorian ohjatessa sitä, mitä ja miten tutkittavia ilmiöitä pyritään ymmärtämään ja selittämään) ja 3) tutkija ja tutkimuskohteena olevat asiat ovat sidoksissa (eli tutkija on esim. osallistunut asioiden käsittelyyn).Tutkimus täyttää kaikki nämä kriteerit, joten siinä käytetyt metodologia- ja menetelmävalinnat lienevät puolustettavia.

- valitaan tutkimuskohde ja muotoillaan tutkimusongelmat (ks. yllä luku 1),

- kerätään aineisto, jota tarkastellaan tutkimusongelmien kannalta omaksutun teoreettisen viitekehyksen sisällä (ks. osajulkaisut ja alla luku 6),

- etsitään havainnoista yleisiä linjoja ja yleistämismahdollisuuksia (ks. osajulkaisut ja luku 6),

- yhdistetään tulokset aikaisempaan tutkimukseen (ks. alla luku 3) sekä budjetin jousto –teoriaan (ks. alla luvut 5 ja 6).

Laadullista tutkimusta kuvataan usein metodikirjallisuudessa (ks. esim. Paillé & Mucchelli 2008, 1-45, vrt. myös esim. Alasuutari 2007, 40-54 tai Metsämuuronen 2008) vaiheittaiseksi prosessiksi, jossa ensin pelkistetään havaintoja tarkastelemalla aineistoa tietystä teoreettisesta ja metodologisesta näkökulmasta (eli keskittymällä "olennaiseen"), jonka jälkeen "pelkistetyistä" havainnoista pyritään niitä yhdistelemällä etsimään yhteisiä piirteitä. Vasta tämän jälkeen siirrytään tulosten tulkintaan (eli "ymmärtävään selittämiseen", tukeutuen tällöin teoreettiseen viitekehykseen ja muuhun alan tutkimukseen). Kvalitatiivisessa tutkimuksessa ei siten ole tarkoituksena määritellä esimerkiksi tyyppitapauksia tai keskiarvoyksilöitä, vaan tavoitteena on ennen kaikkea tutkittavan ilmiön "merkitystulkinnan" tekeminen[13]. Tämä on puolestaan olennaisesti kytköksissä valittuun teoreettiseen ja metodologiseen viitekehykseen ja lähestymistapaan.

Tutkimuksessa Euroopan unionin budjettijärjestelmän toimintaa suhteessa toimintaympäristöönsä tarkastellaan budjetin jousto –teorian[14] pohjalta, pelkistäen havaitut menettelyt alla luvussa 5 esitettyihin luokkiin ja tapauksiin. Teoriaa myös käytetään yhdistelemään havaittuja samankaltaisia (samanpiirteisiä) menettelyjä, jotta tutkimuksessa voitaisiin tehdä johtopäätöksiä EU:n talousarviojärjestelmän kokonaistoiminnan ja sen kehityksen kannalta.

Laadullisessa tutkimuksessa on harvoin kyse tutkimussuunnitelmassa muotoiltujen hypoteesien testaamisesta ja tutkimuksen edetessä aineistosta opitaan usein uutta tietoa. Siksi laadullisen tutkimuksen ominaispiirteitä ovat usein laaja-alainen aineiston kerääminen, mikä mahdollistaa kattavan ja monialaisen tarkastelun, sekä aineiston ja tutkimuskohteiden mahdollisimman kokonaisvaltainen tutkiminen.

Yllä ja seuraavassa luvussa 2.2 esitetyin rajoituksin myös tässä tutkimuksessa pyritään vastattaessa luvussa 1 esitettyihin tutkimusongelmiin ja -kysymyksiin *laaja-alaiseen aineiston keräämiseen* sekä *kokonaisvaltaiseen tarkasteluun*[15], jossa otetaan huomioon Euroopan unionin taloushallintojärjestelmän joustavuuden kannalta *keskeiset toimijat ja tekijät* kuitenkin niin, että tarkastelu pysyy "hallittavissa". Tässä yhteydessä on syytä alleviivata käytetyn teorian tarjoamaa tukea näihin tavoitteisiin pyrittäessä.

Toisaalta kuten Salminen (2009, 194) osuvasti muistuttaa "(t)utkittaessa hallintoa ja organisaatioita kvalitatiivisesti huomio kiinnitetään tulkintaan ja parempaan ymmärtämiseen. Tilastollisen päättelyn sijasta kohteen kuvauksen katsotaan nojaavan sen historialliseen spesifisyyteen ja erityisyyteen. Yleistettävyyden korvaa osittain käsitteellisen kehittyneisyyden vaatimus. Hallinnollisten ilmiöiden erilaisuuden, uniikkisuuden, osoittaminen ja perusteleminen muodostuvat analyysin tarkoitukseksi".

Lopuksi on syytä vielä korostaa useiden laadullisten hallinnollisten tutkimusten tapaan (ks. yllä) myös tämän tutkimuksen yhteydessä, että tekijän *oma tausta, kokemus ja osallistuminen* tutkimuskohteena olleiden asioiden valmisteluun ja seurantaan

---

[13] Pertti Alasuutari (2007, 44) käyttää tässä yhteydessä käsitettä "arvoituksen ratkaiseminen".

[14] Budjetin jousto –teoriaa käytetään tutkimuksessa klassisesti "instrumentaalisena teoriana" eli teoriana, joka "auttaa" tutkimuksen tekemisessä (ja jota vasten aineistoa arvioidaan; ks. esim. *Rôle de la théorie*... 2010, 3). Tulkintateorioina käytetään puolestaan "klassisia" integraatioteorioita (ja ennen kaikkea federalismia ja hallitustenvälisyyttä; ks. alla luku 5.6.1, vrt. esim. Saurugger 2009, 93-155).

[15] Vrt. Hirsjärvi *et al.* (2009, 123-166), jotka erottelevat muun muassa seuraavat kvalitatiiviselle tutkimukselle usein tyypilliset piirteet: kokonaisvaltaisuus tiedon hankinnassa, laadullisten metodien käyttö aineiston hankinnassa, kohdejoukon tarkoituksenmukainen hankinta (eli pidättäytyminen esim. satunnaisotannasta) ja tutkimussuunnitelman muotoutuminen tutkimuksen edetessä.

sekä niitä koskevaan päätöksentekoon on suonut "ulkopuoliselle tutkijalle" tarjottua paremman mahdollisuuden syventää ja laajentaa tutkimuksessa esitettyjä näkökulmia ja johtopäätöksiä, samalla kun se on tarjonnut ainutlaatuisen mahdollisuuden tulosten asettamiselle laajempaan EU:n toiminta- ja kehityskokonaisuuteen (vrt. esim. Paillé 2006, 99-123).

Pitkäaikainen osallistuminen tutkimuskohteena olleiden asioiden käsittelyyn myös vastaa kvalitatiivisessa tutkimuksessa toistuvasti korostettua intressiä päästä *lähelle tutkittavaa kohdetta*, tutkittavan asian "sisäpiiriläiseksi"[16] (ks. esim. Bryman 1988, 96-97; 2008). Toisaalta *tiedonintressi* on läpi tutkimuksen kiistatta laadulliselle tutkimukselle ominaisesti *ymmärtävä* ja *soveltava* (ks. esim. Bardin 2001).

2.2 Tutkimuksen rajaus, aineisto ja menetelmät

2.2.1 Tutkimuksen rajaus

Tutkimuksen tarkastelujakson aloitusvuodeksi on valittu *vuosi 1968*, vuoden ollessa yleisen talousarvion luontivuosi (ks. osajulkaisu I). Lopetusajankohdaksi on valittu *vuosi 2009*, sillä joulukuun 1 päivänä 2009 voimaan tullut Lissabonin sopimus muuttaa – ensimmäistä kertaa yli neljäänkymmeneen vuoteen – merkittävällä tavalla Euroopan unionin budjettijärjestelmän toimintaperusteita[17].

Tutkimuksessa keskitytään yksinomaan yleisen talousarvion *meno*puoleen (samoin kuin rahoitusnäkymiä ja -kehyksiä tarkastellaan *menojen* kannalta), eikä siinä siten puututa lukuisiin EU:n finanssihallintojärjestelmän tai yleisen talousarvion *tulo*puoleen liittyviin kysymyksiin ja joustomuotoihin[18]. Siten esimerkiksi yhteisöjen "omiin varoihin", jäsenvaltioiden "rahoitusasemiin" tai tulopuolen joustomuotoihin liittyvien ongelmien käsittely on tietoisesti jätetty tarkastelun ulkopuolelle.

Budjetin jousto –teoriaa sovellettaessa tarkastelussa otetaan huomioon, paitsi yleinen talousarvio ja (vuodesta 1988) EU:n rahoitusnäkymät ja -kehykset, myös *mahdollisuus olla kirjaamatta EU:n menoja niin yleiseen talousarvioon kuin rahoituskehyksiin*. Tutkimuksen kannalta menopuolen joustavuuden "laskennallisena rajana" on siten *EU:n omien varojen yläraja* (ks. osajulkaisun IX taulukko 59[19]). Tämä on keskeinen rajaus sillä kuten tutkimuksessa esitetään, unionissa on toistuvasti käyty keskustelua ja neuvotteluja erilaisten menojen pitämisestä rahoitusnäkymien ja/tai (täydellisyysperiaatteen vastaisesti) yleisen talousarvion ulkopuolella. Toisaalta rajaus asettaa joustavuuden "institutionaaliset", "taloudelliset" ja "juridiset" rajat myös tämän tutkimuksen kannalta. Omaksutun lähestymistavan mukaisesti tutkimuksessa ei kuitenkaan lähdetä arvioimaan esimerkiksi omien varojen ylärajan "sopivuutta" (jotta EU esim. voisi saavuttaa perustamissopimuksessa sille asetetut tavoitteet tai jotta sen budjettijärjestelmälle taattaisiin "kohtuullinen" joustavuus) tai ovatko erilaiset olemassa olevat tai esitetyt "poikkeukset" talousarvion täydellisyysperiaatteeseen oikeutettuja esimerkiksi hyvien kansainvälisten budjetointikäytäntöjen tai "hyvän budjetin" teoreettisesta näkökulmasta.

Tutkimuksessa nousee keskeiselle sijalle *järjestelmätasoinen tarkastelu* (eli niin kutsuttu makrotasoinen tarkastelu; ks. alla luku 5). "Toimintayksikkö-" ja "virkamiestasoista" toimintaa (eli "meso-" ja "mikrotasoja") käsitellään ja tarkastellaan vain siinä määrin kuin se on tarpeellista ongelmien esittämisen ja ymmärtämisen kannalta.

Valitun lähestymistavan mukaisesti (ks. yllä luku 2.1) tutkimuksessa ei esimerkiksi puututa sen tarkemmin kansallisiin budjettijärjestelmiin tai budjetointimalleihin, kuten ei myöskään käsitellä kuin viittauksenomaisesti Euroopan unionin budjetti-

[16] "Sisäpiiriläisyyden" etuja ja haittoja tutkimuksen teon kannalta on tarkasteltu alla luvuissa 2.2.3 ja 2.2.4.

[17] Lissabonin sopimuksen mukanaan tuomia muutoksia EU:n budjettijärjestelmään tarkastellaan laajemmin teoksessa Saarilahti 2011a.

[18] Kuten esim. jäsenvaltioiden mahdollisuuteen rahoittaa yhteisöjen toimintaa poikkeuksellisesti niin kutsutuin ennakkomaksuin (englanniksi *Intergovernmental advances/* ranskaksi *avances intergouvernementales*; ks. osajulkaisu I, vrt. esim. van Lier 1986a, 71-79). On kuitenkin huomattava, että EU:lle ominaisen järjestelmän mukaisesti "tulot seuraavat menoja", eikä päinvastoin.

[19] Tämän kirjan sivu 447. Vuodesta 2010, niin kutsutun FISIM-päätöksen seurauksena (ks. EUVL N:o L 87, 7.4.2010, 31-32), omien varojen ylärajana on ollut 1,29 % EU:n BKTL:sta maksusitoumuksiin käytettävinä määrärahoina ja 1,23 % maksumääräyksiin käytettävinä määrärahoina (ks. esim. Saarilahti 2011a, 173-174).

järjestelmään tai yleiseen talousarvioon liittyviä toteutus-, tarkastus-, tilintarkastus-, kirjanpito-, tilinpäätös-, vastuuvapaus-, arviointi-, seuranta- tai valvontanäkökohtia. Tutkimus ei myöskään ole lähestymistapansa mukaisesti esimerkiksi teoreettinen selvitys, synteesi tai analyysi olemassa olemasta kansallisesta tai EU-tasoisesta budjetointitutkimuksesta, vaan sen tarkoituksena on ennen kaikkea kehittää joustomuotojen teoreettista tutkimusta *finances publiques communautaires* –koulukunnan lähestymistavan pohjalta ja ehdoilla. Tutkimus ei myöskään ole unionissa vallitsevien joustokäytäntöjen kritiikki, vaan ennen kaikkea niiden "tulkki" (vrt. esipuhe).

On korostettava, että tutkimuksessa ei pyritä selvittämään *kaikkia* budjettijärjestelmän toimintaympäristönsä epävarmuuden hallintakeinoja, tai tutkimaan toimintaympäristöä tai sen epävarmuuselementtejä *sinällään* (ks. alla luku 5.5), vaan siinä rajoitutaan tutkimaan *tiettyjä* budjettijärjestelmän toimintaympäristön epävarmuuden hallintakeinoja budjetin jousto –teorian pohjalta ja siihen nojautuen (ks. osajulkaisut I-VII ja IX).

Tutkimuksessa keskitytään erityisesti toisiaan seuraavien *varainhoitoasetusten* sekä *vuosien 1988, 1993 ja 1999 toimielinten välisten sopimusten* (TVS) ja *vuoden 2006 toimielinten sopimuksen* (TS) tarkasteluun. Pääpaino on *vuoden 2002 varainhoitoasetuksen ja sen vuoden 2006 muutoksen*[20] sekä *vuoden 2006 toimielinten sopimuksen ja vuosia 2007-2013 koskevan rahoituskehyksen* tarkastelussa.

Käsiteltäessä *jäsenvaltioiden kantoja* eri joustomuotoihin tutkimuksessa keskitytään "jatkuvuuden ja vertailukelpoisuuden turvaamiseksi" *vain ennen 1.5.2004* yhteisöihin liittyneisiin jäsenvaltioihin ("EU-15"), eli seuraaviin maihin[21]: Belgia, Tanska, Saksa, Kreikka, Espanja, Ranska, Irlanti, Italia, Luxemburg, Alankomaat, Itävalta, Portugali, Suomi, Ruotsi ja Yhdistynyt kuningaskunta (ks. alla luku 6).

Lopuksi on erityisesti alleviivattava, että tämä tutkimus *ei* ole selvitys Euroopan unionin kehitystä tai jäsenvaltioiden ja unionin "käyttäytymistä" koskevista lukuisista teorioista. Tästä syystä alla luvussa 5.6.1 rajoitutaan tietoisesti vain lyhyesti *luettelemaan "pro memoria"* tunnetuimmat integraatioteoriat. Toisaalta luvussa 5.6.3 tarkastellaan yksinkertaisuuden vuoksi joustoja vain *kahden* integraatioteorian perspektiivistä[22]. Luvun tarkastelun tarkoituksena on puhtaasti syventää teoreettista *jousto*tarkastelua kahden "vastakkaisen" integraatioteorian näkökulmasta eikä esimerkiksi esitellä tai kehittää hallitustenvälisyyttä ja federalismin teoriaa sinällään[23]. EU:n kehitystä koskevien lukuisten integraatioteorioiden kriittinen esittely ja analyysi olisivat jo itsessään vaatineet tälle tutkimukselle varattua huomattavasti suuremman sivumäärän.

2.2.2 Tutkimuksen aineisto

Laadullisissa yhteiskuntatieteellisissä tutkimuksissa yleisesti hyväksyttyjen periaatteiden mukaisesti (ks. esim. Dépelteau 2009, 243-383) myös tässä tutkimuksessa[24] käytetään *harkinnanvaraista otantaa.*

---

[20] Kyse on vuoden 2002 varainhoitoasetuksen ensimmäisestä muutoksesta. Vuoden 2002 varainhoitoasetusta muutettiin toisen kerran joulukuussa 2007 (EUVL N:o L 343, 27.12.2007, 9-10; ks. esim. Saarilahti 2008a, 173). Muutoksella ei kuitenkaan puututtu joustomuotoja sääteleviin varainhoitoasetuksen artikloihin.

[21] Jäsenvaltiot on lueteltu EU:n virallisessa "protokollajärjestyksessä".

[22] Yksinkertaisuuden ja tutkimuksen hallittavuuden takia tarkastelusta on siten jouduttu jättämään pois esimerkiksi nykyisin keskeiseen asemaan nousseet "monitasoisen hallinnoinnin" teoriat.

Pitäytyminen tässä tutkimuksessa tarkasteltaessa budjetin jousto –teoriaa ja Euroopan unionin kehitysteorioita vain hallitustenvälisyydessä ja federalismissa lienee kuitenkin puolesteltavissa, sillä näin saadaan tuotua kaikkein parhaiten esille tarkasteluun liittyvät keskeiset kysymykset, ongelmat ja seuraukset ("perusasetelmat"), samalla kun saadaan katettua teoreettisen tarkastelukentän "ääripäät" ja "koko spektri", seikkoja "jotka ovat aina eduksi teoreettisia vertailuja ja typologioita tehdessä" (Wessels 1992, 8). Hienosyisempien erojen erittely muiden teorioiden avulla, paitsi että se heikentäisi esityksen selkeyttä, ei myöskään sinällään muuttaisi asetelman teoreettisia perusteita tai tarkastelun perusrakenteita.

"Hyvän hallinnoinnin" teoriat yhdistettynä monitasoiseen hallinnointiin budjetin joustojen ja Euroopan unionin kehityksen kannalta ovat kuitenkin tekijän tekeillä olevan, tämän tutkimuksen ongelmanasettelua syventävän jatkotutkimuksen aihe.

[23] Teorioita on tarkasteltu laajemmin teoksessa Saarilahti 1993a.

[24] Luku 6.2 muodostaa kuitenkin poikkeuksen, sillä siinä tarkastellaan *kaikkia* kokousasiakirjoja jotka koskivat neuvoston budjettikomitean, "*ad hoc*" –työryhmän, puheenjohtajavaltion tukiryhmän tai pysyvien edustajien komitean kokouksia, joissa käsiteltiin tutkittuja joustokysymyksiä.

Tutkimuksen aineisto on siten valittu *tarkoituksenmukaisesti* ja *teoreettisesti perustellen* (vrt. esim. Eskola & Suoranta 2008, 18 ja 60-62). Aineiston valinnan peruslähtökohtana on, että dokumenttianalyysin kohteina ovat viitekehyksen kannalta *keskeiset asiakirjat* kuitenkin niin, että tutkimuksen kannalta vähemmän merkitykselliset dokumentit on jätetty pois (ks. esim. Mucchielli 1991, 11-12 tai Dépelteau 2009, 302).

Toisaalta sillä aineistoa pyritään tutkimaan laadullisissa tutkimuksissa usein mahdollisimman perusteellisesti, korostuu aineiston valinnassa paitsi laatu myös sen *koko*. Siten myös tässä tutkimuksessa pyritään aineiston *kattavuuteen* suhteessa siihen, millaista analyysia ja tulkintaa siitä tehdään (ks. esim. Bardin 2001).

Tarkemmin määriteltynä tutkimukseen aineisto koostuu *dokumenteista*[25], joita voidaan kutsua *luonnollisiksi aineistoiksi* (*Naturally occurring data/ données naturelles*), eli aineistoiksi, jotka ovat "olemassa tutkimuksen tekemisestä ja tekijästä riippumatta", "luonnollisissa tilanteissa" (vrt. esim. Alasuutari 2007, 84). Tämä tarjoaa hyvän lähtökohdan aineiston tarkastelulle valitusta lähestymistavasta.

Vielä täsmällisemmin määriteltynä tutkimuksen aineisto koostuu Euroopan unionin virallisessa lehdessä[26] (EUVL) julkaistuista EU:n lainsäädäntöasiakirjoista ja budjettidokumenteista (mukaan luettuina käyttöpäätökset[27]), Euroopan unionin toimielinten virallisista dokumenteista ja kokousasiakirjoista (eli "institutionaaliset lähteet" jotka ovat kaikki primaarilähteitä) sekä EU:n finanssihallintokysymyksiä käsittelevästä kirjallisuudesta (sekundäärilähteet) seuraavasti:

- Euroopan unionin virallisessa lehdessä vuosina 1968-2011 julkaistu *lainsäädäntö*[28] (eli virallisessa lehdessä julkaistut säädökset ja säännökset) muodostavat keskeisen aineiston lähteen. Tutkimuksessa käytetyt oikeuslähteet on koottu erilleen tämän kirjan sivuille 145-152;

- *budjettitoimielinten ja EY:n tilintarkastustuomioistuimen laatimat (julkaistut ja julkaisemattomat) asiakirjat* muodostavat toisen merkittävän aineistolähteen. Käytetyt dokumentit on systemaattisesti osoitettu tutkimuksessa ja merkitty lähdeluetteloon;

- eri joustomuotoihin *turvautumista* on tarkasteltu virallisissa lehdissä julkaistujen *käyttöpäätösten* avulla[29];

- eri joustomuotoihin turvautumisessa kohdattuja *ongelmia* tarkastellaan *yhteisöjen vuotuisia budjettiprosesseja käsitteleviä artikkeleita apuna käyttäen*[30], täydennettynä EU:n budjetointia käsittelevillä *tutkimuksilla ja selvityksillä*[31];

"EU-15":n jäsenvaltioiden (ks. yllä luku 2.2.1) *suhtautumista* eri joustomuotoihin ja niiden kehitykseen tarkastellaan vuoden 2002 varainhoitoase-

---

[25] Vrt. esim. Salminen (2009, 192): "Muodostettaessa kvalitatiivista hallintokuvaa tarvitaan ensisijaisesti kirjallisuusanalyysien käyttämistä. Kirjallisuus tarkoittaa (...) hallinto- ja yhteiskuntatieteellistä tutkimusta, (...) (toimi)elimien toiminnasta tuotettuja virallisaineistoja, lainsäädäntöä, arkistoituja tiedostoja, tieteellisiä lehtiä ja sanomalehtiä, (...), pöytäkirjoja, vuosikertomuksia (...) yms.". Dokumenteiksi voidaan lukea kuuluviksi kaikki tutkittavasta ilmiöstä kirjoitettu, puhuttu tai kuvata materiaali, jopa esineistö (ks. esim. Prior 2003, 2 tai Mazière 2010, 90-91; vrt. esim. Saarilahti 1991a). Tässä tutkimuksessa on kuitenkin valittu rajoitetumpi näkökulma, ja dokumenteilla tarkoitetaan ainoastaan luvussa 2.2.2 mainittuja kirjoitettuja aineiston lähteitä. Asiakirja-termiä käytetään synonyyminä dokumentille.

[26] Nimeltään Euroopan yhteisöjen virallinen lehti (EYVL) 31.1.2003 asti.

[27] Eli EU:n virallisjulkaisut.

[28] EU:n ollessa "oikeusyhteisö" sen toiminnot perustuvat erilaisiin oikeusperusteisiin (*Legal basis/ base légale*). "Lainsäädäntö" on yllä käsitettävä laajassa merkityksessä, sillä se kattaa tässä tutkimuksessa myös esim. niin kutsutut pehmeät oikeuslähteet ("*Soft law*"; ks. osajulkaisut I ja III-VIII).

[29] On huomattava, että virallisessa lehdessä (sen L-sarjassa) julkaistaan (korjauksineen) myös hyväksytty yleinen talousarvio ja budjettivuoden aikana mahdollisesti hyväksytyt lisäbudjetit.

[30] Nämä artikkelit on koottu tämän kirjan sivuille 142-144.

[31] Dokumenttien valinnassa ei ole päädytty valmiiksi "selittäviin" tai "ymmärtäviin" aineistoihin ja olemassa olevaa tutkimuskirjallisuutta käytetään siten ennen kaikkea *täydentävänä aineistona.* Käytetyt tutkimukset ja selvitykset on paitsi esitetty osajulkaisuissa, myös koottu lähdeluetteloon (ks. tämän kirjan sivut 159-198).

tuksen ja sen vuoden 2006 muutoksen sekä vuoden 2006 toimielinten sopimuksen (TS) ja vuosia 2007-2013 koskevan rahoituskehyksen hyväksymistöiden yhteydessä jäsenvaltioiden edustajien *neuvoston budjettikomiteassa*, "*ad hoc*" –*työryhmässä*, *puheenjohtajavaltion tukiryhmässä* ja *pysyvien edustajien komiteassa* vuosina 2001-2006 esittämien kantojen pohjalta, siten kuin ne on merkitty *kokousasiakirjoihin* (ks. alla luku 6).

Koska aineisto koostuu ennen kaikkea virallisessa lehdessä julkaistuista tai muista virallisista EU:n toimielinten dokumenteista, ei tutkimuksessa ole lähdetty tekemään varsinaista lähdekritiikkiä. Toisaalta käytettyjen dokumenttien merkitys lähteinä lienee ilmeinen.

Koskien olemassa olevaa erittäin runsaasta julkisyhteisöjen finanssihallintoa ja budjetointia koskevaa tutkimuskirjallisuutta, tutkimuksessa on tehty seuraavat rajaukset etenkin "työn hallittavuuden" varmistamiseksi:

- keskeiset ja kuuluisimmat *finances publiques communautaires* –lähestymistavan edustajien työt kuuluvat luonnollisesti tutkimuksen keskeisiin sekundäärilähteisiin, ja niihin (etunenässä Guy Isaacin ja Daniel Strasserin töihin, mutta myös esim. Jean-Paul Jacquén, Joseph Lentzin, William Nicollin, Aymeric Potteaun, Stephan Walderin tai Peter Zanglin budjetointia käsitteleviin tutkimuksiin ja julkaisuihin[32]) tehdään lukuisia viittauksia,

- kuten väitöskirjatyöhön kuuluu, siinä tehdään viittauksia eräisiin keskeisiin etenkin yhdysvaltalaista (ks. alla) mutta myös ranskalaista (vrt. esim. Gaston Jèzen ja Pierre Lalumièren teokset) ja suomalaista (vrt. esim. Eino Purhosen, Kaarlo Tuorin ja Tauno Vesasen julkaisut) budjettitutkimusperinnettä edustaviin "klassikoihin" (ks. alla erityisesti luvut 3.2-3.4), mutta yleisrajausten ja rajauksen mukaisesti (ks. esipuhe sekä luvut 1 ja 2.2.1) tutkimuksen pääpaino on finanssihallinnollisessa budjetointi- ja päätöksentekotutkimuksessa, siten kuin sitä ovat vieneet eteenpäin töissään etenkin Naomi Caiden, Charles E. Lindblom, Irene S. Rubin, Allen Schick, Herbert A. Simon, Daniel Tarschys tai Aaron Wildavsky,

- tutkimuksessa sovelletun budjetin jousto –teorian keskeiset lähteet on yksilöity alla luvuissa 3.4 ja 5. Kuten tutkimuksessa esitetään, kokonaisvaltaista yleisen talousarvion sekä rahoitusnäkymien ja -kehysten tarkastelemiseen soveltuvaa teoreettista tarkastelukehikkoa ei kuitenkaan ole aikaisemmin julkaistu.

Tutkittaessa Euroopan unionin budjettijärjestelmän poliittista toimintaympäristöä (joka on jälleen tutkimuksen yleisrajauksen mukaisesti keskeisessä asemassa) varsin käyttökelpoiseksi ja hyödylliseksi viimeaikaiseksi lähteeksi osoittautui Johannes Lindnerin väitöskirjatutkimus vuodelta 2006. Lindnerin työ ohjasi rajauksensa ja käytettyjen lähteiden kautta myös tämän tutkimuksen rajauksia kuitenkin niin, että tässä tutkimuksessa – Lindneristä poiketen – pitäydytään *finances publiques communautaires* –koulukunnan lähestymistavassa ja budjetin jousto –teoriassa niistä seuraavinee rajauksineen.

Lopuksi on korostettava, että tämän tutkimuksen alaviitteissä viitataan suureen määrään erilaisia tutkimuksia ja julkaisuja. Tämä tehdään kuitenkin vain ongelmien syventämismielessä tai lisäinformaation lähteenä käsittelyn alla olevaa ongelmakohtaa koskien.

Kvalitatiivisen aineiston *merkittävyyden* arviointi on usein hankalaa (ks. esim. Mäkelä 1998, 48). Tässä tutkimuksessa se lienee kuitenkin valitun viitekehyksen kannalta kiistaton, samalla kun aineiston *riittävyys* lienee hyvä, jos riittävyydellä tarkoitetaan sitä, ettei uusi aineisto edes suurella työllä enää toisi esille tutkittavasta aiheesta merkittäviä uusia piirteitä[33].

---

[32] Ks. Jacqué 1981; 1983; 1991, Lentz 1995, Nicoll 1984; 1986a; 1986b; 1988a; 1988b, Potteau 2004, Walder 1992 ja Zangl 1989; 1993; 1997.

[33] Tosin sanottuna tutkimuksen aineisto on lähellä "kyllääntymistä" (ks. esim. Eskola & Suoranta 2008, 62-64 tai Hirsjärvi *et al.* 2009, 168-169) siinä mielessä, että se riittää tuomaan esille teoreettisen peruskuvion ja uusi aineisto tuskin enää toisi merkittävää uutta tietoa tutkimuskohteesta.

Toisaalta on muistettava tutkimuksen kvalitatiiviselle hallinnontutkimukselle ominainen luonne, jolloin tutkimus "ei perustu niinkään koottujen havaintojen ja yksityiskohtien lukuisuuteen kuin havaintojen merkittävyyteen, laadulliseen kattavuuteen ja järkevään arvioitavuuteen" (Salminen 2009, 194).

Lopuksi on syytä mainita, että alla luvussa 4 esitetyt *EU:n toimielinten virkamiesten käsitykset* eri joustomuodoista perustuvat vuosina 2003 ja 2004 tehtyihin kyselytutkimuksiin, joihin vastasi yli 150 eri (talous)hallintotehtävissä olevaa virkamiestä. Näiden kyselyjen tulokset on esitetty tässä tutkimuksessa vain informaatiomielessä.

Kuten monikielisten dokumenttien analyysissä usein käy, myös tässä tutkimuksessa tuli esille kysymys *käytettävistä kieliversioista* – ja eroista kieliversioiden välillä[34]. Tutkimuksessa on siten systemaattisesti noudatettu periaatetta, jonka mukaan tarkastelun kohteeksi on valittu dokumentti sillä kielellä, millä se on laadittu. Käytännössä tämä tarkoittaa sitä, että vuoteen 2005 asiakirjoja on tarkasteltu niiden ranskankielisen version pohjalta, ja sen jälkeenkin vain eräissä harvoissa tapauksissa englanninkielisen version pohjalta, mikäli se on ollut dokumentin laatimiskieli. Jos alkuperäisessä asiakirjassa on kuitenkin havaittu ilmeinen virhe, tekstiä on verrattu eri käännösversioihin virheen oikaisemiseksi.

2.2.3 *Tutkimusmenetelmät*

Tässä tutkimuksessa käytetään havaintojen aikaansaamiseksi (sekä havaintojen erottelemiseksi tuloksista) *dokumenttianalyysiä* sellaisena kuin sitä sovelletaan *finances publiques communautaires* -koulukunnan tutkimuksissa[35] (ks. esim. Isaac 1998).

Dokumenttianalyysi lasketaan ranskalaisessa yhteiskuntatieteellisessä tutkimusperinteessä osaksi laajempaa sisällön analyysiä[36] (ks. esim. Mucchielli 1991, 2-11). Sen keskeiset piirteet on koottu Taulukkoon 2.

Taulukko 2. Sisällön analyysi tutkimusmenetelmänä (Lähde/ *Source*: Dépelteau 2009, 245 ja 293-314).
Table 2. Content analysis as method.

Lähestymistapa ***Approach***	**Edut** ***Advantages***	**Haitat** ***Disadvantages***	**Lähtökohdat** ***Starting points***	**Tarkastelutapa** ***Approach***
Induktiivinen tai deduktiivinen *Inductive or deductive*	Laaja kattavuus *Extensive coverage* Mahdollistaa vertailut (yli ajan ja eri lähteiden välillä) *Lends itself to comparisons (over time and between different sources)* Mahdollistaa muutosten tarkastelun *Lends itself to study change* Mahdollistaa "syväanalyysin" *Lends itself to "in depth analysis"* Suo tutkijalle tietyn vapauden *Gives the researcher a certain freedom*	Vaatii paljon aikaa *Takes a lot of time* Koskee vain todellisuuden "ilmentymismuotoja" *Deals only with "manifestations" of reality* Tulkintojen teon vaikeus (esim. liian suuren subjektiivisuuden vaara) *Obstacles to interpretation (e.g. a risk of too great subjectivity)*	Dokumentit ovat olemassa ja saatavilla *Documents exist and are available* Dokumentit ovat (ainakin jossain määrin) vertailukelpoisia *Documents are (at least to a certain degree) comparable*	Kvalitatiivinen *Qualitative* Kvantitatiivinen *Quantitative* Ilmeinen sisältö (merkitys) *Manifest content (meaning)* Piilevä sisältö (merkitys) *Implicit (latent) content (meaning)*

[34] Kuten tutkimuksessa osoitetaan, virallisessa lehdessä julkaistuissa dokumenteissa on toisinaan huomattaviakin eroja eri kieliversioiden välillä, virheistä eri kieliversioiden välillä puhumattakaan.
[35] On kuitenkin muistettava että laadullisissa tutkimuksissa käytettyjä menetelmiä on useissa yhteyksissä arvosteltu muun muassa siitä, että menetelmät ovat usein tarkemmin määrittelemättömiä tai enemmän löyhiä periaatteita kuin tarkkoja sääntöjä, mikä vaikeuttaa niiden käyttöä (ks. esim. Quivy & Van Campenhoudt 2006, 11-20). Tämän johdosta kvalitatiivisessa tutkimuksessa korostuu usein – kuten tässäkin tutkimuksessa – aineiston tulkinnan merkitys.
[36] Vrt. esim. Ariadne Vromen (2010, 257-258) englantilaisen tutkimustradition osalta.

Esimerkiksi René L'écuyer (1987, 50) määrittelee sisällön analyysin menetelmänä seuraavasti: "Sisällön analyysi tutkimus- ja aineistonkeruumenetelmänä perustuu erilaisten dokumenttien tarkasteluun siten, että asiakirjoista voidaan löytää yhteisiä (ominais)piirteitä, joiden tarkastelu ja tulkinta auttavat ymmärtämään asiakirjojen tarkan merkityksen ja tarkoituksen (tutkimusongelmien asettamaa taustaa vasten)".

Dokumenttianalyysiä[37] pidetään yleisesti hyvänä vaihtoehtona tutkimusmenetelmäksi silloin kun – kuten tässä tutkimuksessa – aineiston kerääminen esimerkiksi kyselyin tai haastatteluin on erittäin vaikeaa tai mahdotonta (ks. esim. Quivy et Campenhoudt 2006, 11-21). Toisaalta se soveltuu käytettyyn teoreettiseen viitekehykseen ja lähestymistapaan.

Fançois Dépelteau (2009, 296-314) korostaa etenkin seuraavien tekijöiden merkitystä käytettäessä dokumenttianalyysimenetelmää:

- menetelmän "epäsuora luonne" ja tähän liittyvät erilaiset näkökohdat ja rajoitukset: dokumenttianalyysissä tarkastellaan *epäsuoran tarkastelun menetelmin* asiakirjoja, jotka on laadittu tietyssä tilanteessa tiettyyn tarkoitukseen;

- dokumentteja voidaan tarkastella kvantitatiivisesti, jolloin ollaan kiinnostuneita esimerkiksi tiettyjen sanojen (kuten "joustavuus") esiintymisfrekvensseistä asiakirjoissa. *Kvalitatiivisissa* tutkimuksissa (kuten tässä tutkimuksessa) mielenkiinto kohdistuu puolestaan tiettyjen teemojen (kuten "jouston muodot") identifioimiseen ja niiden laaja-alaiseen tarkasteluun[38];

- *ilmeisen* ja *piilevän* sisällön (*contenu manifeste vs contenu latent*) erittelyn merkitys. Ensimmäinen koskee dokumentin sisällön tarkastelua suoraan ja ainoastaan sellaisenaan, eli sen tarkastelua, "mitä asiakirjassa sanotaan sellaisena kuin se on laadittu" (L'écuyer 1987, 51). Piilevän merkityksen tarkastelu ulottaa tutkimuksen tarkastelemaan esimerkiksi materiaalin "merkityksiä" (mts. 51). Tässä tutkimuksessa niin kutsutussa "ensimmäisen tason käsittelyssä" pitäydytään tarkastelemaan sitä mitä asiakirjoissa on sanottu (eli "haluttu (suoraan) sanoa"). Tätä täydennetään kuitenkin *finances publiques communautaires* –koulukunnan lähestymistavan mukaisesti "toisen tason käsittelyllä", jolloin pyritään asettamaan asiakirjat kontekstiinsa sekä tulkitsemaan (ja "ymmärtämään") asiakirjojen taustalla olevia laajempia syy-seuraussuhteita ja kehityskulkuja tutkimusongelmien valossa;

- dokumenttianalyysi mahdollistaa *kehitysten* ja *muutosten* tarkastelun johon päästään, jos tarkastellaan samoja toimijoita eri aikoina ja toimijoiden laatimia asiakirjoja pitemmällä aikavälillä. Tästä syystä tässä tutkimuksessa tarkastellaan dokumentteja lähes 45 vuoden ajalta (eli vuosilta 1968-2011, ks. yllä luku 2.2.), ja

- menetelmä mahdollistaa osaltaan (jopa monia muita tutkimusmenetelmiä paremmin, ks. esim. Paillé & Mucchielli 2008, 99-274 tai Angers 2010, 169) *systemaattisuuden*, *kattavuuden*, *vertailtavuuden* ja aiheen *syventämisen*. Toisaalta se antaa tutkijalle vapauden soveltaa omaa lähestymistapaansa ja teoriaansa – sekä tarjoaa mahdollisuuden oman "kokemuspohjansa" käyttöön (ks. yllä luku 2.1).

Dokumenttianalyysimenetelmän neljänä suurena "haittapuolena" nostetaan puolestaan tutkimuskirjallisuudessa usein esille (ks. esim. Prior 2003, 145-163 tai Dépelteau 2009, 313-314):

- menetelmän käytön (eli asiakirjojen hankinnan ja tarkastelun) vaatima suuri *aika* – esimerkiksi tämän tutkimuksen tekoon meni yli kymmenen vuotta;

- dokumenttien mahdollinen *vaikea saatavuus*. On aivan ilmeistä, että esimerkiksi tämän tutkimuksen on voinut tehdä vain "sisäpiiriläinen" jo pelkästään aineistona käytettyjen dokumenttien vaikean saatavuuden takia;

---

[37] Dokumenttianalyysin perusteet on käsitelty varsin kattavasti esim. teoksissa L'écuyer 1987, 49-65, Mucchielli 1991 tai Prior 2003; 2008, 345-360.

[38] Vrt. esim. Madeleine Grawitz (1990, 699): "Määrällisessä tutkimuksessa tärkeätä on se, mikä esiintyy usein, laadullisessa tutkimuksessa puolestaan se, mikä on uutta, merkittävää tai tärkeätä tutkimuksen kannalta, tämän ollessa tietenkin subjektiivista".

- "*objektiivisen todellisuuden*" vaikea todentaminen – tästä syystä tässäkin tutkimuksessa korostetaan, että esitetyt tulokset ovat vain "(Euroopan unionin) todellisuuden subjektiivinen tulkinta", ja

- tutkijan "*subjektiivisten näkemysten*"[39] (eli tutkijan ennakkoasenteiden ja -näkemysten) mahdollinen vaikutus havaintoihin, tuloksiin ja johtopäätöksiin, joka voi vielä korostua "sisäpiiriläistilanteessa".

Näitä kohtia käsitellään osaltaan seuraavassa luvussa 2.2.4.

2.2.4 Tutkimuksen kattavuus, validiteetti ja reliabiliteetti

Tutkimusta voidaan pitää varsin *kattavana*, jos kriteerinä käytetään Euroopan unionin budjettijärjestelmän erilaisten keinojen varautua ja vastata toimintaympäristön muutoksiin laajaa ja pitkän aikavälin tarkastelua[40] valitun lähestymistavan ja teorian rajoissa. Tutkimusaineisto käsittää huomattavan suuren määrän dokumentteja (ja esim. kaikki keskeiset lainsäädännölliset asiakirjat) ja tutkimuksessa pystytään suhteellisen tarkasti seuraamaan merkittävimmiksi arvioitujen EU:n talousarviojärjestelmän joustomuotojen kehitystä eri keskeisten toimijoiden näkökulmasta. Toisaalta tulkinta ei perustu satunnaisiin aineiston osiin (Mäkelä 1998, 48). Tutkimus ei kuitenkaan pyri tarkastelemaan *kaikkia* mahdollisia jouston muotoja, tai ottamaan huomioon *kaikkien* toimijoiden näkemyksiä (ks. yllä luvut 1-2.2.3). Samalla lähestymistavan, teorian ja rajauksen mukaisesti tutkimuksessa ei pyritä käsittelemään esimerkiksi *kaikkia* mahdollisia budjettijärjestelmän toimintaympäristönsä epävarmuuden hallintakeinoja, tai tutkimaan toimintaympäristöä tai sen epävarmuustekijöitä itsessään (ks. luvut 2.2.1 ja 5.5).

Myös selvitettäessä jäljempänä luvussa 6.2 "EU-15":n jäsenvaltioiden kantoja Euroopan unionin budjettijärjestelmän joustavuuteen[41], tarkastelun kohteeksi on otettu koko tutkimuksen kannalta "relevantti" aineisto (eli kaikki maiden neuvottelupositioita käsittelevät kokousasiakirjat). Tutkimus vastaa siten osaltaan kysymykseen miten ao. jäsenvaltiot suhtautuivat keskeisten joustomuotojen muutos- ja kehitysehdotuksiin tarkasteltujen kolmen merkittävän viimeaikaisen neuvotteluprosessin aikana EU:n budjettijärjestelmän joustavuuden kannalta[42]. On kuitenkin samalla selvää, että tulokset rajoittuvat vain edellä mainittuihin kolmeen tapahtumaan, ja tarvitaan vielä lisätutkimuksia laajemmalta ajalta ja muista yhteyksistä jotta voitaisiin saada kattavampi kuva jäsenvaltioiden suhtautumisesta Euroopan unionin budjettijärjestelmän eri joustomuotoihin ja niiden kehittämiseen. Nämä tutkimukset auttaisivat omalta osaltaan vahvistamaan tai mahdollisesti kumoamaan tässä tutkimuksessa esitetyt tulokset ja johtopäätökset.

Dokumenttianalyysin perinteistä ongelmaa, eli "*subjektiivisuuden korostumista*" voidaan pyrkiä vähentämään – kuten tässä tutkimuksessa on tehty – tarkastelemalla aineistoa laajasti, kriittisesti[43] ja useasta näkökulmasta[44], koko ajan pitäen mielessä dokumenttianalyysin peruskysymykset "*kuka on laatinut asiakirjan, missä tarkoituksessa sekä missä ajankohdassa ja yhteydessä (kontekstissa)?*" (ks. esim. Prior 2003, 89-163 tai L'écuyer 1987, 49-65).

Tutkijan ennakkoasenteiden ja ennakkonäkemysten mahdollista vaikutusta lopputuloksiin[45] voidaan edellä mainitun lisäksi vähentää keskittymällä piilevän sisällön sijasta ennen kaikkea ilmeisen sisällön analysointiin, kuten tutkimuksessa on tehty.

Toisaalta tilanteessa, jossa tutkija on lähellä (tai osa) tutkittavaa kohdetta, ei sovi aliarvioida ongelmaa,

[39] Menetelmän "epäsuoran tarkastelutavan" luonteen mukaisesti (ks. yllä luku 2.2.3).
[40] Toisaalta tutkimusongelmien laaja-alainen ja kattava tarkastelu on dokumenttianalyysin perinteiden mukaista (ks. yllä luku 2.2.3).
[41] Tavoitteena on niin ikään löytää kannoista yhteisiä, yleisiä, toistuvia piirteitä (ks. alla luvut 6.3 ja 7).
[42] Eli vuoden 2002 varainhoitoasetuksen hyväksymisprosessin, sen vuoden 2006 muutosprosessin ja vuoden 2006 toimielinten sopimuksen ja vuodet 2007-2013 kattavan rahoituskehyksen sopimusneuvottelujen aikana.
[43] Dokumenttiaineiston kriittisellä tarkastelulla tarkoitetaan tässä tutkimuksessa François Dépelteaun (2009, 313 ja 285-286) esittämien eri näkökohtien huomioon ottamista tarkastelussa.
[44] Mukaan luettuna ottamalla laajasti huomioon muu aihetta käsittelevä tutkimus (ks. alla luvut 3.2 ja 3.3).
[45] Eli tutkijan "subjektiivisten ennakkoasenteiden ja -näkemysten" vaikutusta asiakirjojen tarkastelun ja tulkinnan yhteydessä (ks. yllä luku 2.2.3).

joka syntyy tutkijan *oman kielen* ("meta-narratiivin") ja *tutkittavien objektien kielen* ("objektinkielen") suhteesta. Tutkimuksessa (sen narratiivissa) on siten tietoisesti *reprodusoitu objektinkielet* asettautumalla ennen kaikkea virallisten dokumenttien "neutraaliksi esittelijäksi". *"Kriittinen tutkimuksellinen meta-narratiivi"* – mikä mahdollistaa tarvittavan tutkimuksellisen etäisyyden objektista – varataan yhteenvetoluvuille. Näin menettelemällä saavutetaan kaksi etua: molemmat narratiivit on mahdollista pyrkiä erottamaan toisistaan ja tiedeyhteisön on oletettavasti helpompaa arvioida, miten tutkijan "objektin" asema on mahdollisesti vaikuttanut tutkimustuloksiin. "Kääntöpuolena" on tietenkin etenkin se, että osajulkaisujen diskurssi (kieli) on tällöin luonteeltaan ja asultaan deskriptiivistä.

Laadullisessa tutkimuksessa tutkimuksen *validiteetti* on samalla yleisesti sidoksissa käytettyyn teoriaan ja menetelmään (ks. yllä luku 2.1). Eräs tutkimuksen keskeisistä anneista *finances publiques communautaires* -koulukunnan teoreettisille töille, paitsi osoittaa, että budjetin jousto -teorian avulla voidaan koota yhteen erillisinä pidettyjä ja tutkittuja menettelyjä ja tehdä niistä johtopäätöksiä koko budjettijärjestelmän tasolla, on osoittaa, että budjetin jousto -teoriaa voidaan soveltaa myös Euroopan unionin budjettijärjestelmän eri joustavuuselementtien ja niiden perusteiden tutkimiseen. Samalla voidaan yleisesti katsoa, että tutkimuksen analyysi "tulkitsee sitä, mitä halutaan tutkia" (ks. esim. Paillé & Mucchielli 2008, 23-45 tai vrt. Seale 2008, 379-389) ja tulkinta on yleistettävissä koko tutkimusaineistoon. Analyysin kohteeksi on samalla valittu asiakirjat, joiden voidaan kiistatta katsoa auttavan selvittämään sitä, mitä tutkitaan (ks. esim. Paillé 2009, 209).

Julkaistujen säädösten ja säännösten sisällön ja kehityksen tulkinnan pätevyyttä ja "objektiivisuutta" (ks. yllä) kiistanalaisissa tapauksissa, joissa ei ole esimerkiksi olemassa yhteisöjen tuomioistuimen ratkaisua asiasta, on vahvistettu tutkimuksessa tarvittaessa EU:n budjettitoimielimissä ja tilintarkastustuomioistuimessa työskentelevien asiantuntijoiden kanssa käydyin keskusteluin, täydennettynä tarvittaessa ulkopuolisten asiantuntijoiden ja tutkijoiden kanssa käydyin keskusteluin. Sikäli kun luotettavaan "asiantuntijoiden konsensukseen" ei ole ollut mahdollista päästä (vrt. esim. Ehlermann & Minch 1981, 23-42, Wallace 1986, 263-282 tai Cammarata 1995, 25-57), tutkimuksessa esitetään tällöin – milloin vain mahdollista – keskeisten toimijoiden puolustama tulkinta tai näkemys, usein "yli ajan".

On kuitenkin korostettava, että mitä ajassa "kaukaisemmista" asioista (ja vanhemmista dokumenteista) on kyse, sitä suuremmaksi kasvaa "virhetulkintojen" mahdollisuus, useiden 1960- ja 1970-luvulla yhteisöjen finanssihallintokysymysten parissa työskennelleiden vastuuvirkamiesten ollessa jo eläkkeellä ja siten vaikeasti tavoitettavissa, ja tekijän osallistuttua yhteisöjen finanssihallinnolliseen työhön vasta 1990-luvun puolivälistä[46]. Siten tämän tutkimuksen osalta voi pitää perusperiaatteena, että aika *ennen* vuoden 1977 varainhoitoasetusta (eli ajanjakso, jota käsitellään ennen kaikkea *osajulkaisuissa I-IV*) sisältää mahdollisesti eniten "tulkintatulkinnanvaraisuuksia", kun taas sen jälkeisen ajan tarkastelu, joka on huomattavasti paremmin dokumentoitu, on edellistä jaksoa "varmemmalla pohjalla".

Tutkimuksen *luotettavuuden* toisen osa-alueen, eli yleisen *reliabiliteetin* suhteen voidaan edellä mainitun lisäksi todeta, että siinä määrin kuin tutkimuksessa tarkastellut yhteisöjen ja unionin virallisessa lehdessä julkaistut dokumentit korjauksineen ovat "oikein"[47], tutkimuksessa esitetyt tiedot antavat hyvin dokumentoidun ja "täydellisen" kuvan eri jous-

---

[46] Ja EU:n vuotuisiin budjettiprosesseihin 2000-luvun alusta. Ensimmäiset ajatustenvaihdot Guy Isaacin, Daniel Strasserin ja Jean-Paul Mingassonin kanssa (viimeksi mainittu toimi vuosina 1989-2002 komission budjettipääosaston pääjohtajana) ajoittuvat vuosille 1992 ja 1993. Samalle ajalle sijoittuvat myös tekijän ensimmäiset yhteisöjen finanssihallintoa käsittelevät tutkimukset (Saarilahti 1993a ja 1993b).

[47] Tutkimuksessa esitetään tapauksia, joissa esim. virallisessa lehdessä julkaistut luvut ovat ilmiselvästi virheellisiä. Toisaalta virallisen lehden eri kieliversiot voivat eräissä tapauksissa poiketa toisistaan. Tästä syystä tutkimuksessa aineisto on aina peräisin dokumentista, jotka on laadittu "alkukielellä". Näin menettelemällä voidaan myös minimoida erilaisten käännösvirheiden aiheuttamia ongelmia (ks. esipuhe ja luku 2.2.3). Toisaalta esitetyt tiedot ja luvut on aina kun se on mahdollista tarkistettu vähintään kahdesta toisistaan riippumattomasta dokumentista (lähteestä). Siten esim. tutkimuksessa esitettyjä talousarviolukuja on systemaattisesti verrattu kirjanpidon järjestelmissä esiintyviin lukuihin. Samaan aikaan sekundäärilähteissä esitettyjä tietoja on systemaattisesti verrattu keskenään.

tomuodoista, niiden esiintymisestä ja kehityksestä tarkasteluajanjaksolla. Toisaalta aineiston analyysi on esitetty perinpohjaisesti osajulkaisuissa I-IX ja alla luvussa 6, mikä mahdollistaa toistettavuuden sekä analyysin objektiivisuuden ja tulkinnan ristiriidattomuuden arvioitavuuden, kuten tieteellinen käytäntö vahvistettavuusperiaatteineen[48] vaatii (ks. esim. Dépelteau 2009, 247).

Siirtyminen "teknisluonteisesta" joustojen ja niiden kehityksen tarkastelusta laajempaan EU:n kehityksen tarkasteluun on luonnollisesti ongelmallista, erityisesti jos halutaan mennä EU-tutkimuksessa "klassista" toimielinten valtasuhteita ja niiden kehitystä koskevaa tarkastelua pitemmälle (ks. yllä luku 1.4).

Linkki suhtautumisessa järjestelmän joustavuuteen ja EU:n kehitysnäkemykseen tehdään tutkimuksessa yksinkertaisuuden vuoksi kahden perinteisen, käytännössä "vastakkaisen" yhteisöjen ja unionin kehitysnäkemyksen eli "hallitustenvälisen" ja "federalistisen" näkemyksen avulla (ks. alla luku 5.6.1, vrt. esim. Saurugger 2009, 93-155). Samalla joudutaan jälleen tyypittelemään jäsenvaltioita ja niiden esittämiä kantoja. Hienosyisempien erojen esille tuominen olisi vaatinut huomattavasti nyt tehtyä yksityiskohtaisempaa näkemysten tarkastelua ja analysointia sekä myös muunlaisten integraatioteorioiden käyttöä (ks. alla luvut 5.6.1-5.6.3). Tällöin olisi kuitenkin menetetty yksinkertaistamisen ja tyypittelyn mukanaan tuomia kiistattomia etuja, jotka ovat korvaamattomia tarkastellessa niinkin laajoja ja monisyisiä asioita kuin budjettijärjestelmän joustavuus, jäsenvaltioiden näkemykset ja Euroopan unionin kehitys.

[48] Eli päätyisivätkö muut tutkijat samankaltaisiin johtopäätöksiin ja miten "ristiriidattomia" esitetyt tulkinnat ovat (vrt. "asiantuntijoiden konsensus" ja tutkijoiden "yksimielisyys tuloksista"; Paillé 2009, 290-291).

BUDJETTI JA BUDJETOINNIN TUTKIMUS

3.1 Valtion talousarvio vs yleinen talousarvio

3.1.1 Talousarviot

Taloudellisen yhteistyön ja kehityksen järjestön (OECD) mukaan[49] valtioiden (ja siten myös EU:n jäsenvaltioiden) talousarviot (tulo- ja menoarviot eli budjetit[50]) ovat "asiakirjoja, joissa määritetään niiden taloudellisten voimavarojen rajat ja kohdentaminen, joita hallitukset käyttävät parantaakseen kansalaisten sosiaalista ja taloudellista hyvinvointia tarjoamalla tukea ja palveluita. Budjetit ovat myös merkittävä taloudellinen ohjausväline.

Budjetit syntyvät prosessissa, jossa ministerit, kansanedustajat ja virkamiehet käyvät sellaista keskustelua erilaisten näkemysten hyötyjen ja haittojen yhteensovittamisesta, jonka tuloksena on sopiminen voimavarojen kohdentamisesta.

Ne ovat tulos sovittelusta hallituksen toimien haluttua laajuutta ja sisältöä koskevien eriävien näkemysten kesken.

Budjetit myös ohjaavat virkamiehiä käyttäytymään siten, että kansalaisille tarkoitettu tuki ja palvelut toteutuvat sekä hallinnossa että käytännössä, ja vastaamaan julkisten varojen käytöstä sekä saavutetuista tuloksista" (*Le budget*... 2011, 3).

3.1.1.1 Talousarvioiden tehtävät

OECD:n yllä luvussa 3.1.1 esitetty määritelmä ensinnäkin painottaa sitä, että "talousarviot" ovat *normatiivisia, ohjaavia* ja *preferenssejä asettavia* mutta myös *deskriptiivisiä* ja *kokoavia asiakirjoja*. Näitä talousarvioiden eri puolia on tarkasteltu laajemmin esimerkiksi Robert D. Leen, Ronald W. Johnsonin ja Philip G. Joycen teoksessa "*Public Budgeting Systems*" (Lee *et al.* 2008, 17-19, vrt. myös esim. Bouvier *et al.* 2010).

Määritelmä myös painottaa budjeteille asetettuja *erilaisia tehtäviä*. Tehtävät on kirjallisuudessa jaoteltu ja niitä on painotettu eri tavoin maasta, ajankohdasta ja näkökulmasta riippuen. 1960-luvulle asti korostettiin eri maissa etenkin budjetin *oikeudellisia, tilinpidollisia, ohjauksellisia* ja *valvonta*-tehtäviä ja valtion talousarvio nähtiin yleisesti valtion taloudenhoitoa koskevana suunnitelmana tiettyä varainhoitovuotta varten ja toimeenpanoviranomaisia velvoittavana ohjeena[51] (ks. esim. Eckstein 1959, 3-4, Einzig 1959, 2, Merikoski 1964, 281 tai Vesanen 1965, 6). Kaarlo Tuorin (1985, 22-23) sanoin: "Budjettihistoriaa yleistäen voi väittää, että aluksi (budjettien tehtävien) painopiste oli ohjaus- ja valvontatehtävässä. Absolutististen valtioiden nykyajan näkökulmasta varsin alkeellisia budjetteja käytettiin monarkin ja tämän lähimpien apulaisten

---

[49] Vrt. myös *The control*... 1987, 10 ja Saarilahti & Uusikylä 1991, 7: "Valtion budjetit ovat esityksiä niiden taloudellisten voimavarojen rajoista ja allokoinnista, joita hallitukset käyttävät pyrkiessään parantamaan palveluitaan ja lisäämään kansalaisten sosiaalista ja taloudellista hyvinvointia. Ne ovat kompromisseja eriävistä näkemyksistä, jotka pyrkivät määrittelemään hallituksen toimintojen laajuutta ja muotoa. Budjetit syntyvät prosessissa, jossa ministerit, kansanedustajat ja virkamiehet käyvät keskustelua erilaisten näkemysten hyödyistä ja haitoista. Tämä näkemys lopulta konkretisoituu allokoitaviin resursseihin. Budjetin välityksellä myös luodaan virkamiehille ja yleisemmin hallinnolle ne puitteet, joiden sisällä hallinto pyrkii täyttämään sille kuuluvaa palvelutehtäväänsä".

[50] Kuten esipuheessa on esitetty, tutkimuksessa käsitteellä "talousarvio" viitataan nimenomaan *valtioiden* talousarvioihin. Euroopan yhteisöjen ja unionin yhteydessä talousarviolla tarkoitetaan vuonna 1968 luotua *yleistä talousarviota*. Käsitettä "budjetti" käytetään synonyymina talousarviolle.

[51] Toisin sanottuna, vallitsevan "kameralistisen" näkemyksen mukaisesti budjetti nähtiin yleisesti ennen kaikkea *oikeudellisena* säätelyvälineenä, jolla ohjataan ja valvotaan hallinto(koneisto)a. Vrt. kuitenkin esim. Paula Tiihonen ja Seppo Tiihonen, joiden mukaan "Oikeuskirjallisuudessa budjetin tehtävät määriteltiin (Suomen) itsenäisyyden alussa toisin kuin nykyisin [jolloin budjetti nähdään ennen kaikkea "oikeudellisena konstruktiona"]. Vuosisadan alussa budjetilla katsottiin olevan laajoja, kansantaloudellisia tehtäviä (...). Esim. Karl Willgren korosti jo 1920-luvulla budjetin merkitystä taloudellisen kehityksen ohjaajana. (...)

välineenä keskittyvän ja byrokratisoituvan hallintokoneiston kontrolloimisessa. Ohjaus- ja valvontatehtävä korostui myös siinä kamppailussa, jota Länsi-Euroopan valtioiden kansanedustuslaitokset sittemmin kävivät finanssivaltansa täydellistämisestä".

Samaan aikaan esimerkiksi taloustieteen tutkijat keskittyivät tarkastelemaan budjetin merkitystä muun muassa *taloudellisen kehityksen* ohjaajana, ja määrittelivät budjetin ennen kaikkea "valtion talouden hoitoa ja sen kehitystä koskevaksi suunnitelmaksi" (ks. esim. *Budgetary Systems*... 1959, 2).

Ajan hengen mukaisesti 1960-luvulla[52] ryhdyttiin korostamaan erityisesti budjettien *poliittisia* tehtäviä[53], 1970-luvulla budjettien *valtiontaloudellisia* ja *finanssipoliittisia* tehtäviä[54] ja 1980-luvulla budjettien *hallinnollisia* ja *suunnittelu*tehtäviä[55]. Tuori kiteyttää 1980-luvun puolivälissä budjetin eri suunnittelutehtävät seuraavasti:

"Eduskunnan hyväksyttävä budjetti (...) palvelee yhtäältä eduskunnan harjoittamaa *toimeenpanokoneiston ohjausta ja valvontaa* sekä toisaalta *suunnittelutehtäviä*. Budjetin oikeusvaikutukset ovat liitettävissä nimenomaan edelliseen tehtävään: budjetti on toimeenpanoelimiä tietyissä rajoissa juridisestikin sitova suunnitelma.

Budjetin suunnittelutehtävä on vielä eriytettävissä alalohkoihin. Ensimmäistä suunnittelutehtävää voi kutsua *fiskaaliseksi*: budjetin avulla pyritään huolehtimaan valtion menojen sopeuttamisesta sen tuloihin, menojen kattamisesta (valtiontalouden "fiskaalinen" tasapaino). Fiskaalisen suunnittelun ytimenä on siis valtion maksuvalmiuden, likviditeetin, turvaaminen.

Fiskaalisen suunnittelun ohella budjetti on myös valtion lyhyen aikavalin *tehtäväsuunnittelun* väline. Niinpä menoarvio sisältää kannanoton eri valtiotehtävien keskinäisiin painotuksiin budjettivuotena, sikäli kuin painotukset ovat mitattavissa rahamääräisesti. Budjetissa myös täsmennetään yhteiskuntapoliittisia tavoitteita eri tehtäväalueilla. Tällaisia tavoitteenasetteluja esitetään ennen muuta budjetin yleisperusteluissa, toisinaan myös yksityiskohtai-

---

Eino Purhonen siirsi 1950-luvulla painopistettä budjetin oikeudelliseen tehtävään. Tauno Vesasen ja Kaarlo Tuorin tulkinnat poikkeavat jonkin verran Purhosesta, mutta päälinja on sama: budjetti on ensi sijassa oikeudellinen sääntelyväline, jolla ohjataan ja valvotaan toimeenpanokoneistoa (...). 1950-luvulta lähtien on pääasiassa tuotu esille vain budjetin oikeudellinen ja tilinpidollinen tehtävä. Tosiasiassa budjetin tehtävät ovat kehittyneet päinvastoin" (Tiihonen & Tiihonen 1990, 123).

[52] Kansainvälisessä ja etenkin yhdysvaltalaisessa budjettiteoreettista keskustelussa voidaan erotella 1960-luvulta 1990-luvulle ainakin seuraavat kaudet: "*suunnitteluoptimismin kausi*" (1960-luvulta 1970-luvun puoliväliin), "*inkrementalismin kausi*" (erityisesti 1970-luvulla), "*dekrementalismin kausi*" (1970-luvun loppupuolelta 1980-luvun puoliväliin) ja "*deregulaation kausi*" (1980-luvun puolivälistä) (ks. esim. Saarilahti & Uusikylä 1991, 78; 1992, 33-42, vrt. luku 1.3).

[53] Vrt. esim. Eino Purhosen (1961, 39-41) esittämät ja Suomessa usein siteeratut valtion talousarvion kolme päätehtävää: 1) budjetin *oikeudellinen* tehtävä, jonka tarkoituksena on asettaa oikeudelliset rajat hallituksen ja sen alaisten hallintovirkamiesten taloudenhoidolle; 2) budjetin *poliittinen* tehtävä joka ilmenee siitä, että eduskunta budjettivallan mukana saa itselleen myös ratkaisevan poliittisen vallan ja 3) budjetin *finanssipoliittinen* tehtävä, jonka keskeisenä osana on valtion tarpeiden tärkeysjärjestyksen ratkaiseminen sekä talouselämän suhdannekehitykseen vaikuttaminen määrittämällä valtion tulot ja menot sekä niiden välisen suhteen.

[54] Ks. esim. Auld 1976, 2, Galloway 1976, 2-3 tai Beck 1981, 2-7.

[55] Vrt. esim. Eero Pitkäsen (1980, 24) ja Asko Saviahon ym. (1981, 16) esittämä Suomen valtion tulo- ja menoarvion tehtävien ryhmittely: 1) *perustuslaillinen* tehtävä, 2) *poliittinen* tehtävä ja 3) *hallinnollinen* tehtävä tai Jaakko Nousiaisen (1985, 366) näkemys valtion budjetista 1) *taloudellisena suunnitelmana*, 2) *oikeudellis-hallinnollisena, viranomaisia sitovana ohjeena* sekä 3) *poliittisena ohjelmana ja valtuutuksena sen toteuttamiseen.*

Budjetin rakenneryhmä korosti ajan hengen mukaisesti 1980-luvulla myös muun muassa budjetin *informaatiotehtävää*: "Valtion tulo- ja menoarvion keskeinen tehtävä on eduskunnan päätöksellä määritellä hallitukselle ja hallinnolle ne määrärahapuitteet, joissa valtiontaloutta tulee hoitaa varainhoitovuoden aikana. Sillä on siten valtiontalouteen kohdistuva keskeinen ohjaustehtävä. Toisaalta tulo- ja menoarvioesitys sisältää hallituksen esityksen määrärahoiksi perusteluineen, ja sillä on tällöin keskeinen valtiontaloutta koskeva informaatiotehtävä eduskunnan suuntaan. Tähän informaatiotehtävään kuuluu tietojen antaminen toisaalta siitä, mihin määrärahat on tarkoitus käyttää, ja toisaalta siitä, mitä tuloksia niillä on tarkoitus saada aikaan" (*Budjetin*... 1989, 1).

sissa perusteluissa. Tehtäväsuunnittelun näkökulmasta budjettia on joskus luonnehdittu poliittiseksi ohjelmaksi, jonka hyväksyessään eduskunta samalla ottaa myönteisen kannan hallituksen yleiseen poliittiseen linjaan ja antaa hallitukselle (poliittisen) valtuutuksen ryhtyä toteuttamaan tuota ohjelmaa (esim. Purhonen 1961, 40).

Budjetin avulla harjoitettava *talouspoliittinen suunnittelu* on syytä erottaa muusta yhteiskuntapoliittisesta suunnittelusta erilliseksi tehtävälohkoksi. Talouspolitiikkaa voi tosin pitää yhtenä yhteiskuntapolitiikan osa-alueena muiden osa-alueiden joukossa. Talouspoliittisella suunnittelulla on kuitenkin budjettiprosessissa muuhun yhteiskuntapoliittiseen suunnitteluun nähden eräänlainen ristikkäinen ja kokoava asema: talouspoliittisen suunnittelun kohteena ovat paitsi yksittäiset tulo- ja menoerät myös budjettitalous kokonaisuutena. Talouspoliittiset tavoitteet ja niitä palvelevat toimenpidekannanotot ulottavat näin vaikutuksensa myös muuhun yhteiskuntapoliittiseen suunnitteluun ja rajoittavat siinä omaksuttavien ratkaisujen liikkuma-alaa.

Toisin kuin fiskaalisessa suunnittelussa talouspoliittisessa suunnittelussa budjetin vaikutuksia ei arvioida pelkästään valtiontalouden vaan koko kansantalouden näkökulmasta. Budjetin avulla tavoiteltavat kokonaistaloudelliset vaikutukset saattavat kytkeytyä joko lyhyen aikavälin suhdannepolitiikkaan – ennen muuta työttömyyden torjumiseen ja inflaation hillitsemiseen – tai sitten pitemmän aikavalin, esimerkiksi kasvu-, rakenne- tai aluepoliittisiin, tavoitteisiin" (Tuori 1985, 21-22).

1990-luvulla keskityttiin yleisesti tutkimaan erityisesti budjettien *talouspoliittisia*[56], *hyvinvointipoliittisia* ja *hallinnollisia tehtäviä* (ks. esim. Tiihonen & Tiihonen 1990, 124, vrt. myös Tiihonen 1989, 161), kun taas 2000-luvulla ovat tulleet uudelleen muotiin etenkin budjettien erilaisten *taloudellisten* tehtävien tarkastelu (ks. esim. *Le budget*... 2011, 4). Tällöin eritellään yleensä toisistaan budjettien "*allokaatiotehtävä*" (eli päättäminen resurssien jakamisesta), budjettien "*(re)distributiivinen tehtävä*" (eli vaikuttaminen esim. tulonjakoon) ja budjettien "*stabilisaatiotehtävä*" (eli toimiminen suhdannepoliittisena välineenä; mts. 4-5, vrt. esim. Hackbart & Ramsey 2002, 172-187 tai Korkman 2005, 167-173).

3.1.1.2 Talousarvioille asetettuja vaatimuksia

Riippumatta siitä, mitä erilaisia budjettien tehtäviä halutaan korostaa, ne joka tapauksessa asettavat erilaisia *vaatimuksia* valtioiden talousarvioille ja niiden rakenteelle[57]. Siten esimerkiksi budjetin *oikeudellisen* ja *tilinpidollisen* tehtävän toteuttaminen vaatii budjetilta tietynasteista hallintotoiminnan yksityiskohtiin asti ulottuvaa juridista sitovuutta, kun taas *poliittinen* tehtävä edellyttää budjetilta mukautumiskykyä esimerkiksi muuttuneiden poliittisten valtasuhteiden mukaisesti.

Budjetin *hallinnollinen* tehtävä edellyttää puolestaan päätöksenteon, toimeenpanon ja valvonnan (mukaan luettuna edellä mainitun "*informaatiotehtävän*" hoitamisen) tarpeiden huomioon ottamista, kun taas *taloudellisena ohjausvälineenä* toimiminen sekä siihen liittyvät tehokkuus- ja taloudellisuusvaatimukset edellyttävät budjetilta muun muassa tiettyä väljyyttä ja "joustavuutta"[58], jotta talousarvion laatijat ja toteuttajat pystyisivät ottamaan huomioon esimerkiksi taloudellisessa toimintaympäristössä tapahtuneet muutokset ja vastaamaan niihin.

---

[56] Mukaan luettuna valtion budjettien tehtävien tarkastelua kansantalouden ja talouspolitiikan kannalta (vrt. Saarilahti & Uusikylä 1991, 102-103: "Myös julkinen budjettikeskustelu on tiedotusvälineissä usein käyty budjetin taloudellisten ja viime vuosikymmeninä ennen muuta suhdanne- ja työllisyyspoliittisten tehtävien pohjalta. Onkin totta, että budjetissa otetaan kantaa ainakin seuraaviin asiakokonaisuuksiin: 1) kansantalouden kokonaiskehitykseen, 2) talouspolitiikan kehitykseen, 3) julkisen sektorin laajuuteen, 4) julkisen talouden sisäiseen rakenteeseen ja valtion ja kuntien väliseen työnjakoon, 5) eri hallinnonalojen väliseen painotukseen, 6) julkisen ja yksityisen sektorin työnjakoon, 7) alueelliseen kehitykseen, 8) tulonjakoon ja 9) hallinnon organisointiin, toimintaan ja virastojen henkilöstö- ja muihin resursseihin. Hyvinvointivaltioon liittyvät lisäksi erityisesti kannanotot 10) hyvinvointivaltion tehtäviin, niiden määrään, laatuun ja keskinäisiin suhteisiin, sekä 11) hyvinvointivaltion palvelujen jakautumiseen").

[57] Talousarvioiden rakenteelle asetettuja vaatimuksia on tarkasteltu esim. teoksissa Saarilahti 2004a; 2008b, vrt. myös esim. Strasser 1992b, 150 ja "hyvän budjetin ongelma", luku 5.4.

[58] Joustavuudella tarkoitetaan tässä yhteydessä ennen kaikkea kykyä selviytyä lyhyen aikavälin taloudellisista epävakaisuuksista hyödyntämällä jatkuvaa budjetin tulojen ja menojen tarkkailua ja tekemällä tämän

Aaron Wildavskyn ja Naomi Caidenin (2004, 184) sanoin:

"(Talousarvioilla ja budjetoinnilla) pyritään edistämään jatkuvuutta (suunnittelusyistä), muutosta (politiikkojen arvioimiseksi), joustavuutta (talouden vuoksi), kurinalaisuutta (menojen rajoittamiseksi) ja avoimuutta (vastuusyistä).

Näissä erilaisissa ja (jossain määrin) vastakkaisissa tavoitteisissa piilee syy siihen, miksi budjetteihin ollaan aina tyytymättömiä. Ilmeistä on, että budjetoinnille ei ole löydettävissä yhtä yksittäistä muotoa, jolla voitaisiin samalla aikaansaada jatkuvuutta ja muutosta sekä budjettikuria ja joustavuutta, eikä sovi ihmetellä, että taho, joka tähtää johonkin tiettyyn tavoitteeseen, ei ole budjetointiin tyytyväinen (...).

Jos tietty budjetoinnin muoto täyttää erinomaisesti yhden kriteerin, saattaa todennäköisyys sille kasvaa, että jonkin toisen kriteerien täyttäminen heikkenee. Suunnittelu edellyttää ennakoitavuutta ja talouden hallinnointi muuntautuvuutta. Saattaakin olla niin, ettei budjetoinnille ole löydettävissä ihannemuotoa. Tässä tapauksessa kysymys kuuluu: onko tehtävä sopuratkaisu valitsemalla prosessi, joka täyttää erinomaisesti yhden kriteerin ja huonosti muut, vai onko valittava joku toinen prosessi, jossa huomioidaan kaikki kriteerit mutta ei mitään niistä täydellisesti?

Budjetointi on joka tapauksessa myös poliittinen työkalu. Jos päätöksiä ei pystytä panemaan täytäntöön, ne mitätöityvät, ja sen vuoksi toimet, joilla päätöksille voidaan antaa pontta, ovat yhtä tärkeitä kuin se, että valitaan oikea menettely. Budjetoinnin heijastusvaikutukset ristiriitoihin ja laskelmiin – päätöksentekokykyyn ja kykyyn antaa niille pontta – on myös otettava huomioon. Kun eriävät kannat sekoittavat laskelmat (ts. vallitsee dissensus tai täydellinen konsensuksen puute), epätietoisuus siitä, olisiko parempi sallia jonkinlainen yhteisymmärrys vai jatkaa taistelua, voivat tulla tärkeämmiksi kuin budjetoinnin muiden tätä tavoiteltavampien ominaisuuksien tavoittelu".

3.1.2 Euroopan yhteisöjen yleinen talousarvio

Yhtä vähän kuin Euroopan yhteisöjen yleistä talousarviota voidaan rinnastaa "perinteisten" kansainvälisten järjestöjen budjetteihin (ks. alla luku 4), on yleistä talousarviota sen erityisluonteen ja lukuisten erityispiirteiden takia vaikeata rinnastaa sellaisenaan jäsenvaltioiden tulo- ja menoarvioihin, ei edes liittovaltiomuotoisten jäsenvaltioiden "liittobudjetteihin"[59] (vrt. esim. Régnier-Heldmaier 1999, 9-85). Siten niin yleisen talousarvion *tehtävät*, sille asetetut *vaatimukset*, sen *kehitys*, sen *koko* (loppusumma), siihen merkittyjen *tulojen ja menojen sisältö, luonne ja rakenne* sekä siihen sovellettavat *finanssihallinnolliset säädökset ja säännökset* ovat yleismaailmallisestikin ottaen varsin ainutlaatuisia. Samalla yleisen talousarvion laadintaa ohjaavat *budjettiprosessi* sekä EU:n *budjettijärjestelmä* ja sen *toimintaympäristö* ovat hyvin erikoislaatuisia.

Yleisen talousarvion tehtäviä ja sille asetettuja vaatimuksia ovat tarkastelleet lähemmin muun muassa Strasser 1992a, Sapir *et al.* 2004 tai Korkman 2005, vrt. myös Saarilahti 2004a; 2008a; 2008b ja yleisen talousarvion "modernisointityön" yhteydessä vuodesta 2007 tehty tutkimustyö (ks. esim. Saarilahti 2011a).

EU:n budjettijärjestelmän erityispiirteitä tarkastellaan alla luvussa 4.1.1 ja EU:n budjettiprosessin erityispiirteitä luvuissa 4.1.2-4.1.4. Yleisen talousarvion erityispiirteitä tarkastellaan puolestaan luvussa 4.2.1 ja yleisen talousarvion kehitystä sekä siihen sovellettavia säädöksiä ja säännöksiä luvuissa 4.2.2 ja 4.2.3.

Edellä mainituista syistä johtuen tässä tutkimuksessa on omaksuttu *"EU-lähtöinen" lähestymistapa* (ks. esipuhe ja luku 2). Siten esimerkiksi viittaukset kansallisiin budjetointijärjestelmiin ja -malleihin ovat vain satunnaisia kuitenkaan unohtamatta, että unionin finanssihallinnossa on toistuvasti hyödynnetty jäsenvaltioiden (ja perinteisesti ennen kaikkea ranskalaisessa, mutta viime aikoina yhä enemmän

---

perusteella tasapainottavia ratkaisuja. Joustavuutta rajoittavina tekijöinä on pidetty etenkin talousarvioihin sisältyviä erilaisia niin kutsuttuja sidottuja menoja eli menoja, jotka on otettava budjettiin automaattisesti, ilman suurempaa mahdollisuutta vaikuttaa niiden määrään tai sisältöön.

[59] *Federal budget/ budget fédéral*; ks. esim. Anastopoulos 1986, 390-402, Constantinesco 1986, 371-390, Bureau & Champsaur 1991, 87-99, Prate 1993, 815-822, Boisson & Echinard 2005, 395-414 tai Orsoni 2007.

myös ”anglosaksisessa”) tieteellisessä ja hallinnollisessa traditiossa syntyneitä malleja ja käytäntöjä, jotka ovat kuitenkin saaneet uutta muotoa ja sisältöä unionin tasolla. Guy Isaacin (1993b, 2-3) sanoin: ”Euroopan yhteisöjen yleinen talousarvio ja yhteisöjen budjettijärjestelmä, vaikka ne ovatkin jäsenvaltioiden luomia ja siten niissä käytössä olevien menettelytapojen inspiroimia, ovat vuosien mittaan kehittyneet varsin omaperäisiksi *sui generis* -järjestelmiksi. Niiden lähestymiseen ja tutkimiseen tarvitaan siten aivan omaa näkökulmaa”.

3.1.3 Talousarvioprosessi ja budjettijärjestelmä

Yllä luvussa 3.1.1 esitetyn OECD:n määritelmän mukaisesti budjetteja ja budjetointia voidaan myös tarkastella *prosessina*, eli sinä *oikeudellisena, taloudellisena, poliittisena ja hallinnollisena toimintana, jonka avulla ja jonka kautta resurssien allokaatiosta päätetään*[60].

Samalla tavalla voidaan määritellä myös *budjettiprosessi* (*Budgetary process (procedure)/ procédure budgétaire*). Se on niin ikään tässä tutkimuksessa omaksuttu määritelmä.

Budjettijärjestelmällä (*Budgetary system/ système budgétaire*) tarkoitetaan puolestaan sitä laajempaa kontekstia, jonka puitteissa resurssien allokaatio talousarviossa tapahtuu[61]. Budjettijärjestelmän keskeisiä osasina jäsenvaltioissa ovat tällöin ennen kaikkea yhteiskunnan poliittiset ja hallinnolliset instituutiot, vallitseva lainsäädäntö sekä eri valtiontalouden suunnittelujärjestelmän osa-alueet (ks. Saarilahti & Uusikylä 1991, 49).

Tämän tutkimuksen kannalta keskeiset EU:n budjettijärjestelmän osaset ovat unionin toimielimet (ja etenkin budjettitoimielimet Euroopan parlamentti, Euroopan unionin neuvosto ja Euroopan komissio) sekä jäsenvaltiot hallintokoneistoineen, yhteisölain-

---

[60] Vrt. esim. Cusack (1985, 500): ”Budjetointi on prosessi. Prosessin tulokset eivät perustu sellaisen henkilön tai yhtenäisen ja tiiviisti koordinoidun organisaation rationaalisiin laskelmiin jolla on selkeästi määritellyt tavoitteet ja erityiset edellytykset saada aikaan ja arvioida rajattomasti erilaisten selkeästi määriteltyjen vaihtoehtojen hyötyjä. Ratkaistakseen edessään olevat ongelmat ja suoriutuakseen tehtävistään tämän prosessin lukuisat toimijat, erilaisine edellytyksineen ja tavoitteineen, muodostavat institutionaalisten roolien ja vastuiden verkoston ja toimivat tietyissä puitteissa, vaikkakin puoli-itsenäisinä. Valtioiden talousarviot ilmentävät tätä prosessia”.

Vrt. myös esim. Uusikylä (1996, 31-32): ”Osa budjettiprosessia on edelliseen budjettiin perustuvaa teknistä, koordinoivaa päätöksentekoa ja voimavarojen jakoa. Mutta sillä on poliittinenkin osio. Itse asiassa budjetointi on erityisen tärkeää politiikan tekoa, koska useimmat toimintapoliittiset päätökset ovat hyödyttömiä, ellei niitä voi panna toimeen budjetoinnin avulla. Poliittinen budjettitaisto on altis ympäristövaikutuksille. Ulkoiset toimijat kuten asiakkaat ja eri eturyhmät voivat hankkia vaikutusvaltaa budjettiprosessissa siitä huolimatta, että ne eivät ole mukana virallisissa elimissä, joissa varsinaiset budjettipäätökset tehdään. Ulkoiset tekijät vaikuttavat paitsi budjettiprosessiin myös julkisessa hallinnossa käytettyihin strategioihin. Ulkoisten etunäkökohtien mukaantulo budjetointiin todennäköisesti aikaansaa liittoutumia eturyhmien ja julkisen hallinnon virastojen välillä. Näin käy erityisesti, mikäli kummankin budjettitavoitteet ovat samat ja niillä tähdätään palveluohjelmien laajentamiseen taloudellisen nousukauden vallitessa ja nykyohjelmien suojelemiseen laskukaudella. Näin ollen julkisen hallinnon virastoja ei voi pitää kuuliaisina hallintoyksikköinä, jotka vain toteuttavat poliittisia päätöksiä; ne ovat päinvastoin enemmän tai vähemmän suoraan osallisina poliittisessa budjettitaistossa”.

[61] Vrt. esim. Lee *et al.* (2008, 19-20): ”Budjetointia voidaan parhaimmillaan pitää eräänlaisena järjestelmänä, ”keskenään suhteessa olevien yksiköiden sarjana” (Miller 1965, 200). Budjettipäätösten tekeminen muodostuu toimista, joita suorittavat (sekä keskushallinnon (…) että toimeenpanevien linjavirastojen) toimeenpanevat virkamiehet, oikeusviranomaiset, järjestäytyneet eturyhmät, ja mahdollisesti järjestäytymättömistä, julkisia tarpeita ja verotusta koskevista etunäkökohdista, joiden osalta tunnetaan ilmeistä julkista huolta. Kaikki nämä toimet liittyvät toisiinsa ja budjetoinnin ymmärtäminen merkitsee näiden suhteiden ymmärtämistä. Parhaiten niitä voi ymmärtää soveltamalla monimutkaisten järjestelmien käsitteitä.

Monimutkainen sosiaalinen järjestelmä muodostuu organisaatioista, yksilöistä, kyseisten yksilöiden noudattamista arvoista, heidän toimiaan säätelevistä normeista ja näiden tekijöiden välisistä suhteista. Järjestelmä voidaan käsittää verkostoksi, joka tyypillisimmillään muodostuu useista eri osista ja näiden osien välillä kulkevista viesteistä. Järjestelmien osat ovat keskinäisessä vuorovaikutuksessa tuottaakseen järjestelmätuloksia tai vaikutuksia ja vuorovaikutteisen toiminnan verkko voi tuottaa saman tulossarjan eri polkuja käyttäen, ja sama polku voi eri aikoina tuottaa erilaisia tuloksia (Kendall & Kendall 2007). Budjetointijärjestelmissä on mukana poliittisia toimijoita, talous- ja sosiaaliteorioita, lukuisia toimielinrakenteita ja kilpailevia normeja ja arvoja, jotka yhdessä tuottavat tuotoksia, joiden rakenne ei suoraan ilmene pelkästään budjettiasiakirjoihin”.

säädäntö ja EU:n rahoitussuunnittelujärjestelmän eri osa-alueet. Näitä kaikkia osasia käsitellään tarkemmin alla luvussa 4.1.

Järjestelmän (toiminta)ympäristöllä (*System environment/ environnement du système*) tarkoitetaan puolestaan sitä osaa järjestelmän kokonaisympäristöstä, jonka kanssa se on vaihdantasuhteessa. Tarkasteltaessa esimerkiksi EU:n budjettitoimielimiä havaitaan, että ne saavat yhtä hyvin niin perustamissopimuksen ja johdetun oikeuden säädösten ja säännösten mukaisesti järjestetyn ja toimivan "muodollisen järjestelmän" kautta (ks. alla luku 5.2) kuin erilaisia epävirallisia ja -muodollisia kanaviakin pitkin ympäristöltään esimerkiksi erilaisia toimeksiantoja, pyyntöjä, vaatimuksia ja tukea sekä resursseja. Toisaalta toimielimet (ja muut toimijat) myös pyrkivät eri tavoin vaikuttamaan ympäristöönsä ja ohjaamaan sitä.

Lopuksi järjestelmän *rakenteella* tarkoitetaan tässä tutkimuksessa niitä hallinnollisia rakenteita (struktuureja) joiden varaan toiminnalliset prosessit (kuten talousarvioprosessi) ja muutokset asettuvat.

3.2 Budjetoinnin tutkimus ja sen eri lähestymistavat

Muun muassa budjettien erilaisista tehtävistä ja niille asetetuista erilaisista vaatimuksista johtuen (ks. yllä luku 3.1) valtion talousarvioita ja niiden laadintaprosesseja on tutkittu useasta näkökulmasta[62]. "Perinteinen" budjetointitutkimus painotti niin kutsuttuun kameralistiseen traditioon nojaten ennen kaikkea budjetin säätely-, ohjaus- ja valvontafunktioita. Tutkimus oli luonteeltaan normatiivista[63] ja korosti muun muassa hallinnon kirjanpitosääntöihin ja laskentatoimeen liittyviä kysymyksiä (ks. esim. Divine 1979, 143-158).

Ennen toista maailmansotaa syntynyt keynesiläinen talousajattelu sai käytännön sovelluksia heti sodan päättymisen jälkeen: muun muassa talousarvioiden vaikutuksia alettiin tarkastella koko kansantalouden eikä vain valtiontalouden näkökulmasta. Yhteiskuntatieteellisen tutkimusotteen vahvistuminen 1960-luvulla toi budjetointitutkimukseen myös näkökulman, joka voimakkaasti korosti vallan käsitettä (ks. esim. Rubin 1998). Tällöin tutkimuksen kohteena olivat rajalliset resurssit ja niistä taistelevat etu- ja intressiryhmät.

"Niin ulkomaisen kuin suomalaisenkin budjetointitutkimuksen suurimpana ongelmana on koko sodanjälkeisellä ajalla ollut lähestymistapojen suuri segmentoituminen eri tieteenalojen kesken. Taloustieteelliset lähestymistavat ovat usein keskittyneet budjetin talous-, suhdanne- ja finanssipoliittisen tarkastelun lisäksi lähinnä budjettitalouden piiriin kuuluvan organisaation toiminnan tuottavuuden ja tehokkuuden arviointiin[64] siinä, missä "budjettijuristit" ovat pohtineet ennen kaikkea vuotuisen tulo- ja menoarvion normatiivista säädösohjausta ja proseduureja[65]. Yhteiskuntatieteellinen tutkimus puolestaan on pyrkinyt muun muassa kuvaamaan sitä poliittis-hallinnollisten valtasuhteiden verkostoa, jossa "taistelua" niukoiksi koetuista resursseista käydään[66]" (Saarilahti & Uusikylä 1991, 10-94).

A. Premchand (1984, 35) kokosi 1980-luvun puolivälissä eri tieteenalojen *painopistealueet*, *lähestymistavat* ja *tutkimusalueet* budjetoinnin tutkimukseen Taulukoissa 3 ja 4 esitetyillä tavoilla.

On mielenkiintoista huomata, että kolme vuosikymmentä myöhemmin Premchandin esitys kattaa edelleenkin ehdottomasti merkittävimmän osan budjetoinnin tutkimuksen alueista ja lähestymistavoista, vaikka painotuksissa on luonnollisesti tapahtunut vuosien kuluessa muutoksia (ks. esim. Khan & Hildreth 2002, Wildavsky & Caiden 2004 tai Lee *et al.* 2008). Siten esimerkiksi erilaiset

---

[62] Budjetoinnin toimintaympäristöä käsittelevistä selvityksistä ja tutkimuksista, ks. alla luku 5.5.
[63] Perinteisestä normatiivisesta finanssihallinto-oikeuteen ja -oppiin perustuvasta tutkimuksesta on syytä mainita muun muassa Kurt Heinigin monumentaalinen "*Das Budget*" vuosilta 1949-1951.
[64] Talouspainotteisesta budjetointitutkimuksesta, ks. esim. Pigou 1928, Schultze 1968, Wagner & Tollison 1980 ja Musgrave & Musgrave 1982.
[65] Juridispainotteisesta budjetointitutkimuksesta Suomessa, ks. esim. Merikoski 1938, Purhonen 1961, Vesanen 1970 ja Tuori 1985.
[66] Yhteiskuntatieteellisestä budjetointitutkimuksesta, ks. esim. Fenno 1966, Davis *et al.* 1966, 529-547 ja Wildavsky 1984; 1986; 1988.

Taulukko 3. Budjetointitutkimuksen lähestymistavat (Lähde/ *Source*: Premchand 1984, 35).

Table 3. Approaches to the study of budgeting.

Näkökulma ***Aspects of budgeting***	**Tieteenala** ***Discipline***	**Tutkimusalue** ***General areas covered***
Tuloskontrolli *Accountability control*	Julkishallinto *Public Administration*	Hallintoyksiköiden sisäisen toiminnan kuvaus, budjetin laadintavaiheet jne. *Description of internal working of administrative agencies; stages of budget cycle etc.*
	Valtio-oppi *Political Science*	Lainsäädännöllis-hallinnolliset suhteet, resurssien allokaatiota määräävät poliittiset prosessit, painostusryhmät, ristiriidat *Legislature-government relationship; political processes for determining allocation of ressouces; pressure groups; conflicts*
	Laskentatoimi (tilinpito) *Accounting*	Tehokkuustarkastus, taloushallinto, yksityisen sektorin tilinpitokäytäntöjen soveltaminen julkiselle sektorille *Efficiency audit; management accounting; adaptation of commercial accounting principles to government*
Tehokkuuskontrolli *Efficiency control*	Kansantaloustiede *Economics*	Allokaation tehokkuus, tuotanto- ja tulonjakotehtävät *Allocative efficiency; production and distribution functions*
	Laskentatoimi *Accounting*	Kustannuslaskenta *Cost measurement*
	Julkishallinto *Public Administration*	Normatiiviset näkökulmat nykyaikaisiin johtojärjestelmiin ja niiden soveltuvuuteen julkiseen hallintoon, keskitys ja hajautus *Normative aspects of modern management systems and their applicability to government; centralization and decentralization*
	Valtio-oppi *Political Science*	Julkisen hallinnon rajat, kulutuksen rajat, yksityistäminen *Boundaries of government; limits on spending; privatization*
Taloudellinen kontrolli *Economic control*	Kansantaloustiede *Economics*	Finanssipoliittiset lähestymistavat, vuotuisen budjetin kehys, verojen ja menojen kohtaanto, tulonjakotarkastelut *Approaches of fiscal policy; economic framework of annual budget; incidence of taxes and expenditures; distributional concerns*

Taulukko 4. Menojen tarkastelun ja budjetoinnin lähestymistavat (Lähde/ *Source*: Premchand 1984, 43).
Table 4. Approaches to expenditure analysis and budgeting.

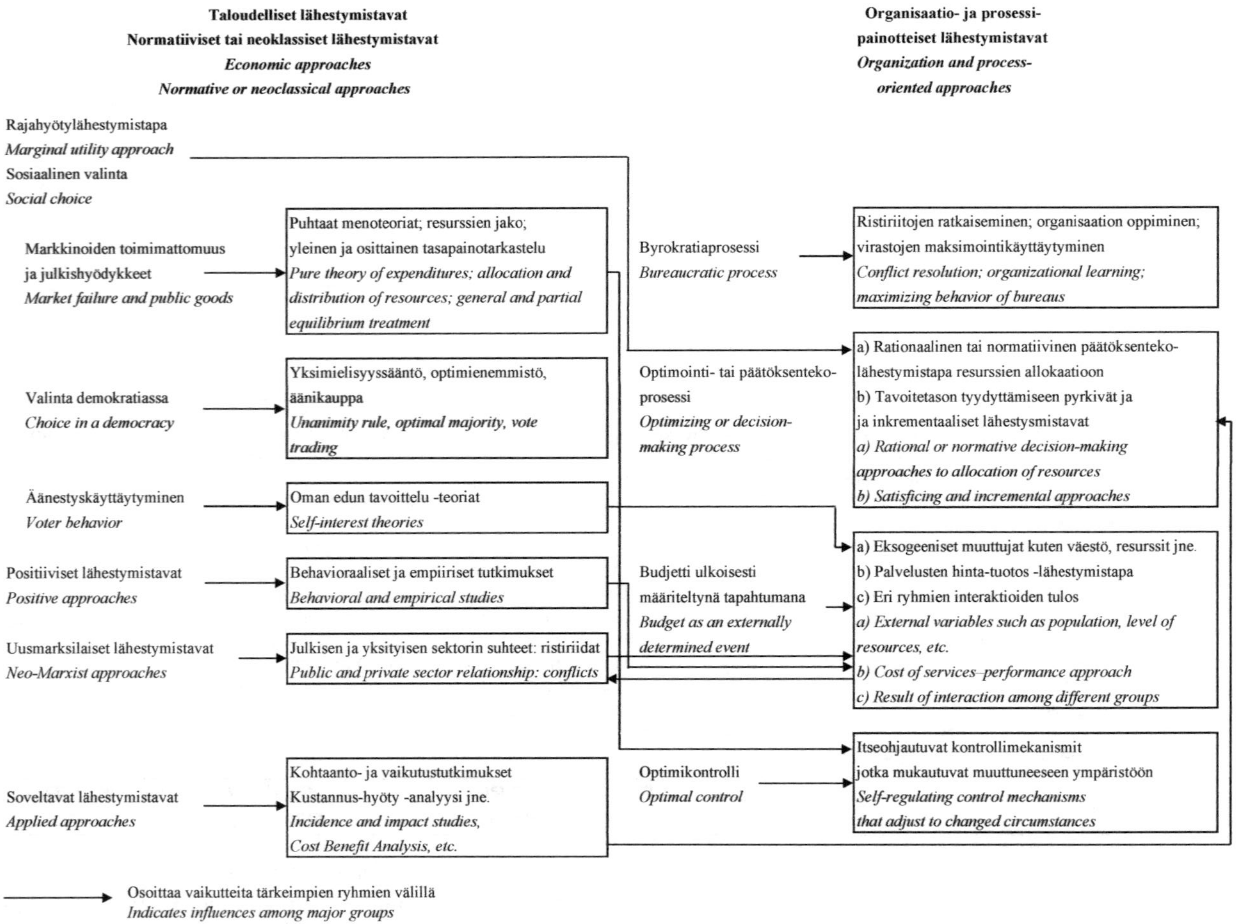

hallinnointia[67] (*Governance/ gouvernance*), päätöksenteon ongelmia, moitteetonta varainkäyttöä tai vaikuttavuutta korostavat lähestymistavat ovat kasvattaneet suosiotaan[68]. Toisaalta esimerkiksi marksilaisilla ja uusmarksilaisilla lähestymistavoilla on enää vain vähän suosiota läntisissä teollisuusmaissa.

Erilaisten *budjetointiteorioiden* kehityksen katsotaan yleisesti alkaneen laajemmin V. O. Keyn vuonna 1940 julkaisemasta kuuluisaksi muodostuneesta artikkelista "*The Lack of a Budgetary Theory*", jossa hän valitteli kokonaisvaltaisen budjetointiteorian puuttumista[69]. Samassa yhteydessä Key (1940, 1138) peräänkuulutti teoriaa, joka vastaisi kysymykseen: *millä perusteella päätetään allokoida x dollaria tarkoitukseen A sen sijaan, että rahat käytettäisiin tarkoitukseen B*?

On huomattava, että julkista sektoria koskevat budjetointiteoriat ovat liittyneet tiiviisti tutkimukseen päätöksenteosta hallinnossa (ks. esim. Lewis 1952, 42-54), ja siten niiden kehitystä on syytä tarkastella rinnakkain[70].

Budjetointiteorioiden ja erityisesti talousarvioita koskevan päätöksentekoa koskevana johtavana deskriptiivisenä ja "preskriptiivisenä" teoriana[71] oli pitkään *rationalismi* sen eri muodoissa (vrt. esim. Brewer & de Leon 1983).

"Julkisen hallinnon päätöksenteko on aina pohjautunut jonkinlaiseen rationaliteettiin tai ainakin oletukseen sellaisen olemassaolosta. Rationaalisuus[72] on yleensä käsitetty Max Weberin "tavoiterationaalisuutena" (*Zweckrational*) vastakohtana "arvorationaalisuudelle" (*Wertrational*). Weber määritteli tavoiterationaalisuuden seuraavasti: tavoiterationaalisesti toimii se, joka suuntaa toimintansa tämän toiminnan päämäärän, keinojen ja sivuvaikutusten mukaisesti ja joka tässä yhteydessä rationaalisesti punnitsee sekä keinoja suhteessa päämääriin että päämääriä suhteessa sivuvaikutuksiin sekä lopuksi myös erilaisia päämääriä keskenään (Weber 1964, 115).

*Tavoite*rationaalisessa käyttäytymisessä siis pyritään samanaikaisesti ottamaan huomioon useiden tavoitteiden ja vaihtoehtoisten keinojen olemassaolo. *Arvo*rationaalisessa toiminnassa tavoitteet puolestaan ovat absoluuttisia. Tällöin toiminnassa ei edes pyritä vertaamaan eri tavoitteiden keskinäistä tärkeysjärjestystä eikä myöskään kiinnittämään huomiota siihen, missä määrin käytetyt keinot ehkäisevät muiden tavoitteiden saavuttamista. Tosin myös Weber itse huomauttaa, että toiminta voi olla keinoiltaan tavoiterationaalista mutta tavoitteiltaan arvorationaalista (Weber 1956, 12-13). Weberin mukaan rationaalisesti toimivan organisaation ideaalimalli on hallinnollinen byrokratia, joka korostaa hierarkkisuutta ja asiantuntijavaltaa.

---

[67] Ks. esim. Smismans 2004.

[68] Ks. esim. Bartle 2001, jossa esitetään katsaus uudempiin budjetoinnin tutkimuksen suuntauksiin.

[69] Key ei kuitenkaan suinkaan ollut ensimmäinen budjetointiteorian puuttumista valittanut tai teoriaa kehittänyt henkilö, kuten Julia Beckett (2002, 22-41) osoittaa. Keyn esittämään kysymykseen ovat sittemmin yrittäneet vastata niin taloustieteilijät (mm. tarkastelemalla, miten saadaan paras vastine julkisille varoille – "*Most bang for the buck*") kuin yhteiskuntatieteilijätkin (mm. tutkimalla, miten tällaisia päätöksiä ylipäätään voidaan tehdä – "*Best possible decisions*").

Jäljempänä kuvattu teoreettisen budjetointiajattelun kehitys kuvaa ennen kaikkea yhdysvaltalaisen budjetointiteorioiden ja -ajattelun kehitystä. Tämä on puolusteltavissa siinä mielessä, että maa on ollut budjetointitutkimuksen edelläkävijämaita. Eurooppalaiseen keskusteluun teoriat ja mallit tulivat muutaman vuoden viiveellä (ks. esim. Siné 2006). Toisaalta esim. Ranskassa on säilynyt voimakkaana koko tarkasteluajan niin kutsuttu "*Finances publiques*" –tarkasteluperinne (ks. luku 1.4).

[70] Erilaisista budjetointiteorioista, ks. myös esim. Miller 1991; 2008, Bartle 2001 tai Gianakis & McCue 2002, 158-171.

[71] Eli teorioina siitä, miten budjettipäätöksenteko toimii ja miten sen tulisi toimia.

[72] Rationaalisuuden ja laajemmin koko rationalistisen ajattelun epistemologiset juuret voidaan ulottaa aina Platoniin ja Aristoteleeseen saakka. Erilaiset rationaalisen suunnittelun ajattelumallit edustavat muodossa tai toisessa verifikationistisia ajattelutapoja. Yleensä rationaalisuuden mahdollisuutta tähdentäviä ajattelumalleja kutsutaan rationalistisiksi tai synoptisiksi. Kattava esitys eri rationalismin muodoista hallinnossa ja suunnittelussa on esitetty esim. John Foresterin artikkelissa "*Bounded Rationality and the Politics of Muddling Through*" (Forester 1984, 23-31).

Tavoiterationaalinen päätöksentekoideaali liittyy läheisesti *ymmärtävän* rationalismin[73] (*Rational comprehensive*) nimellä tunnettuun suunnitteluajatteluun, joka 1950- ja 1960-luvulla korosti, että yhteiskunnallisen suunnittelun ja päätöksenteon tulisi pohjautua loogiseen positivismiin ja instrumentaalisiin laskelmiin (Weaver *et al.* 1985, 157-158). Ymmärtävän rationalismin edustajat (kuten Edward C. Banfield, John Friedmann tai Martin Meyerson) korostivat, että yleinen etu (*Public interest*) tulee mieltää yksittäisen edun yläpuolella olevana kollektiivisena etuna (vrt. Mancur Olsonin (1971) käsitys *kollektiivisesta* rationaalisuudesta). Kun puhutaan "synoptisesta yhteiskuntasuunnittelusta" ja siihen liittyvistä "rationalistisista suunnittelumalleista", kyse on useimmiten rationalismista ymmärtävän rationalismin merkityksessä[74]" (Saarilahti & Uusikylä 1991, 14-15[75]).

Robert D. Lee *et al.* (2008, 22) syntetisoivat budjetointitutkimuksessa aina 1960-luvulle usein käytetyn *puhtaan rationalismin* lähestymistavan (*Pure rationality approach*) puolestaan seuraavasti:

"Puhtaan rationalismin lähestymistavan mukaan päätöksenteko koostuu sarjasta järjestelmällisiä, loogisia vaiheita. Kaikki organisaation tai yhteiskunnan tavoitteet asetetaan ensin tärkeysjärjestykseen. Sen jälkeen kartoitetaan kaikki mahdolliset vaihtoehdot. Jokaisen vaihtoehdon kustannuksia verrataan odotettuihin hyötyihin. Arviointi tehdään sen mukaan, mikä vaihtoehto täyttää parhaiten tarpeet tai odotukset. Valituksi tulee vaihtoehto, joka tuo mukanaan korkeimman hyödyn ja/tai vähiten kustannuksia. Puhtaan rationalismin teoriat olettavat, että kaikkia vaihtoehtoja koskeva täydellinen informaatio on sekä saatavissa että hallittavissa. Päätöksenteko on siten valintaa eri vaihtoehtojen välillä erilaisten objektiivisten tekijöiden maksimoimiseksi. Rationaalisen valinnan malli perustuu mikrotaloudelle ja käsitykselle, että yksittäiset toimijat tekevät optimaalisia valintoja maksimoidakseen hyötyään.

Tällaisen rationaalisuusmallin käyttökelpoisuus on rajallinen, ja vain harvat enää väittävät, että se kuvaa miten ihmiset tekevät suurimman osan päätöksistään. Malli on johdonmukaisimmillaan teknisen ja taloudellisen rationalismin[76] kanssa, jolloin tavoitteet voidaan määrittää tietyllä tarkkuudella ja toteuttamiskelpoisten vaihtoehtojen määrä on rajallinen. Malli voi olla myös käyttökelpoinen tilanteissa, joissa tarkka käyttäytymisen ennustaminen on mahdollista kuten yksityisillä markkinoilla, joissa

---

[73] Ymmärtävästä rationaalisesta suunnittelusta, ks. esim. Meyerson & Banfield 1955, Meyerson 1956 tai Friedmann 1967.

[74] Christopher J. L. Yewlett (1985, 213) korostaakin, että tämän kaltainen ymmärtävä rationalismi, joka on keskeisin suunnitteluparadigma, on vain rajoitettu näkemys rationalismista epistemologisessa mielessä.

[75] Ymmärtävän rationalismin ajatuksia ilmensi hyvin esim. ohjelmabudjetointiajattelu (ks. alla), joka pyrki yhteiskuntapoliittisia tavoitteita toteuttaessaan kokonaisvaltaisesti ja ohjelmaperusteisesti määrittelemään budjetin kautta allokoitavia resursseja. Tavoitteena oli ohjelmakohtaisesti hahmottaa painopistealueita. Ongelmanratkaisuun johtavat keinot pyrittiin ratkaisemaan optimaalisten kustannus-hyötysuhteiden kautta riippumatta siitä, missä nämä vaikuttamismahdollisuudet hallinnon eri toimialojen perinteisen työnjaon mukaan sijaitsivat.

"Ohjelmaperusteisessa, tavoite-keinoanalyysin kautta etenevässä budjetointiajattelussa oli siten selvä pyrkimys (...) Weberin tavoiterationaaliseen päätöksentekoon. Ohjelmabudjetoinnissahan pyrittiin muodostamaan toimintamalli, jonka avulla kyettäisiin sosiaalisen järjestelmän kannalta tehokkaimmin ja vähäisimmin haitoin edistämään ylimmälle hierarkiatasolle määriteltyä perustavoitetta (vrt. kollektiivinen käsitys yleisestä edusta). Toki se erosi weberiläisestä byrokratiamallista ainakin siinä, että ensimmäisen painottaessa virkojen ensisijaisuutta jälkimmäinen korostaa toimintojen ensisijaisuutta. "Hyvä budjetti" [ks. luku 5.4] olisi näin ollen sellainen, jossa synoptisesti kyettäisiin kokoamaan yhteen erilliset ohjelmakategoriat ja tieteellisin menetelmin selvittämään kaikki mahdolliset keinovalikoimat, joiden avulla tavoitteet kyettäisiin konkretisoimaan. Tällainen näkemys korostaa keskusjohtoista ylhäältä alaspäin etenevää ("*Top-down*") suunnittelu- ja ohjausprosessia" (Saarilahti & Uusikylä 1991, 15-16).

Epäonnistuneiden ohjelmabudjettien jälkeen rationaaliseen budjetointiin alettiin pyrkiä ikään kuin ohjelmabudjeteille vastakkaiselta suunnalta. Siten esim. niin kutsutussa nollapohjabudjetoinnissa (ks. alla) painopiste oli korostetusti menojen "järkevässä" harkinnassa, jolloin päämääränä oli tiukkojen ja pitävien "menopakettien" laatiminen kulloisenkin taloudellisen tilanteen mukaan. "Hyvän budjetin" ideaalin voisi ajatella vaihtuneen pitäväksi ja tarkoin harkituksi menoarvioksi.

[76] Termit "tekninen rationalismi" ja "taloudellinen rationalismi" (*Technical rationality* ja *Economic rationality*) ovat kaksi viidestä Paul Diesingin (1962) erittelemästä rationalismityypistä.

rationaalisen käyttämisen oletuksia voidaan käyttää apuna ennustettaessa tulevia taloudellisia suhdanteita (Friedman 1953)".

Edellä esitetyt rationaliteettimääritelmät ovat varsin laajoja, kattavia ja teoreettisia, missä piilee niiden soveltamisen ongelma. Toisaalta julkisen hallinnon rajalliset resurssit ja tietomäärä huomioon ottaen mikään hallinto-organisaatio ei käytännössä kykene laajan keinovalikoiman ja päämäärävertailujen optimaaliseen arviointiin.

Juuri tähän perustui Herbert A. Simonin yleensä rationalismia vastaan esittämä kritiikki.

Simon kehitteli vuonna 1947 ensimmäistä kertaa ilmestyneessä kuuluisassa teoksessaan "*Administrative Behavior*" (Simon 1947) *rajoitetun* rationaalisuuden (*Bounded rationality*) käsitettään. Simon pitää hallinnollisen organisaation toiminnan ja suunnittelun tärkeimpänä kriteerinä tehokkuutta, johon sisältyy organisatorinen rationaalisuus. Simon ei kuitenkaan pitänyt hallinnon reaalisen toiminnan kannalta riittävän hyvänä taloustieteiden *Economic man* -käsitettä, vaan korvasi sen uudella *Administrative man* -käsitteellä. Sen sisältönä oli ajatus riittävän hyvään ratkaisuun pyrkivästä yksilöstä.

Simonin mukaan hallinnollisen teorian on tutkittava syitä, joiden vuoksi hallinnollinen toiminta on rajoitetusti rationaalista. Se merkitsee erityisen huomion kiinnittämistä yksilön käyttäytymisessä rationaalisen ja irrationaalisen toiminnan rajoihin. Päätöksenteon rationaalisuutta rajoittavat muun muassa toimijoiden taidot ja tottumukset, päätökseen vaikuttavat arvot ja tavoitteet sekä henkilön tiedot eri vaihtoehtojen seurauksista. Arvot ja tosiasiat ovat Simonin mukaan tärkeimmät päätöksenteon edellytykset (Simon 1976, 85-116).

Rationalismin kritiikkiin[77] on perustunut myös niin kutsuttu inkrementalistinen[78] suunnittelu- ja päätöksentekoajattelu, jonka kehittäjänä voidaan pitää Charles E. Lindblomia. Lindblom (1959, 79-88; ks. myös esim. 1979, 517-526) kritisoi voimakkaasti rationaalis-deduktiivista suunnittelua ja katsoi, että kokonaisvaltainen rationaalinen suunnittelu johtaa muun muassa tieteellisen metodin ylikorostamiseen, päätöksentekijöiden tiedollisen kapasiteetin yliarvioimiseen sekä utopistisuuteen tavoitteiden asettelussa. Hän painotti sen sijaan pienten lisäratkaisujen merkitystä ja "jotenkuten selviämistä" (*Muddling through*) kompleksisessa päätöksentekoympäristössä. Vuonna 1963 Lindblom julkaisi yhdessä David Braybrooken (Braybrooke & Lindblom 1963) kanssa teoksen, jossa esitettiin laaja malli "perättäisten rajoitettujen vertailujen menetelmästä" (*Successive limited comparisons*). Braybrooke ja Lindblom huomauttivat, että on tärkeää tunnustaa konkreettisessa päätöksentekotilanteessa vallitseva tiedon puute ja vapautua deduktiivisen päättelyn rajoituksista. Toisaalta päätöksenteossa tulisi korostaa myös sellaisia tekijöitä kuin kokemus ja intuitio.

Budjetoinnin tutkimukseen inkrementalistista ajattelua sovellettiin ensimmäistä kertaa 1960-luvun alussa. Erityisen kuuluisaksi muodostui Aaron Wildavskyn vuonna 1964 julkaisema rationalismin kritiikkinä[79] tunnettu teos "*The Politics of the*

---

[77] Lee *et al.* (2008, 22-23) tiivistävät rationalismin kritiikin muun muassa seuraavasti: "Puhtaan rationalismin malli on ilmiselvästi harhaanjohtava yrittäessään kuvata, kuinka julkisen hallinnon budjetointi toimii. On mahdotonta täyttää edes muutamaa vaihetta koskevia kaikkia vaatimuksia. On väitetty, että informaation kustannukset ovat niin korkeat että on rationaalista olla tietämätön ja tehdä päätökset puutteellisen tiedonhankinnan pohjalta ja puutteellisin tiedoin. Eräitä budjettiuudistushankkeita on syytetty toimimattoman mallin käyttöön pakottamisesta eli pakottamisesta puhtaan rationalismin malliin julkisen hallinnon budjettipäätöksenteossa. Erityisen kritiikin kohteena on ollut ohjelmia koskeva informaatio (Wildavsky 1979). Kritiikki on kuitenkin jossain määrin väärin kohdistettu, koska rajoittavana tekijänä ei ole niinkään informaation hankkimisen hinta vaan ennen kaikkea päätöksentekijöiden näkökulma. Julkishallinnossa budjettipäätökset tehdään useiden toimijoiden muodostamassa laajassa poliittisessa kontekstissa eli monimutkaisemmassa tilanteessa kuin rationaalisen valinnan mallissa, jonka olennainen osa on sopimispohjaiseen tavoitteeseen pyrkivä selvänäköinen lähestymistapa".

[78] Filosofisessa mielessä inkrementalismia on luonnehdittu falsifikationistiseksi suunnittelun ajattelumalliksi.

[79] Rationalismi ja inkrementalismi esitetään usein budjetointikirjallisuudessa toisilleen vastakkaisina "paradigmoina" (ks. esim. LeLoup 2002, 12-13). Kun rationalismi ja inkrementalismi näin asetetaan vastakkain, voi tämän helposti käsittää siten, että inkrementalismi olisi jotenkin "epärationaalista". Tästä ei tietenkään ole kyse, sillä inkrementalismi itsessään on pohjimmiltaan hyvinkin "rationaalista". Esim. arvostel-

Budgetary Process" (Wildavsky 1964). "Inkrementalistinen" tapa hahmottaa budjettiprosessi saikin 1960-luvun lopulta lähtien suuren suosion alkaen yhdysvaltalaisesta budjetointikirjallisuudesta[80].

Wildavsky oli omaksunut ajatuksia suunnittelun inkrementalistisesta luonteesta sekä Simonilta että Lindblomilta ja käytti niitä apuna kuvatessaan budjettiprosessia (ks. esim. Greenwood 1984, 277). Myös Richard E. Neustadtin poliittista käyttäytymistä ja poliittisia vaikutusmahdollisuuksia (ks. erit. Neustadt 1960) ja Robert A. Dahlin pluralismia ja eturyhmien toimintaa koskevat tutkimukset (ks. erit. Dahl 1961) vaikuttivat Wildavskyn ajatteluun (Kettl 1989, 231-239; 2004, xii-xiii).

"Wildavskyn mukaan demokraattisessa poliittisessa järjestelmässä budjettia on pidettävä ensi sijassa välineenä, jonka avulla päätetään, mistä rahat kerätään ja minne ne puolestaan allokoidaan. Tällöin taustalla on ajatus siitä, että budjettiprosessia ympäröivät rajoitetut resurssit, vastakkaiset poliittiset intressit ja sosiaalinen moninaisuus. Tähän liittyy myös ajatus valtiosta neutraalina instituutiona – välineenä, joka on yhtä lailla minkä tahansa yhteiskuntaryhmän käytössä. Inkrementalismin taustalla voidaankin nähdä voimakas sitoutuminen poliittisen pluralismin ihanteisiin, toisin kuin keskusjohtoista yhteiskuntasuunnittelua usein korostavassa rationalismissa. Inkrementalismia ei voida kutsua varsinaiseksi budjetointiteoriaksi (Wildavsky 1978, 501), vaan sen avulla pyritään lähinnä hahmottamaan budjettiprosessia ja ymmärtämään sitä budjettipeliä, jota oman hallintoyksikkönsä menoja maksimoivat virkamiehet, eri intressi- ja eturyhmät sekä poliittiset puolueet pelaavat valtiovarainministeriön "(rahakirstun) vartijoiden"[81] kanssa. Mitään varsinaisia inkrementaalisia budjetointimalleja ei kuitenkaan ole kehitetty (Tucker 1982, 330-338).

Perusajatus inkrementaalisessa budjetoinnissa on, että seuraavan vuoden menot pohjautuvat suurelta osin edellisen vuoden määrärahapohjaan ("*Existing base*") ja ovat vain pieniä lisäyksiä siihen (Wanat 1974, 1221-1228). Budjetista syntyy siten lisäyksiin perustuva, ja kun päätöksenteko nojautuu keskeisiltä osin edellisiin vuosiin, voidaan suuri osa budjetin tuloista hyväksyä automaattisesti. Wildavsky (1964, 216) ilmaisee asian seuraavasti: "Sillä suurin osa budjetista on seurausta aikaisemmista päätöksistä, suurin tämän vuoden budjetin kokoa ja sisältöä ohjaava tekijä on edellisen vuoden budjetti (...). Budjetti on siten kuin jäävuori. Suuri osa sitä on pinnan alla, kaiken valvonnan ulottumattomissa".

Inkrementalismia Wildavsky puolustaa nimenomaan sen realistisuuden vuoksi. Hänen mukaansa budjettia on mahdoton lähteä rakentamaan tyhjästä joka vuosi.

---

lessaan rationaalista suunnittelua Wildavsky (ks. esim. Wildavsky 1961, 183-190; 1966, 292-310) ei väitä, että suunnittelun vaihtoehdot (kuten poliittiset ja markkinavoimat) olisivat irrationaalisia vaan korostaa, että niiden asettamat tavoitteet, arvot ja päätöksentekoprosessi vain eroavat rationalismista perinteisessä mielessä. Inkrementalismi onkin siten nähtävä ennen kaikkea kritiikkinä rationalismiksi kutsutulle deduktiiviselle päätöksenteolle. Toisaalta siinä missä rationalismi ja etenkin sen pohjalta syntyneet budjetointimallit (ks. alla) edustavat puhtaimmillaan normatiivista budjetointiteoriaa, inkrementalismi on ainakin teoreettisessa mielessä miellettävä enemmänkin deskriptiiviseksi ajattelumalliksi (Rubin 1990, 180-184). Samalla on kuitenkin muistettava, että molemmat ovat niin kutsutun positivistisen tieteentradition edustajia.

"Tällaisen (rationalismin ja inkrementalismin vastakkain) vertailun etuna on vastaansanomattomasti sen selkeys ja havainnollisuus. Kuitenkin tällainen jyrkkä vastakkainasettelu voidaan hyvin pitkälle asettaa kyseenalaiseksi, sillä vaikka inkrementalismi syntyi rationalismin kritiikistä, molemmat käsittelevät suunnittelua ja päätöksentekoa sen verran eri lähtökohdista, että ne vastaavat aivan eri kysymyksiin ja kattavat siten eri ongelma-alueita. Rationalismi on enemmänkin teoria siitä, millaista hyvän suunnittelun tulisi olla, kun taas inkrementalistit käsittelevät sitä, minkälaista budjetointi ei voi olla. Lähtökohtien erilaisuus näkyy muun muassa käsityksessä hyvästä budjetista: rationalistit ovat esittäneet hyvinkin konkreettisia malleja siitä, miten "hyvään budjettiin" päästään (vrt. ohjelmabudjetointi), jolloin on helpompi havaita mallien taustalla olevat käsitykset hyvän budjetin kriteereistä. Inkrementalistien kohdalla käsitys "hyvästä budjetista" on paljon implisiittisempää, sillä inkrementalistit ennen kaikkea yrittävät välttää "huonoa budjettia". On myös muistettava, että inkrementalistit mieltävät budjetin vain poliittisten päätösten toteuttamisen välineenä ilman, että budjetilla olisi sen enempää arvoa itsessään" (Saarilahti & Uusikylä 1991, 22).

[80] Wildavskyn "inkrementalistista" budjetointinäkemystä ovat kehitelleet edelleen muun muassa Richard F. Fenno (ks. esim. Fenno 1966), Otto A. Davis (ks. esim. Davis *et al.* 1966), Ira Sharkansky (ks. esim. Sharkansky 1968), John P. Crecine (ks. esim. Crecine 1969) sekä Peter B. Natchez ja Irvin C. Bupp (ks. esim. Natchez & Bupp 1973).

[81] Daniel Tarschys (1985) käyttää tutkimuksessaan valtiovarainministeriöistä nimitystä "*Guardians*".

Olemassa olevien ohjelmien ja vaihtoehtoisten toimintalinjojen jatkuva uudelleenarviointi työllistäisi budjettia laativia virkamiehiä kohtuuttomasti, jos tällainen uudelleenarviointi ylipäänsä olisi mahdollista. Tämän vuoksi taistelu määrärahoista on syytä keskittää vain keskeisten ja marginaalisten muutosten läpiviemiseen" (Saarilahti & Uusikylä 1991, 17-19).

Donald F. Kettl (2004, xi-xiv) tiivistää Wildavskyn merkityksen budjettiteorian kehityksen kannalta muun muassa seuraavasti[82]: hän kyseenalaisti perustavanlaatuisella tavalla vallalla olevat käsitykset rationaalisesta ja tehokkuushakuisesta budjettipäätöksenteosta[83] (*"To make small steps from existing policy, to assess the results, and then to repeat the process is a better bet than to recourse to efficiency-based management to improve (the budgeting system), since the political world is far too complex for such a strategy to work*"), hän nosti erilaiset poliittiset ja vallankäyttöä koskevat kysymykset budjetinteon keskipisteeseen (*"All budgeting is about politics; most politics is about budgeting; and budgeting must therefore be understood as part of a political game*"), hän korosti epävirallisten päätöksentekokanavien merkitystä muodollisen päätöksentekojärjestelmän rinnalla (*"Informal bargaining is far more important than the formal rules of the game*") ja hän keskittyi instituutioiden erilaisiin vuorovaikutussuhteisiin, toimijoiden tosiasialliseen toimintaan ja näiden toiminnan tuloksiin (*"One should focus on the relationship among institutions, on how policymakers behave and should behave, and on the results of their action*").

"Wildavsky vastasi Keyn esittämään kysymykseen niin, että hallitus päättää miten paljon allokoida määrärahoja jokaiselle ohjelmalle tarkastelemalla paljonko ohjelma nyt saa rahaa ja antamalla "oikeudenmukaisen" korotuksen (*"Fair share" increment*). Miten suureksi tuo "oikeudenmukainen" osuus muodostuu vaihtelee sen mukaan miten ohjelman kannattajat toimivat.

Tämä oli keskeinen elementti Wildavskyn inkrementalistisessa budjetointiajattelussa. Tekemällä vain pieniä lisäyksiä määrärahapohjaan voidaan Wildavskyn mukaan paremmin hallita järjestelmän kompleksisuutta. Se myös estää järjestelmää toimimasta villisti eri suuntiin ja tarjoaa budjetintekijöille mahdollisuuden pieniin korjauksiin ennen kuin pienistä ongelmista tulee suuria ongelmia. Se niin ikään mahdollisti poliittisten tuen keräämisen budjettipäätöksille. Tämä ei pelkästään selittänyt miten budjetointi käytännössä toimii, Wildavsky korosti, vaan myös esitti miten budjetoinnin *tulisi* toimia. Hän uskoi, että budjetintekijöiden ikuinen haave löytää kokonaisvaltaisia, analyyttisiä vastauksia ongelmiinsa on tuhoon tuomittu. Järjestelmä on liian monimutkainen, analyyttiset ongelmat ylitsepääsemättömiä ja implisiittiset poliittiset päätökset liian tärkeitä, jotta ne voitaisiin jättää analyytikoille. Kyseessä on – ja niin tulisi ollakin – perustavanlaatuisesti poliittinen prosessi, Wildavsky väitti" (mts. xii).

Wildavskyn esittämiä ajatuksia ja inkrementalismia laajemminkin on luonnollisesti arvosteltu monelta taholta[84]. Esimerkiksi Barry Bozeman ja Jeffrey D. Straussman pitävät inkrementalismia liian kapea-alaisena ja staattisena budjetointinäkemyksenä. Kapea-alaisuus näkyy heidän mukaansa muun muassa siinä, että prosessi nähdään vain alhaalta ylös etenevä (*"Bottom-up*"[85]), jolloin jokainen hallintoyk-

---

[82] Vrt. myös esim. Swain & Hartley 2001, 11-27.

[83] Vrt. esim. Lee *et al.* (2008, 23): "Budjetointiin sovellettavan "joten kuten selviämisen" tai inkrementalistisen lähestymistavan tärkein tunnuspiirre on, että siinä korostetaan budjettipäätösten ehdotonta poliittisuutta. Siinä missä puhtaassa rationalismissa oletetaan, että budjettipäätökset ovat pyrkimyksiä allokoida voimavaroja taloudellisten kriteerien pohjalta, inkrementalistisessa näkemyksessä korostetaan, että poliittiset syyt ovat kaikkia optimaalisuuslaskelmia tärkeämpiä".

[84] Erään tiukkasanaisimmista arvioista on kenties esittänyt James N. Danziger (1978, 128). Hänen mukaansa "inkrementalistisen budjettikirjallisuuden määrä on usein korvannut laadun: käsitteiden operationalisointi on jäänyt vajavaiseksi ja monissa empiirisissä tutkimuksissa budjettijärjestelmä on käsitetty aivan liian suppeasti".

[85] Inkrementalismin taustalla esiintyvää *"Bottom-up"* -ajattelua on tarkastellut tarkemmin muun muassa Lance T. LeLoup (ks. esim. LeLoup 1986, 17-20).

"Top-down" vs *"Bottom-up"* –budjetointikäytäntöjä koskevasta uudemmasta tutkimuksesta voidaan nostaa esille muun muassa Jürgen von Hagenin tuotanto, joka käsittelee budjetointia ja siihen liittyviä ongelmia mielenkiintoisella tavalla laajemminkin (ks. esim. Hagen 1992; 2006, vrt. myös Ehrhart *et al.* 2006, Hallerberg & von Hagen 1997 ja von Hagen & Harden 1995, 771-779; 1996; ks. myös esim. Ljungman 2009).

sikkö tarkastelee budjettia vain omista rajoittuneista lähtökohdistaan käsin. Staattisuutta puolestaan korostaa muun muassa "inkrementalistien" näkemys budjettipohjasta, joka säilyy muuttumattomana vuodesta toiseen (Bozeman & Straussman 1982, 509-511).

Edellisen vuoden määrärahapohjan osasten pitämistä samanarvoisena ovat kritisoineet erityisesti John R. Gist (1977, 341-352) sekä Mark S. Kamlett ja David C. Mowery (Kamlett & Mowery 1980, 808-810) jotka ovat huomauttaneet, että todellisuudessa määrärahoja varjellaan hyvinkin eri tavoin sen mukaan, minkälaisista menoista on kyse. Jos määrärahojen "runko" muodostuu pääasiassa esimerkiksi tulonsiirroista kansalaisille, organisaatioille ja kunnille, ei taistelu ole yhtä kovaa kuin jos kyseessä ovat esimerkiksi hallintoyksikön käyttömenot (ks. esim. Rubin 1998, 30-52).

Myös Wildavskyn puolustamia näkemyksiä, joiden mukaan inkrementalistisen neuvottelu- ja päätöksentekoprosessin aikana kaikilla keskeisillä toimijoilla on mahdollisuus saada äänensä ja mielipiteensä kuuluviin ("*Accommodation of diverse partisan interests through bargaining*"), on arvosteltu muistuttamalla budjettineuvottelujen "asymmetrisistä ominaisuuksista", jossa toimijoiden tosiasialliset vaikutusmahdollisuudet voivat huomattavasti vaihdella "inkrementalistien" esittämästä (ks. esim. White 1994, 113-134).

Allen Schick (1983, 1-4, vrt. myös Schick 1980, 2000) puolestaan valitti sitä, että inkrementalismi kuvaa enemmän sitä, mitä budjetointi ei ole (tai millaiseksi se ei voi kehittyä) kuin mitä se on. Inkrementalismin tulisikin Schickin mukaan keskittyä enemmän tarkastelemaan määrärahojen budjettiosuuksien kasvua, jolloin se voisi olla teoria budjetin kasvusta. Wildavskyn esittämässä muodossa se on "raakile"[86], joka keskittyy enemmän edellisen vuoden budjettipohjan tarkasteluun kuin määrärahalisäysten ja niiden syiden arviointiin.

Ehkä eniten kritiikkiä sai osakseen Wildavskyn perustavanlaatuinen näkemys, jonka mukaan budjetointi voidaan parhaiten ymmärtää "tasapuolisten" tai "oikeudenmukaisten" lisäysten tekemiseksi määrärahapohjaan ("*Fair share increments to the budget base*"). Useat tutkijat ryhtyivät kyseenalaistamaan, mitä tämä käytännössä tarkoittaa – ja mihin se johtaa (ks. esim. Swain & Hartley 2001, 19-20 tai Rubin 2006, 182-183).

Inkrementalismia pyrki kehittämään muun muassa Amitai Etzioni, joka arvostellessaan rationalismin ja inkrementalismin jyrkkää vastakkainasettelua pyrki yhdistämään molempien teorioiden toimivimmat piirteet. 1960-luvulta lähtien kehittämässään niin kutsutussa yhdistetyn tarkastelun (*Mixed-scanning*) mallissa Etzioni yritti sovittaa yhteen rationalismin vaatimuksen muutoksesta ja vaihtoehtojen selvittämisestä ja inkrementalismin realistisuuden ja vähä vähältä etenevän toimintastrategian: "Aktiivista päätöksentekoa varten tarvitaan strategia, joka on vähemmän vaatelias kuin rationalistinen lähestymistapa mutta ei näkökulmaltaan niin rajallinen kuin inkrementalistinen lähestymistapa, eikä niin utopistinen kuin rationalismi, eikä niin konservatiivinen kuin inkrementalismi, eikä liioin niin epärealistinen malli, ettei sitä voi noudattaa. Se ei myöskään voi legitimoida lyhytnäköistä, itseensä päin kääntynyttä, epäinnovoivaa päätöksentekoa. Yhdistetyn tarkastelun strategiassa (...) oletetaan, että rationalistisen (päätöksenteko)mallin kritiikki on paikkaansa pitävää" (Etzioni 1968, 282-283).

Etzionin mukaan aktiivinen yhteiskunnallinen päätöksenteko vaatii toteutuakseen sekä järjestäytyneen, suuntalinjat määrittelevän päätöksentekoprosessin että "inkrementalistisen" prosessin, joka valmistelee ja jälkikäteen tarkistaa tehdyt päätökset. Näin esimerkiksi yllättäviin ympäristömuutoksiin kyetään vastaamaan tehokkaammin ja nopeammin jo yksikön operatiivisella tasolla. Yhdistetyn tarkastelun mallissa yhdistyvät siten sekä "*Top-down*" ("ylhäältä alaspäin") että "*Bottom-up*" ("alhaalta ylöspäin") -ajattelu.

Etzioni ei kuitenkaan koskaan esittänyt yhdistetyn tarkastelun mallin pohjalta varsinaista budjetointimallia. Hänen teoriansa kuitenkin antoi oman lisänsä suunnitteluprosessien kehittämiselle etenkin hyvän suunnittelun kriteerien osalta[87].

---

[86] Vrt. myös esim. Meyers 1994; 1998a, 554-555; 1998b, 723-737.

[87] Toisin sanottuna, yhdistäessään rationalismin ja inkrementalismin piirteitä yhdistetyn tarkastelun mallissaan Etzioni saattoi suunnittelun ja päätöksenteon realistisemmalle ja toimivammalle pohjalle. Tämän

Tultaessa 1970-luvulle inkrementalismin selitysvoima joutui kyseenalaiseen valoon myös siksi, että eri maissa lakisääteisten menojen osuus ryhtyi voimakkaasti kasvamaan. Tämä puolestaan asetti Wildavskyn erään keskeisen perusolettaman, jonka mukaan budjetintekijät vuosittain käyvät koko budjetin läpi ja päättävät korotuksista ja niiden määrästä, kyseenalaiseksi[88].

Toisaalta yhteiskunnallisen päätöksenteon seurauksia budjetin menojen kasvulle ei enää voitu jättää huomioimatta tilanteessa, jossa julkisten menojen kasvua oli pakko ruveta hillitsemään lähes kaikissa läntisissä teollisuusmaissa (ks. esim. Gough 1979, *Social Expenditure*... 1985 tai Lybeck & Henrekson 1988). Menojen kasvun hillintä johti aikanaan kireämmän talous- ja finanssipolitiikan kautta tiukempaan budjettipolitiikkaan, ja lopulta erilaisiin julkisten menojen leikkauksiin. Menojen leikkauksista, säästöpäätöksistä ja esimerkiksi valtionyhtiöiden yksityistämisistä tulikin 1980-luvulla keskeisiä finanssipolitiikan välineitä käytännössä kaikissa OECD-maissa (vrt. esim. Zapico Goñi 1991).

”Taloudellisten realiteettien” muuttuessa oli pakko ryhtyä radikaalisti uudistamaan myös budjetointiajattelua. Teoreettisella tasolla tämä tapahtui kääntämällä eräällä tavalla ajateltuna eräät keskeiset Wildavskyn esittämät ajatukset ”ylös alaisin” (Kettl 2004, xvi) – tätä korostamaan ryhdyttiin puhumaan ”dekrementalismista”.

”Dekrementalismi sinänsä ei ole mikään uusi ja mullistava budjetointimalli vaan lähinnä rationalististen ja inkrementalististen mallien negatiivinen (menosäästöjä tekevä) sovellus.

Puhtaasta rationalismista dekrementalismi eroaa muun muassa sikäli, että jälkimmäisessä säästökohteita ei pyritä arvioimaan tavoite-keinoajattelun kautta, vaan päätökset ovat usein yleisluonteisia kompromisseja. Niin ikään dekrementalismissa rahoitus saa ikään kuin itseisarvoisen aseman; säästöpäätöksiä tehtäessä toimintaprosessi nähdään usein alisteisena suhteessa rahaprosessiin. Muun muassa tämän vuoksi dekrementalismiin on suhtauduttu huomattavasti myönteisemmin valtiovarainministeriöissä ja keskuspankeissa kuin muissa ministeriöissä[89]” (Saarilahti & Uusikylä 1991, 24-25).

Inkrementalismista dekrementalismi eroaa Schickin (1983, 21-23) mukaan muun muassa seuraavalla neljällä tavalla: se on menoja leikkaava, se suosii menojen uudelleenjakoa, se on vähemmän staattinen ja se ei yritä välttää ristiriitoja.

Dekrementalismin nimissä kehitettiin 1970-luvun lopulta lähtien suuri valikoima erilaisia menosäästöihin tähtääviä menettelyjä, joita kuuluisimmat ovat erilaiset kehysmenettelyt lukuisine muunnelmineen[90] (ks. esim. Tarschys[91] 1985, 36-41). Dekrementalistisessa

pohjalta esim. ”hyvän budjetin” voisi mieltää sellaiseksi, jossa yhdistyvät toimivalla tavalla yhtäältä rationalistiset peruspäätökset (vrt. pitkän aikavälin toimintasuunnittelu) ja inkrementalistiset osapäätökset, jotka tehdään peruspäätösten asettamissa rajoissa (vrt. lyhyen aikavälin määrärahasuunnittelu). Kuten inkrementalismin tapauksessa, Etzioni ei kuitenkaan vielä osannut kiinnittää riittävästi huomiota esim. päätöksenteosta aiheutuvaan menojen kasvuun.

[88] Wildavsky oli tietoinen teoriansa kohtaamasta kritiikistä (ks. esim. Wildavsky 1979; 1989, 43-52), ja teoksensa ”*The Politics of the Budgetary Process*” neljännessä painoksessa vuodelta 1984 (Wildavsky 1984) hän jo osittain luopuu inkrementalismin puolustuksesta. Lopulta vuonna 1988 ilmestyneessä teoksessaan ”*The New Politics of the Budgetary Process*” hän toteaa, että inkrementalismin toiminnalle välttämättömät olosuhteet ovat kadonneet: ”On helppoa löytää sopu kun kaikki saavat enemmän. Inkrementalismi (...) perustuu ajatukselle, että lisää saadaan aina. Nyt kun vauraus on vähentynyt, inkrementalismi on hävinnyt sen mukana” (Wildavsky 1988, 205, vrt. myös 1989, 43-53; 1992, 594-599).

[89] Ks. esim. Peacock 1986, 58.

[90] Premchand (1984, 279-286) luettelee muun muassa seuraavat dekrementalismin nimissä kehitetyt menettelyt: *Frames*, *Envelopes*, *Caps*, *Ceilings*, *(Sectoral and Cash) Limits*, *Lids*, *Cheese-slicers* ja *Across-the-board cuts*. Muille termeille kuin budjettikehyksille (*Frames*) ei ole vakiintunut suomenkielisiä vastineita, tosin ”*Cheese-slicer*ista” näkee julkisuudessa toisinaan käytettävän nimitystä ”juustohöylä”. Edellä mainituista keinoista puhtaimmin rationalismiin voidaan liittää kaksi ensin mainittua eli ”*Frames*” ja ”*Envelopes*” -menettelyt. ”(Budjettikehysmenettelyssä) kehys on summa, jonka tietty julkisen hallinnon sektori tai ohjelmakokonaisuus saa käytettäväkseen. Hallintoyksikön on pysyttävä menokehyksen rajoissa, mutta sen sisällä se voi joustaa harkintansa mukaan. (...) *Envelope*-järjestelmässä (menokohteet sen sijaan jaetaan esim. toimintalinjakohtaisesti). Budjettiratkaisut tehdään päättämällä, kuinka paljon kullekin toimintalinjal-

mielessä "hyvä budjetti"[92] olisi siten sellainen, joka säilyy hyvin talous- ja finanssipoliittisessa ohjauksessa, toisin sanoen sellainen, joka on menoja leikkaava tai ainakin sovituissa menokehyksissä pysyvä. Taloudellinen "*Top-down*" -ohjaus saa siten korostuneen aseman teorian mukaisessa budjetoinnissa (vrt. esim. Wildavsky 2003, 27-47).

Taloudellisen kasvun lähdettyä uudelleen käyntiin 1980-luvulla alettiin läntisissä teollisuusmaissa kuitenkin jälleen kiinnittää huomiota inkrementalistien esittämiin ajatuksiin ja tutkimuksissa alettiin korostaa Etzionin tapaan halua käyttää rationalismin ja inkrementalismin "parhaita puolia" kuvaamaan ja selittämään budjettipäätöksentekoa (ks. esim. LeLoup 2002, 12-13). Päätöksentekoteorioiden puolella ajattelua alettiin kutsua muun muassa "rajoitetuksi rationalismiksi" [93] (*Limited rationality/ rationalisme limité*).

"Kolmas päätöksenteon lähestymistapa on puhtaan rationalismin ja inkrementalismin kompromissi. Rajoitetun rationalismin mallissa otetaan huomion puhtaan rationalismin taustalla olevien oletusten heikkoudet monimutkaisia ongelmia sisältävissä sovelluksissa. Samalla kun rajoitetun rationalismin mallissa tunnustetaan inhimillisiin kognitiivisiin prosesseihin sisältyvät pakotteet, siihen ei sisälly olettamusta, että tavoitteiden saavuttamiseen pyrkivien vaihtoehtoisten lähestymistapojen tarkoituksellinen etsintä olisi hyödytöntä. Vaihtoehtoja etsimällä pyritään tyydyttäviin ratkaisuihin ilman, että ne olisivat välttämättä optimaalisia.

Tunnettujen tutkijoiden kuten Wildavskyn ja Lindblomin esittämät runsaat näytöt osoittavat, että monet päätökset todella ovat inkremetalistisia eikä jokainen budjettipäätös selvästikään edellytä kaikkien esillä olevien vaihtoehtojen täydellistä läpikäymistä ja tarkkoja laskelmia jokaisen vaihtoehdon mahdollisista lopputuloksista. Budjettiprosessissa kuitenkin tehdään silloin tällöin merkittäviä päätöksiä, joilla poiketaan radikaalisti aikaisemmista päätöksistä. Ei-inkrementalistisia muutoksia tapahtuu (...) etenkin makrotasolla. Päätöksentekijät myös yrittävät usein aikaansaada julkista hyvää ja niitä ohjaavat enemmän virastoille koituvat sosiaaliset ja taloudelliset ongelmat kuin byrokraattinen budjetin maksimointi tai eturyhmien painostus.

Rajoitetun rationalismin mukaan laajoja voimia siirrellään toisinaan suurten muutosten hetkellä, kun taas muina aikoina tehdään inkremetalistisia muutoksia asioissa, jotka vaadi suuresti poikkeamaan vallitsevasta tilanteesta. Päätöksentekoteorioissa tarkastellaan eri tavoin niitä arvoja, joita päätöksenteko palvelee, ja päätöksentekijöiden kykyä edistää niitä" (Lee *et al.* 2008, 24).

Toisaalta Yhdysvalloista vuonna 2008 alkanut finanssikriisi, joka johti Euroopassa talous-, laina- ja euron kriisiin[94], on uudelleen tuonut parrasvaloihin dekrementalistisen budjetointiajattelun menokattoineen ja leikkauksineen (ks. yllä; vrt. esim. Saarilahti 2011, 89-306).

---

le allokoidaan määrärahoja. (...) *Envelope*-järjestelmässä rationaalisuus ilmenee kokonaisvaltaisena koko yhteiskunnan huomioon ottavana budjettisuunnitteluna, kun taas budjettikehyksissä ainoastaan suuntalinjat määritellään keskushallinnosta käsin, mutta toimintayksiköt itsenäisesti voivat päättää säästökohteistansa" (Saarilahti & Uusikylä 1991, 25-26). Muut luetellut menettelykeinot pohjautuvat puolestaan enemmänkin "inkrementalistiseen" ajatteluun staattisine budjettipohjine ja sen pienine muutokseen.

"*Frames*" ja "*Envelopes*" –menettelyjä pidettiin 1980-luvun merkittävimpänä budjettiuudistuksena (ks. esim. Schick 1986, 133). Niiden suurimpana pulmana ovat olleet poliittisten suhdanteiden muutokset: hallituksen vaihtuessa käy helposti niin, että esim. äärimmäisen työläs ohjelmarakenteiden luominen täytyy aloittaa uudelleen alusta.

[91] Daniel Tarschys on eräs keskeisiä dekrementalistisen budjetointiajattelun edustajia ja kehittäjiä (ks. esim. Tarschys 1984, 241-259).

[92] Dekrementalismin nimissä kehitettiin 1970-luvun lopulta alkaen erityisesti niin kutsuttua *Cutback budgeting* –ajattelua, jolle ovat ominaisia erilaiset menosäästöt ja -leikkaukset (ks. esim. Levine 1978, 316-325, Jick & Murray 1982, 141-169, Tarschys 1983, 205-224, Uusikylä 1996, Savage & Schwartz 1998, 529-547 tai Kelly & Rivenbark 2003, 34-35).

[93] "Rationalistisen" budjetoinnin muista suuntauksista, mukaan luettuna niin kutsuttu "moninaisen rationalismin malli" (*Multiple rationalities model*), ks. esim. Thurmaier & Willoughby 2001, 29-54.

[94] Kesäkuun 18 ja 19 päivänä 2009 pidetyn Eurooppa-neuvoston kokouksen päätelmissä muun muassa katsottiin, että Euroopan unionin jäsenvaltiot joutuivat kohtaamaan vuosina 2008 ja 2009 syvimmän toisen maailmansodan jälkeisen maailmanlaajuisen taantuman (*Brysselin...* 2009, 1).

Lopuksi, oman alansa muodostaa erilaisten *käytännön budjetointimallien* tutkimus (ks. esim. Bourgault 2006, 69-83, vrt. esim. Rubin 1990, 179-187). Tässä yhteydessä riittänee mainita viisi tunnetuinta mallia eri vuosikymmenillä 1940-luvun lopulta lähtien:

- suoritebudjetointi[95] (*Performance budgeting*),

- ohjelmabudjetointi[96] (*Program(me) budgeting*),

- suunnittelu- ja ohjelmointibudjetointi[97] (*Planning, Programming, Budgeting (System) PPB(S)*),

- nollapohjabudjetointi[98] (*Zero-base budgeting ZBB*) ja

- tulos- ja kehysbudjetointi[99] (*Budgeting for results*).

Näistä on olemassa monenlaisia maa- ja hallinto(taso)kohtaisia variaatioita.

1990-luvulla kehitettyjä malleja on käsitellyt artikkeleissaan muun muassa Jón Blöndal (ks. esim. Blöndal 2003, 7-25, vrt. myös esim. Ball 2002, 49-76, *Models*... 2002 tai Schick 2004, 81-102).

Viime vuosina ovat kasvattaneet suosiotaan erityisesti erilaiset uudenlaiset suoritebudjetoinnin sovellukset ja mallit[100] (*Performance budgeting/ budgétisation axée sur la performance*; ks. esim. Curristine 2005, 87-127, van Nispen & Posseth 2006, 37-62 tai *Performance*... 2007; 2008).

3.3 Euroopan unionin budjetoinnin tutkimus

Usein esitetyn näkemyksen mukaisesti (ks. esim. Isaac 1993b, 4-5) Euroopan unionilla on mahdollisuus käyttää neljänlaisia hyvinkin erilaisia tapoja "tavoitteidensa saavuttamiseksi ja politiikkansa toteuttamiseksi" (SEU:n 6 artiklan 4 kohta), eli käyttää joko *oikeudellisia, poliittisia, hallinnollisia* tai *taloudellisia* keinoja päämääriänsä varten.

Ensimmäiseen keinoryhmään kuuluvat yhteisöille perustamissopimuksissa suodut erilaiset mahdollisuudet luoda *oikeuksia ja velvollisuuksia*, toiseen ryhmään esimerkiksi kaikki "*ei-pakotevaltaa sisältävät taivutuskeinot*", kolmanteen ryhmään muun muassa lukuisat erilaiset hallinnolliset mahdollisuudet esimerkiksi *koordinoida toimintoja* eurooppalaisella tasolla[101] ja neljänteen ryhmään ennen kaikkea mahdollisuus käyttää *rahaa* päämääriensä saavuttamiseen.

Jakoa voidaan yksinkertaisuuden vuoksi soveltaa myös EU:n finanssihallintojärjestelmän ja budjetoinnin tutkimuksen tarkasteluun. Tutkimuksen lähtökohtana onkin useimmiten ollut oikeudellinen, poliittinen, hallinnollinen tai taloudellinen näkökulma tai näiden lähestymistapojen erilaiset yhdistelmät.

Puhdas *oikeudellinen näkökulma* on perinteisesti keskittynyt – perustamissopimusten varainhoitoa koskevien säännösten ja niiden pohjalta annettujen säädösten tarkastelun ja tulkinnan lisäksi – muun muassa selvittämään EY:n tuomioistuimen alalla antamien tuomioiden merkitystä ja seurauksia tai tarkastelemaan yhteisöjen toimielinten (budjetti)toimivallassa ajan mittaan tapahtunutta kehitystä. Näkökulmaan ovat myös läheisesti liittyneet erilaiset yhteisöjen vastuuvapaus-, tilintarkastus-, kirjanpito- ja laskentatoimen kysymyksiä käsittelevät tutkimukset.

Ehkä odotetusti oikeudellista näkökulmaa on perinteisesti sovellettu ennen kaikkea saksankielisissä

---

[95] Ks. esim. Premchand 1984, 321-323; 1993, Grizzle 1986, 60-70 tai Kelly & Rivenbark 2003, 27-29.

[96] Ks. esim. Schick 1966, 248-255, Churchman 1979, 83-103 tai Premchand 1984, 323-325.

[97] Mukaan luettuina suunnittelu- ja ohjelmointibudjetoinnin eri sovellukset, kuten *Public Expenditure Survey Committee System (PESC), Program(me) Analysis and Review (PAR)* ja Ranskan *Rationalisation des choix budgétaires (RCB)*; ks. esim. Schick 1966, 242-258, Merewitz & Sosnick 1971, Huet & Bravo 1973, Premchand 1984, 326-334 tai Perret 2006, 31-41.

[98] Ks. esim. Pyhrr 1977, 1-8, Herzlinger 1979, 3-14, Premchand 1984, 334-354 tai *Zero-base*... 1996.

[99] Mukaan luettuna *Financial Management Initiatives FMI*; ks. esim. Henley 1986, 9-42, Schick 1990, 26-34, *Budgeting*... 1995, *Modern Budgeting* 1997 tai Harrinvirta & Puoskari 2001, 445-459.

[100] Suoritepohjaisen budjetoinnin uusista taustoista, ks. esim. Joyce 1998, 597-619 tai Kelly & Rivenbark 2003, 35-36.

[101] Ks. esim. Monnet 1976, 341-523 tai Roussel 1996, 429-459, vrt. esim. *KOM(2004) 101 lopullinen*, 34: "Sääntely, koordinointi ja talousarviotuki kuuluvat välineisiin, joita unioni voi käyttää poliittisten päämääriensä edistämiseen".

maissa suoritetussa EU:n budjetoinnin tutkimuksessa (ks. esim. Zelletin 1965, Reister 1975, Heinemann 1995 tai Rossi 1997), mutta myös ranskankielissä maissa elää voimakas EU:n varainhoitoa koskevien säännösten tulkintaan liittyvä tutkimustraditio (vrt. esim. Guy Isaacin[102] ja Jean-Paul Jacquén tuotanto[103], ks. myös esim. Delon Desmoulin 2000, 189-209; 2011).

Uusimpia tarkastelutapaan perustuvia tutkimuksia on vuonna 2007 ilmestynyt Bart Driessenin toimielinten julistuksia ja sopimuksia myös budjettialalla tarkasteleva väitöskirja (Driessen 2007). Tutkimus sisältää laajan ja ajantasaisen lähdeluettelon EU:n budjettioikeutta käsittelevästä kirjallisuudesta.

Tässä tutkimuksessa EU:n budjetointiin liittyviä oikeudellisia kysymyksiä käsitellään kuitenkin *vain siinä määrin kuin ne ovat välttämättömiä tarkasteltavana olevan yleiseen talousarvioon sisältyvän joustomuodon ja sen käyttöön liittyvien ongelmien ymmärtämiseksi.*

Poliittinen näkökulma on perinteisesti keskittynyt tarkastelemaan erilaisiin resurssien allokointiin ja toimijoiden valtasuhteisiin sekä niiden muutoksiin liittyviä kysymyksiä[104]. Näkökulma on perinteisesti ollut suosittu ennen kaikkea englanninkielisessä maailmassa.

Uusimmista poliittista näkökulmaa soveltavista väitöskirjoista on syytä mainita[105] vuonna 2006 ilmestynyt Johannes Lindnerin ”*Conflict and Change in EU Budgetary Politics*” (Lindner 2006), jossa keskitytään tarkastelemaan Euroopan parlamentin ja neuvoston välisiä budjettikiistoja ja niiden kehitystä[106]. Kirja myös sisältää suhteellisen laajan lähdeluettelon, joka listaa aihetta käsitteleviä tutkimuksia.

Toinen uusi näkökulmaa hyödyntävä tutkimus on Dana Adriana Puian EU:n budjettineuvotteluja tarkasteleva pitkään valmisteilla ollut tutkimus (Puia 2012, ks. myös Puia 2007). Tutkimuksessa sovelletaan peliteoreettista viitekehystä, joka on muodostunut varsin suosituksi EU:n päätöksentekoprosesseja tarkasteltaessa[107]. Tähän tutkimukseen peliteoria soveltuu kuitenkin huonommin kuin perinteiseen budjetointitutkimukseen, sillä neuvosto on päättänyt niin varainhoitoasetuksista kuin rahoitusnäkymistä ja -kehyksestä *yksimielisesti*[108].

Hallinnolliselle näkökulmalle ja tarkastelutavalle on ollut puolestaan ominaista se, että esimerkiksi oikeudellisia perinteiseen ”kameralistiseen traditioon” (ks. yllä luku 3.2) liittyviä kysymyksiä tärkeämpänä pidetään keskittymistä erilaisiin finanssihallinnollisiin menettelytapoihin sekä niihin liittyviin etuihin ja rajoitteisiin eri toimijoiden ja finanssihallintojärjestelmän kokonaistoiminnan kannalta.

Tyypillisesti hallinnollinen näkökulma esiintyy ranskalaisessa niin kutsutussa *finances publiques* –koulukunnan työssä, jonka tunnetuin varhainen

---

[102] Ks. alla.

[103] Ks. esim. Jacqué 1981, 229-262; 1983, 155-182; 1991; 1992, 1215-1255; 2001; 2010.

[104] Toimielinten valtasuhteita analysoiva tutkimus on siten pohjautunut ennen kaikkea niin kutsuttuun institutionaaliseen lähestymistapaan (*Institutional approach/ approche institutionnelle*) ja erityisesti julkisen valinnan teoriaan perustuvaan teoreettiseen mallintamiseen.

Julkinen valinta (*Public choice theory/ théorie des choix publics*), jonka teorian kehittäjinä ovat James M. Buchanan ja Gordon Tullock klassisessa teoksessaan ”*The Calculus of Consent*” (Buchanan & Tullock 1962), syntyi halusta soveltaa talousteorioita politologiseen tutkimukseen. Pyrkimyksenä oli muun muassa tutkia (ja kuvata) valtion roolia, äänestäjien käyttäytymistä sekä virkamiesten ja politiikkojen toimintaa. Julkisen valinnan teoriaa on 1960-luvulta sovellettu laajasti tutkittaessa julkisen sektorin, valtion ja poliittisen järjestelmän toimintaa niin talous- kuin yhteiskuntatieteissäkin (ks. esim. Salminen 2009, 92-97).

On syytä mainita tässä yhteydessä Buchananin 1940-luvulta lähtien laatimat muutakin kuin julkista valintaa (ja esim. finanssipolitiikkaa ja budjetointia) käsittelevät tutkimukset (Buchanan 1999-2002).

[105] Ks. myös esim. Cervera Vallterra 2002.

[106] Euroopan parlamentin ja neuvoston välisistä budjettikiistoista, ks. esim. Saarilahti 2004a, 140.

[107] Euroopan unionin päätöksentekoa on perinteisesti tutkittu empiiristen aineistojen pohjalta tarkastelemalla esim. äänestyskäyttäytymistä (usein tilastollisin menetelmien), puolueohjelmia (usein sisällönanalyysin keinoin) tai eri toimijoiden kantoja (usein asiantuntija-arvioiden pohjalta).

[108] Tilanne muuttui varainhoitoasetuksen osalta 1.1.2007, kun neuvosto siirtyi Nizzan sopimuksen 279 artiklan 1 kohdan viimeisen lauseen mukaisesti määräenemmistöpäätökseen. Lissabonin sopimus tuo vielä mukanaan yhteispäätösmenettelyn Euroopan parlamentin kanssa.

edustaja on Pariisissa 1900-luvun alkupuolella opettanut Gaston Jèze[109].

Yhteisöjen budjetoinnin ja budjetointijärjestelmän tarkasteluun sovelletun *hallinnollisen näkökulman* kiistatta tunnetuin edustaja on joulukuussa 1995 kuollut Daniel Strasser, jonka seitsemänteen painokseen ehtinyt ja useille kielille käännetty *"Les finances de l'Europe"*[110] on edelleen viitatuin yhteisöjen finanssihallintojärjestelmää käsittelevä kirja. Strasserin työtä leimaa niin ikään kiistaton *poliittinen* näkökulma, ja keskeistä toisiaan seuraavissa painoksissa (varainhoitoa koskevien säädösten muutosten ja niiden vaikutusten esittelyn lisäksi) on muun muassa EP:n ja neuvoston välisten valtasuhteiden kehittymisen ja niiden seurausten tarkastelu laajemminkin. Kirjassa on myös vahva *oikeudellinen* leima[111].

Toinen keskeinen yhteisöjen budjettijärjestelmän tutkimiseen sovelletun *"Finances publiques"*-tarkastelutavan edustaja on maaliskuussa 2000 kuollut Guy Isaac, joka niin ikään julkaisi lukuisia yhteisöjen budjettijärjestelmää käsitteleviä tutkimuksia ja kirjoituksia[112]. Hänen laaja EU:n finanssihallintojärjestelmää ja sen toimintaa käsittelevä kirjansa jäi kuitenkin valitettavasti kesken[113].

Taloudellinen näkökulma on omalta osaltaan perinteisesti keskittynyt esimerkiksi "fiskaalista federalismia" tai yleisen talousarvion "(re)distributiivista roolia" koskeviin kysymyksiin (ks. esim. Oates 1977, 279-318; 1998, 10-40; 1999, 1120-1149, Persson *et al.* 1996, Korkman 2005, 165-175 tai Figueira 2006). Lähestymistavan puitteissa on myös entistä enemmän ryhdytty käsittelemään esimerkiksi EU:n toiminnan taloudellisuuteen, tehokkuuteen ja vaikuttavuuteen tai "eurooppalaiseen lisäarvoon" liittyviä kysymyksiä (ks. esim. Sapir *et al.* 2004 ja Tarschys 2005). Keskeisiä mielenkiinnon kohteita ovat niin ikään olleet erilaiset yhteisöjen "omiin varoihin" liittyvät kysymykset sekä etenkin 1980-luvulta lähtien jäsenvaltioiden "nettopositioihin" (nettosaaja vs nettomaksaja) liittyvät ongelmat (ks. alla; vrt. myös esim. Begg & Grimwade 1998, Núñez Ferrer & Emerson 2000, Cipriani 2007, Wynn & Núñez Ferrer 2007 tai Brehon 2010a). Brysselissä 15. ja 16. joulukuuta 2005 pidetyn Eurooppa-neuvoston päätelmien III osan mukaisesti (*Brysselin...* 2005b, 79 ja 80 kohta) komission vuonna 2007 käynnistämä EU:n rahoituskehyksen uudelleentarkastelu- (*Review/ réexamen*; ks. osajulkaisu IX) ja yleisen talousarvion "modernisointityö" (ks. *SEC(2007) 1188 final*) saivat myös taloustieteen tutkijat kiinnostumaan uudelleen yleisestä talousarviosta (ks. esim. Kajaste 2008, 48-52, Szemlér & Eriksson 2008 tai Heinemann *et al.* 2010, 59-76). EU:n budjettiin liittyvät erilaiset taloudelliset tarkastelutavat ja tutkimukset on kuitenkin tietoisesti *jätetty tämän tutkimuksen ulkopuolelle.*

Edellä mainittujen Cervera Vallterran (2002), Sapirin *et al.* (2004), Korkmanin (2005), Lindnerin (2006), Driessenin (2007), Brehonin (2010a) tai Puian (2012) teosten lähdeluettelot vahvistavat ennen kaikkea sen, että yhteisöjen budjettijärjestelmää on vuosien saatossa tutkittu teoreettiselta kannalta sittenkin suhteellisen suppeasti. Suurin osa tutkimuksista on keskittynyt joko *budjettivallan muutoksiin* tai budjettijärjestelmän *taloudellisiin*

[109] Jèzen usein siteeratun kirjan *"Cours de science des Finances"* ensimmäinen painos on vuodelta 1922 (Jèze 1922). Vrt. myös esim. Pierre Lalumièren *"Les Finances Publiques"*. Kirjan ensimmäinen painos on vuodelta 1978 (Lalumière 1978).

[110] Strasser toimi muun muassa Euroopan komission budjettipääosaston pääjohtajana (vuoteen 1989) ja EY:n tilintarkastustuomioistuimen jäsenenä (vuoden lopusta 1989 kuolemaansa asti). *"Les finances de l'Europe"* -kirjan ensimmäinen painos on vuodelta 1975 (Strasser 1975a) ja viimeinen vuodelta 1992 (englanninkielinen laitos; Strasser 1992a).

[111] On kuitenkin huomattava, että alaotsikko *"Le droit budgétaire et financier des Communautés européennes"* ("Euroopan yhteisöjen budjetti- ja finanssioikeus") lisättiin *Les finances de l'Europe* -kirjaan vasta sen viimeiseksi jääneeseen ranskankieliseen painokseen (Strasser 1990).

[112] Ks. esim. Isaac 1973; 1984a; 1984b; 1990; 1992a; 1993a; 1993b; 1994a; 1994b; 1996; 1999 ja Isaac & Hen 1978. Isaacin työtä on muun muassa jatkanut Joël Molinier (2006a; 2006b). Isaac on myös laajasti siteeratun *"Droit communautaire général"* -kirjan kirjoittaja. Kirjan ensimmäinen painos ilmestyi kolmekymmentä vuotta sitten (Isaac 1983), mutta teoksesta on otettu jatkuvasti uusintapainoksia, viimeiset vuosina 2001, 2006 (jolloin kirjan nimi vaihtui muotoon *"Droit général de l'Union européenne"*) ja 2012 (Isaac & Blanquet 2001; 2006; 2012).

[113] Jäljempänä Isaac 1998. Isaac 1993b sisältää laajoja osia tuolloin valmisteilla olleesta kirjasta.

puoliin, erityisesti toisiaan seuraavien yhteisöjen laajentumisten ja rahoitusnäkymien taloudellisiin vaikutuksiin ja eri maiden "nettopositioiden" kehittymiseen (ks. alla).

Edellä mainituissa kirjoissa myös viitataan usein Euroopan unionin ja sen toimintaa käsittelevien teosten EU:n budjettiprosessia ja/tai yleistä talousarviota käsitteleviin lukuihin[114]. Monista ansioistaan huolimatta nämä eivät kuitenkaan ole tutkimuksia.

Tutkimuksiksi ei myöskään voi laskea komission julkaisemia yhteisöjen "julkista taloutta" ja "toiminnan rahoitusta" koskevia käsikirjoja[115]. Näiden teosten kiistattomana etuna on kuitenkin se, että ne sisältävät varsin paljon "varmennettua" tietoa yhteisöjen finanssihallintojärjestelmästä ja sen toiminnasta. Uusin painos vuodelta 2008 (*European...* 2008; *Les finances...* 2008) käsittelee osittain EU:n finanssihallintojärjestelmän 2000-luvun alussa suoritetun kokonaisuudistuksen tuloksia.

Unionin finanssihallintoa ja talousarviota käsittelevistä kirjoista on syytä mainita erikseen vuonna 1997 ilmestynyt Brigid Laffanin kirja "*The Finances of the European Union*" (Laffan 1997[116]) sekä usein siteerattu *Commentaire J. Mégret*'n osa 11[117]. Perustamissopimuksen varainhoitoa koskevien määräyksien "kommentaareista" voidaan puolestaan nostaa esille esimerkiksi Emmanuel Gabolden ja Christophe Perronin tämän tutkimuksen kannalta mielenkiintoinen esitys (Gabolde & Perron 2000, 1799-1837).

Mainitsemisen arvoisia ovat niin ikään *Revue française de Finances publiques* (RFFP) -aikakauslehden eräät muiden aiheiden ohella yhteisöjen budjettijärjestelmää ja sen eri aspekteja käsittelevät nyt jo "historialliset" numerot[118]. Tutkimuksissa usein viitattuja lähteitä ovat puolestaan *Revue du Marché commun (et de l'Union européenne)* -aikakauslehdessä vuodesta 1975 julkaistut kirjoitukset yhteisöjen ja unionin vuotuisista budjettiprosesseista[119]. Ne ovat keskeisiä lähteitä myös tässä tutkimuksessa.

Vuoden 1995 lopulla aloitettuun SEM (*Sound and Efficient Management*) 2000 -työhön liittyen niin komissio kuin henkilökohtaisten edustajien ryhmä[120] teetättivät lisäksi joukon EU:n finanssihallinnon uudistamista koskevia selvityksiä ja tutkimuksia. Nämä on listattu SEM 2000-työn lopputulosten arvioinnin loppuraportin liitteessä (*Evaluation...* 1999, 79-80). Sen sijaan uudistustyön keskeisimmän "lainsäädännöllisen lopputuotteen", neuvoston 25.6.2002 hyväksymän uuden varainhoitoasetuksen sisältöä on tutkittu valitettavan vähän, ainoan julkaistun kokonaisesityksen ollessa edelleenkin Félix Van Craeyenestin yhdessä tekijän kanssa laatima analyysi (osajulkaisu VIII).

EU:n laajentuminen vuonna 2004 sai luonnollisesti eräät tutkijat kiinnostumaan (kuten edellistenkin laajentumisten yhteydessä) laajentumisen poliittisista, taloudellisista ja sosiaalisista seurauksista (ks. esim. Weise 2002, vrt. myös esim. *Effects...* 1997 tai Richter 2008). Pienemmässä mittakaavassa sama toistui myös Bulgarian ja Romanian jäsenyysprosessien aikana. Tämän tutkimuksen kannalta töillä on kuitenkin vain marginaalista mielenkiintoa.

---

[114] Ks. esim. Nugent 2003, 366-384, Westlake & Galloway 2004, 102-112 tai Laffan & Lindner 2005, 191-212.

[115] Ensimmäinen painos (nimeltään "*Community public finance: The European budget after the 1988 Reform/ Les finances publiques de la Communauté. Le budget européen après la réforme de 1988*") ilmestyi vuonna 1989 (*Community...* 1989/ *Les finances...* 1989).
Vuosina 1995 ja 2002 julkaistiin teoksesta uudistetut painokset (*Euroopan...* 1996; 2002/ *European...* 1995; 2002/ *Les finances...* 1995; 2002). Suomenkielisten laitosten ongelmana on, että niiden käännösasu ei välttämättä aina ole ollut kaikkein onnistuneimpia.

[116] Osittain ajantasaistettu esitys on julkaistu teoksessa Laffan & Lindner 2005, 191-212.

[117] Ensimmäinen painos (nimeltään "*Dispositions financières*") ilmestyi vuonna 1982 (Sacchettini 1982) ja toinen painos (nimeltään "*Les finances de l'Union européenne*") vuonna 1999 (*Les finances...* 1999).

[118] Ks. erityisesti numerot *4/1983, 40/1992, 41/1993, 45/1994, 46/1994, 52/1995, 68/1999* ja *79/2002.*

[119] Ks. tämän kirjan sivut 142-144, vrt. myös esim. Potteau 2010, 347-388; 2011, 375-398.

[120] *Personal Representatives Group on Sound Financial Management (PRG)/ groupe des représentants personnels sur la bonne gestion financière (GRP)*. Ryhmä asetettiin ohjaamaan EU:n finanssihallinnon uudistamista etenkin moitteetonta varainhoitoa käsittelevien kysymysten osalta. SEM 2000 –työn etenemisestä, ks. esim. Yataganas 1999, 413-451.

Neuvottelut vuodet 2007-2013 kattavasta rahoituskehyksestä sai niin ikään eräät tukijat kiinnostumaan uudelleen EU:n budjetista[121] (ks. esim. Lefebvre 2004, Begg 2005, Gros & Micossi 2005, Koutsiaras & Andreou 2005, Le Cacheux 2005 tai *A Study*... 2008). Julkaistuille tutkimuksille on yhteistä se, että niissä keskitytään etenkin EU:n eri toimintapolitiikkoihin ja niiden rahoitukseen sekä EU:n tulopuolen ja jäsenvaltioiden "nettopositioihin" liittyviin erilaisiin kysymyksiin[122]. Oman lukunsa muodostavat yleisen talousarvion "modernisointityön" (ks. edellä ja luku 17.2.3) yhteydessä tehdyt tutkimukset. Komission aloitteesta (*SEC(2007) 1188 final*) käynnistetty "julkinen kuuleminen" johti lukuisten yleisen talousarvion uudistamista hyvin eri näkökulmista tarkastelevien (ja eritasoisten) selvitysten ja tutkimusten julkaisemiseen (ks. *SEC(2008) 2739*). Näitä käsiteltiin osaltaan komission Brysselissä 12. marraskuuta 2008 järjestämässä "kuulemisvaiheen" päättävässä konferenssissa[123].

Vuoden 2006 uudesta toimielinten sopimuksesta ei sen sijaan ole julkaistu kattavampaa selvitystä.

On lopuksi syytä mainita, että Laekenin Eurooppaneuvoston vuoden 2001 joulukuussa koolle kutsuman EU:n tulevaisuutta käsittelevän Eurooppavalmistelukunnan ja sitä avustavien työryhmien (ja etenkin yksinkertaistamista käsittelevän työryhmä 9:n; ks. *Yksinkertaistamista*... 2002) työ sai eräät tutkijat kiinnostumaan EU:n varainhoitoa koskevien artiklojen uudistamistyöstä[124]. Ottaen huomioon, että 13.12.2007 allekirjoitettu Lissabonin sopimus Euroopan unionista tehdyn sopimuksen ja Euroopan yhteisön perustamissopimuksen muuttamisesta (eli niin kutsuttu "uudistussopimus"; *Reform Treaty/ traité modificatif*) sisältää kaatuneen perustuslaillisen sopimuksen varainhoitoa koskevat uudistamisesitykset, tutkimuksille muodostuu uutta käyttöä nyt, kun Lissabonin sopimus vihdoin pitkän epävarmuusjakson jälkeen tuli voimaan joulukuun alussa 2009.

3.4 Talousarvioiden joustotutkimuksen lähtökohtia

Laajempi kiinnostus talousarvioiden joustotarkastelua kohtaan voidaan ajoittaa alkaneeksi 1970-luvun loppupuolella, kun ekspansiivisten budjettipolitiikkojen ja 1970-luvun taloudellisten vaikeuksien seurauksena (mm. öljykriisien seurauksena, joista aiheutui niin stagflaatiota, kasvavaa työttömyyttä kuin pahenevia budjettivajeita) jouduttiin esimerkiksi OECD:n jäsenvaltioissa huomattavasti tiukentamaan höltymään päässyttä budjettikuria (ks. esim. Saunders & Klau 1985 tai Schick 2002a, 10-11). Kurin parantamiseksi eri maissa ryhdyttiin ensin satunnaisesti ja sitten järjestelmällisemmin käymään läpi budjettijärjestelmien elementtejä, joiden toiminta voi vähentää budjettikurin kantavuutta ja kattavuutta. Samalla alettiin kiinnittää huomiota niihin järjestelmän osaelementteihin, jotka voisivat toimia tiukentuneen budjettikurin "vastineina". Toisin sanottuna tiukentuneen budjettikurin vastapainoksi ryhdyttiin etsimään keinoja, joilla budjettijärjestelmän joustavuutta voitaisiin lisätä ilman, että näillä välttämättä olisi kuria vähentäviä vaikutuksia. Samaan aikaan pyrittiin kartoittamaan entistä paremmin joustamattomuutta aiheuttavat tekijät.

1970- ja 1980-luvun taitteessa julkisen hallinnon järjestämiseen ja kehitykseen ryhdyttiin kiinnittämään suurempaa huomiota laajemminkin:

"Yleisen yhteiskunnallisen ja taloudellisen rakennemuutoksen seurauksena julkiseen hallintoon ja resurssien allokointiin ryhdyttiin kohdistamaan yhä suurempia sellaisia muutosvaateita, joihin perinteinen, normiohjattu hallintokoneisto ei kyennyt vas-

---

[121] Uudet rahoitusnäkymäneuvottelut ovat järjestään herättäneet tutkijoiden mielenkiinnon EU:n finanssihallintoa ja budjettia kohtaan (ks. esim. Biehl & Pfennig 1990, Begg 1999 tai Fuchs 1999).

[122] Eli esim. kysymyksiin siitä, mitkä politiikat tulisi hoitaa yhteisötasolle ja mitkä kansallisesti, miten EU:n "omien varojen" järjestelmää tulisi kehittää ja miten eri jäsenneuvotteluissa esillä olevat vaihtoehdot vaikuttavat jäsenvaltioiden keskinäisiin rahoitusasemiin (nettomaksaja vs nettosaaja).
Aivan viime aikoina on ilmestynyt joukko artikkeleita, jotka tarkastelevat rahoituskehys*neuvotteluihin* liittyviä kysymyksiä (ks. Dür & Mateo 2010, 557-578 tai Rant & Mrak 2010, 347-372).

[123] Ks. esim. Heinemann *et al.* 2010, 59-76.

[124] Ks. esim. Goulard & Nava 2002, 31-52, Dony & Ronse 2005, 241-257, Enderlein *et al.* 2005, Fournié 2005, 375-409, Enderlein & Lindner 2006, 187-205, Benedetto & Hoyland 2007, 565-587, Martínez Iglesias 2007, 599-622 tai *The Role*... 2008.

taamaan riittävän nopeasti. Nopeasti kehittyvä ja muuttunut yhteiskunta monimuotoisine ja toisiinsa liittyvine järjestelmineen ja vuorovaikutussuhteineen asetti siten yhä suurempia vaatimuksia myös budjetoinnille. Asioiden kytkeytyminen toisiinsa, yhä monimutkaisempien järjestelmien häiriöalttius, tilanteiden ennakoimattomat muutokset sekä kotimaassa että kansainvälisellä tasolla seurannaisvaikutuksineen osoittivat, että momentin tarkkuudella ohjattu vuotuinen tulo- ja menoarvio on riittämätön.

Lisäksi perinteisen hallintokulttuurin korvautuminen joustavalla ja tuloshakuisella palveluideologialla asetti lisää paineita koko budjetin joustavuuden lisäämiselle. (...) Julkisen sektorin kasvaessa 1970-luvulla yhä suurempi osa ihmisistä joutui tavalla tai toisella tekemisiin julkisen sektorin ja etenkin sen tarjoamien palvelusten kanssa. Julkisen sektorin laajenemisen yhteydessä myös julkiset menot kasvoivat voimakkaasti. 1980-luvun alussa lähes kaikissa OECD-maissa syntyi voimakas julkinen keskustelu hyvinvointivaltion legitimiteetistä ja etenkin julkisten menojen verovaikutuksista" (Saarilahti & Uusikylä 1991, 36).

Alankomaiden ollessa edellä mainittujen keskustelujen edelläkävijä ei ole yllättävää, että ensimmäinen[125] vuonna 1983 julkaistu budjetin joustavuutta laajemmin tarkasteleva Dirk Jan Kraanin artikkeli (Kraan 1983, 413-427[126]) käsitteli maan budjettijärjestelmän kehittämispyrkimyksiä. Muista 1980-luvulla aihetta sivuavista artikkeleista on syytä mainita erityisesti Schickin budjetin joustavuuden lisäämisen merkitystä korostaneet kirjoitukset (ks. erit. Schick 1988, 523-533) sekä esimerkiksi Ann Robinsonin ja Bengt-Christer Ysanderin (1982a, 7-20; 1982b, 21-34) ja Naomi Caidenin (1981, 6-19; 1982, 516-523; 1984, 109-118) artikkelit.

OECD:n työssä budjetin joustavuuteen ryhdyttiin kiinnittämään huomiota muun muassa budjettien menojen lakisidonnaisuuden sekä hallintoyksiköiden toimintavapauksien osalta etenkin 1980-luvun puolivälistä lähtien (ks. esim. *Structure and flexibility*... 1987, 1-8, vrt. myös esim. *Managerial aspects*... 1988, 1-8). Työhön liittyen järjestö julkaisi vuonna 1987 erityisen raportin (nimeltään "*The control and management of government expenditure*"), jossa selvitettiin tarkemmin jäsenmaiden budjettien rakenteita ja joustavuutta[127]. Jäsenmaiden budjettijärjestelmien joustotarkastelua päivitettiin vuosina 1990-1995 neljä kertaa (*Public management*... 1990; 1991; 1992, *Budgeting*... 1995).

Myös aikakaudella kehitetyissä uusissa käytännön budjetointimalleissa (vrt. esim. tulos- ja kehysbudjetointi sekä niiden eri kansalliset sovellukset, ks. yllä luku 3.2) pyrittiin ottamaan aikaisempaa

---

[125] 1970-luvulta voidaan kuitenkin esim. mainita Murray L. Weidenbaumin (1970) ja Lance T. LeLoup'n (1978) aihetta sivuavat kirjoitukset, vrt. myös LeLoup 1986.

[126] Kraanin mukaan teollisuusmaiden lisääntynyt valtion budjettien joustamattomuus aiheutuu pääasiassa sosiaaliturvaohjelmien kasvavasta osuudesta budjeteissa: kasvanut budjettien joustamattomuus olisi siten nähtävä ennen kaikkea hyvinvointivaltion rakentamisen hintana.

Kraan jakaa budjetin joustamattomuutta aiheuttavat tekijät teknisiin ja poliittisiin, joista varsinkin viimeksi mainittuihin (kuten poliittisten päätöksentekijöiden haluttomuus hillitä sosiaaliturvajärjestelmien kohonneita kustannuksia) on hänen mukaansa vaikea puuttua. Niin ikään teknisten joustamattomuutta aiheuttavien pidäkkeiden (kuten budjetin normiston, budjettiin vaikuttavien palkkaratkaisujen sekä budjetin laadintaa ohjaavien hallintokäytäntöjen) muuttaminen on Kraanin mukaan ainakin lyhyellä tähtäimellä vaikeaa. Toisaalta viimeksi mainittujen pidäkkeiden poistaminen on mahdollista hallinnollisten uudistusten myötä, kun taas poliittisten rakenteisiin kajoaminen ei välttämättä onnistu.

Kraanin (mts. 414) mukaan joustavuuden lisäämiselle ei vaikeuksista huolimatta kuitenkaan ole vaihtoehtoja, jos läntisissä hyvinvointivaltioissa ylipäätään halutaan vielä säilyttää ote budjetteihin ja niiden menoihin. Tulevaisuudessa ei nimittäin enää sokeasti voida luottaa siihen, että kaikki poliittisesti merkittäviksi katsotut ohjelmat voitaisiin sellaisinaan toteuttaa. Sen vuoksi keskeinen kysymys budjetoinnissa tuleekin Kraanin mukaan olemaan se, miten budjetin joustamattomia osia voitaisiin vähentää ja tätä kautta pyrkiä vastaamaan uusiin vaateisiin, joita asettavat niin poliittinen järjestelmä kuin hallintokin.

[127] Raportin mukaan kaikissa maissa voidaan esim. lisätä tai vähentää määrärahoja budjettivuoden aikana joko lisäbudjettimenettelyllä tai hallituksen (usein parlamentin myötävaikutuksella) tai hallinnon päätöksin. Talousarvion toimeenpanon joustavuuden lisäämisessä käytetään yleisesti erilaisia (usein kohdistamattomia) varauksia tai varausmäärärahoja, jotka asetetaan usein suhteessa erilaisiin menokattoihin. Asetetuista menorajoitteista ja -katoista voidaan poiketa eri maissa tapauskohtaisesti. Menojen uudelleenkohdentamiseen budjettivuoden aikana on niin ikään käytössä esim. erilaisia ja eritasoisia määrärahasiirtomenettelyjä (*The control*... 1987, 10-13).

paremmin huomioon erilaiset budjettijärjestelmien joustoelementit ja kiinnittämään lisääntynyttä huomiota etenkin niin kutsuttuihin sisäisen jouston eri muotoihin (ks. yllä luku 2.1; vrt. esim. Caiden 1988, 46 tai Ylinen 1988a, 7-10; 1988b, 27-28). Malleissa ei kuitenkaan koskaan esimerkiksi koottu erilaisia joustomekanismeja yhteisen teoreettisen tarkastelukehikon alle.

1980-luvulla tarkasteltiin yleisesti myös esimerkiksi resurssiohjauksen vaikutusta määrärahasuunnitteluun (ks. esim. Henley 1986, 35-36). Aikakaudella nousivat keskeiseen asemaan myös tutkimukset, jotka keskittyivät selvittämään erilaisia kysymyksiä, jotka liittyivät talousarvioiden toimimiseen taloudellisina ohjausvälineinä (ks. yllä luku 3.1), tai erilaisia ongelmia, jotka koskivat esimerkiksi budjettien finanssipoliittista liikkumavaraa[128]. Nämä erilaiset budjettien "taloustieteelliset joustotutkimukset" on kuitenkin jätetty tämän tutkimuksen ulkopuolelle.

Tultaessa 1990-luvulle julkisen toiminnan taloudellisuuden, tehokkuuden ja vaikuttavuuden sekä moitteettoman varainhoidon (*Sound financial management/ bonne gestion financière*) korostaminen lisäsivät uudelleen kiinnostusta budjettijärjestelmien joustotarkastelua kohtaan (ks. esim. Caiden 1992, 805-820; Auberger 1994, 103-107, Pain 1994, 65-72 tai Venet 1994, 73-80). Lopulta 2000-luvulla erityisesti talouden epävarmuuden eri muotojen vaikutusten huomioon ottaminen finanssihallinnossa ja budjetoinnissa nousi uudelleen keskeiseksi mielenkiinnon kohteeksi (ks. luku 5.5; vrt. esim. Tarschys 2002, 77-103 tai Crippen 2003, 139-151[129]).

Euroopan unionissa erilaisten talousarviojärjestelmän joustomuotojen tarkastelu sai uutta mielenkiintoa ennen kaikkea EU:n finanssihallinnon uudistamistyön yhteydessä 1990-luvun lopulta lähtien (ks. luku 8), mutta myös yleisen talousarvion "modernisointityö" (ks. yllä luku 1.4) sai eräät tutkijat kiinnostumaan aiheesta (ks. esim. Buti & Nava 2003; 2008). Uudistustyöhön liittyi kiinteästi myös niin kutsuttu *New European Governance* –ajattelu (*Nouvelle gouvernance européenne*; ks. *European*... 2002). Kokonaisvaltaista erilaisten joustomuotojen tarkastelukehikkoa ei kuitenkaan ole kehitelty myöskään unionin tasolla[130].

---

[128] Julkisten menojen leikkaukset ja menojen kasvun hillintä edellyttivät siten paitsi tiukempaa budjettipolitiikkaa myös entistä kireämpää finanssi- ja talouspolitiikkaa. Finanssipolitiikka (jolla pyritään julkisen sektorin tulojen ja/tai menojen säätelyyn kokonaiskysyntään vaikuttamiseksi) eroaa budjettipolitiikasta lähinnä siinä, että ensin mainitussa kaikkia julkisyhteisöjen tuloja ja menoja koskevia ratkaisuja tarkastellaan enemmän kansantaloudellisista lähtökohdista ja pidemmällä aikavälillä kuin jälkimmäisessä. Molemmat kuuluvat niin kutsutun talouspolitiikan (keynesiläisessä mielessä) keinovalikoimiin. Finanssipolitiikan lisäksi muina talouspolitiikan keinoina voidaan erotella muun muassa rahapolitiikka, tulopolitiikka, valuuttakurssipolitiikka, kauppapolitiikka sekä elinkeino-, rakenne- ja aluepolitiikka.

Talouspolitiikka koostuu niistä toimenpiteistä, joita käyttäen julkinen valta pyrkii vaikuttamaan kansantalouden kehitykseen talouspolitiikalle asetettujen tavoitteiden saavuttamiseksi. Talouspolitiikan tavoitteiden asettelu on viime kädessä poliittisen päätöksenteon tulos. "Yleisesti hyväksyttyinä" talouspolitiikan tavoitteina on pidetty esim. "täystyöllisyyttä", vakaata hintatasoa (tai alhaista inflaatiota), ulkoista tasapainoa (vrt. maksutase), oikeudenmukaista tulonjakoa, (ekologisesti ja taloudellisesti) tasapainoista taloudellista kasvua sekä talouden elinkeinoittaisesti ja alueellisesti tasapainoista kehitystä. Kulunut sanonta tiivistää talouspolitiikan ja sen eri lohkojen tavoitteet seuraavasti: "nopea ja tasainen taloudellinen kasvu, täystyöllisyys, vakaa rahan arvo ja vaihtotaseen tasapaino".

[129] Tässä yhteydessä on syytä myös mainita Ranskan perustuslakineuvoston (*Conseil constitutionnel*) mielenkiintoiset rajaukset koskien talousarvion joustavuutta hallinnollisten tavoitteiden saavuttamiseksi: rajaukset, jotka pohjautuvat laajan pohdintaan sallitun budjetin epävarmuuden määrästä Ranskassa johtivat muun muassa budjetin totuudenmukaisuuden periaatteen (*principe de sincérité (budgétaire)*) ja erityissääntöjen lisätalousarvioihin (*loi de finance rectificative*) turvautumista koskien kirjaamiseen vuonna 2001 hyväksyttyyn budjettilakiin (*loi organique relative aux lois de finances*) niin kutsutun LOLF-uudistuksen yhteydessä (ks. osajulkaisu V; vrt. esim. Camby 1995, 51-64, Destret 2000, Mordacq 2008 ja *Jurisprudence*... 2012, 1122-1137).

[130] "Joustavuutta" on myös tutkittu EU:n institutionaalisen ja integraatiokehityksen sekä lainsäädäntötyön kannalta (ks. esim. Kölliker 2006). Näitä kysymyksiä ei kuitenkaan käsitellä tässä tutkimuksessa (ks. yllä luvut 1 ja 2.2).

EUROOPAN UNIONIN BUDJETTIJÄRJESTELMÄ, TALOUSARVIOPROSESSI JA YLEINEN TALOUSARVIO

4.1 Euroopan unionin budjettijärjestelmä ja talousarvioprosessi

Tutkimuksen muiden osien ymmärtämisen helpottamiseksi alla luvuissa 4.1.1-4.1.3 käydään pääpiirteittäin läpi EU:n budjettijärjestelmä korostaen erityisesti sen erityispiirteitä (luku 4.1.1), mainitaan tärkeimmät yleisen talousarvion laadintaa ohjaavat tekijät (luku 4.1.2) ja esitellään budjettijärjestelmän keskeiset toimijat (luku 4.1.3). Luvussa 4.1.4 esitellään puolestaan EU:n erityislaatuisen vuotuisen talousarvioprosessin keskeiset piirteet ja vaiheet. On huomattava, että tutkimuksen rajauksen mukaisesti luvussa ei kuitenkaan käsitellä Lissabonin sopimuksen mukanaan tuomia uudistuksia[131].

4.1.1 Euroopan unionin budjettijärjestelmän erityisluonne

Kuten yllä luvussa 3.1 on esitetty, "ylikansallisesta" luonteestaan johtuen EU:n budjettijärjestelmä ja sen toimintaympäristö eroavat merkittävästi kansallisista budjettijärjestelmistä ja niiden toimintaympäristöstä. Samalla tavalla kuin useat tutkijat ovat käsitelleet Euroopan yhteisöjä yhteisöinä (järjestöinä) "*sui generis*"[132], myös EU:n budjettijärjestelmä ja yleinen talousarvio ansaitsevat tulla käsitellyiksi järjestelmänä ja budjettina *sui generis* (ks. esim. Isaac 1993b, 2-4, Jacqué 1995, 1-16 tai Delon-Desmoulin 2000, 189-209, vrt. luku 4.1.2).

EU:n budjettijärjestelmälle on ensinnäkin ominaista tiivis vuorovaikutus jäsenvaltioiden[133] kanssa. Järjestelmässä on vahvoja "hallitustenvälisiä"[134] ("*Intergovernmental/ intergouvernemental*") piirteitä esimerkiksi perustamissopimusten varainhoitoa koskevista artikloista, "omista varoista" tai rahoitusnäkymistä ja -kehyksistä päätettäessä. Samaan aikaan EU:n budjettijärjestelmälle on tyypillistä pitkälle viety "autonomia" omine toimielimineen, säädöksineen, säännöksineen ja käytäntöineen, mitä siirtyminen 1970-luvulla "omia varoja" koskevaan järjestelmään vain korosti (ks. esim. Isaac 1973, 670-714, Lamassoure 2007 tai Begg *et al.* 2008).

Vuorovaikutus laajentumisten kautta yhä lukuisampien ja erilaisessa taloudellisessa tilanteessa olevien jäsenvaltioiden kanssa tekevät EU:n budjettijärjestelmän toimintaympäristöstä aikaisempaa ongelmallisemman. Toisaalta toimivallan kasvu yhä uusille aloille toisiaan seuraavien perustamissopimusten muutosten seurauksena on kehittänyt EU:sta vuosikymmenten mittaan "globaalin toimijan", jonka toimintaympäristö on käytännössä koko maailma. Nämä tekijät ovat olleet omiaan lisäämään EU:n budjettijärjestelmän herkkyyttä esimerkiksi erilaisten kriisien tai katastrofien suhteen, tapahtuivatpa ne sitten missä päin maailmaa tahansa.

Kuviossa 1 on Johannes Lindneriä (2006, 36) mukaillen pyritty kokoamaan erilaiset EU:n budjettikysymyksiä koskevat päätöksentasot[135].

---

[131] Muutoksia on tarkastelu seikkaperäisesti esim. teoksessa Saarilahti 2011a, vrt. myös Saarilahti & Krašovec 2010, 451-471.

[132] Vastakkaisista kannoista, ks. esim. Nabli 2007, 353-371 tai Olsen 2007.

[133] Kuten Simon Bulmer ja Christian Lequesne muistuttavat, käsitteellä "jäsenvaltio" (*Member State/ état membre*) voi olla monta merkitystä (Bulmer & Lequesne 2005, 2-3). Tässä tutkimuksessa jäsenvaltioilla tarkoitetaan yhteydestä riippuen joko hallituksia tai valtioiden poliittisten ja hallinnollisten instituutioiden ja toimijoiden muodostamaa järjestelmää.
Euroopan unionin ja sen jäsenvaltioiden erilaisista vuorovaikutussuhteista, ks. esim. Börzel 2005, 45-69, Wallace 2005, 25-44 tai Hix & Høyland 2011, 409-414.

[134] Johannes Lindnerin (2006) käyttämässä merkityksessä, vrt. myös esim. Isaac 1993b, 14-19.

[135] Ks. myös esim. Nicoll & Bryan-Kinns 2004, 103-109.

Kuvio 1. EU:n budjettijärjestelmän vuorovaikutustatasot (Lähde/ *Source*: Lindner 2006, 36).
Chart 1. Interaction modes in EU budgetary politics.

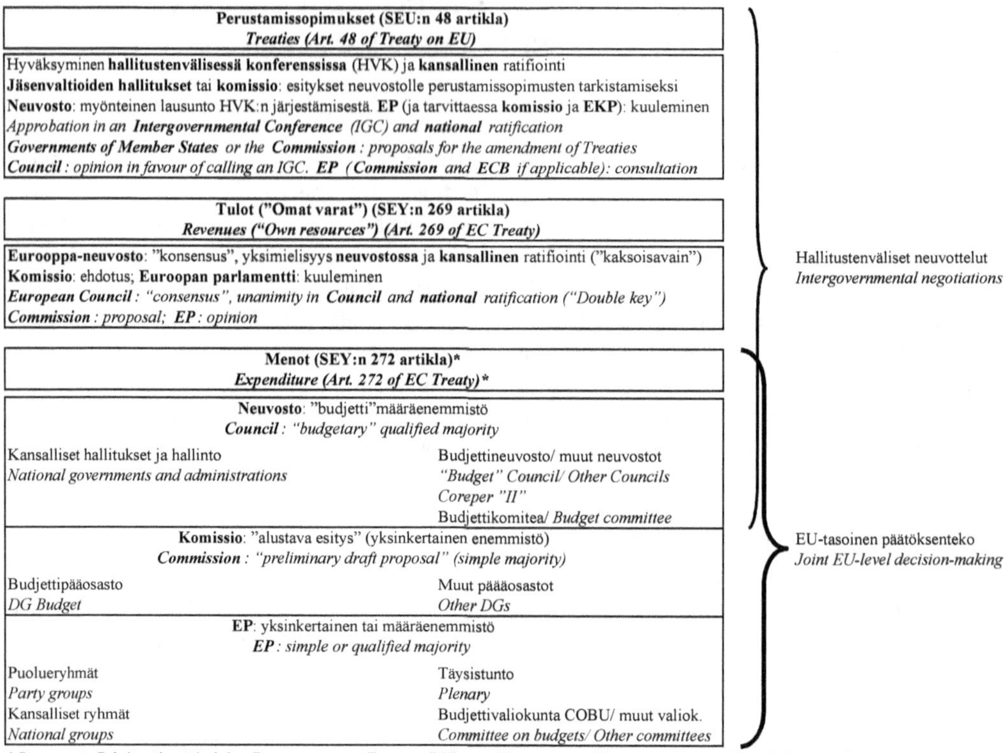

* *Pro memoria* : Rahoitusnäkymät ja -kehys: Eurooppa-neuvosto ("konsensus")/ *Financial Perspectives and Framework: European Council ("consensus")*

Järjestelmän "monitasoisuus" näkyy esimerkiksi EY:n tilintarkastustuomioistuimen (TTI; *Court of Auditors/ cour des comptes*) käsityksessä EU:n budjettijärjestelmän *oikeudellisesta* ympäristöstä (ks. Kuvio 2).

Ominaista on EU:n finanssihallintojärjestelmää säätelevän oikeuden pohjautuminen yhtäältä jäsenvaltioiden julkiseen, finanssi- ja vero-oikeuteen sekä toisaalta kansainväliseen julkiseen oikeuteen sopimuksine ja pöytäkirjoineen, "täydennettyinä Eurooppa-oikeuden omilla säännöillä" (*ECA...* 1999, 2). EU:n budjettijärjestelmän oikeudellisesta ympäristöä ei kuitenkaan käsitellä tältä kannalta tässä tutkimuksessa sen tarkemmin.

Lindner (2006, 29-30) luonnehtii puolestaan EU:n budjettijärjestelmän *poliittista* ja *taloudellista* ympäristöä muun muassa seuraavasti:

"EU:n budjettipolitiikka on osa EU:n ja jäsenvaltioiden muodostamaa taloudellista ja institutionaalista järjestelmää. Siihen vaikuttavat siten kehitysvaiheet ja muutokset, jotka tulevat tämän politiikan alan ulkopuolelta. Suurin osa muutoksista vaikuttaa toimijoiden kohtaamien politiikkaongelmien osatekijöihin ja mahdollisesti myös suoraan toimijoiden suhteisiin.

EU:n budjettipolitiikan toimijat joutuvat etsimään ratkaisuja kolmeen ongelmaan, jotka Scharpf [1988; 1997; 1999; 2000a; 2000b] on tyypittänyt seuraavasti: tulonjako-ongelmat, koordinaatio-ongelmat ja julkisten hyödykkeiden ongelmat. Budjettitoimijoiden täytyy päättää, missä määrin ne haluavat talousarvion avulla muuttaa varallisuuden jakaumaa jäsenvaltioiden ja EU:n kansalaisten kesken. Tulonjako-ongelmaan liittyy usein koordinaatio-ongelma. Keskusteltaessa siitä, pitäisikö integraatiota syventää, jäsenvaltiot kyseenalaistavat olemassa olevan hyötyjen ja kustannusten jaon ja vaativat integraatiohyötyjen (uus)jakoa. Lopuksi tulevat yhdessä toimimisen ongelmat mukaan kuvaan kun budjettitoimijat keskustelevat siitä, pitäisikö EU:n talousarvion avulla ottaa kannattavaksi tietyn kansallisen politiikan

Kuvio 2. EU:n budjettijärjestelmän oikeudellinen ympäristö (Lähde/ *Source*: *ECA*... 1999, 3).
Chart 2. Legal environment of the EU budgetary system.

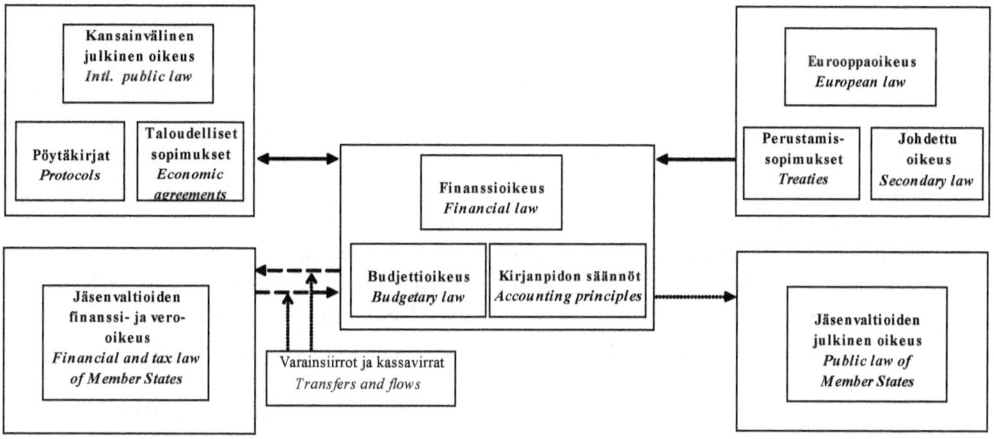

menot, jotka nykyisellään muodostavat suhteettoman taloudellisen taakan yksittäiselle jäsenvaltiolle, ja jotka samalla hyödyttävät koko unionia.

Poliittinen ympäristö vaikuttaa näihin ongelmiin eri tavoin. Ensinnäkin jäsenvaltioiden *varallisuuserot* ja Euroopan yhdentymisestä saatujen nettohyötyjen sekä käytettävissä olevien budjettien erot ovat omiaan lisäämään erimielisyyksiä vaurauden ja hyötyjen jakautumisesta. Erot voivat johtua erilaisesta talouskehityksestä tai uusien, köyhien jäsenvaltioiden liittymisestä unioniin. Toiseksi, *talouskriisit* todennäköisesti lisäävät jakamiseen kohdistuvia jännitteitä. Koska EU:n talousarvio ei voi olla alijäämäinen, talouskriisit merkitsevät sitä, että käytössä on vähemmän tuloja menojen katteeksi. Samaan aikaan kriisit talouselämän sellaisilla erityisaloilla, joissa Euroopan tason toiminnalla on erityinen taloudellinen merkitys, kuten esimerkiksi maataloudessa, lisäävät menopuolen vaatimuksia. Kolmanneksi, EU:n *poliittinen ja institutionaalinen järjestelmä* vaikuttaa ongelmien osatekijöihin ja toimijoiden keskinäisiin vaikutussuhteisiin epäyhtenäisesti. On todennäköistä, että integraatio- ja budjettikysymysten kytkös levittää tulonjako-ongelmaa muuttamalla sen koordinaatio-ongelmaksi. Ratkaisujen etsintä integraatio- ja budjettipäätösten välillä auttaa budjettisopuun pääsemistä (Weber & Wiesmeth 1991). Talousarvion avulla hankitaan "oheishyötyjä" vastikkeeksi integraatiota edistävän päätöksen tukemisesta (Folkers 1994; 1998). Neljänneksi, muiden politiikan alojen ristiriidat voivat ulottua budjettipolitiikkaan tai kääntää huomion pois budjettikonflikteista. Erityisen merkittävä on yhteys *lainsäädäntö- ja budjettipäätöksenteon välillä*. Perinteisesti sama toimija kontrolloi molempia, sillä lainsäädännöllisillä päätöksillä on talousarviovaikutuksia ja päinvastoin (Discors 1997). Jos näiden kahden alan toimijat eivät ole yhtenevät ja kun erityisesti yksi toimija, kuten Euroopan parlamentti, on edustettuna budjetti- muttei lainsäädännöllisessä päätöksenteossa, on todennäköistä, että tämä 1) puolustaa budjettivaltaansa kaikkinaisia lainsäädäntöpuolelta tulevia alueloukkauksia vastaan ja 2) yrittää budjettipäätösten avulla vaikuttaa lainsäädännöllisiin päätöksiin".

EU:n budjettijärjestelmän *hallinnollista* ympäristöä tarkastellaan puolestaan alla luvuissa 4.1.2-4.1.4.

4.1.2 Euroopan yhteisöjen yleisen talousarvion laadintaa ohjaavat tekijät

EU:ssa talousarvion *laadintaa ohjaavista tekijöistä* on erityisesti syytä mainita *yhteisön bruttokansantuotteen (-tulon) määrän*, *hintojen* ja *elinkustannusten* kehitys sekä *jäsenvaltioiden talousarvioiden keskimääräinen* vaihtelu, sillä ne ohjasivat 1970-luvulta vuoteen 2009 SEY:n 272 artiklan 9 kohdan toisen alakohdan mukaisesti[136] *ei-pakollisten menojen korotuksen enimmäismäärää* (KEM) ja 1980-

[136] Amsterdamin sopimuksen voimaan tuloon asti (1.5.1999) 203 artiklan 9 kohdan toinen alakohta.

luvun loppupuolelta (bruttokansantulon ja hintojen kehityksen osalta) *rahoitusnäkymien vuosittaisia teknisiä mukautuksia.*

Käytännössä vuodesta 1988 yleisten talousarvioiden laadintaa ovat ennen kaikkea ohjanneet asianomaisen vuoden rahaksi "mukautetut" rahoitusnäkymien *otsake- ja alaotsakekohtaiset enimmäismäärät*, mutta myös esimerkiksi yhteispäätösmenettelyllä hyväksyttyjen monivuotisten ohjelmien *rahoituspuitteet*[137] (*Financial framework/ enveloppe financière*) ja *rahoitussuunnittelu*[138] (*Financial programming/ programmation financière*; vrt. Saarilahti 2004a, 32-44 ja 103-106; 2008a, 13-210; 2009; 2011a; 2011b; 2012).

Vuosina 2001-2010 talousarvioiden laadintaa ohjasivat myös komission vuosittain laatimat *toimintastrategiapäätökset* (niin kutsuttu APS-päätös[139]) sekä EP:n ja neuvoston niin ikään vuosittain hyväksymät *talousarviosuuntaviivat* [140] ("budjettilinjaukset"; *Budget guideline/ orientation budgétaire*). Nämä linjaukset ovat omalta osaltaan pyrkineet suuntaamaan poliittisesti talousarviopäätöksiä tiettyyn suuntaan, tosin vaihtelevalla menestyksellä (ks. esim. Saarilahti 2008a).

4.1.3 Euroopan unionin budjettijärjestelmän keskeiset toimijat

Keskeiset toimijat[141] EU:n budjettijärjestelmän kannalta ovat olleet (SEY:n 272 artiklassa[142] määrätyn budjettiprosessin mukaisessa järjestyksessä) *komissio*, *neuvosto* ja *Euroopan parlamentti*. Näitä kutsutaan "*(yleisiksi) budjettitoimielimiksi*" (instituutioiksi; *(General) Budgetary institutions/ institutions budgétaires (générales)*). Aina 1970-luvulle asti neuvosto oli ainoa *budjettivallan käyttäjä* ("budjettivalta"; *Budget(ary) authority/ autorité budgétaire*) EY:ssä. Siitä lähtien budjettivaltaa ovat käyttäneet neuvosto *ja* Euroopan parlamentti.

Komission erityisasemasta huolimatta[143] *jäsenvaltioiden* merkitys[144] etenkin yleisen talousarvion toteutuksessa on huomattava, ja tätä kirjoitettaessa vuonna 2012 noin 80 % talousarvion määrärahoista toteutetaan näiden toimesta (niin kutsuttu "yhteinen hallinnointi").

Komission keskeinen merkitys ja tehtävät EU:n budjettijärjestelmän kannalta on esitelty kattavasti esimerkiksi teoksissa *Euroopan unionin...* 2002, 175-203; *European...* 2008, 207-233 ja *The EU Budget...* 2009. On muistettava, että komissio ei ole "monoliittinen toimielin", ja että talousarviosta vastaavan komission jäsenen ja komission talousarviopääosaston näkemys yleistä talousarviota kos-

---

137 Ja vähemmässä määrin ei-yhteispäätösmenettelyllä hyväksyttyjen monivuotisten ohjelmien *rahoitusohjeet* (*Financial reference (amount)/ (montant de) référence financière*; ks. vuoden 2006 toimielinten sopimuksen II osan E-jakso (37 kohta; EUVL N:o C 139, 14.6.2006, 6; ks. luvut 16 ja 17).

138 Vuodesta 1991 (ks. *SEC(1991) 60 final*). Vuoden 2006 toimielinten sopimuksessa rahoitussuunnitelmia käsitellään III osan C-jaksossa (46 kohta; EUVL N:o C 139, 14.6.2006, 8; ks. luvut 16 ja 17).

139 APS tulee sanoista *Annual Policy Strategy*, ranskaksi *stratégie politique annuelle* eli *SPA*.

140 Ks. esim. Saarilahti 2004a, 123 ja Saarilahti & Balsells Traver 2006a, 91; 2006b, 258-259; 2006c, 534; 2007, 310. EP aloitti tällaisten suuntaviivojen hyväksymisen 1990-luvulla ja neuvosto vuonna 2002. Ei myöskään tule unohtaa *edellisen vuoden* talousarvion sekä *edellisten vuosien* talousarvioiden toteutuksen merkitystä yleistä talousarviota laadittaessa.

141 Toimijoiden merkityksen kehityksestä, ks. esim. Lindner 2006, 46-155.

142 Amsterdamin sopimuksen voimaan tuloon asti 203 artikla.

143 Komissio muun muassa valmisteli vuoteen 2009 asti *alustavan talousarvioesityksen* (ATAE; *Preliminary draft budget (PDB)/ avant-projet de budget (APB)*) toimielinten toimittamien *menoja koskevien ennakkoarvioiden* (*Estimate of expenditure/ état prévisionnel des dépenses*) pohjalta ja on yleisvastuussa yleisen talousarvion *toteuttamisesta* (ks. alla). Lissabonin sopimuksen voimaantulon myötä komissio on vastuussa *talousarvioesityksestä*.

144 Perustamissopimuksen 274 artiklan [Amsterdamin sopimuksen voimaan tuloon asti 205 artikla] ensimmäisen kohdan mukaan "(k)omissio toteuttaa talousarviota omalla vastuullaan ja annettujen määrärahojen rajoissa 279 artiklan nojalla annettujen asetusten säännöksiä noudattaen ja moitteettoman varainhoidon periaatteiden mukaisesti. Jäsenvaltiot ovat yhteistyössä komission kanssa varmistaakseen, että määrärahat käytetään moitteettoman varainhoidon periaatteiden mukaisesti". Moitteeton varainhoito ja jäsenvaltioiden rooli lisättiin perustamissopimukseen Maastrichtin sopimuksella.

kevista kysymyksistä voi poiketa paljonkin muiden komission jäsenten ja pääosastojen kannasta.

Neuvoston toiminta ja merkitys budjettiprosessin kannalta vuoteen 2009[145] on puolestaan esitetty perusteellisesti esim. William Nicollin ja Merrick Bryan-Kinnsin esityksessä (Nicoll & Bryan-Kinns 2004, 106-107, vrt. myös Nicoll 1995, 179-191).

Neuvoston työskentelyssään noudattamat menettelytavat on kirjattu sen työjärjestykseen[146] (*Rules of procedure/ règlement intérieur*). On ensinnäkin syytä kiinnittää huomiota "yleisten asioiden", "Ecofin" ja "Budjetti" –neuvostojen väliseen työn ja toimivallan jakoon[147]. Myös neuvoston eri kokoonpanot[148] voivat olla hyvinkin erimielisiä talousarviokysymyksistä. Klassisena esimerkkinä

Kuvio 3. EU:n budjetti- ja lainsäädäntövalta (Lähde/ *Source*: Saarilahti 2004a, 43).
Chart 3. Budgetary and legislative authority in the EU.

	Talousarvio *Budget*	**Lainsäädäntö** *Legislation*
Laadinta *Establishment*	**Budjettivallan käyttäjä*** (SEY:n 272 artikla) *Budgetary Authority* (Art. 272 of TEC)* "Määrärahojen ottaminen talousarvioon" *"Entering of appropriations in the budget"*	**Lainsäädäntövallan käyttäjä** *** *Legislative Authority *** "Perussäädösten antaminen" *"Adoption of legal bases"*
↕	Varainhoitoasetus** ja soveltamissäännöt *Financial Regulation** and implementing rules*	↓ Täytäntöönpano-toimivallan siirto** **
Toimeenpano *Execution*	**Komissio** (suoraan SEY:stä – 274 artikla) ***Commission** (directly from Art. 274 of TEC)*	**Komissio** (SEY:n 202 artiklan kolmas luetelmakohta) ***Commission** (Art. 202, third indent of TEC)*

* Neuvosto vuoden 1970 Luxemburgin ja vuoden 1975 Brysselin sopimukseen asti, sen jälkeen EP ja neuvosto/ *Council until the 1970 Luxembourg and 1975 Brussels Treaties, then EP and Council*
** Säätelee sekä talousarvion laatimista että toteuttamista (SEY:n 279 art. 1 a) k.)/ *Regulates establishment and implementation of budget (Art. 279 (1a) of EC Treaty)*
** * Neuvosto, yhdessä EP:n kanssa yhteispäätösmenettelyn tapauksessa (vuoden 1992 Maastrichtin sopimuksesta lähtien), sekä komissio/ *Council, together with EP in the case of co-decision procedure (introduced by the Maastricht Treaty), and Commission*
** ** Menettelystä, ks. EYVL N:o L 184, 17.7.1999, 23-26 ja viimeisin muutos L 200, 22.7.2006, 11-13/ *Conferring of powers for the implementation of the rules (see OJEC No L 184, 17.7.1999, pp. 23-26 and L 200, 22.7.2006, pp. 11-13)*

---

[145] Ks. myös Lewis 2000, 277-278, vrt. Beyers & Dierickx 1998, 289-317 tai Häge 2008, 535-558. Neuvostossa erilaiset talousarvioasiat valmistellaan ennen kaikkea "budjettikomitea"-nimisessä työryhmässä (*Budget committee/ comité budgétaire* eli "COMBUD"), joka toimii pysyvien edustajien komitean (niin kutsutun Coreper "II":n) alaisuudessa.

On huomattava, että niin "Budjetti"-neuvosto kuin sen töitä valmistelevat budjettikomitea ja pysyvien edustajien komitea *äänestävät* (jälkimmäiset "neuvoa-antavasti") säännöllisesti yleisestä talousarviosta päätettäessä, mikä on harvinainen piirre neuvoston työskentelyssä (ks. Nicoll & Bryan-Kinns 2004, 106-107).

[146] Tätä kirjoitettaessa vuonna 2012 voimassa oleva työjärjestys on julkaistu EUVL:ssä N:o L 325, 11.12.2009, 35-61).

[147] Vrt. Nicoll & Bryan-Kinns 2004, 105: "Kun Ecofin (Budjetti) -neuvosto kokoontuu käsittelemään budjettiasioita, "budjettipolitiikka" on (…) ennalta annettu. Budjettipuoli ei osallistu "omia varoja" koskevaan päätöksentekoon tai sellaisiin määräajoin käytäviin sisäisiin ja toimielinten keskusteluihin ja päätöksiin, jotka koskevat budjettikuria lainsäädäntömielessä. Neuvoston budjettipuoli ei myöskään puutu talousarvion epätasapainoisuuskysymyksiin. Omien varojen lisääminen (tai muutokset niiden keruutavoissa) kuuluvat puhtaasti yleisten asioiden ja ulkosuhteiden neuvostolle (GAERC), joka valmistelee Eurooppa-neuvoston kokoukset. Omalta osaltaan (…) Ecofin-neuvosto keskustelee kyllä varsin usein alv:sta, mutta vain verotuksen yleisen harmonisoinnin näkökulmasta, ei koskaan EU:n tulonhankinnan kannalta! Ecofin (Budjetti) -neuvosto ei myöskään ole keskeinen osallistuja niissä määräajoin käytävissä toimielinten neuvotteluissa, joissa päätetään keskipitkän aikavälin rahoituskehyksestä ("rahoitusnäkymät"), (…) mikä sijaitsee Eurooppa-neuvoston tontilla, GAERC-neuvoston valmistelemana.

Yhteenvetona voidaan todeta, että sillä neuvoston kokoonpanolla, joka aikaisemmin tunnettiin (…) "budjettineuvostona", mikä selkeää olikin, on todellisuudessa varsin rajattu mandaatti: budjettineuvosto allokoi menoja erityisessä "yhteispäätösmenettelyssä" rahoituskehyksen sisällä, jota se ei ole itse päättänyt, käyttäen tuloja, joista se ei liioin ole itse päättänyt". Vrt. myös esim. von der Vring 1996, 203-224.

Aikaisemmin erillään olleet "Ecofin" ja "Budjetti" -neuvostot yhdistettiin Sevillan Eurooppa-neuvoston päätelmien mukaisesti vuonna 2002 (ks. *Sevillan...* 2002, Liite II). "Budjetti"-neuvoston virallinen nimitys on edelleenkin "Talous- ja rahoitusasioiden (Budjetti) –neuvosto" (*Economic and Financial Affairs Council (Budget)/ Conseil affaires économiques et financières (Budget)*).

[148] "Yleisten asioiden ja ulkosuhteiden neuvoston" ja "talous- ja rahoitusasioiden neuvoston" (mukaan luettuna sen "Budjetti"-kokoonpanossa) lisäksi neuvosto kokoontuu Sevillan Eurooppa-neuvoston päätelmien mukaisesti *seitsemässä* muussa kokoonpanossa, verrattuna aikaisempaan 21:een kokoonpanoon.

tästä on esimerkiksi maatalousministerien vaikeus hyväksyä valtionvarainministerien päättämiä budjettikurimenettelyjä (ks. esim. *Community*... 1989, 23, vrt. esim. Lindner 2006, 38-40 tai Baziadoly 2008, 102-110).

Toiseksi on syytä kiinnittää huomiota lainsäädäntö- ja budjettivallan eroihin EU:ssa (ks. Kuvio 3 edellisellä sivulla) ja tästä johtuviin erilaisiin seurauksiin – näitä on käsitelty laajemmin esimerkiksi teoksessa Saarilahti 2004a, 32-44.

On myös syytä huomata esimerkiksi yhteispäätösmenettelyllä hyväksyttyjen ohjelmien määrän kasvu[149]. Toisaalta jopa yhteisen maatalouspolitiikan "pakollisten" menojen osalta "Budjetti"-neuvosto käyttää loppujen lopuksi vain varsin rajoitettua päätösvaltaa[150].

Lopuksi on huomattava neuvoston ja EP:n (sekä komission) erilainen käsitys yleisen talousarvion merkityksestä: jos parlamentti onkin vuosien mittaan käyttänyt talousarviota omien poliittisten päämääriensä saavuttamiseen, neuvoston pysyvänä kantana on ollut, että yleisen talousarvion perustehtävänä on ennen kaikkea oikeuttaa määrärahojen käyttö (rahoitus) lainsäädäntövallan päättämille ohjelmille ja toimille (ks. Saarilahti 2004a, luvut 3.9 ja 7; 2008a, 208; vrt. esim. Corbett *et al.* 2007, 248-265 tai *Main Achievements*... 2009 EP:n ja Discors 1999b, 49-56 tai *The EU Budget*... 2004; 2009 komission kannan osalta).

Myös *Euroopan parlamentin* poliittiset ryhmät, valiokunnat[151] ja yksittäiset edustajat ovat pyrkineet ohjaamaan budjettia haluamaansa suuntaan (ks. esim. Lindner 2006, 35-37). Talousarvion käsittelyssä parlamentilta edellytetyt määräenemmistöt ovat kuitenkin usein pakottaneet poliittiset ryhmät sopimaan keskeisistä muutoksista keskenään (ks. esim. Corbett *et al.* 2007, 248-265). EP:n vuosien saatossa lisääntynyt budjettivalta on luonnollisesti huomattavasti kasvattanut parlamentin painoarvoa talousarvioasioissa[152]. Euroopan parlamentti on lisäksi voinut turvautua tärkeinä pitämiään asioita ajaessaan toimielinten (välisissä) sopimuksissa säänneltyihin menettelytapoihin, joita on luotu niin kutsutulle "toimielinten väliselle yhteistyölle talousarviota koskevissa asioissa". Menettelytapoja sovellettiin vuoden 2009 joulukuuhun asti esimer-

---

[149] Esim. vuonna 2006 yli 80 %:lla vuosien 2000-2006 rahoitusnäkymien otsakkeen *3* (*Sisäiset politiikat*) määrärahoilla rahoitettiin ohjelmia, joista on päätetty yhteispäätösmenettelyä käyttäen. Grossirin (2002, 390) laskelmien mukaan 80 % on myös se prosenttiosuus talousarvioon kirjatuista määrärahoista, jotka on "ennalta määrätty" lainsäädännössä (*"prédéterminés par la législation communautaire en vigueur"*) – kyse on ennen kaikkea maatalous-, rakenne- ja sisäisten politiikkojen enemmistön menoista (kuten tutkimusmenot ja Euroopan laajuisia verkkoja koskevat menot).

[150] Ks. Nicoll & Bryan-Kinns (2004, 104-105): "Samalla tavalla kuin neuvosto ei keskustele tuloista kuin liitännäiskysymyksenä, se ei myöskään keskustele yksityiskohtaisesti maatalousmenoista. Komissio laskee maatalous- ja kalastusneuvoston tekemien hinnanasetanta- ja muiden päätösten pohjalta EMOTR:n tukiosaston menot seuraavalle vuodelle. Laskelmista keskustellaan jäsenvaltioiden kanssa komission neuvoa-antavassa komiteassa (EMOTR-komitea), ja sovitut luvut sisällytetään alustaviin talousarvioesityksiin. Ecofin-neuvosto ja sen töitä valmistelevat tahot eivät tarkastele lukuja uudelleen, paitsi marginaalisesti. Euroopan parlamentti voi – ja yrittääkin – muuttaa niitä, mutta neuvostolla on nykyisin "lopullinen sananvalta" ja se liikahtaa vain osana pakettiratkaisua (...). Siten noin 45 % talousarviosta hyväksytään ilman yksityiskohtaisia keskusteluja [jos rakennerahastot (joita koskevat menot on pitkälti määrätty etukäteen) lasketaan mukaan, luku nousee noin 80 %:iin]".

[151] Valiokunnista keskeisessä asemassa on budjettivaliokunta (*Committee on budgets/ commission des budgets* eli "COBU" tai "BUDG"), joka on vastuussa muun muassa EP:n budjettivaltaan liittyvistä asioista (yleinen talousarvio ja tähän liittyvät toimielinten sopimukset ja rahoituskehysasiat), "omia varoja" koskevista kysymyksistä, EU:n erillisvirastojen talousarvioista, Euroopan investointipankin rahoitustoiminnasta, Euroopan kehitysrahastoihin liittyvistä budjettikysymyksistä, yhteisön säädösten rahoitusvaikutuksista ja yhteensopivuudesta rahoituskehyksen kanssa, talousarvion toteuttamisen seurannasta ja arvioinnista, määrärahasiirroista ja henkilöstötaulukoihin liittyvistä menettelyistä, lausunnoista kiinteistöihin liittyvistä hankkeista sekä varainhoitoasetuksista (lukuun ottamatta talousarvion toteuttamista, hallinnointia ja tarkastusta koskevista kysymyksistä). On muistettava, että BUDG:n ja EP:n muiden valiokuntien käsitykset talousarvioasioista voivat poiketa huomattavastikin toisistaan (ks. esim. Martínez Iglesias 2007, 10 kohta).

EP:n työskentelytapojen kehityksestä budjettiasioissa, ks. esim. Isaac 1984b, 690-727; 1993b, 25-34 tai Kassel 1984, 728-742.

[152] EP:n budjettivallan kasvusta, ks. myös esim. Coombes 1972, O'Donoghue 1977, 505-515, Jacqué 1981, 229-262; 1983, 155-182, Pasetti Bombardella 1989, 15-55 tai Jacobs *et al.* 1992.

kiksi neuvoston lopullisessa päätösvallassa olleita niin kutsuttuja pakollisia menoja koskevissa kysymyksissä.

Muut toimielimet eivät osallistu budjettiprosessiin kuin pääluokkansa määrärahojen budjetoinnin, hallinnoinnin ja toteutuksen (eli menojensa "suorittamisen") kautta, toimielimille suodun *hallinnollisen* autonomian perusteella[153] (ks. osajulkaisu VIII).

Muiden toimielinten joukossa on syytä mainita EY:n *tilintarkastustuomioistuin*, jolla on erityisrooli finanssihallinnollisen avustamis- ja asiantuntijatehtävänsä takia (ks. esim. de Crouy-Chanel & Perron 1998). *Euroopan yhteisöjen tuomioistuimelle* (TI; *Court of Justice/ cour de justice*) voidaan puolestaan alistaa budjettiprosessia koskeva kanne.

Jäsenvaltiot saavat äänensä kuuluviin talousarvioasioissa (laajassa merkityksessä) paitsi neuvoston ja sitä avustavien eri komiteoiden ja työryhmien kautta, myös esimerkiksi pyrkimällä vaikuttamaan parlamentin kantoihin yksittäisten edustajien tai edustajien ryhmien välityksellä, tai komissioon jo asioiden valmisteluvaiheessa. Keskeisiä hetkiä jäsenvaltioille ovat luonnollisesti myös erilaiset hallitustenvälisten neuvottelujen vaiheet esimerkiksi rahoitusnäkymiä ja -kehyksiä neuvoteltaessa.

4.1.4 Euroopan unionin budjettiprosessi

Tutkimuksen tarkasteluajanjakson viimeisten eli vuosien 2007-2010 yleisten talousarvioiden hyväksymiseen sovellettu EU:n talousarvioprosessin kulku on esitetty pääpiirteissään Kuviossa 4. Perustamissopimuksen 272 artiklan mukaisen prosessin kulkua tarkensi vuoden 1977 talousarvioprosessista lähtien sovellettu "pragmaattinen kalenteri"[154], jonka mukaisesti perustamissopimuksessa määrättyjä aikarajoja on aikaistettu käytännön syistä, sekä täydensivät vuoden 2006 toimielinten sopimuksen[155] mukaiset kolmikanta- ja talousarvioneuvottelukokoukset (*Trilogue and conciliation meeting/ trilogue et réunion de concertation*).

Toisaalta EP:n ja neuvoston keskinäisiä välejä säätelee vuoden 1971 budjettiprosessista lähtien niin kutsuttu herrasmiessopimus (*Gentlemen's agreement*). Sen mukaisesti budjettivallan käyttäjät eivät puutu toistensa pääluokkien (pääluokat I ja II) määrärahojen budjetointiin[156]. Sopimusta sovelletaan myös EP:n ja neuvoston pääluokkien (I ja II) määrärahasiirtoihin sekä parlamentin ja neuvoston henkilöstötaulukoihin.

Budjettiprosessin kulku eri vuosina kohdattuine ongelmineen on esitelty yksityiskohtaisemmin *Revue du Marché commun (et de l'Union européenne)* –aikakauslehdessä vuodesta 1975 julkaistuissa artikkeleissa (ks. tämän kirjan sivut 142-144, vrt myös esim. Saarilahti 2008a; 2011a).

Lopuksi on vielä uudelleen syytä korostaa, että joulukuun 2009 alussa voimaan tullut Lissabonin sopimus muuttaa merkittävästi EU:n vuotuista budjettiprosessia muun muassa pakollisten ja ei-pakol-

---

[153] Perustamissopimuksen 274 artiklan [Amsterdamin sopimuksen voimaan tuloon asti 205 artikla] toisen kohdan mukaan "(varainhoito)asetuksessa annetaan yksityiskohtaiset erityissäännöt siitä, miten kukin toimielin osallistuu omien menojensa suorittamiseen". Tätä kirjoitettaessa vuonna 2012 voimassa olevan vuoden 2002 varainhoitoasetuksen 50 artikla säätää tämän mukaisesti, että "(k)omissio tunnustaa muiden toimielinten toimivallan toteuttaa niitä koskevia talousarvion pääluokkia". On huomattava, ettei EU:ssa ole koskaan laadittu muodollista, komission kirjallisesti laatimaa valtuutusta muille toimielimille (ks. osajulkaisu VIII).

[154] "Pragmaattinen kalenteri" pohjautui Claude Cheyssonin komission nimissä EP:n puhemiehelle ja neuvoston puheenjohtajalle 19.3.1975 lähettämään kirjeeseen (Asiak. *75/23 114*; *Recueil...* 1991, 276-278). Budjettivallan käyttäjät hyväksyivät ehdotuksen huhti- ja toukokuussa 1975. Kalenteri sai oikeudellisen pohjan vuoden 1977 varainhoitoasetuksen vuoden 1980 muutoksella (Baas 2007, 1284). Vuoden 2002 varainhoitoasetuksessa vastaava 39 artikla kuuluu: "Komissio ja budjettivallan käyttäjä voivat sopia siitä, että tiettyjä ennakkoarvioiden toimittamiseen sekä alustavan talousarvioesityksen ja talousarvioesityksen hyväksymiseen ja toimittamiseen liittyviä päivämääriä aikaistetaan. Tällainen järjestely ei kuitenkaan voi johtaa siihen, että näiden tekstien tarkasteluun Euroopan yhteisön perustamissopimuksen 272 artiklassa ja Euroopan atomienergiayhteisön perustamissopimuksen 177 artiklassa asetetut määräajat lyhenevät tai pitenevät".

[155] Kolmikanta- ja talousarvioneuvottelukokouksista on säädelty tarkemmin vuoden 2006 toimielinten sopimuksen Liitteessä II, nimeltään "*Toimielinten välinen yhteistyö talousarviota koskevissa asioissa*".

[156] Historiallisesti herrasmiessopimus liittyy neuvoston 22.4.1970 pitämän kokouksen pöytäkirjaan kirjattuun päätöslauselmaan. Päätöslauselma liittyi puolestaan EP:n uuteen budjettivaltaan ei-pakollisten menojen osalta. Päätöslauselman mukaan "(n)euvosto ei tee tarkistuksia Euroopan parlamentin menoja koskevaan

Kuvio 4. Vuosien 2007-2010 yleisten talousarvioiden hyväksymiseen sovellettu EU:n talousarvioprosessi (SEY:n 272 artikla, vuoden 2006 toimielinten sopimuksen Liite II ja pragmaattinen kalenteri).
Chart 4. Budgetary procedure of the EU in 2007-2010.

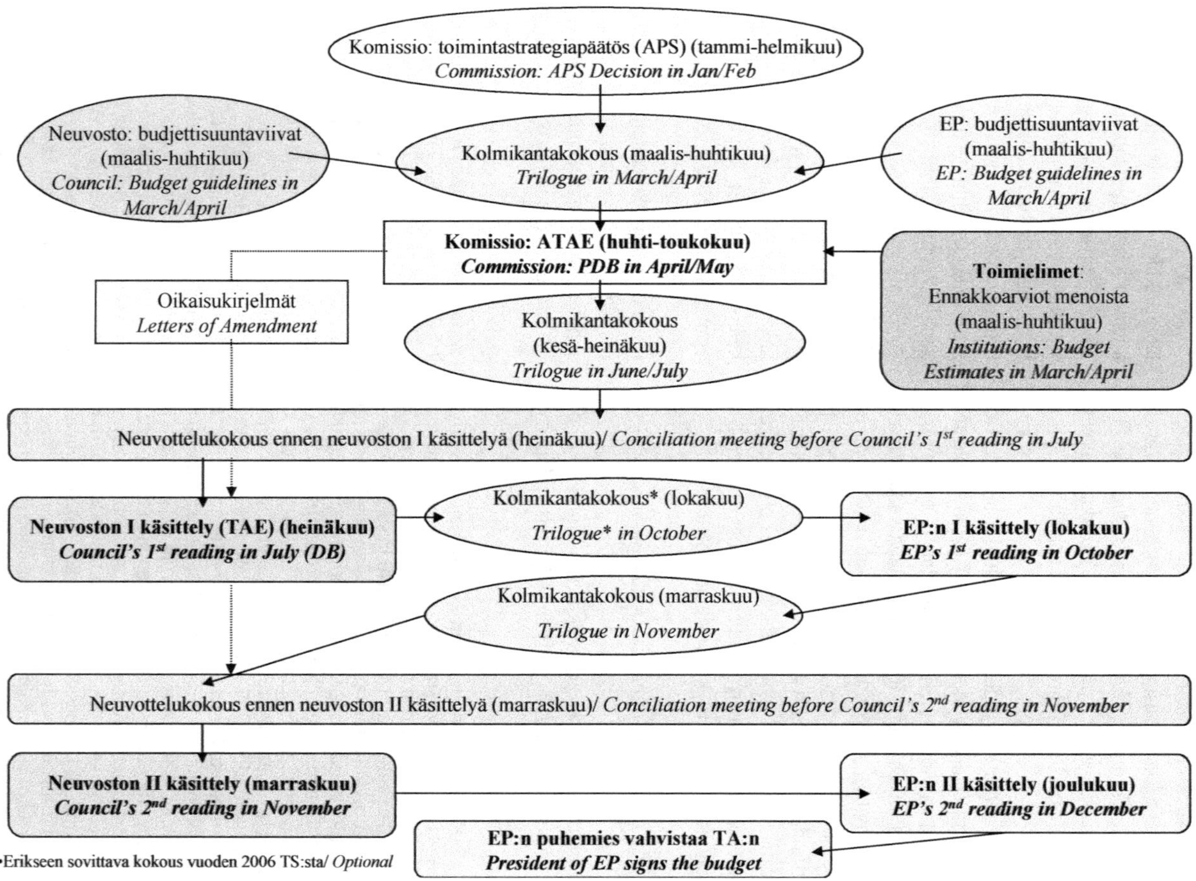

•Erikseen sovittava kokous vuoden 2006 TS:sta/ *Optional*

listen menojen ja budjettivallan kaksien käsittelyjen katoamisen sekä uuden sovittelukomiteamenettelyn luomisen myötä (ks. esim. Saurel 2010, 35-39 tai Saarilahti 2011a).

4.2 Euroopan yhteisöjen yleinen talousarvio

4.2.1 Yleinen talousarvio tutkimuskohteena

Yleinen talousarvio on tutkimuskohteena monessakin mielessä varsin mielenkiintoinen. Ensinnäkin kiinnittää huomiota yleisen talousarvion *loppusumma*. Kun esimerkiksi Yhdistyneiden kansakuntien (YK) budjetin loppusumma vuosille 2010-2011 (ilman erityisjärjestöjä) on noin viisi miljardia Yhdysvaltain dollaria tai Euroopan neuvoston (EN) talousarvio vuodelle 2010 noin 218 miljoonaa euroa, yleisen talousarvion loppusumma vuodelle 2010, siten kuin Euroopan parlamentin puhemies sen 17.12.2009 vahvisti, ylitti maksusitoumuksiin käytettävinä määrärahoina 141,4 miljardia euroa ja maksumääräyksiin käytettävinä määrärahoina 122,9 miljardia euroa (ks. esim. Saarilahti & Krašovec 2010, 451-471). TA vastaa täten suuruudeltaan vajaata neljääkymmentä YK:n tai noin seitsemääsataa Euroopan neuvoston talousarviota.

Siten ainakin budjettinsa loppusumman osalta Euroopan unionia on vaikeata rinnastaa sellaisiin kansainvälisiin järjestöihin kuten YK, EN, Euroopan avaruusjärjestö (ESA) jne. Toisaalta TA vastaa noin kolmea Suomen valtion talousarviota tai noin kolmannesta Ranskan valtion budjetista[157] (pois lukien mm. talousarvioiden ulkopuoliset rahastot)[158].

Toiseksi yleisen talousarvion *menot*[159] eroavat rakenteeltaan kansainvälisten järjestöjen budjettien menoista. Kun kansainvälisten järjestöjen budjettien loppusummista erilaiset hallintomenot muodostavat perinteisesti valtaosan, EU:ssa henkilöstö- ja hallintomenot[160] (niistä palkat ja erilaiset korvaukset muodostavat noin kaksi kolmasosaa) edustavat vain

---

ennakkoarvioon. Tätä sitoumusta noudatetaan vain silloin, kun menoarvio ei ole ristiriidassa yhteisön määräysten kanssa, ja erityisesti henkilöstösääntöjen ja muuta henkilöstöä koskevien palvelussuhteen ehtojen sekä toimielinten kotipaikkoja koskevien määräysten kanssa" (*Recueil...* 1978, 885). Nimestään huolimatta sopimuksessa on siten kyse neuvoston yksipuolisesta päätöslauselmasta ja sitoumuksesta, jota EP ryhtyi kuitenkin vastavuoroisesti noudattamaan neuvoston menojen osalta. Sopimusta sovelletaan edelleen.

On huomattava, että herrasmiessopimus poikkeaa kaikille toimielimille suodusta "*hallinnollisesta* autonomiasta" budjettiasioissa (ks. yllä luku 1.2.3).

[157] Suomen valtion talousarvio vuodelle 2010 kohoaa (ilman talousarvion ulkopuolisia rahastoja, valtionvelan lyhentämistä tai lisäbudjetteja) noin 52 miljardiin euroon ja Ranskan valtion talousarvio vuodelle 2010 (ilman ulkopuolisia rahastoja tai lisäbudjetteja) noin 412 miljardiin euroon.

[158] Yleisen talousarvion kokoa ei kuitenkaan tule käyttää sellaisenaan esim. Euroopan unionin "painoarvon" mittarina, sillä kuten yllä luvussa 3.3 on muistutettu, rahan käyttö on vain yksi väline Euroopan unionin keinovalikoimassa päämääriensä saavuttamiseksi, unionin politiikkojen (ja "vaikutusvallan") perustuessa pitkälti lakien kautta tapahtuvaan säätelyyn ja "yhteiseen hallinnointiin", jolloin huomattava osa menoista ja kustannuksista tulee jäsenvaltioiden maksettavaksi ja kannettavaksi (ks. yllä luku 4.1 ja osajulkaisu VI).

[159] Myös EU:n *tulot* eroavat merkittävästi kansainvälisten järjestöjen tuloista. Kansainvälisten järjestöjen toiminta rahoitetaan pääasiassa valtioiden maksamin jäsenmaksuin. Yhteisöjen toiminta on puolestaan rahoitettu vuoden 1980 TA:sta lähtien kokonaisuudessaan "omin varoin" (ks. luku 5.2). "Omista varoista" ja siitä, miten "omia" ne yhteisöille todellisuudessa ovat, ks. esim. Isaac 1973, 670-714, Coget 1994, 51-96, *Les ressources propres...* 1997, Begg & Grimwade 1998, Maillet 1999, 152-157, Lamassoure 2007 tai Begg *et al.* 2008.

[160] Valitettavan sekaannuksen EU:n finanssihallintoa käsittelevässä suomenkielisessä kirjallisuudessa on aiheuttanut käsitteen "*dépenses de personnel et de* fonctionnement" ("*Expenditure on staff and* administration") suomentaminen ilmaisulla "henkilöstö- ja *toiminta*menot (henkilöstömenot ja *toimintaa* koskeva menot)", koska samanaikaisesti käsite "*dépenses opérationnelles*" ("*Operational expenditure*") käännettiin samalla tavalla (vrt. yleisen talousarvion Pl III:n – komissio – B osan (vuosina 1982-2003) nimi "Toimintamäärärahat"; *Operating appropriations/ crédits opérationnels*; ks. esipuhe).

Monelta väärinkäsitykseltä olisi todennäköisesti vältytty, jos Suomen EU-jäsenyyden alusta lähtien (ja riippumatta Suomen valtionhallinnossa noudatettavista käytännöistä; ks. esim. Meklin 2002, 129) käsite "*dépenses de personnel et de fonctionnement*" olisi suomennettu esim. ilmaisulla "henkilöstö- ja *hallinto*menot" (tai vaihtoehtoisesti "*dépenses opérationnelles*" olisi suomennettu jollain muulla ilmaisulla kuin "toimintamenot" ("toimintamäärärahat")). Sekaannusta lisäävät edelleen EHTY:n ja Euratomin hallinnolliset "*toiminta- ja /tai toiminnalliset talousarviot*" (*ECSC and Euratom operating budgets/ budget opérationnel de la CECA et budget de fonctionnement Euratom*).

Tässä tutkimuksessa (vrt. esipuhe) *toimintamenoilla* ja *toimintamäärärahoilla* tarkoitetaan yksinomaan yhteisöjen eri toimintapolitiikkojen ja toimintojen (*ei* yhteisöjen henkilöstön tai hallinnon) rahoittamiseen liittyviä menoja ja määrärahoja (eli vuodesta 1982 vuoteen 2003 pääluokan III *B osan* määrärahoja).

noin 6 % TA:n loppusummasta. Yli 94 % yleisestä talousarviosta muodostuu erilaisista toimintamenoista (vrt. budjetin klassinen "allokaatiotehtävä"; ks. luku 3.1), ennen kaikkea maatalous- ja rakennepolitiikkamenoista (vuonna 2010 alle 45 % ja runsas kolmannes budjetin loppusummasta), "muista EU:n sisäisiä politiikkoja koskevista menoista" ja ulkoiseen toimintaan liittyvistä menoista (vajaat 7 % TA:n loppusummasta, liittymiseen valmistelevat toimet mukaan luettuina; ks. esim. Saarilahti & Krašovec 2010, 451-471).

Yleisestä talousarviosta puuttuvat sen sijaan lähes täysin jäsenvaltioiden talousarvioiden suurimmat menokohteet sosiaali- ja terveys-, koulutus- ja kulttuuri- sekä puolustussektoreilla. TA:sta myös puuttuvat monien maiden budjettien loppusummaa kasvattavat valtionvelan hoitokulut.

Niin ikään EU:n *budjettiprosessi* on varsin erikoislaatuinen (ks. yllä luku 4.1.4). Prosessia säätelevä artikla (Amsterdamin sopimuksen voimaan tuloon asti 203 artikla, sen jälkeen vuoteen 2009 SEY:n 272 artikla) on ollut yhteisöjen historian muunnelluin, vaikka ehkä yllättäenkin Euroopan unionista tehty sopimus vuodelta 1992 ei tuonut siihen komission ja Euroopan parlamentin lukuisista esityksistä huolimatta muutoksia. Sama toistui Amsterdamin ja Nizzan sopimuksissa vuosilta 1997 ja 2001[161].

Tämä kertonee artiklan monimutkaisuudesta ja kiistanalaisuudesta. Niinpä kun esimerkiksi kansainvälisten järjestöjen budjeteista on perinteisesti päätetty "konsensuksella", neuvosto on aina äänestänyt yleisestä talousarviosta määräenemmistöllä. Toisaalta on muistettava esimerkiksi koko ajan kasvanut EP:n rooli budjettiasioissa.

EU erottuu siten ainakin talousarvionsa puolesta selvästi suurista kansainvälisistä järjestöistä. Toisaalta yleinen talousarvio eroaa myös liittovaltioiden budjeteista (ks. esim. Cangiano & Mottu 1998, 7, Boisson & Echinard 2005, 396-414 tai Orsoni 2007, 1-529).

Yleinen talousarvio edustaa vuonna 2010 noin 3 % jäsenvaltioiden budjettien loppusummasta, runsas 2 % jäsenvaltioiden julkisista menoista ja noin 1 % jäsenmaiden yhteenlasketusta BKTL:sta[162] (*GNP/ PNB*). Edes niin kutsutussa Delors II -paketissa (*COM(92) 2000 final* ja *2001 final*) alun perin ehdotetut 1,37 % yhteenlasketusta BKTL:sta (vuonna 1997) eivät sinällään olisi riittäneet luomaan EU:n budjetista suhdannepoliittista välinettä (vrt. budjetin "stabilisaatiotehtävä"; ks. yllä luku 1.1). TA:lla on sitä vastoin selvä "redistributiivinen tehtävä" sen ollessa esimerkiksi voimakkaasti alueellisesti uudelleenjakava (ks. esim. De la Fuente & Doménech 2001, 307-330 tai Saurel 2010, 79-155).

Kuuluisassa MacDougall-raportissa (*Report of the Study Group...* 1977) ehdotettiin yleiselle talousarviolle 5-7 %:n osuutta jäsenmaiden yhteenlasketusta

---

Tutkimuksessa ei kuitenkaan systemaattisesti erotella mikäli tilanne ei sitä vaadi henkilöstö- ja hallintomenoja, vaan käytetään yksinkertaisuuden vuoksi geneeristä käsitettä "hallintomenot" ("hallintomäärärahat"). *Henkilöstömenoilla* (*Staff expenditure/ dépenses de personnel*) tarkoitetaan toimielinten jäsenten ja henkilöstön palkkoja (*Remunerations/ rémunérations*) ja korvauksia (*Indemnities/ indemnités*).

[161] Joulukuun alussa 2009 voimaan tullut Lissabonin sopimus sen sijaan tuo merkittävän muutoksen EU:n budjettiprosessiin (ks. yllä luku 4.1.4).

[162] Esim. Yhdysvalloissa liittovaltion budjetti edustaa Jean-Marie Boissonin ja Yann Echinardin esittämien lukujen mukaan noin 17 % maan BKT:sta. Lukuun on vielä lisättävä muun muassa erilaiset sosiaaliturvamaksut (*prélèvements sociaux*), jotka kohoavat noin 10 %:iin BKT:sta. EU:n jäsenvaltioissa verot ja muut pakolliset maksut (*prélèvements obligatoires*) kohoavat samaan aikaan keskimäärin pitkälti yli 40 %:iin BKT:sta (Boisson & Echinard 2005, 396).

Vuosia 2007-2013 koskevan rahoituskehyksen valmistelun yhteydessä komissio esitti, että maksusitoumuksiin käytettävät määrärahat edustaisivat enimmillään keskimäärin 1,26 % ja maksumääräyksiin käytettävät määrärahat 1,14 % unionin yhteenlasketusta BKTL:sta (luvut sisältävät Euroopan kehitysrahastot ja EU:n solidaarisuusrahaston; ks. luvut 15 ja 16). Omien varojen yläraja pidettäisiin (edellisen rahoitusnäkymäkauden tapaan) 1,31 %:ssa BKTL:sta maksusitoumuksiin käytettävinä määrärahoina ja 1,24 %:ssa BKTL:sta maksumääräyksiin käytettävinä määrärahojen osalta (*KOM(2004) 101 lopullinen*, 32). Jos Eurooppa-neuvosto ja budjettitoimielimet hyväksyivätkin omia varoja koskevan esityksen, maksusitoumuksiin käytettävien määrärahojen keskimääräiseksi ylärajaksi kaudelle 2007-2013 sovittiin lopulta 1,048 % ja maksumääräyksiin käytettävien määrärahojen keskimääräiseksi ylärajaksi 1,00 % BKTL:sta (ilman kehitysrahastoja ja solidaarisuusrahastoa).

BKTL:sta, jotta yhteisöt voisivat saavuttaa taloudellisesti niin kutsutun esifederalistisen tilan (ks. esim. Biehl 1985, 66-76 tai Biehl & Winter 1990). Siten tulee vahvistettua – ainakin taloudellisessa mielessä – monen tutkijan (vrt. esim. Weiler 1981, 267-268 tai Isaac 1993b, 56) esittämä ajatus Euroopan yhteisöistä ja unionista organisaatioina "*sui generis*" jossakin kansainvälisten järjestöjen ja liittovaltion välillä.

EU:n budjettijärjestelmä ja TA erottuvat myös muun muassa joustomuotojensa runsaudella ja jo puhtaan taloudellisen ja kirjanpidollisen kekseliäisyytensä takia[163]. Esimerkiksi *negatiivisen varauksen* lisäksi yleinen talousarvio on sisältänyt muun muassa *negatiivisia menoja*, jotka ovat tuloja ja jotka on siten jätetty tämän tutkimuksen ulkopuolelle, ja *negatiivisia tuloja*, jotka eivät ole varsinaisia menoja, vaan palautus jäsenvaltioille maataloustuotteiden tuontimaksujen ja sokerimaksujen sekä tullien (eli EU:n niin kutsuttujen perinteisten (traditionaalisten) "omien varojen" keräämiskulukorvauksina[164] ("kantopalkkiona").

EU:n budjettijärjestelmä tunteekin poikkeuksia *kaikkiin* budjettiperiaatteisiin, moitteettoman varainhoidon periaate pois lukien. Erilaisia poikkeuksia tarkastellaan etenkin osajulkaisuissa V ja VIII.

4.2.2 Yleisen talousarvion säädösperusta

Yleistä talousarvioita, sen laadintaa ja toimeenpanoa ovat säädelleet ennen kaikkea Pariisin (allekirjoitettu 18.4.1951, voimaan 23.7.1952) ja Rooman (allekirjoitettu 25.3.1957, voimaan 1.1.1958) sopimusten varainhoitoa koskevat määräykset (SEHTY:n 49-50 ja 78-78i artikla, SETY:n 199-209 artikla ja Euratom-sopimuksen 171-183 artikla).

Varainhoitoa käsitteleviä artikloita muutettiin vuosina 1965-1975 kolme kertaa, vuosina 1965 (Brysselin (ensimmäinen) sopimus[165] (allekirjoitettu 8.4.1965, voimaan 1.7.1967)), 1970 (Luxemburgin sopimus, niin kutsuttu ensimmäinen budjettisopimus[166] (allekirjoitettu 22.4.1970, voimaan 1.1.1971)) ja 1975 (Brysselin (toinen) sopimus, niin kutsuttu toinen budjettisopimus[167] (allekirjoitettu 22.7.1975, voimaan 1.6.1977)).

Rooman sopimusten alkuperäisten varainhoitoa käsittelevien artikloiden mukaan TA:sta päättäminen kuului neuvostolle, joka siten oli ainoa budjettivallan käyttäjä. Käytännössä budjettiprosessin eri vaiheissa toimivalta jakautui seuraavasti (ks. esim. *Community...* 1989, 18 tai Strasser 1990, 20):

1) *alustavan talousarvioesityksen* laatiminen toimielinten toimittamien *menoja koskevien ennakkoarvioiden* pohjalta: komissio (203 artiklan 2 kohta),

---

[163] Siten esim. vuonna 1987 neuvosto, koska jäsenvaltiot olivat kykenemättömiä sopimaan maatalousmenoista, päätti siirtää kahdella kuukaudella EMOTR:n maksujen korvaamista jäsenvaltioille, jotka ne maksavat ennakkoon komission puolesta. Tarkoitus oli siten luoda keinotekoisesti kahden kuukauden "säästöt". Tätä siirtymää ei koskaan kurottu kiinni, sillä se olisi edellyttänyt, että jäsenvaltiot suostuvat maksamaan kahdentoista kuukauden aikana neljäntoista kuukauden maatalousmenoja vastaavan määrän (ks. esim. Lechantre & Schajer 2003, 27).

Negatiivisten tulojen ja menojen sekä eräiden muiden TA:n erikoisuuksien taustasta ja historiasta, ks. esim. Cot 1988, 205-215, Timmann 1989, 14, Strasser 1992a, 49 tai Isaac 1993a; 1993b.

[164] Keräämiskulukorvausten määrä (alun perin 10 %) nostettiin 25 %:iin vuodesta 2001.

[165] Niin kutsuttu sulautumissopimus (*Treaty establishing a single Council and a single Commission of the European Communities* eli niin kutsuttu *Merger Treaty/ traité instituant un Conseil unique et une Commission unique des Communautés européennes* eli niin kutsuttu *Traité de fusion [des exécutifs]*; EYVL N:o 152, 13.7.1967, 2-12).

[166] *Treaty amending certain budgetary provisions of the Treaties establishing the European Communities and of the Treaty establishing a single Council and a single Commission of the European Communities/ traité portant modification de certaines dispositions budgétaires des traités instituant les Communautés européennes et du traité instituant un Conseil unique et une Commission unique des Communautés européennes* (EYVL N:o L 2, 2.1.1971, 1-11).

[167] *Treaty amending certain financial provisions of the Treaties establishing the European Communities and of the Treaty establishing a single Council and a single Commission of the European Communities/ traité portant modification de certaines dispositions financières des traités instituant les Communautés européennes et du traité instituant un Conseil unique et une Commission unique des Communautés européennes* (EYVL N:o L 359, 31.12.1977, 1-19).

2) TA:n *vahvistaminen*: neuvosto määräenemmistöllä edustajainkokouksen[168] ja muiden toimielinten mielipiteen kuultuaan (203 artiklan 4 kohta). EP:lla oli oikeus esittää *muutosehdotuksia* (*Right to propose modifications/ droit de proposer des modifications*; 203 artiklan 3 kohdan kolmas alakohta),

3) TA:n *toteuttaminen*: komissio (205 artiklan ensimmäinen kohta),

4) *vastuuvapauden myöntäminen*: neuvosto määräenemmistöllä (206 artiklan neljäs kohta).

Ulkoisesta tarkastuksesta huolehti erillinen EY:n tilintarkastuslautakunta[169] (*Audit Board of the European Communities/ commission de contrôle des Communautés européennes*; 206 artiklan ensimmäinen kohta).

Luxemburgin sopimus (voimaan 1.1.1971) muutti SETY:n 203 artiklan sisältöä ja toi mukanaan seuraavat muutokset EY:n budjettijärjestelmässä ja päätöksenteossa:

A) Ajanjakso 1971-1974:

1) EP:n budjettivaltaa kasvatettiin siten, että neuvoston tuli *torjua* määräenemmistöllä (niin kutsuttu *käänteinen budjettimääräenemmistö*) parlamentin muutosehdotukset, jos ne eivät johtaneet kokonaismenojen kasvuun (SETY:n 203a artiklan 5 kohta). Toisin sanoen EP pystyi aikaisempaa helpommin vaikuttamaan menojen jakaumaan muuttamatta kuitenkaan niiden kokonaismäärää. SETY:n 203b artiklan mukaista järjestelmää sovellettiin vuoden 1975 talousarvioprosessiin asti. EP:lle myönnettiin niin ikään autonomia omien menojensa suhteen niin kutsutun herrasmiessopimuksen mukaisesti (ks. luku 4.1.4).

2) TA:n vahvistamisoikeus säilyi neuvoston puheenjohtajalla (203a artiklan 6 kohta),

3) vastuuvapauden myöntäminen tehtiin riippuvaiseksi EP:n ja neuvoston yhteisestä päätöksestä (206 artiklan viimeinen kohta).

B) Ajanjakso vuoden 1975 TA:sta eteenpäin (jolloin Luxemburgin sopimuksen mukainen järjestelmä tuli lopullisesti voimaan):

1) TA:n menot jaettiin *pakollisiin* ja ei-*pakollisiin* (203 artiklan 4 kohta),

2) EP:lle myönnettiin oikeus muutosehdotusten tekemisen lisäksi *tarkistaa* (*Right to amend/ droit d'amender*) ei-pakollisia menoja (203 artiklan 4 kohdan toinen alakohta),

3) EP:lle annettiin "lopullinen päätösvalta" ei-pakollisten menojen osalta (203 artiklan 6 kohta),

4) EP:n puhemiehelle annettiin TA:n vahvistamisoikeus (203 artiklan 7 kohta),

5) vastuuvapauden myöntäminen säilyi riippuvaisena EP:n ja neuvoston yhteisestä päätöksestä (ks. esim. Strasser 1990, 26 tai Terrasse 1991, 6-7).

Brysselin vuoden 1975 sopimus (voimaan 1.6.1977) muutti lopulta SETY:n 203 artiklan 5 kohdan vuoden 2009 marraskuun loppuun asti säilyneeseen muotoon (sopimuksella mm. eriytettiin muutosehdotusten käsittely sen mukaan, johtavatko ehdotukset TA:n menojen kasvuun vai ei) ja kirjasi EU:ssa edelleen vallitsevan budjettivallan perusjaon. Toisaalta:

1) EP:lle myönnettiin eksplisiittisesti oikeus "tärkeistä syistä" hylätä talousarvioesitys (parlamentin jäsenten enemmistöllä ja kahdella kolmasosalla annetuista äänistä; 203 artiklan 8 kohta),

2) EP:lle annettiin tehtäväksi myöntää komissiolle vastuuvapaus neuvoston suosituksen kuultuaan (206b artikla).

---

[168] "Edustajainkokous" (*Assembly/ Assemblée*) muuttui talousarvioasiakirjoissa "parlamentiksi" (*Parliament/ parlement*) vuonna 1972.

[169] EHTY:n valvonnasta huolehti erityinen tilintarkastaja (*ECSC Auditor/ commissaire aux comptes de la CECA*).

Ulkoinen tarkastus siirtyi sopimuksella luodulle Euroopan yhteisöjen tilintarkastustuomioistuimelle[170] (4 artiklan 3 kohta; ks. esim. *Community...* 1989, 18). EP:n budjettivallan kehityksestä ks. esimerkiksi Jacqué 1983, 155-182, Jacqué *et al.* 1984, Nicoll 1984, 4-21; 1988a, 27-42, Tonnerre 1991, 55-62 tai Juchet 1992, 49-51.

Euroopan yhtenäisasiakirja[171] (EYA, allekirjoitettu 17. ja 28.2.1986, voimaan 1.7.1987) ei muuttanut perustamissopimusten varainhoitoa koskevia artikloja, mutta asettaessaan sisämarkkinoiden avautumisen takarajaksi 1.1.1993 se avasi tien TA:n loppusumman huomattavalle kasvattamiselle (ks. esim. Pinder 1989, 94-110).

Maastrichtin sopimuksella[172] (SEU, allekirjoitettu 7.2.1992, voimaan 1.11.1993) poistettiin kaksi artiklaa (artiklat 200 ja 206a), lisättiin kaksi artiklaa (artiklat 201a ja 209a) ja muutettiin viittä Brysselin toisen sopimuksen mukaista yhteisöjen varainhoitoa käsittelevää artiklaa (artiklat 199, 201, 205, 206 ja 209; ks. esim. Cloos *et al.* 1993, 437-447, Church & Phinnemore 1994, 313-326 tai Strasser 1994, 195-213).

Amsterdaminsopimuksella(allekirjoitettu2.10.1997, voimaan 1.5.1999) muutettiin kolmen artiklan sisältöä[173]. Sopimuksella myös muutettiin perustamissopimuksen artikloiden numerointia ja varainhoitoa käsittelevistä artikloista tuli artiklat 268-280.

Nizzan sopimuksella (allekirjoitettu 26.2.2001, voimaan 1.2.2003) muun muassa muutettiin varainhoitoasetusten antamista koskevan 279 artiklan äänestyssääntöjä neuvoston osalta 1.1.2007 alkaen (ks. luku 3.3). Sopimuksessa (sen 161 artiklan uudessa kolmannessa kohdassa) sekä siihen liitetyissä julistuksissa nro 3 myös mainitaan ensimmäistä kertaa tässä tutkimuksessa käsitellyt toimielinten väliset sopimukset[174] ja rahoitusnäkymät (ks. esim. Galloway 2001).

Keskeisellä sijalla EU:n budjettijärjestelmässä ovat lisäksi EP:n, neuvoston ja komission yhteiset julistukset ja toimielinten (väliset) sopimukset (TVS/ TS)[175].

Ensimmäinen tutkimuksen kannalta merkittävä yhteinen julistus on vuodelta 1975 (Euroopan parlamentin (edustajainkokouksen), neuvoston ja komission yhteinen julistus, annettu 4 päivänä maaliskuuta 1975, neuvottelumenettelyn käyttöönottamisesta[176]).

Sitä seurasi vuoden 1982 kesäkuun 30 päivänä annettu yhteinen julistus erilaisista toimenpiteistä talousarviomenettelyn parantamiseksi[177]. Esimerkiksi Auke Baas (2007, 1283) laskee toimielinten välisten sopimusten budjettialalla alkaneen tästä julistuksesta[178].

---

[170] *Court of Auditors of the European Communities/ cour des comptes des Communautés européennes*. Tilintarkastustuomioistuin korotettiin (perustamissopimusten merkityksessä) toimielimeksi EP:n, neuvoston, komission ja tuomioistuimen rinnalle Maastrichtin sopimuksessa (SEY:n 4 artikla [Amsterdamin sopimuksen voimaan tulosta lähtien 7 artikla]).

[171] *Single European Act (SEA)/ acte unique européen (AUE)*; EYVL N:o L 169, 29.6.1987, 1-28.

[172] Maastrichtin sopimus lisäsi perustamissopimuksen varainhoitoa koskeviin määräyksiin uuden budjettiperiaatteen, moitteettoman varainhoidon periaatteen (*Sound financial management (SFM)/ bonne gestion financière (BGF)*; SEY:n 205 artiklan ensimmäinen kohta [Amsterdamin sopimuksen voimaan tulon jälkeen 274 artiklan ensimmäinen kohta], vrt. myös 188c artiklan 2 kohta [30.11.2009 asti 248 artiklan 2 kohta]). SEU myös korosti talousarvion kurinalaisuutta (budjettikuria; *Budgetary discipline/ discipline budgétaire*) sekä yhteisön taloudellisten etujen suojelua ja petostentorjuntaa (*Protection of the Community's financial interests and fight against fraud/ protection des intérêts financiers de la Communauté et lutte contre la fraude*; 201a ja 209a artikla [30.11.2009 asti 270 ja 280 artikla]).

[173] Artiklat 274 [aikaisemmin 205], 276 [aikaisemmin 206] ja 280 [aikaisemmin 209a artikla].

[174] *Mahdollisuus* turvautua erilaisiin toimielinten välisiin sopimuksiin oli luonnollisesti olemassa jo paljon aikaisemmin (ks. esim. Reich 1994, 81-85 tai Driessen 2007). Ks. myös perustamissopimuksen 218 artiklan 1 kohta ("Neuvosto ja komissio neuvottelevat keskenään sekä järjestävät yhteisellä sopimuksella yhteistoimintaansa koskevat yksityiskohtaiset säännöt"), johon tosin on viitattu suoraan budjettiasioissa ani harvoin.

[175] Tutkimuksen kannalta keskeiset sopimukset ja julistukset on esitelty tutkimuksen lähdeluettelossa.

[176] EYVL N:o C 89, 22.4.1975, 1-2. Julistuksesta, ks. esim. Forman 1981, 208-228, vrt. myös esim. Waelbroeck & Waelbroeck 1989, 79-86 tai Driessen 2007.

[177] EYVL N:o C 194, 28.7.1982, 1-38.

[178] Vuoden 1982 yhteisen julistuksen ja vuodesta 1988 solmittujen toimielinten välisten sopimusten suhteesta, ks. esim. Baas 2007, 1289-1303.

Ensimmäinen "varsinainen" EY:n budjettiasioita, varainhoitoa ja varainkäyttöä käsittelevä toimielinten välinen sopimus on vuodelta 1988.

Näiden lisäksi on muistettava etenkin "herrasmiessopimuksen" ja "pragmaattisen kalenterin" merkitys (ks. yllä luku 4.1.4).

Yleisen talousarvion laadintaa ja toimeenpanoa säätelevät säädökset ja säännökset on kokoavasti esitetty Kuviossa 5. Yksinkertaisuuden vuoksi[179] kuviosta on jätetty pois kaikki toimielinten sopimukset, julistukset jne.

EU:n budjettijärjestelmää ja yleistä talousarviota säätelevistä perustamissopimuksia alemmanasteisista säädöksistä ja säännöksistä yleensä ja niiden kehityksestä, ks. esimerkiksi *Community*... 1989, 13-15, *Euroopan*... 1996, 14-125, *Euroopan unionin*... 2002, 93-101, *European*... 2008, 125-130 tai *The EU Budget*... 2009. TA:n laadinta ja toimeenpanoa keskeisesti säätelevistä varainhoitoasetuksista ja varainhoitoasetuksen soveltamissäännöistä, ks. erityisesti osajulkaisut V ja VIII[180].

4.2.3 Yleisen talousarvion kasvu

Yleisen talousarvion loppusumman kasvu vuosina 1968-2010 maksumääräyksiin käytettävinä määrärahoina on esitetty Taulukossa 5. Taulukossa on myös eräitä keskeisiä syitä kasvulle.

Kuten Taulukosta 5 ilmenee vuonna 1968 yleisen talousarvion loppusumma, sellaisena kuin neuvoston

Kuvio 5. Yleisen talousarvion laadintaa ja toimeenpanoa säätelevät säädökset ja säännökset (Lähde/ *Source*: Saarilahti 2006b, 2).
Chart 5. Legal instruments governing the establishment and implementation of the EU budget.

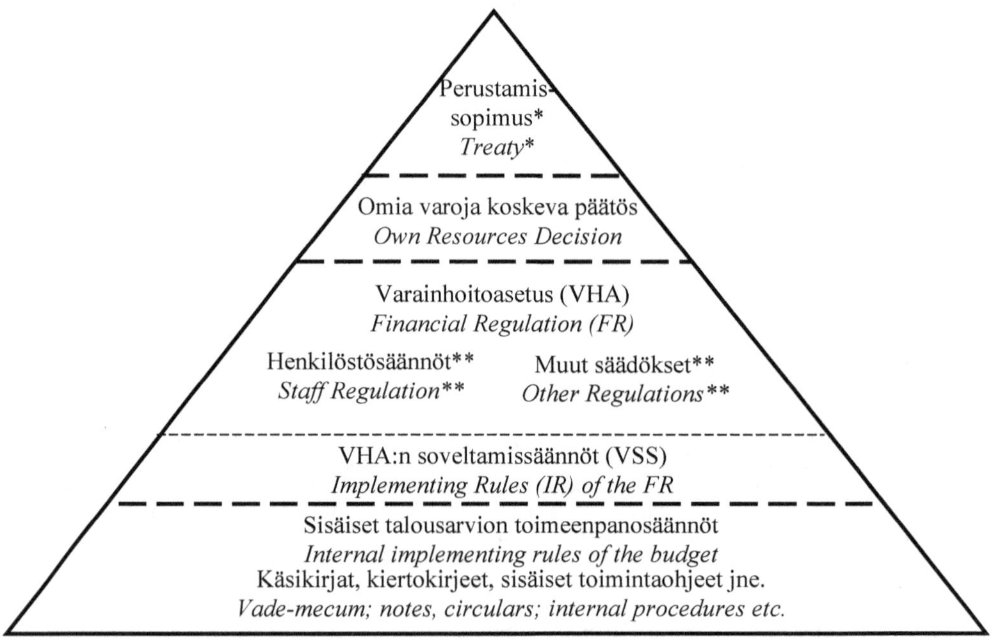

* Erityisesti perustamissopimuksen varainhoitoa koskevat määräykset/ *Especially financial provisions of the Treaty*
** Erityisesti säädösten varainhoitoa koskevat artiklat/ *Especially financial provisions of Regulations*

---

[179] Tutkimuksen rajauksen mukaisesti (ks. yllä luku 2) Kuviossa 5 ei myöskään esitetä "omia varoja" koskevan päätöksen lisäksi muita yleisen talousarvion tulopuolta käsitteleviä säädöksiä, säännöksiä tai toimeenpanosääntöjä.

[180] Osajulkaisussa VIII käsitellään myös esim. keskeistä kysymystä varainhoitoasetuksen ja muiden säädösten (mukaan luettuna henkilöstösääntöjen; *Staff regulation/ statut (des fonctionnaires)*) välisestä suhteesta.

Taulukko 5. Yleisen talousarvion loppusumman kasvu (maksumääräyksiin käytettävinä määrärahoina) vuosina 1968-2010.

Table 5. Growth of the total of the general budget (in appropriations for payments) in 1968-2010.

Vuosi *Year*	N:o *No*	EYVL* N:o L *OJ No*	Vahvistettu** *Adopted*	Oikaisu *Corrigendum*	Loppusumma*** *Total*	Huomautuksia *Remarks*
1968	*68/211*	109, 10.5.1968	25.3.1968		2.176.917.671	Yleisen talousarvion "luontivuosi" (EY-6)
1969	*69/53*	36, 12.2.1969	10.12.1968		2.701.456.707	
1970	*70/183*	60, 16.3.1970	19.12.1969		3.255.553.838	
1971	*71/109*	62, 15.3.1971	14.12.1970		3.709.162.939	Luxemburgin sopimus (1.1.1971) ja I OVP** ** ** voimaan
1972	*72/249*	202, 4.9.1972	20.12.1971		4.104.634.863	Euratomin tutkimus- ja investointitalousarvion integroiminen, Euroopan sosiaalirahaston (ESR) vahvistaminen
1973	*72/505*	307, 31.12.1972	6.12.1972		4.245.282.241	Tanska, Irlanti ja Yhdistynyt kuningaskunta jäseniksi (EY-9)
1974	*74/144*	115, 29.4.1974	6.12.1973		5.079.465.923	
1975	*75/136*	54, 28.2.1975	12.12.1974		5.825.283.360	Euroopan aluekehitysrahasto (EAKR)
1976	*76/262*	66, 15.3.1976	18.12.1975		7.576.859.148	
1977	*77/224*	79, 28.3.1977	16.12.1976		8.800.026.869	Brysselin II sopimus voimaan (1.6.1977)
1978	*78/67*	36, 6.2.1978	21.12.1977	121, 8.5.1978	12.362.004.592	
1979	*79/81*	23, 31.1.1979	15.12.1978		13.494.353.875	
1980	*80/782*	242, 15.9.1980	9.07.1980	269, 14.10.1980;	15.683.097.261	I OVP sovelletaan kokonaisuudessaan
				324, 29.11.1980		
1981	*80/1310*	378, 31.12.1980	23.12.1980	67, 12.3.1981	19.327.630.620	Kreikka jäseneksi (EY-10)
1982	*82/49*	31, 8.2.1982	21.12.1981	67, 11.3.1982	21.984.441.540	
1983	*83/4*	19, 24.1.1983	21.12.1982		21.558.552.185	
1984	*84/2*	12, 16.1.1984	20.12.1983	17, 20.1.1984	25.361.461.363	
1985	*85/363*	206, 5.8.1985	13.06.1985		28.433.192.974	
1986	*85/554*	358, 31.12.1985	18.12.1985		35.174.125.003	Espanja ja Portugali jäseniksi (EY-12), II OVP voimaan
	86/353	214, 4.8.1986	10.7.1986** **			
1987	*87/186*	86, 30.3.1987	19.02.1987		36.313.424.475	Yhtenäisasiakirja voimaan (1.7.1987)
1988	*88/421*	226, 16.8.1988	1.06.1988		43.778.845.330	I TVS (allekirjoitettu 29.6.1988), rakennerahastouudistus jne. (Delors I)
1989	*89/40*	26, 30.1.1989	15.12.1988	97, 11.4.1989	44.837.799.585	III OVP voimaan (sovelletaan 1.1.1988 lähtien)
1990	*90/26*	24, 29.1.1990	13.12.1989	62, 12.3.1990;	46.716.818.505	Saksan yhdistyminen
				67, 15.3.1990; 104, 24.4.1990		
1991	*91/34*	30, 4.2.1991	13.12.1990	179, 8.7.1991	55.556.138.640	
1992	*92/41*	26, 3.2.1992	18.12.1991	142, 25.5.1992	62.827.602.349	
1993	*93/62*	31, 8.2.1993	17.12.1992	167, 9.7.1993	65.522.639.052	Maastrichtin sopimus voimaan (1.11.1993)** ** ** *, II TVS (Delors II) (allek. 29.10.1993)
1994	*94/56*	34, 7.2.1994	16.12.1993	169, 4.7.1994	70.013.524.706	
1995	*94/943*	369, 31.12.1994	15.12.1994		76.527.080.173	Itävalta, Suomi ja Ruotsi jäseniksi (EU-15)
	96/200	67, 18.3.1996	31.1.1996** ** *			
1996	*96/96*	22, 29.1.1996	21.12.1995		81.888.440.991	IV OVP voimaan (sovelletaan 1.1.1995 lähtien)
1997	*97/105*	44, 14.2.1997	18.12.1996		82.365.587.317	
1998	*98/132*	44, 16.2.1998	18.12.1997	98, 31.3.1998;	83.529.167.286	
				161, 4.6.1998; 231, 18.8.1998		
1999	*1999/105*	39, 12.2.1999	17.12.1998	81, 26.3.1999	85.557.738.703	Amsterdamin sopimus voimaan (1.5.1999)
2000	*2000/81*	40, 14.2.2000	16.12.1999	88, 10.4.2000	89.386.951.293	III TVS (Agenda 2000) voimaan (allekirjoitettu 6.5.1999)
				247, 2.10.2000		
2001	*2001/110*	56, 26.2.2001	14.12.2000		92.569.368.837	
2002	*2002/50*	29, 31.1.2002	13.12.2001		95.654.759.342	EHTY:n perustamissopimuksen päättyminen (1.7.2002)
2003	*2003/94*	54, 28.2.2003	19.12.2002	100, 22.4.2003	97.502.937.098	Nizzan sopimus voimaan (1.2.2003)
2004	*2004/132*	C 105, 30.4.2004	18.12.2003		99.724.386.671	EU-25 (laajentuminen 1.5.2004)
2005	*2005/144*	60, 8.3.2005	16.12.2004	80, 29.3.2005	106.300.000.000	
2006	*2006/179*	78, 15.3.2006	15.12.2005		111.969.607.449	
2007	*2007/143*	77, 16.3.2007	14.12.2006	203, 3.8.2007	115.497.218.621	Bulgaria ja Romania jäseniksi (EU-27), IV TVS (TS) voimaan (allek. 15.5.2006)
2008	*2008/165*	71, 14.3.2008	18.12.2007		120.346.758.612	
2009	*2009/165*	69, 13.3.2009	18.12.2008	157, 19.6.2009	116.096.062.329	Lissabonin sopimus voimaan (1.12.2009)
2010	*2010/117*	64, 12.3.2010	17.12.2009	78, 24.3.2010;	122.937.000.000	
				206, 6.8.2010		

* Vuodesta 2003: EUVL (yleinen talousarvio julkaistu kahdessa osassa)
** Vuodesta 1975 lähtien Euroopan parlamentin puhemies
*** Laskentayksikköjä vuoteen 1977, eurooppalaisia laskentayksikköjä vuosina 1978-1980, ecuja vuosina 1981-1998 ja euroja vuodesta 1999
** ** Muutos tuomioistuimen tuomion asiassa *34/86* jälkeen (31.7.1986)
** ** * Muutos tuomioistuimen tuomion asiassa C-*41/95* jälkeen (7.12.1995)
** ** ** "Omia varoja" koskeva päätös
** ** ** * Koheesiorahasto, kalatalouden ohjauksen rahoitusväline, II ja III pilari

puheenjohtaja sen 25.3.1968 nimikirjoituksellaan vahvisti[181], oli noin 2 177 miljoonaa laskentayksikköä[182]. Vuoden 2010 TA:n loppusumma ylitti puolestaan maksusitoumuksiin käytettävinä määrärahoina 141,4 miljardia euroa ja maksumääräyksiin käytettävinä määrärahoina 112,9 miljardia euroa.

Yleisen talousarvion loppusumma on siten kasvanut runsaassa neljässäkymmenessä vuodessa nimellisarvoisesti lähes kuusikymmentäkertaiseksi. Vuosien 1968 ja 2010 budjettilukuja verrattaessa on kuitenkin hyvä pitää mielessä, rahanarvon muutosten lisäksi, ainakin yhteisöjen laajentumisen vaikutus. Yhteisöthän kasvoivat ensin kuudesta yhdeksään jäsenvaltioon vuonna 1973 ("ensimmäinen pohjoinen laajentuminen"[183]; "EY-9"), yhdeksästä kymmeneen vuonna 1981 ("ensimmäinen eteläinen laajentuminen"[184]; "EY-10"), kymmenestä kahteentoista vuonna 1986 ("toinen eteläinen laajentuminen"[185]; "EY-12"), kahdestatoista viiteentoista vuonna 1995 ("toinen pohjoinen laajentuminen" [186]; "EU-15"), viidestätoista kahteenkymmeneenviiteen vuonna 2004 ("EU-25"[187]) ja lopulta kahdestakymmenestäviidestä kahteenkymmeneenseitsemään vuonna 2007 ("EU-27"[188]).

Samaan aikaan on myös muistettava yhteisöjen toiminnan laajentuminen yhä uusille aloille[189] toisiaan seuraavien sopimusten, säädösten ja päätösten myötä (ks. yllä luku 4.2.2).

---

[181] Ilman Euratomin tutkimus- ja investointitalousarviota, yhteensä 73,4 miljoonaa laskentayksikköä.

[182] Vuosien 1968-1977 yleiset talousarviot laadittiin laskentayksikköinä (l.y; *Unit of account (u.a.)/ unité de compte (u.c.)*), vuosien 1978-1980 TA:t eurooppalaisina laskentayksikköinä (ELY; *European unit of account (EUA)/ unité de compte européenne (UCE)*) ja vuosien 1981-1998 TA:t ecuina (*European Currency Unit (ECU)/ écu*). Eri laskentayksikköjen väliset erot eivät ole tämän tutkimuksen kannalta merkitseviä (vrt. Paulin 1985, 834). Vuoden 1999 TA:sta lähtien yleiset talousarviot on laadittu euroina.

[183] Tanskan, Irlannin ja Yhdistyneen kuningaskunnan liittyminen Euroopan yhteisöihin.

[184] Kreikan liittyminen yhteisöihin.

[185] Espanjan ja Portugalin liittyminen yhteisöihin.

[186] Itävallan, Suomen ja Ruotsin liittyminen yhteisöihin.

[187] Toukokuun alussa 2004 Euroopan yhteisöihin liittyivät seuraavat maat: Kypros, Malta, Unkari, Puola, Slovakia, Latvia, Viro, Liettua, Tšekin tasavalta ja Slovenia ("EU-10"; ks. esim. Saarilahti & Balsells Traver 2006a, 88-113).

[188] Bulgarian ja Romanian liittyminen yhteisöihin (ks. esim. Saarilahti & Balsells Traver 2007, 302-334).

[189] Varsinkin yhteisen maatalouspolitiikan (YMP; *Common Agricultural Policy (CAP)/ politique agricole commune (PAC)*) käynnistäminen 1960-luvulla johti EY:n menojen moninkertaistumiseen erityisesti vuosina 1966-1967. YMP:n menojen sisällyttämisestä TA:oon säädettiin neuvoston 4 päivänä huhtikuuta 1962 antamassa asetuksessa N:o 25 yhteisen maatalouspolitiikan rahoituksesta (EYVL N:o 30, 20.4.1962, 991-993). Rahoitus järjestettiin perustetun Euroopan maatalouden ohjaus- ja tukirahaston (EMOTR; *European Agricultural Guidance and Guarantee Fund (EAGGF)/ Fonds européen d'orientation et de garantie agricoles (FEOGA)*) kautta. Pitkälti EMOTR:n tukiosaston (*"Guarantee" section/ section "garantie"*) menojen takia yleinen talousarvio kasvoi 270 miljoonasta laskentayksiköstä vuonna 1966 yhteensä 616,5 miljoonaan laskentayksikköön vuonna 1967 (Isaac 1992a, 3), saavuttaen 2 177 miljoonaa laskentayksikköä vuonna 1968 (josta tukiosaston osuus oli 1 683 miljoonaa laskentayksikköä, eli runsaat 77 %). Tukiosaston talousarvio-osuus nousi 1970-luvulla 80-90 %:iin, mutta laski 2000-luvulla alle 50 %:n. Toisaalta sen jälkeen kun maatalouspolitiikan menot oli otettu yleiseen talousarvioon, komissio teki neuvostolle vuonna 1965 joukon ehdotuksia YMP:n rahoituksesta, "omien varojen" käyttöönotosta ja EP:n toimivallan kasvusta.

Niin kutsuttuihin rakennerahastoihin luettava EMOTR:n ohjausosasto (*"Guidance" section/ section "orientation"*) on vuodesta 1964 lähtien tukenut puolestaan maatalouden rakenteellisia muutoksia ja tuotannon ja markkinoinnin kehittämistä. EY:n maatalouspolitiikan kehityksestä ja rahoituksesta, ks. esim. Fennell 1987, Hémard 1987, Rosenblatt *et al.* 1988, Charles-Le Bihan & Gadbin 1991, 167-181, Teulon 1993, Bentolila 1994 tai Loyat & Petit 1999. YMP:n uudistamisesta, ks. esim. Garzon 2006. Rakennerahastoista ja niiden kehityksestä, ks. esim. *Fonds...* 1994; 2000; 2007.

– 5 –

BUDJETIN JOUSTO –TEORIA

5.1 Ulkoinen ja sisäinen jousto sekä vuotuinen ja ylivuotinen jousto

Petri Uusikylä ja tekijä kehittelivät budjetin jousto –teorian 1990-luvun alussa selvittäessään, *millä tavoin ja keinoin kansallisessa budjettijärjestelmässä voidaan reagoida ja vastata budjettivuoden aikana tapahtuneisiin toimintaympäristön muutos- ja epävarmuustekijöihin*[190].

”Budjetin joustavuuden vaatimusta on korostanut toimintaympäristön lisääntynyt epävarmuus. Ympäristön eriytyminen useaan samanaikaisesti toimivaan ja toisiinsa kytkeytyvään osajärjestelmään[191] on eräs keskeinen budjettitalouden piiriin kuuluvan toimintayksikön toimintaympäristön epävarmuustekijä. Budjetteja laadittaessa tulee jatkuvasti huomioida eri ympäristöistä tulevat vaateet ja pyrkiä muodostamaan eri osapuolia tyydyttäviä ratkaisuja. Toinen ympäristön epävarmuustekijä on toimintaympäristön eri lohkojen dynaamisuus, sillä entistä nopeammin muuttuva toimintaympäristö vaikeuttaa entisestään budjettien laadintaa. (...) Ympäristön muutoksen voimakkuutta ovat omalta osaltaan kasvattaneet muun muassa hallinnon toimintaideologian muuttuminen ja sidosryhmien määrän kasvu. (...) Budjettien jouston lisääminen onkin noussut keskeiseksi vaatimukseksi budjetointia kehitettäessä ja budjetointikäytäntöjä uudistettaessa” (Saarilahti & Uusikylä 1992, 25).

Budjetin jousto – teoriaa sovellettiin Suomen budjettijärjestelmän tarkasteluun käyttäen esimerkkeinä sosiaali- ja terveysministeriön sekä opetusministeriön hallinnonaloja vuosina 1968-1988 (Saarilahti & Uusikylä 1991). Tarkastelun keskeiset tulokset julkaistiin *Hallinnon tutkimus* -aikakauslehden numeroissa *11 (1992): 1*, 24-46 ja *12 (1993): 3*, 210-223 (Saarilahti & Uusikylä 1992; 1993).

Tekijät katsoivat tarkoituksenmukaiseksi tehdä konseptuaalisen eron *vuotuisen ja ylivuotisen jouston välillä*. Suomen budjettijärjestelmän tarkastelussa keskityttiin vuotuisen jouston eri ilmenemismuotojen tutkimiseen.

Tutkimuksessa tehtiin myös ero *ulkoisen ja sisäisen jouston* ja niiden eri ilmenemismuotojen välillä seuraavasti:

”Budjettivuoden aikana tapahtuviin erilaisiin toimintaympäristön muutoksiin voidaan vastata kahdella hyvinkin erilaisella tavalla, joko lisärahoituksen (tai menosupistusten) avulla tai esimerkiksi menoja uudelleen kohdentamalla annettujen määrärahakehysten puitteessa. Ensin mainittua joustavuutta on luonnollista kutsua ulkoiseksi joustoksi, sillä siinä selvästi poiketaan budjettivallan käyttäjän hyväksymästä talousarviosta. Jälkimmäistä joustoa on puolestaan luonnollista kutsua sisäiseksi joustoksi, koska tällöin jousto tapahtuu hyväksytyn budjetin menokehyksen ”sisällä”” (Saarilahti & Uusikylä 1991, 57[192]).

Ulkoista joustoa voidaan teorian kannalta pitää ennen kaikkea budjettijärjestelmän inkrementalistisena piirteenä (ks. luku 3.2), sillä erilaisilla ulkoisen jouston muodoilla tavoitellaan harvoin perustavanlaatuisia budjettijärjestelmän muutoksia. Niillä usein pyritään ennen kaikkea korjaamaan budjetin

[190] Toimintaympäristön käsitteestä, ks. luvut 4.1 ja 5.5, vrt. myös esim. Saarilahti & Uusikylä 1991, 48-58; 1993, 211-212.

[191] Niin kutsuttu ”*System interconnectedness*” ja sen aiheuttamat erilaiset ongelmat budjetinteolle (ks. esim. Lee *et al.* 2008).

[192] Vrt. myös Saarilahti (1993a, 9-10): ”Tämä ero tavoissa vastata toimintaympäristön muutoksiin budjettivuoden aikana on erityisen tärkeätä tilanteissa, joissa hallitukset (...) pyrkivät voimakkaasti rajoittamaan kaikkien julkisten menojen kasvua tarkoituksenaan samalla parantaa menojen seurantaa ja valvontaa budjetin toteutusvaiheessa ja lisätä julkisten menojen yleistä tehokkuutta ja vaikuttavuutta. Toisin sanoen hallitukset ovat etsineet ”parempaa vastinetta julkisten varojen käytölle””.

laadinnan yhteydessä syntyneitä väärinarviointeja, ennustevirheitä tai unohduksia, silloin kun ei pyritä ottaman huomioon esimerkiksi varainhoitovuoden aikana muuttuneen lainsäädännön tai tehtyjen uusien päätösten talousarviovaikutuksia. Toisaalta menettelyillä tehdään usein vain marginaalisia muutoksia määrärahapohjaan, joka puolestaan perustuu pitkälti edellisen vuoden budjettiin. Eri ulkoisen jouston muodot ovat yhtä kaikki aina ongelmallisia budjetin "pitävyyden" kannalta, ainoan merkittävän poikkeuksen muodostaessa 1970-luvun loppupuolella muotiin tulleet niin kutsutut säästöpäätökset[193] (ks. Saarilahti & Uusikylä 1992, 27-28).

Sisäisen jouston eri muodoille on periaatteessa yhteistä se, että niiden avulla *pysytään koko ajan budjettivallan käyttäjän hyväksymässä määrärahakehyksessä*. Sisäiseen joustoon liittyy, kuten ulkoiseenkin joustoon, inkrementalistisia piirteitä (siirrettäessä määrärahoja momentilta toiselle kehysten sisällä on usein kyse vain marginaalisista muutoksista hyväksyttyyn budjettiin), mutta huomattavaa on, että koko budjetin tasolla menot eivät lisäänny. Sisäinen jousto antaa teoriassa hallintoyksikölle myös ulkoista joustoa paremman mahdollisuuden toimia "rationaalisesti"[194] (ks. luku 5.2). Organisaatiotasolla tämä edellyttää paitsi suurempaa määräysvaltaa omiin määrärahoihin (esimerkiksi momenttikokoja suurentamalla tai määrärahasiirtoja helpottamalla) myös esimerkiksi yksiköiden ja yksilöiden suurempaa vastuullistamista ja tavoitteellisuuden lisäämistä, johon voidaan pyrkiä esimerkiksi keskitettyä päätöksentekojärjestelmää hajauttamalla. Näihin kysymyksiin törmättiin toistuvasti EU:n varainhoitoasetusta uudistettaessa vuonna 2002 (ks. osajulkaisut V-VIII).

Budjetin jousto –teoriaa pyrittiin soveltamaan ensimmäistä kertaa Euroopan yhteisöjen budjettijärjestelmään vuonna 1993 valmistuneessa tutkimuksessa (Saarilahti 1993a). Tutkimuksessa, joka kattoi vuodet 1968-1992, joustojen teoreettinen tarkastelu laajennettiin ensimmäistä kertaa koskemaan myös *ylivuotisen jouston* eri muotoja[195]. Käytännössä vuotuisen ja ylivuotisen jouston erottaminen toisistaan katsottiin tietyiltä osin keinotekoiseksi[196], ja tutkimuksessa valittiin yksinkertaisuuden vuoksi normatiivinen lähestymistapa: *ylivuotisen jouston muotoja ovat kaikki käytännöt, jotka ovat (tavalla tai toisella) poikkeuksia talousarvion vuotuis(uus)periaatteesta,*

---

[193] Erilaiset säästöpäätökset onkin siten nähtävä ennen kaikkea budjettijärjestelmän *dekrementalistena* piirteenä (vrt. esim. Saarilahti & Uusikylä 1991, 24-26).

[194] Rationaalisuutta ei kuitenkaan tule käsittää tässä yhteydessä kokonaisvaltaisena "tavoiterationaalisuutena", johon esim. 1970-luvun suunnitteluoptimismi pitkälti perustui (ks. luku 3.2), vaan organisaation mahdollisuutena toimia *responsiivisesti* suhteessa omiin tavoitteisiinsa ja ympäristön vaateisiin (ks. Saarilahti & Uusikylä 1991, 14-22).

[195] Tutkimuksessa myös pyrittiin erittelemään erilaisia viiveitä, joita esiintyy ennen kuin joustovälineisiin voidaan turvautua. Tutkimuksessa keskityttiin erityisesti ongelman tunnistamiseen ja analysointiin, hallinnolliseen prosessiin ja lainsäädännölliseen työhön liittyviin viiveisiin: "(*Tunnistamis- tai erittelyviive*) koskee erityisesti päättäjien ja budjettivastaavien käytettävissä olevia tietoja ja raportointia, näiden tarvitseman lisäaineiston keruun vaatimaa aikaa ja ennusteiden laatua. (...) *Hallinnollinen viive* liittyy siihen, että joskus tarvittavien ehdotusten tai päätösten teko vaatii huomattavasti aikaa. Hallinnolliseen viiveeseen sisältyy myös se aika, joka on tarpeen hyväksyttyjen toimenpiteiden toimeenpanemiseksi. Kolmanneksi tulee *lainsäädännöllinen viive*, aika, jonka kuluessa (lainsäädäntö- tai budjettivallan käyttäjän) on hyväksyttävä ehdotukset tai päätökset. Hyväksyminen voi viivästyä (lainsäädäntö- tai budjettivallan käyttäjän) käsittelyprosessin tai muutosvastarinnan vuoksi tai koska (lainsäädäntö- tai budjettivallan käyttäjä) on haluton hyväksymään (komission) ehdotuksia. Nämä viiveet asettavat budjettiprosessin toimijat epäsuotuisaan valoon, mutta totuus on, että viiveitä esiintyy, ja että ne voivat vesittää hyödyt, jotka menojen sopeuttamisen oikealla ajoittamisella voitaisiin saavuttaa" (Saarilahti 1993a, 94).

[196] Vrt. myös Saarilahti (1993a, 10): "Vuotuisen jouston keinoin vastataan budjettijärjestelmän toimintaympäristön muutoksiin budjettivuoden *aikana*. Ylivuotinen jousto puolestaan liittyy tekijöihin, jotka johtuvat siitä, että budjettijärjestelmässä *vuosi on usein liian lyhyt aika* kaikkiin toimintaympäristön muutoksiin reagoimiseksi. Jotta joustokeinot olisivat tehokkaita, ne eivät voi kokonaan rajoittua *yhteen* talousarviovuoteen. Talousarvio on lähtökohtaisesti *vuotuinen* asiakirja. Käytännössä on kuitenkin mahdotonta irrottaa budjettia pitemmästä, monivuotisesta aikaulottumasta (…) Tähän on monta syytä. Ensinnäkin vuosibudjetti perustuu aina joihinkin sellaisiin arvioihin ja ennusteisiin, jotka on tehty aiempien talousarviovuosien aikana. Toisaalta budjettia ei koskaan laadita täysin uudelleen joka vuosi (vaikka tämä olikin jonkinasteinen kaukainen tavoite nollapohjabudjetoinnissa), vaan talousarvio sisältää päinvastoin suuren määrän menoja, joista on sovittu aiempina vuosina. (…) Käytännössä lähes kaikki budjetit sisältävät esim. määrärahoja, jotka perustuvat päätöksiin, jotka on tehty edeltävinä vuosina ja joiden toteutus ulottuu yhtä vuotta pidemmälle ajalle".

siten kuin se on määritelty SETY:n, SEY:n 199 artiklan ensimmäisessä kohdassa, 202 artiklan ensimmäisessä kohdassa ja 203 artiklan 1 kohdassa[197]. *Samaa periaatetta sovelletaan myös tähän tutkimukseen.*

5.2 Joustojen käsittely eri tarkastelutasoilla

Budjettijärjestelmän ja talousarvion eri joustomuotoja voidaan teoriassa tarkastella *kolmella* päätasolla, eli *yksittäisen virkamiehen tasolla* (niin kutsuttu *mikro*taso), *toimintayksikön tasolla* (niin kutsuttu *meso*taso) ja *koko budjettijärjestelmän tasolla* (niin kutsuttu *makro*taso). Budjetin jousto –teorian keskeinen lähtökohta on, että *eri joustomuotojen vaikutukset sekä niiden seuraukset vaihtelevat tarkastelutason mukaan*[198].

5.2.1 Mikrotaso

"Vanhana budjettitotuutena" pidetään väittämää, jonka mukaan jos päätösvalta olisi hänellä, *yksittäinen virkamies* toivoisi mahdollisimman suurta toimintavapautta ja "pehmeää" budjettirajoitusta[199], eli budjetin jousto –teorian mukaan *mahdollisimman suurta sisäistä ja ulkoista joustoa*[200]. Käytännössä erilaiset säädökset ja säännökset ovat rajoittaneet merkittävästi virkamiesten toimintamahdollisuuksia budjettiasioissa. On kuitenkin kiistatonta että sillä, turvaudutaanko "virkamiestasolla" ennen kaikkea ulkoisen vai sisäisen jouston muotoihin ja keinoihin voi olla toimintayksikköjen käyttäytymisen kautta merkittäviäkin heijastusvaikutuksia koko järjestelmän tasolla (ks. alla luku 5.3).

Eräänä keskeisenä ajatuksena vuonna 2002 yleiseen talousarvioon sovellettavaa varainhoitoasetusta uudistettaessa oli EU:n virkamiesten (ja etenkin taloushallinnon henkilöstön) entistä suurempi "vastuullistaminen". Tähän liittyen haluttiin kasvattaa ennen kaikkea virkamiestason mahdollisuuksia turvautua sisäisen jouston muotoihin ja keinoihin ulkoisen jouston muotojen kustannuksella (ks. osajulkaisut IV-IX).

Neuvoston 25.6.2002 hyväksymään varainhoitoasetukseen liittyen lähetettiin kesällä 2003 viidellekymmenelle EU:n toimielinten taloushallinnon vastuutehtävissä oleville kysely, jossa tiedusteltiin muun muassa näkemystä lisärahoituksen saatavuudesta budjettivuoden aikana ja "sisäisen jouston" muotojen[201] (ja etenkin määrärahojen erilaisten uudelleenkohdentamismahdollisuuksien ja talousarvion erilaisten uusien toteuttamistapojen) merkityksestä (ks. osajulkaisut VI ja VII). Enemmistö vastaajista (62 %) toivoi parempia mahdollisuuksia turvautua lisärahoitukseen budjettivuoden aikana, jotta voidaan vastata uusiin, ennakoimattomiin tilanteisiin. Suurin osa (85 %) vastaajista myös katsoi, että uusien finanssihallinnollisten sääntöjen takia lisärahoituksen saanti on hyvin tai erittäin vaikeata. Yli puolet (52 %) vastaajista katsoi, että uudessa varainhoitoasetuksessa on helpotettu "sisäisen jouston" eri muotoihin turvautumista muun muassa uusittujen määrärahasiirtosääntöjen myötä. Suurin osa (67 %) vastaajista kuitenkin oli sitä mieltä, että erilaisiin "sisäisen jouston" muotoihin luettaviin menettelytapoihin turvautuminen on "työlästä tai hyvin työlästä".

Edellä mainittu tukee käsitystä, jonka mukaan virkamiestaso haluaisi "luontaisesti" turvautua etenkin lisärahoitukseen, jotta voidaan vastata toimintaympäristön muutoksiin budjettivuoden aikana ja vasta toissijaisesti olisi valmis tarkastelemaan muita

---

[197] Amsterdamin sopimuksen voimaan tulosta lähtien 268 artiklan ensimmäinen kohta, 271 artiklan ensimmäinen kohta ja 272 artiklan 1 kohta.

[198] Toisin sanottuna *yhden tason toiminnalla on heijastusvaikutuksia muille tasoille* ja erityisesti – tämän tutkimuksen kannalta merkityksellisesti – *koko järjestelmän tasolla* (ks. luvut 5.2.1-5.2.3 ja 5.3).
On huomattava että rahoitusnäkymiä ja -kehystä tutkittaessa osajulkaisussa IX tarkastelutasot eroavat tässä esitetyistä tasoista.

[199] Ajattelutapaa ovat kehittäneet edelleen esim. C. Northcote Parkinson klassisissa teoksissaan (Parkinson 1960; 1979) ja sitä ovat arvostelleet muun muassa William A. Niskanen kritisoidessaan omaa etuaan maksimoivia ja yksikköjensä budjettiosuuksia kasvattavia virkamiehiä (ks. esim. Niskanen 1968; 1971; 1973; 1994; 1998. Niskasen kritiikistä, ks. esim. Sørensen 1987, 61-75 tai Blais & Dion 1990, 655-674; 1991).

[200] Mikrotasolla on myös muistettava esim. erilaisten johtamisprosessien merkitys (ks. esim. Pollitt 2001, 7-37, vrt. toimintoperusteisen johtamiseen siirtymisen vaatimus Euroopan komissiossa toimintoperusteiseen budjetointiin siirtymisen yhteydessä; ks. osajulkaisut IV-VII, vrt. *SEC(2001) 1197*).

[201] Tämän tutkimuksen merkityksessä.

tarjolla olevia keinoja[202]. Samaan aikaan vastaajat kiittivät uutta varainhoitoasetusta lisääntyneestä "vapaudesta" erityisesti toimintayksiköiden tasolla, vaikka uusia vastuita pidettiin toisinaan varsin raskaina (87 % vastaajista; vrt. Speziali 2003, 1 ja osajulkaisu VIII).

Yhteenvetona ja hieman yleistäen voidaan todeta, että (myös) EU:ssa virkamiestasolla näytettäisiin pitävän ulkoista joustoa (ja ennen kaikkea lisärahoitusta budjettivuoden aikana) "helpompana käyttää mutta aikaisempaa vaikeampana saada". Vastaavasti sisäistä joustoa näytettäisiin pidettävän "entistä helpompana saada mutta vaikeampana käyttää". Vuoden 2002 varainhoitoasetuksen tapaan vuoden 2006 toimielinten sopimuksessa pyrittiin jatkamaan kehitystä tähän suuntaan, neuvoston perustelujen mukaan "jäsenvaltioiden taloudellinen tilanne erityisesti huomioon ottaen".

Toimijoiden lukuisuus ja esimerkiksi toiminnan taustalla vaikuttavien motiivien kartoittamisen vaikeus tekee mikrotasoisen tarkastelun kuitenkin varsin ongelmalliseksi ja se *jätetäänkin tästä syystä tämän tutkimuksen ulkopuolelle.*

5.2.2 Mesotaso

Budjetointikirjallisuudessa on perinteisesti kritisoitu, paitsi omia etujaan maksimoivia virkamiehiä (ks. yllä luku 5.2.1), myös ainoastaan budjettiosuuttaan kasvattamiseen keskittyviä *osastoja ja virastoja.* Kritiikki kulminoitui etenkin 1970-luvun lopulla siihen asti vallitsevan niin kutsutun inkrementalistisen budjetointiajattelun arvosteluna (ks. yllä luku 3.2), ja etenkin kritiikkinä inkrementalismin julkisia menoja paisuttavaan vaikutukseen: "Inkrementalistisen budjetoinnin peruslähtökohtana on budjetin jatkuva vuotuinen kasvu. Vaikka lisäykset koetaan vain marginaalisina, oli niiden seurauksena paitsi konkreettinen julkisten menojen kasvu myös psykologinen vaikutus budjettia laativiin virkamiehiin ja toimintayksiköihin (…). Taistelu marginaalisista lisäyksistä oman hallintoyksikkönsä menoihin tuli inkrementalismin kaudella[203] (...) paitsi jokaisen itseään kunnioittavan taloushallinnosta vastaavan virkamiehen päätavoitteeksi, myös yleisemminkin eri toimintayksiköiden hyväksytyksi tavoitteeksi" (Saarilahti & Uusikylä 1991, 20).

Esimerkiksi Schick (1983, 9) kiteytti tutkimuksissaan toimijoiden ajattelun seuraavasti: "Mitä virastot eivät pyydä, sitä ne eivät yleensä saa. Jos ne taas lannistumatta pyytävät lisämäärärahoja, ne todennäköisesti saavat ne, eivät ehkä heti tai kaikkea kerralla, mutta mitä vaativampia määrärahojen käyttäjät ovat, sitä enemmän ne ajan mittaan saavat määrärahoja. (...) Virastot pyytävät enemmän kun ne olettavat lisäresursseja olevan käytettävissä (…) Mitä suurempi paine, sitä enemmän pyydetään".

Lopulta 1980-luvulle tultaessa (ja siirryttäessä niin kutsutun dekrementalismin kauteen) tutkijoiden mielenkiinnon kohteeksi astuivat ajan hengen mukaisesti ensin erilaiset menojen leikkaus- ja säästötarkastelut, ennen valtavirran siirtymistä 1980-luvun loppupuolelta lähtien (niin kutsutulla deregulaation kaudella) erilaisiin tuottavuus-, tehokkuus- ja taloudellisuustarkasteluihin.

Puhuttaessa "mesotasoisen" toiminnan budjettivaikutuksista ei sovi unohtaa toimintayksiköiden erilaisten "maksimointikäyttäytymisten" merkitystä (ks. esim. Saarilahti & Uusikylä 1991, 22-26). Toisaalta on myös syytä kiinnittää huomiota luvussa 5.2.1 kuvattuihin yksittäisten virkamiesten toimien heijastusvaikutuksiin toimintayksiköiden tasolla.

---

[202] Tätä tukee esim. lisäbudjettien käsittely EU:ssa: klassiseksi muodostuneen kaavan mukaan komissio esittää suurempaa määrärahojen lisäämistä kuin mihin budjettivallan käyttäjä neuvoston aloitteesta yleensä myöntyy, erotuksen tullessa katetuksi muun muassa erilaisia määrärahojen uudelleenkohdentamismahdollisuuksia hyväksi käyttäen. Kyllästyneenä tähän neuvosto lopulta lisäsi vuoden 2002 varainhoitoasetusta vuonna 2006 muutettaessa lisäbudjetteja käsittelevään varainhoitoasetuksen 37 artiklaan seuraavan määräyksen: "Ennen alustavan lisätalousarvioesityksen esittämistä komissio ja muut toimielimet kuin komissio tarkastelevat asiaa koskevien määrärahojen jakamista uudelleen ottaen huomioon oletettu määrärahojen vajaakäyttö" (37 artiklan 1 kohdan uusi kolmas alakohta; EUVL N:o L 390, 30.12.2006, 9). Uuden määräyksen tosiasiallinen merkitys jäi kuitenkin pieneksi (ks. Saarilahti 2008a).
"Muutosvastarinnasta" finanssihallinnollisten uudistusten yhteydessä, ks. myös esim. *Public Management Reforms...* 1997.
[203] Ks. yllä luvut 3.1.1.1 ja 3.2.

Tässä tutkimuksessa *mesotaso* vastaa lähinnä Euroopan unionin toimielinten *pääosastotasoa* (*Directorate General/ direction générale*). Vuoden 2002 varainhoitoasetuksen "kolmivuotistarkistukseen" liittyen (ks. osajulkaisut V ja VII) komissio lähetti kesällä 2004 EU:n toimielinten hallinto- ja taloushallintoyksiköille kyselyn, jossa tiedusteltiin yksiköiden ja pääosastojen parannusehdotuksia varainhoitoasetusta koskien. Vastaukset[204] vahvistivat edellä esiteltyjen "virkamiestasoisen kyselyn" tuloksia (ks. luku 5.2.1), sillä niissä valitettiin yleisesti sitä, että toimielinten kannalta lisärahoitukseen turvautuminen budjettivuoden aikana on vaikeutunut aikaisemmasta, samalla kun vastauksissa painotettiin lähes poikkeuksetta, että uusi varainhoitoasetus on muun muassa lisännyt mahdollisuuksia kohdentaa määrärahoja uudelleen varainhoitovuoden aikana. Vastauksissa toivottiin yleisesti lukuisten (usein uusien) finanssihallinnollisten säännösten "tiukkuuden lieventämistä" ja muun muassa (tämän tutkimuksen kannalta merkityksellisesti) määrärahasiirtoja, määrärahojen sitomisia ja talousarvion erilaisia hallinnointitapoja koskevien sääntöjen "(lisä)helpottamista" (tai "selkiyttämistä", ks. osajulkaisut V-VIII).

Erityisesti toimijoiden lukuisuus tekee kuitenkin myös mesotasoisen tarkastelun vaikeaksi, mistä syystä sekin *rajataan itsessään tämän tutkimuksen ulkopuolelle*.

5.2.3 Makrotaso

Makrotaso vastaa tässä tutkimuksessa joko EU:n *toimielinten* tai *koko EU:n budjettijärjestelmän* tasoa. On huomattava, että erilaiset budjetointiteoriat ja budjetoinnin teoreettiset tarkastelutavat (kuten rationalismi, inkrementalismi, dekrementalismi ja erilaiset "yhdistelmämallit"; ks. yllä luku 3.2) liittyvät puhtaimmillaan juuri makrotasolle.

Budjetin jousto –teorian mukaisesti johtopäätökset joustavuudesta, sen suotavuudesta ja vaikutuksista riippuvat suuresti tarkastelunäkökulmasta ja -tasosta niin, että mikro- ja mesotasoisella joustavuudella voi olla hyvinkin erilaisia heijastusvaikutuksia makrotasolla (ks. luvut 5.2.1, 5.2.2 ja 5.3). Siten teoriassa korostuu etenkin makrotasoisen tarkastelun merkitys.

Tämän mukaisesti myös tämä tutkimus keskittyy *makrotasoiseen tarkasteluun* siten, että huomioon otetaan ennen kaikkea *EU:n eri toimielimet* ja erityisesti (niiden suuren merkityksen vuoksi EU:n budjetoinnin ja finanssihallinnollisten säädösten ja säännösten antamisen kannalta) unionin nykyiset *budjettitoimielimet* (ks. yllä luku 4.1.3). Samalla tutkimuksessa tarkastellaan *EU:n eri jäsenvaltioiden kantoja* kuitenkin niin, että koska viimeisin varainhoitoasetuksen kokonaisuudistus (*Recasting/ refonte*) hyväksyttiin vuonna 2002 (ks. osajulkaisu V), siinä ei oteta huomioon 1.1.1995 jälkeen unioniin liittyneitä jäsenvaltioita.

5.3 Joustojen vaikutus eri tarkastelutasoilla

Kuten edellä luvuissa 5.1 ja 5.2 on esitetty, niin ulkoisen, sisäisen, vuotuisen ja ylivuotisen jouston eri muotojen kuin mikro-, meso- ja makrotasoisen joustavuuden *vaikutukset* vaihtelevat suuresti tarkastelunäkökulman ja tarkastelutason mukaan. Toisaalta mikro- ja mesotasoisella joustavuudella voi olla hyvinkin erilaisia heijastusvaikutuksia makrotasolla[205].

Kuviossa 6 on budjetin jousto –teorian mukaisesti pyritty esittämään, miten eri toimintatasojen voidaan ajatella "kokevan" ulkoisen ja sisäisen jouston, myös suhteessa toisiinsa[206]. Plus-merkki kuvaa, että tason toimijat pitävät joustoa periaatteessa po-

---

[204] Kysely lähetettiin komissiossa niin kutsutulle talousyksikköverkostolle (*réseau des unités financières* eli RUF) ja muissa toimielimissä erilaisille "hallintoyksiköille". Vastausten toimielinkohtainen sisältö on syntetisoitu osajulkaisussa VII.

[205] On samalla tietenkin selvää, että tasojen vaikutus ei ole pelkästään "alhaalta ylös" ("*Bottom-up*"), vaan myös "ylhäältä alas" ("*Top-down*"). Siten erilaisten budjettikurisääntöjen tiukentaminen esim. rahoituskehysten tasolla vaikeuttaa ainakin tietyiltä osin joustavuutta (tämän tutkimuksen merkityksessä) niin toimielinten, toimintayksiköiden kuin yksittäisten virkamiestenkin tasolla, vaikka varainhoitoasetukseen kirjattuja toimielimin ja yksikköihin sovellettavia sääntöjä samaan aikaan "joustavoitettaisiinkin". Kysymyksessä on hyvinkin *vuorovaikutus- ja riippuvuussuhteessa* olevista tasoista.

[206] Kuviosta 6 on yksinkertaisuuden vuoksi jätetty pois *ylivuotisen jouston* muodot, sillä ne noudattavat samoja perusmenettelyjä kuin vuotuisen jouston muodot (ks. osajulkaisut III, IV ja VII). Siitä on ulkoisen jouston muotojen kohdalla selvyyden vuoksi jätetty myös pois niin kutsutut *säästöpäätökset* (ks. yllä luku 5.1).

sitiivisena, miinus-merkki puolestaan kuvaa, että jouston muodot koetaan enemmänkin ongelmallisena. Siten esimerkiksi yksilötasolla "+/-" sisäisen jouston kohdalla osoittaa, että vaikka yksittäiset virkamiehet olisivat tyytyväisiä vapausasteittensa määrän kasvuun, sisäisen jouston keinoja pidetään usein työläämpinä käyttää kuin suoraa lisärahoitusta (ks. yllä luku 5.2.1).

Kuten luvuissa 5.2.1 ja 5.2.2 esitettyjen kyselyjen tuloksetkin osoittavat, se mikä pätee yksilötasolla on usein totta myös pääosastotasolla.

Ulkoisen jouston osalta on huomattava, että *mikro*- eli yksittäisen virkamiehen ja *meso*- eli pääosaston *tasolla* ulkoisen jouston kasvattamista voidaan hyvällä syyllä pitää toimijoiden kannalta "rationaalisena" toimintana, sillä vastaansanomattomasti erilaiset lisärahoituksen muodot ja oman yksikön tai pääosaston määrärahojen määrän maksimointi lisäävät sekä yksilön että yksikön ja pääosaston (ja niiden johdon) toimintavapauksia ja -edellytyksiä.

Mikro- ja mesotason toiminnalla on kuitenkin heijastusvaikutuksia *makrotasolla*. Turvautuminen lisämäärärahoihin budjettivuoden aikana tai määrärahojen ylitykset asettavat budjettivallan käyttäjän päätösvallan kyseenalaiseksi, heikentävät budjettikuria ja vaikeuttavat budjettisuunnittelua. Siten yksilön ja yksiköiden kannalta rationaalinen toiminta voi muodostua järjestelmän tasolla "irrationaaliseksi"[207], jos budjetoinnissa pidetään rationaalisena tavoitteena budjettivallan käyttäjän päätösten noudattamista, toimivaa budjettisuunnittelua ja "pitäviä budjetteja".

Kuten luvussa 5.4 jäljempänä nähdään, "pitävät budjetit" ovat kuitenkin vain yksi "hyvän budje-

Kuvio 6. Ulkoisen ja sisäisen jouston vaikutus eri tarkastelutasoilla.
Chart 6. External and internal flexibility at different analysis levels.

	Ulkoinen jousto ***External flexibility***	**Sisäinen jousto** ***Internal flexibility***
Järjestelmätaso ***Macro level***	+ / - Toimielimet maksimoivat budjettinsa koon, yleinen talousarvio kasvaa suunnitellusta *Institutions maximise the size of their budget, the general budget grows more than anticipated*	+ / - Toimielimet maksimoivat liikkumavaransa, budjettivallan käyttäjän valta vähenee *Institutions maximise their room for manœuvre, the power of the Budgetary authority decreases*
Yksikköjen taso ***Meso level***	+ Toimintayksiköt (pääosastot) maksimoivat budjettiosuuttaan *Directorates maximize their share of the budget*	+ / - Toimintayksiköiden (pääosastojen) liikkumavara kasvaa *Room for manœuvre of directorates increases*
Yksilötaso ***Micro level***	+ Yksittäiset virkamiehet maksimoivat omia etujaan *Individual civil servants maximize their own interests*	+ / - Yksittäisten virkamiesten liikkumavara kasvaa *Room for manœuvre of individual civil servants increases*

[207] Jon Elster (1978) kuvaa vastaavaa prosessia yksilön preferenssien "kontrafinaaliseksi irrationaalisuudeksi". Tällä hän tarkoittaa tilannetta, jossa yksilön etu muodostuu kokonaisuuden kannalta haitalliseksi. Elsterin näkemys kontrafinaalisesta irrationaalisuudesta voidaan johtaa Jean-Paul Sartren (1960) käsitykseen yksilön ja kollektiivisen edun vastakkaisuudesta, jossa yksilöllinen ja kollektiivinen rationaalisuus eivät aina ole yhteneviä.

tin" kriteereistä ja – seikka, jolla on vielä enemmän merkitystä tämän tutkimuksen kannalta – vain *eräs kriteeri tarkasteltaessa EU:n budjetointia ja sen joustavuutta.*

Sisäisen jouston kasvattaminen *yksilö-* ja *toimintayksikkötasolla* ei sen sijaan muodosta samanlaista "kontrafinaliteettiongelmaa" EU:n budjettijärjestelmän tasolla yleisen talousarvion loppusumman kasvun kannalta, eikä toimijoiden vapausasteiden lisääminen aiheuta *sinällään* poikkeamista budjettivallan käyttäjän asettamista budjettikehyksistä toimielinten ja koko budjettijärjestelmän tasolla. Sisäisen jouston kasvattaminen merkitsee kuitenkin vääjäämättömästi budjettivallan käyttäjän *suoran* (budjetti)vallan pienenemistä järjestelmätasolla.

Yksilötasolla sisäisen jouston lisääminen voi muun muassa parantaa päätöksentekoa (tai ainakin sen edellytyksiä) toimintavapauden kasvaessa. Samalla johtaminen helpottuu esimerkiksi säädösohjauksen vähentyessä. Toimivapauden kasvattaminen edellyttää kuitenkin paitsi toimintaa ohjaavien johtamiskäytäntöjen uudistamista myös esimerkiksi eri toimijoiden aikaisempaa selkeämpää "tavoitetietoisuutta" (vrt. esim. Temmes 1994 tai Schick 2000b, 7-34). Tätä voidaan puolestaan lisätä erilaisin johtamiskeinoin (ks. esim. Pollitt 2001, 7-37; 2003, 121-136, vrt. esim. *Public Management...* 1997 tai *KOM(2003) 40 lopullinen* ja *KOM(2004) 93 lopullinen*).

Sisäisen jouston kasvattaminen *mesotasolla* merkitsee puolestaan sitä, että pääosastojen toimintavapaus kasvaa muun muassa siten, että määrärahojen siirrot budjettikohdasta toiseen helpottuvat. Tällöin esimerkiksi tietyssä budjettikohdassa syntyneellä säästöllä voidaan kattaa toisen kohdan lisämäärärahatarve. Näin menettelemällä voidaan myös parantaa määrärahojen käyttöastetta[208].

Kuvion 6 sisältö voidaan syntetisoida tämän tutkimuksen kannalta Kuviossa 7 esitetyllä tavalla.

Siten yksilötasolla keskeisiä ovat yksittäisten *virkamiesten vastuullistamisen* määrään ja "*mikrohallinnointiin*" (*Micromanagement*) liittyvät kysymykset, yksikköjen tasolla *budjettikurin* vs *jouston* määrään liittyvät kysymykset (tätä voisi kutsua keskeiseksi kysymykseksi "*jouston rajoista*") ja koko EU:n budjettijärjestelmän tasolla perustavanlaatuiset kysymykset unionin *kokonaismenojen* ja *budjettivallan* määrästä. Näitä kysymyksiä tarkastellaankin läpi tämän tutkimuksen.

Kuvio 7. Ulkoisen ja sisäisen jouston eri muotoihin liittyvät keskeiset kysymykset eri tarkastelutasoilla.
Chart 7. Main questions related to external and internal flexibility at different analysis levels.

	Ulkoinen jousto ***External flexibility***	**Sisäinen jousto** ***Internal flexibility***
Järjestelmätaso ***Macro level***	Yleisen talousarvion loppusumma *Total of general budget*	Budjettivallan määrä *Degree of budget authority*
Yksikköjen taso ***Meso level***	Budjettikurin määrä *Degree of budget discipline*	Jouston määrä *Degree of flexibility*
Yksilötaso ***Micro level***	Virkamiesten vastuullisuuden määrä *Degree of responsibilisation*	"Mikrohallinnoinnin" määrä *Degree of "micromanagement"*

[208] Näihin ajatuksiin perustuvat esim. erilaiset kehysbudjetointimallit, vrt. myös toimintoperusteiseen budjetointiin siirryttäessä varainhoitoasetukseen vuonna 2002 tehdyt lukuisat muutokset (ks. osajulkaisut IV-VIII).

5.4 ”Hyvän budjetin” ongelma

Jo pelkästään ottaen huomioon erilaiset käsitykset valtion talousarvion erilaisista tehtävistä ja vaatimuksista (ks. yllä luvut 3.1.1.1 ja 3.1.1.2) ei liene yllättävää, että mitään yhtä, yleistä tai absoluuttista määritelmää ”hyvästä budjetista” on mahdotonta esittää. Määritelmät ovat lisäksi aina sidoksissa määritelmän esittäjän tarkastelutasoon, arvolähtökohtiin, tiedonintressiin, määritelmän haluttuun vaikutukseen, valtapyrkimyksiin jne. (ks. Saarilahti & Uusikylä 1991, 27).

Kansainvälisessä budjetointikirjallisuudessa voidaan kuitenkin *implisiittisesti* erotella erilaisia *kriteerejä* ”hyvälle budjetille”. Taulukkoon 6 on koottu eri klassisten teorioiden taustalla esiintyviä käsityksiä hyvän budjetin kriteereistä – kriteerit on yksinkertaisuuden vuoksi ryhmitelty *seitsemään* ryhmään[209].

Tämän tutkimuksen kannalta eräänä keskeisenä ”hyvän budjetin” kriteerinä voidaan pitää budjetin ”*pitävyyttä*” eli mahdollisimman tarkkaa budjettivallan käyttäjän asettamissa määrärahakehyksissä pysymistä. Etuina ovat muun muassa budjettivuoden menojen ennakoitavuus ja määrärahasuunnittelujärjestelmien toiminnan helpottuminen, kun annetuissa rajoissa pysytään koko budjettijärjestelmän tasolla.

”Budjetin pitävyyttä korostava näkökulma on korostetun teknokraattinen, nähdäänhän siinä budjetti varsin itseisarvoisena, autonomisena prosessina, jonka kautta poliittisille ja yhteiskunnallisille päätöksille ainoastaan allokoidaan niiden toteuttamiseen vaadittavat resurssit. Tällöin ei niinkään olla kiinnostuneita siitä, miten yhteiskunnallisia tavoitteita kohdellaan, vaan kun kerran on tehty poliittinen päätös menojen kohdentamisesta tiettyyn tarkoitukseen, päätöksessä pysytään, vaikka ympäristössä tapahtuisi muutoksia, jotka esimerkiksi vaatisivat menojen kasvattamista. Näkökulma on ennen kaikkea valtiovarainministeriöiden ja valtion tilintarkastajien näkökulma, mutta myös osittain eduskunnan, koska tällöin sen budjettivaltaa ei loukata. Tällainen näkemys hyvästä budjetista on siinä mielessä rationalistinen, että taustalla on voimakkaana usko suunnittelun toimivuudesta ja mahdollisuudesta kartoittaa kaikki keskeiset suunnitteluun vaikuttavat tekijät. Dekrementalismia kriteerissä edustaa pyrkimys pysyä tiukasti annetuissa menokehyksissä. Tästä syystä ohjaus muodostuu pääasiassa ylhäältä alaspäin (”*Top-down*”) eteneväksi” (Saarilahti & Uusikylä 1991, 29[210]).

Toisena hyvän budjetin kriteerinä voidaan pitää sitä, että budjetti toteuttaa mahdollisimman hyvin *laissa sille säädetyt tehtävät*. Tällainen ”kameralistinen” korostus tukee budjettivallan käyttäjän valtaa ja ti-

---

[209] Seitsemän kriteerin ryhmä ei tietenkään ole kaiken kattava. Toisaalta Taulukko 6 on nähtävä laatimisajankohtansa taustaa vasten.

[210] Pitävien budjettien kriteeri voidaan laajemmin liittää rationalistien näkemykseen ”optimaalisesta päätöksenteosta”, ”optimirationaalisesta tilasta” ja ”täydellisestä budjetista”, jossa määrärahat kohdentuvat talousarviossa oikein siten, että ne momentin tarkkuudella riittävät sovittujen menojen kattamiseen: ”Täydellisen budjetin laadinnan edellytyksenä oleva oletus optimaalisesta päätöksenteosta on ollut keskeinen erimielisyyden aihe rationalistien ja inkrementalistien välillä. Rationalistit ovat korostaneet, että huolellisen ja vaihtoehtoisuutta painottavan harkinnan kautta kyetään ennakoimaan epävarmuustekijät ja saavuttamaan paras mahdollinen budjetti. Rationalistit siis uskovat optimaalisen päätöksenteon mahdollisuuksiin. Inkrementalistit puolestaan suhtautuvat skeptisesti epävarmuuden ja kompleksisuuden hallitsemiseen ja korostavat enemmänkin pienten korjausten ja ”jotenkuten selviämisen” merkitystä, jolloin muutoksiin vastataan niiden ilmaantuessa kulloinkin käytettävissä olevin keinoin. Pienten muutosten toimintapolitiikan omaksuivat myös aikanaan muun muassa dekrementalismin kannattajat, vaikkakin inkrementalisteista poiketen ”dekrementalistit” pyrkivät pitämään muutokset mahdollisimman pieninä” (Saarilahti & Uusikylä 1991, 1).

”Täydellinen budjetti” itsessään on tietenkin käytännössä mahdoton jo pelkästään ympäristön epävarmuustekijöiden ja niistä johtuvien ”ennustevirheiden” vuoksi. Toimintayksikkö elää avoimessa vuorovaikutuksessa ympäristönsä kanssa ja näin ollen joutuu jatkuvasti arvioimaan toimintaansa suhteessa siihen. Budjetin jousto –teoria kehitettiin jotta voitaisiin muun muassa tarkastella toimintayksikön erilaisia reagoimistapoja ympäristön muutos- ja epävarmuustekijöihin (ks. yllä luku 5.1).

Toisaalta: ”Pitävän budjetin tarkastelussa on eroteltava yhtäältä hallinnon ulkoiset objektiiviset tekijät (kuten ympäristömuutokset) ja toisaalta hallinnon sisäiset subjektiiviset tekijät (kuten organisaation oppiminen ja yksittäisen virkamiehen maksimointikäyttäytyminen), joiden kaikkien voidaan nähdä vaikeuttavan budjettien pitävyyttä. (...) (Ensin mainittuja tekijöitä tutkittaessa keskitytään) niiden objektiivisten tekijöiden

Taulukko 6. "Hyvän budjetin" eri kriteereitä (Lähde/ *Source*: Saarilahti & Uusikylä 1991, 28 ja Liite 1).
Table 6. Different criteria for a "good budget".

Kriteeri *Criteria*	**Teoria** *Theory*	**Näkemys** *View*	**Budjetointimalli** *Budgeting model*	**Ohjaus** *Steering*	**Näkökulma** *Viewpoint*	**Tutkimus*** *Research**	**Joustot**** *Flexibility***
Budjetti pitää *The budget stands*	Rationalismi Dekrementalismi *Rationalism* *Decrementalism*	Teknokraattinen *Technocratic*	Nollapohjabudjetointi Kehysbudjetointi *Zero-base budgeting* *Framework budgeting*	*Top-down*	Valtiovarainministeriöt, tarkastusvirastot, eduskunnat *Ministries of Finance, Courts of Auditors, Parliaments*	Pyhrr 1977 Ylinen 1988a	U - S +
Budjetti toteuttaa lainmukaiset (ja tilinpidolliset) tehtävät *The budget implements legal obligations*	Kameralismi *Cameralism*	Normatiivinen *Normative*		*Top-down*	Eduskunnat, tarkastusvirastot *Parliaments, Courts of Auditors*	Vesanen 1970 Tuori 1985	U - S -
Budjetti taloudellisena ohjausvälineenä *The budget as an instrument of economic policy*	Dekrementalismi *Decrementalism*	Taloustieteellinen *Economic*		*Top-down*	Valtiovarainministeriöt, keskuspankit *Ministries of Finance, Central Banks*	Tarschys 1983; 1985	U - S +
Budjetti väline poliittisten päämäärien saavuttamiseen *The budget as an instrument to achieve political objectives*	Inkrementalismi *Incrementalism*	Pluralistinen *Pluralistic*		*Bottom-up*	Poliittiset puolueet, eturyhmät *Political parties, interest groups*	Davis *et al.* 1966 Wildavsky 1974	U + S -
Budjetti "tuloautomaattina" *The budget as a "revenue automat"*	Inkrementalismi *Incrementalism*	Pluralistinen Korporatistinen *Pluralistic* *Corporatist*		*Bottom-up*	Etu- ja intressiryhmät, ministeriöt *Interest groups, spending ministries*	Schmitter 1981	U + S -
Budjetti ankkuroituu suunnittelujärjestelmiin *The budget is anchored to planning systems*	Yhdistetyn takastelun malli *"Mixed-scanning"*	Demokraattis-teknokraattinen *Democratic* *Technocratic*	Ohjelmabudjetointi *Programme budgeting*	*Top-down* *Bottom-up*	Julkinen hallinto *Public administration*	Etzioni 1968 Heiskanen 1977	U - S -
Budjetti osa suunnittelujärjestelmää *The budget is part of the planning system*	Rationalismi *Rationalism*	Teknokraattis-(neo)marksilainen *Technocratic* *(Neo)Marxist*	Suunnitelmatalous *Planning economy*	*Top-down*	Keskusjohto *Central administration*	Nove 1986	U - S -

* Klassinen tutkimus/ *Classic research* ** Teoreettinen suhtautuminen makrotasolla (U: ulkoinen jousto, S: sisäinen jousto)/ *Theoretical approach at macro level (U: External flexibility; S: Internal flexibility)*

lintarkastusta ja on näin ollen ollut perinteisesti jäsenvaltioissa eduskuntien ja valtiontalouden tarkastusvirastojen edustama näkökulma. Suurimpana ongelmana tällaisessa legalistisessa mielessä hyvässä budjetissa on siitä johtuva talousarvioiden joustamattomuus niin poliittisten, yhteiskunnallisten kuin taloudellistenkin tavoitteiden toteuttamisessa: pitkälti säädösohjatussa, normatiivisessa budjetointiajattelussa ohjaus on korostetusti ylhäältä alaspäin etenevää, jolloin esimerkiksi toimeenpanevien virkamiesten tehtäväksi jää mahdollisimman tunnollisesti toimia ylhäältä annettujen määräysten mukaan.

”Taloustieteelliseksi” voitaisiin puolestaan leimata näkemys, joka mieltää budjetin etenkin *talouspolitiikan ohjausvälineenä*[211]. Tällöin budjetilla pyritään vaikuttamaan ennen kaikkea kokonaistaloudellisista suureista työllisyyteen ja hintoihin. Toisaalta työllisyyden kehitys kytkeytyy läheisesti yhteen kansantuotteen reaalisen kasvun kanssa, joka siten myös muodostaa erään talouspolitiikan tavoitemuuttujan. Tällainen dekrementalismia usein hyvin lähellä oleva näkökulma on ollut varsinkin valtiovarainministeriöiden ja keskuspankkien suosiossa. Näiden ”luontaisena” tavoitteena on lisäksi ollut talouspolitiikan pitäminen varsin tiukassa ”*Top-down*” -ohjauksessa.

Edellisiin verrattuna täysin päinvastaista kantaa edustaa puolestaan budjetin itsenäisen aseman torjuva näkemys. Tämän mukaan budjettia on pidettävä lähinnä välineenä *poliittisten* tavoitteiden toteuttamiseen. Tällainen hajautusta ja alhaalta ylöspäin (”*Bottom-up*”) etenevää ohjausta korostava katsontakanta on hyvin lähellä pluralismia ja sitä kautta inkrementalismia ja on ennen kaikkea eturyhmien ja poliittisten puolueiden toiveiden ja tavoitteiden mukainen.

”Hyvä budjetti toteuttaa tällöin mahdollisimman monen poliittisen toimijan pyrkimykset ja tämän vuoksi budjetin pitävyys ei ole lainkaan keskeisin huolen aihe. Huomio kiinnittyy ennen kaikkea sosiaalisiin ja yhteiskunnallisiin tekijöihin, toisin sanoen toimintaprosessi korostuu suhteessa rahaprosessiin. Tällainen budjetointiajattelu onkin ollut varsin vallitseva useissa markkinatalousmaissa aina 1970-luvulle saakka, mutta 1980-luvulla taloudelliset realiteetit ovat pakottaneet arvioimaan uudelleen kyseisenlaista budjetointikäytäntöä” (Saarilahti & Uusikylä 1991, 30, vrt. esim. Schick 1983, 3-8).

Äärimmilleen vietynä tällainen ”inkrementalistinen pluralismi” näkyy käsityksenä budjetista ”menoautomaattina”, tai rahoituksen saajien kannalta pikemminkin ”tuloautomaattina”, jonka kautta saadaan jatkuvaa rahoitusta oman toiminnan menojen kattamiseen, ilman sen suurempaa huolta esimerkiksi seurauksista valtiontalouden kannalta. ”Tällainen kanta on lähellä paitsi etu- ja intressiryhmien näkemystä myös vähemmän dramaattisesti ministeriöiden ja oikeastaan kaikkien budjettitalouden piiriin kuuluvien virastojen ja laitosten näkemystä: olisi-

---

tarkasteluun, jotka konkreettisesti vaikeuttavat budjettikehyksissä pysymistä, (mukaan luettuina erilaiset joustomekanismit, joiden avulla budjetoinnissa on pyritty vastaamaan ympäristömuutoksiin).

Hallinnon sisäisiä tekijöitä puolestaan voisi tarkastella esim. byrokratiaprosessiin liittyvän organisaation oppimisen sekä virastojen maksimointikäyttäytymisen avulla. Oppimisella tarkoitetaan tällöin nimenomaan sitä, että hallinnolliset päätöksentekijät rakenteiden tuntemuksen avulla oppivat hyödyntämään niitä. Nils Brunssonin (1987) mukaan yksikön toiminta voi muuttua irrationaaliseksi, jos sen avulla saavutetaan suurempi hyöty. Tämä on Brunssonin mukaan hyvin yleistä silloin kun yksikkö on oppinut tuntemaan hallinnon rakenteet riittävän hyvin. Oppimista lähellä on myös virastojen tietoinen maksimointikäyttäytyminen, jota on kuvannut William A. Niskanen. Niskasen (1971; 1973) mukaan hallintovirkamies, kuten kuka tahansa hyödyn maksimoija (*Utility-maximiser*), pyrkii kaiken aikaa kasvattamaan oman yksikkönsä budjettiosuuksia. Tätä kautta hän samalla pyrkii maksimoimaan omaa hyötyänsä” (Saarilahti & Uusikylä 1991, 12-13).

[211] Käytännössä pitää kuitenkin tehdä ero ainakin yhtäältä keynesiläisen teorian ja toisaalta uusklassisen kansantaloustieteen ja monetarismin välillä. Klassisen talousteorian mukaan rahapolitiikan ja finanssipolitiikan välisen roolijaon tulee olla sellainen, että keskuspankki turvaa valuutan vakauden kun taas finanssipolitiikka vastaa vain verojen keräämisestä julkisten menojen rahoittamiseksi: muilla keinoilla niitä ei tule rahoittaa. Budjetin tasapaino on keskeinen tavoite: budjettiylijäämiä vieroksutaan ja varsinkin budjettialijäämää halutaan välttää viimeiseen asti. Keynesiläinen taloustiede valtion aktiivisine finanssipolitiikkoineen kuitenkin mullisti tämän ajattelun: budjetin tasapainoa ei enää nähty itseisarvona, vaan yli- ja alijäämä oli kysynnän ja tarjonnan ja taloudellisen aktiviteetin ohjauskeino, ja valtion suoranainen velvollisuus on tasata suhdanteita, vastata työllisyydestä ja ryhtyä aktiivisesti vaikuttamaan talouspolitiikkaan sen eri lohkoilla. Keynesiläisyyden vastineena on erityisesti 1970-luvun loppupuolelta alkaen vallannut kuitenkin uudelleen alaa uusklassiseen kansantaloustieteeseen pohjautuva, valtionjohtoisuutta vastustava, vapaaseen rahapolitiikkaan nojaava monetarismi.

han tällöin toiminnan rahoitus aina turvattu ja määrärahoja voisi riittää erilaisiin kehittämishankkeisiinkin. Mikä oikeastaan olisikaan toimintayksiköiden kannalta tämän parempi budjetti?" (Saarilahti & Uusikylä 1991, 31).

"Yhdistetyn tarkastelun" -mallin kannalta (ks. yllä luku 5.3) hyvä budjetti olisi puolestaan lähinnä sellainen, joka ankkuroituu mahdollisimman hyvin rationaalisiin suunnittelujärjestelmiin, mutta toimii kuitenkin prosessin tasolla varsin itsenäisesti ja inkrementalistisesti. Tällöin yhdistyvät "*Top-down*" ja "*Bottom-up*" siten, että ensin mainittu korostuu suunnittelujärjestelmien kohdalla ja jälkimmäinen käytännön budjetin yhteydessä. Vastaavanlainen ajattelu on löydettävissä julkishallinnossa erilaisissa vuotta pidemmän aikavälin suunnittelujärjestelmien ja vuotuisen budjetin yhteensovittamisyrityksissä. Näkemystä voisi kutsua "demokraattis-teknokraattiseksi" yhtäältä siksi, että se eroaa suunnitelmatalousmaissa käytössä olleista absoluuttista keskusohjausta korostavasta näkemyksestä ja toisaalta siksi, että demokraattisuudesta huolimatta se on kuitenkin toiminta- ja taloussuunnittelun osalta enemmän tai vähemmän ei-julkista, toisin sanoen parlamentaarisen valvonnan ulkopuolella.

Taulukossa 6 esitetty suunnitelmatalousmaiden käsitys hyvästä budjetista eroaa edellisestä siinä, että budjetille ei anneta itsenäistä asemaa, vaan hyvä budjetti vain tukee kokonaisvaltaista taloudellista suunnittelujärjestelmää sen yhtenä osana. Varsinkin tiukan "*Top-down*" -ohjauksen vuoksi järjestelmää kutsuttiin toisinaan jopa "komentotaloudeksi". 2000-luvulla näkemyksellä on ennen kaikkea vain teoreettista tai historiallista mielenkiintoa.

Kuviossa 8[212] on esitetty ulkoisen ja sisäisen jouston muotojen teoreettinen vaikutus *järjestelmän* tasolla, kun hyvän budjetin kriteeriksi valitaan yllä ensimmäiseksi esitelty kriteeri "*pitävä talousarvio*". Kuviosta huomataan, että jos *sisäisen jouston* muotojen kasvattaminen ei johda makrotasolla merkittäviin ongelmiin ("+"), tilanne on aivan toinen *ulkoisen jouston muotojen* kanssa, niiden johtaessa määritelmällisesti (pois lukien säästöpäätökset, ks. yllä luku 5.3) budjettikehysten ylityksiin ja kokonaismenojen kasvuun ("-").

Kuvio 8. Ulkoisen ja sisäisen jouston vaikutus kun hyvän budjetin kriteerinä ovat "pitävät budjetit".
Chart 8. External and internal flexibility at different analysis levels when the criteria of a good budget is that the budget "stands".

	Ulkoinen jousto ***External flexibility***	**Sisäinen jousto** ***Internal flexibility***
Järjestelmätaso* ***Macro level****	- * Menot kasvavat, budjettikehykset eivät pidä *Expenditure grow, budget frames are not respected*	+ * Määrärahojen ylitykset vähenevät, budjettikehykset pitävämmiksi *Fewer exceedings of appropriations, budget frames are respected*
Osastotaso ***Meso level***	+ Pääosastot pyrkivät saamaan budjetista mahd. suuren osuuden itselleen *Directorates maximize their share of the budget*	+ / - Vapausasteiden määrä kasvaa, menojen uudelleenkohdentaminen helpottuu *Room for manœuvre increases, reallocation of expenditure easier*
Yksilötaso ***Micro level***	+ Virkamiehet maksimoivat omaa etuaan *Civil servants maximize their utily*	+ / - Virkamiesten vastuullistaminen helpompaa *Responsabilisation of civil servants easier*

* Kriteerinä "budjettien pitävyys"/ *"Budgets stand" as criteria*

[212] Kuviossa 8 on jälleen yksinkertaisuuden vuoksi jätetty pois säästöpäätökset (ks. yllä luku 5.3).

5.5 Joustot ja toimintaympäristön epävarmuus

Kuten yllä luvuissa 5.1 ja 5.4 on esitetty, budjettien jousto –teoria kehitettiin muun muassa vastaamaan kysymykseen, miten budjettijärjestelmässä voidaan reagoida ja vastata toimintaympäristön muutos- ja epävarmuustekijöihin[213].

Joustot (niiden erilaiset esiintymismuodot) ovat siten eräs keskeinen keino *hallita niin toimintaympäristön kuin sen kehityksenkin ("tulevaisuuden") epävarmuutta* – vain ideaalimaailmassa (tai täydellisessä komentotaloudessa) "budjetit pitävät" täydellisesti aina laadintavaiheesta toteuttamisvaiheeseen (ks. alla).

Kuten yllä luvussa 3.1.3 on esitetty, järjestelmän (toiminta)ympäristöllä tarkoitetaan tässä tutkimuksessa sitä osaa järjestelmän kokonaisympäristöstä, jonka kanssa se on vaihdantasuhteessa. Avoimessa järjestelmässä, jollaisena myös EU:n budjettijärjestelmää on pidettävä, sen eri osaset, kuten toimielimet ja niiden eri yksiköt, ovat enemmän tai vähemmän tiiviissä vuorovaikutus- ja vaihdantasuhteessa niin toistensa kuin ympäristönsä kanssa (ks. yllä luku 4.1). Ympäristön eriytyminen *useaan samanaikaisesti toimivaan* ja *toisiinsa kytkeytyvään osajärjestelmään* on yksi keskeinen budjettitalouden piiriin kuuluvan yksikön toimintaympäristön epävarmuustekijä. Toisaalta eri toimijat *pyrkivät vaikuttamaan ympäristöönsä* ja *ohjaamaan* sitä. Siten esimerkiksi määrärahasuunnittelussaan toimielimet pyrkivät ennustamaan omia ja ympäristönsä tarpeita ja muun muassa resurssiohjauksella myös vaikuttamaan siihen.

"Budjetin valmistelu tapahtuu varsin pitkälle karkeiden arvioiden varassa siitä, miten toimintaympäristö tulee muuttumaan. Tällaisia budjettia koskevia ennusteita ovat muun muassa inflaatiovauhti, työttömyysaste ja bruttokansantuotteen kehitys[214], jotka kuitenkin saattavat suurestikin poiketa ennustetusta ja siten aiheuttaa merkittävääkin lisärahoitustarvetta[215] varainhoitovuoden aikana. Toisaalta erilaisilla ennusteilla ja arvioinneilla voidaan myös harjoittaa informaatio-ohjausta, toisin sanoen pyrkiä niiden avulla ohjaamaan (eri toimijoita) laatimaan halutunkaltaisia budjetteja" (Saarilahti & Uusikylä 1993, 211-212).

Eri tieteenalojen kirjallisuudessa on perinteisesti käsitelty varsin laajasti budjetoinnin epävarmuuden lähteitä[216], ja erityisesti budjetoinnin taloudellista toimintaympäristöä ja siitä johtuvia epävarmuustekijöitä (ks. esim. Sun & Lynch 2008). Tällöin on selvitetty muun muassa sitä, miten yleinen makrotaloudellinen kehitys vaikuttaa budjetoitaviin määrärahatarpeisiin tai miten yksittäisten talousyksiköiden talouden kehitystä koskevat ennustevirheet heijastuvat valtion talousarvion tuloihin ja menoihin. Tutkimus on myös koskenut esimerkiksi budjetointiin toimeenpanon virheistä johtuvaa epävarmuutta[217] tai epävarmuutta ja virheitä jotka johtuvat siitä, että taloudelliset tiedot, joille talousarviot perustuvat, tarkentuvat budjettivuoden aikana toisenlaisiksi kuin mitä talousarviota laadittaessa oli arvioitu. Tästä kaikesta aiheutuu yllätyksiä talousarvion toteutumille sekä finanssipoliittisten, fiskaalisten, yhteiskunnallisten, taloudellisten, poliittisten, sosiaalisten jne. tavoitteiden saavuttamiselle (ks. yllä luku 3.1.1.1, vrt. esim. Pohjola 1976, 40-49,

---

[213] Käsitys mahdollisuudesta ottaa ympäristön muutokset huomioon on vaihdellut suuresti budjettitutkijoiden keskuudessa (ks. esim. Barrados & Mayne 2003, 87-103 tai Baziadoly 2004; 2008). Erään epäilevimmistä näkemyksistä on esittänyt Graham Scott (2003, 55): "Kysymys kuuluu: "miten hallitukset tunnistavat sellaiset tärkeät muutokset toimintaympäristössään, jotka vaikuttavat politiikkojen ja toiminnan tuloksiin ja luovat valmiuksia muuttaa julkisia politiikkoja ja palveluja asianmukaisesti ja oikea-aikaisesti?". Lyhyt vastaus on: "hyvin huonosti"". Scott kuitenkin jatkaa: "vaikka kyvykkäät hallitukset tekevät näin toisinaan joissain tapauksissa" (mts. 55, vrt. myös Scott 2001).

[214] Vrt. yllä luku 4.1.2 yleisen talousarvion osalta.

[215] Lisärahoitustarvetta käytetään varsin useassa eri merkityksessä, kuten tarkoittamaan valtiontalouden kokonaistasolla muun muassa lainanottotarvetta. Sillä tarkoitetaan budjetin jousto –teorian yhteydessä kuitenkin nimenomaan *momenttikohtaisten käytettävissä olevien määrärahojen ylittämistarvetta.*

[216] Myös esim. Euroopan komissio (ks. esim. *KOM(2008) 387 lopullinen*), Kansainvälinen valuuttarahasto (ks. esim. Lienert & Fainboim 2011) ja OECD (ks. esim. *Guidelines*... 2010, vrt. esim. *OJB*... 2004, 1-479 tai Wagschal & Wenzelburger 2008, 309-339) ovat ryhtyneet entistä enemmän korostamaan "epävarmuuden hallintaa" hyvää budjetointia koskevissa suosituksissaan ja hyvien käytäntöjen kokoelmissaan.

[217] Tällöin on usein kyse eroista tiedoissa ja tavoitteissa talousarvion hyväksymis- ja toimeenpanovaiheessa (ks. esim. *Valtiontalouden*... 2011, 1).

Penner 1982, 89-110, Lahtinen *et al.* 2009, Beetsma *et al.* 2011 tai de Castro *et al.* 2011, vrt. myös esim. *Valtiontalouden...* 2011, erit. 104-116).

Tässä tutkimuksessa ei edellä mainittuja tekijöitä analysoida sen tarkemmin. On kuitenkin syytä tässä yhteydessä vielä kerran korostaa (vrt. yllä luvut 1 ja 2), että joustot ovat *keskeinen mutta eivät ainoa keino* vastata budjettijärjestelmässä toimintaympäristön muutokseen[218].

Koskien suomalaisten ministeriöiden *toimintaympäristöä* sinänsä, tarkastellessaan 1990-luvulla ministeriöiden budjetointikäytäntöjä Petri Uusikylä ja tekijä katsoivat tarkoituksenmukaisimmaksi jakaa se neljään osaan, eli: 1) *poliittiseen*, 2) *taloudelliseen*, 3) *hallinnolliseen* ja 4) *sosiaaliseen* ympäristöön sekä näiden muodostamiin "*sekaympäristöihin*" (ks. Saarilahti & Uusikylä 1991, 56-58; 1993, 211-212).

"Poliittiseen ympäristöön luetaan kuuluviksi muun muassa puolue- ja painostusryhmätoiminnan, hallituksen ja eduskunnan päätökset sekä lehdistön toiminnan. Taloudelliseen ympäristöön kuuluvat ne kansantaloudelliset muutokset, jotka konkreettisesti vaikuttavat budjetin laadintaan ja toteuttamiseen. Tällaisia ovat esimerkiksi bruttokansantuotteen kasvu, verokertymä, inflaatioaste jne. Hallinnolliseen ympäristöön kuuluvat puolestaan ne valtionhallinnon päätökset, jotka ohjaavat budjettia laativien virkamiesten toimintaa. Näitä ovat muun muassa valtionvarainministeriön antamat budjetin laadintaohjeet ja muut budjetin laadintaa koskevat määräykset, ohjeet ja suositukset. Sosiaalinen ympäristö käsittää yhtäältä objektiiviset tekijät kuten väestön demografiset tekijät ja toisaalta subjektiiviset tekijät kuten kansalaisten vaateet jne.

Esimerkkinä sekaympäristöistä, jotka vaikuttavat budjetin toteutumiseen, voidaan muun muassa mainita muuttunut lainsäädäntö, jota on pidettävä poliittis-hallinnolliseen ympäristöön kuuluvana tekijänä. Työmarkkinapoliittiset ratkaisut ovat puolestaan taloudellis-poliittisia tekijöitä. Hallinnollis-sosiaalisena tekijänä voidaan taas pitää valtion palvelutoiminnassa tapahtuvia muutoksia, kuten esimerkiksi uusien terveydenhuoltopalvelujen aloittaminen. Uusien terveydenhuoltopalvelujen rahoittaminen puolestaan on tyypillisesti sosiaalis-taloudellinen kysymys. Näistä päättäminen on taas sosiaalis-poliittinen päätös" (Saarilahti & Uusikylä 1991, 56-57).

Tarkastelukehikko perustuu etenkin *ympäristön ja organisaation suhdetta* kuvanneiden Paul R. Lawrencen ja Jay W. Lorschin tutkimuksiin[219], täydennettyinä etenkin Frank K. Gibsonin[220] ja Eric Rhenmanin[221] organisaation *ulkoisen ympäristön* edelleen kehittelyä koskevilla töillä sekä Jeffrey Pfefferin ja Gerald R. Salancikin[222] "*resurssiriippuvuusnäkökulmalla*" (*Resource dependence perspec-*

---

[218] Edellisessä kappaleessa mainittuihin epävarmuustekijöihin voidaan pyrkiä vastaamaan muun muassa parantamalla ennuste- ja seurantajärjestelmien toimintaa tai esim. kehittämällä taloudellisia, poliittisia ja hallinnollisia tiedonkeruu- ja palautemenetelmiä.

[219] Ks. erit. Lawrence & Lorsch 1975. Lawrence ja Lorsch ovat etenkin kuuluisia kontingenssianalyysin (*Contingency analysis*) käsitteen ja teorian kehittelystä (ks. esim. Rojot 2005, 114-116). He erottelivat kolme eri ympäristölohkoa: 1) *teknis-taloudellinen*, 2) *tieteellinen* ja 3) *markkinaympäristö*. Kontingenssi- eli soviteanalyysissa ei kuitenkaan kehitelty sen enempää organisaation ulkoisen toimintaympäristön jaottelua, vaan huomio kiinnitettiin ennen kaikkea sisäisen toimintaympäristön eriyttämiseen, jonka katsottiin tarjoavan keinon ulkoisen ympäristön optimaaliseen hallintaan.

[220] Gibsonin (1966, 246-254) esittämässä jaottelussa ympäristö jaettiin 1) *panosympäristöön*, 2) *tuotosympäristöön*, 3) *teknologiseen ympäristöön* ja 4) *tietoympäristöön*. Panosympäristön keskeisiä tekijöitä ovat muun muassa talous ja käytössä olevat resurssit, teknologisen ympäristön keskeisiä tekijöitä ovat muun muassa yhteiskunnassa vallitseva teknologinen taso ja tietoympäristöön puolestaan kuuluvat muun muassa tutkimuksen taso ja käytössä oleva informaatio. Tuotosympäristöön Gibson lukee kuuluviksi lähinnä kohderyhmät, joille organisaatio palveluksensa ja tuotteensa kohdistaa. Gibsonin kehittelemän mallin eräänlaisena puutteena voidaan kuitenkin pitää sitä, että hän keskittyi ennen kaikkea materiaalisiin ympäristöihin ja jätti tarkastelussaan esim. arvot, tavoitteet ja kulttuuritekijät vähemmälle huomiolle.

[221] Ks. erit. Rhenman 1972, 41-42. Rhenman on korostanut *työympäristön* rinnalla erityisesti *arvoympäristön* merkitystä. Edellisen liittyvät oleellisesti sellaiset "komponentit" kuten asiakkaat ja alihankkijat, joihin liiketaloudelliset organisaatiot ovat välittömässä yhteydessä. Arvoympäristön Rhenman puolestaan jakaa kolmeen tyyppiin eli 1) *vapaaseen*, 2) *poliittiseen* ja 3) *sekaympäristöön*. On huomattava, että Rhenman on omaksunut työympäristön käsitteen etenkin James D. Thompsonilta (1967, 91-104), joka puhuu "heterogeenisista" ja "homogeenisista" työympäristöistä.

[222] Ks. erit. Pfeffer & Salancik 1978. Pfeffer ja Salancik pyrkivät yhdistämään kontingenssiteorian ja

tive). On kuitenkin huomattava, että edellä mainitut tutkimukset keskittyvät ensi sijassa yksityisten yritysten toiminnan ja ympäristöjen välisen suhteen tarkasteluun, eivätkä ne näin ollen ole suoraan siirrettävissä julkisen hallinnon tarkasteluun.

Hallinnollisten organisaatioiden toimintaympäristöä lähti eriyttämään tutkimuksissaan muun muassa Yehezkel Dror. Dror kuvaa ympäristöä lähinnä suunnitteluprosessin kannalta. Hänen mukaansa suunnittelun tarkoituksena on lähes aina muovata toimintaympäristöä haluttuun suuntaan, mutta demokraattisissa valtioissa myös ympäristö vastavuoroisesti jatkuvasti muovaa itse suunnittelua.

Dror (1963, 54-55) erottelee seuraavasti suunnittelua muovaavan toimintaympäristön: 1) *ympäristön perusmuuttujat,* joita ovat fyysiset, demografiset, ekologiset, sosiaaliset, kulttuurilliset, geofyysiset, geo-ekonomiset jne. ilmiöt, jotka vaikuttavat suunnitteluprosessin taustalla, 2) *henkilöstö-, tieto- ja pääomaresurssit jne,* jotka asettavat reunaehtoja suunnittelulle ja suunnitelmien toteuttamiselle, 3) *erilaiset arvot, valtaryhmittymät ja ideologiat,* jotka rajoittavat suunnittelun keinovalikoimaa – näiden tekijöiden unohtaminen johtaa epärealistiseen suunnitteluun sekä 4) *suunnittelun liittyminen muihin suunnitelmiin ja instituutioihin sekä yleisesti hyväksyttyihin tavoitteisiin.*

Edellä kuvatut yleiset suunnitteluun liittyvät ympäristötekijät muodostavat Drorin tarkastelussa vain yhden, joskin laajimman suunnittelun tarkastelutason. Toimintaympäristön lisäksi Dror erottelee myös muita suunnitteluun vaikuttavia tekijöitä, joita ovat suunnitteluprosessin subjektiiviset tekijät (kuten käytettävissä oleva aika, suunnittelun "syvyys" jne.), suunnitteluyksikön rakenne ja suunnittelun formaaliset muotoseikat.

Toimintaympäristön muutoksen *voimakkuutta* tarkasteltiin puolestaan Uusikylän ja tekijän tutkimuksessa F. E. Emeryn ja E. L. Tristin (1965, 24-25) kehittelemän neljäportaisen tyypittelymallin avulla (vrt. myös esim. Rojot 2005, 111-114). Sen mukaan ympäristöjä voidaan kuvata niiden muutoksen ja eriytyneisyyden asteen mukaan seuraavilla termeillä: 1) *strukturoimaton,* 2) *strukturoitunut,* 3) *reagoiva* ja 4) *pyörteinen*[223]:

"Ensimmäisessä ympäristötyypissä organisaation tavoitteet ja uhat ovat suhteellisen muuttumattomia ja pysyviä. Toisessa tyypissä ympäristö on jo monimutkaisempi, mutta edelleenkin suhteellisen staattinen. Kolmatta ympäristöä kuvaavat jo erilaiset "pelitilanteet", eri ryhmien väliset neuvottelut ja nopeasti muuttuvat toimintastrategiat. Neljännelle ja samalla monimutkaisimmalla ympäristötyypille on ominaista jatkuva muutos, epävarmuus ja yhteiskunnan eri osa-alueiden syvälle ulottuva keskinäinen riippuvuus.

Julkinen hallinto Suomessa on niin sanotun hyvinvointivaltiokauden aikana siirtynyt jatkuvasti kohti reagoivampaa ympäristöä. Taustalla voidaan nähdä julkisen hallinnon toimintaideologian muuttuminen valvontafunktiosta kohti palvelufunktiota (ks. esim. Martikainen 1975) sekä sidosryhmien määrän huomattava kasvu. Reagoivampi eli muuttuvampi ympäristö tarkoittaa samalla myös epävarmuustekijöiden kasvua, jotka puolestaan vaikeuttavat budjetointia. Näin ollen pitävän budjetin laadinta

---

niin kutsutun budjetoinnin resurssiriippuvuusnäkökulman avulla. Näkemys edustaa laajemmin budjetoinnin kansantaloustieteellistä *Political economy model of budgeting* -mallia. Pfeffer ja Salancik kritisoivat muun muassa inkrementaalista budjetointia siitä, että keskittyessään pelkästään päätöksenteon ongelmiin se jätti ottamatta huomioon (poliittisen) kilpailun niukoista resursseista. Pfeffer ja Salancik korostivat sen sijaan organisaation ja ympäristön välistä suhdetta taisteltaessa niukoista resursseista (mts. 15-34.). Peter M. Jackson (1982, 165) kiteyttää resurssiriippuvuustarkastelutavan seuraavasti: "Organisaatioiden "kontingenssiteoriaan" (...) pohjautuvan resurssiriippuvuustarkastelutavan mukaan organisaatiot tarvitsevat olemassaolonsa turvaamiseksi voimavaroja (resursseja) ja näitä saadakseen niiden täytyy olla vuorovaikutuksessa ympäristöihinsä. Resurssien hankinnassa organisaatiot riippuvat ympäristöistään (mistä tämän tarkastelutavan nimi), mutta voimavarojen saanti on sekä ongelmallista että epävarmaa ja organisaatioiden selviytymisen ehtona on, että niillä on kyky kontrolloida jossain määrin epävarmuuden lähteitä".

On huomattava, että vaikka Pfeffer ja Salancik kritisoidessaan inkrementalismia korostivat organisaation ja ympäristön välistä suhdetta ja erittelivät organisaation kontingenssitekijöitä, he jättivät toimintaympäristön käsitteen määrittelemättä. Ympäristö miellettiin vain toimintakenttänä, jossa niukoista resursseista taistellaan.

[223] *Placid, randomized, Placid, clustered, Disturbed-reactive* ja *Turbulent fields environment.*

on entistäkin vaikeampaa" (Saarilahti & Uusikylä 1991, 57-58, vrt. myös Saarilahti & Uusikylä 1993, 211-212).

Ympäristön muutoksen *asteen*, saati muutoksen *voimakkuuden* operationalisointi on käytännössä kuitenkin hyvin vaikeaa ja sen takia näiden tarkastelu jäi Uusikylän ja tekijän tutkimuksessa varsin yleiselle tasolle.

Edellä kuvattuja tarkastelumalleja voi käyttää korkeintaan soveltaen EU:n budjettijärjestelmän ja sen kehityksen tarkasteluun niiden lukuisista erityispiirteistä johtuen (ks. luku 4). Siten tässä tutkimuksessa rajoitutaan jakamaan toimintaympäristö 1) *oikeudelliseen*, 2) *poliittiseen*, 3) *hallinnolliseen* ja 4) *taloudelliseen* ympäristöön sekä näiden muodostamiin *sekaympäristöihin*. Käytännössä tutkimuksessa keskitytään ennen kaikkea EU:n budjettijärjestelmän *poliittisen ja hallinnollisen* toimintaympäristön kehityksen tarkasteluun (vrt. myös luku 3.3), oikeudellisen ja taloudellisen ympäristön muodostaessa ennen kaikkea "taustakehikon" ("*toile de fond*") erilaisille muutoksille (vrt. esim. Isaac 1993b, 2). Samalla kysymykset toimintaympäristön muutoksen asteesta tai voimakkuudesta on jälleen jätetty tutkimuksen ulkopuolelle.

Tämän tutkimuksen eräänä keskeisenä lähtökohtana on, että jo pelkästään EU:n budjettijärjestelmän toimintaympäristön, joka sekin on vuosien mittaan muuttunut yhä "reagoivammaksi" (ks. yllä), muutosten ja epävarmuustekijöiden takia "pitävät budjetit" ovat lähinnä "teoreettinen abstraktio"[224], ja että *tietynasteinen Euroopan unionin budjettijärjestelmän ja yleisen talousarvion joustavuus on välttämätöntä*[225].

Eri joustoihin ja joustomuotoihin liittyy kuitenkin *kaksi perustavanlaatuista kysymystä*.

Ensimmäinen koskee sitä, *minkälainen jousto on ylipäätään toivottavaa tai suotavaa*. Tällöin on otettava huomioon yhtäältä eri joustomuotoihin liittyvät *hyödyt, haitat ja rajoitteet* sekä *erilaiset seuraukset eri tarkastelutasoilla* (ks. luvut 5.1-5.4). Siten vastaus kysymykseen voi vaihdella suuresti tarkastelunäkökulmasta riippuen eli siitä, asettaudutaanko esimerkiksi yksittäisen virkamiehen, toimintayksiköiden tai järjestelmän tasolle (vrt. luku 5.2). Tämän tutkimuksen kannalta merkitsevästi *järjestelmätasolla* vastaus on hyvinkin erilainen sen mukaan asettaudutaanko esimerkiksi Euroopan parlamentin, neuvoston, komission tai yksittäisen jäsenvaltion tasolle. Mikään edellä mainituista toimijoista ei tietenkään ole millään muotoa "monoliittinen" ja vastaus kysymykseen voi vaihdella yli ajan.

Toinen keskeinen kysymys koskee sitä, kenellä on *lopullinen sananvalta* eri joustomuotoihin turvautumiseen päätettäessä ja *mitä erilaisia seurauksia tällä on EU:n kehitykselle*. Tällöin lähestytään perinteisiä yhteiskuntatieteilijöiden mielenkiinnon kohteita eli valtaan, sen käyttöön ja jakautumiseen liittyviä kysymyksiä. Toisaalta "taistelu budjettivallasta" on ollut eräs keskeinen yhteisöjen historian piirre, kuten lukuisat aihetta käsittelevät tutkimukset osoittavat (ks. yllä luku 3.3).

Kiintoisuudestaan huolimatta nämä kysymykset jäävät sellaisenaan liian yleiselle tasolle, mistä syystä tässä tutkimuksessa tutkimuskysymykset on asetettu toisin (ks. yllä luku 1).

Seuraavaksi kartoitetaan lyhyesti, mitä Euroopan unionin kehityksestä on ajateltu ja sanottu niin teoreettisella kuin yksittäisten jäsenvaltioidenkin tasolla (luvut 5.6.1-5.6.2). Luvussa 5.6.3[226] pyritään puolestaan esittelemään näihin liittyen EU-kehityslähtöinen teoreettinen tarkastelukehikko eri joustomuotoihin suhtautumiselle.

---

[224] "*Une vue de l'esprit*", kuten Isaac (1993b, 13) asian ilmaisee.

[225] Vrt. myös Saarilahti 1993a, 14: "Yhä rajummin muuttuvan maailman mukanaan tuomiin uusin haasteisiin ei enää voida tyydyttävästi vastata sellaisella budjetilla ja budjettijärjestelmällä, jossa otettaisiin huomioon vain hallinnollisten ja oikeudellisten prosessien tai lainsäädännöstä aiheutuvien vastuiden "muodolliset" tarpeet suurestikaan huomioimatta esim. menojen lisääntymistä tai varojen tehokasta käyttöä, toisin sanoen budjetilla, joka nojaa niin kutsuttuun budjetoinnin "kameralistiseen traditioon", ja josta enemmän tai vähemmän puuttuvat kaikki välineet ja menettelytavat, joiden tehtävänä on parantaa varainkäytön laatua ja järjestelmän joustavuutta ja valmiutta reagoida erilaisiin tilanteisiin".

[226] Luku on lyhennelmä teoksen Saarilahti 1993a luvusta 6.

5.6 Joustot ja Euroopan unionin kehitys

5.6.1 Euroopan unionin kehitystutkimus

Jos EU:n budjetointia ja sen budjetointikäytäntöjen muutoksia on tutkittu teoreettiselta kannalta valitettavan vähän (ks. luku 3.3), Euroopan yhteisöjen kehitystä, mukaan luettuna sen kehittymistä Euroopan unioniksi, on tutkittu sitäkin enemmän, ja teoreettisia eurooppalaista integraatiokehitystä käsitteleviä kirjoja ja artikkeleita on "(julkaistu) sadoittain. (...) Samaan aikaan erilaisia integraatioteorioita on kehitetty useita kymmeniä" (Schwok 2005, 9-10).

Tunnetuimpien ja yleisimmin siteerattujen "klassisten" integraatioteorioiden tai -lähestymistapojen joukossa voidaan mainita:

- federalismi ja uusfederalismi[227] (*Federalism and Neofederalism/ fédéralisme et néofédéralisme*),

- funktionalismi[228] ja uusfunktionalismi[229] (*Functionalism and Neofunctionalism/ fonctionnalisme et néofonctionnalisme*),

- realismi[230] ja uusrealismi[231] (*Realism and Neorealism/ réalisme et néoréalisme*) ja

- hallitustenvälisyys[232] (*Intergovernmentalism/ intergouvernementalisme*).

Näiden jälkeen on kehitetty muun muassa:

- institutionalismi ja uusinstitutionalismi[233] (*Institutionalism and Neoinstitutionalism/ institutionnalisme et néoinstitutionnalisme*),

- konstruktivismi[234] (*Constructivism/ constructivisme*) ja

- "monitasoinen hallinnointi"[235] (*Multi-level governance MLG/ gouvernance à niveaux multiples (gouvernance multiniveaux* tai *gouvernance à multiples niveaux)*)[236].

Uusimpia integraatioteorioita on käsitellyt artikkeleissaan esimerkiksi Mark A. Pollack (ks. erit. Pollack 2005, 357-398).

Sillä erilaisia ja -tasoisia integraatioteorioita on käsitelty varsin kattavasti kirjallisuudessa[237], ei teorioiden ideologisia lähtökohtia, kehitystä, antia, EU:n kehitysnäkemystä tai kritiikkiä ole syytä toistaa tässä yhteydessä.

Tässä tutkimuksessa keskitytään federalismiin ja uusfederalismiin sekä hallitustenväliseen näkökulmaan[238] sillä kuten esimerkiksi John Pinder (1992, 3-4) on todennut, "(näitä) voidaan pitää EY:n kehitysnäkemysspektrin ääripäinä". Tällä on puolestaan kiistattomia etuja tutkimuksen johtopäätösten kannalta.

5.6.2 Jäsenvaltioiden suhtautuminen Euroopan unionin kehitykseen

Jos EU:n ja sen eri (toiminta)politiikkojen kehitystä onkin tutkittu suhteellisen runsaasti (ks. yllä

---

227 Ks. alla luku 5.6.3. Federalismista yleensä, ks. esim. Raunio 2002.
228 Funktionalismin lähtökohdista, ks. esim. Rosamond 2000, 31-36. Sen tunnetuimpien varhaisten edustajien joukossa on syytä mainita David Mitrany.
229 Kehittäjinään erityisesti Ernst B. Haas sekä Leon N. Lindberg.
230 Varhaisina edustajinaan muun muassa Reinhold Niebuhr, Hans Morgenthau ja Edward Hallett Carr. Realismin erilaisista juurista, muodoista jne, ks. esim. Sterling-Folker 2006.
231 Ks. esim. Rosamond 2000, 132-135.
232 Ks. alla luku 5.6.3.
233 Ks. esim. Hall & Taylor 1996, 936-957.
234 Ks. esim. Battistella 2003, 17-44 tai Kauppi 2003.
235 Ks. esim. Marks *et al.* 1996, 343-378.
236 Useat integraatioteoriat luonnollisesti puuttuvat tällaisesta lyhyestä ja synteettisestä listauksesta, kuten esim. Karl Deutschin *et al.* alun perin ennen kaikkea kansallisvaltiojärjestelmän vakauttamiseen liittyvien kysymysten teoretisointiin keskittynyt *transaktionalismi* (*Transactionalism/ transactionnalisme*; ks. esim. Rosamond 2000, 42-49 tai Schwock 2005, 43-51) tai erilaiset yhdistelmämallit (ks. esim. Croisat & Quermonne 1996).
237 Ks. esim. Rosamond 2000, Loth & Wessels 2001, Jachtenfuchs & Kohler-Koch 2003, Wiener & Diez 2004, Courty & Devin 2005, Pollack 2005, 357-398 tai Jørgensen *et al.* 2006. Erinomainen yleisesitys löytyy teoksesta Saurugger 2009.
238 René Schwokin (2005, 82-94) esittämässä merkityksessä.

luku 5.6.1) on ehkä yllättävää[239] todeta, että *jäsenvaltioiden suhtautumista Euroopan yhteisöjen ja unionin kehitykseen* on kokoavasti tutkittu huomattavasti vähemmän.

Yksittäisten jäsenvaltioiden asennoitumista yksittäisiin, merkittäviin Euroopan yhteisöjen ja unionin agendalla oleviin kysymyksiin on toki kartoitettu runsaasti[240]. Samaan aikaan on olemassa valitettavan harvoja julkaistuja kokoavia tutkimuksia siitä, mitkä jäsenvaltioiden viralliset julkilausutut tai julkilausumattomat "peruspositiot" yhteisöihin ja unioniin sekä niiden kehitykseen ovat olleet[241], miten näkemykset ovat muuttuneet esimerkiksi hallitusten vaihdosten seurauksena ja miten tämä suhtautuminen on kehittynyt "yli ajan" esimerkiksi erilaisten taloudellisten, poliittisten tai sosiaalisten tekijöiden muutoksen seurauksena[242].

Puutteesta tietoisena ja työn vaikeus hyvin tiedostaen (ks. alla) EUI:ssa kartoitettiin dokumenttianalyysin keinoin vuosina 2007-2008 yhtäältä "EU-12:n" jäsenvaltioiden näkemyksiä *Euroopan komission roolista* käyttäen apuna maiden hallitusten virallisia näkemyksiä siten kuin ne löytyvät erilaisista julkaistuista virallisasiakirjoista. Toisaalta tarkasteltiin miten maiden hallitukset ovat painottaneet eri yhteyksissä *unionin laajentamis- vs syventämiskysymystä*. Tarkastelun alustavat havainnot on koottu Kuvioon 9[243]. Kuviossa on ennen kaikkea syytä kiinnittää huomiota jäsenvaltioiden sijoittumiseen *toisiinsa nähden*, ei sijoittumiseen kuvion akseleilla sinänsä.

Kuten dokumenttianalyysiä ja sen tuloksia, Kuviota 9 voi arvostella monelta kannalta, eikä vähiten jäsenvaltioiden virallisten kantojen *tulkinnanvaraisuuden* kannalta (jolloin puolestaan törmätään kantojen *tulkintaongelmaan*; ks. yllä luku 2). Tulkintaongelmat ilmenevät Kuviossa 9 muun muassa maiden sijoittelussa kiistattomana *subjektiivisuutena*. Kuvion sisällön voi myös kyseenalaistaa – poliittisen ja diplomaattisen kielen usein väitetyn "vaikeaselkoisuuden" lisäksi – myös siltä pohjalta, *mitä lähteitä* on lopulta käytetty – ja mitä jätetty syystä tai toisesta käyttämättä[244] (ks. luku 2). Kuviosta myös puuttuvat kaikki viittaukset siihen, miten

[239] Yllättävää suhteessa tarkastelun tärkeyteen EU:n kehityksen kannalta. Tutkimuksen suuntautumista voi omalta osaltaan selittää muun muassa EU:n ja sen toimielinlähtöisen tutkimuksen "helppoudella" verrattuna jäsenvaltiolähtöiseen tutkimukseen, etenkin jos jäsenvaltioita halutaan tarkastella lukuisia samalla kertaa. Toisaalta jäsenvaltioiden kantojen määrittelyä ja tutkimista vaikeuttaa esim. EU:n yhdentymiskehityksen tunnustettu "avoimuus" ("*Open-endedness*"; ks. esim. Courty & Devin 2005). Viidessä EU:n jäsenvaltioissa ja Puolassa vuoteen 2002 käydystä EU:n "finaliteettikeskustelusta", ks. esim. Serfaty 2003.

[240] Vrt. esim. historialliset tutkimukset (tulevien) perustajajäsenvaltioiden suhtautumisesta Ranskan ulkoministeri Robert Schumanin julistukseen toukokuun 9 päivältä vuonna 1950 tai tutkimukset EU:n jäsenvaltioiden suhtautumisesta perustuslailliseen sopimukseen ja sen kohtaloon tai vuosia 2007-2013 koskevaan rahoituskehykseen (ks. yllä luku 3.3). Tunnettuja ovat myös erilaiset tutkimukset jäsenvaltioiden "laajentaminen vs syventäminen" -asenteesta ("*Enlargement vs Deepening/ élargissement vs approfondissement*") tai koetusta "uudet vs vanhat jäsenmaat" -vastakkainasettelusta ("*Old vs New Europe/ nouvelle vs ancienne Europe*"). Yksittäisiä jäsenvaltioita ja näiden EU-politiikkaa käsitteleviä kirjoja ja artikkeleita on luonnollisesti julkaistu vuosien kuluessa suuri määrä.

[241] On huomattava, että etenkin perustamissopimusten muutoshankkeet ja jäsenyysneuvottelujen aloittamiset ovat tilanteita, joiden yhteydessä eri jäsenvaltiot ovat pyrkineet tai olleet pakotettuja selkiyttämään "virallisia EU:n kehitys- ja kehittämistavoitteitaan".

[242] Tämän tutkimuksen kannalta ehdottomasti käyttökelpoisimmaksi esitykseksi jäsenvaltioiden suhtautumisesta Euroopan unioniin ja sen kehitykseen osoittautui Simon Bulmerin ja Christian Lequesnen toimittama kirja (Bulmer & Lequesne 2005). Italiaa käsittelevää osuutta päivittää mielenkiintoisella tavalla Sergio Fabbrinin ja Simona Piattonin toimittama kirja (Fabbrini & Piattoni 2008). Kolmas mainitsemisen arvoinen lähde on Tapio Raunion ja Juho Saaren kirjoittama teos Euroopan unionin jännitteistä (Raunio & Saari 2009), joka sisältää paljon mielenkiintoista materiaalia jäsenvaltioiden asennoitumisesta EU:n kehitykseen ja niiden perusteista. Ranskaa, Saksaa ja Yhdistynyttä kuningaskuntaa koskien ks. myös esim. Ladrech 2004, 55-54; 2010.

[243] Tarkastelun pohjautui runsaan 500:n vuosilta 2000-2006 peräisin olevan erilaisen virallisasiakirjan tarkasteluun. Tässä yhteydessä on ehdottomasti korostettava, että kyseessä *ei* ole tieteellinen tutkimus, vaan ainoastaan alustava kartoitus (selvitys).

[244] Kuvio 9 pohjautuu eri asiakirjoissa esitettyjen hallitusten kantojen "synteesiin". Jos pohjaksi olisi valittu esim. yksittäisten ministereiden esittämät näkemykset tai yksittäisten ministeriöiden laatimat asiakirjat, olisi tulos todennäköisesti muodostunut toisenlaiseksi. Toisaalta "liikaa" syntetisoimalla voidaan joutua usein monimutkaista ja muuttuvaa todellisuutta yksinkertaistamaan jo liiaksi, semminkin jos tarkasteluajanjakso asetetaan liian pitkäksi. Tällöin voidaan jo asettaa kyseenalaiseksi se, kertooko synteesi enää "riittävässä määrin mistään mitään" (ks. esim. Wessels *et al.* 1992, 9-12).

Kuvio 9. Jäsenvaltioiden (EU-12) teoreettinen suhtautuminen EU:n kehitykseen vuosina 2000-2006.
Chart 9. The theoretical attitude of Member States (EU-12) to the development of the EU in 2000-2006.

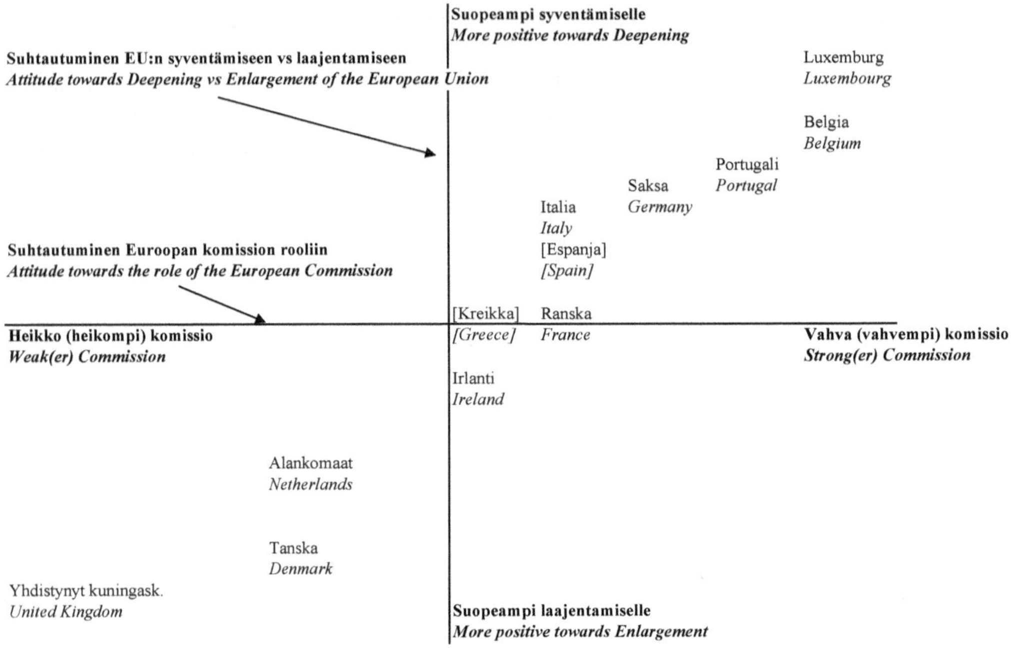

maiden sijoitteluun on päädytty. Pitkät selitykset kuitenkin veisivät tällaisen synteettisen esityksen selkeyden kiistattomat edut.

Kuviossa 9 on myös syytä kiinnittää huomiota eräiden jäsenvaltioiden (kuten Espanjan ja Kreikan) sijoittamisen ilmeiseen vaikeuteen.

Edellä mainituista ongelmista ja lukuisista kritiikin mahdollisuuksista huolimatta Kuvion 9 esittäminen tässä tutkimuksessa lienee kuitenkin puolusteltavissa, sillä se on ainoa saatavilla oleva ajanjaksoa 2000-2006 käsittelevä EU:n jäsenvaltioiden hallitusten unionin kehitysnäkemyksiä syntetisoimaan pyrkivä tulkinta. Se myös osaltaan vastaa muissa tutkimuksissa ja kirjoissa esitettyjä kantoja sekä "yleisesti hyväksyttyjä näkemyksiä"[245] (ks. esim. Rideau 1997, Tiersky 2004, Bulmer & Lequesne 2005, 71-253, Szemlér & Eriksson 2008 tai Raunio & Saari 2009, 30, 44 ja 55-56). Toisaalta kuviota on mielenkiintoista verrata tämän tutkimuksen tulosten kanssa. On kuitenkin syytä koko ajan pitää mielessä sen tieteelliset puutteet ja heikkoudet.

5.6.3 Teoreettinen tarkastelukehikko eri joustomuotoihin suhtautumiselle

John Pinderin (1998, 181) mukaan "EY:n talousarvio on ollut koko yhteisöjen kehityksen ajan ristiriitojen keskiössä, ja tähän on kaksi ääripoliittista syytä: yhtäältä talousarvio on ollut integraatiosta saatavien hyötyjen taistelutantereena. (...) Toisaalta talousarvio on ollut toimielinten toimivaltaa koskevien kiistojen kohteena, jolloin on ollut kysymys

[245] Vrt. esim. perinteinen Yhdistyneen kuningaskunnan, Tanskan tai Ruotsin ajateltu "EU-skeptisyys", Belgian, Luxemburgin tai useiden "Välimereen rajoittuvien maiden" koettu integraation syventämismyönteisyys tai usein esitetty näkemys, jonka mukaan (väestömäärältään) "pienet jäsenvaltiot" "luontaisesti" ja "perinteisesti" olisivat pikemminkin valmiita tukemaan komission kuin (yksittäisten) jäsenvaltioiden valtaa verrattuna (väestömäärältään) "suuriin jäsenvaltioihin".

siitä, kuka valvoo menojen määrää, rakennetta ja hallinnointia".

Klassisia esimerkkejä näistä kiistoista ovat olleet Ranskan halu säilyttää maataloutensa edut verrattuna esimerkiksi teollisen Saksan tarpeisiin, Yhdistyneen kuningaskunnan taistelut maksuosuutensa alentamiseksi tai "koheesiomaiden" pyrkimykset kasvattaa alue- ja rakennepolitiikkaan varattuja menoja. "Nämä tulonjakoon liittyvät syyt ovat suuresti vaikuttaneet siihen, että talousarvio on saanut niin suuren taloudellisen painoarvon" (mts. 181; ks. myös yllä luku 4.1.1).

Guy Isaac (1993b, 8; 1998, 15-18) puolestaan katsoo, että yhteisöjen finanssihallintoon ja yleiseen talousarvioon liittyvien ongelmien taustalla voidaan historiallisesti ja pohjimmiltaan erotella yhtäältä kysymykset ja kiistat siitä, mikä on eri *EU:n toimielinten budjettivallan laajuus* (eli *kiistat EU:n "sisäisestä" budjettivallan jaosta*), toisaalta kysymykset ja kiistat siitä, mikä on *toimielinten budjettivalta suhteessa jäsenvaltioihin* (eli *kiistat EU:n "budjettiautonomiasta"*) ja kolmanneksi kysymykset ja kiistat siitä, mikä on yksittäisten jäsenvaltioiden tai jäsenvaltioiden ryhmien saamat "budjettihyödyt" integraatiokehityksestä (eli *kiistat "integraation hyödyistä ja haitoista sekä eduista ja kustannuksista"*). Käytännössä kysymyksiä on tarkasteltava rinnan esimerkiksi siltä osin kun esimerkiksi neuvosto yhtäältä edustaa EU:n "institutionaalisessa rakenteessa" sekä jäsenvaltioita että niiden etuja, mutta on samalla EU-järjestelmän toimielin (ks. esim. Westlake & Galloway 2004, 5-16 tai Cartou *et al.* 2006, 115-121).

Perinteisesti "kansallisia", "hallitustenvälisiä", "realistisia" tai "uusrealistisia" näkökohtia edustavat poliitikot ja tutkijat[246] (ks. yllä luku 5.6.1) ovat eri lailla halunneet pitää vallan, mukaan luettuna budjettivallan *jäsenvaltioiden* ja/tai niiden *edustajien* käsissä, kun taas esimerkiksi niin kutsuttuihin funktionaaliseen tai uusfunktionaaliseen koulukuntaan kuuluvat[247] ovat perinteisesti mieluummin argumentoineet erityisesti *komission* puolesta eurooppalaisen integraation "moottorina" (*"Catalyst of European integration/ catalyste de l'intégration européenne"*). "Federalisteiksi" tai "uusfederalisteiksi" tunnustautuneet[248] ovat puolestaan korostaneet (komission rinnalla) ennen kaikkea *Euroopan parlamentin* merkitystä tässä yhteydessä[249].

Teoreettista suhtautumista eri joustomuotoihin eri tarkastelutasoilla perinteistä *"hallitustenvälistä tarkastelutapaa"* soveltaen on hahmoteltu Kuviossa 10 seuraavalla sivulla[250].

Perinteisen "hallitustenvälisen tarkastelutavan" mukaan jäsenvaltioiden (ja ainakin kaikkein eniten hallitustenvälistä otetta suosivien jäsenvaltioiden) tulee erilaisiin budjettikurin ja valvonnan näkökohtiin vedoten olla yleistä EU:n budjettijärjestelmän jouston kasvattamista vastaan kasvaneen jouston merkitessä väistämättä unionin, sen toimielinten ja virkamiesten vapausasteiden määrän kasvua suhteessa jäsenvaltioihin. Erityisesti Euroopan parlamentin budjettivallan, mutta myös komission vapausasteiden määrän kasvu[251], onkin ollut eräille jäsenvaltioille jatkuvan huolen aihe (ks. esim. Lindner 2006, 21-155). Kasvanut jousto voi johtaa – paitsi EU:n toiminnan laajenemiseen yhä uusille aloille[252] – myös odottamattomaan, "ei-toivottuun" EU:n menojen kasvuun ja sitä kautta myös kasvaneisiin jäsenvaltioiden rahoitusosuuksiin. Paul Taylorin (1989, 20-21) mukaan: "Sen lisäksi että se lisää jäsenvaltioiden taloudellista taakkaa, jatkuva paine kasvattaa yleistä talousarviota uusilla integraatiota syventävillä aloitteilla (...) on tuntunut eräistä jäsenvaltioista varsin häiritsevältä".

---

[246] Alkaen Stanley Hoffmannista (ks. esim. Hoffmann 1966; 1982) tai Hans Morgenthausta (ks. esim. Morgenthau 1973).

[247] Kuten Ernst B. Haas (ks. esim. Haas 1958; 1963; 1964), David Mitrany (ks. esim. Mitrany 1963) tai Leon N. Lindberg ja Stuart A. Scheingold (ks. esim. Lindberg & Scheingold 1970; 1971).

[248] Kuten Altiero Spinelli (ks. esim. Spinelli 1944) tai John Pinder (ks. esim. Pinder 1986, 41-54; 1991; 1997, 30-38; 1998).

[249] Ks. esim. Coombes 1972, 10; vrt. myös esim. Pinder 1986, 41-54.

[250] Tarkastelun perusteet on esitetty yksityiskohtaisemmin teoksessa Saarilahti 1993a, luku 6.

[251] Vrt. kritiikki komission "suhteettoman suurta valtaa budjettiasioissa" kohtaan (ks. esim. de Casabianca 2003a, 3; 2003b, 6).

[252] Vrt. lukuisat kiistat komission ilman oikeusperustaa rahoittamista toiminnoista ja politiikoista (Saarilahti 2004a, 32-39).

Kuvio 10. EU:n budjettijärjestelmän ulkoinen ja sisäinen jousto: perinteinen "hallitustenvälinen näkemys".
Chart 10. External and internal flexibility of the budgetary system of the EU: traditional "Intergovernmental view".

	Ulkoinen jousto *External flexibility*	**Sisäinen jousto** *Internal flexibility*
Järjestelmätaso *Macro level*	-	(+)
Yksikköjen taso *Meso level*	-	+
Yksilötaso *Micro level*	-	(+)

Edellä mainitut jäsenvaltiot ovat siten perinteisesti kannattaneet tiukkaa "*Top-down*" -tyylistä valvontaa yhteisöasioissa, jossa EU:n menot pysyvät tiukasti etenkin valtiovarainministeriöiden ja Ecofin-neuvoston valvonnassa (vrt. yllä luku 4.1.3).

Käytännössä edellä mainittua ajattelukulkua on syytä tarkentaa sen mukaan, minkä *tasoista* ja *muotoista* joustoa tarkoitetaan. Lienee vastaansanomatonta, että "hallitustenvälisen tarkastelutavan" edustajat pitävät niin vuotuista kuin ylivuotista *ulkoista joustoa* yleisesti ottaen epäsuotavana, niin itsessään kuin suhteessa sisäisen jouston muotoihin. Tämä ilmenee muun muassa kielteisenä tai vähintäänkin epäileväisenä suhtautumisena menoja kasvattaviin lisäbudjetteihin, rahoitusnäkymien muutoksiin ja tarkistuksiin tai joustovälineeseen turvautumiseen (ks. osajulkaisut I-IX).

Kielteinen suhtautuminen ulkoista joustoa kohtaan ulottuu myös mikro- ja mesotasoille, ei ainoastaan niiden heijastusvaikutusten takia, joita tämäntasoisilla joustoilla on koko budjettijärjestelmän tasolla (ks. yllä luku 5.2), vaan myös esimerkiksi "halusta kasvattaa EU:n virkamiehet budjettitietoisemmiksi" (ks. esim. Speziali 2003, 1). Näistä syistä Kuviossa 10 on ulkoisen jouston kohdalle merkitty kaikilla tarkastelutasoilla "-".

Jos kuitenkin ulkoisen jouston keinoihin turvautuminen osoittautuu välttämättömäksi, kaikkein "hallitustenvälisimmin" suhtautuvat jäsenvaltiot ovat perinteisesti katsoneet, että päätöksen turvautumisesta tulisi kuulua *neuvostolle*. Toisaalta esimerkiksi ennen yleisen talousarvion loppusummaa kasvattavan lisätalousarvion hyväksymistä olisi ehdottomasti varmistauduttava, että kyseessä todella on uusi "väistämätön, poikkeuksellinen *ja* odottamaton" menoerä (ks. osajulkaisu I), ja että rahoitustarpeeseen ei voida vastata esimerkiksi menoja uudelleen kohdentamalla.

Kuten tutkimuksessa osoitetaan, jäsenvaltioiden suhtautuminen *sisäisen jouston* eri muotoihin vaihtelee sen sijaan suuremmin. Perinteisesti kaikkein "hallitustenvälisimmin" suhtautuvat maat ovat luontaisesti olleet *a priori* EU:n toimielinten, toimintayksiköiden tai yksittäisten virkamiesten kaikkinaista itsenäisen liikkumavaran kasvattamista vastaan[253]. Toisaalta jäsenvaltiot yhä enenevässä määrin ovat hyväksyneet sen, että lisätäkseen unionin toiminnan tehokkuutta, tuottavuutta ja tuloksellisuutta tie-

[253] Muistaa täytyy ainoastaan esim. Ranskan presidentin Charles de Gaulle'n hyökkäykset "isänmaattomia virkamiehiä" vastaan ("*fonctionnaires apatrides*"; vrt. myös "*aréopage technocratique, apatride et irresponsable*" teoksessa de Gaulle 1970, 379).

tynasteinen sisäisen jouston kasvattaminen on välttämätöntä. Näin menettelemällä voidaan myös kasvattaa virkamiesten ja toimintayksiköiden "vastuullisuutta" ja vähentää erilaista "mikrohallinnointia" (ks. yllä luku 5.3 ja osajulkaisu IV). Sisäisen jouston muodot ovat ulkoisen jouston muotoja suotavampia myös niiden menoja "kasvattamattoman" luonteen vuoksi. Kasvaneen sisäisen jouston vastapainona tulee kuitenkin olla erilaisten budjettikurimenettelyjen tehostaminen erityisesti makrotasolla.

Kaikista edellä mainituista syistä johtuen Kuviossa 10 on sisäisen jouston kohdalle merkitty joko "(+)" tai "+", eron selittyessä "hallitustenvälisimpien" jäsenvaltioiden perinteisesti osoittamalla "myönteisimmällä" (tai "vähiten kielteisellä") suhtautumisella nimenomaan *pääosastotasoiselle* joustavuudelle[254].

Ei liene yllättävää, että Kuvion 10 "yleisilme" järjestelmätasolla on lähellä luvun 5.4 Kuvion 8 (sivu 97) – jossa tarkastelukriteeriksi valittiin "pitävät budjetit" – yleisilmettä.

Kuva muodostuu aivan toisenlaiseksi, jos tarkastelun lähtökohdaksi valitaan perinteinen "*federalistinen*" (tai "*uusfederalistinen*") näkemys[255] (ks. Kuvio 11).

Kuvio 11. EU:n budjettijärjestelmän ulkoinen ja sisäinen jousto: perinteinen "federalistinen näkemys".
Chart 11. External and internal flexibility of the budgetary system of the EU: traditional "Federalist view".

	Ulkoinen jousto *External flexibility*	**Sisäinen jousto** *Internal flexibility*
Järjestelmätaso *Macro level*	+	(+)
Yksikköjen taso *Meso level*	+	(+)
Yksilötaso *Micro level*	(+)	(+)

[254] Jäsenvaltioiden suhtautumista erilaisiin jouston muotoihin ja niiden kehitykseen tarkastellaan yksityiskohtaisemmin osajulkaisuissa sekä alla luvussa 6.

[255] Historiallisesti "hallitustenvälinen" ja "federalistinen" näkemys voidaan liittää laajempaan suhtautumiseen yhteisöjen taloudellisesta autonomiasta ja rahoituksesta. Molempia näkemyksiä ja erilaisia suhtautumistapoja tutki aikoinaan 1980-luvulla klassisessa tutkimuksessaan muun muassa J. Ørstrøm Møller (1985, 85-87).

Ørstrøm Møllerin mukaan kiistat yhteisöjen autonomiasta ja rahoituksesta on käyty enemmän lähestymistavasta kuin rahasta sinänsä. Jäsenvaltioiden lähestymistapaa, jota Ørstrøm Møller kutsuu "taloudelliseksi lähestymistavaksi" ("*Budgetary approach*"), leimaa se, että yleisen talousarvion tulee pysyä säädetyn, tiukasti määritellyn rahoituskehyksen puitteissa, kehyksen, jonka kuitenkin tulee taata oikeudenmukaisia (*Equitable*) taloudellisia hyötyjä integraatiosta kaikille jäsenvaltioille. "Jos budjettiongelma havaitaan, se pitää ratkaista heti budjetti- ja finanssijärjestelmän suorilla muutoksilla. Jos tällaiset muutokset ovat yhteensopimattomia olemassa olevien yhteisten politiikkojen kanssa (…), politiikkoja pitää muuttaa budjetti- ja varainhoitojärjestelmän edellyttämien tulosten aikaansaamiseksi. Talousarvio asetetaan siis etusijalle ja kaiken muun täytyy seurata niin hyvin kuin mahdollista. Ei ole väliä sillä, mitä tehdään tai jätetään tekemättä (…), kunhan tulokset ovat budjetin kannalta tyydyttäviä". "Federalistista" lähestymistapaa Ørstrøm Møller kuvaa "puhtaalla lähestymistavalla" ("*Pure approach*"), jossa pääpaino asetetaan järjestelmän sisällölle, eli yhteisille politiikoille. Talousarvio on siten vain taustatekijä. "Tärkeintä ovat tehdyt päätökset. (...) Jos menot kasvavat liian nopeasti tai jos budjetti joutuu epätasapainoon, ongelma täytyy mieluummin ratkaista omia varoja koskevaa järjestelmää laajentamalla. (...) Finanssipoliittista toimintatilaa on oltava riittävästi uusien yhteisten politiikkojen kehittämiseksi olemassa olevia politiikkoja samanaikaisesti jatkaen".

"Federalistit" (tai "uusfederalistit"), jotka ovat perinteisesti omaksuneet varsin "poliittisen" asenteen yhteisöjen budjettikysymyksiin, ovat suhtautuneet "kansallisia", "hallitustenvälisiä", "realistisia" tai "uusrealistisia" näkökohtia edustavia poliitikkoja ja tutkijoita huomattavasti myönteisemmin EU:n budjettijärjestelmän joustomuotoihin, mukaan luettuna sen *ulkoisen jouston* eri muotoihin. Niinpä yleisen talousarvion loppusumman kasvattamista on pidetty tärkeänä poliittisena tavoitteena, sillä näin on voitu kasvattaa yhteisöille tulevien taloudellisten resurssien määrää. Tällä on puolestaan voitu rahoittaa erilaisia uusia yhteisöpolitiikkoja.

Koulukunnan edustajat ovat puolestaan puolustaneet erilaisia *sisäisen jouston* muotoja muun muassa sillä perusteella, että näin on voitu kasvattaa yhteisöjen ja sen toimielinten riippumattomuutta suhteessa jäsenvaltioihin. Toisaalta esimerkiksi uusien menokohteiden tapauksessa *lisärahoitusta* on pidetty menojen uudelleenkohdentamista suotavampana keinona. Tällä selittyy Kuvioon 11 merkitty "(+)" *sisäisen jouston* kohdalla. Erityistä keskustelua on käyty siitä, miten "virkamiestasoiseen" joustoon pitäisi suhtautua[256]. Tätä kuvaamaan Kuvioon 11 on merkitty "(+)" myös *yksilötasoisen ulkoisen jouston* kohdalle.

Eri toimijoista (ks. luku 4.1.3) erityisesti *Euroopan parlamentti* on vuosien saatossa saanut kannatusta tätä koulukuntaa edustavien tutkijoiden ja poliitikkojen keskuudessa, samalla kun neuvostoa (ja jäsenvaltioita) on toistuvasti arvosteltu "integraatiokehityksen jarruttamisesta" (ks. esim. Pinder 1998, 181-211).

Suhtautuminen *komissioon* ja sen valtaan on sen sijaan ollut kaksijakoisempi[257]. Jos eräät federalistit ovatkin ilmaisseet epäilyksiä EU:n toimielinten palkkalistoilla olevien virkamiesten osoittamasta halusta toimia "Euroopan liittovaltion" puolesta (ks. yllä), he ovat samaan aikaan usein esittäneet, että komission virkamiehistöineen tulisi toimia "todellisena Euroopan toimeenpanevana elimenä", jolla olisi myös iso osa siitä budjettivallasta, joka hallituksilla erityisesti liittovaltioissa on (ks. esim. Oates 1977, 279-318 tai Biehl 1986, 408-416, vrt. myös *Report of the Study Group...* 1977, 50-92).

On huomattava, että Kuvio 11 lähentelee "budjetti väline poliittisten päämäärien saavuttamiseen" –kriteeriin pohjautuvaa joustonäkemystä[258] (ks. yllä luku 5.4). Tämä ei lienee yllättävää ottaen huomioon "federalistien" (ja "uusfederalistien") perinteisesti osoittama varsin "poliittinen" suhtautuminen yhteisöjen erilaisiin talousarviokysymyksiin.

---

[256] Keskustelu pohjautuu siihen, että useat "federalistit" (vrt. Altiero Spinelli) tai tämän koulukunnan edustajat ovat ilmaisseet eriasteisia epäilyksiä yksittäisten virkamiesten "todellisesta halusta toimia yhteisöjen hyväksi". "Byrokraattien" vallan kasvu ja siitä johtuva Euroopan parlamentin vallan väheneminen nähtiin eräällä tavalla "uhkana" federalistien ajamien aatteiden toteuttamiselle. Samaan aikaan erilaiset keinot oikean "yhteisöhengen" ("*esprit communautaire*") omaavien virkamiesten vapausasteiden määrän kasvattamiseen suhteessa erityisesti jäsenvaltioihin ja näiden harjoittamaan "holhoukseen" nähtiin kuitenkin varsin myönteisessä valossa (ks. esim. Levi 1973, 150-180; 1987, 97-136).

[257] Tämän tutkimuksen kannalta lienee riittävää lähteä perustamissopimuksen mukaisesti siitä, että EU:n budjettijärjestelmässä *komission* tehtävänä on edustaa EU:n "*yleistä etua*" (samalla tavalla kuin neuvosto edustaa *jäsenvaltioiden* ja Euroopan parlamentti unionin *kansalaisten etuja*) ja että sillä on siten yleinen "sovitteleva rooli" budjettivallan molempien (nykyisten) käyttäjien, EP:n ja neuvoston välillä, lähtemättä sen tarkemmin esim. analysoimaan komission virkamiehistön syvimpiä motiiveja (vrt. yllä luku 5.2.1). Samalla on muistettava komission keskeinen merkitys yleisen talousarvion toteuttamisessa (ks. yllä luku 4.1.3). On kuitenkin huomattava, että komission vapausasteiden määrän kasvattaminen budjettiasioissa tapahtuu käytännössä – eräitä harvoja poikkeuksia lukuun ottamatta – joko *Euroopan parlamentin, neuvoston* ja/tai *jäsenvaltioiden vallan kustannuksella.*

[258] Ero Taulukon 6 (luku 5.4) teoreettiseen joustonäkemykseen makrotasolla selittyy sillä, että Kuviossa 11 on haluttu tuoda esille koulukunnan edustajien *sisäisen jouston* muotojen puolustaminen sillä perusteella, että näin on voitu kasvattaa yhteisöjen ja sen toimielinten riippumattomuutta suhteessa jäsenvaltioihin (ks. yllä). Tällaisella perusteella ei luonnollisesti ole painoarvoa "kansallisissa" budjetointimalleissa.

TULOKSET JA JOHTOPÄÄTÖKSET

6.1 Euroopan unionin budjettijärjestelmän joustomuodot ja niiden kehitys vuosina 1968-2009

6.1.1 Euroopan unionin budjettijärjestelmän joustomuodot

Kuten osajulkaisuissa esitetyt tutkimustulokset kiistatta osoittavat, Euroopan unionin budjettijärjestelmä on sisältänyt vuosina 1968-2009 lukuisia joustomuotoja ja -menettelyjä. Näiden joukosta on erityisesti syytä nostaa esiin seuraavat yhdeksän keskeistä jouston muotoa:

- lisätalousarviomenettely (ks. osajulkaisut I ja V),

- normijousto ja sen määrä (eli määrärahojen lakisidonnaisuuden määrä, mukaan luettuina EU:n määrärahojen jakaminen pakollisiin ja ei-pakollisiin menoihin sekä jakoon liittyvät kysymykset ja menettelyt; ks. osajulkaisut II, IV, VI, VII ja VIII),

- määrärahojen siirtomahdollisuudet varainhoitovuonna[259] (ks. osajulkaisut II ja VI),

- erilaiset varaukset, alustavat määrärahat ja varausmäärärahat[260] (ks. osajulkaisut II ja VI),

- erilaiset rahastot[261] (ks. osajulkaisut VI ja IX),

- budjettikurijärjestelmään sekä rahoituskehyksiin ja rahoitusnäkymiin liittyvät eri joustomahdollisuudet ja -elementit (ks. osajulkaisu IX),

- jaksotettujen määrärahojen järjestelmä (eli maksusitoumus- ja maksumäärärahojen erotteleminen toisistaan; ks. osajulkaisut III, IV ja VII),

- määrärahojen siirtomahdollisuudet varainhoitovuodesta toiseen (ks. osajulkaisut III, IV ja VII),

- varainhoitovuoden jatkamismahdollisuudet ja erilaiset ylimääräiset jaksot (ks. osajulkaisut III, IV ja VII).

Budjetin jousto –teorian mukaisesti lisätalousarviomenettely luetaan tässä tutkimuksessa *vuotuisen ulkoisen jouston* muodoksi (menettelyksi), normijousto ja siihen liittyvät erilaiset jouston muodot, määrärahojen siirtomahdollisuudet varainhoitovuonna sekä erilaiset varaukset, varausmäärärahat ja rahastot *vuotuisen sisäisen jouston* muodoiksi ja loput *ylivuotisen jouston* muodoiksi (ks. yllä luku 5).

Nämä joustoelementit kattavat tutkimuksen mukaan – ottaen huomioon valitun lähestymistavan ja teorian (ks. edellä luvut 2 ja 5) – ehdottomasti *merkittävimmän* osan EU:n budjettijärjestelmän ja yleisen talousarvion erilaisista *menopuolen joustomuodoista* tarkasteluajanjaksolla 1968-2009.

---

[259] Siirrot ja niiden merkitys yleisen talousarvion joustavuuden kannalta ovat puolestaan sidoksissa muun muassa budjettikohtien määrään, määrärahojen kirjaamisperusteisiin ja selvitysosien sitovuuteen (eli yleisen talousarvion niin kutsuttuun rakennejoustoon; ks. osajulkaisut II ja VI).

Yleisen talousarvion rakennejouston kehitystä vuosina 1968-2008 on tarkasteltu yksityiskohtaisemmin teoksissa Saarilahti 2004a ja 2009.

[260] Tutkimuksessa keskitytään alustaviin määrärahoihin ja varauksiin, varauksiin ennakoimattomia menoja varten, negatiiviseen varaukseen, rahoitusvaraukseen, hätäapuvaraukseen sekä lainatakuuvaraukseen (ks. osajulkaisut II, IV, VI ja VII).

[261] Tutkimuksessa tarkastellaan Euroopan kehitysrahastoja, Euroopan solidaarisuusrahastoa ja Euroopan globalisaatiorahastoa sekä komission vuonna 2004 ehdottamaa mutta toteutumatta jäänyttä "kasvutavoiterahastoa" (ks. osajulkaisu IX). On huomattava että toisin kuin kehitysrahastot, solidaarisuus- ja globalisaatiorahasto ovat yleiseen talousarvioon *sisällytettyjä* rahastoja. Ne ovat kuitenkin rahoituskehysten "ulkopuolella" (ks. osajulkaisu IX).

Euroopan kehitysrahastoja tarkastellaan osajulkaisussa IX ainoastaan sen yleiseen talousarvioon ja rahoituskehykseen sisällyttämisen kannalta.

Muita tutkimuksen aikana identifioituja mainitsemisen arvoisia budjetin jousto –teorian mukaisia joustomuotoja ja -elementtejä ovat muun muassa yleisen talousarvion erilaisiin toteuttamistapoihin liittyvät joustomahdollisuudet (ks. osajulkaisut VII ja VIII), hallinto- ja toimintamenoihin ja niiden erotteluun liittyvät erityiset joustoelementit[262] (ks. osajulkaisut II, IV, V ja VIII) tai väliaikaiset kahdestoistaosat (ks. osajulkaisut III ja VIII). Näiden tekijöiden merkitystä ei sovi unohtaa puhuttaessa EU:n budjettijärjestelmän *kokonaisjoustavuudesta*, vaikka näitä joustoelementtejä ei enää käsitelläkään seuraavissa yhteenvetoluvuissa 6.1.2 ja 6.1.3.

6.1.2 Joustomuotojen kehitys sekä niiden käyttöön liittyvät keskeiset hyödyt, rajoitteet ja ongelmat

Kuten osajulkaisuissa kattavasti esitetään, EU:n budjettijärjestelmän eri joustomuodot ovat kehittyneet merkittävästi niin sisällöltään, käytöltään kuin rajoitteiltaankin yleisen talousarvion olemassaolon ajan (vrt. myös alla luku 6.1.3). Tutkimustulosten yhteenvedot, joita ei ole tarkoituksenmukaista toistaa enää tässä, löytyvät seuraavilta sivuilta:

- *yhteenveto* keskeisiksi (ks. yllä luku 6.1.1) osoittautuneiden *joustomuotojen kehityksestä* niin sisällöltään, käytöltään kuin rajoitteiltaankin *vuosina 1968-2002* on esitetty *osajulkaisun IV sivuilla 161-169* [tämän kirjan sivut 282-290],

- *yhteenveto* keskeisiksi osoittautuneiden *joustomuotojen kehityksestä vuosina 2003-2009* on esitetty *osajulkaisun V sivuilla 31-32* [sivut 318-319], *osajulkaisun VI sivuilla 35-37* [sivut 358-360] ja *osajulkaisun VII sivuilla 225-233* [sivut 389-397],

- *yhteenveto* Euroopan unionin *budjettikurijärjestelmän joustavuuden kehityksestä vuosina 1988-2006* on esitetty *osajulkaisun IX sivuilla 304-306* [sivut 446-448],

- *yhteenveto* Euroopan unionin *budjettikurijärjestelmän joustavuuden kehityksestä vuosina 2007-2009* on esitetty *osajulkaisun IX sivuilla 336-340* [sivut 478-482].

Tässä yhteydessä riittänee kokoavasti todeta joustavuuden eri muotojen *kehityksen* osalta, että aina 1980-luvulle asti silmiinpistävänä piirteenä oli – Euroopan parlamentin ja neuvoston välisten budjettikiistojen lisäksi – merkittävä turvautuminen *ulkoiseen joustoon*, kuten lukuisat hyväksytyt menoja kasvattavat *lisätalousarviot* osoittavat. Tämä puolestaan johti osaltaan yleisen talousarvion loppusumman tuntuvaan kasvuun (ks. osajulkaisut I ja V).

Aina 1970-luvun lopulta lähtien EU:n lainsäädännöllisen ja finanssihallinnollisen työn pääpaino keskittyi vastaavasti ennen kaikkea erilaisten *sisäisen jouston* muotojen kehittämiseen, vaihtoehtona ulkoisen jouston kasvattamiselle. Samaan aikaan pyrittiin vahvistamaan vuotuisperiaatteen noudattamista tiukentamalla turvautumismahdollisuuksia *ylivuotisen jouston* muotoihin (ja erityisesti määrärahojen siirtoihin varainhoitovuodesta toiseen, varainhoitovuoden jatkamisiin yli kalenterivuoden ja erilaisiin "ylimääräisiin jaksoihin"). Muutoksia perusteltiin, paitsi "jäsenvaltioissa vallitsevalla taloudellisella tilanteella"[263], ennen kaikkea pyrkimyksellä "kehittää EU:n varainhoidon laatua"[264] – tai halulla kasvattaa virkamiesten "kustannustietoisuutta" ja/tai rajoittaa unionin talousarvion kasvua (ks. yllä luku 5 sekä osajulkaisut IV ja VII).

Sisäisen ja ylivuotisen jouston muotojen sisällön kehityksen kannalta keskeisiä ovat toisiaan seuraavat varainhoitoasetukset ja niiden muutokset. Erityismaininnan tässä yhteydessä ansaitsevat *vuoden 1977 varainhoitoasetus* ja sen *vuoden 1990 muutos* sekä *vuoden 2002 varainhoitoasetus* (ks. osajulkaisut I-VIII). 1980-luvun lopulta merkittävä joustomuotojen kehitystyö tapahtui niin ikään toisiaan seuraavien toimielinten (välisten) sopimusten välityksellä (ks. osajulkaisu IX).

Merkittävimmäksi *yksittäiseksi* EU:n budjettijärjestelmän joustavuuteen ja joustomuotojen kehi-

[262] Tässä yhteydessä on syytä mainita erityisesti "minibudjetit" ja "*B... A*" budjettikohdat (ks. osajulkaisut II, IV, VI ja VII).
[263] Komission esitysten perusteluosioissa.
[264] Lainsäädäntöesitysten johdanto-osioissa.

tykseen vaikuttavaksi päätökseksi tutkimus nostaa esille *"monenkeskiseen" budjettikurijärjestelmään siirtymisen* (niin kutsutun "Delors I -paketin"[265] hyväksymisen yhteydessä) vuonna 1988 ja siihen liittyvien *toimielinten välinen sopimuksen* ja *rahoitusnäkymien* hyväksymisen EP:ssa, neuvostossa ja komissiossa (ks. osajulkaisut II-IV).

On huomattava, että EU:n vuotuiset budjettiprosessit käydään edelleenkin tätä kirjoitettaessa yli kaksikymmentä vuotta myöhemmin vuonna 1988 luodun järjestelmän pohjalta ja sen luoman kehikon mukaisesti. Keskeisiä kysymyksiä talousarvioprosessien aikana ovat siten edelleen – maksumääräyksiin käytettävien määrärahojen määrän ja vuotuisten erityisongelmien lisäksi – eri otsakkeiden ja alaotsakkeiden liikkumavarojen sekä erilaisiin joutomuotoihin (ja erityisesti joustovälineeseen) turvautumisen määrät[266] (ks. osajulkaisu IX). Siten tutkimuksen tuloksilla on kiistaton merkitys Euroopan unionin vuotuisen talousarvioprosessien aikana kohdattujen ongelmien hahmottamisen ja ymmärtämisen kannalta – ja käytännön työssä tuloksekkaan budjettiprosessin edesauttamiseksi (ks. alla luku 7).

Euroopan unionin budjettikurijärjestelmä merkitsee samalla myös, että merkittävät unionin politiikkojen painopistealueita, rahoitusta ja budjetointia koskevat päätökset tehdään nykyisin monivuotisia rahoituskehyksiä koskevien neuvottelujen kuluessa eikä suinkaan vuotuisten talousarvioprosessien aikana (ks. osajulkaisut II, III, IV, VII ja IX). Toisaalta joulukuun alussa 2009 voimaan tullut Lissabonin sopimus vielä voimistaa osaltaan budjettikurijärjestelmää (ks. esim. Saurel 2010, 33-34 tai Saarilahti 2011a) esimerkiksi monivuotisen rahoituskehyksen olemassaolovaatimuksen ollessa vastedes kirjattu primaarilainsäädäntöön[267].

Tutkimus nostaa esille muun muassa seuraavat seikat EU:n budjettijärjestelmän merkittävimpiin joustomuotoihin turvautumiseen liittyvien keskeisten *hyötyjen, rajoitteiden ja ongelmien* osalta:

- *lisätalousarviomenettelyn* etuna on, että sen avulla voidaan tarvittavin osin uusia budjettiprosessi talousarviomenettelyn mukaisessa järjestyksessä. Rajoitteena on ollut etenkin lisäbudjettien hyväksymiseen tarvittava aika, seikka joka voi muodostua ongelmalliseksi kiireellistä rahoitusta tarvitsevissa tapauksissa. Keskeiseksi ongelmaksi tarkasteluajanjaksolla (ja etenkin 1960-1980 -luvuilla) ovat nousseet useiden hyväksyttyjen lisäbudjettien menoja lisäävät vaikutukset, ilman vastaavia menojen uudelleenkohdentamisia tai säästöjä. Aivan viime vuosina on lisäksi ongelmaksi noussut lisäbudjettien määrän huomattava kasvu, jota pidetään yleisesti huonon talousarviosuunnittelun merkkinä[268];

- määrärahojen *lakisidonnaisuuden* yleisenä ongelmana on, että sidonnaisuus vähentää budjettien joustomahdollisuuksia muuttuneita olosuhteita vastaavaksi. Etuna on puolestaan menojen parempi ennakoitavuus. Euroopan yhteisöissä menojen jako pakollisiin ja ei-pakollisiin menoihin muodostui keskeiseksi EP:n ja neuvoston välisen valtakamppailun syyksi, kohteeksi ja välineeksi 1970- ja 1980-luvuilla, ja vasta monenkeskisellä budjettikurijärjestelmällä kyettiin saavuttamaan pitävä budjettisopu. Käytännössä menojen jako pakollisiin ja ei-pakollisiin menoihin on ollut eräitä keskeisiä EU:n talousarvioprosessien sisältöön vaikuttaneista tekijöistä aina vuoteen 2009, samalla kun se on rajoittanut tuntuvasti budjettivallan käyttäjien ja komission vapausasteiden määrää. Lissabonin sopimus poistaa menojen jaon ja avaa parlamentille mahdollisuuden päättää yhdessä neuvoston kanssa esimerkiksi EU:n maatalousmenoista. Uusi perustamissopimus ei kuitenkaan muuta sitä tosiasiaa, että ehdottomasti suurin osa Euroopan unionin menoista säilyy "ennalta määrättynä" rahoituskehyksen, yhteispäätösmenettelyn (Lissabonin sopimuksen mukainen normaali lainsäädäntömenettely), sitoumusten velvoittavuuden tai erilaisten rahoitusohjeiden ja talousarviosuunnittelun takia;

- *määrärahojen siirtomahdollisuudet varainhoitovuonna* on keskeinen keino sopeuttaa yleisen talous-

---

[265] Paketin taustoja on valoitettu mielenkiintoisella tavalla teoksessa Delors 2004.

[266] Näitä kysymyksiä käsitellään vuosien 2004-2011 talousarvioprosessien osalta teoksissa Saarilahti 2008a ja 2011a.

[267] Euroopan unionin toiminnasta tehdyn sopimuksen 312 artiklaan.

[268] Määrän lisääntyminen johtuu osaltaan muun muassa erilaisten erityistarkoituksiin liittyvien alustavien lisätalousarvioesitysten moninkertaistumisesta (ks. osajulkaisu V).

arvion toimeenpanoa budjettivuoden aikana ilmenneitä tarpeita vastaaviksi. Rajoitteet ovat liittyneet ennen kaikkea lainsäätäjän haluun rajoittaa merkittäviä poikkeamia talousarvion erittelyperiaatteeseen, jonka noudattamisen tärkeyttä budjettivallan käyttäjä on toistuvasti korostanut, määrärahasiirroilla kun poiketaan budjettivallan käyttäjän hyväksymästä talousarviosta. Budjettivallan käyttäjä on siten kokenut ongelmallisiksi erityisesti ne määrärahasiirrot, jotka voidaan suorittaa ilman sen hyväksyntää, haluten pitää niiden määrän rajoitettuna, mikä on puolestaan pienentänyt toimintayksiköiden jouston määrää;

- erilaisten *varausten, alustavien määrärahojen ja varausmäärärahojen* kiistattomana etuna on, että ne mahdollistavat joustavan reagoinnin yllättävissä, lisämäärärahoja vaativissa tilanteissa budjettivuoden aikana. Varausten käytön rajoitukset ovat ennen kaikkea liittyneet oikeusperusteisiin ja yleisen talousarvion selvitysosiin (*Remarks/ commentaires*) kirjattuihin lukuisin ehtoihin. Keskeisiksi ongelmiksi ovat osoittautuneet yhtäältä se, että suuri määrä varauksia ja varausmäärärahoja monimutkaistaa finanssihallintojärjestelmää. Toisaalta erityisesti Euroopan parlamentti on tavannut käyttää määrärahojen kirjaamisia varauksiin keinona poliittisten talousarviopäämääriensä saavuttamiseksi. Tämä on osaltaan vaikeuttanut paikoin talousarvion toteuttamista;

- erilaiset *rahastot* mahdollistavat määrärahojen varaamisen erityistarkoituksiin, kuten luonnonkatastrofeista (solidaarisuusrahasto) tai työttömyydestä (globalisaatiorahasto) aiheutuvien ennakoimattomien menojen maksamiseen (Euroopan kehitysrahastojen ollessa poikkeustapaus[269]). Rahastojen (pois lukien EKR) käytön ongelmat ovat ennen kaikkea liittyneet viiveisiin tilanteissa, joissa komissio on joutunut esittämään lisäbudjettimenettelyllä lisämaksumäärärahoja tai määrärahasiirtoja. Sen sijaan tarkasteluajanjaksolla ei ole olemassa tapausta, jossa budjettivallan käyttäjä ei olisi lopulta hyväksynyt komission rahastoon turvautumisehdotusta – budjettivalta erityisesti neuvosto aloitteesta on kuitenkin voinut järjestää rahoituksen komission esitystä poikkeavalla tavalla (ks. esim. Saarilahti 2012);

- *budjettikurijärjestelmään* sekä *rahoituskehyksiin*[270] liittyvät edut ovat kiistattomia: ne muun muassa helpottavat keskipitkän aikavälin tavoitteidenasetantaa, lisäävät EU:n menojen ennakoitavuutta, yksinkertaistavat määrärahasuunnittelua, parantavat vuotuisen budjettiprosessin sujuvuutta ja ovat taanneet budjettirauhan unionissa. Keskeiset

[269] Euroopan kehitysrahastot auttavat kuitenkin valaisemaan erästä merkittävää EU:n budjettijärjestelmän joustavuuteen liittyvää tekijää: pitämällä kehitysrahastot täydellisyysperiaatteen vastaisesti yleisen talousarvion (ja rahoituskehysten) ulkopuolella, jäsenvaltiot käyttävät hyväkseen talousarviojärjestelmän (laajassa merkityksessä) joustavuusmahdollisuuksia: mahdollisuus olla sisällyttämättä tiettyjä menoja talousarvioon ja rahoituskehykseen on eräs (joustava) tapa "kiertää" tiukat budjettirajoitukset.

On huomattava, että tätä kirjoitettaessa vuonna 2012 parhaillaan käynnissä olevissa vuosia 2014-2020 koskevissa rahoituskehysneuvotteluissa tämä joustavuuden aspekti on noussut keskeiseen asemaan komission muun muassa ehdottaessa, että esim. ITER-projektia (fuusioreaktorihanke) ja GMES-ohjelmaa (maan tarkkailuohjelma) koskevaa rahoitusta ei sisällytettäisi rahoituskehykseen. Samalla komissio ei ehdota Euroopan kehitysrahastojen yleiseen talousarvioon sisällyttämistä, ehdottaa uusien "maatalouskriisirahaston" ja "ilmasto- ja biodiversiteettirahaston" perustamista rahoituskehyksen ulkopuolelle sekä esittää, että EU:n solidaarisuusrahasto, joustoväline, Euroopan globalisaatiorahasto ja hätäapurahasto pidettäisiin edelleenkin "kehyksen ulkopuolella". Yhteensä tämä tarkoittaisi runsaan 58 miljardin euron (sitoumusmäärärahoina) pitämistä vuosien 2014-2020 rahoituskehyksen ulkopuolelle, verrattuna komission esittämään 1 025 miljardin euron kehykseen (ks. *KOM(2011) 398, 403* ja *500 lopullinen*).

Julkisessa keskustelussa on myös kritisoitu muun muassa Euroopan rahoitusvakausvälineen ja Euroopan vakausmekanismin luovan EU:lle (mahdollisesti huomattaviakin) menoja yleisen talousarvion ulkopuolella (välinettä ja mekanismia ei ole käsitelty tässä tutkimuksessa, sillä niiden luonti ajoittuu tarkasteluajankohdan ulkopuolelle). Kyseessä on kuitenkin edellä mainituista poikkeavasta joustavuudesta: yleisen talousarvion kannalta Euroopan rahoitusvakausvälineessä (ERVV; *European Financial Stability Facility EFSF/ Fonds européen de stabilité financière FESF*) ja sen "seuraajassa" Euroopan vakausmekanismissa (EVM; *European Stability Mechanism, ESM/ mécanisme européen de stabilité MES*) on kyse takauksista (eli Isaacin (1998, 4) mukaisista "virtuaalisista menoista", kuten kaikkien EU:n otto- ja antolainaustoimenpiteiden kohdalla). Mikäli takaukset johtaisivat maksuihin ja merkittävien menojen kirjaamiseen yleiseen talousarvioon, "joustavuus" tapahtuisi viime kädessä turvautumalla rahoitusnäkymien ennakoimattomille menoille tarkoitettuun marginaaliin (ks. osajulkaisu IX).

[270] Keskipitkän aikavälin rahoitussuunnittelun toimivuutta esimerkiksi Saksassa on tarkasteltu mielenkiintoisella tavalla artikkelissa Heinemann 2006, 551-578.

rajoitteet liittyvät ennen kaikkea vaikeuteen sopia ajallaan EU:n keskipitkän aikavälin tavoitteista ja niiden rahoituksesta sekä vaikeuteen mukauttaa menot muuttuviin tilanteisiin rahoituskehyskauden kuluessa. Keskeiseksi ongelmaksi on muodostunut löytää toimiva tasapaino yhtäältä budjettikurin ja toisaalta joustavuuden vaatimusten välillä;

- *jaksotettujen määrärahojen järjestelmän* hyödyt liittyvät selkeästi monivuotisten hankkeiden rahoituksen helpottumiseen. Järjestelmä ei kuitenkaan ole kattava sillä kaikki EU:n määrärahat eivät ole jaksotettuja. Keskeinen ongelma EU:n maksusitoumus- vs maksumäärärahajärjestelmässä on niin kutsuttu menneisyyden painolasti (eli aikaisempien sitoumusten perusteella maksamatta olevat määrät; "RAL"). RAL kohosi vuoden 2010 alussa jo yli 177 miljardiin euroon[271];

- *määrärahojen siirtomahdollisuudet varainhoitovuodesta toiseen* ovat keskeinen keino (vuotuisten määrärahasiirtojen ohella) parantaa yleisen talousarvion toteuttamisastetta, ja ovat siten olennainen keino parantaa eräiden toimintapolitiikkojen ja yleisen talousarvion toimeenpanoa. Rajoitteena ovat ennen kaikkea varainhoitoasetuksiin vuosien mittaan (vuotuisperiaatteen vahvistamisen nimissä) kirjatut lukuisat hyvinkin velvoittavat ja rajoittavat säännöt. Keskeiseksi ongelmaksi varainhoitovuodesta toiseen siirrettyjen määrärahojen tapauksessa muodostuu budjettivuonna käytettävissä olevien (budjettivallan käyttäjän myöntämien) määrärahojen "hämärtyminen", sillä vuotuisperiaatteen mukaisesti siirrettyjä määrärahoja ei ole merkitty "siirretylle" vuodelle hyväksyttyyn yleiseen talousarvioon;

- kuten määrärahojen siirtomahdollisuudet varainhoitovuodesta toiseen, erilaiset *varainhoitovuoden jatkamismahdollisuudet* ja "*ylimääräiset jaksot*" parantavat osaltaan yleisen talousarvion toteuttamisastetta, samalla kun ne heikentävät budjettikuria ja monimutkaistavat finanssihallintojärjestelmän toimintaa. Edellä mainituista syistä jatkamismahdollisuuksien ja ylimääräisten jaksojen määrä karsittiin entisestään varainhoitoasetuksen vuoden 2002 kokonaisuudistuksessa.

6.1.3 Budjettivallan käyttäjän sekä komission suhtautuminen eri joustomuotoihin ja niiden käyttöön

Yleisesti ottaen eri toimielintasoisista toimijoista *Euroopan parlamentti* on tutkimuksen mukaan – paitsi jatkuvasti kasvattanut budjettivaltaansa tarkasteluajanjaksolla 1968-2009[272] – myös harvoja poikkeuksia lukuun ottamatta (ks. osajulkaisut I, IV, V ja VII) kannattanut etenkin *ulkoiseen joustoon* turvautumista tilanteissa, joissa unionia on kohdannut odottamaton lisärahoitustarve. *Sisäisen jouston* eri muotojen suhteen parlamentti on puolestaan ennen kaikkea omaksunut kannan, jonka mukaan niihin turvautuminen ei saa olla este lisärahoitukselle tai saa sulkea sitä pois (ks. esim. erityisesti vuosia 2005-2009 koskien *The Interinstitutional Agreement*... 2009). Toisaalta jos sisäisen jouston muotoon turvautumiseen liittyy budjettivallan käyttäjän päätös, tulisi lopullisen päätösvallan kuulua parlamentille.

Neuvosto on puolestaan instituutiona yllätyksettömästi perinteisesti korostanut menojen uudelleenkohdentamisen, "joustovarojen jättämisen" ja budjettikurin merkitystä. Kaikkiin merkittäviin määrärahojen korotuksiin tulisi neuvoston kannan mukaan liittyä tarkat rajat ja säännöt. *Sisäisen jouston* eri muotoihin turvautumisen helpottaminen tulisi puolestaan heijastua budjettijärjestelmän tasolla määrärahojen ylitysten pienenemisenä ja yleisenä "budjettikurin vahvistumisena".

Komissio on omalta osaltaan ajanut toimielimenä paitsi unionin taloudellisen (vaikutus)vallan kasvua myös virkamiestensä toimintavapauksien kasvattamista talousarvioasioissa, ja etenkin budjettia toteutettaessa. Komission vapausasteiden määrän tulisi tässä yhteydessä kasvaa paitsi suhteessa jäsenvaltioihin myös suhteessa budjettivallan käyttäjään[273].

Euroopan parlamentin, neuvoston ja komission suhtautumista yksittäisiin joustomuotoihin vuosi-

---

[271] Suurin osa (eli yli 117 miljardia euroa) koski rahoituskehyksen alaotsaketta *1b* (*Kasvua ja työllisyyttä edistävä koheesio*).
[272] Ks. myös esim. Priestley 2008, 6-22.
[273] Ks. esim. Dumoulin 2007, 37-282.

na 1968-2009 on tarkasteltu yksityiskohtaisemmin osajulkaisuissa I-IX[274]. Alle on koottu joustomuodoittain keskeisimpiä tutkimustuloksia:

- *lisätalousarviomenettely* on keskeinen EU:n budjettijärjestelmän vuotuisen ulkoisen jouston mobilisointikeino, ja siinä mielessä *Euroopan parlamentti* on perinteisesti suhtautunut myönteisesti useimpiin komission ehdotuksiin. Viime vuosina parlamentti on kuitenkin ryhtynyt kiinnittämään huomiota lisäbudjettien lukumäärään, jota se on alkanut pitää ylimitoitettuna. *Neuvosto* on vastavuoroisesti suhtautunut lisätalousarvioesityksiin huomattavasti varovaisemmin, ja pyrkien etenkin 1970- ja 1980 -luvuilla esimerkiksi olemaan laatimatta eräitä menoja kasvattavia lisäbudjettiesityksiä. Vuonna 2008 alkanut finanssikriisi, joka kehittyi Euroopassa talous-, velka- ja euron kriisiksi on uudelleen saanut neuvoston varsin epäileväiseksi *kaikkia* EU:n menoja kasvattavia lisäbudjetteja kohtaan (ks. esim. Saarilahti 2012). *Komissiolle* lisätalousarviomenettely on puolestaan tarjonnut usein ainoan käyttökelpoisen keinon korjata hyväksyttyä talousarviota muuttuneita olosuhteita tai uusia tarpeita vastaaviksi menettelyyn liittyvistä epävarmuustekijöistä huolimatta (ks. osajulkaisut I, IV, V ja VII). Komissio on myös yhä enenevässä määrin hyödyntänyt vuoden 2002 varainhoitoasetuksen luomien erillisten ”saldolisätalousarvioiden” suomia mahdollisuuksia vuotuisten budjettisopujen osasina (ks. osajulkaisut V ja VII; vrt. myös Saarilahti 2008a, 205-210);

- *Euroopan parlamentti* on pitänyt EU:n määrärahojen jakamista *pakollisiin ja ei-pakollisiin menoihin* vain keinona rajoittaa sen budjettivaltaa, ja se ollut voimakkaasti ajamassa joustavamman määrärahajärjestelmän luomista unioniin[275]. Toisaalta parlamentin havittelema lainsäädäntövalta (yhteispäätösmenettely) on kasvattanut *ennalta määrättyjen menojen* osuutta yleisessä talousarviossa. *Neuvosto* kiinnitti suurta huomiota määrärahojen *sidonnaisuutta* ja jakoa koskevien eri määräysten noudattamiseen aina 1980-luvun loppupuolelle asti, jolloin käyttöön otettu budjettikurijärjestelmä muutti neuvoston asennoitumista sen alkaessa kiinnittää huomiota ennen kaikkea rahoitusnäkymien ja toimielinten (välisten) sopimusten määräysten noudattamiseen, erityisesti riittävien marginaalien ja joustovarojen jättämisen osalta. *Komissio* on puolestaan tunnustanut määrärahojen *sidonnaisuuden* merkityksen rahoitussuunnittelun yksinkertaistumisen kannalta, samalla kun se on korostanut riittävän joustavuuden säilyttämisen tärkeyttä keinona vastata ennakoimattomiin tilanteisiin budjettivuoden aikana ja/tai keinona parantaa talousarvion toimeenpanoa;

- *määrärahojen siirtomahdollisuudet varainhoitovuonna* ovat olleet *Euroopan parlamentin* erityistarkkailussa siitä lähtien kun parlamentti alkoi päättää entistä merkittävämmästä osasta yleistä talousarviota. Parlamentti on yhtäältä halunnut varmistaa, että neuvosto ei kirjaa varainhoitoasetukseen (joka oli vuoteen 2009 neuvoston päättämä asetus) sääntöjä, jotka pienentävät parlamentin budjettivaltaa. Toisaalta parlamentti on kiinnittänyt erityistä huomiota siihen, että komissio (tai muut toimielimet) eivät aseta parlamentin budjettipäätöksiä kyseenalaisiksi talousarviota toteuttaessaan (ks. osajulkaisut IV ja VII). *Neuvosto* on pyrkinyt välttämään liiallista ”mikrohallinnointia” budjettivallan käyttäjien taholta erityisesti tilanteessa, jossa ei-pakollisten menojen määrä on ollut jatkuvasti kasvussa, ja siten tukenut eräiltä osin joustavampien määrärahasiirtomenettelyjen käyttöönottoa. Tämä tuki on jatkunut näihin päiviin asti. *Komissiolle*, jolle määrärahasiirtojärjestelmä on lisäbudjettimenettelyäkin merkittävämpi talousarvion toteuttamisen kannalta (ks. yllä), on halunnut ennen kaikkea säilyttää riittävän toimintavapauden määrärahasiirtojen suhteen. Se on kuitenkin vastavuoroisesti korostanut budjettivallan käyttäjän riittävän informoinnin merkitystä

---

[274] Tarkastelujen yhteenvedot on esitetty osajulkaisun IV sivuilla 161-169 [tämän kirjan sivut 282-290], osajulkaisun V sivuilla 31-32 [sivut 318-319], osajulkaisun VI sivuilla 35-37 [sivut 358-360], osajulkaisun VII sivuilla 225-233 [sivut 389-397] sekä osajulkaisun IX sivuilla 304-306 ja 336-340 [sivut 446-448 ja 478-482].

[275] On huomattava, että kun vuoden 1970 talousarviossa (eli ensimmäisessä TA:ssa, jossa jakoa sovellettiin) ei-pakolliset menot (maksusitoumuksiin käytettävinä määrärahoina) edustivat noin 16 % loppusummasta (ks. osajulkaisu II), vuoden 2009 talousarviossa (eli viimeisessä TA:ssa, jossa jakoa noudatettiin pakollisten ja ei-pakollisten menojen erottelun kadotessa Lissabonin sopimuksen voimaan tulon myötä) ei-pakolliset menot kohosivat jo 68 %:iin. Tämä kehitys kuvaa hyvin osaltaan EP:n budjettivallan kasvua tutkimuksen tarkasteluaikana.

määrärahasiirroista talousarvion toteuttamisen valvonnan mahdollistamiseksi;

- *Euroopan parlamentti* on käyttänyt vuosien saatossa menestyksellisesti erilaisia *varauksia, alustavia määrärahoja ja varausmäärärahoja* omien poliittisten ja talousarviopäämääriensä saavuttamisessa, joten se on aina pitänyt tarkkaa kirjaa niiden käytöstä. *Neuvosto* on toistuvasti arvostellut parlamenttia määrärahojen kirjaamisesta varauksiin varainhoitoasetuksen säännösten vastaisesti. Toisaalta neuvosto on korostanut *komission* tapaan varausten, alustavien määrärahojen ja varausmäärärahojen keskeistä merkitystä keinona vastata muuttuneisiin olosuhteisiin varainhoitovuoden aikana. *Komissio* on toistuvasti arvostellut etenkin parlamenttia varausten "liiallisesta" käytöstä, pitäen tällöin varauksia ja varausmäärärahoja esteenä talousarvion moitteettomalle toimeenpanolle, ja molempia budjettivallan käyttäjiä viivyttelystä määrärahojen siirroissa varauksista operatiivisille budjettikohdille;

- *Euroopan parlamentti* on perinteisesti tukenut komission esityksiä luoda uusia *rahastoja* (kuten viimeksi Euroopan globalisaatiorahastoa ja kasvutavoiterahastoa) keinoina laajentaa EU:n rahoitusta uusiin poliittisesti tärkeisiin ja näkyviin tarkoituksiin, samalla kun se on painokkaasti vaatinut vuosien saatossa Euroopan kehitysrahastojen "budjetointia" (eli sisällyttämistä yleiseen talousarvioon). *Neuvosto* on ollut huomattavasti kriittisempi rahastojen määrän ja rahoituksen kasvun suhteen, ja hyväksyi vain vaivoin esimerkiksi uuden globalisaatiorahaston luomisen vuodesta 2007. Neuvoston kriittisyys on vain kasvanut vuodesta 2008 ja parhaillaan käynnissä olevissa vuosia 2014-2020 koskevissa rahoituskehysneuvotteluissa rahastojen kohtalosta käydään ankaraa kiistaa. *Komissio* on tarjonnut rahastoja keinoina saavuttaa sopu rahoituskehyksistä ja on jatkamassa samoilla linjoilla myös vuoden 2014-2020 rahoituskehyksen kanssa, ehdottaessa muun muassa jälleen uusien rahastojen perustamista (ks. luku 6.1.2). Mielenkiintoisesti komissio on kuitenkin väliaikaisesti luopunut ehdottamasta Euroopan kehitysrahastojen "budjetointia";

- *Euroopan parlamentti* hyväksyi lopulta sitoutumisen monenkeskiseen *budjettikurijärjestelmään* sekä *rahoitusnäkymiin* etenkin vastapainona EU:n menojen ohjelmoidulle kasvulle ja parlamentin suuremmalle sananvallalle pakollisten menojen suhteen. Nykyisin parlamentti ei ole niinkään ollut tyytymätön budjettikurijärjestelmään tai siihen liittyvään jouston[276] määrään kuin neuvoston "haluttomuuteen" suostua eri joustomuotojen käyttöön silloin kun siihen käyttöön tarvitaan molempien budjettivallan käyttäjien suostumus ja päätöksenteon hitauteen (ks. osajulkaisu IX). Budjettikurijärjestelmä otettiin käyttöön ennen kaikkea *neuvoston* pyynnöstä ja sen aloitteesta periaate rahoituskehyksen pakollisuudesta merkittiin perustamissopimukseen Lissabonin sopimuksessa. Samalla uusi perustamissopimus kirjaa primaarilainsäädäntöön periaatteen jonka mukaan vuotuiset talousarviot tulee laatia rahoituskehystä noudattaen. Neuvosto on kuitenkin hyväksynyt sen, että vastapainona budjettikurijärjestelmälle parlamentille tulee antaa uusia oikeuksia (tämä on tapahtunut ennen kaikkea "toimielinten välisen yhteistyön budjettisasioissa" kasvattamisen kautta) ja että budjettikurijärjestelmä ja rahoituskehykset tulee varustaa "riittävillä" joustavuuselementeillä. *Komissio* on puolestaan perinteisesti kannattanut rahoituskehysjärjestelmää yhtäältä sen budjettisopua edesauttavan luonteen takia, mutta myös sen EU:n menojen "ennakoitavuutta" vahvistavan luonteen takia;

- *jaksotettujen määrärahojen järjestelmän* osalta *Euroopan parlamentti* on korostanut sitoumusten tekemisen poliittista merkitystä ja tärkeyttä. *Neuvosto* on puolestaan perinteisesti kiinnittänyt parlamenttia enemmän huomiota sitoumuksia vastaavien maksumäärärahojen määrään. *Komissio* on puolestaan ollut halukas selkiyttämän järjestelmän toimintaa mutta

[276] Siten Euroopan parlamentin peruslähtökohta neuvoteltaessa vuosien 2007-2013 rahoituskehyksen sopeuttamista Lissabonin sopimuksen voimaan tulon seurauksena vuosina 2010 ja 2011 oli ennen kaikkea olemassaolevan joustavuuden *säilyttäminen* (ks. esim. Saarilahti 2011, 165-289). Neuvoston esitys ei lopulta saanut EP:n hyväksyntää 6. heinäkuuta 2011, sillä "neuvoston asetusesitys vähentää rahoituskehyksen nykyistä joustavuutta, (...) mikä vähentäisi Euroopan parlamentin nykyisiä valtaoikeuksia" (ks. Saarilahti 2012).
On huomattava, että parhaillaan meneillään olevat vuosien 2014-2020 rahoituskehystä koskevat neuvottelut ovat myös alkaneet samoista peruslähtökohdista.

on korostanut maksusitoumusmäärärahajärjestelmän merkitystä EU:n yleisen talousarvion kannalta (jossa monivuotiset ohjelmat muodostavat yhä suuremman osan). Kaikki kolme toimielintä ovat nykyisin yksimielisiä siitä, että RAL on muodostunut vakavaksi ongelmaksi, erityisesti uusien rahoituskehysneuvottelujen alla. Toimielinten kannat kuitenkin poikkeavat siinä, miten ongelma tulisi ratkaista[277];

- *Euroopan parlamentti* on perinteisesti suhtautunut myönteisesti erilaisiin mahdollisuuksiin *siirtää määrärahoja varainhoitovuodesta toiseen, varainhoitovuoden jatkamismahdollisuuksiin* ja erilaisiin ”*ylimääräisiin jaksoihin*”, haluten kuitenkin säilyttää mahdollisuuden puuttua tarvittaessa komission esityksiin ja toimiin. *Neuvosto* on korostanut parlamenttia tiukemmin vuotuisperiaatteen noudattamisen merkitystä mutta on samalla ollut valmis hyväksymään eräät jouston muodot rajoitetuissa tapauksissa (kuten esim. tapauksissa, joissa oikeusperustetta ei ole voitu hyväksyä ajoissa ennen budjettivuoden loppua tai joissa ohjelmien toimeenpano ilmiselvästi vaatii ylivuotisen siirtomahdollisuuden). *Komissio* on toistuvasti puolustanut menettelyjä vetoamalla muun muassa usein monimutkaisiin määrärahojen sitomis- ja maksamismenettelyihin, jotka johtavat viiveisiin ja voivat estää määrärahojen maksatuksen budjettivuonna. Komissio on kuitenkin useaan otteeseen ollut halukas selkiyttämän järjestelmän toimintaa esimerkiksi karsimalla poikkeusten määriä kuitenkin siten, että tarvittava joustavuus määrärahojen käytössä säilyisi.

On lopuksi korostettava, että edellä lyhyesti kuvatut kannat kuvastavat toimielinten perinteisiä kantoja *instituutioina*[278]. Siten tutkimuksessa usein esiin tullut neuvoston ”haluttomuus” suostua etenkin ulkoisen jouston mutta myös useiden sisäisen jouston muotojen käyttöön (pois lukien etenkin menojen uudelleenkohdentamiset otsakkeiden ja alaotsakkeiden alla) kuvastaa ennen kaikkea neuvoston ”perinteistä kantaa” Euroopan unionin *toimielimenä*. Kuten tutkimuksessa on osoitettu (ks. erityisesti osajulkaisut I-VII ja IX), neuvosto (kuten muutkin EU:n toimielimet) on todellisuudessa kuitenkin kaukana ”monoliittisesta instituutiosta”, ja sen muodostavien *jäsenvaltioiden* asennoitumisessa eri joustomuotoihin, niiden kehittämiseen ja niiden käyttöön voidaan havaita huomattaviakin eroja, kuten seuraavassa luvussa 6.2 osoitetaan.

6.2 ”EU-15”:n jäsenvaltioiden suhtautuminen Euroopan unionin budjettijärjestelmän joustomuotoihin vuosina 2000-2006

Tässä luvussa tarkastellaan ”EU-15”:n jäsenvaltioiden[279] suhtautumista EU:n budjettijärjestelmän eri joustomuotoihin käyttäen apuna kolmea merkittävää päätöstä unionin finanssihallintojärjestelmän joustavuuden kannalta vuosina 2000-2006. Tarkastelu on siten jaettu kolmeen osaan siten, että:

- ensin käsitellään jäsenvaltioiden suhtautumista joustomuotojen muutoksiin varainhoitoasetuksen kokonaisuudistuksen yhteydessä vuosina 2000-2002[280] (luku 6.2.1),

- sen jälkeen tarkastellaan jäsenvaltioiden suhtautumista ehdotettuihin joustomuotojen muutoksiin vuoden 2002 VHA:n ensimmäisen tarkistuksen yhteydessä vuosina 2005 ja 2006 (luku 6.2.2) ja

- lopuksi selvitetään jäsenvaltioiden suhtautumista eräiden joustomuotojen muutoksiin vuoden 2006 toimielinten sopimusta ja vuosien 2007-2013 rahoituskehystä valmisteltaessa (luku 6.2.3).

---

277 Yksinkertaistaen Euroopan parlamentin kantana on ollut, että RAL poistuu osaltaan maksumäärärahojen määrää nostamalla, neuvosto on puolestaan ollut maksusitoumusmäärärahojen leikkausten (ja sitoumusten vapauttamisten) kannalla komission korostaessa ennen kaikkea tarvetta varmistaa se, että tehdyt sitoumukset voidaan kaikissa tapauksissa kattaa (ks. Saarilahti 2012).

278 Toimielimet voivat myös poiketa ”perinteisistä kannoistaan” kun on kysymys keskeisestä EU:n hankkeista. Siten esim. neuvosto suostui merkittäviin vuosien 2007-2013 rahoituskehyksen tarkistuksiin niin vuoden 2008 (rahoittaakseen ”Galileo”-ohjelmaa) kuin vuoden 2010 (rahoittaakseen EU:n elvytysohjelmaa) budjettiprosessin aikana (ks. Saarilahti & Ghignone 2008, 507-534 ja Saarilahti & Krašovec 2010, 451-471).

279 Eli Belgia, Tanska, Saksa, Kreikka, Espanja, Ranska, Irlanti, Italia, Luxemburg, Alankomaat, Itävalta, Portugali, Suomi, Ruotsi ja Yhdistynyt kuningaskunta (ks. yllä luku 2.2.1).

280 Yleiseen talousarvioon sovellettavan varainhoitoasetuksen uudistustyötä vuosina 2000-2002 on käsitelty yksityiskohtaisemmin osajulkaisuissa V-VIII.

Jäsenvaltioiden suhtautumista tarkastellaan jäsenvaltioiden edustajien[281] Euroopan unionin neuvoston budjettikomiteassa, *"ad hoc"* -työryhmässä, puheenjohtajavaltion tukiryhmässä ja pysyvien edustajien komiteassa (ks. yllä luku 4.1.3 ja osajulkaisu IX) esiin tuomiin kantoihin, siten kun ne on merkitty kokousasiakirjoihin.

6.2.1 Jäsenvaltioiden suhtautuminen eräiden joustomuotojen muutoksiin varainhoitoasetuksen kokonaisuudistuksen yhteydessä vuosina 2000-2002

"EU-15":n jäsenvaltioiden asennoitumista eri joustomuotojen muutoksiin varainhoitoasetuksen kokonaisuudistuksen yhteydessä tarkastellaan seuraavan *kahdeksantoista* paljon keskustelua aiheuttaneen joustomuodon ja uudistusteeman osalta (ks. osajulkaisut V-VIII):

1. lisätalousarviot,

2. negatiiviset tulot,

3. negatiiviset menot,

4-6. määrärahojen siirrot varainhoitovuonna (ja erityisesti komission ehdottama 10 %:n jousto, muiden toimielinten kuin komission määrärahasiirrot ja erityissäännökset),

7. toimintoperusteiseen budjetointiin siirtyminen komission pääluokassa III,

8. henkilöstötaulukoiden joustavuus,

9. yleisen talousarvion toteuttamistavat,

10-12. varaukset ja varausmäärärahat (ja erityisesti varausten luominen, negatiivinen varaus sekä hätäapuvaraus ja lainatakuuvaraus),

13. jaksottamattomat määrärahat,

14. maksusitoumusmäärärahat,

15. määrärahojen vapauttamiset,

16. määrärahojen siirrot seuraavaan varainhoitovuoteen,

17. ylimääräiset jaksot,

18. väliaikaiset kahdestoistaosat.

Näistä ensimmäinen kohta koskee vuotuisen ulkoisen jouston tärkeintä muotoa (ks. yllä luku 6.1) ja kohdat 14-18 ylivuotisen jouston muotoja. Loput kohdat edustavat tämän tutkimuksen merkityksessä vuotuisen sisäisen jouston muotoja (ks. yllä luku 5).

Jäsenvaltioiden kannat perustuvat valtioiden edustajien budjettikomitean (ks. yllä luku 4.1.3) kokouksissa esiin tuomiin kantoihin, siten kuin kannat on kirjattu kokousasiakirjoihin.

Neuvoston budjettikomitea käsitteli vuosina 2000-2002 VHA:n uudistamista yhteensä 58 virallisessa ja epävirallisessa kokouksessa. Kokousasiakirjoihin merkityt kannat on koottu Taulukkoon 7.

On ensinnäkin huomattava, että Taulukkoon 7 – samoin kuin Taulukoihin 8 (luku 6.2.2) ja 9 (luku 6.2.3) – kirjatut kannat kuvaavat ennen kaikkea jäsenvaltioiden "periaatteellisia alkuperäisiä kantoja" siten kuin ne oli kirjattu edustajien neuvotteluvaltuuksiin tai ohjeisiin, sillä edustajien kannat luonnollisesti kehittyivät lainsäädäntötyön edetessä[282]. Siten esimerkiksi Tanska ei saanut rajoitettua lisäbudjettien käyttöä haluamallaan tavalla tai Ranska ei onnistunut taivuttelemaan muita maita Euroopan kehitysrahastojen sisällyttämiselle yleiseen talousarvioon (ks. osajulkaisu V). Samaan aikaan esimer-

[281] Luvussa 6 puhutaan yksinkertaisuuden vuoksi "(jäsen)valtioista" ja "(jäsen)maista", vaikka tutkimuksen kohteena ovat tarkasti ottaen jäsenvaltioiden *edustajien* kokousasiakirjoihin kirjaamat kannat. Tässä yhteydessä on muistettava, että neuvoston valmistelevissa elimissä esitetyt kannat ja näkemykset ovat määritelmällisesti aina "valmistelevia" ja "alustavia", yhtä lailla kuin mahdolliset äänestykset ovat aina "indikatiivisia", sillä vain *neuvosto* sen eri kokoonpanoissa voi sitovasti edustaa jäsenvaltioita ja ottaa virallisesti kantaa niiden puolesta. Tutkimuksessa ei kuitenkaan löytynyt yhtään esimerkkiä, jossa valmistelevissa elimissä esiin tuotu alkuperäinen "tekninen kanta" olisi kyseenalaistettu sellaisenaan "ylemmillä tasoilla".

[282] Kantojen kehityksen puute olisi luonnollisesti estänyt uuden varainhoitoasetuksen hyväksymisen kesäkuussa 2002 neuvostossa vaaditun yksimielisyyden takia (ks. osajulkaisut IV ja VIII).

Taulukko 7. Jäsenvaltioiden suhtautuminen eräiden joustomuotojen muutoksiin varainhoitoasetuksen kokonaisuudistuksen yhteydessä vuosina 2000-2002.
Table 7. Attitude of Member States concerning proposed changes to certain forms of flexibility during the recasting of the Financial Regulation in 2000-2002.

	Lisäbudjetit (ehdotus: 34-35 artikla, VHA: 15 art. 3 k, 37-38 artikla)		Negatiiviset tulot (ehdotus: 39 artikla, VHA: 42 artikla)		Negatiiviset menot (ehdotus: 39 artikla, VHA: 184 artikla)	
Komissio	*Luopuminen erottelusta korjaaviin ja täydentäviin lisätalousarvioihin*	3	*Kieltäminen*	3	*Kieltäminen ja muuttaminen käyttötarkoitukseensa sidotuiksi tuloiksi*	3
Belgia*	Nimikemuutoksen lisäksi ei muutoksia vallitsevaan tilanteeseen	3	Kieltämisen puolesta	3	Komission ehdotuksen puolesta	3
Tanska	Vaatimusten huomattava tiukentaminen, erilliset lisäbudjetit tuloille, lisätalousarvioiden yhdistämisen kieltäminen	5	Erittäin voimakkaasti kieltämisen puolesta, bruttoperiaatteen noudattamisen merkitys, poistaminen tehtävä RN:ien enimmäismääriä noudattaen	1	Komission ehdotuksen puolesta	3
Saksa	Vaatimusten tiukentaminen, erillinen "saldolisätalousarvio"	4	Ei kirjattua kantaa	0	Komission ehdotuksen puolesta, muuttaminen TA:n "yleisiksi" tuloiksi	2
Kreikka	Nimikemuutoksen lisäksi ei muutoksia vallitsevaan tilanteeseen	3	Ei kirjattua kantaa	0	Negatiivisten menojen säilyttämisen puolesta	4
Espanja**	Nimikemuutoksen lisäksi ei muutoksia vallitsevaan tilanteeseen	3	Kieltämisen puolesta	3	Komission ehdotuksen puolesta	3
Ranska** *	Erilliset lisätalousarviot tuloille, erillinen "saldolisätalousarvio"	4	Säilyttämisen puolesta	5	Voimakkaasti negatiivisten menojen säilyttämisen puolesta	5
Irlanti	Erilliset lisätalousarviot tuloille, erillinen "saldolisätalousarvio"	4	Valmis säilyttämään yleisessä talousarviossa	4	Voimakkaasti negatiivisten menojen säilyttämisen puolesta	5
Italia	Nimikemuutoksen lisäksi ei muutoksia vallitsevaan tilanteeseen	3	Kieltämisen puolesta	3	Negatiivisten menojen säilyttämisen puolesta	4
Luxemburg	Nimikemuutoksen lisäksi ei muutoksia vallitsevaan tilanteeseen	3	Kieltämisen puolesta	3	Komission ehdotuksen puolesta	3
Alankomaat	Vaatimusten tiukentaminen, erilliset lisäbudjetit tuloille, lisätalousarvioiden yhdistämisen kieltäminen	4	Kieltämisen puolesta	3	Negatiivisten menojen säilyttämisen puolesta	4
Itävalta	Vaatimusten huomattava tiukentaminen, erilliset lisäbudjetit tuloille, lisätalousarvioiden yhdistämisen kieltäminen	5	Erittäin voimakkaasti kieltämisen puolesta, bruttoperiaatteen noudattamisen merkitys, poistaminen tehtävä RN:ien enimmäismääriä noudattaen	1	Negatiivisten menojen säilyttämisen puolesta	4
Portugali	Nimikemuutoksen lisäksi ei muutoksia vallitsevaan tilanteeseen	3	Kieltämisen puolesta	3	Komission ehdotuksen puolesta	3
Suomi	Vaatimusten tiukentaminen, erillinen "saldolisätalousarvio"	4	Kieltämisen puolesta, bruttoperiaatteen noudattamisen merkitys	2	Komission ehdotuksen puolesta	3
Ruotsi** **	Vaatimusten huomattava tiukentaminen, erilliset lisäbudjetit tuloille, lisätalousarvioiden yhdistämisen kieltäminen	5	Erittäin voimakkaasti kieltämisen puolesta, bruttoperiaatteen noudattamisen merkitys, poistaminen tehtävä RN:ien enimmäismääriä noudattaen	1	Erittäin voimakkaasti negatiivisten menojen kieltämisen puolesta, muuttaminen TA:n "yleisiksi" tuloiksi	1
Yhdist. kun.	Vaatimusten tiukentaminen, erilliset lisäbudjetit tuloille, lisätalousarvioiden yhdistämisen kieltäminen	4	Kieltämisen puolesta	3	Komission ehdotuksen puolesta	3

Määrärahojen siirrot varainhoitovuonna (ehdotus: 20-24 artikla ja toinen osa, VHA: 22-26 artikla ja toinen osa)

	Pl III: 10 %:n jousto (ehdotus: 21 artikla, VHA: 21-22 artikla)		Muut pääluokat (ehdotus: 20 artikla, VHA: 21 artikla)		Erityissäännökset (VHA: 26 art. 2 k, 153, 158, 160, 161, 172 art. 3 k.)	
Komissio	*10 %:n jousto lukujen välisissä siirroissa toimintamäärärahoille*	3	*Lukujen ja momenttien väliset siirrot vapaasti (ilmoitusvelvollisuus)*	3	*24, 139, 144, 146 ja 147 artikla, 158 artiklan 2 kohta, 163 artiklan 2 kohta*	3
Belgia*	Komission ehdotuksen puolesta	3	Joustavuuden lisäämisen puolesta	3	Ei kirjattua kantaa	0
Tanska	Puolesta, vastapainona huomattavasti tiukempi siirtojen perustelu	5	Ei helpotuksia voimassa oleviin sääntöihin	5	Sääntöjen yksinkertaistaminen	2
Saksa	Puolesta, vastapainona tiukempi siirtojen perustelu	4	Ei helpotuksia voimassa oleviin sääntöihin	5	Ei helpotuksia voimassa oleviin sääntöihin	5
Kreikka	Komission ehdotuksen puolesta	3	Joustavuuden lisäämisen puolesta	3	Komission ehdotusten puolesta	3
Espanja**	Komission ehdotuksen puolesta	3	Joustavuuden lisäämisen puolesta	3	Komission ehdotusten puolesta	3
Ranska** *	Puolesta, vastapainona tiukempi siirtojen perustelu	4	Ei kirjattua kantaa	0	Sääntöjen yksinkertaistaminen	2
Irlanti	Puolesta, vastapainona tiukempi siirtojen perustelu	4	Joustavuuden lisäämisen puolesta	3	Sääntöjen yksinkertaistaminen	2
Italia	Komission ehdotuksen puolesta	3	Joustavuuden lisäämisen puolesta	3	Komission ehdotusten puolesta	3
Luxemburg	Komission ehdotuksen puolesta	3	Joustavuuden lisäämisen puolesta	3	Sääntöjen yksinkertaistaminen	2
Alankomaat	Puolesta, vastapainona huomattavasti tiukempi siirtojen perustelu	5	Ei helpotuksia voimassa oleviin sääntöihin	5	Ei helpotuksia voimassa oleviin sääntöihin	5
Itävalta	Puolesta, vastapainona huomattavasti tiukempi siirtojen perustelu	5	Ei helpotuksia voimassa oleviin sääntöihin	5	Ei helpotuksia voimassa oleviin sääntöihin	5
Portugali	Komission ehdotuksen puolesta	3	Joustavuuden lisäämisen puolesta	3	Ei kirjattua kantaa	0
Suomi	Puolesta, vastapainona huomattavasti tiukempi siirtojen perustelu	5	Ei helpotuksia voimassa oleviin sääntöihin	5	Sääntöjen yksinkertaistaminen	2
Ruotsi** **	Puolesta, vastapainona huomattavasti tiukempi siirtojen perustelu	5	Ei helpotuksia voimassa oleviin sääntöihin	5	Ei helpotuksia voimassa oleviin sääntöihin	5
Yhdist. kun.	Puolesta, vastapainona tiukempi siirtojen perustelu	4	Ei helpotuksia voimassa oleviin sääntöihin	5	Sääntöjen yksinkertaistaminen	2

	ABB (ehdotus: 38 artikla, VHA: 41 artikla)		Henkilöstötaulukot (ehdotus: 44 artikla, VHA: 47 artikla)		TA:n toteuttamistavat (ehdotus: 50-54 artikla, VHA: 53-57 artikla)	
Komissio	*Siirtyminen toimintoperusteiseen budjetointiin pääluokassa III*	*3*	*10 %:n joustovara, pois lukien palkkaluokat A1 ja A2*	*3*	*Toteuttamistapojen selkiyttäminen, ulkoistaminen, toimeenpanovirastot*	*3*
Belgia*	Komission budjettiautonomian puolustaminen, skeptinen ABB:ia kohtaan	4	Joustovaran puolesta	3	Ei suuria ongelmia komission ehdotusten kanssa, pois lukien toimeenpano-virastojen "kotipaikan" suhteen	3
Tanska	ABB:n puolesta edellyttäen, että hallintomenot on selvästi eritelty, vastapainona arviointi-, seuranta- ja valvontasääntöjen tiukentaminen, indikaattoreita tehokkuuden kasvun mittaamisen mahdollistamiseksi	1	Suuria epäilyjä joustovaran suhteen, hallintomenojen ja virkojen määrän valvonta turvattava, A3-palkkaluokka suljettava joustovaran ulkopuolelle	5	Voimakkaasti ulkoistamisen puolesta, komission lopullinen vastuu TA:n toteuttamisessa säilytettävä	1
Saksa	ABB:n puolesta edellyttäen, että hallintomenot on selvästi eritelty ja että vastapainona tiukennetaan arviointi-, seuranta- ja valvontasääntöjä	1	Epäilyjä joustovaran suhteen, hallintomenojen ja virkojen määrän valvonta turvattava	4	Ulkoistamisen puolesta mutta ehdot sille, mitä saa ulkoistaa ja siirtää kolmansille tahoille, komission vastuu säilytettävä	2
Kreikka	Komission budjettiautonomian puolustaminen, varauksia ABB:n suhteen	4	Valmis suurempaan joustovaraan	2	Ei suuria ongelmia komission ehdotusten kanssa	3
Espanja**	Komission budjettiautonomian puolustaminen, varauksia ABB:n suhteen	4	Joustovaran puolesta	3	Tiukat ehdot sille, mitä saa ulkoistaa ja siirtää kolmansille tahoille	4
Ranska** *	Arviointi- ja valvontasääntöjen tiukentaminen jos siirrytään ABB:iin	2	Epäilyjä joustovaran suhteen, hallintomenojen ja virkojen määrän valvonta turvattava	4	Tiukat ehdot sille, mitä saa ulkoistaa ja siirtää kolmansille tahoille	4
Irlanti	ABB:n puolesta, tietynasteinen arviointi-, seuranta- ja valvontasääntöjen kiristäminen vastapainona	2	Hallintomenojen ja virkojen määrän valvonta turvattava	1	Ulkoistamisen puolesta mutta ehdot sille, mitä saa ulkoistaa	2
Italia	Komission budjettiautonomian puolustaminen, skeptinen ABB:ia kohtaan	4	Palkkaluokka A3 suljettava joustovaran ulkopuolelle	4	Ei suuria ongelmia komission ehdotusten kanssa, pois lukien yhteisöjen, jotka suorittavat julkisen palvelun tehtäviä, kanssa	3
Luxemburg	Komission budjettiautonomian puolustaminen, avoin ABB:n suhteen	3	Joustovaran puolesta	3	Huolia "liiallisen" ulkoistamisen kanssa, tiukat ehdot sille, mitä saa siirtää kolmansille tahoille	4
Alankomaat	ABB:n puolesta, hallintomenojen valvontamahdollisuus turvattava indikaattoreita, seurantaa ja valvontaa kehittämällä	1	Epäilyjä joustovaran suhteen, hallintomenojen ja virkojen määrän valvonta turvattava	4	Voimakkaasti ulkoistamisen puolesta, komission lopullinen vastuu TA:n toteuttamisessa säilytettävä	1
Itävalta	ABB:n puolesta, hallintomenojen valvonta turvattava tarkkaan, arviointi- ja valvontasääntöjen tiukentaminen vastapainona	1	Suuria epäilyjä joustovaran suhteen, hallintomenojen ja virkojen määrän valvonta turvattava	5	Voimakkaasti ulkoistamisen puolesta, komission lopullinen vastuu TA:n toteuttamisessa säilytettävä	1
Portugali	Varauksia ABB:iin siirtymisen suhteen	4	Joustovaran puolesta	3	Tiukat ehdot sille, mitä saa ulkoistaa ja siirtää kolmansille tahoille	4
Suomi	ABB:n puolesta, hallintomenot kerättävä osastoissa erilliseen lukuun, indikaattorien, toiminto- ja rahoitusselvitysten merkityksen korostaminen	1	Epäilyjä joustovaran suhteen, tiukat perusteluvaatimukset vastapainona, hallintomenojen ja virkojen määrän valvonta turvattava	4	Komission lopullinen vastuu TA:n toteuttamisessa säilytettävä selvästi	3
Ruotsi** **	ABB:n puolesta edellyttäen, että hallintomenot on selvästi eritelty, arviointi-, seuranta- ja valvontasääntöjen tiukentaminen vastapainona, tehokkuuden mittaamisen tärkeys	1	Suuria epäilyjä joustovaran suhteen, tiukat perusteluvaatimukset vastapainona, hallintomenojen ja virkojen määrän valvonta turvattava	5	Voimakkaasti ulkoistamisen puolesta, komission lopullinen vastuu TA:n toteuttamisessa säilytettävä	1
Yhdist. kun.	ABB:n puolesta, hallintomenojen valvontamahdollisuus turvattava, "SMART" -indikaattorit, tehokkuuden mittaamisen tärkeys	1	Hallintomenojen ja virkojen määrän valvonta turvattava	1	Ulkoistamisen puolesta, komission lopullinen vastuu TA:n toteuttamisessa säilytettävä	2

Varaukset

	Luonti ja käyttö (ehdotus: 40 artikla, VHA: 43 artikla)		Negatiivinen varaus (ehdotus: 41 artikla, VHA: 43 artikla)		Hätäapu- ja lainatakuuvaraus (ehd: 24 art. 2 k, 42 art, VHA: 26 art. 2 k.)	
Komissio	*Vain kaksi perustetta määrärahojen kirjaukselle varaukseen*	*3*	*Mahdollisuuden säilyttäminen (200 milj. eur. vuodessa erilliseen osastoon)*	*3*	*"Negatiivisen yhteispäätösmenettelyn" kirjaaminen VHA:een*	*3*
Belgia*	Komission ehdotuksen puolesta	3	Komission ehdotuksen puolesta	3	Komission ehdotuksen puolesta	3
Tanska	Komission esittämää tiukemmat ehdot varausten luonnille	1	Komission ehdotuksen puolesta edellyttäen, että käyttöehdot määritellään tarkasti	2	Käytön tiukentaminen, erillinen määrärahasiirtoesitys jokaisesta käytöstä	5
Saksa	Komission esittämää tiukemmat ehdot varausten luonnille	1	Komission ehdotuksen puolesta	3	TVS:n teksti, erillinen määrärahasiirtoesitys jokaisesta käytöstä	4
Kreikka	Komission ehdotuksen puolesta	3	Komission ehdotuksen puolesta	3	Komission ehdotuksen puolesta	3
Espanja**	Komission ehdotuksen puolesta	3	Komission ehdotuksen puolesta	3	Komission ehdotuksen puolesta	3
Ranska** *	Komission esittämää tiukemmat ehdot varausten luonnille	1	Komission ehdotuksen puolesta	3	TVS:n teksti, erillinen määrärahasiirtoesitys jokaisesta käytöstä	4
Irlanti	Komission ehdotuksen puolesta	3	Komission ehdotuksen puolesta	3	TVS:n teksti, erillinen määrärahasiirtoesitys jokaisesta käytöstä	4
Italia	Komission ehdotuksen puolesta	3	Komission ehdotuksen puolesta	3	Komission ehdotuksen puolesta	3
Luxemburg	Komission ehdotuksen puolesta	3	Komission ehdotuksen puolesta	3	Komission ehdotuksen puolesta	3
Alankomaat	Komission esittämää tiukemmat ehdot varausten luonnille	1	Komission ehdotuksen puolesta edellyttäen, että käyttöehdot määritellään		Käytön tiukentaminen, erillinen määrärahasiirtoesitys jokaisesta käytöstä	5

			tarkasti	2		
Itävalta	Komission esittämää tiukemmat ehdot varausten luonnille	1	Komission ehdotuksen puolesta edellyttäen, että käyttöehdot määritellään tarkasti	2	Käytön tiukentaminen, erillinen määrärahasiirtoesitys jokaisesta käytöstä	5
Portugali	Komission ehdotuksen puolesta	3	Komission ehdotuksen puolesta	3	Komission ehdotuksen puolesta	3
Suomi	Komission esittämää tiukemmat ehdot varausten luonnille	1	Voimakkaasti kieltämisen puolesta (seurattavuus- ja totuudenmukaisuus-periaatteen vastaista)	5	TVS:n teksti, erillinen määrärahasiirtoesitys jokaisesta käytöstä	4
					Erillinen määrärahasiirtoesitys jokaisesta käytöstä	
Ruotsi** **	Komission esittämää tiukemmat ehdot varausten luonnille	1	Voimakkaasti kieltämisen puolesta	5	Käytön tiukentaminen, erillinen määrärahasiirtoesitys jokaisesta käytöstä	5
Yhdist. kun.	Komission esittämää tiukemmat ehdot varausten luonnille	1	Komission ehdotuksen puolesta edellyttäen, että käyttöehdot määritellään tarkasti	2	TVS:n teksti, erillinen määrärahasiirtoesitys jokaisesta käytöstä	4

	EJM (ehdotus: 6 art, VHA: 149 artiklan 1 k, 179 artiklan 1 k.)		**MSM (ehdotus: 6 ja 70-72 artikla, VHA: 7 ja 76-78 artikla)**		**Määrärahojen vapauttamiset (ehd: 71, 143, 152 art, VHA: 77, 157 ja 166 art.)**	
Komissio	*Poistaminen*	3	*Sääntöjen selkiyttäminen*	3	*Sääntöjen selkiyttäminen, uudelleenkäyttö: vain virhe tai* force majeure	3
Belgia*	Komission ehdotuksen puolesta	3	*Grosso modo* komission ehdotuksen puolesta	3	Komission ehdotusten puolesta	3
Tanska	EJM:n maatalousmenoille säilyttämisen puolesta	4	*"N+2"* säännön laajentamisen puolesta	4	Sääntöjen tiukentaminen erityisesti uudelleen käyttöön ottamista koskien	4
Saksa	Ei kirjattua kantaa	0	*"N+2"* säännön laajentamisen puolesta	4	Sääntöjen tiukentaminen erityisesti uudelleen käyttöön ottamista koskien	4
Kreikka	Komission ehdotuksen puolesta	3	Ei kirjattua kantaa	0	Komission ehdotusten puolesta	3
Espanja**	Komission ehdotuksen puolesta	3	Komission ehdotuksen puolesta	3	Komission ehdotusten puolesta	3
Ranska** *	Voimakkaasti EJM:n maatalousmenoille säilyttämisen puolesta	5	*"N+2"* säännön laajentamisen puolesta	4	Sääntöjen selkiyttäminen erityisesti uudelleen käyttöön ottamista koskien	2
Irlanti	Voimakkaasti EJM:n maatalousmenoille säilyttämisen puolesta	5	*"N+2"* säännön laajentamisen puolesta	4	Sääntöjen selkiyttäminen	2
Italia	Komission ehdotuksen puolesta	3	*Grosso modo* komission ehdotuksen puolesta	3	Komission ehdotusten puolesta	3
Luxemburg	Komission ehdotuksen puolesta	3	*Grosso modo* komission ehdotuksen puolesta	3	Komission ehdotusten puolesta	3
Alankomaat	Komission ehdotuksen puolesta	3	*"N+2"* säännön laajentamisen puolesta	4	Sääntöjen tiukentaminen erityisesti uudelleen käyttöön ottamista koskien	4
Itävalta	Komission ehdotuksen puolesta	3	*"N+2"* säännön laajentamisen puolesta	4	Sääntöjen tiukentaminen erityisesti uudelleen käyttöön ottamista koskien	4
Portugali	Komission ehdotuksen puolesta	3	*Grosso modo* komission ehdotuksen puolesta	3	Komission ehdotusten puolesta	3
Suomi	Komission ehdotuksen puolesta	3	*"N+2"* säännön laajentamisen puolesta	4	Sääntöjen tiukentaminen	4
Ruotsi** **	Komission ehdotuksen puolesta	3	*"N+2"* säännön laajentamisen puolesta	4	Sääntöjen huomattava tiukentaminen	5
Yhdist. kun.	Komission ehdotuksen puolesta	3	*"N+2"* säännön laajentamisen puolesta	4	Sääntöjen tiukentaminen	4

	Siirrot seur. vuoteen (ehdotus: 8, 135 art. 2 k, VHA: 9, 149 art. 2 k.)		**Ylimääräiset jaksot (ehdotus: 138 artikla, VHA: 152 artikla)**		**Kahdestoistaosat (ehdotus: 12 artikla, VHA: 13 artikla)**	
Komissio	*Sääntöjen yksinkertaistaminen (luopuminen EJM), komission rooli*	3	*Kieltäminen, paitsi EMOTR:n tukiosaston menoille*	3	*Ei muutoksia VHA:n sisältöön*	3
Belgia*	Komission ehdotuksen puolesta	3	Komission ehdotuksen puolesta	3	Ei kirjattua kantaa	0
Tanska	Lyhyemmät määräajat ja informaation lisääminen päätöksistä	4	Ei kirjattua kantaa	0	VHA:n tekstin tiukentaminen	5
Saksa	Lyhyemmät määräajat ja informaation lisääminen päätöksistä	4	Ylimääräisiä jaksoja vastaan	4	VHA:n tekstin selkiyttäminen	3
Kreikka	Ei kirjattua kantaa	0	Ei kirjattua kantaa	0	Ei kirjattua kantaa	0
Espanja**	Komission ehdotuksen puolesta	3	Komission ehdotuksen puolesta	3	Ei kirjattua kantaa	0
Ranska** *	Lyhyemmät määräajat ja informaation lisääminen päätöksistä	4	Komission ehdotuksen puolesta	3	VHA:n tekstin selkiyttäminen	3
Irlanti	Lyhyemmät määräajat ja informaation lisääminen päätöksistä	4	Komission ehdotuksen puolesta	3	VHA:n tekstin selkiyttäminen	3
Italia	Ei kirjattua kantaa	0	Komission ehdotuksen puolesta	3	Ei kirjattua kantaa	0
Luxemburg	Komission ehdotuksen puolesta	3	Komission ehdotuksen puolesta	3	VHA:n tekstin selkiyttäminen	3
Alankomaat	Lyhyemmät määräajat ja informaation lisääminen päätöksistä	4	Ylimääräisiä jaksoja vastaan	4	VHA:n tekstin tiukentaminen	5
Itävalta	Lyhyemmät määräajat ja informaation lisääminen päätöksistä	4	Ylimääräisiä jaksoja vastaan	4	VHA:n tekstin tiukentaminen	5
Portugali	Komission ehdotuksen puolesta	3	Komission ehdotuksen puolesta	3	VHA:n tekstin selkiyttäminen	3
Suomi	Lyhyemmät määräajat ja informaation lisääminen päätöksistä	4	Ylimääräisiä jaksoja vastaan	4	VHA:n tekstin tiukentaminen	5
Ruotsi** **	Lyhyemmät määräajat ja mahdollisimman täydellinen informaatio	5	Ylimääräisiä jaksoja vastaan	4	VHA:n tekstin tiukentaminen	5
Yhdist. kun.	Lyhyemmät määräajat ja mahdollisimman täydellinen informaatio	5	Ylimääräisiä jaksoja vastaan	4	VHA:n tekstin tiukentaminen	5

* Puheenjohtajavaltio vuoden 2001 toisella puoliskolla ** Puheenjohtajavaltio v. 2002 ensimmäisellä puoliskolla ** * Puheenjohtajavaltio v. 2000 toisella puoliskolla ** ** Puheenjohtajavaltio v. 2001 ensimmäisellä puoliskolla

O: ei kantaa, 1: komission ehdotus ei mene lainkaan riittävän pitkälle, 2: komission ehdotus ei mene eräissä merkittävissä yksityiskohdissa riittävän pitkälle, 3: komission ehdotus on *grosso modo* hyväksyttävissä, 4: komission ehdotus ei ole sellaisenaan hyväksyttävissä, 5: komission ehdotus ei ole lainkaan hyväksyttävissä

kiksi Ruotsi joutui tyytymään siihen, että negatiiviset menot eivät poistu yleisestä talousarviosta vuoden 2003 alusta (ks. osajulkaisu VI).

Tutkimuksen kannalta nämä "alkuperäiset kannat" ovat kuitenkin mielenkiintoisimpia sillä voidaan katsoa, että ne kuvaavat "puhtaimmillaan" jäsenvaltioiden suhtautumista eri joustomuotoihin ja niiden kehitykseen. Tämä puolestaan mahdollistaa tutkimuksen johtopäätösten teon (ks. alla).

Ei liene yllättävää, että eräillä jäsenvaltioilla oli paremmin valmistellut ja "lopullisemmat" kannat komission ehdottamiin eri joustomuotoja käsittelevien VHA:n artiklojen muutoksiin kuin toisilla. Tämä on sidoksissa moniin eri tekijöihin: jäsenvaltioiden hallintokulttuuri, kysymysten kanssa tekemisissä olevien virkamiesten määrä, VHA:n kokonaisuudistukseen ja siihen liittyviin ongelmiin osoitettu mielenkiinto niin pääkaupungeissa kuin edustustoissa, kysymysten merkitys jäsenvaltioiden kannalta ovat vain eräitä asiaan vaikuttaneita tekijöitä.

On kuitenkin yhtäältä selvää, että esimerkiksi Ranskan, Ruotsin ja Espanjan (ja pienemmässä määrin Belgian) virallisten kantojen muotoiluun vaikutti ainakin osittain se, että maat olivat EU:n puheenjohtajuusvuorossa vuosina 2000-2002[283]. Taulukosta 7 – kuten Taulukoista 8 ja 9 jäljempänä – on kuitenkin poistettu "puheenjohtajuusvaikutus" siten, että taulukoihin on merkitty, tapauksesta riippuen, joko ennen puheenjohtajuuskautta tai sen jälkeen esiin tuotu kanta[284].

Toisaalta on selvää, että eri kysymyksillä on erilainen painoarvo eri jäsenvaltioissa ja että eräät komission esittämät muutokset olivat selvästi "mahdottomia hyväksyä" eräille maille. Samaan aikaan toiset jäsenvaltiot saattoivat olla varsin "avoimia" samoille muutosehdotuksille.

Kolmanneksi, ja ehkä hieman yllättävästikin, tarkasteluaikavälillä tapahtuneilla hallitusten tai ministerien vaihdoksilla ei tutkimuksen mukaan näytä olleen vaikutuksia jäsenvaltioiden kantoihin[285]. Tämä voi merkitä, paitsi jäsenmaiden verrattain pysyvää kantaa tarkastelun alla oleviin kysymyksiin, myös sitä, että varainhoitoasetukseen liittyviä kysymyksiä pidetään varsin teknisinä, eivätkä jäsenvaltiot katsoneet siksi tarpeelliseksi muuttaa kantojaan poliittisten vallanvaihdosten myötä.

Käytännössä kokousasiakirjojen tarkastelussa ilmeni varsin selvästi että riippumatta siitä, että EU:n hallinnon uudistamisesta keskusteltiin "korkeimpia tahoja" myöten ja että komission hallinnon uudistamisen edistymistä seurataan edelleenkin tiiviisti yleisten asioiden neuvostossa (ks. Westlake & Galloway 2004, 46-55), varainhoitoasetusta koskevat eri maiden positiot laadittiin selkeästi *valtiovarainministeriöiden* ohjauksessa. Toisin sanottuna kaikista komission uudistamiskytköksistä huolimatta (ks. osajulkaisut IV ja VIII) uutta varainhoitoasetusta ja sen hyväksymisprosessia näytetään pidetyn jäsenvaltioissa ennen kaikkea teknisenä "finanssihallinnollisena", ei niinkään "poliittisena" kysymyksenä. Tämä on sinänsä ymmärrettävää, sillä uuden varainhoitoasetuksen hyväksyminen tapahtui budjettikomitean ja pysyvien edustajien komitean (Coreper II) kautta Ecofin-neuvostossa[286] (ks. Nicoll & Bryan-Kinns 2004, 107). Töiden "ohjaavana voimana" voidaan kuitenkin pitää Göteborgin

[283] Ranska vuoden 2000 toisella puoliskolla, Ruotsi vuoden 2001 ensimmäisellä puoliskolla, Belgia vuoden 2001 toisella puoliskolla ja Espanja vuoden 2002 ensimmäisellä puoliskolla.

[284] Jäsenvaltioiden edustajien kanssa käytyjen keskustelujen mukaan tuleva tai käynnissä oleva puheenjohtajuus ei kuitenkaan aiheuttanut merkittäviä painotuseroja maiden "kansallisiin kantoihin". Tämä on ehkä ymmärrettävää myös siksi, että Ranskan puheenjohtajuuskaudella käytiin ennen kaikkea vain yleiskeskusteluja, Belgian puheenjohtajuuskaudella ei VHA:n uudistamista käsitelty kuin yhdessä budjettikomitean kokouksessa (komission tulevan muutetun ehdotuksen esittely) ja Espanjan puheenjohtajuuskaudella "alkuperäisistä kannoista" oli jouduttu poikkeamaan neuvottelujen edetessä ja sovun löytämiseksi jo useamman kerran.

[285] Tämä seikka tarkistettiin useaan kertaan vielä erikseen keskusteluissa jäsenvaltioiden edustajien kanssa. 17.10.2000 – 25.6.2002 välisenä aikana EU:n jäsenvaltioissa järjestettiin seuraavat parlamenttivaalit: Italiassa 13. toukokuuta 2001, Yhdistyneessä kuningaskunnassa 7. kesäkuuta 2001, Portugalissa 17. maaliskuuta 2002 ja Irlannissa 17. toukokuuta 2002 (ks. esim. *L'État...* 2001-2003).

[286] Yllä mainittu ei tietenkään tarkoita sitä, ettei jäsenmaiden sisäisessä koordinointityössä olisi otettu huomioon muiden ministeriöiden kantoja, eikä sillä viitata jäsenvaltioiden *muodollisiin* positioiden valmistelu- ja lukkoonlyömisprosesseihin ja -kanaviin (ks. esim. Kassim 2005, 285-316, Häge 2008, 535-558 tai

Eurooppa-neuvoston (eli EU:n korkeimman *poliittisen* tahon) päätelmiä kesäkuulta 2001, joiden mukaisesti varainhoitoasetuksen kokonaisuudistus olisi saatava päätökseen vuoden 2002 loppuun mennessä ja "uuden VHA:n olisi tultava voimaan vuoden 2003 alussa" (ks. osajulkaisu IV).

Taulukkoon 7 – samoin kuin Taulukoihin 8 (luku 6.2.2) ja 9 (luku 6.2.3) – on lisäksi merkitty luettavuuden helpottamiseksi jäsenvaltion kanta suhteessa komission ehdotukseen käyttäen seuraavaa viisiportaista merkitsemistapaa:

1: komission joustomuodon muutosehdotus ei mene lainkaan riittävän pitkälle,

2: komission ehdotus ei mene eräissä merkittävissä yksityiskohdissa riittävän pitkälle,

3: komission ehdotus on *grosso modo* hyväksyttävissä,

4: komission ehdotus ei ole sellaisenaan hyväksyttävissä,

5: komission ehdotus ei ole lainkaan hyväksyttavissä.

Jos kokousasiakirjoista ei löydy – syystä tai toisesta – jäsenvaltion kantaa, taulukkoon on merkitty "0" (ei kantaa).

Jäsenvaltioiden kantojen löytäminen kokousasiakirjoista ei sinänsä tuottanut ongelmia, semminkin kun tekijä osallistui kaikkiin kokouksiin. On kuitenkin korostettava, että tilakysymysten vuoksi maiden kannat on jouduttu esittämään Taulukossa 7 (kuten luvun 6.2.2 Taulukossa 8 ja luvun 6.2.3 Taulukossa 9) *synteettisesti*. Tällä saavutetaan kiistattomia etuja esimerkiksi kantojen "lajittelun" kannalta (ks. alla), samalla kun menetetään osa kokousasiakirjojen sisältämästä informaatiosta (ks. Kuvio 12 sivu 125). Syntetisoinnilla – vaikka se aina sisältääkin subjektiivisuuden elementin – ei kuitenkaan voida katsoa olevan sellaista vaikutusta tutkimuksen tuloksiin, että syntetisoinnin vaikutuksia tulosten kannalta tulisi arvioida erikseen tässä mainittua tarkemmin.

Vuotuisen *ulkoisen jouston* muotojen muutosten osalta voidaan selvästi erottaa seitsemän maan ryhmän, joka tietoisesti lähti ajamaan *lisäbudjettimenettelyn* ja sen ehtojen tiukentamista VHA:n kokonaisuudistuksen yhteydessä. Ryhmässä voidaan erotella Tanska, Itävalta ja Ruotsi, jotka ajoivat lisäbudjettien esittämisehtojen huomattavaa tiukentamista, sekä Saksa, Alankomaat, Suomi ja Yhdistynyt kuningaskunta, jotka kannattivat jossain määrin maltillisempaa linjaa.

Myös Ranska ja Irlanti liittyivät vaatimukseen ottaa käyttöön erilliset lisätalousarviot tuloille ja erilliset "saldolisäbudjetit" (ks. osajulkaisu V). Muiden maiden edustajat kannattivat komission ehdottaman nimenmuutoksen (ja siihen liittyvien VHA:n muutosten) lisäksi varainhoitoasetuksen lisäbudjetteja käsittelevien artikloiden säilyttämistä ennallaan.

Vuotuisen *sisäisen jouston* eri muotojen osalta on syytä ensinnäkin kiinnittää huomiota eri maiden suhtautumiseen komission *määrärahojen siirtomenettelyihin* ehdottamiin muutoksiin.

Komission ehdottaman *10 %:n jouston* toimintamäärärahoja sisältävien talousarvion lukujen välisissä siirroissa olivat valmiit hyväksymään kaikki jäsenvaltiot kuitenkin niin, että yhdeksän maata asetti vaatimukseksi siirtojen aikaisempaa paremman ja tarkemman perustelemisen. Erityisesti Tanska, Alankomaat, Itävalta, Suomi ja Ruotsi katsoivat, että lisääntyneen jouston vastapainona tulee ehdottomasti olla varainhoitoasetukseen ja sen soveltamissääntöihin kirjatut tarkat säännöt jouston ehdoista ja rajoista.

Muiden toimielinten kuin komission määrärahasiirtojen suhteen seitsemän jäsenvaltioita ilmoittautui lisääntyneen joustavuuden kannattajiksi, kun taas sama määrä maita ei nähnyt suurempaa syytä muuttaa varainhoitoasetuksessa säädettyjä menettelyjä. Ranska ei kirjannut neuvotteluiden alkuvaiheessa kantaa tähän kysymykseen.

Thomson 2008, 593-617). Toisaalta erottelu EU:n "poliittisten" ja "teknisten" kysymysten välillä on toisinaan varsin keinotekoista (ks. esim. Ahonen 1997, 1-7).

Eräille määrärahasiirroille varainhoitoasetuksessa säädettyjä *erityissääntöjä* koskien kolme jäsenvaltiota katsoi voivansa periaatteessa hyväksyä komission ehdotukset, kun taas kuusi valtiota toivoi varainhoitoasetukseen kirjattujen sääntöjen "yksinkertaistamista". Maiden kannat siitä, mitä tällä käytännössä tarkoitetaan, erosivat kuitenkin toisistaan toisten halutessa mennä pitemmälle kuin mitä komissio esitti, toisten taas esimerkiksi halutessa rajata erityissääntöjen suomat poikkeukset minimiin. Neljä jäsenvaltiota ilmaisi suuria epäilyksiä kaikkinaisia sääntöhelpotuksia kohtaan. Kahdella maalla ei ollut yksiselitteistä kantaa komission ehdotuksiin.

Jäsenvaltioiden suhtautuminen *yleisen talousarvion rakenteen* muutoksiin, ja erityisesti siirtymiseen ABB-muotoiseen esitystapaan pääluokassa III – komissio – vaihteli niin ikään suuresti: kahdeksan jäsenvaltiota oli siirtymisen puolesta, kun taas kuusi maata esitti eriasteisia epäilyksiä siirtymisen mielekkyyttä kohtaan, korostaen samalla muun muassa komission "budjettiautonomian" säilyttämisen tärkeyttä. Luxemburg puolestaan puolusti komission autonomiaa budjettiasioissa, mutta ei nähnyt suuria esteitä toimintoperusteiseen budjetointiin siirtymiselle.

Toimintoperusteisen budjetoinnin suomaa uutta vapautta halusivat rajata etenkin Tanska, Saksa, Alankomaat, Itävalta, Ruotsi ja Yhdistynyt kuningaskunta, maiden korostaessa muun muassa arviointi-, seuranta- ja valvontasääntöjen tiukentamisen merkitystä vastapainona uusille vapausasteille. Toisaalta maat korostivat erilaisten menettelyjen luomisen tärkeyttä tehokkuuden kasvun mittaamisen mahdollistamiseksi. Suomi ja Yhdistynyt kuningaskunta toivat erityisesti esille erilaisten indikaattoreiden sekä toiminto- ja rahoitusselvitysten käytön ja seurannan merkityksen. Edellä mainitut maat halusivat niin ikään turvata komission hallintomenojen tiukan valvonnan myös ABB:n tapauksessa.

Toimielimille *henkilöstötaulukkojensa* suhteen suotua komission ehdottamaa uutta joustovaraa puolusti sellaisenaan neljä jäsenvaltiota. Myös Kreikka ja Italia olivat valmiit hyväksymään komission esityksen kuitenkin edellytyksellä, että A3-palkkaluokka ("päälliköt") suljetaan joustovaran ulkopuolelle. Kolmella maalla oli sen sijaan suuria vaikeuksia hyväksyä ehdotus. Muut jäsenvaltiot olivat valmiit hyväksymään tietynasteisen jouston edellytyksellä, että turvataan virkojen määrän (ja hallintomenojen) valvonta ja/tai että henkilöstötaulukkojen muutokset perustellaan riittävässä määrin budjettivallan käyttäjälle.

Yleisen talousarvion erilaisten *toteuttamistapojen* osalta jäsenvaltioiden keskustelut kiteytyivät yhtäältä siihen, *onko* ulkoistaminen ylipäätänsä suotavaa[287], toisaalta siihen, *mitä* saa ulkoistaa (eli mitkä ovat "ulkoistamisen rajat") ja kolmanneksi siihen, *miten* turvataan se, että komissiolla säilyy perustamissopimuksen mukainen vastuu talousarvion toteuttamisesta. Vain kolme maata katsoi voivansa hyväksyä komission ehdotukset periaatteessa sellaisenaan, pienin lisäyksin.

Yleisen talousarvion *varausten* luonnin ja käytön suhteen seitsemän jäsenvaltiota oli komission uudistusehdotusten kannalla, kun taas kahdeksan maata oli komission ehdottomia sääntöjä tiukempien määräysten kannalla.

Hätäapuvarauksen ja *lainatakuuvarauksen* käyttöehtojen osalta kuusi jäsenvaltiota oli komission ehdotuksen kannalla, kun taas neljä jäsenvaltiota oli varausten käyttöehtojen tiukentamisen puolesta. Yhdeksän maata halusi erillisen määrärahasiirron jokaisesta varausten käytöstä. Viisi maata kannatti TVS:n varausten käyttöä koskevan kohdan tekstin sisällyttämistä varainhoitoasetukseen sellaisenaan ratkaisuksi kiistoihin – näin lopulta meneteltiinkin.

Suomea ja Ruotsia lukuun ottamatta jäsenvaltiot olivat komission ehdotuksen mukaisesti *negatiivisen varauksen* mahdollisuuden säilyttämisen puolesta VHA:ssa. Tanska, Alankomaat, Itävalta ja Yhdistynyt kuningaskunta esittivät kuitenkin varauksen käyttöehtojen selkiyttämistä.

Negatiivisten tulojen säilyttämistä kannattivat erityisesti Ranska ja Irlanti. Muut maat kallistuivat (komission ehdotuksen mukaisesti) negatiivisten tulojen kieltämisen puolelle kuitenkin niin, että Tanska, Itävalta ja Ruotsi katsoivat, ettei komission ehdotus mene riittävän pitkälle erityisesti mitä tulee

[287] Ulkoistamiseen suhtautui periaatteessa myönteisesti tai erittäin myönteisesti seitsemän jäsenvaltiota.

niiden poistamisesta aiheutuviin rahoitusnäkymien otsakkeiden ja alaotsakkeiden enimmäismäärien mahdollisiin ylityksiin. Saksa ja Kreikka pidättäytyivät ilmaisemasta kantaansa.

Negatiivisten menojen säilyttämistä kannattivat – eri syistä – paitsi Ranska ja Irlanti myös Kreikka, Italia, Alankomaat ja Itävalta. Muut maat kallistuivat komission ehdotuksen puolelle niiden kieltämiseksi kuitenkin niin, että Ruotsi, saaden taustatukea etenkin Saksalta, ei hyväksynyt negatiivisten menojen muuttamista käyttötarkoitukseensa sidotuiksi tuloiksi, vaan halusi tehdä niistä talousarvion "yleisiä tuloja".

Tanskaa, Ranskaa ja Irlantia lukuun ottamatta kaikki maat olisivat sen sijaan olleet valmiit luopumaan komission ehdotuksen mukaisesti *jaksottamattomista määrärahoista*. Ranskan ja Irlannin tiukasta vastustuksesta johtuen määrärahat kuitenkin säilyivät yleisessä talousarviossa.

Ylivuotisen jouston eri muotojen osalta viiden jäsenvaltion edustajat katsoivat voivansa yleisellä tasolla hyväksyä komission *maksusitoumusmäärärahojen* käyttöä koskevat selkiyttämisehdotukset, kun taas yhdeksän jäsenvaltion edustajat halusivat tiukentaa määrärahojen käyttöehtoja esimerkiksi laajentamalla niin kutsutun "*n+2*" säännön soveltamisalaa. Jälkimmäiset myös ajoivat esimerkiksi komission ehdotuksia pidemmälle meneviä mahdollisuuksia *vapauttaa käyttämättömiä määrärahoja* tai tiukempia ehtoja *määrärahojen siirroille seuraavaan varainhoitovuoteen*.

Kuusi jäsenvaltiota oli kaikkinaisia VHA:n mahdollistamia *ylimääräisiä jaksoja* vastaan, kun taas seitsemän maata katsoi voivansa hyväksyä komission ehdotukset. Kaksi maata ei kirjannut kantaansa komission ehdotuksiin.

Lopuksi, kuusi jäsenvaltiota halusi varainhoitoasetuksen *kahdestoistaosia* koskevien määräysten "tiukentamista" ja viisi valtiota toivoi VHA:n tekstin "lisäselkiyttämistä". Neljä jäsenvaltiota ei esittänyt kantaansa näihin kysymyksiin.

Kuvioon 12 on koottu edellä syntetisoidut jäsenvaltioiden edustajien kannat ryhmittämällä ne suhtautumiseen yhtäältä ulkoisen jouston ja toisaalta sisäisen jouston muotojen ehdotettuihin muutoksiin.

On huomattava, että Kuvio 12 on laadittu siten, että siinä on otettu huomioon yhtäältä joustomuodon esitetyn muutoksen *merkitys* järjestelmän *kokonais*joustavuuden kannalta (vaikutus järjestelmän joustavuuteen yleensä; ks. osajulkaisut I-VII ja IX) ja toisaalta kokousasiakirjoihin merkitty jäsenvaltioiden esittämien kantojen "*voimakkuus*" ("*ehdottomuus*"). Kuviossa on syytä kiinnittää huomiota jäsenvaltioiden sijoittumiseen suhteessa toisiinsa, ei niinkään sijoittumiseen eri akseleille sinänsä. Toisaalta on mielenkiintoista verrata Kuviota 12 yllä luvussa 5.6.2 esitettyyn Kuvioon 9 (sivu 104), jossa esitetään kahdentoista EU:n jäsenvaltion suhtautuminen EU:n kehitykseen vuosina 2000-2006.

6.2.2 Jäsenvaltioiden suhtautuminen eräiden joustomuotojen muutoksiin vuoden 2002 varainhoitoasetuksen ensimmäisen muutoksen yhteydessä vuosina 2005 ja 2006

Edellisen luvun tapaan tässä luvussa tarkastellaan "EU-15":n jäsenvaltioiden[288] suhtautumista eräiden neuvottelujen kuluessa keskeisiksi muodostuneiden joustomuotojen ehdotettuihin muutoksiin vuoden 2002 varainhoitoasetuksen ensimmäisen muutoksen yhteydessä vuosina 2005 ja 2006.

Vuoden 2002 varainhoitoasetuksen ensimmäisen muutoksen taustat ja komission ehdotuksen tämän tutkimuksen kannalta olennaiset piirteet on esitelty osajulkaisussa VII[289]. Muutostyön aikana vuosina 2005 ja 2006 EU:n puheenjohtajuusvuorossa olivat (järjestyksessä) Luxemburg, Yhdistynyt kuningas-

---

[288] Vuoden 2004 Euroopan unionin laajentumisesta huolimatta luvuissa 6.2.2 ja 6.2.3 keskitytään vertailukelpoisuuden säilyttämiseksi muiden lukujen kanssa ainoastaan "EU-15":n jäsenvaltioiden kantoihin.
[289] Vrt. myös *Rapport*... 2004, *KOM(2005) 181 lopullinen*, *Striking*... 2005, Gräßle 2006a; 2006b; 2006c; 2006d ja *The Financial Regulation*... 2007.
Vuoden 2002 varainhoitoasetuksen vuoden 2006 muutosta, sen sisältöä ja kohdattuja ongelmia käsitellään yksityiskohtaisemmin artikkelissa Saarilahti & Krašovec 2012 (vrt. myös Alfé 2007, 23-28), eikä niitä ole siten tarpeen toistaa tässä.

Kuvio 12. Jäsenvaltioiden suhtautuminen eräiden joustomuotojen muutoksiin varainhoitoasetuksen kokonaisuudistuksen yhteydessä vuosina 2000-2002.
Chart 12. Attitude of Members States concerning proposed changes to certain flexibility elements during the recasting of the Financial Regulation in 2000-2002.

kunta, Itävalta ja Suomi. "EU-15":n jäsenvaltioissa järjestettiin 3.5.2005 – 13.12.2006 välisenä aikana seuraavat parlamenttivaalit: Saksassa 18. syyskuuta 2005, Italiassa 9. ja 10. huhtikuuta 2006, Ruotsissa 17. syyskuuta 2006, Itävallassa 1. lokakuuta 2006 ja Alankomaissa 22. marraskuuta 2006 (ks. esim. *L'État...* 2005-2008). Hyväksymisprosessi on esitetty Liitteessä I (sivu 154). Varainhoitoasetuksen muutos hyväksyttiin 13.12.2006[290].

Tässä luvussa keskitytään seuraaviin *kahteentoista* paljon keskustelua aiheuttaneeseen joustomuotoon ja teemaan:

1. lisätalousarviot,

2-6. määrärahojen siirrot varainhoitovuonna (komission pääluokan määrärahasiirrot, muiden toimielinten kuin komission määrärahasiirrot ja erityissäännökset),

7. toimintoperusteinen budjetointi,

8. yleisen talousarvion toteuttamistavat,

9. "*n+3*" sääntö,

10. ennakkositoumukset,

[290] Neuvoston asetus (EY, Euratom) N:o 1995/2006, annettu 13 päivänä joulukuuta 2006, Euroopan yhteisöjen yleiseen talousarvioon sovellettavasta varainhoitoasetuksesta annetun asetuksen (EY, Euratom) N:o 1605/2002 muuttamisesta (EUVL N:o L 390, 30.12.2006, 1-26 ja oikaisu EUVL:ssä N:o L 48, 22.2.2008, 88). "Konsolidoitu" varainhoitoasetus on julkaistu teoksessa *Financial Regulation...* 2008 ja *Le règlement…* 2008. Teoksissa on myös julkaistu VHA:n soveltamisasetuksen "konsolidoitu" versio.

11. määrärahojen uudelleenkäyttö,

12. määrärahojen siirrot seuraavaan varainhoitovuoteen.

Neuvoston budjettikomitea käsitteli vuosina 2005 ja 2006 vuoden 2002 VHA:n muutosta yhteensä 28 kokouksessa, joista kahdessa kokouksessa Yhdistyneen kuningaskunnan (yleiskeskustelu ja komission ehdotuksen esittely), 19 kokouksessa Itävallan ja seitsemässä kokouksessa Suomen puheenjohtajuuskaudella. Jäsenvaltioiden edustajien edellä mainittujen kokousten asiakirjoihin kirjaamat kannat on koottu – Taulukon 7 tapaan sekä samoja perusteita käyttäen – Taulukkoon 8 (sivut 128-129).

Vuotuisen *ulkoisen jouston* osalta vuonna 2006 tiukennettiin vuoden 2002 VHA:n mukaisia *lisätalousarvioiden* esittämisehtoja. Siten Tanskan aloitteesta neuvosto lisäsi varainhoitoasetuksen 37 artiklan 1 kohtaan uuden kolmannen alakohdan, jonka mukaan "(e)nnen alustavan lisätalousarvioesityksen esittämistä komissio ja muut toimielimet kuin komissio tarkastelevat asiaa koskevien määrärahojen jakamista uudelleen ottaen huomioon oletettu määrärahojen vajaakäyttö" EP ja komissio hyväksyivät lisäyksen neuvottelukokouksessa 21.11.2006. Tanskaa tuki vaihtelevalla intensiteetillä kahdeksan jäsenvaltiota. On mielenkiintoista todeta, että kyseessä ovat samat maat, jotka jo vuonna 2002 halusivat rajoittaa ulkoista joustoa tavalla tai toisella (ks. yllä luku 6.2.1).

Vuotuisen *sisäisen jouston* osalta komissio ensinnäkin esitti vuoden 2002 VHA:n *määrärahasiirtosääntöjen* tietynasteista joustavoittamista (ks. osajulkaisu VII).

Muiden toimielinten kuin komission määrärahojen siirtojen osalta neljä jäsenvaltiota olisi halunnut pitää säännöt entisellään, kun taas viisi jäsenvaltiota olisi ollut valmis tiukentamaan niitä eräiltä osin. Lopulta sääntöjen sisältöä ei muutettu VHA:n 22 artiklan uudelleenkirjoituksesta huolimatta.

Myös *pääluokan III* (komissio) määrärahojen siirtojen osalta mielipiteet jakautuivat. Komission erilaisista joustavoittamisesityksistä huolimatta (ks. osajulkaisu VII) yhdeksän maata toivoi sääntöjen tiukentamista. Näistä kuusi ajoi lisäksi rajoitteen asettamista myös siirron *kohde*budjettikohdalle. Lopulta varainhoitoasetukseen kirjattiin 30 %:n rajoite kohdebudjettikohdalle osastojen välisissä siirroissa henkilöstö- ja hallintomäärärahojen tapauksessa.

Uutta joustavuutta edustaa sen sijaan ensinnäkin *virkamiehistöä, muuta henkilöstöä ja ulkopuolista henkilöstöä* koskevissa määrärahasiirroissa komissiolle suotu uusi vapaus. VHA:n 23 artiklan 1 kohdan uuden kolmannen alakohdan mukaan[291] "(v)arainhoitovuoden viimeisten kahden kuukauden aikana komissio voi (...) itsenäisesti siirtää yhteisön virkamiehiä ja muuta henkilöstöä sekä ulkopuolista henkilöstöä koskevia määrärahoja talousarvion osastosta toiseen enintään 5 prosentin rajoissa kyseisen varainhoitovuoden määrärahoista. Komissio ilmoittaa budjettivallan käyttäjälle määrärahasiirtoja koskevasta päätöksestään kahden viikon kuluessa sen tekemisestä". Kolme jäsenvaltioita oli esitystä vastaan, kun taas kuusi jäsenvaltiota halusi asettaa komission ehdottamaa tiukemmat rajoitukset siirroille. Kuusi maata olisi voinut hyväksyä komission ehdottamat kolme kuukautta ja 10 %.

Toinen uusi joustavuuselementti[292] on *kansainvälisten humanitaaristen suuronnettomuuksien ja kriisien* hoitoon varatuille määrärahoille suodut uudet siirtomahdollisuudet (VHA:n 26 artiklan uusi 3 kohta). Yhdeksän jäsenvaltiota oli uuden joustavuuden puolesta, kun taas viisi jäsenvaltioita oli eri syistä ajatusta vastaan.

Varainhoitoasetukseen sisältyviä erilaisia eräille määrärahoille suotuja *erityissiirtosääntöjä* koskien neljä jäsenvaltiota olisi halunnut jatkaa näiden erittelyperiaatteelle suotujen poikkeusten karsimista, kaksi maata ei olisi halunnut suoda uusia helpotuksia, neljä maata olisi toivonut sääntöjen "yksinker-

---

[291] Komissio ei ollut esittänyt mahdollisuutta alkuperäisessä ehdotuksessaan (*KOM(2005) 181 lopullinen*). Muutetussa ehdotuksessaan komissio ehdotti *kolmea* kuukautta ja *10 %* sekä *kuukautta* ilmoituksen tekemiselle (*KOM(2006) 213 lopullinen*, 23).

[292] On huomattava, että joustavuus lisättiin neuvottelujen aikana, sillä komissio ei ollut ehdottanut sitä sellaisenaan sen enempää alkuperäisessä kuin muutetussakaan varainhoitoasetusmuutosehdotuksessa (*KOM(2005) 181 lopullinen* ja *KOM(2006) 213 lopullinen*).

taistamista" ja yksi maa ilmoitti pystyvänsä *grosso modo* hyväksymään komission ehdotukset. Neljä maata oli ilman selvää kantaa.

Vuoden 2002 VHA:n vuoden 2006 muutoksessa lopullisesti hyväksytyt määrärahojen uudet siirtosäännöt varainhoitovuonna on kokoavasti esitetty Liitteessä II (sivut 155-156).

Toimintoperusteista budjetointia koskien komissio ehdotti toimintoselvitysten mainitsemista nimeltä varainhoitoasetuksessa (ks. osajulkaisu VII) ja selvityksiä koskevaa lisäystä VHA:n 33 artiklan 2 kohtaan (uusi d alakohta). Yhdeksän jäsenvaltiota katsoi, ettei ehdotus mene riittävän pitkälle selvitysten sisällön suhteen ja ehdotti erilaisia lisäyksiä[293]. Kuusi maata olisi ollut valmis hyväksymään komission ehdotuksen sellaisenaan.

Vuoden 2006 muutoksessa myös tarkennettiin *yleisen talousarvion toteuttamistapoja* koskevia varainhoitoasetuksen artikloita. Jäsenmaiden *perus*asennoitumiset toteuttamistapoja koskeviin kysymyksiin eivät olleet muuttuneet sitten vuosien 2000-2002 (ks. yllä luku 6.2.1), ja keskusteluja käytiin ennen kaikkea varainhoitoasetuksen artikloiden selkiyttämisestä ja toteuttamistavoista saatujen erilaisten kokemusten paremmasta huomioon ottamisesta. Tämän perusteella eräät jäsenmaat (ja erityisesti Tanska, Alankomaat, Itävalta ja Ruotsi) muun muassa toivoivat VHA:n artikloiden säännösten tiukentamista ennen kaikkea valvonnan ja vastuiden osalta.

Yleisen talousarvion toteuttamistavat uusine artiklaviittauksineen on koottu yhteenvedonomaisesti Liitteeseen III (sivu 157).

Ylivuotisen jouston suhteen komissio ehdotti ensinnäkin *ennakkositoumusten* osalta, että vuoden 2002 VHA:n 150 artiklan 3 kohta muutettaisiin kuulumaan seuraavasti: "Maataloustukirahaston juoksevista hallintomenoista voidaan tehdä 15 päivästä marraskuuta alkaen seuraavan varainhoitovuoden määrärahoja koskevia ennakkositoumuksia. Näiden sitoumusten määrä ei saa kuitenkaan ylittää määrärahoja, joista budjettivallan käyttäjä on päättänyt viimeksi vahvistetussa talousarviossa. Ne saavat koskea ainoastaan menoja, jotka perustuvat voimassa olevaan perussäädökseen". Kuusi jäsenvaltiota kuitenkin vastusti näin joustavan järjestelmän sallimista, josta syystä varainhoitoasetukseen kirjattiin rajoitus, jonka mukaan sitoumukset "eivät saa kuitenkaan olla enemmän kuin kolme neljäsosaa kuluvan varainhoitovuoden vastaavista määrärahoista" (vuoden 2006 muutoksen mukaisen VHA:n 150 artiklan 3 kohdan toinen lause).

Vuoden 2002 varainhoitoasetuksen vuoden 2006 muutoksessa myös lisättiin uusi "*n+3*" sääntö ulkoisten toimien osalta (VHA:n 166 artiklan muutettu 2 kohta). Tämän mukaisesti esimerkiksi kolmansien maiden kanssa solmittavien rahoitussopimusten puitteissa tehtävät yksittäiset hankinta- ja muut sopimukset on tehtävä *kolmen* vuoden kuluessa rahoitussopimuksen tekemisestä[294]. Tällaisen "*Sunset clause*" -säännön (ks. osajulkaisu IV) lisäämistä kannattivat alun perin seitsemän jäsenvaltiota.

Vapautettujen tai peruutettujen määrärahojen erilaista *uudelleenkäyttöä* (*Making available again of decommitted appropriations/ reconstitution* ja *réutilisation de crédits dégagés*) koskien komissio ehdotti yhtäältä, että "koska rakennetoimista ajanjaksolla 2007-2013 annetuissa perussäädöksissä säädetään ylivoimaisen esteen tapauksesta" (ehdotuksen johdanto-osan 45. kappale), uudelleen käytön mahdollistava säännös "tulisi säilyttää varainhoitoasetuksessa sellaisten tapausten osalta, joissa komissio on tehnyt ilmeisen virheen" (uusi VHA:n 157 artiklan 2 kohta).

---

[293] Esim. toissijaisuusperiaatteen mainitsemista kannatti alun perin viisi jäsenvaltiota.

[294] VHA:n 166 artiklan uuden 2 kohdan mukaan: "Rahoitussopimukset (...) edunsaajina olevien kolmansien maiden kanssa tehdään viimeistään vuoden $n + 1$ joulukuun 31 päivänä vuoden n ollessa se vuosi, jonka aikana talousarviositoumus on tehty.
Yksittäiset sopimukset ja avustuspäätökset, joilla vuoden n talousarviositoumuksiin liittyvät rahoitussopimukset pannaan täytäntöön, on tehtävä tai hyväksyttävä kolmen vuoden kuluessa siitä päivämäärästä, jona rahoitussopimus on tehty.
Tarkastusta ja arviointia koskevat yksittäiset sopimukset voidaan tehdä myöhemmin".
VHA:een myös lisättiin erityissäännöt eräille liittymistä valmistelevan tukivälineen ja eurooppalaisen naapuruuden ja kumppanuuden välineen mukaisille monivuotisille ohjelmille (VHA:n 166 artiklan uusi 3 kohta).

Taulukko 8. Jäsenvaltioiden suhtautuminen eräiden joustomuotojen muutoksiin vuoden 2002 varainhoitoasetuksen vuoden 2006 muutoksen yhteydessä vuosina 2005 ja 2006.

Table 8. Attitude of Member States concerning proposed changes to certain forms of flexibility during the first revision of the Financial Regulation of 2002 in 2005 and 2006.

	Lisäbudjetit (ehdotus: -, VHA: 37 artiklan 1 kohdan uusi alakohta)		Määrärahojen siirrot varainhoitovuonna: Pääluokka III (ehdotus ja VHA: 23 artikla)		Määrärahojen siirrot varainhoitovuonna: Pääluokka III, virkamiehistö (ehdotus: -, VHA: 23 artikla)	
Komissio	*Ei esittänyt muutoksia VHA:n artiklaan*	*3*	*Siirtosääntöjen joustavoittaminen (ks. luku 6.2.2)*	*3*	*Ei esittänyt muutosta alkuperäisessä ehdotuksessa* [1]	*3*
Belgia	Ei syytä muuttaa VHA:n sisältöä	3	Siirtosääntöjen tietynasteisen joustavoittamisen puolesta	3	Pystyi hyväksymään komission muutetun ehdotuksen	3
Tanska	Lisäbudjettien esittämiskriteerien tuntuvan tiukentamisen puolesta	5	Tiukentamisen ja 30 %:n rajoituksen puolesta	5	Komission ehdotusta vastaan	5
Saksa	Lisäbudjettien esittämiskriteerien tiukentamisen puolesta	4	Tiukentamisen ja 30 %:n rajoituksen puolesta	5	Tiukemmat rajoitukset siirroille	4
Kreikka	Ei kirjattua kantaa	0	Siirtosääntöjen tietynasteisen joustavoittamisen puolesta	3	Pystyi hyväksymään komission muutetun ehdotuksen	3
Espanja	Ei syytä muuttaa VHA:n sisältöä	3	Siirtosääntöjen tietynasteisen joustavoittamisen puolesta	3	Pystyi hyväksymään komission muutetun ehdotuksen	3
Ranska	Lisäbudjettien esittämiskriteerien tiukentamisen puolesta	4	Siirtoehtojen tiukentamisen puolesta	4	Tiukemmat rajoitukset siirroille	4
Irlanti	Lisäbudjettien esittämiskriteerien tiukentamisen puolesta	4	Siirtoehtojen tiukentamisen puolesta	4	Tiukemmat rajoitukset siirroille	4
Italia	Ei kirjattua kantaa	0	Siirtosääntöjen tietynasteisen joustavoittamisen puolesta	3	Pystyi hyväksymään komission muutetun ehdotuksen	3
Luxemburg	Ei syytä muuttaa VHA:n sisältöä	3	Siirtosääntöjen tietynasteisen joustavoittamisen puolesta	3	Pystyi hyväksymään komission muutetun ehdotuksen	3
Alankomaat	Lisäbudjettien esittämiskriteerien tuntuvan tiukentamisen puolesta	5	Tiukentamisen ja 30 %:n rajoituksen puolesta	5	Tiukemmat rajoitukset siirroille	4
Itävalta*	Lisäbudjettien esittämiskriteerien tuntuvan tiukentamisen puolesta	5	Tiukentamisen ja 30 %:n rajoituksen puolesta	5	Komission ehdotusta vastaan	5
Portugali	Ei syytä muuttaa VHA:n sisältöä	3	Siirtosääntöjen tietynasteisen joustavoittamisen puolesta	3	Pystyi hyväksymään komission muutetun ehdotuksen	3
Suomi**	Lisäbudjettien esittämiskriteerien tiukentamisen puolesta	4	Tiukentamisen ja 30 %:n rajoituksen puolesta	5	Tiukemmat rajoitukset siirroille	4
Ruotsi	Lisäbudjettien esittämiskriteerien tuntuvan tiukentamisen puolesta	5	Tiukentamisen ja 30 %:n rajoituksen puolesta	5	Komission ehdotusta vastaan	5
Yhd.***	Lisäbudjettien esittämiskriteerien tuntuvan tiukentamisen puolesta	5	Tiukentamisen puolesta	4	Tiukemmat rajoitukset siirroille	4

	Humanitaariset kriisit (ehdotus -, VHA: 26 artiklan 3 kohta)		Määrärahojen siirrot varainhoitovuonna: Muut pääluokat (ehdotus ja VHA: 22 artikla)		Erityissäännökset (ehdotus ja VHA: 153, 158, 160 ja 161 art.)	
Komissio	*Ei esittänyt muutoksia VHA:n artiklaan*	*3*	*Ei ilmoitusvelvollisuutta momenttien välisissä siirroissa*	*3*	*Siirtosääntöjen joustavoittaminen (ks. luku 6.2.2)*	*3*
Belgia	Joustavuuden lisäämisen puolesta	1	Komission ehdotuksen puolesta	3	Ei kirjattua kantaa	0
Tanska	Ei helpotuksia voimassa oleviin sääntöihin	5	Siirtoehtojen tiukentaminen	5	Poikkeusten karsiminen	5
Saksa	Ei helpotuksia voimassa oleviin sääntöihin	5	Ei syytä muuttaa VHA:n sisältöä	4	Ei helpotuksia voimassa oleviin sääntöihin	4
Kreikka	Joustavuuden lisäämisen puolesta	1	Komission ehdotuksen puolesta	3	Ei kirjattua kantaa	0
Espanja	Tietynasteisen joustavuuden lisäämisen puolesta	2	Komission ehdotuksen puolesta	3	Komission ehdotuksen puolesta	3
Ranska	Tietynasteisen joustavuuden lisäämisen puolesta	2	Ei syytä muuttaa VHA:n sisältöä	4	Sääntöjen yksinkertaistaminen	2
Irlanti	Tietynasteisen joustavuuden lisäämisen puolesta	2	Ei syytä muuttaa VHA:n sisältöä	4	Sääntöjen yksinkertaistaminen	2
Italia	Joustavuuden lisäämisen puolesta	1	Ei kirjattua kantaa	0	Ei kirjattua kantaa	0
Luxemburg	Joustavuuden lisäämisen puolesta	1	Komission ehdotuksen puolesta	3	Sääntöjen yksinkertaistaminen	2
Alankomaat	Ei helpotuksia voimassa oleviin sääntöihin	5	Siirtoehtojen tiukentaminen	5	Poikkeusten karsiminen	5
Itävalta*	Ei helpotuksia voimassa oleviin sääntöihin	5	Siirtoehtojen tiukentaminen	5	Poikkeusten karsiminen	5
Portugali	Joustavuuden lisäämisen puolesta	1	Komission ehdotuksen puolesta	3	Ei kirjattua kantaa	0
Suomi**	Ei kirjattua kantaa	0	Siirtoehtojen tiukentaminen	5	Sääntöjen yksinkertaistaminen	2
Ruotsi	Ei helpotuksia voimassa oleviin sääntöihin	5	Siirtoehtojen tiukentaminen	5	Poikkeusten karsiminen	5
Yhd.***	Tietynasteisen joustavuuden lisäämisen puolesta	2	Ei syytä muuttaa VHA:n sisältöä	4	Ei helpotuksia voimassa oleviin sääntöihin	4

	ABB (ehdotus ja VHA: 33 artiklan 2 kohta)		TA:n toteuttamistavat (ehdotus ja VHA: 53-57artikla)		"N+3" sääntö (ehdotus: -, VHA: 166 artiklan 2 ja 3 kohta)	
Komissio	*Toimintoselvitysten ja niiden sisällön määrittäminen VHA:ssa*	*3*	*Toteuttamistapojen edelleen selkiyttäminen*	*3*	*Ei esittänyt muutosta alkuperäisessä ehdotuksessa*	*3*
Belgia	Komission ehdotuksen puolesta	3	Ei suuria ongelmia komission ehdotusten kanssa	3	Ei kirjattua kantaa	0
Tanska	Huomattavasti tiukemmat vaatimukset toimintoselvitysten sisällölle	5	VHA:n artikloiden tiukentaminen erityisesti valvonnan ja vastuiden osalta	4	"*N+3*" säännön lisäämisen puolesta	4
Saksa	Tiukemmat vaatimukset toimintoselvitysten sisällölle	4	VHA:n artikloiden selkiyttäminen toteuttamistapojen osalta	2	"*N+3*" säännön lisäämisen puolesta	4
Kreikka	Komission ehdotuksen puolesta	3	Ei suuria ongelmia komission ehdotusten kanssa	3	Ei kirjattua kantaa	0
Espanja	Komission ehdotuksen puolesta	3	Ongelmia erityisesti hallinnoinnin kolmansien maiden kanssa	4	Ei kirjattua kantaa	0
Ranska	Tiukemmat vaatimukset toimintoselvitysten sisällölle	4	VHA:n artikloiden selkiyttäminen toteuttamistapojen osalta	2	Ei kirjattua kantaa	0
Irlanti	Tiukemmat vaatimukset toimintoselvitysten sisällölle	4	VHA:n artikloiden selkiyttäminen toteuttamistapojen osalta	2	Ei kirjattua kantaa	0
Italia	Komission ehdotuksen puolesta	3	Eräitä ongelma erityisesti julkista palvelua suorittavien yhteisöjen kanssa	4	Ei kirjattua kantaa	0
Luxemburg	Komission ehdotuksen puolesta	3	Ei suuria ongelmia komission ehdotusten kanssa	3	Ei kirjattua kantaa	0
Alankomaat	Huomattavasti tiukemmat vaatimukset toimintoselvitysten sisällölle	5	VHA:n artikloiden tiukentaminen erityisesti valvonnan ja vastuiden osalta	4	"*N+3*" säännön lisäämisen puolesta	4
Itävalta*	Huomattavasti tiukemmat vaatimukset toimintoselvitysten sisällölle	5	VHA:n artikloiden tiukentaminen erityisesti valvonnan ja vastuiden osalta	4	"*N+3*" säännön lisäämisen puolesta	4
Portugali	Komission ehdotuksen puolesta	3	Ei suuria ongelmia komission ehdotusten kanssa	3	Ei kirjattua kantaa	0
Suomi**	Tiukemmat vaatimukset toimintoselvitysten sisällölle	4	VHA:n artikloiden selkiyttäminen toteuttamistapojen osalta	2	"*N+3*" säännön lisäämisen puolesta	4
Ruotsi	Huomattavasti tiukemmat vaatimukset toimintoselvitysten sisällölle	5	VHA:n artikloiden tiukentaminen erityisesti valvonnan ja vastuiden osalta	4	"*N+3*" säännön lisäämisen puolesta	4
Yhd.** *	Huomattavasti tiukemmat vaatimukset toimintoselvitysten sisällölle	5	VHA:n artikloiden selkiyttäminen toteuttamistapojen osalta	2	"*N+3*" säännön lisäämisen puolesta	4

	Ennakkositoumukset (ehdotus ja VHA: 150 artiklan 3 kohta)		Määrärahojen uudelleenkäyttö (ehd. ja VHA: 157 art. 2 k. ja 160 a art.)		Siirrot seuraavaan varainhoitovuoteen (ehdotus ja VHA: 149 artikla)	
Komissio	*Maataloustukirahasto: hallintomenot viim. hyväksytyn TA:n rajoissa*	*3*	*Säännön säilyttäminen ilmeisen virheen tapauksessa ja tutkimusmenoille*	*3*	*Uudet säännöt maataloustukirahastolle (maks. 3 % alkup. määrärahoista)*	*3*
Belgia	Ei kirjattua kantaa	0	Komission ehdotuksen puolesta	3	Komission ehdotuksen puolesta	3
Tanska	3/4 kuluvan varainhoitovuoden vastaavien määrärahojen rajoissa	4	Kyseenalaisti järjestelmän jatkamisen; 25 %:n sääntö tutkimusmenoille	4	Ei siirtomahdollisuutta	5
Saksa	3/4 kuluvan varainhoitovuoden vastaavien määrärahojen rajoissa	4	Kyseenalaisti järjestelmän jatkamisen; 25 %:n sääntö tutkimusmenoille	4	Ei siirtomahdollisuutta	5
Kreikka	Komission ehdotuksen puolesta	3	Komission ehdotuksen puolesta	3	Ei kirjattua kantaa	0
Espanja	Ei kirjattua kantaa	0	Komission ehdotuksen puolesta	3	Komission ehdotuksen puolesta	3
Ranska	Komission ehdotuksen puolesta	3	Ei kirjattua kantaa	0	Komission ehdotuksen puolesta	3
Irlanti	Komission ehdotuksen puolesta	3	Ei kirjattua kantaa	0	Komission ehdotuksen puolesta	3
Italia	Ei kirjattua kantaa	0	Komission ehdotuksen puolesta	3	Ei kirjattua kantaa	0
Luxemburg	Komission ehdotuksen puolesta	3	Komission ehdotuksen puolesta	3	Komission ehdotuksen puolesta	3
Alankomaat	3/4 kuluvan varainhoitovuoden vastaavien määrärahojen rajoissa	4	Kyseenalaisti järjestelmän jatkamisen; 25 %:n sääntö tutkimusmenoille	4	Maksimissaan 2 % alkuperäisistä määrärahoista	4
Itävalta*	3/4 kuluvan varainhoitovuoden vastaavien määrärahojen rajoissa	4	Kyseenalaisti järjestelmän jatkamisen kokonaisuudessan	5	Ei siirtomahdollisuutta	5
Portugali	Ei kirjattua kantaa	0	Komission ehdotuksen puolesta	3	Ei kirjattua kantaa	0
Suomi**	Ei kirjattua kantaa	0	Kyseenalaisti järjestelmän jatkamisen; 25 %:n sääntö tutkimusmenoille	4	Maksimissaan 2 % alkuperäisistä määrärahoista	4
Ruotsi	3/4 kuluvan varainhoitovuoden vastaavien määrärahojen rajoissa	4	Kyseenalaisti järjestelmän jatkamisen kokonaisuudessan	5	Ei siirtomahdollisuutta	5
Yhd.** *	3/4 kuluvan varainhoitovuoden vastaavien määrärahojen rajoissa	4	Kyseenalaisti järjestelmän jatkamisen tarpeellisuuden	4	Maksimissaan 2 % alkuperäisistä määrärahoista	4

* Puheenjohtajavaltio vuoden 2006 ensimmäisellä puoliskolla ** Puheenjohtajavaltio vuoden 2006 toisella puoliskolla ** * Puheenjohtajavaltio vuoden 2005 toisella puoliskolla

[1] Muutetussa ehdotuksessa komissio ehdotti vuoden *kolmea* viimeistä kuukautta, *10 %*:n rajoitusta asianomaisen vuoden määrärahoista ja *kuukautta* ilmoitusvelvollisuuden täyttämiseen (ks. *KOM(2006) 213 lopullinen*, 23)

O: ei kantaa, 1: komission ehdotus ei mene lainkaan riittävän pitkälle, 2: komission ehdotus ei mene eräissä merkittävissä yksityiskohdissa riittävän pitkälle, 3: komission ehdotus on *grosso modo* hyväksyttävissä, 4: komission ehdotus ei ole sellaisenaan hyväksyttävissä, 5: komission ehdotus ei ole lainkaan hyväksyttävissä

Toisaalta komissio esitti uudelleenkäytön mahdollistamista tutkimusmäärärahoille "koska taloudellinen riski on tutkimushankkeissa suurempi kuin muilla aloilla" (ehdotuksen johdanto-osan 47. kappale; VHA:n uusi 160 a artikla).

Komission ehdotukset hyväksyttiin neuvostossa, vaikka seitsemän jäsenvaltiota kyseenalaisti, eri syistä mutta vuosien 2000-2002 tapaan (ks. yllä luku 6.2.1), määrärahojen uudelleenkäyttöjärjestelmän säilyttämisen tarpeellisuuden. Toisaalta neuvosto rajoitti uuden 160 a artiklan 3 kohdan toisen alakohdan suomaa joustavuutta siten, että varainhoitoasetuksessa säädetään vuodesta 2006, että vuoden *n* aikana uudelleen käyttöön otettavat maksusitoumusmäärärahat eivät missään tapauksessa saa ylittää 25 % (komission ehdottaman 50 %:n sijaan) samasta budjettikohdasta vuonna *n-1* purettujen maksusitoumusten kokonaismäärästä.

Lopuksi, *määrärahojen siirtosääntöjen seuraavaan varainhoitovuoteen* osalta neuvosto kirjasi varainhoitoasetuksen II osan 149 artiklaan uudet siirtosäännöt uutta Euroopan maatalouden tukirahastoa varten. Neljä jäsenvaltiota ajoi luopumista kaikkinaisista määrärahojen siirtomahdollisuuksista seuraavaan vuoteen ja kolme jäsenvaltiota kannatti komission ehdottamaa alempaa siirtomäärää[295]. Viisi maata olisi voinut hyväksyä komission ehdotuksen. Kolme maata ei esittänyt kantaa asiaan.

Vuoden 2002 VHA:n vuoden 2006 muutoksen mukaiset *määrärahojen siirtosäännöt seuraavaan varainhoitovuoteen* on esitetty Liitteessä IV (ks. sivu 158).

Yhteenvetona voidaan todeta, että vuotuisen ulkoisen jouston tapaan jäsenvaltioiden edustajien kannat tarkasteltujen vuotuisen sisäisen ja ylivuotisen jouston muotojen uudistamiseen pitkälti tukevat tutkimuksen mukaan vuoden 2002 VHA:n uudistustyön yhteydessä esitettyjä kantoja (ks. luku 6.2.1). Mitään perustavanlaatuisia "perusasennoitumisten" tai "periaatteellisten kantojen" muutoksia eri joustomuotoihin ei voida tutkimuksen mukaan havaita. Tämä puolestaan vahvistaa osaltaan luvun 6.2.1 Kuviossa 12 (sivu 125) esitettyä maittaista sijoittumista tarkasteltujen joustomuotojen suhteen.

Siten etenkin Tanska, Itävalta ja Ruotsi[296] ajoivat niin vuosina 2000-2002 kuin vuosina 2005 ja 2006 erittäin tiukkaa niin ulkoisen kuin sisäisenkin jouston eri muotojen rajoittamista, kun taas Alankomaat ja Yhdistynyt kuningaskunta olivat valmiimpia hyväksymään tiettyjä helpotuksia sisäisen jouston eräille muodoille, vastapainona ulkoisen jouston tiukentamiselle. Erityisesti Yhdistynyt kuningaskunta erottui tässä yhteydessä kantoineen, joiden mukaan budjettikehyksissä tiukasti pysyminen voidaan korvata erilaisilla vain turhaan "mikrohallinnointiin" johtavien menettelytapojen karsimisella[297].

Suomi profiloitui puolestaan, kuten vuosina 2000-2002, "valvotun jouston" kannattajana, jossa uudet EU:n toimielimille suodut vapausasteet tulee tarkasti rajata muun muassa valvonta-, seuranta- ja arviointijärjestelmiä tiukentamalla.

Saksan edustamaa asennetta on vaikeampi kiteyttää yhdellä lauseella, maan positioiden vaihdellessa varsin jyrkästi suhtautumisessa yksittäisiin ulkoisen ja sisäisen jouston eri muotojen muutoksiin.

Ranska ja Irlanti osoittivat puolestaan edellä mainittuja maita astetta myötämielisempää asennetta EU:n budjettijärjestelmän joustavuutta kohtaan, mutta erottuivat samaan aikaan – tuskin edes yllättävästi – tiukkoine kantoineen erityisesti yhteisen maatalouspolitiikan rahoitusta koskevissa tai sivuavissa joustokysymyksissä.

Toiseen ääripäähän voidaan sijoittaa ennen kaikkea Belgia ja Luxemburg, jotka osoittivat kannatusta

---

[295] Komissio ehdotti siirron määräksi maksimissaan 3 % alkuperäisistä määrärahoista (*KOM(2005) 181 lopullinen*, 37). Neuvosto hyväksyi lopulta enimmäismääräksi 2 % (VHA:n 149 artiklan 3 kohdan toinen alakohta).

[296] Muodollisesti nämä jäsenvaltiot muun muassa systemaattisesti vastustivat erilaisia budjettiperiaatteille suotuja poikkeuksia (ks. osajulkaisut V-VII).

[297] Hyvänä esimerkkinä tästä voidaan pitää tukea ei pelkästään toimintoperusteiseen budjetointiin siirtymiselle, vaan myös eräille helpotuksille esim. määrärahasiirtoja koskien. Toisaalta Yhdistynyt kuningaskunta johdonmukaisesti korosti hallintomenojen tiukan valvonnan säilyttämisen merkitystä, kaikesta ABB:lle osoittamastaan tuesta huolimatta.

useimmille komission esittämille EU:n budjettijärjestelmän joustavuutta kasvattaville ehdotuksille. Tämä voi johtua paitsi taustavalmistelun puutteesta (jolloin voi olla helpompaa tukea komission ehdotusta kuin vastustaa sitä) myös siitä, että maat katsoivat, että ehdotetut muutokset vastaavat maiden omia kantoja ja näkemyksiä – tai että maat ovat saaneet kantansa huomioon otetuiksi jo esityksen valmisteluvaiheessa ja saaneet sisällytettyä keskeisimmät prioriteettinsa komission ehdotukseen. Toisaalta näiden maiden perinteinen varsin myötämielinen asennoituminen Euroopan integraatiota, komissiota ja sen ehdotuksia kohtaan on tunnettu.

Myös Kreikka, Espanja ja Portugali osoittivat tukea useiden jouston muotojen kasvattamiselle ja näitä koskeville komission ehdotuksille, yksittäisiä poikkeuksia lukuun ottamatta[298]. Espanjan kantojen muotoiluun ei enää vuosina 2005 ja 2006 vaikuttanut myöskään puheenjohtajuuskausi, joka vuoden 2002 alkupuoliskolla muodostui keskeiseksi varainhoitoasetuksen kokonaisuudistuksen kannalta (ks. osajulkaisu VIII). Erityisesti Kreikalle oli kuitenkin ominaista tietty virallisten kantojen valmistelemattomuus.

Italialla oli, jälleen vuosien 2000-2002 tapaan, tiettyjä erityisongelmia eräiden komission ehdottamien joustomuotojen muutosten kanssa[299]. Toisaalta maan edustajien esiin tuomia kantoja leimasi voimakas tapauskohtaisuus. Tämä tekee maan kantojen syntetisoinnin vaikeaksi, hieman Saksan tapaan. On kuitenkin kiistatonta, että toisin kuin Saksa, Italia selvästi kuuluu edellä mainitun viiden maan viiteryhmään, tosin varauksin.

6.2.3 Jäsenvaltioiden suhtautuminen eräiden joustomuotojen muutoksiin vuoden 2006 toimielinten sopimusta ja vuosien 2007-2013 rahoituskehystä valmisteltaessa

Sopiminen vuodet 2007-2013 kattavasta rahoituskehyksestä Eurooppa-neuvostossa joulukuussa 2005 ja vuoden 2006 toimielinten sopimuksesta toukokuussa 2006 olivat merkittävimmät yksittäiset päätökset Euroopan unionin finanssihallinnon keskipitkän aikavälin tulevaisuuden kannalta (ks. osajulkaisu IX, vrt. esim. Saurel 2010, 7-55).

Tässä luvussa tarkastellaan siten ”EU-15”:n jäsenvaltioiden suhtautumista rahoituskehysneuvottelujen aikana seuraavan *kahdentoista* keskeiseen joustomuotoon tai teemaan (vrt. osajulkaisu IX):

1. rahoituskehyksen kesto,

2. rahoituskehyksen kattavuus,

3. rahoituskehyksen rakenne[300],

4. rahoituskehyksen tekniset mukautukset,

5. hätäapuvaraus,

6. EU:n solidaarisuusrahasto,

7-9. joustoväline (loppusumma, monivuotisuusmahdollisuus ja korvaaminen ”kohdentamisjoustolla”),

10. EU:n globalisaatiorahasto,

11. monivuotisten ohjelmien rahoituspuitteet,

12. Yhteisen ulko- ja turvallisuuspolitiikan rahoittamista ja budjettinimikkeistöä koskevat määräykset.

Jäsenvaltioiden kantoja on tarkasteltu maiden edustajien neuvoston ”*ad hoc*” -työryhmässä, puheenjohtajavaltion tukiryhmässä tai pysyvien edustajien komiteassa esiin tuomien kantojen pohjalta, siten kuin kannat on kirjattu kokousasiakirjoihin.

”*Ad hoc*” -työryhmä ja puheenjohtajavaltion tukiryhmä käsittelivät vuodet 2007-2013 kattavaa rahoituskehystä ja vuoden 2006 toimielinten sopimusta vuosina 2004-2006 yhteensä 32 kokouksessa. Suurimmassa osassa kokouksista käsiteltiin myös joustavuutta koskevia asioita. Lisäksi pysyvi-

---

[298] Esimerkkinä voidaan mainita muun muassa Espanjan ongelmat komission ehdottamien ulkoisen toimen ohjelmia koskevien VHA:n uusien sääntöjen kanssa.
[299] Esimerkkinä voidaan mainita Italian ongelmat esim. komission ehdottamien talousarvion toteuttamistapojen uudistamisehdotusten kanssa.
[300] Mukaan luettuna EP:n esitys perustaa oma alaotsake erilaisten EU:n virastojen ja Eurooppa-koulujen menoille.

en edustajien komitea ("Coreper II") käsitteli joustavuutta sivuavia kysymyksiä 37 kokouksessa (ks. osajulkaisu IX).

Jäsenvaltioiden kannat on koottu Taulukkoon 9 (sivut 134-135). Kuten yllä luvuissa 6.2.1 ja 6.2.2 Taulukossa 9 esitetyt kannat kuvastavat jäsenmaiden periaatteellisia, "alkuperäisiä" kantoja, jotka tutkimuksen kannalta ovat kaikkein mielenkiintoisimpia. Kannat luonnollisesti kehittyivät neuvottelujen edetessä (vrt. yllä luku 6.2.1).

Kannoista on myös jälleen poistettu "puheenjohtajuusvaikutus". EU:n puheenjohtajuusvuorossa rahoituskehys- ja TS-neuvottelujen aikana olivat Irlanti, Alankomaat, Luxemburg, Yhdistynyt kuningaskunta ja Itävalta (ks. osajulkaisu IX).

"EU-15":n jäsenvaltioissa järjestettiin 10.2.2004 – 15.5.2006 välisenä aikana seuraavat parlamenttivaalit: Kreikassa 7. maaliskuuta 2004, Luxemburgissa 13. kesäkuuta 2004, Tanskassa 8. tammikuuta 2005, Portugalissa 20. helmikuuta 2005, Saksassa 18. syyskuuta 2005 ja Italiassa 9. ja 10. huhtikuuta 2006 (ks. esim. *L'État...* 2005-2008). Ainoat merkittävät tutkimuksessa identifioidut kantojen muutokset, jotka johtuivat hallituksen ja/tai ministerien vaihdoksesta, koskivat Italiaa (vrt. esim. Fabbrini & Piattoni 2008).

Rahoituskehyksen[301] *keston* suhteen yhdeksän jäsenvaltiota oli vahvasti sitä mieltä, että uuden kehyksen tulee olla saman pituinen kuin edelliseen, vuoden 1999 TVS:een liittyvät rahoitusnäkymät. Viisi maata oli valmis tarkastelemaan kysymystä lyhyemmän kehyksen laatimisesta. Yhdistynyt kuningaskunta puolestaan esitti kehyksen uudelleentarkastelua muutaman vuoden toimeenpanon jälkeen.

Kehyksen *kattavuuden* osalta kahdeksan jäsenvaltioita katsoi, että Euroopan kehitysrahastot ja EU:n solidaarisuusrahasto tulee pitää rahoituskehyksen ulkopuolella. Vain kolme maata osoitti suurempaa avoimuutta komission ehdotuksille niiden sisällyttämiseksi rahoituskehykseen[302]. Ranska jäi lopulta yksin kannattaessaan kehitysrahastojen sisällyttämistä yleiseen talousarvioon.

Rahoituskehyksen *rakenteen* osalta kaikki jäsenvaltiot kyseenalaistivat keskustelujen alkuvaiheessa komission ehdotukset ja esimerkiksi tiettyjen menokategorioiden[303] tai yksittäisten ohjelmien ja instrumenttien sisällyttämisen eri otsakkeisiin tai alaotsakkeisiin ja etenkin Ranska säilyi loppuun asti kriittisenä hyväksytylle otsake- ja alaotsakerakenteelle. Italia – erityisesti Kreikan tukemana – sai puolestaan jaettua komission ehdottaman otsakkeen *3* (*Unionin kansalaisuus, vapaus, turvallisuus ja oikeus*) kahteen alaotsakkeeseen, yhtäältä "vapauden, turvallisuuden ja oikeuden" (eli SEU:n III pilarin) ja toisaalta "kansalaisuuden" menoille. Kahta maata lukuun ottamatta kaikki jäsenvaltiot ajoivat voimakkaasti myös komission henkilöstö- ja hallintomenojen merkitsemistä otsakkeeseen *5* (*Hallinto*).

Neljä jäsenvaltiota vastusti tiukasti EP:n esittämän erilaisten virastojen ja Eurooppa-koulujen määrärahoja sisältävän alaotsakkeen luomista. Kaksi maata oli valmis kannattamaan ajatusta. Kuusi maata oli yleisesti ottaen virastojen ja koulujen rahoituksen paremman "erottuvuuden" kannalla ilman, että maat kuitenkaan olisivat olleet valmiita perustamaan erityistä alaotsaketta. Ranska ja Italia eivät puolestaan kirjanneet yksiselitteistä kantaa kysymykseen.

Rahoituskehyksen *teknisten mukautusten* tekemistä kokonaisuudessaan 2 %:n deflaattorilla vastusti lopulta vain kolme jäsenvaltiota, Saksa, Itävalta ja Yhdistynyt kuningaskunta. Neljä maata kuitenkin sitoi kantansa neuvottelujen etenemiseen EP:n kanssa muiden joustomuotojen suhteen.

Viittä maata lukuun ottamatta jäsenvaltiot suhtautuivat torjuvasti *hätäapuvarauksen* soveltamisalan laajentamiseen. Toisaalta kun puheenjohtajavaltio Itävalta ehdotti varauksen jättämistä rahoituskehyksen ulkopuolelle, yksikään maa ei lopulta torjunut ajatusta "pakettiratkaisun" osana.

---

[301] Vuodet 2007-2013 kattavan rahoituskehyksen eri joustoelementeistä, ks. myös esim. Jones 2010.

[302] Kolme maata ei kirjannut yksiselitteistä kantaa.

[303] Esimerkkeinä tästä voidaan mainita muun muassa kysymykset maatalousmenojen tai ympäristömenojen sijoittamisesta eri otsakkeisiin ja alaotsakkeisiin.

Jäsenvaltiot myös suhtautuivat yleisesti ottaen joko kielteisesti tai varsin epäilevästi *EU:n globalisaatiorahastoon*[304] sellaisena kun komissio sitä ehdotti lokakuussa 2005, mutta jälleen yksikään jäsenvaltio ei torjunut rahaston perustamista Brysselin Eurooppaneuvostossa saavutetun sovun yhteydessä.

EU:n solidaarisuusrahaston suhteen yksikään jäsenvaltio ei ollut valmis kannattamaan komission ehdotusta muuttaa rahaston perustamisasetusta ja vain neljä maata oli valmis tarkastelemaan kysymystä solidaarisuusrahaston sisällyttämisestä rahoituskehykseen.

Joustovälineen tulevaisuudesta käytiin neuvostossa tiukkoja neuvotteluja, ja välineen kohtalo jäi sidoksiin kokonaisratkaisun löytymiselle EP:n kanssa vuoden 2006 toimielinten sopimuksen ja vuosien 2007-2013 rahoituskehyksen joustomuodoista. Eräät jäsenvaltiot halusivat selvittää joustovälineestä luopumisen seurauksia, mukaan luettuna sen korvaamista komission ehdottamalla "kohdentamisjoustolla", kun taas toiset maat antoivat tukensa sen säilyttämiselle sellaisenaan. Joillain mailla ei joko ollut yksiselitteistä kantaa asiaan, tai ne halusivat pitää kantansa avoimena EP:n kanssa paraikaa käynnissä olevien neuvottelujen takia.

Yksikään jäsenvaltio ei kannattanut komission ehdottamaa joustovälineen "monivuotisuutta" eräiden maiden ollessa jopa valmiit kyseenalaistamaan *n+2* säännön, vuoden 2006 budjettiprosessin aikana EP:n kanssa syntyneestä sovusta huolimatta[305].

Monivuotisten ohjelmien rahoituspuitteisiin komission ehdottamaa *5 %:n joustavuutta* koskien jäsenvaltioiden kannat jakautuivat siten, että viisi maata vastusti ehdotettua joustoa, neljä maata katsoi voivansa hyväksyä sen ja neljä jäsenvaltiota halusi asettaa erilaisia rajoituksia joustolle, kuten että jouston on pysyttävä enimmäismäärien rajoissa ja että 5 %:n tulee koskea koko ohjelman kestoa, ei yksittäisiä vuosia.

Lopuksi, seitsemän jäsenvaltiota ajoi yhteisen ulko- ja turvallisuuspolitiikan *rahoittamista* vuosina 2007-2013 koskevan ohjeen[306] ("vähintään 1 740 miljoonaa euroa") lisäämistä toimielinten sopimukseen. Muut maat olisivat olleet valmiita joustavampaan käytäntöön. Belgiaa ja Luxemburgia lukuun ottamatta jäsenvaltiot myös kannattivat muutosten tekemistä YUTP:n *budjettinimikkeistöön* toimielinten sopimuksen II osan 42 kohdassa nimikkeistön "indikatiivisuudesta" huolimatta, kuten vuoden 2007 budjettiprosessi osoitti[307].

Yhteenvetona voi todeta, että "EU-15":n jäsenvaltioiden suhtautuminen eri joustomuotojen muutoksiin vuoden 2006 toimielinten sopimusta ja vuosien 2007-2013 rahoituskehystä valmisteltaessa noudattaa varsin samankaltaista kaavaa kuin varainhoitoasetuksen uudistustyön yhteydessä (ks. yllä luvut 6.2.1 ja 6.2.2). Tämä on yllättävää yhtäältä siksi, että varainhoitoasetuksesta poiketen rahoituskehyksessä ja toimielinten sopimuksessa ei ole enää pelkästään kyse "teknisinä" koetuista finanssihallinnollisista kysymyksistä, vaan menettelytavoista ja ratkaisuista, joilla on perustavanlaatuista merkitystä EU:n tulevaisuuden kannalta. Tätä tukee jo töiden järjestäminen neuvostossa (ks. osajulkaisu IX). Toisaalta jäsenvaltioiden neuvottelupositiot syntyivät poikkeuksetta "laajempien" kansallisten konsultaatioiden seurauksena ja "korkeampien" poliittisten tahojen ohjuksessa kuin varainhoitoasetuksen tapauksessa (ks. luku 6.2.1), joten olisi lähtöarvoisesti voinut olettaa, että tulokset muodostuvat erilaisiksi.

Neuvottelut vuosia 2007-2013 kattavasta rahoituskehyksestä mielletään usein pelkästään nettosaaja vs nettomaksaja tai EU:n laajentumisesta hyötyjät vs häviäjät -ongelmana ja näitä koskevina keskusteluina (ks. esim. Meszarits & Wukovitsch 2006, Rey 2006, Dür & Mateo 2010, 557-578 tai Rant & Mrak 2010, 347-372). On selvää, että kysymyksillä *on* merkitystä jäsenvaltioiden muodostaessa kantojansa eri neuvottelujen kohteena oleviin asiakysymyk-

---

[304] Euroopan unionin globalisaatiorahaston syntytausta ja toiminta-ajatus on esitetty esim. artikkelissa Echinard *et al.* 2007, 491-497.

[305] Neuvosto hyväksyi marras-/joulukuussa 2005 EP:n (ja komission) tulkinnan vuoden 1999 TVS:n I osan 24 kohdan toisen kappaleen sanamuodosta joustovälineen "*n+2*" käytöstä (ks. osajulkaisu IX, vrt. esim. Saarilahti & Balsells Traver 2006c, 542-550).

[306] Ks. osajulkaisu IX. Komissio ei ollut ehdottanut määrän kirjaamista toimielinten sopimukseen.

[307] TS:n 42 kohdan neljännessä alakohdassa esitetystä nimikkeistöstä huolimatta (ks. osajulkaisu IX) vuo-

Taulukko 9. Jäsenvaltioiden suhtautuminen eräiden joustomuotojen muutoksiin uutta rahoituskehystä 2007-2013 ja uutta toimielinten sopimusta valmisteltaessa vuosina 2004-2006.

Table 9. Attitude of Member States concerning proposed changes to certain forms of flexibility during negotiations concerning the Financial Framework 2007-2013 and the IIA of 2006 in 2004-2006.

	Rahoituskehyksen kesto (TS:n Liite I)		Rahoituskehyksen kattavuus (TS:n Liite I)		Rahoituskehyksen rakenne (TS:n Liite I)	
Komissio	*"Siirtymäjärjestelynä" 7 vuotta*	*3*	*Euroopan kehitysrahastojen ja EU:n solidaarisuusrahaston sisällyttäminen*	*3*	*5 otsaketta, 2 alaots., 1 yläraja; omat hallintomenot eri otsakkeiden alle*	*3*
Belgia	Avoin keston suhteen	3	Avoin kattavuuden suhteen, riippuen neuvottelujen kulusta	3	Avoin rakenteen suhteen; ei alaotsaketta virastoille ja kouluille	3
Tanska	7 vuotta	2	Kehitysrahastojen ja solidaarisuusrahaston pitäminen kehyksen ulkopuolella	5	Oma otsake hallintomenoille; avoin virastoja koskevalle alaotsakkeelle	4
Saksa	7 vuotta	2	Kehitysrahastojen ja solidaarisuusrahaston pitäminen kehyksen ulkopuolella	5	Oma otsake hallintomenoille; virastojen "korvamerkitsemisen" puolesta	4
Kreikka	Avoin keston suhteen	3	Avoin kattavuuden suhteen, riippuen neuvottelujen kulusta	3	Alaotsake SEU:n III pilarin menoille, oma otsake hallintomenoille	4
Espanja	Avoin keston suhteen	3	Ei kirjattua kantaa	0	Oma otsake hallintomenoille; ei alaotsaketta virastoille ja kouluille	4
Ranska	7 vuotta	2	Euroopan kehitysrahastojen sisällyttäminen rahoitukehykseen	3	Kriittinen RK:n rakennetta kohtaan, oma otsake hallintomenoille	5
Irlanti*	7 vuotta	2	Kehitysrahastojen ja solidaarisuusrahaston pitäminen kehyksen ulkopuolella	5	Oma otsake hallintomenoille; virastojen "korvamerkitsemisen" puolesta	4
Italia	7 vuotta	2	Ei kirjattua kantaa	0	Alaotsake SEU:n III pilarin menoille, oma otsake hallintomenoille	4
Luxemburg**	Avoin keston suhteen	3	Avoin kattavuuden suhteen, riippuen neuvottelujen kulusta	3	Avoin rakenteen suhteen; ei alaotsaketta virastoille ja kouluille	3
Alank.** *	7 vuotta	2	Kehitysrahastojen ja solidaarisuusrahaston pitäminen kehyksen ulkopuolella	5	Oma otsake hallintomenoille; avoin virastoja koskevalle alaotsakkeelle	4
Itävalta** **	7 vuotta	2	Kehitysrahastojen ja solidaarisuusrahaston pitäminen kehyksen ulkopuolella	5	Oma otsake hallintomenoille; virastojen "korvamerkitsemisen" puolesta	4
Portugali	Avoin keston suhteen	3	Ei kirjattua kantaa	0	Oma otsake hallintomenoille; ei alaotsaketta virastoille ja kouluille	4
Suomi	7 vuotta	2	Kehitysrahastojen ja solidaarisuusrahaston pitäminen kehyksen ulkopuolella	5	Oma otsake hallintomenoille; virastojen "korvamerkitsemisen" puolesta	4
Ruotsi	7 vuotta	2	Kehitysrahastojen ja solidaarisuusrahaston pitäminen kehyksen ulkopuolella	5	Oma otsake hallintomenoille; virastojen "korvamerkitsemisen" puolesta	4
Yhd.** ** *	Uudelleentarkastelun periaatteen kirjaaminen	1	Kehitysrahastojen ja solidaarisuusrahaston pitäminen kehyksen ulkopuolella	5	Oma otsake hallintomenoille; virastojen "korvamerkitsemisen" puolesta	4

	RK:n tekniset mukautukset (TS:n I osan 16 kohta)		Hätäapuvaraus (TS:n I osan 25 kohta)		EU:n solidaarisuusrahasto (TS:n I osan 26 kohta)	
Komissio	*2 %:n kiinteä deflaattori*	*3*	*Soveltamisalan laajennus rahoituskehyksen sisällä*	*3*	*Sisällyttäminen TS:een ja RK:een, asetuksen muutos*	*3*
Belgia	Pystyi hyväksymään komission esityksen	3	Valmis laajentamaan soveltamisalaa	3	Avoin rahoituskehyksiin sisällyttämisen suhteen	3
Tanska	Hyväksyntä riippuen neuvottelujen kulusta EP:n kanssa	3	Ei muutoksia soveltamisalaan; ei ongelmia jättämiselle RK:n ulkopuolelle	4	Vain sisällyttäminen toimielinten sopimukseen	4
Saksa	Vastaan (vuoden 1999 TVS:n järjestelmä)	5	Ei muutoksia soveltamisalaan; ei ongelmia jättämiselle RK:n ulkopuolelle	4	Vain sisällyttäminen toimielinten sopimukseen	4
Kreikka	Pystyi hyväksymään komission esityksen	3	Valmis laajentamaan soveltamisalaa	3	Avoin rahoituskehyksiin sisällyttämisen suhteen	3
Espanja	Pystyi hyväksymään komission esityksen	3	Valmis laajentamaan soveltamisalaa	3	Vain sisällyttäminen toimielinten sopimukseen	4
Ranska	Pystyi hyväksymään komission esityksen	3	Ei muutoksia soveltamisalaan; ei ongelmia jättämiselle RK:n ulkopuolelle	4	Vain sisällyttäminen toimielinten sopimukseen	4
Irlanti*	Pystyi hyväksymään komission esityksen	3	Ei muutoksia soveltamisalaan; ei ongelmia jättämiselle RK:n ulkopuolelle	4	Vain sisällyttäminen toimielinten sopimukseen	4
Italia	Ei kirjattua kantaa	0	Ei muutoksia soveltamisalaan; ei ongelmia jättämiselle RK:n ulkopuolelle	4	Vain sisällyttäminen toimielinten sopimukseen	4
Luxemburg**	Pystyi hyväksymään komission esityksen	3	Valmis laajentamaan soveltamisalaa	3	Avoin rahoituskehyksiin sisällyttämisen suhteen	3
Alank.** *	Hyväksyntä riippuen neuvottelujen kulusta EP:n kanssa	3	Ei muutoksia soveltamisalaan; ei ongelmia jättämiselle RK:n ulkopuolelle	4	Vain sisällyttäminen toimielinten sopimukseen	4
Itävalta** **	Vastaan (vuoden 1999 TVS:n järjestelmä)	5	Ei muutoksia soveltamisalaan; ei ongelmia jättämiselle RK:n ulkopuolelle	4	Vain sisällyttäminen toimielinten sopimukseen	4
Portugali	Pystyi hyväksymään komission esityksen	3	Valmis laajentamaan soveltamisalaa	3	Avoin rahoituskehyksiin sisällyttämisen suhteen	3
Suomi	Hyväksyntä riippuen neuvottelujen kulusta EP:n kanssa	3	Ei muutoksia soveltamisalaan; ei ongelmia jättämiselle RK:n ulkopuolelle	4	Vain sisällyttäminen toimielinten sopimukseen	4
Ruotsi	Hyväksyntä riippuen neuvottelujen kulusta EP:n kanssa	3	Ei muutoksia soveltamisalaan; ei ongelmia jättämiselle RK:n ulkopuolelle	4	Vain sisällyttäminen toimielinten sopimukseen	4
Yhd.** ** *	Vastaan (vuoden 1999 TVS:n järjestelmä)	5	Ei muutoksia soveltamisalaan; ei ongelmia jättämiselle RK:n ulkopuolelle	4	Vain sisällyttäminen toimielinten sopimukseen	4

	Joustoväline (TS:n I osan 27 kohta)					
	Loppusumma		**Monivuotisuus**		**Korvaaminen "kohdentamisjoustolla"**	
Komissio	*Esitti tarkistetussa ehdotuksessaan korottamista 700 milj. euroon*	3	*Mahdollisuus sitoutua menoihin yli* n+1	3	*Joustovälineen korvaaminen erityisellä kohdentamisjoustolla*	3
Belgia	Riippuen neuvottelujen kulusta, maksimissaan 200 milj. euroa	4	Ei komission ehdotukselle	4	Kohdentamisjoustoa vastaan	5
Tanska	Periaatteessa poistamisen puolesta; maks. 200 milj. euroa	5	Ei komission ehdotukselle; kyseenalaisti *n+2* säännön	5	Kanta avoin, riippuen neuvottelujen kulusta EP:n kanssa	3
Saksa	Periaatteessa poistamisen puolesta; maks. 200 milj. euroa	5	Kyseenalaisti *n+2* säännön	4	Kohdentamisjoustoa vastaan	5
Kreikka	Ei kirjattua kantaa	0	Ei komission ehdotukselle	4	Kohdentamisjoustoa vastaan	5
Espanja	Ei kirjattua kantaa	0	Ei komission ehdotukselle	4	Kohdentamisjoustoa vastaan	5
Ranska	Maksimissaan 200 milj. euroa	4	Ei komission ehdotukselle	4	Kohdentamisjoustoa vastaan	5
Irlanti*	Maksimissaan 200 milj. euroa	4	Ei komission ehdotukselle	4	Kohdentamisjoustoa vastaan	5
Italia	Maksimissaan 200 milj. euroa	4	Ei komission ehdotukselle	4	Kohdentamisjoustoa vastaan	5
Luxemburg**	Kanta avoin, riippuen neuvottelujen kulusta	3	Ei komission ehdotukselle	4	Kanta avoin, riippuen neuvottelujen kulusta EP:n kanssa	3
Alank.** *	Periaatteessa poistamisen puolesta; maks. 200 milj. euroa	5	Ei komission ehdotukselle; kyseenalaisti *n+2* säännön	5	Kohdentamisjoustoa vastaan	5
Itävalta** **	Periaatteessa poistamisen puolesta; maks. 200 milj. euroa	5	Ei komission ehdotukselle; kyseenalaisti *n+2* säännön	5	Kohdentamisjoustoa vastaan	5
Portugali	Maksimissaan 200 milj. euroa	4	Ei komission ehdotukselle	4	Kohdentamisjoustoa vastaan	5
Suomi	Periaatteessa poistamisen puolesta; maks. 200 milj. euroa	5	Ei komission ehdotukselle	4	Kohdentamisjoustoa vastaan	5
Ruotsi	Periaatteessa poistamisen puolesta; maks. 200 milj. euroa	5	Ei komission ehdotukselle; kyseenalaisti *n+2* säännön	5	Kohdentamisjoustoa vastaan	5
Yhd.** ** *	Periaatteessa poistamisen puolesta; maks. 200 milj. euroa	5	Ei komission ehdotukselle; kyseenalaisti *n+2* säännön	5	Kanta avoin, riippuen neuvottelujen kulusta EP:n kanssa	3

	Globalisaatiorahasto (TS:n I osan 28 kohta)		**Monivuotisten ohjelmien rahoituspuitteet (TS:n II osan 37 kohta)**		**YUTP:n budjettisäännöt (TS:n II osan 42 kohta)**	
Komissio	*Esitti rahaston perustamista tarkistetussa ehdotuksessaan*	3	*5 %:n joustomahdollisuus*	3	*Ehd. budjettinimikkeistön "ajantasaistaminen"* [1]*; ei vähimmäismäärää*	3
Belgia	Voimakkaita epäilyksiä rahaston perustamisen suhteen	4	Jouston kasvattamisen puolesta	3	Avoin YUTP:n budjettisääntöja koskien	3
Tanska	Globalisaatiorahaston perustamista vastaan	5	Ehdotusta vastaan	5	Vain muutoksia budjettinimikkeistöön, ei vähimmäismäärää	3
Saksa	Globalisaatiorahaston perustamista vastaan	5	Ehdotusta vastaan	5	Vähimmäismäärän kirjaaminen TS:een, muutoksia budjettinimikkeistöön	4
Kreikka	Ei kirjattua kantaa	0	Ei kirjattua kantaa	0	Vähimmäismäärän kirjaaminen TS:een, muutoksia budjettinimikkeistöön	4
Espanja	Ei kirjattua kantaa	0	Jouston kasvattamisen puolesta	3	Vain muutoksia budjettinimikkeistöön, ei vähimmäismäärää	3
Ranska	Ei kirjattua kantaa	0	Jousto enimmäismäärien rajoissa; 5 % koko ohjelman keston ajan	4	Vähimmäismäärän kirjaaminen TS:een, muutoksia budjettinimikkeistöön	4
Irlanti*	Voimakkaita epäilyksiä rahaston perustamisen suhteen	4	Jousto enimmäismäärien rajoissa; 5 % koko ohjelman keston ajan	4	Vain muutoksia budjettinimikkeistöön, ei vähimmäismäärää	3
Italia	Voimakkaita epäilyksiä rahaston perustamisen suhteen	4	Ei kirjattua kantaa	0	Vähimmäismäärän kirjaaminen TS:een, muutoksia budjettinimikkeistöön	4
Luxemburg**	Epäilyksiä rahaston perustamisen suhteen	4	Jouston kasvattamisen puolesta	3	Avoin YUTP:n budjettisääntöja koskien	3
Alank.** *	Globalisaatiorahaston perustamista vastaan	5	Ehdotusta vastaan	5	Vähimmäismäärän kirjaaminen TS:een, muutoksia budjettinimikkeistöön	4
Itävalta** **	Globalisaatiorahaston perustamista vastaan	5	Ehdotusta vastaan	5	Vähimmäismäärän kirjaaminen TS:een, muutoksia budjettinimikkeistöön	4
Portugali	Epäilyksiä rahaston perustamisen suhteen	4	Jouston kasvattamisen puolesta	3	Vain muutoksia budjettinimikkeistöön, ei vähimmäismäärää	3
Suomi	Voimakkaita epäilyksiä rahaston perustamisen suhteen	4	Jousto enimmäismäärien rajoissa; 5 % koko ohjelman keston ajan	4	Vain muutoksia budjettinimikkeistöön, ei vähimmäismäärää	3
Ruotsi	Globalisaatiorahaston perustamista vastaan	5	Ehdotusta vastaan	5	Vain muutoksia budjettinimikkeistöön, ei vähimmäismäärää	3
Yhd.** ** *	Epäilyksiä rahaston perustamisen suhteen	4	Jousto enimmäismäärien rajoissa; 5 % koko ohjelman keston ajan	4	Vähimmäismäärän kirjaaminen TS:een, muutoksia budjettinimikkeistöön	4

* Puheenjohtajavaltio vuoden 2004 ensimmäisellä puoliskolla ** Puheenjohtajavaltio vuoden 2005 ensimmäisellä puoliskolla ** * Puheenjohtajavaltio vuoden 2004 toisella puoliskolla ** ** Puheenjohtajavaltio vuoden 2006 ensimmäisellä puoliskolla ** ** * Puheenjohtajavaltio vuoden 2005 toisella puoliskolla

O: ei kantaa, 1: komission ehdotus ei mene lainkaan riittävän pitkälle, 2: komission ehdotus ei mene eräissä merkittävissä yksityiskohdissa riittävän pitkälle, 3: komission ehdotus on *grosso modo* hyväksyttävissä, 4: komission ehdotus ei ole sellaisenaan hyväksyttävissä, 5: komission ehdotus ei ole lainkaan hyväksyttävissä

[1] Ks. *KOM(2004) 498 lopullinen* , 24-25

siin (ks. esim. Lonné 2009, 317-351 tai Puia 2009). Siten on esimerkiksi täysin odotusten mukaista, että "nettomaksajamaat"[308] omaksuivat yleisesti ottaen[309] "tiukemman" asenteen yleisen talousarvion kasvuun ja erilaisiin *ulkoisen* jouston kysymyksiin kuin "nettosaajat" tai "koheesiomaat" (ks. esim. Kajaste 2008). Toisaalta suhtautumisessa erilaisiin tarkasteltuihin *sisäisen* (vuotuisen ja ylivuotisen) jouston muotoihin voidaan havaita samansuuntaista lähestymistä myös sellaisten maiden välillä, jotka kuuluvat eri "nettopositioryhmään"[310].

Toisin sanoen sen lisäksi, että neuvoston muodostamien jäsenvaltioiden asennoitumisessa eri joustomuotoihin ja niihin turvautumiseen voidaan havaita eroja (neuvoston – muiden EU:n instituutioiden tapaan – ollessa kaukana "monoliittisesta toimielimestä" kuten osajulkaisuissa ja yllä luvuissa 4 ja 6.1 on jo korostettu), tarkemman tutkimuksen kohteeksi valittujen "EU-15":n jäsenvaltioiden suhtautumisessa erilaisten EU:n budjettijärjestelmän joustomuotojen kehittämiseen vuosina 2000-2006 voidaan havaita tiettyjä *systemaattisia, toistuvia piirteitä* (säännönmukaisuuksia), samalla kun jäsenvaltioiden asennoitumisissa erilaisin ja -tasoisiin joustokysymyksiin voidaan havaita tarkastelukaudella, paitsi kiistatonta pysyvyyttä, myös *samansuuntaisuutta a priori* eri ryhmiin sijoittuvien (ja perinteisesti eri ryhmiin sijoitettujen, ks. esim. Raunio & Saari 2009, 109-136) maiden välillä. Näitä voidaan pitää yllättävinä tutkimushavaintoina – ja keskeisinä tutkimustuloksina.

Siten etenkin Tanska, Itävalta ja Ruotsi ajoivat vuosina 2000-2006 yleisesti ottaen varsin tiukkaa eri joustomuotojen yleistä rajoittamista.

Alankomaat ja Yhdistynyt kuningaskunta olivat valmiit kannattamaan – vastapainona tiukentuneelle budjettikurille järjestelmätasolla – eräitä edellä mainittuja maita pitemmälle meneviä helpotuksia tietyille sisäisen jouston muodoille.

Saksa ja Ranska erottuivat puolestaan jo selvästi myönteisemmällä asenteella EU:n budjettijärjestelmän yleistä joustavuutta kohtaan, maiden kantojen kuitenkin vaihdellessa asennoitumisessa yksittäisten joustomuotojen ehdotettujen muutosten suhteen[311]. Näitä astetta myötämielisempi erilaisten jouston muotojen kasvattamista kohtaan oli taas Irlanti.

Erityisesti Tanskan, Itävallan ja Ruotsin, mutta myös Alankomaiden ja Yhdistyneen kuningaskunnan asennoitumista yksittäisiin joustomuotoihin kuvaa kenties parhaiten yllä luvussa 5.6.3 esitetty Kuvio 10[312]: sisäisen jouston muotojen kasvattaminen tulee kysymykseen vain tarkoin rajatuissa tapauksissa, kun taas kaikkinaisiin ulkoisen jouston muotojen kasvattamisiin suhtaudutaan periaatteessa kielteisesti. Samalla joustomuotojen lisäämisen

---

den 2007 TA:n luvun *19 03* momentit hyväksyttiin tästä poikkeavasti, neuvoston ja EP:n välisen kirjeenvaihdon seurauksena (ks. Saarilahti & Balsells Traver 2007, 312-320 ja Saarilahti 2008a, 162-164).

[308] Komission laskelmien mukaan "nettomaksajia" vuosina 1999-2010 olivat Belgia, Tanska (ei kuitenkaan vuosina 1999 ja 2000), Saksa, Irlanti (vain vuonna 2009), Ranska, Italia (ei kuitenkaan vuonna 2000), Kypros (vuosina 2007-2009), Luxemburg, Alankomaat (ei kuitenkaan vuonna 2009), Itävalta, Suomi (ei kuitenkaan vuonna 2000), Ruotsi ja Yhdistynyt kuningaskunta (ei kuitenkaan vuonna 2001; ks. *EU budget 2008*... 2009, 108; *EU budget 2009*... 2010, 86 ja *EU budget 2010*... 2011, 75). On huomattava (sen lisäksi, että "nettopositio" voi vaihdella vuodesta toiseen ja että "positioerot" voivat olla huomattavan suuria maiden kesken), että komission laskelmat eivät esimerkiksi sisällä EU:n hallintomenoja (mikä vaikuttaa erityisesti Belgian ja Luxemburgin tilanteeseen).

[309] Erityisesti Belgian, Italian ja Luxemburgin muodostaessa kuitenkin usein poikkeuksen.

[310] Kuten esim. Ranskan ja Irlannin, Italian, Espanjan ja Kreikan tai Belgian, Luxemburgin ja Portugalin välillä. Eli jos maan "nettopositio" on yksi mahdollinen selittävä tekijä maiden joustomuotoihin suhtautumiseen, se ei kuitenkaan ole ainoa eikä missään nimessä riitä selittämään yksin tutkimuksen tuloksia. Toisaalta, kuten yllä on nähty, positio voi vaihdella vuodesta toiseen.

[311] On huomattava, että Tanskaa lukuun ottamatta kyseessä ovat samat maat, joiden valtion- ja hallitusten päämiehet lähettivät joulukuussa 2003 (eli ennen vuosien 2007-2013 rahoituskehystä koskevien virallisten neuvottelujen alkua) komission puheenjohtajalle kirjeen, jossa pyydettiin rajoittamaan EU:n menot 1,0 %:iin bruttokansantulosta (ks. osajulkaisu IX).

Tanskan pääministeri jättäytyi allekirjoittajien joukosta, sillä hän ei saanut tarvittavaa parlamentin tukea (ks. esim. Meszarits & Wukovitsch 2006, 10).

[312] Kuviossa (sivu 106) hahmotetaan teoreettisella kannalta perinteinen "hallitustenvälinen näkemys" EU:n budjettijärjestelmän ulkoisen ja sisäisen jouston eri muotoihin.

vaikutus erityisesti makrotasolla tulee ottaa tarkasti huomioon.

Suomi erottui puolestaan kantojensa puolesta ennen kaikkea "valvotun jouston" kannattajana, jonka mukaisesti sisäisen jouston lisäykset tulee tasapainottaa muun muassa valvontaa, seurantaa ja arviointia lisäämällä. Ulkoisen jouston eri muotojen suhteen Suomen kannat pitkälti noudattelivat ensin mainitun maaryhmän kantoja.

Ennen kaikkea Belgia ja Luxemburg omaksuivat havaittavasti toisenlaisen asennoitumisen. Siten maat osoittivat vuosina 2000-2006 eri yhteyksissä huomattavaa avoimuutta useille esitetyille unionin budjettijärjestelmän joustavuutta kasvattaville ehdotuksille.

Myös Kreikka, Espanja, Italia ja Portugali voidaan kiistatta liittää niiden maiden ryhmään, jotka tukivat suurta määrää komission ehdotuksia eri jouston muotojen kasvattamiseksi[313]. Jos maiden kantoja on vaikeata *suoraan* syntetisoida luvun 5.6.3 Kuvion 11 avulla[314] on kuitenkin kiistatonta, että kannat poikkeavat Kuviossa 10 esitetystä näkemyksestä: EU:n menojen kasvua voidaan tukea tietyissä tapauksissa, samalla kun sisäisen jouston muotojen ja "EU:n tasoisten" vapausasteiden kasvattamista voidaan pitää itsessään tavoitteena.

Toisin sanottuna: "EU-15":n jäsenvaltioiden suhtautumisessa siihen, miten Euroopan unionin finanssihallintojärjestelmässä tulisi vastata tulevaisuuden epävarmuuteen on havaittavissa eroja ja säännönmukaisuuksia. Eräät maat halusivat pitää jouston tiukasti jäsenvaltioiden valvonnassa, kun taas toiset hyväksyivät helpommin esimerkiksi komissiolle suodun aikaisempaa suuremman vapauden muun muassa talousarviota toteutettaessa.

Havaittu systemaattisuus ei kuitenkaan johtune siitä, että eri EU:n jäsenvaltioilla olisi vuosina 2000-2006 ollut valmiina kattava tarkastelukehikko siihen, miten käytännössä ja tapauskohtaisesti suhtautua hyvinkin eritasoisiin ja erilaisiin joustomuotoihin. Tämä tosiasia varmistettiin useaan otteeseen tutkimuksen kuluessa: varainhoitoasetuksen muutoksia ja toimielinten sopimusta koskeviin neuvotteluihin edes kaikkein huolellisimmin valmistautuneissa jäsenvaltioissa ei oltu tietoisesti kehitetty mitään yhteneväistä toimintalinjaa suhtautumisessa eri joustomuotojen muutoksia koskeviin uudistus- tai muutosehdotuksiin, vaan ehdotuksiin suhtauduttiin tapauskohtaisesti hyvin pitkälti "aikaisemmin esitettyjen kantojen" mukaisesti, korkeintaan soveltaen kantoja "maassa vallitsevaan valtiontalouden tilanteeseen".

Systemaattisuus johtunee siten paremminkin "perinteisestä" asennoitumisesta siihen, miten EU:ssa tulisi suhtautua tulevaisuuden epävarmuuteen, kuin esimerkiksi aktiivisesta halusta vaikuttaa joustavuuden kokonaisvaltaiseen uudelleensuuntaamiseen. Samalla havaittu systemaattisuus kuitenkin osaltaan vahvistaa budjetin jousto –teorian selitysarvoa.

Havaittu systemaattisuus voidaan liittää myös laajempaan *Euroopan unionin kehitysnäkemykseen.* Siten esimerkiksi Tanskan, Ruotsin tai Itävallan esittämät kannat eri joustokysymyksiin voidaan kiistatta teorian tasolla liittää perinteiseen "hallitustenväliseen näkemykseen" siitä, miten unionia tulisi kehittää. Samaan aikaan esimerkiksi Luxemburgin esiin tuomat kannat ovat selvästi lähempänä "liittovaltiomuotoista" ajattelua. Siten jäsenvaltioiden kannat varsin teknisiin joustokysymyksiin voidaan liittää laajempaan poliittiseen näkemykseen siitä, miten unionin tulisi kehittyä ja miten sitä tulisi kehittää. Havaittu systemaattisuus merkinnee myös sitä, että kannat eivät ole samalla tavalla "voimak-

---

[313] Symbolien tasolla on mielenkiintoista todeta, että juuri nämä maat liittyivät Lissabonin sopimukseseta yhteisymmärrykseen päässeen hallitustenvälisen konferenssin päätösasiakirjaan liitettyyn julistukseen Euroopan unionin tunnuksista (julistus nro 52, EUVL N:o C 306, 17.12.2007, 267). Julistuksen allekirjoittajiin liittyivät myös Saksa ja Itävalta sillä perusteella, että ne olivat ratifioineet EU:n tunnuksia koskevan artiklan jo perustuslaillisen sopimuksen yhteydessä.

Ajatusta erityisistä "Euroopan unionin tunnuksista" perustuslaillisessa sopimuksessa "vastustivat kiivaasti (etenkin) hallitustenvälistä näkemystä puolustavat tahot" (*Les débats...* 2005, 10).

[314] Kuviossa (sivu 107) hahmotetaan perinteinen "federalistinen näkemys" EU:n budjettijärjestelmän ulkoisen ja sisäisen jouston eri muotoihin.

kaasti tilannesidonnaisia (ja) hetken harkintaan perustuvia" kuten eräiden Euroopan unionin poliitikkojen ja eräiden jäsenvaltioiden suhtautumisen niihin katsotaan joskus olevan (ks. Raunio & Saari 2009, 133).

Esiin tuodut kannat eivät myöskään suoraan osoita, että perinteiset "nettomaksajamaat" puolustaisivat systemaattisesti ja monoliittisesti perinteistä "hallitustenvälistä näkemystä", kun taas "nettosaajamaat" yksimielisesti ja ehdoitta olisivat "liittovaltiomuotoisemman" ajattelun kannalla. Tämä ei tietenkään tarkoita sitä, etteikö "nettopositiolla" voida osoittaa olevan "kiistattomia vaikutuksia eräiden jäsenvaltioiden haluun esimerkiksi rajoittaa yleisen talousarvion kokoa" (Begg 2008, 1-2[315]), kuten yllä on esitetty.

Toisin muotoiltuna: jäsenvaltioiden edustajien Euroopan unionin neuvoston työryhmien kokousasiakirjoihin kirjaamat kannat yksittäisissä joustokysymyksissä voidaan teoreettiselta kannalta liittää laajempaan EU:n kehitysnäkemykseen, vaikka tätä ei edes olisi sinänsä "tiedostettu" maiden kirjatessa positioitaan yksittäisiin keskustelujen kohteena oleviin "teknisiin" asiakysymyksiin. Toisaalta asennoitumisesta yksittäisiin finanssihallinnon kysymyksiin voidaan – käytetyn lähestymistavan ja menetelmän rajoitukset muistaen – tehdä arvioita siitä, minkälaista EU:n kehitysnäkemystä jäsenvaltio asianomaisena ajankohtana periaatteessa edustaa tai kannattaa – tai ainakin oletetun kehitysnäkemyksen pohjalta yrittää ennakoida, mikä asianomaisen jäsenvaltion kanta mahdollisesti tulee olemaan esitettyihin joustomuodon kehittämisesityksiin.

---

[315] Vrt. esim. Le Cacheux 2005, Brehon 2010a tai Rant & Mrak 2010, 347-37.

TULOSTEN JA JOHTOPÄÄTÖSTEN MERKITYKSEN ARVIOINTI

Unohtamatta käytetyn lähestymistavan, teoreettisen viitekehyksen ja menetelmän asettamia rajoituksia (ks. yllä luku 2), tutkimuksen tuloksia ja johtopäätöksiä voi pitää tärkeinä niiden käyttökelpoisuuden ja hyödynnettävyyden näkökulmasta monessakin mielessä:

- tutkimus ensinnäkin osoittaa, että budjetin jousto –teoriaa voidaan soveltaa toimivasti ja onnistuneesti Euroopan unionin budjetoinnin tutkimukseen. Samalla se kehittää keskeisellä tavalla – jos keskeisyyden kriteerinä käytetään nykyisin tutkijayhteisöä kiinnostavia budjetointiin ja EU:n finanssihallintoon liittyviä kysymyksiä (ks. alla) – *finances publiques communautaires* –koulukunnan teoreettisia töitä sillä tutkimus osoittaa, että koulukunnan mukaisissa tutkimuksissa ja kirjallisuudessa erillisinä pidettyjä ja toisistaan toistuvasti riippumattomina käsiteltyjä budjetointimenettelyjä voidaan koota yhtenäisen teoreettisen tarkastelukehikon alle siten, että järjestelmän osasia voidaan tarkastella yhdessä ja niiden toiminnasta tehdä johtopäätöksiä EU:n finanssihallintojärjestelmän kokonaistoiminnan ja toiminnan tulosten kannalta. Koulukunnan töiden lisäksi tällä voidaan katsoa olevan merkitystä Euroopan unionin budjetointitutkimuksen kehittämisen kannalta laajemminkin;

- tutkimus toisaalta osoittaa sen, että Euroopan unionin budjettijärjestelmässä on esiintynyt – ja tämä vastoin alkuperäisiä työhypoteeseja (ks. yllä luku 1) – varsin runsaasti erilaisia jouston muotoja, joilla unionin budjettijärjestelmä on vastannut toimintaympäristönsä vaateisiin ja muutoksiin. Samaan aikaan tutkimus identifioi perustellusti kaikki keskeiset EU:n finanssihallintojärjestelmän joustomuodot yleisen talousarvion olemassaolon aikana (eli vuodesta 1968);

- tutkimus niin ikään erittelee seikkaperäisesti miten ja miksi merkittävimmät joustomuodot ovat kehittyneet sekä mitä rajoituksia ja rajoitteita niiden kehitys on kohdannut keskeisten Euroopan unionin budjettijärjestelmän toimijoiden[316] taholta. Näin tehdessään tutkimus myös osoittaa selvästi, että tutkitut joustomuodot ovat kehittyneet merkittävästi tarkasteluaikana vuodesta 1968 vuoteen 2009, mikä sekin on vastoin alkuperäisiä työhypoteeseja (ks. luku 1). Toisaalta jos tutkimus vahvistaakin työhypoteesin, jonka mukaan ennen kaikkea komissio on toimielimenä ollut ajamassa eri joustomuotoihin turvautumista ja niiden lisäämistä EU:n finanssihallintojärjestelmässä, se osoittaa samaan aikaan, että myös toinen budjettivallan käyttäjä (1970-luvulta lähtien) eli Euroopan parlamentti on eräitä tutkimuksessa identifioituja poikkeuksia lukuun ottamatta ollut vahvasti ajamassa ja puolustamassa EU:n finanssihallintojärjestelmän joustavuutta ja sen kasvattamista. Tämä puolestaan auttaa selittämään EU:n budjettijärjestelmän kehitystä 1970-luvulta paitsi parlamentin kasvaneen budjettivallan näkökulmasta (kuten Euroopan unionin budjettitutkimuksessa perinteisesti usein rajoitutaan tekemään) myös laajemmin koko EU:n finanssihallintojärjestelmän kokonaisuuden ja sen kehityksen kannalta;

- eri joustomuotoihin liittyvien ongelmien ja rajoitteiden tarkastelun tulokset auttavat puolestaan ymmärtämään yhteisöjen vuotuisten budjettiprosessien aikana vuodesta 1968 kohdattuja keskeisiä (kiista)kysymyksiä ja ongelmia, sillä kuten tutkimus niin ikään kiistatta osoittaa, merkittävä osa Euroopan yhteisöjen ja unionin talousarvioprosessien aikana kohdatuista keskeisistä ongelmista on liittynyt eri joustomuotojen käyttöön ja turvautumiseen liittyviin kysymyksiin. Tämä tutkimustulos on

[316] Eli Euroopan parlamentti, neuvosto, komissio ja jäsenvaltiot. Tutkimus myös osoittaa, että nämä eri toimijat ovat omaksuneet varsin erilaisen suhtautumistavan eri EU:n budjettijärjestelmän joustomuotoihin ja niihin turvautumiseen.

puolestaan merkittävä etsittäessä syitä tutkimuskirjallisuudessa toistuvasti esiin nostettuihin Euroopan unionin vuotuisten budjettiprosessien aikana kohdattuihin ongelmiin – ja etsittäessä uusia ratkaisuja vuotuisten talousarvioprosessien sujuvuuden parantamiseksi. Toisaalta tutkimus osoittaa, että myös EU:n rahoitusnäkymiä ja -kehyksiä koskevat neuvottelut vuodesta 1987 ovat sisältäneet merkittäviä joustoihin liittyviä kysymyksiä, joihin neuvottelijat ovat toistuvasti törmänneet.

Toisin ilmaistuna tutkimus paitsi kehittää omalta osaltaan Euroopan unionin finanssihallinnon teoreettista tutkimusta ja teoriaa myös auttaa identifioimaan merkittävän osan EU:n rahoituskehysneuvottelujen ja vuotuisten budjettiprosessien taustalla toistuvasti esiintyvistä kysymyksistä, kiistanaiheista ja ongelmista, samalla kun se tarjoaa kokonaisvaltaisen kehikon ongelmien tarkasteluun ja erilaisten ratkaisuehdotusten esittämiselle heijastusvaikutuksineen. Euroopan unionin monivuotiset rahoituskehykset ja vuotuiset talousarviot ovat aina monenlaisten ja -tasoisten kompromissien tulos (ks. yllä luku 1). Tutkimus auttaa osaltaan ymmärtämään, millä edellytyksillä ja ehdoilla näihin kompromisseihin päästään – ja miten niiden saavuttamista voidaan osaltaan edesauttaa.

Tutkimus pyrkii myös vastaamaan kysymykseen, miten "EU-15:n" jäsenvaltiot ovat suhtautuneet tutkimuksessa identifioituihin keskeisiin jouston muotoihin kolmen merkittävimmän viimeaikaisen EU:n finanssihallinnollisen uudistustyön aikana[317], sekä mitä jäsenvaltioiden neuvottelujen aikana esittämät kannat mahdollisesti kertovat suhtautumisesta Euroopan unionin kehitykseen yleisemminkin.

Koskien ensimmäistä kysymystä, ja vastoin työhypoteeseja (ks. yllä luku 1), tutkimuksessa havaittiin selvää säännönmukaisuutta jäsenvaltioiden edustajien suhtautumisessa eri joustomuotoihin kaikissa kolmessa tutkitussa tapauksessa. Toisaalta, ja jälleen vastoin työhypoteeseja, eräiden jäsenvaltioiden suhtautumisessa havaittiin samansuuntaisuutta, mikä puolestaan mahdollistaa jäsenvaltioiden ryhmittelyt.

Tutkimuksessa käytetty lähestymistapa ja tutkimusmenetelmä tuovat esille rajoituksena ennen kaikkea pyrittäessä vastaamaan toiseen kysymykseen. Siten jos yllä luvun 6 Taulukot 7-9 on varsin yksinkertaista koota kokousasiakirjoista, asiakirjat eivät usein kirjaa sen tarkempia perusteluja esitetyille kannoille. Toisaalta esitetyistä kannoista on vaikeata tehdä johtopäätöksiä sinänsä suhtautumisesta Euroopan unionin kehitykseen laajemmin.

Jos johtopäätökset "EU-15:n" jäsenvaltioiden suhtautumisesta Euroopan unionin kehitykseen jäävät edellä kuvatuista rajoituksista johtuen varsin yleiselle tasolle, tutkimuksessa esitetyt jäsenvaltio- ja toimielinkohtaiset tutkimustulokset ovat kuitenkin itsessään jo tärkeitä ja hyödyllisiä, sillä ne auttavat osaltaan suuntaamaan EU:n finanssihallinnon uudistustyötä tilanteessa, jossa Euroopan unionin asialistalla on useita merkittäviä neuvotteluja, kuten varainhoitoasetuksen kolmivuotisuudistustarkastelu[318] ja sopiminen vuosia 2014-2020 koskevasta rahoituskehyksestä[319]. Nämä neuvottelut tarjoavat samalla oivallisen tilaisuuden kerätä uutta aineistoa ja siten tarkastella kriittisesti tässä tutkimuksessa esitettyjä tuloksia ja johtopäätöksiä.

Toisaalta Lissabonin sopimuksen mukanaan tuomassa uudessa Euroopan unionin talousarviomenettelyssä erilaiset joustokysymykset vain korostuvat edelliseen Nizzan sopimuksen mukaiseen budjettiprosessiin verrattuna, kuten vuosien 2011[320] ja 2012 talousarviomenettelyt erinomaisesti osoittivat (ks. Saarilahti 2011b; 2012, vrt. esim. Brehon 2010b, Saurel 2010, 35-39 tai Potteau 2011).

*

* *

[317] Eli Euroopan unionin varainhoitoasetuksen viimeisten uudistamis- ja vuoden 2006 toimielinten sopimuksen ja vuodet 2007-2013 kattavan rahoituskehyksen hyväksymisneuvottelujen yhteydessä vuosina 2000-2006. Kyseessä ovat ehdottomasti tärkeimmät viimeisimmät EU:n finanssihallinnon kehittämistä ja tulevaisuutta koskevat neuvottelut.

[318] Varainhoitoasetuksen 184 artiklan mukaisesti.

[319] Komission 29. kesäkuuta 2011 alkaen esittämien ehdotusten pohjalta.

[320] Vuoden 2011 EU:n talousarvioprosessi oli ensimmäinen, joka käytiin kokonaisuudessaan Lissabonin sopimuksen uusien artikloiden mukaisesti.

Parhaillaan meneillään olevan kansainvälisen ja erityisesti euroalueen talous- ja velkakriisin myötä Euroopan unionin integraatiokehitys sekä politiikan ja talouden liitokseen liittyvät kysymykset yleensä, mukaan luettuna unionin budjetin rooli, ovat tulleet aikaisempaa suuremman mielenkiinnon kohteiksi. Samaan aikaan budjetti-instituutiot ja -prosessit yleensä ovat nousseet uudella tapaa esiin niin julkisessa kuin tieteellisessä keskustelussa.

Talous-, velka- ja euron kriiseistä Euroopan unionin jäsenvaltioille aiheutuneet erilaiset seuraukset ovat toisaalta tuoneet unionin finanssihallintojärjestelmän toimintaan liittyvät kysymykset, mukaan luettuina myös erilaiset joustokysymykset, aikaisempaa suuremman mielenkiinnon kohteeksi, kuten esimerkiksi Euroopan komission kesäkuussa 2011 esittämät uutta rahoituskehyskautta koskevat ehdotukset ja niiden vastaanotto niin Euroopan unionin jäsenvaltioissa kuin unionin eri toimielimissä hyvin osoittavat. Toisaalta myös unionin monivuotiseen rahoituskehykseen nojautuvat vuotuiset talousarvioprosessit ovat ehkä yllättäenkin joutuneet aikaisempaa suuremman julkisen huomion kohteeksi.

Tämä tutkimus on omalta osaltaan pyrkinyt tuomaan uusia teoreettisia ja käytännöllisiä näkökulmia sekä keskeisiä ”lukuvälineitä” näihin eri keskusteluihin.

On tietenkin selvää, että monia asioita eräitä keskeisiä teemoja koskien, kuten esimerkiksi ”hyvän hallinnan” ja joustavuuden teorian suhteesta, yhdistettynä esimerkiksi laajempaan ”hyvän budjetin” ongelmatiikkaan – ja ”hyvän budjetoinnin” ominaisuuksiin laajemminkin – jää kuitenkin tutkimuksessa käsittelemättä.

Kuten yllä luvussa 2.2.1 on jo esitetty etenkin ”uuden hallintoajattelun” soveltaminen Euroopan unionin finanssihallintojärjestelmän ja sen joustavuuden tarkastelemiseen ja kehittämiseen ”monitasoisen” ja ”hyvän hallinnan” uusine periaatteineen sekä erilaisine näkökohtineen talousarvioiden roolista ja epävarmuuden hallinnan keinoista tuntuu lupaavalta tästä tutkimuksesta innoituksena ja lähtökohtansa saavalta jatkotutkimuksen aiheelta.

Jatkotutkimuksessa voidaan myös ottaa huomioon tästä tutkimuksesta poikkeavasti Lissabonin sopimuksen mukanaan tuomat uudistukset Euroopan unionin finanssihallintoon, mukaan luettuina unionin monivuotisten rahoituskehysten ja vuotuisten talousarvioiden eri joustomuotoihin, samalla kun siinä voidaan myös hyödyntää vuodet 2014-2020 kattavien rahoituskehysneuvottelujen tulokset – sekä nykyisen talouskriisin seuraukset ja opetukset Euroopan unionin toiminnan kannalta.

TUTKIMUKSESSA KÄYTETYT *REVUE DU MARCHÉ COMMUN ET DE L'UNION EUROPÉENNE* –AIKAKAUSLEHDESSÄ[1] (*RMC&UE*) JULKAISTUT EUROOPAN YHTEISÖJEN JA UNIONIN VUOTUISTA TALOUSARVIOMENETTELYÄ KÄSITTELEVÄT ARTIKKELIT

1975[2]: Strasser, Daniel: La nouvelle procédure budgétaire des Communautés européennes et son application à l'établissement du budget pour l'exercice 1975. *RMC 18 (1975): 182 (février)*. 79-87.

1976: Strasser, Daniel: Le budget pour 1976. Bilan d'une procédure, perspectives pour une nouvelle année. *RMC 19 (1976): 192 (janvier)*. 10-19.

1977: Strasser, Daniel: Le budget 1977. Bilan d'une procédure, perspective pour une nouvelle année. *RMC 20 (1977): 205 (mars)*. 128-137.

1978: Strasser, Daniel: Le budget 1978. Bilan d'une procédure, innovations juridiques, perspectives pour une nouvelle année. *RMC 21 (1978): 213 (janvier)*. 13-29.

1979: Bangemann, Martin: La procédure budgétaire de 1979 : l'équilibre nécessaire de la répartition des pouvoirs entre le Conseil et le Parlement. *RMC 22 (1979): 226 (avril)*. 169-184.

Strasser, Daniel: Le budget 1979. Bilan d'une procédure. Difficultés politiques et juridiques. Perspectives pour une nouvelle année. *RMC 22 (1979): 227 (juin)*. 240-262.

1980: Strasser, Daniel: Le budget 1980. Environnement politique et financier. Rejet et établissement. Première expérience d'un régime de douzièmes provisoires. Analyse. *RMC 23 (1980): 239 (août-septembre)*. 358-397.

1981: Strasser, Daniel: Budget 1981. Son environnement politique et financier. La deuxième crise budgétaire. Les résultats de la procédure. Les perspectives pour une nouvelle année (Première partie). *RMC 24 (1981): 248 (juin-juillet)*. 279-311. [1981a]

Strasser, Daniel: Budget 1981. Son environnement politique et financier, la deuxième crise budgétaire, les résultats de la procédure, les perspectives pour une nouvelle année (seconde partie). *RMC 24 (1981): 252 (décembre)*. 561-605. [1981b]

1982: Strasser, Daniel: Le budget 1982. Son environnement politique et financier. Les résultats de la procédure budgétaire. Les perspectives pour une année nouvelle. *RMC 25 (1982): 258 (juin-juillet)*. 306-365.

1983: Strasser, Daniel: Le budget 1983. Son environnement politique et financier, le trilogue, les deux procédures budgétaires, les perspectives pour une année nouvelle. *RMC 26 (1983): 268 (juin-juillet)*. 307-362.

1984: Strasser, Daniel: Le budget 1984, son environnement politique et financier, son établissement et son exécution, l'épuisement des ressources propres. *RMC 27 (1984): 279 (juillet-août)*. 322-382.

---

[1] Vuoteen 1990 "*Revue du Marché commun*" (*RMC*).
[2] Talousarviovuosi.

1985: Strasser, Daniel: Le budget 1985, son environnement politique et financier, son rejet et son établissement. La deuxième expérience d'un régime de douzièmes provisoires. *RMC 28 (1985): 289 (juillet-août)*. 372-444.

1989: Nicoll, W. & Lentz, J: Le budget 1989, son cadre financier et réglementaire et son établissement. *RMC 32 (1989): 326 (avril)*. 209-223.

Verschraegen, Michel: 1988-1989 : naissance et premiers pas d'une nouvelle mécanique budgétaire. *RMC 32 (1989): 326 (avril)*. 224-234.

Timmann, Hans-Jörg: La procédure budgétaire pour l'exercice 1989 et la première application de l'Accord Interinstitutionnel. *RMC 32 (1989): 326 (avril)*. 235-242.

1990: Nicoll, W. & Lentz, J: Le budget 1990, le déroulement de la procédure budgétaire : ses incidentes et son aboutissement. *RMC 33 (1990): 336 (avril)*. 269-282.

1991: Fernandez-Fabregas, F. & Lentz, J: Le budget 1991 – Le déroulement de la procédure budgétaire : ses incidentes et son aboutissement. *RMC&UE 34 (1991): 346 (avril)*. 293-313.

1992: Fernandez-Fabregas, F. & Lentz, J: Le budget 1992, son cadre politique et financier, son établissement : incidents et aboutissement. *RMC&UE 35 (1992): 360 (juillet-août)*. 637-657.

1993: Fernandez-Fabregas, F. & Lentz, J: Le budget 1993. Le déroulement de la procédure budgétaire : ses incidentes et son aboutissement. *RMC&UE 36 (1993): 370 (juillet-août)*. 628-655.

1994: Fernandez-Fabregas, F. & Lentz, J: Le budget 1994. Le déroulement de la procédure budgétaire : ses incidentes et son aboutissement. *RMC&UE 37 (1994): 381 (septembre-octobre)*. 505-527.

1995: Fernandez-Fabregas, F. & Lentz, J: Le budget 1995. Le déroulement de la procédure budgétaire : son environnement, ses incidentes et son aboutissement. *RMC&UE 38 (1995): 388 (mai)*. 284-313.

1997: Discors, Dominique: La procédure budgétaire pour 1997 et ses enjeux institutionnels. *RMC&UE 40 (1997): 413 (décembre)*. 682-705.

1998: Discors, Dominique: La procédure budgétaire pour 1998. Une idylle interinstitutionnelle. *RMC&UE 41 (1998): 423 (novembre-décembre)*. 681-703.

2001: Grossir, Jean-Paul: La procédure budgétaire pour 2001 : un long fleuve tranquille ? *RMC&UE 44 (2001): 449 (juin)*. 374-393.

2002: Grossir, Jean-Paul: La procédure budgétaire pour 2002 : la poursuite d'une entente cordiale entre les institutions. *RMC&UE 45 (2002): 459 (juin)*. 373-393.

2003: Grossir, Jean-Paul: Le budget 2003 : la fin d'une époque. *RMC&UE 46 (2003): 471 (septembre)*. 530-541.

2004: Saarilahti, Ilkka & Balsells Traver, Marisa: Les innovations des procédures budgétaires communautaires. Première partie : Le budget général pour 2004 – le début d'une nouvelle ère. *RMC&UE 49 (2006): 495 (février)*. 88-113. [2006a]

2005: Saarilahti, Ilkka & Balsells Traver, Marisa: Les innovations des procédures budgétaires communautaires. Deuxième partie : Le budget général pour 2005 – une année de stabilisation. *RMC&UE 49 (2006): 497 (avril)*. 254-276. [2006b]

2006: Saarilahti, Ilkka & Balsells Traver, Marisa: Les innovations des procédures budgétaires communautaires. Troisième partie : Le budget général pour 2006 – la dernière année de l'"Agenda 2000". *RMC&UE 49 (2006): 501 (septembre)*. 530-557. [2006c]

2007: Saarilahti, Ilkka & Balsells Traver, Marisa: Les innovations des procédures budgétaires communautaires. Quatrième partie : Le budget général pour 2007 – la première année du nouveau cadre financier pour 2007-2013. *RMC&UE 50 (2007): 508 (mai)*. 302-334.

2008: Saarilahti, Ilkka & Ghignone, Piera: Les innovations des procédures budgétaires communautaires. Cinquième partie : Le budget général pour 2008 – une année de révision du cadre financier pour 2007-2013. *RMC&UE 51 (2008): 521 (septembre)*. 507-534.

2009: Saarilahti, Ilkka & Ghignone, Piera: Les innovations des procédures budgétaires communautaires. Sixième partie : Le budget général pour 2009 – une année de modification de l'accord interinstitutionnel du 17 mai 2006. *RMC&UE 52 (2009): 533 (décembre)*. 670-691.

2010: Saarilahti, Ilkka & Krašovec, Boštjan: Les innovations des procédures budgétaires communautaires. Septième partie : Le budget général pour 2010 – une année de relance économique au niveau européen. *RMC&UE 53 (2010): 540 (juillet-août)*. 451-471.

2011: Saarilahti, Ilkka: Les innovations des procédures budgétaires de l'Union européenne. Huitième partie : Le budget de l'Union pour 2011 – la première procédure selon les nouvelles dispositions budgétaires du traité de Lisbonne. *RMC&UE 54 (2011): 553 (décembre)*. 662-679.

2012: Saarilahti, Ilkka: Les innovations des procédures budgétaires de l'Union européenne. Neuvième partie : Le budget de l'Union pour 2012 – un budget de rigueur au niveau européen. *RMC&UE 55 (2012): 561 (septembre)*. 533-557.

TUTKIMUKSESSA KÄYTETYT OIKEUSLÄHTEET

A. Primaarioikeus

A.1 Perustamissopimukset ja niiden muutokset

- Pariisin sopimus

Sopimus Euroopan hiili- ja teräsyhteisöstä (SEHTY)

(allekirjoitettu 18.4.1951, voimaan 23.7.1952)

- Rooman sopimukset

Sopimus Euroopan talousyhteisöstä (SETY)

(allekirjoitettu 25.3.1957, voimaan 1.1.1958)

Sopimus Euroopan atomienergiayhteisöstä (Euratom)

(allekirjoitettu 25.3.19 7, voimaan 1.1.1958)

- Brysselin (ensimmäinen) sopimus eli niin kutsuttu sulautumissopimus

Euroopan yhteisöjen yhteisen neuvoston ja yhteisen komission perustamisesta tehty sopimus

(allekirjoitettu 8.4.1965, voimaan 1.7.1967)

EYVL N:o 152, 13.7.1967, 2-12

- Luxemburgin sopimus eli niin kutsuttu ensimmäinen budjettisopimus

Euroopan yhteisöjen perustamissopimusten sekä Euroopan yhteisöjen yhteisen neuvoston ja yhteisen komission perustamisesta tehdyn sopimuksen eräiden talousarviota koskevien määräysten muuttamisesta tehty sopimus

(allekirjoitettu 22.4.1970, voimaan 1.1.1971)

EYVL N:o L 2, 2.1.1971, 1-11

- Brysselin (toinen) sopimus eli niin kutsuttu toinen budjettisopimus

Euroopan yhteisöjen perustamissopimusten sekä Euroopan yhteisöjen yhteisen neuvoston ja yhteisen komission perustamisesta tehdyn sopimuksen eräiden varainhoitoa koskevien määräysten muuttamisesta tehty sopimus

(allekirjoitettu 22.7.1975, voimaan 1.6.1977)

EYVL N:o L 359, 31.12.1977, 1-19

- ***Euroopan yhtenäisasiakirja (EYA)***

(allekirjoitettu 17. ja 28.2.1986, voimaan 1.7.1987)

EYVL N:o L 169, 29.6.1987, 1-28

- ***Maastrichtin sopimus***

Sopimus Euroopan unionista (SEU)

(allekirjoitettu 7.2.1992, voimaan 1.11.1993)

EYVL N:o C 191, 29.7.1992, 1-112

- ***Amsterdamin sopimus***

Amsterdamin sopimus Euroopan unionista tehdyn sopimuksen, Euroopan yhteisöjen perustamissopimusten ja niihin liittyvien tiettyjen asiakirjojen muuttamisesta

(allekirjoitettu 2.10.1997, voimaan 1.5.1999)

EYVL N:o C 340, 10.11.1997, 1-308

- ***Nizzan sopimus***

Nizzan sopimus Euroopan unionista tehdyn sopimuksen sekä Euroopan yhteisöjen perustamissopimusten ja niihin liittyvien tiettyjen asiakirjojen muuttamisesta

(allekirjoitettu 26.2.2001, voimaan 1.2.2003)

EYVL N:o C 80, 10.3.2001, 1-87
EYVL N:o C 325, 24.12.2002, 1-184[1]

- ***Sopimus Euroopan perustuslaista***

(allekirjoitettu 29.10.2004)

EUVL N:o C 310, 16.12.2004, 1-474

- ***Lissabonin sopimus*** (”***Uudistamissopimus***”)

Lissabonin sopimus Euroopan unionista tehdyn sopimuksen ja Euroopan yhteisön perustamissopimuksen muuttamisesta

- Sopimus Euroopan unionista ja Euroopan unionin toiminnasta tehty sopimus

(allekirjoitettu 13.12.2007, voimaan 1.12.2009)

---

[1] Konsolidoitu toisinto.

EUVL N:o C 306, 17.12.2007, 1-269 ja oikaisu C 111, 6.5.2008, 56-61
EUVL N:o C 115, 9.5.2008, 1-388[2]

A.2 "Omia varoja" koskevat päätökset (OVP)[3]

- ***Ensimmäinen päätös 21.4.1970*** *(voimaan 1.1.1971[4])*

Neuvoston päätös (70/243/ ECSC, EEC, Euratom), tehty 21 päivänä huhtikuuta 1970, jäsenvaltioiden jäsenmaksujen korvaamisesta Euroopan yhteisöjen omilla varoilla

EYVL N:o L 94, 28.4.1970, 19-22

- ***Toinen päätös 7.5.1985***

Neuvoston päätös (85/257/ETY, Euratom), tehty 7 päivänä toukokuuta 1985, Euroopan yhteisöjen omista varoista

EYVL N:o L 128, 14.5.1985, 15-17

- ***Kolmas päätös 24.6.1988***

Neuvoston päätös (88/376/ETY, Euratom), tehty 24 päivänä kesäkuuta 1988, Euroopan yhteisöjen omista varoista

EYVL N:o L 185, 15.7.1988, 24-28

- ***Neljäs päätös 31.10.1994***

Neuvoston päätös (94/728/EY, Euratom), tehty 31 päivänä lokakuuta 1994, Euroopan yhteisöjen omista varoista

EYVL N:o L 293, 12.11.1994, 9-13

- ***Viides päätös 29.9.2000***

Neuvoston päätös (2000/597/EY, Euratom), tehty 29 päivänä syyskuuta 2000, Euroopan yhteisöjen omien varojen järjestelmästä

EYVL N:o L 253, 7.10.2000, 42-46

- ***Kuudes päätös 7.6.2007***

Neuvoston päätös (2007/436/EY, Euratom), tehty 7 päivänä kesäkuuta 2007, Euroopan yhteisöjen omien varojen järjestelmästä

EUVL N:o L 163, 23.6.2007, 17-218

---

[2] Konsolidoidut toisinnot.
[3] Erikoistapaus.
[4] EYVL N:o L 2, 2.1.1971, 12.

B. Johdettu oikeus

B.1 Varainhoitoasetukset (VHA)

- 30.7.1968

Règlement financier (68/313/CEE/ Euratom/ CECA), du 30 juillet 1968, relatif à l'établissement et à l'exécution du budget des Communautés européennes et à la responsabilité des ordonnateurs et comptables

EYVL N:o L 199, 10.8.1968, 1-20

- 15.12.1969

Règlement financier (69/491/Euratom, CECA, CEE), du 15 décembre 1969, portant reconduction du règlement financier du 30 juillet 1968 relatif à l'établissement et à l'exécution du budget des Communautés européennes et à la responsabilité des ordonnateurs et comptables

EYVL N:o L 326, 29.12.1969, 33

Règlement financier (69/492/Euratom, CECA, CEE), du 15 décembre 1969, fixant les modalités relatives à la reddition et à la vérification des comptes

EYVL N:o L 326, 29.12.1969, 34-36

- 28.12.1970

Règlement financier (70/555/CECA, CEE, Euratom), du 28 décembre 1970, portant reconduction du règlement financier du 30 juillet 1968 relatif à l'établissement et à l'exécution du budget des Communautés européennes et à la responsabilité des ordonnateurs et comptables

EYVL N:o L 285, 31.12.1970, 74

- 20.12.1971

Règlement financier (72/19/Euratom, CECA, CEE), du 20 décembre 1971, portant reconduction du règlement financier du 20 juillet 1968, relatif à l'établissement et à l'exécution du budget des Communautés européennes et à la responsabilité des ordonnateurs et comptables

EYVL N:o L 4, 6.1.1972, 21-22

Règlement financier (72/20/Euratom, CECA, CEE), du 20 décembre 1971, portant reconduction du règlement financier du 15 décembre 1969 fixant les modalités relatives à la reddition et à la vérification des comptes

EYVL N:o L 4, 6.1.1972, 23

- 28.12.1972

Règlement financier (72/447/Euratom, CECA, CEE), du 28 décembre 1972, reconduisant le règlement financier du 15 décembre 1969 fixant les modalités relatives à la reddition et à la vérification des comptes

EYVL N:o L 298, 31.12.1972, 53

Règlement financier (72/449/Euratom, CECA, CEE), du 28 décembre 1972, portant dérogation, pour l'exercice 1972, à l'article 5 du règlement financier du 20 juillet 1968 relatif à l'établissement et à l'exécution du budget des Communautés européennes et à la responsabilité des ordonnateurs et comptables

EYVL N:o L 298, 31.12.1972, 55

Règlement financier (72/450/Euratom, CECA, CEE), du 28 décembre 1972, reconduisant le règlement financier, du 30 juillet 1968, relatif à l'établissement et à l'exécution du budget des Communautés européennes et à la responsabilité des ordonnateurs et comptables

EYVL N:o L 298, 31.12.1972, 56

- 25.4.1973

Financial Regulation (73/91/ECSC, EEC, Euratom) of 25 April 1973 applicable to the general budget of the European Communities

EYVL N:o L 116, 1.5.1973, 1-73

- 21.10.1976

Financial Regulation (76/892/ECSC, EEC, Euratom) of 21 October 1976 amending the Financial Regulation of 25 April 1973 applicable to the general budget of the European Communities

EYVL N:o L 333, 2.12.1976, 24-25

- 21.12.1977

Varainhoitoasetus, annettu 21 päivänä joulukuuta 1977, Euroopan yhteisöjen yleiseen talousarvioon sovellettava

EYVL N:o L 356, 31.12.1977, 1-30

Viisitoista muutosta vuosina 1979-2001 (ks. tämän kirjan sivu 331)

- 25.6.2002

Neuvoston asetus (EY, Euratom) N:o 1605/2002, tehty 25 päivänä kesäkuuta 2002, Euroopan yhteisöjen yleiseen talousarvioon sovellettavasta varainhoitoasetuksesta

EYVL N:o L 248, 16.9.2002, 1-48 ja oikaisu L 25, 30.1.2003, 43

- Ensimmäinen muutos:

Neuvoston asetus (EY, Euratom) N:o 1995/2006, annettu 13 päivänä joulukuuta 2006, Euroopan yhteisöjen yleiseen talousarvioon sovellettavasta varainhoitoasetuksesta annetun asetuksen (EY, Euratom) N:o 1605/2002 muuttamisesta

EUVL N:o L 390, 30.12.2006, 1-26 ja oikaisu L 48, 22.2.2008, 88

- Toinen muutos:

Neuvoston asetus (EY) N:o 1525/2007, annettu 17 päivänä joulukuuta 2007, Euroopan yhteisöjen yleiseen talousarvioon sovellettavasta varainhoitoasetuksesta annetun asetuksen (EY, Euratom) N:o 1605/2002 muuttamisesta

EUVL N:o L 343, 27.12.2007, 9-10

- Kolmas muutos:

Euroopan parlamentin ja neuvoston asetus (EU, Euratom) N:o 1081/2010, annettu 24 päivänä marraskuuta 2010, Euroopan yhteisöjen yleiseen talousarvioon sovellettavasta varainhoitoasetuksesta annetun neuvoston asetuksen (EY, Euratom) N:o 1605/2002 muuttamisesta Euroopan ulkosuhdehallinnon osalta

EUVL N:o L 311, 26.11.2010, 9-14

Vuoden 2002 VHA:n soveltamissäännöt (VSS):

Komission asetus (EY, Euratom) N:o 2342/2002, annettu 23 päivänä joulukuuta 2002, Euroopan yhteisöjen yleiseen talousarvioon sovellettavasta varainhoitoasetuksesta annetun neuvoston asetuksen (EY, Euratom) N:o 1605/2002 soveltamissäännöistä

EYVL N:o L 357, 31.12.2002, 1-71 ja oikaisu EUVL L 345, 28.12.2005, 35-36 sekä muutokset L 201, 2.8.2005, 3-22; L 227, 19.8.2006, 3-21 ja L 111, 28.4.2007, 13-45

B.2 Budjettikuripäätökset

- 24.6.1988

Neuvoston päätös (88/377/ETY), tehty 24 päivänä kesäkuuta 1988, talousarviota koskevasta kurinalaisuudesta

EYVL N:o L 185, 15.7.1988, 29-32

- 31.10.1994

Neuvoston päätös (94/729/EY), tehty 31 päivänä lokakuuta 1994, talousarviota koskevasta kurinalaisuudesta

EYVL N:o L 293, 12.11.1994, 14-18

- 26.9.2000

Neuvoston asetus (EY) No 2040/2000, annettu 26 päivänä syyskuuta 2000, talousarvion kurinalaisuudesta[5]

EYVL N:o L 244, 29.9.2000, 27-32

C. Toimielinten (väliset) sopimukset

- TVS 29.6.1988 (rahoitusnäkymät 1988-1992)

Talousarviota koskevasta kurinalaisuudesta ja talousarviomenettelyn parantamisesta [29 kesäkuuta 1988] tehty toimielinten välinen sopimus

EYVL N:o L 185, 15.7.1988, 33-37

- TVS 29.10.1993 (rahoitusnäkymät 1993-1999)

Toimielinten välinen sopimus, tehty 29 päivänä lokakuuta 1993, talousarviota koskevasta kurinalaisuudesta ja talousarviomenettelyn parantamisesta

EYVL N:o C 331, 7.12.1993, 1-10

- Euroopan parlamentin, neuvoston ja Euroopan komission välinen yhteisen ulko- ja turvallisuuspolitiikan rahoitusta koskevia määräyksiä käsittelevä toimielinten välinen sopimus, tehty 16 päivänä heinäkuuta 1997

EYVL N:o C 286, 22.9.1997, 80-81

- Toimielinten välinen sopimus, tehty 13 päivänä lokakuuta 1998, talousarvion toteuttamisesta ja oikeusperusteista

EYVL N:o C 344, 12.11.1998, 1-4

- TVS 6.5.1999 (rahoitusnäkymät 2000-2006)

Euroopan parlamentin, neuvoston ja komission välinen toimielinten sopimus, tehty 6 päivänä toukokuuta 1999, talousarviota koskevasta kurinalaisuudesta ja talousarviomenettelyn parantamisesta

EYVL N:o C 172, 18.6.1999, 1-22 ja oikaisu C 322, 10.11.1999, 8

- Euroopan parlamentin, neuvoston ja komission välinen toimielinten sopimus, tehty 7 päivänä marraskuuta 2002, Euroopan unionin solidaarisuusrahaston rahoituksesta täydentäen talousarviota koskevasta kurinalaisuudesta ja talousarviomenettelyn parantamisesta 6 päivänä toukokuuta 1999 tehtyä toimielinten sopimusta

EYVL N:o C 283, 20.11.2002, 1-2

---

[5] Kumottu taannehtivasti 22.10.2007 vuoden 2007 alusta alkaen (EUVL N:o L 282, 26.10.2007, 3-4).

- TS 17.5.2006 (rahoituskehys 2007-2013)

Euroopan parlamentin, neuvoston ja komission välinen toimielinten sopimus, tehty 17 päivänä toukokuuta 2006, talousarviota koskevasta kurinalaisuudesta ja moitteettomasta varainhoidosta

EUVL N:o C 139, 14.6.2006, 1-17 sekä muutos C 326, 20.12.2008, 3

D. Julistukset ja julkilausumat

- Edustajainkokouksen [Euroopan parlamentin], neuvoston ja komission yhteinen julistus neuvottelumenettelyn käyttöön ottamisesta, annettu 4 päivänä maaliskuuta 1975

EYVL N:o C 89, 22.4.1975, 1-2

- Euroopan Parlamentin, neuvoston ja komission yhteinen julistus erilaisista toimenpiteistä talousarviomenettelyn parantamiseksi, annettu 30 päivänä kesäkuuta 1982

EYVL N:o C 194, 28.7.1982, 1-38

- Euroopan parlamentin, neuvoston ja komission julistus varainhoitoa koskevien säännösten sisällyttämisestä säädöksiin, annettu 6 päivänä maaliskuuta 1995

EYVL N:o C 102, 4.4.1996, 4

- Yhteinen julkilausuma kalastussopimuksia koskevan budjettivallan käyttäjälle suunnatun tiedotuksen parantamisesta, annettu 12 päivänä joulukuuta 1996

EYVL N:o C 20, 20.1.1997, 109

LIITTEET

Liite I. Vuoden 2002 varainhoitoasetuksen vuoden 2006 muutoksen hyväksymisprosessi 154

Liite II. Määrärahasiirrot varainhoitovuonna vuoden 2002 varainhoitoasetuksen vuoden 2006 muutoksen mukaisesti 155

Liite III. Yleisen talousarvion toteuttamistavat vuoden 2002 varainhoitoasetuksen vuoden 2006 muutoksen mukaisesti 157

Liite IV. Määrärahasiirrot seuraavaan varainhoitovuoteen vuoden 2002 varainhoitoasetuksen vuoden 2006 muutoksen mukaisesti 158

Liite I. Vuoden 2002 varainhoitoasetuksen vuoden 2006 muutoksen hyväksymisprosessi.
Appendix I. The adoption of the first modification of the 2002 Financial Regulation in 2006.
Annexe I. La procédure d'adoption de la première modification du règlement financier de 2002 en 2006.

Varainhoitoasetus/ ***Financial Regulation*** **- Ensimmäinen muutos/** ***First modification*** **:**	**Päiväys** ***Date***	**Soveltamissäännöt/** ***Implementing rules*** **- Toinen ("itsenäinen") muutos/** ***Second ("Fast track") modification*** **:**	**Päiväys** ***Date***	**Soveltamissäännöt/** ***Implementing rules*** **- Kolmas ("sidottu") muutos/** ***Third ("Non-autonomous") modif.*** **:**	**Päiväys** ***Date***
Vuosi/ ***Year*** **2005**		**Vuosi/** ***Year*** **2005**		**Vuosi/** ***Year*** **2005**	
Komission ehdotus (*KOM(2005) 181 lopullinen*)	3.5.2005				
Commission's proposal		Komission ehdotus (*SEC(2005) 1240*)	12.10.2005	Komission yksiköiden laatima työasiakirja (*SEC(2005) 1244/6*)	13.10.2005
Talous- ja sosiaalikomitean lausunto nro 1259/2005*	27.10.2005	*Commission's proposal*		*Commission staff working document*	
*Economic and Social Committee's opinion No 1259/2005**					
TTI:n lausunto nro10/2005 (EUVL N:o C 13, 18.1.2006, 1-8)	7.12.2005				
Court of Auditors' opinion No 10/2005		TTI:n laus. nro 11/2005** ** ** * (EUVL N:o C 13, 18.1.2006, 9-11)	15.12.2005		
		*Court of Auditors' opinion No 11/2005** ** ** **			
Vuosi/ ***Year*** **2006**		**Vuosi/** ***Year*** **2006**		**Vuosi/** ***Year*** **2006**	
		Neuvoston lausunto** ** ** *	14.2.2006		
		*Council's opinion** ** ** **			
EP:n tarkistukset**	15.3.2006	Talous- ja sosiaalikomitean lausunto nro 409/2006** ** ** *	15.3.2006		
*EP's amendments***		*Economic and Social Committee's opinion No 409/2006** ** ** **			
Komission muutettu ehdotus (*KOM(2006) 213 lopullinen*)	18.5.2006				
Commission's modified proposal		EP** (tarkistukset ja lainsäädäntöpäätöslauselma)** ** ** *	1.6.2006		
		*EP** (Amendments and legislative resolution)** ** ** **		Komission ehdotus (*SEC(2006) 866*)	4.7.2006
EP:n lainsäädäntöpäätöslauselma**	6.7.2006			*Commission's proposal*	
*EP's legislative resolution***		**Komissio antaa asetuksen (EY, Euratom) N:o 1248/2006**	**7.8.2006**		
		Commission adopts Regulation (EC, Euratom) No 1248/2006			
EP:n** lainsäädäntöpäätöslauselma** *	6.9.2006	*(EUVL N:o L 227, 19.8.2006, 3-21)*			
*EP's** legislative resolution** **		Voimaan tulo	*22.8.2006*		
		Entry into force			
TTI:n laus. nro 4/2006** ** (EUVL N:o C 273, 9.11.2006, 2-8)	18.9.2006				
*Court of Auditors' opinion No 4/2006** ***					
Neuvoston yhteiset suuntaviivat** ** * (Asiak.*14259/06 ADD 1*)	7.11.2006				
*Council's Common orientation** ** **					
Neuvottelukokous** ** *	21.11.2006			**Vuosi/** ***Year*** **2007**	
*Conciliation meeting** ** **				TTI:n laus. nro 1/2007** ** ** * (EUVL N:o C 46, 28.2.2007, 1-6)	25.1.2007
Euroopan tietosuojavaltuutetun lausunto*	12.12.2006			*Court of Auditors' opinion No 1/2007** ** ** **	
*European Data-protection Supervisor's opinion**				EP** (tarkistukset ja lainsäädäntöpäätöslauselma) ** ** ** *	13.2.2007
EP:n päätöslauselma	13.12.2006			*EP** (Amendments and legislative resolution)** ** ** **	
EP's resolution				Neuvoston lausunto** ** ** *	27.2.2007
Neuvosto antaa asetuksen (EY, Euratom) N:o 1995/2006	**13.12.2006**			*Council's opinion** ** ** **	
Council adopts Regulation (EC, Euratom) No 1995/2006				**Komissio antaa asetuksen (EY, Euratom) N:o 478/2007**	**23.4.2007**
(EUVL N:o L 390, 30.12.2006, 1-26)				***Commission adopts Regulation (EC, Euratom) No 478/2007***	
Soveltaminen: artikoiden mukaan** ** **, 1.1.2007 tai				*(EUVL N:o L 111, 28.4.2007, 13-45)*	
VSS:n III muutoksen soveltamisesta lähtien (1.1.2007)/ *Application: See Regulation No 1995/2006, Art. 2*				Soveltaminen: 1.5.2007 lähtien, poikkeuksin** ** ** **	

* Omasta aloitteesta/ *On the institution's own initiative* ** Tehostettu Hughes-menettely (Cobu ja Cocobu)/ *Enhanced Hughes procedure* ** * Uuden lausuntopyynnön jälkeen (ei uusia tarkistusesityksiä)/ *Following reconsultation (no new amendments)*
** ** Uuden lausuntopyynnön jälkeen/ *Following reconsultation* ** ** * EP:n pyydettyä neuvottelumenettelyn aloittamista/ *The EP having called for the conciliation procedure to be initiated* * ** ** Ks. asetus N:o 1995/2006, artikla 2
** ** ** * Komissio pyysi myös muiden toimielinten lausuntoa/ *Commission also asked for the opinion of other institutions* ** ** ** ** Ks. asetus N:o 478/2007, 3 artikla/ *Application: see Regulation No 478/2007, Art. 3*

Liite II. Vuoden 2002 VHA:n vuoden 2006 muutoksen mukaiset määrärahojen siirtosäännöt varainhoitovuonna (perusperiaatteet).

Appendix II. Transfers of appropriations during the budgetary year according to the 2002 Financial Regulation, as modified in 2006 (basic principles).

Annexe II. Les virements de crédits (principes généraux) selon le règlement financier de 2002, tel que modifié en 2006.

Pääluokka* ***Section****	**Siirto**** ***Transfer*****	**Hyväksyy** ***Approved by***	**Menettely ja ehdot** ***Procedure and conditions***	**VHA** ***FR***
I – EP *EP*	Kaikki *All*	EP *EP*	"Herrasmiessopimus" (b) *"Gentlemen's Agreement" (b)*	22 ja 24 art. *Art. 22 and 24*
II – Neuvosto ***Council***	Kaikki *All*	Neuvosto *Council*	"Herrasmiessopimus" (b) *"Gentlemen's Agreement" (b)*	22 ja 24 art. *Art. 22 and 24*
III – Komissio **Henkilöstö- ja hallintomenot** ***Commission Expenditure on staff and administration***	Osasto -> osasto (> 10 %) (a) *Title -> Title (> 10 %) (a)*	Budjettivalta *Budgetary authority*	VHA:n 24 artiklan mukainen menettely** * *Transfer according to the procedure set out in Art. 24 of the FR** **	23 art. 2 k. *Art. 23 (2)*
	Osasto -> osasto (≤ 10 %) (a) *Title -> Title (≤ 10 %) (a)*	Komissio *Commission*	Enint. 30 % siihen budjettikohtaan osoitetuista määrärahoista, *johon* määrärahat siirretään Tieto budjettivallalle 3 viikkoa ennen siirron tekemistä. Asianmukaisesti perustelluista syistä budjettivalta voi vaatia VHA:n 24 artiklan mukaisen menettelyn** * soveltamista *Up to 30 % maximum of the appropriations shown on the line to which the transfer is made* *Inform Budgetary authority 3 weeks in advance. In the event of duly substantiated reasons the Budgetary authority can ask for the application of Art. 24 of the FR** **	23 art. 1 b) k. 23 art. 1 k. 2 al. *Art. 23 (1 b)* *Art. 23 (1 sub 2)*
	Luku -> luku *Chapter -> Chapter*	– –	VHA:n 41 artiklan 2 kohdan neljännen alakohdan mukaan komission hallintomäärärahat kootaan osaston sisällä yhteen lukuun *According to Art. 41 (2 sub 4) of the FR, administrative appropriations for a Title are grouped in a single Chapter*	
	Momentti -> momentti *Article -> Article*	Komissio *Commission*	Hallintomäärärahat kokoavan luvun *01* sisällä *Within the Chapter regrouping administrative appropriations*	23 art. 1 a) k. *Art. 23 (1a)*
	Alamomentti -> alamomentti *Item -> Item*	Komissio *Commission*	Kunkin momentin sisällä *Within Articles*	23 art. 1 a) k. *Art. 23 (1a)*
Erityissäännöt ***Special rules***	Virkamiehistö, muu henkilöstö ja ulkopuolinen henkilöstö *Staff, external staff and other agents*	Komissio *Commission*	Vuoden *t* kahden viimeisen kuukauden aikana komissio voi itsenäisesti siirtää määrärahoja osastosta toiseen 5 %:n rajoissa ao. vuoden määrärahoista Komission on ilmoitettava siirroista budjettivallalle 2 viikon kuluessa siirron tekemisestä *During the last 2 months of the financial year, the Commission may autonomously make transfers from one Title to another within the total limit of 5 %* *The Commission has to inform the Budgetary authority within 2 weeks after its decision*	23 art. 1 k. 3 al. *Art. 23 (1, sub 3)*
Toimintamenot ***Operational expenditure***	Osasto -> osasto *Title -> Title*	Budjettivalta *Budgetary authority*	VHA:n 24 artiklan mukainen menettely** * *Transfer according to the procedure set out in Art. 24 of the FR** **	23 art. 2 k. *Art. 23 (2)*
	Luku -> luku (> 10 %) (a) *Chapter -> Ch (> 10 %) (a)*	Budjettivalta *Budgetary authority*	VHA:n 24 artiklan mukainen menettely** * *Transfer according to the procedure set out in Art. 24 of the FR** **	23 art. 2 k. *Art. 23 (2)*
	Luku -> luku (≤ 10 %) (a)(c) *Ch -> Ch (≤ 10 %) (a)(c)*	Komissio *Commission*	Tieto budjettivallalle 3 viikkoa ennen siirron tekemistä. Asianmukaisesti perustelluista syistä budjettivalta voi vaatia VHA:n 24 artiklan mukaisen menettelyn** * soveltamista *Inform Budgetary authority 3 weeks in advance. In the event of duly justified reasons the Budgetary authority can ask for the application of Art. 24 of the FR** **	23 art. 1 c) k. *Art. 23 (1c)*
	Momentti -> momentti *Article -> Article*	Komissio *Commission*	Saman luvun sisällä *Within each Chapter*	23 art. 1 a) k. *Art. 23 (1a)*
	Alamomentti -> alamomentti *Item -> Item*	Komissio *Commission*	Kunkin momentin sisällä *Within Articles*	23 art. 1 a) k. *Art. 23 (1a)*
Erityissäännöt ***Special rules***	Maataloustukirahasto *EAGF*	Komissio *Commission*	VHA:n 23 artiklan 1 kohdan mukaiset siirrot on tehtävä viim. 31.1.*t+1* (tieto budjettivallal *Decisions pursuant to Art. 23 (1) to be made by 31.1.t+1 (information to Budget authority)*	153 art. 1 k. *Art. 153 (1)*
		Budjettivalta *Budgetary authority*	Muut siirrot: esitys budjettivallalle viimeistään 10.1.*t+1* (VHA:n 24 artiklan mukainen menettely** * pois lukien määräaika: 3 viikkoa) *Other transfers: proposal to the Budgetary authority by 10.1.t+1 (procedure provided for in Art. 24 of the FR** *, time limit of 3 weeks)*	153 art. 1 k. *Art. 153 (2)*
	Rakennerahastot jne. (d) *Structural Funds etc. (d)*	Komissio *Commission*	Voi tehdä siirtoja osastosta toiseen edellyttäen, että määrärahat on tarkoitettu saman tavoitteen toteuttamiseen tai teknisestä avusta aiheutuviin menoihin Tämä sääntö ei koske Euroopan maaseudun kehittämisen maatalousrahaston toimintameno *May make transfers from one Title to another provided that the appropriations in question are for the same objective or are technical assistance expenditure* *This rule does not concern EAFRD expenditure*	158 art. *Art. 158*
	Tutkimus *Research*	Komissio *Commission*	Voi tehdä siirtoja osastosta toiseen edellyttäen, että määrärahat käytetään samaan tarkoitukseen *May make transfers from one Title to another provided that the appropriations are for the same purpose*	160 art. 2 k. *Art. 160 (2)*
	Suora tutkimustoiminta *Direct Research*	Komissio *Commission*	Voi tehdä siirtoja luvusta toiseen siten, että siirrettävien määrärahojen määrä on enintään 15 % sen budjettikohdan määrärahoista, josta siirto tehdään *May make transfers between Chapters of up to 15 % of the appropriations in the line related to direct research from which the transfer is made*	161 art. 4 k. *Art. 161 (4)*
	Hätäapuvaraus *Emergency aid reserve*	Budjettivalta (e) *Budgetary authority (e)*	Kolmikantamenettely (mahd. yksinkertaistetussa muodossa – vuoden 2006 TS:n 25 k.) Siirtoehdotus on esitettävä erikseen kunkin toimen osalta (f) *Trilogue procedure (if necessary in a simplified form; IIA of 17.5.2006, Point 25)* *Separate proposal for each individual operation (f)*	26 art. 2 k. *Art. 26 (2)*
	[Globalisaatiorahasto] *[Global. Adjustment Fund]*	Budjettivalta *Budgetary authority*	[Vuoden 2006 TS:n I osan 28 kohdan mukaan määrärahasiirrot on tehtävä VHA:n 24 artiklan 4 kohdan mukaisesti ("*virement mixte* ")** *] *[According to Pt 28 of the IIA of 17 May 2006, transfer according to the procedure set out in Art. 24 (4) of the FR ("mixed transfer")** *]*	
	Kv. humanitaariset suur-onnettomuudet ja kriisit *International humanitarian disasters and crises*	Komissio *Commission*	Asianmukaisesti perustelluissa poikkeustapauksissa, jotka tapahtuvat 15.12.*t* jälkeen, komissio voi siirtää 2007-2013 RK:n otsakkeen *4* käyttämättä jääneitä määrärahoja *In duly substantiated exceptional cases occuring after 15.12.t, the Commission may transfer unused appropriations falling under Heading 4 of the 2007-2013 FF* Commission has to inform the Budgetary authority immediately after making the transfers	26 art. 3 k. *Art. 26 (3)*
	Yhteisön virastot *European Offices*	Viraston johtaja *Director of Office*	Voi suorittaa vapaasti siirtoja virastoa koskevassa osastossa (PI III:n liite) (g) *May make freely transfers within the Title of the Office (Annexed to Section III) (g)*	172 art. 3 k. *Art. 172 (3)*
IV-IX – Muut toimielimet ***Other institutions***	Luku -> luku (> 10 %) (a) *Title -> Title (> 10 %) (a)*	Budjettivalta *Budgetary authority*	VHA:n 24 artiklan mukainen menettely** * *Transfer according to the procedure set out in Art. 24 of the FR** **	22 art. 3 k. *Art. 22 (3)*
	Luku -> luku (≤ 10 %) (a)	Toimielin	Tieto budjettivallalle 3 viikkoa ennen siirron tekemistä. Asianmukaisesti perustelluista syistä budjettivalta voi vaatia VHA:n 24 artiklan** * mukaisen menettelyn soveltamista	22 art. 1 a) ja 2 al.

	Title -> Title (≤ 10 %) (a)	*Institution*	*Inform Budgetary authority 3 weeks in advance. In the event of duly substantiated reasons the Budgetary authority can ask for the application of Art. 24 of the FR** **	*Art. 22 (1 a and 2)*
	Luku -> luku *Chapter -> Chapter*	Toimielin *Institution*	- " - - " -	22 art. 1 b) ja 2 al. *Art. 22 (1b and 2)*
	Momentti -> momentti *Article -> Article*	Toimielin *Institution*	- " - - " -	22 art. 1 b) ja 2 al. *Art. 22 (1b and 2)*
	Alamomentti -> alamomentti *Item -> Item*	Komissio *Institution*	Kunkin momentin sisällä *Within Articles*	22 art. 4 k. *Art. 22 (4)*
Kaikki (b) ***All (b)***	Alustavat määrärahat -osasto *"Provisions" Title*	Budjettivalta *Budgetary authority*	Määrärahasiirto osastosta tai osastoon on tehtävä VHA:n 24 artiklan mukaisen menettelyn** * mukaisesti *Transfers from and to the Title are to be done in accordance with the procedure laid down in Art. 24 of the FR** **	43 art. 1 ja 2 k. *Art. 43 (1 and 2)*
		Komissio *Commission*	Jos säädös hyväksytään yhteispäätösmenettelyllä, määrärahasiirto on tehtävä VHA:n 23 art. 1 d kohdassa säädetyn menettelyn mukaan Komission on ilmoitettava määrärahasiirrosta budjettivallalle 2 viikon sisällä *If the basic act is subject to adoption by codecision, the transfer procedure laid down in Art. 23 (1 d) should apply* *The Commission has to inform the Budgetary authority within 2 weeks after its decision*	43 art. 1 k. 2 al. 23 art. 1 k. 4 al. *Art. 43 (1 sub 2)* *Art. 23 (1 sub 4)*

* Muissa pääluokissa kuin Pl III:ssa vain henkilöstö- ja hallintomenoja/ *Outside Section III only expenditure on staff and administration*

** Siirto budjettikohdasta/ budjettikohtaan. Määrärahasiirrot pääluokkien välillä eivät ole mahdollisia/ *Transfers from/ to budget line. Transfers between Sections are not possible*

** * PM: Neuvosto EP:ia kuultuaan määräenemmistöllä 6 viikon kuluessa (pl. kiireelliset tapaukset). Jos neuvosto ei tee ratkaisua määräajassa, siirtoehdotus katsotaan hyväksytyksi
EPM: EP kuultuaan neuvostoa (määräenemmistö) 6 viikon kuluessa (pl. kiireelliset tapaukset). Jos EP ei tee ratkaisua määräajassa, siirtoehdotus katsotaan hyväksytyksi
PM ja EPM (nk. *virement mixte*): Siirto katsotaan hyväksytyksi, jos neuvosto ja EP eivät ole tehneet kielteistä päätöstä 6 viikon kuluessa. Jos budjettivallan käyttäjä vähentää ehdotettua siirtomäärää, alhaisempi määrä katsotaan hyväksytyksi. Jos toinen toimielimistä ei hyväksy siirtoa, sitä ei voida tehdä
CE: Council, after consulting the EP, acts by qualified majority within 6 weeks, except in urgent cases. If the Council does not act, the transfer proposal s deemed to be approved
NCE: EP, after consulting the Council, acts within six weeks, except in urgent cases. If the EP does not act within this time limit, the transfer proposal is deemed to be approved
CE and NCE ("mixed transfer"): Transfers proposals are deemed to be approved if neither the EP or the Council has decided otherwise within six weeks. If the EP and the Council reduce the proposed transfer by different amounts, the smaller amount is deemed to be approved. Where the EP or the Council rejects the principle of the transfer, it shall not be made

(a) Siihen budjettikohtaan osoitetuista varainhoitovuoden määrärahoista, *josta* määrärahat siirretään/ *Of appropriations on the line of origin*

(b) Budjettivallan käyttäjät eivät puutu toistensa pääluokkien määrärahasiirtoihin (VHA:n 22 artiklaan liitetty julistus)/ *The two arms of the Budgetary authority do not intervene in each other's transfers (Joint declaration re Art. 22)* (c) Saman osaston sisällä/ *Within the same Title* (d) Vrt. EUVL/ *Cf. OJEU* N:o L 77, 16.3.2007, II/1512

(e) "Negatiivinen yhteispäätösmenettely" (komission esitys katsotaan hyväksytyksi ellei budjettivallan käyttäjä pääse sopuun eri määrästä)/ *"Negative co-decision" (The proposal of the Commission is deemed approved unless the Budgetary authority agrees on a different amount)*

(f) Vuoden 2006 TS:n I osan 25 kohdan 4 alakohdan mukaan määrärahojen uudelleenkohdentamismahdollisuudet on selvitettävä ensin/ *The proposal has to be preceeded by an examination of the scope for reallocating appropriations (IIA of 17.5.2006, Point 25 (4))*

(g) Komission on toimitettava tieto kaikista määrärahasiirroista budjettivallan käyttäjälle/ *The Commission shall inform the Budgetary authority of all such transfers*

Liite III. Yleisen talousarvion toteuttamistavat vuoden 2002 varainhoitoasetuksen vuoden 2006 muutoksen mukaisesti.
Appendix III. Methods of implementation of the general budget according to the 2002 Financial Regulation, as modified in 2006.
Annexe III. Modes d'exécution du budget général selon le règlement financier de 2002, tel que modifié en 2006.

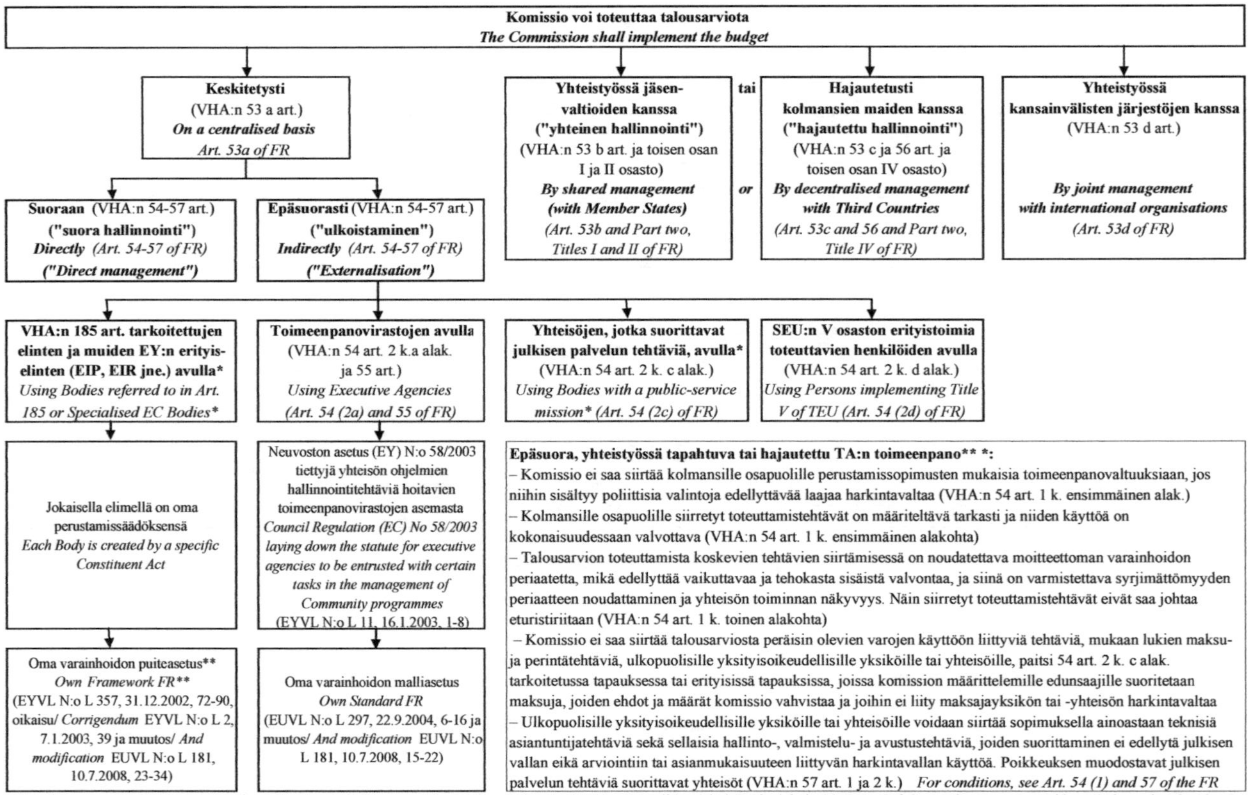

* Edellyttäen, että tehtävä on sopusoinnussa perussäädöksessä säädetyn tehtävän kanssa (VHA:n 54 artiklan 2 kohdan b alakohta)/ *Provided that to do so is compatible with the tasks of each body as defined in the basic act (Art. 54 (2 b) of the FR)*

** Koskee vain niitä erillisvirastoja, jotka saavat TA:sta suoritettavaa avustusta/ *Applies only to those Community bodies which actually receive grants charged to the general budget*

** * Vrt. myös VHA:n 53 b artiklan 4 kohta: Kun yleisen talousarvion toteuttaminen tapahtuu yhteistyössä jäsenvaltioiden kanssa, komissio soveltaa tilien tarkastamis- ja hyväksymismenettelyjä tai tekee rahoituskorjauksia varmistaakseen, että varat käytetään asiaan sovellettavan lainsäädännön mukaisesti ja että sen on mahdollista kantaa lopullinen vastuu talousarvion toteuttamisesta *See also Art. 53b (4) of the FR*

Liite IV. Määrärahasiirrot seuraavaan varainhoitovuoteen vuoden 2002 varainhoitoasetuksen vuoden 2006 muutoksen mukaisesti.
Appendix IV. Carry-overs according to the Financial Regulation of 2002, as modified in 2006.
Annexe IV. Report des crédits selon le règlement financier de 2002, tel que modifié en 2006.

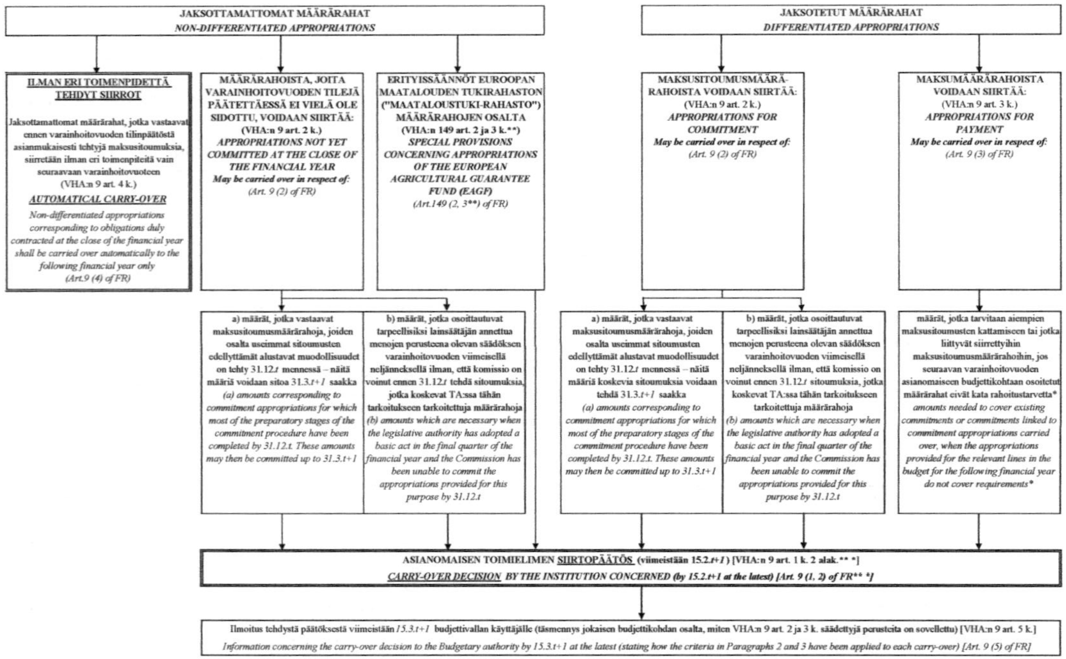

SEY:n 271 artiklan toinen kohta: Niillä edellytyksillä, jotka 279 artiklan nojalla [VHA:ssa] vahvistetaan, muut kuin henkilöstömenoihin tarkoitetut määrärahat, joita ei ole käytetty varainhoitovuonna, saadaan siirtää käytettäviksi vain seuraavan varainhoitovuoden aikana
Art. 271 (2) of the EC Treaty: In accordance with conditions to be laid down (in the FR), any appropriations, other than those relating to staff expenditure, that are unexpended at the end of the financial year may be carried forward to the next financial year only

VHA:n 9 artiklan 1 ja 6 kohta: Jos määrärahoja ei ole käytetty sen varainhoitovuoden aikana, jota varten ne on otettu talousarvioon, ne peruutetaan; varauksiin otettuja tai henkilöstömenoihin liittyviä määrärahoja ei saa siirtää
According to Art. 9 (1) and 9 (6) of the FR appropriations which have not been used at the end of the financial year for which they were entered shall be cancelled; appropriations placed in reserve and appr. for staff expenditure may not be carried over

* Asianomaisen toimielimen tulee kuitenkin käyttää ensisijaisesti kuluvaksi varainhoitovuodeksi vahvistettuja määrärahoja ja vasta näiden loputtua siirrettyjä määrärahoja
The institution concerned shall first use the appropriations authorised for the current financial year and shall not use the appropriations carried over until the former are exhausted

** VHA:n 149 artiklan 3 kohdan 1-4 alakohdan uusien sääntöjen mukaan: Yhteisen maatalouspolitiikan rahoituksesta annetun asetuksen (EY) N:o 1290/2005 (EUVL N:o 209, 11.8.2005, 1-25) 3 artiklan 1 kohdassa tarkoitettuihin toimiin liittyviä sitomatta olevia määrärahoja voidaan siirtää yksinomaan seuraavan varainhoitovuoden aikana käytettäväksi.
Siirron määrä ei saa olla enempää kuin 2 prosenttia ensimmäisen alakohdan mukaisista alkuperäisistä määrärahoista eikä saa ylittää yhteisen maatalouspolitiikan suoria tukijärjestelmiä koskevista yhteisistä säännöistä ja tietyistä viljelijöiden tukijärjestelmistä 29 päivänä syyskuuta 2003 annetun neuvoston asetuksen (EY) N:o 1782/2003 (EUVL N:o L 270, 21.10.2003, 1-69), sellaisena kuin se on viimeksi muutettuna asetuksella (EY) N:o 1405/2006 (EUVL N:o L 265, 26.9.2006, 1-7) 11 artiklassa tarkoitetun, edellisen varainhoitovuoden aikana suorasta tuesta tehdyn mukautuksen määrää.
Siirretyt määrärahat palautetaan yksinomaan sellaisiin budjettikohtiin, jotka koskevat asetuksen (EY) N:o 1290/2005 3 artiklan 1 kohdan c alakohdassa tarkoitettuja toimia.
Tällaiset siirrot voivat johtaa lisäsuorituksiin ainoastaan sellaisille lopullisille edunsaajille, joille maksetusta suorasta tuesta on tehty mukautus asetuksen (EY) N:o 1782/2003 11 artiklan mukaisesti viimeksi kuluneen varainhoitovuoden aikana.
See OJEU No L 390, 30.12.2006, 22

** * Ja VHA:n 149 artiklan 3 kohdan 5 alakohta (ilmoitus budjettivallan käyttäjälle)/*And Art.149 (3, 5) of FR (information to the Budgetary authority)*

LÄHTEET

AJPS	*American Journal of Political Science*
APSR	*The American Political Science Review*
CB N.S.	Cahiers de Bruges (Nouvelle Série)
CEDECE	Commission pour l'Étude des Communautés Européennes
CEPR	Centre for Economic Policy Research
CEPS	Centre for European Policy Studies
CMLR	*Common Market Law Review*
COBU	Commission des budgets du PE/ Committee on Budgets of the EP
CoE	College of Europe/ Collège d'Europe
COM	European Commission/ Commission européenne
ECA	European Court of Auditors
EIPA	European Institute of Public Administration
ELR	*European Law Review*
ENA	École nationale d'administration
EP	Euroopan parlamentti/ European Parliament
EPAP	European Press Academic Publishing
EPE	*Les Echos du Parlement européen*
ER	*Europarecht*
EUI	European University Institute
EUVL	Euroopan unionin virallinen lehti
EYVJT	Euroopan yhteisöjen virallisten julkaisujen toimisto
EYVL	Euroopan yhteisöjen virallinen lehti
HKK	Hallinnon kehittämiskeskus
HT	*Hallinnon tutkimus* (*Administrative Studies*)
HY	Helsingin yliopisto
IA	*International Affairs*
IE	*Intereconomics*
IMF	International Monetary Fund
IREDE	Institut de recherche européenne de droit économique
JCMS	*Journal of Common Market Studies*
JEI	*Journal of European Integration* (*RIE*)
JPP	*Journal of Public Policy*
KA	*Kansantaloudellinen aikakauskirja*
KOM	Euroopan (yhteisöjen) komissio
LDF	La documentation française
L.G.D.J	Librairie Générale de Droit et de Jurisprudence
NERO	National Economic Research Organisations
OECD	Organisation for Economic Co-operation and Development
OJB	*OECD Journal on Budgeting*
OJEC	Official Journal of the European Communities
OJEU	Official Journal of the European Union
OOPEC	Office for Official Publications of the European Communities
OP	Office des publications de l'Union européenne
OPOCE	Office des publications officielles des Communautés européennes
PAR	*Public Administration Review*
PBF	*Public Budgeting and Finance*
PBFM	*Public Budgeting and Financial Management*

PE	Parlement européen
PO	Publications Office of the European Union
PS	*Policy Sciences*
PStu	*Policy Studies*
PUF	Presses Universitaires de France
PUMA	Public Management Committee of the OECD
RFAP	*Revue française d'Administration publique*
RFFP	*Revue française de Finances publiques*
RIE	*Revue d'Intégration Européenne (JEI)*
RMC(&UE)	*Revue du Marché commun (et de l'Union européenne)*
RMUE	*Revue du Marché Unique Européen*
RSCAS	Robert Schuman Centre for Advanced Studies
RTDE	*Revue trimestrielle de droit européen*
SIEPS	Swedish Institute for European Policy Studies
SIGMA	Support for Improvement in Governance and Management
TTI	Euroopan yhteisöjen tilintarkastustuomioistuin
VAPK	Valtion painatuskeskus
VHK	Valtionhallinnon kehittämiskeskus
VM	Valtiovarainministeriö
VTV	Valtiontalouden tarkastusvirasto

*	Julkaisematon (*Unpublished*)
(e)	Viittaus esipuheessa (*Cited in Foreword*)
(y)	Viittaus yhteenvetoluvussa (*Cited in Summarising Part*)
(i)	Viittaus osajulkaisussa I (*Cited in Publication I*)
(ii)	Viittaus osajulkaisussa II (*Cited in Publication II*)
(iii)	Viittaus osajulkaisussa III (*Cited in Publication III*)
(iv)	Viittaus osajulkaisussa IV (*Cited in Publication IV*)
(v)	Viittaus osajulkaisussa V (*Cited in Publication V*)
(vi)	Viittaus osajulkaisussa VI (*Cited in Publication VI*)
(vii)	Viittaus osajulkaisussa VII (*Cited in Publication VII*)
(viii)	Viittaus osajulkaisussa VIII (*Cited in Publication VIII*)
(ix)	Viittaus osajulkaisussa IX (*Cited in Publication IX*)

A Study on EU Spending. Final Report. ECORYS Nederland BV/ Netherlands Bureau for Economic Policy Analysis/ Institute for Economic Research. Rotterdam 24 June 2008. * [y]

Adonnino, P: L'influence du Parlement sur les politiques communautaires par le biais de ses pouvoirs financiers. 743-778. Dans J. Hrbek, J. Jamar & W. Wessels (Éds.): *Le Parlement européen à la veille de la deuxième élection au suffrage universel direct: bilan et perspectives*. CB N.S. 43. Tempelhof 1984. [ii]

Ahonen, Pertti: *Polittisesta modernisoitumisesta finanssihallinnossa, erityisesti Euroopan Unionissa*. Tampereen yliopisto, hallintotieteen laitos. Tampere 1997. * [y]

Alasuutari, Pertti: *Laadullinen tutkimus*. Kuudes painos, kolmas uudistettu painos (ensimmäinen painos 1993). Osuuskunta Vastapaino. Tampere 2007. [y]

Alfé, Manuela: When the Linkage of Issues is a Weapon: The EP and the New Financial Regulation. *Eipascope Bulletin No. 2007/ 2*. 23-28. [y]

Anastopoulos, Jean: Les grands traits communs des finances fédérales. 390-402. Dans Guy Isaac (sous la dir. de): *Les ressources financières de la Communauté Européenne.* Travaux de la CEDECE. Ed. Economica. Paris 1986. [y]

Angers, Maurice: *Initiation pratique à la méthodologie des sciences humaines*. Cinquième édition (première édition en 1992). Centre éducatif et culturel. Montréal 2010. (y)

Annual Report Concerning the Financial Year [1977-1992]. Together with the Institutions' Replies. ECA. OJEC, Serie C (1978-1993). (i) (ii)

Aperçu des activités du Conseil [Quatorzième – Trente-neuvième édition]. Secrétariat général du Conseil des Communautés européennes. Bruxelles (1968-1993). (i) (ii)

Appropriations carried over in accordance with article 9 § 2 a) of the Financial Regulation, which have not been committed by 31 March and which are automatically cancelled. COM. Brussels 15 April 2003. * (viii)

Auberger, Philippe: La flexibilité budgétaire: mythe ou réalité? *RFFP 12 (1994): 46.* 103-107. (y)

Auld, D. A. L: *Issues in Government Expenditure Growth.* Howe Research Institute. Montreal 1976. (y)

Baas, Auke: 1982 – 2007: 25 Ans d'Accords Interinstitutionnels Budgétaires. *European Business Law Review 18 (2007): 6 (December).* 1283-1304. (y) (ix)

Baché, Jean-Pierre: Agenda 2000: les enjeux et les résultats de la négociation sur le cadre financier pour la période 2000-2006. *RMC&UE 42 (1999): 429 (juin).* 372-379. (vii) (ix)

Baché, Jean-Pierre & Jouret, Philippe: Le budget de la Communauté après Maastricht. *RMC&UE 35 (1992): 359 (juin).* 559-572. (iv)

Bacy, Jean-Paul: *Rapport d'information déposé par la Délégation de l'Assemblée nationale pour les Communautés européennes sur le financement de la Communauté européenne pour la période 1993-1999 ("Paquet Delors II").* Assemblée Nationale. Paris 1992. (iv)

Ball, Ian: Modern Financial Management Practices. *OJB 2 (2002): 2.* 49-76. (y)

Bangemann, Martin: La procédure budgétaire de 1979: l'équilibre nécessaire de la répartition des pouvoirs entre le Conseil et le Parlement. *RMC 22 (1979): 226 (avril).* 169-184. (y)

Bardin, Laurence: *L'analyse de contenu.* Quadrige Manuel. PUF. Paris 2001. (y)

Barrados, Maria & Mayne, John: Can Public Sector Organisations Learn? *OJB 3 (2003): 3.* 87-103. (y)

Bartle, John R: Seven Theories of Public Budgeting. 1-9. In John R. Bartle (Edited by): *Evolving Theories of Public Budgeting.* Research in Public Administration. Volume 6. Elsevier Science Ltd. Oxford 2001. (y)

Battistella, Dario: *Théories des relations internationales.* Presses de la fondation nationale des sciences politiques. Paris 2003. (y)

Baziadoly, Sophie: *Les finances publiques.* Troisième édition mise à jour (Première édition en 1998). Que sais-je? N° 415. PUF. Paris 2004. (y)

Baziadoly, Sophie: *Les finances publiques.* Quatrième édition mise à jour. (Première édition en 1998). Que sais-je? N° 415. PUF. Paris 2008. (y)

Beck, Morris: *Government Spending. Trends and Issues.* Praeger. New York 1981. (y)

Beckett, Julia: Early Budget Theory: The Progressive Theory of Public Expenditures. 22-41. In Aman Khan & W. Bartley Hildreth (Edited by): *Budget Theory in the Public Sector.* Quorum Books. Westport, Connecticut 2002. (y)

Beetsma, Roel, Bluhm, Benjamin, Giuliodori, Massimo & Wierts, Peter: *From First-Release to Ex-Post Fiscal Data: Exploring the Sources of Revision Errors in the EU.* CEPR. Discussion Paper Series No. 8413. International Macroeconomics. London June 2011. (y)

Begg, Iain: *Reshaping the EU budget: Yet another missed opportunity?* South Bank European Papers 5/99. South Bank University. London 1999. (y)

Begg, Iain: *Funding the European Union.* A Federal Trust Report on the European Union's Budget. *S.l.* March 2005. (y)

Begg, Iain: *Rethinking the EU's Finances: the 2008/9 Budget Review.* Working Paper. European Institute. London School of Economics and Political Science. February 2008. * (y)

Begg, Iain & Grimwade, Nigel: *Paying for Europe.* Contemporary European Studies, 2. Sheffield Academic Press. Sheffield 1998. (y) (iv)

Begg, Iain, Enderlein, Henrik, Le Cacheux, Jacques & Mrak, Mojmir: *Financing the European Union Budget.* Study for European Commission, Directorate General for Budget. Final Report. *S.l.* 29 April 2008. * (y)

Benedetto, Giacome & Hoyland, Bjorn: The EU Annual Budgetary Procedure: The Existing Rules and Proposed Reforms of the Convention and Intergovernmental Conference 2002-04. *JCMS 45 (2007): 3.* 565-587. (y)

Bentolila, Marc: *La nouvelle politique agricole commune*. Problèmes politiques et sociaux nº 723. LDF. Paris 11 mars 1994. (y) (i)

Berliinin Eurooppa-neuvosto 24.-25. maaliskuuta 1999. Puheenjohtajan päätelmät. S.l. 1999. * (ix)

Beurdeley, L: Les motifs du refus de décharge relatif au budget général de l'Union européenne. *RMC&UE 43 (2000): 443 (décembre)*. 696-702. (v) (viii)

Beyers, Jan & Dierickx, Guido: The Working Groups of the Council of the European Union: Supranational or Intergovernmental Negotiations? *JCMS 36 (1998): 3*. 289-317. (y)

Bieber, Roland: Artikel 205. In Hans von der Groeben, Jochen Thiesing & Claus-Dieter Ehlermann (Hrgs.): *Handbuch des Europäischen Rechts*. Nomos Verlagsgesellschaft. Baden-Baden 1990. (ii)

Biehl, Dieter: A Federalist Budgetary Policy Strategy for European Union. *PStu 6 (1985): 2 (October)*. 66-76. (y)

Biehl, Dieter: L'expérience allemande de péréquation financière et les propositions du Parlement Européen. 408-416. Dans Guy Isaac (sous la dir. de): *Les ressources financières de la Communauté Européenne*. Travaux de la CEDECE. Éd. Économica. Paris 1986. (y)

Biehl, Dieter & Pfennig, Gero (Hrsg.): *Zur Reform der EG-Finanzverfassung. Beiträge zur wissenschaftlichen und politischen Debatte*. Analysen 4. Institut für Europäische Politik. Europa Union Verlag. Bonn 1990. (y)

Biehl, Dieter & Winter, Horst (Hrsg.): *Europa finanzieren – ein föderalistisches Modell*. Verlag Bertelsmann Stiftung. Gütersloh 1990. (y)

Blais, André & Dion, Stéphane: Are bureaucrats budget maximizers? The Niskanen model and its critics. *Polity 22 (1990): 4 (Summer)*. 655-674. (y)

Blais, André & Dion, Stéphane: The Budget-Maximizing Bureaucrat: Appraisals and Evidence. University of Pittsburgh Press Pittsburgh 1991. (y)

Blöndal, Jón R: Budget Reform in OECD Member Countries: Common Trends. *OJB 2 (2003): 4*. 7-25. (y)

Boisson, Jean-Marie & Echinard, Yann: Le fédéralisme budgétaire: levier essentiel ou utopie? 395-414. Dans Joël Andriantsimbazovina & Christophe Geslot (Éd.): *Les Communautés et l'Union européennes face aux défis de l'élargissement*. Actes du colloque de Besançon, 17-18 octobre 2002. Travaux de la CEDECE. LDF. Paris 2005. (y) (vii)

Bourgault, Jacques: Les réformes budgétaires de type managérial: observations chez quelques précurseurs. *RFAP 30 (2006): 117*. 69-83. (y)

Bouvier, Michel: Prévision et programmation pluriannuelle dans un contexte d'incertitude. *RFFP 10 (1992): 39*. 16-28. (iv)

Bouvier, Michel, Esclassan, Marie-Christine & Lassale, Jean-Pierre: *Finances publiques*. Manuel. 10e édition. L.G.D.J. Paris 2010. (y)

Bozeman, Barry & Straussman, Jeffrey D: Shrinking Budgets and the Shrinkage of Budget Theory. *PAR 42 (1982): 6 (November/December)*. 509-515. (y)

Braybrooke, David & Lindblom, Charles E: *A Strategy of Decision: Policy Evaluation as a Social Process*. The Free Press. Glencoe, Illinois 1963. (y)

Brehon, Nicolas-Jean: *Le budget de l'Europe*. L.G.D.J. Finances publiques. Paris 1997. (iv)

Brehon, Nicolas-Jean: *Le budget européen: quelle négociation pour le prochain cadre financier de l'Union européenne?* Questions d'Europe n° 170 et 171. Policy Paper. Fondation Robert Schuman. *S.l.* 31 mai 2010. [2010a] (y)

Brehon, Nicolas-Jean: *La crise sur le budget 2011: le choc des intransigeances*. Question d'Europe n° 187. Policy Paper. Fondation Robert Schuman. *S.l.* 29 novembre 2010. [2010b] (y)

Brewer, G. D. & de Leon, P: *The Foundations of Policy Analysis*. Dorsey Press. Chicago 1983. (y)

Brunsson, Nils: *The Irrational Organization. Irrationality as a Basis for Organizational Action and Change*. John Wiley & Sons. Chichester 1987. (y)

Bryman, Alan: *Quantity and Quality in Social Research*. Unwin Hyman. London 1988. (y)

Bryman, Alan: *Social Research Methods*. Third Edition (First Edition in 2001). Oxford University Press. Oxford 2008. (y)

Brysselin Eurooppa-neuvosto 12.-13. joulukuuta 2003. Puheenjohtajan päätelmät. Asiak. 5381/04. *S.l.* [2003] * (vi)

Brysselin Eurooppa-neuvosto 16.-17. kesäkuuta 2005. Puheenjohtajan päätelmät. Asiak. 10255/1/05 REV 1. *S.l.* [2005a] * (ix)

Brysselin Eurooppa-neuvosto 15.-16. joulukuuta 2005. Puheenjohtajan päätelmät. Asiak. 15914/1/05 REV 1. *S.l.* [2005b] * (y) (ix)

Brysselin Eurooppa-neuvosto 18.-19. kesäkuuta 2009. Puheenjohtajan päätelmät. Asiak. 11225/2/09 REV 2. *S.l.* [2009] * (y)

Buchanan, James M: Collected Works. 20 Volumes. Liberty Funds Inc. Indianapolis, Indiana 1999-2002. (y)

Buchanan, James M. & Tullock, Gordon: *The Calculus of Consent. Logical Foundations of Constitutional Democracy*. The University of Michigan Press. Ann Arbor 1962. (y)

Budgetary aspects of compulsory and voluntary modulation. Note. EP. Directorate General Internal Policies of the Union. Budgetary Affairs. Budgetary Support Unit. PE 373.839. 25 July 2006. * (ix)

Budgetary Systems and Procedures. Department of Economic and Social Affairs. United Nations. New York 1959. (y)

Budgeting for Results. Perspectives on public expenditure management. PUMA. OECD. Paris 1995. (Publié en français sous le titre: *La budgétisation au service des résultats. Perspectives de la gestion des dépenses publiques*). (y)

Budjetin rakenneryhmä: Viraston tulosbudjetointi tulo- ja menoarviossa. Virastojen budjetoinnin ja tulosohjauksen kehittämishanke. Keskustelumuistio. Helsinki 1989. * (y)

Bulletin de l'Union européenne (2003): 6. COM. Bruxelles 2003. (viii)

Bulmer, Simon & Lequesne, Christian (Eds.): *The Member States of the European Union.* The New European Union Series. Oxford University Press. Oxford 2005. (y)

Bureau, Dominique & Champsaur, Paul: Fédéralisme budgétaire et unification économique européenne. *Observations et diagnostics économiques (1991): 40 (avril)*. 87-99. (y) (i)

Buti, Marco & Nava, Mario: *Towards a European Budgetary System*. Working Paper No 2003/08. RSCAS. EUI. Badia Fiesolana 2003. * (y)

Buti, Marco & Nava, Mario: *"Constrained Flexibility" as a Tool to Facilitate Reform of the EU Budget*. European Economy. Economic Papers 326. Economic and Financial Affairs Directorate-General. COM. Brussels June 2008. (y)

Böge, Reimer: *Mietintö politiikan haasteista ja rahoitusmahdollisuuksista laajentuneessa unionissa 2007-2013.* EP. Politiikan haasteita ja rahoitusmahdollisuuksia laajentuneessa unionissa 2007-2013 käsittelevä väliaikainen valiokunta. PE 353.270. 19.5.2005. * (vii) (ix)

Böge, Reimer: *Mietintö toimielinten sopimuksesta, talousarviota koskevasta kurinalaisuudesta ja moitteettomasta varainhoidosta.* EP. Budjettivaliokunta. PE 372.062. 27.4.2006. * (ix)

Böge, Reimer: *Working document on the 2007-2013 Multiannual Financial Framework review: first reflections.* EP. COBU. PE 392.301. 31 August 2007. * (ix)

Börzel, Tanja A: Europeanization: How the European Union Interacts with its Member States. 45-69. In Simon Bulmer & Christian Lequesne (Eds.): *The Member States of the European Union.* The New European Union Series. Oxford University Press. Oxford 2005. (y)

Caiden, Naomi: Public Budgeting Amidst Uncertainty and Instability. *PBF 1 (1981): 1 (Autumn).* 6-19. (Reprinted in Jay M. Shafritz & Albert C. Hyde (Eds.): *Classics of Public Administration.* Sixth Edition (First Edition in 1978). Thomson Wadsworth. Boston, Massachusetts 2007. 412-422). (y)

Caiden, Naomi: The Myth of the Annual Budget. *PAR 42 (1982): 6 (November/December).* 516-523. (y)

Caiden, Naomi: The New Rules of the Federal Budget Game. *PAR 44 (1984): 2 (March/April).* 109-118. (y)

Caiden, Naomi: Shaping Things to Come: Super-Budgeters as Heroes (and Heroines) in the Late-Twentieth Century. 43-58. In Irene S. Rubin (Edited by): *New Directions in Budget Theory.* Suny Series in Public Administration. University of New York Press. Albany, New York 1988. (y)

Caiden, Naomi: Budgetary processes. 805-820. In Mary Hawkesworth & Maurice Kogan (Eds.): *Encyclopedia of Government and Politics.* Volume II. Routledge. London 1992. (y)

Camby, Jean-Pierre: Le Conseil constitutionnel et les principes du droit budgétaire. *RFFP 13 (1995): 51.* 51-64. (y) (v)

Cammarata, Alberto: Guerre et paix dans les finances publiques européennes: les divergences d'interprétation des Accords interinstitutionnels entre les institutions signataires. *Affari sociali internazionali 23 (1995): 4.* 25-57. (y)

Cangiano, Marco & Mottu, Eric: *Will Fiscal Policy Be Effective Under EMU?* IMF Working Paper WP/98/176. Washington December 1998. (y)

Cartou, Louis: *L'Union européenne. Traités de Paris – Rome – Maastricht.* 2e édition. Éditions Dalloz. Paris 1996. (iii) (iv)

Cartou, Louis, Clergerie, Jean-Louis, Gruber, Annie & Rambaud, Patrick: *L'Union européenne.* 6e édition (1ère édition en 1965). Éditions Dalloz. Paris 2006. (y)

Cervera Vallterra, María: *El poder presupuestario del Parlamento europeo.* Tirant lo Blanch. Valencia 2002. (y)

Charles-Le Bihan, Danièle & Gadbin, Daniel: New Trends in the Common Agricultural Policy. 167-181. In Leon Hurwitz & Christian Lequesne (Eds.): *The State of the European Community. Policies, Institutions & Debates in the Transition Years.* Lynne Rienner Publishers. Boulder, Colorado 1991. (y) (i)

Chevalier, Jean-Pierre: L'Accord interinstitutionnel du 6 mai 1999 et les perspectives financières 2000-2006: de nouvelles ambitions pour l'Union européenne? 1ère partie. *RMC&UE 43 (2000): 440 (juillet-août).* 441-460. [2000a] (vii) (ix)

Chevalier, Jean-Pierre: L'Accord interinstitutionnel du 6 mai 1999 et les perspectives financières 2000-2006: de nouvelles ambitions pour l'Union européenne? 2ème partie. *RMC&UE 43 (2000): 441 (septembre).* 524-532. [2000b] (vii) (ix)

Chevalier, Jean-Pierre: *Les Accords Interinstitutionnels en matière budgétaire: une pièce maîtresse de l'évolution du système financier européen.* Centre de Finances Publiques. Université de Poitiers. Poitiers 2006. * (ix)

Church, Clive H. & Phinnemore, David (Compiled by): *European Union and European Community: A Handbook and Commentary on the post-Maastricht Treaties.* Harvester Wheatsheaf. London 1994. (y) (i)

Churchman, C. West: *The Systems Approach.* Revised and Updated Delta Book (First Revised Edition in 1979). Dell Publishing Co, Inc. New York 1979. (y)

Cipriani, Gabriele: *Rethinking the EU Budget: Three Unavoidable Reforms.* CEPS. Brussels 2007. (y)

Cloos, Jim, Reinesch, Gaston, Vignes, Daniel & Weyland, Joseph: *Le Traité de Maastricht. Genèse, analyse, commentaires.* Organisation internationale et relations internationales 28. Établissements Émile Bruylant. Bruxelles 1993. (y) (i)

COBU News, Issue N° V2003/11. Monday, 21 May 2003. * (v)

COBU News, Issue N° V2003/12. Monday, 16 June 2003. * (v)

Coget, Gérald: Les ressources propres communautaires. *RFFP 12 (1994): 45.* 51-96. (y) (i)

Colom i Naval, Joan: *Rahoitusnäkymien tarkistaminen: tilannekatsaus.* Työasiakirja nro 1. EP. Budjettivaliokunta. PE 233.004. 17.3.2000. * (iv)

COM(87) 100 final: *Making a Success of the Single Act: A New Frontier for Europe.* Commission Communication. Brussels 15 February 1987. (ii)

COM(87) 101 final: *Report by the Commission to the Council and Parliament on the Financing of the Community Budget.* Brussels 28 February 1987. (ii)

COM(87) 400 final: *Second amendment of the proposal for a Council Regulation (ECSC/EEC/Euratom) amending the Financial Regulation of 21 December 1977 applicable to the general budget of the European Communities (submitted by the Commission).* Brussels 24 July 1987. (ii)

COM(87) 430 final: *Commission Communication on Budgetary Discipline.* Brussels 4 August 1987. (ii)

COM(91) 100 final: *The Development and Future of the CAP – Reflections Paper of the Commission.* Communication of the Commission to the Council. Brussels 1 February 1991. (iv)

COM(91) 258 final/3: *The Development and Future of the Common Agricultural Policy. Follow-up to the Reflections Paper (COM (91) 100 of 1 February 1991) – Proposals of the Commission.* Communication of the Commission to the Council and to the European Parliament. Brussels 22 July 1991. (iv)

COM(91) 359 final: *Commission Report to the Council and to Parliament on the Borrowing and Lending Activities of the Community in 1990.* Brussels 9 October 1991. (ii)

COM(92) 81 final: *The System of Own Resources. Report presented by the Commission in accordance with Article 10 of the Decision on Own Resources.* Brussels 10 March 1992. (i) (iv)

COM(92) 82 final: *Application of the Interinstitutional Agreement of 29 June 1988 on budgetary discipline and improvement of the budgetary procedure. Proposals for renewal. Report presented by the Commission under point 19 of the Agreement.* Brussels 10 March 1992. (ii) (iv)

COM(92) 358 final: *Proposal for a Council Regulation (ECSC, EC, Euratom) amending the Financial Regulation of 21 December 1977 applicable to the general budget of the European Communities.* Brussels 2 September 1992. (i)

COM(92) 2000 final: *From The Single Act To Maastricht and Beyond. The Means to Match Our Ambitions.* Brussels 11 February 1992. (y) (i) (iv)

COM(92) 2001 final: *The Community's Finances Between Now and 1997.* Communication from the Commission to the Council and Parliament. Brussels 10 March 1992. (y) (i) (ii) (iii) (iv)

COM(94) 398 final: *L'adaptation des perspectives financières en vue de l'élargissement de l'Union européenne. Proposition d'adaptation des perspectives financières annexées à l'Accord Interinstitutionnel du 29 Octobre 1993 sur la discipline budgétaire et l'amélioration de la procédure budgétaire en relation avec l'élargissement de l'Union européenne. Présentée par la Commission au Parlement et au Conseil en application du paragraphe 24 de l'Accord Interinstitutionnel.* Communication de la Commission au Conseil et au Parlement européen. Bruxelles 4 octobre 1994. (iv)

COM(97) 2000 final: *Agenda 2000. For a Stronger and Wider Union.* Brussels 15 July 1997. (ix)

COM(2000) 154 final: *Objectifs stratégiques 2000-2005. "Donner forme à la Nouvelle Europe"*. Communication de la Commission au Parlement européen, au Conseil, au Comité économique et social et au Comité des régions. Bruxelles 9 février 2000. (viii)

COM(2000) 200 final/2: *Réforme de la Commission – Livre blanc. Partie I et Partie II – Plan d'action.* Bruxelles 5 avril 2000. (viii)

COM(2000) 461 final: *Proposition de règlement (CE, CECA, Euratom) du Conseil portant règlement financier applicable au budget général des Communautés européennes.* Bruxelles 17 octobre 2000. (viii)

COM(2000) 494 final: *Proposal for a Council Regulation amending Regulation (EC) No 1258/1999 on the financing of the common agricultural policy as well as various other Regulations relating to the common agricultural policy.* Brussels 26 July 2000. (vi)

COM(2001) 691 final: *Proposition modifiée de règlement (CE, CECA, Euratom) du Conseil portant règlement financier applicable au budget général des Communautés européennes.* Bruxelles 21 décembre 2001. (viii)

COM(2002) 213 final: *Proposition de règlement du Conseil modifiant le statut des fonctionnaires des Communautés européennes ainsi que le régime applicable aux autres agents de ces Communautés.* Bruxelles 24 avril 2002. (viii)

COM(2002) 755 final: *Proposition d'actes de base pour les subventions relevant actuellement de l'autonomie administrative de la Commission (partie A du budget) ou de la mise en œuvre de ses prérogatives institutionnelles: document d'introduction générale.* Communication de la Commission au Conseil et au Parlement européen. Bruxelles 17 décembre 2002. (viii)

COM(2003) 274 final: *Proposition d'actes de base pour les subventions relevant actuellement de l'autonomie administrative de la Commission (partie A du budget) ou de la mise en œuvre de ses prérogatives institutionnelles: document d'introduction générale.* Communication de la Commission au Conseil et au Parlement européen. Bruxelles 27 mai 2003. (viii)

COM(2003) 366 final: *Proposition de règlement du Conseil modifiant le règlement (CE, Euratom) n° 1150/2000 portant application de la décision 2000/ 597/ CE, Euratom relative au systè-*

me des ressources propres des Communautés. Bruxelles 1er juillet 2003. (viii)

COM(2003) 721 final: Proposition modifiée de règlement du Conseil modifiant le statut des fonctionnaires des Communautés européennes ainsi que le régime applicable aux autres agents de ces Communautés. Bruxelles 18 novembre 2003. (viii)

COM(2007) 549 final/2: Communication from the Commission to the European Parliament and the Council concerning the revision of the multiannual financial framework (2007-2013). Proposal for a decision of the European Parliament and of the Council amending the Interinstitutional Agreement of 17 May 2006 on budgetary discipline and sound financial management as regards the multiannual financial framework (presented by the Commission). Brussels 4 October 2007. (ix)

Community public finance: The European budget after the 1988 reform. COM. Directorate-General for the Budget. OOPEC. Luxembourg 1989. (y) (i) (ii) (iii)

Compte de gestion et bilan financier des Communautés européennes, afférents aux opérations du budget de l'exercice [1996-1999] (établis en application de l'article 78 et de l'article 81 du règlement financier du 21 décembre 1977). Volume IV. Compte de gestion et bilans consolidés. Notes explicatives. [*Sec(97) 403-FR, Sec(98) 522-FR, Sec(99) 415-FR, Sec(2000) 540-FR*]. COM. (1997-2000). (iii)

Constantinesco, Vlad: Le recours aux modèles fédéralistes? 371-390. Dans Guy Isaac (sous la direction de): *Les ressources financières de la Communauté Européenne*. Travaux de la CEDECE. Éd. Économica. Paris 1986. (y)

Coombes, David: *The Power of the Purse in the European Community.* Joint European Series No. 20. Political and Economic Planning and Chatham House. London 1972. (y)

Corbett, Richard: *The European Parliament's Role in Closer EU Integration.* MacMillan Press Ltd. London 1998. (iii) (iv)

Corbett, Richard, Jacobs, Francis & Shackleton, Michael: *The European Parliament.* Seventh Edition (First Edition in 1990). John Harper Publishing. London 2007. (y)

Cot, Jean-Pierre: De la procédure budgétaire communautaire considérée comme un des beaux-arts. *L'événement européen (1988): 3/4*. 205-215. (y) (i)

Courty, Guillaume & Devin, Guillaume: *La construction européenne*. Nouvelle édition refondue et mise à jour (Première édition en 2001). Collection "Repères". Éditions La Découverte. Paris 2005. (y)

Couzinet, Jean-François: Les Communautés européennes et l'emprunt (Première partie). *RMC 22 (1979): 224 (février)*. 55-61. [1979a] (ii)

Couzinet, Jean-François: Les Communautés européennes et l'emprunt (Deuxième partie). *RMC 22 (1979): 225 (mars)*. 121-135. [1979b] (ii)

Couzinet, Jean-François: Les Communautés européennes et l'emprunt (Troisième partie). *RMC 22 (1979): 226 (avril)*. 207-218. [1979c] (ii)

Craig, Paul: *The Constitutionalization of Community Administration*. Jean Monnet Working Paper 3/03. The Jean Monnet Program. New York School of Law. New York 2003. [2003a] (viii)

Craig, Paul: The constitutionalisation of Community administration. *ELR 28 (2003): 6 (December)*. 840-864. [2003b] (vi)

Crecine, John P: *Government Problem-Solving: A Computer Simulation Model of Municipal Budgeting.* American Politics Research Series. Rand McNally. Chicago 1969. (y)

Crippen, Dan: Countering Uncertainty in Budget Forecasts. *OJB 3 (2003): 2*. 139-151. (y)

Croisat, Maurice & Quermonne, Jean-Louis: *L'Europe et le fédéralisme. Contribution à l'émergence d'un fédéralisme intergouvernemental*. Clefs/ Politique. Montchrestien. Paris 1996. (y)

Cuchran, Boris *et al*: Le financement de l'Union. 807-883. Dans: *Mise en oeuvre du Traité de Maastricht et construction européenne.* II Tome. ENA. Rapports de séminaires établis par les élèves de la promotion Antoine de Saint-Exupéry. LDF. Paris 1994. (i)

Curristine, Teresa: Performance Information in the Budget Process: Results of the OECD 2005 Questionnaire. *OJB 5 (2005): 2*. 87-127. (y)

Cusack, Thomas R: Contention and Compromise: a Comparative Analysis of Budgetary Politics. *JPP 5 (1985): 4 (October)*. 497-519. (y)

Dahl, Robert A: *Who Governs? Democracy and Power in an American City*. Yale University Press. New Haven 1961. [(y)]

Dankert, Pieter: The Joint Declaration by the Community Institutions of 30 June 1982 on the Community Budgetary Procedure. *CMLR 20 (1983): 4 (December)*. 701-712. [(ii)]

Danziger, James N: *Making Budgets. Public Resource Allocation.* Sage Library of Social Research. Vol. 63. Sage Publications. Beverly Hills 1978. [(y)]

Davis, Otto A, Dempster, M. A. H. & Wildavsky, Aaron: A Theory of the Budgetary Process. *APSR 60 (1966): 3 (September)*. 529-547. [(y)]

de Casabianca, Philippe: Le budget, zone de frictions entre députés et Commission. *Dernières Nouvelles d'Alsace nº 247 (mercredi 22 octobre 2003)*. [2003a] [(y)]

de Casabianca, Philippe: Bruxelles et Strasbourg règlent leurs comptes. *La Quinzaine européenne nº 48 (du 3 au 16 novembre 2003)*. 3 novembre 2003. [2003b] [(y)]

de Castro, Francisco, Pérez, Javier J. & Rodríguez Vives, Marta: *Fiscal Data Revisions in Europe*. Documentos de Trabajo Nº 1106. Eurosystema. Banco de España. Madrid 2011. [(y)]

de Crouy-Chanel, Imre & Perron, Christophe: *La Cour des comptes européenne.* Que sais-je? Nº 3357. PUF. Paris 1998. [(y)]

de Gaulle, Charles: *Discours et messages. Pour l'effort. Août 1962 – Décembre 1965.* Plon. Paris 1970. [(y)]

De la Fuente, Angel & Doménech, Rafael: The Redistributive Effects of the EU Budget: An Analysis and Proposal for Reform. *JCMS 39 (2001): 2 (June)*. 307-330. [(y)]

Dell'Alba, Gianfranco: *Komission valmisteluasiakirja varainhoitoasetuksen uudelleenlaatimisesta.* Mietintö. EP. Budjettivaliokunta. PE 229.419/lop. 18.3.1999. * [(iv)]

Della Cananea, Giacinto (Ed.): *European Regulatory Agencies.* Study Group for European Policies, Initiative pour des Services d'Utilité Publique en Europe. Collection ISUPE. Éd. Rive Droite. Paris April 2004. [(vi)]

Delon-Desmoulin, Corinne: Réflexions sur l'originalité de la construction des finances communautaires. 189-209. Dans François Hervouët (sous la direction de): *Démarche communautaire et construction européenne. Volume 2: dynamique des méthodes.* Travaux de la CEDECE. Actes du colloque de Poitiers, 12-13 et 14 octobre 2000. LDF. Paris 2000. [(y)]

Delon Desmoulin, Corinne: *Droit budgétaire de l'Union européenne*. Lextenso éditions. L.G.D.J. Paris 2011. [(y)]

Delors, Jacques: *Mémoires.* Plon. Paris 2004. [(y)]

Denton, Geoffrey: *The British Budget Problem and the Future of the EEC Budget.* Federal Trust/ TEPSA Report. London 1982. [(i) (ii)]

Dépelteau, François: *La démarche d'une recherche en sciences humaines. De la question de départ à la communication des résultats*. Deuxième édition. Méthodes en sciences humaines. Les Presses de l'Université Laval. Québec 2009. [(y)]

Destret, Christelle: L'émergence d'un nouveau concept: le principe de sincérité de la loi de finances. Dans Vincent Dussart & Pierre Esplugas (études coordonnées par): *L'ordonnance du 2 janvier 1959: 40 ans après*. Études de l'IREDE – II. Presses de l'Université des sciences sociales de Toulouse. Toulouse 2000. [(y) (v)]

Dewit, Michel & Jouret, Philippe: L'élargissement et les finances publiques de l'Union européenne. *RMC&UE 37 (1994): 380 (juillet-août)*. 437-443. [(iv)]

Dewost, Jean Louis & Lepoivre, Marc: La déclaration commune du Parlement européen, du Conseil et de la Commission relative à différentes mesures visant à assurer un meilleur déroulement de la procédure budgétaire, signée le 30 juin 1982. *RMC 25 (1982): 261 (novembre)*. 514-525. [(ii)]

Diesing, Paul: *Reason and Society*. University of Illinois Press. Urbana, Illinois 1962. [(y)]

Discors, Dominique: La procédure budgétaire pour 1997 et ses enjeux institutionnels. *RMC&UE 40 (1997): 413 (décembre)*. 682-705. [(y) (v) (vi)]

Discors, Dominique: La procédure budgétaire pour 1998. Une idylle interinstitutionnelle. *RMC&UE 41 (1998): 423 (novembre-décembre)*. 681-703. [(y) (v)]

Discors, Dominique: La procédure budgétaire à la lumière des principes généraux encadrant le budget. Titre IV. 263-327. Dans: *Les finances de l'Union européenne. Commentaire J. Mégret. Le droit de la CE et de l'Union euro-*

péenne, Vol. 11. Deuxième édition (Première édition en 1982). Éditions de l'Université de Bruxelles. Bruxelles 1999. [1999a] (vi)

Discors, Dominique: La loi et le budget, l'expérience européenne. *RFFP 17 (1999): 68 (décembre).* 49-56. [1999b] (y) (vi)

Distributed Public Governance. Agencies, Authorities and other Government Bodies. OECD. Paris 2002. (vi)

Divine, Donna Robinson: A Political Theory of Bureaucracy. *Public Administration 57 (1979): 2 (Summer).* 143-158. (y)

Dony, Marianne & Ronse, Thierry: Les finances de l'Union. 241-257. Dans Marianne Dony & Emmanuelle Bribosia (Éds.): *Commentaire de la Constitution de l'Union européenne.* Institut d'Études européennes. Éditions de l'Université de Bruxelles. Bruxelles 2005. (y)

Douat, Etienne: *Finances publiques. Finances communautaires, sociales et locales.* Thémis Droit public. PUF. Paris 1999. (iii) (iv)

Driessen, Bart: *Interinstitutional Conventions in EU Law.* Cameron May. London 2007. (y)

Dror, Yehezkel: The Planning Process: A Facet Design. *International Review of Administrative Sciences 29 (1963): 1 (January).* 46-58. (Reprinted in Andreas Faludi (Ed.): *A Reader in Planning Theory.* Urban and Regional Planning Series, Volume 5. Pergamon Press. Oxford 1978 (First Edition in 1973). 323-343). (y)

Druker, Isaac E: *Financing the European Communities.* A. W. Sijthoff. Leyden 1975. (i)

Dumoulin, Michel (sous la direction de): *La Commission européenne 1958-1972. Histoire et mémoires d'une institution.* COM. OPOCE. Luxembourg 2007. (y)

Dür, Andreas & Mateo, Gemma: Bargaining Power and Negotiation Tactics: The Negotiations on the EU's Financial Perspective, 2007-13. *JCMS 48 (2010): 6.* 557-578. (y)

Dussart, Vincent: La réforme du Règlement financier communautaire: un exemple de la modernisation du droit budgétaire. *RFFP 20 (2002): 79 (septembre).* 141-163. [2002a] (v) (viii)

Dussart, Vincent: L'autonomie financière des Agences européennes. 97-111. Dans Jean-François Couzinet (études coordonnées par): *Les Agences de l'Union européenne. Recherche sur les organismes communautaires décentralisés.* Actes de la Journée Guy Isaac du 8 juin 2001. Études de l'IREDE – III. Presses de l'Université des Sciences sociales de Toulouse. Toulouse 2002. [2002b] (v) (vi)

ECA. Opinion No 6/91 on the financial control of mini-budgets. Luxembourg 14.5.1991. *(Not published in OJEC).* * (ii)

ECA. Budget, Decision-making and Financial Management. Module: Legal Environment of the Public Finances of the European Union. Luxembourg 1999. * (y)

Echinard, Yann, Farvaque, Étienne & Laurent, Alain: Le Fonds européen d'ajustement à la mondialisation: présentation et analyse. *RMC&UE 50 (2007): 511 (septembre).* 491-497. (y)

Eckstein, Otto: *Trends in Public Expenditure in the Next Decade.* Committee for Economic Development. New York 1959. (y)

Effects of European Union Accession. Part 1: Budgeting and Financial Control. Sigma Papers No. 19. OCDE/GD(97)163. OECD. Paris 1997. (y)

Ehrhart, Karl-Martin, Gardner, Roy, von Hagen, Jürgen & Keser, Claudia: *Budget Processes: Theory and Experimental Evidence.* CAEPR Working Paper #2006-009. Center for Applied Economics and Policy Research. Indiana University 19 September 2006. (y)

Ehlermann, Claus-Dieter: The Financing of the Community: The distinction between financial contributions and own resources. *CMLR 19 (1982): 4 (November).* 571-589. (i)

Ehlermann, Claus-Dieter & Minch, Mary: Conflicts between Community Institutions within the Budgetary Procedure – Article 205 of the EEC Treaty. *ER 16 (1981): 1 (Januar-März).* 23-42. (y)

Einzig, Paul: *The Control of the Purse: Progress and Decline of Parliament's Financial Control.* Secker and Warburg. London 1959. (y)

El-Agraa, Ali Mohammed: The General Budget. 286-303. In A. M. El-Agraa (Ed.): *Economics of the European Community.* Third Edition. Philip Allan. London 1990. (ii)

Elements arising from a technical assessment of the proposals from the European Parliament. COM. Brussels April 2006. * (ix)

Elster, Jon: *Logic and Society. Contradictions and Possible Worlds.* John Wiley & Sons. Bath 1978. (y)

Emerson, Michael & Huhne, Christopher: *The ECU Report. Pan Books*. London 1991. [i]

Emery, F. E. & Trist, E. L: The Causal Texture of Organizational Environments. *Human Relations 18 (1965): 1 (February)*. 21-32. (Reprinted in John G. Maurer (Ed.): *Readings in Organization Theory. Open-System Approaches*. Random House. New York 1971. 46-57). [y]

Enderlein, Henrik, Lindner, Johannes, Calvo-Gonzalez, Oscar & Ritter, Raymond: *The EU Budget. How Much Scope for Institutional Reform?* European Central Bank. Occasional Paper Series No. 27. Frankfurt am Main. April 2005. [y]

Enderlein, Henrik & Lindner, Johannes: The EU budgetary procedure in the Constitutional debate. 187-205. In Jeremy Richardson (Ed.): *European Union. Power and policy-making*. Third Edition (First Edition in 1996). Routledge. London 2006. [y]

Eskola, Jari & Suoranta, Juha: *Johdatus laadulliseen tutkimukseen*. Kahdeksas painos (ensimmäinen painos 1998). Osuuskunta Vastapaino. Tampere 2008. [y]

Etzioni, Amitai: *The Active Society. A Theory of Societal and Political Processes*. The Free Press. Collier-Macmillan Limited. New York 1968. [y]

EU budget [2008-2010] Financial Report. COM. Publications Office. Luxembourg (2009-2011). [y]

EU:n talousarvio 2004: ylijäämä alentaa kaikkien 25 jäsenvaltion maksuosuuksia. Lehdistötiedote IP/04/635. KOM. Bryssel 12.5.2004. [v]

Euroopan Parlamentin päätöslauselma, johon sisältyvät parlamentin ehdotukset hallitustenväliselle konferenssille (14094/1999 – C5-0341/1999 – 1999/0825(CNS)). A5-0086/2000. Hyväksytty torstaina 13. huhtikuuta 2000. * [iv]

Euroopan unionin julkinen talous. Eurooppalaisen rahoitusjärjestelmän piirteet, säännöt ja toiminta. Painos 1995. KOM. EYVJT. Luxemburg 1996. [y] [iv]

Euroopan unionin toiminnan rahoitus. Kolmas painos (toinen suomenkielinen painos). Ensimmäinen painos 1989 (ensimmäinen suomenkielinen painos 1995). KOM, budjettipääosasto. EYVJT. Luxemburg 2002. [y] [v] [vi] [ix]

Euroopan yhteisöjen/ unionin (yleinen) talousarvio varainhoitovuodelle [1968-2011]. EYVL/ EUVL (1968-2011) [*ks. Taulukko 5, tämän kirjan sivu 85*]. [e] [y] [i] [ii] [iii] [iv] [v] [vi] [vii] [viii] [ix]

European Council meeting in Brussels. 11-12 February 1988. Conclusions of the Presidency. S.l. 1988. * [ii]

European Council meeting in Copenhaguen. 4-5 December 1987. Conclusions of the Presidency. S.l. 1987. * [ii]

European Council meeting in Edinburgh. 11-12 December 1992. Conclusions of the Presidency. S.l. 1992. * [i] [ii] [iv]

European Council meeting in Fontainebleau 25-26 June 1984. Conclusions of the Presidency. S.l. 1984. * [ii]

European Governance. Preparatory Work for the White Paper. COM. OOPEC. Luxembourg 2002. [y] [v] [vi]

European Union public finance. The characteristics, rules and operation of the European financial system. Edition 1995 (First Edition in 1989). COM. OOPEC. Luxembourg 1995. [y]

European Union Public Finance. Third Edition (First Edition in 1989). COM. Directorate-General for the Budget. OOPEC. Luxembourg 2002. [y]

European Union Public Finance. Fourth Edition (First Edition in 1989). COM. OOPEC. Luxembourg 2008. [y]

Evaluation of the implementation and results of SEM 2000 and its contribution to the overall management reform of the Commission. Final report. The Evaluation Partnership. Twickenham 15 July 1999. [y] [iv]

Fabbrini, Sergio & Piattoni, Simona (Edited by): *Italy in the European Union. Redefining National Interest in a Compound Polity*. Rowman & Littlefield Publishers, Inc. Plymouth 2008. [y]

Fennell, Rosemary: *The Common Agricultural Policy of the European Community. Its institutional and administrative organisation*. Second Edition (First Edition in 1979). BSP Professional Books. Oxford 1987. [y] [ii]

Fenno, Richard F, Jr: *The Power of the Purse: Appropriations Politics in the Congress*. Little, Brown and Company. Boston 1966. [y]

Fernandez-Fabregas, F. & Lentz, J: Le budget 1991 – Le déroulement de la procédure budgétaire: ses incidentes et son aboutissement. *RMC&UE 34 (1991): 346 (avril)*. 293-313. (y) (ii) (v)

Fernandez-Fabregas, F. & Lentz, J: Le budget 1992, son cadre politique et financier, son établissement: incidents et aboutissement. *RMC&UE 35 (1992): 360 (juillet-août)*. 637-657. (y) (ii) (v)

Fernandez-Fabregas, F. & Lentz, J: Le budget 1993. Le déroulement de la procédure budgétaire: ses incidentes et son aboutissement. *RMC&UE 36 (1993): 370 (juillet-août)*. 628-655. (y) (i) (ii) (iv) (v) (vi)

Fernandez-Fabregas, F. & Lentz, J: Le budget 1994. Le déroulement de la procédure budgétaire: ses incidentes et son aboutissement. *RMC&UE 37 (1994): 381 (septembre-octobre)*. 505-527. (y) (v)

Fernandez-Fabregas, F. & Lentz, J: Le budget 1995. Le déroulement de la procédure budgétaire: son environnement, ses incidentes et son aboutissement. *RMC&UE 38 (1995): 388 (mai)*. 284-313. (y) (v)

Figueira, Filipa: *How to Reform the EU Budget? Going Beyond Fiscal Federalism*. Paper presented at the Jean Monnet Conference on "Europe's Democratic Challenges – EU Solutions?". School of International Studies. University of Trento, Italy. 30 June – 1 July 2006. * (y)

Financial Regulation and implementing rules applicable to the general budget of the European Communities. Synoptic presentation. And a selection of legal texts relevant to establishing and implementing the budget. COM. OOPEC. Luxembourg 2008. (y)

Financing the Globalisation Fund. Note. EP. Directorate General Internal Policies of the Union. Budgetary Affairs. Budgetary Support Unit. PE 371.838. 15 June 2006. * (ix)

Fitoussi, Jean-Paul & Le Cacheux, Jacques (sous la direction de): *L'état de l'Union européenne 2007. L'Europe des biens publics.* Fayard. Presses de Sciences Po. Paris 2007. (ix)

Flexibility for the next financial framework. Financial framework post-2006 – Working Group "Resources". Budget. COM. Brussels 20 June 2003. * (ix)

Flexibility within the multiannual financial framework. Fiche no. 3. Multiannual Financial Framework 2007-2013. Working Document of the Commission Services. COM. Brussels 14 April 2004. * (ix)

Folkers, Cay: *Die Kompensationsfunktion des Europäischen Haushalts*. Diskussionsbeiträge Nr. 4. Institut der Europäischen Wirtschaft. Ruhr-Universität Bochum. Bochum 1994. (y)

Folkers, Cay: Finanz- und Haushaltspolitik. 559-663. In Paul Klemmer (Hrsg.): *Handbuch der Europäischen Wirtschaftspolitik*. Verlag Franz Vahlen. München 1998. (y)

Fonds structurels communautaires 1994-1999. Textes réglementaires et commentaires. COM. Bruxelles 1994. (y) (ii)

Fonds structurels. Règlements pour la période 2000-2006. COM. Bruxelles 2000. (y)

Fonds structurels. Règlements pour la période 2007-2013. COM. Bruxelles 2007. (y)

Fonseca Morillo, Francisco J: Los gastos no obligatorios del presupuesto comunitario: régimen jurídico y problemas planteados. *Revista de Instituciones Europeas 11 (1984): 3 (Septiembre-diciembre)*. 753-780. (ii)

Fonseca Morillo, Francisco J: *El presupuesto de las Comunidades Europeas: análisis jurídico.* Instituto de Estudios Fiscales. Madrid 1986. (iii)

Forester, John: Bounded Rationality and the Politics of Muddling Through. *PAR 44 (1984): 1 (January/February)*. 23-31. (y)

Forman, John: The Joint Declaration, dated 4 March 1975, between the Parliament, the Council and the Commission, Establishing a Conciliation Procedure (Communication). 208-228. In R. Kovar (Ed.): *The Community Institutions on the threshold of the 1980's - - in search of a new balance.* 1980 Bruges Week. CB, N.S. 40. De Tempel. Bruges 1981. (y)

Fouilleux, Eve: *La Politique Agricole Commune et ses réformes. Une politique européenne à l'épreuve de la globalisation.* L'Harmattan. Paris 2003. (vi)

Fournié, François: Les aspects financiers de la Constitution européenne. *RTDE 41 (2005): 2 (avril-juin)*. 375-409. (y)

Friedman, Milton: *Essays in Positive Economics*. University of Chicago Press. Chicago, Illinois 1953. (y)

Friedmann, John: A Conceptual Model for the Analysis of Planning Behaviour. *Administrative Science Quarterly 12 (1967):*

2 (September). (Reprinted in Andreas Faludi (Ed.): *A Reader in Planning Theory*. Urban and Regional Planning Series. Volume 5. Pergamon Press. Oxford 1978. 345-370). (y)

Fuchs, Gérard: *Les choix budgétaires pour l'Europe de demain: reconduction ou innovation?* Rapport d'information nº 1408. Délégation pour l'Union européenne. Assemblée nationale. Paris 1999. (y)

Gabolde, Emmanuel & Perron, Christophe: Art. 268-280 (Dispositions financières). 1799-1837. Dans Philippe Léger (sous la direction de): *Union européenne. Communauté européenne. Commentaire article par article des traités UE et CE.* Helbing & Lichtenhahn, Dalloz, Bruylant. Bâle 2000. (vi)

Galloway, David: *The Public Prodigals: The Growth of Government Spending and How to Contol It*. Temple Smith. London 1976. (y)

Galloway, David: *The Treaty of Nice and Beyond. Realities and Illusions of Power in the EU.* Contemporary European Studies, 10. UACES. Sheffield Academic Press. Sheffield 2001. (y)

Garzon, Isabelle: *Reforming the Common Agricultural Policy: history of a paradigm change.* Palgrave Macmillan. Basingstoke, New York 2006. (y)

General Report on the Activities of the European Communities. [First-XXVIIth] Report. OOPEC. Brussels/ Luxembourg (1968-1994). (i) (ii) (iv)

Gianakis, Gerasimos A. & McCue, Clifford P: Budget Theory for Public Administration… and Public Administrators. 158-171. In Aman Khan & W. Bartley Hildreth (Edited by): *Budget Theory in the Public Sector*. Quorum Books. Westport, Connecticut 2002. (y)

Gibson, Frank K: Organizations and Their Environments: The School System as a Focus. 246-254. In Robert T. Golembiewski, Frank K. Gibson & Geoffrey Y. Cornog (Eds.): *Public Administration. Readings in institutions, processes, behavior, policy.* Rand McNally College Publishing Company. Chicago 1966. (y)

Gist, John R: "Increment" and "Base" in the Congressional Appropriations Process. *AJPS 21 (1977): 2 (May)*. 341-352. (y)

Godet, Romain: Le nouveau "code de procédure budgétaire" de l'Union européenne. L'accord interinstitutionnel sur la discipline budgétaire et l'amélioration de la procédure budgétaire du 6 mai 1999. *RTDE 36 (2000): 2 (avril-juin)*. 273-298. (vii) (ix)

Gough, Ian: *The Political Economy of the Welfare State*. The Macmillan Press Ltd. Old Woking, Surrey 1979. (y)

Goulard, Sylvie & Nava, Mario: Un financement plus démocratique du budget européen: un défi pour la Convention européenne. *RFFP 20 (2002): 80*. 31-52. (y)

Gouvernance européenne. Travaux préparatoires au Livre blanc. COM. OPOCE. Luxembourg 2002. (viii)

Gozat, Georges: L'activité des Communautés européennes vue à travers leur budget. *RMC 13 (1970): 136 (septembre)*. 397-405. (i)

Grawitz, Madeleine: *Méthodes des sciences sociales*. Dalloz. Paris 1990. (y)

Green light for 2007-2013 Financial Perspective. Ref. 20060404IPR07021. Info Budget. EP. 5 April 2006. (ix)

Greenwood, Royston: Incremental Budgeting: Antecedents of Change. *JPP 4 (1984): 4 (November)*. 277-306. (y)

Grizzle, Gloria A: Does Budget Format Really Govern the Actions of Budgetmakers? *PBF 6 (1986): 1 (Spring)*. 60-70. (Reprinted in Gerald J. Miller, W. Bartley Hildreth & Jack Rabin (Eds.): *Performance-Based Budgeting*. An ASPA Classics Volume. Westview Press. Boulder, Colorado 2001. 113-125). (y)

Groeben, Hans von der *et al.* (Hrsg.): *Kommentar zum EWG-Vertrag. Artikel 137-248.* Band 2. Dritte Auflage. Nomos Verlagsgesellschaft. Baden-Baden 1983. (iii)

Gros, Daniel & Micossi, Stefano: *A Better Budget for the European Union. More Value for Money. More Money for Value*. Policy Brief. No. 66. CEPS. *S.l.* February 2005. (y)

Grossir, Jean-Paul: La procédure budgétaire pour 2001: un long fleuve tranquille? *RMC&UE 44 (2001): 449 (juin)*. 374-393. (y) (v) (vi) (vii) (ix)

Grossir, Jean-Paul: La procédure budgétaire pour 2002: la poursuite d'une entente cordiale entre les institutions. *RMC&UE 45 (2002): 459 (juin)*. 373-393. (y) (v) (vi) (vii) (ix)

Grossir, Jean-Paul: Le budget 2003: la fin d'une époque. *RMC&UE 46 (2003): 471 (septembre)*. 530-541. (y) (v) (vii) (ix)

Gräßle, Ingeborg: *Työasiakirja varainhoitoasetuksesta: yleiskatsaus vuoden 2002 uudistuksesta*. EP. Budjettivaliokunta. PE 353.522. 26.1.2005. * (vii)

Gräßle, Ingeborg: *Working document N° 6 on reform of the Financial Regulation and renegotiation of the Interinstitutional Agreement of 6 May 1999 – an opportunity for greater efficiency in the management of appropriations.* EP. COBU. PE 374.269. 7 June 2006. [2006a] * (y)

Gräßle, Ingeborg: *Working document N° 7 on Financial Regulation CNS 2005/0090 – (COM(2006)0213) and COM(2005)0181– Procedure.* EP. COBU. PE 374.370. 7 June 2006. [2006b] * (y)

Gräßle, Ingeborg: *Working document N° 8 on Evaluation of Commission's revised proposal on Financial Regulation (COM(2006)0213).* EP. COBU. PE 374.370. 7 June 2006. [2006c] * (y)

Gräßle, Ingeborg: *Working document N° 9 on Financial Regulation: Evaluation of Council's joint guidelines.* EP. COBU. PE 637.829. 31 October 2006. [2006d] * (y)

Gräßle, Ingeborg & Pahor, Borut: *Työasiakirja 2. Varainhoitoasetuksen uudelleenlaatiminen – suunnitellun uudistuksen laajuus ja sisältö.* EP. Budjettivaliokunta ja talousarvion valvontavaliokunta. PE 355.817. 7 April 2005. [2005a] * (vii)

Gräßle, Ingeborg & Pahor, Borut: *Työasiakirja 3. Varainhoitoasetuksen uudistaminen – tärkeimmät uudistamistavoitteet.* EP. Budjettivaliokunta ja talousarvion valvontavaliokunta. PE 357.517. 7.4.2005. [2005b] * (vii)

Gräßle, Ingeborg & Pahor, Borut: *Working document N° 4 on "First analysis of the Commission's proposal for a regulation amending Regulation (EC, Euratom) No 1605/2002 on the Financial Regulation applicable to the general budget of the European Communities" – COM(2005(181)).* EP. COBU and Committee on Budgetary Control. PE 357.938. 18 May 2005. [2005c] * (vii)

Gräßle, Ingeborg & Pahor, Borut: *Työasiakirja nro 5. tutkimuksen puiteohjelman tukimenettelyistä ja varainhoitoasetuksesta.* EP. Budjettivaliokunta. PE 359.921. 2.6.2005. [2005d] * (vii)

Guidelines for Budget Consolidation. Presented at the Meeting of NERO on 25 June 2010. OECD. Paris 2010. * (y)

Haas, Ernst B: *The Uniting of Europe. Political, Social and Economic Forces 1950-1957.* Stevens & Sons Limited. London 1958. (y)

Haas, Ernst B: International Integration. The European and the Universal Process. 6-36. In: *Limits and Problems of European Integration.* The Conference of May 30 - June 2, 1961. Stichting Grotius Seminarium. Martinus Nijhoff. The Hague 1963. (y)

Haas, Ernst B: *Beyond the Nation State. Functionalism and Intergovernmental Organization.* Stanford University Press. Stanford, California 1964. (y)

Hackbart, Merl & Ramsey, James R: The Theory of the Public Sector Budget: An Economic Perspective. 172-187. In Aman Khan & W. Bartley Hildreth (Edited by): *Budget Theory in the Public Sector.* Quorum Books. Westport, Connecticut 2002. (y)

Hall, Peter A. & Taylor, Rosemary C. R: Political Science and the Three New Institutionalisms. *Political Studies 44 (1996): 5 (December).* 936-957. (y)

Hallerberg, Mark & von Hagen, Jürgen: *Sequencing and the Size of the Budget: A Reconsideration.* Working Paper N° 1589. CEPR. London 1997. (y)

Hallituksen esitys Eduskunnalle valtion talousarvioksi vuodelle 1995. Painatuskeskus Oy. Helsinki 1994. (i) (ii)

Harrinvirta, Markku & Puoskari, Pentti: Kehysbudjetointi poliittisena päätöksentekoprosessina. *KA 97 (2001): 2.* 445-459. (y)

Haug, Jutta: *Neuvoston talousarvioesitys vuodelle 2001.* Työasiakirja nro 5. EP. Budjettivaliokunta. PE 289.592. 28.8.2000. * (iii)

Heading 4 – Information on the margin over the present period. Fiche n°. 78. Multiannual Financial Framework 2007-2013. Working Document of the Commission Services. COM. Brussels 14 February 2005. * (ix)

Heinemann, Friedrich: *Die Finanzverfassung und Kompetenzausstattung der Europäischen Union nach Maastricht. Eine finanzwissenschaftliche Soll-Ist-Analyse.* Schriftenreihe des ZEW. Band 5. Nomos Verlagsgesellschaft. Baden-Baden 1995. (y)

Heinemann, Friedrich: Planning or Propaganda? An Evaluation of Germany's Medium-term Budgetary Planning. *FinanzArchiv 62 (2006): 4.* 551-578. (y)

Heinemann, Friedrich, Mohl, Philipp & Osterloh, Steffen: Reforming the EU Budget: Reconciling Needs with Political-Economic Constraints. *JEI 32 (2010): 1.* 59-76. (y)

Heinig, Kurt: *Das Budget.* J.C.B. Mohr (Paul Siebeck). Tübingen 1949-1951. (y)

Heiskanen, Ilkka: *Julkinen, kollektiivinen ja markkinaperusteinen.* Suomalaisen yhteiskunnan hallintajärjestelmien ja julkisen päätöksenteon ja hallinnon kehitys ja kehittäminen 1960- ja 1970-luvuilla. HY, yleisen valtio-opin laitoksen tutkimuksia, Sarja C. DETA 31. Helsinki 1977. (y)

Hémard, Christophe: Le budget européen et l'agriculture. *Chambres d'agriculture. Supplément au N° 750. Décembre 1987.* (y) (i) (ii)

Henley, Douglas: Central government framework. 9-42. In Douglas Henley, Clive Holtham, Andrew Likierman & John Perrin: *Public Sector Accounting and Financial Control.* Second Edition (First Published in 1983). Van Nostrand Reinhold (UK). Wokingham, Berkshire 1986. (y)

Herzlinger, Regina: Zero-Base Budgeting in the Federal Government: A Case Study. *Sloan Management Review 22 (1979): 2 (Winter).* 3-14. (y)

Hirsjärvi, Sirkka, Remes, Pirkko & Sajavaara, Paula: *Tutki ja kirjoita.* Viidestoista uudistettu painos (ensimmäinen painos 1997). Kustannusosakeyhtiö Tammi. Hämeenlinna 2009. (y)

Hix, Simon & Høyland, Bjørn: *The Political System of the European Union.* Third Editon (First Edition in 1999). The European Union Series. Palgrave Macmillan. Basingstoke 2011. (y)

Hoffmann, Stanley: Obstinate or Obsolete: the fate of the nation state and the case of Western Europe. *Daedalus 95 (1966): (Summer).* 862-915. (y)

Hoffmann, Stanley: Reflections on the Nation-State in Western Europe Today. *JCMS 20 (1982): 1&2 (September/December).* 21-37. (y)

Huet, Philippe & Bravo, Jacques: *L'expérience française de rationalisation des choix budgétaires (R.C.B.).* PUF. Paris 1973. (y)

Häge, Frank M: Who Decides in the Council of the European Union? *JCMS 46 (2008): 3 (June).* 535-558. (y)

Isaac, Guy: La rénovation des institutions financières des CE: le remplacement des contributions financières par des ressources propres. *RTDE 9 (1973).* 670-714. (y) (i)

Isaac, Guy: *Droit communautaire général.* Masson. Paris 1983. (y)

Isaac, Guy: Le "problème" de la contribution budgétaire du Royaume-Uni. (De l'accord du 30 mai [1980] au Conseil européen de Stuttgart [1983]). *RTDE 20 (1984): 1 (janvier-mars).* 107-122. [1984a] (y) (i)

Isaac, Guy: Le processus de décision interne du Parlement européen en matière budgétaire. 690-727. Dans J. Hrbek, J. Jamar & W. Wessels (Éds.): *Le Parlement européen à la veille de la deuxième élection au suffrage universel direct: bilan et perspectives.* Actes du Colloque organisé par le Collège d'Europe et l'Institut für Europaïsche Politik (Bruges, les 16, 17 et 18 juin 1983). CB, N.S. 43. De Tempel. Bruges 1984. [1984b] (y)

Isaac, Guy: Les institutions communautaires. Budgets. Principes budgétaires. *Collection des Juris-Classeurs, Vol. 1, Fascicule 250.* Éditions Techniques. Paris 1990. (y) (i) (ii)

Isaac, Guy: Les institutions communautaires. Budgets. Contenu des budgets. *Collection des Juris-Classeurs, Vol. 1, Fascicule 251.* Éditions Techniques. Paris 1992. [1992a] (y) (i) (ii)

Isaac, Guy: *Droit communautaire général.* Troisième édition revue et mise à jour, 3e tirage (première édition en 1983). Masson. Paris 1992. [1992b] (ii)

Isaac, Guy: *La pratique des inscriptions négatives dans le budget des Communautés européennes.* CoE. Bruges 1993. (*Document multigraphié*). [1993a] * (y) (i)

Isaac, Guy: *Les finances publiques de la Communauté européenne.* CoE. Bruges 1993. (*Document multigraphié*). [1993b] * (y)

Isaac, Guy: L'encadrement à moyen terme des finances publiques communautaires. L'accord interinstitutionnel sur la discipline budgétaire et l'amélioration de la procédure budgétaire. Bilan et avenir. *RFFP 12 (1994): 45.* 9-49. [1994a] (y) (ii)

Isaac, Guy: L'équilibre budgétaire lors de l'exécution du budget général de la Communauté européenne et de la clôture des comptes. 183-198. Dans Lucile Tallineau (sous la dir. de): *L'équilibre budgétaire*. Collection Finances publiques. Ed. Economica. Paris 1994. [1994b] (y) (ii)

Isaac, Guy: Institutions communautaires. Budgets. Principes budgétaires. Avec la collaboration de Corinne Delon-Desmoulin. *Collection des Juris-Classeurs, Vol. 1, Fascicule 250.* Éditions du Juris-Classeur. Paris 1996. (y)

Isaac, Guy: *Les finances publiques communautaires.* Toulouse 1998. (*Document multigraphié*). * (y)

Isaac, Guy: Institutions communautaires. Budgets. Contenu des budgets. Avec la collaboration de Corinne Delon-Desmoulin. *Collection des Juris-Classeurs, Vol. 1, Fascicule 251.* Éditions du Juris-Classeur. Paris 1999. (y)

Isaac, Guy & Blanquet, Marc: *Droit communautaire général.* 8e édition (1ère édition en 1983). Éditions Dalloz. Paris 2001. (y)

Isaac, Guy & Blanquet, Marc: *Droit général de l'Union européenne.* 9e édition (1ère édition en 1983). Sirey Université. Éditions Dalloz Paris 2006. (y)

Isaac, Guy & Blanquet, Marc: *Droit général de l'Union européenne.* 10e édition (1ère édition en 1983). Sirey Université. Paris 2012. (y)

Isaac, Guy & Hen, Christian: Les nouveautés du droit financier et budgétaire des communautés en 1977. *RTDE 14 (1978): 4 (octobre-décembre)*. 647-693. (y) (i)

Jachtenfuchs, Markus & Kohler-Koch, Beate (Hrsg.): *Europäische Integration.* 2. Auflage (Erste Auflage 2001). Leske + Budrich. Opladen 2003. (y)

Jackson, Peter M: *The Political Economy of Bureaucracy.* Philip Allan Publishers Limited. Southampton 1982. (y)

Jacobs, Francis, Corbett, Richard & Shackleton, Michael: *The European Parliament.* Second Edition (First Edition in 1990). Longman. Harlow, Essex 1992. (y) (ii)

Jacqué, Jean-Paul: La procédure budgétaire, une "arme" pour le Parlement (communication). 229-262. Dans R. Kovar (Éd.): *Les institutions de la Communauté au seuil des années 1980 - - à la recherche de nouveaux équilibres.* Semaine de Bruges 1980. CB, N.S. 40. De Tempel. Bruges 1981. (y)

Jacqué, Jean-Paul: Conquête et revendications: l'évolution des pouvoirs législatifs et budgétaires du Parlement européen depuis 1979. *RIE 6 (1983): 2-3 (hiver-printemps)*. 155-182. (y) (i) (ii)

Jacqué, Jean-Paul: *Cours général de droit communautaire*. Recueil des cours de l'Académie de droit européen. *S.l.* 1991. * (y) (ii)

Jacqué, Jean-Paul: Titre II. Dispositions financières. Articles 199-204. 1215-1255. Dans Vlad Constantinesco, Robert Kovar, Jean-Paul Jacqué & Denys Simon (sous la dir. de): *Traité instituant la CEE. Commentaire article par article.* Éd. Économica. Paris 1992. (y)

Jacqué, Jean-Paul: Partie "Budget". 1-16. Dans: *Encyclopédie Dalloz.* Éditons Dalloz. Paris juin 1995. (y)

Jacqué, Jean-Paul: *Droit institutionnel de l'Union européenne*. Éditons Dalloz. Paris 2001. (y)

Jacqué, Jean-Paul: *Droit institutionnel de l'Union européenne*. 6e édition (1ère édition en 2001). Éditons Dalloz. Paris 2010. (y)

Jacqué, Jean-Paul, Bieber, Roland, Constantinesco, Vlad & Nickel, Dietmar: *Le Parlement européen*. Ed. Economica. Paris 1984. (y) (i) (ii)

Jèze, Gaston: *Cours de science des Finances.* Édition Marcel Giard. Paris 1922. (y)

Jick, T. D. & Murray, V. V: The Management of Hard Times: Budget Cutbacks in Public Sector Organizations. *Organization Studies (1982): 3*. 141-169. (y)

Johnson, Christopher (Ed.): ECU. *The Currency of Europe*. Euromoney Publications. London 1991. (i)

Jones, Fabia: *Impact des catastrophes naturelles sur le budget communautaire 2003-2005.* PE. Direction-Générale Politiques Internes de l'Union. Affaires budgétaires. Bruxelles 22 février 2006. * (ix)

Jones, Fabia: *Flexibility in the Multiannual Financial Framework 2007-2013: revisions and use of instruments*. EP. Directorate-General for Internal Policies. Policy Department D – Budgetary Affairs. Budgets. Budgetary Control. Note. PE 453.218. 25 October 2010. * (y)

Jouret, Philippe: Les conclusions d'Edimbourg sur le paquet "Delors II". *RMC&UE 36 (1993): 368 (mai)*. 391-404. (ii) (iv)

Jouret, Philippe: L'encadrement financier du budget général. Titre II. 87-157. Dans: *Les finances de l'Union européenne. Commentaire J. Mégret. Le droit de la CE et de l'Union européenne, Vol. 11.* Deuxième édition (première édition en 1982). Éditions de l'Université de Bruxelles. Bruxelles 1999. (iv)

Joyce, Philip G: Performance-Based Budgeting. 597-619. In Roy T. Meyers (Ed.): *Handbook of Government Budgeting.* Jossey-Bass Publishers. San Francisco 1998. (y)

Juchet, Patricia: Les finances de la Communauté. 47-52. Dans: *L'Europe des Communautés.* Nouvelle édition – 1992. Les notices. LDF. Paris 1992. (y) (i)

Jurgensen, Philippe: *ÉCU, naissance d'une monnaie.* Éditions Jean-Claude Lattès. Paris 1991. (i)

Jurisprudence du Conseil constitutionnel. Tableau d'analyse au 1er avril 2012. Paris 2012. * (y)

Jørgensen, Knud Erik, Pollack, Mark A. & Rosamond, Ben: *Handbook of European Union Politics.* Sage. London 2006. (y)

Kajaste, Ilkka: *Euroopan unionin rahoituskehysten uudelleenarviointi. Makro- ja rakennepoliittisia näkökohtia.* VM:n julkaisuja. Taloudelliset ja talouspoliittiset katsaukset 13/2008. (y)

Kamlett, Mark S. & Mowery, David C: The Budgetary Base in Federal Resource Allocation. *AJPS 24 (1980): 4 (November).* 804-821. (y)

Kassel, J. J: Commentaire. Le processus de décision interne du Parlement européen en matière budgétaire ou une tragédie racinienne dont l'âme constitue la fatalité. 728-742. Dans J. Hrbek, J. Jamar & W. Wessels (Éds.): *Le Parlement européen à la veille de la deuxième élection au suffrage universel direct: bilan et perspectives.* Actes du Colloque organisé par le Collège d'Europe et l'Institut für Europaïsche Politik (Bruges, les 16, 17 et 18 juin 1983). CB, N.S. 43. De Tempel, Tempelhof. Bruges 1984. (y)

Kassim, Hussein: The Europeanization of Member State Institutions. 285-316. In Simon Bulmer & Christian Lequesne (Eds.): *The Member States of the European Union.* The New European Union Series. Oxford University Press. Oxford 2005. (y)

Kauppi, Niilo: *Elements for a Structural Constructivist Theory of Politics and of European Integration.* CES Working Paper Series No 104. Center for European Studies. Harvard University. July 2003. (y)

Kelly, Janet M. & Rivenbark, William C: Performance Budgeting for State and Local Government. M. E. Sharpe, Inc. Armonk, New York 2003. (y)

Kendall, Kenneth E. & Kendall, Julie E: *Systems Analysis and Design.* Seventh Edition. Prentice-Hall. New York 2007. (y)

Kettl, Donald F: Expansion and Protection in the Budgetary Process. *PAR 49 (1989): 3 (May/June).* 231-239. (y)

Kettl, Donald F: Foreword. xi-xvii. In Aaron Wildavsky & Naomi Caiden: *The New Politics of the Budgetary Process.* Fifth Edition (First Edition in 1988). Longman Classics in Political Science. Pearson Longman. New York 2004. (y)

Key, V. O, Jr: The Lack of a Budgetary Theory. *APSR 34 (1940): 6 (December).* 1137-1144. (Reprinted in Jay M. Shafritz & Albert C. Hyde (Eds.): *Classics of Public Administration.* Sixth Edition (First Edition in 1978). Thomson Wadsworth. Boston, Massachusetts 2007. 106-110). (y)

Khan, Aman & Hildreth, W. Bartley (Edited by): *Budget Theory in the Public Sector.* Quorum Books. Westport, Connecticut 2002. (y)

Kitzmantel, Edith: Conclusions: Comment améliorer la gestion des dépenses communautaires. 125-133. In Roger Levy (Ed.): *Managing, Monitoring and Evaluating the EU Budget: Internal and External Perspectives.* Current European Issues. EIPA. Maastricht 1999. (iv)

Kolte, Lars: The Community Budget: New principles for finance, expenditure planning and budget discipline. *CMLR 25 (1988): 3 (Autumn).* 487-501. (ii)

KOM(2000) 34 lopullinen: Toimielinjärjestelmän muuttaminen laajentumisen onnistumiseksi. Euroopan unionista tehdyn sopimuksen 48 artiklan mukainen komission lausunto jäsenvaltioiden hallitusten edustajien konferenssin järjestämisestä unionin perussopimusten tarkistamiseksi. Bryssel 26.1.2000. (v)

KOM(2000) 154 lopull: Strategiset tavoitteet vuosina 2000-2005. Komission tiedonanto Euroopan parlamentille, neuvostolle, talous- ja sosiaalikomitealle sekä alueiden komitealle. Bryssel 9.2.2000. (iv)

KOM(2000) 200 lopull./2: *Komission uudistaminen. Osat I ja II (toimintasuunnitelma).* Valkoinen kirja. Bryssel 5.4.2000. (iv) (v)

KOM(2000) 341 lopull: *Neuvoston asetus 21 päivänä joulukuuta 1977 annetun varainhoitoasetuksen muuttamisesta erottamalla sisäisen tarkastuksen tehtävä ennakkovalvonnan tehtävästä (varainhoitoasetuksen 24 artiklan viides kohta).* Komission ehdotus. Bryssel 30.5.2000. (iv)

KOM(2000) 461 lopullinen: *Ehdotus neuvoston asetukseksi (EY, EHTY, Euratom) Euroopan yhteisöjen yleiseen talousarvioon sovellettavasta varainhoitoasetuksesta (Komission esittämä).* Bryssel 17.10.2000. (v) (vi) (vii)

KOM(2001) 647 lopullinen: *Siviilikriisinhallintatoimien rahoitus.* Komission tiedonanto neuvostolle ja Euroopan parlamentille. Bryssel 28.11.2001. (vi)

KOM(2001) 691 lopull./2: *Muutettu ehdotus neuvoston asetukseksi (EY, EHTY, Euratom) Euroopan yhteisöjen yleiseen talousarvioon sovellettavasta varainhoitoasetuksesta (Komission esittämä).* Bryssel 10.1.2002. (v) (vi) (vii)

KOM(2001) 801 lopullinen: *Komission tiedonanto neuvostolle ja parlamentille: omien varojen ja maksusitoumusmäärärahojen enimmäismäärien mukauttaminen päätöksen 2000/597/ EY, Euratom voimaantulon johdosta.* Bryssel 28.12.2001. (ix)

KOM(2002) 264 lopullinen: *Uudentyyppinen toimisto tukitehtävien ja hallinnollisten tehtävien hoitamiseksi Euroopan komissiossa.* Komission tiedonanto. Bryssel 28.5.2002. (vi)

KOM(2003) 40 lopullinen: *Hallinnonuudistuksen edistymistä koskeva tilannekatsaus.* Komission tiedonanto. Bryssel 30.1.2003. (y)

KOM(2003) 366 lopullinen: *Neuvoston asetus. Euroopan yhteisöjen omien varojen järjestelmästä tehdyn päätöksen 2000/597/EY, Euratom soveltamisesta annetun asetuksen (EY, Euratom) N:o 1150/2000 muuttamisesta.* Komission ehdotus. Bryssel 1.7.2003. (v)

KOM(2003) 590 lopullinen: *Kohti AKT-maiden kanssa tehtävän yhteistyön täydellistä integroimista EU:n talousarvioon.* Komission tiedonanto neuvostolle ja Euroopan parlamentille. Bryssel 8.10.2003. (v)

KOM(2004) 93 lopullinen: *Hallinnonuudistusta koskevan toimeksiannon saattaminen päätökseen: tilanneraportti ja vuonna 2004 toteutettavat toimenpiteet.* Komission tiedonanto. Bryssel 10.2.2004. (y)

KOM(2004) 101 lopullinen: *Yhteisen tulevaisuuden rakentaminen. Politiikan haasteet ja rahoitusmahdollisuudet laajentuneessa unionissa 2007–2013.* Komission tiedonanto neuvostolle ja Euroopan parlamentille. Bryssel 10.2.2004. (y) (v) (vii) (ix)

KOM(2004) 492 lopullinen: *Neuvoston asetus Euroopan aluekehitysrahastoa, Euroopan sosiaalirahastoa ja koheesiorahastoa koskevista yleisistä säännöksistä (Komission ehdotus).* Bryssel 14.7.2004. (vii)

KOM(2004) 498 lopullinen: *Ehdotus talousarviota koskevasta kurinalaisuudesta ja talousarviomenettelyn parantamisesta tehdyn toimielinten sopimuksen uusimisesta.* Bryssel 14.7.2004. (ix)

KOM(2004) 623 lopullinen: *Ehdotus neuvoston päätökseksi Euroopan poliisiakatemian (CEPOL) perustamisesta Euroopan unionin elimeksi (komission esittämä).* Bryssel 1.10.2004. (vi)

KOM(2005) 130 lopullinen: *Ehdotus neuvoston asetuksen takuurahaston perustamisesta ulkosuhteisiin liittyville hankkeille annetun asetuksen (EY, Euratom) N:o 2728/94 muuttamisesta.* Bryssel 5.4.2005. (ix)

KOM(2005) 181 lopullinen: *Ehdotus neuvoston asetukseksi Euroopan yhteisöjen yleiseen talousarvioon sovellettavasta varainhoitoasetuksesta annetun neuvoston asetuksen (EY, Euratom) N:o 1605/2002 muuttamisesta. Komission kertomus neuvostolle ja Euroopan parlamentille uuden varainhoitoasetuksen säännösten soveltamisesta (Komission esittämä).* Bryssel 3.5.2005. (y) (vii)

KOM(2006) 36 lopullinen: *Tarkistettu ehdotus talousarviota koskevasta kurinalaisuudesta ja talousarviomenettelyn parantamisesta tehdyn toimielinten sopimuksen uusimisesta.* Komission valmisteluasiakirja. Bryssel 1.2.2006. (ix)

KOM(2006) 75 lopullinen: *Toimielinten väliset neuvottelut: Ehdotus talousarviota koskevasta kurinalaisuudesta ja talousarviomenettelyn parantamisesta tehdyn toimielinten sopimuksen uusimisesta.* Komission valmisteluasiakirja. Bryssel 15.2.2006. (ix)

KOM(2006) 213 lopullinen: *Muutettu ehdotus neuvoston asetukseksi Euroopan yhteisöjen yleiseen talousarvioon sovellettavasta varainhoitoasetuksesta annetun neuvoston asetuksen (EY, Euratom) N:o 1605/2002 muuttamisesta (komission esittämä)*. Bryssel 18.5.2006. (y)

KOM(2006) 448 lopullinen: *Ehdotus: Neuvoston asetus talousarvion kurinalaisuudesta annetun asetuksen (EY) N:o 2040/2000 kumoamisesta (komission esittämä)*. Bryssel 9.8.2006. (ix)

KOM(2008) 387 lopullinen: *Julkinen talous EMUssa – 2008. Julkisen talouden laadun rooli EU:n ohjausjärjestelmässä*. Komission tiedonanto neuvostolle ja Euroopan parlamentille. Bryssel 24.6.2008. (y)

KOM(2011) 398 lopullinen: *Ehdotus: Neuvoston asetus vuosia 2014-2020 koskevan monivuotisen rahoituskehyksen vahvistamisesta*. Bryssel 29.6.2011. (y)

KOM(2011) 403 lopullinen: *Luonnos: Euroopan parlamentin, neuvoston ja komission välinen toimielinten sopimus budjettiyhteistyöstä ja moitteettomasta varainhoidosta*. Bryssel 29.6.2011. (y)

KOM(2011) 500 lopullinen: *Eurooppa 2020 -strategiaa tukeva talousarvio*. Komission tiedonanto Euroopan parlamentille, neuvostolle, Euroopan talous- ja sosiaalikomitealle sekä alueiden komitealle. Bryssel 29.6..2011. (y)

Komission kertomus eurooppalaisesta hallintotavasta. KOM. EYVJT. Luxemburg 2003. (v)

Korkman, Sixten: *Economic Policy in the European Union*. Palgrave MacMillan. Basingstoke 2005. (y)

Koskinen, Ilpo, Alasuutari, Pertti & Peltonen, Tuomo: *Laadulliset menetelmät kauppatieteissä*. Osuuskunta Vastapaino. Tampere 2005. (y)

Koutsiaras, Nikos & Andreou, George: *Small can be beautiful: The EU Budget – and the financial perspectives for 2007-2013*. Institute of European Integration and Policy. University of Athens. Discussion Papers. Athens 2005. (y)

Kraan, Dirk Jan: Towards More Flexibility of Government Expenditure: Some Recent Developments in the Netherlands. *PS 16 (1983): 4 (March)*. 413-427. (y)

Käsikirja yhteisön talousarviosta. Vuoden [1997-2000] painos. KOM. EYVJT. Luxemburg (1997-2000). (iii) (iv)

Kölliker, Alkuin: *Flexibility and European Unification. The Logic of Differentiated Integration*. Rowman & Littlefield Publishers, Inc. Oxford 2006. (y)

Kööpenhaminan Eurooppa-neuvosto 12. ja 13. joulukuuta 2002. Puheenjohtajan päätelmät. Asiak. 15917/02. *S.l.* 2002. * (v)

La demande d'adhésion de la Suède (Numéro spécial). *RMC&UE 35 (1992): 359 (juin)*. (iv)

Ladrech, Robert: Europeanization and the Member States. 47-64. In Maria Green Cowles & Desmond Dinan (Edited by): *Developments in the European Union 2*. Second Edition (First Edition in 1999). Palgrave MacMillan. Basingstoke, Hampshire 2004. (y)

Ladrech, Robert: *Europeanization and National Politics*. The European Union Series. Palgrave MacMillan. Basingstoke, Hampshire 2010. (y)

Laffan, Brigid: *The Finances of the European Union*. The European Union Series. MacMillan Press Ltd. London 1997. (y) (iv)

Laffan, Brigid: The big budgetary bargains: from negotiation to authority. *Journal of European Public Policy (2000)*. 725-743. (iv)

Laffan, Brigid & Lindner, Johannes: The EU Budget. Who Gets What, When and How. 191-212. In Helen Wallace, William Wallace & Mark A. Pollack (Eds.): *Policy-Making in the European Union*. Fifth Edition (First Edition in 1977). The New European Union Series. Oxford University Press. Oxford 2005. (y)

Laffan, Brigid & Shackleton, Michael: The Budget. Who Gets What, When, and How. 211-241. In Helen Wallace & William Wallace (Eds.): *Policy-Making in the European Union*. Fourth Edition (First Edition in 1977). The New European Union Series. Oxford University Press. Oxford 2000. (iv)

Lahtinen, Markus, Mäki-Fränti, Petri, Määttä, Kalle & Volk, Raija: *Valtion talousarvioiden verotuloennusteiden osuvuus*. Eduskunnan tarkastusvaliokunnan julkaisu 1/2009. Eduskunta. Edita Prima Oy. Helsinki syyskuu 2009. (y)

Lalumière Pierre: *Les Finances Publiques*. Éditions Armand Colin. Paris 1978. (y)

Lamassoure, Alain: *Raportti Euroopan unionin omien varojen tulevaisuudesta*. EP. Budjettivaliokunta. *EP A6-0066/207*. 13.3.2007. * (y)

Lawrence, Paul R. & Lorsch, Jay W: *Organization and Environment. Managing Differentiation and Integration.* Twelfth Printing (First Published in 1967). Richard D. Irwin, Inc. Homewood, Illinois 1975. (y)

Le budget de l'état. OECD. Paris 2011. (*Document multigraphié*). * (y)

Le Cacheux, Jacques: *European Budget. The poisonous budget rebate debate.* Studies & Research N° 41. Notre Europe. *S.l.* June 2005. (y)

L'écuyer, René: L'analyse de contenu: notion et étapes. 49-65. Dans Jean-Pierre Deslauriers (sous la direction de): *Les méthodes de la recherche qualitative.* Presses de l'Université du Québec. Sillery 1987. (y)

Lechantre, Marc & Schajer, David: *Le budget de l'Union européenne.* Collection "Réflexe Europe". LDF. Paris 2003. (y)

Lee, Robert D. Jr, Johnson, Ronald W. & Joyce, Philip G: *Public Budgeting Systems.* 8th Edition. Jones and Bartlett Publishers. Sudbury, Massachusetts 2008. (y)

Lefebvre, Maxime (sous la coordination de): *Quel budget européen à l'horizon 2013? Moyens et politiques d'une Union élargie.* Centre des Etudes Européennes de Strasbourg. Institut français des relations internationales. Paris 2004. (Published in English under the title: *What kind of European Budget for 2013?Means and Policies of an Enlarged Union*). (y) (ix)

Lefebvre, Maxime: Le budget européen 2007-2013: une négociation d'étape. *RMC&UE 49 (2006): 500 (juillet-août).* 445-451. (ix)

L'élargissement de la Communauté. *EPE (1993): 87 (septembre).* 15-21. (iv)

LeLoup, Lance T: Discretion in National Budgeting: Controlling the Controllables. *Policy Analysis 4 (1978).* 455-475. (y)

LeLoup, Lance T: *Budgetary Politics.* Third Edition (First Edition in 1977). King's Court Communications. Brunswick, Ohio 1986. (y)

LeLoup, Lance T: The Myth of Incrementalism: Analytical Choices in Budgetary Theory. *Polity 10 (1978): 4 (Summer).* 488-509. (y)

LeLoup, Lance T: Budget Theory for a New Century. 1-21. In Aman Khan & W. Bartley Hildreth (Edited by): *Budget Theory in the Public Sector.* Quorum Books. Westport, Connecticut 2002. (y)

Lemoine, André *et al*: Budget général des Communautés européennes. 209-226. Dans Loïc Philip (sous la direction de): *Dictionnaire encyclopédique de finances publiques.* Tome I. Ed. Economica. Paris 1991. (iv)

Lenaerts, Koen: Regulating the regulatory process: "delegation of powers" in the European Community. *ELR 18 (1993).* 23-49. (vi)

Lentz, Joseph: *Le budget des Communautés européennes.* Étude. Conseil des Communautés européennnes, secrétariat général. Bruxelles 1er mai 1995. (*Document multigraphié*). * (y)

Le règlement financier applicable au budget général des Communautés européennes et ses moda-lités d'exécution. Présentation synoptique. COM. OPOCE. Luxembourg 2003. (viii)

Le règlement financier applicable au budget général des Communautés européennes et ses modalités d'exécution. Présentation synoptique. Complétée par une sélection de textes juridiques encadrant l'établissement et l'exécution du budget général des Communautés européennes. COM. OPOCE. Luxembourg 2008. (y)

Les Agences de l'Union européenne. Recherche sur les organismes communautaires décentralisés. Études coordonnées par Jean-François Couzinet. Actes de la Journée Guy Isaac du 8 juin 2001. Études de l'IREDE – III. Presses de l'Université des Sciences sociales de Toulouse. Toulouse 2002. (v) (vi)

Les débats sur le projet constitutionnel européen. Enjeux et perspectives. Fondation nationale des Sciences politiques. Paris 2005. (*Document multigraphié*). * (y)

Les finances de la Communauté après Maastricht. Édition 1994. COM, DG XIX. (*Document multigraphié*). * (ii)

Les finances de l'Union européenne. Commentaire J. Mégret. Le droit de la CE et de l'Union européenne, Vol. 11. Deuxième édition (Première édition en 1982). Éditions de l'Université de Bruxelles. Bruxelles 1999. (y) (viii)

Les finances publiques de la Communauté. Le budget européen après la réforme de 1988. COM. OPOCE. Luxembourg 1989. (y)

Les finances publiques de l'Union européenne. Les caractéristiques, les règles et le fonctionnement du système financier européen. Édition 1995 (première édition en 1989). COM. OPOCE. Luxembourg 1995. (y)

Les finances publiques de l'Union européenne. Troisième édition (première édition en 1989). COM. Direction Générale du Budget. OPOCE. Luxembourg 2002. (y) (viii)

Les finances publiques de l'Union européenne. Quatrième édition (première édition en 1989). COM. OPOCE. Luxembourg 2008. (y)

Les ressources propres de l'UE: Analyse et développements. EP. Directorate-General for Research. Budget Series. Working Document. Septembre 1997. * (y)

L'État du monde [2001-2008]. Annuaire économique et géopolitique. Éditions La Découverte. Paris (2000-2007). (y)

Levi, Lucio: Le fédéralisme. *Le Fédéraliste 25 (1973): 3-4 (décembre).* 150-180. (y)

Levi, Lucio: Recent Developments in Federalist Theory. *The Federalist 29 (1987): 2.* 97-136. (y)

Levine, Charles H: Organizational Decline and Cutback Management. *PAR 38 (1978): 4 (July/August).* 316-325. (Reprinted in Jay M. Shafritz & Albert C. Hyde (Eds.): *Classics of Public Administration.* Sixth Edition (First Edition in 1978). Thomson Wadsworth. Boston, Massachusetts 2007. 335-347). (y)

Levy, Roger (Ed.): *Managing, Monitoring and Evaluating the EU Budget: Internal and External Perspectives.* Current European Issues. EIPA. Maastricht 1999. (viii)

Lewis, Jeffrey: The methods of community in EU decision-making and administrative rivalry in the Council's infrastructure. *Journal of European Public Policy 7 (2000): 2 (June).* 261-289. (y) (vi)

Lewis, Verne B: Toward a Theory of Budgeting. *PAR 12 (1952): 1 (Winter).* 42-54. (Reprinted in Gerald J. Miller, W. Bartley Hildreth & Jack Rabin (Eds.): *Performance-Based Budgeting.* An ASPA Classics Volume. Westview Press. Boulder, Colorado 2001. 19-38). (y)

Leygues, Jean-Charles: Évaluation des politiques internes communautaires et de leurs dépenses. *RFFP 12 (1994): 45.* 97-164. (i)

Lienert, Ian & Fainboim, Israel: *Reforming Budget System Laws.* Fiscal Affairs Department. Technical Notes and Manuals. IMF. Washington January 2010. (y)

Lindberg, Leon N. & Scheingold, Stuart A: *Europe's Would-Be Polity. Patterns of Change in European Community.* Prentice Hall, Inc. Englewood Cliffs, New Jersey 1970. (y)

Lindberg, Leon N. & Scheingold, Stuart A. (Eds.): *Regional Integration. Theory and Research.* Harvard University Press. Cambridge, Massachusetts 1971. (y)

Lindblom, Charles E: The Science of "Muddling Through". *PAR 19 (1959): 2 (Spring).* 79-88. (Reprinted in Gerald J. Miller, W. Bartley Hildreth & Jack Rabin (Eds.): *Performance-Based Budgeting.* An ASPA Classics Volume. Westview Press. Boulder, Colorado 2001. 39-55). (y)

Lindblom, Charles E: Still Muddling, Not Yet Through. *PAR 39 (1979): 6 (November-December).* 517-526. (y)

Lindner, Johannes: *Conflict and Change in EU Budgetary Politics.* Routledge. London 2006. (y)

Ljungman, Gösta: *Top-Down Budgeting – An Instrument to Strengthen Budget Management.* IMF Working Paper WP/09/243. Washington 2009. (y)

Logerot, François: L'évolution des instruments traditionnels de la pluriannualité: la gestion des autorisations de programme et le problème des reports de crédits. *RFFP 10 (1992): 39.* 33-37. (Réimprimé dans: *RFFP 22 (2004): Numéro spécial (janvier).* 149-153). (iv)

Lonné, Philippe: Le budget de l'Union européenne. Au cœur des tensions entre institutions et entre États. 317-351. Dans Thurian Jouno (sous la direction de): *Questions européennes. Le droit et les politiques de l'Union.* PUF. Paris 2009. (y)

Loth, Wilfried & Wessels, Wolfgang (Hrsg.): *Theorien europäischer Integration.* Leske + Budrich. Opladen 2001. (y)

Loyat, Jacques & Petit, Yves: *La politique agricole commune (PAC). Réflexe Europe.* LDF. Paris 1999. (y)

Lybeck, Johan A. & Henrekson, Magnus (Eds.): *Explaining the Growth of Government.* Elsevier Science Publishers B.V. (North-Holland). Amsterdam 1988. (y)

Magiera, Siegfried: Artikel 205. In Eberhard Grabitz (Hrsg.): *Kommentar zum EWG-Vertrag.* C.H. Beck'sche Verlagsbuchhandlung. München 1990. (ii)

Magiera, Siegfried: Titel II. Finanzvorschriften. Art. 199-209. In Eberhard Grabitz & Meinhard Hilf (Hrsg.): *Kommentar zur Europäischen*

Union. C.H. Beck'sche Verlagsbuchhandlung. München September 1994. (iii)

Maillet, Pierre: Agenda 2000. Le financement de l'Union européenne. Lecture du document de la Commission intitulée: "Rapport sur le fonctionnement du système des ressources propres". *RMC&UE 42 (1999) 426 (mars).* 152-157. (y)

Main Achievements: Where the European Parliament Made a Difference During the 2005-2009 Annual Budgetary Procedures. Documents in preparation of the European Parliament's 7th legislative term (2009-2014). EP. Directorate General for Internal Policies, Directorate D – Budgetary Affairs. Secretariat of the Committee on Budgets and Policy Department on Budgetary Affairs. Brussels June 2009. * (y)

Managerial Aspects of Resource Allocation and Control. Measuring Performance and Allocating Resources. Meeting of Senior Budget Officials. Paris, 13th-14th June 1988. Technical Co-operation Service. CT-PUMA/3.1/88.3. OECD. Paris 16 May 1988. * (y)

Marks, Gary, Hooghe, Liesbet & Blank, Kermit: European Integration from the 1980s. State-Centric v. Multi-level Governance. *JCMS 34 (1996): 3 (September).* 341-378. (y)

Martikainen, Tuomo: *Julkisen sektorin kasvu Suomessa.* HY, yleisen valtio-opin laitoksen tutkimuksia, Sarja C. DETA 13. Helsinki 1975. (y)

Martínez Iglesias, María José: Les finances de l'Union. 599-622. Dans Giuliano Amato, Hervé Bribosia & Bruno De Witte (Éds.): *Genèse et destinée de la Constitution européenne: Commentaire du Traité établissant une Constitution pour l'Europe à la lumière des travaux préparatoires et perspectives d'avenir – Genesis and Destiny of the European Constitution: Commentary on the Treaty establishing a Constitution for Europe in the light of the* travaux préparatoires *and future prospects.* Bruylant. Bruxelles 2007. (y)

Mazière, Francine: *L'analyse du discours.* Deuxième édition mise à jour (Première édition en 2005). Que sais-je? N° 3735. PUF. Paris 2010. (y)

Meklin, Pentti: *Valtiontalouden perusteet.* 4., uudistettu painos. HAUS, HKK. Edita. Helsinki 2002. (y)

Merewitz, Leonard & Sosnick, Stephen H: *The Budget's New Clothes. A Critique of Planning-Programming-Budgeting and Benefit-Cost Analysis.* Markham Publishing Company. Chicago 1971. (y)

Merikoski, Veli: *Valtionapujärjestelmä hallintovalvonnan kannalta.* Suomalaisen Lakimiesyhdistyksen julkaisuja. A-Sarja, No. 17. Werner Söderström Osakeyhtiö. Vammala 1938. (y)

Merikoski, Veli: *Suomen julkisoikeus pääpiirteittäin.* Osa II. Werner Söderström Osakeyhtiö. Porvoo 1964. (y)

Message, Hervé: Peut-on mesurer le pouvoir budgétaire du Parlement? *RFFP 11 (1993): 41.* 14-29. (ii)

Meszarits, Veronika & Wukovitsch, Florian: *A new budget for the EU. The negotiations on the financial framework 2007-2013 from a member state and presidency perspective.* Working Paper 9/2006. BMF. Federal Ministry of Finance. Vienna December 2006. (y) (ix)

Metsämuuronen, Jari: *Laadullisen tutkimuksen perusteet.* Metodologia-sarja 4. Kolmas uudistettu painos. Gummerus. Jyväskylä 2008. (y)

Meyers, Roy T: *Strategic Budgeting.* University of Michigan Press. Ann Arbor, Michigan 1994. (y)

Meyers, Roy T: Strategies for Spending Advocates. 548-567. In Roy T. Meyers (Ed.): *Handbook of Government Budgeting.* Jossey-Bass Publishers. San Francisco 1998. [1998a] (y)

Meyers, Roy T: The Future of Government Budgeting. 723-737. In Roy T. Meyers (Ed.): *Handbook of Government Budgeting.* Jossey-Bass Publishers. San Francisco 1998. [1998b] (y)

Meyerson, Martin: Building the Middle-range Bridge for Comprehensive Planning. *Journal of the American Institute of Planners 22 (1956): 2.* 58-64. (Reprinted in Andreas Faludi (Ed.): *A Reader in Planning Theory.* Urban and Regional Planning Series. Volume 5. Pergamon Press. Oxford 1978. 127-138). (y)

Meyerson, Martin & Banfield, Edward C: *Politics, Planning and the Public Interest. The Case of Public Housing in Chicago.* The Free Press. Glencoe, Illinois 1955. (y)

Milas, René: Le budget communautaire sous analyse systémique. Ière partie. *RMC 31 (1988): 317 (mai).* 287-296. [1988a] (i)

Milas, René: Le budget communautaire sous analyse systémique. 2e partie. *RMC 31 (1988): 318 (juin)*. 347-356. [1988b] (ii)

Milas, René: Le budget communautaire sous analyse systémique. Dernière partie. *RMC 31 (1988): 319 (juillet-août)*. 407-413. [1988c] (ii)

Miller, Gerald J: *Government Financial Management and Theory*. Public Administration and Public Policy 43. Marcel Dekker, Inc. New York 1991. (y)

Miller, Gerald J: *Government Budgeting and Financial Management Theory*. Marcel Dekker, Inc. New York 2008. * (y)

Miller, James G: Living Systems: Basic Concepts. *Behavioral Science 10 (1965): 3 (July)*. 193-237. (y)

Mitrany, David: Delusion of Regional Unity. 37-46. In: *Limits and Problems of European Integration*. The Conference of May 30 - June 2, 1961. Stichting Grotius Seminarium. Martinus Nijhoff. The Hague 1963. (y)

Models of Public Budgeting and Accounting Reform. *OJB 2 (2002): Supplement 1*. (y)

Modern Budgeting. OECD. PUMA. Paris 1997. (y)

Molinier, Joël: La traduction financière des interventions externes des Communautés européennes. *RFFP 12 (1994): 45*. 165-175. (i)

Molinier, Joël: Les institutions communautaires. Budgets. Principes budgétaires. *Collection des Juris-Classeurs, Vol. 1, Fascicule 198*. Éditions Techniques – Juris-Classeurs. Paris 20 avril 2006. [2006a] (y)

Molinier, Joël: Budget de l'Union européenne. Contenu du budget. *Collection des Juris-Classeurs, Vol. 1, Fascicule 199*. Éditions Techniques – Juris-Classeurs. Paris 15 juin 2006. [2006b] (y)

Monnet, Jean: *Mémoires*. Librairie Arthème Fayard. Paris 1976. (y)

Montagnon, Anne: L'accord sur le cadre financier 2007-2013. *RMC&UE 49 (2006): 500 (juillet-août)*. 441-444. (ix)

Mordacq, Frank: *Budget Reforms and Parliament's Role in the Process: Experiences in Turkey and Selected EU Member Countries. Budgetary Reform and Parliament: The French Experience*. International Symposium on the Changing Role of Parliament in the Budget Process. Session Two. SIGMA. Afyonkarahisar, Turkey 8-9 October 2008. (y)

Morgenthau, Hans: *Politics Among Nations. The struggle for power and peace*. Second Edition, Revised and Enlarged (First Edition in 1956). Alfred A. Knopf. New York 1973. (y)

Mucchielli, Alex (sous la direction de): *Dictionnaire des méthodes qualitatives en sciences humaines*. Troisième édition mise à jour et augmentée. Armand Colin. Paris 2009. (y)

Mucchielli, Roger: *L'analyse de contenu des documents et des communications*. Treizième édition. Les Éditions sociales françaises. Paris 1991. (y)

Musgrave, Richard A. & Musgrave, Peggy B: *Public Finance in Theory and Practice*. Third Edition (First Edition in 1973). McGraw-Hill International Book Company. Tokyo 1982. (y)

Myllymäki, Arvo: Moitteettoman varainhoidon periaatteen toteuttaminen yhteisövarojen käytössä. Teoksessa Arvo Myllymäki & Jarmo Vakkuri (toim.): *Tulos, normi, tilivelvollisuus. Näkökulmia tilintarkastukseen ja arviointiin*. Tampere University Press. Vammala 2001. (v)

Mäkelä, Klaus (Toim.): *Kvalitatiivisen aineiston analyysi ja tulkinta*. Oy Gaudeamus Ab. Saarijärvi 1998. (y)

Määrärahasiirrot: jaksottamattomat määrärahat ja jaksotetut määrärahat varainhoitovuodelta 2002 varainhoitovuodelle 2003 sekä maksusitoumusmäärärahojen ottaminen uudelleen käyttöön varainhoitovuonna 2003 – komission päätös. Bryssel 14.2.2003. * (vii)

Nabli, Béligh: Du caractère fictif de l'autonomie financière de l'Union européenne. *RFAP 31 (2007): 123*. 353-371. (y)

Natchez, Peter B. & Bupp, Irvin C: Policy and Priority in the Budgeting Process. *APSR 67 (1973): 3 (September)*. 951-963. (y)

Neustadt, Richard E: *Presidential Power: The Politics of Leadership*. John Wiley & Sons. New York 1960. (y)

Nicoll, William: The Battles of the European Budget. *PStu 5 (1984): 1 (July)*. 4-21. (y) (i) (ii) (iii)

Nicoll, William: La procédure de concertation entre le Parlement européen et le Conseil. *RMC 29 (1986): 293*. 11-15. [1986a] (ii)

Nicoll, William: From Rejection to Repudiation: EC Budgetary Affairs in 1985. *JCMS 24 (1986): 1 (September)*. 31-49. [1986b] (ii)

Nicoll, William: EEC budgetary strains and constraints. *IA 64 (1987/8): 1 (Winter)*. 27-42. [1988a] (y) (i) (ii)

Nicoll, William: L'accord interinstitutionnel sur la discipline budgétaire et l'amélioration de la procédure budgétaire. *RMC 31 (1988): 319 (juillet-août)*. 373-379. [1988b] (ii)

Nicoll, William: The Budget Council. 179-191. In Martin Westlake (Ed.): *The Council of the European Union*. Catermill Publishing. London 1995. (y)

Nicoll, William & Bryan-Kinns, Merrick: The budget procedure. 102-112. In Martin Westlake & David Galloway (Eds.): *The Council of the European Union*. Third Edition (First Edition in 1995). John Harper Publishing. London 2004. (y) (v) (vi) (ix)

Nicoll, W. & Lentz, J: Le budget 1989, son cadre financier et réglementaire et son établissement. *RMC 32 (1989): 326 (avril)*. 209-223. (y)

Nicoll, W. & Lentz, J: Le budget 1990, le déroulement de la procédure budgétaire: ses incidentes et son aboutissement. *RMC 33 (1990): 336 (avril)*. 269-282. (y) (vi)

Niskanen, William A: Nonmarket Decision Making. The Peculiar Economics of Bureaucracy. *American Economic Review 63 (1968): 2 (May)*. 293-305. (y)

Niskanen, William A, Jr: *Bureaucracy and Representative Government*. Aldine·Atherton Press. Chicago 1971. (y)

Niskanen, William A: *Bureaucracy: Servant or Master? Lessons from America*. The Institute of Economic Affairs. *S.l.* 1973. (y)

Niskanen, William A, Jr: *Bureaucracy and Public Economics*. The Locke Institute. Edward Elgar Publishing Limited. Aldershot 1994. (y)

Niskanen, William A: *Policy Analysis and Public Choice*. Selected Papers by William A. Niskanen. The Locke Institute. Edward Elgar. Cheltenham 1998. (y)

Noël, Emile & Etienne, Henri: Quelques considérations sur la déconcentration et la délégation du pouvoir de décision dans la Communauté économique européenne. *RMC 10 (1967): 100 (mars)*. 127-133. (vi)

Nousiainen, Jaakko: *Suomen poliittinen järjestelmä*. Kuudes ajanmukaistettu painos. Werner Söderström Osakeyhtiö. Juva 1985. (y)

Nove, Alec: *The Soviet Economic System*. Third Edition (First Published in 1977). Allen & Unwin, Inc. Boston 1986. (y)

Nugent, Neill: *The Government and Politics of the European Union*. Third Edition (First Edition in 1989). The European Union Series. MacMillan Limited. London 1994. (i) (ii)

Nugent, Neill: *The Government and Politics of the European Union*. Fifth Edition (First Edition in 1989). The European Union Series. Palgrave MacMillan. Basingstoke 2003. (y)

Nummikoski, Jukka: *Selvitys tulo- ja menoarvioon sisältyvien menojen sidonnaisuudesta (lyhennelmä)*. VM, tulo- ja menoarvio-osasto. Syyskuu 1990. * (ii)

Núñez Ferrer, Jorge & Emerson, Michael: *Good Bye, Agenda 2000. Hello, Agenda 2003. Effects of the Berlin Summit on Own Resources, Expenditures and EU Net Balances*. Working Document N°. 140. CEPS. *S.l.* 2000. (y)

Oates, Wallace E: Fiscal federalism in theory and practice: Applications to the European Communities. 279-318. In: *Report of the study group on the role of public finance in European integration [The MacDougall Report]. Volume II: Individual contributions and working papers*. Collection Studies. Economic and Financial Series No. B 13. COM. Brussels 1977. (y)

Oates, Wallace E: Federalism and Government Finance. 10-40. In Wallace E. Oates: *The Economics of Fiscal Federalism and Local Finance*. Edward Elgar. Cheltenham 1998. (y)

Oates, Wallace E: An Essay on Fiscal Federalism. *Journal of Economic Literature 37 (1999): 3*. 1120-1149. (y)

O'Donoghue, Martin: Budgetary powers of the European Parliament. 505-515. In *Report of the study group on the role of public finance in European integration [The MacDougall Report]. Volume II: Individual contributions and working papers*. Collection Studies, Economic and Financial Series No. B 13. COM. Brussels 1977. (y)

OJB 2 (2002): 1. 1-139. (vi)

OJB 4 (2004): 3. (*Special Issue: The Legal Framework for Budget Systems. An International Comparison*). 1-479. (y)

Olsen, Johan P: *Europe in Search of Political Order. An institutional perspective on unity/diversity, citizens/their helpers, democratic design/historical drift and the co-existence of orders.* Oxford University Press. Oxford 2007. (y)

Olson, Mancur, Jr: *The Logic of Collective Action. Public Goods and the Theory of Groups.* Revised Edition (First Published in 1965). Harvard University Press. Cambridge, Massachusetts 1971. (y)

Orsini, Gilbert: *La Cour des Comptes des Communautés Européennes.* Économica. Paris 1983. (i)

Orsini, Gilbert: Communautés européennes. Éléments de transparence budgétaire. *RFFP 10 (1992): 40.* 131-149. (i) (ii)

Orsoni, Gilbert (sous la direction de): *Les finances publiques en Europe.* Collection Finances Publiques. Ed. Economica. Paris 2007. (y)

Paillé, Pierre (sous la direction de): *La méthodologie qualitative. Postures de recherche et travail de terrain.* Armand Colin. Paris 2006. (y)

Paillé, Pierre: La validité en recherche qualitative. 290-291. Dans Alex Mucchielli (sous la direction de): *Dictionnaire des méthodes qualitatives en sciences humaines.* Troisième édition mise à jour et augmentée. Armand Colin. Paris 2009. (y)

Paillé, Pierre & Mucchielli, Alex: *L'analyse qualitative en sciences humaines et sociales.* Deuxième édition (première édition en 2003). Armand Colin. Paris 2008. (y)

Pain, Jean-Luc: La politique budgétaire: un faible degré de flexibilité. *RFFP 12 (1994): 46.* 65-72. (y)

Parkinson, C. Northcote: *The Law and the Profits.* Houghton Mifflin Co. Boston 1960. (Ilmestynyt suomeksi otsikolla: *Tuhlaamisen taito. Parkinsonin toinen laki.* Kustannusosakeyhtiö Tammi. Helsinki 1960). (y)

Parkinson, C. Northcote: *The Law or Still in Pursuit.* John Murray Ltd. London 1979. (y)

Pasetti Bombardella, Francesco: Le Parlement face au Conseil. 15-55. Dans Jean-Victor Louis & Denis Waelbroeck (sous la dir. de): *Le Parlement européen dans l'évolution institutionnelle.* Deuxième tirage (Premier tirage en 1988). Collection "Etudes européennes". Éditions de l'Université de Bruxelles. Bruxelles 1989. (y) (ii)

Paulin, Bernard: La maîtrise de la croissance budgétaire dans la Communauté européenne. *Annuaire Français de Droit International 31 (1985).* 823-836. (y) (i)

Peacock, Alan: The Polical Economy of Public Spending. 42-61. In John Bristow & Declan McDonagh (Eds.): *Public Expenditure – The Key Issues.* Proceeding of the National Conference on Public Expenditure: The Key Issues, Held in November 1985 in Dublin. Institute of Public Administration. Dublin 1986. (y)

Penner. Rudolph G: Forecasting Budget Totals: Why Can't We Get It Right? 89-110. In Michael J. Boskin & Aaron Wildavsky (Edited by): Federal Budget. *Economics and Politics.* Institute for Contemporary Studies. Transaction Books. New Brunswick, New Jersey 1982. (y)

Performance Budgeting. EIPA Warsaw. European Centre for Public Financial Management. Warsaw 2007. * (y)

Performance Budgeting in OECD Countries. OECD. Paris 2008. (Publié en français sous le titre: *La budgétisation axée sur la performance dans les pays de l'OCDE*). (y)

Perret, Bernard: De l'échec de la rationalisation des choix budgétaires (RCB) à la LOLF. *RFAP 30 (2006): 117.* 31-41. (y)

Perron, Aldo: L'équilibre budgétaire, règle de la Communauté européenne, lors de l'établissement de son budget général. 169-182. Dans Lucile Tallineau (sous la dir. de): *L'équilibre budgétaire.* Collection Finances publiques. Ed. Economica. Paris 1994. (ii)

Persson, Torsten, Roland, Gérard & Tabellini, Guido: *The Theory of Fiscal Federalism: What does it mean for Europe?* Innocenzo Gasparini Institute for Economic Research. Università Bocconi. IGIER Working Paper No. 101. 1996. (y)

Pfeffer, Jeffrey & Salancik, Gerald R: *The External Control of Organizations. A Resource Dependence Perspective.* Harper & Row, Publishers. New York 1978. (y)

Pigou, A. C: *A Study in Public Finance.* Macmillan and Co, Limited. Edinburgh 1928. (y)

Pinder, John: European Community and nation-state: a case for a neo-federalism? *IA 62 (1985/6): 1 (Winter).* 41-54. [1986] (y)

Pinder, John: The Single Market: A step towards European Union. 94-110. In Juliet Lodge (Ed.): *The European Community and the Challenge of the Future.* Pinter Publishers. London 1989. (i)

Pinder, John: *European Community*. Oxford University Press. Oxford 1991. (y)

Pinder, John: *Theories of European Integration*. CoE. Bruges 1992. * (y)

Pinder, John: *European Community. The Building of a Union*. Updated following the Maastricht Treaty (First Published in 1991). Oxford University Press. Oxford 1992. (Ilmestynyt suomeksi otsikolla: *Euroopan unioni: erään yhteistyön historia*. Kustannusosakeyhtiö Tammi. Helsinki 1995). (ii)

Pinder, John: Federalistisen ajattelun perusteet. *Kunnallistieteellinen aikakauskirja 25 (1997): 1*. 30-38. (y)

Pinder, John: *The Building of the European Union*. Third Edition (First Edition in 1991). Oxford University Press. Oxford 1998. (y)

Pipkorn, Jörn: Legal implications of the Absence of the Community Budget at the Beginning of a Financial Year. *CMLR 18 (1981): 2 (May)*. 141-167. (iii)

Pitkänen, Eero: *Julkisyhteisöjen laskentatoimi*. Ekonomia-sarja 61. Weilin+Göös. Espoo 1980. (y)

Pitsvada, Bernard T: A Primer on the Budget of the European Community. *PBF 12 (1992): 2 (Summer)*. 16-31. (i)

Pohjola, Immo: Valtion budjettilukujen ennustearvo. *KA 72 (1976): 1*. 40-49. (y)

Pollack, Mark A: Theorizing the European Union: International Organization, Domestic Polity, or Experiment in New Governance? *Annual Review of Political Science 8 (2005)*. 357-398. (y)

Pollitt, Christopher: Integrating Financial Management and Performance Management. *OJB 1 (2001): 2*. 7-37. (y)

Pollitt, Christopher: Public Management Reform: Reliable Knowledge and International Experience. *OJB 3 (2003): 3*. 121-136. (y)

Potteau, Aymeric: Recherches sur l'autonomie financière de l'Union européenne. Nouvelle Bibliothèque de Thèses. Vol. n° 38. Dalloz. Paris 2004. (y)

Potteau, Aymeric: Les finances publiques de l'Union européenne en 2008-2009. *RTDE 46 (2010): 2 (avril/juin)*. 347-388. (y)

Potteau, Aymeric: Les finances publiques de l'Union européenne en 2010. *RTDE 47 (2011): 2 (avril/juin)*. 375-398. (y)

Prate, Alain: Les finances de la Communauté européenne. Fédéralisme ou subsidiarité? *Commentaire (1992/3): 60 (hiver)*. 815-822. [1993] (i) (y)

Preliminary Draft General Budget of the European Commission for the Financial Year 2003. Budget Implementation: Implementation Plan for 2002 and RAL (Outstanding Commitments). Working document. COM. Directorate-General for the Budget. Brussels June 2002. * (vii)

Premchand, A: *Government Budgeting and Expenditure Controls. Theory and Practice*. Second Printing (First Printing in 1983). IMF. Washington, D. C. 1984. (y)

Premchand, A: *Public Expenditure Management*. IMF. Washington, D. C. 1993. (y)

Priestley, Julian: *Six Battles that Shaped Europe's Parliament*. John Harper Publishing. London 2008. (y)

Prior, Lindsay: *Using Documents in Social Research*. SAGE Publications. London 2003. (y)

Prior, Lindsay: Documents. 345-360. In Seale, Clive, Gobo, Giampietro, Gubrium, Jaber F. & Silverman, David (Edited by): *Qualitative Research Practice*. SAGE Publications. London 2008. (y)

Public management developments. Survey – 1990. PUMA. OECD. Paris 1990. (Publié en français sous le titre: *Évolutions dans la gestion publique – Examen 1990*). (y)

Public management developments. Update 1991. PUMA. OECD. Paris 1991. (Publié en français sous le titre: *Évolutions dans la gestion publique. Mise à jour 1990*). (y)

Public management developments. Update 1992. PUMA. OECD. Paris 1992. (Publié en français sous le titre: *Évolutions dans la gestion publique. Mise à jour 1992*). (y)

Public Management Reforms: Five Country Studies. Ministry of Finance, Public Management Department. Edita Ltd. Helsinki 1997. (y)

Puia, Dana Adriana: *The More the Merrier: The Impact of Enlargement on EU Budgetary Negotiations*. Paper presented at the 10th Biennial Conference of the European Union Studies Association. Montreal, Canada 17-19 May 2007. * (y)

Puia, Dana Adriana: *Can the EU Status-quo Bias in Budgetary Matters Lead to Change?*

Paper presented at the European Union Studies Association Conference. Los Angeles 23-25 April 2009. (y)

Puia, Dana Adriana: *The More the Merrier: The Impact of Enlargement on EU Budgetary Negotiations*. University of Pittsburgh. *(To be published)*. [2012] * (y)

Purhonen, Eino: *Eduskunnan budjettivalta*. Suomalaisen Lakimiesyhdistyksen julkaisuja. A-sarja, No. 66. Vammala 1961. (y)

Pyhrr, Peter A: The Zero-Base Approach To Government Budgeting. *PAR 37 (1977): 1 (January/February)*. 1-8. (Reprinted in Jay M. Shafritz & Albert C. Hyde (Edited by): *Classics of Public Administration*. Second Edition, Revised and Expanded (First Edition in 1978). The Dorsey Press. Chicago, Illinois 1987. 495-505). (y)

Quivy, Raymond & Van Campenhoudt, Luc: *Manuel de recherche en sciences sociales*. Troisième édition entièrement revue et augmentée (première édition en 1988). Dunod. Paris 2006. (y)

Rabaté, Laurent & Grapin, Pierre: Les problèmes posés par la pluriannualité budgétaire. *RFFP 10 (1992): 39*. 12-15. (iv)

Rahoituskehykset 2007-2013. Puheenjohtajavaltion ilmoitus Eurooppa-neuvostolle. Asiakirja 15915/05 CADREFIN 268. Bryssel 19.12.2005. * (ix)

Rahoituskehys vuosiksi 2007-2013: analyyttinen selvitys Eurooppa-neuvostolle (Bryssel, 17.-18.6.2004). Euroopan unionin neuvosto. Asiakirja 10219/04 CADREFIN 11. Bryssel 7.6.2004. * (vii) (ix)

Rahoitusnäkymät 2007-2013. Puheenjohtajavaltion tilanneselvitys Eurooppa-neuvostolle. Euroopan unionin neuvosto. Asiakirja 16105/04 CADREFIN 163 ja COR 1. Bryssel 14.12.2004. * (vii) (ix)

Rahoitusnäkymät 2007-2013. Puheenjohtajavaltion ilmoitus Eurooppa-neuvostolle. Euroopan unionin neuvosto. Asiakirja 10090/05 CADREFIN 130, COR 2 ja ADD 1. Bryssel 15.6.2005. * (vii) (ix)

Rant, Vasja & Mrak, Mojmir: The 2007-13 Financial Perspective: Domination of National Interests. *JCMS 48 (2010): 2*. 347-372. (y)

Rapport sur les: Difficultés de gestion rencontrées suite à l'introduction du nouveau Règlement financier et de ses modalités d'exécution; Solutions préconisées par le RUF. Réseau des unités financières. Groupe de travail RF + ME. Mai 2004. * (y) (vii)

Raude, Vincent: Le nouveau règlement financier de l'Union européenne. *Les Notes Bleues de Bercy N° 289 (16 au 30 avril 2005)*. 21-28. (vii)

Raunio, Tapio: *Liittovaltiot. Federalismin teoria ja arki*. Gaudeamus. Helsinki 2002. (y)

Raunio, Tapio & Saari, Juho: *Euroopan unionin jännitteet*. Eurooppatietoa Nro 194/2009. Ulkoasiainministeriö. Helsinki 2009. (y)

Recueil des Traités instituant les Communautés européennes. Édition 1978. OPOCE. Luxembourg 1978. (y)

Recueil des Traités. Édition 1987. OPOCE. Luxembourg. 1987. (viii)

Recueil des principales dispositions financières et budgétaires. Textes de portée générale. Septième édition. Communautés européennes. COM. Direction générale des budgets. Janvier 1991. (*Document interne*). * (y)

Régnier-Heldmaier, Catherine: La distinction DO-DNO. Instrument de lutte pour le pouvoir budgétaire. *RMC&UE 37 (1994): 375 (février)*. 94-102. (ii) (iv)

Régnier-Heldmaier, Catherine: La genèse du système financier de l'Union européenne. Titre I. 9-85. Dans: *Les finances de l'Union européenne. Commentaire J. Mégret. Le droit de la CE et de l'Union européenne, Vol. 11*. Deuxième édition (première édition en 1982). Éditions de l'Université de Bruxelles. Bruxelles 1999. (y)

Reich, Charles: La mise en œuvre du traité sur l'Union européenne par les accords interinstitutionnels. *RMC&UE 37 (1994): 357 (février)*. 81-85. (y)

Reister, Erwin: *Haushalt und Finanzen der Europäischen Gemeinschaften*. Nomos Verlagsgesellschaft. Baden-Baden 1975. (y) (i)

Relations financières avec l'Union européenne. Annexe au projet de loi de finances pour 2007. République française. Paris 2007. (ix)

Report of the Study Group on the Role of Public Finance in European Integration [The MacDougall Report]. Volume I: General Report. Collection Studies, Economic and Financial Series No. A 13. COM. Brussels 1977. (y) (i)

Report on budgetary and financial management accompanying the Community accounts prepared by DG Budget. Financial Year 2004. Commission report pursuant to Art. 128 of the Financial Regulation. COM. Brussels *S.d.* [2004] * (vii)

Rey, Guillaume: *Presidencies in Perspective. The Netherlands, Luxembourg and UK Presidencies and the EU Financial Perspectives 2007-2013.* Master Thesis. CoE. Bruges 2006. * (y) (ix)

Rhenman, Eric: *Menestyvä yritys ja sen ympäristö.* Suomentanut Kirsti Saari. Ekonomia-sarja 19. Weilin+Göös. Tapiola 1972. (Alkuperäinen teos: *Företaget och dess omvärld.* 1969). (y)

Richter, Sandor: The member states' net financial position vis-à-vis the EU budget: what has changed since the enlargement? The Vienna Institute for International Economic Studies. *Monthly Report No. 1/08.* 1-7. [2008] (y)

Rideau, Joël: Les finances communautaires. *Annuaire européen d'administration publique XIII (1990).* 577-634. (ii)

Rideau, Joël (sous la direction de): *Les États membres de l'Union européenne: adaptations, mutations, résistances.* L.G.D.J. Paris 1997. (y)

Riippumaton asiantuntijakomitea. *Ensimmäinen kertomus syytöksistä, jotka koskevat petoksia, huonoa hallintoa ja nepotismia Euroopan komissiossa. S.l.* 15.3.1999. [1999a] (iv)

Riippumaton asiantuntijakomitea. *Toinen kertomus komission uudistamisesta. Huonon hallinnon, sääntöjenvastaisuuksien ja petosten torjunnan nykyisen käytännön analyysi ja asiaa koskevia ehdotuksia.* Osat I ja II. *S.l.* 10.9.1999. [1999b] (iv) (vi)

Robinson, Ann & Ysander, Bengt-Christer: The Inflexibility of Contemporary Budgets. *PBF 2 (1982): 1 (Autumn).* 7-20. [1982a] (y)

Robinson, Ann & Ysander, Bengt-Christer: Reestablishing Budgetary Flexibility. *PBF 2 (1982): 1 (Autumn).* 21-34. [1982b] (y)

Rojot, Jacques: *Théorie des organisations.* 2e édition. Éditions Eska. Paris 2005. (y)

Rôle de la théorie en sciences politiques et sociales. RSCAS. EUI. Badia Fiesolana 2010. (*Document multigraphié*). * (y)

Rosamond, Ben: *Theories of European Integration.* The European Union Series. Macmillan Press Ltd. London 2000. (y)

Rosenblatt, Julius, Mayer, Thomas, Bartholdy, Kasper, Demekas, Dimitrios, Gupta, Sanjiev & Lipschitz, Leslie: *The Common Agricultural Policy of the European Communities. Principles and consequences.* IMF Occasional Paper No. 62. IMF. Washington, D. C. 1988. (y) (i)

Rossi, Matthias: *Europäisches Parlament und Haushaltsverfassungsrecht. Eine kritische Betrachtung der parlamentarischen Haushaltsbefugnisse.* Berliner Juristische Universitätsschriften. Öffentliches Recht. Band 9. Berlin Verlag Arno Spitz GmbH & Nomos Verlagsgesellschaft. Berlin 1997. (y)

Roussel, Eric: *Jean Monnet.* Librairie Arthème Fayard. Paris 1996. (y)

Rubin, Irene S: Budget Theory and Budget Practice: How Good the Fit? *PAR 50 (1990): 2 (March/ April).* 179-187. (y)

Rubin, Irene S: Understanding the Role of Conflict in Budgeting. 30-52. In Roy T. Meyers (Ed.): *Handbook of Government Budgeting.* Jossey-Bass Publishers. San Francisco 1998. (y)

Rubin, Irene S: *The Politics of Public Budgeting: Getting and Spending, Borrowing and Balancing.* Fifth Edition. CQ Press. Washington, D. C. 2006. (y)

Saarilahti, Ilkka: *Tout va très bien... Madame la Marquise. Analyse linguistique de la langue employée dans les affiches de propagande en langue française de 1938 à 1945: performatifs et constatifs.* Mémoire de maîtrise de philologie romane. Université d'Helsinki. Helsinki 1991. [1991a] * (y)

Saarilahti, Ilkka: *Valtion menoarvion rakennemuutokset vuosina 1980-1990.* VM, tulo- ja menoarvio-osasto. Selvitystyö. Toukokuu 1991. [1991b] * (ii)

Saarilahti, Ilkka: *The Annual and Multiannual Flexibility of the General Budget of the European Communities from 1968 to 1992: Problems and Change.* CoE. Master Thesis. Bruges May 1993. [1993a] * (y) (ii) (iii)

Saarilahti, Ilkka: *Le fonctionnement effectif de la "réserve monétaire" inscrite au budget général des Communautés européennes depuis sa création.* CoE. Travail écrit/ Isaac. Bruges mai 1993. [1993b] * (y) (ii)

Saarilahti, Ilkka: *Les conséquences financières de l'adhésion de la Finlande à l'Union* *européenne*. ENA. Projet personnel. Paris 1994. * [(y) (iv)]

Saarilahti, Ilkka: Euroopan unionin yleisen talousarvion joustavuudesta. Osa I. Ulkoinen jousto. *HT 14 (1995): 4*. 294-310. [(y)]

Saarilahti, Ilkka: Euroopan unionin yleisen talousarvion joustavuudesta. Osa II. Sisäinen jousto. *HT 15 (1996): 1*. 8-31. [(y)]

Saarilahti, Ilkka: *The Theory of Budgetary Flexibility*. Working Paper. EIPA. Maastricht September 2000. * [(y)]

Saarilahti, Ilkka: Euroopan unionin yleisen talousarvion joustavuudesta. Osa III. Ylivuotinen jousto (ensimmäinen osa). *HT 20 (2001): 4*. 409-426. [(y)]

Saarilahti, Ilkka: Euroopan unionin yleisen talousarvion joustavuudesta. Osa III. Ylivuotinen jousto (toinen osa). *HT 21 (2002): 2*. 150-177. [(y)]

Saarilahti, Ilkka: *Talousarvio ja sen uudistaminen. Euroopan unionin yleisen talousarvion rakennemuutokset vuosina 1968-2003*. Helsinki University Press. Helsinki 2004. [2004a] [(e) (y) (v) (vi) (vii) (ix)]

Saarilahti, Ilkka: EU:n uusi varainhoitoasetus yleisen talousarvion joustavuuden kannalta. Ensimmäinen osa – vuotuinen ulkoinen jousto. *HT 23 (2004): 3*. 14-47. [2004b] [(y)]

Saarilahti, Ilkka: EU:n uusi varainhoitoasetus yleisen talousarvion joustavuuden kannalta. Toinen osa – vuotuinen sisäinen jousto. *HT 24 (2005): 1*. 14-47. [2005a] [(y)]

Saarilahti, Ilkka: *L'Accord interinstitutionnel du 6 mai 1999 et les perspectives financières 2000-2006*. Conseil de l'Union européenne. Bruxelles 2005. [2005b] * [(y) (vii) (ix)]

Saarilahti, Ilkka: *Euroopan unionin finanssihallinnon modernisointi*. Helsinki University Press. Helsinki 2006. [2006a] [(e) (y)]

Saarilahti, Ilkka: *Budget, Decision-making and Financial Management. Module 10*. European Administrative School. Brussels September 2006. [2006b] * [(y)]

Saarilahti, Ilkka: *Les procédures budgétaires de l'Union européenne de 2004 à 2008. Du règlement financier de 2002 et de l'élargissement de 2004 à l'élargissement de 2007 et au nouveau cadre financier pour 2007-2013*. Tome I. RSCAS. EUI. EPAP. Florence 2008. [2008a] [(e) (y) (ix)]

Saarilahti, Ilkka: *Euroopan unionin kehitys ja tulevaisuuden epävarmuus*. RSCAS. EUI. Badia Fiesolana 2008. [2008b] [(y)]

Saarilahti, Ilkka: *The New Financial Framework for 2007-2013 and the Future of the Policies of the European Union*. RSCAS. EUI. Badia Fiesolana 2008. (*Manuscript*). [2008c] * [(ix)]

Saarilahti, Ilkka: *40 vuotta Euroopan unionin budjetointia – yleisen talousarvion kehitys vuosina 1968-2008*. RSCAS. EUI. EPAP. Florence 2009. [(e) (y) (ix)]

Saarilahti, Ilkka: *Les procédures budgétaires de l'Union européenne de 2009 à 2011. Du traité de Nice au traité de Lisbonne*. Tome II. RSCAS. EUI. EPAP. Florence 2011. [2011a] [(e) (y)]

Saarilahti, Ilkka: Les innovations des procédures budgétaires de l'Union européenne. Huitième partie: Le budget de l'Union pour 2011 – la première procédure selon les nouvelles dispositions budgétaires du traité de Lisbonne. *RMC&UE 54 (2011): 553 (décembre)*. 662-679. [2011b] [(y)]

Saarilahti, Ilkka: Les innovations des procédures budgétaires de l'Union européenne. Neuvième partie: Le budget de l'Union pour 2012 – un budget de rigueur au niveau européen. *RMC&UE 55 (2012): 561 (septembre)*. 533-557. [(y)]

Saarilahti, Ilkka & Balsells Traver, Marisa: Les innovations des procédures budgétaires communautaires. Première partie: Le budget général pour 2004 – le début d'une nouvelle ère. *RMC&UE 49 (2006): 495 (février)*. 88-113. [2006a] [(y) (v) (vi) (vii) (ix)]

Saarilahti, Ilkka & Balsells Traver, Marisa: Les innovations des procédures budgétaires communautaires. Deuxième partie: Le budget général pour 2005 – une année de stabilisation. *RMC&UE 49 (2006): 497 (avril)*. 254-276. [2006b] [(y) (ix)]

Saarilahti, Ilkka & Balsells Traver, Marisa: Les innovations des procédures budgétaires communautaires. Troisième partie: Le budget général pour 2006 – la dernière année de l'"Agenda 2000". *RMC&UE 49 (2006): 501 (septembre)*. 530-557. [2006c] [(y) (ix)]

Saarilahti, Ilkka & Balsells Traver, Marisa: Les innovations des procédures budgétaires communautaires. Quatrième partie: Le budget général pour 2007 – la première année du nouveau cadre financier pour 2007-2013. *RMC&UE 50 (2007): 508 (avril)*. 302-334. [(y) (ix)]

Saarilahti, Ilkka & Ghignone, Piera: Les innovations des procédures budgétaires communautaires. Cinquième partie: Le budget général pour 2008 – une année de révision du cadre financier pour 2007-2013. *RMC&UE 51 (2008): 521 (septembre)*. 507-534. (y) (ix)

Saarilahti, Ilkka & Ghignone, Piera: Les innovations des procédures budgétaires communautaires. Sixième partie: Le budget général pour 2009 – une année de modification de l'accord interinstitutionnel du 17 mai 2006. *RMC&UE 52 (2009): 533 (décembre)*. 670-691. (y) (ix)

Saarilahti, Ilkka & Krašovec, Boštjan: Les innovations des procédures budgétaires communautaires. Septième partie: Le budget général pour 2010 – une année de relance économique au niveau européen. *RMC&UE 53 (2010): 540 (juillet-août)*. 451-471. (y)

Saarilahti, Ilkka & Krašovec, Boštjan: The Pursuit of the Reform of the European Commission: The First Revision of the Financial Regulation of 25 June 2002. (*To be published*). [2012] * (y)

Saarilahti, Ilkka & Uusikylä, Petri: *Ulkoinen ja sisäinen jousto suomalaisessa budjetoinnissa. Tapaustutkimus sosiaali- ja terveysministeriöstä sekä opetusministeriöstä vuosina 1968-1988.* Yleisen valtio-opin hallinto-opin suuntautumisvaihtoehdon pro gradu –tutkielma. HY. Tammikuu 1991. * (e) (y) (i) (ii)

Saarilahti, Ilkka & Uusikylä, Petri: Vuotuinen joustavuus suomalaisessa budjetoinnissa. *HT 11 (1992): 1*. 24-46. (e) (y) (i) (ii) (iv) (v)

Saarilahti, Ilkka & Uusikylä, Petri: Sosiaali- ja terveysministeriön sekä opetusministeriön lisärahoituksen perustelut vuosina 1968-1992. *HT 12 (1993): 3*. 210-223. (e) (y) (i) (ii)

Sacchettini, Antonio: Dispositions financières. 1-392. Dans Jacques Mégret *et al*: *Le droit de la Communauté économique européenne. Commentaire du traité et des textes pris pour son application, Vol. 11.* Éditions de l'Université de Bruxelles. Bruxelles 1982. (y)

Salminen, Ari: *Julkisen toiminnan johtaminen. Hallintotieteen perusteet.* Toinen painos (ensimmäinen painos 2004). HKK. Edita. Helsinki 2008. (y)

Salminen, Ari: *Hallintotiede. Organisaatioiden hallinnolliset perusteet.* Yhdeksäs painos (ensimmäinen painos 1993). HKK. Edita. Helsinki 2009. (y)

Sapir, André *et al*: *An Agenda for a Growing Europe. The Sapir Report.* Oxford University Press. Oxford 2004. (y)

Sartre, Jean-Paul: *Critique de la raison dialectique (précédé de Question de méthode). Tome I. Théorie des ensembles pratiques.* Bibliothèque des idées. Librairie Gallimard. Paris 1960. (y)

Saunders, Peter & Klau, Friedrich: *The Role of the Public Sector. Causes and Consequences of the Growth of Government.* Special Issue. OECD Economic Studies No 4. Spring 1985. (y)

Saurel, Stéphane: *Le budget de l'Union européenne.* Nouvelle édition. Collection "Réflexe Europe". LDF. Paris 2010. (e) (y)

Saurugger, Sabine: *Théories et concepts de l'intégration européenne.* Sciences Po. Presses de la Fondation nationale des sciences politiques. Paris 2009. (y)

Savage, James D. & Schwartz, Herman M: Cutback Budgeting. 529-547. In Roy T. Meyers (Ed.): *Handbook of Government Budgeting.* Jossey-Bass Publishers. San Francisco 1998. (y)

Saviaho, Asko, Sailas, Raimo, Siivonen, Erkki & Ylinen, Tauno: *Julkisen talouden suunnittelu ja budjetointi.* Helsingin kauppakorkeakoulun julkaisuja C-21. Juva 1981. (y)

Scharpf, Fritz W: The joint-decision trap: lessons from German Federalism and European integration. *Public Administration 66 (1988) (Autumn)*. 239-278. (y)

Scharpf, Fritz W: *Games Real Actors Play. Actor-Centered Institutionalism in Policy Research.* Westview Press. Boulder, Colorado 1997. (y)

Scharpf, Fritz W: *Governing in Europe. Effective and Democratic?* Oxford University Press. Oxford 1999. (Traduction en français: *Gouverner l'Europe*. Presses de Sciences Po. Presses de la Fondation nationale des Sciences politiques. Paris 2000). (y)

Scharpf, Fritz W: Institutions in Comparative Policy Research. *Comparative Political Studies 33 (2000): 6/7*. 762-790. [2000a] (y)

Scharpf, Fritz W: *Notes Toward a Theory of Multilevel Governing in Europe.* MPIfG Discussion Paper 00/5. Max-Planck-Institute for the Study of Societies. Cologne 2000. [2000b] (y)

Schick, Allen: The Road to PPB. The Stages of Budget Reform. *PAR 26 (1966): 4*

(December). 243-258. (Reprinted in Gerald J. Miller, W. Bartley Hildreth & Jack Rabin (Eds.): *Performance-Based Budgeting*. An ASPA Classics Volume. Westview Press. Boulder, Colorado 2001. 69-93). (y)

Schick, Allen: *Congress and Money: Budgeting, Spending and Taxing.* Urban Institute. Washington, D. C. 1980. (y)

Schick, Allen: Incremental Budgeting in a Decremental Age. *PS 16 (1983): 1 (September)*. 1-25. (y)

Schick, Allen: Macro-Budgetary Adaptations to Fiscal Stress in Industrialized Democracies. *PAR 46 (1986): 2 (March/April)*. 124-134. (y)

Schick, Allen: Micro-Budgetary Adaptations to Fiscal Stress in Industrialized Democracies. *PAR 48 (1988): 1 (January/ February)*. 523-533. (y)

Schick, Allen: Budgeting for Results: Recent Developments in Five Industrialized Countries. *PAR 50 (1990): 1 (January/February)*. 26-34. (Reprinted in Gerald J. Miller, W. Bartley Hildreth & Jack Rabin (Eds.): *Performance-Based Budgeting*. An ASPA Classics Volume. Westview Press. Boulder, Colorado 2001. 129-146). (y)

Schick, Allen: *The Federal Budget. Politics, Policy, Process*. Third Revised Edition (First Edition in 1995). The Brookings Institution. Brookings Institution Press. Washington, D. C. 2000. (y)

Schick, Allen: Does Budgeting Have a Future? *OJB 2 (2002): 2.* 7-48. [2002a] (y)

Schick, Allen: Opportunity, Strategy and Tactics in Reforming Public Management. *OJB 2 (2002): 3.* 7-34. [2002b] (y)

Schick, Allen: Twenty-five Years of Budgeting Reform. *OJB 4 (2004): 1.* 81-102. (y)

Schmidhuber, Peter M: Die Notwendigkeit einer neuen Finanzverfassung der EG. *ER 26 (1991): 4 (April)*. 329-340. (iv)

Schmitt, Vital: Dix ans de travaux de la Cour des comptes européenne. Essai de typologie. *RMC 31 (1988): 317 (mai)*. 282-286. (i)

Schmitter, Philippe C: Introduction. In Philippe C. Schmitter & Gerhard Lembruch (Eds.): *Trends Toward Corporatist Intermediation.* Sage Publications. London 1981. (y)

Schultze, Charles L: *The Politics and Economics of Public Spending.* The Brookings Institution. Washington, D. C. 1968. (y)

Schwok, René: *Théories de l'intégration européenne. Approches, concepts et débats.* Clefs/ Politique. Montchrestien. Paris 2005. (y)

Scott, Andrew: Financing the Community: the Delors II package. 69-88. In Juliet Lodge (Ed.): *The European Community and the Challenge of the Future.* Second Edition (First Edition in 1989). Pinter Publishers. London 1993. (iv)

Scott, Graham: *Public Management in New Zealand: Lessons and Challenges*. Centre for Law and Economics. Australian National University. Canberra 2001. (y)

Scott, Graham: The Learning Government. *OJB 3 (2003): 2.* 55-69. (y)

Seale, Clive: Quality in qualitative research. 379-389. In Seale, Clive, Gobo, Giampietro, Gubrium, Jaber F. & Silverman, David (Edited by): *Qualitative Research Practice.* SAGE Publications. London 2008. (y)

SEC(1991) 60 final: *La programmation financière*. Bruxelles 16 janvier 1991. * (y) (ix)

SEC(1998) 1217/6: *Soutien extérieur pour la mise en oeuvre des programmes communautaires (Bureau d'assistance technique et dépenses d'appui)*. Communication de M. Liikanen, en accord avec M. le Président. Bruxelles 17 juillet 1998. * (vi)

SEC(1999) 981: *Principes régissant le recours aux Bureaux d'assistance technique (BAT)*. Communication de M. Liikanen, en accord avec Mme Gradin. Bruxelles 23 juin 1999. * (vi)

SEC(2001) 1197: *Implementing Activity Based Management in the Commission. Communication from the President in agreement with Mr Kinnock and Mrs Schreyer to the Commission*. Brussels 25 July 2001. * (y)

SEC(2003) 803 final: *Projet de règlement de la Commission portant règlement financier type des agences exécutives en application du règlement (CE) nº 58/2003 du Conseil portant statut des agences exécutives chargées de certaines tâches relatives à la gestion de programmes communautaires.* Bruxelles 11 juillet 2003. (viii)

SEC(2005) 1240: *Draft Commission Regulation (EC, Euratom) amending Regulation (EC, Euratom) No 2342/2002 laying down detailed rules for the implementation of Council Regulation (EC, Euratom) No 1605/2002 on* *the Financial Regulation applicable to the general budget of the European Communities*. Brussels 12 October 2005. * (v)

SEC(2005) 1244/6: *Commission staff working document concerning modifications linked to the revision of the Financial Regulation prefiguring the proposal for a Commission Regulation (EC, Euratom) No .../... amending Regulation (EC, Euratom) No 2342/2002 laying down detailed rules for the implementation of Council Regulation (EC, Euratom) No 1605/2002 on the Financial Regulation applicable to the general budget of the European Communities*. Brussels 13 October 2005. * (v)

SEC(2006) 866: *Draft Commission Regulation (EC, Euratom) amending Regulation (EC, Euratom) No 2342/2002 laying down detailed rules for the implementation of Council Regulation (EC, Euratom) No 1605/2002 on the Financial Regulation applicable to the general budget of the European Communities*. Brussels 4 July 2006. * (v)

SEC(2007) 1188 lopullinen: *Uudistettu talousarvio muuttuvassa Euroopassa. Julkinen kuulemisasiakirja vuosina 2008-2009 suoritettavasta EU:n talousarvion tarkastelusta*. Komission tiedonanto. Bryssel 12.9.2007. * (v)

SEC(2008) 2739: *Uudistettu talousarvio muuttuvassa Euroopassa. Lyhyt tiivistelmä kommenteista. Kuulemista koskeva kertomus*. Pääsihteeristön ja budjettipääosaston laatima valmisteluasiakirja. Bryssel 3.11.2008. * (v)

SEK(1998) 1228 lopull: *Varainhoitoasetuksen uudelleenlaatiminen*. Komission valmisteluasiakirja. Bryssel 22.7.1998. * (iii) (iv) (v)

SEK(2000) 229 lopull: *Komission päätökset: pyyntö määrärahojen siirtämiseksi varainhoitovuodelta 1999 varainhoitovuodelle 2000 – erikseen esitettävät siirrot, jaksottamattomat määrärahat sekä talous- ja sosiaalikomitean ja alueiden komitean pyynnön määrärahojen siirtämiseksi varainhoitovuodelta 1999 varainhoitovuodelle 2000 – erikseen esitettävät siirrot, jaksottamattomat määrärahat – toimittaminen eteenpäin*. Bryssel 11.2.2000. * (iii)

SEK(2000) 481 lopull: *Komission päätökset: määrärahojen siirtäminen vuodelta 1999 vuoteen 2000 (jaksotetut määrärahat), maksusitoumusmäärärahojen ottaminen uudelleen käyttöön ja tulojen uudelleenkäyttö*. Bryssel 15.3.2000. * (iii)

SEK(2000) 1094: *Komission maksuaikoja koskevat suuntaviivat*. Michaele Schreyerin tiedonanto. Bryssel. *S.d.* * (iii)

SEK(2000) 2000 lopullinen: *Komission toimintojen ja henkilöresurssien vastaavuus*. Komission tiedonanto. Bryssel 26.7.2000. * (v)

SEK(2002) 1286 lopullinen: *Oikaisukirjelmä nro 4 vuoden 2003 alustavaan talousarvioesitykseen. [Pääluokat I-VIIIb]*. Komission tiedonanto neuvostolle ja Euroopan parlamentille. Bryssel 28.11.2002. * (v)

SEK(2003) 230 lopullinen: *Alustava lisätalousarvioesitys nro 1 vuoden 2003 talousarvioon. Tulo- ja menotaulukot pääluokittain. Pääluokka III – Komissio*. Bryssel 26.2.2003. * (v)

SEK(2003) 423 lopullinen: *Alustava lisätalousarvioesitys nro 2 vuoden 2003 talousarvioon. Yleinen tulotaulukko. Tulo- ja menotaulukot pääluokittain. Pääluokka VII – Alueiden komitea*. Bryssel 31.3.2003. * (v)

SEK(2003) 552 lopullinen: *Alustava lisätalousarvioesitys nro 3 vuoden 2003 talousarvioon. Yleinen tulotaulukko*. Bryssel 13.5.2003. * (v)

SEK(2003) 626 lopullinen: *Alustava lisätalousarvioesitys nro 4 vuoden 2003 talousarvioon. Yleinen tulotaulukko*. Bryssel 27.5.2003. * (v)

SEK(2003) 803 lopullinen: *Luonnos komission asetukseksi tiettyjä yhteisön ohjelmien hallinnointitehtäviä hoitavien toimeenpanovirastojen asemasta annetun neuvoston asetuksen (EY) N:o 58/2003 mukaisesta toimeenpanovirastojen varainhoitoa koskevasta malliasetuksesta*. Bryssel 11.7.2003. * (v)

Serfaty, Simon (Edited by): *The European Finality Debate and Its National Dimensions*. Significant Issues Series, Volume 25, Number 1. Center for Strategic and International Studies. The CSIS Press. Washington, D. C. 2003. (v)

Sevillan Eurooppa-neuvosto 21.-22. kesäkuuta 2002. Puheenjohtajan päätelmät. Asiak. 13463/02. *S.l.* 2002. * (v)

Shackleton, Michael: The Budget of the European Community. 129-147. In Juliet Lodge (Ed.): *The European Community and the Challenge of the Future*. Pinter Publishers. London 1989. (i) (ii)

Shackleton, Michael: *Financing the European Community.* The Royal Institute for International Affairs. Pinter Publishers. London 1990. (i)

Shackleton, Michael: Budgetary Policy in Transition. 65-79. In Leon Hurwitz & Christian Lequesne (Eds.): *The State of the European Community. Policies, Institutions & Debates in the Transition Years.* Lynne Rienner Publishers, Inc. Boulder, Colorado 1991. (ii)

Shackleton, Michael: The Community Budget After Maastricht. 373-389. In Alan W. Cafruny & Glenda G. Rosenthal (Eds.): *The State of the European Community. Volume Two: The Maastricht Debates and Beyond.* Longman. Harlow 1993. [1993a] (iv)

Shackleton, Michael: Keynote Article: The Delors II Budget Package. *JCMS 31 (1993): Annual Review (August).* 11-25. [1993b] (iv)

Sharkansky, Ira: *Spending in the American States.* Rand McNally. Chigago 1968. (y)

Silvestro, Massimo: L'élection des membres du Parlement européen au suffrage universel et direct. *RMC 33 (1990): 335 (mars).* 216-218. (ii)

Simon, Herbert A: *Administrative Behavior. A Study of Decision-Making Processes in Administrative Organization.* Macmillan Co. New York 1947. (y)

Simon, Herbert A: *Administrative Behavior. A Study of Decision-Making Processes in Administrative Organization.* Third Edition with New Introduction (First Edition in 1947). The Free Press. New York 1976. (y)

Siné, Alexandre: *L'ordre budgétaire. L'économie politique des dépenses de l'État.* Collection Études politiques. Ed. Economica. Paris 2006. (y)

Smismans, Stijn: *Law, Legitimacy, and European Governance. Functional Participation in Social Regulation.* Oxford University Press. Oxford 2004. (y)

Social Expenditure 1960-1990: Problems of Growth and Control. OECD. Paris 1985. (y)

Sousa Pinto, Sérgio: *Mietintö talousarviota koskevaa kurinalaisuutta ja moitteetonta varainhoitoa koskevan toimielinten sopimuksen tekemisestä.* EP. Perussopimus-, työjärjestys- ja toimielinasioiden valiokunta. PE 371.888. 26.4.2006. * (ix)

Speziali, M: Les fonctionnaires européens sont au bord de la crise de nerfs. *La Quinzaine européenne nº 40 (du 2 au 15 juin 2003).* 2 juin 2003. (y) (viii)

Spinelli, Altiero: Gli Stati Uniti d'Europa e le varie tendenze politiche. 31-74. In Altiero Spinelli & Ernesto Rossi: *Problemi della federazione europea.* Edizioni del Movimento Italiano per la Federazione Europea. Roma 1944. (Reprinted in Altiero Spinelli: *Dagli stati sovrani agli Stati Uniti d'Europa.* Firenze 1950. 31-74. Partly Translated in English with Comments: The United States of Europe and the various political trends. 484-489. In Walter Lipgens (Ed.): *Documents on the History of European Integration. Volume 1. Continental Plans for European Union 1939-1945.* Walter de Gruyter. Berlin 1985. 484-489). (y)

Stahl, Gerhard: Budgetary Policy of the European Communities: Squaring the Circle. *IE 18 (1983): 5 (September/ October).* 213-218. (ii)

Stahl, Gerhard: Medium-term Financial Planning: An Answer to Community Budget Crisis? *IE 24 (1989): 1 (January-February).* 36-40. (ii)

Stahl, Gerhard: Is the European Community Facing a Fresh Financial Crisis? *IE 27 (1992): 2 (March/ April).* 57-60. (iv)

Sterling-Folker, Jennifer (Ed.): *Making Sense of International Relations Theory.* Lynne Rienner Publishers. Boulder, Colorado 2006. (y)

Strasser, Daniel: *Les finances de l'Europe.* PUF. Paris 1975. [1975a] (y)

Strasser, Daniel: La nouvelle procédure budgétaire des Communautés européennes et son application à l'établissement du budget pour l'exercice 1975. *RMC 18 (1975): 182 (février).* 79-87. [1975b] (y) (ii)

Strasser, Daniel: Histoire budgétaire des Communautés européennes expliquée en chiffres. 1ère partie: Histoire budgétaire de la C.E.C.A. *RMC 19 (1976): 202 (décembre).* 551-561. [1976a] (i)

Strasser, Daniel: Le budget pour 1976. Bilan d'une procédure, perspectives pour une nouvelle année. *RMC 19 (1976): 192 (janvier).* 10-19. [1976b] (y)

Strasser, Daniel: Histoire budgétaire des Communautés européennes expliquée en chiffres. IIe partie: Histoire budgétaire de la

C.E.E. et de la C.E.E.A. *RMC 20 (1977): 203 (janvier)*. 44-59. [1977a] (i) (iii)

Strasser, Daniel: Le budget 1977. Bilan d'une procédure, perspective pour une nouvelle année. *RMC 20 (1977): 205 (mars)*. 128-137. [1977b] (y) (i) (ii)

Strasser, Daniel: Le budget 1978. Bilan d'une procédure, innovations juridiques, perspectives pour une nouvelle année. *RMC 21 (1978): 213 (janvier)*. 13-29. (y)

Strasser, Daniel: Le budget 1979. Bilan d'une procédure. Difficultés politiques et juridiques. Perspectives pour une nouvelle année. *RMC 22 (1979): 227 (juin)*. 240-262. (y) (ii) (v)

Strasser, Daniel: *The finances of Europe*. Revised and Enlarged Edition (First Edition in English in 1978). The European Perspectives Series. COM. Luxembourg 1980. [1980a] (i)

Strasser, Daniel: Le budget 1980. Environnement politique et financier. Rejet et établissement. Première expérience d'un régime de douzièmes provisoires. Analyse. *RMC 23 (1980): 239 (août-septembre)*. 358-397. [1980b] (y) (ii) (iii) (v)

Strasser, Daniel: *Les Finances de l'Europe*. Deuxième édition en français (première édition en français en 1975). Collection "Europe". Fernand Nathan. Paris 1980. [1980c] (iv)

Strasser, Daniel: Budget 1981. Son environnement politique et financier. La deuxième crise budgétaire. Les résultats de la procédure. Les perspectives pour une nouvelle année (Première partie). *RMC 24 (1981): 248 (juin-juillet)*. 279-311. [1981a] (y) (ii) (v)

Strasser, Daniel: Budget 1981. Son environnement politique et financier, la deuxième crise budgétaire, les résultats de la procédure, les perspectives pour une nouvelle année (seconde partie). *RMC 24 (1981): 252 (décembre)*. 561-605. [1981b] (y) (v)

Strasser, Daniel: Le budget 1982. Son environnement politique et financier. Les résultats de la procédure budgétaire. Les perspectives pour une année nouvelle. *RMC 25 (1982): 258 (juin-juillet)*. 306-365. (y) (ii) (v)

Strasser, Daniel: Le budget 1983. Son environnement politique et financier, le trilogue, les deux procédures budgétaires, les perspectives pour une année nouvelle. *RMC 26 (1983): 268 (juin-juillet)*. 307-362. [1983a] (y) (ii) (v)

Strasser, Daniel: Actualité des finances de la Communauté européenne. *RFFP 1 (1983): 4*. 1-8. (Réimprimé dans: *RFFP 22 (2004): Numéro spécial (janvier)*. 221-228). [1983b] (y)

Strasser, Daniel: *Les Finances de l'Europe*. 5ème édition et 3ème édition en français revue et mise à jour. Collection "Europe". Fernand NATHAN, Paris, Éditions LABOR, Bruxelles et RTL Éditions. Bruxelles 1984. [1984a] (y)

Strasser, Daniel: Le budget 1984, son environnement politique et financier, son établissement et son exécution, l'épuisement des ressources propres. *RMC 27 (1984): 279 (juillet-août)*. 322-382. [1984b] (y) (v)

Strasser, Daniel: Le budget 1985, son environnement politique et financier, son rejet et son établissement. La deuxième expérience d'un régime de douzièmes provisoires. *RMC 28 (1985): 289 (juillet-août)*. 372-444. [1985a] (y) (ii) (iii) (v)

Strasser, Daniel: L'exercice par le Parlement européen de son pouvoir de décharge pour les exercices budgétaires 1981, 1982 et 1983 des Communautés européennes. *RMC 28 (1985): 292 (décembre)*. 611-644. [1985b] (v)

Strasser, Daniel: *Les finances de l'Europe. Le droit budgétaire et financier des communautés européennes*. 6e édition, 4e édition en français. L.G.D.J. Paris 1990. (y) (i) (ii) (iii)

Strasser, Daniel: Budget opérationnel (de la Communauté européenne du charbon et de l'acier). 226-227. Dans Loïc Philip (sous la direction de): *Dictionnaire encyclopédique de finances publiques*. Tome I. Ed. Economica. Paris 1991. [1991a] (y)

Strasser, Daniel: Principes budgétaires européens. 1230-1239. Dans Loïc Philip (sous la direction de): *Dictionnaire encyclopédique de finances publiques*. Tome II. Ed. Economica. Paris 1991. [1991b] (y)

Strasser, Daniel: *The finances of Europe. The budgetary and financial law of the European Communities*. Seventh Edition (Third English Edition. First Edition in English in 1977). European Perspectives. COM. Luxembourg 1 992. [1992a] (y) (i) (iii) (iv) (v) (vi)

Strasser, Daniel: Les métamorphoses du budget général des Communautés européennes. Effets sur sa transparence. *RFFP 10 (1992): 40*. 150-161. [1992b] (y) (i) (ii) (v)

Strasser, Daniel: Les dispositions financières du Traité de Maastricht. *RFFP 12 (1994): 45.* 195-213. (y) (i) (vi) (viii)

Stratégie relative aux restes à liquider. Document de travail des services de la Commission. 15 novembre 2000. * (vii)

Striking a Balance. Efficiency, Effectiveness and Accountability. The impact of the EU Financial Regulation on the relationship between the European Commission and NGOs. Report by F.M. Partners Limited. *S.l.* April 2005. * (y) (vii)

Structure and Flexibility of Budgets. Meeting of Senior Budget Officials. Paris, 18th-19th June 1987. Technical Co-operation Service. CT-PUMA/10/87.1. OECD. Paris 25 May 1987. * (y)

Sun, Jinping & Lynch, Thomas D. (Edited by): *Government Budget Forecasting: Theory and Practice*. Public Administration and Public Policy 142. CRC Press. Boca Raton 2008. (y)

Swain, John W. & Hartley, C. Jeff, Jr: Incrementalism: Old but Good? 11-27. In John R. Bartle (Edited by): *Evolving Theories of Public Budgeting.* Research in Public Administration. Volume 6. Elsevier Science Ltd. Oxford 2001. (y)

Swann, Dennis: *The Economics of the Common Market.* Seventh Edition (First Edition in 1970). Penguin Books. London 1992. (i) (ii)

Swinbank, Alan: CAP Reform, 1992. *JCMS 31 (1993): 3 (September).* 359-372. (iv)

Szemlér, Tamás & Eriksson, Jonas: *The EU Budget Review: Mapping the Positions of Member States.* Report 2008: 2. SIEPS. Stockholm 2008. (y)

Sørensen, Rune J: Bureaucratic decision-making and the growth of public expenditure. 61-75. In Jan-Erik Lane (Ed.): *Bureaucracy and Public Choice*. SAGE Modern Politics Series. Volume 15. SAGE Publications. London 1987. (y)

Tabary, Philippe: *La Banque européenne d'investissement: Des prêts pour construire l'Europe*. Notes et études documentaires N° 4880. LDF. Paris 1989. (ii)

Tampereen Eurooppa-neuvosto 15. ja 16. lokakuuta 1999. Puheenjohtajan päätelmät. S.l. 1999. * (vi)

Tarschys, Daniel: The Scissors Crisis in Public Finance. *PS (1983): 3.* 205-224. (y)

Tarschys, Daniel: Good Cuts, Bad Cuts. The Need for Expenditure Analysis in Decremental Budgeting. *Scandinavian Political Studies 7 (1984): 4 (December).* 241-259. (y)

Tarschys, Daniel: Curbing Public Expenditure: Current Trends. *JPP 5 (1985): 1.* 23-67. (y)

Tarschys, Daniel: Time Horizons in Budgeting. *OJB 2 (2002): 2.* 77-103. (y)

Tarschys, Daniel: *The Enigma of European Added Value – Setting Priorities for the European Union.* SIEPS. Stockholm June 2005. (y)

Taylor, Paul: The New Dynamics of EC integration in the 1980s. 3-25. In Juliet Lodge (Ed.): *The European Community and the Challenge of the Future*. Pinter Publishers. London 1989. (y) (ii)

Temmes, Markku: *Eurooppalaiset esikuvamme: uudistuvan hallintoajattelun lähteillä.* VHK. VAPK. Helsinki 1994. (y)

Terrasse, Yves: *Le budget de la Communauté européenne*. Masson. Paris 1991. (i) (ii) (iii) (iv)

Terrenoire, Alain: *Le Parlement européen cet inconnu.* Collection "Documents". Le cherche midi éditeur. Paris 1994. (ix)

Teulon, Frédéric: *La Politique Agricole Commune.* Deuxième édition corrigée (1re édition en 1991). Que sais-je? N° 2568. PUF. Paris 1993. (y) (i)

The Agricultural Situation in the Community. [1988-1993] Report. Report published in conjunction with the "[XXIInd-XXVIIth] General Report on the Activities of the European Communities". COM. Brussels (1989-1994). (ii)

The Community Budget: The Facts in Figures. [1988-2000] Edition. COM. OOPEC. Luxembourg (1988-2000). (i) (ii) (iii) (iv)

The control and management of government expenditure. OECD. Paris 1987. (Publié en français sous le titre: *La maîtrise et la gestion des dépenses publiques*). (y) (i) (ii) (iv)

The EU Budget. Presentation of DG Budget Activities and Organisation. Directorate-General for the Budget. COM. Brussels September 2004. * (y) (vi)

The EU Budget. Presentation of DG Budget Activities and organisation. Budget Directorate-General. COM. Brussels March 2009. * (y)

The Financial Regulation applicable to the general budget of the European Communities and its implementing rules. Synoptic presentation. COM. OOPEC. Luxembourg 2003. (y)

The Financial Regulation of the European Communities – A Comparative Study. Deloitte. *S.l.* 23 February 2007. * (y)

The Growth Adjustment Fund – budgetary aspects. Point 27 of the Commission proposal on the renewal of the Interinstitutional Agreement (IIA) on budgetary discipline and improvement of the budgetary procedure. Working Document of the Commission Services. Brussels 22 September 2004. * (ix)

The Interinstitutional Agreement of 17 May 2006 and 2005-2009 budgetary procedures. Study. EP. Directorate-General for Internal Policies. Policy Department D – Budgetary Affairs. Budgets and Budgetary Control. PE 411.271. Brussels 30 July 2009. * (y)

The reallocation flexibility proposed by the Commission. Fiche no 4. Multiannual Financial Framework 2007-2013. Working Document of the Commission Services. COM. Brussels 24 March 2004. * (ix)

The Role of the European Parliament Under the Financial Provisions of the Lisbon Treaty. EP. COBU. Workshop 27 March 2008. Directorate General Internal Policies of the Union. Policy Department on Budgetary Affairs. Briefing Notes. Brussels 26 March 2008. (y)

Thompson, James D: *Organizations in Action.* McGraw-Hill, Inc. Berkeley, California 1967. (y)

Thomson, Robert: The Council Presidency in the European Union. *JCMS 46 (2008): 3 (June).* 593-617. (y)

Thurmaier, Kurt & Willoughby, Katherine: Windows of Opportunity: Toward a Multiple Rationalities Model of Budgeting. 29-54. In John R. Bartle (Edited by): *Evolving Theories of Public Budgeting.* Research in Public Administration. Volume 6. Elsevier Science Ltd. Oxford 2001. (y)

Tiersky, Ronald (Ed.): *Europe Today. National Politics, European Integration and European Security.* Second Edition (First Edition in 1999). Rowman & Littlefield Publishers, Inc. Oxford 2004. (y)

Tiihonen, Paula: *Budjettivalta. Budjettisäännökset ja suunnittelukäytäntö.* Lakimiesliiton kustannus. Jyväskylä 1989. (y)

Tiihonen, Paula & Tiihonen, Seppo: *Keskitetyn suunnittelun nousu ja tuho. Jäähyväiset alistavalla, pysähtyneisyyden ajan suunnittelulle.* VAPK. Helsinki 1990. (y)

Timmann, Hans-Jörg: Das Haushaltsverfahren 1989 – Erste Erfahrungen mit der Interinstitutionellen Vereinbarung über die Haushaltsdisziplin. *ER 24 (1989): 1 (Januar-März).* 13-29. (Traduction en français: La procédure budgétaire pour l'exercice 1989 et la première application de l'Accord Interinstitutionnel. *RMC 32 (1989): 326 (avril).* 235-242). (y) (i)

Tonnerre, Loïc: *Les Communautés européennes. Institutions. Union économique et monétaire.* Eyrolles. Paris 1991. (y) (i) (ii)

Tsoukalis, Loukas: *The New European Economy. The Politics and Economics of Integration.* Second Revised Edition (First Edition in 1991). Oxford University Press. Guilford and King's Lynn 1993. (ii)

TTI. Lausunto n:o 4/97 ehdotuksesta neuvoston asetukseksi (Euratom, EHTY, EY) Euroopan yhteisöjen yleiseen talousarvioon sovellettavan 21 päivänä joulukuuta 1977 annetun varainhoitoasetuksen muuttamisesta. EYVL N:o C 57, 23.2. 1998. (iii) (iv) (v) (vi) (viii)

TTI. Lausunto nro 9/99 ehdotuksesta neuvoston asetukseksi (EY) talousarvion kurinalaisuudesta. EYVL N:o C 334, 23.11.1999, 1-3. [1999a] (vi)

TTI. Vuosikertomus varainhoitovuodelta 1998. EYVL N:o C 349, 3.12.1999. [1999b] (iii) (iv)

TTI. Erityiskertomus nro 5/2000 tuomioistuimen kiinteistömenoista (lisärakennukset Erasmus ja Thomas More sekä lisärakennus C) sekä tuomioistuimen vastaukset. EYVL N:o C 109, 14.4.2000. [2000a] (iii)

TTI:n ehdotukset hallitustenvälisessä konferenssissa. Luxemburg 18.4.2000. [2000b] * (iv)

TTI. Lausunto nro 1/2001 ehdotuksesta neuvoston asetukseksi yhteisen maatalouspolitiikan rahoituksesta annetun neuvoston asetuksen (EY) N:o 1258/1999 sekä useiden muiden yhteistä maatalouspolitiikkaa koskevien asetusten muuttamisesta. EYVL N:o C 55, 21.2.2001, 1-4. [2001a] (v) (vi)

TTI. Lausunto nro 2/2001 ehdotuksesta neuvoston asetukseksi Euroopan yhteisöjen yleiseen ta-

lousarvioon sovellettavasta varainhoitoasetuksesta. EYVL N:o C 162, 5.6.2001, 1-97. [2001b] (v) (vi) (vii) (viii)

TTI. Lausunto nro 2/2002 muutetusta ehdotuksesta neuvoston asetukseksi Euroopan yhteisöjen yleiseen talousarvioon sovellettavasta varainhoitoasetuksesta. EYVL N:o C 92, 17.4.2002, 1-12. [2002a] (v)

TTI. Vuosikertomus varainhoitovuodelta 2001. EYVL N:o C 295, 28.11.2002. [2002b] (v) (vii) (viii)

TTI. Vuosikertomus varainhoitovuodelta 2002. EUVL N:o C 286, 28.11.2003. (v) (vii) (viii)

TTI. Lausunto nro 9/2003 komission asetusluonnoksesta, joka koskee tiettyjä yhteisön ohjelmien hallinnointitehtäviä hoitavien toimeenpanovirastojen asemasta annetun neuvoston asetuksen (EY) N:o 58/2003 mukaista toimeenpanovirastojen varainhoidon malliasetusta. EUVL N:o C 19, 23.1.2004, 1-2. [2004a] (v)

TTI. Vuosikertomus varainhoitovuodelta 2003. EUVL N:o C 293, 30.11.2004. [2004b] (vii)

Tucker, H. J: Incremental budgeting: Myth or model? *Western Political Quarterly 35 (1982).* 327-338. (y)

Tuori, Kaarlo: *Budjetti, laki, suunnitelma.* VM, järjestelyosasto. VAPK. Helsinki 1985. (y) (i) (ii)

Turning the Commission Priorities into Action. Integrating Resources to Activities and Priorities. Final report. Finnish Institute of Public Management. *S.l.* 31 December 1997. * (vi)

Työasiakirja vuoden 2005 toimintoselvityksistä. Vuoden 2005 talousarviomenettely. EP. Budjettivaliokunta. PE 346.993. 17.8.2004. * (vi)

Uusikylä, Petri: *The Politics of Cutback Management: A Case Study of Interorganizational Relations and Influence Structures During a Local Government Retrenchment Process.* MPIfG Discussion Paper 96/2. Max Planck Institute for the Study of Societies. Cologne January 1996. (y)

Vade-mecum budgétaire. Édition [1988-2000]. COM. OPOCE. Luxembourg (1988-2000). (y)

Valtiontalouden kehysmenettelyn vaikuttavuus finanssipolitiikan hallintavälineenä. Valtiontalouden tarkastusviraston erilliskertomus eduskunnalle. K 21/2010 vp. VTV. Edita Prima Oy. Helsinki 2011. (y)

Van Craeyenest, Félix & Saarilahti, Ilkka: Le nouveau règlement financier applicable au budget général de l'Union européenne: un maillon essentiel dans la réforme de la Commission. *RMC&UE 47 (2004): 474 (janvier).* 30-51. (y) (v) (vi) (vii) (ix)

van den Berge, Gerhard: Le Budget de l'Union européenne. 7-22. In Roger Levy: *Managing, Monitoring and Evaluating the EU Budget: Internal and External Perspectives.* Current European Issues. EIPA. Maastricht 1999. (iv)

van Lier, Hendrik: Les avances intergouvernementales au soutien des ressources propres. Un bilan. *RMC 29 (1986): 294 (février).* 71-79. [1986a] (y)

van Lier, Hendrik: L'autorité budgétaire devant ses juges: l'affaire 34/86. *RMC 29 (1986): 301 (novembre).* 513-526. [1986b] (ii)

van Nispen, Frans K. M. & Posseth, Johan J. A: Performance Budgeting in the Netherlands: Beyond Arithmetic. *OJB 6 (2006): 4.* 37-62. (y)

Varainhoitoasetuksen uudistaminen. Asiak. 13807/98 ja COR 1 (*Varainhoitoasetuksen uudelleenlaatiminen*). Euroopan unionin neuvosto. Budjettikomitea. Bryssel 7.12.1998 ja 15.1.1999. [1999] * (iv)

Venet, Gilbert: La flexibilité de la politique budgétaire dans l'analyse économique. *RFFP 12 (1994): 46.* 73-80. (y)

Verschraegen, Michel: 1988-1989, naissance et premiers pas d'une nouvelle mécanique budgétaire. *RMC 32 (1989): 326 (avril).* 224-234. (y) (ii) (iii)

Vesanen, Tauno: *Valtiontaloutta koskevat eduskunnan ratkaisut ja hallituksen toimivalta. Valtiosääntöoikeudellinen tutkimus.* Suomalaisen Lakimiesyhdistyksen julkaisuja. A-sarja, No. 72. Werner Söderström Osakeyhtiö. Vammala 1965. (y)

Vesanen, Tauno: *Valtiontalouden hoidosta.* Oikeustieteellinen tutkimus. Suomalaisen Lakimiesyhdistyksen julkaisuja. B-sarja, No. 151. Werner Söderström Osakeyhtiö. Porvoo 1970. (y)

Viscardini Donà, W: La politique agricole commune et sa réforme. *RMUE 2 (1992): 3.* 13-48. (iv)

Viscardini Donà, W: La politique agricole commune et sa réforme (2e partie). *RMUE 3 (1993): 3.* 87-117. (iv) von der Vring, T: Die Verteilung der budgetären Kompetenzen in der Europäischen Union. 203-224. In *Jahrbuch zur Staats- und Verwaltungswissenschaft*, 8. Nomos Verlag. Baden-Baden 1996. (v)

von Hagen, Jürgen: *Budgeting Procedures and Fiscal Performance in the European Communities*. Economic Papers No 96. COM. Brussels 1992. (v)

von Hagen, Jürgen: *Fiscal Rules and Fiscal Performance in the Europan Union and Japan*. Monetary and Economic Studies. March 2006. (v)

von Hagen, Jürgen & Harden, Ian J: Budget Processes and Commitment to Fiscal Discipline. *European Economic Review 39 (1995): 3-4 (April)*. 771-779. (v)

von Hagen, Jürgen & Harden, Ian: *Budget Processes and Commitment to Fiscal Discipline*. IMF Working Paper 96/78. Washington 1996. (v)

Vos, Ellen: Reforming the European Commission: What role to play for EU Agencies? *CMLR (2000): 37*. 1113-1134. [2000a] (vi)

Vos, Ellen: Les agences et la réforme de l'administration européenne. *RFAP 24 (2000): 95 (juillet-septembre)*. 393-410. [2000b] (vi)

Vromen, Ariadne: Debating Methods: Rediscovering Qualitative Approaches. 249-266. In David Marsh & Gerry Stoker (Edited by): *Theory and Methods in Polical Science*. Third Edition (First Edition in 1995). Political Analysis. Palgrave Macmillan. Basingstoke 2010. (v)

Waelbroeck, Michel & Waelbroeck, Denis: Les "déclarations communes" en tant qu'instruments d'un accroissement des compétences du Parlement européen. 79-86. Dans Jean-Victor Louis & Denis Waelbroeck (publié sous la direction de): *Le Parlement européen dans l'évolution institutionnelle*. Collection "Études européennes". Éditions de l'Université de Bruxelles. Bruxelles 1989. (v)

Wagschal, Uwe & Wenzelburger, Georg: Road to Success: Budget Consolidation in OECD Countries. *JPP 28 (2008): 3*. 309-339. (v)

Wagner, Richard E. & Tollison, Robert D: *Balanced Budgets, Fiscal Responsibility, and the Constitution*. Cato Institute. San Francisco 1980. (v)

Walder, Stephan: *The Budgetary Procedure of the European Economic Community*. Böhlau Verlag. Vienna 1992. (i) (ii) (iii) (iv)

Wallace, Helen: *Budgetary Politics: The Finances of the European Communities*. University Association for Contemporary European Studies. George Allen & Unwin. London 1980. (i)

Wallace, Helen: A European Budget made in Strasbourg and unmade in Luxembourg. *Yearbook of European Law 6 (1986)*. 263-282. (v)

Wallace, Helen: Exercising Power and Influence in the European Union: The Roles of Member States. 25-44. In Simon Bulmer & Christian Lequesne (Eds.): *The Member States of the European Union*. The New European Union Series. Oxford University Press. Oxford 2005. (v)

Wanat, John: Bases of Budgetary Incrementalism. *APSR 68 (1974): 3 (September)*. 1221-1228. (v)

Weaver, Clyde, Jessop, Joanne & Das, Veechibala: Rationality in the public interest: notes toward a new synthesis. 145-165. In Michael J. Breheny & Allan J. Hooper (Eds.): *Rationality In Planning. Critical Essays On The Role Of Rationality In Urban & Regional Planning*. Pion Limited. London. Norwich 1985. (v)

Weber, Max: *Wirtschaft und Gesellschaft. Grundriss der Verstehenden Soziologie. Mit einem Anhang: Die rationalen und soziologischen Grundlagen der Musik*. Vierte, neu herausgegebene Auflage, besorgt von Johannes Winckelmann. Vol. I-II. J.C.B. Mohr (Paul Siebeck). Tübingen 1956. (v)

Weber, Max: *The Theory of Social and Economic Organization*. Translated by A. M. Henderson & Talcott Parsons. Edited with an Introduction by Talcott Parsons. The Free Press. New York 1964. (Original work: *Wirtschaft und Gesellschaft*. Part I in *Grundriss der Sozialekonomik*. Vol. III. *S.a.*). (v)

Weber, Shlomo & Wiesmeth, Hans: Issue Linkage in the European Community. *JCMS 29 (1991): 3 (March)*. 255-267. (v)

Weidenbaum, Murray L: Institutional Obstacles to Reallocating Government Expenditures. 232-245. In Robert Haveman & Julius Margolis (Eds.): *Public Expenditures and Policy*

Analysis. Markham Publishing Company. Chicago 1970. (y)

Weiler, Joseph: The Community System: The Dual Character of Supranationalism. *Yearbook of European Law 1 (1981)*. 267-306. (y) (i)

Weise, Christian: *How to finance Eastern Enlargement of the EU*. Discussion Papers 287. German Institute for Economic Research DIW. Berlin June 2002. (y)

Wessels, Wolfgang *et al*: *Readings in European Integration*. CoE. Bruges 1992. * (y)

Westlake, Martin & Galloway, David (Eds.): *The Council of the European Union*. Third Edition (First Edition in 1995). John Harper Publishing. London 2004. (y) (ix)

White, Joseph: (Almost) Nothing New under the Sun: Why the Work of Budgeting Remains Incremental? *PBF 14 (1994): 1 (Spring)*. 113-134. (y)

Wiener, Antje & Diez, Thomas (Eds.): *European Integration Theory*. Oxford University Press. Oxford 2004. (y)

Wildavsky, Aaron: Political Implications of Budgetary Reform. *PAR 21 (1961): 4 (Autumn)*. 183-190. (Reprinted in Gerald J. Miller, W. Bartley Hildreth & Jack Rabin (Eds.): *Performance-Based Budgeting*. An ASPA Classics Volume. Westview Press. Boulder, Colorado 2001. 57-68). (y)

Wildavsky, Aaron: *The Politics of the Budgetary Process*. Little, Brown and Company. Boston 1964. (y)

Wildavsky, Aaron: The Political Economy of Efficiency: Cost-Benefit Analysis, Systems Analysis, and Program Budgeting. *PAR 26 (1966): 4 (December)*. 292-310. (Reprinted in Aaron Wildavsky: *Budgeting and Governing*. Transaction Publishers. New Brunswick 2001. 21-48). (y)

Wildavsky, Aaron: A Budget for All Seasons?: Why the Traditional Budget Lasts. *PAR 38 (1978): 6 (November/December)*. 501-509. (Reprinted in Aaron Wildavsky: *Budgeting and Governing*. Transaction Publishers. New Brunswick 2001. 3-19). (y)

Wildavsky, Aaron: *Speaking Truth to Power: The Art and Craft of Policy Analysis*. Little, Brown and Company. Boston 1979. (y)

Wildavsky, Aaron: *The Politics of the Budgetary Process*. Fourth Edition (First Edition in 1964). Little, Brown and Company. Boston 1984. (y)

Wildavsky, Aaron: *Budgeting: A Comparative Theory of Budgetary Processes*. Second, Revised Edition. Transaction Books. New Brunswick, New Jersey 1986. (y)

Wildavsky, Aaron: *The New Politics of the Budgetary Process*. Scott, Foresman/Little Brown. Glenview, Illinois 1988. (y)

Wildavsky, Aaron: The Political Economy of Efficiency Has Not Changed but the World Has and So Have I. *PBFM 1 (1989): 1*. 43-53. (y)

Wildavsky, Aaron: "Political Implications of Budgetary Reform:" A Retrospective. *PAR 52 (1992): 6 (November/December)*. 594-599. (y)

Wildavsky, Aaron: Controlling Public Expenditure: The Theory of Expenditure Limitation. *OJB 2 (2003): 4*. 27-47. (y)

Wildavsky, Aaron & Caiden, Naomi: *The New Politics of the Budgetary Process*. Fifth Edition (First Edition in 1988). Longman Classics in Political Science. Pearson Longman. New York 2004. (y)

Williams, Allan M: *The European Community. The Contradictions of Integration*. Basil Blackwell. Oxford 1991. (i)

Wilms, Günter: Las nuevas perspectivas financieras 2007-2013. ¿Abriendo nuevas perspectivas para la Unión Europea? *Cuadernos de Integración Europea (2006): 4 (Marzo)*. 85-110. (ix)

Working document Part I – Activity Statements. Preliminary Draft General Budget of the European Commission for the Financial Year 2005. Section III – Commission. COM. Brussels May 2004. * (vi)

Wynn, Terry & Núñez Ferrer, Jorge (Chairman and Rapporteur): *The EU Budget. The UK Rebate and the CAP – Phasing them both out?* CEPS Task Force Report. CEPS. Brussels 2007. (y)

Yataganas, Xenophon: L'exécution et le contrôle budgétaires. Titre V. 329-451. Dans: *Les finances de l'Union européenne. Commentaire J. Mégret. Le droit de la CE et de l'Union européenne, Vol. 11*. Deuxième édition (première édition en 1982). Éditions de l'Université de Bruxelles. Bruxelles 1999. (y) (iv) (v)

Yewlett, Christopher J. L: Rationality in planmaking: a professional perspective. 209-228. In Michael J. Breheny & Allan J. Hooper (Eds.): *Rationality In Planning. Critical Essays On The Role Of Rationality In Urban & Regional Planning.* Pion Limited. Norwich 1985. (y)

Yksinkertaistamista käsittelevän työryhmä 9:n loppuraportti. Eurooppa-valmistelukunta. Sihteeristö. CONV 424/02. WG IX 13. Bryssel 29. marraskuuta 2002. * (y) (v) (vi)

Ylinen, Tauno: Taloushallinnon keskeiset kehittämisnäkymät. Hallinto-lehti 1/1988. 7-10. [1988a] (y)

Ylinen, Tauno: Budjettijärjestelmiä koskeva OECD-yhteistyö. *Hallinto-lehti 1/1988.* 26-29. [1988b] (y)

Zangl, Peter: The Interinstitutional Agreement on budgetary discipline and improvement of the budgetary procedure. *CMLR 26 (1989): 4 (Winter).* 675-685. (ii)

Zangl, Peter: The Financing of the Community after the Edinburgh European Council. *IE 28 (1993): 3.* 1-17. (iv)

Zangl, Peter: Política presupuestaria europea: situación y perspectivas. 21-45. En Isabel Mocoroa Vega (Coord.): *Financiación y Política Presupuestaria de la Unión Europea.* Editorial Lex Nova. Valladolid 1997. (iv)

Zapico Goñi, Eduardo: *Financial Management Innovations in Europe.* EIPA. Maastricht 1991. (y)

Zelletin, Gerda: *Budgetpolitik und Integration. Finanzautonomie und Haushaltskontrolle in den Europäischen Gemeinschaften.* Europa Union Verlag. Köln 1965. (y)

Zero-base Budgeting. EP. Directorate-General for Research. Budget Series. Working Document. May 1996. * (y)

Ziller, Jacques: Préface. 1. Dans Ilkka Saarilahti: *Les procédures budgétaires de l'Union européenne de 2004 à 2008. Du règlement financier de 2002 et de l'élargissement de 2004 à l'élargissement de 2007 et au nouveau cadre financier pour 2007-2013.* Tome I. RSCAS. EUI. EPAP. Florence 2008. (y)

Ørstrøm Møller, J: *Member States and the Community Budget.* Samfundsvidenskabeligt Forlag. Copenhagen 1982. (i)

Ørstrøm Møller, J: Financing European integration: The European Communities and the proposed European Union. 73-102. In Roland Bieber, Jean-Paul Jacqué & Joseph H. H. Weiler: *An ever closer Union. A critical analysis of the Draft Treaty establishing the European Union.* The European Perspectives Series. OOPEC. Luxembourg 1985. (y)

OSAJULKAISUT

I. Euroopan unionin yleisen talousarvion joustavuudesta. Osa I. Ulkoinen jousto.
Hallinnon tutkimus 14 (1995): 4. 294-310 203

II. Euroopan unionin yleisen talousarvion joustavuudesta. Osa II. Sisäinen jousto.
Hallinnon tutkimus 15 (1996): 1. 8-31 223

III. Euroopan unionin yleisen talousarvion joustavuudesta. Osa III.
Ylivuotinen jousto (ensimmäinen osa).
Hallinnon tutkimus 20 (2001): 4. 409-426 249

IV. Euroopan unionin yleisen talousarvion joustavuudesta. Osa III.
Ylivuotinen jousto (toinen osa).
Hallinnon tutkimus 21 (2002): 2. 150-177 269

V. EU:n uusi varainhoitoasetus yleisen talousarvion joustavuuden kannalta.
Ensimmäinen osa – vuotuinen ulkoinen jousto.
Hallinnon tutkimus 23 (2004): 3. 14-47 299

VI. EU:n uusi varainhoitoasetus yleisen talousarvion joustavuuden kannalta.
Toinen osa – vuotuinen sisäinen jousto.
Hallinnon tutkimus 24 (2005): 1. 14-47 335

VII. EU:n uusi varainhoitoasetus yleisen talousarvion joustavuuden kannalta.
Kolmas osa – ylivuotinen jousto.
Luku VI teoksessa *Euroopan unionin finanssihallinnon modernisointi.*
Helsinki University Press. Helsinki 2006. 211-236 373

VIII. Le nouveau règlement financier applicable au budget général de l'Union européenne :
un maillon essentiel dans la réforme de la Commission.
(Yhdessä Félix Van Craeyenestin kanssa)
Revue du Marché commun et de l'Union européenne 47 (2004): 474 (janvier). 30-51........ 401

IX. Vuoden 2006 toimielinten sopimus ja vuosia 2007-2013 koskeva rahoituskehys.
Luvut 16 ja 17 teoksessa *Euroopan unionin kehitys ja tulevaisuuden epävarmuus.*
Robert Schuman Centre for Advanced Studies. European University Institute.
Badia Fiesolana 2008. 285-340 425

I. Euroopan unionin yleisen talousarvion joustavuudesta. Osa I. Ulkoinen jousto.
***Hallinnon tutkimus 14 (1995): 4.* 294-310.**

Euroopan unionin yleisen talousarvion joustavuudesta

Osa I. Ulkoinen jousto

Ilkka Saarilahti

THE FLEXIBILITY OF THE GENERAL BUDGET OF THE EUROPEAN UNION
Part I. Annual external flexibility

This series of three articles analyses the components of budgetary flexibility on the expenditure side of the general budget of the European Communities/ European Union, for the period 1968–1994.

Budgetary flexibility is divided into four components: a distinction is made between external and internal flexibility on the one hand, and annual and multiannual flexibility on the other. Parts I and II deal with annual flexibility (Part I with external and Part II with internal), Part III with multiannual flexibility.

External flexibility differs from internal flexibility principally in that more resources (or fewer, in the case of budget cuts) can be allocated to budgetary institutions in the course of the financial year; in the case of internal flexibility budget limits (frames) are maintained, i.e. a reallocation of resources during the financial year will not lead to a growth in the overall size of the general budget.

Multiannual flexibility differs from annual flexibility in that it concerns exceptions to the general rule of annuality of the EC/EU budget, as established in Article 202(1) EEC, EC.

The main form of external flexibility presented in Part I is the system of supplementary and amending budgets (SABs). A synthesis of the development of the different forms of budgetary flexibility on the expenditure side of the general budget of the EC/EU is presented at the end of Part III.

Keywords: *financial management,* budgetary flexibility, general budget of the European Communities, general budget of the European Union

1 JOHDANTO

Tässä kolmiosaisessa artikkelissa esitellään eri tapoja, joilla *Euroopan unionin* (EU; 30.09.1993 asti Euroopan yhteisöjen (EY)) *yleistä talousarviota* (TA) sekä EY:n ja EU:n budjettijärjestelmää on pyritty joustavoittamaan suhteessa varainhoitovuoden tai -vuosien aikana tapahtuviin toimintaympäristön muutoksiin. Lisäksi eritellään joustavuutta estäviä tekijöitä. Tarkastelu keskittyy TA:n menopuoleen (siten ulkopuolelle on jätetty mm. jäsenmaiden mahdollisuus rahoittaa EY:n toimintaa poikkeuksellisesti ennakkomaksuin (engl. *Intergovernmental advances*; ransk. *avances intergouvernementales*)). Artikkelin kaksi ensimmäistä osaa keskittyvät budjettivuoden *aikana* tapahtuvaan joustoon siten, että ensimmäinen osa käsittelee *ulkoista joustoa* (ks. luku 4.1) ja toinen osa *sisäistä joustoa* (luku 4.2)). Kolmas osa (luku 5) keskittyy puolestaan *ylivuotiseen* joustoon. Osien yhteinen yhteenveto esitetään viimeisen osan lopussa (luku 6).

Tarkastelu ulottuu vuodesta 1968 vuoteen 1994. Vuoden 1968 alusta Euroopan hiili- ja teräsyhteisön (EHTY) hallinnollinen talousarvio (eli EHTY:n perustamissopimuksen (SEHTY) 78 art. »hallintomenoja koskeva ennuste» – EHTY:n toiminnallinen talousarvio on edelleenkin TA:n ulkopuolella), Euroopan talousyhteisön (ETY) talousarvio ja Euroopan atomienergiayhteisön (EURATOM) toiminnallinen talousarvio koottiin yhdeksi Euroopan yhteisöjen (yleiseksi) talousarvioksi. Tämä oli seurausta 8.4.1965 solmitun Brysselin sopimuksen[1] ratifioinnista. Vuonna 1994 astuivat pitkällisen ratifiointiprosessin jälkeen voimaan EU:n perustamissopimuksen (Sopimus

[1] *Traité instituant un Conseil unique et une Commission unique des Communautés européennes* eli nk. *Traité de fusion [des exécutifs]*, engl. *Treaty establishing a Single Council and a Single Commission of the European Communities* eli nk. *Merger Treaty* (Euroopan yhteisöjen yhteisen neuvoston ja yhteisen komission perustamisesta tehty sopimus eli nk. sulautumissopimus), »Brysselin (ensimmäinen) sopimus» (EY:n virallinen lehti (EYVL) N:o 152, 13.7.1967; ks. luku 3.1). TA:n historiasta, ks. esim. Gojat (1970), Strasser (1977a, 44–59), Druker (1975) tai Ørstrøm Møller (1982). EHTY:n budjetin historiasta, ks. esim. Strasser (1976, 551–561).

Euroopan unionista (SEU); EYVL N:o C 191, 29.7.1992) uudet taloudelliset artiklat. EURATOM:in tutkimus- ja investointitalousarvio sulautettiin yleiseen talousarvioon vuonna 1971 edellisvuotisen nk. Luxemburgin sopimuksen[2] (22.4.1970) seurauksena (ks. luvut 3.1 ja 3.4).

Artikkelin tarkoituksena on niin ikään esitellä (suomennosten lisäksi) yhteisöjen budjettikäsitteistöä englannin ohella myös ranskaksi, sillä EY:n budjettijärjestelmä oli pitkälti muotoutunut jo ennen Yhdistyneen kuningaskunnan ja Irlannin tasavallan liittymistä Euroopan yhteisöihin. Lukuisten talous- ja budjettiartikloiden uusiminen vuoden 1973 jälkeen (ks. luku 3.1) ei ole ratkaisevasti muuttanut tilannetta. Siten EU:n budjettikieli on kiistatta edelleenkin ranska, kuten pääosastojen (DG) XIX (»*Budgets*») tai XX (»*Financial control/ contrôle financier*») työkieli (ranska) osoittaa. Toisaalta ranskankielisten termien esitteleminen suomalaisille lukijoille lienee perusteltua myös siksi, että EY:n budjettia on käsitelty erilaisissa kirjoissa ja artikkeleissa (julkaistusta kirjallisuudesta, ks. esim. Saarilahti 1993a, 105–123) tuntuvasti useammin ranskaksi kuin englanniksi.[3]

2 EUROOPAN UNIONIN YLEINEN TALOUSARVIO TUTKIMUSKOHTEENA

Tutkimuskohteena *EU:n (EY:n) yleinen talousarvio* (engl. *General budget of the European Communities (EC)/ of the European Union (EU)*; ransk. *budget général des Communautés européennes (CE)/ pour l'Union européenne (UE)*) on monessakin mielessä varsin mielenkiintoinen. Ensinnäkin kiinnittää huomiota EU:n budjetin koko. Kun esim. YK:n ja sen jäsenjärjestöjen budjettien loppusumma on n. USD 5 miljardia (YK:n vuoden 1992–1993 talousarvio kohosi n. USD 2,5 miljardiin) tai Euroopan avaruusjärjestön (ESA) talousarvio vuonna 1992 n. FRF 19 miljardia, EU:n talousarvion loppusumma, siten kuin Euroopan parlamentti (EP) sen 16.12.1993 vahvisti, ylitti vuonna 1994 ECU 70 miljardia (*Bulletin of the EC/ Bulletin des CE, Commission (Bull.EC) 26 (1993): 12*, kohta 1.6.1.; ks. luku 3.4).

Toisaalta EU:n yleinen talousarvio vastaa suuruudeltaan n. 500 Euroopan neuvoston (EN) talousarviota (n. kahta Suomen valtion talousarviota (mukaan luettuina ulkopuoliset rahastot) tai n. neljännestä Ranskan valtion budjetista). Siten ainakin budjettinsa loppusumman osalta EU:a on vaikeata rinnastaa sellaisiin kansainvälisiin järjestöihin kuten YK, EN, ESA jne.

Toiseksi EU:n budjetin menot eroavat rakenteeltaan kansainvälisten järjestöjen budjettien menoista. Kun kansainvälisten järjestöjen budjettien loppusummista erilaiset hallintomenot muodostavat perinteisesti valtaosan, EU:ssa hallintomenot (ml. palkat, jotka muodostavat n. kaksi kolmasosaa hallintomenoista) edustavat vain n. 5 % TA:n loppusummasta. Loput 95 % EU:n budjetista muodostuu erilaisista toimintamenoista, ennen kaikkea maatalous- ja rakennepoliittisista menoista (vuonna 1994 yli 50 % ja vajaat 30 % budjetin loppusummasta; ks. kuvio 2, luku 3.4), ulkoiseen toimintaan liittyvistä menoista (lähes 5 %) sekä tutkimus- ja kehitystoimintamenoista (runsaat 3 %; ks. esim. Leygues 1994, 97–164; Molinier 1994, 165–175). EU:n ja EY:n budjeteissa loistavat kuitenkin lähes täydellisellä poissaolollaan sellaiset jäsenvaltioiden budjettia kasvattavat suuret menokokonaisuudet kuten sosiaali- ja terveys-, koulutus- ja kulttuuri- sekä puolustusmenot.

Kolmanneksi EU:n tulot eroavat suuresti kansainvälisten järjestöjen tuloista. Kansainvälisten järjestöjen toiminta rahoitetaan pääasiassa valtioiden maksamin jäsenmaksuin. EY:n toiminta on puolestaan rahoitettu eräitä poikkeuksia lukuun ottamatta SETY, SEY 201 art. mukaisesti vuoden 1980 TA:sta lähtien kokonaisuudessaan yhteisön »omin varoin» (ks. luku 3.1, vrt. Isaac 1973, 670–714. Omista varoista, ks. esim. Druker 1975, Ehlermann 1982, 571–589 tai Shackleton 1990; ks. myös esim. Coget 1994, 51–96 tai *COM(92) 81 final*).

---

2 *Treaty amending Certain Budgetary Provisions of the Treaties establishing the European Communities and of the Treaty establishing a Single Council and a Single Commission of the European Communities*, ransk. *Traité portant modification de certaines dispositions budgétaires des traités instituant les Communautés européennes et du traité instituant un Conseil unique et une Commission unique des Communautés européennes*, »ensimmäinen budjettisopimus» (*Budgetary Treaty*; EYVL N:o L 2, 2.1.1971).

3 Artikkeli perustuu *College of Europe*ssa, Bruggessä, lukuvuonna 1992–1993 kirjoitettuun tutkielmaan (Saarilahti 1993a). Artikkeli noudattelee Saarilahti & Uusikylän (1991) viitekehystä. Ulkoisen ja sisäisen jouston käsitteistä budjetoinnin yhteydessä, ks. esim. Saarilahti & Uusikylä (1992, 24–46; 1993, 210–223). Tekstissä on pyritty käyttämään, milloin vain mahdollista, integraatiotoimikunnan valmistelujaoston VII (budjettikysymykset) ehdottamaa varainhoitosanastoa. Euroopan talousyhteisön perustamissopimuksen (SETY), SEU:n budjetointiartikloiden sekä varainhoitoasetuksen otteet noudattavat oikeusministeriön (OM) ETA-yksikön toimittamien (alustavien) suomennosten sanamuotoa. Suomennokset ovat epävirallisia, sillä EU:n toimielimet eivät ole niitä vielä hyväksyneet.

Lopuksi: EU:n budjettiprosessi on varsin erikoislaatuinen. Prosessia säätelevä artikla (SETY, SEY 203 art.) on ollut EY:n historian muunnelluin, vaikka ehkä yllättäenkin SEU ei tuonut siihen komission ja EP lukuisista ehdotuksista huolimatta yhtään muutosta. Tämä kertonee artiklan monimutkaisuudesta ja kiistanalaisuudesta (ks. luvut 3, 4 ja 6). Niinpä kun esim. kansainvälisten järjestöjen budjeteista on vanhastaan päätetty yksimielisesti jäsenvaltioiden kesken, TA hyväksytään määräenemmistöllä[4].

EU erottuu siten ainakin talousarvionsa puolesta selvästi suurista kansainvälisistä järjestöistä. Toisaalta EU:n yleinen talousarvio eroaa myös esim. liittovaltioiden budjeteista (vrt. esim. Williams 1991; Bureau & Champsaur 1991, 87–99 tai Prate 1992/3, 815–822).

EU:n budjetti edusti vuonna 1993 n. 3 % jäsenvaltioiden budjettien loppusummasta, n. 2,4 % jäsenvaltioiden yhteenlasketuista julkisista menoista (*Hallituksen esitys...* (1994, Y21) puhuu 4 %:sta) ja n. 1,2 % jäsenmaiden yhteenlasketusta bruttokansantulosta[5] (*The Community...* 1993, 27; Cuchran *et al.* 1994). Vertauksen vuoksi esim. vuonna 1991 Saksassa *Bundin* budjetti edusti OECD:n laskelmien mukaan (*in* Cuchran *et al.* 1994, 872) n. 14,16 %:ia liittotasavallan BKT:sta (TA n. 1,08). Kanadassa liittovaltion budjetin loppusumma vastasi n. 22,78 ja Yhdysvalloissa n. 23,10 %:ia BKT:sta. Edes nk. Delors II -paketissa (*COM(92) 2000 final* ja *2001 final*; ks. luku 4.2.4) alunperin ehdotetut 1,37 % yhteenlaskeusta BKTL:sta (vuonna 1997) eivät sinällään olisi riittäneet luomaan EU:n budjetista suhdanne- tai budjettipoliittista välinettä. Kuuluisassa MacDougall-raportissa (*Report...* 1977) ehdotettiin EY:n budjetille 5–7 %:n osuutta jäsenmaiden yhteenlasketusta BKTL:sta, jotta EY voisivat saavuttaa taloudellisesti ns. esifederalistisen tilan. Siten tulee vahvistettua – ainakin taloudellisessa mielessä – monen EY-tuntijan esittämä ajatus EY:stä eräänlaisena organisaationa »*sui generi*» – esim. Weilerin (1981, 267–268) mukaan organisaationa jossakin kansainvälisten järjestöjen ja liittovaltion välillä.

EU:n budjettijärjestelmä ja TA erottuvat myös mm. joustomuotojensa runsaudella (ks. luvut 4 ja 5) ja jo puhtaan taloudellisen ja kirjanpidollisen kekseliäisyytensä takia. Esim. *negatiivisen varauksen* (ks. luku 4.2.5.2) lisäksi EU:n (EY:n) yleinen budjetti tuntee mm. negatiiviset menot, jotka ovat tuloja – vuoden 1990 budjetissa n. ECU 1 366,4 miljoonaa – ja jotka on siten valitettavasti jätettävä tämän artikkelin ulkopuolelle, ja negatiiviset tulot, jotka eivät ole varsinaisia menoja, vaan kirjanpidollinen 10 %:n palautus jäsenvaltioille tullien, tuontimaksujen ja sokerimaksujen (eli EU:n nk. perinteisten (traditionaalisten) »-omien varojen»; ks. luku 3.1) keräämiskulukorvauksina (»kantopalkkiona»). Vuoden 1990 budjetissa negatiiviset tulot nousivat n. ECU 1 514,8 miljoonaan. Lisäksi EU:n budjettijärjestelmä tuntee poikkeuksia mm. täydellisyys-, brutto-, yhtenäisyys-, erittely-, tasapaino-, vuotuis- ja tulojen käyttötarkoituksen sitomattomuuden periaatteeseen (ks. esim. Milas 1988a, 293–294; Isaac 1990, 8; Terrasse 1991, 15–25 tai Walder 1992, 24–32; vrt. myös luvut 4 ja 5. Negatiivisista tuloista ja menoista sekä muista EY:n budjetin erikoisuuksista, ks. esim. Cot 1988; Timmann 1989, 14; Strasser 1992a, 49 tai Isaac 1993).

3 EUROOPAN UNIONIN YLEINEN TALOUSARVIO

3.1 Euroopan unionin yleisen talousarvion säädösperusta

EY:n talousarvioita ovat säädelleet ennen kaikkea Pariisin (18.4.1951) ja Rooman (25.3.1957) perustamissopimusten (RS) talousartiklat (SEH-

4 Määräenemmistö tarkoittaa (Espanjan ja Portugalin liittymisen jälkeen vuonna 1985) 54 ääntä kaikkiaan neuvostossa edustettuna olevasta 76 äänestä (SETY, SEY 148 art. 2 k.). Äänet jakautuvat seuraavasti: Saksa, Ranska, Italia ja Yhdistynyt kuningaskunta 10; Espanja 8; Kreikka, Belgia, Alankomaat ja Portugali 5; Tanska ja Irlanti 3 ja Luxemburg 2 ääntä. Suomelle on luvassa neuvostossa 3 ääntä. Nk. Ionninan kompromissin seurauksena laajentumisen jälkeiset määräenemmistö- ja -vähemmistösäännöt tulevat edelleenkin Yhdistyneen kuningaskunnan ja Espanjan vastustuksesta huolimatta noudattamaan vakiintunutta 70/30 -periaatetta, vaikka keskustelua sovittiinkin jatkettavaksi vastustajien onnistuttua kokoamaan vähintään 23 ääntä. Huomattavaa on, että kun neuvosto tekee päätöksensä ilman komission muodollista ehdotusta, kyseisen 54 äänen täytyy (nykyisellään) edustaa ainakin kahdeksaa jäsenvaltiota (SETY, SEY 148 art. 2 k.). EY:n talousarvion laadintaprosessista, ks. esim. Wallace (1980, 77–92; 1986, 263–282), Shackleton (1989, 140–146) tai Nugent (1994).

5 Artikkelissa käytetään milloin vain mahdollista EU:ssa käytössä olevasta GNP (*Gross National Product*; *produit national brut PNB*) -käsitteestä Tilastokeskuksen suosittelemaa käsitettä bruttokansantulo (BKTL). Se saadaan, kun bruttokansantuotteesta (BKT; *Gross Domestic Product GDP*; *produit intérieur brut PIB*) vähennetään maasta ulkomaille maksetut palkat, sosiaalivakuutusmaksut sekä pääoma- ja yrittäjätulot sekä lisätään vastaavat ulkomailta maahan saadut tulot. Vuonna 1993 esim. Suomen BKTL oli noin 94 % BKT:sta.

TY 49–56 ja 78–78i hallinnollisen talousarvion osalta, SETY 199–209 ja EURATOM 171–183 art.) – SETY:n talousartikloita on muutettu 3 kertaa, vuosina 1965 (Brysselin sopimus, nk. ensimmäinen Brysselin sopimus (8.4.1965); ks. luku 1), 1970 (Luxemburgin sopimus, nk. ensimmäisen budjettisopimus (22.4.1970); ks. luku 1) ja 1975 (Brysselin (toinen) sopimus, nk. toinen budjettisopimus (22.7.1975; EYVL N:o L 359, 31.12.1977)). Lisäksi Maastrichtin sopimus (SEU) poistatti 2 (200 ja 206a art.), lisäsi 2 (201a ja 209a art.) ja muutatti 5 (199, 201, 205, 206 ja 209 art.) artiklaa Brysselin toisen sopimuksen mukaisista ETY:n talousartikloista (ks. esim. Cloos *et al.* 1993, 437–447; Church & Phinnemore 1994, 313–326; Strasser 1994, 195–213).

RS:n alkuperäisten talousartikloiden mukaan yleisestä TA:sta päättäminen kuului neuvostolle, joka siten oli ainoa budjettivallan käyttäjä[6]. Käytännössä budjettiprosessin eri vaiheissa toimivallat jakautuivat seuraavasti: 1) *alustavan talousarvioesityksen* (ATAE; engl. *Preliminary draft budget (PDB)*, ransk. *avant-projet du budget (APB)*) laatiminen toimielinten laatimien menoja koskevien *ennakkoarvioiden* (engl. *Estimate of expenditure*, ransk. *état prévisionnel des dépenses*) pohjalta: komissio, 2) TA:n vahvistaminen: neuvosto määräenemmistöllä edustajakokouksen[7] ja muiden toimielinten mielipiteen kuultuaan (EP:lla oikeus muutosehdotusten tekemiseen), 3) TA:n toteuttaminen: komissio ja 4) vastuuvapauden myöntäminen: neuvosto (ks. esim. *Community...* 1989, 18; Strasser 1990, 20). Ulkoisesta valvonnasta huolehti erillinen valvontakomissio (*commission de contrôle*).

Luxemburgin sopimus (voimaan 1.1.1971) muutti perusteellisesti SETY 203 art. ja sai aikaan seuraavat muutokset EY:n budjettijärjestelmässä ja päätöksenteossa: *A) Ajanjakso 1971–1974*: 1) EP:n budjettivaltaa kasvatettiin siten, että neuvosto pakotettiin määräenemmistöllä syrjäyttämään sille sopimattomat EP:n esittämät muutosehdotukset, jos ne eivät kasvattaneet talousarvion kokonaismenoja (SETY 203b art., joka poistui 1.1.1975 (4 ja 5 k.). EP:lle myönnettiin niin ikään budjettiautonomia omien menojensa suhteen neuvoston kokouspöytäkirjaan 22.4.1970 kirjatun päätöksen mukaisesti) ja 2) vastuuvapauden myöntäminen tehtiin riippuvaiseksi neuvoston ja EP:n yhteisestä päätöksestä. TA:n vahvistusoikeus säilyi edelleenkin neuvoston puheenjohtajalla. *B) Ajanjakso vuoden 1975 TA:sta eteenpäin* – vuonna 1975 Luxemburgin sopimuksen mukainen järjestelmä astui lopullisesti voimaan: 1) budjettivallan jako neuvoston ja EP:n kesken vakiinnutettiin uusitun SETY 203 art. mukaisesti, 2) TA:n menot jaettiin *pakollisiin* ja *ei-pakollisiin* (ks. luku 4.2.3), 3) EP:lle myönnettiin oikeus muutosehdotusten lisäksi tehdä *tarkistuksia* neuvoston hyväksymiin ei-pakollisiin menoihin (ks. luku 4.2.3), 4) EP:lle myönnettiin TA:n vahvistamisoikeus ja 5) vastuuvapauden myöntäminen tehtiin riippuvaiseksi neuvoston ja EP:n yhteisestä päätöksestä (ks. esim. Strasser 1990, 26; Terrasse 1991, 6–7).

Brysselin vuoden 1975 sopimus (voimaan 1.6.1977) lopulta muutti SETY 203 art. 5 k. nykyiseen muotoonsa, ja kirjasi EU:ssa edelleen vallitsevan budjettivallan perusjaon mm. pakollisten ja ei-pakollisten menojen suhteen (ks. luku 4.2.3). Toisaalta 1) EP:lle myönnettiin oikeus »painavien perusteiden» takia hylätä talousarvioesitys (EP:n jäsenten enemmistöllä ja kahdella

[6] EY:n ja EU:n budjettijärjestelmässä on syytä tehdä käsitteellinen ero yhtäältä »budjettivallan» tai »budjettivallan käyttäjän» (engl. *Budget(ary) authority*, ransk. *autorité budgétaire*), joihin nykyään luetaan kuuluviksi neuvosto ja EP, ja toisaalta »yleisten budjettitoimielinten (-elimien) (instituutioiden)» (engl. *General budgetary institutions*, ransk. *institutions budgétaires (générales)*), joihin luetaan kuuluviksi edellisten lisäksi komissio, välillä.

Tilintarkastustuomioistuimella (TTI; engl. *Court of Auditors* (*of the EC*, nyk. *of the EU*), ransk. *Cour des comptes* (*des CE/UE*); SETY 206–206b art., SEY 188a–188c art.), joka nimestään huolimatta ei ole varsinainen tuomioistuin, vaan joka lähinnä vastaa esim. Suomen valtiontalouden tarkastusvirastoa, on EU:n budjettijärjestelmässä ennen kaikkea asiantuntijan rooli, päätehtävänä ulkoinen tilintarkastus koskien kaikkia EU:n tilejä, sekä neuvoston, EP:n ja komission avustaminen tileihin liittyvillä lausunnoilla ym. mm. komission TA:n toteuttamista koskevan vastuuvapauden myöntämisen yhteydessä (SETY 206c, SEY 206 art.). SEU:n yhtenä keskeisenä kohtana oli TTI:n merkityksen lisääminen mm. korottamalla se toimielimeksi EP:n, neuvoston, komission ja tuomioistuimen joukkoon (SEY 4 art., ks. myös SEY viides osa, I osasto, 1 luku, 5 jakso). TTI:sta, ks. enemmän esim. Orsini (1983), Schmitt (1988) tai Church & Phinnemore (1994, 294–296). EY:n tuomioistuin (TI; engl. *Court of Justice* (*of the EC*), ransk. *Cour de justice* (*des CE*); SETY, SEY 164–188 art.) ei puolestaan osallistu budjettiprosessiin lainkaan, ellei sille alisteta prosessia koskevaa kannetta (vrt. vuoden 1986 TA:n laadintaprosessi, luku 4.2.5.2).

[7] RS:n mukainen edustajakokous (*Assembly/ Assemblée*) muutettiin EP:ksi virallisesti vasta Euroopplaisessa yhtenäisasiakirjassa (EYA; engl. *Single European Act (SEA)*, ransk. *Acte Unique Européen (AUE)*; EYVL N:o L 169, 29.6.1987; 3 art. ja seur.). Artikkelissa käytetään kuitenkin koko ajan yksinkertaisuuden vuoksi nykyistä nimitystä »Euroopan parlamentti» (EP).

kolmasosalla annetuista äänistä; SETY, SEY 203 art. 8 k.) sekä 2) annettiin tehtäväksi myöntää komissiolle vastuuvapaus neuvoston suosituksen kuultuaan (SETY 206c art.). Lopuksi 3) talousarvion ulkoinen valvonta siirtyi sopimuksella perustetulle tilintarkastustuomioistuimelle (ks. esim. *Community...* 1989, 18. EP:n budjettivallan kehityksestä ja nykyisestä asemasta EU:n budjettiprosessin aikana ks. esim. Jacqué 1983, 155–182; Jacqué *et al.* 1984; Nicoll 1984, 4–21; 1987/8, 27–42; Tonnerre 1991, 55–62 tai Juchet 1992, 49–51).

Vuoden 1986 (28.2.) EYA ei koskenut perustamissopimusten budjettiartikloihin, mutta asettaessaan sisämarkkinoiden avautumisen takarajaksi 1.1.1993 se avasi tien EY:n talousarvion loppusumman huomattavalle kasvattamiselle (ks. esim. Pinder 1989, 94–110; vrt. luku 3.4)[8].

[8] EY:n liittymisasiakirjat (*Acts of Accession/ Actes d'adhésion*) ovat myös järjestään sisältäneet erillisiä talousartikloita (ks. Tanskaa, Irlantia ja Yhdistynyttä kuningaskuntaa koskien 127–132 art. *in* EYVL N:o L 73, 27.3.1972; Helleenien tasavaltaa koskien 124–127 art. *in* EYVL N:o L 291, 19.11.1979 sekä Espanjaa ja Portugalia koskien 184–188 ja 371–375 art. *in* EYVL N:o L 132, 15.11.1985), joissa on säädelty uusien jäsenvaltioiden sopeuttamisesta yhteisöjen budjettijärjestelmään. Säädökset ovat luonteeltaan aina väliaikaisia.

EY:n ja EU:n oikeusjärjestyksessä myös SETY, SEY 201 art. pohjalta tehdyt »omia varoja» koskevat päätökset (*»Own resources» decisions/ décisions »ressources propres»*) rinnastetaan sopimuksiin (*Treaties/ Traités*) mm. vaaditun kansallisen ratifioinnin takia (ennen voimaantuloaan, jäsenvaltiot joutuvat hyväksyttämään omia varoja koskevat päätökset SETY, SEY 201 art. 3 k. mukaan »valtiosääntöjen asettamien vaatimusten mukaisesti»). Päätöksiä on tehty kolme kappaletta, vuosina 1970 (21.4.; EYVL N:o L 94, 28.4.1970; ks. luku 3.1), 1985 (7.5.; EYVL N:o L 128, 14.5.1985) ja 1988 (vuoden 1988 toimielinten väliseen sopimukseen liittyen (ks. luku 4.2.4), 24.6.; EYVL N:o L 185, 15.7.1988). Tätä kirjoitettaessa EU:n jäsenvaltioiden talous- ja finanssiministerien muodostama nk. ECOFIN-neuvosto pääsi vihdoinkin yksimielisyyteen vuoden 1993 toimielinten välisen sopimuksen (ks. luvut 4.2.4 ja 5.4) vaatimusten mukaisesta uudesta omia varoja koskevasta päätöksestä lokakuun 21. päivän kokouksessaan.

Keskeisellä sijalla EY:n ja EU:n budjettijärjestelmässä ovat lisäksi EP:n, neuvoston ja komission yhteiset julistukset ja em. toimielinten (-elimien) väliset sopimukset (TVS), joista ensimmäinen on vuodelta 1975 (*The Joint declaration of Parliament, the Council and the Commission of 4 March 1975 relating to the Community acts of general application which have appreciable financial implications*, ransk. *La déclaration commune de l'Assemblée, du Conseil et de la Commission du 24 mars 1975 relative aux actes communautaires de portée générale qui ont des implications financières notables*; EYVL N:o C 89, 22.4.1975). Muista julistuksista ja sopimuksista, ks. luvut 4.2.3, 4.2.4 ja 5.4.

EY:n ja EU:n budjettijärjestelmää ja TA:ta säätelevistä sopimuksia alemmanasteisista säännöksistä, ks. esim. *Community...* (1989, 13–15), Isaac (1990, 4–5) tai Terrasse (1991, 10–14). TA:ta säätelevistä varainhoitoasetuksista, ks. luku 3.2.

3.2 Euroopan unionin yleisen talousarvion rakenne

TA:n rakenne määritellään SETY, SEY 202 art. säännösten mukaisesti 209 art. mukaan hyväksytyssä *varainhoitoasetuksessa* (VHA; engl. *Financial regulation (FR)*, ransk. *règlement financier (RF)*). Voimassa oleva VHA on vuodelta 1977 (21.12.; EYVL N:o L 336, 31.12.1977), tosin sitä on muutettu useaan otteeseen, viimeksi 13.3.1990 (EYVL N:o L 70, 16.3.1990[9]). VHA:ssa määrätään lisäksi mm. talousarvion yksityiskohtaisesta käsittelyjärjestyksestä, täytäntöönpanomenettelystä, tulojen ja menojen maksatuksen hoidosta, omaisuuden hoidon periaatteista, tilinpidosta, tilinpäätöksen valmistelusta ja tilintarkastuksen periaatteista (209 art. (a)–(c) k.).

EU:n talousarvio koostuu nykyisin (ks. EYVL N:o L 34, 7.2.1994, 1–1757) tuloja koskevan osan lisäksi viidestä erillisestä *pääluokasta*[10] (Pl; engl., ransk. *Section*; vrt. VHA 19 art. 1 k., vrt. myös

[9] Muiden muutosten päivämäärät ovat 25.6.1979 (EYVL N:o L 160, 28.6.1979), 16.12.1980 (EYVL N:o L 345, 20.12.1980) ja 24.6.1988 (EYVL N:o L 185, 15.7.1988). Vuoden 1990 VHA:n muutos on artikkelin kannalta keskeinen, sillä halutessaan tiukentaa EY:n varainhoidon periaatteita (ks. esim. Terrasse 1991, 10), jäsenvaltiot samalla vähensivät EY:n budjettijärjestelmän joustavuutta kaikkine siitä johtuvine seurauksineen (ks. luvut 4–6). Neuvosto ei sen sijaan ole hyväksynyt (VHA:n muuttamiseen tai uuden VHA:n hyväksymiseen tarvitaan SETY, SEY 209 art. mukaan neuvoston yksimielinen päätös) komission jo vuonna 1992 esittämää varainhoitoasetuksen kokonaisuudistusta (ks. *COM(92) 358 final*; EYVL N:o C 254, 1.10.1992). Tätä kirjoitettaessa neuvostossa oli käsiteltävänä peräti viisi erilaista VHA:n osamuutosta. »Ajan tasalle» saatetussa muodossa VHA:n teksti on julkaistu EYVL:ssä N:o C 80, 25.3.1991.

[10] OM:n ETA-yksikön VHA-käännöksen mukaan. Integraatiotoimikunta ehdotti ainakin alkuvaiheessa käytettäväksi käsitteestä *»Section»* suomennosta »osasto» (jolloin »alaosasto» vastaisi OM:n »alaluokkaa» (*»Sub-section/ sous-section»*)) ja käsitteestä *»Title/ titre»* »pääluokka». Joissain lähteissä käsite *»Article»* on käännetty termillä »artikla» ja käsite *»Item/ poste»* sanalla »kohta». Käsitteestä *»Chapter/ chapitre»* »luku» ei näyttäisi olevan kiistaa. Nähtäväksi jää, minkä terminologian EU lopulta virallisesti omaksuu.

SETY, SEY 202 art. 4 k.), jotka sisältävät EU:n toimielinten arvioidut tulot ja menot seuraavassa järjestyksessä: 1) EP (PI I), 2) neuvosto (PI II), 3) komissio (PI III), 4) TI (PI IV. Vuoden 1993 TA:ssa pääluokan nimi oli TI ja ensiasteen tuomioistuin (EATI)) ja 5) TTI (PI V, vuodesta 1978 lähtien).

Oikeusasiamiehen (engl. *Ombudsman*, ransk. *médiateur*) toimintaa koskevat tulot ja menot esitetään PI I:n ja talous- ja sosiaalikomitean (TSK; engl. *The Economic and Social Committee (ECOSOC)*, ransk. *Comité économique et social (CES)*) toimintaa koskevat tulot ja menot PI II:n liitteenä (VHA 19 art. 1 k.). Oikeusasiamiehen tehtävän perustamisesta säädettiin Maastrichtin sopimuksessa (SEY 138e art.).

PI III:n A osan (ks. alla) liitteenä esitellään komissiota A-251 art. mukaisesti avustavien lukuisten komiteoiden toimintamenot (Liite I) sekä EY:n virallisten julkaisujen toimiston (engl. *Office for Official Publications of the European Communities (OOPEC)*, ransk. *Office des publications officielles des Communautés européennes (OPOCE)*) toimintaa koskevat tulot ja menot (VHA 19 art. 1 k.; Liite II). B osan liitteenä käsitellään puolestaan EU:n tutkimus- ja kehitystoiminnan rahoitusta (Liite I), EU:n yleisen talousarvion takaamia otto- ja antolainausmenoja (VHA 19 art. 7 k.; Liite II) sekä Euroopan talousaluetta (ETA; Liite III).

Jokaisen pääluokan menot jakautuvat SETY, SEY 202 art. 3 k. (vrt. myös 205 art.) määrittelemän erittelyperiaatteen mukaisesti *osastoihin* (engl. *Title*, ransk. *titre*), *lukuihin* (engl. *Chapter*, ransk. *chapitre*), *momentteihin* (engl., ransk. *Article*) ja *alamomentteihin* (engl. *Item*, ransk. *poste*). EU:ssa käytössä olevan kymmenjärjestelmäluokittelun periaatteiden mukaisesti osastoja, lukuja, momentteja ja alamomentteja voi olla enintään 10 kappaletta alajaottelua kohden (ks. esim. Orsini 1992, 134). VHA 26 art. 1 k. (21 art. 1 k. vuoden 1977 VHA:ssa) mukaisesti määrärahat jaotellaan lukuihin ja momentteihin. Daniel Strasser (1990, 48; vrt. myös Isaac 1990, 12, joka käyttää termiä »*unité d'affectation*») pitää TA:n perusyksikköinä (»*unité de base à l'intérieur du budget*») lukuja (*Chapter/ chapitre*) kun otetaan huomioon mm. määrärahojen siirtojen helppous momenttien välillä lukujen sisällä (ks. luku 4.2.2; vrt. kuitenkin Orsini 1992, alav. 9).

Vuoteen 1977 saakka *budjettinimikkeistö* (engl. *Budgetary nomenclature*, ransk. *nomenclature budgétaire*) esitettiin velvoittavan luonteensa mukaisesti VHA:n liitteessä. Vuodesta 1977 lähtien nimikkeistöstä on kuitenkin päätetty vuosittaisen talousarviomenettelyn yhteydessä (VHA (1990) 19 art. 3 k. mukaan »(b)udjettinimikkeistö vahvistetaan talousarviomenettelyn yhteydessä tulojen ja menojen jakautumisen osalta osastoihin, lukuihin ja momentteihin»), toisin sanoen neuvosto luopui 1970-luvun puolivälissä myös budjettinimikkeistön vahvistamisen osalta osasta omasta budjettivallastaan (ks. luvut 3.1 ja 4.2.3; vrt. esim. Isaac 1990, 12; Isaac & Hen 1977, 647–693)[11].

Komission pääluokka (PI III) eroaa muista pääluokista siinä mielessä, että vuodesta 1982 lähtien se on koostunut kahdesta erillisestä osasta, A ja B. *A osa*, joka sisältää komission hallintomenot (ml. henkilöstömenot), on järjestelty kuten muidenkin toimielinten tuloja ja menoja koskevat pääluokat. *B osa* koostuu puolestaan EU:n toimintamenoista, jotka muodostivat esim. vuonna 1994 n. 95 % TA:n menoista (ks. kuvio 2, luku 3.4). Talousarvion menopuolen ilmeisestä epäsuhdasta huolimatta neuvosto ei ole koskaan myöntynyt komission vuonna 1981 esittämään ja mm. vuonna 1988 uudistamaan ehdotukseen jakaa EU:n TA kahteen erilliseen osaan, joista ensimmäinen osa kokoaisi kaikkien toimielinten hallintomenot ja toinen osa EU:n toimintamenot.

Vuoden 1990 VHA:n muutos (19 art.) otti lisäksi käyttöön *alaluokat*[12] (engl. *Sub-section*, ransk. *sous-section*) komission pääluokan B osassa pääluokan ja osaston välissä. Muutoksen tarkoi-

---

[11] Vuodesta 1977 lähtien EP ryhtyi käyttämään uutta valtaansa kirjaamalla talousarvioon useita määrärahoja ilman neuvoston suostumusta puolustaen näkemystä, jonka mukaan pelkkä määrärahan kirjaaminen talousarvioon riittää oikeuttamaan toiminnan ja maksun suorittamisen. Neuvosto puolestaan katsoi, ettei pelkkä määrärahan merkitseminen sinällään vielä oikeuta menon suorittamista, vaan lisäksi tarvitaan TA:sta erillinen säädös (ks. luku 4.2.1). EP:n mahdollisuus käynnistää uusia toimintoja sen budjettiin sisällyttämien määrärahojen pohjalta kirjattiin implisiittisesti vuoden 1982 EP:n, neuvoston ja komission yhteiseen julistukseen (ks. luku 4.2.3), jonka IV art. 3c k. mukaan »(jos) määrärahoja merkitään talousarvioon ennen kuin asetusehdotus on alistettu neuvostolle, komissiota kehotetaan esittämään ehdotus tammikuun loppuun mennessä. Neuvosto ja parlamentti sitoutuvat siihen, että ne pyrkivät kaikin käytettävissä olevin keinoin varmistamaan, että asetus voidaan vahvistaa viimeistään toukokuun loppuun mennessä.» Strasserin (1992b, 151) mukaan julistuksessa myönnettiin EP:lle tietynasteinen »lainsäädännöllinen aloiteoikeus» (»*droit d'initiative (...) en matière législative*») EY:ssä.

[12] Vuoden 1990 VHA niin ikään virallisti PI III:n jaon kahteen osaan (19 art.). Toisissa suomenkielisissä lähteissä käsitteen »alaluokka» tilalla käytetään käsitettä »alaosasto».

tuksena oli mm. lähentää budjettinimikkeistöä vuoden 1988 TVS:n vuosia 1988–1992 koskeneiden rahoitusnäkymien (RN) otsikoiden kanssa (ks. esim. Strasser 1992b, 154; vrt. luku 4.2.4). Vaikka muutos eittämättä paransikin TA:n transparenssia jakaessaan määrärahat tarkemmin erillisiin luokkiin, se samalla vähensi EU:n budjetin sisäistä joustoa moninkertaistaessaan lukujen määrän: tämä nimittäin heikensi komission mahdollisuuksia siirrellä määrärahoja B osassa budjettia toteuttaessaan (ks. luku 4.2.2). Toisaalta uudistus pienensi EY:n budjetin nk. rakennejoustoa (ks. luku 4.2.1). Komissiolla on tosin mahdollisuus jokaisen budjettiprosessin yhteydessä ehdottaa neuvostolle ja EP:lle uusien alaluokkien luontia tai vanhojen poistamista. TA:n rakenteesta ja budjettinimikkeistöstä, ks. tarkemmin esim. Terrasse (1991, 26–38), Strasser (1992a, 145–172) tai Isaac (1992a, 7–9).

3.3 Euroopan unionin yleisen talousarvion määrärahat: jaksotetut ja jaksottamattomat määrärahat

EY:n ja EU:n yleisessä talousarviossa on syytä erotella toisistaan yhtäältä *jaksotetut määrärahat* (JM; engl. *Differentiated appropriations (DA)*, ransk. *crédits dissociés (CD)*) ja toisaalta *jaksottamattomat määrärahat* (JTM; engl. *Non-differentiated appropriations (NDA)*, ransk. *crédits non dissociés (CND)*)[13].

Jaksotetut määrärahat on tarkoitettu eräiden alojen, kuten tutkimuksen, monivuotiseen rahoitukseen. JM sisältävät niin *maksusitoumusmäärärahoja* (MSM; engl. *Commitment appropriations (CA)*, ransk. *crédits d'engagement (CEN)*) kuin *maksumäärärahojakin* (MMR; engl. *Payment appropriations (PA)*, ransk. *crédits de paiement (CP)*).

Maksusitoumusmäärärahat kattavat sellaisten toimintojen kulut, joihin on varainhoitovuonna sitouduttu ja joiden toteuttaminen ulottuu useammalle varainhoitovuodelle (maksusitoumusmäärärahoja käsitellään tarkemmin TA:n monivuotisen jouston esitelyn yhteydessä; ks. osa III (luku 5.1)). Maksumäärärahat kattavat puolestaan ne menot, joihin on sitouduttu aikaisempina ja/tai kyseisenä varainhoitovuonna.

Jaksottamattomat määrärahat kattavat vuosittain ao. varainhoitovuonna maksuun tulevat sitoumukset ja menot. Esim. vuonna 1990, n. 72 % TA:n loppusummasta koostui JTM:sta lopun ollessa JM:ja (ks. Isaac 1990, 11).

EU:ssa on siten tärkeätä tehdä ero maksusitoumuksiin ja maksumääräyksiin käytettävien määrärahojen loppusumman välillä. *Maksusitoumuksiin käytettävien määrärahojen* (MSKM) *loppusumma* koostuu *jaksottamattomien määrärahojen ja maksusitoumusmäärärahojen loppusummasta* (eli MSKM = JTM + MSM; engl. *AFC (Appropriations* for *commitment) = NDA + CA*, ransk. *CPE (crédits* pour *engagements) = CND + CEN*), *maksumääräyksiin käytettävien määrärahojen* (MMKM) *loppusumma* taas *jaksottamattomien määrärahojen ja maksumäärärahojen loppusummasta* (eli MMKM = JTM + MMR; engl. *AFP (Appropriations* for *payment) = NDA + PA*, ransk. *CPP (crédits* pour *paiements) = CND + CP*; ks. luku 3.4)[14].

Yleisen talousarvion tuloja käytetään ainoastaan maksumääräyksiin käytettävien määrärahojen kattamiseen (eli TA:n tulot ovat yhtä suuret kuin MMKM:n summa EU:n talousarvion tasapainoperiaatteen (ks. luku 4.2.3) mukaisesti). Maksusitoumusmäärärahat katetaan yleisessä talousarviossa mm. EHTY:n budjetista poiketen (ks. esim. Isaac 1992a, 19–24) vain sitä mukaa kun vastaavat maksumäärärahat kirjataan budjetin menopuolelle. Siksi maksusitoumuksiin käytettävien määrärahojen loppusumma on TA:ssa ollut säännöllisesti suurempi kuin maksumääräyksiin käytettävien määrärahojen (vrt. kuviot 1 *I* ja *II*, luku 3.4).

---

[13] Integraatiotoimikunta käyttää jaksotetuista määrärahoista ehkä selkeämpää (ja ainakin helpommin äännettävää) käsitettä »ositetut määrärahat» ja jaksottamattomista määrärahoista käsitettä »osittamattomat määrärahat».

[14] Termejä maksusitoumusmäärärahat ja maksumäärärahat tulisi käyttää vain jaksotettujen määrärahojen yhteydessä (ks. esim. *Annual...* 1991 *in* EYVL 13.12.1991, 45). Käytännössä niin oppikirjoissa kuin EY:n lakitekstissä termejä »maksumääräyksiin *käytettävät* määrärahat», »maksusitoumuksiin *käytettävät* määrärahat», »maksusitoumusmäärärahat» ja »maksumäärärahat» käytetään tai on käytetty rinnan tai jopa keskenään sekaisin. Esim. vuoden 1988 TVS:n liitteessä, jossa esitetään vuodet 1988–1992 kattava rahoitusnäkymätaulukko (EYVL N:o L 185, 15.7.1988, 36; ks. luku 4.2.4), käsitteen »maksusitoumuksiin käytettävät määrärahat» tilalla käytetään käsitettä »maksusitoumusmäärärahat». Sama toistui Edinburghin Eurooppa-neuvoston päätökset kokoavassa julkaisussa, jossa esiteltiin neuvoston hyväksymät uudet rahoitusnäkymät vuosiksi 1993–1999 (*European...* 1992, 76). Käsite »maksusitoumuksiin käytettävät määrärahat» ilmestyi rahoitusnäkymätaulukkoon vasta VL:ssä julkaistun vuoden 1993 TVS:n tekstin yhteydessä (EYVL N:o C 331, 7.12.1993, 6. Edinburghin Eurooppa-neuvoston päätöksistä ja vuoden 1993 toimielinten välisestä sopimuksesta, ks. luvut 4.2.4 ja 5.4.2).

Järjestelmällä on ollut omat haittapuolensa: ensinnäkin (ainakin vuoteen 1988 asti) EY:ssä tuli tavaksi sitoutua menoihin, joiden kattaminen jätettiin tulevien talousarvioiden laatijoiden huoleksi. Toiseksi menettely ei myöskään parantanut EY:n tilien transparenssia. Nk. menneisyyden painolastin ongelmaan palataan luvuissa 4.2.4, 5.1 ja 6.

TA:n jakaminen pakollisiin ja ei-pakollisiin menoihin käsitellään normijouston esittelyn yhteydessä (ks. luku 4.2.3). Muista EY:n ja EU:n talousarvion määrärahojen jakotavoista, ks. esim. Terrasse (1991, 28–31).

3.4 Euroopan unionin yleisen talousarvion kasvu

Vuonna 1968 EY:n yleisen talousarvion loppusumma (ilman EURATOM:in tutkimus- ja investointitalousarviota, l.y. 73,4 miljoonaa, joka liitettiin yleiseen budjettiin vasta vuonna 1971; ks. luku 1) oli n. l.y. 1 488 miljoonaa[15] (*The Community...* 1989, 13; kuvio 1 *I*). Vuonna 1994 TA:n loppusumma (maksumääräyksiin käytettävät määrärahat) kohosi jo ECU 70 013 miljoonaan (ECU 73 444 miljoonaa maksusitoumuksiin käytettävien määrärahojen osalta; ks. kuvio 1 *II*).

EU:n yleisen budjetin loppusumma on siten kasvanut 27 vuodessa nimellisarvoisesti lähes viisikymmenkertaiseksi (reaalisesta kasvusta, ks. kuvio 2)[16]. Vuosien 1968 ja 1994 budjettilukuja verrattaessa on kuitenkin hyvä pitää mielessä, rahanarvon muutosten ja yllä mainitun EURATOM:in tutkimus- ja investointitalousarvion yleiseen talousarvioon sisällyttämisen lisäksi, ainakin EY:n kasvun vaikutus. Yhteisöthän kasvoivat ensin kuudesta yhdeksään vuonna 1973 (»pohjoinen laajentuminen»), sitten yhdeksästä kymmeneen vuonna 1981 (»ensimmäinen eteläinen laajentuminen») ja lopuksi kymmenestä nykyiseen kahteentoista jäsenvaltioon vuonna 1986 (»toinen eteläinen laajentuminen»; ks. esim. Nugent 1994). Tietenkin on myös muistettava EY:n ja EU:n toiminnan laajentuminen yhä uusille aloille[17] toisiaan seuraavien päätösten ja sopimusten myötä (ks. luku 3.1).

Kuvio 2 esittää EY:n (EU:n) menojen kehityksen (mukaan luettuna TA:n ulkopuolella olevan Euroopan kehitysrahaston (EKR; engl. *European Development Fund (EDF)*, ransk. *Fonds européen de développement (FED)* sekä EHTY:n talousarvion menot (ks. luku 1)) vuosina 1958–1994 eri menolajeittain, menojen loppusumman vuoden 1993 rahassa sekä TA:n loppusumman vuosikasvun prosentteina edelliseen vuoteen verrattuna.

Kuvio 1 on mielenkiintoinen tämän artikkelin

---

[15] Vuoteen 1977 asti TA laadittiin laskentayksikköinä (l.y.; engl. *Unit of account (u.a.)*, ransk. *unité de compte (u.c.)*). Vuodesta 1978 vuoteen 1980 budjetti laadittiin Euroopan laskentayksikköinä (ELY; engl. *European Unit of Account (EUA)*, ransk. *unité de compte européenne (UCE)*) ja vuodesta 1981 lähtien ECU:inä (»ecuissa» VHA (1990) 11 art. mukaan. ECU = *European Currency Unit*; ks. esim. *Community...* 1989, 51–52 tai Isaac 1990, 17–19). Nykyisin komissio laskee päivittäin ECU:n arvon, ja kurssi julkaistaan EYVL:ssä (vrt. Pitsvada 1992, 21. ECU:stä, ks. tarkemmin esim. Johnson 1991; Jurgensen 1991 tai Emerson & Huhne 1991). Käytännössä tämän artikkelin tarpeisiin eri laskentayksiköjen väliset erot eivät ole merkityksellisiä (vrt. Paulin 1985, 834). Vuonna 1992 ECU:n keskikurssi oli FIM 5,80. Syksyllä 1994 ECU/FIM ≈ 6,3.

[16] Guy Isaacin (1992a, 3) esittämien lukujen mukaan vuosina 1958–1968 EY:n menot kasvoivat n. seitsemänkymmentäkertaisiksi (vuotuinen keskikasvu n. 600 %) ja vielä vuosina 1968–1988 n. kaksikymmentäkuusikertaisiksi (125 %). Niinpä vuosina 1967–1990 EY:n yleinen talousarvio kasvoi viisi kertaa nopeammin kuin esim. Ranskan valtion talousarvio. Vielä vuosien 1980–1989 välillä TA kasvoi keskimäärin n. 17 % vuodessa. TA:n menojen kasvu edelliseen vuoteen verrattuna on esitetty kuviossa 2.

[17] Varsinkin EY:n nk. yhteisen maatalouspolitiikan (YMP; engl. *Common Agricultural Policy (CAP)*, ransk. *Politique agricole commune (PAC)*) käynnistäminen 1960-luvun puolivälissä aiheutti EY:n menojen moninkertaistumisen vuosina 1966–1967. YMP:n rahoitus tapahtuu ennen kaikkea vuonna 1962 (A N:o 25/62/ETY, 14.1.1962; EYVL N:o 30, 20.4.1962; ks. myös A N:o 17/64/ETY; EYVL 27.2.1964. Rahaston perusta on RS:ssa (SETY 40 art.)) perustetun Euroopan maatalouden ohjaus- ja tukirahaston (EMOTR[A]; engl. *European Agricultural Guidance and Guarantee Fund (EAGGF)*, ransk. *Fonds européen d'orientation et de garantie agricoles (FEOGA)*) tukiosaston (*Guarantee section/ section »garantie»*) kautta. Pitkälti tukiosaston menojen takia EY:n yleinen talousarvio kasvoi ECU 270 miljoonasta vuonna 1966 ECU 616,5 miljoonaan vuonna 1967 ja ECU 1 561,3 miljoonaan vuonna 1968 (Isaac 1992a, 3). Alkuvuosina tukiosaston osuus oli n. 40 % yleisen talousarvion menoista, mutta nousi 1970-luvun alussa 80–90 %:iin. Nykyisin osuus on alle 60 %.

EU:n nk. rakennerahastoihin luettava EMOTR:n ohjausosasto (*Guidance section/ section »orientation»*) on vuodesta 1964 lähtien tukenut puolestaan maatalouden rakenteellisia muutoksia ja tuotannon ja markkinoinnin kehittämistä. Osaston osuus TA:n menoista on n. 4 %. EY:n maatalouspolitiikasta ja sen rahoituksesta, ks. esim. Rosenblatt *et al.* (1988), Fennell (1987), Hémard (1987) tai Charles-Le Bihan & Gadbin (1991, 167–181). YMP:n viimeaikaisesta uudistamisesta, ks. esim. Teulon (1993), Bentolila (1994) tai Leygues (1994, 100-116). Muista rakennerahastoista, ks. luku 4.2.3.

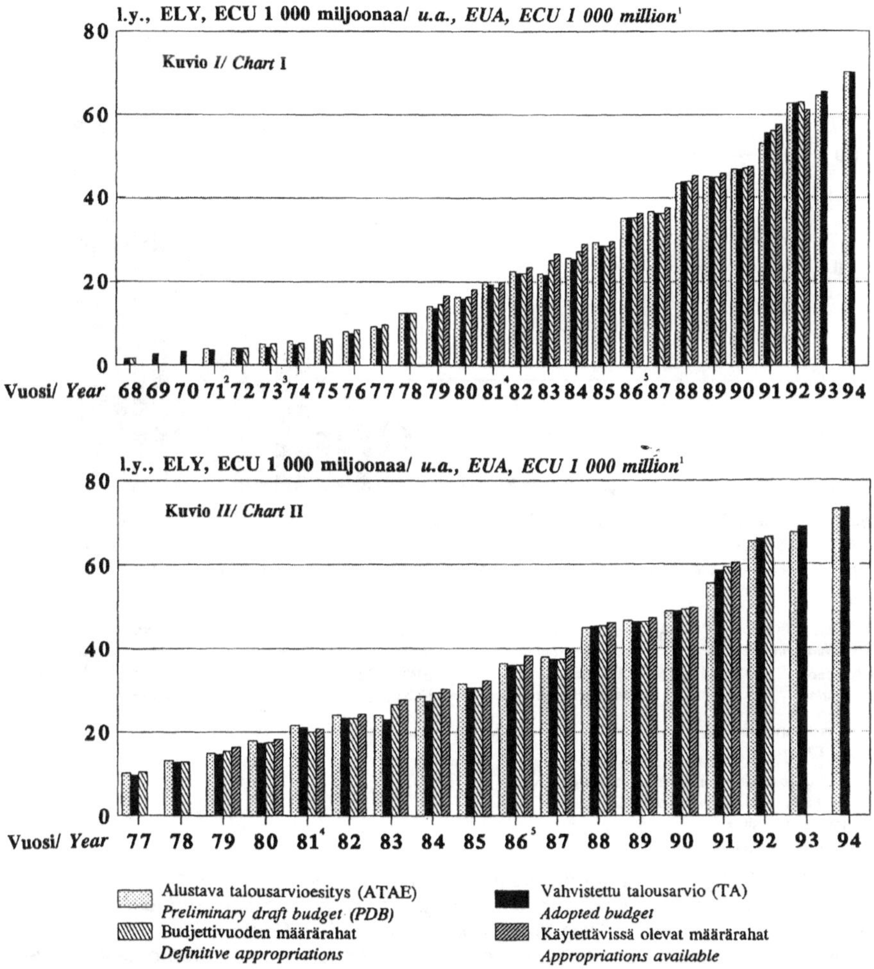

[1] l.y.: 1968–1977; ELY 1978–1980; ECU 1981–.
u.a.: 1968–1977; EUA 1978–1980; ECU 1981–.

[2] EUROTOM:in tutkimus- ja investointitalousarvion sisällyttäminen yleiseen talousarvioon.
Incorporation of the Euroton research budget in the general budget.

[3] Tanskan, Irlannin ja yhdystyneen kuningaskunnan liittyminen EY:hin.
Accession of Denmark, Ireland, and the United Kingdom.

[4] Kreikan liittuminen EY:hin
Accession of Greece.

[5] Espanjan ja Portugalin liittyminen EY:hin.
Accession of Spain and Portugal.

Kuvio 1. Komission esittämien alustavien talousarvioesitysten, Euroopan parlamentin vahvistamien talousarvioiden, budjettivuoden lopullisten määrärahojen sekä käytettävissä olevien määrärahojen nimellinen kasvu (yleinen talousarvio, maksumääräyksiin käytettävät määrärahat, 1968–1994 (kuvio I) ja maksusitoumuksiin käytettävät määrärahat, 1977–1994 (kuvio II). (Lähde/ Source: General Report... [1968–78] (1968–78); The Community... 1988, 20–21 (1979–87); 1990, 20–21 (1988–89); 1992, 40–53 (1990–1992); 1993, 65–87 (1993–94); General Budget... 1994).
Chart 1. The growth in nominal terms of the preliminary draft budgets presented by the Commission, of the budgets adopted by the European Parliament, of the definitive budget appropriations for a year, and of the appropriations actually available (general budget of the EC, appropriations for payments, 1968–1994 (Chart I) and appropriations for commitments, 1977–1994 (Chart II)).

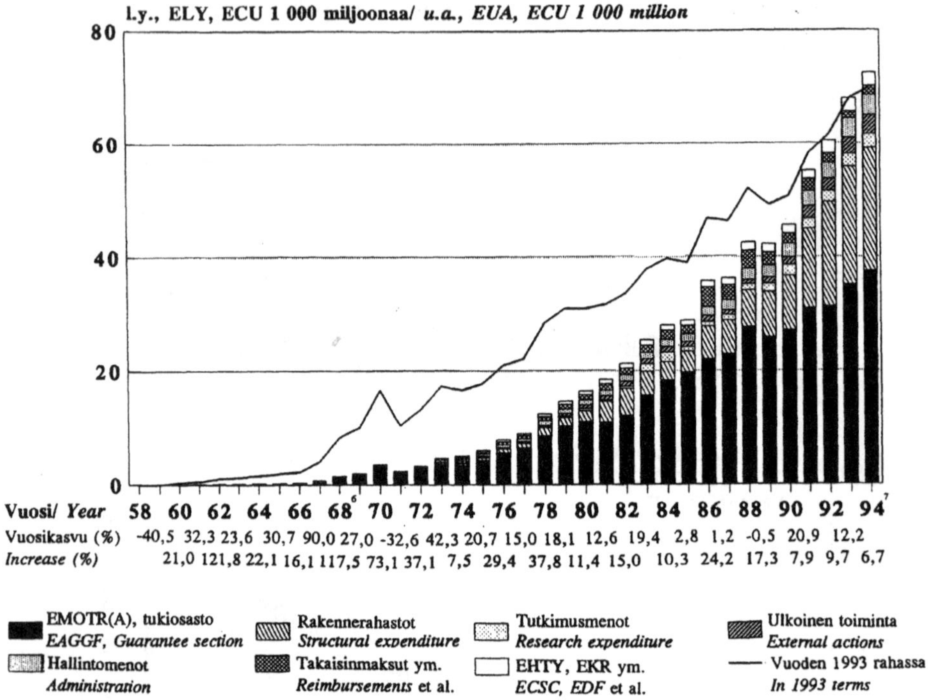

Ks. huomautukset Kuviossa 1 *II*.
See remarks in Chart 1 II.

[6] EY:n yleisen talousarvion ensimmäinen toimintavuosi.
Creation of the general budget of the EC.

[7] Alustava talousarvioesitys.
Preliminary draft budget.

Kuvio 2. Euroopan yhteisöjen/ Euroopan unionin menojen jakautuminen menolajeittain, menojen loppusumma vuoden 1993 rahassa sekä talousarvion loppusumman vuosikasvu (prosentteina) edelliseen vuoteen verrattuna vuosina 1958–1994. (Lähde/ Source: The Community... 1993, 18–27). Chart 2. Community expenditure from 1958 to 1994 at current prices and at 1993 prices and yearly increase.

kannalta sikäli, että ero EP:n vahvistamien talousarvioiden (TA) ja budjettivuoden määrärahojen välillä kuvaa (hyvin karkeasti) ulkoisen nettojouston määrän EY:n (EU:n) budjettijärjestelmässä eri vuosina, sillä budjettivuoden määrärahat (*Definitive budget appropriations for a year/ budget définitif (crédits de l'exercice)*) sisältävät myös budjettivuoden aikana hyväksyttyjen *täydentävien* ja/tai *korjaavien lisätalousarvioiden* (ks. luku 4.1.1) nettosumman (määrärahalisäykset miinus säästöpäätökset).

Kuviossa 1 esitetty käytettävissä olevien määrärahojen loppusumma sisältää maksumääräyksiin käytettävien määrärahojen osalta (ks. kuvio *I*) edelliseltä varainhoitovuodelta siirretyt määrärahat (*Sum of carry-overs from previous years/ report de l'exercice antérieur*, ks. luku 5.2) sekä maksusitoumuksiin käytettävien määrärahojen osalta (ks. kuvio *II*) edellisenä varainhoitovuonna käyttämättä jääneet määrärahat (*Appropriations remaining from previous years/ crédits subsistants de l'exercice antérieur*)[18]. Siten ero bud-

[18] Lisäksi käytössä olevat määrärahat sisältävät jonkin verran (ECU 2,2 miljoonasta vuonna 1987 ECU 12,1 miljoonaan vuonna 1980 MMKM:n ja ECU 1,5 miljoonasta vuonna 1986 ECU 16,8 miljoonaan vuonna 1988 MSKM:n osalta) ulkopuolisille tehdyistä töistä saatuja tuloja (*Appropriations from reve-*

jettivuoden määrärahojen ja käytettävissä olevien määrärahojen välillä kuvaa omalta osaltaan karkeasti (so. määrärahojen siirtojen osalta TA:sta toiseen; ks. luku 5.2) ylivuotisen jouston nettomäärää (ks. luku 5) EY:n budjettijärjestelmässä eri tarkasteluvuosina.

4 EUROOPAN UNIONIN YLEISEN TALOUSARVION VUOTUINEN JOUSTO

4.1 Ulkoinen jousto

Budjettivuoden aikana tapahtuviin toimintaympäristön muutoksiin voidaan periaatteessa vastata kahdella hyvinkin erilaisella tavalla, nimittäin joko lisärahoituksen (tai esim. säästöpäätösten tapauksessa menosupistusten) avulla (eli nk. *ulkoisen jouston* keinoin, sillä tällöin poiketaan budjettivallan hyväksymästä talousarviosta) tai budjetin menokehysten sisällä tapahtuvan jouston avulla (eli nk. *sisäisen jouston* keinoin; ks. luku 4.2), ks. Saarilahti & Uusikylä (1992, 24–46; 1993, 210–223). EY:ssä tärkein ulkoisen jouston muodoista on ollut *lisäbudjettimenettely* (ks. luku 4.1.1). Muita ulkoisen jouston muotoja käsitellään luvussa 4.1.2.

4.1.1 Lisäbudjettimenettely

Kuten Suomen ja kaikkien EU:n jäsenvaltioiden budjettijärjestelmät (ks. esim. OECD 1987, 35–41 ja 63–178), myös EU:n budjettijärjestelmä tuntee lisätalousarviomenettelyn, jonka päätarkoituksena on korjata talousarvio muuttuneita olosuhteita vastaavaksi.

Vuoden 1990 VHA 15 art. 1 k. mukaan (vuoden 1977 VHA 1 art. 5 k. – perustamissopimukset eivät erikseen mainitse lisäbudjetteja) komissio voi esittää »alustavia esityksiä täydentäväksi ja/tai korjaavaksi lisätalousarvioksi väistämättömissä, poikkeuksellisissa tai odottamattomissa (»*unavoidable, exceptional* or *unforeseen*») olosuhteissa».[19]

Taulukko 1. EY:n yleiseen talousarvioon hyväksyttyjen täydentävien ja/ tai korjaavien lisätalousarvioiden hyväksymispäivämäärät vuosina 1968-1992. (Lähde/ Source: General Report... [1968–1992]).

Table 1. Date of adoption of the different supplementary budgets and/ or amending budgets to the general budget of the EC, 1968–1992.

Vuosi Year	Tyyppi Type	Hyväksymispäivä Date of Adoption
1969	TLTA I	30.6.
1970	TLTA I	29.9.
	TLTA II	14.12.
	TLTA III	14.12.
1971	KLTA I	1.3.
	TLTA II	8.11.
1972	TKLTA I	27.6.
1973	TLTA I	21.5.
	TKLTA II	21.9.
	KLTA III	21.9.
	TKLTA IV	21.9.
1974	TKLTA I	26.11.
1975	TKLTA I	29.4.
	TLTA II	29.4.
	TLTA III	3.12.
1976	TLTA I	18.6.
	TKLTA II	16.9.
	KLTA III	14.12.
1977	TKLTA I	7.7.
	TKLTA II	27.11.
1978	KLTA I	15.2.
	TLTA II	15.3.
	TLTA III	11.5.
1979	TKLTA I	25.4.
	TLTA II	11.5.
	TKLTA III	13.12.
1980	TKLTA I	20.11.
	TLTA II	23.12.
1981	KLTA I	17.9.
	TKLTA II	21.12.
1983	TKLTA I	15.2.
	TKLTA II	24.10.
1984	TKLTA I	25.10.
1987	TKLTA I	17.7.
1988	TKLTA I	6.7.
1989	TKLTA I	13.4.
1990	TKLTA I	16.2.
	TKLTA II	11.7.
	TKLTA III	13.12.
1991	TKLTA I	15.5.
	TKLTA II	20.11.
	TKLTA III	20.11.
1992	TKLTA I	1.4.
	TKLTA II	13.5.
	TKLTA III	16.9.

TLTA = Täydentävä lisätalousarvio
Supplementary budget (SB)

KLTA = Korjaava lisätalousarvio
Amending budget (AB)

TKLTA = Täydentävä *ja* korjaava lisätalousarvio
Supplementary and *amending budget (SAB)*

nue from services for outside bodies/ crédits correspondants aux recettes relatives à des prestations pour des tiers; ks. esim. *The Community...* 1989, 20–21).

[19] Vuoden 1977 VHA:ta laadittaessa EP pyrki muotoilemaan lauseen siten, että kaikkien kolmen olosuhteen (väistämätön, poikkeuksellinen *ja* odottamaton) olisi oltava samanaikaisesti voimassa, jotta komissio voisi esittää täydentävää tai korjaavaa lisätalousarviota. Neuvosto kuitenkin torjui ehdotuksen ja kirjoitutti lauseen nykyiseen tai -muotoon. Käytännössä komissio on esittänyt lisäbudjetteja tilanteissa, jotka eivät ole olleet sen kummemmin väistämättö-

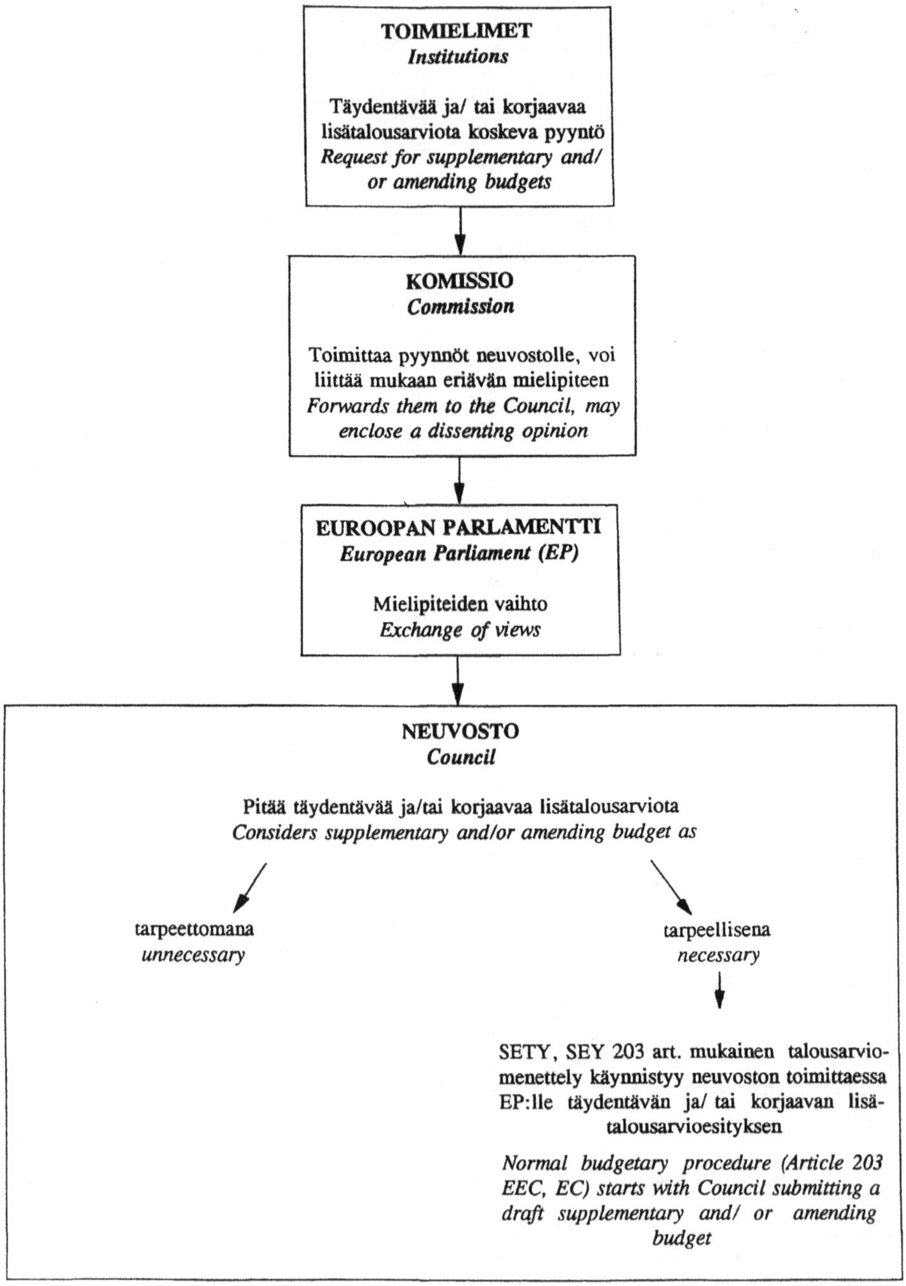

Kuvio 3. Euroopan yhteisöjen/ Euroopan unionin lisätalousarviomenettely (normaalitapaus). (Lähde/ Source: Walder 1992, 58).
Chart 3. The adoption of supplementary and/ or amending budgets to the general budget of the European Communities/ European Union (normal procedure).

EU tekee siten eron yhtäältä *täydentävien lisätalousarvioiden* (TLTA; engl. *Supplementary budget*, ransk. *budget supplémentaire*) ja toisaalta *korjaavien lisätalousarvioiden* (KLTA; engl. *Amending budget*, ransk. *budget rectificatif*) välillä[20].

Täydentävien lisätalousarvioiden tehtävänä on joko lisätä menoja alkuperäiseen talousarvioon verrattuna, tai, lisäämättä välttämättä kokonaismenoja, luoda uusia, varsinaiseen budjettiin sisältymättömiä, menokohteita.

Korjaavan lisätalousarvion tarkoituksena ei sen sijan ole kasvattaa varsinaisen talousarvion loppusummaa tai luoda uusia menokohteita, vaan lähinnä muuttaa menojakaumaa (se olisi siten luettava ensisijaisesti sisäisen jouston keinoihin, ks. esim. Saarilahti & Uusikylä 1992, 25–33), tai supistaa alkuperäisen budjetin menoja (jolloin lähestytään suomalaisen budjetoinnin säästöpäätöksiä, ks. esim. Tuori 1985, 44). Tosiasiassa suurin osa vuosina 1968–1994 hyväksytyistä lisäbudjeteista on ollut sekä täydentäviä että korjaavia lisätalousarvioita (TKLTA; ks. taulukko 1 vuosien 1968–1992 osalta).

Lisätalousarviot hyväksytään neuvostossa ja EP:ssa saman kaavan mukaan kuin varsinaisetkin talousarviot (VHA 15 art. 2 k. 2 alak.; ks. kuvio 3). Myös nopeutettu käsittely on mahdollinen (15 art. 3 k. 2 alak.).

Vuoden 1990 VHA:n mukaan (15 art. 4 k.) EP, neuvosto, TI ja TTI voivat pyytää lisäbudjettia. VHA kuitenkin edellyttää täydentävän tai korjaavan lisätalousarvion tarpeen tiukkaa perustelemista: mm. kuluvan ja edellisen varainhoitovuoden talousarvioiden toteuttamisesta koskevien tietojen on seurattava alustavaa esitystä. Esitys on myös periaatteessa toimitettava neuvostolle »viimeistään sinä päivänä, jona alustava talousarvioesitys (ATAE) seuraavan varainhoitovuoden talousarvioksi on esitettävä.»[21] Komissio voi niin ikään liittää lisäbudjettipyyntöön mukaan eriävän mielipiteen (15 art. 3 k.).

---

miä, poikkeuksellisia kuin odottamattomiakaan (ks. esim. Strasser 1980a, 73–74). EU:ssa voidaan hyväksyä myös pelkästään tuloja korjaavia lisätalousarvioita, joiden avulla alkuperäisiä tuloennusteita voidaan korjata ylös- tai alaspäin »omien varojen» todellisen keräämisvolyymin mukaisesti. EU:n budjettijärjestelmä tuntee myös ns. alustavat talousarviot ja oikaisukirjelmät (engl. *Letter of amendment*, ransk. *lettre rectificative*; ks. esim. Strasser 1992a, 183). Vuoden 1990 VHA:n sanamuotoa on arvostellut mm. Walder (1992, ks. erit. 57).

20 Eräissä lähteissä käytetään termin »täydentävä lisätalousarvio» tilalla yksinkertaisesti käsitettä »lisätalousarvio» ja »korjaavan lisätalousarvion» tilalla termiä »täydentävä talousarvio».

Vuoden 1990 VHA mainitsee erityisesti, että neuvosto voi katsoa lisäbudjetin tarpeettomaksi. Neuvosto joutuu kuitenkin kysymään EP:n kantaa ennen kuin se voi hylätä esityksen (15 art. 5 k.). Siten myös lisäbudjettimenettelyssä EP on pystynyt kasvattamaan budjettivaltaansa. EP:n budjettivalta on kuitenkin tässäkin suhteessa vielä kaukana täydellisestä vallanjaosta neuvoston kanssa (ks. luvut 4–6).

EY:n ja EU:n yleiseen talousarvioon hyväksyttyjen täydentävien ja/tai korjaavien lisätalousarvioiden lukumäärät ja nimelliset loppusummat eriteltyinä maksumääräyksiin (*I*, vuodet 1972–1992) ja maksusitoumuksiin käytettyihin määrärahoihin (*II*, vuodet 1976–1992) on esitetty kuviossa 4. Loppusummat on niin ikään suhteutettu näiden vuosien talousarvioiden loppusummiin eri vuosien välisten vertailujen helpottamiseksi.

Vaikka komissio on Strasserin (1980a, 73–74) mukaan pyrkinyt alistamaan budjettivallalle mahdollisimman vähän lisäbudjetteja, EY:ssä on vuodesta 1968 vuoteen 1992 hyväksytty lukuisia TLTA:ita ja KLTA:ita: yksi vuosina 1969, 1972, 1974, 1984, 1987, 1988 ja 1989, kaksi vuosina 1971, 1977, 1980, 1981 ja 1983, kolme vuosina 1970, 1975, 1976, 1978, 1979 ja viimeksi vuosina 1990–1992 ja peräti neljä vuonna 1973. Niinpä vuodet, jolloin ei ole hyväksytty yhtään lisäbudjettia, ovat olleet varsin harvinaisia: tähän mennessä vain vuodet 1968, 1985 ja 1986 ovat olleet tällaisia. Vuonna 1982 komissio esitti kaksi alustavaa lisäbudjettiesitystä, jotka kuitenkin molemmat hylättiin. Sama kohtalo koitui mm. vuoden 1986 I TKLTA:lle tai vuoden 1992 IV TKLTA:lle (ks. esim. Fernandez–Fabregas & Lentz 1993, 629–630).

EY:n lisätalousarvioiden nimellisarvoiset loppusummat ovat pysytelleet maksumääräyksiin käytettävien määrärahojen osalta keskimäärin l.y., ELY, ECU 1 000 miljoonan alapuolella (ks. kuvio 4 *I*). Vuosina 1972, 1974, 1978 (kolme lisäbudjettia), 1988, 1989 ja 1990 (kolme TKLTA:ta) lisäbudjettien loppusumma vaihteli ELY 650 000:sta (vuonna 1978) hieman yli ECU 211,4 miljoonaan (vuonna 1990).

Vuosina 1983 (kaksi lisäbudjettia) ja 1984 (ja kuvion ulkopuolella vuosina 1970 ja 1971) lisätalousarvioiden loppusumma kohosi puolestaan

---

21 VHA esittää aikataulun yleisenä periaatteena (»pääsääntöisesti»), ks. 15 art. 3 k. Artiklan muotoilun seurauksista, ks. esim. Walder 1992, 58–59. Ennen vuoden 1990 uudistamista VHA ei sisältänyt mainintaa korjaavista lisätalousarvioista. Tämä johti Walderin mukaan EY:ssä tulkintaan, että KLTA:n pystyi esittämään milloin tahansa.

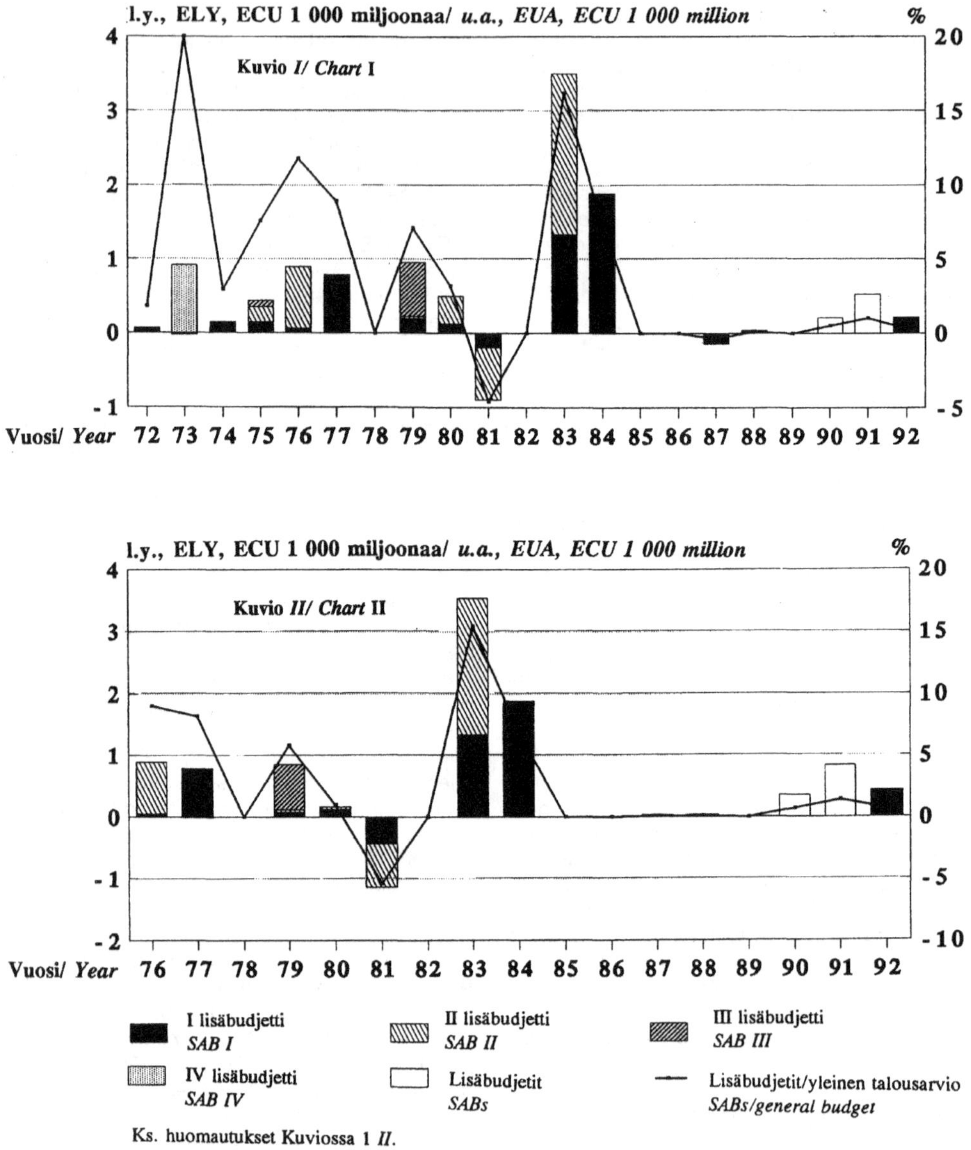

Kuvio 4. Yleiseen talousarvioon hyväksyttyjen täydentävien ja/ tai korjaavien lisätalousarvioiden nimelliset loppusummat sekä loppusummien prosentuaaliset osuudet yleisen talousarvion loppusummasta (maksumääräyksiin käytettävät määrärahat, 1972–1992 (kuvio I) ja maksusitoumuksiin käytettävät määrärahat, 1976–1992 (kuvio II)). (Lähde/ Source: General Report... [1968–1992]; Annual... [1968–1992]).
Chart 4. Total amount (in real terms) of supplementary and/ or amending budgets and amount compared to the amount of the general budget (appropriations for payments, 1972–1992 (Chart I) and appropriations for commitments, 1976–1992 (Chart II)).

yli l.y., ECU 1 500 miljoonan rajan. Varsin merkittävä on vuoden 1983 korkea luku (yli ECU 3 502 miljoonaa), joka johtui lähinnä Yhdistyneelle kuningaskunnalle palautetuista maksuosuuksista ja Saksan liittotasavallan osuuden leikkauksista (Yhdistyneen kuningaskunnan maksuosuuksien palautuksista, ks. esim. Denton 1982; Isaac 1984, 107–122 tai Swann 1992, 81–84), sekä arvioitua suuremmasta maatalousmenojen kasvusta, ennen kaikkea maataloustuotteiden maailmanmarkkinahintojen yllättävien vaihteluiden vuoksi (ks. *General Report...* 1983).

Vuosina 1981 ja 1987 hyväksyttyjen lisäbudjettien loppusumma taas oli negatiivinen (vuonna 1991 peräti ECU 893,7 miljoonaa). EY siis leikkasivat (vrt. säästöpäätökset) menojaan suunnitellusta budjettivuoden aikana.

Maksusitoumuksiin käytettyjen määrärahojen loppusummien kehitys vuosien 1976–1992 lisäbudjeteissa on noudattunut suurin piirtein samanlaista kaava (ks. kuvio 4 *II*). Vuoden 1987 TKLTA:ssa MSKM:jen loppusumma kuitenkin kasvoi ECU 37,9 miljoonalla, kun MMKM:jen loppusumma puolestaan laski (ks. kuvio 4 *I*).

Lisäbudjettien osuudet näiden vuosien talousarvioiden loppusummiin verrattuna ovat vaihdelleet n. –4,6:sta vuonna 1981 (–5,4 MSKM:jen osalta) n. 21 %:iin vuonna 1973 (jolloin lisäbudjettien loppusumma edusti jo yli viidennestä TA:n loppusummasta).

Lisäbudjeteista muodostui siten entistä tärkeämpi EY:n toiminnan rahoitusmuoto vuodesta 1972 vuoteen 1976, jona aikana lisätalousarvioiden koko suhteessa talousarvioon kasvoi n. 1,8:sta n. 11,8 %:iin. Vuoden 1973 korkea luku (20,9 %) johtui ennen kaikkea EY:n laajentumisesta (ks. luku 3.4) ja maataloustuotteiden maailmanmarkkinahintojen suurista heilahteluista mm. vuoden 1973 öljyn hinnankorotusten takia.

Vuodesta 1977 lähtien lisäbudjettirahoituksen merkitys pieneni aina vuoteen 1982 asti, mutta kasvoi jälleen vuosina 1983 ja 1984 (16,2 ja 7,4 % TA:n loppusummasta). Vuodesta 1987 lähtien (vuosina 1985 ja 1986 ei hyväksytty yhtään lisäbudjettia) TKLTA:iden käyttö EY:ssä on ollut suhteellisen vakaata: lisäbudjettien loppusummat suhteessa talousarvioiden loppusummiin ovat vaihdelleet vuoden 1987 -0,4 %:sta vuoden 1990 0,3 %:iin. Vain vuoden 1991 arvo (1 % TA:n loppusummasta) on jonkin verran muita suurempi. Vuoden 1988 TVS:lla (ks. luku 4.2.4) näyttäisi siten olleen oma eittämätön vaikutuksensa ulkoisen jouston kuriin saattamisessa (määrällisessä mielessä). Toisaalta lisäbudjetteja laadittiin yhä runsaasti vuosina 1990–1992 (3 lisätalousarvio-ta/ vuosi). Tämä johtui mm. lisääntyneistä RN:ien muutostarpeista EY:n I TVS:n loppuvuosina (ks. luvut 4.2.4 ja 5.4).

4.1.2 Muut ulkoisen jouston keinot

Jos lisätalousarviomenettely onkin ollut ehdottomasti tärkein EU:n budjettijärjestelmän ulkoisen jouston muoto, myös esim. ei-pakollisten menojen korottaminen kesken budjettivuoden yli sovitun korotusten enimmäismäärän (ks. luku 4.2.3) tai rahoitusnäkymien muuttaminen kesken varainhoitovuoden (ks. luku 4.2.4) ovat osaltaan ulkoisen jouston muotoja, jos niiden avulla poiketaan varainhoitovuoden alussa hyväksytystä TA:sta. Menetelmät ovat kuitenkin vain osasia (vaikkakin keskeisiä osasia järjestelmän joustavuuden kannalta) EU:n budjettijärjestelmän sisäisen jouston muodoista (eli osasia pakollisten ja ei-pakollisten menojen tai budjettikurin muodostamista järjestelmistä). Niitä käsitellään siten seuraavassa osassa (luku 4.2).

LÄHTEET

COM	*Commission of the EC/ Commission des CE*
EUP	*European Perspectives*
HT	Hallinnon tutkimus (*Administrative Studies*)
JEI	*Journal of European Integration* (*RDE*)
OJ	*Official Journal of the EC* (VL)
OOPEC	*Office for Official Publications of the EC*
RDE	*Revue d'Intégration Européenne* (*JEI*)
RFFP	*Revue française de Finances publiques*
RMC(&UE)	*Revue du Marché Commun (et de l'Union Européenne)*
RTDE	*Revue trimestrielle de droit européen*
*	Julkaisematon (*Unpublished*)

Annual Report Concerning the Financial Year [1977–1992] Together with the Institutions' Replies. OJ Serie C. Court of Auditors. (1978–1993).

Bentolila, Marc: *La nouvelle politique agricole commune.* Problèmes politiques et sociaux n° 723. La documentation Française. Paris 11 mars 1994.

Bureau, Dominique & Champsaur, Paul: Fédéralisme budgétaire et unification économique européenne. *Observations et diagnostics économiques (1991): 40 (avril).* 87–99.

Charles-Le Bihan, Danièle & Gadbin, Daniel: New Trends in the Common Agricultural Policy. 167–181. In Leon Hurwitz & Christian Lequesne (Eds): *The State of the European Community. Policies, Institutions & Debates in the Transition Years.* Lynne Rienner Publishers, Inc. Boulder, Colorado 1991.

Church, Clive H. & Phinnemore, David (Compiled for the University of Kent by): *European Union and European Community: A Handbook and Commentary on the post-Maastricht Treaties.* Harvester Wheatsheaf. London 1994.

Cloos, Jim, Reinesch, Gaston, Vignes, Daniel & Weyland, Joseph: *Le Traité de Maastricht. Genèse, analyse, commentaires.* Organisation internationale et relations internationales 28. Établissements Émile Bruylant. Bruxelles 1993.

Coget, Gérald: Les ressources propres communautaires. *RFFP 12 (1994): 45.* 51–96.

COM(92) 81 final: The System of Own Resources. Report presented by the Commission in accordance with Article 10 of the Decision on Own Resources. Brussels 10 March 1992.

COM(92) 358 final: Proposal for a COUNCIL REGULATION (ECSC, EC, Euratom) amending the Financial Regulation of 21 December 1977 applicable to the general budget of the European Communities. Brussels 2 September 1992.

COM(92) 2000 final: From The Single Act To Maastricht and Beyond. The Means to Match Our Ambitions. Brussels 11 February 1992.

COM(92) 2001 final: The Community's Finances Between Now and 1997, Communication from the Commission to the Council and Parliament. Brussels 10 March 1992.

Community Public Finance. The European budget after the 1988 reform. OOPEC. Luxembourg 1989.

Cot, Jean-Pierre: De la procédure budgétaire communautaire considérée comme un des beaux-arts. *L'événement européen (1988): 3/4.* 205–215.

Cuchran, Boris *et al.*: Le financement de l'Union. 807–883. Dans *Mise en oeuvre du Traité de Maastricht et construction européenne.* II Tome. École nationale d'administration. Rapports de séminaires établis par les élèves de la promotion Antoine de Saint-Exupéry. La Documentation Française. Paris 1994.

Denton, Geoffrey: *The British Budget Problem and the Future of the EEC Budget.* Federal Trust/TEPSA Report. London 1982.

Druker, Isaac E.: *Financing the European Communities.* A.W. Sijthoff. Leyden 1975.

Ehlermann, C[laus-]D[ieter]: The Financing of the Community: The distinction between financial contributions and own resources. *Common Market Law Review 19 (1982): 4 (November).* 571–589.

Emerson, Michael & Huhne, Christopher: *The ECU Report.* Pan Books. London 1991.

European Council in Edinburgh. 11–12 December, 1992. Conclusions of the Presidency. Council of the European Communities.

Fernandez-Fabregas, F. & Lentz, J.: Le budget 1993. Le déroulement de la procédure budgétaire: ses incidentes et son aboutissement. *RMC&UE 36 (1993): 370 (juillet-août).* 628–655.

General Budget of the European Communities (of the European Union): Final adoption of the general budget of the European Communities (European Union) for the financial year (1968–1994). OJ Serie L. European Parliament. (1968–1994).

General Report on the Activities of the European Communities (First-XXVIIth General Report). COM. Brussels (1968–1994).

Gojat, George: L'activité des Communautés européennes vue à travers leur budget. *RMC 13 (1970): 136 (septembre).* 397–405.

Hallituksen esitys Eduskunnalle valtion talousarvioksi vuodelle 1995. Painatuskeskus Oy. Helsinki 1994 (alustava sisäinen versio).

Hémard, Christophe: Le budget européen et l'agriculture. *Chambres d'agriculture. Supplément au N° 750. Décembre 1987.*

Isaac, Guy: La rénovation des institutions financières des CE: le remplacement des contributions financières par des ressources propres. *RTDE 9 (1973).* 670–714.

Isaac, Guy: Le »problème» de la contribution budgétaire du Royaume-Uni. (De l'accord du 30 mai [1980] au Conseil européen de Stuttgart [1983]). *RTDE 20 (1984): 1 (Janvier-Mars).* 107–122.

Isaac, Guy: Les institutions communautaires. Budgets. Principes budgétaires. *Collection des Juris-Classeurs, Vol. 1, Fascicule 250.* Éditions Techniques. Paris 1990.

Isaac, Guy: Les institutions communautaires. Budgets. Contenu des budgets. *Collection des Juris-Classeurs, Vol. 1, Fascicule 251.* Éditions Techniques. Paris 1992a.

Isaac, Guy: *La pratique des inscriptions négatives dans le budget des Communautés européennes.* 1993. (Document multigraphié. À paraître). *

Isaac, Guy & Hen, Christian: Les nouveautés du droit financier et budgétaire des communautés en 1977. *RTDE 14 (1978): 4 (Octobre-Décembre).* 647–693.

Jacqué, Jean-Paul: Conquête et revendications: l'évolution des pouvoirs législatifs et budgétaires du Parlement européen depuis 1979. *RDE 6 (1983): 2–3 (Hiver-Printemps).* 155–182.

Jacqué, Jean-Paul, Bieber, Roland, Constantinesco, Vlad & Nickel, Dietmar: *Le Parlement européen.* Éd. Économica. Paris 1984.

Johnson, Christopher (Ed.): *ECU. The Currency of Europe.* Euromoney Publications. London 1991.

Juchet, Patricia: Les finances de la Communauté. 47–52. Dans *L'Europe des Communautés.* Nouvelle édition – 1992. Les notices. La documentation Française. Paris 1992.

Jurgensen, Philippe: *ÉCU, naissance d'une monnaie.* Éditions Jean-Claude Lattès. Paris 1991.

Leygues, Jean-Charles: Évaluation des politiques internes communautaires et de leurs dépenses. *RFFP 12 (1994): 45.* 97–164.

Milas, René: Le budget communautaire sous analyse systémique. Ière partie. *RMC 31 (1988a): 317 (mai).* 287–296.

Molinier, Joël: La traduction financière des interventions externes des Communautés européennes. *RFFP 12 (1994): 45.* 165–175.

Nicoll, William: The Battles of the European Budget. *Policy Studies 5 (1984): 1 (July).* 4–21.

Nicoll, W[illiam]: EEC budgetary strains and constraints. *International Affairs 64 (1987/8): 1 (Winter).* 27–42.

Nugent, Neill: *The Government and Politics of the European Union.* Third Edition (First Edition in 1989). The European Union Series. Macmillan Limited. London 1994.

OECD: *The control and management of government expenditure.* Organisation for Economic Co-operation and Development. Paris 1987.

Orsini, Gilbert: *La Cour des Comptes des Communautés Européennes.* Economica. Paris 1983.

Orsini, Gilbert: Communautés européennes. Eléments de transparence budgétaire. *RFFP 10 (1992): 40.* 131–149.

Paulin, Bernard: La maîtrise de la croissance budgétaire dans la Communauté européenne. *Annuaire Français De Droit International 31 (1985).* 823–836.

Pinder, John: The Single Market: A step towards European Union. 94–110. In Juliet Lodge (Ed.): *The European Community and the Challenge of the Future.*

Pinter Publishers. London 1989.
Pitsvada, Bernard T.: A Primer on the Budget of the European Community. *Public Budgeting & Finance 12 (1992): 2 (Summer).* 16–31.
Prate, Alain: Les finances de la Communauté européenne. Fédéralisme ou subsidiarité ? *Commentaire (1992/3): 60 (Hiver).* 815–822.
Reister, Erwin: *Haushalt und Finanzen der Europäischen Gemeinschaften.* Nomos Verlagsgesellschaft. Baden-Baden 1975.
Report of the Study Group on the Role of Public Finance in European Integration [The MacDougall Report]. Volume I: General Report. Collection Studies, Economic and Financial Series No. A 13. COM. Brussels 1977.
Rosenblatt, Julius, Mayer, Thomas, Bartholdy, Kasper, Demekas, Dimitrios, Gupta, Sanjiev & Lipschitz, Leslie: The Common Agricultural Policy of the European Communities. Principles and consequences. *IMF Occasional Paper No. 62.* International Monetary Fund. Washington, D.C. 1988.
Saarilahti, Ilkka: *The Annual And Multiannual Flexibility of the General Budget of the European Communities from 1968 to 1992: Problems and change.* College of Europe. Master Thesis. Bruges May 1993a.*
Saarilahti, Ilkka & Uusikylä, Petri: *Ulkoinen ja sisäinen jousto suomalaisessa budjetoinnissa. Tapaustutkimus sosiaali- ja terveysministeriöstä sekä opetusministeriöstä vuosina 1968–1988.* Yleisen valtio-opin hallinto-opin suuntautumisvaihtoehdon pro gradu -tutkielma. Helsingin yliopisto. Tammikuu 1991.*
Saarilahti, Ilkka & Uusikylä, Petri: Vuotuinen joustavuus suomalaisessa budjetoinnissa. *HT 11 (1992): 1.* 24–46.
Saarilahti, Ilkka & Uusikylä, Petri: Sosiaali- ja terveysministeriön sekä opetusministeriön lisärahoituksen perustelut vuosina 1968–1992. *HT 12 (1993): 3.* 210–223.
Schmitt, Vital: Dix ans de travaux de la Cour des comptes européenne. Essai de typologie. *RMC 31 (1988): 317 (mai).* 282–286.
Secrétariat général du Conseil des Communautés européennes. [Quatorzième-Trente-neuvième] aperçu des activités du Conseil. (1968–1993).
Shackleton, Michael: The Budget of the European Community. 129–147. In Juliet Lodge (Ed.): *The European Community and the Challenge of the Future.* Pinter Publishers. London 1989.
Shackleton, Michael: *Financing the European Community.* The Royal Institute for International Affairs. Pinter Publishers. London 1990.
Strasser, Daniel: Histoire budgétaire des Communautés européennes expliquée en chiffres. 1ère partie: Histoire budgétaire de la C.E.C.A. *RMC 19 (1976): 202 (décembre).* 551–561.
Strasser, Daniel: Histoire budgétaire des Communautés européennes expliquée en chiffres. IIe partie: Histoire budgétaire de la C.E.E. et de la C.E.E.A. *RMC 20 (1977a): 203 (janvier).* 44–59.
Strasser, Daniel: Le budget 1977. Bilan d'une procédure, perspective pour une nouvelle année. *RMC 20 (1977b): 205 (mars).* 128–137.
Strasser, Daniel: *The finances of Europe.* Revised and enlarged edition (First Edition in English in 1978). The EUP Series. COM. Luxembourg 1980a.
Strasser, Daniel: *Les finances de l'Europe. Le droit budgétaire et financier des communautés européennes.* 6e édition, 4e édition en français. Librairie Générale de Droit et de Jurisprudence. Paris 1990.
Strasser, Daniel: *The finances of Europe. The budgetary and financial law of the European Communities.* Seventh Edition (Third English Edition. First Edition in English in 1977). EUP. COM. Luxembourg 1992a.
Strasser, Daniel: Les métamorphoses du budget général des Communautés européennes. Effets sur sa transparence. *RFFP 10 (1992b): 40.* 150–161.
Strasser, Daniel: Les dispositions financières du Traité de Maastricht. *RFFP 12 (1994): 45.* 195–213.
Swann, Dennis: *The Economics of the Common Market.* Seventh Edition (First Edition in 1970). Penguin Books. London 1992.
Terrasse, Yves: *Le budget de la Communauté européenne.* Masson. Paris 1991.
Teulon, Frédéric: *La Politique Agricole Commune.* Deuxième édition corrigée (1re édition en 1991). Que sais-je ? N° 2568. Presses Universitaires de France. Paris 1993.
The Community Budget: The Facts in Figures. [1988–1993] Edition. OOPEC. Luxembourg (1988–1993).
Timmann, Hans-Jörg: Das Haushaltsverfahren 1989 – Erste Erfahrungen mit der Interinstitutionellen Vereinbarung über die Haushaltsdisziplin. *Europarecht 24 (1989): 1 (Januar-März).* 13–29. [Traduction en français: La procédure budgétaire pour l'exercice 1989 et la première application de l'Accord Interinstitutionnel. *RMC 32 (1989): 326 (avril).* 235–242].
Tonnerre, Loïc: *Les Communautés européennes. Institutions. Union économique et monétaire.* Eyrolles. Paris 1991.
Tuori, Kaarlo: *Budjetti, laki, suunnitelma.* Valtiovarainministeriö. Valtion painatuskeskus. Helsinki 1985.
Walder, Stephan: *The Budgetary Procedure of the European Economic Community.* Böhlau Verlag. Vienna 1992.
Wallace, Helen: *Budgetary Politics: The Finances of the European Communities.* University Association for Contemporary European Studies. George Allen & Unwin. London 1980.
Weiler, Joseph: The Community System: The Dual Character of Supranationalism. *Yearbook of European Law 1 (1981).* 267–306.
Williams, Allan M.: *The European Community. The Contradictions of Integration.* Basil Blackwell. Oxford 1991.
Ørstrøm Møller, J.: *Member States and the Community Budget.* Samfundsvidenskabeligt Forlag. Copenhagen 1982.

II. Euroopan unionin yleisen talousarvion joustavuudesta.
Osa II. Sisäinen jousto.
***Hallinnon tutkimus 15 (1996): 1.* 8-31.**

Euroopan unionin yleisen talousarvion joustavuudesta

Osa II. Sisäinen jousto

Ilkka Saarilahti

THE FLEXIBILITY OF THE GENERAL BUDGET OF THE EUROPEAN UNION
Part II. Annual internal flexibility

This is the second part of a series of three articles analysing the components of budgetary flexibility on the expenditure side of the general budget of the European Communities/ European Union, for the period 1968–1994.

Part I (which appeared in Administrative Studies, vol. 14 (1995): 4, pp. 294–310) deals with annual external flexibility. Annual internal flexibility is presented here in Part II, consisting of the following elements: total amount and kind of budgetary headings in the general budget; virements or transfers ('structural flexibility'); compulsory vs non-compulsory expenditure ('normative flexibility'); budgetary discipline and financial perspectives (1988–1992); reserves (and, more precisely, the functioning of the contingency reserve, the negative reserve, the monetary reserve, the reserve for guaranteeing loans to non-member countries, and the reserve for emergency aid to non-member countries); provisional appropriations; and the special case of 'mini-budgets'. A synthesis of the development of the different forms of budgetary flexibility on the expenditure side of the general budget of the EC/EU is presented at the end of Part III.

Keywords: *financial management, budgetary flexibility, general budget of the European Communities, general budget of the European Union*

4.2 Sisäinen jousto

EY:n (EU:n) budjettijärjestelmän ja yleisen talousarvion *sisäisen jouston* muodoista (eli budjetin menokehysten sisällä tapahtuvan jouston muodoista, ks. luku 4.1. Sisäisestä joustosta tarkemmin esim. Saarilahti & Uusikylä 1991) tässä osassa[1] esitellään *rakennejousto* (eli talousarvioiden määrärahojen jaotteluiden muutokset; luku 4.2.1), mahdollisuus siirtää määrärahoja budjettikohdasta toiseen (eli ns. *virement-menettely*; luku 4.2.2), *normijousto* (eli tässä artikkelissa EY:n menojen jakautuminen pakollisiin ja ei-pakollisiin menoihin; luku 4.2.3), *budjettikuri ja rahoitusnäkymät* (vuosien 1988–1992 osalta – vuosien 1993–1999 rahoitusnäkymät (RN) käsitellään osassa III; luku 4.2.4[2]), *varaukset* (luku 4.2.5) sekä nk. *minibudjetit* (luku 4.2.6).

4.2.1 Rakennejousto

Useimmissa EY:n jäsenvaltioissa alkoi 1980-luvun alussa yleistyä käytäntö, jonka mukaan talousarvioiden usein äärimmäisen yksityiskohtaisia jaotteluja ryhdyttiin purkamaan, samalla kun määrärahoja alettiin budjetoida yhä enemmän muutamille harvoille (usein tehtäväpohjaisille) momenteille (ks. esim. OECD 1987, 35–41 ja 63–178). Myös Suomessa on kehitys kulkenut kohti momenttikokojen suurentamista (vrt. esim. tulosbudjetoinnin asettamat uudet vaatimukset; Saarilahti & Uusikylä 1992, 30–31. Rakennejoustosta yleisesti, ks. esim. Saarilahti 1991).

EY:n TA sisälsi Yves Terrassen (1991, 26) laskelmien mukaan vuonna 1983 erilaisia budjettikohtia (engl. *Budgetary heading*, ransk. *ligne budgétaire*) n. 700 kappaletta. Vuonna 1990 nii-

Artikkeli jätetty loppuvuodesta 1994

[1] Artikkelin ensimmäinen osa, joka käsitteli ulkoista joustoa, ilmestyi *Hallinnon tutkimuksessa 14 (1995): 4*, 294–310. Artikkelin kolmas osa keskittyy Euroopan yhteisöjen/ Euroopan unionin yleisen talousarvion ja budjettijärjestelmän ylivuotiseen joustoon.

[2] Vaikka budjettikuri ja rahoitusnäkymät säätelevätkin talousarvioiden koostumusta ja määräytymiseen useamman vuoden aikana (vuoden 1988 TVS solmittiin viideksi ja vuoden 1993 TVS seitsemäksi vuodeksi), ne samalla ohjaavat erikseen jokaisen yksittäisen budjettivuoden tuloja ja menoja, ja siten vaikuttavat budjettien joustavuuteen kunakin budjettivuonna. Toisaalta vuoden 1988 TVS:n esitteleminen on tärkeätä tämän osan muiden lukujen ymmärtämisen kannalta. Siksi se esitellään tässä vaiheessa. Vuoden 1993 TVS:ta tarkastellaan sen sijaan vasta EU:n budjettijärjestelmän ylivuotisen jouston esittelyn yhteydessä (luku 5).

tä oli jo n. 1 400, ts. yleisen talousarvion kohtien määrä kaksinkertaistui kahdeksassa vuodessa. Tosiasiassa suuri osa TA:n kohdista on varustettu joko »–» tai »p.m.» (*pro memoria*, »*pour mémoire*»; engl. myös »*token entry*») -merkinnällä[3].

Vuoden 1990 VHA:n muutoksen seurauksena vuoden 1991 TA:ssa toteutettu menorakenteen muutos (ks. luku 3.2) lisäsi varsinkin komission menojen (PI III) B osan erilaisten kohtien lukumäärä: esim. momentit lisääntyivät 277:stä 437:ään ja alamomentit 314:sta 489:ään. Erot eri kohtien välillä pysyivät edelleenkin suurina. Siten esim. luvun *B2-1 2* (Euroopan aluekehitysrahasto (EAKR[4])) ainoan momentin (*B2-1 2 0*) loppusumma kohosi n. ECU 5 940 miljoonaan, kun taas luvun *B4-1 0* (energiapolitiikka) loppusumma jäi vajaaseen ECU 114 miljoonaan, vaikka luku jakaantuikin seitsemään momenttiin ja kymmeneen alamomenttiin. Saman talousarvion alaluokka *B5* sisälsi ainoastaan 12 alamomenttia, kun taas osastot *B5-5* ja *B5-6* eivät sisältäneet yhtään alamomenttia (ks. esim. Isaac 1992a, 9).

Vuonna 1992 EY:n budjetti sisälsi 1 032 erilaista budjettikohtaa, joiden loppusummat vaihtelivat komission tekemän selvityksen mukaan valtavasti (*COM(92) 2001 final*, 11). Yhteensä 460:stä toimintamenoja sisältävästä kohdasta (EMOTR:n tukiosaston määrärahoja ei ole otettu huomioon tarkastelussa) yhdeksän kattoi 60 % kaikista TA:n määrärahoista, kun taas puolet kohdista kattoi yhteensä vain n. 0,7 % menoista. Yksikään viimeksi mainituista kohdista ei ylittänyt suuruudeltaan ECU 3 miljoonaa. Komission mukaan »(t)ämä hajanaisuus mahdollistaa tuhlauksen, sillä pienillä, hajanaisilla määrärahoilla ei yleensä saavuteta merkittävää tulosta EY:ssä. Se on myös este hyvälle varainhoidolle. (...) EY:ssä olisikin pyrittävä budjettinimikkeistön uudistamiseen ja poistettava tai yhdistettävä ne toimet, joiden määrärahat ovat lähinnä merkityksettömiä» (mts.11).

Vuoden 1992 maaliskuussa julkaisemassaan EY:n taloutta koskevassa tiedonannossa (*COM(92) 2001 final*, 47) komissio esitti lisäksi toivomuksen, että neuvosto, EP ja komissio voisivat »uudessa toimielinten välisessä sopimuksessa sopia myös siitä, että talousarvio ei periaatteessa sisältäisi toimintamenoja koskevia kohtia, jotka selvästi alittaisivat ECU 2 miljoonaa maksusitoumusmäärärahoina». Omasta puolestaan komissio halusi sitoutua olemaan esittämättä uusia talousarviokohtia, jotka alittaisivat selvästi ECU 3 miljoonaa »paitsi erityistapauksissa, jotka olisi erikseen perusteltava. Niistä kohdista, jotka nykyisin alittavat tämän loppusumman, komissio sitoutuisi esittämään ne poistot, sulautukset tai uudelleenjärjestelyt, jotka se katsoo tarpeellisiksi» (mts. 47). Käytännössä vuoden 1993 TVS:een pitkien neuvottelujen jälkeen kirjattiin vain yleinen periaate, jonka mukaan »toimielimet pyrkivät välttämään mahdollisuuksien rajoissa vähämerkityksellisten summien kirjaamista talousarvioon» (23 k.).

---

3 TA:ssa viivalla merkitään nykyään budjettikohdat, jotka ovat poistumassa, eli kohdat, joita koskien EP ja neuvosto eivät enää hyväksy menon suorittamista, mutta jotka on vielä sisällytetty talousarvioon mm. määrärahojen vertailun helpottamiseksi eri budjettivuosien välillä. Viivallinen kohta voidaan aktivoida vain lisätalousarviomenettelyn avulla (ks. luku 4.1.1). Myöskään »p.m.» -merkinnällä varustettuja kohtia ei voida pitää täysin operationaalisina, sillä vaikka meno onkin periaatteessa hyväksytty, tarvitaan vielä määrärahan siirto toisesta kohdasta tai erillisestä varauksesta, jotta maksut voidaan suorittaa (ks. luku 4.2.5.2). Vuoden 1983 TA:n kohdista 125 oli varustettu »p.m.» -merkinnällä (eli 17,9 %). Vuonna 1991 vastaava luku oli jo n. 212 (21 %; ks. Strasser 1992b, 152).

4 *European Regional Development Fund (ERDF)*, ransk. *Fonds européen de développement régional (FEDER)*. EAKR, jonka tehtävänä on tasoittaa alueellisia kehityseroja jäsenmaiden välillä mm. edistämällä tuotannollista toimintaa, parantamalla infrastruktuuria sekä kehittämällä rajaseutualueita ja ympäristönsuojelua, perustettiin vuonna 1975 erityisesti Yhdistyneen kuningaskunnan vaatimuksesta SETY 235 art. pohjalta (Asetus (A) N:o 724/75/ETY, 18.3.1975; EYVL N:o L 73, 21.3.1975; muut. 6.2.1979; EYVL N:o L 35, 9.2.1979). Sen osuus talousarvion menoista on n. 10 %.
EAKR:n ja EMOTR:n ohjausosaston (ks. luku 3.1) lisäksi EU:n talousarvion kolmas rakennerahasto on nk. Euroopan sosiaalirahasto (ESR; engl. *European Social Fund (ESF)*, ransk. *Fonds social européen (FSE)*. Sosiaalirahasto, joka aloitti toimintansa jo RS:n nojalla (SETY 123 art.), on vanhin EU:n rakennerahastoista. Sen TA-osuus on n. 8 %. Rahaston tarkoituksena on mm. edistää työmahdollisuuksien lisäämistä jäsenmaissa sekä työntekijöiden ammatillista ja alueellista liikkuvuutta. Myöhemmin tehtäviin on lisätty mm. nuorten työhön pääsyn ja vammaisten koulutuksen sekä teollisuuden rakennemuutosongelmien ratkaisuyritysten avustaminen (SEY 123 art.). Nykyisin ESR:n päätarkoitus on yhdessä muiden rakennerahastojen kanssa edistää EU:n sosiaalista ja taloudellista yhteenkuuluvuutta (koheesiota). Myös EMOTR:n ohjausosastosta vuonna 1994 erotettu kalatalouden ohjauksen rahoitusväline (KOR (»kalatalousrahasto»; engl. *Financial Instrument of Fisheries Guidance (FIFG)*; ransk. *Instrument financier d'orientation de la pêche (IFOP)*) luetaan rakennerahastoihin (ks. esim. *Fonds*... 1994). Yhteensä eri rakennerahastojen osuus EU:n yleisen talousarvion kokonaismenoista oli n. 25 % vuonna 1993. Osuuden on tarkoitus nousta yli 30 %:n 1990-luvun lopulla.

4.2.2 Määrärahojen siirrot

Budjettikohtien suurentamisen lisäksi budjetin sisäistä joustoa ja erityisesti rakennejoustoa voidaan parantaa lisäämällä määrärahojen siirtomahdollisuuksia kohtien välillä. EU:n budjettijärjestelmässä määrärahojen siirtotarve korostuu vielä sikäli, että edelleenkin yli puolet TA:n loppusummasta koostuu maatalousmenoista (vrt. Tsoukalis 1993, 268. Maatalousmenojen kehityksestä TA:ssa, ks. esim. El-Agraa 1990, 286–303 tai Jacobs *et al.* 1992, 118), joiden ennakointi on tunnetusti varsin vaikeaa.

EU:ssa määrärahojen *siirtomahdollisuus* (engl. *Virement* tai *transfer*, ransk. *virement de crédits*) perustuu SETY, SEY 205 art. 3 k., jonka mukaan »(k)omissio voi talousarvion rajoissa sekä 209 artiklan nojalla annetussa (varainhoito)asetuksessa säädetyin rajoituksin ja ehdoin siirtää määrärahoja luvusta toiseen tai alajaottelusta toiseen.» – komissiolle suotua määrärahojen siirtomahdollisuutta voidaan pitää poikkeuksena EU:n budjetointijärjestelmässä noudatettavasta erittelyperiaatteesta.

Rooman ja Maastrichtin sopimusten mukaan komissiolle tulisi siten TA:n toteuttajana kuulua varsin suuri vapaus siirtää määrärahoja luvusta toiseen tai alajaottelusta (momentit ja alamomentit) toiseen. Käytännössä SETY, SEY 209 art. nojalla säädetyissä VHA:ssa on vuosien mittaan suuresti rajoitettu komission toimintavapautta (ks. Saarilahti 1993a, 38–42), vaikka vuoden 1990 VHA:n muutoksessa pyrittiin jälleen joustavoittamaan EY:n määrärahojen siirtokäytäntöjä budjettivuoden aikana mm. TTI:n toistuvien huomautusten takia (ks. esim. *Annual...* 1989 *in* EYVL N:o C 313, 12.12.1990, 15–16; vrt. Strasser 1990, 33; Orsini 1992, alav. 11).

Vuoden 1990 VHA:ssa määrärahojen siirroista on säädetty 26. art. Käytännössä EU:ssa on eroteltava toisistaan 1) neuvoston ja EP:n, 2) TI:n ja TTI:n, 3) komission sekä 4) budjettivallan tekemät määrärahojen siirrot[5].

4.2.2.1 Neuvoston ja Euroopan parlamentin määrärahojen siirrot

Budjettivallan käyttäjinä EP ja neuvosto voivat vapaasti siirtää määrärahoja pääluokkansa sisällä yhtä hyvin *luvusta toiseen* (engl. *Transfers between chapters*, ransk. *virement de chapitre à chapitre*) kuin *lukujen sisälläkin* (eli *momentista toiseen*; engl. *Transfers within a chapter*, ransk. *virement au sein d'un même chapitre* (*virement d'articles*)). Yhteisön varainhoidon valvojan (*Financial controller/ contrôleur financier*) on kuitenkin varmistettava, että määrärahat ovat käytettävissä. Toisaalta siirtoja on mahdollista tehdä vain sellaisiin budjettikohtiin, joihin on TA:ssa hyväksytty määräraha tai joka on varustettu »p.m.» -merkinnällä. Tämä merkitsee Isaacin (1990, 13) mukaan mm. neuvostolle ja EP:lle suotua mahdollisuutta siirtää tarvittaessa määrärahoja toimintameno- ja hallintomenokohtien välillä. Tämä mahdollisuus puuttuu esim. komissiolta (ks. luku 4.2.2.3. Menettelyn puutteen seurauksista, ks. luku 4.2.6).

4.2.2.2 Tuomioistuimen ja tilintarkastustuomioistuimen määrärahojen siirrot

Vuonna 1990 VHA:een (26 art. 2 k. 2 alak.) tehdyn muutoksen mukaan TI ja TTI voivat vapaasti siirtää määrärahoja pääluokkiensa lukujen sisällä momentista toiseen ilmoitettuaan siirroista kolme viikkoa etukäteen komissiolle, neuvostolle ja EP:lle. Menettely lisäsi järjestelmän joustavuutta siinä mielessä, että edellisen VHA:n säädösten mukaan toimielimet pystyivät vain esittämään komissiolle siirtoja lopullisen päätösvallan ollessa tämän käsissä pois lukien tapauksissa, joissa komissio ei kuuden viikon kuluessa ollut vastannut siirtopyyntöön. TI ja TTI eivät edelleenkään voi itsenäisesti siirtää määrärahoja luvusta toiseen (ks. luku 4.2.2.4).

4.2.2.3 Komission määrärahojen siirrot

Hallintomenojensa osalta (PI III, A osa) komissio voi nykyisin toimielinten budjettiautonomian periaatteen mukaisesti vapaasti siirtää määrärahoja niin luvusta toiseen kuin lukujen sisälläkin sillä edellytyksellä, että se ilmoittaa siirroista kolme viikkoa etukäteen EP:lle ja neuvostolle.

Toimintamenojen osalta (B osa) komissio voi

[5] Luvussa omaksuttu määrärahojen siirtojen jako (joka perustuu toimielinten *vapauteen* suorittaa siirtoja) neljään eri luokkaan vastaa vuoden 1990 VHA:n uuden 26 art. sanamuotoa (vrt. esim. Isaac 1990, 13; Strasser 1992a, 240–24 tai Walder 1992, 84–89). Mm. Bieber (1990, 117–120), Magiera (1990, 3–5) ja Terrasse (1991, 37–38) ovat säilyttäneet esityksissään »perinteisemmän» määrärahojen siirtojen jaon pelkästään siirtoihin *lukujen sisällä* (eli momentista tai alamomentista toiseen) ja *lukujen välillä* (joka vastaa paremmin vuoden 1977 VHA:n 21 art. sanamuotoa). Kattavampi esitys EY:n TA:n siirtomenettelyistä ja niiden kehityksestä löytyy esim. Strasserin (1992a, 238–241) teoksesta; ks. myös VHA (1977) 21 art. ja VHA (1990) 26 art. Luvun *10 0* alle budjetoitujen määrärahojen siirroista, ks. luku 4.2.5.5. Määrärahojen siirroista seuraavaan budjettiin, ks. luku 5.2.

itsenäisesti siirtää määrärahoja momentista toiseen yhden luvun sisällä. Ottaen huomioon B osan menojen kokonaismäärän (ks. luku 3.2), periaate suo komissiolle nykyisin varsin suuren liikkumavapauden sen toteuttaessa EU:n talousarviota (ks. esim. Walder 1992, 87). Toisaalta komissio voi myös VHA (1990) 26 art. 4 k. mukaisesti esittää budjettivallan käyttäjälle määrärahojen siirtämistä luvusta toiseen missä tahansa talousarvion pääluokassa.

4.2.2.4 Budjettivallan määrärahojen siirrot

Jotta budjettivallan päätös kirjata määrärahoja eri budjettikohtiin ja käyttötarkoituksiin ei kokonaan menettäisi merkitystään, määrärahojen siirroista luvusta *toiseen* on säännelty varsin tarkoin VHA:ssa aina vuodesta 1977 lähtien.

Vuoden 1990 VHA 26 art. 4 k. 1 ja 3 alak. mukaan komissio, TI ja TTI voivat esittää määrärahojen siirtoa luvusta toiseen. Lopullinen päätösvalta siirron suhteen on kuitenkin neuvostolla ja EP:lla. Tältä osin neuvoston ja EP:n toimivalta on sama kuin koko budjettiprosessin aikana, ts. se riippuu menojen jakautumista pakollisiin ja ei-pakollisiin (ks. luku 4.2.3).

Pakollisten menojen siirtämisestä tekee lopullisen päätöksen neuvosto määräenemmistöllä. Neuvosto kuulee myös EP:a.

Päätettäessä ei-pakollisten menojen siirrosta, menettely on päinvastainen. Tällöin parlamentilla, joka äänestää yksinkertaisella enemmistöllä, on viimeinen sana. Jos siirtopyyntö koskee samalla kertaa sekä pakollisia että ei-pakollisia menoja, joko neuvoston tai EP:n kielteinen kanta kumoaa siirtoesityksen. Jos neuvosto ja parlamentti pienentävät siirtosummaa eri määrällä, pienemmän summan katsotaan tulleen hyväksytyksi. Budjettivallalla on, paitsi kiireellisissä tapauksissa (ks. VHA 26 art. 5 k.), kuusi viikkoa aikaa päätöksensä tekemiseen. Päätöksen puutteessa siirtoesitys katsotaan tulleen hyväksytyksi.

Stephan Walderin (1992, 89) mukaan siirrot talousarvion eri osastojen välillä eivät yleisesti ottaen ole mahdollisia, sillä varainhoitoasetuksissa ei ole mainintaa siirroissa noudatettavasta menettelystä (eriävistä mielipiteistä, ks. esim. Bieber 1990, 117 ja Isaac 1990, 19). Siirtoja TA:n eri momenttien eri alamomenttien välillä voidaan sen sijaan suorittaa vapaasti. Toisaalta komissio voi niin halutessaan lisätä alamomentteja talousarvioon (mts. 91).

Taulukko 2 esittää prosentteina kaikista maksusitoumuksiin käytettävistä määrärahoista EY:ssä vuosina 1987–1991 toteutetut MSKM:n

Taulukko 2. Maksusitoumuksiin käytettävien määrärahojen siirrot lukujen välillä (prosentteja) vuosina 1987–1991 (vuosien 1988–1992 rahoitusnäkymien otsikot 2, 3 ja 4, pois lukien luku B0-4 0). (Lähde/ Source: COM(92) 2001 final, ANNEX 1).

Table 2. Percentage of appropriations transferred between chapters during the year (Headings 2, 3 and 4 of the Financial Perspective 1988–1992, excluding chapter B0-4 0), 1987–1991.

1987	1988	1989	1990	1991
3,4	2,0	1,7	1,4	0,7

siirrot luvusta toiseen yleisessä talousarviossa.

Taulukon 2 luvut koskevat rahoitusnäkymien otsikoita *2*, *3* ja *4* (ks. luku 4.2.4). Varauksia käsittävä luku *B0-4 0* (ks. luku 4.2.5) ja EAKR:n toimintaan liittyvät siirrot on jätetty tarkastelun ulkopuolelle (ks. *COM(92) 2001 final*, ANNEX 1). Taulukosta käy selville, että luvusta toiseen siirrettyjen määrärahojen loppusummat suhteessa mainittujen otsikoiden alle kirjattuihin maksusitoumuksiin käytettäviin määrärahoihin pienenivät tasaisesti vuoden 1987 3,4 %:sta vuoden 1991 0,7 %:iin. Tämä voi kertoa paitsi parantuneesta budjettisuunnittelusta, jossa eri lukuihin kohdistuvat menopaineet on osattu ennakoida entistä paremmin, myös tiukentuneesta budjettikurista EY:ssä vuoden 1988 TVS:n jälkeen (ks. luku 4.2.4), joka on omalta osaltaan johtanut sisäisen jouston pienenemiseen EY:n budjettijärjestelmässä (ks. Saarilahti 1993a, 85–104; vrt. luvut 4.2.3–4.2.4 sekä 6).

4.2.2.5 Määrärahojen siirto jaksotettujen ja jaksottamattomien määrärahojen välillä

Määrärahojen siirtomahdollisuus *jaksotettujen* ja *jaksottamattomien määrärahojen* välillä (engl. *Transfers between non-differentiated and differentiated appropriations*, ransk. *virement entre crédits non dissociés et crédits dissociés*) kirjattiin VHA:een (26 art. 6 k.) vuoden 1990 asetuksen tarkistuksen yhteydessä mm. vastauksena TTI:n tilintarkastuskertomuksissaan (ks. esim. *Annual...* 1989 *in* EYVL N:o C 313, 12.12.1990, 15–16) käytäntöä vastaan vuosien mittaan esittämille lukuisille huomautuksille. VHA:n mukaan tällaisista siirroista päättäminen, tapahtuivatpa siirrot sitten lukujen, momenttien tai alamomenttien välillä, kuuluu neuvostolle ja EP:lle – komissio ei voi päättää niistä enää itsenäisesti.

4.2.2.6 Avoin siirto

Jos varainhoitovuoden lopulla on näyttänyt siltä, että EU joutuu suorittamaan välttämättömän menon kohdalta, jolla ei ole enää riittävästi määrärahoja, tai jos budjettikohta on varustettu pelkällä »p.m.» -merkinnällä, komissio on voinut pyytää budjettivallalta lupaa siirtää määrärahoja luvusta toiseen tietyssä järjestyksessä oman harkintansa mukaan voidakseen suoriutua menosta.

Viimeiset esimerkit tällaisista *avoimista siirroista* (engl. *Open transfer*, ransk. *virement ouvert*) ovat Strasserin (1992a, 239) mukaan vuosilta 1973–1975 ja 1980. Vuosina 1973 ja 1974 komissio kattoi siirroilla vaihtokurssitappioiden aiheuttamia lisämenoja, vuonna 1975 niillä paikattiin EMOTR:n tukiosaston vajetta ja vuonna 1980 rahoitettiin Yhdistyneen kuningaskunnan hyväksi päätettyjä erityismenoja (ks. luku 4.1.1) sekä kolmansien maiden auttamiseen suunnattuja menoja. Myös negatiivisen varauksen puhdistamisessa vuoden lopussa on käytetty avoimia siirtoja (ks. luku 4.2.5.2).

4.2.3 Normijousto: pakolliset ja ei-pakolliset menot

EU:n jäsenmaissa valtaosa valtion menoista on lakisääteisiä tai muutoin laein tai alemmanasteisin säädöksin sidottuja. Suomessa täysin lakisidonnaiset menot muodostivat Jukka Nummikosken (1990, 9) laskelmien mukaan n. 46,7, sopimussidonnaiset menot n. 27,8 ja harkinnanvaraa jättävästi säädössidonnaiset menot n. 11,6 % vuoden 1990 tulo- ja menoarvion menoista. Budjetin joustavuuden kannalta sidottujen menojen osuus talousarviossa on keskeistä, sillä niin kutsutut pakolliset menot jättävät vain vähän liikkumavaraa budjetin laatijoille ja toteuttajille (ks. esim. Saarilahti & Uusikylä 1992, 31–32).

EY:ssä menojen jako *pakollisiin* (PM; engl. *Compulsory expenditure (CE)*, ransk. *dépenses obligatoires (DO)*) ja *ei-pakollisiin menoihin* (EPM; engl. *Non-compulsory expenditure (NCE)*, ransk. *dépenses non-obligatoires*, *(DNO)*) perustuu SETY, SEY 203 art. 4 ja 9 k. ja juontaa juurensa Luxemburgin ensimmäisestä budjettisopimuksesta vuodelta 1970 (ks. luku 3.1; vrt. esim. Régnier-Heldmaier 1994, 94). Sopimus liittyi ennen kaikkea EY:n rahoitusperustan muutoksen seurauksiin vuoden 1970 l omia varoja koskevan päätöksen mukaisesti. Ensimmäisen kerran PM-EPM -jaottelua sovellettiin vuoden 1975 talousarvioon[6] (ks. luku 3.1). Nykyiseen muotoonsa SETY 203 art. muutettiin Brysselin toisella sopimuksella vuodelta 1975.

Edelleenkin voimassa olevan vallanjaon mukaan EP pystyy enemmistön päätöksellä *tarkistamaan (amend/ amender)* talousarvioesityksen (TAE) niitä menoja, jotka eivät johdu perustamissopimuksesta tai sen nojalla annetuista säädöksistä, siis »ei-pakollisia menoja». Sen sijaan koskien »perustamissopimuksesta tai sen nojalla annetuista säädöksistä johtuvia pakollisia menoja», sopimuksissa annettiin EP:lle oikeus vain tehdä annettujen äänten ehdottomalla enemmistöllä neuvostolle *ehdotuksia (propose modifications/ proposer des modifications)* TAE:n muuttamiseksi (SETY, SEY 203 art. 4 k.).

Neuvosto on SETY, SEY 203 art. mukaan vapaa hyväksymään määräenemmistöllä EP:n muutosta koskevan ehdotuksen, jos se kasvattaa budjetin kokonaismenoja. Neuvostossa riittää siten toisessa käsittelyssä määrävähemmistö työntämään syrjään EP:n muutosehdotus, sillä jos neuvosto ei kykene kokoamaan määräenemmistöä, ehdotuksen katsotaan tulleen hylätyksi.

Tilanne on hieman erilainen, jos ehdotuksen hyväksyminen ei merkitse kokonaismenojen kasvua. Tämä voi johtua mm. siitä, että yhdestä tai useammasta muutoksesta johtuva menojen vähennys tasoittaa odotettavissa olevan menojen kasvun. Tässä tapauksessa SETY, SEY 203 art. 5 k. mukaan neuvoston on nimenomaisesti hylättävä ehdotus määräenemmistöllä, sillä jollei neuvosto kykene tekemään hylkäävää päätöstä, ehdotuksen katsotaan tulleen hyväksytyksi.

Neuvosto voi toisessa käsitelyssä muuttaa tai torjua EP:n tekemän EPM:n tarkistuksen vain, jos se onnistuu kokoamaan määräenemmistön muutoksen (hylkäyksen) taakse. EP:lle siis riittää, että sen esittämän menotarkistuksen kannalla on

---

[6] Ks. esim. Strasser (1975, 79–87), vrt. esim. Fonseca Morillo (1984, 753–780). Tarinan mukaan EP:n jäsenten tiedustellessa vuonna 1970 silloiselta EY:n puheenjohtajamaan Belgian edustajalta Harmelilta neuvoston kaavailemaa EPM:n määrää, ministeri vastasi: »noin 3,6 %». Neuvosto suostui siten kohtelemaan EPM:na vain EY:n hallinnollisia menoja. Käytännössä neuvosto suostui lopulta vuonna 1975 luokittelemaan ei-pakollisiksi menoiksi n. 16 % TA:n menoista (ks. esim. Régnier-Heldmaier 1994, 95; vrt. kuvio 5). Pitämällä EY:n pakolliset menot tiukasti neuvoston hallinnassa jäsenmaat halusivat rajoittaa parlamentin valtaa mm. maataloudesta päätettäessä (ks. esim. Shackleton 1991, 65–79).

neuvostossa määrävähemmistö, mikä jo varmistaa tarkistuksen läpimenon. Toisaalta EP voi edelleen toisessa käsittelyssä SETY, SEY 203 art. 6 k. mukaan »jäsentensä enemmistöllä sekä kolmella viidesosalla annetuista äänistä muuttaa neuvoston sen tekemiin tarkistuksiin tekemiä muutoksia tai hylätä ne sekä vahvistaa talousarvion sen mukaisesti.» Siten EP:lla on ollut vuoden 1975 Brysselin sopimuksesta lähtien viimeinen sana EPM:n suhteen (ks. luku 3.1).

Koska menojen jako pakollisiin ja ei-pakollisiin menoihin liittyy niin kiinteästi budjettivallan jakoon EY:ssä ja koska menojen jakamisesta näihin luokkiin ei sopimuksissa anneta sen tarkempia ohjeita kuin edellä esitetyt, budjettikiistat neuvoston ja EP:n välillä leimahtivat ilmiliekkeihin EY:ssä vuonna 1975, semminkin kuin viimeksi mainitulla oli nyt uuden budjettivaltansa ansiosta käytettävissään oivallinen painostuskeino neuvostoa kohtaan – ajanjaksoa 1975–1987 (so. ajanjaksoa aina vuoden 1988 EY:n talouden kokonaisuudistukseen saakka; ks. luku 4.2.4) onkin kutsuttu EY:n talousarvion pysyvän kriisin kaudeksi[7] (ks. esim. *Community...* 1989, 19–23; vrt. Saarilahti 1993a, 85–99).

Käytännössä ainakin vuoteen 1982 asti neuvosto ja EP pysyivät tiukasti omissa kannoissaan ja tulkinnoissaan siitä, mitkä EY:n menoista loppujen lopuksi ovat pakollisia (ja siten neuvoston päätösvallassa) ja mitkä ei-pakollisia (ja siten EP:n toimivaltaa). Vasta vuoden 1982 (30.6.) Euroopan parlamentin, neuvoston ja komission yhteisessä julistuksessa[8], joka oli toinen toimielinten puheenjohtajien allekirjoittama yhteinen budjettijulistus (ks. luku 3.1), EP ja neuvosto pääsivät yksimielisyyteen olemassa olevien budjettikohtien luokittelusta (kohtien jako joko pakollisiksi (n. 76 % kaikista menoista) tai ei-pakollisiksi menoiksi julkaistiin julistukseen liitteenä) ja periaatteesta, jonka mukaan päätettäessä uusista budjettikohdista tai sellaisista kohdista, joiden oikeudellinen pohja on muuttunut, kiistakysymykset pyritään sopimaan jo ennen TAE:n laadintaa nk. trilogimenettelyn (»trilogilla» (*trilogue*) tarkoitetaan EP:n, neuvoston ja komission puheenjohtajien tapaamista) avulla neuvotteluteitse (ks. esim. Strasser 1992a, 408; Régnier-Heldmaier 1994, 97).

Vuoden 1982 julistus myös määritteli pakolliset menot menoiksi, jotka budjettivallan käyttäjällä on »sisällytettävä talousarvioon jotta Yhteisö voisi suoriutua niin ulkoisista kuin sisäisistä velvoitteistaan, jotka johtuvat perustamissopimuksista tai niiden nojalla annetuista päätöksistä» (1 k.). Siten pakollisten menojen katsottiin määräytyvän väistämättömästi (*unavoidably*) EY:n omista päätöksistä, kansainvälisistä sopimuksista jne.: budjettivallan käyttäjällä ei ole muuta mahdollisuutta kuin sisällyttää ne talousarvioon ja komission taas on suoritettava vastaavat maksut. Periaatteessa kaikki muut menot sovittiin luokiteltaviksi EPM:ksi. Vuoden 1982 julistus ei kuitenkaan kyennyt lopettamaan EY:n budjettiriitoja, vaan vasta vuoden 1988 TVS onnistui siirtämään EY:n toimielinten kiistojen painopistettä pois vuotuisesta talousarvioprosessista (ks. luvut 4.2.3.2, 4.2.4, 5 ja 6; vrt. esim. Rideau 1990, 610–618).

Kuvio 5 esittää (prosentteina) EPM:n ja PM:n osuuden maksumääräyksiin (kuvio *I*) ja maksusitoumuksiin (kuvio *II*) käytettävissä määrärahoissa EY:n yleisissä talousarvioissa vuodesta 1979 lähtien. Kuviossa 5 *I* on myös vertailun helpottamiseksi esitetty PM:n ja EPM:n suhteellinen osuus vuoden 1975 TA:ssa (84 vs. 16), siis ensimmäisessä, johon jaottelua sovellettiin.

---

[7] Varsin tunnettuja ovat esim. EP:n ja neuvoston väliset kiistat vuosien 1979–1982 talousarvioista sekä vuoden 1980 II ja vuoden 1982 I lisätalousarviosta, jotka johtivat mm. vuoden 1980 II lisäbudjetin ja vuoden 1982 talousarvion viemiseen TI:n eteen (ks. luvut 4.2.3.2 ja 4.2.5.2; vrt. Strasser 1979, 240–262; 1980b, 358–397; 1981, 279–331; 1982, 306–365; *Community...* 1989, 19–20 tai Tonnerre 1991, 61–62). TI ei kuitenkaan koskaan ole suostunut puuttumaan TA:n menojen luokitteluun pakollisiksi ja ei-pakollisiksi sinällään, koska se katsoo, että luokittelu on puhtaasti EP:n ja neuvoston välinen (siis ennen kaikkea poliittinen) kysymys (ks. esim. Milas 1988b, 347–356; Nicoll 1988, 373–379). Toinen syy budjettipäätöksentekojärjestelmän toimintavaikeuksien lisäksi 1970-luvun lopun ja 1980-luvun EY:n talousarvion kriisiin kauteen oli eittämättä yhä paheneva talousarvioiden tasapainottamisongelma. Tasapainottamisongelmat johtuivat lähinnä siitä, etteivät Yhteisöjen omat varat yksinkertaisesti kyenneet kasvamaan samaa tahtia kun EY:n menot (ja ennen kaikkea maatalousmenot; ks. kuvio 2, luku 3.4). Niinpä esim. arvonlisäverolle asetettu katto (1 %) saavutettiin vuonna 1984 (ks. esim. *Community...* 1989, 22–23). Myös uudet jäsenvaltiot Kreikka, Espanja ja Portugali lisäsivät EY:n nettomenoja. EY:n budjetin tasapainottamisvaatimuksesta ja siitä seuraavista ongelmista, ks. esim. Isaac (1994b, 183–198) tai Perron (1994, 169–182).

[8] *Joint Declaration by the European Parliament, the Council and the Commission of 30 June 1982 on various measures to improve the budgetary procedure*, ransk. *La déclaration commune du Parlement européen, du Conseil et de la Commission du 30 juin 1982 relative à différentes mesures visant à assurer un meilleur déroulement de la procédure budgétaire* (EYVL N:o C 194, 28.7.1982). Julistuksesta, ks. esim. Dewost & Lepoivre (1982, 514–525), Dankert (1983, 701–712) tai Régnier-Heldmaier (1994, 96–97).

Kuvio *I*/ *Chart* I

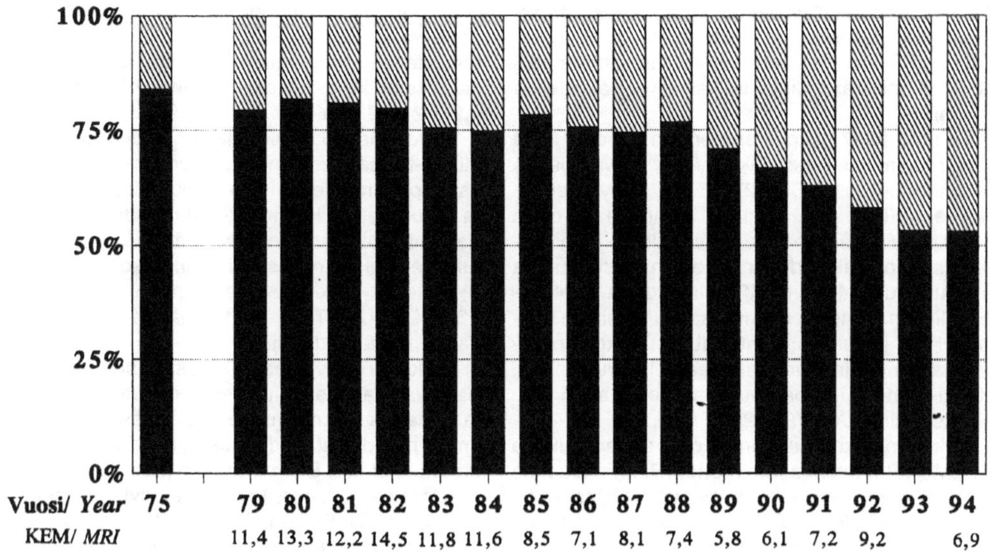

Kuvio *II*/ *Chart* II

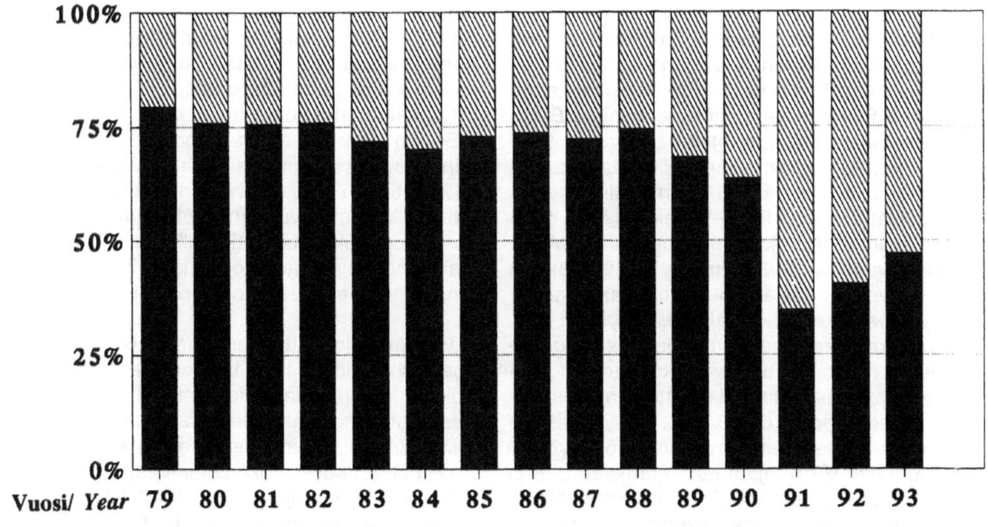

Kuvio 5. Pakollisten ja ei-pakollisten menojen suhde yleisessä talousarviossa (maksumääräyksiin käytettävät määrärahat, vuodet 1975 ja 1979–94 (kuvio I) ja maksusitoumuksiin käytettävät määrärahat, vuodet 1979–1993 (kuvio II)) sekä ei-pakollisten menojen korotuksen enimmäismäärä (KEM) vuosina 1979–1994. (Lähde/ Source: The Community... 1988, 24 (1979–87); 1990, 24 (1988–89); Annual... [1988–92]; Strasser 1992a, 368).

Chart 5. The amount of compulsory and non-compulsory expenditure in the general budget of the European Communities/ European Union (per cents, appropriations for payments, 1975 and 1979–1994 (Chart I) and appropriations for commitments, 1979–1993 (Chart II)) and the maximum rate of increase (MRI), 1979–1994.

Vuonna 1979 EPM edustivat edelleenkin n. 17 % maksumääräyksiin ja n. 22 % maksusitoumuksiin käytettävistä määrärahoista. Jos vuoden kolme LKTA:ta otetaan mukaan laskuihin, n. 16 ja 21 % määrärahoista laskettiin ei-pakollisiksi menoiksi.

Vuonna 1987, viimeisenä ennen vuoden 1988 TVS:n solmimista (ks. luku 4.2.4), EPM:n osuus oli kohonnut jo 25,6 ja 27,6 %:iin (eli yli neljännekseen) TA:n ja LKTA:iden menoista. Vuoden 1988 jälkeen EPM:n määrä niin talous- kuin lisätalousarvioissakin on edelleenkin kasvanut, ja saavuttanut n. 47 % MMKM:sta vuonna 1994. Ei-pakollisten menojen määrän kasvu varsinkin vuoden 1989 jälkeen on johtunut mm. ulkoisen toiminnan menojen voimakkaasta kasvusta (vrt. Keski- ja Itä-Euroopan maille annetun avun kasvu; ks. esim. *COM(92) 2001 final*, 5).

Nykyään pakollisia menoja ovat ennen kaikkea 1) EMOTR:n tukiosaston menot (Pl III, alaluokka *B1*), 2) takaisinmaksut ja avustukset jäsenvaltioille (alaluokka *B0*), 3) kalastukseen liittyvät menot (alaluokka *B2*) sekä 4) erilaiset yhteistyömenot kehitysmaiden ja muiden kolmansien maiden kanssa, jos ne perustuvat kansainvälisiin tai kahdenkeskisiin sitoumuksiin (alaluokka *B7*).

Ei-pakollisia menoja ovat siten mm. 1) suurin osa rakennerahastojen ja rakennepoliittisten toimien menoista (kuten EMOTR:n ohjausosaston, EAKR:n ja ESR:n menot (Pl III, alaluokka *B2*[9])), 2) erilaiset interventiomenot mm. energian, teollisuuden ja tutkimustoiminnan aloilla (alaluokat *B5* ja *B6*) sekä 3) lähes kaikki EU:n hallintomenot, kuten palkat (Pl I–II ja Pl IV–VI sekä Pl III, A osa). EU:n eläkemenot on kuitenkin luokiteltu PM:ksi.

Uuden, vuonna 1993 solmitun TVS:n mukaan EP ja neuvosto sopivat lopulta lukevansa ei-pakollisiksi menoiksi kaikki rahoitusnäkymien otsikoiden *2* (*rakenteelliset toimet*) ja *3* (*sisäpolitiikka*) menot (16 k. 3 alak.) sekä kolmansien maiden kanssa solmittavien tai uusittavien sopimusten mukaiset menot 16 k. 3 alak. liitetyn julistuksen mukaan. Neuvosto myöntyi myös pyörein sanamuodoin EP:n ajamaan ajatukseen, että vuonna 1996 järjestettävän hallitustenvälisen konferenssin yhteydessä pohditaan uudelleen kysymystä EU:n menojen jakamisesta pakollisiin ja ei-pakollisiin menoihin (16 k. 3 alak. liitetty toinen julistus). EP:n ajatuksena on päästä ensi vaiheessa »toimielinten väliseen yhteistyöhön kumppanuuden muodossa» (*interinstitutional cooperation on a partnership basis*). Toimielinten välisten sopimusten muista vaikutuksista pakollisiin ja ei-pakollisiin menoihin, ks. luvut 4.2.3.2, 4.2.4 ja 5.4.

Verrattuna EU:n jäsenmaiden budjettien menoihin (ei-lakisääteiset menot muodostavat alle 15 % useimpien maiden talousarvioiden loppusummista – Suomessa ilman välitöntä muodollista sidonnaisuutta olevien menojen määrä vuoden 1990 tulo- ja meno-arviossa oli Nummikosken (1990, 9) edellä esitettyjen laskelmien mukaan n. 13,9 %) EU:n TA:n menot näyttäisivät olevan varsin vähän sidottuja.

On kuitenkin vaikeata rinnastaa suoraan EU:n pakollisia ja jäsenvaltioiden lakisääteisiä menoja ja toisaalta EU:n ei-pakollisia ja jäsenvaltioiden ilman muodollista sidonnaisuutta olevia menoja, semminkin kun EU:n menojen jaottelu on syntynyt tarpeesta luoda toimintaedellytykset varsin erikoislaatuiselle budjettijärjestelmälle (ks. yllä).

Toisaalta suunnittelua ja sitovia suunnitelmia (vrt. erityisesti sitova monivuotinen suunnittelu) voidaan käyttää menojen suoran lakisidonnaisuuden vaihtoehtona (vrt. Saarilahti & Uusikylä 1992, 32–33) – esim. Kaarlo Tuori (1985, 131–161) puhuu tässä yhteydessä suunnitelmien normeerausalan laajentumisesta.

On tuiki mahdotonta arvioida, miten suuri osa OECD:n jäsenvaltioiden menoista on suunnitelmin sidottu (ks. esim. Saarilahti & Uusikylä 1991, 142–148). EY:ssä monivuotinen sitova suunnittelu on kuitenkin vuoden 1988 toimielinten välisestä sopimuksesta lähtien alkanut koskea kaikkia menolajeja, siis myös niitä, joissa EP:lla on ainakin vuodesta 1975 ollut lopullinen sananvalta.

Vaikka jäsenvaltioiden budjeteista suurempi osa olisikin sidottu laein tai alemmanasteisin säädöksin, kansallisilla parlamenteilla on *oikeudellisesti* suurempi päätäntävalta menojen suhteen kuin EP:lla, sillä kun kansalliset eduskunnat päättävät periaatteessa koko budjetista, EP:n päätösvalta on rajoitetumpi (ks. luvut 4.2.3.1 ja 4.2.3.2; vrt. keskustelu EU:n demokratiavajeesta, luku 6). Tilanne on kuitenkin erilainen, jos tarkastellaan parlamenttien *todellista* päätösvaltaa menojen kohdentamispäätöksiä tehdessä tai jos tarkasteluun otetaan mukaan myös neuvoston päätösvallan vapausasteet[10].

[9] Myös vuonna 1993 perustetun koheesiorahaston (KR; engl. *Cohesion Fund*, ransk. *Fonds de cohésion*) sekä KOR:n menot merkitään EPM:ksi. KR:n tarkoituksena on rahoittaa Espanjan, Irlannin, Kreikan ja Portugalin infrastruktuuri- ja ympäristöinvestointeja (ks. esim. *Fonds...* 1994).

[10] EY:n jäsenvaltioista Hervé Message (1993, 25) esittää artikkelissaan »*Peut-on mesurer le pouvoir budgétaire du Parlement ?*» seuraavat mielenkiintoiset luvut hallituksen ja parlamentin vapausasteiden

Sopimukset rajoittavat vielä EP:n päätösvaltaa EPM:n suhteen ennen kaikkea siksi, että tasapainoperiaatteen mukaisesti (SETY 199 art. 2 k., SEY 199 art. 3 k.) TA:n tulojen ja menojen on oltava tasapainossa. Toisaalta ei-pakollisten menojen kasvuvauhti on tiukasti säännelty.

SETY, SEY 203 art. 9 k. todetaan: »(m)uille menoille kuin niille, jotka ovat (...) perustamissopimuksesta tai sen nojalla annetuista säädöksistä johtuvia pakollisia menoja, vahvistetaan vuosittain se enimmäismäärä, jolla kuluvan varainhoitovuoden samankaltaisia menoja voidaan korottaa.» EPM eivät siten voi kasvaa edellisvuoteen verrattuna (t-*1*) yli komission vuosittain asettaman *ei-pakollisten menojen korotuksen enimmäismäärän* (KEM; engl. *Maximum rate of increase [of NCE] (MRI)*, ransk. *Taux maximal d'augmentation [des DNO] (TMA)*). KEM asetetaan 1) yhteisön bruttokansan*tulon* (*»gross national product»; »produit national brut»*), 2) jäsenvaltioiden talousarvioiden keskimääräisen vaihtelun ja 3) elinkustannusten edellisvuotisen kehityksen perusteella (SETY, SEY 203 art. 9 k. KEM:n arvoista eri vuosina, ks. kuvio 5). Vuoden 1982 julistuksesta lähtien EP, neuvosto ja komissio ovat niin ikään hyväksyneet tulkinnan, jonka mukaan KEM koskee myös lisä- ja korjaavia talousarvioita sekä maksusitoumusmäärärahoja ositettujen määrärahojen tapauksessa (ks. Saarilahti 1993a, 48–49).

Perusteittensa vuoksi ei-pakollisten menojen korotuksen enimmäismäärää voidaan pitää lähinnä laskennallisena viitearvona (*statistical point of reference*) ja siten turhankin joustamattomana suhteessa ei-pakollisten menojen todelliseen kasvattamistarpeeseen. SETY, SEY 203 art. 9 k. 4 ja 5 alak. tarjoavat kuitenkin kaksi keinoa vaikuttaa ei-pakollisten menojen kasvuvauhtiin. Ensimmäinen on EP:lle jätetty EPM:n *korotusmarginaali* (engl. *The European Parliament's margin of manœuvre*, ransk. *la marge de manœuvre du Parlement européen*) ja toinen on *mahdollisuus muuttaa korotusten enimmäismäärä EP:n ja neuvoston yhteisellä päätöksellä* (ks. luvut 4.2.3.1 ja 4.2.3.2).

---

määrästä talousarviota laadittaessa ja hyväksyttäessä Ranskassa vuosina 1991–1993: vuonna 1993 hallituksen »pelivara» siviilimenojen suhteen (pois lukien valtionvelka; *marge de manœuvre du Gouvernement, dépenses civiles hors dette publique*) oli n. FRF 120 300 miljoonaa. Parlamentti onnistui muuttamaan talousarvioesitystä 3 038 miljoonan edestä (2,5 %). Vuosina 1991 ja 1992 vastaavat luvut olivat seuraavat: hyväksytty talousarvio (pois lukien puolustusmenot) 1 041 730 ja 1 081 458 miljoonaa, hallituksen pelivara 142 252 ja 117 605 miljoonaa (13,6 ja 10,9 %) sekä parlamentin muutosten loppusumma 6 209 ja 10 758 miljoonaa (4,4 ja 9,1 % hallituksen pelivarasta).

4.2.3.1 Euroopan parlamentin marginaali

SETY, SEY 203 art. 9 k. 4 alak. todetaan, että jos ei-pakollisten menojen lisäys neuvoston hyväksymän TAE:n mukaan on yli puolet enimmäismäärästä, »Euroopan parlamentti voi käyttäessään oikeuttaan tarkistusten tekemiseen lisätä (niiden) kokonaismäärää vielä enintään puolella enimmäismäärästä.» Käytännössä artikla tarkoittaa, että jos neuvosto käyttää yli 50 % käytettävissä olevasta KEM:stä talousarvioesitystä laatiessaan, EP:lle jää vielä oikeus korottaa ei-pakollisia menoja puolen KEM:n verran.

Todellisuudessa menettelyä on käytetty ani harvoin, sillä jo vuonna 1979 neuvosto päätti olla korottamatta ei-pakollisia menoja yli puolen korotusten enimmäismäärän verran. Periaate kirjattiin vuonna 1984 mm. budjettikurikysymyksiin keskittyneen Fontainebleaun Eurooppa-neuvoston kokouksen (25.–26.6.1984) päätöksiin (ks. *Bull.EC 17 (1984): 12*, kohta 1.3.1; vrt. *Community...* 1989, 69. Fontainebleaun kokouksen päätöksistä ja niiden seurauksista, ks. esim. Hémard 1987, 12–13; ks. myös luku 4.2.4).

4.2.3.2 Euroopan parlamentin ja neuvoston välinen sopimus uudesta ei-pakollisten menojen korotuksen enimmäismäärästä

SETY, SEY 203 art. 9 k. 5 alak. mukaan jos EP, neuvosto tai komissio katsoo, että yhteisöjen toiminta edellyttää asetetun EPM:n korotuksen enimmäismäärän ylittämistä, »neuvosto, määräenemmistöllä, ja Euroopan parlamentti, jäsentensä enemmistöllä ja kolmella viidesosalla annetuista äänistä, voivat välisellään sopimuksella vahvistaa uuden enimmäismäärän.»

Viralliset neuvottelut EP:n ja neuvoston välillä mahdollisesta KEM:n ylittämisestä on aloitettu budjettiprosessin lopussa EP:n TAE:n niin kutsutun toisen käsittelyn jälkeen (ks. esim. Nugent 1994). Perustamissopimusten talousartiklat eivät kuitenkaan sisällä sen tarkempia määräyksiä siitä, miten neuvottelut on käytävä ja millä tavalla sopimukseen on päästävä. Käytännössä EP on budjettiesityksen toisen luvun jälkeen ilmoittanut neuvostolle mitkä tarkistukset (*amendment/ amendement*) se on esitykseen tehnyt, samalla kun se on pyytänyt neuvostoa suostumaan tarkistuksista mahdollisesti johtuvaan ei-pakollisten menojen korotuksen enimmäismäärän ylittämiseen. Vasta kun neuvosto on omalta osaltaan hyväksynyt KEM:n ylittämisen, TA on lopullisesti tullut hyväksytyksi.

Tämä menettely osoittautui entistä vaikeammaksi noudattaa vuoden 1979 jälkeen, ensimmäisen suorilla vaaleilla valitun EP:n toimikauden alettua (ks. esim. Adonnino 1984; Jacqué *et al.* 1984; Silvestro 1990, 216–218). Niinpä vuoden 1982 TA:ta laadittaessa EP:n puheenjohtaja Altiero Spinelli lopulta vahvisti SETY 203 art. 7 k. perusteella talousarvion joulukuussa 1981 ilman, että neuvosto olisi hyväksynyt EP:n omaksumaa pakollisten ja ei-pakollisten menojen jakoa tai nimenomaisesti vahvistanut uutta KEM:ää (ks. esim. Strasser 1982, 306–365).

Neuvosto vei EP:n vahvistaman talousarvion TI:n eteen, mutta ennen kuin tuomioistuin ennätti julistaa päätöksensä, toimielimet sopivat kiistansa vuoden 1982 yhteisen julistuksen avulla (ks. luku 4.2.3). Julistuksen III k. 1 alak. kirjattiin lisäksi periaate, jonka mukaan tällaiset kiistat pyritään ratkomaan erityisen talousarviosovittelumenettelyn (nk. *Budgetary conciliation* (ransk. *concertation budgétaire*) erotuksena lainsäädännölliselle sovittelumenettelylle (*Legislative conciliation/ concertation législative*)) avulla (sovittelumenettelystä, ks. esim. Nicoll 1986a, 11–15; Pasetti Bombardella 1989, 31–37; Strasser 1992a, 31 ja 203–204). Menettely ei kuitenkaan riittänyt poistamaan kiistoja EP:n ja neuvoston välillä, kuten kiistat vuoden 1982 I LKTA:sta (ks. esim. Strasser 1983, 307–362) ja vuoden 1985 TA:sta (ks. luku 5.4; vrt. esim. Strasser 1985, 372–444; Nicoll 1986b, 31–49) sekä etenkin vuoden 1986 talousarvioprosessi osoittavat (ks. luku 4.2.5.2).

Vasta vuoden 1988 TVS rauhoitti lähes kokonaan EP:n ja neuvoston väliset budjettikiistat (ks. luku 4.2.4; vrt. luku 5.4). Sen 15 k. todetaan, että EP ja neuvosto hyväksyvät ne ei-pakollisten menojen korotusten enimmäismäärät, jotka seuraavat vuosien 1988–1992 RN:ien mukaisesti laadituista talousarvioista.

Tosiasiassa TVS osittain syrjäytti 203 art. 9 k. menettelyn, sillä RN:ien otsikoiden *2* (*rakenteelliset toimet*) ja *3* (*monivuotinen toiminta*) nk. *»etuoikeutettujen» ei-pakollisten menojen* (*»privileged» NCE/ DNO »privilégiées»*) osalta neuvosto hyväksyi periaatteen, jonka mukaan näitä menoja voidaan automaattisesti korottaa yli ei-pakollisten menojen korotusten enimmäismäärän, jos vain RN:ien asettamat menokatot sen sallivat. Sen sijaan EP ja neuvosto eivät päässeet yksimielisyyteen siitä, onko muiden otsikoiden »ei-etuoikeutettujen» EPM:n (*»non-privileged» NCE/ DNO »non-privilégiées»*) kohdalla noudatettava ensisijaisesti 203 art. 3 k. määrittämää KEM-menettelyä.

4.2.4 Budjettikuri ja rahoitusnäkymät: vuoden 1988 toimielinten välinen sopimus

Pyrkimys saattaa yhtäältä 1970-luvulla kasvaneet budjettialijäämät kuriin ja toisaalta haluttomuus lisätä verorasitusta ajoivat yhä useammat EY:n jäsenmaat 1970-luvun loppupuolelta ja erityisesti 1980-luvun alusta lähtien etsimään uusia keinoja, joiden avulla julkisten menojen kasvua voitaisiin hillitä mm. asettamalla entistä tiukempia rajoituksia tulo- ja menoarvioiden laadinnalle ja toteutukselle.

Aluksi tuli tavaksi asettaa erilaisia monivuotisia »korkean tason» budjettitavoitteita (*»high level» budgetary targets*), joihin valtion menojen tuli sopeutua. Riippumatta näiden tavoitteiden ja vahvistettujen talousarvioiden välisestä todellisesta yhteydestä ne kuitenkin omalta osaltaan auttoivat hillitsemään menojen lisäämispaineita varsinkin vuotuisen budjettiprosessin alussa (ks. esim. OECD 1987, 22).

Seuraava askel oli entistä tarkempien laskelmien tekeminen kaavailtujen menojen ja erilaisten investointisuunnitelmien valtiontaloudellisista seuraamuksista. Eräät jäsenvaltiot ryhtyivät niin ikään kehittämään erilaisia vuosittain tarkistettavia talous- tai menosuunnitelmia, joiden tarkoituksena oli mm. määrätä tulevien vuosien osasto- tai ohjelmakohtaisten menoarvioiden yleistavoitteet.

Lopulta, yhä tiukempien menokattojen määrittämisen lisäksi, jäsenmaat alkoivat kehitellä erilaisia menetelmiä, joilla voitaisiin taata, että myös todella suoritetut valtion menot vastaisivat mahdollisimman tarkasti suunniteltuja. Ajatuksena oli mm. varmistaa, että erilaiset ennakoimattomat tapahtumat budjettivuoden tai -vuosien aikana johtaisivat mahdollisimman pieniin poikkeamisiin suunnitelmista. Eräänä sovellusmuotona oli nk. kattavien budjettikurin (*comprehensive budgetary discipline*) järjestelmien käyttöönotto.

EY:ssä neuvosto, seuraten Fontainebleaun Eurooppa-neuvoston (25.–26.6.1984) päätöksiä, yritti soveltaa yksipuolista budjettikurijärjestelmää EY:ssä jo vuodesta 1984 lähtien[11]. Pohjana oli

[11] Monivuotisia talousennusteita (*multiyear provisions/ prévisions pluriannuelles*) EY:ssä ryhdyttiin laatimaan vuodesta 1970 lähtien ensimmäisen omia varoja koskevan päätöksen (21.4.1970) ja Luxemburgin sopimuksen (22.4.1970; ks. luvut 1, 3.1 ja 4.2.3)

neuvoston jo vuonna 1979 omaksuma periaate, jonka mukaan se pyrkii hillitsemään EY:n menojen kasvua korottamalla vuosittain ei-pakollisia menoja alle puolet korotusten sallitusta enimmäismäärästä (ks. luku 4.2.3.1; vrt. esim. Terrasse 1991, 11).

Vuoden 1984 budjettikurimenettely perustui neuvoston 4.12. antamaan yksipuoliseen julkilausumaan (mistä järjestelmän nimi »*unilateral budgetary discipline/ discipline budgétaire unilatérale*»), joka julkaistiin neuvoston tiedotuslehdessä (*Bulletin of the Council/ Bulletin du Conseil*), eikä siis esim. EYVL:ssä. Kurimenettelyn tavoitteena oli mm. asettaa rajoituksia EY:n tärkeimpien toiminta-alueiden menojen kasvulle. Siten esim. maatalousmenojen tuli kasvaa hitaammin kuin EY:n omien varojen ja EPM:n kasvuvauhdin piti edelleenkin tarkasti pysyä KEM:n määräämien rajojen sisällä.

Jokaisen vuoden alussa neuvoston piti lisäksi laatia erityinen viitekehys (*reference framework/ cadre de référence*), jonka tuli toimia ohjeellisena kattona seuraavan varainhoitovuoden talousarviolle. EP ja komissio eivät koskaan suostuneet sitoutumaan tähän neuvoston yksipuolisesti luomaan järjestelmään (ks. esim. Taylor 1989, 16–18).

Kattavan budjettikurijärjestelmän luominen juontaa juurensa neuvoston vuoden 1988 kesäkuun 24. päivän budjettikuria koskevasta päätöksestä (88/377/EEC) ja kesäkuun 29. päivänä allekirjoitetusta toimielinten välisestä sopimuksesta[12]. Asiakirjat olivat komission vuoden 1987 helmikuussa käynnistämän EY:n taloutta koskeneen uudistuspaketin, nk. Delors (I) -paketin, seurausta (ks. *COM(87) 100 final* ja *COM(87) 101 final*). Varsinaisesti TVS:n valmistelu käynnistyi 4.8. 1987 päivätyn komission tiedonannon (*COM(87) 430 final*) pohjalta.

Komission uuden puheenjohtajan Jacques Delors'in mukaan nimetty paketti liittyi EY:n toiseen eteläiseen laajentumiseen (1.1.1986; ks. luku 3.4) ja Eurooppalaisen yhtenäisasiakirjan allekirjoitukseen (28.2.1986; ks. luku 3.1). EYA:n tarkoituksena oli mm. määritellä laajentuneen EY:n keskipitkän aikavälin tavoitteet (ks. esim. Stahl 1989, 36–40).

Toisaalta asiakirjat noudattivat Eurooppa-neuvoston Kööpenhaminan (4.–5.12.1987) ja Brysselin (11.–12.2.1988) kokousten päätöksiin kirjattuja periaatteita, joiden mukaan EY:ssä on 1) turvattava parempi tasapaino talousarvion eri menoluokkien välillä, 2) saatava menojen kasvu paremmin hallintaan mm. tiukempiin budjettisääntöihin turvautumalla sekä 3) pystyttävä parantamaan vuotuisen budjettiprosessin sujuvuutta varsinkin vuosien 1985–1987 karvaiden kokemusten jälkeen (ks. esim. *Community...* 1989, 19–20; vrt. luvut 4 ja 5.4). Budjettikurilla pyrittiin myös tehostamaan budjettivarojen käyttöä EY:ssä (ks. *COM(87) 430 final*, 3).

Vuoden 1988 TVS koostuu 19 kohdasta, jotka määrittelevät sopimuksen syntyperiaatteet ja toimeenpanosäännöt, sekä vuosia 1988–1992 koskevista *rahoitusnäkymistä* (RN; engl. *Financial perspective (FP)*, ransk. *perspectives financières (PF)*), jotka ovat sopimuksen liitteenä. Liitteessä esitetyt luvut on koottu taulukkoon 3. TVS astui voimaan 1.6.1988 – ensimmäistä kertaa sitä sovellettiin täydellisesti vuoden 1990 TA:n laadintaan (ks. esim. Isaac 1994a, 11).

TVS:n 6 k. mukaan »(v)uosia 1988–1992 koskevat rahoitusnäkymät osoittavat maksusitoumusmäärärahoina[13]. Yhteisön ennakoitavissa ole-

EY:n budjetointijärjestelmään tekemien muutosten asettamien uusien vaatimusten seurauksena. Neuvoston päätöksen N:o 70/224 (21.4.1970; EYVL N:o L 94, 28.4.1970) mukaisesti komissio joutui joka vuosi ATAE:n valmistelun yhteydessä laatimaan liukuvan systeemin mukaan myös arvion siitä, mitä päätökset tulevat vaikuttamaan seuraavan kolmen vuoden budjettien tuloihin ja menoihin (ks. esim. Milas 1988b, 351–353).

12 *Council Decision (88/377/EEC) of 24 June 1988 concerning budgetary discipline/ Décision du Conseil (88/377/CEE) du 24 juin 1988 concernant la discipline budgétaire* (EYVL N:o L 185, 15.7.1988) ja *Interinstitutional Agreement of 29 June 1988 on budgetary discipline and improvement of the budgetary procedure (IIA)/ Accord interinstitutionnel sur la discipline budgétaire et l'amélioration de la procédure budgétaire* (*AII*; EYVL N:o L 185, 15.7.1988). Vuoden 1988 toimielinten välisestä sopimuksesta, ks. esim. Kolte (1988, 487–501), Nicoll (1988, 373–379), Zangl (1989, 675–685) tai Isaac (1994a, 9–28). Vuosien 1988–1992 RN:istä, ks. esim. Verschraegen (1989, 224–234), Walder (1992, 67–70) tai Terrasse (1991, 14, 33–34, 41–52 ja 68–70).

13 RN:ien esittäminen maksusitoumuksiin käytettävinä määrärahoina (ks. luku 3.3) on puolusteltavissa siinä mielessä, että sen avulla EY:ssä pyrittiin eroon mm. nk. »menneisyyden painolastin» (*burden of the past/ poids du passé*) luomasta ongelmasta EY:n budjettijärjestelmässä, eli ongelmasta, joka johtui siitä, että EY:ssä oli vuosien mittaan totuttu sitoutumaan yhä uusiin menoihin ilman, että sen tarkemmin olisi pohdittu kysymystä niiden kattamisesta (ks. luku 3.3) siitäkin huolimatta, että jaksotettujen määrärahojen käyttöönoton yhteydessä komissio oli moneen kertaan korostanut tiukan tasapainon noudattamisen tärkeyttä yhtäältä maksusitoumusten ja toisaalta niitä vastaavien maksumäärärahojen välillä (ks. esim. Strasser 1990, 45–46). Toisaalta maksusitoumus- ja maksumäärärahajärjestelmän (ks. luvut 3.3 ja 5.1) takia EY:ssä oli esim. vuonna 1988 mahdotonta tietää tarkasti, mitkä TA:n tuloista ja

Taulukko 3. Euroopan yhteisöjen vuosia 1988–1992 koskevat rahoitusnäkymät Talousarviota koskevasta kurinalaisuudesta ja talousarviomenettelyn parantamisesta 29.6.1988 tehdyn toimielinten välisen sopimuksen mukaan (miljoonaa ECUa vuoden 1988 hinnoin). (Lähde/ Source: EYVL (OJ) N:o L 185, 15.7.1988, 36).
Table 3. The Financial Perspective 1988 to 1992 as adopted in the Interinstitutional Agreement of 29 June 1988 on Budgetary Discipline and Improvement of the Budgetary Procedure (Million ECU at 1988 prices).

	1988	1989	1990	1991	1992
1. EMOTR:n tukiosasto *EAGGF Guarantee*	27 500	27 700	28 400	29 000	29 600[3]
2. Rakenteelliset toimet *Structural operations*	7 790	9 200	10 600	12 100	13 450
3. Monivuotinen toiminta (IVM[1], tutkimustoiminta) *Policies with multiannual allocations (IMP[1]s, research)*	1 210	1 650	1 900	2 150	2 400
4. Muu toiminta *Other policies*	2 103	2 385	2 500	2 700	2 800
josta: ei-pakolliset menot *of which non-compulsory*	1 646	1 801	1 860	1 910	1 970
5. Takaisinmaksut ja hallinto *Repayments and administration*	5 700	4 950	4 500	4 000	3 550
(varastojen purkamisen rahoitus) *(financing of stock disposal)*	1 240	1 400	1 400	1 400	1 400
6. Rahoitusvaraus[2] *Monetary reserve*[2]	1 000	1 000	1 000	1 000	1 000
YHTEENSÄ *TOTAL*	45 303	46 885	48 900	50 950	52 800
josta: pakolliset menot *of which compulsory*	33 698	32 607	32 810	32 980	33 400
ei-pakolliset menot *non-compulsory*	11 605	14 278	16 090	17 970	19 400
Tarvittavat maksumäärärahat *Payment appropriations required*	43 779	45 300	46 900	48 600	50 100
josta: pakolliset menot *of which compulsory*	33 640	32 604	32 740	32 910	33 110
ei-pakolliset menot *non-compulsory*	10 139	12 696	14 160	15 690	16 990
Tarvittavat maksumäärärahat (% BKTL:sta) *Payment appropriations as % of GNP*	1,12	1,14	1,15	1,16	1,17
Marginaali ennakoimattomia menoja varten *Margin for unforeseen expenditure*	0,03	0,03	0,03	0,03	0,03
Tarvittavat omat varat (% BKTL:sta) *Own resources required as % of GNP*	1,15	1,17	1,18	1,19	1,20

[1] Integroidut Välimeren maiden ohjelmat.
Integrated Mediterranean Programme.
[2] Käypähintaisena.
At current prices.
[3] Ranskankielinen EYVL. Englanninkielinen EYVL: 29 000.
In Journal Officiel des Communautés européennes. *In OJ: 29 000.*

menoista olivat siirtoja (*carry overs/ reports*; ks. luku 5.2) edelliseltä budjettivuodelta/ edellisiltä budjettivuosilta sekä mitkä maksusitoumusmäärärahoista johtavat todellisiin ja mitkä mahdollisiin suorituksiin talousarviosta (ks. esim. Taylor 1989, 20–21). Strasserin (1992a, 381) mukaan yleiseen talousarvioon kirjatut maksusitoumukset, joita vastaavat maksut olivat suorittamatta, nousivat esim. vuonna 1988 n. ECU 14 975,5 miljoonaan (ks. luku 5.2).

RN:ien kirjaaminen MSKM:na merkitsee automaattisesti myös sitä, että niiden noudattaminen johtaa myös maksumäärärahojen osalta budjettikurin noudattamiseen. Toisaalta maksusitoumuksiin käytettävien määrärahojen avulla oli maksumääräyksiin käytettäviä määrärahoja helpompaa korostaa EY:n tulevia poliittisia prioriteetteja (ks. esim. Isaac 1994a, 14).

vien menojen määrät ja koostumukset, mukaan lukien menot, jotka johtuvat uusien toimintamuotojen kehittämisestä.»

Kohdan mukaisesti RN jakavat EY:n menot seuraavaan kuuteen *otsikkoon* (*Heading/ rubrique*): 1) EMOTR:n tukiosasto, 2) rakenteelliset toimet (rakennerahastot ja PEDIP (*Specific Industrial Development Programme for Portugal/ programme spécifique de développement industriel pour le Portugal*)), 3) monivuotinen toiminta (Integroidut Välimeren maiden ohjelmat (IVM; engl. *Integrated Mediterranean Programmes (IMPs)*, ransk. *programmes intégrés méditerranéens (PIM)*) ja tutkimustoiminta), 4) muu toiminta, 5) takaisinmaksut ja hallinto (ml. vanhojen maataloustuotevarastojen arvonlaskusta johtuvat lisämenot) sekä 6) rahoitusvaraus (ks. luku 4.2.5.3).

Jaottelu on hämmentävä, sillä se ei ole mitenkään järjestelmällinen. Toisaalta se on varsin kaukana TA:n mukaisesta menojen jaottelusta. Isaacin (1994a, 13) mukaan jaottelu onkin ennen kaikkea poliittinen, sillä sen tarkoituksena on osoittaa EY:n keskipitkän aikavälin tavoitteet siten kuin EYA ne asettaa. Niinpä etenkin otsikoiden *1* ja *5* menojen suhteellisen osuuden on tarkoitus laskea vuosien 1988–1992 TA:ssa ennen kaikkea otsikoiden *2* ja *3* menojen hyväksi. Otsikko *4* taas kattaa mm. sisämarkkinoiden toteuttamiseen ja EY:n ulkosuhteisiin liittyviä menoja, joiden merkitys on katsottu vähempiarvoiseksi EY:n keskipitkän aikavälin toiminnassa. RN:ien jaottelusta johtuviin ongelmiin palataan kolmannessa osassa (luku 5).

RN määrittävät jokaiselle otsikolle vuotuisten menojen enimmäismäärän, joka on samalla menojen ehdoton yläkatto. Poikkeuksellisesti TVS:n 17 k. mukaisesti otsikoiden *2* ja *3* loppusummat ovat samalla menotavoitteita, jotka budjettivallan käyttäjä sitoutuu saavuttamaan. Kohdan mukaisesti »Euroopan parlamentti, neuvosto ja komissio hyväksyvät, että jokainen vuosien 1988–1992 rahoitusnäkymissä määritelty tavoite on Yhteisön vuotuisten menojen enimmäismäärä. Ne sitoutuvat noudattamaan menojen vuotuisia enimmäismääriä jokaisen vastaavan budjettiprosessin yhteydessä.» Sitoumus merkitsee mm. sitä, etteivät toimielimet voi ylittää enimmäismääriä elleivät ne sitä ennen sovi yhdessä enimmäismäärien tarkistuksista (ks. alla). Eri otsikoiden menokattojen yhteenlaskettu summa muodostaa puolestaan kulloisenkin varainhoitovuoden EY:n menojen enimmäismäärän, joka sekin on siten sitova. RN erottelevat lisäksi erilliset menokatot pakollisille ja ei-pakollisille menoille (ks. taulukko 3).

Koska RN:ien eri katot on ilmaistu otsikkoa *5* lukuunottamatta vuoden 1992 hinnoin, TVS sisältää myös menettelyn, jonka mukaan komissio ajantasaistaa näkymät joka vuosi (9 k.). EP:n ehdottama RN:ien liukuvan laadinnan hylkääminen omalta osaltaan vahvistaa rahoitusnäkymien sitovuutta (ks. esim. Isaac 1994a, 14). RN myös liittävät EY:n menot tuloihin, siten kun ne määriteltiin TVS:n hyväksymiseen liittyvässä vuoden 1988 omia varoja koskevassa päätöksessä (24.6.; ks. luku 3.1). Joustavuutta on lisäämässä RN:iin sisällytetty marginaali ennakoimattomia menoja varten (engl. *Margin for unforeseen expenditure*, ransk. *marge pour imprévus*), suuruudeltaan 0,03 % vuoden yhteenlasketusta EY:n BKTL:sta (vrt. taulukko 3). Marginaalilla on kaksi tarkoitusta: yhtäältä varmistaa EY:n rahoituksen jatkuvuus tilanteessa, jossa EY:n yhteenlaskettu kansantulo kasvaisi oletettua vähemmän tai peräti laskisi, ja toisaalta mahdollistaa RN:ien menokattojen *tarkistaminen* tilanteissa, jotka aiheuttavat EY:lle ennakoimattoman lisärahoitustarpeen (ks. alla).

RN:ien 6 otsikkoa (samoin *4*:nnen ja *5*:nnen alaotsikot) muodostavat itsenäiset ja tiukasti toisistaan erillään olevat kokonaisuudet (mm. jonkin otsikon ylijäämää ei voida siirtää toisten otsikoiden alle[14]), ja siksi TVS:een on myös kirjattu menettely, jonka avulla menokattoja voidaan korottaa.

TVS:n 4 k. mukaan »(t)oimielinten välisen sopimuksen sisältöä ei voi muuttaa (*change/ modifier*) ilman kaikkien sopimuksen allekirjoittajatahojen suostumusta». Tämän näennäisesti itsestään selvän kohdan varsinainen merkitys käy ilmi kun muistetaan, että neuvosto hyväksyi TVS:n sekä siihen liitetyt RN yksimielisesti. Neuvosto on toistuvasti painottanut, että myös TVS:n ja RN:ien *muuttamiseen* tarvitaan sen yksimielinen suostumus. Tähän vaatimukseen törmättiin mm. vuoden 1993 uutta TVS:ta koskevien neuvottelujen yhteydessä (ks. luku 5.4.2).

Edellä selostetun perusteella ei suinkaan voi vähätellä sitä merkitystä, joka EY:n rahoitusnäkymien *tarkistus*mahdollisuudella on yleisen ta-

---

[14] Toimielimet veivät RN:ien viipaloinnin niinkin pitkälle, etteivät katsoneet voivansa hyväksyä määrärahojen siirtoja varainhoitovuoden aikana eri otsikoiden alle sijoittuvien kohtien välillä, jos niiden seurauksena otsikoiden menokatto olisi ylittynyt, vaikkei TVS:n 7 k. varsinaisesti vaadi määrärahakattojen noudattamista kuin »budjettiprosessin aikana». Tästä RN:ien »segmentoitumisesta» aiheutuvaan sisäisen ja ulkoisen jouston puutteeseen ja siitä johtuviin ongelmiin palataan tarkemmin osassa III (luvut 5 ja 6).

lousarvion joustavuuden kannalta. Mahdollisuus on kirjattu TVS:n 12 k.

Kohdan mukaan »(s)äännöllisten teknisten ja toimeenpanoon liittyvien sopeuttamisten (*adjustment/ ajustement*) lisäksi rahoitusnäkymiä voidaan tarkistaa (*revise/ réviser*) budjettivaltaa käyttävien toimielinten yhteisellä päätöksellä komission esityksen pohjalta.» Päätös tehdään samojen periaatteiden mukaisesti kuin EP:n ja neuvoston välinen sopimus uudesta ei-pakollisten menojen korotuksen enimmäismäärästä (ks. luku 4.2.3.2), toisin sanoen SETY, SEY 203 art. 9 k. 5 alak. mukaan neuvostossa määräenemmistöllä ja EP:ssa jäsenten enemmistöllä ja kolmella viidesosalla annetuista äänistä. Tarkistusten on pysyttävä RN:ien määrittämän ennakoimattomia menoja varten varatun marginaalin sisällä[15].

Käytännössä erot 4 ja 12 k. menettelyjen välillä johtivat EY:ssä kiistoihin siitä, mitkä toimenpiteet on luettava RN:ien muutoksiksi ja mitkä tarkistuksiksi, eli siis mitkä toimenpiteet vaativat neuvostossa yksimielisyyden ja mitkä määräenemmistön. On selvää, että säännöllinen turvautuminen 4 k. menettelyyn olisi vahvistanut neuvoston suhteellista painoarvoa EY:n budjettiasioissa: EP:n ja komission käsityksen mukaan menettely olisi suonut jäsenmaille tosiasiallisen veto-oikeuden budjettiasioissa. Normaalisti niillä ei tätä oikeutta budjettiasioissa ole (ks. luvut 2 ja 3). Kiista ratkaistiin pragmaattisella tavalla eli viittaamalla toisinaan TVS:n 4 k. (ks. esim. vuoden 1990 joulukuun 13. päivän päätös; *Bull.EC 23 (1990): 12*, kohta 1.6.1), toisinaan taas jättämällä pois viittaus tarkempaan sopimuskohtaan (ks. esim. vuoden 1992 toukokuun 13. päivän päätös; EYVL N:o C 150, 15.6.1992).

Tarkistus, josta neuvottelevat kaikki kolme toimielintä nk. trilogimenettelyllä (ks. luku 4.2.3), osoittautui myös varsin pitkäksi ja raskaaksi: normaalisti se kesti yli kolme kuukautta. TVS:ta koskevien tulkintaerimielisyyksien lisäksi erilaiset toimivaltaerimielisyydet hidastivat päätöksentekoa. Siten esim. neuvoston puolelta neuvotteluihin osallistuu yleensä EY:n puheenjohtajamaan budjettiministeri, kun taas tarkistuksen hyväksyvät lopullisesti talousministerit. Menettely johti esim. trilogin puitteissa saavutetun neuvottelutuloksen hylkäämiseen neuvostossa vuoden 1990 marraskuussa (19.11.). Toisaalta EP:lta vaaditaan tuloksen hyväksymistä aina epävarmassa yleisistuntokäsittelyssä.

Yhteensä vuosien 1988–1992 RN tarkistettiin tai muutettiin kahdeksan kertaa: joulukuussa 1989, kesä- ja joulukuussa 1990, toukokuussa 1991 samoin kuin helmi-, touko-, heinä- ja syyskuussa 1992. Vuonna 1990 EY:n menojen ylärajaa nostettiin 0,9, vuonna 1991 5,7 ja vuonna 1992 4,7 % (ks. esim. Isaac 1994a, 20). Tarkistusten ja muutosten sisällöstä, ks. esim. *COM(92) 82 final*, Annex 1–5; *General Report...* (1992, 428) tai *The Community...* (1993, 44–45); ks. myös luku 5.4.

Kokoavasti voidaan todeta, että EY:n yleisen talousarvion joustavuuden kannalta vuonna 1988 käyttöön otettu budjettikurijärjestelmä oli tärkeä ainakin neljästä syystä. Ensinnäkin se käynnisti EY:ssä kaikkien toimielinten menoja koskevan sitovan monivuotisen taloussuunnittelun (*multiannual expenditure programming/ programmation budgétaire pluriannuelle*). Toiseksi budjettikuri käsitti kaikki TA:n menoluokat[16] ja niin pakolliset kuin ei-pakollisetkin menot. Kolmanneksi EP, neuvosto ja komissio sitoutuivat noudattamaan eri menoluokille asetettuja menokattoja. EY:ssä omaksuttu järjestelmä poikkeaa siten kaikista niistä budjettikurijärjestelmistä, jotka on otettu käyttöön EU:n jäsenvaltioissa (ks. esim. Jouret 1993, 393).

Lopuksi, neuvoston vuoden 1984 yksipuolisesta julkilausumasta tai vuoden 1982 julistuksesta poiketen (ks. luku 3.2), käsitteen »sopimus» omaksuminen vuoden 1988 TVS:n yhteydessä osoittaa kiistatta toimielinten halua sitoutua tavalla, joka oikeuttaisi sopimusta koskevien rikkomus-

[15] Neuvosto yhtäältä ja EP ja komissio toisaalta eivät omaksuneet yhteistä tulkintaa siitä, onko marginaali ainutkertainen (eli että se supistuu RN:ien tarkistusten tai muutosten yhteydessä, kunnes jäljellä on enää mahdollisuus muuttaa eri otsikoiden välisiä menojen enimmäismääriä ilman mahdollisuutta korottaa edelleen RN:ien kokonaiskattoa), vain onko se muuttuva (uusiutuva) omien varojen asettaman ehdottoman yläkaton rajoissa. Kiista johtui lähinnä siitä, ettei RN:iä laadittu suoraan prosentteina EY:n yhteisestä BKTL:sta, vaan ECU:inä, jotka sitten ilmaistiin prosentteina BKTL:sta. Jos EY:n BKTL:n vuosikasvu ajanjaksolla 1988–1992 olisi noudattanut RN:ien laadinnassa arvioitua 2,3 %:ia, tulkintaerimielisyyksiä ei todennäköisesti olisi syntynyt. Todellisuudessa EY:n yhteenlaskettu BKTL kasvoi ajanjaksolla keskimäärin n. 2,7 %:n vuosivauhdilla (ks. esim. Isaac 1994a, 20).

[16] Käytännössä vuoden 1988 TVS:n jälkeisessä tilanteessa on eroteltava yhtäältä EY:n maatalousmenot, joiden kasvuvauhti on tiukasti säädelty oikeusnormin avulla (vuoden 1988 neuvoston päätöksen (24.6.) 1 art.) ja EY:n »muut menot», joiden kehitys oli TVS:een liitettyjen RN:ien asettamien menokattojen säätelemä, ja siten alttiina mm. näiden kattojen korotuksille, sekä toisaalta otsikoiden *2* ja *3* menot (jotka olivat ennen kaikkea menotavoitteita) muiden otsikoiden (pois lukien otsikko *1*) menoista (ks. esim. Terrasse 1991, 11).

ten viemisen TI:n eteen. Useat EY:n oikeusjärjestelmän tuntijat (vrt. Isaac 1990, 5; 1994, 28; Terrasse 1991, 11; vrt. myös nykyisen neuvoston oikeudellisen osaston päällikön (yksityinen) kanta esim. *in* Jacqué (1991, 297)) ovat sitä mieltä, että sopimuksesta johtuvat oikeudet ja velvoitteet ovat sen verran tarkkoja ja ehdottomia, että sopimus voidaan rinnastaa mm. SETY, SEY 5 art. pohjalta tehtyihin päätöksiin, joiden tarkoituksena on täydentää perustamissopimusten pykäliä ja joita kohtaan tehtyjä rikkomuksia (kuten toimielinten sisäisiä ohjesääntöjäkin kohtaan tehtyjä rikkomuksia) vastaan TI:lla on oikeus puuttua. TI ei tähän mennessä ole kuitenkaan julkaisut tulkintaansa asiasta vuoden 1992 budjetin laadintakiistoista huolimatta (ks. luku 4.2.5.2; vrt. myös *Tapaus 204/86, Helleenien tasavalta vs. Neuvosto (27.9.1988), Euroopan yhteisöjen tuomioistuin, Court Reports, 5323 et seq.*).

Varsinkin sitovien kattojen asettamisella kaikkiin EY:n menoluokkiin oli se positiivinen vaikutus, että ne tuntuvasti hillitsivät EP:n ja neuvoston välisiä toistuvia budjettikiistoja (ks. luvut 4.2.3, 5 ja 6) EY:ssä. Niinpä vuosien 1989–1992 aikana kaikki EY:n yleiset talousarviot onnistuttiin vahvistaman ajallaan, toisin kuin vuosina 1985–1988 (ks. luvut 4.2.3 ja 6). Mm. kiistat pakollisten ja ei-pakollisten menojen määrästä TA:ssa tai uudesta ei-pakollisten menojen korotuksen enimmäismäärästä väistyivät etenkin RN:iä ja niiden muutoksia ja tarkistuksia sekä »ei-etuoikeutettuja ei-pakollisia menoja» sisältävien otsikoiden menojen määriä koskevien neuvottelujen tieltä (ks. luku 4.2.3). Vuotuiset budjettineuvottelut alkoivat siis koskea entistä täsmällisemmin rajattuja ja säänneltyjä aiheita.

Terrassen (1991, 46–47) mukaan pääosa vuoden 1988 TVS:n solmimisen jälkeistä EP:n ja neuvoston välisistä budjettineuvotteluista koski otsikoiden *4* (*muu toiminta*) ja *5* (*takaisinmaksut ja hallinto*) alaisia ei-pakollisia menoja, jotka paradoksaalisesti esim. vuonna 1990 edustivat vain n. *9 %*:ia TA:n kokonaismenoista. Toisaalta tämä on ymmärrettävää siinä mielessä, että toisin kuin muiden otsikoiden menoista, näistä ei ollut olemassa mitään poliittisia sitoumuksia neuvoston ja EP:n välillä[17]. Vuonna 1993 EP:n ja neuvoston väliset erimielisyydet koskivat enää n. ECU 300 miljoonan suuruisia ei-pakollisia menoja, so. n. 0,4 %:ia TA:n loppusummasta (*Les finances...* 1994, 190). Muihin EY:n ensimmäisestä toimielinten välisestä sopimuksesta saatuihin kokemuksiin palataan osassa III (luvut 5 ja 6).

4.2.5 Varaukset

Yksi EY:n ja EU:n budjettijärjestelmän erityispiirteistä on ollut erilaisten varausten ja varausmäärärahojen lukuisuus.

VHA (1990) 19 art. 4, 5 ja 6 k. mukaan EY:n (EU:n) yleinen talousarvio voi sisältää erilaisia *varauksia* (engl. *Reserve*, ransk. *réserve*), joihin kirjatut määrärahat ovat käytettävissä vasta siirron jälkeen, toisin sanoen varainhoitovuoden aikana TA:n osasta toiseen suoritetun *virement*-menettelyn kautta (ks. luku 4.2.2). Siten varaukset ovat eittämättä yksi sisäisen jouston muoto siinä mielessä, että ne mahdollistavat menojen uudelleenkohdentamisen talousarvion sisällä mm. budjettivuoden aikana ilmenneitä uusia tarpeita vastaavasti[18].

EU:n talousarvioon kirjatut varaukset (*Hallituksen esitys...* (1994, Y 21) puhuu »reserveistä») muodostavat poikkeuksen nonaffektaatioperiaatteelle joka kerta, kun ne sitovat varausmäärärahat tiettyyn erityistarkoitukseen, kuten rahoitusvarauksen tapauksessa (ks. luku 4.2.5.3), tai erittelyperiaatteelle silloin, kun varaukset sisältävät erittelemättömiä könttäsummia (vrt. TTI:n nega-

---

[17] Vrt. Brysselin Eurooppa-neuvoston päätökset saattaa otsikon *1* alaiset maatalousmenot tiukasti kuriin tai kaksinkertaistaa otsikon *2* alaisten rakennerahastojen toimintamenot vuosien 1987–1993 välillä, molemmat tavoitteita, joita EP ei sinällään halunnut kyseenalaistaa, tai otsikon *3* alaiset EY:n tutkimusmenot, joiden kehityksestä päättämiseen EP oli omalta osaltaan osallistunut vuosina 1987 ja 1990 EY:n tutkimus- ja kehitystoimintamenoja koskevan puiteohjelman (*framework programme*) hyväksymisen yhteydessä. Terrassen (1991, 47) esittämien laskelmien mukaan »etuoikeutetut ei-pakolliset menot» edustivat yhteensä n. ECU 13 600 miljoonaa ja otsikoiden *4* ja *5* »ei-etuoikeutetut ei-pakolliset menot» n. ECU 4 300 miljoonaa vuoden 1990 TA:ssa. TAE:n ensimmäisen käsittelyn jälkeen EP:n ja neuvoston välinen erimielisyys (so. ero neuvoston hyväksymien EPM:n ja RN:ien asettaman yläkaton välillä) koski alle ECU 500 miljoonaa, so. n. prosenttia TA:n loppusummasta. Toisaalta eivät budjettikeskustelut kansallisellakaan tasolla hallituksen ja eduskunnan välillä usein koske järin suuria summia (vrt. esim. Message 1993, 14–15).

[18] Todellisuudessa etenkin TA:n rahoitusvaraus (ks. luku 4.2.5.3) sekä uudemmat lainatakuu- ja hätäapuvaraukset (ks. luku 4.2.5.4) eroavat muista EU:n yleiseen talousarvioon kirjatuista varauksista siinä mielessä, etteivät ne ole talousarvioiden erillisiä lukuja, joiden tarkoituksena on joustavoittaa määrärahojen käyttöä budjettivuoden aikana, vaan ne ovat ennen kaikkea EU:n budjettijärjestelmän monivuotisiin rahoitusnäkymiin (ks. luku 4.2.4) jätettyjä »pelivaroja» (*margin of manœuvre*), vaikka ne kirjattaisiinkin vuotuisiin talousarvioihin (ks. esim. *Les finances...* 1994, 106).

tiivista varausta (ks. luku 4.2.5.2) koskeva lausunto N:o 1/88 (EYVL N:o C 166, 25.6.1988)).

Tässä artikkelissa tarkastellaan varausta ennakoimattomia menoja varten (luku 4.2.5.1), käsitellään negatiivisen varauksen ja rahoitusvarauksen toiminta (luvut 4.2.5.2–4.2.5.3) sekä esitellään lyhyesti vuoden 1993 uuteen TVS:een sisällytetyt lainatakuu- ja hätäapuvaraus (luku 4.2.5.4) sekä »alustavat varaukset». Muita EY:n (EU:n) TA:sta löytyviä varauksia ovat mm. vuosien 1993 ja 1994 »*Operating reserve/ réserve opérationnelle*» (*A-10 3*), vuoden 1994 »*Reserve for re-employment/ réserve pour les réemplois*» (*A-10 4* ja *BO-4 1*) sekä luvun *A-10 2* varaus.

Vuodesta 1991 lähtien uuden alaluokkajaottelun myötä (ks. luku 3.2) suurin osa komission pääluokan B osan varauksista koottiin alaluokka *B0* (*Repayments, guarantees, reserves/ remboursements, garanties, réserves*) osaston *B0-4* (*Reserves and provisions/ réserves et provisions*) alle. Vuoden 1994 TA:ssa osaston loppusumma kohoaa ECU 2 181 miljoonaan maksusitoumus- ja ECU 1 157 miljoonaan maksumäärärahoina.

Neuvosto ei sen sijaan ole suostunut komission jo vuosia sitten esittämään ja mm. vuonna 1987 (ks. *COM(87) 400 final*, 3) uudistamaan pyyntöön luoda uusi, kattava varaus (engl. *Overall reserve*, ransk. *réserve globale*) EY:n talousarvioon vastapainoksi vuonna 1988 tiukentuneelle budjettikäytännölle (ks. luku 4.2.4).

4.2.5.1 Varaus ennakoimattomia menoja varten

TA:n jokainen pääluokka, samoin kuin komission pääluokan A ja B osat, ovat voineet sisältää VHA (1990) 19 art. 4 k. mukaan erillisen varauksen *ennakoimattomia menoja varten* (engl. *Contingency reserve*, ransk. *réserve pour imprévus*), eli sellaisten yllättävien menojen varalta, jotka eivät ole olleet tiedossa budjettia laadittaessa. Varsinkin komissio ajoi – menestyksellisesti vuoden 1988 talousarvioon asti – ECU 5 miljoonan kirjaamista budjettinsa B osaan (Isaac 1990, 14). Vuoden 1994 TA:ssa luku *10 1* sisälsi enää »p.m.» -maininnan komission menoarvion A osassa ja TI:n pääluokassa, samoin kuin vajaat ECU 5,8 miljoonaa EP:n pääluokassa. Sen sijaan varaukselle osoitettu luku *B0-4 1* komission menoarvion B osassa, joka vuosien 1990–1992 talousarvioissa käsitti enää »–» -merkinnän, muuttui vuoden 1994 TA:ssa *varaukseksi uudelleenkäyttöjä varten* (ECU 1 157 miljoonaa maksumäärärahoina ja »p.m.» -merkintä maksusitoumusmäärärahojen kohdalla; ks. luku 4.2.5).

4.2.5.2 Negatiivinen varaus

Ajatuksen *negatiivisen varauksen* (engl. *Negative reserve*, ransk. *réserve négative*) luomisesta EY:n vuotta 1986 koskevan TA:n yhteyteen kerrotaan lähteneen neuvoston silloiselta puheenjohtajalta Peter Brookelta, joka kyllästyneenä neuvoston ja EP:n käymään jatkuvaan budjettisotaan (ks. luvut 4.2.3 ja 4.2.4) halusi pelastaa mitä pelastettavissa oli vuoden 1986 talousarviosta[19]. Negatiivista varausta voidaan hyvällä syyllä pitää yhtenä osoituksena EY:n suuresta mukautumiskyvystä 1980-luvun alun ja puolivälin toistuvien budjettikriisien aikana ja kekseliäisyydestä luotaessa uusia joustomuotoja budjettiprosessin ja TA:n yhteydessä (vrt. luku 2. Peter Schmidhuber, EY:n talousarvioista vastaava komissaari onkin kutsunut varausta »taloudelliseksi kainalosauvaksi», ks. esim. Isaac 1993, 5). Juuri negatiivinen varaus auttoi EP:a ja neuvostoa pääsemään yhteisymmärrykseen vuoden 1986 KEM:stä. Komission pääluokan B osan luvun *10 3* (*B0-4 3* vuoden 1991 ja *B0-4 2* vuoden 1992 TA:ssa) alle nimittäin luotiin uusi varaus, joka mahdollisti EP:n äänestämien ECU 150 miljoonaan talousarvioesitystarkistusten sisällyttämisen talousarvioon (ks. luku 4.2.3).

Negatiivisen varauksen kaltaisia budjetointimenettelyjä on toki käytössä joissain EU:n jäsenmaissa, kuten Saksassa (ks. Terrasse 1991, 23) tai Ranskassa (ks. Strasser 1992a, 154; 1992b, 157–159). EY:n erikoisuutena on kuitenkin sisällyttää TA:n menopuolelle miinus-merkillä varustettu (negatiivinen) summa eli hyväksyä tosiasiallisesti alijäämäinen budjetti ja tasapainottaa se vasta budjettivuoden lopussa EU:n talousarvion tasapainoperiaatteen (ks. luku 4.2.3) mukai-

[19] Vuoden 1986 TA:n laadintaprosessia (jota vaikeutti mm. Espanjan ja Portugalin hyväksyminen EY:n jäseniksi) voidaan hyvällä syyllä pitää yhtenä EY:n historian riitaisimmista. Vuoden 1985 joulukuussa (12.12.) EP:n puheenjohtaja vahvisti allekirjoituksellaan vuoden 1986 TA:n ilman, että neuvosto sisällään (määräenemmistö- ja vähemmistösäännösten takia; ks. luku 4.2.3) ja EP olisivat sitä ennen päässeet yksimielisyyteen ei-pakollisten menojen korotuksesta (ks. luku 4.2.3). Neuvosto vei parlamentin vahvistaman talousarvion TI:n eteen, joka hylkäsikin sen sillä perusteella, että molempien budjettivaltaa käyttävien toimielinten on päästävä yksimielisyyteen, ennen kuin SETY, SEY 203 art. tarkoittaman budjettiprosessin voidaan katsoa päättyneen (ks. *Tapaus 34/86, Neuvosto vs. Euroopan parlamentti (1986), Euroopan yhteisöjen tuomioistuin, Court Reports, 2155 et seq.*). Vuoden 1986 TA hyväksyttiin lopullisesti 10.7.1986 (ks. luku 5.4). Vuoden 1986 budjettiprosessista, ks. esim. van Lier (1986b, 513–526).

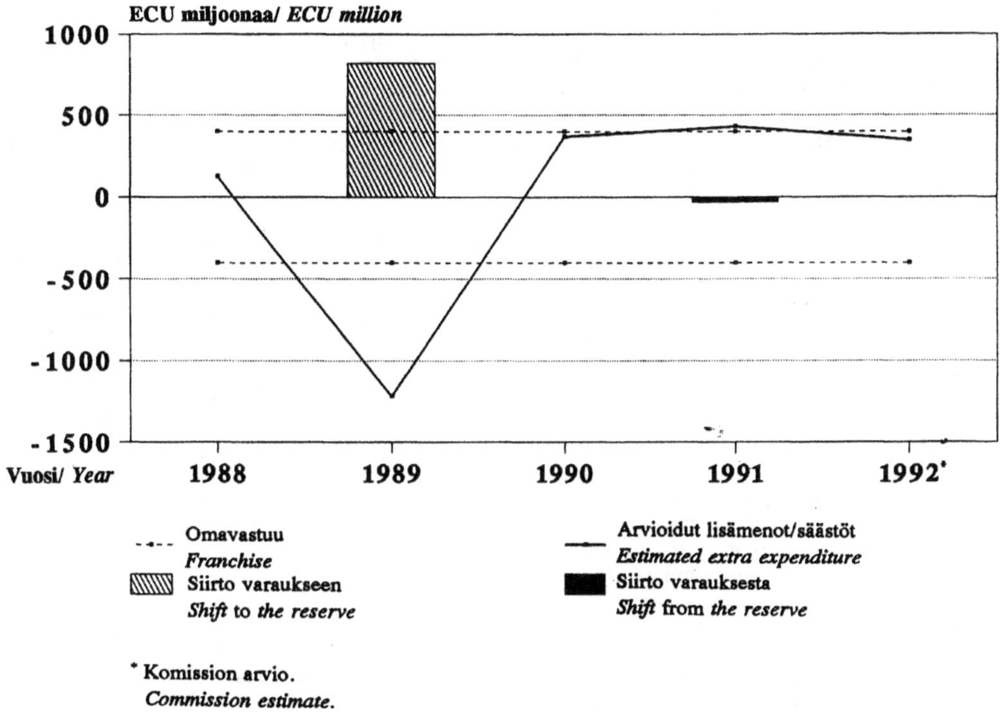

Kuvio 6. Rahastovarauksen käyttö vuosina 1988–1992. (Lähde/ Source: Saarilahti 1993b).
Chart 6. The functioning of the monetary reserve, 1988–1992.

sesti. Ennen jokaisen budjettivuoden loppua neuvoston ja EP:n tulee siten hyväksyä tarvittavat määrärahojen siirrot muilta budjettikohdilta kohti negatiivista varausta. Negatiivisen varauksen ajatuksena on siten spekuloida käyttämättömillä määrärahoilla ainakin joillakin menokohdilla.

Varauksen tarkoituksena on kuitenkin lähinnä mahdollistaa talousarvion laatiminen ilman neuvoston ja EP:n välisiä budjettiselkkauksia sallimalla parlamentille sen hyväksymien ja tärkeäksi katsomien TAE:n tarkistusten sisällyttämisen talousarvion menokohtiin, vaikka budjetin kokonaismenot kasvaisivatkin yli sovittujen tai KEM:n määräämien rajojen (ks. luku 4.2.3).

Brysselin Eurooppa-neuvoston huippukokouksen (11.–12.2.1988) päätösten mukaisesti negatiivisen varauksen olemassaolo kirjattiin virallisesti vuoden 1988 VHA:een, jonka uusi 4 art. (a) k. (19 art. 5 k. vuoden 1990 VHA:ssa) kuului seuraavasti: »(k)omission pääluokkaan voi kuulua 'negatiivinen varaus', jonka enimmäismäärä on rajoitettu 200 miljoonaan ecuun. Tämä varaus, joka otetaan erilliseen lukuun, voi koskea sekä maksusitoumuksiin käytettäviä määrärahoja kuin maksumääräyksiin käytettäviä määrärahoja. (2 alak.) Tämä varaus on otettava käyttöön ennen varainhoitovuoden loppua tekemällä siirtoja 21 artiklassa (nyk. 26 art.) säädetyn menettelytavan mukaisesti.»

Vuoden 1986 TA:n lisäksi esim. vuoden 1987 TA sisälsi ECU 181 miljoonan (maksumäärärahoina) ja ECU 89 miljoonan (maksusitoumusmäärärahoina), vuoden 1990 TA ECU 38,4 miljoonan (maksusitoumusmäärärahoina) ja vuoden 1992 TA ECU 20 miljoonan (maksumäärärahoina) negatiivisen varauksen[20].

---

[20] Vuoden 1992 (so. vuosien 1988–1992 RN:ien mukainen viimeinen vuosi) TA oli lisäksi erikoinen siinä mielessä, että EP:n hyväksymä talousarvio sisälsi ECU 1 660 (maksusitoumusmäärärahoina) ja ECU 1 200 miljoonan (maksumäärärahoina) suuruisen varauksen (*»Operational reserve in connection with*

Vuonna 1992 varausta kasvatettiin ECU 30 miljoonalla maksu- ja maksusitoumusmäärärahoina (jotka jaettiin RN:ien otsikoiden *3* (*tutkimustoiminta*; ECU 10 miljoonaa) ja *4* (*muu toiminta*; ECU 20 miljoonaa) välillä) vuoden II LKTA:lla. Vuoden III LKTA:lla lisäksi luotiin ylimääräinen negatiivinen varaus (*B0-4 2 3*) otsikon *4* alle (ECU 20 miljoonaa maksu- ja maksusitoumusmäärärahoina; ks. esim. Fernandez-Fabregas & Lentz 1993, 629).

4.2.5.3 Rahoitusvaraus

Erillisen *rahoitusvarauksen* (engl. *Monetary reserve*, ransk. *réserve monétaire*) sisällyttäminen EMOTR:n tukiosaston yhteyteen (komission pääluokan B osa, luku *10 2*, *B1-5 0* vuodesta 1991 ja *B1-6 0* vuodesta 1993 lähtien) juontaa juurensa EY:n budjettijärjestelmän kokonaisuudistuksesta vuosina 1987–1988 (ks. luku 4.2.4) ja ennen kaikkea halusta saattaa EY:n maatalousmenojen kasvu paremmin hallintaan.

Vuoden 1988 (24.6.) neuvoston päätöksen (88/377/ETY) 10 art. mukaan »(j)oka vuosi ECU 1 000 miljoonaa kirjataan erityiseen Euroopan yhteisöjen yleisen talousarvion varaukseen, jonka tehtävänä on vastata markkinoilla havaittaviin merkittäviin ja odottamattomiin ECU:n ja dollarin välisiin vaihtokurssin muutoksiin verrattuna talousarviossa käytettyyn kurssiin. Näitä määrärahoja ei sisällytetä maataloutta koskevaan ohjeeseen (*agricultural guideline/ ligne directrice agricole*[21]).» Tästä syystä päätöksellä muodostettu rahoitusvaraus sijoitettiin vuosia 1988–1992 koskevassa RN:issä omaksi kokonaisuudekseen otsikon *6* alle (ks. taulukko 3, luku 4.2.4). Sama periaate toistui vuosien 1993–1999 RN:issä (ks. alla ja luku 5.4.2).

Neuvoston päätöksen 9 art. mukaan talousarvioennusteita laadittaessa käytettävä USD:n ja ECU:n välinen vaihtokurssi eri vuosina on markkinoiden määräämä *budjettivuotta edeltävän* (*t-1*) kolmen ensimmäisen kuukauden vaihtokurssi. Poikkeuksellisesti vuoden 1988 TA:ta laadittaessa käytettiin kurssia 1 USD = ECU 0,85. 12 art. 1 k. mukaan vaihtokurssin muutoksista aiheutuvia säästöjä tai lisämenoja on kohdeltava tasavertaisesti: USD-ECU -pariteetin suotuisan kehityksen ansiosta koituvat EMOTR:n tukiosaston säästöt on siirrettävä varaukseen ECU 1 miljardiin asti. Päinvastaisessa tapauksessa siirrot on tehtävä varauksesta vajausta kärsiville budjettikohdille. 13 art. asettaa kuitenkin siirroille ECU 400 miljoonan omavastuun (*franchise*), jota alittavia summia ei siirretä varauksesta tai varaukseen.

Varauksen rahoittaminen tapahtuu vain tarkoitusta varten kerätyillä jäsenmaiden bruttokansantuloon perustuvilla maksuilla (12 art. 1 k.). Tämä tulojen käyttötarkoituksen sitomattomuuden periaatteen tietoinen loukkaus on erityisesti mainittu vuoden 1988 omia varoja koskevan päätöksen 6 art.

Vuoden 1988 neuvoston päätöksen (88/377) 12 art. 2 k. mukaan kaikki EMOTR:n tukiosaston säästöt, jotka on siirretty varaukseen ja jotka ovat säilyneet siellä budjettivuoden loppuun asti, tulee poistaa. Varat muodostavat siten sen vuoden budjettiylijäämän, joka lasketaan tuloiksi (*poste de recettes*) seuraavissa talousarvioissa. Käytännössä tulouttaminen suoritetaan vuoden *t+1* TA:n laadinnan yhteydessä annettavalla oikaisukirjelmällä (ks. luku 4.1.1).

Kuviossa 6 on esitetty yhteenveto rahoitusvarauksen käytöstä vuoden 1988 TVS:n aikana (kuvion vuodet ovat nk. EMOTR-vuosia, jotka poikkeavat jonkin verran kalenterivuodesta).

Vuosina 1988–1993 varausta käytettiin kaksi kertaa, vuosina 1989 ja 1991. Vuosina 1988, 1990 ja 1992 sekä kuvion ulkopuolella vuonna 1993 EMOTR:n tukiosastoon kohdistuvat lisämenot (ECU 125 miljoonaa vuonna 1988 ja 371 miljoonaa vuonna 1990) jäivät ECU 400 miljoonan omavastuun alapuolelle, josta syystä siirtoja

---

the revision of the financial perspective/ Réserve opérationnelle liée à la révision des perspectives financières»; luku *B0–5 0*), joka johtui siitä, etteivät EP ja neuvosto olleet onnistuneet budjettiprosessin aikana pääsemään yksimielisyyteen RN:ien tarkistamisesta, joka olisi mahdollistanut varsinkin neuvoston ajamien entisen Neuvostoliiton tasavalloille suunnattujen avustusvarojen sisällyttämisen budjettiin (ks. esim. Fernandez-Fabregas & Lentz 1992, 647; vrt. luku 4.2.4). Neuvosto harkitsi EP:n vahvistaman TVS:n asettamien vaatimusten vastaisen talousarvion viemistä TI:n eteen, mutta todennäköisesti mm. Maastrichtin sopimuksen allekirjoitusvuoden takia neuvosto, EP ja komissio päättivät sopia poliittisesti kiistansa hyväksymällä 12.2.1992 RN:ien tarkistuksen, joka mahdollisti varauksen suuruisen summan kirjaamisen vuoden 1992 talousarvioon LKTA N:o *1/ 92* välityksellä (Isaac 1994a, 26).

21 Maataloutta koskevalla ohjeella tarkoitetaan neuvoston Brysselin Eurooppa-neuvoston (11.–12.2.1988) päätösten mukaista vuoden 1988 (24.6.) budjettikuria koskevaan päätöksen (88/377/EEC; ks. luku 4.2.4) johdanto-osaan ja 1 art. kirjattua periaatetta, jonka mukaan EMOTR:n tukiosaston alle budjetoitujen EY:n maatalousmenojen kasvuvauhti on rajoitettu 74 %:iin EY:n yhteenlasketun BKTL:n vuotuisesta kasvuvauhdista (80 % jos otetaan huomioon EMOTR:n kautta rahoitettu viljelysmaan paketointi (*set aside/ retrait des terres*); ks. esim. Terrasse 1991, 84–104).

varauksesta ei suoritettu (*The Agricultural*... 1992, 113; 1993, 117; Saarilahti 1993b).

Vuonna 1989 USD:n arvo ECU:un nähden nousi enemmän kuin TA:ta laadittaessa oli arvioitu. Tästä koitui EY:lle arviolta ECU 1 219 miljoonan säästöt maatalousmenoissa, ja ECU 819 miljoonaa (eli omavastuun ylittävä osa) siirrettiin varaukseen.

Vuonna 1991 puolestaan USD:n voimakas arvon alentuminen kesken varainhoitovuoden aiheutti puolestaan EY:lle ylimääräisiä menoja, jotka nousivat ECU 430 miljoonaan. Kun omavastuu ylittyi, ECU 30 miljoonaa siirrettiin varauksesta luvuille B1-*10* (»viljat ja riisi») ja *B1-13* (»*Protein plants/ protéagineux*»).

Vuoden 1992 Delors II -paketissa (ks. luvut 4.2.4 ja 5.4.2) komissio ehdotti varauksen koon supistamista ECU 500 miljoonaan vuodesta 1995 lähtien, sillä siihen mennessä komission mukaan YMP:n uudistuksen myötä »(maatalous)menojen herkkyys mahdollisille dollarin kurssin muutoksille pitäisi olla (...) huomattavasti vähentynyt» (*COM(92) 2001 final*, 22). Komissio myös esitti omavastuun laskemista ECU 200 miljoonaan.

Edinburghin Eurooppa-neuvoston (11.–12.12. 1992) päätösten mukaisesti (ks. *European*... 1992, 76) neuvosto ja EP hyväksyivät varauksen koon supistamisen puoleen vuodesta 1995 lähtien uudessa, vuosia 1993–1999 koskevissa RN:issä (ks. luvut 4.2.4 ja 5.4.2). Toisaalta varaus sijoitettiin uuden »*varaukset*» (»Reservit»; »*Reserves/ réserves*») -nimisen otsikon (otsikko *6*) alle yhdessä lainatakuu- ja hätäapuvarauksen (ks. luku 4.2.5.4) kanssa, siis edelleenkin maataloutta koskevan ohjeen (*agricultural guideline*) ulkopuolelle.

Uudessa TVS:ssa varauksen toimintaperiaatteita muutettiin sikälikin, että vastaisuudessa sillä voidaan peittää myös niitä maataloutta koskevalle ohjeelle koituvia välittömiä lisämenoja, jotka johtuvat Euroopan valuuttajärjestelmän (*European Monetary System (EMS)/ Système Monétaire Européen (SME)*) sisällä suoritetuista valuuttakurssimuutoksista (15 k. a), 2 alak.).

Neuvosto myös lopulta suostui EP:n vaatimukseen päästä osalliseksi varauksen käyttöä koskevaan päätöksentekoon (15 k. 4 ja 5 alak.; ks. luvut 4.2.5.4 ja 5.4).

4.2.5.4 Lainatakuuvaraus ja hätäapuvaraus

Vuosien 1993–1999 rahoitusnäkymiin sisällytettiin otsikon *6* alle rahoitusvarauksen lisäksi kaksi uutta varausta: lainatakuu- ja hätäapuvaraus.

Lainatakuuvarauksen (engl. *Reserve for guaranteeing loans to non-member countries*, ransk. *réserve pour garantie de prêts à des pays tiers*) taustalla on se tosiasia, että EY:n lainakannan suurimman osan takuuna, samoin kuin osan Euroopan investointipankin (EIP; engl. *European Investment Bank (EIB)*, ransk. *Banque européenne d'investissement (BEI)*) myöntämien lainojen takuuna, on EU:n yleinen talousarvio, usein sataprosenttisesti.

Koska EU ja EIP ovat viime vuosina tuntuvasti lisänneet yhteisöjen ulkopuolelle suunnattujen lainojen määrää myös ns. riskialttiille maille (vrt. eräille Keski- ja Itä-Euroopan maille, Algerialle, Syyrialle tai Libanonille myönnetyt lainat; *COM(91) 359 final* tai EYVL N:o C 160, 29.6.1990), mahdollisuus, että talousarvion takuuta jouduttaisiin käyttämään suuressa mitassa, on lisääntynyt, semminkin kun TA on myös takuuna lainoille, joilla on rahoitettu esim. maataloustuotteiden ja elintarvikkeiden vientiä entiseen Neuvostoliittoon[22] (EYVL N:o L 202, 25.7.1991. EU:n otto- ja antolainaustoiminnasta, ks. esim. Couzinet 1979a, 55–61; 1979b, 121–135; Tabary 1989; 1990, 203–207 tai Isaac 1990, 7; 1992a, 11–13).

Nykyisellään takuiden arvioidaan nousevan noin miljardiin ECU:un saakka (vuosittain maksuun tulevat pääoma ja korot; Isaac 1992a, 6). Komission ehdotuksesta (ks. *COM(92) 2001 final*, vrt. esim. *Les finances*... 1994, 156–158) luotu lainatakuuvaraus on vuoden 1993 TVS:n 15 k. b) alak. mukaan »tarkoitettu niiden talousarvion kohtien rahoittamiseksi, joista otetaan varat takuurahaston (engl. *Guarantee Fund*, ransk. *Fonds de garantie*) muodostamiseksi sekä velallisen laiminlyönneistä aiheutuviin mahdollisiin lisämaksuihin». Varauksen koko on määritelty ECU 300 miljoonaksi (ks. luku 5.4.2). Vuoden 1994 TA:oon on varauksen ja takuurahaston tarpeisiin kirjattu kaksi uutta lukua, *B0-2 3* (*Guarantee reserve/ réserve pour garantie*; ECU 318 miljoonaa maksusitoumus- ja maksumäärärahoi-

[22] Pienemmässä mittakaavassa takuumenettelyä on jouduttu käyttämään vuodesta 1988 lähtien Libanonille ja Syyrialle myönnettyjen lainojen takia. Siten esim. vuonna 1991 EY joutui Libanonin osalta maksamaan EIP:lle lainatakuina helmikuussa ECU 2,098, elokuussa ECU 2,155 ja joulukuussa ECU 2,051 miljoonaa ja Syyrian osalta ECU 1,782 miljoonaa, jotka maa kuitenkin maksoi takaisin vuoden loppuun mennessä. Vuoden 1991 lopulla Libanonin maksurästit kohosivat ECU 3,640 miljoonaan. Normaalisti lainatakuille varatut momentit *B0–2 1 0* ja *B0–2 1 8* ovat sisältäneet vain »p.m.» -merkinnän (Isaac 1992b, 13).

na) ja *B0-2 4* (*Payments to the Guarantee Fund/ versement au Fonds de garantie*; »p.m.» -merkintä).

Hätäapuvaraus (engl. *Reserve for emergency aid to non-member countries*, ransk. *réserve pour aides d'urgence à des pays tiers*) perustuu EP:n vaatimuksiin RN:iin sisällytettävästä uudesta varauksesta, jonka avulla neuvosto ja EP voisivat välttyä toisinaan varsin raskaita RN:ien tarkistamisista niissä lukuisissa tapauksissa, joissa EY yrittää vain sopeuttaa ulkoiseen toimintaan varattuja menoja yhteisöjen ulkopuolella tapahtuviin ennakoimattomiin toimintaympäristön muutoksiin. Varaus on »tarkoitettu nopeaksi avuksi erityistarpeisiin, jotka johtuvat tapahtumista, joita ei budjettia laadittaessa voitu ottaa huomioon. Tällaisia ovat erityisesti humanitääriset toimet» (15 k. c) alak.). Varauksen loppusumma on määritelty ECU 200 miljoonaksi vuosina 1993 ja 1994 ja ECU 300 miljoonaksi vuosina 1995–1999 (ks. luku 5.4.2). Vuodesta 1993 lähtien TA:ssa on ollut erillinen osasto *B7-9* (*Emergency aid reserve/ réserve d'aide d'urgence*) varauksen tarpeisiin (ECU 209 miljoonaa (vuonna 1993) ja 212 miljoonaa (vuonna 1994) maksusitoumus- ja maksumäärärahoina).

Kumpaankin varaukseen voi periaatteessa turvautua vain ATAE:n alistamisen jälkeen ja ennen budjettivuoden loppua. Jos rahoitustarve kuitenkin on useampivuotinen, toiminta olisi rahoitettava normaalin käytännön mukaisesti otsikon *4* (*ulkoinen toiminta*) alle budjetoitujen määrärahojen avulla mahdollisen RN:ien tarkistuksen jälkeen.

Toisaalta vuoden 1993 TVS:n 15 k. 4 ja 5 alak. määrittävät uuden päätöksentekomenettelyn hätäapu-, lainatakuu- ja rahoitusvarauksen (ks. luku 4.2.5.2) käytöstä (niin kutsuttu »*Negative codecision/ codécision négative*»). Menettelyn tarkoituksena on lähinnä taata, ettei neuvosto pysty muuttamaan komission tekemiä varausten käyttöä koskevia siirtoehdotuksia ilman EP:n suostumusta, ja siten varmistaa, ettei päättäminen varojen käytöstä vaikeudu (ks. esim. Isaac 1994a, 37).

4.2.5.5 Alustavat varaukset

TA on voinut sisältää kaikissa pääluokissa (myös komission pääluokan A ja B osissa) erillisen luvun *10 0* (»*alustavat varaukset*»; engl. *Provisional appropriations* tai *Provisions*, ransk. *crédits provisionnels*), johon kirjatut määrärahat ovat käytettävissä vasta siirtojen jälkeen. Kun varainhoitoasetukseen (19 art. 4 k. vuoden 1990 VHA:ssa) ei ole sisältänyt sen tarkempia sääntöjä näistä määrärahoista, niitä on käytetty vuosien mittaan useampaankin tarkoitukseen.

Yhtäältä EP:n pääluokassa ja komission pääluokan A osassa luku *10 0* on ollut eräänlainen »varaluku» (*chapitre réservoir*), jonka määrärahoja on voitu käyttää budjetoitujen henkilöstö- ja hallintomenojen sopeuttamiseen varainhoitovuoden aikana ilmenneitä tarpeita vastaaviksi.

Komission B osassa (luku *B0-4 0* vuodesta 1991 lähtien) määrärahat ovat sen sijan saaneet aivan uudenlaisen merkityksen: ne ovat mahdollistaneet tiettyjen menojen jäädyttämisen. Syy on voinut olla ensinnäkin juridinen: vallitsevan EU:n budjettikäytännön mukaisesti menoa ei voida kirjata budjettikohtaan, jos rahoitettavalta merkittävältä toiminnalta puuttuu TA:sta poikkeava juridinen pohja (säädös; ks. luku 3.2). Tällaisessa tapauksessa ainoa mahdollisuus on ollut kirjata meno luvun *10 0* alle »p.m.» -merkinnällä varustettuna.

Syy on voinut olla myös puhtaasti poliittinen: kirjaamalla määrärahan luvun *10 0* alle EP tai neuvosto on voinut varata itselleen mahdollisuuden ottaa se käyttöön varainhoitovuoden kuluessa tarpeen mukaan vasta harkinnan jälkeen. Siten esim. Kreikka (EY:n terminologiassa »Helleenien tasavalta») on järjestään kirjauttanut EY:n Turkille myöntämät varat luvun *10 0* alle.

Toisaalta EP on yhtä järjestään käyttänyt lukua *10 0* ja siihen liittyvää *virement*-menettelyä (johon parlamentti itse osallistuu, ks. luku 4.2.2) painostuskeinona vaatiessaan itselleen lisää budjettivaltaa[23] (ks. luku 4.2.5.2). Tällaisen taktikoinnin seurauksena luvun *10 0* määrärahat ovat eräinä vuosina nousseet varsin huomattaviksi: ECU 1 939 miljoonaan vuoden 1984 TA:ssa (7 % budjetin loppusummasta[24]) sekä vielä ECU 60 mil-

[23] Esim. vuonna 1984 EP yksiselitteisesti jäädytti Yhdistyneelle kuningaskunnalle ja Saksan liittotasavalle neuvoston talousarvioon kirjaamat kompensaatiot protestoidakseen neuvoston harjoittaman ja ennen kaikkea Margaret Thatcherin ajaman »oikeudenmukaisen korvauksen» (*just return*) politiikan johdosta, jota parlamentti piti ja pitää edelleenkin EY:n periaatteiden vastaisena (EP:n käyttämästä taktiikasta, ks. esim. Jacqué 1981, 229–262; 1983, 155–182; Nicoll 1984, 4–21; 1987/8, 27–42; Shackleton 1989, 129–147; 1991, 65–79. Oikeudenmukaisen korvauksen politiikasta ja ns. »BBQ:sta» (*British Budget Question*), ks. esim. Denton 1982; Pinder 1992, 156–159; Swann 1992, 81–84).

[24] Vuoden 1984 talousarvio sisälsi peräti kolme erillistä varausta, joista ensimmäinen, suuruudeltaan ECU 1 202 miljoonaa, sisälsi mainitut korvaukset Yhdistyneelle kuningaskunnalle ja Saksan liittotasavallalle, toinen, suuruudeltaan ECU 28,5 miljoonaa mak-

joonaan osittamattomina määrärahoina ja ECU 51,4 miljoonaan maksumäärärahoina ja ECU 217 miljoonaan maksusitoumusmäärärahoina vuoden 1990 budjetissa (Isaac 1990, 14).

Vuoden 1994 TA:ssa EP:n pääluokkaan on budjetoitu lukuun »alustavat varaukset» vajaat ECU 5,4 miljoonaa, neuvoston pääluokkaan ECU 6 miljoonaa ja TTI:n pääluokkaan ECU 570 000. TI:n pääluokassa luvun *10 0* alla on »p.m.» -merkintä. Luvun *B0-4 0* loppusumma kohoaa puolestaan peräti ECU 2 181 miljoonaan maksusitoumus- ja ECU 1 155 miljoonaan maksumäärärahoina.

4.2.6 »Minibudjetit»

Ainakin 1980-luvun puolesta välistä lähtien komissio alkoi kattaa osaa hallintomenoistaan toimintamenoille varatuilta budjettikohdilta. Menettelyä alettiin kutsua, kumma kyllä, »*minibudjeteiksi*» (engl., ransk. »*mini-budget*»; ks. esim. Orsini 1992, 139–140).

Suurin yksittäinen syy näiden minibudjettien ilmaantumiselle EY:n budjettijärjestelmään lienee ollut se, että vaikka EY:n toiminta oli laajentunut uusille aloille ja uusiin maihin, mikä lisäsi ennen kaikkea komission työtä (vrt. PI III:n B osan määrärahojen voimakas kasvu; luku 3.4 ja kuvio 2, luku 3.4), neuvosto suhtautui edelleenkin varsin karsaasti hallintomenojen kasvattamiseen komission menoarvion A osassa (ks. esim. Strasser 1992a, 150). EP tosin yritti korjata tilannetta lukuisilla TAE:n tarkistuksilla KEM:n asettamissa rajoissa, muttei selvästikään riittävässä määrin: komissiossa alkoi yleistyä käytäntö, jonka mukaan mm. yhä suurempi osa konsultointimaksuista sekä edustus- ja matkakorvauksista alettiin suorittaa erilaisilta toimintamenoille varatuilta kohdilta.

Vuodesta 1988 lähtien TVS:n yhteydessä sovitut sitovat rahoitusnäkymät (ks. luku 4.2.4) omalta osaltaan lisäsivät minibudjetteihin turvautumista. Siten hallintomenojen kattaminen varsinkin otsikoiden *2* (*rakenteelliset toimet*), *3* (*monivuotinen toiminta*) tai *4* (*muu toiminta*) alle kirjattujen määrärahojen avulla osoittautui huomattavasti helpommaksi kuin menojen suorittaminen A osan menoihin tarkoitetuilla otsikon *5* (*takaisinmaksut ja hallinto*) määrärahoilla, jotka tarjosivat vain vähän joustovaraa (ks. esim. Strasser 1992b, 154; vrt. luku 4.2.4).

Hallintomenojen kasvattamisen tarve ei siis ollut ainoa syy minibudjettien yleistymiselle EY:n budjettijärjestelmässä. Muiden joustomuotojen puutteet, toimielinten väliset ja sisäiset budjettikiistat sekä erilaiset tulkinnat instituutioiden budjettiautonomian periaatteen sisällöstä ja merkityksestä, B osan määrärahoille suodut A osan hallintomenoja joustavammat siirtomahdollisuudet seuraavaan budjettiin ym. saivat komission turvautumaan menettelyihin, jotka ovat ristiriidassa mm. EY:n budjettijärjestelmän transparenssivaatimusten kanssa (ks. esim. Orsini 1992, 140; Strasser 1992b, 155; vrt. luku 6). Siten minibudjettikäytännön kehitystä voidaan pitää myös merkkinä EY:n sisäisen jouston vähäisyydestä, joka näyttäisi vain pahentuneen vuoden 1988 jälkeen (ks. luku 6). Toisaalta minibudjettien käytön, vaikka sen ajattelisikin olleen ristiriidassa TA:n erittelyperiaatetta vastaan, voidaan katsoa loukanneen muodollisesti VHA:ssa eriteltyjä EY:n varainhoidon periaatteita vasta vuoden 1990 VHA:n muutoksesta lähtien (uusi 19 art. 1 k. 2 alak.), vaikka TA jakautui A ja B osiin jo vuodesta 1982 lähtien (ks. luku 3.2).

Vuonna 1990 minibudjettien loppusumma kohosi arviolta jo n. ECU 9,634 miljoonaan A osan ja 183,325 miljoonaan B osan menoista, ja siihen on vielä lisättävä tutkimustoimintamenoihin (arviolta yli ECU 300 miljoonaa) ja erilaisten rakennerahastojen (ja erityisesti ESR:n) menoihin sisältyvät minibudjetit (tiedot TTI:n vuotta 1990 koskeneesta tilintarkastuskertomuksesta (*Annual*... 1990 *in* EYVL N:o C 324, 13.12.1991, 14–17)). Tilanne sai lopulta komission laatimaan toukokuussa 1990 (20.5.) omat sisäiset ohjeensa minibudjettien käytöstä, jotta ainakin jonkinlainen transparenssi säilyisi EY:n hallintomenojen käytössä (ks. Strasser 1992a, 150–151). Toisaalta vuoden 1991 TA:n laadinnan yhteydessä budjettitoimielimet pyrkivät kokoamaan minibudjetit kahden erityisen kohdan alle (»*dépenses d'appui et de soutien aux dépenses résultant de l'exercice par l'institution de missions spécifiques*» ja »*dépenses de caractère administratif et soutien et appui de dépenses opérationnelles*», yhteensä n. ECU 120 miljoonaa).

Neuvosto myös kääntyi TTI:n puoleen marraskuussa 1990 (30.11.) pyytäen tuomioistuimelta lausuntoa minibudjettien käytöstä. TTI, joka jo vuonna 1989 oli päättänyt suorittaa erityistilintarkastuksen asiasta, julkaisi kantansa 14.5.1991

sumäärärahoina ja ECU 83,5 miljoonaa maksusitoumusmäärärahoina, sisälsi luvun 73 tutkimusmäärärahoja (13 kohtaa) ja kolmas, suuruudeltaan ECU 24,6 miljoonaa maksumäärärahoina ja ECU 30 miljoonaa maksusitoumusmäärärahoina, sisälsi määrärahoja nk. uusille toimintapolitiikoille. Varaus oli varustettu vain alustavilla maininnoilla siirtojen kohdeluvuista.

(*Avis 6/91*). Tilintarkastuksen tulokset ja komission vastaukset julkaistiin puolestaan vuotta 1990 koskeneessa tilintarkastuskertomuksessa (*Annual...* 1990, *in* EYVL N:o C 324, 13.12.1991, 14–17 ja 215–218) yhteydessä. Minibudjettien käytöstä EY:ssä, ks. enemmän esim. Orsini (1992, 139–141) tai Strasser (1992a, 150–151; 1992b, 150–161).

LÄHTEET

CB N.S.	*Cahiers de Bruges* (*Nouvelle Série*)
CMLR	*Common Market Law Review*
COM	*Commission of the EC/ Commission des CE*
HT	Hallinnon tutkimus (*Administrative Studies*)
IE	*Intereconomics*
JEI	*Journal of European Integration* (*RDE*)
OJ	*Official Journal of the EC* (EYVL)
OOPEC	*Office for Official Publications of the EC*
RDE	*Revue d'Intégration Européenne* (*JEI*)
RFFP	*Revue française de Finances publiques*
RMC(&UE)	*Revue du Marché Commun* (*et de l'Union Européenne*)
VM	Valtiovarainministeriö
*	Julkaisematon (*Unpublished*)

Adonnino, P.: L'influence du Parlement sur les politiques communautaires par le biais de ses pouvoirs financiers. 743–778. Dans J. Hrbek, J. Jamar & W. Wessels (Éds): *Le Parlement européen à la veille de la deuxième élection au suffrage universel direct: bilan et perspectives.* CB N.S. 43. Tempelhof 1984.

Annual Report Concerning the Financial Year [1977–1992] Together with the Institutions' Replies. OJ Serie C. Court of Auditors. (1978–1993).

Bieber, Roland: Art. 205. Im von der Groeben, Hans, Thiesing, Jochen & Ehlermann, Claus-Dieter (Hrgs.): *Handbuch des Europaeischen Rechts.* Nomos Verlagsgesellschaft. Baden-Baden 1990.

COM(87) 100 final: Making a Success of the Single Act: A New Frontier for Europe. Commission Communication. Brussels 15 February 1987.

COM(87) 101 final: Report by the Commission to the Council and Parliament on the Financing of the Community Budget. Brussels 28 February 1987.

COM(87) 400 final: Second amendment of the proposal for a COUNCIL REGULATION (ECSC/EEC/EURATOM) amending the Financial Regulation of 21 December 1977 applicable to the general budget of the European Communities (submitted by the Commission). Brussels 24 July 1987.

COM(87) 430 final: Commission Communication on Budgetary Discipline. Brussels 4 August 1987.

COM(91) 359 final: Commission Report to the Council and to Parliament on the Borrowing and Lending Activities of the Community in 1990. Brussels 9 October 1991.

COM(92) 82 final: Application of the Interinstitutional Agreement of 29 June 1988 on budgetary discipline and improvement of the budgetary procedure. Proposals for renewal. Report presented by the Commission under point 19 of the Agreement. Brussels 10 March 1992.

COM(92) 2001 final: The Community's Finances Between Now and 1997, Communication from the Commission to the Council and Parliament. Brussels 10 March 1992.

Community Public Finance. The European budget after the 1988 reform. OOPEC. Luxembourg 1989.

Couzinet, Jean-François: Les Communautés européennes et l'emprunt (Première partie). *RMC 22 (1979a): 224 (février).* 55–61.

Couzinet, Jean-François: Les Communautés européennes et l'emprunt (Deuxième partie). *RMC 22 (1979b): 225 (mars).* 121–135.

Dankert, Pieter: The Joint Declaration by the Community Institutions of 30 June 1982 on the Community Budgetary Procedure. *CMLR 20 (1983): 4 (December).* 701–712.

Denton, Geoffrey: *The British Budget Problem and the Future of the EEC Budget.* Federal Trust/TEPSA Report. London 1982.

Dewost, Jean Louis & Lepoivre, Marc: La déclaration commune du Parlement européen, du Conseil et de la Commission relative à différentes mesures visant à assurer un meilleur déroulement de la procédure budgétaire, signée le 30 juin 1982. *RMC 25 (1982): 261 (novembre).* 514–525.

El-Agraa, A[li] M[ohammed]: The General Budget. 286–303. In A. M. El-Agraa (Ed.): *Economics of the European Community.* Third Edition. Philip Allan. London 1990.

European Council in Edinburgh. 11–12 December, 1992. Conclusions of the Presidency. Council of the European Communities.

Fennell, Rosemary: *The Common Agricultural Policy of the European Community. Its institutional and administrative organisation.* Second Edition (First Edition in 1979). BSP Professional Books. Oxford 1987.

Fernandez-Fabregas, F. & Lentz, J.: Le budget 1991 – Le déroulement de la procédure budgétaire: ses incidentes et son aboutissement. *RMC 34 (1991): 346 (avril).* 293–313.

Fernandez-Fabregas, F. & Lentz, J.: Le budget 1992, son cadre politique et financier, son établissement: incidents et aboutissement. *RMC&UE 35 (1992): 360 (juillet-août).* 637–657.

Fernandez-Fabregas, F. & Lentz, J.: Le budget 1993. Le déroulement de la procédure budgétaire: ses incidentes et son aboutissement. *RMC&UE 36 (1993): 370 (juillet-août).* 628–655.

Fonds structurels communautaires 1994–1999. Textes réglementaires et commentaires. COM. Bruxelles 1994.

Fonseca Morillo, Francisco J.: Los gastos no obligatorios del presupuesto comunitario: regimen jurídico y problemas planteados. *Revista de Instituciones Europeas 11 (1984): 3 (Septiembre-diciembre).* 753–780.

General Budget of the European Communities (of the European Union): Final adoption of the general budget of the European Communities (European Union) for the financial year (1968–1994). OJ Serie L. European Parliament. (1968–1994).

General Report on the Activities of the European Communities (First-XXVIIth General Report). COM. Brussels (1968–1994).

Hallituksen esitys Eduskunnalle valtion talousarvioksi vuodelle 1995. Painatuskeskus Oy. Helsinki 1994 (alustava sisäinen versio).

Hémard, Christophe: Le budget européen et l'agriculture. 2. La stabilisation budgétaire et les produits agricoles. *Chambres d'agriculture. Supplément au N° 750. Décembre 1987.*

Isaac, Guy: Les institutions communautaires. Budgets. Principes budgétaires. *Collection des Juris-Classeurs, Vol. 1, Fascicule 250.* Éditions Techniques. Paris 1990.

Isaac, Guy: Les institutions communautaires. Budgets. Contenu des budgets. *Collection des Juris-Classeurs, Vol. 1, Fascicule 251.* Éditions Techniques. Paris 1992a.

Isaac, Guy: *Droit communautaire général.* Troisième édition revue et mise à jour, 3e tirage (première édition en 1983). Masson. Paris 1992b.

Isaac, Guy: L'encadrement à moyen terme des finances publiques communautaires. L'accord interinstitutionnel sur la discipline budgétaire et l'amélioration de la procédure budgétaire. Bilan et avenir. *RFFP 12 (1994a): 45.* 9–49.

Isaac, Guy: L'équilibre budgétaire lors de l'exécution du budget général de la Communauté européenne et de la clôture des comptes. 183–198. Dans Lucile Tallineau (sous la dir. de): *L'équilibre budgétaire.* Collection Finances publiques. Ed. Economica. Paris 1994b.

Jacobs, Francis, Corbett, Richard & Shackleton, Michael: *The European Parliament.* Second Edition (First Edition in 1990). Longman. Harlow, Essex 1992.

Jacqué, Jean-Paul: Conquête et revendications: l'évolution des pouvoirs législatifs et budgétaires du Parlement européen depuis 1979. *RDE 6 (1983): 2–3 (Hiver-Printemps).* 155–182.

Jacqué, Jean-Paul, Bieber, Roland, Constantinesco, Vlad & Nickel, Dietmar: *Le Parlement européen.* Éd. Économica. Paris 1984.

Jacqué, Jean-Paul: *Cours général de droit communautaire.* Recueil des cours de l'Académie de droit européen. 1991. *

Jouret, Philippe: Les conclusions d'Edimbourg sur le paquet »Delors II». *RMC&UE 36 (1993): 368 (mai).* 391–404.

Kolte, Lars: The Community Budget: New principles for finance, expenditure planning and budget discipline. *CMLR 25 (1988): 3 (Autumn).* 487–501.

Les finances de la Communauté après Maastricht (titre provisoire). Édition 1994. COM, DG XIX. (Document multigraphié. À paraître). *

van Lier, Hendrik: L'autorité budgétaire devant ses juges: l'affaire 34/86. *RMC 29 (1986b): 301 (novembre).* 513–526.

Magiera, Siegfried: Art. 205, im Eberhard Grabitz (Hrgs.): *Kommentar zum EWG-Vertrag.* C.H. Beck'sche Verlagsbuchhandlung. München 1990.

Message, Hervé: Peut-on mesurer le pouvoir budgétaire du Parlement ? *RFFP 11 (1993): 41.* 14–29.

Milas, René: Le budget communautaire sous analyse systémique. 2e partie. *RMC 31 (1988b): 318 (juin).* 347–356.

Nicoll, William: The Battles of the European Budget. *Policy Studies 5 (1984): 1 (July).* 4–21.

Nicoll, William: La procédure de concertation entre le Parlement européen et le Conseil. *RMC 29 (1986a): 293.* 11–15.

Nicoll, William: From Rejection to Repudiation: EC Budgetary Affairs in 1985. *Journal of Common Market Studies 25 (1986b): 1 (September).* 31–49.

Nicoll, W[illiam]: EEC budgetary strains and constraints. *International Affairs 64 (1987/8): 1 (Winter).* 27–42.

Nicoll, William: L'accord interinstitutionnel sur la discipline budgétaire et l'amélioration de la procédure budgétaire. *RMC 31 (1988): 319 (juillet-août).* 373–379.

Nugent, Neill: *The Government and Politics of the European Union.* Third Edition (First Edition in 1989). The European Union Series. Macmillan Limited. London 1994.

Nummikoski, Jukka: *Selvitys tulo- ja menoarvioon sisältyvien menojen sidonnaisuudesta (lyhennelmä).* VM, tulo- ja menoarvio-osasto. Syyskuu 1990. *

OECD: *The control and management of government expenditure.* Organisation for Economic Co-operation and Development. Paris 1987.

Orsini, Gilbert: Communautés européennes. Eléments de transparence budgétaire. *RFFP 10 (1992): 40.* 131–149.

Pasetti Bombardella, Francesco: Le Parlement face au Conseil. 15–55. Dans Jean-Victor Louis & Denis Waelbroeck (sous la dir. de): *Le Parlement européen dans l'évolution institutionnelle.* Deuxième tirage (Premier tirage en 1988). Collection »Etudes européennes». Editions de l'Université de Bruxelles. Bruxelles 1989.

Perron, Aldo: L'équilibre budgétaire, règle de la Communauté européenne, lors de l'établissement de son budget général. 169–182. Dans Lucile Tallineau (sous la dir. de): *L'équilibre budgétaire.* Collection Finances publiques. Ed. Economica. Paris 1994.

Pinder, John: *European Community. The Building of a Union.* Updated following the Maastricht Treaty (First Published in 1991). Oxford University Press 1992.

Régnier-Heldmaier, Catherine: La distinction DO–DNO. Instrument de lutte pour le pouvoir budgétaire. *RMC&UE 37 (1994): 375 (février).* 94–102.

Rideau, Joël: Les finances communautaires. *Annuaire européen d'administration publique XIII (1990).* 577–634.

Saarilahti, Ilkka: *Valtion menoarvion rakennemuutokset vuosina 1980–1990.* VM, tulo- ja menoarvio-osasto. Selvitystyö. Toukokuu 1991. *

Saarilahti, Ilkka: *The Annual And Multiannual Flexibility of the General Budget of the European Communities from 1968 to 1992: Problems and change.* College of Europe. Master Thesis. Bruges May 1993a.*

Saarilahti, Ilkka: *Le fonctionnement effectif de la »réserve monétaire» inscrite au budget général des Communautés européennes depuis sa création.* Collège d'Europe. Travail écrit/ Isaac. Bruges mai 1993b.*

Saarilahti, Ilkka & Uusikylä, Petri: *Ulkoinen ja sisäinen jousto suomalaisessa budjetoinnissa. Tapaustutkimus sosiaali- ja terveysministeriöstä sekä opetusministeriöstä vuosina 1968–1988.* Yleisen valtio-opin hallinto-opin suuntautumisvaihtoehdon pro gradu -tutkielma. Helsingin yliopisto. Tammikuu 1991. *

Saarilahti, Ilkka & Uusikylä, Petri: Vuotuinen joustavuus suomalaisessa budjetoinnissa. *HT 11 (1992): 1.* 24–46.

Saarilahti, Ilkka & Uusikylä, Petri: Sosiaali- ja terveysministeriön sekä opetusministeriön lisärahoituksen perustelut vuosina 1968–1992. *HT 12 (1993): 3.* 210–223.

Secrétariat général du Conseil des Communautés européennes. [Quatorzième-Trente-neuvième] aperçu des activités du Conseil. (1968–1993).

Shackleton, Michael: The Budget of the European Community. 129–147. In Juliet Lodge (Ed.): *The European Community and the Challenge of the Future.* Pinter Publishers. London 1989.

Shackleton, Michael: Budgetary Policy in Transition. 65–79. In Leon Hurwitz & Christian Lequesne (Eds): *The State of the European Community. Policies, Institutions & Debates in the Transition Years.* Lynne Rienner Publishers, Inc. Boulder, Colorado 1991.

Silvestro, Massimo: L'élection des membres du Parlement européen au suffrage universel et direct. *RMC 33 (1990): 335 (mars).* 216–218.

Stahl, Gerhard: Budgetary Policy of the European Communities: Squaring the Circle. *IE 18 (1983): 5 (September/October).* 213–218.

Stahl, Gerhard: Medium-term Financial Planning: An Answer to Community Budget Crisis? *IE 24 (1989): 1 (January-February).* 36–40.

Strasser, Daniel: La nouvelle procédure budgétaire des Communautés européennes et son application à l'établissement du budget pour l'exercice 1975. *RMC 18 (1975): 182 (février).* 79–87.

Strasser, Daniel: Le budget 1977. Bilan d'une procédure, perspective pour une nouvelle année. *RMC 20 (1977b): 205 (mars).* 128–137.

Strasser, Daniel: Le budget 1979. Bilan d'une procédure, difficultés politiques et juridiques, perspectives pour une nouvelle année. *RMC 22 (1979): 227 (juin).* 240–262.

Strasser, Daniel: Le budget 1980. Environnement politique et financier, rejet et établissement, première expérience d'un régime de douzièmes provisoires. *RMC 23 (1980b): 239 (août-septembre).* 358–397.

Strasser, Daniel: Le budget 1981. Son environnement politique et financier, la deuxième crise budgétaire, les résultats de la procédure, les perspectives pour une nouvelle année. *RMC 24 (1981): 248 (juin-juillet).* 279–311.

Strasser, Daniel: Le budget 1982. Son environnement politique et financier, les résultats de la procédure budgétaire, les perspectives pour une année nouvelle. *RMC 25 (1982): 258 (juin-juillet).* 306–365.

Strasser, Daniel: Le budget 1983. Son environnement politique et financier, le trilogue, les deux procédures budgétaires, les perspectives pour une année nouvelle. *RMC 26 (1983): 268 (juin-juillet).* 307–362.

Strasser, Daniel: Le budget 1985, son environnement politique et financier, son rejet et son établissement. La deuxième expérience d'un régime de douzièmes provisoires. *RMC 28 (1985): 289 (juillet-août).* 372–444.

Strasser, Daniel: *Les finances de l'Europe. Le droit budgétaire et financier des communautés européennes.* 6e édition, 4e édition en français. Librairie Générale de Droit et de Jurisprudence. Paris 1990.

Strasser, Daniel: *The finances of Europe. The budgetary and financial law of the European Communities.* Seventh edition (Third English Edition. First Edition in English in 1977). EUP. COM. Luxembourg 1992a.

Strasser, Daniel: Les métamorphoses du budget général des Communautés européennes. Effets sur sa transparence. *RFFP 10 (1992b): 40.* 150–161.

Swann, Dennis: *The Economics of the Common Market.* Seventh Edition (First Edition in 1970). Penguin Books. London 1992.

Tabary, Ph[ilippe]: *La Banque européenne d'investissement: Des prêts pour construire l'Europe.* Notes et études documentaires N° 4880. La documentation Française. Paris 1989.

Tabary, Philippe: Le nouvel instrument communautaire, une coopération efficace au service d'investissements prioritaires pour l'Europe. *RMC 33 (1990): 335 (mars).* 203–207.

Taylor, Paul: The New Dynamics of EC integration in the 1980s. 3–25. In Juliet Lodge (Ed.): *The European Community and the Challenge of the Future.* Pinter Publishers. London 1989.

Terrasse, Yves: *Le budget de la Communauté européenne.* Masson. Paris 1991.

The Agricultural Situation in the Community. [1988-1993] Report. Report published in conjunction with the '[XXIInd-XXVIIth] General Report on the Activities of the European Communities'. Commission of the European Communities (European Commission). Brussels (1989–1994).

The Community Budget: The Facts in Figures. [1988–1993] Edition. OOPEC. Luxembourg (1988–1993).

Tonnerre, Loïc: *Les Communautés européennes. Institutions. Union économique et monétaire.* Eyrolles. Paris 1991.

Tsoukalis, Loukas: *The New European Economy. The Politics and Economics of Integration.* Second Revised Edition (First Edition in 1991). Oxford University Press. Guilford and King's Lynn 1993.

Tuori, Kaarlo: *Budjetti, laki, suunnitelma.* VM. Valtion painatuskeskus. Helsinki 1985.

Verschraegen, Michel: 1988–1989, naissance et premiers pas d'une nouvelle mécanique budgétaire. *RMC 32 (1989): 326 (avril).* 224–234.

Walder, Stephan: *The Budgetary Procedure of the European Economic Community.* Böhlau Verlag. Vienna 1992.

Zangl, Peter: The Interinstitutional Agreement on budgetary discipline and improvement of the budgetary procedure. *CMLR 26 (1989): 4 (Winter).* 675–685.

III. Euroopan unionin yleisen talousarvion joustavuudesta. Osa III. Ylivuotinen jousto (ensimmäinen osa).
***Hallinnon tutkimus 20 (2001): 4.* 409-426.**

Euroopan unionin yleisen talousarvion joustavuudesta

Osa III. Ylivuotinen jousto (ensimmäinen osa)

Ilkka Saarilahti

ABSTRACT

The fflexibility of the general budget of the European Union. (ks. osa I Ht 4/1995 ja osa II HT 1/1996) Part III. Multiannual flexibility (first part).

This is the third part of a series of articles analysing the different forms of budgetary flexibility existing on the expenditure side of the general budget of the European Communities/ European Union from 1968 onwards.

Part I (published in Administrative Studies, vol. 14 (1995): 4, 294-310) dealt with annual external flexibility, Part II (published in Administrative Studies, vol. 15 (1996): 1, 8-31) with annual internal flexibility.

The forms of multiannual flexibility presented in the first four chapters of this Part III, which can all be considered as exceptions to the Rule of annuality as set out by Articles 268(1), 271(1) and 272(1) of the Treaty of Amsterdam (former Articles 199(1), 202(1) and 203(1) EEC, EC), are the system of commitment appropriations and differentiated vs. non-differentiated appropriations, the system of carry-overs (or transfers to the following budget), the possibility of an extension of the budgetary year, the system of additional periods and the system of provisional-twelfths.

General conclusions will be presented at the end of Part III (Chapter 6).

Keywords: financial management, budgetary flexibility, general budget of the European Communities, general budget of the European Union

ALKUSANAT

Kahdessa osassa julkaistavassa artikkelissa jatketaan EU:n (EY:n) budjetointijärjestelmän eri joustomuotojen esittelyä ja tarkastellaan nk. ylivuotista joustavuutta sekä sen eri ilmenemismuotoja.

Artikkelissa palataan jaksotettuihin ja maksusitoumusmäärärahoihin (luku 5.1) sekä esitellään määrärahojen siirtomahdollisuudet varainhoitovuodesta toiseen (luku 5.2), mahdollisuus jatkaa budjettivuotta yli kalenterivuoden ja ylimääräiset jaksot (luku 5.3) sekä mahdollisuus turvautua väliaikaisiin kahdestoistaosiin (luku 5.4). Toisen osan luvussa 5.5 tarkennetaan EU:n budjettikurijärjestelmää, palataan vuoden 1988 toimielinten välisestä sopimuksesta (TVS) saatuihin kokemuksiin sekä esitellään vuoden 1993 TVS ja vuosia 1993-1999 koskevat rahoitusnäkymät (RN).

Artikkelisarjan ensimmäinen osa, joka käsitteli yleistä talousarviota (luvut 1-3) ja EU:n budjettijärjestelmän vuotuista ulkoista joustoa (luku 4.1), julkaistiin Hallinnon tutkimuksessa 14 (1995): 4, 294-310. Osa II, joka käsitteli vuotuista sisäistä joustoa (luku 4.2), ilmestyi Hallinnon tutkimuksessa 15 (1996): 1, 8-31. Artikkelissa noudatetaan edellisten osien mukaista lukujen, kuvioiden ja taulukoiden numerointia. Lukujen yhteenveto julkaistaan toisen osan lopussa (luku 6)[1].

5 EUROOPAN UNIONIN YLEISEN TALOUSARVION YLIVUOTINEN JOUSTO

Kuten osassa I (luku 4.2.4) todettiin, erottelu yhtäältä vuotuisen ja toisaalta ylivuotisen tai monivuotisen jouston välillä on tietyiltä osin keinotekoista. Kaikilla luvussa 5 esitellyillä budjetointija budjettimenettelyillä on kuitenkin se yhteinen piirre, että niitä voidaan pitää tavalla tai toisella poikkeuksina EU:n budjettijärjestelmässä noudatettavalle klassiselle talousarvion vuotuisuuden periaatteelle eli nk. vuotuis(uus)periaatteelle (Rule of annuality/ règle de l'annualité), siten kuin se on määritelty perustamissopimuksen 268, 271 ja 272 art.

SEY 268 [ent. SETY, SEY 199] art. 1 k. määrää vuotuisperiaatteesta TA:n laadinnan (so. tulojen ja menojen arvioinnin) yhteydessä: "Kaikki yhteisön tulot ja menot, Euroopan sosiaalirahastoon liittyvät tulot ja menot mukaan luettuina, arvioidaan kutakin varainhoitovuotta varten ja otetaan talousarvioon."

SEY 271 [ent. SETY, SEY 202] art. 1 k. käsittelee vuotuisperiaatetta TA:n toimeenpanon kannalta: "Talousarvioon otetaan vain yhden varainhoitovuoden menoja, jollei 279 [ent. 209] artiklan nojalla annetussa (varainhoito) asetuksessa toisin säädetä."

SEY 272 [ent. SETY, SEY 203] art. 1 k. määrää lisäksi, että "(v)arainhoitovuosi alkaa 1 päivänä tammikuuta ja päättyy 31 päivänä joulukuuta", ts. EU:ssa varainhoitovuotena on kalenterivuosi.[2]

Vuotuisperiaate on niin ikään kirjattu eri varainhoitoasetuksiin. VHA (1977) 1 art. 2 k. todetaan, että "(t)alousarvioon otetut määrärahat vahvistetaan vain yhden varainhoitovuoden ajaksi. Menoja ei voida hyväksyä ajaksi, joka ylittää varainhoitovuoden". VHA:n (1990) 6 art. 1 k. rajoitutaan toistamaan SEY 272 art. sanamuoto. Vuotuisperiaatteeseen viitataan lisäksi useissa muissa artikloissa (ks. erit. VHA (1990) 7 art.)[3].

5.1 *Jaksotetut ja jaksottamattomat sekä maksusitoumus- ja maksumäärärahat*

EU:n budjettijärjestelmän ehdottomasti merkittävin ylivuotisen jouston muoto (laajassa merkityksessä) on määrärahojen jaksottaminen ja nk. maksusitoumusmäärärahajärjestelmä, jonka perusperiaatteet käsiteltiin yleiseen talousarvioon sisältyvien erilaisten menojen esittelyn yhtey-dessä (luku 3.3).

Maksusitoumusmäärärahojen (MSM) käsite otettiin ensimmäistä kertaa käyttöön Euroopan atomienergiayhteisön perustamissopimuksessa (176 art.[4]) jotta voitaisiin luoda paremmat edellytykset yhteisön harrastamien monivuotisten tutkimusohjelmien rahoittamiselle ja taloudelliselle hallinnoimiselle (ks. esim. Strasser 1977a, 44-59). Atomienergiayhteisön esimerkin mukaisesti maksusitoumusmäärärahakäytäntö laajeni ETY:n puolelle ja yleiseen talousarvioon.

Alun perin yleistä talousarviota rahoitettiin pelkästään jaksottamattomien määrärahojen (JTM) avulla, jotka periaatteessa sidotaan ja maksetaan saman varainhoitovuoden kuluessa. Tällaisia määrärahoja käytetään edelleen maatalousmenojen ja toimielinten hallintomenojen yhteydessä.

Kun yleisestä TA:sta ryhdyttiin rahoittamaan toimintoja (kuten tutkimus-, rakennerahasto- ja ulkosuhteisiin liittyvä tukitoiminta), jotka jakautuivat usealle varainhoitovuodelle, toimintamäärärahoista muodostettiin (käyttäen esimerkkinä tutkimusmenoja) vähitellen ja vaihe vaiheelta jaksotettuja määrärahoja (JM)[5]. Tämä tarkoittaa sitä, että MSM:n avulla kirjanpitoon voitiin ottaa toimintaan varattu kokonaismäärä, joka jakautuu usealle varainhoitovuodelle, kun taas maksumäärärahoilla (MMR) katetaan yhden varainhoitovuoden aikana aiheutuvat todelliset menot. JM:n käyttö on yleistynyt kaikkien toimintamäärärahojen (pois lukien maatalousmenot; alaluokka B1 - EMOTR "tuki") yhteydessä.

Vuoden 1990 muutoksen mukaisen VHA:n 1 art. 4 k. mukaan "(EU:n yleiseen t)alousarvioon voi kuulua jaksotettuja määrärahoja ja jaksottamattomia määrärahoja. Jaksotettuja määrärahoja ovat sellaiset määrärahat, joista aiheutuu maksusitoumusmäärärahoja ja maksumäärärahoja.

Monivuotiseen toimintaan liittyvät määrärahat otetaan talousarvioon jaksotettuina.

Maksusitoumusmäärärahat kattavat kuluvan varainhoitovuoden aikana kokonaiskustannukset oikeudellisista velvollisuuksista, joihin on sitouduttu sellaista toimintaa varten, jonka toteuttaminen kestää useamman kuin yhden varainhoitovuoden verran.

Maksumäärärahat kattavat menot, jotka aiheutuvat kuluvana varainhoitovuotena ja/tai edeltävinä varainhoitovuosina tehtyjen maksusitoumuksien toteuttamisesta."

JM:n käyttöä pyrittiin säätelemään tarkemmin esim. VHA:een vuonna 1988 otetulla säännöksellä (1 art. 3 b) k.; 1 art. 7 k. vuoden 1990 VHA:ssa), jonka mukaan sellaisiin oikeudellisiin velvollisuuksiin, jotka liittyvät kauemmin kuin yhden varainhoitovuoden ajan toteutettavaan toimintaan, lisätään määräaika, jonka kuluessa toteuttaminen on saatettava päätökseen. Määräaika on annettava tiedoksi edunsaajalle tukea myönnettäessä.

Vuoden 1990 VHA:n muutoksella pyrittiin edelleen selkiyttämään MSM:n merkitsemisperiaatteita ja täten parantamaan JM:n käytön seurantaa ja valvontaa.

VHA:n (1990) 1 art. 5 k. erittelee nykyisin seuraavat säännöt, joiden mukaan jaksotetut määrärahat merkitään talousarvioon:

- asianomaiseksi varainhoitovuodeksi hyväksytty maksusitoumusmääräraha ja maksumääräraha samaksi varainhoitovuodeksi otetaan vastaavaan budjettikohtaan;
- maksusitoumusmäärärahoihin suhteutetut seuraavina varainhoitovuosina tarvittavien maksumäärärahojen arvioidut vuosittaiset määrät merkitään viitteellisinä talousarvion selvitysosaan otettuun alustavaan erääntymisaikatauluun.[6]

On niin ikään huomattava, että VHA (1990) 1 art. 5 k. 2 alak. mukaan maksusitoumusmäärärahojen ja maksumäärärahojen erittely suoritetaan talousarviomenettelyn yhteydessä. Periaatteella on merkitystä, kun muistetaan, että talousarviomenettelyssä esim. neuvosto äänestää määräenemmistöllä (ks. luku 2).

Terrassen (1991, 28) esittämien lukujen mukaan jaksotetut määrärahat edustivat vuonna 1990 n. 30 % yleisen talousarvion loppusummasta. Vuoden 2000 TA:ssa n. 50 % menoista on jaksotettuja (vuosien 2000-2006 RN:ien otsakkeet 2 (rakennetoimet), 3 (sisäiset politiikat), 4 (ulkoiset toimet) ja 7 (liittymistä edeltävä tuki)[7]). JM:n osuuden kasvu kertoo omalta osaltaan nk. "perinteisten politiikkojen" (ennen kaikkea YMP:n) suhteellisen budjettisosuuden pienenemisestä verrattuna uusien monivuotisten politiikkojen ja ohjelmien talousarvio-osuuteen.

Tilintarkastustuomioistuin on lausunnossaan n:o 4/97 koskien VHA:n uudistamista käynyt varsin kattavasti läpi EU:n MSM-järjestelmää ja sen puutteita (ks. TTI... 1998, liitteen luvut 1 ja 2). Keskeisimmäksi ongelmaksi TTI nostaa sen tosiasian, ettei EU:ssa ole olemassa selkeää ja yleispätevää määritelmää maksusitoumuksen käsitteestä ja sisällöstä niin, että sitä voitaisiin soveltaa kaikilla talousarvion aloilla, kaikkine tästä johtuvine vaikeuksineen ja ongelmineen.

Ongelmia on tilintarkastustuomioistuimen mukaan lisännyt se, että monet sektorikohtaiset määritelmät ja määräykset ovat olleet ristiriidassa keskenään. Siten eräissä tapauksissa (kuten rakennerahastojen kohdalla) sitoumuksia ei ole kirjattu talousarvio- ja tilinpäätösasiakirjoihin kokonaisuudessaan, kun taas toisinaan ne on kirjattu kauan ennen kuin niistä aiheutuu tosiasiallisia velvoitteita[8]. Tämä johtaa TTI:n mukaan mm. siihen, että MSM:n sisällyttäminen talousarvioon menettää merkitystään talousarvion ohjaus- ja valvontavälineenä.

Komission pääluokan A osasta sekä muista pääluokista (jotka sisältävät ainoastaan JTM:ja) rahoitetaan myös useita vuosia kattavia pitkäaikaisia toimia (kuten rakennusten rakentamista ja hankintoja), jotka ovat siten perusperiaatteiltaan täysin samanlaisia kuin jaksotetuin määrärahoin rahoitetut B osan toimet. TTI puhuu tässä yhteydessä "jaksotettujen määrärahojen tapaan käytetyistä jaksottamattomista määrärahoista"[9] (ks. TTI... 1998, 2.13 k.; vrt. luku 5.1).

Jotta EU:n määrärahajärjestelmässä ja määrärahojen käyttötavassa todetut epäjohdonmukaisuudet saataisiin minimoitua, TTI ehdottaa em. lausunnossaan (16 k.) järjestelmän yhtenäistämistä jaksottamalla kaikki määrärahat.

Luvussa 3.3 käsiteltiin erästä toista maksusitoumusmäärärahojen käyttöön liittyvää ongelmaa, budjettivallan noudattamaa tapaa sitoutua menoihin, joiden kattaminen (eli maksut) jätettiin tulevien talousarvioiden huoleksi[10]. Varsin tunnettu esitys tästä johtuvasta nk. menneisyyden painolastista on oheinen, EU:n tilinpäätöstietoihin perustuva Strasserin (1992a, 381) julkaisema taulukko[11], johon on koottu vuosia 1980-1988 koskien (eli ensimmäiseen TVS:een asti) "avoimien", ennen ao. varainhoitovuotta tehtyjen sitoumusten (commitments outstanding, so. commitments remaining to be settled) loppusumma (Taulukko 4).

EU:ssa on otettu käyttöön lukuisia menettelyjä, joilla on pyritty pienentämään em. ongelmaa, kuten vuoden 1988 TVS:een liitetyt rahoitusnäkymät ja RN:ien laatiminen maksusitoumuksiin (ja aggregaattitasolla myös maksuihin) käytettävinä määrärahoina (ks. luku 4.2.4).

Brysselin Eurooppa-neuvosto (11.-12.2.1988) päätti puolestaan periaatteesta, jonka mukaan budjettivallan on otettava maksusitoumus- ja maksumäärärahojen suhteen kehitys erityistarkkailun kohteeksi. Velvoite kirjattiin vuoden 1988

Taulukko 4. *Menneisyyden painolasti vuosina 1980-1988 (Lähde/ Source: The Community... 1989, 40).*

	1980	1981	1982	1983	1984	1985	1986	1987	1988
EMOTR-ohjausosasto ja erityiset maatalouden alan toimet *Guidance Section of the EAGGF and specific agricultural measures*	565,7	728,5	870,7	1 016,7	1 151,7	1 169,3	1 259,8	1 253,7	1 236,40
Yhteinen kalastuspolitiikka *Common policy on fisheries and the sea*	11,5	20,5	32,9	60,5	89,8	125,8	187,3	255,3	312,4
Aluepolitiikan ja liikenteen alan määrärahat *Appropriations for operations in the regional development and transport sectors*	1 529,3	2 281,0	3 062,5	3 764,4	4 646,3	5 336,2	6 049,0	6 982,2	7 381,0
ESR:n määrärahat *Appropriations for operations in the social sector*	1 405,7	1 398,6	1 792,0	2 499,3	2 527,0	2 850,5	2 071,0	2 182,7	2 117,6
Energia-, teollisuus-, teknologia-, tutkimus-, ydinturvallisuus-, tieto- ja innovaatiosektoreiden määrärahat *Appropriations for operations in the energy, industry and technology, research, nuclear safeguards and information market and innovation sectors*	336,7	382,1	465,9	627,2	812,6	1 066,7	1 278,1	1 649,1	1 839,5
Yhteistyö kehitys- ja kolmansien maiden kanssa *Cooperation with developing and non-member countries*	616,4	760,6	869,8	927,1	1 118,6	1 256,6	1 612,9	1 907,8	2 088,6
Yhteensä ***Total***	**4 465,3**	**5 571,3**	**7 093,8**	**8 895,2**	**10 346,0**	**11 805,1**	**12 458,1**	**14 230,8**	**14 975,5**

Taulukko 5. *RAL:n (ECU miljoonaa) sekä maksusitoumusmäärärahojen (MSM) ja maksumäärärahojen (MMR) suhteen kehitys (prosentteja) yleisessä talousarviossa vuosina 1996-1999 (rahoitusnäkymien otsakkeet 2, 3 ja 4). (Lähde/ Source: Compte... [1998-2000], PE 230.339).*

Tilanne *Situation*	RAL Otsake *Heading* 2	MSM/MMR *) *CA/PA* %	RAL Otsake *Heading* 3	MSM/MMR *) *CA/PA* %	RAL Otsake *Heading* 4	MSM/MMR *CA/PA* %	RAL Yhteensä *Total*	MSM/MMR *) *CA/PA* %
31.12.1996	29 526	101,4	6 820	128,1	11 567	211,8	47 912	120,0
31.12.1997	32 600	103,2	7 298	129,7	12 625	226,0	52 524	122,7
31.12.1998	36 869	110,2	7 994	141,7	13 985	243,2	58 848	131,1
31.12.1999	46 575	116,4	9 218	147,2	15 124	269,0	70 917	137,7

*) arvio/*estimate*

kesäkuun omia varoja koskevaan päätökseen (3 art. 2 k.), vuoden 1988 VHA:een (1 art. 1-3 k.) sekä vuoden 1988 TVS:n 16 k., jonka mukaan komissio huolehtii ATAE:stä laatiessaan siitä, että MSM:n ja MMR:n (eli MSKM:n ja MMKM:n) välillä säilyy tarkka, suunnitelmallinen suhde (strict relationship/ relation stricte).

Periaate kirjattiin myös vuoden 1993 TVS:een (10 k. 1 alak.) seuraavasti: "Rahoitusnäkymien teknisistä mukautuksista ilmoittaessaan komissio tekee molemmille budjettivallan käyttäjille tarpeellisina pitämänsä ehdotukset maksumääräyksiin käytettävien määrärahojen kokonaismäärän mukauttamiseksi täytäntöönpanon edellytykset huomioon ottaen, jotta varmistetaan asianmukainen kehitys (orderly progression/ évolution ordonnée) suhteessa maksusitoumuksiin käytettäviin määrärahoihin."

Taulukossa 5 on esitetty maksusitoumus- ja maksumäärärahojen suhteen kehitys TA:ssa vuosina 1996-1999 koskien vuosien 1993-1999 rahoitusnäkymien otsakkeita 2 (rakennetoiminta), 3 (sisäiset politiikat) ja 4 (ulkoinen toiminta). Määrärahojen epäsuhta on kasvanut etenkin otsakkeiden 4 ja (vähemmässä määrin) 3 menojen osalta. Syynä ovat olleet mm. maksatusten hitaus koskien Phare-, TACIS-, Meda- ja tutkimusmenoja.

EU:ssa alettiin niin ikään vaiheittain vahvistaa velvoitteita karsia käyttämättä jääneitä maksusitoumuksia (nk. dormant commitments/ engagements dormants[12]), so. vapauttaa (cancel/ dégager) maksusitoumukset, joiden määräaika on umpeutunut sekä sellaisten maksusitoumusten jäljellä olevat määrät, joiden osalta on maksettu loppusuoritus, ts. joiden jäljellä oleva määrä on tiedossa (ks. TTI... 1998, 1.24 k.).

Nykyisin menneisyyden painolasti tunnetaan paremmin ranskankielisellä lyhenteellä RAL ("reste(s) à liquider" - oikeammin engagements restant à liquider des exercices précédents, eli edellisiltä varainhoitovuosilta maksuun jääneet sitoumukset; outstanding commitments)[13]. Em. RAL koskien RN:ien otsakkeita 2, 3 ja 4 varainhoitovuosien 1996-1999 lopulla on esitetty Taulukossa 5. Tilinpäätöstietojen mukaan RAL:n suuruus (joka on ollut koko ajan kasvussa) kohosi vuoden 1999 lopulla n. EUR 70 916,8 miljoonaan. Jos mukaan otetaan kolmansien tahojen osallistuminen otsakkeen 5 (hallinto) menoihin (4,513 miljoonaa) ja siirrot vuodelta 1998 ("réemploi reporté de 1998", ks. Taulukko 8; 10,17 miljoonaa), RAL:n (laskennalliseksi) kokonaismääräksi saadaan n. 70 931,5 miljoonaa (Compte... 2000, 31). On kuitenkin huomattava, että esim. TTI katsoo, että em. luku on ylimitoitettu.

RAL:n olemassaolo liittyy kiinteästi jaksotettujen määrärahojen luonteeseen ja olemassaoloon, ja sen kasvu on siten osaltaan seurausta JM:n määrän kasvusta (niin suhteellisesti kuin absoluuttisestikin) yleisessä talousarviossa (ks. yllä) – komissio puhuu tässä yhteydessä nk. normaalista RAL:sta ("normal RAL/ RAL normal"), joka on seurausta "talousarvion normaalista toimeenpanosta" ("legitimate consequence of normal budgetary execution/ conséquence légitime de l'exécution budgétaire").

RAL:n kasvu on osaltaan myös seurausta esim. erilaisista viivästyksistä EU:n monivuotisten ohjelmien käynnistämisessä, toimeenpanossa tai loppuunsaattamisessa suhteessa suunnitelmiin tai ohjelmien "normaaliin toimeenpanorytmiin" (komissio käyttää tässä yhteydessä käsitettä "(potentially) abnormal RAL/ RAL (potentiellement) anormal"): tällöin ongelmana on ennen kaikkea maksujen viivästyminen (delays in payments/ retards de paiement)[14]. Ottaen laskelmien pohjaksi nk. vanhat sitoumukset (so. sitoumukset, jotka on tehty ennen 1.1.1995; old commitments/ engagements anciens) ja nk. käyttämättä jääneet sitoumukset (so. sitoumukset, joita koskien ei ole suoritettu yhtään maksua kahteen vuoteen; ks. edellä[15]), komissio arvioi em. RAL:n koskien vuosien 2000-2006 RN:ien otsakkeita 2 (rakennetoimet), 3 (sisäiset politiikat), 4 (ulkoiset toimet) ja 7 (liittymistä edeltävä tuki) vuoden 2000 puolivälissä n. EUR 5 miljardiksi (n. 8 % RAL:n kokonaismäärästä, keskittyen etenkin otsakkeen 4 alaisiin menoihin). On odotettavissa, että EP nostaa RAL:n keskeiseksi kysymykseksi vuoden 2001 talousarviomenettelyn aikana (ks. esim. Haug 2000)[16].

5.2 Määrärahojen siirtomahdollisuus varainhoitovuodesta toiseen

Samalla tapaa kuin EU:ssa (ja Unionin jäsenvaltioissa) on mahdollista lisätä budjetin sisäistä joustavuutta siirtämällä määrärahoja talousarvion kohdasta toiseen varainhoitovuoden aikana (ks. luku 4.2.2), Unionissa on myös mahdollista siirtää (carry over/ reporter) määrärahoja varainhoitovuodesta toiseen. Volyymiltaan suurin osa siirretyistä määrärahoista koskee luonnollisesti pääluokan III (komissio) B osan alle kirjattuja määrärahoja (ks. luku 3.2). Siirtämättä jääneet käyttämättömät määrärahat (artikkelin ulkopuolelle jääviä poikkeuksia lukuunottamatta) peruuntuvat (lapse/ sont annulés) automaattisesti varainhoitovuoden lopussa (VHA (1990) 7 art. 5 b) k.).

SEY 271 [ent. SETY, SEY 202] art. 2 k. mukaan "Niillä edellytyksillä, jotka 279 [ent. 209] artiklan nojalla [annetussa VHA:ssa] vahvistetaan, muut kuin henkilöstömenoihin tarkoitetut määrärahat, joita ei ole käytetty varainhoitovuonna, saadaan siirtää käytettäviksi vain seuraavan varainhoitovuoden aikana."

Artiklan näennäistä yksinkertaisuudesta huolimatta ("muut kuin henkilöstömenoihin tarkoitetut (käyttämättömät) määrärahat saa siirtää seuraavaan varainhoitovuoteen tietyin VHA:een sisältyvin edellytyksin") EU:ssa noudatettava siirtomenettely on varsin monimutkainen, mikä johtuu mm. yleiseen talousarvioon budjetoitujen määrärahojen erilaisesta luonteesta (ks. luvut 3.3 ja 4.2.3), budjettitoimielimien erilaisista toimivaltasuhteista (ks. luvut 3 ja 4) sekä varainhoitoasetukseen kirjatuista lukuisista rajoituksista, jotka ovat vain lisääntyneet aikojen kuluessa (ks. alla). Suurin muutos tapahtui vuonna 1988 VHA:n muutoksen myötä (ks. esim. Strasser 1992a, 382).

Vuoden 1977 VHA:sta lähtien (6 art.) EY:ssä on tehty ero yhtäältä nk. automaattisten siirtojen (so. "siirrot ilman eri toimenpidettä") ja toisaalta nk. ei-automaattisten siirtojen välillä (automatic vs non-automatic carry-overs/ reports (de crédits) automatiques eli nk. reports de droit vs reports non automatiques) siirtomenettelyjen ollessa erilaisia JM:n ja JTM:n tapauksessa.

Vuoden 1979 VHA:n muutoksessa tarkennettiin komission siirtoesitysten alistamisvaatimusta neuvostolle sekä periaatetta, jonka mukaan määrärahoja ei voi siirtää kuin seuraavaan varainhoitovuoteen. Sääntöä ei kuitenkaan noudatettu kovin tarkasti, ja siirrot vuodesta toiseen olivat yleisiä. Tämä johti vaikeuksiin mm. sen selville saamisessa, minkä vuoden määrärahoista kulloinkin oli kyse (ks. esim. Douat 1999, 90-91).

Vuoden 1988 VHA:n muutos vahvisti vuotuisperiaatteen noudattamista ja enemmän tai vähemmän lopetti em. menettelyn. Yleiskattavaksi periaatteeksi tuli, että käyttämättömät (siirtämättömät ja siirretyt) määrärahat normaalitapauksessa ("pääsääntöisesti") peruuntuvat. Toisaalta tehtiin selkeä ero jaksottamattomia ja jaksotettuja määrärahoja koskevien siirtojen välillä. Komission vapausasteiden määrää siirtojen suhteen myös pienennettiin uusilla VHA:een kirjatuilla rajoituksilla.

Kuvioissa 7 ja 8 on esitetty vuoden 1990 VHA:n muutoksen luoma EU:ssa nykyisin voimassa oleva määrärahojen siirtomenettely varainhoitovuodesta toiseen niin jaksottamattomien (Kuvio 7) kuin jaksotettujenkin määrärahojen suhteen (Kuvio 8). Merkille pantavaa on järjestelmän moniportaisuus sekä lukuisten erilaisten käsitteiden (siirto, uudelleenkäyttö, vapautuminen (carry-over, making available, cancellation/ report, reconstitution, dégagement...)...) kirjo. EP:n ja neuvoston väliset toimivallat jakautuvat nykyään sen mukaan, mikä on kummankin toimielimen toimivalta vuotuisen budjettiprosessin aikana (VHA (1990) 7 art. 3 k. 3 ja 4 alak.).

Koskien jaksottamattomia määrärahoja, VHA (1990) 7 art. 1 k. mukaisena yleisenä periaatteena on, että "(m)äärärahat, joita ei ole sidottu sen varainhoitovuoden lopussa, jonka talousarvioon ne on otettu, peruuntuvat pääsääntöisesti (...). Toimielinten jäsenten ja henkilöstön palkkoihin ja korvauksiin tarkoitettuja määrärahoja sekä alustavia varauksia ei voida siirtää."

"Automaattisten", ilman eri toimenpidettä suoritettujen siirtojen (jotka koskevat määrärahoja, "jotka vastaavat ennen varainhoitovuoden tilien päättämistä asianmukaisesti tehdyistä maksusitoumuksista suoritettavaksi jääviä maksuja, lukuun ottamatta maksusitoumuksia, jotka on tehty joulukuun 15 päivän jälkeen (t) ja jotka koskevat tarvikkeiden ostoa tai urakoita tai hankintoja"; VHA (1990) 7 art. 1 b) k.) edellytykset ja kulku on esitetty Kuvion 7 vasemmassa laidassa.

Koskien ei-automaattisia siirtoja (jotka koskevat muita kuin yllä mainittuja määrärahoja, so. määrärahoja, joita "varainhoitovuoden tilit päätettäessä ei ole sidottu, kun seuraavan varainhoitovuoden asianomaisiin budjettikohtiin arvioidut määrärahat eivät riitä kattamaan rahoitustarvetta, samoin kuin sellaiset määrärahat, jotka on sidottu joulukuun 15 päivän jälkeen ja jotka koskevat tarvikkeiden ostoa tai urakoita tai hankintoja"; VHA (1990) 7 art. 1 a) k.), komission tulee toimittaa budjettivallan käyttäjälle viimeistään helmikuun 15. päivänä (t+1) siirtämistä koskevat eri toimielimien alistamat asianmukaisesti perustel-

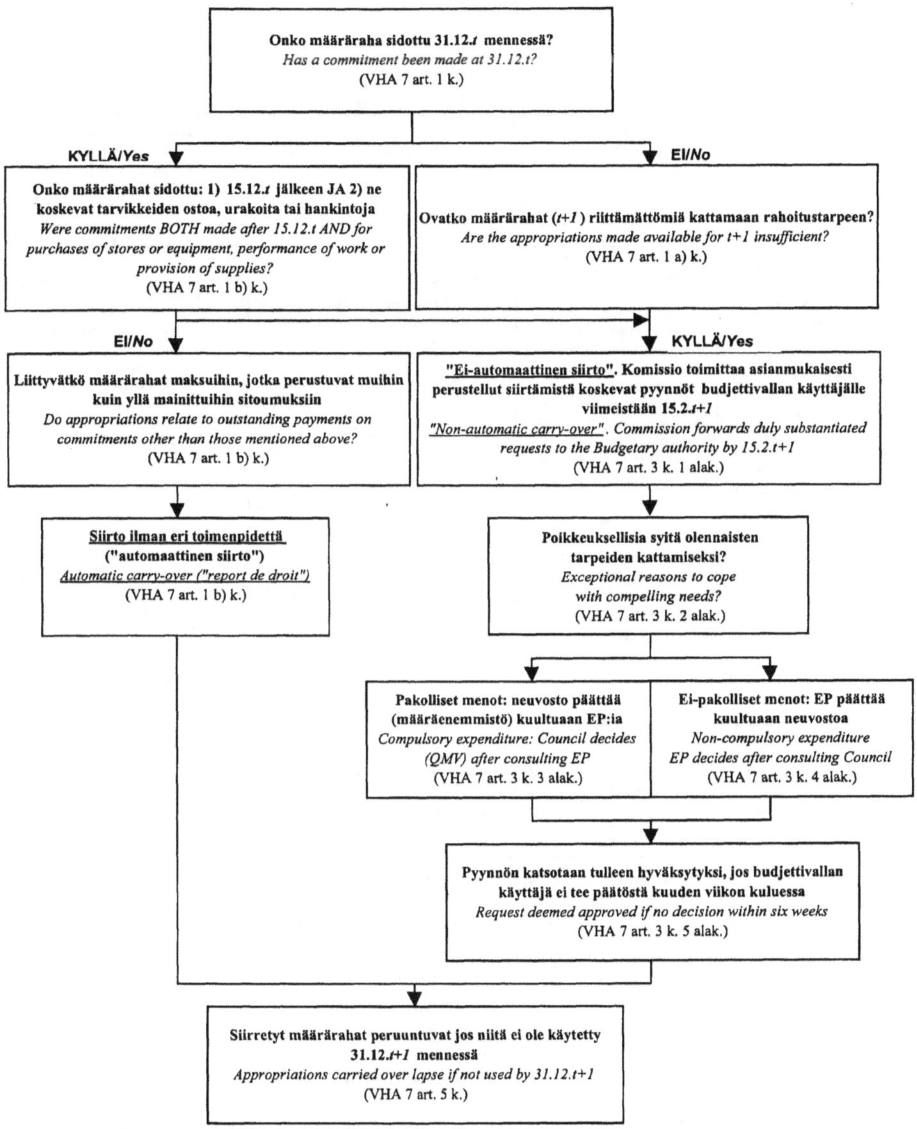

VHA= *Financial Regulation*

Perusperiaatteena on, että jaksottamattomat määrärahat, joita ei käytetty vuoden *t* lopussa, peruuntuvat.
Toimielinten jäsenten ja henkilöstön palkkoihin ja korvauksiin tarkoitettuja määrärahoja sekä alustavia varauksia ei voi siirtää.
As a general rule, non-differentiated appropriations not used by 31.12.t lapse.
Appropriations relating to remunerations and allowances of members and staff of the institutions and provisional appropriations may not be carried over.

Kuvio 7. Jaksottamattomien määrärahojen siirtomenettely seuraavaan varainhoitovuoteen.

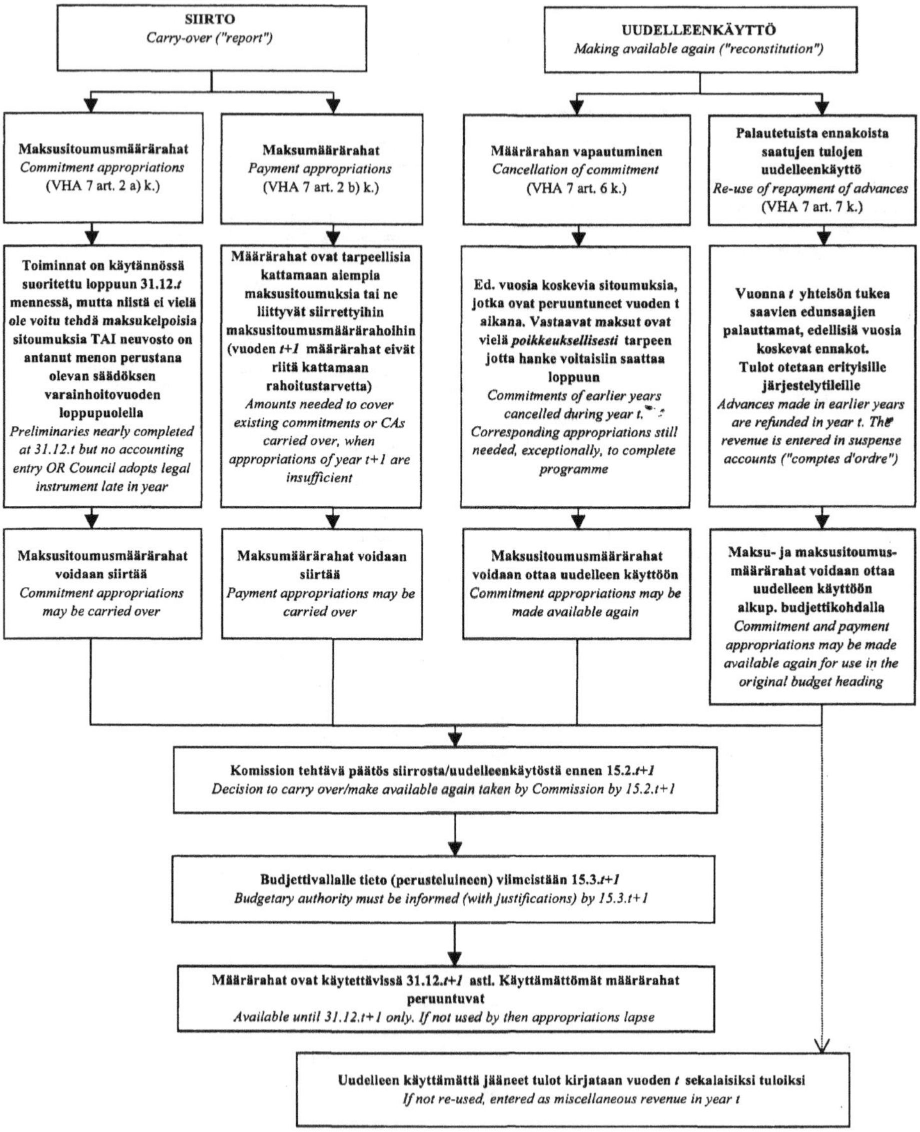

VHA= *Financial Regulation*

Koskien maksumäärärahojen siirtoja, VHA (1990) 7 art. 2 b) k. mukaan "(t)äytäntöönpanovaltaansa käyttäen komissio pyrkii hallinnosta johtuvien vaatimusten mukaisesti käyttämään ensisijaisesti kuluvalle varainhoitovuodelle hyväksyttyjä määrärahoja eikä ennen niiden loppumista turvaudu siirrettyihin määrärahoihin."
In the case of payment appropriations carried over, "the Commission shall, depending on management requirements, endeavour to use first the appropriations authorized for the current financial year and not use the appropriations carried over until the former are exhausted." (FR (1990) 7(2b) art.)

Kuvio 8. Jaksotettujen määrärahojen siirtomenettely seuraavaan varainhoitovuoteen sekä määrärahojen uudelleenkäyttö.

lut pyynnöt (VHA (1990) 7 art. 3 k.).

Jos kyse on siirtämistä koskevista pyynnöistä, jotka liittyvät pakollisia menoja sisältäviin budjettikohtiin, neuvosto kuulee (vuodesta 1988 lähtien) EP:a tehden päätöksensä määräenemmistöllä. Jos siirtopyyntö koskee ei-pakollisia menoja, Parlamentti tekee päätöksen kuultuaan sitä ennen neuvostoa. Jos budjettivallan käyttäjä ei tee päätöstä kuuden viikon kuluessa, katsotaan siirtämistä koskevan pyynnön tulleen hyväksytyksi.

VHA:n (1990) 7 art. 3 k. 2 alak. mukaan "(m)äärärahojen siirtoa ei voida ehdottaa kuin poikkeuksellisista syistä sellaisten olennaisten tarpeiden kattamiseksi (exceptional reasons to cope with compelling need/ raisons exceptionnelles afin de faire face à des besoins impérieux), joita ei voida kattaa seuraavan varainhoitovuoden määrärahoin." Periaatteessa em. siirtojen tarkoituksena on kattaa rahoitustarve, joka yleensä ilmenee varainhoitovuoden aikana, mutta johon ei ole ollut mahdollista käyttää varoja ajoissa tulojen ja menojen hyväksyjästä (Authorizing officer/ ordonnateur) riippumattomien viivästysten takia.

VHA (1990) 7 art. 5 a) k. mukaan kaikki käyttämättömät siirretyt jaksottamattomat määrärahat peruuntuvat automaattisesti, jos niitä ei ole käytetty varainhoitovuoden t+1 loppuun mennessä.

Koskien jaksotettuja määrärahoja, VHA (1990) 7 art. 2 k. mukaan "(n)e maksusitoumusmäärärahat ja maksumäärärahat, joita ei ole käytetty sen varainhoitovuoden päättyessä, jonka talousarvioon ne on otettu, peruuntuvat pääsääntöisesti (...). Komissio voi kuitenkin viimeistään helmikuun 15 päivänä tehdä päätöksen niiden siirtämisestä vain seuraavan varainhoitovuoden aikana käytettäviksi (...)."

On huomattava, että päätöksen (siirto, uudelleenkäyttö) tekee helmikuun 15. päivään (t+1) mennessä komissio, joka joutuu kuitenkin antamaan tekemästään päätöksestä tiedon budjettivallan käyttäjälle maaliskuun 15. päivään mennessä täsmentäen samalla, miten kussakin siirrossa (maksumäärärahojen osalta) on sovellettu VHA (1990) 7 art. 2 b) k. esitettyjä periaatteita, joiden mukaan komissio pyrkii mahdollisuuksien mukaan käyttämään ensisijaisesti ao. varainhoitovuodelle hyväksyttyjä määrärahoja eikä ennen niiden loppumista turvaudu siirrettyihin määrärahoihin.

JM:ja koskevat erilaiset siirtomahdollisuudet on yksityiskohtaisemmin esitetty Kuviossa 8. Alustavia varauksia (ks. luku 4.2.5.5) ei jaksotettujen määrärahojenkaan tapauksessa voi siirtää. Myös siirretyt jaksotetut määrärahat peruuntuvat automaattisesti, jos niitä ei ole käytetty varainhoitovuoden t+1 aikana (VHA (1990) 7 art. 5 a) k.).

Tilintarkastustuomioistuin on em. lausunnossaan n:o 4/97 kiinnittänyt huomiota siihen, että nykyisellään siirtojärjestelmässä noudatetaan vuotuisperiaatetta nurinkurisesti, JTM:n kohdalla vielä vähemmän kuin JM:n kohdalla: "Jaksottamattomat määrärahat, jotka teoriassa vastaavat vuotuisuusperiaatetta paremmin kuin jaksotetut määrärahat, ovat todellisuudessa ehkä vieläkin vähäisemmässä määrin kyseisen periaatteen mukaisia, kun otetaan huomioon monimutkainen joukko poikkeuksia, eli siirtotapaukset, joissa määrärahojen käyttöikää pidennetään toisen varainhoitovuoden verran.

Jaksotetut maksusitoumusmäärärahat, joita ei ole käytetty alkuperäisen varainhoitovuoden aikana, voidaan siirtää vain hyvin harvoissa tapauksissa, joissa maksusitoumus on voitu tehdä vain juuri ja juuri ennen varainhoitovuoden loppua (...). Jaksottamaton määräraha, jota ei ole sidottu alkuperäisen varainhoitovuoden aikana, voidaan sitä vastoin siirtää paljon laajemman perusteen nojalla: jos samaan tarkoitukseen varatut seuraavan varainhoitovuoden määrärahat "eivät riitä kattamaan rahoitustarvetta". (...)

Samanlainen paradoksi on todettavissa maksujen kohdalla. Jaksotetut maksumäärärahat voidaan siirtää, jos samaan tarkoitukseen varatut seuraavan vuoden määrärahat "eivät riitä kattamaan rahoitustarvetta". (...) Tätä perustetta voidaan jo pitää melko laaja-alaisena (...). Mutta jaksottamattomiin määrärahoihin liittyvä siirtomahdollisuus on vieläkin laajempi: määrärahat, jotka eivät ole alustavia eivätkä liity palkkoihin, "siirretään ilman eri toimenpidettä" eli systemaattisesti (...) edellyttäen, että niistä on tehty maksusitoumukset alkuperäisenä varainhoitovuonna ennen 15. joulukuuta." (TTI... 1998, 2.11-2.12 k.)

Käytännössä budjettivuodesta toiseen automaattisesti siirrettyjen määrärahojen määrä on perinteisesti ollut suuri. Esim. Strasserin (1992a, 382) mukaan näin talousarvion toteuttamisastetta on voitu nostaa huomattavasti[17].

Ei-automaattisesti siirrettyjen määrärahojen osalta tilanne on Strasserin (mts. 382-383) ollut huonompi, ennen kaikkea suurempien hallinnointiongelmien takia. Niinpä siirrettyjä määrärahoja

Taulukko 6. Seuraavan varainhoitovuoteen siirretyt tai uudelleen käyttöön otetut määrärahat vuosina 1986-1991 miljoonina ECUina ja suhteessa maksusitoumuksiin käytettyihin määrärahoihin (rahoitusnäkymien otsakkeet 2, 3 ja 4). (Lähde/ Source: COM(92) 2001 final, ANNEX 1).

	1986	1987	1988	1989	1990	1991
ECU milj. *Mio ECU*	2 367,1	2 366,6	729,3	425,2	321,6	322,1
%	20,8	19,4	6,2	3,0	1,9	1,4

ei usein ole ehditty käyttää ajoissa, jolloin ne ovat peruuntuneet[18].

Tilintarkastustuomioistuin on toistuvasti kritisoinut niin vuosikertomuksissaan (ks. esim. TTI... 1999, 2.13-2.18 k.), erityiskertomuksissaan kuin lausunnoissaan (ks. esim. TTI... 1998, 15 k.) komissiota vuotuisperiaatteen rikkomisesta siirtojen yhteydessä, pitäen sitä merkkinä ennen kaikkea huonosta varainhoidosta. Kritiikkiin huonosta menosuunnittelusta ja budjettivallan loukkaamisesta ovat yhtyneet neuvosto ja EP, joista jälkimmäinen vuoden 1990 VHA:n muutokseen asti oli avoimen kielteinen erityisesti ei-automaattisia siirtoja kohtaan neuvoston yksinomaisen päätösvallan vuoksi (ks. yllä). Eri toimielimet ovat myös toistuvasti kritisoineet komissiota siitä, että liian suuri osa siirretyistä määrärahoista peruuntuu vuoden t+1 lopussa[19] (ks. esim. Saarilahti 1993a, 79).[20]

Taulukossa 6 on esimerkin vuoksi kuvattu määrärahojen siirtojen ja uudelleen käyttöön oton suuruutta ja kehitystä vuosina 1986-1991. Tarkasteluajanjaksolla siirrettyjen määrärahojen loppusumma (vuosien 1988-1992 rahoitusnäkymien otsakkeet 2 (rakenteelliset toimet), 3 (monivuotinen toiminta) ja 4 (muu toiminta)) pieneni niin absoluuttisesti (ECU 2 367,1 miljoonasta 322,1 miljoonaan) kuin suhteessa talousarvioiden maksusitoumuksiin käytettävien määrärahojen määrään (20,8 %:sta 1,4 %:iin). Siten EU:n menoja kasvattivat tarkasteluajanjaksolla entistä pienempi määrä siirrettyjä ja uudelleen käyttöön otettuja määrärahoja.

Taulukossa 7 on puolestaan tarkasteltu käyttämättä jääneiden ja seuraavaan vuoteen siirrettyjen yllä mainittujen RN:ien otsakkeiden määrärahojen kehitystä (A). Näiden osuus aleni tarkasteluajanjaksolla (1987-1990) 70,4 %:sta 22 %:iin MSKM:stä. Samaan aikaan määrärahojen vapautumiset alenivat 75,3 %:sta 18,7 %:iin (B).

Erilaiset siirrot varainhoitovuodesta toiseen vähenivät siten tuntuvasti EY:ssä 1990-luvun alun molemmin puolin. Tiukentuneiden VHA:n vaatimusten lisäksi asiaan vaikutti myös vuoden 1988 TVS, joka säätelemällä entistä tarkemmin EY:n varainkäyttöä samalla myös pienensi ylivuotisen jouston määrää ja käyttömahdollisuuksia (ks. Saarilahti 1993a, 75-81; vrt. luvut 4.2.4 ja 6).

Kehitys ei kuitenkaan ole ollut pysyvää. Siten esim. vuodelta 1999 siirrettiin vuodelle 2000 komission 15.2.2000 tekemällä päätöksellä (ei-automaattiset siirrot; SEK(2000) 481 lopull.) jaksotettuja määrärahoja yhteensä EUR 2 443,7 miljoonaa (maksusitoumusmäärärahoja) ja

Taulukko 7. Vuonna t käyttämättä jääneet ja seuraavaan vuoteen siirretyt maksusitoumuksiin käytettävät määrärahat (A) ja vapautuneet määrärahat, jotka on otettu uudelleen käyttöön (B) vuosina 1987-1990 (prosentteja, rahoitusnäkymien otsakkeet 2, 3 ja 4). (Lähde/ Source: COM(92) 2001 final, ANNEX 1).

	1987	1988	1989	1990
A	70,4	25,6	28,3	22,0
B	75,3	49,5	24,6	18,7

Taulukko 8. Yleisen talousarvion menojen toteuttaminen (määrärahojen kehitys ja käyttö).

MAKSUSITOUMUKSIIN KÄYTETTÄVÄT MÄÄRÄRAHAT ***APPROPRIATIONS FOR COMMITMENTS***	**MAKSUMÄÄRÄYKSIIN KÄYTETTÄVÄT MÄÄRÄRAHAT** ***APPROPRIATIONS FOR PAYMENTS***		***"RESTE A LIQUIDER"***
	Määrärahat (*t*) ***Appropriations, year t***	**Siirretty vuodelta *t-1*** ***Carried forward from t-1***	
Alkuperäinen TA [JTM+MSM] (*t*) *Initial budget [NDA+CA], year t*	Alkuperäinen TA [JTM+MMR] (*t*) *Initial budget [NDA+PA], year t*	Siirretty vuodelta *t-1* *Carried forward from year t-1*	RAL *31.12.t-1*
± Lisäbudjetit[1] *SAB*[1]	± Lisäbudjetit[1] *SAB*[1]		
± Siirrot *Transfers*	± Siirrot *Transfers*		
= Lopullinen TA (*t*) *Definitive budget, year t*	= Lopullinen TA (*t*) *Definitive budget, year t*		
+ Uudelleen käyttöön otetut määrärahat[2] *Appropriations made available again*[2]	+ Uudelleen käyttöön otetut määrärahat[2] *Appropriations made available again*[2]		
+ Erityiskäyttöön tulevat tulot[3] *Revenue available for specific uses*	+ Erityiskäyttöön tulevat tulot[3] *Revenue available for specific uses*		
+ MSM:n siirrot vuodelta *t-1* AFC *carried over from t-1*			
= Käytettävissä olevat määrärahat (*t*) *Available, year t*	= Käytetävissä olevat määrärahat (*t*) *Available, year t*	= Käytettävissä olevat määrärahat (*t*) *Available, year t*	
- Tehdyt sitoumukset *Commitments made*			+ Tehdyt sitoumukset *Commitments made*
	- Maksut edellisten vuosien sitoumuksia vastaan *Payments against earlier years' commitments*	- Maksut edellisten vuosien sitoumuksia vastaan *Payments against earlier years' commitments*	- Maksut edellisten vuosien sitoumuksia vastaan *Payments against earlier years' commitments*
	- Maksut vuoden *t* sitoumuksia vastaan *Payments against year's t commitments*	- Maksut vuoden *t* sitoumuksia vastaan *Payments against year's t commitments*	- Maksut vuoden *t* sitoumuksia vastaan *Payments against year's t commitments*
- Siirrot vuoteen *t+1* *Carried over to year t+1*	- Siirrot vuoteen *t+1* *Carried over to year t+1*	[Siirrot eivät ole sallittuja/ *Carry over not permitted*]	
			- Peruuntuneet sitoumukset[4] *Commitments cancelled*[4]
= Peruuntuvat määrärahat *Appropriations lapse*	= Peruuntuvat määrärahat *Appropriations lapse*	= Peruuntuvat määrärahat[5] *Appropriations lapse*[5]	= Vuoteen *t+1* siirretty RAL *RAL carried forward to year t+1*

[1] Korjaavat ja/tai täydentävät lisätalousarviot

SAB = Supplementary and/or amending budgets

[2] *"Crédits reconstitués"* (VHA 7 art. 6 k. ja 7 art. 7 k.). Koskee vain jaksotettuja määrärahoja

FR 7(6) and 7(7) art. Only applies to differentiated appropriations

[3] *"Réemploi"*. Ml. jäsenvaltioiden rahoitusosuudet tiettyihin tutkimusohjelmiin, määrättyä käyttötarkoitusta vastaavat tulot (kuten tulot rahastoista, avustukset, lahjat ja testamenttilahjoitukset), kolmansien maiden tai erilaisten toimielinten osallistumismaksut yhteisöjen toimintaan sekä tulot, jotka ovat peräisin kolmansilta osapuolilta niiden pyynnöstä suoritettavia töitä varten (VHA 4 art. 2 k. ja 96 art. 1 k.)

Participation of third parties and other earmarked revenue (FR 4(2) et 96(1) art.)

[4] Voidaan ottaa uudelleen käyttöön (ks. alaviite 2)

May be made available again (see footnote 2 above)

[5] Pl. tukimus- ja teknologisen kehittämisen menot

Except for research and technological development appropriations

4241,4 miljoonaa (maksumäärärahoja). Samalla otettiin maksusitoumusmäärärahoja uudelleen käyttöön 9,6 miljoonaa ja tuloja 35,9 miljoonaa. Lisäksi siirrettiin budjettivallan päätöksellä jaksottamattomia maksumäärärahoja 59,5 miljoonaa (maatalousmenoja[21] 33,1 ja talous- ja sosiaalikomitean sekä alueiden komitean määrärahoja 26,4 miljoonaa; SEK(2000) 229 lopull.).

Yllä kuvatut lukuisat erilaiset määrärahojen siirtomahdollisuudet budjettivuodesta toiseen tekevät kiistatta EU:n budjetti- ja tilinpäätösasiakirjoista normaalia vaikeaselkoisempia ja mm. hidastavat tilien sulkemista erityisesti ei-automaattisten siirtojen takia, joita koskevat päätökset (ks. yllä) on tehtävä 15.2.t+1 (komissio JM:n tapauksessa) ja maaliskuun loppuun (6 viikon kuluessa 15.2.t+1 jälkeen JTM:n tapauksessa; budjettivalta) mennessä. Talousarvion lisääntyneen joustavuuden vastapainona määrärahojen siirtomahdollisuus varainhoitovuodesta toiseen omalta osaltaan myös hämärtää vuosittaisten määrärahojen ja menojen käsitteen, sillä osaa Euroopan unionin(kin) toiminnasta rahoitetaan vuosi vuoden jälkeen edelliseltä varainhoitovuodelta (jos ei enää edellisiltä varainhoitovuosilta) siirretyillä (ja siten budjettivallan edellisenä vuotena hyväksymillä), ao. vuoden yleiseen talousarvioon kirjaamattomilla määrärahoilla (ks. Taulukko 8).

5.3 *Budjettivuoden jatkaminen ja ylimääräiset jaksot*

Budjettivuoden jatkamisella (extension of the budgetary year/ prolongation de l'exercice) on tarkoitettu menettelyä, jolla on poikettu perustamissopimuksen ja VHA:n säädöksistä, joiden mukaan henkilöstömenoja ei voida siirtää seuraavaan varainhoitovuoteen (vaan ne peruuntuvat automaattisesti, jos niitä ei ole sidottu ja maksettu 31.12.t mennessä; ks. luku 5.2). Komissio on tällöin pyytänyt neuvostoa hyväksymään erityisen varainhoitoasetuksen (special financial regulation/ règlement financier spécial), jolla on voitu poiketa em. säädöksistä ja jatkaa kuluvaa varainhoitovuotta niin että menot, jotka liittyvät päätöksiin, jotka on tehty joulukuussa (t) mutta jotka on maksettava vasta vuonna t+1, voidaan kirjata päätöksentekovuoden menoiksi (ks. esim. Strasser 1992a, 243). Menettely ei kuitenkaan nykyisin ole enää käytössä.

Ylimääräisillä jaksoilla (complementary (additional) periods/ périodes complémentaires (additionnelles)) tarkoitetaan puolestaan kaikkia ad hoc –menettelyjä, joiden avulla EU:n talousarviovuotta voidaan pidentää kalenterivuoden yli. Nykyisin EU:ssa voidaan erotella seuraavat pysyväisluonteiset, "viralliset" ylimääräiset jaksot, so. "teknisluontoiset" VHA:n eri sektoreilla sallimat lisämääräajat maksujen suorittamiselle ja/tai kirjaamiselle, jotka ovat kaikki poikkeuksia tiukalle vuotuisperiaatteelle (ja siten esimerkkejä EU:n talousarvion ylivuotisista joustomuodoista):

- maksun suorittaminen (sitoumusten on oltava tehty vuoden t puolella): 15.1.t+1 mennessä[22] (perusteluna menettelyn käytännöllisyys)
- maatalousmaksut (EMOTR-tukiosasto): 31.1.t+1 mennessä[23] (perusteluna mm. viiveet jäsenvaltioiden toimittaessa maksutiedot)[24]
- maksut ennakkojärjestelmistä[25]: 15.2.t+1 mennessä (perusteluna mm. komission ulkomaanedustustojen erityistarpeet)

Lisäksi VHA (1990) 39 art. mukainen varainhoidon valvojan negatiivisen hyväksymismerkinnän kumoaminen (overrule of refusal of visa/ passer outre au refus de visa) on tehtävä 15.2.t+1 mennessä. Kysymyksessä on periaatteessa kuitenkin poikkeuksellinen (ja harvinainen, so. ainoastaan muutamia tapauksia vuodessa käsittävä) menettely.

Edellä kuvattujen menettelyjen tarkempi esittely on valitettavasti jätettävä tämän artikkelin ulkopuolelle. Budjettivuoden jatkamista ja erilaisten ylimääräisten jaksojen olemassaoloa on kritisoitu mm. sillä perusteella, että niiden tarkoituksena on ennen kaikkea maksimoida määrärahojen (näennäistä) käyttöastetta ja antaa aiheettomasti lisäaikaa joidenkin tapahtumien kirjaamiselle – sekä seurauksena hidastaa tilinpäätösasiakirjojen valmistumista.

5.4 *Väliaikaiset kahdestoistaosat*

EU:ssa on mahdollista turvautua ns. väliaikaisten kahdestoistaosien (provisional twelfths/ douzièmes provisoires) järjestelmään tilanteessa, jossa varainhoitovuoden alussa (t) ei ole olemassa hyväksyttyä talousarviota (ks. esim. Pipkorn 1981, 141-167).

Käytännössä tilanne voi johtua joko vuotuisen budjettiprosessin aikana syntyneistä viiveistä[26] tai siitä, että EP on SEY 272 [SETY, SEY 203] art. 8 k. mukaisesti hylännyt talousarvioesityksen[27] (ks. esim. Corbett 1998, 97-106). Jälkimmäisessä tapauksessa koko talousarvioprosessi joudutaan aloittaman alusta (koska komissio joutuu laatimaan uuden alustavan talousarvioesityksen, mikä vie oman aikansa). Budjettimenettely voi kestää varsin kauan, minkä vuoksi on enemmän kuin tarpeellista turvautua perustamissopimuksen määrittelemään seuraavankaltaiseen menettelyyn[28]:

SEY 273 [ent. SETY, SEY 204] art. 1 k. mukaan "(j)ollei talousarviota ole käsitelty loppuun varainhoitovuoden alkuun mennessä, 279 [ent. 209] artiklan nojalla annetun (varainhoito)asetuksen säännösten mukaisesti menoihin voidaan käyttää kuukausittain kunkin luvun tai kunkin muun jaottelun osalta määrä, joka on enintään yksi kahdestoistaosa edellisen varainhoitovuoden talousarvioon avatuista määrärahoista; komissio saa näin kuitenkin käyttää vain määrän, joka on enintään yksi kahdestoistaosa valmisteltavana olevaan talousarvioesitykseen otetuista määrärahoista."

Erityisesti vuoden 1980 talousarvioprosessin aikana ilmenneiden ongelmien seurauksena vuoden 1990 VHA:n muutoksen yhteydessä korvattiin kahdestoistaosien käyttöä aikaisemmin varsin väljästi (ja tulkinnanvaraisesti) säädellyt 8 art. uudella tiukemmin ja yksityiskohtaisemmin muotoillulla 9 artiklalla.

Perusperiaatteena on nykyisin, että maksusitoumuksia voidaan tehdä luku luvulta enintään neljäsosalla kaikista edellisenä varainhoitovuotena (t-1) ao. lukuun hyväksytyistä määrärahoista lisättynä yhdellä kahdestoistaosalla kutakin kulunutta kuukautta kohti (ml. budjettikohtien välillä tehdyt siirrot). Sitoumuksia tehtäessä ei kuitenkaan saa ylittää talousarvioesitystä, tai jos sitä ei ole, alustavassa talousarvioesityksessä varattuja määrärahoja.

Maksut voidaan puolestaan suorittaa kuukausittain luku luvulta enintään kahdestoistaosalla (mistä järjestelmän nimitys) kaikista määrärahoista, jotka on hyväksytty ao. lukuun edelliseksi varainhoitovuodeksi (ml. budjettikohtien välillä tehdyt siirrot[29]) siten, että komissio saa näin kuitenkin käyttää kuukausittain määrän, joka on enintään yksi kahdestoistaosa ao. vuoden TAE:ssä (tai jos sitä ei ole, ATAE:ssä varatuista määrärahoista)[30].

Menettely on siten kolmiportainen. Jos vuoden alussa ei ole hyväksyttyä talousarviota:

- EU:ssa siirrytään kahdestoistaosien järjestelmään SEY 273 art. mukaisesti niin pitkään, että TA saadaan hyväksyttyä;
- perustana kahdestoistaosien laskemiselle käytetään viimeiseksi hyväksyttyä TA:ta, johon avattuja määrärahoja ei saa ylittää. Samalla ehkäistään mm. mahdollisuus aloittaa sellaisten hankkeiden rahoittaminen, joita ei ole budjetoitu (sisällytetty edellisen vuoden TA:oon), vaikka ne sisältyisivätkin ATAE:een ja/tai TAE:een;
- TAE:een (tai sen puuttuessa ATAE:een) varattuja määrärahoja ei kuitenkaan saa ylittää (ks. esim. Cartou 1996, 205).

Menettely tuntuisi suosivan (vrt. myös Walder 1992, 64) neuvostoa komission ja Parlamentin kustannuksella: väliaikaisten kahdestoistaosien suuruutta säätelee neuvoston SEY 272 [ent. SETY, SEY 203] art. 3 k. mukaan hyväksymä TAE, jos siinä varatut määrärahat vain ovat pienempiä kuin vuoden t-1 TA:ssa. Toisaalta niin ATAE:ssä kuin TAE:ssä ei ole mukana EP:n I luennassa tekemiä tarkistuksia (EPM) tai muutosehdotuksia (PM; ks. luku 4.2.3). Vuoden 1990 VHA:n muutoksen luoma järjestelmä ei kuitenkaan ole koskaan ollut käytössä (ks. luku 6), joten esim. artiklan soveltamista ohjaavat erilaiset toimielinten oikeudellisten yksiköiden tulkinnat puuttuvat.

Menettelyyn sisältyy lisäksi perustamissopimukseen kirjattu joustomahdollisuus tapauksessa, jossa EU:n toiminnan jatkuvuus tai hallinnon tarpeet sitä edellyttävät.

SEY 273 art. 2 k.[31] pohjautuen VHA (1990) 9 art. 3 a) k. määrittelee, että neuvosto voi (määräenemmistöllä) komission pyynnöstä[32] ja EP:a kuultuaan antaa luvan käyttää pakollisiin menoihin samanaikaisesti kahta tai useampaa väliaikaista kahdestoistaosaa (puhutaan nk. ylimääräisistä (väliaikaisista) kahdestoistaosista; additional (provisional) twelfths/ douzièmes additionnels) "normaalien" väliaikaisten kahdestoistaosien lisäksi yhtä hyvin maksusitoumusten tekemiseen kuin suoritettaviin maksuihin.

Koskien EPM:ja, VHA viittaa suoraan perustamissopimukseen (273 art. 3 k.), jossa todetaan:

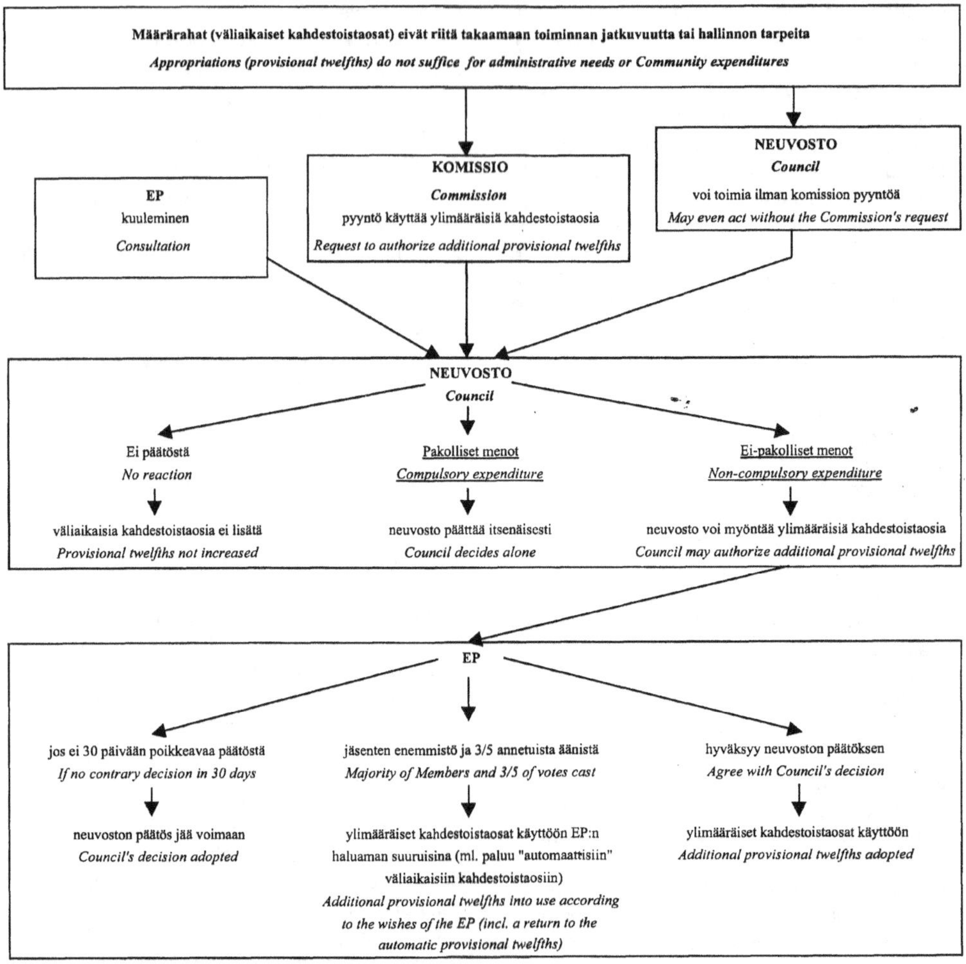

Kuvio 9. Ylimääräisten väliaikaisten kahdestoistaosien hyväksyminen.

"(...) neuvosto toimittaa (ylimääräisiä kahdestoistaosia koskevan) päätöksen välittömästi Euroopan parlamentille tiedoksi; Euroopan parlamentti voi kolmenkymmenen päivän kuluessa jäsentensä enemmistöllä ja kolmella viidesosalla annetuista äänistä päättää toisin siitä menojen osuudesta, joka ylittää (273 art. 1 k. mukaisen "normaalin") yhden kahdestoistaosan. Tältä osin neuvoston päätöstä lykätään, kunnes Euroopan parlamentti on tehnyt päätöksensä. Jos Euroopan parlamentti ei tee neuvoston päätöksestä poikkeavaa päätöstä mainitun ajan kuluessa, neuvoston päätöstä pidetään lopullisena." Menettely on esitetty Kuviossa 9.

Käytännössä EP:n päätös alentaa ylimääräisiä kahdestoistaosia voi "suurimmillaan" merkitä paluuta "normaaleihin" kahdestoistaosiin. Toisaalta Parlamentti on sidoksissa neuvoston päätökseen.

Perusperiaatteena edelleenkin on (VHA (1990) 9 art. 3 k. mukaisesti), että kuhunkin lukuun vuosittain kahdestoistaosina hyväksytty määrä - yllä mainitut ylimääräiset kahdestoistaosat mukaan luettuina - ei saa ylittää edellisen varainhoitovuoden eikä TAE:n (tai sen puuttuessa ATAE:n) vastaavan luvun määrää, siirrot mukaan luettuina.

Vuoden 1990 VHA:n muutos kuitenkin lisäsi entisestään järjestelmän joustavuutta sallimalla, että jos tietyssä luvussa yllä mainitun kahden tai useamman väliaikaisen kahdestoistaosan hyväksyminen ei riitä kattamaan menoja, jotka ovat tarpeellisia "keskeytyksen välttämiseksi yhteisön toiminnan jatkuvuudessa", voidaan määrän ylitys poikkeuksellisesti hyväksyä (yllä kuvattujen menettelytapojen mukaisesti). Kattona on kuitenkin edellisen varainhoitovuoden talousarviossa käyttöön annettujen määrärahojen kokonaismäärä.

VIITTEET

Käsikirjoitus jätetty elokuussa 2000

[1]Esitetyt mielipiteet ovat kirjoittajan omia eivätkä siten millään muotoa edusta työnantajan kantaa tai näkemyksiä. Luvut 5.1 ja 5.4 perustuvat kirjoittajan Tampereen yliopistossa vuosina 1995-2000 pitämiin EU:n finanssihallinnon luentoihin.

[2]Oman lukunsa muodostavat maatalousmenot, sillä perinteisesti EU:n "maatalousvuosi" eli maatalouden varainhoitovuosi (tukikelpoisuusaika) on ulottunut lokakuun 16. päivästä (t) lokakuun 15. päivään t+1. Nykyisin korvaukset jäsenvaltioille suoritetaan kalenterivuoden mittaisissa jaksoissa (1.1.-31.12.). Komission näkemyksen mukaan sillä, että esim. jäsenvaltiot ovat suorittaneet maksujaan jo aikaisemmin, ei ole enää vaikutusta TA:n vuotuisperiaatteeseen, sillä yleisessä talousarviossa otetaan huomioon kutakin vuotta kohden vain maksut, jotka komissio on suorittanut 1.1. alkaen. (ks. TTI 1999, 2.13-2.14 k.).

[3]Toisella tavalla tarkasteltuna perustamissopimuksen ja VHA:n artiklat määrittävät vuotuisperiaatteesta niin valtuutuksen (authorisation/ autorisation: meno on tarkoitettu ("myönnetty") kattamaan (pääsääntöisesti) budjettivuoden 1.1. - 31.12.t tarpeet) kuin toimeenpanonkin (execution/ exécution: meno täytyy normaalisti suorittaa budjettivuoden aikana) kannalta.

[4]Treaty establishing the European Atomic Energy Community/ Traité instituant la Communauté européenne de l'énergie atomique; voimaan 1.1.1958. Artiklassa ei sinänsä määritellä maksusitoumusmäärärahoja, vaan selitetään MSM:n ja eristä muodostuvan "yhtenäisen kokonaisuuden" suhde. MSM:n käsitettä tarkennettiin vuonna 1961 hyväksytyn tutkimusmäärärahoja koskevan VHA:n 4 art. Vuodesta 1971 lähtien MSM alettiin määritellä monivuotisen toiminnan kustannuksiin varattuna kokonaismääränä (tutkimusmäärärahoja koskevan VHA:n 3 art. ja vuonna 1973 (25.4.) hyväksytyn yleisen VHA:n 95 art.; EYVL N:o L 116, 1.5.1973), kun sitä aikaisemmin oli käsitelty vuotuisina erinä.

[5]Ensimmäisen kerran maksusitoumus- ja maksumäärärahat eroteltiin numero- eli taulukko-osassa vuoden 1972 TA:ssa (PI III:n liitteessä I; EY:n tutkimus- ja investointitoiminta). Vuoden 1973 VHA:ssa mainitaan "sitoumuksen hyväksyminen" ESR:n menojen yhteydessä (104 ja 105 art.; ks. viite 4). Vuoden 1976 VHA:een (21.10.; EYVL N:o L 333, 2.12.1976) kirjattiin uudet säännökset koskien JM:ja mm. toimintansa aloittavan EAKR:n menoja koskien. Vuoden 1980 TA:ssa julkaistiin puolestaan PI III:n yhteydessä taulukko, johon on koottu kaikki yleisen talousarvion budjettikohdat (yhteensä 40 kpl), joissa erotellaan maksusitoumus- ja maksumäärärahat-ensimmäisen kerran määrärahat merkittiin ao. budjettikohdalle (numero-osaan) vuoden 1982 TA:ssa (sitä ennen MSM oli esitetty selvitysosan taulukoissa, ks. loppuviite 10). Erikoistapauksen muodostavat esim. EMOTR-ohjausosaston menot, sillä niitä koskevien monivuotisten sitoumusten kattamiseen käytettiin pitkään jaksottamattomia määrärahoja. "Sitoumukset tehtiin kokonaismäärälle ja sillä maksut jakautuivat usealle varainhoitovuodelle, maksamattomia sitoumuksia vastaavat määrärahat siirrettiin ilman eri toimenpidettä viiden vuoden ajan. Määräajan umpeuduttua käytettiin erillisellä päätöksellä tehtäviä siirtoja. Käytännössä määrärahat olivat jaksotettuja, vaikkei tätä nimitystä käytettykään. Samalla jouduttiin turvautumaan työläisiin määrärahojen siirtoihin" (ks. SEK(1998) 1228 lopull., 36).

[6]MSM:n sisällyttäminen yleiseen talousarvioon ei vieläkään ole ongelmatonta, sillä EY:ssä ei ole pystytty luomaan riittävän toimivaa yhteyttä budjettiin kirjattujen sitoumusten ja vastaavien maksumäärärahatarpeiden välillä. Siten TA:ssa esitetyt MSM eivät edelleenkään perustu esim. ajan tasalle saatetuille tiedoille siitä, miten taustalla olevat ohjelmat tai hankkeet ovat edistyneet (ja mikä siten tulee olemaan todellinen maksujen tarve).

[7]Lisäksi tulee otsakkeen 6 (varaukset) alainen hätäapuvaraus (B7-9 1).

[8]Perustana on käytetty VHA (1977) 36 art. 2 k., jonka mukaan komission päätökset vastaavat (tietyissä tapauksissa) menoihin sitoutumista.

[9]TTI:n (2000a, 21 k.) mukaan tämä ei tarjoa hyvää pohjaa esim. EU:n kiinteistöpolitiikalle, jolle olisi välttämätöntä luoda "monivuotinen, jaksotettuihin määrärahoihin perustuva investointibudjetti, jotta toimielimet voisivat suunnitella kiinteistöpolitiikkansa mahdollisimman avoimesti ja tehokkaasti."

[10]Strasser (1990, 45-46) korostaa, että komissio, ehdottaessaan maksusitoumusmäärärahajärjestelmään siirtymistä, painotti samalla sille myönnettyjen sitoumusvaltuuksien (eli MSM:n) ja eri vuosina myönnettävien maksatusmahdollisuuksien (eli MMR:n) välisen "asianmukaisen suhteen" noudattamisen tärkeyttä. Suhdetta pyrittiin vahvistamaan mm. vaatimuksella, jonka mukaan kaikkiin JM:ja sisältäviin budjettikohtiin tuli liittää (selvitysosaan) asianmukaiset maksatuksia koskevat (erääntymisaikataulu)taulukot. "Edellä maini-

tut taulukot toki laadittiin, mutta budjettivalta ei noudattanut asianmukaista suhdetta koskevia ennusteita, sillä huolimatta omien varojen loppumisesta johtuvista rajoitteista koskien maksumäärärahojen kasvattamista, se halusi tehdä poliittisia (allokaatio)päätöksiä ja siten hyväksyi uusia maksusitoumusmäärärahoja" (mts. 46).

[11]Taulukko on kopio The Community... (1989, 40) -julkaisussa esiintyvästä taulukosta.

[12]TTI:n kielenkäytön mukaan. Käyttämättä jääneillä maksusitoumuksilla tarkoitetaan sitoumuksia, jotka on tehty yli kaksi budjettivuotta sitten ja joita koskien ei ole suoritettu yhtään maksua viimeisen kahden budjettivuoden aikana.

[13]Eli: RAL (hetkellä t) = tehdyt sitoumukset – suoritetut maksut – mahdolliset määrärahojen vapauttamiset +/– mahdolliset uudelleenarvioinnit (RAL (t) = commitments entered into – corresponding payments made – any decommitments +/– any revaluations/ engagements contractés – paiements correspondants liquidés – dégagements éventuels +/– réévaluations éventuelles), vrt. myös Taulukko 8.

[14]Maksujen viivästymistä ei tule sekoittaa nk. maksuajan käsitteeseen (payment time/ délai de paiement), jolla tarkoitetaan tarvittavaa aikaa laskun tai maksupyynnön saapumisen ja maksun tosiasiallisen suorittamisen välillä (ks. SEK(2000) 1094).

[15]Molempiin ryhmiin kuuluvat sitoumukset on otettu huomioon vain kerran. Aluepolitiikkamenoja koskien käyttämättä jääneiden sitoumusten yhteydessä on tarkasteltu vain koheesiorahaston menoja. On huomattava, että TTI katsoo, ettei laskelmissa pitäisi huomioida nk. vanhoja sitoumuksia, vaan potentiaalisesti epänormaalin RAL:n yhteydessä tulisi tarkastella ainoastaan sitoumuksia, jotka on tehty yli kaksi vuotta sitten ja joita koskien ei ole suoritettu yhtään maksua kahteen vuoteen.

[16]Tätä silmälläpitäen komissio mm. esitti vuotta 2001 koskevassa ATAE:ssä MMR:lle suurempaa kasvua kuin MSM:lle (5 % ja 3,9 % vuoteen 2000 verrattuna. Ero oli vielä selvempi vuoden 2000 ATAE:ssä: +4,7 % ja -4,4 % vuoteen 1999 verrattuna). Käytännössä EU:ssa on mahdollista käyttää joko säädöspohjaisia tai ohjelmien hallinnointiin liittyviä keinoja RAL:n (ja etenkin nk. (potentiaalisesti) epänormaalin RAL:n) kuriin saattamiseksi. Ensin mainittuun ryhmään kuuluu esim. rakennerahastosäädöksiin kaudelle 2000-2006 otettu nk. sunset clause –periaate eli maksusitoumusten "vapauttaminen viran puolesta" (automatical decommitment/ dégagement d'office) Neuvoston asetuksen (EY) N:o 1260/1999 rakennerahastoja koskevista yleisistä säännöksistä 31 art. mukaisesti t+2:n kuluttua, mikäli niitä koskien ei ole suoritettu ennakkomaksua tai esitetty maksupyyntöä) tai VHA:n kokonaisuudistukseen sisältyvät ajatukset yhtäältä rajoittaa yleisemminkin sitoumusten kestoa ja toisaalta kirjata asetukseen entistä tiukemmat sitoumusten seuranta- ja käyttämättä jääneiden sitoumusten vapauttamisvaatimukset, toiseen puolestaan esim. RAL:n kehitystä koskevan kattavan seurantajärjestelmän luominen (käyttäen esimerkkinä ulkoisen toiminnan menoja). Teoriassa VHA:een ja sektorikohtaisiin säädöksiin kirjatuilla erilaisilla säännöksillä olisi mahdollista päästä kokonaan eroon nk. epänormaalista RAL:sta. Samaan aikaan esim. uudet rakennerahastosäädökset automaattisine sitoumuksine ja maksuineen (ks. yllä) johtanevat automaattisesti "normaalin" RAL:n kokonaiskasvuun. RAL:n käsitteeseen, eri muotoihin, ongelmiin ja hallintakeinoihin on tarkoitus palata erillisessä artikkelissa.

[17]"In practice the appropriations automatically carried over during a year, to provide for the payment of commitments normally contracted in the field of non-differentiated appropriations, are considerable, owing to the difficulty of complying with the rule of budget annuality. Thanks to this adaptation of the rule, implementations finally correspond to about 90% of the commitments entered into, which is a fairly reasonable proportion." (Strasser 1992a, 382.)

[18]"Appropriations carried over but not automatically are difficult to implement, because to commit and honour the corresponding expenditure during the few months between the carry-over decision (sometimes taken in September) and the end of the carry-over year is a difficult administrative feat. Very often, therefore, the appropriations carried over lapse." (Strasser 1992a, 382-383.)

[19]Esimerkiksi vuonna 1998 peruuntui ECU 2 123,7 miljoonaa maksusitoumuksiin ja 2 265,2 miljoonaa maksumääräyksiin käytettäviä määrärahoja. Lukuihin sisältyvät myös siirtämättä jääneet määrärahat.

[20]Walderin (1992, 91) näkemyksen mukaan siksi, että määrärahojen siirtomahdollisuus varainhoitovuoden sisällä ja määrärahojen siirtomahdollisuus varainhoitovuodesta toiseen noudattavat samankaltaisia periaatteita, ne myös nostavat väistämättä esiin samanlaisia kysymyksiä, kuten erilaisia talousarvion toimeenpanoon ja määrärahojen valvontaan (ja budjettitoimijoiden valtasuhteisiin) liittyviä ongelmia.

[21]Momentit B1-3 1 5 (Elintarvikeapu Venäjälle; EUR 4,094 miljoonaa) ja B1-3 9 0 (Maatalouden valuuttatuki; 29 miljoonaa).

[22]Maksut on normaalisti suoritettava 31.12.t mennessä, mutta VHA (1990) 6 art. mukaan tilinpitäjällä (Accounting officer/ comptable) on automaattisesti 15 päivää aikaa suorittaa maksu jos hyväksymistä koskeva päätös on saapunut varainhoidon valvojalle (Financial controller/ contrôleur financier) viimeistään 31.12.t ja tilinpitäjälle 10.1.t+1 mennessä.

[23]VHA (1988) 101 art. mukaisesti.

[24]Myös lisäjaksot ovat mahdollisia, ks. esim. Strasser 1992a, 243.

[25]Imprest accounts/ régies d'avances. Ennakkomaksujärjestelmillä ja -kassoilla tarkoitetaan EU:ssa tilejä, joiden kautta voidaan suorittaa juoksevia ja pieniä maksuja ilman, että niitä hyväksytetään erikseen varainhoidon valvojalla, so. kyse on kassoista, joiden käyttövastuu on siirretty päivittäisistä hankinnoista jne. vastuussa oleville henkilöille.

[26]Viiveet olivat lähinnä säännönmukaisia EY:n nk. "talousarvion pysyvän kriisin ajan" (ks. luku 4.2.3) loppuvuosina. Siten esim. EP:n vahvistaman vuoden 1986 TA:n vieminen tuomioistuimen eteen tammikuussa 1986 (ks. luku 4.2.5.2) ajoi EY:n turvautumaan väliaikaisiin kahdestoistaosiin yli kuuden kuukauden ajan, vuoden 1987 TA:n viivästyminen KEM-kiistojen takia pakotti EY:n elämään kahdestoistaosilla yli puolentoista kuukauden ajan (TA vahvistettiin 19.2.1987) ja neuvoston kyvyttömyys laatia ensin lokakuussa sekä uudelleen joulukuussa 1987 vuoden 1988 talousarvioesitystä omien varojen uutta ylärajaa koskevan kiistan takia ajoi EY:n elämään lähes puoli vuotta väliaikaisilla kahdestoistaosilla. Yli kahden kuukauden turhan odottelun jälkeen EP ja komissio haastoivat neuvoston TI:n eteen, mutta ennen kuin se ehti julistaa päätöksensä, toimielimet sopivat budjettikiistansa Brysselin Eurooppa-neuvoston kokouksessa (11.-12.2.1988) löytyneen kompromissin mukaisesti. Vuoden 1988 TA vahvistettiin lopulta 18.5.1988 (ks. esim. Community... 1989, 20; ks. myös esim. Fonseca Morillo 1986, Verschraegen 1989, 227 tai Corbett 1998, 97-105).

[27]Nk. toisen käsittelyn yhteydessä, jäsentensä enemmistöllä (nyk. 314/626) ja kahdella kolmasosalla annetuista äänistä.

[28]Ensimmäinen suorilla kansanvaaleilla valittu EP hylkäsi sille alistetun ensimmäisen (vuotta 1980 koskevan) talousarvioesityksen 13.12.1979. Hylkäyksen muodollisena syynä oli kiista pakollisten ja ei-pakollisten menojen määrästä TAE:ssä (ks. luku 4.2.3, vrt. esim. Nicoll 1984, 4-21). EY joutui sen seurauksena toimimaan ensimmäistä kertaa väliaikaisten kahdestoistaosien varassa vuonna 1980 yli puoli vuotta (ks. esim. Strasser 1980b, 358-397. TA vahvistettiin 9.7.1980). Ongelmia oli myös vuoden 1980 II lisäbudjetin kanssa (kiistat Saksan, Ranskan ja Belgian alv-maksuista komission kanssa ja kiistan vieminen TI:n eteen). Ongelmat ratkaistiin vuoden 1981 ensimmäisessä lisäbudjetissa. Kahdestoistaosia tarvittiin myös vuonna 1985 sen jälkeen, kun EP oli hylännyt talousarvioesityksen 13.12.1984 tulojen "ilmeisen riittämättömyyden takia" (ks. esim. Strasser 1985, 372-444). Vuoden 1985 TA hyväksyttiin lopulta 13.6.1985.

[29]Määrärahojen siirtojen lisäksi otetaan huomioon lisäbudjetit, muttei siirtoja edelliseltä vuodelta (Groeben et al. 1983, 734-737). Magieran (1994, Art. 204) käsityksen mukaan alustavia talousarvioesityksiä tai talousarvioesityksiä, jotka on laadittu varainhoitovuoden (t) aikana, ei tulisi ottaa huomioon VHA (1990) 9 art. 2 k. sovellettaessa.

[30]On huomattava, että VHA:n muotoilu sen puhuessa vain luvuista eikä muista jaotteluista poikkeaa perustamissopimuksen sanamuodosta ja sallii suuremman joustavuuden.

[31]"Neuvosto voi määräenemmistöllä, jos (kaikki yllä kuvatut) edellytykset otetaan huomioon, antaa luvan menoihin, jotka johtavat siihen, että yksi kahdestoistaosa ylitetään."

[32]Komission "pyyntö" on käsitettävä väljästi. Käytännössä EU:ssa on päädytty SEY 272 art. pohjalta tulkintaan, jonka mukaan komissiolle on suotu "mahdollisuus pyytää ylimääräisiä kahdestoistaosia".

LÄHTEET

CMLR	Common Market Law Review
COM	Commission of the EC (European Commission)/ Commission des CE (Commission européenne)
EIPA	European Institute of Public Administration
EYVJT	Euroopan yhteisöjen virallisten julkaisujen toimisto
EYVL	Euroopan yhteisöjen virallinen lehti
HT	Hallinnon tutkimus/ Administrative Studies
KOM	Euroopan komissio
OOPEC	Office for Official Publications of the EC
RMC(&UE)	Revue du Marché Commun (et de l'Union Européenne)
TTI	Tilintarkastustuomioistuin
*	Julkaisematon (Unpublished)

Cartou, Louis: L'Union européenne. Traités de Paris - Rome - Maastricht. 2e édition. Editions Dalloz. Paris 1996.

COM(92) 2001 final: The Community's Finances Between Now and 1997. Brussels 10 March 1992.

Community Public Finance. The European budget after the 1988 reform. OOPEC. Luxembourg 1989.

Compte de gestion et bilan financier des Communautés européennes, afférents aux opérations du budget de l'exercice [1996-1999] (établis en application de l'article 78 et de l'article 81 du règlement financier du 21 décembre 1977). Volume IV. Compte de gestion et bilans consolidés. Notes explicatives. [Sec(97) 403-FR, Sec(98) 522-FR, Sec(99) 415-FR, Sec(2000) 540-FR]. COM. [1997-2000].

Corbett, Richard: The European Parliament's Role in Closer EU Integration. MacMillan Press Ltd. London 1998.

Douat, Etienne: Finances publiques. Finances communautaires, sociales et locales. Thémis Droit public. Presses Universitaires de France. Paris 1999.

Fonseca Morillo, Francisco J.: El presupuesto de las Comunidades Europeas: análisis jurídico. Instituto de Estudios Fiscales. Madrid 1986.

Groeben, Hans von der et al. (Hrsg.): Kommentar zum EWG-Vertrag. Artikel 137-248. Band 2. Dritte Auflage. Nomos Verlagsgesellschaft. Baden-Baden 1983.

Haug, Jutta: Neuvoston talousarvioesitys vuodelle 2001. Työasiakirja nro 5. Euroopan Parlamentti, budjettivaliokunta. PE 289.592. Bryssel 28.8.2000. *

Käsikirja yhteisön talousarviosta. Vuoden 1999 painos. SEK(99) 1100 - FI. KOM. EYVJT. Luxemburg 1999.

Magiera, Siegfried: Titel II. Finanzvorschriften. Art. 199-209. In Eberhard Grabitz & Meinhard Hilf (Hrsg.):

Kommentar zur Europäischen Union. C.H. Beck'sche Verlagsbuchhandlung. München September 1994.

Nicoll, William: The Battles of the European Budget. Policy Studies 5 (1984): 1 (July). 4-21.

Pipkorn, Jörn: Legal implications of the Absence of the Community Budget at the Beginning of a Financial Year. CMLR 18 (1981): 2 (May). 141-167.

Saarilahti, Ilkka: The Annual and Multiannual Flexibility of the General Budget of the European Communities from 1968 to 1992: Problems and change. College of Europe. Master Thesis. Bruges May 1993a. *

SEK(1998) 1228 lopull.: Varainhoitoasetuksen uudelleenlaatiminen. Komission valmisteluasiakirja. Bryssel 22.7.1998. *

SEK(2000) 229 lopull.: Komission päätökset: pyyntö määrärahojen siirtämiseksi varainhoitovuodelta 1999 varainhoitovuodelle 2000 - erikseen esitettävät siirrot, jaksottamattomat määrärahat sekä talous- ja sosiaalikomitean ja alueiden komitean pyynnön määrärahojen siirtämiseksi varainhoitovuodelta 1999 varainhoitovuodelle 2000 - erikseen esitettävät siirrot, jaksottamattomat määrärahat - toimittaminen eteenpäin. Bryssel 11.2.2000. *

SEK(2000) 481 lopull.: Komission päätökset: määrärahojen siirtäminen vuodelta 1999 vuoteen 2000 (jaksotetut määrärahat), maksusitoumusmäärärahojen ottaminen uudelleen käyttöön ja tulojen uudelleenkäyttö. Bryssel 15.3.2000. *

SEK(2000) 1094: Komission maksuaikoja koskevat suuntaviivat. Michaele Schreyerin tiedonanto. *

Strasser, Daniel: Histoire budgétaire des Communautés européennes expliquée en chiffres. IIe partie: Histoire budgétaire de la C.E.E. et de la C.E.E.A. RMC 20 (1977a): 203 (janvier). 44-59.

Strasser, Daniel: Le budget 1980. Environnement politique et financier, rejet et établissement, première expérience d'un régime de douzièmes provisoires. RMC 23 (1980b): 239 (août-septembre). 358-397.

Strasser, Daniel: Le budget 1985, son environnement politique et financier, son rejet et son établissement. La deuxième expérience d'un régime de douzièmes provisoires. RMC 28 (1985): 289 (juillet-août). 372-444.

Strasser, Daniel: Les finances de l'Europe. Le droit budgétaire et financier des communautés européennes. 6e édition, 4e édition en français. Librairie Générale de Droit et de Jurisprudence. Paris 1990.

Strasser, Daniel: The finances of Europe. The budgetary and financial law of the European Communities. Seventh edition (Third English Edition. First Edition in English in 1977). EUP. COM. Luxembourg 1992a.

Terrasse, Yves: Le budget de la Communauté européenne. Masson. Paris 1991.

The Community Budget: The Facts in Figures. 1989 Edition. OOPEC. Luxembourg 1989.

TTI. Lausunto n:o 4/97 ehdotuksesta neuvoston asetukseksi (Euratom, EHTY, EY) Euroopan yhteisöjen yleiseen talousarvioon sovellettavan 21 päivänä joulukuuta 1977 annetun varainhoitoasetuksen muuttamisesta. EYVL N:o C 57, 23.2.1998.

TTI. Vuosikertomus varainhoitovuodelta 1998. EYVL N:o C 349, 3.12.1999.

TTI. Erityiskertomus nro 5/2000 tuomioistuimen kiinteistömenoista (lisärakennukset Erasmus ja Thomas More sekä lisärakennus C) sekä tuomioistuimen vastaukset. EYVL N:o C 109, 14.4.2000a.

Verschraegen, Michel: 1988-1989, naissance et premiers pas d'une nouvelle mécanique budgétaire. RMC 32 (1989): 326 (avril). 224-234.

Walder, Stephan: The Budgetary Procedure of the European Economic Community. Böhlau Verlag. Vienna 1992.

IV. Euroopan unionin yleisen talousarvion joustavuudesta.
Osa III. Ylivuotinen jousto (toinen osa).
***Hallinnon tutkimus 21 (2002): 2.* 150-177.**

Euroopan unionin yleisen talousarvion joustavuudesta

Osa III. Ylivuotinen jousto (toinen osa)

Ilkka Saarilahti

ABSTRACT

The flexibility of the general budget of the European Union.

Part III. Multiannual flexibility (second part)

This is the last part of a series of three articles analysing the different forms of budgetary flexibility present on the expenditure side of the general budget of the European Communities/ European Union from 1968 onwards.

Part I (published in Administrative Studies, vol. 14 (1995): 4, 294-310) dealt with annual external flexibility, Part II (published in Administrative Studies, vol. 15 (1996): 1, 8-31) with annual internal flexibility.

The first part of Part III dealing with multiannual flexibility was published in Administrative Studies, vol. 20 (2001): 4, 409-426. This second part deals with lessons drawn from the first Interinstitutional Agreement (IIA) on Budgetary Discipline and Improvement of the Budgetary Procedure (29 June 1988) and presents the content and implementation of the second IIA of 29 October 1993.

Compared to national systems, the budgetary system of the EU contains a large variety of different forms of flexibility. At the same time, the various forms have developed constantly during the last 30 years. Especially important in this respect have been the adoption of the new Financial Regulation (FR) in 1977 and its modifications in 1979, 1988 and 1990, and the IIA of 1988, 1993 and 1999.

Despite a general increase in the middle term predictability of EU finances since 1988 following the introduction of multiannual, binding Financial Perspectives (and this despite an increased economic uncertainty since 1992), especially a decrease of various forms of internal flexibility has had non-negligible negative side effects and might lead to growing budgetary difficulties in the future. The importance of the results of the recasting of the FR currently underway are stressed in this respect.

Keywords: financial management, budgetary flexibility, general budget of the European Communities, general budget of the European Union

5.5 BUDJETTIKURI JA RAHOITUSNÄKYMÄT: VUODEN 1993 TOIMIELINTEN VÄLINEN SOPIMUS

5.5.1 Vuoden 1988 toimielinten välisen sopimuksen opetukset

Jos asetetaan vastakkain kirjatut tavoitteet (ks. luku 4.2.4) ja saavutetut tulokset, voidaan arvioida vuoden 1988 TVS:n onnistuneen yleisesti ottaen hyvin tehtävässään[1]:

1) vuotuisen talousarviomenettelyn sujuvuuden parantaminen: vuosina 1988-1992 onnistuttiin EY:n yleiset talousarviot pitkään jatkuneiden toistuvien budjettiriitojen jälkeen (ks. luvut 4.2.3 ja 4.2.4) vahvistamaan joka vuosi ajallaan, ilman merkittäviä ristiriitoja toimielinten välillä ja sopimuksen periaatteita noudattaen.

2) parempi tasapaino eri menoluokkien välillä: vuoden 1988 TVS:ssa sovittiin otsakkeiden 2 (rakenteelliset toimet) ja 3 (monivuotinen toiminta) menot tavoitteiksi, jotka budjettivalta on sitoutunut saavuttamaan (ks. luku 4.2.4). Rakennerahastojen määrärahat kasvoivat sovitusti vuosien 1988-1992 aikana (vuonna 1987 rakennerahastot edustivat n. 17 % TA:n loppusummasta, vuonna 1992 n. 27 %), samoin sisämarkkinoiden toteuttami-

seen liittyvät menot, jotka lähes kolminkertaistuivat tarkastelukaudella. Näin varmistettiin omalta osaltaan Delors I –paketin mukainen EYA:n toteuttaminen (ja nk. toisen eteläisen laajentumisen onnistuminen). RN:ien voimassaoloaikana tehdyt eri tarkistukset ja muutos (ks. alla) tasapainottivat EY:n menoja etenkin yhteisöjen ulkopuolella toteutettavien toimien hyväksi. Maatalousmenot puolestaan pysyivät koko ajanjakson maataloutta koskevan menolinjauksen (eli päälinjauksen; ks. luku 4.2.5.3[2]) mukaisina jopa niin, että YMP:n menoissa saavutettiin useina vuosina säästöjä ja mm. Saksojen yhdistymisestä YMP:lle aiheutuvat lisäkustannukset saatiin katetuksi linjausta korottamatta.

3) menojen kasvu hallintaan: huolimatta RN:ien tarkistuksista ja muutoksesta, talousarvioihin kirjatut menot jäivät koko tarkasteluajanjaksolla sovittua omien varojen enimmäismäärää pienemmäksi ja eri vuosina oli käytössä toisinaan tuntuvakin marginaali (ks. Taulukko 9). Lisäksi useimpien otsakkeiden menojen käyttöaste parani verrattuna vuotta 1988 edeltäneeseen tilanteeseen[3].

Tavoitteiden saavuttamiseen (ja mm. maataloutta koskevan menolinjauksen pitävyyteen) vaikutti kieltämättä positiivisesti koko tarkasteluajanjaksona EY:n jäsenvaltioissa suotuisana jatkunut taloudellinen kehitys.

TVS:n (ja VHA:een vuonna 1988 tehtyjen muutosten) seurauksena tiukennettiin myös vuotuisperiaatteen noudattamista, mikä näkyi mm. vähentyneinä määrärahojen siirtämisinä varainhoitovuodesta toiseen tai uudelleen käyttöön ottamisina (ks. luku 5.2), samalla kun täsmällisyysperiaatetta (eli erittelyperiaatetta; ks. luku 6) vahvistettiin, minkä seurauksena mm. luvusta toiseen varainhoitovuoden aikana tehtyjen siirtojen määrä aleni tuntuvasti (ks. luku 4.2.2).

Teknisten ja täytäntöönpanon edellytyksiin liittyvien sopeuttamisten (eli mukautusten) lisäksi RN:iä tarkistettiin vuosien 1988-1992 aikana seitsemän kertaa[4] (ks. Käsikirja... 1999, 55; vrt. General... 1989-1993). Tarkistukset ECU-määrineen on koottu Taulukkoon 10. Syinä olivat ennen kaikkea eurooppalaisen ja kansainvälisen toimintaympäristön muutokset: Saksojen yhdistyminen 3.10.1990 (ja sen heijastusvaikutukset otsakkeiden 2 (rakennerahastojen kautta), 4 ja 5 menoi-

Taulukko 9. Maksumääräyksiin käytettävien määrärahojen (MMKM) kehitys vuosina 1988-1992. (Lähde/ Source: Käsikirja... 1999, 57).

	1988		1989		1990		1991		1992	
	% BKTL:sta *% of GNP*	ECU milj. *Mio ECU*	% BKTL:sta *% of GNP*	ECU milj. *Mio ECU*	% BKTL:sta *% of GNP*	ECU milj. *Mio ECU*	% BKTL:sta *% of GNP*	ECU milj. *Mio ECU*	% BKTL:sta *% of GNP*	ECU milj. *Mio ECU*
Omien varojen enimmäismäärä *Ceiling for own resources*	1,15	44 954	1,17	51 152	1,18	55 590	1,19	61 440	1,20	66 432
RN:ien mukaan tarvittavat MMKM *AFP required for FP*	1,08	43 779	1,06	46 885	1,08	51 291	1,13	58 458	1,19	64 081
Talousarvioon kirjatut MMKM *AFP in budget*	1,08	43 779	1,02	44 841	0,99	46 928	1,09	56 085	1,13	61 097
Käytetyt maksumäärärahat *Outturn in payments*	1,01	41 022	0,92	40 757	0,93	44 063	1,04	53 511	1,07	58 490

Taulukko 10. Rahoitusnäkymien tarkistukset vuosina 1988-1992 (ECU miljoonaa nimellisin hinnoin). (Lähde/ Source: Käsikirja... 1999, 55; Komissio).

	Otsake *(Heading)*	1990	1991	1992	Perustelu *(Justification)*
Kesäkuu 1990	Otsake 2 (*Rakenteelliset toimet*)		90		Inflaatiotarkistus (rakennerahastot)
June 1990	Otsake 4 (*Muu toiminta*)	500	820	970	Keski- ja Itä-Euroopan avustaminen (EPM)
			355	658	Ulkoisten ja sisäisten toimintamenojen kasvu (EPM)
	Otsake 5 (*Takaisinmaksut ja hallinto*)			-450	Varastojen purkaminen
			-40	300	Muutokset hallintomenoissa
	Yht. (sitoumukset)	**500**	**1 225**	**1 478**	
	Total (commitments)				
	Yht. (maksut)	**500**	**1 225**	**1 478**	
	Total (payments)				
Joulukuu 1990	Otsake 2		750	1000	Saksojen yhdistyminen
December 1990	Otsake 3 (*Monivuotinen toiminta*)		-50		Käyttämättä jäänyt marginaali
	Otsake 4		*10*	*10*	*Saksojen yhdistyminen (PM) *)*
			90	*100*	*Saksojen yhdistyminen (EPM) *)*
			35		Sisäisten politiikkojen menojen kasvu (EPM)
			530		Persianlahden kriisi (EPM)
	Otsake 5		-220	-40	Varastojen purkaminen
			180		Takaisinmaksut Espanjalle ja Portugalille
			40	40	Hallintomenojen kasvu (Saksojen yhdistyminen)
	Yht. (sitoumukset)		**1 365**	**1 110**	
	Yht. (maksut)		**1 085**	**910**	
Toukokuu 1991	Otsake 4		400		Tekninen apu Neuvostoliitolle (EPM)
May 1991			88		Israel ja miehitetyt alueet (EPM)
			100		Kurdipakolaiset (EPM)
			140		Afrikan nälänhätä (EPM)
	Otsake 5		-3		Varastojen purkaminen
			3		Takaisinmaksut Espanjalle ja Portugalille
	Yht. (sitoumukset)		**728**		
	Yht. (maksut)		**423**	**180**	
Helmikuu 1992	Otsake 2			100	Inflaatiokorjaus (rakennerahastot)
February 1992	Otsake 3			-200	Määrärahojen siirtäminen vuodelta 1991
	Otsake 4			-88	Käytettävissä oleva marginaali (PM)
				450	Tekninen apu IVY:lle (EPM)
				50	Trooppiset metsät (EPM)
				-381	Varastojen purkaminen
	Otsake 5			30	Takaisinmaksut Espanjalle ja Portugalille
				40	Hallintomenojen kasvu
	Yht. (sitoumukset)			**0**	
	Yht. (maksut)			**0**	
Toukokuu 1992	Otsake 3			-10	Menojen uudelleenkohdentaminen
May 1992	Otsake 4			-5	Menojen uudelleenkohdentaminen (PM)
				205	Elintarvikeapu Afrikalle (EPM)
	Yht. (sitoumukset)			**190**	
	Yht. (maksut)			**190**	
Syyskuu 1992	MMKM:n kokonaiskorotus			550	Nopeutettu rahoitus Saksan uusille osavaltioille sekä tietyille tutkimusohjelmille (EPM)
September 1992					
	Yht. (sitoumukset)			**0**	
	Yht. (maksut)			**550**	
Syyskuu 1992	Otsake 4			-20	Humanitaarinen apu ent. Jugoslavian alueella (PM)
September 1992				120	Humanitaarinen apu ent. Jugoslavian alueella (EPM)
	Yht. (sitoumukset)			**100**	
	Yht. (maksut)			**100**	
YHTEENSÄ	**(sitoumukset)**	**500**	**3 318**	**2 878**	
TOTAL	**(maksut)**	**500**	**2 733**	**3 408**	

*) Muutos/ *Modification*

hin), Neuvostoliiton hajoaminen (26.12.1991) ja sen vaikutus kolmansiin maihin suunnattujen avustusohjelmien kasvuun (Keski- ja Itä-Euroopan maat, IVY (Phare, TACIS); otsake 4) sekä mm. Persianlahden sota, Jugoslavian kriisi ja Afrikan nälänhätä (humanitaarisen avun menojen kasvu; otsake 4).

Kauden puolivälissä vahvistettiin niin ikään erilaisia EY:n politiikkoja otsakkeen 4 alla (kuten eräitä sisäpolitiikkoja ja yhteistyötoimia Välimeren alueella tai Aasian ja Latinalaisen Amerikan maiden hyväksi). Muut tarkistukset olivat luonteeltaan teknisempiä: rakennerahastomäärärahojen tarkistukset tosiasiallisen inflaation perusteella, Espanjalle ja Portugalille liittymisen jälkeen suoritettavien tai jäsenvaltioille maataloustuotteiden varastojen purkamisesta aiheutuneiden menojen takaisinmaksujen uudelleenarvioinnit jne. (ks. esim. Euroopan... 1996, 27).

Vuoden 1990 joulukuun tarkistus erosi muista tarkistuksista sikäli, että se sisälsi myös RN:ien muuttamisen koskien Saksan yhdistymisen rahoittamista. Neuvosto päätti joulukuussa 1990 RN:ien erilaisista muutoksista yksimielisesti, joten tarkistus- ja muuttamiserottelulla ei ole tässä yhteydessä suurempaa merkitystä (ks. luku 4.2.4).

Alkuperäiset rahoitusnäkymät, RN eri mukautusten, tarkistusten ja muuttamisen jälkeen sekä vuosien 1988-1992 talousarviot em. rahoitusnäkymien otsakkeiden mukaisina on esitetty esim. yhteisön talousarviota käsittelevän käsikirjan (Käsikirja... 1999) sivuilla 54-56.

Komissio kiteyttää (mts. 52) keskeisimmät opetukset vuoden 1988 TVS:sta ja vuosia 1988-1992 koskevista RN:istä seuraavasti: "Kokemus on osoittanut, että muutoksia tehtiin liian usein, erityisesti siihen nähden, että rahoituskehys oli liian joustamaton mukautumaan kansainvälisten kriisien vaikutuksiin. Lisäksi muutoksista neuvotteleminen oli usein monimutkaista, ja sillä oli taipumusta sekoittua talousarviomenettelyyn, jolloin rahoitusnäkymien merkitys keskipitkän aikavälin kehyksenä väheni."[5]

Opetuksina voisi edelleen kirjata (luvussa 4.2.4 esitettyjen kokemusten lisäksi) ongelman, joka liittyi siihen, että rahoitusnäkymissä luonteeltaan hyvinkin erilaiset sisäisten politiikkojen (pois lukien monivuotinen toiminta, so. ennen kaikkea tutkimustoiminta ja Integroidut Välimeren maiden ohjelmat) ja ulkoisen toiminnan menot oli koottu saman otsakkeen (4) alle. Etenkin ulkoisten menojen ennakoimattomat lisäämistarpeet aiheuttivat ongelmia sovituille sisäisten politiikkamenojen (kasvavalle) rahoitukselle, ja sitä kautta heijastusvaikutuksena ongelmia koko rahoitusnäkymien tasolla.

Kuitenkin, komission sanoin (in Euroopan... 1996, 27): "Oletettavasti kohdatut (kansainvälisessä toimintaympäristössä tapahtuneista huomattavista mullistuksista aiheutuvat) ongelmat olisivat ilmenneet paljon akuutimpina vuonna 1988 perustetun rahoituskehyksen puuttuessa, joka mahdollisti (talousarvio)keskustelun rajaamisen asianmukaisiin rajoihin ja sääntöihin."

5.5.2 Vuoden 1993 toimielinten välinen sopimus

5.5.2.1 Rahoitusnäkymistä sopiminen ja TVS:n solmiminen

Kokemusten I TVS:sta ollessa varsin positiivisia[6] komissio ryhtyi valmistelemaan uutta sopimusluonnosta ja etenkin uusia rahoitusnäkymiä vuoden 1991 puolivälissä[7]. Esitys julkaistiin 11.2.1992 (COM(92) 2000 final), neljä päivää Maastrichtin sopimuksen (SEU) allekirjoittamisen jälkeen[8], ja esiteltiin seuraavana päivänä EP:lle. Maaliskuun 10. päivänä komissio täydensi esitystään julkaisemalla budjettivallalle tiedonannon (COM(92) 2001 final), jossa se tarkemmin erittelee esityksensä taloudellisia perusteita. Komission puheenjohtajan mukaisesti esitystä alettiin luontevasti kutsua "Delors II" –paketiksi.

Esitys oli pitkälti jatkoa vuosien 1988-1992 rahoitusnäkymille niin rakennerahastojen, ulkoisen toiminnan ja sisäisten politiikkojen menojen kuin talousarviota koskevan kurinalaisuuden suhteen (ks. esim. Shackleton 1993a, 373-389). Komissio joutui kuitenkin ottamaan huomioon EY:n heikentyneestä taloudellisesta tilanteesta johtuvat jäsenvaltioiden varainhoitoon kohdistuvat aikaisempaa tiukemmat rajoitukset, sekä SEU:n tavoitteet ja vaatimukset (ks. esim. Bacy 1992, vrt. Scott 1993, 69-88 ja Zangl 1993, 1-17). Maatalousmenojen kehitykseen ja suuruuteen vaikutti puolestaan vuonna 1991 julkistettu (COM(91) 100 final ja COM(91) 258 final/3) ja maaliskuussa 1992 käynnistetty YMP:n "kokonaisuudistus", nk. MacSharry-uudistus (ks. esim. Swinbank 1993, 359-372; Viscardini 1992, 13-48; 1993, 87-117).

Kun komission alkuperäiseen esitykseen oli tehty eräitä keskeisiä muutoksia, kuten leikattu omien varojen ylärajan kasvuvauhtia ja pidennetty rahoitusnäkymien voimassaoloaikaa viidestä seitsemään vuoteen[9], poliittinen hyväksyntä jäsenvaltioiden kesken saavutettiin Edinburghin Eurooppa-neuvoston kokouksessa 11.-12.12.1992. Komission esityksen mukaisesti valtioiden ja hallitusten päämiehet mm. vahvistivat EY:n ensisijaiseksi tavoitteeksi rakenteelliset toimet yhteisön vähiten kehittyneiden alueiden hyväksi, mutta samalla kiinnittivät huomiota yhteisön ulkopuolella toteutettavien toimien kehittämiseen sekä vaativat mm. eräisiin yhteisöpolitiikkoihin osoitettujen varojen lisäämistä (ks. esim. European... 1992, vrt. Euroopan... 1996, 30-31. Neuvotteluista, ks. esim. Jouret 1993, 391-404 tai Shackleton 1993b, 12-20).

Jos Yhdistyneen kuningaskunnan puheenjohtajuuskauden lopulla Eurooppa-neuvostossa saavutetulla yksimielisyydellä olikin ratkaiseva merkitys uusien RN:ien sisällön kannalta, tarvittiin vielä sarja neuvotteluja ja päätöksiä, jotta uudet rahoitusnäkymät voitaisiin ottaa käyttöön EY:ssä.

Yhtäältä tarvittiin EP:n suostumus ja sitoutuminen noudattamaan RN:iä ja niistä johtuvia erilaisia vuosittaisia määrärahojen enimmäismääriä budjettitoimivaltaansa harjoittaessaan (ks. luvut 4.2.3 ja 4.2.4). Erilaisten vaihtoehtojen läpikäynnin jälkeen EP, neuvosto ja komissio päätyivät solmimaan vuoden 1988 esimerkin mukaisesti uuden toimielinten välisen sopimuksen.

Vaikeiden, lähes vuoden kestäneiden neuvottelujen jälkeen TVS allekirjoitettiin lokakuussa 1993[10]. Se perustuu edellisen sopimuksen perusperiaatteisiin ja sen yleinen sisältö, tavoitteet ja toimeenpano ovat säilyneet huomattavan samanlaisina kuin vuoden 1988 TVS:ssa (ks. esim. Cartou 1996, 200). Muutokset koskevat (sopimuksen pituuden ja uusien rahoitusnäkymien lisäksi)[11] ennen kaikkea toimia toimielinten välisen yhteistyön parantamiseksi sekä – jäsenvaltioiden taloudellinen tilanne huomioon ottaen – talousarviota koskevan kurinalaisuuden vahvistamiseksi (ks. luku 5.4.2.2, vrt. esim. Baché & Jouret 1992, 559-572)[12].

Toisaalta, kuten vuonna 1988 (ks. luku 4.2.4), neuvosto teki 31.10.1994 uuteen TVS:een ja siihen sisältyviin RN:iin liittyen erilliset päätökset talousarviota koskevasta kurinalaisuudesta (729/94/EY) ja omista varoista (728/94/EY, Euratom; EYVL N:o L 293, 12.11.1994). Edellinen säätelee neuvoston päätösvaltaan kuuluvien maatalousmenojen (otsake 1, PM) kehitystä maatalouden menolinjauksen mukaisesti, jälkimmäinen puolestaan alistettiin kansalliseen hyväksyntään "jäsenvaltioiden valtiosäännön asettamien vaatimusten mukaisesti" (SEY 269 [ent. SEY, SETY 201] art.).

Otsakkeen 6 alle kirjattujen uusien varauksien luominen ja merkitseminen TA:oon (ks. luvut 4.2.5.4 ja 5.5.2.2) sekä uudet rakennerahastosäännökset ja koheesiorahaston perustaminen edellyttivät niin ikään muutoksia EY:n lainsäädäntöön (ks. esim. Euroopan... 1996, 33).

5.5.2.2 Muutokset verrattuna vuoden 1988 TVS:een ja RN:iin

Silmiinpistävin ero vuoden 1988 TVS:een verrattuna on, että uusi TVS on aikaisempaa yksityiskohtaisempi ja pidempi: kun vuoden 1988 sopimus koostui (ks. luku 4.2.4) 19 kohdasta ja liitteestä (vuosia 1988-1992 koskevat rahoitusnäkymät), vuoden 1993 TVS sisältää 25 kohtaa, kolme liitettä ja yhdeksän julistusta[13].

TVS:n 1-2 k. listaavat edelleen sopimuksen tavoitteiksi 1) toteuttaa talousarviota koskevaa kurinalaisuutta sekä parantaa vuosittaista talousarviomenettelyä ja toimielinten TA:ta koskevaa yhteistyötä sekä 2) varmistaa yhteisöjen suunnitelmallinen ja omien varojen rajoissa säilyvä menokehitys.

Kurinalaisuus on edelleenkin yleiskattavaa, se koskee kaikkia toimielimiä ja sitä sovelletaan kaikkiin menoihin. Sopimus muistuttaa niin ikään, ettei se edelleenkään vaikuta perustamissopimuksissa määriteltyihin toimielinten budjettia koskeviin toimivaltuuksiin ja ettei sitä voida muuttaa (amend/ modifier) ilman kaikkien osapuolten suostumusta (3 ja 4 k.). Myös muut luvussa 4.2.4 esitetyt toiminta- ja toimeenpanoperiaatteet ovat säilyneet voimassa, alla luetelluin muutoksin ja poikkeuksin.

Liitteen I mukaiset vuosia 1993-1999 koskevat, vuoden 1992 hinnoin (pl. rahoitusvaraus) laaditut rahoitusnäkymät on esitetty Taulukossa 11.

Edellisten RN:ien kokemuksista viisastuneena (ks. luku 5.4.1) entinen otsake 4 (muu toiminta) on jaettu kahtia yhtäältä sisäisiin politiikkoihin (uusi otsake 3) ja toisaalta ulkoiseen toimintaan (uusi otsake 4). Samalla on poistunut entinen otsake 3 (monivuotinen toiminta) mm. tutkimus-

Taulukko 11. Vuosia 1993-1999 koskevat rahoitusnäkymät talousarviota koskevasta kurinalaisuudesta ja talousarviomenettelyn parantamisesta 29.10.1993 tehdyn toimielinten välisen sopimuksen mukaan (maksusitoumuksiin käytettävät määrärahat, ECU miljoonaa vuoden 1992 hinnoin). (Lähde/ Source: EYVL (OJ) N:o C 331, 7.12.1993, 6).

	1993	1994	1995	1996	1997	1998	1999
1. Maatalouden päälinjaus *Agricultural guideline*	35 230	35 095	35 722	36 364	37 023	37 697	38 389
2. Rakennetoiminta *Structural actions*	21 277	21 885	23 480	24 990	26 526	28 240	30 000
- koheesiorahasto - *Cohesion Fund*	1 500	1 750	2 000	2 250	2 500	2 550	2 600
- rakennerahastot ja muu rakennetoiminta - *Structural Funds and other operations*	19 777	20 135	21 480	22 740	24 026	25 690	27 400
3. Sisäiset politiikat *Internal policies*	3 940	4 084	4 323	4 520	4 710	4 910	5 100
4. Ulkoinen toiminta *External action*	3 950	4 000	4 280	4 560	4 830	5 180	5 600
5. Hallinnolliset menot *Administrative expenditure*	3 280	3 380	3 580	3 690	3 800	3 850	3 900
6. Varaukset *Reserves*	1 500	1 500	1 100	1 100	1 100	1 100	1 000[1]
- rahoitusvaraus - *Monetary reserve*	1 000	1 000	500	500	500	500	500
- ulkoinen toiminta - *External action*							
- hätäapu - *emergency aid*	200	200	300	300	300	300	300
- lainatakuut - *loan guarantees*	300	300	300	300	300	300	300
Maksusitoumuksiin käytettävät määrärahat yhteensä *Total appropriations for commitments*	69 177	69 944	72 485	75 224	77 989	80 977	84 089
Tarvittavat maksumääräyksiin käytettävät määrärahat *Appropriations for payments required*	65 908	67 036	69 150	71 290	74 491	77 249	80 114
Maksumääräyksiin käytettävät määrärahat (prosentuaalinen osuus bruttokansantulosta) *Appropriations for payments (% GNP)*	1,20	1,19	1,20	1,21	1,23	1,25	1,26
Liikkumavara ennakoimattomiin menoihin (prosentuaalinen osuus bruttokansantulosta) *Margin for unforeseen expenditure (% GNP)*		0,01	0,01	0,01	0,01	0,01	0,01
Omien varojen yläraja (prosentuaalinen osuus bruttokansantulosta) *Own resources ceiling (% GNP)*	1,20	1,20	1,21	1,22	1,24	1,26	1,27

p. m.	1993	1994	1995	1996	1997	1998	1999
Ulkoiset menot yhteensä *Total external expenditure*	4 450	4 500	4 880	5 160	5 430	5 780	6 200

p.m. Vuoden 1993 talousarvioon sovelletaan inflaatioprosenttia 4,3.
p.m. The inflation rate applicable for the 1993 budget is 4,3 %.
[[1] Oikea luku/ *Correct figure*: 1 100]

menojen siirtyessä uuden otsakkeen 3 alle.

Otsake 1 (maatalouden päälinjaus) sisältää kuten aikaisemminkin YMP:n menot (EMOTR-tukiosasto, ml. maan viljelyskäytöstä poistamiseen myönnettävä tuki ja maataloustuottajien tulotuet). Maatalouden menojen kehitystä säätelevät edelleen päälinjaus sekä muut budjettikurimenettelyt (ks. luku 4.2.4, vrt. esim. Begg & Grimwade 1998, 64-65). Myös otsake 5 (hallinnolliset menot) säilyttää sisältönsä.

Otsake 2 (rakennetoiminta) on jaettu kahtia alaotsakkeisiin yhtäältä rakennerahastojen (ml. KOR) ja muun rakennetoiminnan sekä toisaalta uuden koheesiorahaston menoja varten.

Uusi otsake 3 sisältää nk. horisontaaliset yhteisöpolitiikat, joihin luetaan tutkimuksen lisäksi mm. teknologinen kehittäminen ja Euroopan laajuiset verkostot. Näiden menojen on tarkoitus kasvaa RN:ien voimassaolokautena noin kolmannes.

Uusi otsake 4 sisältää toimet yhteisön ulkopuolelle (maantieteellisiin alueisiin kohdistetut toimet, humanitaarisen ja hätäavun sekä eräiden yhteisöpolitiikkojen (kuten kalastus- ja ympäristöpolitiikan) ulkoisen toiminnan menot). Menojen on tarkoitus kasvaa yli 40 %. RN:iin on niin ikään kirjattu "pro memoria" ulkoisille menoille varattujen MSKM (maksimi)määrät eri vuosina.

Otsakkeen 6 (varaukset) rahoitusvarauksen rinnalle on kirjattu (ulkoinen toiminta -nimikkeen alle) kaksi uutta varausta: hätäapu- ja lainatakuuvaraus (ks. luku 4.2.5.4) yrityksinä vähentää tarvetta turvautua alituisesti rahoitusnäkymien tarkistuksiin ja muutoksiin (ks. luku 5.5.1). TVS:n 15 k. 2-5 alak. määritellään varauksille luvussa 4.2.5.4 esitelty uusi päätöksentekomenettely, nk. negatiivinen yhteispäätösmenettely (komission siirtoesitys pidetään vahvistettuna, elleivät neuvosto ja EP muuta tai hylkää sitä yhteisellä päätöksellä).

Rahoitusvarauksen koko supistuu puoleen vuodesta 1995 lähtien. Varaus säilytettiin edelleenkin maataloutta koskevan menolinjauksen ulkopuolella (ks. luku 4.2.5.3).

Budjettijärjestelmän yleisen joustavuuden vähenemistä merkitsee ennakoimattomille menoille tarkoitetun liikkumavaran (marginaalin) supistuminen edellisten RN:ien 0,03 %:sta 0,01 %:iin (vuosina 1994-1999, vuoden 1993 ollessa kokonaan ilman kirjattua marginaalia).

Muita muutoksia vuosien 1988-1992 RN:iin on mm. se, että vain otsakkeen 2 (rakennetoiminta) menot ovat menotavoitteita (TVS:n 21 k.).

Kuten luvussa 4.2.3 nähtiin, EP ja neuvosto sopivat lukevansa (TVS:n 16 k. 3 alak. mukaan) ei-pakollisiksi menoiksi kaikki rahoitusnäkymien otsakkeiden 2 (rakennetoiminta) ja 3 (sisäiset politiikat) menot sekä alakohtaan liitetyn julistuksen mukaan kolmansien maiden kanssa tehtyihin tai uudelleen tehtyihin rahoituspöytäkirjoihin liittyvät menot. Richard Corbettin (1998, 360) mukaan EPM edustivat siten n. 44 % TA:n menoista.

TVS:ssa on kokonainen osa (III, 16-23 k.), jonka alle on kirjattu erilaisia talousarviomenettelyn parantamiseen tähtääviä periaatteita, menettelyjä ja toimenpiteitä.

TVS:n 16 k. 4 alak. mukaisesti EP, neuvosto ja komissio sopivat erityisen uuden "talousarviota koskevan toimielinten välisen yhteistyömenettelyn" (procedure for interinstitutional collaboration in the budgetary sector eli nk. collaboration procedure/ procédure de collaboration interinstitutionnelle en matière budgétaire) luomisesta. Yksityiskohtaisemmin menettely on kuvattu osaan III liittyvässä Liitteessä II.

Liitteen II A kohdan mukaan "(...) rahoitusnäkymien teknisen mukautuksen jälkeen ja ennen komission alustavasta talousarviosta tekemää päätöstä kutsutaan koolle kolmen osapuolen vuoropuhelu keskustelemaan toimielinten toimivallan mukaisesti suunnitelluista tulevan varainhoitovuoden painopisteistä." Kokousta, joka nykyisin pidetään maaliskuussa, kutsutaan (virallisesti) kolmikantakokoukseksi ((formal) trialogue/ trilogue (formel)). Lisäksi Alankomaiden puheenjohtajuuskaudesta (vuoden 1997 ensimmäinen puolisko) lähtien on tätä ennen (yleensä helmikuussa) järjestetty nk. epävirallinen kolmikantakokous ("informal trialogue"/ "trilogue informel"), jossa em. painopisteet on käyty alustavasti läpi.

Toinen yhteistyömenettelyn osa-alue koskee pakollisia menoja. Liitteen II B kohdan mukaisesti otetaan käyttöön nk. tilapäinen neuvottelumenettely (ad hoc conciliation procedure/ procédure ad hoc de concertation), jota voidaan soveltaa neuvoston tai EP:n pyynnöstä ja jolla pyritään lähentämään neuvoston ja EP:n kantoja PM:ja koskevissa kiistakysymyksissä budjetin laadintaprosessin aikana erityisesti tilanteissa, joissa neuvosto aikoo poiketa ATAE:stä. Mitään päätäntävallan siirtoa koskien PM:ja ei menettelyyn tai TVS:een EP:n painokkaista vaatimuksista huolimatta kuitenkaan sisälly (ks. luku 4.2.3).

Lisäksi EP, neuvosto ja komissio sitoutuvat mm.:

1) olemaan siirtämättä yksittäisten alamomenttien rahoitusta ylärajasta toiseen, ellei rahoitusnäkymiä tarkisteta (6 k. 2 alak.; ks. luku 5.5.2.3)

2) parantamaan TA:n toimeenpanoa ja noudattamaan vuoden 1982 EP:n, neuvoston ja komission yhteisen julistuksen (koskien erilaisia toimenpiteitä talousarviomenettelyn parantamiseksi; ks. luku 4.2.3) periaatteita: mm. määrärahoilla on ennen niiden toteuttamista oltava oikeudellinen perusta (7 k.)

3) selvittämään RN:iä tarkistettaessa (ks. luku 5.5.2.3) ja hätäapuvarausta käytettäessä mahdollisuuksia kohdentaa määrärahoja uudelleen kunkin otsakkeen sisällä etenkin ennakoidun vajaakäytön perusteella (13 ja 15 k.)

4) jättämään mahdollisuuksien mukaan TA:n ja RN:ien otsakkeiden enimmäismäärien välille liikkumavaran (marginaalin), jota voidaan käyttää, jos varainhoitovuoden aikana tarvitaan lisämäärärahoja ilman, että tarvitsee sitä ennen tarkistaa rahoitusnäkymiä (19 k.)

Kuten luvussa 4.2.1 nähtiin, TVS:n 23 k. kirjattiin lisäksi yleinen periaate, jonka mukaan toimielimet välttävät mahdollisuuksien mukaan ottamasta talousarvioon vähäisiä toiminnasta aiheutuvia menoeriä.

5.5.2.3 Mukautukset, tarkistukset ja mukauttamiset

Vuoden 1988 TVS:n tapaan vuoden 1993 TVS sisältää säännökset koskien RN:ien vuosittaisia (teknisiä ja täytäntöönpanon edellytyksiin liittyviä) mukautuksia (9 ja 10 k.) ja tarkistuksia (11-13 k.)[14].

Tekniset mukautukset (TVS:n 9 k.) ovat nimensä mukaisesti teknisiä toimenpiteitä[15], jotka komissio suorittaa ennen varainhoitovuoden t+1 talousarviomenettelyä, ja joiden avulla saatetaan kiinteinä hintoina (pl. rahoitusvaraus) laaditut rahoitusnäkymät "ajan tasalle" ottaen huomioon bruttokansantulon ja hintojen muutokset, "uusimpien käytettävissä olevien taloutta koskevien tietojen ja ennusteiden perusteella". Mukautusten tulokset (ja perustana olevat talousennusteet) saatetaan budjettivallalle tiedoksi, joka ei siten tee asiassa päätöstä. On huomattava, että rahoitusnäkymien laatiminen kiinteinä hintoina ja niiden vuosittaiset mukautukset takaavat ylimääräisen joustomahdollisuuden budjettivallalle etenkin voimakkaan inflaation vuosina – tähän joustomuotoon on tarkoitus palata vuoden 1999 TVS:n esittelyn yhteydessä. Toisaalta etenkin EP on eräinä vuosina kyseenalaistanut käytetyn deflaattorin.

Täytäntöönpanon edellytyksiin liittyvistä mukautuksista eli rahoitusnäkymien mukauttamista toteuttamisedellytyksiä vastaaviksi säädellään vuoden 1993 TVS:n 10 k. seuraavasti: "Rahoitusnäkymien teknisistä mukautuksista ilmoittaessaan komissio tekee molemmille budjettivallan käyttäjille tarpeellisina pitämänsä ehdotukset maksumääräyksiin käytettävien määrärahojen kokonaismäärän mukauttamiseksi täytäntöönpanon edellytykset huomioon ottaen, jotta varmistetaan asianmukainen kehitys suhteessa maksusitoumuksiin käytettäviin määrärahoihin.

Komission ehdotuksesta budjettivallan käyttäjät sitoutuvat antamaan luvan siirtää seuraaville vuosille edellisenä varainhoitovuonna käyttämättä jääneitä 21 kohdassa tarkoitettuja [rakennerahastoja ja koheesiorahastoa koskevia] määrärahoja ylittämällä vastaavien menojen ylärajat.

Euroopan parlamentti ja neuvosto tekevät ennen vuoden t toukokuun 1 päivää päätöksensä näistä ehdotuksista perustamissopimuksen 203 artiklan 9 kohdan viidennessä alakohdassa tarkoitettujen enemmistösäännösten mukaisesti."

Täytäntöönpanon edellytyksiin liittyvän mukautusharjoituksen tarkoituksena on ennen muuta tarkistaa, että rahoitusnäkymiä laadittaessa maksumääräyksiin käytettäville määrärahoilla asetettu yläraja on edelleenkin yhteensopiva, talousarvion tosiasiallinen toteutus huomioon ottaen, maksusitoumuksiin käytettävien määrärahojen ylärajojen kanssa. Jos tosiasialliset maksut ovat jäljessä suhteessa tehtyihin sitoumuksiin verrattuna siihen, mitä alunperin suunniteltiin, nk. RAL (ks. luku 5.1) kasvaa vääjäämättä suuremmaksi kuin mitä ajateltiin RN:iä laadittaessa. Jos syntynyt viive halutaan kuroa kiinni on huolehdittava siitä, että maksuille asetettu yläraja antaa tähän mahdollisuuden.

Käytännössä komissio toimittaa näkemyksensä em. mukautustarpeesta (sekä mahdollisen mukautusesityksensä) jonkin aikaa 9 k. mukaisten teknisten mukautuslaskelmien tiedoksi saattamisten jälkeen, sillä budjettipääosaston on sitä ennen koottava mm. tarvittavat tiedot edellisen vuoden talousarvion tosiasiallisesta toimeenpanosta, sekä suoritettava tietty määrä simulaatioita tulevien vuosien erilaisista odotettavissa olevista (määräraha)tarpeista.

Nykyisin täytäntöönpanon edellytyksiin liittyvä mukautus koskee ennen kaikkea suhteen MMKM:n (kokonais)yläraja/ MSKM:n (otsake- ja alaotsakekohtaiset) ylärajat –tarkastelua.

Vuosien 1988 ja 1993 toimielinten välisten sopimusten aikana siirrettiin budjettivallan päätöksellä periaatteessa automaattisesti seuraaville vuosille menotavoitteiksi (spending target/ objectif de dépenses) määriteltyjen otsakkeiden (so. otsakkeen 2 (rakenteelliset toimet/ rakennetoiminta) ja vuosina 1988-1992 myös otsakkeen 3 (monivuotinen toiminta) alaisille Portugalin teollisuuden kehittämisohjelman (PEDIP), Integroitujen Välimeren maiden ohjelmien sekä tutkimus- ja teknologisen kehittämistoiminnan puiteohjelman [TVS (1988) 17 k.; ks. luku 4.2.4] menoille tarkoitetut) käyttämättömät sitoumukset, ts. kasvatettiin tulevien vuosien ao. otsake- tai alaotsakekohtaisia ylärajoja poikkeuksena RN:ien otsakkeiden ja alaotsakkeiden vuotuisperiaatteelle (ks. alla)[16] – em. menoja kutsuttiin (ks. luvut 4.2.3 ja 4.2.4) "etuoikeutetuiksi (ei-pakollisiksi) menoiksi" ("privileged (non-compulsory) expenditure"/ "dépenses (non-obligatoires) "privilégiées)[17].

Menettely myös mahdollistaa RN:iin kirjattujen maksumääräyksiin käytettävien määrärahojen siirtämisen, jotta asianmukaisen suhde MSKM:n ja MMKM:n välillä säilyisi. Etenkin EP:n esittämät tarvittavien maksumääräyksiin käytettävien määrärahojen kasvattamisvaatimukset siirtojen avulla johtivat toisinaan vaikeisiin neuvotteluihin neuvoston kanssa, varsinkin vuoden 1993 TVS:n aikana RN:ien loppuvuosina (ks. alla).

Vuoden 1988 TVS:n voimassaoloaikana tehdyt kolme mukautusta toteuttamisedellytyksiin on koottu esim. talousarviota käsittelevän käsikirjan (Käsikirja... 1999) taulukkoon 8.2 (sivu 54), vuoden 1993 TVS:n aikana tehdyt neljä mukautusta (joita koskevat budjettivallan päätökset on julkaistu EYVL:ssä N:o C 126, 22.5.1995, 14-15; C 141, 13.5.1996, 175-176; C 150, 19.5.1997, 23-24 ja C 138, 4.5.1998, 155-156) puolestaan taulukkoon 15.2 (sivu 67). Vuosina 1989-1991 kasvatettiin siirtojen avulla otsakkeiden 2, 3 ja 4 enimmäismääriä (MSKM) sekä MMKM:n ylärajaa (joko vuonna t+1 tai vuosina t+1 ja t+2), vuosina 1995-1998 puolestaan otsakkeen 2 alaisten alaotsakkeiden (rakennerahastot ja muu rakennetoiminta sekä koheesiorahasto) enimmäismääriä sekä MMKM:n enimmäismäärää (aina vuoteen t+4 asti).

Esim. vuonna 1997 komissio esitti (in SEC(1997) 364 lopull.) siirrettäväksi varainhoitovuodelle 1999 nimellisarvoisesti ECU 545 miljoonaa maksusitoumusmäärärahoja rakennerahastoille ja 17 miljoonaa koheesiorahastolle. Esitykseen ei sisältynyt ehdotusta mukauttaa maksumääräyksiin käytettävien määrärahojen ylärajaa neuvoston kielteisen kannan takia. Komissio joutui kuitenkin alistamaan 16.4. budjettivallalle 8.4.1997 pidetyn varsin riitaisan kolmikantakokouksen seurauksena (jossa parlamentti esitti mm. huomattavaa MMKM:n ylärajan korotusta) uuden, taulukon 15.2 mukaisen esityksen (SEC(1997) 708 lopull. Siirretyistä MMR:sta 545 miljoonaa on vuonna 1996 peruuntuneita ja 500 miljoonaa vuodelta 1998 siirtyneitä määrärahoja). Budjettivalta hyväksyi ehdotuksen 24.4., pidettyään sitä ennen vielä uuden kolmikantakokouksen 21.4.1997. On huomattava, että vuoden 1997 päätöksellä, jolla pyrittiin ottamaan huomioon "rakennerahastojen osalta nähtävissä olevat toteuttamismahdollisuudet", laskettiin alaotsakkeen "rakennerahastot ja muu rakennetoiminta" enimmäismäärää (MSKM) ECU 500 miljoonalla ja MMKM:n enimmäismäärää 300 miljoonalla vuonna 1998. Enimmäismäärää korotettiin em. 300 miljoonalla vuonna 1999. Päätöksellä toisin sanoen siirrettiin rakennerahasto-ohjelmien toimeenpanoa ajassa eteenpäin siihen verrattuna, mitä RN:iä laadittaessa suunniteltiin.

Koskien vuosien 1993-1999 rahoitusnäkymien viimeistä mukautuspäätöstä, komission alkuperäinen ehdotus (SEC(1998) 307 lopull.) esitti siirrettäväksi varainhoitovuodelle 1999 nimellisarvoisesti ECU 1 433 miljoonaa käyttämättömiä tai vapautettuja maksusitoumusmäärärahoja rakennerahastoille ja 101 miljoonaa vapautettuja maksusitoumusmäärärahoja koheesiorahastolle. Alkuperäiseen ehdotukseen ei edelleenkään sisältynyt esitystä korottaa maksumääräyksiin käytettävien määrärahojen ylärajaa. Kuten vuonna 1997, EP ei hyväksynyt esitystä. Tiukkojen neuvottelujen jälkeen maaliskuun kolmikantakokouksessa (31.3.1998) sovittiin lopulta, että otsakkeen 2 alaisten maksusitoumusmäärärahojen korotuksen lisäksi nostetaan MMKM:n ylärajaa 300 miljoonalla.

RN:ien mukautuksia ja erilaisia tarkistuksia on niin ikään paikoitellen tarkasteltava rinnan. Siten esim. koska Saksan uusille osavaltioille ja eräille tutkimusohjelmille suunnatun nopeutetun rahoituksen (suhteessa siihen, mitä RN:iä laadittaessa ajateltiin) vaatimaa MMKM:n ylärajan korotusta ei onnistuttu tekemään mukautusmenettelyä noudattaen, budjettivalta turvautui vuoden 1988 TVS:n 12 k. mukaiseen RN:ien tarkistusmenettelyn, joka saatiin päätökseen syyskuussa 1992 (ks. luku 5.5.1 ja Taulukko 10).

Vuoden 1993 TVS:ssa rahoitusnäkymien tarkistuksista säädellään 11 k. Kohdan mukaan "rahoitusnäkymiä voidaan tarkistaa omien varojen ylärajaa noudattaen komission ehdotuksesta, silloin kun on ryhdyttävä alun perin ennakoimattomiin toimenpiteisiin".

Tarkistusehdotus on 12 k. mukaan pääsääntöisesti esitettävä ja hyväksyttävä ennen kyseisen varainhoitovuoden (tai kyseisten varainhoitovuosien) talousarviomenettelyn aloittamista. Tarkistus hyväksytään (kuten täytäntöönpanon edellytyksiin liittyvät mukautukset) budjettivallan yhteisellä päätöksellä budjettienemmistöllä.

TVS:n 13 k. mukaan toimielimet tarkastelevat komission ehdotuksesta mahdollisuuksia kohdistaa menot uudelleen (ks. luku 5.5.2.2) "tarkistettavana olevaan otsakkeeseen sisältyvien ohjelmien kesken erityisesti ennakoidun määrärahojen vajaakäytön perusteella". Lisäksi kyseisen otsakkeen olemassa olevan ylärajan rajoissa olisi pyrittävä osoittamaan määrä, joka on "merkittävä osa uudesta suunnitellusta menosta sekä absoluuttiselta arvoltaan että suhteelliselta osuudeltaan.

Toimielimet tarkastelevat lisäksi mahdollisuuksia korvata otsakkeen ylärajan ylittäminen alentamalla jonkin toisen otsakkeen ylärajaa.

Toimielimet sitoutuvat kuitenkin siihen, ettei RN:ien pakollisten menojen tarkistus vähennä eipakollisiin menoihin käytettävää määrää, ja että tarkistuksessa säilytetään asianmukainen suhde maksusitoumusten ja maksumääräysten välillä."

Koskien menojen uudelleen kohdentamista rahoitusnäkymiä tarkistettaessa, neuvosto ja komissio liittivät TVS:een julistuksen, jonka mukaan tarkistuksissa olisi yleensä kohdistettava uudelleen "vähintään 10 miljoonaa ecua tai 10 prosenttia uusista menoista. Komissio ottaa tämän ehdotuksissaan aiheellisella tavalla huomioon". EP ei suostunut sitoutumaan em. vaatimukseen.

TVS:n 14 k. mukaan "(j)os toimielimien tekemää yhteistä päätöstä komission ehdottamasta rahoitusnäkymien mukauttamisesta tai tarkistamisesta ei ole, aiemmin määriteltyjä tavoitteita sovelletaan teknisen mukautuksen jälkeen edelleen menojen ylärajoina kyseiseen varainhoitovuoteen."

Sen lisäksi 24 k. mukaan "(j)os yhteisö laajenee siten, että siihen liittyy uusia jäsenvaltioita, toimielimet mukauttavat (adjust/ adaptent) komission ehdotuksesta rahoitusnäkymiä laajentuneen yhteisön uusien tarpeiden ja voimavarojen huomioon ottamiseksi. Jos tästä mukautuksesta ei päästä yhteisymmärrykseen, Euroopan parlamentti voi katsoa, ettei (TVS) enää sido sitä."

Vuosien 1993-1999 RN:iä tarkistettiin – ennen kaikkea johtuen neuvoston entistä kielteisemmästä suhtautumisesta kaikkia RN:ien muutoksia kohtaan komission esityksistä huolimatta – vain kerran, maaliskuussa 1994, jolloin RN:ien otsakkeiden 3, 4 ja 5 enimmäismääriä korotettiin yhteensä ECU 175 miljoonaa maksusitoumusmäärärahoina ja 120 miljoonaa maksumäärärahoina (ks. Taulukko 12). Tarkistus liittyy siihen, että EP sitoi vuoden 1993 TVS:n hyväksymisensä lokakuussa 1993 (ks. luku 5.5.2.1) neu-

Taulukko 12. Rahoitusnäkymien tarkistukset vuosina 1993-1999 (ECU miljoonaa nimellisin hinnoin). (Lähde/ Source: Käsikirja... 1999, 67).

	Otsake *(Heading)*	1994	Perustelu *(Justification)*
Maaliskuu 1994	Otsake *3 (Sisäiset politiikat)*	45	Taloudellisen toiminnan elvyttäminen
March 1994	Otsake *4 (Ulkoinen toiminta)*	75	Lähi-idän rauhanprosessi
	Otsake *5 (Hallinnolliset menot)*	55	ECUn arvon aleneminen verrattuna Belgian frangiin
YHTEENSÄ	**(sitoumukset)**	**175**	
TOTAL	***(commitments)***		
	(maksut)	**120**	
	(payments)		

Taulukko 13. Laajentumiseen mukautetut rahoitusnäkymät 1995-1999 (maksusitoumuksiin käytettävät määrärahat, ECU miljoonaa vuoden 1992 hinnoin). (Lähde/ Source: EYVL (OJ) N:o C 395, 31.12.1994, 1).

	1995 (*)	1996	1997	1998	1999
1. Yhteinen maatalouspolitiikka *Common agricultural policy*	35 354	37 245	37 922	38 616	39 327
2. Rakennetoimet *Structural operations*	24 477	26 026	27 588	29 268	30 945
- Rakennerahastot *(1)* *Structural Funds (1)*	22 369	23 668	24 980	26 610	28 345
- Koheesiorahasto *Cohesion Fund*	2 000	2 250	2 500	2 550	2 600
- ETA:n rahoitusjärjestelmä *(2) (3)* *EEA-Financial mechanism (2) (3)*	108	108	108	108	0
3. Sisäiset politiikat *Internal policies*	4 702	4 914	5 117	5 331	5 534
4. Ulkoiset toimet *External action*	4 549	4 847	5 134	5 507	5 953
5. Hallintomenot *Administration*	3 738	3 859	3 974	4 033	4 093
6. Varaukset *Reserves*	1 100	1 100	1 100	1 100	1 100
- rahoitusvaraus *(2)* *Monetary reserve (2)*	500	500	500	500	500
- lainatakuuvaraus *Guarantee*	300	300	300	300	300
- hätäapuvaraus *Emergency aid*	300	300	300	300	300
7. Korvaukset *(2)* *Compensation (2)*	1 547	701	212	99	0
8. Maksusitoumuksiin käytettävät määrärahat yhteensä *Total appropriations for commitments*	75 467	78 692	81 047	83 954	86 952
9. Maksumääräyksiin käytettävät määrärahat yhteensä *Total appropriations for payments*	72 020	74 605	77 372	80 037	82 778
Maksumääräyksiin käytettävät määrärahat, % BKTL:sta *Appropriations for payments as % of GNP*	1,21	1,21	1,22	1,23	1,24
Marginaali, % BKTL:sta *Margin as % of GNP*	0,00	0,01	0,02	0,03	0,03
Omien varojen enimmäismäärä, % BKTL:sta *Own resources ceiling as % of GNP*	1,21	1,22	1,24	1,26	1,27

(*) Vuoden 1995 talousarvioon sovellettava kumuloitu deflaatiokerroin on 7,6 prosenttia.
(*) The accumulated deflator applied to the 1995 budget is 7,6 %.

(1) Uusille jäsenvaltioille tarkoitettujen määrien osalta, jotka on liittymissopimuksessa vahvistettu vuoden 1995 hinnoin, vuosien 1996-1999 tekninen vuosittainen mukauttaminen tehdään vuoden 1995 hinnoista.
(1) In the case of allocations intended for the new Member States, which are fixed in the Act of Accession at 1995 prices, the annual technical adjustment for the years 1996-1999 will be effected on the basis of 1995 prices.

(2) Käypinä hintoina/ *At current prices.*

(3) Alaotsakkeen kattoa voidaan tarpeen vaatiessa muuttaa toimielinten välisen sopimuksen 9 kohdan teknisen mukauttamismenettelyn mukaan ja sen osalta todellisuudessa suoritettavien maksujen mukaan kunkin varainhoitovuoden aikana.
(3) The ceiling for the subheading may be altered, if necessary, by the technical adjustment procedure provided for in paragraph 9 of the Interinstitutional Agreement in line with the actual payments to be made in this respect during each financial year.

voston suostumukseen korottaa em. otsakkeiden loppusummia.

Lisäksi joulukuussa 1994 RN:iä mukautettiin 24 k. mukaisesti Itävallan, Suomen ja Ruotsin liittymisen huomioon ottamiseksi (ks. luku 5.5.2.4).

5.5.2.4 RN:ien mukauttaminen Itävallan, Suomen ja Ruotsin liittymisen vuoksi

TVS:n 24 k. mukaisesti (ks. luku 5.5.2.3) komissio julkaisi alkuperäisen ehdotuksensa RN:ien mukauttamisesta odotettavissa olevan EY:n laajentumisen vuoksi 4.10.1994 (COM(94) 398 final), toisin sanoen kaksi viikkoa ennen Pohjoismaiden kansanäänestyksiä (jotka pidettiin 16.10. [Suomi] - 28.11.1994 [Norja] välisenä aikana). Budjettitoimielimet pääsivät yhteisymmärrykseen mukautetuista RN:istä 29.11.1994 pidetyssä kolmikantakokouksessa. Neuvosto hyväksyi ne 5.12. ja parlamentti 13.12.1994. Näin voitiin paitsi pitää TVS voimassa, myös vahvistaa EU-15:ta koskevat rahoitusnäkymät ja yleinen talousarvio ennen Itävallan, Suomen ja Ruotsin liittymistä jäseniksi (1.1.1995). Mukautetut rahoitusnäkymät on esitetty Taulukossa 13.

Laajentumisen seurauksena RN:ien otsakkeiden 1-5 enimmäismääriä muutettiin seuraavasti[18]:

- Otsake 1: maataloutta koskevaa menolinjausta korotettiin 74 % uusien jäsenvaltioiden suhteellisesta BKTL-lisästä
- Otsake 2: määrärahoja lisättiin liittymisasiakirjojen mukaisesti (uusi tavoite 6[19], ETA:n rahoitusmekanismia[20] varten luotiin uusi alaotsake)
- Otsake 3: enimmäismäärää korotettiin 7 % (uusien jäsenvaltioiden suhteellisen BKTL:n mukaan)
- Otsake 4: korotettiin 6,3 % (uusien jäsenvaltioiden suhteellisen väestöosuuden mukaan)
- Otsake 5: korotettiin vuosina 1995-1999 keskimäärin 4,66 %. Mukaan liitettiin tarkastuslauseke, jonka mukaan menoja tarkastellaan uudelleen vuonna 1996 toimielinten rakennusten rahoitustarpeiden sekä uusien jäsenvaltioiden aiheuttamien henkilöstötarpeiden huomioon ottamiseksi

Lisäksi luotiin uusi otsake 7 (korvaukset), johon sisällytettiin uusille jäsenvaltioille jäsenyysneuvottelujen aikana sovitusta erityisestä maatalouden tukipaketista vuosina 1995-1998 maksettavat maatalouskorvaukset[21].

Toimielimet sopivat lisäksi kahdesta laajentumiseen vain välillisesti liittyvästä muutoksesta: otsakkeen 2 enimmäismäärää korotettiin ECU 200 miljoonaa Pohjois-Irlannin rauhanohjelman rahoittamiseksi ja otsakkeen 3 ylärajaa 400 miljoonaa Portugalin tekstiiliteollisuuden tukemiseksi.

Samalla palautettiin marginaali ennakoimattomia menoja varten 0,03 %:iin BKTL:sta aikajänteellä 1998. Vuonna 1995 liikkumavara käytettiin kuitenkin loppuun.

Vuoden 1999 TVS, joka sisältää rahoitusnäkymät vuosille 2000-2006, esitellään erillisessä artikkelissa. Samalla käsitellään vuoden 1993 TVS:sta saatuja kokemuksia.

6 YHTEENVETO

Kuten luvuista 4 ja 5 käy hyvin ilmi, EU:n (EY:n) yleisen talousarvion joustavuus on vaihdellut ja talousarvion eri joustomuodot ovat merkittävästi muuttuneet vuodesta 1968 lähtien eri budjettisopimusten, julistusten, toimielinten välisten sopimusten, asetusten, varainhoitoasetusten jne., mutta myös eri budjetointikäytäntöjen kehityksen ja muutosten mukaan.

Siten esim. EU:n tärkeimmän ulkoisen jouston muotoa, lisäbudjettimenettelyä (ks. luku 4.1.1), uudistettiin vuoden 1990 VHA:n muutoksella niin, että menettely vastaisi paremmin neuvoston ja EP:n välistä uutta toimivaltajakoa budjettiprosessin aikana. Samalla kuitenkin täydentävien ja korjaavien lisätalousarvioiden esittämis- ja hyväksymiskriteereitä tarkennettiin ja tiukennettiin – lähinnä neuvoston vaatimuksesta – aikaisempaan verrattuna.

Lisäbudjettien käyttöön vaikutti myös toimielinten välisen sopimuksen solmiminen ja rahoitusnäkymien käyttöönotto vuonna 1988 sitovine menokattoineen. Siten esim. rahoitusnäkymien muuttaminen tai tarkistamiset vaikuttavat ("välittyvät") talousarvioihin (budjettiprosessin vaiheesta riippuen) yleensä joko oikaisukirjelmien tai lisätalousarvioiden avulla (pois lukien esim. tapaukset, joissa muutokset tai tarkistukset kohdistuvat ainoastaan tulevien vuosien talousarvioihin). Toisaalta sovitut menokatot vähensivät turvautumista ulkoiseen lisärahoitukseen budjettivuoden aikana.

Normaalisti lisäbudjetteja on hyväksytty vuosittain yksi-kolme kappaletta. Poikkeuksen muodostavat vuodet 1982, 1985 ja 1986, jolloin niitä ei hyväksytty yhtään, vuosi 1973, jolloin hyväksyttiin neljä ja vuosi 1999, jolloin hyväksyttiin yhteensä viisi täydentää ja/tai korjaavaa lisätalousarviota. Osa lisäbudjeteista vuosina 1968-1971, 1973 ja 1999 on ainoastaan muuttanut henkilöstön jakaumaa tai määrää puuttumatta TA:n menojen kokonaismäärään[22]. Lisäbudjetteja on myös käytetty varainhoitovuoden lopullisen saldon (balance/solde) kirjaamiseen talousarvioon[23] sekä menojen supistamiseen budjettivuoden aikana (ks. luku 4.1.1).

Budjettitoimielimistä neuvosto on arvostellut muita toimielimiä mm. siitä, että ne ovat esittäneet komission välityksellä alustavia lisätalousarvioesityksiä ilman, että olisi olemassa väistämättömiä, poikkeuksellisia tai odottamattomia olosuhteita (ks. luku 4.1.1). Toisaalta se on kritisoinut parlamenttia mm. lisäbudjettien yhdistelemisestä tai kielteisestä suhtautumisesta pelkästään tulopuoleen keskittyviin "saldolisäbudjetteihin" (ks. loppuviite 23), joiden loppusummaa EP ei voi muuttaa. Parlamentti on puolestaan arvostellut komissiota mm. lisäbudjettien lukumäärän kasvusta, komissio taas budjettivaltaa viivyttelystä niiden hyväksymisessä. On selvää, että näihin kysymyksiin palataan VHA:n kokonaisuudistuksen (recasting/ refonte) yhteydessä (ks. Loppusanat).

Mitä tulee sisäisen jouston kehitykseen, yleinen talousarvio on viimeisten runsaan 30 vuoden aikana paitsi kasvanut loppusummaltaan, myös muuttunut huomattavasti sisällöltään[24]. Siten esim. budjettikohtien määrä (rakennejousto; ks. luku 4.2.1) on yli kolminkertaistunut, so. lisääntynyt vuoden 1968 n. 600:sta vuoden 2000 yli 1 930 kappaleeseen (ml. liitteet)[25]. Vuoden 1990 VHA:n muutoksen seurauksena toteutettu TA:n menorakenteen muutos, vuoden 1985 komission pääluokan (PI III) B osan alaisten budjettikohtien vähentämispyrkimysten (mm. yhteenkokoamisten myötä) jälkeen, lisäsi jälleen B osan alle kirjattujen kohtien määrää alaluokkien luomisen myötä[26].

Esim. vuoden 1998 TA:ssa pelkästään maatalousmenot oli budjetoitu 191 eri alamomentin alle. Samalla budjettikohtien loppusummat vaihtelivat suuruudeltaan huomattavasti: lähes 94 % menoista oli merkitty 59 alamomentin ja 40 % 5 alamomentin alle. Samaan aikaan 0,3 % maatalousmenoista oli kirjattu 41 eri alamomentin alle (TTI... 1999, 2.31 k.).

Suurin osa TA:n kohdista koskee edelleenkin hallintomenoja. Siten esim. vuoden 2000 TA:ssa PI III A osan menot on jaettu vajaan 220 ja muiden pääluokkien menot n. 1 040 budjettikohdan kesken.

Ongelmana on myös ollut talousarvion menorakenteen ja budjettinimikkeistön yhteys RN:ien eri otsakkeisiin (ks. luku 4.2.4).

Tietoisena pienen rakennejouston (paljon pieniä ja/tai käyttötarkoitukseltaan erittäin yksityiskohtaisesti määriteltyjä budjettikohtia) tuomista ongelmista komissio on useaan otteeseen pyrkinyt korostamaan mm. tarvetta välttää kirjaamasta "vähämerkityksellisiä summia" yleiseen talousarvioon (ks. luku 4.2.1). EP ja neuvosto ovat kuitenkin budjettivaltaan, valvonnan näkökohtiin ja SEY 271 [ent. SETY, SEY 202] art. 3 k. erittelyperiaatteeseen (TTI (ks. esim. 1998, Liite; 1999, 13 k.) puhuu "määriteltävyyden periaatteesta", Euroopan... (1996, 67-74) "määriteltävyysperiaatteesta") viitaten olleet hitaita reagoimaan esitykseen. Käytännössä vuoden 1993 TVS:een ainoastaan sisällytettiin yleinen periaate, jonka mukaan toimielimet välttävät mahdollisuuksien mukaan ottamasta TA:oon vähäisiä toiminnasta aiheutuvia menoeriä[27].

EU:n talousarvion sisäisen jouston määrään on vaikuttanut myös se, että EY:n perustamissopimuksissa komissiolle suotua periaatteellisesti suurta vapautta suorittaa määrärahojen siirtoja budjettivuoden aikana TA:n luvusta toiseen tai alajaottelusta toiseen on eri tavoilla ja eräiltä osin merkittävästi rajoitettu vuosien mittaan vuoden 1977 VHA:n ja sen eri muutosten avulla[28].

Vuoden 1990 VHA:n muutoksessa pyrittiin kääntämään kehitystä kohti suurempaa joustavuutta, tosin vaihtelevin tuloksin (ks. luku 4.2.2)[29]. Jos etenkin toimintamäärärahojen siirtojen yhteydessä on ongelmana puuttuminen budjettivallan hyväksymään määrärahojen jakoon ja käyttöön, hallintomenojen osalta (komission pääluokan A osa ja muut pääluokat) tilanne on toinen: mitä suurempi vapaus toimielimillä on vaikuttaa käytettävissään olevien "täytäntöönpanovarojen" käyttöön, sen paremmin voidaan niiden ajatella pystyvän optimoimaan voimavarojensa käytön, ja siten parantavan toimintansa tehokkuutta.

Nykyisin EU:ssa voimassaolevat niin hallinto- kuin toimintamäärärahoja (komission pääluokan B osa) koskevat erilaiset siirtomenettelyt on kokoavasti esitetty artikkelin liitteenä olevassa taulukossa.

EP on vuosien mittaan varsin menestyksellisesti onnistunut käyttämään siirtojen suomia joustomahdollisuuksia oman budjettivaltansa kasvattamiseen, kuten negatiivista varausta tai alustavia varauksia käsittelevissä luvuissa (4.2.5.2 ja 4.2.5.5) on esitetty.

Parlamentille myönnettiin oikeus päättää eipakollisia menoja koskevista siirroista tapauksissa, joissa siirron hyväksyy budjettivalta, vuoden 1977 VHA:ssa. Neuvosto myös nykyisin "kuulee" ("consult(e)", ei pelkästään "inform(e)") EP:ia pakollisia menoja koskevissa määrärahojen siirroissa. Jos siirto tapahtuu PM:ja ja EPM:ja sisältävien budjettikohtien välillä, budjettivallan edustajien olleessa erimielisiä siirretyn määrän suuruudesta alempi määrä tulee hyväksytyksi VHA (1990) 26 art. 5 c) kohdan mukaisesti. Jos EP (tai neuvosto) kieltäytyy hyväksymästä siirtoa, sitä ei voida tehdä.

Budjettivallan käyttäjänä EP:lla on toimivaltansa rajoissa niin ikään nykyisin oikeus päättää itsenäisesti omaa pääluokkaansa koskevista siirroista niin luvusta toiseen kuin momentista toiseen[30] (ks. Liite; vrt. luvut 4.2.2.1 ja 4.2.2.4).

Budjettivalta on viime vuosina ryhtynyt kiinnittämään entistä suurempaa huomiota talousarvion tosiasialliseen toimeenpanoon ja siinä kohdattuihin ongelmiin (ml. käyttämättömät määrärahat). Etenkin parlamentti on lisäksi alkanut seurata aikaisempaa tarkemmin, miten komissio on budjettivuoden aikana siirtojen avulla kyennyt "lähestymään" alustavaa talousarvioesitystään, ja samalla etääntymään budjettivallan hyväksymästä talousarviosta. Toisaalta siirtyminen toimintaperusteiseen budjetointiin (Activity Based Budgeting ABB/ établissement du budget sur la base des activités EBA, budgétisation basée sur l'activité BBA, budgétisation par objectifs) – näillä näkymillä vuosina 2002 tai 2003 VHA:n kokonaisuudistuksen edistymisestä riippuen; ks. Loppusanat – tuonee uudelleen esille kysymyksen tarpeesta antaa toimielimille mahdollisuus suorittaa vapaasti tietty määrä määrärahasiirtoja (esim. 10-20 %:n rajoissa pääluokan loppusummasta) pääluokkiensa sisällä.

Lukuisat varaukset[31] ovat olleet eräs yhteisöjen monista keinoista joustavoittaa talousarvioprosessia (vrt. negatiivisen varauksen käyttö vuodesta 1986 lähtien[32]) ja budjetin toimeenpanoa, ollen samalla mm. oireita muiden joustomuotojen vähäisyydestä ja/tai ongelmista (mm. riittämätön rakennejousto; ks. luku 4.2.5)[33]. Merkittävin yksittäinen syy määrärahojen kirjaamiseen erilaisiin varauksiin on ollut oikeudellisen pohjan puuttuminen (ks. luvut 3.2 ja 4.2.5.5). Toisaalta EP on käyttänyt määrärahojen kirjaamista varauksiin keinona omien poliittisten (talousarvio)päämääriensä saavuttamiseksi (vrt. luku 4.2.5.5), sitoen määrärahojen vapauttamisen erilaisiin ehtoihin, joilla toisinaan on ollut vain vähän tekemistä ao. budjettikohdan kanssa (ks. esim. Discors 1999, 293). Neuvosto onkin toistuvasti arvostellut parlamenttia ehdollisten varausten käyttämisestä VHA:n vastaisesti.

Eräät jäsenvaltiot ovat viime aikoina arvostelleet puolestaan komissiota erityisesti hätäapuvarauksen käytöstä mm. siksi, ettei komissio olisi riittävästi noudattanut TVS:n vaatimuksia (mm. koskien tapahtumien ennakoimattomuutta tai määrärahojen uudelleenkohdentamismahdollisuuksien selvittämistä; ks. loppuviite 34) ehdottaessaan varauksen käyttöä, ettei se ole riittävän hyvin analysoinut todellista avun tarvetta tai täytäntöönpanomahdollisuuksia, että se on ehdottanut varaukseen turvautumista liian aikaisessa vaiheessa (mikä on vähentänyt budjetin joustoa budjettivuoden aikana; ks. luku 4.2.5.4) tai että varaukseen budjetoituja tai kolmikantaneuvottelujen jälkeen eri budjettikohdille siirrettyjä määrärahoja on jäänyt käyttämättä (mitä on pidetty merkkinä ennen kaikkea huonosta taloushallinnosta tai budjettisuunnittelusta – arvosteluun on yhtynyt myös parlamentti). Neuvosto on lisäksi kritisoinut komissiota mm. siitä, että jäsenvaltioita on pyydetty saattamaan käyttöön varausta vastaavat varat liian aikaisin[34].

Etienne Douat'n (1999, 94) esittämien lukujen mukaan esim. vuonna 1984, kiivaiden budjettikiistojen aikakaudella (ks. luku 4.2.3), varauksiin oli kirjattu n. 7 % TA:n maksumäärärahoista; vuodesta 1995 lähtien osuus on ollut n. 1,4 %. Käytännössä erilaisiin varauksiin sisällytettyjen määrärahojen määrä on vaihdellut merkittävästi budjettivuodesta toiseen, pitkältä EP:n tahdon mukaisesti. Vuoden 2000 TA:ssa osastojen 10 ja A-10 (alustavat varaukset (luku 10 0), varaukset ennakoimattomia menoja varten (luku 10 1) ja luvun 10 2 varaukset) sekä osaston B0-4 (varaukset) luvun B0-4 0 (alustavat varaukset) alaisiin erilaisiin varauksiin on kirjattu EUR 1 976 (MSM) ja 632 (MMR) miljoonaa, so. n. 2,1 ja 0,7 % menoista.

Jos varausten käyttö tilanteissa, joissa on olemassa aiheellista ja riittävän vakavaa epätietoisuutta koskien määrärahojen riittävyyttä, toteuttamista tai oikeudellista pohjaa, lisäämään budjetin ja sen toimeenpanon toteuttamisen joustoa onkin ymmärrettävää (ja usein jopa suotavaa), niiden muunlainen käyttö herättää enemmän kysymyksiä.

SEY 274 [ent. 205] art. mukaan TA:n toteuttaminen kuuluu komissiolle. Jos budjettivalta toistuvasti puuttuu budjetin toimeenpanoon asettamalla reunaehtoja yksittäisten määrärahojen käytölle on vaarana, että niin suunnitelmallinen toiminta kuin kokonaisuuden hallinta vaikeutuvat. Samalla voi vaikeutua paljon peräänkuulutettu toimeenpanevien virkamiesten "vastuullistaminen".

Vuotuisen budjettipäätöksen korvaamisella "vaiheittain" tehtävillä määrärahojen vapauttamisilla ei siten välttämättä saavuteta kokonaisuuden kannalta odotettuja tuloksia (taistelut budjettivallasta pois lukien), samalla kun esim. vastuuvapauteen liittyvät ongelmat kasvavat, kun perustamissopimusten asettamat toimielinten toimivaltarajat (kuka tekee mitä...) hämärtyvät (ks. esim. van den Berge 1999, 22). Ylenmääräinen varausten, varausmäärärahojen ja siirtojen käyttö budjettivuoden aikana (nk. talousarvion "mikrohallinnointi" ("micromanagement")), yhdessä lukuisten pienten menomomenttien kanssa (ks. yllä) joka tapauksessa raskauttaa ja monimutkaistaa – usein ilman vastaavia hyötyjä – taloushallintojärjestelmää. VHA:n kokonaisuudistuksen yhteydessä olisi siten aiheellista selkiyttää varausten käyttöä koskevia pelisääntöjä etenkin nyt, kun taistelu budjettivallasta (tai päätäntävallan kasvattaminen talousarviopäätösten avulla) ei enää lainehdi yhtä voimakkaana kuin 1970-luvun puolivälistä aina 1980-luvun loppupuolelle asti. Euroopan parlamentin lienee kuitenkin vaikea luopua varausten käytöllä saavuttamastaan budjettivallasta sen katsoessa, että määrärahojen kirjaaminen varauksiin on keskeisimpiä keinoja, joilla parlamentti voi menestyksellisesti painostaa komissiota toimimaan EP:n haluamalla tavalla[35]. EP onkin toistuvasti korostanut että vaihtoehtona on, että se lakkaa kirjaamasta mitään summaa ao. budjettikohdille, mikä pakottaisi EU:n turvautumaan kerta toisensa jälkeen siirtoja yleensä enemmän aikaa vievään lisäbudjettimenettelyyn.

Jos varaukset ovatkin yksi sen sivujuonne, varsinaiset valtataistelut EP:n ja neuvoston välillä on käyty nk. pakollisten ja ei-pakollisten menojen ympärillä (ks. luku 4.2.3, vrt. esim. Régnier-Heldmaier 1999, 61-85).

EY:n menojen jako "pakollisiin" ja "ei-pakollisiin" perustuu Luxemburgin nk. ensimmäiseen budjettisopimukseen vuodelta 1970 (voimaan 1.1.1971; SETY 203, SEHTY 78 ja Euratom 177 art.) – EP:lle annettiin oikeus päättää EPM:sta Brysselin nk. toisella budjettisopimuksella vuodelta 1975 (voimaan 1.6.1977).

Talousarvion yleisen joustavuuden kannalta (nk. normijousto) suuri menojen (etenkin säädöspohjainen) sidonnaisuusaste on aina ongelmallista (ks. esim. Saarilahti & Uusikylä 1992, 31-32). EU:n PM/EPM –jaottelulla on kuitenkin toisenlainen tehtävä kuin määritellä budjetin "rautaisen" ja "harkinnanvaraisen" osan välinen suhde (ks. luku 4.2.3).

Yleisessä talousarviossa nk. pakollisten menojen osuus (MMKM) on laskenut vuoden 1979 runsaasta 83 %:sta (Corbett 1998, 96) vuoden 2000 TA:n n. 43 %:iin (MSKM: n. 41 %). Kehitys kertoo ennen kaikkea EP:n budjettivallan kasvusta (mutta taustalla on myös mm. YMP:n menojen (PM) suhteellisen budjettisosuuden pieneneminen; ks. luvut 3.4 ja 5.1), eikä lukujen voi siten ajatella kuvaavan suoraan esim. EU:n talousarvion joustavuuden kasvua.

On lisäksi keskeistä tehdä ero yhtäältä menojen nk. muodollisen ja toisaalta nk. tosiasiallisen sidonnaisuuden välillä. Esim. vuoden 1999 TVS, aikaisempien julistusten ja sopimusten tapaan, määritellessään EU:n pakolliset menot menoiksi, "jotka budjettivallan käyttäjän on otettava talousarvioon perustamissopimuksista tai niiden nojalla annetuista säädöksistä johtuvan oikeudellisen sitoumuksen täyttämiseksi" (30 k.) lähestyy kysymystä – kaikkine tulkinnanvaraisuuksineen – ennen kaikkea muodollisen sidonnaisuuden kautta.

Vuoden 1988 TVS ja siihen liitetyt rahoitusnäkymät pitkälti siirsivät syrjään EP:n ja neuvoston väliset suorat kiistat koskien pakollisia ja ei-pakollisia menoja (vaikka erimielisyydet säilyivätkin "latentteina", kuten esim. vuoden 1995 talousarvioprosessi osoittaa; ks. loppuviite 38), kun molemmat budjettivallan käyttäjät pyrkivät määrittelemään eri otsakkeet ja niiden alaiset menot jo sopimuksissa jompaan kumpaan ryhmään kuuluviksi ja mm. sopivat hyväksyvänsä automaattisesti ei-pakollisten menojen korotukset, jos ne vain perustuvat rahoitusnäkymien ylärajojen puitteissa laadittuihin talousarvioihin[36]. Samalla TA:n laadintaprosessi sai uuden luonteen, kun sen päätarkoitukseksi PM:sta sekä EPM:ja koskevasta KEM:stä kiistelemisen sijasta nousivat neuvottelut nk. ei-etuoikeutetuista ei-pakollisista menoista ja RN:ien tarkistuksista sekä allokaatiopäätökset budjettikohtien välillä RN:ien otsakkeiden sisällä (ks. luvut 4.2.3 ja 4.2.4)[37]. Sama kehitys toistui vuosina 1993 (vuosia 1993-1999 koskevat RN) ja 1999 (vuosien 2000-2006 RN)[38]. Siten – käsitteillä leikkien – voidaan katsoa, että vuodesta 1988 lähtien EU:n menot budjettiprosessin kannalta muuttuivat säädössidonnaisista (pakollinen/ei-pakollinen jakoon pohjautuvista) sopimussidonnaisiksi (TVS:iin ja rahoitusnäkymiin pohjautuviksi).

Toinen asia on, että EP on toistuvasti vaatinut (ks. esim. Euroopan Parlamentin... 2000, kohta 51.1), että EU:ssa luovuttaisiin kokonaan PM/ EPM –jaottelusta sen muistuttaessa, että erottelu luotiin alun perinkin vain säätelemään ja rajoittamaan parlamentin budjettivaltaa (ks. luku 4.2.3). Perustamissopimusta ei muutettu tältä osin Amsterdamin sopimuksella (allekirjoitettu 2.10.1997, voimaan 1.5.1999) eikä myöskään muutettane Nizzan Eurooppa-neuvoston kokouksessa joulukuussa 2000, mutta kysymys alistettaneen jälleen seuraaville hallitustenvälisille konferensseille. Toimintaperusteiseen budjetointiin siirtyminen tuonee kysymyksen niin ikään uudelleen esille.

EU:n budjettikurijärjestelmän esittelyä on tarkoitus jatkaa erillisessä artikkelissa. Siksi riittänee tässä yhteydessä kokoavasti todeta (luvun 4.2.4 mukaisesti, vrt. myös Jouret 1999, 99-102), että EY:ssä vuonna 1988 käyttöön otettu järjestelmä oli tärkeä ainakin seuraavista syistä: se käynnisti kaikkien toimielinten menoja koskevan sitovan monivuotisen taloussuunnittelun, se käsitti kaikki talousarvion menoluokat (sekä niin pakolliset ja ei-pakolliset menot kuin maksumääräyksiin ja maksuihin käytettävät määrärahat) ja budjettitoimielimet sitoutuivat sopimusehtoisesti noudattamaan eri menoluokille asetettuja menokattoja. Samalla vuotuisen talousarviomenettelyn sujuvuutta pyrittiin parantamaan lisäämällä EP:n ja neuvoston (sekä komission) välistä yhteistyötä budjettiprosessin eri vaiheissa erilaisine neuvottelumenettelyineen (conciliation/ concertation) ja kolmikantakokouksineen (trialogue/ trilogue), mikä myös edesauttoi budjettisovun säilymistä (tai oli sen hintana; ks. esim. Douat 1999, 102, vrt. myös Laffan 2000, 730-743).

Vuoden 1993 TVS ei sanottavasti muuttanut järjestelmän sisältöä ollen siten ennen kaikkea inkrementalistinen (vaikkakin aikaisempaa yksityiskohtaisempi, ts. toimijoiden vapausasteita aikaisempaa tarkemmin säätelemään pyrkivä) jatko kauden 1988-1992 menettelyille. EP:n ja neuvoston välistä vuoropuhelua budjettiprosessin aikana kuitenkin vahvistettiin edelleen TA:ta koskevan yhteistyömenettelyn puitteissa mm. uuden pakollisia menoja koskevan tilapäisen neuvottelumenettelyn avulla (ks. luku 5.5.2.2). Vuoropuhelun lisäämisellä pyrittiin korjaamaan ensimmäisen TVS:n aikana jatkunutta tilannetta (ks. esim. Fernández-Fábregas & Lentz 1993, 646), jonka mukaan budjettivallan edustajat keskittyivät ennen kaikkea vain päättämään "omista menoistaan omalla tahollaan" ilman, että ennen eri luentoja käytäisiin sen syvällisempää keskustelua EP:n ja neuvoston kesken erilaisista painopisteistä ja tavoitteista koko talousarviota koskien. On myös syytä muistaa, että vuoden 1993 TVS pantiin toimeen, etenkin vuosina 1993-1996, jolloin EU:n taloudellinen kasvu jäi jälkeen odotetusta, aivan erilaisessa taloudellisessa tilanteessa kuin I TVS (ks. esim. Brehon 1997, 18-19).

TVS:sten suurimmat ongelmat ovat liittyneet RN:ien tiukkaan viipalointiin (vrt. vuoden 1993 TVS:een kirjattu (6 k.) yksittäisten alamomenttien rahoituksen siirtokielto ylärajasta toiseen ilman RN:ien tarkistusta; ks. luku 5.5.2.3) ja (pitkälti siitä johtuvalle) joustamattomuudelle ulkoisen toimintaympäristön muutoksiin (ja etenkin erilaisiin kriiseihin)[39].

Rahoitusnäkymien tarkistukset (samoin kuin eräinä vuosina mukauttamiset toimintaedellytyksiin; ks. luku 5.5.2.3) muuttamisesta puhumattakaan ovat osoittautuneet varsin "raskaiksi" menettelyiksi, sekoittuen toistuvasti vuotuiseen talousarviomenettelyyn, vähentäen siten niiden "rajaavaa ja suuntaa-antavaa luonnetta keskipitkällä aikavälillä" (Euroopan... 1996, 28). Budjettivalta on lisäksi ottanut erilaisen kannan koskien esim. "uusien tarpeiden" rahoitusta: EP on pyrkinyt käyttämään erilaisia RN:iin jätettyjä joustomahdollisuuksia, kuten varauksia tai olemassaolevaa marginaalia RN:ien eri otsakkeiden alla sekä menojen ja omia varoja koskevan ylärajan välillä, neuvosto on puolestaan halunnut käyttää ensin loppuun erilaiset menojen otsakekohtaiset tai alaotsakekohtaiset uudelleenkohdentamismahdollisuudet (ks. luvut 4.2.4 ja 5.5.2.2).

Ennen kaikkea, EP on tavannut pitää RN:ien otsake- tai alaotsakekohtaisia maksimimääriä tavoitteina, tai ainakin pitänyt normaalina tai suotavana periaatetta, jonka mukaan talousarvioihin tulee kirjata niitä hyvin lähellä olevat summat. Neuvosto on puolestaan halunnut säilyttää toisinaan merkittävänkin marginaalin eri otsakkeiden ja alaotsakkeiden alla (pl. menotavoitteiksi sovitut otsakkeet/ alaotsakkeet).

Eräs keino vahvistaa budjettikuria on vuotuisperiaatteen noudattamisen tiukentaminen (vrt. esim. Douat 1999, 92)[40].

EU:ssa tärkein poikkeus vuotuisuuden periaatteesta ja siten merkittävin ylivuotisen jouston muoto on ollut nk. jaksotettujen määrärahojen (ja siten maksusitoumusmäärärahojen) asteittainen käyttöönotto. Alussa erilaiset sektorikohtaiset säädöspohjaiset käytännöt mahdollistivat varsin suuria vapauksia. Vuoden 1977 VHA:sta lähtien, MSM:n käytöstä johtuvista ongelmista (kuten menneisyyden painolasti ja RAL; ks. alla) johtuen jouston määrää on kuitenkin systemaattisesti pyritty rajoittamaan. Merkittävää oli myös vuoden 1988 TVS:n solmiminen (ks. luku 5.1, vrt. Euroopan... 1996, 28).

On selvää, että EU:ssa käytössä oleva kaksiosainen (sitoumukset ja maksut) järjestelmä on monimutkaisempi kuin pelkkä maksumäärärahoihin perustuva nk. single expenditure budget -järjestelmä, semminkin kun EU:n järjestelmälle ovat olleet ominaisia useat sektorikohtaiset (usein monimutkaiset) erityismenettelyt ja tästä aiheutuvat epäjohdonmukaisuudet. Jos järjestelmän joustavuuden lisäämisen kannalta menettelyt ovatkin olleet perusteltuja, niillä on myös usein vain pyritty budjetoitujen määrärahojen korkeaan käyttöasteeseen tai siihen, että määrärahoja peruuntuisi budjettivuoden lopussa mahdollisimman vähän (ks. luku 5.2), mikä sinänsä ei vielä takaa toiminnan taloudellisuutta, tehokkuutta tai tuloksellisuutta.

TTI on toistuvasti arvostellut EU:n maksusitoumusjärjestelmää vaikeasti hallittavaksi ja "ei-transparentiksi". Siten komission julkaisemat budjetti- ja tilinpäätösasiakirjat eivät nykyisellään kertoisi paljoakaan esim. siitä, miten EU:n varoja on käytännössä käytetty. Lausunnossaan n:o 4/97 koskien VHA:n uudistamista TTI (1998, 16 k.) suosittelee EU:n määrärahajärjestelmän yhtenäistämistä siten, että kaikki määrärahat olisivat jaksotettuja[41]. Maksusitoumuksen käsite olisi kuitenkin määriteltävä niin selkeästi ja yleispätevästi, että sitä voitaisiin soveltaa ongelmitta kaikilla TA:n aloilla.

Selkiyttämistä kaipaavat myös sitoumuksen "juridisen" (eli oikeudellisen sitoumuksen) ja "budjettiosan" (eli talousarviositoumuksen) välinen suhde ja sisältö[42] sekä mm. kysymykset koskien kokonaissitoumuksia (global commitments/ engagements globaux), talousarviositoumusten jakamista vuosittaisiin eriin (budgetary commitments in annual instalments/ engagements budgétaires par tranches annuelles) sekä maksujen (eikä pelkästään sitoumusten) kestoa ja keston rajoittamista. Näihin ongelmiin on tarkoitus palata erillisessä artikkelissa – niihin myös palattaneen VHA:n kokonaisuudistuksen yhteydessä.

Nk. RAL (eli "menneisyyden painolasti") on kasvanut tasaisesti EU:ssa viimeisten kahdenkymmenen vuoden aikana ollen yhtäältä odotettu, "normaali" seuraus yleisten talousarvioiden loppusumman ja JM:n määrän (suhteellisesta ja absoluuttisesta) kasvusta (vuoden 2000 TA:ssa n. puolet määrärahoista on jaksotettuja; ks. luku 5.1). EU:n budjettijärjestelmästä ja sen rakenteesta johtuen on niin ikään luonnollista, että jos budjettivalta päättää kasvattaa (etenkin merkittävästi ja/tai lyhyellä varoitusajalla) tietyn tai tiettyjen toimintapolitiikkojen (pl. YMP) rahoitusta, päätöksen "mekaanisena" seurauksena on RAL:n kasvu, sillä kestää aikansa ennen kuin tehtyjä sitoumuksia seuraavat tosiasialliset maksut. On niin ikään selvää, että niin pitkään kuin (maksu)sitoumukset ovat aggregaattitasolla suurempia kuin maksut, RAL:n määrä ei vähene, ellei turvauduta huomattaviin määrärahojen vapauttamisiin (decommitment/ dégagement; ks. luku 5.1).

RAL:n kasvu on kuitenkin myös seurausta esim. erilaisista viivästyksistä EU:n monivuotisten ohjelmien toimeenpanossa.

Komission laskelmien mukaan viivästyksistä maksujen suorittamisessa (nk. payment backlog) johtuva nk. potentiaalisesti epänormaali RAL (komission kielenkäytön mukaan) kohosi vuoden 2000 puolivälissä n. EUR 5 miljardiin, so. n. 8 %:iin RAL:n kokonaismäärästä, keskittyen ennen kaikkea ulkoisen toiminnan menoihin. Komissio katsoo, että esim. vuoden 2001 ATAE:en liittyvässä RAL:ia ja talousarvion toteuttamista ja oikeusperusteita koskevaa toimielinten välistä sopimusta käsittelevässä julkaisemattomassa työasiakirjassa (document de travail; kesäkuu 2000) esitellyillä erilaisilla säädöspohjaisilla ja ohjelmien hallinnointiin liittyvillä toimenpiteillä (joilla pyritään mm. vahvistamaan erilaisia käyttämättä jääneiden sitoumusten karsimisvelvoitteita ja rajoittamaan sitoumusten kestoa, vrt. myös ajatus nk. sunset clause -periaatteen (ks. luku 5.1) käytön yleistämisestä[43]) sekä komission sisäisillä organisaatiorakenteen muutoksilla (ml. uudet virat) olisi mahdollista huomattavasti vähentää (potentiaalisesti) "epänormaalia RAL:ia" vuoteen 2004 mennessä. Joka tapauksessa mm. EP:n vuoden 2001 talousarvioprosessin yhteydessä julkituomat RAL:n pienentämishalut johtanevat talousarvioiden maksumäärärahojen lisäämispyyntöihin, mikä vahvistanee RN:ien tarkistamispaineita neuvoston kielteisestä asenteesta huolimatta.

Koskien määrärahojen siirtoja seuraavaan varainhoitovuoteen, jo perustamissopimus (SEY 271 [ent. SETY, SEY 202] art.) kieltää siirtämästä henkilöstömenoihin (so. toimielinten jäsenten ja henkilöstön palkkoihin ja korvauksiin) tarkoitettuja määrärahoja. Myöskään alustavia varauksia ei voi siirtää.

Vuoden 1988 VHA:n muutos (ks. luku 5.5.1) vahvisti vuotuisperiaatteen noudattamista. Nykyisin perussääntönä on, että siirto voidaan tehdä vain kerran, seuraavaan varainhoitovuoteen. Sääntönä on niin ikään, että käyttämättömät siirretyt (kuten siirtämättömätkin) määrärahat peruuntuvat.

Koskien "siirtämiskelpoisia" JTM:ja (jaksottamattomat määrärahat on periaatteessa tarkoitus maksaa budjettivuoden aikana), siirto on luvussa 5.5.1 kuvatuin poikkeuksin automaattinen, jos sitoumus on tehty ennen 15.12.t. Komissiolla on lisäksi mahdollisuus sen jälkeen esittää (tietyin edellytyksin) siirtoa budjettivallalle 15.2.t+1 mennessä. Budjettivallan päätös voi olla nimenomainen tai implisiittinen (jos budjettivalta ei tee päätöstä 6 viikon kuluessa, siirron katsotaan tulleen hyväksytyksi)[44].

On lisäksi huomattava, että vuoden 1990 muutoksen mukaisen VHA:n 7 art. 3 k. 2 alak. määrää, että määrärahojen siirtoa ei voida ehdottaa kuin poikkeuksellisista syistä sellaisten olennaisten tarpeiden kattamiseksi, joita ei voida kattaa seuraavan varainhoitovuoden määrärahoin.

Koskien JM:ja, määrärahat peruuntuvat nekin pääsääntöisesti vuoden lopussa, paitsi jos komissio päättää toisin 15.2.t+1 mennessä. Komission on toimitettava budjettivallalle tästä tieto perusteluineen kuukauden kuluessa. Menettely mm. mahdollistaa siirrot tilanteissa, joissa päätöksenteko (esim. oikeudellista pohjaa koskien) on syystä tai toisesta viivästynyt. Toisaalta näin voidaan lisätä määrärahojen määrää tilanteissa, joissa ne osoittautuvat riittämättömiksi vuonna t+1. Komission tulee kuitenkin VHA (1990) 7 art. 2 b) k. mukaan pyrkiä ensisijaisesti käyttämään varainhoitovuodelle hyväksyttyjä määrärahoja eikä ennen niiden loppumista saisi turvautua siirrettyihin maksumäärärahoihin.

Eräällä tavalla katsottuna myös siirroissa varainhoitovuodesta toiseen on kyse budjettivuoden jatkamisesta sikäli, että niiden avulla menojen suorittamiselle annetaan aikaa yli kalenterivuoden. On myös huomattava, etteivät siirrot vaikuta rahoitusnäkymien, otsakkeiden tai alaotsakkeiden vuosittaisiin ylärajoihin, eivätkä ne siten ole ristiriidassa esim. toimielinten välisten sopimusten kanssa. Em. siirrot on kuitenkin pidettävä erillään luvussa 5.3 esitellyistä menettelyistä.

VHA:n muutos vuonna 1988 on johtanut Douat'n (1999, 92) tulkinnan mukaan siihen, että yleiseen talousarvioon on muodostunut eräänlainen "rautainen osa" (n. 56 % TA:n loppusummasta vuonna 1998), so. osa, joka säännöllisesti sidotaan ja maksetaan ao. budjettivuoden aikana (eli on tiukasti "ankkuroitu" tiettyyn varainhoitovuoteen) – tämä osa koostuu ennen kaikkea jaksottamattomista maatalous- ja hallintomenoista (ks. luku 5.2). Käytännössä tilinpäätöstietojen ja TTI:n vuosikertomusten mukaan esim. 1990-luvulla n. 86–96 % TA:n menoista (MMKM) on maksettu ao. budjettivuoden aikana varainhoitovuodelle hyväksytyillä määrärahoilla, loppujen määrärahoista tullessa siirretyksi seuraavaan varainhoitovuoteen tai peruuntuessa ja loppujen menoista tullessa maksetuksi edelliseltä vuodelta siirretyillä, talousarvioon kirjaamattomilla määrärahoilla[45].

TTI on perinteisesti ollut varsin kriittinen em. määrärahojen siirtoja varainhoitovuodesta toiseen kohtaan ja katsonut, että saavutetut marginaaliset hyödyt (sillä koskien vain tiettyjä menoja ja rajoittuen vain yhteen vuoteen) eivät riitä perusteeksi poikkeamiselle TA:n vuotuis(uus)periaatteesta mm. siirtojen mukanaan tuomien valvonta-

ja tilinpäätösten laadintaongelmien takia. Toisaalta se on esittänyt epäilyjä, ettei komissio ole aina ottanut riittävästi huomioon VHA:n vaatimuksia, joiden mukaan siirtojen olemassaoloon täytyy olla poikkeuksellisia syitä tai että on ensisijaisesti käytettävä budjettivuodelle hyväksyttyjä määrärahoja, ts. siirtoihin on turvauduttu, vaikka myönnetyt varat olisivatkin osoittautuneet riittäviksi ilman siirtoja (ks. yllä). TTI ei myöskään katso osoitetun, että esim. EU:n ohjelmien toimeenpano olisi riippuvainen määrärahojen siirtojen olemassaolosta[46]. Siten ei ole yllättävää, että kannanotossaan vuoden 2000 HVK:lle (TTI... 2000b, 13.2 k.), tilintarkastustuomioistuin katsoo, että olisi "(...) suotavaa harkita, onko ei-automaattisten määrärahasiirtojen (varainhoitovuodesta toiseen) poistaminen aiheellista, ja säilyttää pelkästään automaattiset määrärahasiirrot, jotka voidaan tehdä vain seuraavaan varainhoitovuoteen."[47]

Tilintarkastustuomioistuin on ollut samankaltaisella kielteisellä kannalla myös koskien budjettivuoden jatkamista sekä erilaisia ylimääräisiä jaksoja (ks. luku 5.3). Edellä mainittuja kysymyksiä tullaan varmasti tarkastelemaan ja menettelyjen toimintaa arvioimaan uudelleen VHA:n kokonaisuudistuksen yhteydessä pitkälti sen valossa, mitä määrärahojen siirroista budjettivuoden aikana kohtaan tullaan päättämään, toimintaperusteisen budjetoinnin asettamat vaatimukset huomioon ottaen.

Edellä mainituista EU:n yleisen talousarvion ylivuotisen jouston muodoista poikkeaa niin sisällöltään kuin tarkoitukseltaan nk. väliaikaisten kahdestoistaosien järjestelmä, joka mahdollistaa toiminnan jatkumisen tilanteessa, jossa talousarviota ei ole – syystä tai toisesta – voitu hyväksyä varainhoitovuoden alkuun mennessä. Walder (1992, 66) puhuu tässä yhteydessä EU:n "hätäbudjettimenettelystä" ("emergency budgetary procedure"). Määrärahojen käyttö hyväksytään tällöin kuukausittaisina kahdestoistaosina käyttäen pohjana viimeksi hyväksyttyä, käytännössä edellisen vuoden TA:ta, pois lukien tapaukset, joissa ATAE:een tai TAE:een on varattu vähemmän määrärahoja. Menettely on kuitenkin varsin joustava siinä mielessä, että kuukausittain käytettävien määrärahojen määrää voidaan korottaa tarpeen vaatiessa budjettivallan toimivaltojen rajoissa.

Kahdestoistaosien järjestelmää uudistettiin etenkin vuoden 1980 karvaiden talousarvioprosessikokemusten seurauksena neuvoston toimesta vuoden 1990 VHA:n muutoksen yhteydessä – uuden VHA 9 art. mukaisen järjestelmän toimivuudesta ei kuitenkaan ole kokemuksia (ks. luku 5.4). On kuitenkin odotettavissa, että neuvosto pyrkii kirjaamaan VHA:n kokonaisuudistuksen yhteydessä asetukseen entistä yksityiskohtaisemmat säännöt koskien kahdestoistaosien käyttöä.

LOPPUSANAT

EU:n finanssihallintojärjestelmä on viimeisten vuosien aikana ollut voimakkaan uudelleenarvioinnin, kritiikin ja uudistustyön kohteena. Agenda 2000, SEM [Sound and Efficient Management] 2000[48] (vuoden 1995 maaliskuusta lähtien), vastuuvapauskiistat, EP:n asettaman riippumattoman asiantuntijakomitean (nk. viiden viisaan ryhmän) kaksi raporttia (Riippumaton... 1999a ja 1999b), komission ero maaliskuussa 1999, EU:n valvonta- ja tarkastusjärjestelmien uudistustyö (OLAF[49] jne.), komission hallinnon uudistamisohjelma (ks. KOM(2000) 154 lopull. ja KOM(2000) 200 lopull./2), toimintaperusteinen johtaminen (Activity Based Management ABM/ gestion par activités) ja budjetointi, vuoden 2000 HVK:lle osoitetut esitykset jne. ovat olleet tästä vain erilaisia ilmenemismuotoja.

Artikkelissa käsiteltyä EU:n budjettijärjestelmän joustavuutta ja sen eri joustomuotoja ajatellen edellä mainitulla (pois lukien etenkin Agenda 2000:n hyväksyminen sekä SEM 2000 -työ EU:n finanssihallinnon uudistamiseksi ja parantamiseksi, ml. asteittainen toimintaperusteiseen johtamiseen ja budjetointiin siirtyminen) on ollut ennen kaikkea vain välillistä vaikutusta[50]. Komissio on kuitenkin edellä mainittuun liittyen valmistelemassa luvussa 6 useaan otteeseen viitattua vuodelta 1977 peräisin olevan (tosin sen jälkeen 14 kertaa muutetun[51]) VHA:n kokonaisuudistusta, jolla tullee olemaan merkittäviä suoria vaikutuksia EU:n talousarvion eri joustomuodoille (mm. yksinomaisesti toimintaperusteiseen budjetointiin siirtymisen myötä; ks. SEK(1998) 1228 lopull., vrt. Budjettikomitea 1998/1999, Liite II ja Dell'Alba 1999). Tätä kirjoitettaessa ei vielä ole selvillä, minkälaisen varainhoitoasetusesityksen komissio tulee hyväksymään ja esittelemään budjettivallalle. On esityksen sisältö millainen tahansa neuvostossa, EP:ssa ja muissa toimielimissä (sekä miksei myös useissa jäsenvaltioissa) on joka tapauksessa odotettavissa kiivaita neuvotteluja uuden VHA:n lopullisesta muodosta. Samalla hyväksymisprosessista on odotettavissa pitkä. TTI:n (1999, 6) sanoin: "(k)oska varainhoitoasetuksen uutta perusteellista tarkistusta ei voida tehdä pitkään aikaan, on tärkeää, että meneillään olevassa tarkistustyössä käytetään hyväksi tarvittavaa asiantuntemusta, vaikka työ sen takia pitkittyisikin".

VIITTEET

Käsikirjoitus jätetty elokuussa 2000

Esitetyt mielipiteet ovat kirjoittajan omia eivätkä siten välttämättä edusta työnantajan kantaa tai näkemyksiä. Luku 5.5 perustuu kirjoittajan Tampereen yliopistossa vuosina 1995-2000 pitämiin EU:n finanssihallinnon luentoihin. Artikkelisarjan aikaisemmat osat ovat ilmestyneet Hallinnon tutkimuksessa 14 (1995): 4, 294-310 (yleinen talousarvio ja vuotuinen ulkoinen jousto, luvut 1-4.1), 15 (1996): 1, 8-31 (vuotuinen sisäinen jousto, luku 4.2) ja 20 (2001): 4, 409-426 (ylivuotinen jousto - ensimmäinen osa, luvut 5.1-5.4).

[1]Komissio esitti 10.3.1992 budjettivallalle kaksi kertomusta vuoden 1988 TVS:n soveltamisesta (COM(92) 81 final ja COM(92) 82 final).

[2]Luvussa puhutaan "maataloutta koskevasta ohjeesta".

[3]Rahoitusnäkymien todellinen soveltaminen ja kehitys vuosina 1988-1992 otsakkeittain on esitetty esim. teoksessa Euroopan... 1996, s. 27-28. Maksusitoumuksiin käytettävien menojen yläraja kohosi reaaliarvoltaan keskimäärin 5,5 %:ia alun perin suunniteltujen 3 %:n sijaan.

[4]Luvussa 4.2.4 (s. 21) mainittu joulukuussa 1989 tehty tarkistus (joka koski budjettiprosessin aikana sovittua ECU 500 miljoonan suuruista lisäystä Phare-ohjelmalle vuonna 1990) hyväksyttiin muodollisesti kesäkuun 1990 tarkistuksen yhteydessä.

[5]Vrt. myös esim. EP:n budjettivaliokunnan kanta: "(Rahoitusnäkymien) tarkistamiset (...) ovat aina johtuneet siitä, että rahoituskehys ei ole tarpeeksi joustava reagoimiseksi kansainvälisiin kriiseihin, kuten Saksojen yhdistyminen, Persianlahden kriisi, Neuvostoliiton hajoaminen jne. Poikkeuksen muodostaa vuosi 1994, jolloin oli varauduttu yhteisön laajentumiseen (...)." (in Colom i Naval 2000, 6).

[6]Vrt. myös esim. Schmidhuber 1991, 329-340; Stahl 1992, 57-60 tai Zangl 1997, 21-45.

[7]Vuoden 1988 TVS:n 19 k. määrää eksplisiittisesti, että sopimus on voimassa vuoden 1992 loppuun asti. Vuoden 1993 TVS solmittiin niin ikään määräajaksi sen 24 k. kohdan säätäessä, että "sopimusta sovelletaan koko rahoitusnäkymäkaudella 1993-1999". Näistä poiketen vuoden 1999 TVS:ssa ainoastaan ensimmäisen osan (jossa määritellään vuosia 2000-2006 koskevat rahoitusnäkymät) soveltamiselle on asetettu aikaraja (ks. TVS:n 5 k.).

[8]Suurin Maastrichtin sopimuksen mukanaan tuoma muutos TA:oon oli koheesiorahaston perustaminen rahoittamaan liikenteen ja ympäristön infrastruktuurihankkeita maissa, joissa BKTL asukasta kohti on alle 90 % EY:n keskitasosta (so. Kreikka, Espanja, Irlanti ja Portugali) tukemaan maiden pyrkimyksiä taloudelliseen lähentymiseen talous- ja rahaliiton yhteydessä. Koheesiorahastoasetuksen hyväksyminen kesti lähes 2 vuotta (ks. esim. Brehon 1997, 20).

[9]Komissio esitti omien varojen ylärajaksi 1,37 % EY:n jäsenvaltioiden yhteenlasketusta BKTL:sta vuoteen 1997 mennessä. Eurooppa-neuvosto hyväksyi lopulta 1,27 % vuonna 1999 (ja 1,20 % vuoteen 1995 saakka). Alv-maksun ylärajaksi palautettiin 1 % (50 % BKTL:sta; ks. esim. Laffan & Shackleton 2000, 222-223).

[10]Toimielinten välinen sopimus, tehty 29 päivänä lokakuuta 1993, talousarviota koskevasta kurinalaisuudesta ja talousarviomenettelyn parantamisesta (Interinstitutional Agreement of 29 October 1993 on Budgetary Discipline and Improvement of the Budgetary Procedure/ Accord interinstitutionnel du 29 octobre 1993 sur la discipline budgétaire et l'amélioration de la procédure budgétaire; EYVL N:o C 331, 7.12.1993).

[11]EP:n ajamista muutoksista Edinburghissa sovittuihin rahoitusnäkymiin, ks. esim. Jouret 1993, 391-404, Euroopan... 1996, 32 tai Laffan 1997.

[12]Voimassaolevien TVS:n ja RN:ien puuttuessa vuoden 1993 budjettiprosessia ohjasi EP:n toiseen luentaan asti perustamissopimuksen 203 art. 9 k. kaikkine tästä johtuvine vaikeuksine ja ongelmineen (ks. esim. Fernández-Fábregas & Lentz 1993, 628-644). Sopu saavutettiin parlamentin toisen luennan yhteydessä 17.12.1992 Edinburghin Eurooppa-neuvoston päätösten pohjalta. Toisaalta osa talousarvioprosessin aikana avoimiksi jääneistä kysymyksistä (ml. eräät SEU:n voimaanastumisen – joka tapahtui 1.11.1993 – taloudelliset seuraukset) ratkaistiin vuoden 1993 lisäbudjetilla, joka puuttui kaikkien pää- ja alaluokkien (pl. alaluokat B4 ja B6) menoihin, ja joka hyväksyttiin 2.12.1993 (EYVL N:o L 345, 31.12.1993).

[13]Liite I sisältää vuosia 1993-1999 koskevat rahoitusnäkymät, Liite II käsittelee toimielinten välistä TA:ta koskevaa yhteistyötä ja Liite III määrittelee yksityiskohtaiset säännöt elintarvikeapua koskevien menojen käsittelystä. Julistukset käsittelevät seuraavia asioita: 1) enimmäismääriä ja oikeudellisen pohjan vaatimusta, 2) menojen uudelleenkohdistamista RN:iä tarkistettaessa, 3) EMOTR-tukiosastoa ja lainojen takuita, 4) kolmansien maiden kanssa tehtäviä pöytäkirjoja koskevien menojen luokitusta, 5) perustamissopimuksen talousarviomenettelyä koskevia määräyksiä, 6) komission mahdollisesti esittämää kertomusta (koskien sopimuksen soveltamista ja saatuja kokemuksia; 25 k.), 7) EKR:oa, 8) komiteamenettelyä sekä 9) omien varojen

järjestelmää.

[14]Annual adjustment (technical adjustment and adjustment connected with implementation); revision/ ajustement et adaptation annuels (ajustement technique et adaptation liée aux conditions d'exécution); révision.

[15]Näitä toimenpiteitä ovat maatalouden päälinjauksen (joka muodostaa otsakkeen 1 – yhteinen maatalouspolitiikka – ylärajan) laskeminen sekä muiden otsakkeiden ja alaotsakkeiden ylärajojen sekä MSKM:n ja MMKM:n kokonaismäärien arvioiminen uudelleen vuoden t+1 hinnoin.

[16]Näin myös tehtäneen vuoden 1999 TVS:n aikana vuosina 2001 ja/tai 2002, jos uuden rakennerahastokauden 2000-2006 käynnistämisessä on ongelmia (so. viiveitä ohjelmien hyväksymisessä ja siten sitoumusten teossa), kuten tapahtui vuonna 1995 edellisen rakennerahastokauden alussa.

[17]On huomattava, että tilanne on toinen Agenda 2000:n jälkeen mm. ns. sunset clause –periaatteen (ks. luku 5.1) takia. "Etuoikeutettuihin menoihin" palataan vuoden 1999 TVS:n esittelyn yhteydessä.

[18]Neuvotteluista, ks. esim. Dewit & Jouret 1994, 437-443; vrt. esim. L'élargissement... 1993, 15-21, La demande... 1992 ja Saarilahti 1994.

[19]Tavoite koski (periaatteessa) alueita, joiden väentiheys on alle 8 asukasta/km^2.

[20]Uusien jäsenvaltioiden maksama entiseen ETA-sopimukseen perustunut rakenteellinen tuki (nk. ETA:n rahoitusjärjestelmä) siirtyi jäsenyyden myötä rahoitettavaksi yleisestä talousarviosta.

[21]Uudet jäsenvaltiot eivät vuonna 1995 saaneet suoraa hehtaaritukea peltokasveille ja naudanlihalle samalla kun ne joutuivat maksamaan tukea maataloudelleen mukauttaessaan hintojaan yhteisön hintatasoon.

[22]Ks. EYVL N:o L 198, 1.8.1968, L 175, 16.7.1969, L 218, 3.10.1970, L 256, 19.11.1971, L 172, 28.6.1973 ja L 339, 30.12.1999. Vuoden 1973 lisäbudjetit on julkaistu EYVL:ssä N:o L 172, 28.6.1973, L 318, 19.11.1973, L 366, 31.12.1973 ja L 367, 31.12.1973 ja vuoden 1999 lisäbudjetit EYVL:ssä N:o L 339, 30.12.1999 ja L 88, 10.4.2000.

[23]VHA (1977) 32 art. mukaisesti: "Kunkin varainhoitovuoden saldo otetaan seuraavan varainhoitovuoden talousarvioon menona tai tulona sen mukaan, onko kyseessä yli- vai alijäämä. Aiheelliset arviot näistä tuloista ja menoista otetaan talousarvioon talousarviomenettelyn kuluessa ja tarvittaessa [käyttämällä oikaisukirjelmää]. Kunkin varainhoitovuoden tilinpäätöksen jälkeen poikkeamat arvioista otetaan seuraavan varainhoitovuoden talousarvioon korjaavassa tai täydentävässä lisätalousarviossa."; ks. myös Neuvoston asetus N:o 1552/89, 29.5.1989 (EYVL N:o L 155, 7.6.1989), 15 art. Kyseessä on siten pohjimmiltaan ylijäämien tapauksessa käyttämättä, siirtämättä tai uudelleen käyttöönottamatta jääneiden määrärahojen "palauttamisesta" jäsenvaltioille. "Normaaleina vuosina" ylijäämä on viime vuosina kohonnut noin EUR 3 miljardiin. Ottaen huomioon talousarvion toimeenpanossa viime aikoina kohdatut ongelmat, ylijäämä voisi uusimpien ennustusten mukaan ylittää tulevina vuosina kymmenen miljardia euroa. Toukokuun tienoon "saldolisäbudjetteja" on myös käytetty taloudellisten ennusteiden ja indikaattorien ajantasaistamiseen omien varojen määräytymisperusteita koskien (ml. korjaus Yhdistyneen kuningaskunnan hyväksi).

[24]Vuoden 1977 VHA:sta lähtien (15 art. 3 alak.) budjettinimikkeistöstä on päätetty – komission esityksestä – "budjettiprosessin yhteydessä". Etenkin Strasser (1980, 92) painottaa muutoksen merkitystä niin EP:n kuin talousarvion sisäisen joustavuudenkin kannalta.

[25]Terrassen (1991, 26) esittämä (ja luvussa 4.2.1 toistettu) budjettikohtien lukumäärä vuoden 1983 TA:ssa (700 kpl) on harhaanjohtava tai väärä. Tosiasiassa esim. vuonna 1980 yleinen talousarvio sisälsi n. 1 260 ja vuonna 1985 n. 1 450 kohtaa (ml. liitteet). TA:n rakennejoustoon ja sen kehitykseen palataan erillisessä artikkelissa.

[26]Vuoden 2000 TA:ssa B osa koostuu 670 kohdasta. Pl III jaettiin A ja B osaan vuoden 1982 TA:ssa.

[27]Ratkaisuna pieneen rakennejoustoon ei kuitenkaan saa olla se, että budjettikohtien lukumäärää supistetaan siinä määrin, että joillekin momenteille tai alamomenteille (kuten EU:ssa rakennerahastoja ja koheesiorahastoa koskien) budjetoidaan useiden miljardien arvosta määrärahoja, samaan aikaan kun TA:ssa on lukuisia kohtia, joita koskevat käyttöperusteet on kirjattu erittäin kapea-alaisesti ja joihin osoitetut määrärahat ovat erittäin pieniä (muutamia tuhansia euroja). Käytännössä VHA:een tulisi ottaa säännökset, joilla näitä molempia (vastakkaisia) käytäntöjä voidaan vähentää.

[28]Rooman sopimukseen kirjattua TA:n määrärahojen siirtomahdollisuutta (ml. ensimmäisiin varainhoitoasetuksiin kirjatut rajoitukset) voidaan pitää varsin joustavana verrattuna esim. olemassaoleviin kansallisiin järjestelmiin (ks. OECD 1987, 63-178). Jäsenvaltiot ovat vuodesta 1968 lähtien kuitenkin tehneet järjestelmästä huomattavasti tiukemman ja monimutkaisemman, kuin mitä sopimuksen laatijat alunperin lienevät tarkoittaneet. Oman lukunsa muodostavat siirrot RN:ien eri otsakkeiden tai alaotsakkeiden välillä, joihin on tarkoitus palata vuoden 1999 TVS:n esittelyn yhteydessä. Määrärahasiirtojen on joka tapauksessa noudatettava otsakekohtaisia enimmäismääriä.

[29]Esim. TTI (2000b, 13.5 k.) katsoo, että joustavuudessa on edelleenkin parantamisen varaa: "Perustamissopimuksen 274 artiklassa annetaan komissiolle varainhoitoasetuksessa säädetyin rajoituksin ja edellytyksin yksinomaiset valtuudet siirtää [hallinto]määrärahoja talousarvion luvusta toiseen (ja alajaottelusta toiseen). Olisi suotavaa antaa tämä mahdollisuus myös muille toimielimille ja muuttaa sitä koskevat edellytykset joustavammiksi varainhoitoasetuksessa."

[30]Nk. herrasmiessopimuksen (Gentlemen's Agree-

ment) mukaisesti, jonka mukaan budjettivallan edustajat eivät puutu toistensa pääluokkia koskevaan hallinnointiin (vuodesta 1970 lähtien). Täydellisen "tasa-arvon" neuvoston kanssa (PM/EPM –jaottelun rajoissa) budjetista päätettäessä ja sitä toimeenpantaessa mm. siirtojen avulla EP saavutti vuoden 1990 VHA:n muutoksen myötä (ks. esim. Strasser 1992a, 243).

[31]VHA (1990) 19 art. 4 k. mukaan jokainen TA:n pääluokka sekä komission pääluokan A ja B osa voivat sisältää luvun "alustavat varaukset" ja luvun "varaus ennakoimattomia menoja varten", joihin kirjattuja määrärahoja voidaan käyttää vasta siirtojen jälkeen (ml. lisäbudjettimenettelyn kautta) vastaaville "operatiivisille" budjettikohdille (ks. luku 4.2.5). TVS:n solmimisen myötä, sen tarjotessa toisenlaisia keinoja varautua ennakoimattomiin menoihin mm. erityisen liikkumavaran (marginaalin) myötä (ks. luvut 4.2.4 ja 5.5.2), B osassa on kuitenkin luovuttu jälkimmäisestä varauksesta. Douat'n (1999, 94) laskelmien mukaan yleiseen talousarvioon on sisältynyt vuosittain kymmenkunta erilaista varausta. Lisäksi tulevat RN:iin (otsake 6) sisältyvät kolme varausta, so. vuonna 1988 luotu rahoitusvaraus sekä vuonna 1993 aloittaneet lainatakuu- ja hätäapuvaraus (ks. luvut 4.2.5.3 ja 4.2.5.4), joiden tarkoituksena on joustavoittaa rahoitusnäkymiä mm. varmistamalla, että budjettivaroja on saatavilla ja nopeasti käytettävissä ulkoiseen toimintaan liittyviin ennakoimattomiin menoihin, vuosia 1988-1992 koskevista rahoitusnäkymistä saatujen kokemusten mukaisesti (ks. luku 5.5.1). Vuoden 1993 TVS:ssa EP:n valtaa päättää em. kolmen varauksen käytöstä laajennettiin edelleen nk. negatiivisen yhteispäätösmenettelyn avulla (ks. luku 5.5.2.2).

[32]Negatiivista varausta on käytetty viimeksi vuosina 1996 ja 1997. Vuoden 1996 TA:ssa lukuun B0-4 2 kirjattiin ECU 200 miljoonaa maksusitoumus- ja 100 miljoonaa maksumäärärahoina momenttiin B7-4 1 1 (MEDA – Välimeren alueen kolmansien maiden taloudellisten ja sosiaalisten rakenteiden muutoksen liitännäistoimenpiteet) liittyen. Vuoden 1997 talousarvioon luotiin puolestaan EP:n ja neuvoston välisten tiukkojen neuvottelujen jälkeen negatiivinen reservi Euroopan unionin prioriteetteja varten (luku B0-4 5; ECU 126 miljoonaa maksusitoumus- ja 96 miljoonaa maksumäärärahoina, josta 26 miljoonaa RN:ien otsakkeen 3 (sisäiset politiikat) alaisia menoja varten [momentti B0-4 5 1 – Negatiivinen varaus unionin ensisijaisia tavoitteita varten (otsake 3)] sekä 100 miljoonaa maksusitoumus- ja 70 miljoonaa maksumäärärahoina rakennerahastoja varten [momentti B0-4 5 2 - Negatiivinen varaus rakennerahastoja varten]). Käytännössä komissio "jäädyttää" budjettivuoden alussa tietyn prosenttiosuuden määrättyjen budjettikohtien alle kirjatuista määrärahoista – tällä varmistetaan, että varaus katetaan vuoden loppuun mennessä. Korvamerkinnät poistetaan heti kun budjettitoimielimet ovat päässeet sopuun siitä, miltä kohdilta siirrot lopulta tehdään (ks. esim. Lemoine 1991, 221).

[33]Erityisen hyvin EU:n budjettijärjestelmän joustoongelmia edustavat nk. minibudjetit (ks. luku 4.2.6). Näihin on tarkoitus palata erillisessä artikkelissa, jossa tarkastellaan myös ns. B... A -budjettikohtia ja niiden käyttöön liittyviä ongelmia.

[34]TVS:n (1999) 23 k. mukaan "Rahoitusnäkymien otsakkeeseen 6 sisältyvät kolme varausta otetaan Euroopan yhteisöjen yleiseen talousarvioon. Tarvittavat varat otetaan käyttöön vain, jos nämä varaukset pannaan täytäntöön. [...] Hätäapua koskevalla varauksella on tarkoitus vastata nopeasti ensisijaisesti humanitaarisilla toimilla kolmansien maiden yksittäisiin avuntarpeisiin, jotka ovat seurausta tapahtumista, joita ei voitu ennakoida talousarviota vahvistettaessa. Kun komissio katsoo tarpeelliseksi käyttää jotakin näistä varauksista, se esittää budjettivallan käyttäjille ehdotuksen määrärahojen siirtämisestä. Kun komissio ehdottaa hätäapuvarauksen käyttämistä, on kuitenkin ensin selvitettävä mahdollisuudet määrärahojen uudelleen kohdentamiseen. Samanaikaisesti siirtoehdotuksensa kanssa komissio aloittaa kolmikantamenettelyn, mahdollisesti yksinkertaistetussa muodossa, jotta budjettivallan käyttäjät voivat päästä yksimielisyyteen varausten käyttötarpeesta sekä tarvittavasta määrästä." Hätäapua koskevan varauksen käyttö vuoden 1993 TVS:n aikana muodostui seuraavaksi (ECU/EUR miljoonaa):

		MSM/ *CA*		MMR/ *PA*	
Vuosi	TA*	Käytetty	Käyttämättä	Käytetty	Käyttämättä
Year	*Budget**	*Used*	*Remaining*	*Used*	*Remaining*
1993	209	209		209	
1994	212	212		212	
1995	323	235,5	87,5	150	173
1996	326	326		155	171
1997	329		329		329
1998	338	150	188	100	238
1999	346	346		346	

* Luku/ *Chapter B7-9 1*

Kuten yhteenvedosta ilmenee, varauksen koko (varaus budjetoidaan täysimääräisenä maksusitoumusmäärärahojen ollessa yhtä suuria kuin maksumäärärahojenkin) kasvoi ECU 200 miljoonasta vuosina 1993 ja 1994 ECU/EUR 300 miljoonaan vuosina 1995-1999 (vuoden 1992 hinnoin; ks. luku 4.2.5.4). Vuosina 1993, 1994 ja 1999 varaus käytettiin kokonaisuudessaan niin sitoumuksina kuin maksuinakin, vuonna 1997 siihen ei puolestaan turvauduttu lainkaan. Vuonna 1998 varoja (ECU 150 miljoonaa maksusitoumus- ja 100 miljoonaa maksumäärärahoina) käytettiin seuraaviin kohteisiin (ECU/EUR miljoonaa, MSM ja MMR): El Niño (80 ja 51,5), Afrikka (50 ja 32), Afganistan (10 ja 6,5) ja Kosovo (10 ja 10). Vuonna 1999 käyttökohteina olivat puolestaan Kosovo, Albania, Montenegro ja FYROM (196 + 150 maksusitoumus- ja maksumäärärahoina). Agenda 2000:n yhteydessä vuosia 2000-2006 koskevissa rahoitusnäkymissä hätäapua koskevan varauksen koko palautettiin EUR 200 miljoonaan (vuoden 1999 hinnoin; ks. EYVL N:o C 172, 18.6.1999, 12). Samalla kuitenkin sovittiin humanitaariselle avulle tarkoitettujen budjettikohtien loppusummien kasvattamisesta.

[35]Toinen parlamentin suosima keino on ollut turvautua budjettikohdan selvitysosaan neuvoston pysyvästä kannasta huolimatta, jonka mukaan selvitysosa ei ole sitova.

[36]Vuoden 1988 TVS:een (8 k. 2 alak.) kirjattiin lisäksi EP:n vaatimuksesta periaate, jonka mukaan jos tarkistusten yhteydessä vähennetään pakollisia menoja, tämä ei saa merkitä ei-pakollisten menojen vähenemistä. Periaate sisällytettiin myös vuoden 1993 TVS:een (ks. luku 5.5.2.3).

[37]Esim. vuoden 2001 budjettiprosessin aikana todelliseksi ongelmaksi muodostunee vain yhden budjettikohdan luokittelu, EP:n pääluokan alaisen alamomentin 1 2 1 8 (Erityinen eläkejärjestelmä EP:n vakinaista ja väliaikaista henkilöstöä varten; Special retirement scheme for permanent and temporary staff of the EP/ Système spécial de retraite pour les fonctionnaires et agents temporaires du PE) määrittäminen pakolliseksi tai ei-pakolliseksi menoksi. Lisäksi vuosi vuoden jälkeen on törmätty Euroopan kehitysrahastoa koskevaan kiistaan. Neuvoston kielteisestä kannasta huolimatta (neuvosto ei ole koskaan suostunut EKR:n sisällyttämiseen yleiseen talousarvioon) EP on säännönmukaisesti kirjannut rahastoa koskevat määrärahat erityiseen osastoon pääluokan III (nykyisin osasto B7-1) alle katsoen, että kyse on ei-pakollisista menoista. Neuvoston pysyvänä periaatteellisena kantana on ollut, että kyseessä olisi joka tapauksessa pakollisia menoja käsittävistä budjettikohdista. Budjettirauhan säilymiseen on ollut niin ikään vaikuttamassa nk. yhteispäätösmenettelyn laajeneminen yhä uusille aloille. Siten esim. vuoden 2000 TA:ssa yli 80 % otsakkeen 3 (sisäiset politiikat) alle kirjatuista menoista on päätetty menettelyn avulla, ts. neuvosto (ATAE:stä seuraten) kirjasi jo talousarvioesitykseen menot sen suuruisina kuin ne oli lainsäädäntöprosessin aikana sovittu EP:n kanssa. Talousarviosopua ovat lisäksi vahvistaneet erilaiset Agenda 2000:n yhteydessä sovitut ohjelma- ja rahoitussuunnittelumenettelyt (Financial programming/ programmation financière). Näihin on tarkoitus palata vuoden 1999 TVS:n esittelyn yhteydessä.

[38]On oireellista, että vuoden 1988 TVS:n solmimisen jälkeen EU:n kaikki talousarviot hyväksyttiin ajallaan. Myöskään vuotta 1995 koskevan TA:n EP:n puhemiehen 15.12.1994 tekemän vahvistamispäätöksen kumoaminen 7.12.1995 (neuvoston vietyä päätöksen helmikuussa 1995 TI:n eteen parlamentin ja neuvoston oltua budjettiprosessin aikana kykenemättömiä pääsemään sopimukseen eräiden EMOTR-tukiosaston menojen [130 budjettikohtaa alaluokan B1 alla] ja yhden alaluokka B7:n alaisen budjettikohdan (kalastusta koskevat kansainväliset sopimukset) luokittelusta (PM/EPM) ja KEM:stä (ks. luku 4.2.3), neuvoston soveltaessa enimmäismäärää eri määrärahoihin ja siten budjetin osaan kuin EP) ei johtanut turvautumiseen väliaikaisten kahdestoistaosien järjestelmään (ks. luku 5.4), sillä talousarvion vaikutukset "säilytettiin" (tuomion mukaisesti) siihen asti, kunnes TA lopullisesti vahvistettiin 31.1.1996 (EYVL N:o L 67, 18.3.1996). Tuomiossaan (Asia 41/95, Euroopan unionin neuvosto vastaan Euroopan parlamentti - kumoamiskanne) tuomioistuin toistaa vuoden 1986 TA:ta koskevaa samansuuntaista päätöstään (Asia 34/86; ks. luku 4.2.5.2), jonka mukaan luokittelusta päättäminen kuuluu budjettivallalle (eikä tuomioistuimelle), jonka on siten päästävä asiasta eksplisiittisesti yhteisymmärrykseen, ennen kuin talousarviomenettely voidaan katsoa saatetun SEY 272 [ent. SETY, SEY 203] art. 7 k. mukaisesti päätökseen (ks. luvut 4.2.3 ja 5.4). Mielenkiintoiseen kysymykseen siitä, miksi EP suostui luopumaan 272 art. 9 k. mukaisesta KEM-menettelystä ja kumpi järjestelmä (KEM vai RN) olisi sille laskennallisesti edullisempi, palataan vuoden 1999 TVS:n esittelyn yhteydessä.

[39]Monivuotisuuden ongelmista, ks. esim. Bouvier 1992, 16-28; Rabaté & Grapin 1992, 12-15 tai Logerot 1992, 33-37.

[40]Vuotuisperiaatetta noudatetaan myös rahoitusnäkymien kohdalla, tosin ei yhtä tiukasti kuin yleisen talousarvion osalta. Siten otsakkeiden (tai alaotsakkeiden) alle kirjattuja käyttämättömiä summia ei voi siirtää seuraaville vuosille, luvussa 5.5.2.3 esitetyin poikkeuksin eli joustomahdollisuuksin. Merkittävällä tavalla ongelmaan törmättäneen esim. vuosia 2000-2006 koskevien RN:ien aikana mm. siinä tapauksessa, ettei EU laajene kahteenkymmeneenyhteen jäsenvaltioon vuonna 2002, kuten RN:iä laadittaessa ajateltiin (ks. vuoden 1999 TVS:n liite II; EYVL N:o C 172, 18.6.1999, 14-15 ja oikaisu C 322, 10.11.1999, 8), vaan esimerkiksi kahteenkymmeneenviiteen jäsenvaltioon vuonna 2004. Kysymykseen palataan vuoden 1999 TVS:n esittelyn yhteydessä.

[41]TTI tarkasteli samalla myös mahdollisuutta luopua kokonaan maksusitoumusmäärärahajärjestelmästä. Tätä vaihtoehtoa ei kuitenkaan nykyisellään pidetty mahdollisena. On myöskin epätodennäköistä, että neu-

vosto eräiden jäsenvaltioiden tiukasta vastustuksesta johtuen suostuisi VHA:n kokonaisuudistuksen yhteydessä luopumaan jaksottamattomien määrärahojen käytöstä rahoitusnäkymien otsakkeen "1a" (YMP-menot paitsi maaseudun kehittäminen) alaisten menojen yhteydessä.

[42]Yksinkertaistaen talousarviositoumus (budget commitment/ engagement budgétaire) on toimi (act/ acte) jolla maksuihin tarvittavat määrärahat varaudutaan suorittamaan talousarviosta myöhemmin oikeudellisen sitoumuksen mukaisesti. Oikeudellinen sitoumus (legal commitment/ engagement juridique) on puolestaan toimi, jolla tulojen- ja menojen hyväksyjä luo tai vahvistaa velvoitteen, josta aiheutuu meno talousarvioon. Erityisesti tuomioistuimen on kiinnittänyt huomiota yhtäältä sitoumusta edeltävän rahoitusta koskevan päätöksen ("sitoutumisen", jonka komissio tekee toimeenpanovaltansa rajoissa SETY 202 [ent. SETY, SEY 145] art. mukaisesti) ja toisaalta itse sitoumuksen tekemisen (joka perustuu komission talousarviota koskevan toimeenpanovaltaan SEY 274 [205] art. pohjalta) erottelemisen tärkeyteen (ks. Asia 16/88, 24.10.1989).

[43]Sunset clause –periaate otettiin käyttöön myös rakennerahastoja hallinnoinniltaan noudattavassa SAPARDissa (ks. Neuvoston asetus (EY) N:o 1268/1999, annettu 21 päivänä kesäkuuta 1999, yhteisön tuesta maataloutta ja maaseudun kehittämistä koskeville liittymistä valmisteleville toimenpiteille jäsenyyttä hakeneissa Keski- ja Itä-Euroopan maissa liittymistä edeltävänä aikana; EYVL N:o L 161, 26.6.1999, 87), johon liittyvissä Yhteisön ja hakijamaiden välisissä rahoitussopimuksissa määrätään: "The Commission shall automatically decommit [...] any part of a commitment which has not been settled by the payment on account or for which it has not received a payment application containing all elements to enable payment by the Commission [...] by the end of the second year following the year of commitment." Liittymistä edeltävään tukeen niin ikään luettava ISPA (Instrument structurel de préadhésion; ks. Neuvoston asetus (EY) N:o 1267/1999, annettu 21 päivänä 1999, liittymistä edeltävästä rakennepolitiikan välineestä; EYVL N:o L 161, 26.6.1999, 73), joka toimintatavoiltaan vastaa koheesiorahastoa, ei sen sijaan sisällä vastaavaa säädöstä, ts. sen kohdalla noudatetaan VHA:n yleissäännöksiä.

[44]Sillä hallintomenoista voidaan siirtää vain muita kuin henkilöstömenoja, suurin osa jaksottamattomia määrärahoja koskevista siirroista varainhoitovuodesta toiseen koskee luonnollisesti EMOTR:n tukiosaston menoja. Vuoteen 1998 siirrettiin tukiosaston määrärahoja automaattisesti ECU/EUR 82,4, vuoteen 1999 15,6 ja vuoteen 2000 105,3 miljoonaa. Lisäksi siirrettiin budjettivallan päätöksellä vuoteen 1999 400 ja vuoteen 2000 33,1 miljoonaa (ks. luku 5.2; vuoteen 1998 ei tehty yhtään automaattista siirtoa). Jos otetaan huomioon maatalousmenojen kokonaismäärä (ECU/EUR 40 805, 40 437 ja 40 440 miljoonaa), siirrot varainhoitovuodesta toiseen edustivat parhaimmillaan runsasta prosenttia menojen määrästä.

[45]Kysymykseen yleisten talousarvioiden loppusummista suhteutettuna sisäisen, ulkoisen ja ylivuotisen jouston määrään on tarkoitus palata erillisessä esityksessä.

[46]"There is no reason to believe that the implementation of Community programmes (most of which are ongoing and tend to suffer from late implementation in any case) depends on the continued existence of the so called arrangements for perpetuating authorisations to spend (carry forward of appropriations, reconstitution of appropriations on the basis of decommitments and recoveries, and "reuse" of revenue to authorise spending)".

[47]Erityisen hyviä esimerkkejä "huonosta finanssihallinnosta" ovat merkittävät siirrettyjen määrärahojen peruuntumiset (Strasserin katsontakannasta huolimatta, ks. luku 5.2) ottaen huomioon mm. ei-automaattisiin siirtoihin liittyvät perustelu- ym. vaatimukset.

[48]Ml. MAP [Modernisation de l'administration publique, so. EU:n hallinnon ja henkilöstöpolitiikan nykyaikaistamisohjelma] 2000, DECODE [Dessiner la Commission de demain, so. komission tulevaisuuden kartoitustyö] ja moitteetonta varainhoitoa käsittelevän henkilökohtaisten edustajien ryhmän [Personal Representatives Group on Sound Financial Management (PRG)/ Groupe des représentants personnels sur la bonne gestion financière (GRP)] työ (jälkimmäinen vuodesta 1996 lähtien). SEM 2000:sta ja sen eri vaiheista, MAP 2000:sta, DECODE-selvitystyöstä sekä PRG:n työn tuloksista, ks. esim. Evaluation... 1999, 17-78. SEM 2000:n kolmesta vaiheesta, ks. myös esim. Yataganas 1999, 414-421.

[49]Euroopan petostentorjuntavirasto (European Anti-Fraud Office/ Office européen de lutte antifraude).

[50]So. uudistukset on operationalisoitu – tähän saakka varsin rajoitetusti – ennen kaikkea VHA:n muutosten kautta (vrt. erityisesti seitsemäs muutossarja; loppuviite 51). On myös huomattava, että voimassaolevaa VHA:n soveltamisasetusta (3418/93), johon on nimensä ja VHA (1995) 139 art. mukaisesti kirjattu VHA:n soveltamista koskevat yksityiskohtaiset säännöt, ei ole uudistettu sitten vuoden 1993 (9.12.1993; EYVL N:o L 315, 16.12.1993), pl. päätökset koskien asetuksessa säädettyjen maksujen ajan tasalle saattamista (EYVL N:o L 239, 30.8.1997, 54 ja L 252, 12.9.1998, 67). Agenda 2000:een ja sen vaikutuksiin EU:n finanssihallintojärjestelmän joustavuuden kannalta palataan vuoden 1999 TVS:n esittelyn yhteydessä.

[51]Viimeisin suuri muutossarja eli nk. 7ème train (de modifications) hyväksyttiin marraskuussa 1998 (Asetus n:o 2548/98/EY, EHTY, Euratom, 23.11.1998; EYVL N:o L 320, 28.11.1998). Sen tarkoituksena oli kirjata VHA:een etenkin SEM 2000:n II vaiheen mukaisia uudistuksia (ks. esim. Kitzmantel 1999, 128). Kahdeksas muutossarja (Asetus n:o 2779/98/EY, EHTY, Euratom, 17.12.1998; EYVL N:o L 347, 23.12.1998) koski ennen kaikkea VHA:n teknisiä muutoksia mm. euron tulevasta käyttöönotosta johtuen. Viimeisin VHA:n muutos (koskien oikeusasiamiestä sekä talous- ja sosi-

aali- sekä alueiden komiteaa) hyväksyttiin 13.12.1999 (Asetus n:o 2673/1999/EY, EHTY, Euratom; EYVL N:o L 326, 18.12.1999). Käsittelyn alla on niin ikään komission muutosesitys (KOM(2000) 341 lopull.), jolla on tarkoitus muuttaa VHA:n 24 art. 5 k. erottamalla sisäisen tarkastuksen tehtävä (internal audit function/ fonction d'audit interne) ennakkovalvonnan tehtävästä (ex-ante financial control function/ fonction de contrôle financier ex-ante).

LÄHTEET

COM	Commission of the EC (European Commission)/ Commission des CE (Commission européenne)
EIPA	European Institute of Public Administration
ENA	École nationale d'administration
EPE	Les Echos du Parlement européen
EuR	Europarecht
EYVJT	Euroopan yhteisöjen virallisten julkaisujen toimisto
EYVL	Euroopan yhteisöjen virallinen lehti
HT	Hallinnon tutkimus/ Administrative Studies
IE	InterEconomics
JCMS	Journal of Common Market Studies
KOM	Euroopan komissio
OOPEC	Office for Official Publications of the EC
RFFP	Revue française de Finances publiques
RMC(&UE)	Revue du Marché Commun (et de l'Union Européenne)
RMUE	Revue du Marché Unique Européen
TTI	Tilintarkastustuomioistuin
*	Julkaisematon (Unpublished)

Baché, Jean-Pierre & Jouret, Philippe: Le budget de la Communauté après Maastricht. RMC&UE 35 (1992): 359 (juin). 559-572.

Bacy, Jean-Paul: Rapport d'information déposé par la Délégation de l'Assemblée nationale pour les Communautés européennes sur le financement de la Communauté européenne pour la période 1993-1999 (« Paquet Delors II »). Assemblée Nationale. Paris 1992.

Begg, Iain & Grimwade, Nigel: Paying for Europe. Contemporary European Studies, 2. Sheffield Academic Press. Sheffield 1998.

Bouvier, Michel: Prévision et programmation pluriannuelle dans un contexte d'incertitude. RFFP 10 (1992): 39. 16-28.

Brehon, Nicolas-Jean: Le budget de l'Europe. L.G.D.J. Finances publiques. Paris 1997.

Budjettikomitea: Varainhoitoasetuksen uudistaminen. 13807/98 FIN 458 ja COR 1 (varainhoitoasetuksen uudelleenlaatiminen). Bryssel 7.12.1998 ja 15.1.1999. *

Cartou, Louis: L'Union européenne. Traités de Paris - Rome - Maastricht. 2e édition. Editions Dalloz. Paris 1996.

Colom i Naval, Joan: Rahoitusnäkymien tarkistaminen: tilannekatsaus. Työasiakirja nro 1, budjettivaliokunta. PE 233.004. Bryssel 17.3.2000. *

COM(91) 100 final: The Development and Future of the CAP - Reflections Paper of the Commission. Communication of the Commission to the Council. Brussels 1 February 1991.

COM(91) 258 final/3: The Development and Future of the Common Agricultural Policy. Follow-up to the Reflections Paper (COM (91) 100 of 1 February 1991) - Proposals of the Commission. Communication of the Commission to the Council and to the European Parliament. Brussels 22 July 1991.

COM(92) 81 final: The system of own resources. Report presented by the Commission in accordance with Article 10 of the Decision on Own Resources. Brussels 10 March 1992.

COM(92) 82 final: Application of the Interinstitutional Agreement of 29 June 1988 on budgetary discipline and improvement of the budgetary procedure. Proposals for renewal. Report presented by the Commission under point 19 of the Agreement. Brussels 10 March 1992.

COM(92) 2000 final: From The Single Act To Maastricht and Beyond. The Means to Match Our Ambitions. Brussels 11 February 1992.

COM(92) 2001 final: The Community's Finances Between Now and 1997. Brussels 10 March 1992.

COM(94) 398 final: L'adaptation des perspectives financières en vue de l'élargissement de l'Union européenne. Proposition d'adaptation des perspectives financières annexées à l'Accord Interinstitutionnel du 29 Octobre 1993 sur la discipline budgétaire et l'amélioration de la procédure budgétaire en relation avec l'élargissement de l'Union européenne. Présentée par la Commission au Parlement et au Conseil en application du paragraphe 24 de l'Accord Interinstitutionnel. Communication de la Commission au Conseil et au Parlement européen. Bruxelles 04 octobre 1994.

Corbett, Richard: The European Parliament's Role in Closer EU Integration. MacMillan Press Ltd. London 1998.

Dell'Alba, Gianfranco: Komission valmisteluasiakirja varainhoitoasetuksen uudelleenlaatimisesta. Mietintö, budjettivaliokunta. PE 229.419/lop. Bryssel 18.3.1999. *

Dewit, Michel & Jouret, Philippe: L'élargissement et les finances publiques de l'Union européenne. RMC&UE 37 (1994): 380 (juillet-août). 437-443.

Douat, Etienne: Finances publiques. Finances communautaires, sociales et locales. Thémis Droit public. Presses Universitaires de France. Paris 1999.

Euroopan Parlamentin päätöslauselma, johon sisältyvät parlamentin ehdotukset hallitustenväliselle konferenssille (14094/1999 - C5-0341/1999 - 1999/0825(CNS)). A5-0086/2000. Hyväksytty torstaina 13. huhtikuuta 2000. (Ei vielä julkaistu

EYVL:ssä).
Euroopan unionin julkinen talous. Eurooppalaisen rahoitusjärjestelmän piirteet, säännöt ja toiminta. Painos 1995. KOM. EYVJT. Luxemburg 1996.
European Council in Edinburgh. 11-12 December, 1992. Conclusions of the Presidency. Council of the European Communities.
Evaluation of the implementation and results of SEM 2000 and its contribution to the overall management reform of the Commission. Final report. The Evaluation Partnership. Twickenham 15.7.1999.
Fernández-Fábregas, F. & Lentz, J.: Le budget 1993. Le déroulement de la procédure budgétaire : ses incidentes et son aboutissement. RMC&UE 36 (1993): 370 (juillet- août). 628-655.
General report on the activities of the European Communities. [XXIInd-XXVIth report]. OOPEC. Luxembourg [1989-1993].
Jouret, Philippe: Les conclusions d'Edimbourg sur le paquet "Delors II". RMC&UE 36 (1993): 368 (Mai). 391-404.
Jouret, Philippe: L'encadrement financier du budget général. Titre II. Dans: Les finances de l'Union européenne. Commentaire J. Mégret. Le droit de la CE et de l'Union européenne, Vol. 11. Deuxième édition (première édition en 1982). Editions de l'Université de Bruxelles. Bruxelles 1999.
Kitzmantel, Edith: Conclusions: Comment améliorer la gestion des dépenses communautaires. 125-133. In Roger Levy: Managing, Monitoring and Evaluating the EU Budget: Internal and External Perspectives. Current European Issues. EIPA. Maastricht 1999.
KOM(2000) 154 lopull.: Strategiset tavoitteet vuosina 2000-2005. Komission tiedonanto Euroopan parlamentille, neuvostolle, talous- ja sosiaalikomitealle sekä alueiden komitealle. EYVL N:o C 81, 21.3.2000.
KOM(2000) 200 lopull./2: Komission uudistaminen. Osat I ja II (toimintasuunnitelma). Valkoinen kirja. Bryssel 5.4.2000.
KOM(2000) 341 lopull.: Neuvoston asetus 21 päivänä joulukuuta 1977 annetun varainhoitoasetuksen muuttamisesta erottamalla sisäisen tarkastuksen tehtävä ennakkovalvonnan tehtävästä (varainhoitoasetuksen 24 artiklan viides kohta). Komission ehdotus. Bryssel 30.5.2000.
Käsikirja yhteisön talousarviosta. Vuoden 1999 painos. SEK(99) 1100 - FI. KOM. EYVJT. Luxemburg 1999.
La demande d'adhésion de la Suède (Numéro spécial). RMC&UE 35 (1992): 359 (Juin).
Laffan, Brigid: The Finances of the European Union. The European Union Series. MacMillan Press Ltd. London 1997.
Laffan, Brigid: The big budgetary bargains: from negotiation to authority. Journal of European Public Policy (2000). 725-743.
Laffan, Brigid & Shackleton, Michael: The Budget. Who Gets What, When, and How. 211-241. In Helen Wallace & William Wallace (Eds.): Policy-Making in the European Union. Fourth Edition. The New European Union Series. Oxford University Press. Oxford 2000.
L'élargissement de la Communauté, EPE (1993): 87 (Septembre). 15-21.
Lemoine, André et al.: Budget général des Communautés européennes. 209-226. Dans Loïc Philip (sous la direction de): Dictionnaire encyclopédique de finances publiques. Tome I. Ed. Economica. Paris 1991.
Logerot, François: L'évolution des instruments traditionnels de la pluriannualité: la gestion des autorisations de programme et le problème des reports de crédits. RFFP 10 (1992): 39. 33-37.
OECD: The control and management of government expenditure. Organisation for Economic Co-operation and Development. Paris 1987.
Rabaté, Laurent & Grapin, Pierre: Les problèmes posés par la pluriannualité budgétaire. RFFP 10 (1992): 39. 12-15.
Régnier-Heldmaier, Catherine: La genèse du système financier de l'Union européenne. Titre I. Dans: Les finances de l'Union européenne. Commentaire J. Mégret. Le droit de la CE et de l'Union européenne, Vol. 11. Deuxième édition (première édition en 1982). Editions de l'Université de Bruxelles. Bruxelles 1999.
Riippumaton asiantuntijakomitea. Ensimmäinen kertomus syytöksistä, jotka koskevat petoksia, huonoa hallintoa ja nepotismia Euroopan komissiossa. 15.3.1999a.
Riippumaton asiantuntijakomitea. Toinen kertomus komission uudistamisesta. Huonon hallinnon, sääntöjenvastaisuuksien ja petosten torjunnan nykyisen käytännön analyysi ja asiaa koskevia ehdotuksia. Osat I ja II. 10.9.1999b.
Saarilahti, Ilkka: Les conséquences financières de l'adhésion de la Finlande à l'Union européenne. ENA. Projet personnel. Paris 1994. *
Saarilahti, Ilkka & Uusikylä, Petri: Vuotuinen joustavuus suomalaisessa budjetoinnissa. HT 11 (1992): 1. 24-46.
Schmidhuber, Peter M.: Die Notwendigkeit einer neuen Finanzverfassung der EG. EuR 26 (1991): 4. 329-340.
Scott, Andrew: Financing the Community: the Delors II package. 69-88. In Juliet Lodge (Ed.): The European Community and the Challenge of the Future. Second Edition (First Edition in 1989). Pinter Publishers. London 1993.
SEK(1998) 1228 lopull.: Varainhoitoasetuksen uudelleenlaatiminen. Komission valmisteluasiakirja. Bryssel 22.7.1998. *
Shackleton, Michael: The Community Budget After Maastricht. 373-389. In Alan W Cafruny & Glenda G Rosenthal (Eds.): The State of the European Community. Volume Two: The Maastricht Debates and Beyond. Longman. Harlow 1993a.
Shackleton, Michael: Keynote Article: The Delors II

Liite. Erilaisia määrärahasiirtoja koskevat menettelytavat (perusperiaatteet) varainhoitoasetuksen (1994) mukaan.

Pl (Toimielin) ***Section (Institution)***	**Siirron laji**[a] ***Transfer type***[a]	**Hyväksyy** ***Approved by***	**Ehdot**[b] ***Conditions***[b]	**VHA** ***FR***
I (EP)	Kaikki[1] *All*[1]	EP	"Herrasmiessopimus"[2] *"Gentlemen's Agreement"*[2]	26 art. 2 k. *26 (2) art.*
II (Neuvosto) ***II (Council)***	Kaikki[1] *All*[1]	Neuvosto *Council*	"Herrasmiessopimus"[2] *"Gentlemen's Agreement"*[2]	26 art. 2 k. *26 (2) art.*
III (Komissio) ***III (Commission)*** **A osa** ***Part A***	Luku -> luku *Chapter -> Chapter*	Komissio *Commission*	Tieto budjettivallalle 3 viikkoa ennen siirron tekemistä *Inform Budgetary authority 3 weeks in advance*	26 art. 3 b) k. *26 (3b) art.*
	Momentti -> momentti[3] *Article -> Article*[3]	Komissio *Commission*	- -	26 art. 3 a) k. *26 (3a) art.*
III (Komissio) ***III (Commission)***	Alaluokka -> alaluokka *Subsection -> Subsection*	Budjettivalta[4] *Budgetary authority*[4]	Poikkeuksellinen, pois lukien siirrot alaluokasta *B0* (*takuut, varaukset*) "operatiivisille" budjettikohdille[7] *Exceptional, except transfers from Subsection B0 (Guarantees, reserves) to "operational" headings*[7]	
B osa* ***Part B****	Luku -> luku *Chapter -> Chapter*	Budjettivalta[4] *Budgetary authority*[4]	Siirtoesitykseen liitettävä mukaan aiheelliset ja yksityiskohtaiset perustelut *Proposal must be accompanied by detailed supporting information*	26 art. 4 k. *26 (4) art.*
	Luku -> luku (EMOTR:n tukiosasto) *Chapter -> Chapter* *(EAGGF-Guarantee)*	Budjettivalta[5,6] *Budgetary authority*[5,6]	Siirtoesitykset on tehtävä kuukautta ennen 31.1.*t+1* Esitys katsotaan hyväksytyksi, ellei neuvosto tee eriävää päätöstä 3 viikon kuluessa *Proposal must be made one month before 31.1.t+1* *Approval is deemed to have been given by the Council after three weeks*	26 art. 10 k. 104 art. 2 k. *26 (10) art.* *104 (2) art.*
	Momentti -> momentti[3] *Article -> Article*[3]	Komissio *Commission*	Tieto budjettivallalle 3 viikkoa ennen siirron tekemistä *Inform Budgetary authority 3 weeks in advance*	26 art. 3 a) k. *26 (3a) art.*
	Momentti -> momentti[3] (EMOTR:n tukiosasto) *Article -> Article*[3] *(EAGGF-Guarantee)*	Komissio *Commission*	Komission päätös ennen 31.1.*t+1* Budjettivallalle tieto siirrosta *Commission decision by 31.1.t+1* *Budgetary authority must be informed about transfers*	26 art. 10 k. 104 art. 1 k. *26 (10) art.* *104 (1) art.*
IV (Tuomioistuin) ***IV (Court of Justice)*** **V (Tilintarkastus-tuomioistuin)** ***V (Court of Auditors)***	Luku -> luku *Chapter -> Chapter*	Budjettivalta[4] *Budgetary authority*[4]	Siirtoesitykseen liitettävä mukaan aiheelliset ja yksityiskohtaiset perustelut Komissio voi liittää esitykseen lausuntonsa *Proposal must be accompanied by detailed supporting information* *The Commission may add an opinion*	26 art. 4 k. *26 (4) art.*
	Momentti -> momentti[3]	TI/TTI		26 art. 2 k.

Budget Package. JCMS 31 (1993b): Annual Review (August). 11-25.

Stahl, Gerhard: Is the European Community Facing a Fresh Financial Crisis? IE 1992 (March/April). 57-60.

Strasser, Daniel: Les Finances de l'Europe. Deuxième édition en français (première édition en français en 1975). Collection « Europe ». Fernand Nathan. Paris 1980.

Strasser, Daniel: The finances of Europe. The budgetary and financial law of the European Communities. Seventh edition (Third English Edition. First Edition in English in 1977). EUP. COM. Luxembourg 1992a.

Swinbank, Alan: CAP Reform, 1992. JCMS 31 (1993): 3 (September). 359-372.

Terrasse, Yves: Le budget de la Communauté européenne. Masson. Paris 1991.

The Community Budget: The Facts in Figures. 1989 Edition. OOPEC. Luxembourg 1989.

TTI. Lausunto n:o 4/97 ehdotuksesta neuvoston asetukseksi (Euratom, EHTY, EY) Euroopan yhteisöjen yleiseen talousarvioon sovellettavan 21 päivänä joulukuuta 1977 annetun varainhoitoasetuksen muuttamisesta. EYVL N:o C 57, 23.2.1998.

TTI. Vuosikertomus varainhoitovuodelta 1998. EYVL N:o C 349, 3.12.1999.

TTI:n ehdotukset hallitustenvälisessä konferenssissa. Luxemburg 18.4.2000b. (Ei vielä julkaistu EYVL:ssä).

van den Berge, Gerhard: Le Budget de l'Union européenne. 7-22. In Roger Levy: Managing, Monitoring and Evaluating the EU Budget: Internal and External Perspectives. Current European Issues. EIPA. Maastricht 1999.

Viscardini Donà, W.: La politique agricole commune et sa réforme. RMUE (1992): 3. 13-48.

Viscardini Donà, W.: La politique agricole commune et sa réforme (2e partie). RMUE (1993): 3. 87-117.

Walder, Stephan: The Budgetary Procedure of the European Economic Community. Böhlau Verlag. Vienna 1992.

Yataganas, Xenophon: L'exécution et le contrôle budgétaires. Titre V. Dans: Les finances de l'Union européenne. Commentaire J. Mégret. Le droit de la CE et de l'Union européenne, Vol. 11. Deuxième édition (première édition en 1982). Editions de l'Université de Bruxelles. Bruxelles 1999.

Zangl, Peter: The Financing of the Community after the Edinburgh European Council. IE 28 (1993): 3. 1-17.

Zangl, Peter: Política presupuestaria europea: situación y perspectivas. 21-45. En Isabel Mocoroa Vega (Coord.): Financiación y Política Presupuestaria de la Union Europea. Editorial Lex Nova. Valladolid 1997.

* Toimintamäärärahoja (muut hallintomäärärahoja)/ *Operating appropriations (others: Administrative appropriations)*

[a] Siirrot pääluokkien välillä eivät ole mahdollisia/ *Transfers between Sections are not possible*

[b] Toimielimen varainhoidon valvojan on vahvistettava hyväksymismerkinnällään kaikki määrärahasiirrot (VHA 26 art. 7 k.)/

[1] EP ja neuvosto voivat omissa TA:n pääluokissaan tehdä siirtoja luvusta toiseen ja momentista toiseen (VHA 26 art. 2 k.)/ *within their own sections of the budget (FR 26 (2) art.)*

[2] Budjettivallan edustajat eivät puutu toistensa pääluokkien hallinnointiin/ *The two arms of the Budgetary authority do not intervene in each other's budgetary management*

[3] Luvun sisällä/ *Within Chapter*

[4] PM: Neuvosto EP:ia kuultuaan määräenemmistöllä 6 viikon kuluessa (pl. kiireelliset tapaukset). Jos neuvosto ei tee ratkaisua määräajassa, siirtoehdotus katsotaan

EPM: EP kuultuaan neuvostoa (määräenemmistö) 6 viikon kuluessa (pl. kiireelliset tapaukset). Jos EP ei tee ratkais

PM ja EPM: Siirto katsotaan hyväksytyksi, jos neuvosto ja EP eivät ole tehneet kielteistä päätöstä 6 viikon kuluessa. Jos budjettivalta vähentää ehdotettua siirtomäärää, alhaisempi määrä katsotaan hyväksytyksi Jos toinen toimielimistä ei hyväksy siirtoa, sitä ei voida tehdä/ *For approval process, see FR 26 (5) art.*

[5] Hyväksymismenettelystä, ks. VHA 104 art. 2 k./ *For approval process, see FR 104 (2) art.*

[6] Siirrot rahoitusvarauksesta on tehtävä VHA 26 art. 5 k. mukaisesti/

[7] Usein lisäbudjetin avulla/ *Often in a SAB*

V. EU:n uusi varainhoitoasetus yleisen talousarvion joustavuuden kannalta. Ensimmäinen osa – vuotuinen ulkoinen jousto.
***Hallinnon tutkimus 23 (2004): 3.* 14-47.**

EU:n uusi varainhoitoasetus yleisen talousarvion joustavuuden kannalta

Ensimmäinen osa – vuotuinen ulkoinen jousto

Saarilahti Ilkka

ABSTRACT

The new Financial Regulation of the European Union and Budgetary Flexibility - Part I. Annual External Flexibility

This article, which is published in three parts, examines changes made by the new Financial Regulation (FR) adopted in 2002 to budgetary flexibility on the expenditure side of the General budget of the European Union. Part One deals with annual external flexibility, Part Two with annual internal flexibility and Part Three with multiannual flexibility.

The analysis is especially interesting considering the fact that the FR was intended to provide an instrument to fulfil the needs of modern financial management in the context of the administrative reform of the EU institutions' financial management system.

Concerning the most important form of annual external flexibility, amending budgets (AB), the FR abolishes the distinction (established by the previous Financial Regulation of 1977) between supplementary and amending budgets and establishes specific amending budgets to deal with the balance. This article also discusses the first interpretation disagreement concerning the FR between the European Parliament and the Council, related to the question of the establishment of draft amending budgets. The procedure leading to the establishment of AB No 1/2003 is presented at length in this respect.

In recent years, the number of amending budgets adopted in the EU has been on the increase (four supplementary and amending budgets adopted in 2001, six in 2002, seven amending budgets adopted in 2003 and eight by the end of September 2004, two preliminary draft amending budgets being furthermore under scrutiny by the Budgetary Authority). Reasons advanced to explain this development, that gives rise to concerns, are also analysed.

Keywords: Financial management, Budget reform, Budgetary flexibility, General budget of the European Union, Financial Regulation

1. JOHDANTO

Artikkelissa[1] tarkastellaan, mitä keskeisiä muutoksia uusi, neuvoston 25.6.2002 hyväksymä ja vuoden 2003 alusta lähtien sovellettu varainhoitoasetus [2] (Financial Regulation/ règlement financier; jäljempänä VHA) tuo Euroopan unionin yleisen talousarvion (TA) eri joustomuotoihin[3].

Tarkastelun tekee mielenkiintoiseksi se, että VHA:ta voidaan pitää EU:n 1990-luvun puolivälissä käynnistämän taloushallinnon uudistustyön (laajassa merkityksessä) eräänä keskeisimpänä "lainsäädännöllisenä lopputuotteena".

Siten, vaikka komission 22.7.1998 julkaisema valmisteluasiakirja varainhoitoasetuksen uudelleenlaatimisesta (SEK(1998) 1228 lopull.) olikin muodollisesti sen vastaus vuoden 1977 varainhoitoasetuksen nk. seitsemännen muutossarjan (7ème train; ks. HT 2002, loppuviite 51 ja artikkelin Liite I) herättämiin reaktioihin ja ennen kaikkea EY:n tilintarkastustuomioistuimen (TTI) 10.7.1997 antamaan lausuntoon nro 4/97 ehdotuksesta neuvoston asetukseksi vuoden 1977 varainhoitoasetuksen muuttamisesta[4] (TTI... 1998), ei sovi unohtaa esim. Agenda 2000-, SEM 2000- ja riippumattoman asiantuntijakomitean työn lopputulosten merkitystä[5] (ks. HT 2002, Loppusanat).

VHA sisältääkin siten esim. komission hallinnonuudistustyön [6] keskeiset tulokset siltä osin kuin ne koskevat talouden- ja varainhoitoa.

Toisaalta varainhoitoasetus on vain osa EU:n finanssioikeudellista säädöksiä ja uutta varainhoitoasetusta täydentää puolestaan sarja uusia tai uusittuja lakitekstejä, joista keskeisimmät ovat:

- VHA:n 183 artiklan mukaiset komission 23.12.2002 hyväksymät varainhoitoasetuksen soveltamissäännöt [7] (VSS; Rules for the implementation of the Financial Regulation/ modalités d'exécution du règlement financier). Nämä säännöt ovat lisäksi johtaneet uusittujen sisäisten toimeenpanosääntöjen hyväksymiseen eri toimielimissä ja vastaavissa,
- komission 19.11.2002 (VHA:n 185 artiklan pohjalta) hyväksymä "yhteisöjen perustamia elimiä" (eli käytännössä nk. EU:n erillisvirastoja, ks. artikkelin toinen osa, luku 3.2.6; vrt. esim. Saarilahti 2004, alaviite 12 ja Liite IV) koskeva varainhoidon puiteasetus [8] (Framework Financial Regulation/ règlement financier-cadre),
- neuvoston 19.12.2002 hyväksymä toimeenpanovirastojen (Executive agencies/ agences exécutives; ks. esim. Van Craeyenest & Saarilahti 2004b) perustamista säätelevä asetus[9],
- komission 21.9.2004 hyväksymä toimeenpanovirastojen varainhoidon malliasetus [10] (Standard Financial Regulation/ règlement financier-type).

Lisäksi neuvosto (yhdessä Euroopan parlamentin (EP) kanssa neljän yhteispäätösmenettelyllä perustetun erillisviraston tapauksessa) saattoi 18.6. ja 22.7.2003 kuudentoista EY:n erillisviraston perustamissäädösten [11] taloudelliset artiklat yhteensopiviksi VHA:n kanssa sekä mm. hyväksyi seitsemän säädöstä aikaisemmin ilman perussäädöstä TA:sta rahoitetuille avustuksille[12].

2. VUODEN 2002 VARAINHOITOASETUS

2.1 Yleiseen talousarvioon sovellettava varainhoitoasetus

Euroopan yhteisön perustamissopimuksen (SEY) 279 artiklan [13] 1 kohdan mukaan: "Neuvosto yksimielisesti komission ehdotuksesta sekä Euroopan parlamenttia kuultuaan ja tilintarkastustuomioistuimen lausunnon saatuaan:

a) antaa varainhoitoasetukset, joissa täsmennetään varsinkin talousarvion laatimista ja toteuttamista sekä tilinpäätöksen esittämistä ja tilintarkastusta koskevat yksityiskohtaiset säännöt;

b) vahvistaa säännöt varainhoidon valvojien [14], tulojen ja menojen hyväksyjien ja tilinpitäjien vastuusta sekä järjestää heidän toimintansa valvonnan."

Nizzan sopimus [15] (allekirjoitettu 26.2.2001, voimaan 1.2.2003) lisäsi SEY:n 279 artiklan 1 kohdan loppuun uuden lauseen, jonka mukaan "Neuvosto tekee ratkaisunsa 1. päivästä tammikuuta 2007 alkaen määräenemmistöllä komission ehdotuksesta Euroopan parlamenttia kuultuaan ja tilintarkastustuomioistuimen lausunnon saatuaan".

Varainhoitoasetus on siten neuvoston asetus ja uuden varainhoitoasetuksen hyväksymiseen (tai olemassa olevan varainhoitoasetuksen muuttamiseen) tarvitaan – komission ehdotuksen, EP:n kuulemisen ja tilintarkastustuomioistuimen lausunnon lisäksi – voimassaolevan perustamissopimuksen mukaan vuoden 2006 loppuun neuvoston yksimielinen päätös. EP:n "kuuleminen" tapahtuu 4.3.1975 annetun EP:n, neuvoston ja komission yhteisen julistuksen käyttöönottaman neuvottelumenettelyn [16] mukaisesti [17].

On huomattava, että varainhoitoasetus säätelee sekä talousarvion laatimista että toteuttamista (ks. esim. Saarilahti 2004, Kuvio 2). VHA siten erittelee EU:ssa noudatettavat budjettiperiaatteet sekä määrää mm. talousarvion rakenteesta, julkisista hankinnoista, avustuksista, tilinpäätöksestä, kirjanpidosta, ulkoisesta tarkastuksesta, vastuuvapaudesta ja eräitä EU:n toimintalohkoja koskevista erityissäännöksistä (ks. luku 2.3).

2.2 Vuoden 2002 VHA:n hyväksyminen

VHA:n hyväksymismenettely on esitetty pääpiirteissään Taulukossa 1. Taulukosta on yksinkertaisuuden vuoksi jätetty pois VHA:n uudistamiseen liittyvät lukuisat valmistelevat työt ja asiakirjat, kuten tilintarkastustuomioistuimen lausunto nro 4/97 tai komission valmisteluasiakirja varainhoitoasetuksen uudelleenlaatimiseksi [18] (ks. luku 1), toimielinten ja vastaavien sisäinen työskentely sekä lukuisat EP:n, neuvoston ja komission väliset tapaamiset ja neuvottelut [19].

Muodollisen lähtölaukauksen VHA:lle (SEY:n 279 artiklan mukaisesti) antoi komissio esittämällä 18.10.2000 ehdotuksensa neuvoston asetukseksi (EY, EHTY, Euratom) Euroopan yhteisöjen yleiseen talousarvioon sovellettavasta varainhoitoasetuksesta (KOM (2000) 461 lopullinen). Ehdotus esiteltiin ECOFIN-neuvostolle [20] ja EP:lle marraskuussa 2000.

Tilintarkastustuomioistuimen [21] (jäljempänä TTI... 2001b) ja talous- ja sosiaalikomitean (TSK) lausuntojen (hyväksytty 8.3.2001 ja 11.7.2001, TSK omasta aloitteestaan) sekä EP:n esittä-

Taulukko 1. Vuoden 2002 VHA:n hyväksyminen/ Adoption of the 2002 Financial Regulation.

	Päiväys ***Date***	**EYVL** ***OJEC***
Komission ehdotus *(KOM(2000) 461 lopullinen)* *Commission's Proposal (COM(2000) 461 final)*	17.10.2000	C 96 E, 27.3.2001, 1-39
Tilintarkastustuomioistuimen lausunto nro 2/2001 *Court of Auditors' Opinion No 2/2001*	8.3.2001	C 162, 5.6.2001, 1-97
Talous- ja sosiaalikomitean lausunto* *Economic and Social Committee's Opinion**	11.7.2001	C 260, 17.9.2001, 42-50
Euroopan parlamentin/ *European Parliament's***		
Tarkistukset/ *Amendments*	31.5.2001	
Lainsäädäntöpäätöslauselma/ *Legislative resolution*	29.11.2001	C 153 E, 27.6.2002, 236
Komission muutettu ehdotus *(KOM(2001) 691 lopull./2)* *Commission's Amended proposal (COM(2001) 691 final/2)*	10.1.2002	C 103 E, 30.4.2002, 292-330
Alustava ehdotus/ *Preliminary proposal*	*30.10.2001*	
KOM(2001) 691 lopull./ COM(2001) 691 final	*21.12.2001*	
Tilintarkastustuomioistuimen lausunto nro 2/2002* *Court of Auditors' Opinion No 2/2002**	21.2.2002	C 92, 17.4.2002, 1-12
Neuvoston yhteiset suuntaviivat** * *Council's Common orientation** **	27.5.2002	
EP:n ja neuvoston (sekä komission) välinen neuvottelukokous** * *Conciliation meeting (EP and Council, together with Commission)** **	4.6.2002	
Neuvosto antaa Asetuksen (EY, Euratom) N:o 1605/2002 *Council adopts Regulation (EC, Euratom) No 1605/2002*	25.6.2002	L 248, 16.9.2002, 1-48 L 25, 30.1.2003, 43** **
Soveltaminen *Application*	1.1.2003 alkaen *From 1.1.2003*	

* Omasta aloitteesta/ *Of own initiative*

** Tehostettu Hughes-menettely (budjetti- ja talousarvion valvontavaliokunta)/ *Enhanced Hughes procedure (Committee on Budgets and Committee on Budgetary Control)*

** * EP:n pyydettyä neuvottelumenettelyn (ks. EYVL C 89, 22.4.1975, 1-2) aloittamista/ *The EP having called for the conciliation procedure to be initiated*

** ** Oikaisu/ *Corrigendum*

mien tarkistusten [22] jälkeen komissio toimitti toimielimille alustavan muutetun ehdotuksensa 30.10.2001 [23]. Tämä perusteella EP äänesti lainsäädäntöpäätöslauselmastaan täysistunnossaan 29.11.2001 [24] (ks. Dussart 2002a, 144).

Ensimmäisen version lopullisesta muutetusta ehdotuksestaan komissio hyväksyi kokouksessaan 21.12.2001. Virallisen "lopullisen" muutetun ehdotuksensa komissio esitti 10.1.2002 (KOM (2001) 691 lopull./2).

TTI antoi 21.2.2002 omasta aloitteestaan lausunnon (nro 2/2002; EYVL C 92, 17.4.2002, 1-12; jäljempänä TTI... 2002a), jossa puututtiin muutetun ehdotuksen tilintarkastusta ja vastuuvapautta koskeviin artikloihin.

ECOFIN-neuvostossa 7.5.2002 saavutetun yhteisymmärryksen mukaisesti neuvosto laati uutta varainhoitoasetusta koskevat "yhteiset suuntaviivat" (eli "yhteisen näkemyksen" [25]) 27.5.2002.

Neuvottelumenettelyyn kuuluva neuvoston ja EP:n välinen "neuvottelukokous" [26], jota edelsi tärkeä valmisteleva kokous 28.5, pidettiin 4.6.2002 ECOFIN-neuvoston kokouksen yhteydessä Luxemburgissa, jolloin saatiin sovittua viimeinen avoinna oleva 86 artiklaan liittyvä kysymys [27]. Kokouksessa saavutetun yhteisymmärryksen jälkeen neuvosto hyväksyi VHA:n (nk. "I/A"-asiana) 25.6.2002 [28].

2.3 Vuoden 2002 VHA:n sisältö

Vuoden 2002 varainhoitoasetuksen rakenne ja sisältö on esitetty Taulukossa 2.

VHA:ssa on seuraavat osat, osastot, luvut ja artiklat:

- 3 osaa ("Yhteiset säännökset", "Erityissäännökset" ja "Siirtymä- ja loppusäännökset"),
- 16 osastoa (ensimmäinen osa sisältää 8, toinen osa 6 ja kolmas osa 2 osastoa),
- 36 lukua (ensimmäinen osa sisältää 31 ja toinen osa 5 lukua kolmannen osan ollessa jakautumatta lukuihin),
- 187 artiklaa (ensimmäinen osa sisältää 147, toinen osa 32 ja kolmas osa 8 artiklaa).

Lisäksi VHA sisältää (VHA:n 186 artiklan toisen kohdan mukaisesti) liitteenä vastaavuustaulukon vuoden 1977 varainhoitoasetuksen (muutoksineen) artikloiden ja kohtien kanssa.

Vertailun vuoksi: "alkuperäisessä muodossa" vuoden 1977 varainhoitoasetus sisälsi 110 artiklaa ja "viimeisessä", vuoden 2001 muutoksen ("Fast track") mukaisessa muodossa 147 artiklaa.

VHA:n toinen osa sisältää Euroopan maatalouden ohjaus- ja tukirahaston (EMOTR) tukiosastoa, rakennerahastoja [29], ulkoisia toimia, yhteisön virastoja [30] ja hallintomäärärahoja koskevia erityissäännöksiä (ks. luku 2.5.2 sekä artikkelin toinen ja kolmas osa). Periaatteena on, että VHA:n ensimmäisen osan säännöt koskevat myös näitä aloja paitsi jos toisessa osassa nimenomaisesti toisin määrätään. On huomattava, että esim. Euroopan unionista tehdyn sopimuksen (SEU) V ja VI osaston [31] (eli nk. toisen ja kolmannen pilarin, vrt. myös luku 2.5.1) tuloille ja menoille ei kirjattu omia erityissäännöksiä VHA:n toiseen osaan, ts. niiden kohdalla sovelletaan varainhoitoasetuksen yhteisiä sääntöjä.

2.4 Vuoden 2002 VHA:n erityispiirteitä

Komission hallinnonuudistustyön mukaisten muutosten huomioon ottamisen (ks. luku 1) lisäksi varainhoitoasetuksen uudistamisen johtoajatuksena oli EU:ssa noudatettavien budjettiperiaatteiden "selkiyttämisen" ja erilaisten taloushallinnon säännösten yhteenkokoaminen (ks. esim. Dussart 2002a, 144-145) sekä varainhoitoasetuksen "keventäminen" sikäli, että VHA:ssa säilytettäisiin ainoastaan perusperiaatteet ja -säännöt, samalla kun yksityiskohtaisemmat säännökset kirjattaisiin VSS:een. Julkilausuttuna tavoitteena (VHA:n johdanto-osan toisen kappaleen mukaisesti) oli "asettaa (eri säännöt) paremmin keskinäiseen arvojärjestykseen ja siten parantaa varainhoitoasetuksen selkeyttä".

Keventämis- ja selkiyttämistyö jäi eräiltä osin kesken, kuten artikkelissa esitetään [32]. On kuitenkin kiistatonta, että esim. varainhoitoasetuksen soveltamissäännöt sisältävät aikaisempaa enemmän sääntöjä ja ovat siten luonteeltaan totuttua "substantiaalisempia" (ks. esim. Van Craeyenest & Saarilahti 2004a, 7 ja 81 k.).

Komissio kiteyttää VHA:n ja VSS:n koonnoksessa (ks. viite 7) uudistukset seuraavasti:

> "Varainhoitoasetus on Euroopan unionin taloudenhoidon perusta. Siinä vahvistetaan ne tärkeimmät

Taulukko 2. Vuoden 2002 VHA:n sisältö/ Content of the 2002 Financial Regulation.

		Art.
Ensimmäinen osa: Yhteiset säännökset		**1-147**
I osasto	**Tarkoitus**	**1-2**
II osasto	**Budjettiperiaatteet**	**3-30**
1 luku	*Yhtenäisyyden ja talousarvion totuudenmukaisuuden periaatteet*	*4-5*
2 luku	*Vuotuisperiaate*	*6-13*
3 luku	*Tasapainoperiaate*	*14-15*
4 luku	*Laskentayksikön periaate*	*16*
5 luku	*Yleiskatteisuusperiaate*	*17-20*
6 luku	*Erittelyperiaate*	*21-26*
7 luku	*Moitteettoman varainhoidon periaate*	*27-28*
8 luku	*Seurattavuusperiaate*	*29-30*
III osasto	**Talousarvion laatiminen ja rakenne**	**31-47**
1 luku	*Talousarvion laatiminen*	*31-39*
2 luku	*Talousarvion rakenne ja esitystapa*	*40-47*
IV osasto	**Talousarvion toteuttaminen**	**48-87**
1 luku	*Yleiset säännökset*	*48-52*
2 luku	*Toteuttamistavat*	*53-57*
3 luku	*Taloushallinnon henkilöstö*	*58-63*
1 jakso	Tehtävien eriyttämisen periaate	58
2 jakso	Tulojen ja menojen hyväksyjä	59-60
3 jakso	Tilinpitäjä	61-62
4 jakso	Ennakoiden hoitaja	63
4 luku	*Taloushallinnon henkilöstön vastuualueet*	*64-68*
1 jakso	Yleiset säännöt	64-65
2 jakso	Valtuutettuihin ja edelleenvaltuutettuihin tulojen ja menojen hyväksyjiin sovellettavat säännöt	66
3 jakso	Tilinpitäjiin ja ennakoiden hoitajiin sovellettavat säännöt	67-68
5 luku	*Tulotapahtumat*	*69-74*
1 jakso	Omien varojen käyttöön asettaminen	69
2 jakso	Saamisennuste	70
3 jakso	Saamisten vahvistaminen	71
4 jakso	Perinnän hyväksyminen	72
5 jakso	Perintä	73-74
6 luku	*Menotapahtumat*	*75-83*
1 jakso	Menoihin sitoutuminen	76-78
2 jakso	Menojen vahvistaminen	79-80
3 jakso	Menojen hyväksyminen	81-82
4 jakso	Menojen maksaminen	81
5 jakso	Menotapahtumia koskevat määräajat	83
7 luku	*Tietojenkäsittelyjärjestelmät*	*84*
8 luku	*Sisäinen tarkastaja*	*85-87*
V osasto	**Julkiset hankinnat**	**88-107**
1 luku	*Yleiset säännökset*	*88-103*
1 jakso	Soveltamisala ja tarjouskilpailujen ratkaisuperiaatteet	88-89
2 jakso	Julkaiseminen	90
3 jakso	Hankintamenettely	91-101
4 jakso	Vakuudet ja valvonta	102-103
2 luku	*Yhteisöjen toimielinten omaan lukuunsa tekemiin hankintoihin sovellettavat säännökset*	*104-107*
VI osasto	**Avustukset**	**108-120**
1 luku	*Soveltamisala*	*108*
2 luku	*Avustusten myöntämistä koskevat periaatteet*	*109-113*
3 luku	*Myöntämismenettely*	*114-116*
4 luku	*Maksaminen ja valvonta*	*117-119*
5 luku	*Toteuttaminen*	*120*
VII osasto	**Tilinpäätös ja kirjanpito**	**121-138**
1 luku	*Tilinpäätös*	*121-129*
2 luku	*Talousarvion toteuttamisen aikana toimitettavat tiedot*	*130-131*
3 luku	*Kirjanpito*	*132-137*
1 jakso	Yhteiset säännökset	132-133
2 jakso	Liikekirjanpito	134-136
3 jakso	Talousarviokirjanpito	137
4 luku	*Omaisuusluettelo*	*138*
VIII osasto	**Ulkoinen tarkastus ja vastuuvapaus**	**139-147**
1 luku	*Ulkoinen tarkastus*	*139-144*
2 luku	*Vastuuvapaus*	*145-147*
Toinen osa: Erityissäännökset		**148-179**
I osasto	**Euroopan maatalouden ohjaus- ja tukirahaston tukiosasto**	**148-154**
II osasto	**Rakennerahastot**	**155-159**
III osasto	**Tutkimus**	**160-161**
IV osasto	**Ulkoiset toimet**	**162-170**
1 luku	*Yleiset säännökset*	*162*
2 luku	*Toimien toteuttaminen*	*163-166*
3 luku	*Julkiset hankinnat*	*167-168*
4 luku	*Avustusten myöntäminen*	*169*
5 luku	*Tilien tarkastaminen*	*170*
V osasto	**Yhteisön virastot**	**171-176**
VI osasto	**Hallintomäärärahat**	**177-179**
Kolmas osa: Siirtymä- ja loppusäännökset		**180-187**
I osasto	**Siirtymäsäännökset**	**180-181**
II osasto	**Loppusäännökset**	**182-187**

Liite: Vastaavuustaulukko (vuosien 1977 ja 2002 varainhoitoasetukset)

säännöt ja periaatteet, joita sovelletaan talousarvion laatimisessa ja toteuttamisessa sekä yhteisön varainhoidon valvonnassa.

Uuden varainhoitoasetuksen tueksi tarvitaan soveltamissääntöjä, jotka sisältävät varainhoitoasetuksen soveltamiselle välttämättömät yksityiskohtaiset tekniset säännökset. Yhdessä nämä kaksi asetusta muodostavat kattavan lainsäädäntökehyksen, joka vastaa nykyaikaisen taloudenhoidon tarpeita. Niiden voimaantulo 1. tammikuuta 2003 merkitsi, että yksi Euroopan komission 1. maaliskuuta 2000 julkistamassa hallinnonuudistusta käsittelevässä valkoisessa kirjassa asetetuista tavoitteista – toimielinten varainhoitojärjestelmän uudistaminen – oli saavutettu. Komission yksiköiden määrätietoinen työ sekä Euroopan parlamentin, neuvoston ja tilintarkastustuomioistuimen tarjoama tuki mahdollistivat sen, että tämänkaltainen merkittävä uudistus pystyttiin toteuttamaan niinkin lyhyessä määräajassa.

Uudet säännökset sisältävät muun muassa seuraavat uudistukset: taloushallintohenkilöstön tehtävien uudelleenmäärittely, jolla pyritään tulojen ja menojen hyväksyjien vastuun lisäämiseen, avustuksia koskevien säännösten antaminen, julkisia hankintoja koskevien direktiivien voimaansaattaminen Euroopan unionin tasolla, kirjanpitosäännöstön uudistusperiaatteiden määrittäminen sekä toimintoperusteiseen budjetointiin tarkoitetun nimikkeistön laatiminen."

2.5 Budjettiperiaatteet ja niiden poikkeukset

2.5.1 Periaatteet

VHA:ssa talousarvion laatimisessa ja toteuttamisessa noudatettavat yhdeksän [33] budjettiperiaatetta (Budgetary principles/ principes budgétaires) eli yhtenäisyyden, talousarvion totuudenmukaisuuden, vuotuisuuden, tasapainon, laskentayksikön, yleiskatteisuuden, erittelyn, moitteettoman varainhoidon sekä seurattavuuden periaatteet (VHA:n 3 artikla) on koottu komission esityksen mukaisesti asetuksen alkuun samaan osastoon [34]. "Budjettiperiaatteet"-osasto koostuu 8 luvusta ja 28 artiklasta (ks. Taulukko 2).

Periaatteet sisältöineen ja varainhoitoasetuksen artikloineen on koottu Taulukkoon 3. Taulukkoon on niin ikään merkitty, mihin perustamissopimuksen kohtaan budjettiperiaatteet perustuvat. Tässä artikkelissa ei valitettavasti ole mahdollista esitellä sen tarkemmin eri periaatteita [35] – alla on kuitenkin lyhyesti kuvattu keskeisimmät muutokset verrattuna vuoden 1977 varainhoitoasetukseen.

VHA kirjaa ensinnäkin budjettiperiaatteiden rinnalle kaksi uutta periaatetta, seurattavuuden (Principle of transparency/ principe de transparence) ja talousarvion totuudenmukaisuuden (Principle of budget accuracy/ principe de vérité budgétaire) periaatteet. Ensiksi mainittu perustuu komission ehdotukseen (ehdotuksen suomenkielinen versio puhuu "avoimuuden periaatteesta" "seurattavuuden periaatteen" sijasta; ks. Taulukko 3), toiseksi mainittu taas on neuvoston lisäys.

Seurattavuusperiaatteen osalta Euroopan unionin toiminnan rahoitus –teos (Euroopan unionin... 2002, 166-167) perustelee komission ehdotusta seuraavasti: "Seurattavuusperiaate, jota sovellettaisiin koko talousarviomenettelyyn, tarkoittaa talousarvion, lisätalousarvioiden ja tilinpäätösten julkisuusvelvoitetta [36] sekä velvoitetta toimittaa budjettivallan käyttäjälle ja tilintarkastustuomioistuimelle tietoja. Komission kuukausittaiset ja neljännesvuosittaiset selvitykset talousarvion täytäntöönpanon etenemisestä ovat olennainen esimerkki tämän periaatteen soveltamisesta" [37].

Seurattavuusperiaate ei perustu perustamissopimuksen varainhoitoa koskeviin määräyksiin. On kuitenkin ymmärrettävää [38], että komissio halusi korostaa VHA:ssa seurattavuuden (avoimuuden) merkitystä ei ainoastaan talousarvion hyväksymisen vaan myös sen toimeenpanon yhteydessä.

Talousarvion totuudenmukaisuuden periaatteen mukaan, siten kuin se on kirjattu VHA:n 5 artiklan 3 kohtaan, "(t)alousarvioon saadaan ottaa määrärahoja vain tarpeelliseksi katsottuja menoja varten". Totuudenmukaisuuden periaate tunnetaan mm. Saksan ja Itävallan budjettijärjestelmissä [39] nimellä "Prinzip der Haushaltswahrheit", eikä vaatimus periaatteen sisällyttämisestä yleiseen varainhoitoasetukseen ole uusi (ks. esim. Van Craeyenest & Saarilahti 2004a, 22 k.).

Komission alkuperäinen ja muutettu ehdotus eivät sisältäneet periaatetta sellaisenaan, mutta

Taulukko 3. Vuoden 2002 VHA:n erittelemät budjettiperiaatteet/ Budgetary principles included in the 2002 Financial Regulation.

Periaate	*Principle of*	*Principe de*	SEY/ *TEC*	VHA/ *FR*	Sisältö/ *Content*
Yhtenäisyyden	*Unity*	*Unité*	268 art. 1 ja 2* k.	4 ja 5 art.	TA on säädös, jossa arvioidaan ja vahvistetaan joka vuodeksi kaikki EY:n ja Euratomin tarpeellisiksi katsotut tulot ja menot *The General budget is the instrument which, for each financial year, forecasts and authorises all revenue and expenditure considered necessary for the EC and Euratom*
TA:n totuudenmukaisuuden[a]	*Budget accuracy*[a]	*Vérité budgétaire*	[268 art. 1 k.]	5 art. 3 k.	TA:oon saadaan ottaa määrärahoja vain tarpeelliseksi katsottuja menoja varten *An appropriation may not be entered in the General budget if it is not for an item of expenditure considered necessary*
Vuotuis-[1]	*Annuality*	*Annualité*	271 art. 1 k.**	6-13 art.	TA:oon otetaan määrärahat yhden varainhoitovuoden (1.1.-31.12.*t*) ajaksi *The appropriations entered in the General budget shall be authorised for one financial year (1.1.-31.12.t)*
Tasapaino-	*Equilibrium*	*Equilibre*	268 art. 3 k.	14 ja 15 art.	TA:n tulojen ja maksumäärärahojen (MMR) on oltava tasapainossa *Budget revenue and payment appropriations (PA) must be in balance*
Laskentayksikön	*Unit of account*	*Unité de compte*	277 art.	16 art.	TA laaditaan, toteutetaan ja tilinpäätös esitetään euroina *The General budget shall be drawn up and implemented in euro and the accounts shall be presented in euro*
Yleiskatteisuus-[2 b]	*Universality* [b]	*Universalité*	** * [c]	17-20 art.	Tulojen kokonaismäärän on katettava MMR; tulot ja menot otetaan TA:oon vähentämättä niitä toisistaan *Total revenue shall cover total PA; All revenue and expenditure shall be entered in full without any adjustment against each other*
Erittely-[3]	*Specification*	*Spécialité*	271 art. 3 k.** **	21-26 art.	Määrärahat eritellään osastoittain ja luvuittain; luvut jaetaan momentteihin ja alamomentteihin *Appropriations shall be earmarked for specific purposes by Title and Chapter; Chapters shall be further subdivided into Articles and Items*
Moitteettoman varainhoidon[4]	*Sound financial management*	*Bonne gestion financière*	274 art. 1 k.** ** *	27 ja 28 art.	Määrärahat käytetään taloudellisuuden, tehokkuuden ja vaikuttavuuden periaatteiden mukaisesti *Budget appropriations shall be used in accordance with the principles of economy, efficiency and effectiveness*
Seurattavuus-[5]	*Transparency*	*Transparence*	***	29 ja 30 art.	TA, lisätalousarviot, konsolidoitu tilinpäätös ja erilaiset kertomukset julkaistaan lopullisessa muodossaan EUVL:ssä *The adopted General budget, amending budgets, consolidated accounts and various financial management reports shall be published in the OJEU*

Komission ehdotuksessa (*KOM(2000) 461 lopullinen*): [1] vuotuisuuden periaate; [2] kokonaisvaltaisuuden periaate; [3] menojen määriteltävyyden periaate; [4] moitteettoman taloudenhoidon periaate; [5] avoimuuden periaate

[a] Ei sisältynyt komission ehdotukseen/ *Not included in Commission's proposal*

[b] Jaetaan usein brutto- ja tulojen sitomattomuusperiaatteeseen ("korvamerkitsemiskielto"; ks. esim. *Euroopan unionin...* 2002, 137-139)/ *A distinction between the gross budget and the non-assignment principles (rules) is often made*

[c] Komission mukaan perustuu perustamissopimuksen 268 artiklaan, jonka mukaan "Kaikki yhteisön tulot ja menot [...] otetaan talousarvioon" (*KOM(2000) 461 lopullinen*, 9)/ *See, however, COM(2000) 461 final, p. 9*

* Yhteistä ulko- ja turvallisuuspolitiikkaa sekä rikosasioissa tehtävää poliisi- ja oikeudellista yhteistyötä koskevat menot (mikäli rahoitus suoritetaan TA:sta)/ *PESC and JAI expenditure (if financed from the General budget)*

** Vrt. myös perustamissopimuksen 268 artiklan 1 kohta ja 272 artiklan 1 kohta/ *See also Art. 268 (1) and 272 (1) of the Treaty*

** * Ei mainintaa perustamissopimuksen varainhoitoa koskevissa määräyksissä/ *Not mentioned in the Financial provisions of the Treaty*

** ** Vrt. myös perustamissopimuksen 274 artiklan 3 kohta/ *See also Art. 274(3) of the Treaty*

** ** * Vrt. myös perustamissopimuksen 248 artiklan 2 kohta/ *See also Art. 248(2) of the Treaty*

ennen kaikkea Itävallan painokkaasta vaatimuksesta se lopulta kirjattiin VHA:een, tosin ei omaan lukuun (kuten muut periaatteet) eikä edes omaan artiklaan, vaan varsin keinotekoisesti yhtenäisyyden periaatteen (Principle of unity/ principe d'unité) rinnalle samaan lukuun, erilliseksi kohdaksi 5 artiklan alle [40].

Muiden periaatteiden osalta VHA tuo mukanaan eräitä uudistuksia mm. yhtenäisyyden periaatteeseen (ks. myös artikkelin toinen ja kolmas osa). Siten EY:n (ja Euratomin) tulojen ja menojen lisäksi varainhoitoasetusta sovelletaan myös SEU:n toisen ja kolmannen pilarin (ks. luku 2.3) alaa koskevista määräyksistä toimielimille aiheutuviin hallintomenoihin sekä näiden määräysten täytäntöönpanosta johtuviin toimintamenoihin, jos ne suoritetaan talousarviosta (ks. SEY:n 268 artiklan toinen kohta sekä SEU:n 28 artiklan 2 ja 3 kohta ja 41 artiklan 2 ja 3 kohta). Muuten VHA (4 ja 5 artikla) säilyttää aikaisemman status quon (eli esim. Euroopan kehitysrahastojen pitämisen TA:n ulkopuolella sekä ainoastaan yhteisöjen lainanotto- ja -antotoimintaan liittyvien takausten ja takuurahastoon tehtyjen suoritusten ottaminen talousarvioon; ks. esim. Saarilahti 2004, luku 2). Euroopan hiili- ja teräsyhteisöä koskevan perustamissopimuksen lakattua olemasta voimassa (ks. viite 13) VHA ei ymmärrettävästi enää sisällä viittauksia hiili- ja teräsyhteisöön tai sen talousarvioihin [41].

Tasapainoperiaatteen (Principle of equilibrium/ principe d'équilibre) osalta VHA:ssa täsmennetään yhteisöjen toimielinten ja vastaavien lainakieltoa [42] (14 artiklan 2 kohta; ks. esim. Van Craeyenest & Saarilahti 2004a, 29 ja 30 k.). EP:n aloitteesta kielto ulotettiin koskemaan myös VHA:n 185 artiklassa tarkoitettuja yhteisöjen perustamia elimiä (ks. artikkelin toinen osa, luku 3.2.6).

Erittelyperiaatteen (Principle of specification/ principe de spécialité) ja etenkin TA:n rakenteen sekä esitystavan osalta neuvosto pyrki kirjaamaan varainhoitoasetukseen (sen 46 artiklaan) pysyvän kantansa mukaisesti (ks. esim. Saarilahti 2004, luku 3.4) lauseen, jonka mukaan selvitysosat eivät ole (juridisesti) sitovia. Euroopan parlamentin (joka on menestyksellisesti käyttänyt selvitysosia omien talousarviopäämääriensä saavuttamiseksi) tiukasta vastustuksesta johtuen päädyttiin lopulta ratkaisuun, jonka mukaan kysymystä selvitysosien sitovuudesta ei käsitellä VHA:ssa. Eräs kolmikantakokoukseen (ks. viite 19) osallistunut EP:n jäsen totesikin: "Budjettivallan käyttäjät tietävät kuitenkin tarkasti, missä pitäytyä tältä osin" (tuomioistuimen tuomioiden ja ratkaisujen sekä komission omaksumien käytäntöjen jälkeen; ks. esim. Van Craeyenest & Saarilahti 2004a, 54 k.).

VHA:ssa myös ulotetaan laskentayksikön periaate (Principle of unit of account/ principe d'unité de compte) koskemaan laadinnan ja tilinpäätöksen lisäksi myös talousarvion toteuttamista [43]. Kaikki tilejä, maksuja ja takaisinperintöjä koskevat tapahtumat tulisi laatia euroina niin euromaissa kuin euroalueen ulkopuolisissa jäsenvaltioissa – ja jopa EU:n ulkopuolella.

Moitteettoman varainhoidon periaatteen (Principle of sound financial management/ principe de bonne gestion financière) osalta vuoden 1977 varainhoitoasetuksen 2 artikla tyytyi ainoastaan toteamaan, että "(t)alousarviomäärärahat on käytettävä taloudellisuuden ja moitteettoman varainhoidon periaatteiden mukaisesti" [44]. Vuoden 1977 varainhoitoasetuksen vuoden 1990 muutoksella tarkennettiin artiklaa seuraavasti: "Talousarviomäärärahat on käytettävä moitteettoman varainhoidon periaatteiden sekä erityisesti taloudellisuuden ja kustannusvaikuttavuuden periaatteiden mukaisesti. On määritettävä määrinä ilmaistavia tavoitteita ja taattava niiden toteuttamisen seuranta" [45].

VHA:n 27 artiklassa määrätään [46]:

"1. Talousarviomäärärahat on käytettävä moitteettoman varainhoidon periaatteen eli taloudellisuuden, tehokkuuden ja vaikuttavuuden periaatteiden mukaisesti.

2. Taloudellisuuden periaate edellyttää, että varat, joita toimielin käyttää toimintojensa toteuttamiseksi, ovat käytettävissä oikeaan aikaan ja että ne ovat määrältään riittävät, laadultaan asianmukaiset sekä kustannuksiltaan mahdollisimman edulliset.

   Tehokkuuden periaatteen tarkoituksena on saavuttaa käytetyillä varoilla parhaat mahdolliset tulokset.

   Vaikuttavuuden periaatteen tarkoituksena on saavuttaa toiminnalle asetetut tavoitteet ja siltä odotetut tulokset.

3. Kaikille talousarvion kattamille toiminnan aloille on vahvistettava erityiset mitattavissa ja toteutettavissa olevat, asiaan kuuluvat ja ajallisesti määrätyt tavoitteet. Näiden tavoit-

teiden toteuttamista valvotaan toiminnoittain vahvistettujen tulosindikaattoreiden avulla, ja menosta vastaavat hallinnot toimittavat tiedot budjettivallan käyttäjälle (...).

4. Päätöksenteon tehostamiseksi toimielimet arvioivat ohjelmia tai toimintoja etu- ja jälkikäteen komission määrittämien suuntaviivojen mukaisesti. Arviointia sovelletaan kaikkiin ohjelmiin ja toimiin, joista aiheutuu huomattavia menoja, ja arviointien tulokset ilmoitetaan menosta vastaaville hallinnoille sekä lainsäädäntö- ja budjettivallan käyttäjille." [47]

VHA siten muuttaa osaltaan aikaisemmin lähinnä "tavoitesäännökseksi jääneen moitteettoman varainhoidon periaatteen sisällön [aikaisempaa voimakkaammin] tuloksellisuuden tulkiksi eli yhteisövaroilla saatujen aikaansaamisien ja aikaansaamattomuuden analysointivälineeksi" (Myllymäki 2001, 39-40).

On myös huomattava, että VHA:n 2 artikla, jonka mukaan "(k)aikkien muissa säädöksissä olevien säännösten, jotka liittyvät talousarvion toteuttamiseen tuloina tai menoina, on noudatettava (VHA:n) II osastossa esitettyjä budjettiperiaatteita", vahvistaa varainhoitoasetuksen yleistä kantavuutta.

Artiklalla, joka pohjautuu EP:n tekemään tarkistukseen, jonka komissio sisällytti muutettuun ehdotukseensa, ja jonka neuvosto lopulta hyväksyi, pyritään ennen kaikkea välttämään se, että lainsäätäjä sisällyttäisi muihin säädöksiin kuin varainhoitoasetukseen sellaisia säännöksiä, jotka olisivat ristiriidassa varainhoitoasetukseen kirjattujen budjettiperiaatteiden kanssa tai niiden vastaisia. Artiklan tarkoituksena on siten estää, että lainsäätäjä voisi – tavalla tai toisella – kiertää em. budjettiperiaatteita, tai "vähentää" niiden kantavuutta lainsäädäntövaltaa käyttäessään.

On kuitenkin huomattava, ettei EY:n oikeusjärjestyksessä vallitse – esitetyistä vastakkaisista näkemyksistä huolimatta [48] – varainhoitoasetuksen "etusijaa" (normihierarkia-merkityksessä; Primacy/ primauté) suhteessa muihin säädöksiin (eikä edes eri säädöksiin sisältyviin "taloudenhoitoa" käsitteleviin artikloihin nähden), vaan pikemminkin "täydentävyyssuhde", eikä VHA:n 2 artikla voi siten tarjota mitään sataprosenttista suojaa em. menettelyjä vastaan. On tietenkin samalla selvää että siinä määrin kuin budjettiperiaatteista määrätään perustamissopimuksessa, lainsäätäjän on noudatettava niitä sekundäärilainsäädännössä primaarilainsäädännön ensisijaisuuden takia.

2.5.2 Poikkeukset budjettiperiaatteisiin

Perustamissopimukset sallivat luvussa 2.5.1 esitettyihin budjettiperiaatteisiin vaihtelevan määrän poikkeuksia [49]. Toisaalta perustamissopimuksissa viitataan varainhoitoasetuksessa annettuihin poikkeuksiin ja lisäsääntöihin. Varainhoitoasetuksilla ja niiden muutoksilla onkin vuosien varrella lisätty – usein "epäsuoralla tavalla" – tuntuvalla tavalla poikkeusten määrää erityisesti tilintarkastustuomioistuimen [50] (mutta toisinaan myös komission [51]) esittämistä huomautuksista ja kritiikistä huolimatta. Myös EP on osittain yhtynyt arvosteluun.

Yksinkertaistamisen (ks. luku 2.5.1) lisäksi kantavana ajatuksena komission varainhoitoasetuksen uudelleenlaatimisehdotuksessa oli erilaisten poikkeusten karsiminen budjettiperiaatteiden soveltamisen osalta.

Omien sanojensa mukaan taistelussaan "piilotettuja poikkeuksia" ja "mikrohallinnointiin" (ks. HT 2002, 164) johtavia käytäntöjä vastaan komissio esitti luopumista mm. negatiivisista tuloista ja menoista, jaksottamattomista määrärahoista, pääluokan III jakamisesta A ja B osiin [52] (yksinomaan toimintoperusteiseen budjetointiin siirtymisen yhteydessä) sekä laskentayksikön ja avoimuuden (seurattavuuden) periaatteiden poikkeuksista (ks. KOM(2000) 461 lopullinen). Tilintarkastustuomioistuin suhtautui lausunnossaan (ks. TTI... 2001b [53]) komission esittämiin ajatuksiin periaatteessa varsin myönteisesti. Se katsoi kuitenkin, että erilaisten poikkeusten määrä pysyisi tämänkin jälkeen liian suurena (ks. artikkelin toinen ja kolmas osa).

Taulukkoon 4 on koottu keskeiset VHA:ssa säilytetyt eri budjettiperiaatteille sallitut poikkeukset [54]. Taulukossa on samalla esitetty alleviivauksin, mitkä poikkeukset poistuivat verrattuna vuoden 1977 varainhoitoasetukseen muutoksineen.

Hakasuluin osoitetaan, ettei poikkeus puhtaasti tai pääsääntöisesti kohdistu ao. periaatteeseen tai että kysymyksessä on varsin poikkeuksellinen tai erikoislaatuinen menettely (kuten väliaikaisten kahdestoistaosien tapauksessa).

Siten esim. komissio katsoo Euroopan unionin toiminnan rahoitus -teoksessa (Euroopan unionin ... 2002, 148), että rahoitusnäkymät eivät ole

Taulukko 4. Vuoden 2002 VHA:ssa budjettiperiaatteille sallitut keskeiset poikkeukset/ Main exceptions to the budgetary principles permitted by the 2002 Financial Regulation.

Periaate/ *Principle of*	Poikkeukset/ *Exceptions*
Yhtenäisyyden/ *Unity*	TA:oon sisältymättömät talousarviot ja toiminnot*/ *Budgets separate from the General budget and financial instruments and activities not covered by the General budget**
Totuudenmukaisuuden/ *Accuracy*	[Negatiivinen varaus**/ *Negative reserve***]
Vuotuis-/ *Annuality*	Jaksotetut määrärahat/ *Differentiated appropriations* Määrärahojen sitominen kerralla ja talousarviositoumusten jakaminen vuotuisiin eriin/ *Global commitments and budgetary commitments in annual instalments* Määrärahojen siirtäminen varainhoitovuodelta toiselle/ *Transfers of appropriations from one year to the other (carry overs)* Erilaiset lisäkaudet sekä määrärahojen voimassaolon jatkaminen/ *Additional and complementary periods and prolongation of validity of appropriations* [a] Erityissäännöt EMOTR:n** *, ulkoisten toimien menojen ja hallintomäärärahojen osalta (VHA:n toisen osan I, IV ja VI osastot)/ *Special rules applicable to the EAGGF** *, External actions and Administrative appropriations (FR Part II, Titles I, IV and VI)* [Rahoitusnäkymät/ *Financial perspective*] [Väliaikaiset kahdestoistaosat/ *Provisional twelfths*]
Tasapaino-/ *Equilibrium*	Ei yleisiä poikkeuksia** **/ *No general exceptions*** ** [Negatiivinen varaus/ *Negative reserve*]
Laskentayksikön/ *Unit of account*	Tilinpitäjien ja ennakoiden hoitajien oikeus suorittaa tiettyjä maksutapahtumia kansallisissa valuutoissa/ *Accounting officers and imprest administrators are authorised to carry out some operations in national currencies*
Yleiskatteisuus-/ *Universality*	Käyttötarkoitukseensa sidotut tulot** ** */ *Assigned revenue*** ** * Etumaksujen takaisinmaksut ja määrärahojen uudelleenkäyttö/ *Repayments of payments on account and reuse* [a] Negatiiviset tulot/ *Negative revenues* [a] Negatiiviset menot/ *Negative expenditure* Erityissäännöt laskujen ja maksupyyntöjen osalta (nettoutusperiaate** ** **)/ *Special provisions concerning the specific case of invoices and requests for payment*** ** ** Mahdollisuus ottaa vapautettuja määrärahoja uudelleen käyttöön** ** */ *Ways of reconstituting decommitted appropriations*** ** * Erityissäännöt rakennerahastojen (mm. ennakkomaksujen palauttamisen) ja tutkimuksen osalta (VHA:n toisen osan II ja III osastot)/ *Special rules applicable to Structural Funds and Research (FR Part II, Titles II and III)* Rahoitusvaraus/ *Monetary reserve* [a]
Erittely-/ *Specification*	Määrärahojen siirrot varainhoitovuoden aikana/ *Transfers of appropriations* Varaukset** ** ** */ *Reserves*** ** ** * Erityissäännöt EMOTR:n tukiosaston, rakennerahastojen sekä tukimusmäärärahojen osalta (ml. Yhteisen tutkimuskeskuksen menot; VHA:n toisen osan I, II ja III osasto)/ *Special rules applicable to the EAGGF-Guarantee Section, to Structural Funds and to Research (incl. Joint Research Centre; FR Part II, Titles I, II and III)*
Moitteettoman varainhoidon/ *SFM*	Ei poikkeuksia/ *No exceptions*
Seurattavuus-/ *Transparency*	Negatiiviset menot/ *Negative expenditure* Negatiivinen varaus**/ *Negative reserve*** Negatiiviset tulot/ *Negative revenues* [a]

[a] Ei enää sallittu vuoden 2002 VHA:ssa/ *Not allowed by the 2002 Financial Regulation*

* Mm. Euroopan kehitysrahastot, EY:n lainanotto- ja -antotoiminta (pl. takaukset) ja Euroopan investointipankin rahoitustoiminnat (ks. *Euroopan unionin...* 2002, 134-135, Dussart 2002b, 97-111 ja Saarilahti 2004, luku 2)/ *E.g. the European Development Funds, borrowing and lending operations (excl. guarantees) and financial activities of the European Investment Bank*

** Neuvoston pöytäkirjaan liitetyn VHA:n 44 artiklan osalta tehdyn lausuman mukaan/ *According to a statement re Art. 44 entered in the Council minutes*

** * Lisäkauden säilyttäminen EMOTR:n tukiosaston maksuille/ *Maintaining of an additional period concerning EAGGF-Guarantee payments*

** ** Eroteltava toisistaan TA:n hyväksymis- ja toteuttamisvaihe (ks. esim. *Euroopan unionin...* 2002, 149)/ *A distinction should be made between the authorisation and the implementation stage*

** ** * Korvaavat omalta osaltaan etumaksujen takaisinmaksut ja määrärahojen uudelleenkäytön/ *Replace for their own part repayments of payments on account and reuse*

** ** ** Nk. *"ordonnancement par le net"*

** ** ** * Uudet säännöt varausten luonnin osalta (VHA:n johdanto-osan seitsemäs kappale ja 43 artikla)/ *New rules concerning the constitution of reserves (Seventh recital and Art. 43 of the FR)*

poikkeus vuotuisperiaatteelle, perustellen näkemystään seuraavasti:

"Vuodesta 1988 alkaen on – vuonna 1993 ja sittemmin vuonna 1999 uudistetun (TVS:n) perusteella – vaadittu, että kunkin varainhoitovuoden talousarvio noudattaa monivuotisia rahoitusnäkymiä, jotka muodostavat keskipitkän ajan rahoituskehyksen. Kyseinen järjestelmä ei vaaranna talousarvion vuotuisperiaatteen soveltamista:

- Rahoitusnäkymissä vahvistetaan kullekin vuodelle menojen enimmäismäärät maksusitoumusmäärärahojen osalta otsakkeittain ja maksumäärärahojen osalta kokonaismäärän tasolla. Rakennepoliittisissa toimissa nämä määrät ovat menotavoitteita, jotka budjettivallan käyttäjä sitoutuu ottamaan joka vuosi talousarvioon. Rahoitusnäkymissä vahvistetut määrät eivät tarkoita, että menot olisi hyväksytty, sillä menot hyväksytään vuosittain vahvistetussa talousarviossa.
- Kunkin varainhoitovuoden menoille vahvistetut vuotuiset enimmäismäärät eivät kumuloidu koko kaudelle. Kalenterivuosi – varainhoitovuosi – muodostaa täten rahoitusnäkymien täytäntöönpanon perusaikayksikön."

TA:n joustojen kannalta keskeiset poikkeukset ja niihin VHA:n tuomat muutokset on käsitelty yksityiskohtaisemmin artikkelin toisessa ja kolmannessa osassa.

3. VUOTUINEN JOUSTO

3.1 Ulkoinen jousto

3.1.1 Lisäbudjettimenettely

3.1.1.1 Vuosina 1968-2002 hyväksytyt lisäbudjetit

Taulukkoon 5 on koottu EY:ssä vuosina 1968-1989 hyväksytyt lisäbudjetit sen mukaan kuin ne on julkaistu korjauksineen EY:n virallisessa lehdessä [55]. Taulukkoon on niin ikään merkitty, mitä pääluokkia (ja alaluokkia PI III:n tapauksessa) täydentävät ja/tai korjaavat lisätalousarviot [56] ovat koskeneet.

Taulukossa 6 on puolestaan esitetty vuosina 1990-2002 hyväksytyt lisäbudjetit [57]. Taulukkoon on myös esimerkin vuoksi merkitty eräät keskeiset alustavia lisäbudjettiesityksiä koskevat oikaisukirjelmät.

Lisäbudjetteja hyväksyttiin vuosina 1968-2002 vuosittain keskimäärin kaksi kappaletta [58] siten, että tarkasteluajanjakson loppupuolella niitä hyväksyttiin tuntuvasti enemmän kuin sen alkupuolella [59]. Niinpä tarkasteluajanjakson viimeisenä vuotena (vuonna 2002) hyväksyttiin siihen astinen ennätysmäärä lisäbudjetteja, yhteensä kuusi kappaletta [60]. Viiteen lisäbudjettiin olisi päädytty vuoden 1999 (ks. HT 2002, 162) lisäksi myös vuonna 2001, ellei EP olisi yhdistänyt neuvoston laatimia täydentäviä ja korjaavia lisätalousarvioesityksiä nro 3/2001 ja 4/2001 (ks. Taulukko 6).

3.1.1.2 Vuoden 2002 VHA:n lisäbudjettimenettelyyn tuomat muutokset

EU:n lisäbudjettimenettelyn uudistamisesta käytiin varainhoitoasetuksen uudistamisprosessin aikana kiivaita neuvotteluja yhtäältä neuvoston sisällä eräiden jäsenvaltioiden halutessa tiukentaa lisäbudjettien esittämis-, laatimis- ja hyväksymisvaatimuksia sekä toisaalta budjettivallan käyttäjien välillä EP:n tehdessä selväksi, että kaikki yritykset kaventaa sen budjettivaltaa myös tältä osin on poissuljettu.

Lopulta lisäbudjettimenettelyä sääteleviin varainhoitoasetuksen artikloihin [61] tehtiin lukuisista uudelleenkirjoituksista ja -jäsentelystä huolimatta vain muutama mainitsemisen arvoinen muutos.

VHA:n 37 artiklassa luovutaan ensinnäkin vuoden 1977 varainhoitoasetuksen erottelusta korjaavien (KT; Amending budget AB/ budget rectificatif BR) ja täydentävien lisätalousarvioiden (Supplementary budget SB/ budget supplémentaire BS; ks. HT 1995, 306) välillä kaikkien lisäbudjettien muuttuessa "lisätalousarvioiksi" (LTA; Amending budget AB/ budget rectificatif BR). Muutos on perusteltu (ja ennen kaikkea "nimityksellinen" [62]), sillä kaikki vuoden 1982 jälkeen hyväksytyt lisäbudjetit ovat olleet sekä korjaavia että täydentäviä lisätalousarvioita [63] (ks. Taulukot 5 ja 6, vrt. myös viite 63).

Vuoden 1977 varainhoitoasetuksen 1 artiklan 5 kohdan (15 artiklan 1 kohta vuoden 1977 varainhoitoasetuksen vuoden 1990 muutoksen jälkeen; ks. HT 1995, 304) mukaisesti VHA:n 37 artiklan 1 kohdan ensimmäisessä alakohdassa säilyte-

Taulukko 5. Vuosina 1968-1989 hyväksytyt täydentävät ja/tai korjaavat lisätalousarviot/ Supplementary and/or amending budgets adopted in 1968-1989.

Vuosi *Year*	Laji *Type*	Nro *No*	Hyväksymispäivä *Date of adoption*	EYVL L *OJEC L*	Koskee pääluokkia *Sections concerned*	Ks. esim. *See e.g.*
1968	A	1/68	20.7.1968	189, 1.8.1968	III (henkilöstön määrä/ *Staff*)	
1969	A	1/69	30.6.1969	175, 16.7.1969	III (henkilöstön määrä/ *Staff*)	
1970	A	1/70	29.9.1970	218, 3.10.1970	III (henkilöstön määrä/ *Staff*)	
	A	2/70	14.12.1970	8, 11.1.1971	III (EMOTR-tuki/ *EAGGF-Guarantee*)	
	A	3/70	14.12.1970	8, 11.1.1971	III (luku/ *Chapter* XIV - hätäapu/ *Emergency aid*)	
1971	A	1/71	8.11.1971	256, 19.11.1971	III (henkilöstön määrä/ *Staff*)	
	A	2/71	16.11.1971	263, 29.11.1971	III (osasto/ *Title IV* - tutkimus/ *Research*)	
	B	3/71	1.3.1971	62, 15.3.1971*	III ** *	
1972	C	1/72	20.7.1972	240, 23.10.1972	Kaikki/ *All* (III: osastot/ *Titles* 1, 2, 9)	
	A	2/72	6.12.1972	287, 26.12.1972	III (EMOTR-tuki/ *EAGGF-Guarantee*)	
1973	A	1/73	21.5.1973	172, 28.6.1973	III (henkilöstön määrä/ *Staff*)	
	C	2/73	21.9.1973	318, 19.11.1973	I, II, III (osastot/ *Titles* 1-9)	
	B	3/73	21.9.1973	366, 31.12.1973**	III (osastot/ *Titles* 1-3, 9 ja Liite/ *and Annex* 1)	
	C	4/73	21.9.1973	367, 31.12.1973	III (osastot/ *Titles* 2, 5-7)	
1974	A	1/74	26.11.1974	347, 27.12.1974	III (osastot/ *Titles* 2, 9)	
1975	C	1/75	29.4.1975	175, 7.7.1975	III (osastot/ *Titles* 2, 3, 5, 9 ja Liite/ *and Annex* 1)	
	A	2/75	29.4.1975	175, 7.7.1975	III (osastot/ *Titles* 2, 9)	
	C	3/75	3.12.1975	40, 16.2.1976	III (osastot/ *Titles* 2-7, 9 ja Liite/ *and Annex* 1)	
1976	A	1/76	18.6.1976	205, 30.7.1976	III (osastot/ *Titles* 2, 5)	
	C	2/76	16.9.1976	322, 22.11.1976	III (osastot/ *Titles* 2, 4, 6, 7, 9 ja Liite/ *and Annex* 1)	
	B	3/76	16.12.1976	47, 18.2.1977	III (Liite/ *Annex* 1)	
1977	C	1/77	7.7.1977	233, 12.9.1977	Kaikki/ *All* (III: osastot/ *Titles* 1, 2, 4, 6, 7, 9, 10)	
	B	2/77	27.11.1977	110, 24.4.1978	III (osastot/ *Titles* 3, 4 ja Liite/ *and Annex* 1)	
1978	B	1/78	15.2.1978	71, 13.3.1978	Koskee ainostaan tuloja/ *Revenues only*	
	C	2/78	15.3.1978	121, 8.5.1978	III (osastot/ *Titles* 2, 4, 6)	
	A	3/78	11.5.1978	162, 19.6.1978	V	
1979	C	1/79	25.4.1979	124, 21.5.1979	III (osastot/ *Titles* 5, 10)	Strasser 1979, 252-253
	A	2/79	11.5.1979	157, 25.6.1979	I	
	C	3/79	13.12.1979	41, 18.2.1980	III (osastot/ *Titles* 4, 6-8 ja 10)	Strasser 1980, 360-361
1980	C	1/80	20.11.1980	364, 31.12.1980	III (osastot/ *Titles* 4, 5)	Strasser 1981, 284
	A	2/80 (b)	23.12.1980	373, 31.12.1980	III (osasto/ *Title* 5)	Strasser 1981a, 285 & 304-311
1981	B	1/81	17.9.1981	305, 26.10.1981	III (osastot/ *Titles* 2-10 ja Liite/ *and Annex* 2)	Strasser 1981b, 565-567
	C	2/81	21.12.1981	371, 28.12.1981	III (osastot/ *Titles* 4-10)	Strasser 1982, 309-311
1982 (a)		-				Strasser 1983, 307 & 310-318
1983	C	1/83	10.2.1983	60, 7.3.1983	III (B: osastot/ *Titles* 5, 7, 8)	Strasser 1983, 345-347
	C	2/83	24.10.1983	331, 28.11.1983	III (Kaikki/ *All* ja Liitteet/ *and Annexes* A 2, B 1)	Strasser 1984, 324-327
1984	C	1/84 (c)	25.10.1984	329, 17.12.1984	III (A: 1, 2, 10; B: 1-4, 6-8, 10 ja Liitteet/ *and Annexes* A 1, B 1)	Strasser 1984, 354 & 367-371; 1985a, 374-380
1985		-				
1986		-				
1987	C	1/87	17.7.1987	211, 3.8.1987	III (B: osastot/ *Titles* 3, 4, 8, 9)	
1988	C	1/88	6.7.1988	265, 26.9.1988	III (B: osasto/ *Title* 8)	
1989	C	1/89	13.4.1989	132, 16.5.1989	III (B: osasto/ *Title* 8), IV	

Oikaisu/ *Corrigendum* : * L 98, 1.5.1971 ** L 74, 19.3.1974

A: Täydentävä lisätalousarvio/ *Supplementary budget* B: Korjaava lisätalousarvio/ *Amending budget*
C: Täydentävä ja korjaava lisätalousarvio/ *Supplementary and amending budget*
(a) Pl III:n jakautuminen osaan A (hallintomäärärahat) ja B (toimintamäärärahat)/ *Section III divided into two Parts A (Administrative appropriations) and B (Operating appropriations)*
(b) Saksa peruutti tuomioistuimeen jättämänsä kanteen vuoden 1982 julistuksen seurauksena (ks. *HT 1996*, 13)/ *Germany dropped its suit following the signing of the Joint declaration of 30.6.198*
(c) Komission turvautuminen perustamissopimuksen 175 artiklaan (laiminlyöntikanne)/ *Evocation by the Commission of Art. 175 of the Treaty*
** * Vuoden 1970 omia varoja koskevan päätöksen saattaminen voimaan/ *Entry into force of the 1970 Own ressources decision*

Taulukko 6. Vuosina 1990-2002 hyväksytyt täydentävät ja/tai korjaavat lisätalousarviot/ Supplementary and/or amending budgets adopted in 1990-2002.

Vuosi *Year*	Laji *Type*	Nro *No*	Hyväksymispäivä *Date of adoption*	EYVL L *OJEC L*	Koskee pääluokkia *Sections concerned*	Ks. esim. *See e.g.*
1990	C	1/90	16.2.1990	62, 12.3.1990	III (B: osasto/ *Title* 9)	Fernández-Fábregas & Lentz 1991, 294
	C	2/90 (b)	11.7.1990 (h)	239, 3.9.1990	I, III (A: osastot/ *Titles* 1, 3; B: osastot/ *Titles* 6, 8, 9, 10), V	Fernández-Fábregas & Lentz 1991, 294-295
	C	3/90	12.12.1990	381, 31.12.1990	II, III (B: osasto/ *Title* 8)	Fernández-Fábregas & Lentz 1991, 303 & 306
1991 (a)	C	1/91	15.5.1991	179, 8.7.1991	Kaikki/ *All* (i)	Fernández-Fábregas & Lentz 1992, 639
	C	2/91	20.11.1991	353, 23.12.1991	III (B4, B0)	Fernández-Fábregas & Lentz 1992, 648
	C	3/91	20.11.1991	353, 23.12.1991	III (A, B0), IV	Fernández-Fábregas & Lentz 1992, 649
1992	C	1/92	1.4.1992	142, 25.5.1992	I, II, III (A, B2, B6, B7, B8, B0), IV	Fernández-F. & Lentz 1992, 652-653; 1993, 629
	C	2/92	13.5.1992	174, 29.6.1992	III (B1, B7, B0)	Fernández-Fábregas & Lentz 1993, 629
	C	3/92	25.9.1992	349, 30.11.1992	III (B1, B2, B6, B7, B0)	Fernández-Fábregas & Lentz 1993, 629
1993	C	1/93 (c)	2.12.1993	345, 31.12.1993	Kaikki/ *All* (pois lukien/ *Excluding* B4, B6)	Fernández-Fábregas & Lentz 1994, 506
1994	C	1/94	6.5.1994	169, 4.7.1994	VI (A, B, C)	Fernández-Fábregas & Lentz 1995, 286-287
	C	2/94 (d)	15.11.1994	362, 31.12.1994*	II, III (A, B1, B7, B0), IV, VI (B, C)	Fernández-Fábregas & Lentz 1995, 287-288
1995	C	1/95	26.4.1995	276, 20.11.1995**	Kaikki/ *All*	
1996	C	1/96	29.7.1996	301, 25.11.1996	I, II, III (B1, B3, B5, B7)	Discors 1997, 683
1997	C	1/97	12.11.1997	** ** *	III (A, B5), V	Discors 1998, 689 & 693-695
1998	C	1/98	14.12.1998	81, 26.3.1999	I, III (B1, B2, B3, B5, B6, B7)	
1999	C	1/99	16.9.1999	339, 30.12.1999	Koskee ainoastaan tuloja/ *Revenues only*	
	C	2/99	23.7.1999	339, 30.12.1999	II (henkilöstön määrä/ *Staff*)	
	C	3/99	16.9.1999	339, 30.12.1999	IV, VI (B)	
	C	4/99	16.9.1999	339, 30.12.1999	III (B1, B4, B7, B0)	
	C	5/99	18.11.1999	88, 10.4.2000** *	III (B1, B7, B0)	
2000	C	1/00	2.8.2000	105, 17.4.2001	III (B1, B2, B5, B7, B0)	Grossir 2001, 375-376
	C	2/00	6.7.2000	247, 2.10.2000	I, II	Grossir 2001, 376
2001	C	1/01	1.3.2001	218, 13.8.2001	III (B1, B7, B0)	Grossir 2002, 373-374
	C	2/01	17.5.2001	218, 13.8.2001	II	Grossir 2002, 374
	C	3/01 (e)	5.7.2001	336, 19.12.2001	III (A, B6, B7)	Grossir 2002, 374
	C	4/01 (f)	11.12.2001	14, 16.1.2002	I	Grossir 2002, 375
2002	C	1/02	28.2.2002	81, 25.3.2002	I, II, III (A)	Grossir 2003, 530
	C	2/02	30.5.2002	199, 29.7.2002	Koskee ainoastaan tuloja/ *Revenues only*	Grossir 2003, 530-531
	C	3/02	3.7.2002	226, 22.8.2002	III (A, B5), V, VI	Grossir 2003, 531
	C	4/02 (g)	26.9.2002	303, 6.11.2002	III (B2, B5, B7)	Grossir 2003, 531
	C	5/02	21.11.2002	339, 16.12.2002	III (B2, B7)	Grossir 2003, 531
	C	6/02	5.12.2002	21, 24.1.2003** **	Kaikki pois lukien/ *All excl.* VII (III: A, Liite/ *Annex* III)	Grossir 2003, 531 & 538

Oikaisu/ *Corrigendum*: * L 276, 20.11.1995 ** L 93, 15.4.1996 ** * L 247, 2.10.2000 ** ** L 100, 22.4.2003 ** ** * Ei julkaistu/ *Not published*

C: Täydentävä ja korjaava lisätalousarvio/ *Supplementary and amending budget*

(a) Pääluokan III osan B jakaminen alaluokkiin B1-B0/ *Creation of Subsections B1-B0 in Part B of Section III*

(b) Kaksi oikaisukirjelmää alustaviin esityksiin täydentäviksi ja korjaaviksi lisätalousarvioiksi (23.5. ja 8.6.1990)/ *Two amending letters to PDSAB (on 23.5 and 8.6.1990)*

(c) Kaksi oikaisukirjelmää alustaviin esityksiin täydentäviksi ja korjaaviksi lisätalousarvioiksi (22.6. ja 1.9.1993)/ *Two amending letters to PDSAB (on 22.6 and 1.9.1993)*

(d) Oikaisukirjelmä alustavaan esitykseen täydentäväksi ja korjaavaksi lisätalousarvioksi (20.10.1994)/ *Amending letter to PDSAB (on 20.10.1994)*

(e) Täydentävät ja korjaavat lisätalousarvioesitykset 3/01 ja 4/01/ *DSAB 3/01 and 4/01* (f) Täydentävä ja korjaava lisätalousarvioesitys 5/01/ *DSAB 5/01*

(g) Oikaisukirjelmä alustavaan esitykseen täydentäväksi ja korjaavaksi lisätalousarvioksi (18.9.2002)/ *Amending letter to PDSAB (on 18.9.2002)*

(h) Kumottu tuomioistuimen päätöksellä 31.3.1992 (Asia *C-284/90*)/ *Annulment by the Court of Justice on 31.3.1992 (Case C-284/90)*

(i) Pl/ *Section* II: ml. Liite/ *Incl. Annex;* Pl/ *Section* III: B7, B8, B0 ja Liite/ *and Annex* A II

tään periaate [64], jonka mukaan "Komissio voi tehdä alustavia lisätalousarvioesityksiä väistämättömissä, poikkeuksellisissa tai odottamattomissa olosuhteissa".

Neuvosto ulotti VHA:ssa väistämättömien, poikkeuksellisten tai odottamattomien olosuhteiden olemassaolon vaatimuksen koskemaan ("yhdenmukaisuuden" vuoksi) eksplisiittisesti myös muiden toimielinten ja vastaavien komissiolle toimittamia lisäbudjettipyyntöjä. VHA:n 37 artiklan 1 kohdan toinen alakohta toteaa siten, että "(e)dellisessä 1 alakohdassa tarkoitetuissa olosuhteissa laaditut, alustavia lisätalousarvioesityksiä koskevat muiden toimielinten pyynnöt toimitetaan komissiolle" [65].

VHA:n 37 artiklan 2 ja 3 kohdan mukaan:

"2. Komissio toimittaa neuvoston käsiteltäväksi vuoden kaikki alustavat lisätalousarvioesitykset viimeistään 1 päivänä syyskuuta, poikkeustilanteita lukuun ottamatta [66]. Se voi liittää lausunnon muiden toimielinten laatimiin alustaviin lisätalousarvioesityksiin.

3. Budjettivallan käyttäjä käsittele asian ottaen huomion sen kiireellisyyden [67]."

Aikaisempaan varainhoitoasetukseen verrattuna on huomattava, että VHA:n mukaan kaikki alustavat lisäbudjettiesitykset (niiden "alkuperästä" riippumatta) toimitetaan vastedes (SEY:n 272 artiklan säätelemän budjettiprosessin periaatteiden mukaisesti) eksplisiittisesti neuvoston käsiteltäväksi. Vuoden 1999 muutoksen mukaisen vuoden 1977 VHA:n 15 artiklan 4 kohdassa muiden kuin komission lisäbudjettipyyntöjen käsittelystä säädettiin sen sijaan hieman yllättävästi seuraavasti: "Komissio toimittaa budjettivallan käyttäjälle [68] Euroopan parlamentin, neuvoston, yhteisön tuomioistuimen, tilintarkastustuomioistuimen, talous- ja sosiaalikomitean, alueiden komitean ja oikeusasiamiehen esittämät täydentävää ja/tai korjaavaa lisätalousarviota koskevat pyynnöt. Se voi liittää niihin poikkeavan lausunnon". Lisäbudjettien laatimismenettelyyn tehtyjä muita muutoksia (eli VHA:n 38 artiklaa ja sen sisältöä) käsitellään erikseen luvussa 3.1.1.3.

Neljäs muutos koskee nk. "saldolisäbudjetteja" (ks. HT 2002, 162), jotka neuvoston toistuvasti esittämien pyyntöjen mukaan [69] eivät enää saa sisältää muita osasia kuin tilinpäätöksen valmistumisen jälkeen todetut poikkeamat varainhoitovuoden yli- tai alijäämän arvioidusta määrästä.

Siten, VHA:n 15 artiklan mukaan:

"1. Varainhoitovuoden ylijäämä otetaan seuraavan varainhoitovuoden talousarvioon tulona ja alijäämä maksumäärärahana.

2. Arviot näistä tuloista tai maksumäärärahoista otetaan talousarvioon talousarviomenettelyn kuluessa ja niitä voidaan tarkistaa (...) oikaisukirjelmällä. Nämä arviot laaditaan yhteisöjen omista varoista tehdyn päätöksen soveltamisesta annetun neuvoston asetuksen [70] mukaisesti.

3. Varainhoitovuoden tilinpäätöksen jälkeen poikkeamat arvioista otetaan seuraavan varainhoitovuoden talousarvioon ainoastaan niitä koskevassa lisätalousarviossa. Tässä tapauksessa komission on esitettävä alustava ehdotus lisätalousarvioksi 15 päivän kuluessa siitä päivästä, jona alustavat tilinpäätökset esitettiin."

On huomattava, että VHA:n 15 artiklan 3 kohta määrittelee lopullisen (tilinpäätöksen jälkeisen) yli- tai alijäämän (saldon [71]) käsittelystä, ts. artikla ei esim. estä alustavan yli- tai alijäämän sisällyttämistä lisätalousarvioihin, jotka sisältävät myös "muita eriä". Näin menettelemällä mm. vältetään ylijäämän tapauksessa se, että jäsenvaltiot joutuisivat saattamaan EU:n käyttöön uusia varoja kattaman uusia menoja.

VHA:n 15 artiklan 3 kohdan lopullinen sanamuoto ("ainoastaan niitä koskevassa lisätalousarviossa") on katsottava neuvoston keskeiseksi saavutukseksi VHA:ssa lisätalousarviomenettelyn osalta. Neuvosto ei sen sijaan onnistunut saamaan läpi (EP:n tiukasta vastustuksesta johtuen) ajatustaan kieltää parlamentin aika ajoin harrastamaa lisäbudjettiesitysten yhdistelemistä (ks. HT 2002, 162).

Komissio omaksui 15 artiklan 3 kohdan "tiukan tulkinnan". Siten komission 13.5.2003 [72] esittämä ensimmäinen VHA:n mukainen "alustava saldolisätalousarvioesitys" (nro 3/2003; SEK(2003) 552 lopullinen) ei sisältänyt esim. korjausta Yhdistyneen kuningaskunnan hyväksi, vaan se sisällytettiin muiden tuloja koskevien erien kanssa omaan alustavaan lisätalousarvioesitykseen nro 4/2003 (SEK(2003) 626 lopullinen). Samalla tavalla meneteltiin myös vuonna 2004 lisäbudjettien nro 7/2004 ja 8/2004 kanssa [73] (ks. Taulukko 7).

3.1.1.3 Lisätalousarvioesitysten laatiminen

Ensimmäinen merkittävämpi tulkintakiista EP:n ja neuvoston välillä uuden varainhoitoasetuksen sanamuodoista syntyi huhti/toukokuussa 2003 ja koski kysymystä, tuleeko neuvoston aina ja automaattisesti laatia lisätalousarvioesitys, jos se saa käsiteltäväkseen alustavan esityksen, vai onko neuvostolla asiassa harkinnan mahdollisuus (eli onko kysymyksessä sidottu harkinta vai ei). Koska kyseessä oli ensimmäinen laajempi VHA:n soveltamista koskeva erimielisyys, sitä käsitellään seuraavaksi hieman tarkemmin.

Vuoden 1977 varainhoitoasetuksessa, sellaisena kuin se oli vuonna 1990 muutettuna, kysymys lisäbudjettiesitysten "laatimisvelvollisuudesta" oli selvästi ilmaistu varainhoitoasetuksen 15 artiklan 5 kohdassa seuraavin sanoin [74]: "Kun neuvosto, saatuaan käsiteltäväkseen alustavan esityksen korjaavaksi ja/tai täydentäväksi lisätalousarvioksi, arvioi, että talousarvioesityksen laatiminen ei ole aiheellista, se määrittää kantansa vaihdettuaan mielipiteitä Euroopan parlamentin kanssa". Toisin sanoen neuvosto (EP:n kannan kuultuaan) pystyi katsomaan lisäbudjetin laatimisen aiheettomaksi.

EP puolestaan katsoi, että jättämällä laatimatta lisäbudjettiesityksen, neuvosto samalla poistaa parlamentilta mahdollisuuden tarkistaa esitystä tai ehdottaa siihen muutoksia, toisin sanoen näin menettelemällä neuvosto estää EP:ia käyttämästä osaa perustamissopimusten mukaan sille kuuluvasta budjettivallasta (ks. HT 1995, 297 ja 306). Parlamentti nostikin kysymyksen esille useaan otteeseen neuvotteluissaan neuvoston kanssa ja vaati lisäbudjettimenettelyä säätelevien artikloiden uudelleenkirjoittamista tältä osin, mm. sitoen ratkaisun löytymisen neuvostolle tärkeään "saldolisäbudjettikysymykseen" (ks. luku 3.1.1.2) tyydyttävän ratkaisun löytymiseen lisäbudjettiesitysten laatimisen suhteen.

Komission ehdotus (48 artiklan 4 kohta) sisälsi vuoden 1977 varainhoitoasetuksen vuoden 1990 muutoksen mukaisen 15 artiklan 5 kohdan sanamuodon. EP:n tarkistuksessa nro 48 ehdotetaan kohdan muuttamista kuulumaan seuraavasti: "Kun neuvosto saa käsiteltäväkseen alustavan lisätalousarvioesityksen, se vahvistaa lisätalousarvioesityksen (VHA:n) 35 artiklassa tarkoitetun [TA:n laadintamenettelyä koskevan] menettelyn mukaisesti" [75].

Lopulta lisätalousarvioiden laatimista koskeva artikla (VHA:n 38 artikla) hyväksyttiin seuraavassa muodossa:

"1. Jos neuvosto saa käsiteltäväkseen alustavan lisätalousarvioesityksen, se laatii [76] esityksen lisätalousarvioksi [TA:n laadintamenettelyä koskevien VHA:n] 35 ja 37 artiklan mukaisesti.

2. Lisätalousarvioihin sovelletaan 35 ja [TA:n lopullista vahvistamista koskevan VHA:n] 36 artiklan säännöksiä, aikataulua koskevia säännöksiä lukuun ottamatta. Lisätalousarviot on perusteltava viittaamalla siihen talousarvioon, jonka arvioita niillä muutetaan."

Muodollisesti VHA:n tulkintakiista lähti liikkeelle, kun alueiden komitea (AK) toimitti komissiolle pääluokkaansa (VII) koskevan lisäbudjettipyynnön [77] ja kun komissio alisti sen sellaisenaan [78] 31.3.2003 neuvostolle alustavana lisätalousarvioesityksenä nro 2 vuoden 2003 talousarvioon (SEK(2003) 423 lopullinen).

Neuvosto suoritti VHA:n 38 artiklan 1 kohdan mukaisesti 37 artiklan 1 kohdan mukaisen "lisäbudjettiehtojen" täyttymisen tarkastelun (ks. Van Craeyenest & Saarilahti 2004a, 47 k.) ja katsoi kokouksessaan 5.5.2003, ettei mikään olosuhdeehto täyty laajentumisen ja siitä aiheutuvien talousarvioseurausten ollessa hyvin toimielinten ja vastaavien tiedossa vuoden 2003 talousarviota laadittaessa. Neuvosto perusteli päätöstään olla laatimatta lisäbudjettiesitystä tässä nimenomaisessa tapauksessa VHA:n 35 artiklan 2 kohdan mukaisesti [79] EP:n puhemiehelle 7.5.2003 lähettämässään kirjeessä seuraavasti: "Neuvosto ei katsonut aiheelliseksi laatia esitystä korjaavaksi talousarvioksi nro 2 varainhoitovuodeksi 2003 ottaen huomioon, että vuoden 2003 talousarviomenettelyssä budjettivallan käyttäjät eivät hyväksyneet 70 000 euron määrärahaa kattamaan tämän tyyppisiä kuluja laajentumisen yhteydessä. On selvää, että alueiden komitea voi silti kohdentaa sille myönnetyt määrärahat uudelleen, jos se katsoo sen tarpeelliseksi" [80].

EP ei sinänsä asettunut puolustamaan AK:n lisämäärärahapyyntöä (parlamentin yhtyessä neuvoston kantaan, jonka mukaan laajentumisessa ei ole kyse "ennakoimattomasta tapahtumasta" ja että tulevien jäsenvaltioiden edustajien mukanaolosta alueiden komitealle aiheutuvat lisäkulut tulee voida kattaa menojen "uudelleenkohdentamisten" (eli määrärahasiirtojen) avulla pääluokassa VII – kuten talous- ja sosiaalikomitea teki

Taulukko 7. Vuoden 2002 VHA:n mukaiset lisätalousarviot (tilanne syyskuun 2004 lopussa)/ Amending budgets according to the 2002 Financial Regulation (situation as of end of September 2004).

Vuosi	Alustava lisätalousarvioesitys/ *PDAB*				Lisätalousarvioesitys/ *DAB*				Lisätalousarvio/ *AB*			
Year	Nro *No*	Päiväys *Date*	SEK N:o *SEC No*	Pääluokka *Section*	Nro *No*	Päiväys *Date*	EP I	Neuvosto II *Council II*	Nro *No*	Päiväys *Date*	EUVL L *OJEU L*	Pääluokka *Section*
2003	1/03	26.2.	230	III (*A*, *B2*, *B3*)	1/03	8.4.	19.6. *(2)*	22.9. *(3)*	**3/03**	22.9.	279, 29.10.2003, 1-10	III (*A*)** ** *
	2/03	31.3.	423	VII	2/03	16.6. *(1)*	1.7.		**1/03**	1.7.	182, 21.7.2003, 1-8	VII** ** *
	3/03	13.5.	552	(Saldo/ *Balance**)	3/03	16.6.	3.9.		**2/03**	3.9.	242, 26.9.2003, 1-19	(Saldo/ *Balance**)
	4/03	27.5.	626	(Tulot/ *Revenues*)	4/03	15.7.	23.9.		**4/03**	23.9.	279, 29.10.2003, 11-45	(Tulot/ *Revenues*)
	5/03	30.7.	886	III (*B2***)	5/03	7.10.	9.10.		**5/03**	9.10.	310, 26.11.2003, 1-13	III (*B2***)
	6/03	25.9.	1059	III (*B2***)								
	7/03	31.10.	1111	III (*B2*** *)	6/03	25.11.	4.12.		**6/03**	4.12.	22, 28.1.2004, 1-46	III (*B2*** *)
	8/03	21.11.	1297	III (*A*** **)	7/03	25.11.	4.12.		**7/03**	4.12.	22, 28.1.2004, 47-73	III (*A*** **)

* VHA:n 15 artiklan 3 kohdan mukaan/ *According to Art. 15(3) of FR* ** Solidaarisuusrahasto/ *Solidarity Fund* ** * Rakennerahastojen ylijäämä/ *Surplus of Structural Funds* ** ** "*Frontloading*" ** ** * Muutoksia vain nimikkeisiin ja selvitysosiin/ *Modifications concerning headings and remarks only*
(1) Neuvoston kirje EP:lle 7.5.2003/ *Letter from the Council to EP on 7.5.2003* *(2)* EP:n tarkistus/ *Amendment of EP* *(3)* Neuvosto ei muuttanut EP:n tekemää tarkistusta/ *Council did not modify the amendment*

Vuosi	Alustava lisätalousarvioesitys/ *PDAB*				Lisätalousarvioesitys/ *DAB*				Lisätalousarvio/ *AB*			
Year	Nro *No*	Päiväys *Date*	SEK N:o *SEC No*	Pääluokka *Section*	Nro *No*	Päiväys *Date*	EP I	Neuvosto II *Council II*	Nro *No*	Päiväys *Date*	EUVL L *OJEU L*	Pääluokka *Section*
2004	1/04	3.2.	105	III*	1/04	26.2.	9.3.		**1/04**	9.3.	128, 29.4.2004, 1-44	III*
	2/04	3.2.	104	VIII B	2/04	26.2.	9.3.		**2/04**	9.3.	128, 29.4.2004, 45-74	VIII B
	3/04	9.3.	272	I-VIII A**	3/04	26.3.	1.4. *(1)*	16.4. *(2)*	**5/04**	21.4.	148, 30.4.2004, 1-162	II-VIII A**
	4/04	9.3.	277	Kaikki/ *All*** *	4/04	26.3.	1.4.		**4/04**	1.4.	147, 30.4.2004, 1-72	Kaikki/ *All*** *
	5/04	9.3.	269	III (*13*** **)	5/04	26.3.	30.3.		**3/04**	30.3.	128, 29.4.2004, 75-80	III (*13*** **)
	6/04	16.3.	321	III (*06*** ** *)	6/04	21.4.	22.4.		**6/04**	22.4.	148, 30.4.2004, 163-169	III (*06*** ** *)
	7/04	12.5.	593	(Saldo/ *Balance*)	7/04	16.7.	14.9.		**7/04**	14.9.		(Saldo/ *Balance*)
	8/04	28.5.	675	(Tulot/ *Revenues*)	8/04	16.7.	14.9.		**8/04**	14.9.		(Tulot/ *Revenues*)
	9/04	7.7.	910	III (*22*** ** **)								
	10/04	26.7.	1018	VIII B								

* Laajentumisen huomioon ottaminen liittymisasiakirjan 28 artiklan 1 kohdan mukaisesti/ *Taking into account of enlargement according to Art. 28(1) of the Act of accession* ** Palkkoihin tarvittavien määrärahojen mukauttaminen ja yhteisön säännöstön julkaiseminen/ *Adjustment of appropriations for remunerations and publication of the* acquis ** * Henkilöstösäännön muutos/ *Modification of Staff Regulation* ** ** Solidaarisuusrahasto/ *Solidarity Fund* ** ** * Alykkään energiahuollon toimeenpanovirasto/ *Executive agency for intelligent energy* ** ** ** Kyproksen turkkilaisen yhteisön taloudellisen kehityksen edistäminen/ *Encouraging of the economic development of the Turkish Cypriot Community*
(1) Viisi tarkistusta/ *Five amendments* *(2)* Neuvosto ei muuttanut EP:n tekemiä tarkistuksia/ *Council did not modify the amendments*

omalta osaltaan vastaavassa tilanteessa pääluokassa VI), mutta kyseenalaisti neuvoston menettelyn olla laatimatta lisätalousarvioesitystä [81]. Ennen kaikkea parlamentti katsoi, ettei neuvoston menettelytavasta saa muodostua ennakkotapausta.

Eri vaihtoehtojen läpikäynnin jälkeen EP päätti lähettää neuvostolle virallisen pyynnön lisätalousarvioesityksen laatimiseksi. Parlamentin puhemiehen 28.5.2003 allekirjoittaman kirjeen mukaan [82] "(parlamentti) luottaa siihen, että budjettivallan molempien edustajien oikeuksia noudatetaan kyseessä olevan lisätalousarviomenettelyn yhteydessä ja budjettivallan käyttäjien välisen hyvän yhteistyön jatkumisen turvaamiseksi (...) huolehditaan siitä, että lisäbudjettiesitys saatetaan parlamentin käsiteltäväksi".

Lopulta kysymys ratkaistiin, kuten niin usein EU:n budjettihistoriassa, "pragmaattisella" tavalla siten, että sillä sen enempää neuvosto kuin parlamenttikaan eivät katsoneet voivansa suostua alueiden komitean lisämäärärahapyyntöön sinällään, neuvosto laati 16.6.2003 esityksen lisätalousarvioksi [83], jossa ainoastaan muutettiin pääluokan VII momentin 2 5 1 nimikettä ja selvitysosaa, jotta momentilta voitaisiin maksaa jäsenyyttä hakeneiden maiden alue- ja paikallisvaltuutettujen matka- ja oleskelukulut [84], muuttamatta määrärahamomentin loppusummaa (70 000 euroa). Euroopan parlamentti hyväksyi esityksen sellaisenaan täysistunnossaan 1.7.2003.

3.1.2 Vuoden 2002 VHA:n mukaiset lisätalousarviot

Taulukkoon 7 on yhteenvedonomaisesti koottu 30.9.2004 mennessä hyväksytyt uuden varainhoitoasetuksen mukaiset lisätalousarviot sisältöineen [85] – yksityiskohtaisemmin lisäbudjetit on esitelty artikkelin Liitteessä II.

Vuonna 2003 tehtiin jälleen ennätys hyväksyttyjen lisäbudjettien osalta (seitsemän kappaletta [86]). Ennätys ei kuitenkaan kestänyt kuin seuraavaan vuoteen, sillä syyskuun 2004 loppuun mennessä oli hyväksytty jo kahdeksan lisätalousarviota kahden alustavan lisätalousarvioesityksen (nro 9/2004 ja 10/2004) ollessa tämän lisäksi tätä kirjoittaessa budjettivallan käyttäjän käsittelyssä [87].

Taulukko 8. Vuonna 2003 ja vuonna 2004 syyskuun loppuun mennessä hyväksyttyjen lisätalousarvioiden loppusummat/Total amounts of amending budgets adopted in 2003 and by 30 September 2004.

Lisätalousarvio *Amending budget* Nro	**Yhteensä (euroa)** *Total (euros)* MSM/ *CA*	MMR/ *PA*	**% talousarviosta**** *% of Budget*** MSM/ *CA*	MMR/ *PA*
1/2003	0	0		
2/2003	-	-		
3/2003	0	0		
4/2003	-	-		
5/2003	104 789 000	0	0,11	
6/2003	0	-5 000 000 000		-5,13
7/2003	21 900 000	21 900 000	0,02	0,02
Yhteensä/ *Total*	*126 689 000*	*-4 978 100 000*		
(1/2004)	-	-		
2/2004	1 272 000	1 272 000	0,00	0,00
3/2004	21 916 995	0	0,02	
4/2004	-	-		
5/2004	80 273 430	80 273 430	0,07	0,08
6/2004	0	0		
7/2004	-	-		
8/2004	-	-		
Yhteensä*/ *Total**	*103 462 425*	*81 545 430*		

* 30.9.2004 mennessä/ *Until 30.9.2004* ** 2004: EU-25

Taulukkoon 8 on puolestaan koottu 1.1.2003-30.9.2004 välisenä aikana hyväksyttyjen lisätalousarvioiden loppusummat ao. vuoden rahassa. Taulukossa on lisäksi suhteutettu loppusummat talousarvioiden loppusummiin. On huomattava, että vain kuudella lisäbudjetilla kyseisellä aikavälillä hyväksytystä, yhteensä viidestätoista lisäbudjetista muutettiin talousarvion menoja. Viidellä kasvatettiin menoja (lisätalousarviot nro 5/2003 ja 3/2004 vain maksusitoumusmäärärahojen osalta) ja yhdellä vähennettiin niitä (lisätalousarvio nro 6/2003). Vuoden 2003 kuudetta lisätalousarviota lukuun ottamatta (joka koski vuotta 2000 edeltäneiden rakennerahastojen ohjelmien maksamatta olevia maksusitoumuksia varten talousarvioon otettujen maksumäärärahojen vähentämistä (vrt. "säästöpäätökset"; ks. Liite II) lisäbudjettien loppusummat edustivat loppusummaltaan varsin vähäistä osaa (eli suurimmillaan n. 0,8 %) niiden talousarvioiden loppusummista, joita ne koskivat [88].

3.1.3 Yhteenveto

Koko 1990-luvun suhteellisen ennustettavana jatkuneen ajanjakson jälkeen, jolloin vuosittain hyväksyttiin yhdestä kolmeen lisäbudjettia (vuoden 1999 muodostaessa ainoan poikkeuksen, ks. Taulukko 6), EU:ssa vuosittain hyväksyttyjen lisäbudjettien määrä lähti jälleen kasvuun 2000-luvulle tultaessa: neljä lisäbudjettia vuonna 2001 (viisi ilman kahden esityksen yhdistämistä) ja kuusi lisäbudjettia vuonna 2002. Uusi VHA ei kääntänyt kehitystä, päinvastoin. Siten vuonna 2003 hyväksyttiin yhteensä seitsemän ja vuonna 2004 syyskuun loppuun mennessä oli hyväksytty jo kahdeksan lisätalousarviota.

Kehitystä ja lopputulosta voidaan osaltaan selittää monen osatekijän summalla. Siten esim. EU:n solidaarisuusrahaston perustaminen marraskuussa 2002 [89] on johtanut vuosittain uusien erillisten, ainoastaan rahaston käyttöön liittyvien lisäbudjettien hyväksymiseen (30.9.2004 mennessä lisäbudjetit nro 5/2002, 5/2003 ja 3/2004). Toisaalta "yllättävät" viiveet merkittävien päätösten voimaanastumisessa ovat johtaneet lisäbudjettien hyväksymistarpeeseen (ks. esim. lisäbudjetti nro 2/2002, joka johtui vuoden 2000 omia varoja koskevan päätöksen (ks. EYVL L 253, 7.10.2000, 42-46) voimaanastumisen viivästymisestä. Näin tapahtui päätöksen merkittävyydestä huolimatta; ks. Liite II). Laekenin Eurooppa-neuvoston joulukuun puolivälissä 2001 koolle kutsuman Eurooppa-valmistelukunnan [90] rahoittamisen järjestäminen – asiantila, joka oli vaikeasti ennakoitavissa vuoden 2002 yleistä talousarviota laadittaessa – pakotti niin ikään turvautumaan lisäbudjettiin (nro 1/2002).

Viime vuosina varsin merkittäväksi muodostuneet ylijäämät (ks. viite 71) ovat myös osaltaan johtaneet lukuisten pelkästään TA:n tulopuoleen keskittyvien lisäbudjettien hyväksymiseen [91]. Toisaalta komission uuden VHA:n 15 artiklan 3 kohdan "restriktiivinen tulkinta" on johtanut lisäbudjettien määrän lisääntymiseen, sillä "saldolisäbudjetit" on eroteltu muista tulopuolta muuttavista ja korjaavista lisäbudjeteista [92] (vrt. lisätalousarviot nro 2/2003 ja 4/2003 sekä 7/2004 ja 8/2004 vs lisäbudjetti nro 3/2002, Liite II).

Vuoden 2004 lisätalousarvioiden suureen määrään vaikuttaa puolestaan eittämättä laajentumisen tapahtuminen budjettivuoden kuluessa eikä sen alussa, kuten kaikkien aikaisempien laajentumisten yhteydessä on ollut tapana [93]. Siten lisätalousarvo nro 1/2004 (jolla toteutettiin siirtyminen EU-15:n talousarviosta EU-25:n talousarvioon liittymisasiakirjan 28 artiklan 1 kohdan mukaisesti, ks. EUVL L 236, 23.9.2003, 41) on seurausta Kööpenhaminan Eurooppa-neuvoston 12.-13.12.2002 tekemästä laajentumisen päivämäärää koskevasta päätöksestä (Kööpenhaminan... 2002, 3 kohta; vrt. myös esim. Henry & Saarilahti 2004). Toisaalta laajentumisen "lykkäämisellä" neljällä kuukaudella (verrattuna vaihtoehtoon, että se olisi tapahtunut 1.1.2004) annettiin myös "lisäaikaa" esim. EU:n henkilöstösääntöjen lopulliselle hyväksymiselle. Hyväksymisen tapahtui maaliskuussa 2004 (ks. viite 6), eikä vuoden 2003 loppuun mennessä, kuten alun perin oli tarkoitus. Jotta uusien henkilöstösääntöjen vaikutukset voitiin sisällyttää vuoden 2004 talousarvioon, jouduttiin turvautumaan kahteen ylimääräiseen lisäbudjettiin [94].

Lisätalousarvio nro 2/2004, joka koski määrärahojen ottamista talousarvion pääluokan VIII B budjettikohtiin, liittyi puolestaan "myöhäiseen poliittiseen nimityspäätökseen". Euroopan tietosuojavaltuutettu ja apulaistietosuojavaltuutettu nimitettiin vasta joulukuun 2003 loppupuolella (ks. EUVL L 12, 17.1.2004, 47). Myös 26.7.2004 esitetty alustava lisätalousarvioesitys nro 10/2004 liittyi samaan pääluokkaan (ks. viite 87).

Riippumatta syistä ja vaikka vuoden 2004 "erityislaatuisuus" pidettäisiinkin mielessä, voidaan alkuvuoden 2004 tahtia (kymmenen lisäbudjettia tai -esitystä yhdeksässä kuukaudessa) kuitenkin pitää jo kyseenalaisena, erityisesti jos kehitystä verrataan OECD-maissa samaan aikaan käynnissä oleviin lisätalousarvioiden yleisiin vähentämispyrkimyksiin [95].

Toisaalta EU:ssa viime vuosina hyväksyttyjen lisäbudjettien menojen loppusummat suhteutettuna talousarvioiden menojen loppusummiin ovat yleisesti ottaen säilyneet varsin pieninä (pois lukien ennen kaikkea lisäbudjetti nro 7/2003; ks. Taulukko 8), joten ulkoiseen joustoon turvautuminen rahoitusmuotona budjettivuoden aikana on pysynyt tarkastelukauden aikana varsin hyvin kurissa verrattuna esim. 1970-lukuun ja 1980-luvun alkuun (ks. HT 1996, Kuvio 4) jopa niin, että uuden VHA:n lyhyenä voimassaoloaikana on syyskuun 2004 loppuun mennessä peräti kahdella lisäbudjetilla (nro 1/2003 ja 3/2003) muutettu ainoastaan budjettikohtien nimikkeitä ja selvitysosia [96].

Lisätalousarvioiden laatimisen osalta EP katsoo, että sillä VHA:ssa poistettiin suora viittaus mahdollisuuteen, että neuvosto toteaa lisätalousarvioesityksen tarpeettomaksi (vuoden 1977 varainhoitoasetuksen vuoden 1990 muutoksen mukaisen 15 artiklan 5 kohdan tapaan), neuvoston tulee vastedes aina ja kaikissa olosuhteissa automaattisesti laatia lisätalousarvioesitys. Näin varmistetaan se, että myös parlamentti voi määrittää kantansa lisäbudjettipyyntöön ja sen sisältöön.

Vuoden 2003 ensimmäisen lisätalousarvion laatimisprosessi osoitti neuvoston kannan olevan nyanssoidumpi. Ensinnäkin neuvosto muistutti VHA:n 38 artiklan 1 kohdan vaatimuksesta (eli viittauksesta myös VHA:n 37 artiklaan [97]), jonka mukaisesti niin komission kuin budjettivallan käyttäjänkin (EP:n ja neuvoston) on ennen lisäbudjettien laatimista varmistettava, että lisätalousarvion antamisen "perusedellytykset" (väistämättömän, poikkeuksellisen tai odottamattoman olosuhteen olemassaolo) täyttyvät. Toisaalta neuvosto vetosi siihen, että VHA:n 37 artiklan 2 kohdan mukaan kaikki alustavat lisätalousarvioesitykset toimitetaan (siinä kuin SEY:n 272 artiklan 3 kohdan mukaisesti alustava talousarvioesityskin) neuvoston, ei Euroopan parlamentin (jolla alustavat esitykset toimitetaan vain tiedoksi) käsiteltäväksi [98]. On siten neuvoston asia arvioida ensin (so. komission jälkeen mutta ennen parlamenttia) täyttyvätkö perusedellytykset eli tarvitaanko lisäbudjettia (voidaanko lisäbudjettiesitystä ylipäätään laatia). On kuitenkin selvää ettei neuvosto missään olosuhteissa voi olla laatimatta lisätalousarvioesitystä vain siksi, että näin estetään EP:n budjettivallan käyttö, vaan syiden tulee liittyä suoraan lisätalousarvion tarpeellisuuteen sinänsä. Neuvoston on lisäksi saatettava nämä "objektiiviset syyt" EP:n tiedoksi (ks. esim. Van Craeyenest & Saarilahti 2004a, 47 k.). On myös syytä muistaa että on aina mahdollista, että erilaisten määräenemmistö- ja -vähemmistösäännösten takia neuvosto voi olla "kykenemätön" laatimaan lisätalousarvioesitystä [99], kuten tapahtui esim. vuonna 1983 (ks. Strasser 1983, 310-318).

VIITTEET

[1]Esitetyt mielipiteet ovat tekijän omia eivätkä siten välttämättä edusta työnantajan kantaa tai näkemyksiä. Artikkeli, jossa keskitytään yleisen talousarvion menopuoleen, julkaistaan kolmessa osassa siten, että ensimmäinen osa käsittelee vuotuista ulkoista, toinen osa vuotuista sisäistä ja kolmas osa ylivuotista joustoa. Osien yhteenveto esitetään kolmannen osan lopussa (luku 5).

[2]Neuvoston asetus (EY, Euratom) N:o 1605/2002, annettu 25 päivänä kesäkuuta 2002, Euroopan yhteisöjen yleiseen talousarvioon sovellettavasta varainhoitoasetuksesta (EYVL L 248, 16.9.2002, 1-48 ja oikaisu EYVL:ssä L 25, 30.1.2003, 43). Puhutaan "yleisestä" varainhoitoasetuksesta ("General" Financial Regulation/ règlement financier "général"; ks. esim. Saarilahti 2004, alaviite 8). VHA korvaa vuoden 1977 varainhoitoasetuksen, jota koskevat eri muutokset (15 kpl) ja muutossarjat (8 kpl) on koottu artikkelin Liitteeseen I.

[3]Artikkeli on jatkoa Hallinnon tutkimuksessa 14 (1995): 4, 294-310 [jäljempänä HT 1995]; 15 (1996): 1, 8-31 [HT 1996]; 20 (2001): 4, 409-426 [HT 2001] ja 21 (2002): 2, 150-177 [HT 2002] julkaistuihin EU:n yleisen talousarvion eri joustomuotoja käsitteleviin artikkeleihin. Vuotuisen ulkoisen jouston osalta tarkastellaan ainoastaan lisäbudjettimenettelyä. Vuoden 2002 varainhoitoasetuksesta, ks. myös esim. Van Craeyenest & Saarilahti 2004a; 2004b.

[4]TTI:n lausunnossa nro 4/97 vaadittiin painokkaasti voimassaolevan varainhoitoasetuksen "perusteellista muutosta" (Recasting/ refonte; ks. esim. Dussart 2002a, 142).

[5]Uutta varainhoitoasetusta ei kuitenkaan voi irrottaa kontekstistaan ja kaikista "kokonaisuudistus"-korostuksista huolimatta VHA:ssa on myös kyse jo aikaisemmin, vuoden 1977 varainhoitoasetuksen eri muutossarjojen

yhteydessä toteutetun EU:n finanssihallinnon uudistustyön jatkamisesta (ks. Van Craeyenest & Saarilahti 2004a, 6 k.).

[6]Komission uudistamista koskevan valkoisen kirjan (KOM(2000) 200 lopull./2) mukaisesti, mukaan luettuina mm. toimintoperusteiseen johtamiseen ja -budjetointiin siirtyminen (ks. esim. Saarilahti 2004, Liite II) sekä EU:n "uusi hallintotapa" (Governance/ gouvernance; ks. esim. European... 2002, vrt. myös esim. Dussart 2002a, 144-145 tai Komission kertomus... 2003). Komission uudistamiseen liittyi myös mm. EY:n virkamiehiin sovellettavien henkilöstösääntöjen muuttaminen. Neuvoston asetus (EY, Euratom) N:o 723/2004, annettu 22 päivänä maaliskuuta 2004, Euroopan yhteisöjen virkamiehiin sovellettavien henkilöstösääntöjen ja yhteisöjen muuta henkilöstöä koskevien palvelussuhteen ehtojen muuttamisesta (EUVL L 124, 27.4.2004, 1-118) tuli voimaan 1.5.2004. Asetusta täydentää joukko virallisessa lehdessä julkaistuja soveltavia säädöksiä.

[7]Komission asetus (EY, Euratom) N:o 2342/2002, annettu 23 päivänä joulukuuta 2002, Euroopan yhteisöjen yleiseen talousarvioon sovellettavasta varainhoitoasetuksesta annetun neuvoston asetuksen (EY, Euratom) N:o 1605/2002 soveltamissäännöistä (EYVL L 357, 31.12.2002, 1-71).

Komissio on toimittanut VHA:sta ja soveltamissäännöistä koonnoksen, joka on julkaistu budjettipääosaston kotisivulla (osoitteessa: http://europa.eu.int/comm/budget/docus/rf/FI/indice.htm). Koonnoksessa on myös julkaistu VHA:n hyväksymisen yhteydessä neuvoston kokouksen pöytäkirjaan merkityt kaksikymmentä lausumaa.

[8]Komission asetus (EY, Euratom) N:o 2343/2002, annettu 19 päivänä marraskuuta 2002, Euroopan yhteisöjen yleiseen talousarvioon sovellettavasta varainhoitoasetuksesta annetun neuvoston asetuksen (EY, Euratom) N:o 1605/2002 185 artiklassa tarkoitettuja elimiä koskevasta varainhoidon puiteasetuksesta (EYVL L 357, 31.12.2002, 72-90 ja oikaisu EYVL:ssä L 2, 7.1.2003, 39).

[9]Neuvoston asetus (EY) N:o 58/2003, annettu 19 päivänä joulukuuta 2002, tiettyjä yhteisön ohjelmien hallinnointitehtäviä hoitavien toimeenpanovirastojen asemasta (EYVL L 11, 16.1.2003, 1-8). Ensimmäinen toimeenpanovirasto (älykkään energiahuollon virasto) perustettiin komission päätöksellä 23.12.2003 ajanjaksoksi 1.1.2004-31.12.2008 (ks. EUVL L 5, 9.1.2004, 85-86). Viraston rahoitus järjestettiin 22.4.2004 hyväksytyllä lisätalousarviolla nro 6/2004 (ks. Taulukko 7 ja Liite II).

[10]EYVL L 297, 22.9.2004, 6-16. Mallisasetuksen hyväksyminen viivästyi huomattavasti mm. kiistoista komission sisäisen tarkastajan tehtävistä suhteessa toimeenpanovirastoihin johtuen. Komissio hyväksyi asetusluonnoksen 11.7.2003 (ks. SEK(2003) 803 lopullinen). Neuvosto antoi lausuntonsa 4.11.2003 ja tilintarkastustuomioistuin kuukautta myöhemmin (ks. TTI... 2004, 1-2) EP:n ilmoittaessa, ettei se tule antamaan lausuntoa.

[11]Constituent acts of Community bodies/ actes constitutifs des organismes communautaires; ks. EUVL L 245, 29.9.2003, 1-46. Erillisvirastoista, ks. myös esim. Les Agences... 2002.

[12]Säädökset on julkaistu seuraavissa virallisissa lehdissä: L 342, 30.12.2003, 53-57; L 30, 4.2.2004, 6-14; L 138, 30.4.2004, 24-30, 31-39 ja 40-49, L 143, 30.4.2004, 9-14 sekä L 157, 30.4.2004, 18-32 (ks. esim. Saarilahti 2004, alaviite 95).

[13]Euroopan atomienergiayhteisön perustamissopimuksen 183 artikla. Euroopan hiili- ja teräsyhteisön perustamissopimuksessa (jonka voimassaolo päättyi viidenkymmenen vuoden voimassaoloajan umpeuduttua 23.7.2002) varainhoitoasetuksesta säädettiin 78 h artiklassa.

[14]On huomattava, että VHA poistaa varainhoidon valvojat (Financial controller/ contrôleur financier) muttei heidän tehtäviään (ks. Van Craeyenest & Saarilahti 2004a, 70 d) k.).

[15]Komissio ehdotti hallitustenväliselle konferenssille (HVK; ks. KOM(2000) 34 lopullinen, 65), että varainhoitoasetuksista päätettäisiin yhteispäätösmenettelyllä. Konferenssi ei tuolloin suostunut ajatukseen. Tulevaisuuskonventin (eli Eurooppa-valmistelukunnan) ehdotuksessa sopimukseksi Euroopan perustuslaista esitettiin uudelleen, että "Eurooppalailla [josta päätetään yhteispäätösmenettelyllä ehdotuksen 33 artiklan mukaisesti] vahvistetaan varainhoitosäännöt, joissa määritetään varsinkin talousarvion laatimista ja toteuttamista sekä tilinpäätöksen esittämistä ja tilintarkastusta koskevat yksityiskohtaiset säännöt" (III-318 artiklan 1 kohta; ks. EYVL C 169, 18.7.2003, 88). Brysselissä 17.-18.6.2004 kokoontunut HVK hyväksyi ehdotuksen.

[16]Conciliation procedure/ procédure de concertation, ks. EYVL C 89, 22.4.1975, 1-2; vrt. myös esim. Saarilahti 2004, alaviite 56.

[17]Neuvottelumenettelyyn turvaudutaan siitä huolimatta, että varainhoitoasetuksesta ei sinällään aiheudu mitään "huomattavia Euroopan yhteisöjen talousarviota rasittavia menoja tai sitä kasvattavia tuloja".

Neuvottelumenettelyn käyttö perustuu neuvoston vuonna 1975 tekemään sitoumukseen (ks. Van Craeyenest & Saarilahti 2004a, alaviite 5) ja siihen turvautumisesta varainhoitoasetuksesta muutettaessa käsiteltiin vuoden 1977 varainhoitoasetuksen, sellaisena kuin se on vuonna 1990 muutettuna, 140 artiklassa.

Vuoden 2002 varainhoitoasetuksessa artikla kuuluu seuraavasti: "Tätä(varainhoito)asetusta tarkistetaan kolmen vuoden välein ja aina tarpeen mukaan Euroopan yhteisön perustamissopimuksen 279 artiklassa ja Euroopan atomienergiayhteisön perustamissopimuksen 183 artiklassa määrättyä menettelyä noudattaen neuvottelumenettelyn jälkeen, jos Euroopan parlamentti sitä pyytää" (184 artikla).

Budjettivallan käyttäjä voi kuitenkin sopia luopuvansa neuvottelukomitean koollekutsumisesta, kuten tapahtui esim. nk. "Fast Track" -muutoksen (ks. Liite I) yhteydessä (ks. Neuvoston asetuksen (EY, EHTY,

Euratom) N:o 762/2001 johdanto-osan seitsemäs kappale; EYVL L 111, 20.4.2001, 1).

[18]Valmisteluasiakirjan julkilausuttuna tavoitteena oli "aloittaa mahdollisimman laaja toimielinten välinen keskustelu komission suunnittelemista ratkaisuista varainhoitoasetuksen (...) kokonaistarkistukseksi" (SEK(1998) 1228 lopull, 3). Ottaen huomioon varainhoitoasetuksen uudistamisen merkitys komission uudistamistyössä ja -työlle, yleisten asioiden neuvosto antoi uudistamista koskevat päätelmät kokouksessaan 25.1.1999 (Asiakirja 13807/98 ja Cor 1). Päätelmissä mm. listataan neuvoston näkemyksiä siitä, mihin suuntaan varainhoitoasetusta tulisi kehittää. EP antoi puolestaan ensimmäisen varainhoitoasetuksen uudistamista koskevan mietintönsä ja päätöslauselmansa maaliskuussa 1999 (ks. Asiakirja EP 229.419).

[19]Varainhoitoasetuksesta keskusteltiin vuosina 2000-2002 esim. useissa kolmikantakokouksissa (Trialogue/ trilogue) Brysselissä (29.3.2001 (prosessi ja aikataulu), 9.7.2001 (töiden eteneminen), 19.11.2001 (töiden eteneminen ja aikataulutus) ja 18.3.2002 (aikataulu)) sekä seuraavissa epävirallisissa kolmikantakokouksissa (ks. HT 2002,– komissio esitteli suunnitelmansa yksityiskohtaisemmin Pariisissa 16.11.2000), Tukholmassa 6.3.2001 (prosessi ja aikataulutus) ja Madridissa 28.2.2002 (aikataulu; ks. esim. Grossir 2003, 532). Lisäksi järjestettiin joukko epävirallisia kokouksia, tärkeimmät Strasbourgissa 12.3.2002 (töiden edistymisen esittely) ja Brysselissä 24.4.2002 (neuvoston töiden tulosten esittely EP:lle ja sovittelukokouksen valmistelu). Varainhoitoasetus oli lisäksi useiden talousarvioneuvottelukokousten ([Budgetary] Conciliation meeting/ réunion de concertation [budgétaire]) asialistalla (ks. Grossir 2002, 389).

[20]ECOFIN-neuvosto antoi ehdotuksesta erilliset päätelmät 5.6.2001 (Asiakirja 8696/01), jossa jatkettiin neuvoston näkemysten esittämistä siitä, miten varainhoitoasetusta tulisi kehittää (vrt. viite 19). On huomattava, että VHA-ehdotuksen esittämisen aikana oli käynnissä vuoden 1977 varainhoitoasetuksen nk. "Fast track -muutosmenettely komission 31.5.2000 esittämän ehdotuksen pohjalta (ks. EYVL C 311 E, 31.10.2000, 328) -menettely saatiin päätökseen 9.4.2001 (ks. viite 17; vrt. HT 2002, loppuviite 51). Lisäksi Göteborgin Eurooppa-neuvosto 15.-16.6.2001 katsoi päätelmissään, että varainhoitoasetuksen kokonaisuudistus olisi saatava päätökseen vuoden 2002 loppuun mennessä ja että VHA:n olisi tultava voimaan vuoden 2003 alussa. Tähän tavoitteeseen päästiin etenkin Espanjan puheenjohtajuuskauden aikana (vuoden 2002 ensimmäinen puolisko) suoritetun työn ansiosta.

[21]TTI arvosteli lausunnossaan (2 kohta) komissiota mm. siitä, että se ei ollut käyttänyt ehdotusta laatiessaan ulkopuolisia asiantuntijoita kuin kahdella alalla: varainhoitoasetuksen yksinkertaistamista sekä kirjanpitoa ja tilinpäätöksen esittämistä koskevissa kysymyksissä.

[22]EP esitti yli 180 tarkistusta (Amendment/ amendement – parlamentin jäsenet olivat esittäneet yli 220 tarkistusehdotusta, mutta osaa ei hyväksytty täysistuntokäsittelyssä), sekä eriytti niiden hyväksymisen lainsäädäntöpäätöslauselmansa (Legislative resolution/ résolution législative) antamisesta pyrkiessään turvaamaan sen, että niin komissio (muutetussa ehdotuksessaan) kuin neuvostokin (neuvottelumenettelyssä) ottaisivat riittävässä määrin huomioon parlamentin näkökannat.

[23]EP katsoi päätöslauselmansa perusteluosassa komission sisällyttäneen muutettuun ehdotukseensa osittain tai kokonaan yhteensä 82 EP:n esittämää tarkistusta.

[24]Vakiintuneen tavan mukaan EP vaati lainsäädäntöpäätöslauselmassaan "aloittamaan neuvottelumenettelyn, jos neuvosto aikoo poiketa parlamentin hyväksymästä sanamuodosta" sekä pyysi "tulla kuulluksi uudelleen, jos neuvosto aikoo tehdä huomattavia muutoksia komission ehdotukseen" (EYVL C 153 E, 27.6.2002, 236). EP:n talousarvion valvontavaliokunnan (COCOBU tai CONT; Committee on Budgetary Control/ commission du contrôle budgétaire) aloitteesta EP järjesti työnsä nk. tehostetun Hughes-menettelyn (Enhanced Hughes procedure/ procédure Hughes renforcée) mukaisesti, jonka mukaisesti budjettivaliokunta (COBU tai BUDG; Committee on Budgets/ commission des budgets) ja COCOBU vastasivat itsenäisesti toimivaltojensa mukaisesti varainhoitoasetusehdotuksen artikloista (menettelyn mukaisesti COBU:n (ehdotuksesta vastuussa olevan valiokunnan) esittelijä ei puuttunut COCOBU:n (muodollisesti vain lausunnon antava valiokunta) lausunnon valmistelijan tekemiin tarkistusehdotuksiin, jotka koskivat esim. tilinpäätös-, vastuuvapaus- ja tarkastuskysymyksiä).

[25]Ranskaksi "orientation commune", joka käännetään englanniksi vaihtelevasti termeillä "Common orientation" tai "Joint guideline". Kyseessä on asiakirja, joka sisältää säädöksen tekstin siinä muodossa kuin neuvosto sen haluaisi hyväksyä ja jonka hyväksymisestä vuoden 1975 yhteisen julistuksen 6 kohdassa mainittu määräaika (joka tavallisesti ei saisi ylittää "kolmea kuukautta, ellei säädöstä ole hyväksyttävä ennen määrättyä ajankohtaa tai jos on kiireellisiä syitä, joissa tapauksissa neuvosto voi vahvistaa sopivan määräajan") alkaa kulua. Tänä aikana on tarkoitus lähentää neuvoston ja EP:n kannat niin, että neuvosto voi tehdä lopullisen päätöksensä.

[26]Conciliation meeting/ réunion de concertation, eli vuoden 1975 yhteisen julistuksen (ks. viite 16) 5 kohdan mukaisen neuvottelukomitean kokous.

[27]Avoimena ollut kysymys koski vuosittain toimielinten "vastuuvapauden myöntävälle viranomaiselle" (Discharge authority/ autorité de décharge) toimittamaa kertomusta, "jossa on yhteenveto tehtyjen tarkastusten määrästä ja tyypistä, annetuista suosituksista ja näiden suositusten johdosta toteutetuista jatkotoimista" (86 artiklan 4 kohta). Kokous kesti vain tovin (ks. Nicoll & Bryan-Kinns 2004).

[28]VHA:n vaatimat muutokset vuoden 2003 talousarvioon tehtiin tarkoitusta varten laaditulla oikaisukirjel-

mällä. Muutokset koskivat mm. "käyttötarkoitukseensa sidottujen tulojen" käyttöönottoa ja perinteisten omien varojen ilmoittamista nettomääräisinä (ks. Taulukko 4 ja artikkelin toinen osa, luku 3.2.1.2) sekä erilaisten korjausten tekemistä varainhoitoasetusta koskeviin viittauksiin selvitysosissa (Remarks/ commentaires; ml. varainhoitoasetuksen artiklojen uudelleennumerointi VHA:n liitteenä olevan taulukon mukaisesti; ks. luku 2.3 ja Taulukko 2). Neuvosto hyväksyi komission 28.11.2002 laatiman oikaisukirjelmän nro 4 alustavaan talousarvioesitykseen (SEK(2002) 1286 lopullinen) 6.12.2002 (siitä tuli oikaisukirjelmä nro 3 varainhoitovuoden 2003 talousarvioesitykseen, sillä neuvosto ei hyväksynyt komission oikaisukirjelmäesitystä nro 1/2003) ja EP hyväksyi sen 19.12.2002 vuoden 2003 talousarvioesityksen toisen käsittelyn yhteydessä.

[29]EMOTR:n ohjausosasto, Euroopan aluekehitysrahasto (EAKR), Euroopan sosiaalirahasto (ESR) ja kalatalouden ohjauksen rahoitusväline (KOR).

[30]European offices/ offices européens.

[31]Eli (nykyisin) yhteinen ulko- ja turvallisuuspolitiikka (YUTP; Common Foreign and Security Policy (CFSP)/ politique étrangère et de sécurité commune (PESC)), mukaan luettuna Euroopan turvallisuus- ja puolustuspolitiikka (ETPP; European Security and Defence Policy (ESDP)/ politique européenne de sécurité et de défense (PESD)) sekä poliisiyhteistyö ja oikeudellinen yhteistyö rikosasioissa (Police and judicial cooperation in criminal matters/ coopération policière et judiciaire en matière pénale; ks. esim. Saarilahti 2004, Liite III).

[32]Esimerkkeinä voidaan mainita ne lukuisat poikkeukset, joita edelleen sallitaan budjettiperiaatteista (ks. Taulukko 4), budjettiperiaateartikkelit, jotka eivät vastaa periaatetta (ks. esim. VHA:n 5 artiklan 1 ja 2 kohta) tai monien artiklojen vaikeaselkoisuus (vrt. esim. määrärahojen siirtoja tai negatiivisten menojen tulevaisuutta koskevat artiklat 22, 23 ja 180 – ks. artikkelin toinen osa, luvut 3.2.2 ja 3.2.5.2).

[33]TTI erittelee lausunnossaan nro 4/97 (TTI... 1998, Liitteen 1.3 k.) viisi "yhteisöjen budjettioikeudessa perinteisesti lähtökohdaksi otettua perusperiaatetta" eli yhtenäisyys, yleiskatteisuus, määriteltävyys, vuotuisuus sekä tulojen- ja menojen tasapaino, joihin "demokratiaa silmälläpitäen on tärkeää lisätä (...) julkisuus- ja avoimuusperiaatteet" (ks. viite 37). TTI jättää siten luettelon ulkopuolelle moitteettoman varainhoidon sekä laskentayksikön periaatteet. Eräät tutkijat ovat kritisoineet erityisesti laskentayksikön käytön laskemista budjettiperiaatteeksi (ks. esim. Dussart 2002a, 153). VHA:n johdanto-osan kolmas kappale puhuu puolestaan "neljästä keskeistä budjettioikeusperiaatteesta" (Fundamental principles of budgetay law/ principes fondamentaux du droit budgétaire) eli yhtenäisyys, yleiskatteisuus-, erittely ja vuotuisuus sekä viidestä "periaatteesta" (Principles/ principes) eli talousarviolta edellytettävän totuudenmukaisuuden, tasapainon, laskentayksikön, moitteettoman varainhoidon ja seurattavuuden periaatteet.

[34]Ensimmäisen osan ("Yhteiset säännökset"; "Common provisions/ dispositions communes") II osasto (nimeltään "Budjettiperiaatteet"; "Budgetary principles/ principes budgétaire").

[35]EU:ssa noudatettavista budjettiperiaatteista, ks. esim. Euroopan unionin... 2002, 133-173 tai Van Craeyenest & Saarilahti 2004a, 17-44 k.

[36]Julkisuusvelvoitteen osa, talousarvion ja lisäbudjettien julkaisuvelvollisuus oli olemassa jo vuoden 1977 varainhoitoasetuksessa (vuoden 1990 muutoksen mukaisen vuoden 1977 varainhoitoasetuksen 10 artikla – normaalisti kuukauden kuluessa päivästä, jona niiden lopullinen vahvistaminen on todettu). VHA:n 29 artiklan 2 kohdan toisen alakohdan mukaan talousarvion ja lisätalousarvioiden julkaiseminen on suoritettava "kahden kuukauden kuluessa päivästä, jona talousarvion lopullinen vahvistaminen on todettu". Julkaisemisissa on toisinaan havaittavissa pitkiäkin viiveitä (ks. esim. TTI... 2002, 1.12-1.14 kohdat tai Saarilahti 2004, Taulukko 1 ja Liitteen II D-kohta). Toisaalta jos TA:n hyväksyminen sinällään ei luokaan yksityisille henkilöille oikeuksia tai velvollisuuksia, talousarvion toteuttamistoimet voivat hyvinkin koskea yksittäisiä kansalaisia (ks. Asiat 296/83 ja 297/83 (Vihreät vs Euroopan parlamentti ja Vihreät vs Euroopan yhteisöjen neuvosto), Yhteisöjen tuomioistuimen oikeustapauskokoelma (Kok.) vuodelta 1984, 3335-3342), mikä lisää seurattavuusperiaatteen

[37]TTI (1998, Liitteen 1.29-1.32 k.) perustelee lausunnossaan nro 4/97 vaatimustaan sisällyttää julkisuus- ja avoimuusperiaatteet (ks. viite 33) varainhoitoasetukseen seuraavasti: "Talousarvion toteuttamista koskevat yhteisön julkaisemat tilit eivät tällä hetkellä vastaa lähimainkaan itse talousarviota yksityiskohtaisuudeltaan ja otsakkeiltaan. Puutteita on sekä julkisuus- että avoimuusnäkökohdissa, sillä yhteisön tahojen ulkopuolisen lukijakunnan on vaikeaa tai jopa mahdotonta verrata talousarviossa olevia tietoja toteutumiin.

Lisäksi on todettava, että useimmissa yhteisön omissa yksiköissäkään ei voida ymmärtää monia yhteiseen tutkimuskeskukseen liittyviä talousarvio- ja kirjanpitotapahtumia. Tutkimuskeskus on nimittäin luonut sisäistä käyttöä varten talousarvion ulkopuolisen kirjanpitojärjestelmän, josta on kylläkin laadittu rajallista jakelua varten asiakirjat, mutta ne ovat niin monimutkaiset, että asiaan perehtymätön lukija ei välttämättä vaivaudu käymään niitä läpi.

Vastaavia käytäntöjä on monilla muillakin talousarvion aloilla, esimerkiksi rakennerahastoissa, joissa määrärahojen jakamista koskevat tärkeät asiakirjat laaditaan talousarviomenettelyn ulkopuolella.

Varainhoitoasetuksessa olisi näin ollen säädettävä ensinnäkin, että tiettyjen määrärahojen osoittamisen - oli se sitten miten yksityiskohtaista tahansa – perustana ei voi olla yksinomaan hallinnollisia menettelyjä, ja toiseksi, että talousarvion toteuttamisesta on esitettävä talousarvioon pohjautuva ja samassa muodossa laadittava julkaisu, joka vastaa tarkkuudeltaan ja otsakkeiltaan itse talousarviota."

[38]Vastakkaisesta kannasta ks. esim. Dussart (2002a,

153-154), joka arvostelee sitä, että komissio on näin "onnistunut luomaan uuden budjettiperiaatteen (...) perustamissopimusten ulkopuolella". "On tunnettu tosiasia, että avoimuus on uusi hallinnointitapa ("nouvelle gouvernance") -nimikkeen alla eräs komission uudistamisohjelman keskeisiä tavoitteita. Kirjaamalla yleinen lausuma, jonka mukaan "talousarvio laaditaan, sitä toteutetaan ja tilinpäätös esitetään noudattaen periaatetta avoimuudesta" [komission ehdotuksen 27 artiklan 1 kohta] kyetään uuden periaatteen soveltaminen ulottamaan koskemaan kaikkia [VHA:n säätelemiä] toimia".

[39]Samansuuntainen periaate luotiin myös Ranskan budjettijärjestelmään (nimellä "principe de sincérité (budgétaire)") 1.8.2001 hyväksytyllä lailla (Loi organique; ks. Journal officiel du 2 août 2001). Lain 32 artiklan mukaan: "Les lois de finances présentent de façon sincère l'ensemble des ressources et des charges de l'Etat. Leur sincérité s'apprécie compte tenu des informations disponibles et des prévisions qui peuvent raisonnablement en découler"

Periaate pohjautuu ennakkotapaukseen, joka syntyi kun kansalliskokouksen ja senaatin jäsenet pyysivät vuonna 1994 perustuslakineuvostoa (Conseil constitutionnel) hylkäämään talousarviolain (loi de finances – menettely ei ole Ranskassa poikkeuksellinen, sillä oppositio pyytää käytännössä vuosittain perustuslakineuvostoa mitätöimään budjetin erilaisiin syihin vedoten) sillä perusteella, että hallitus "oli tietoisesti yliarvioinut tulokertymän ja aliarvioinut menojen määrän". Perustuslakineuvosto ei julistanut talousarviota pätemättömäksi, mutta käytti asiaa hyväksi kehitelläkseen "budjetin totuudenmukaisuuden" periaatetta (ks. esim. Camby 1995, 51-64 tai Destret 2000").

Vuoden 2001 lain hyväksymisen yhteydessä (kaikki loi organique -tasoiset (perustuslakia täydentävät tai täsmentävät) lait joudutaan Ranskassa alistamaan perustuslakineuvostolle) perustuslakineuvosto korosti, että: 1) totuudenmukaisuuden periaate koskee eri tavalla varsinaista budjettia ja lisäbudjetteja (lois de finances initiales et rectificatives) sekä vastuuvapautta (lois de règlement) ja 2) että sovellettaessa totuudenmukaisuuden periaatetta budjetteihin tai lisäbudjetteihin tulee ottaa huomioon laatimishetkellä käytettävissä oleva informaatio sekä sen pohjalta laaditut ennakkoarviot. Sen sijaan periaate edellyttää tilien moitteettomuutta (exactitude des comptes) tilikautta päätettäessä.

Ennen kaikkea totuudenmukaisuuden periaate edellyttää perustuslakineuvoston katsontakannan mukaan, ettei budjetin tulo- ja menomassojen tasapainoa vääristellä ("la sincérité se caractérise par l'absence d'intention de fausser les grandes lignes de l'équilibre déterminé par la loi de finances").

Ranskassa totuudenmukaisuuden periaate liittyy siten tulojen ja menojen väliseen tasapainoon – toisin kuin EP ja neuvosto EU:n yleisen talousarvion tapauksessa, kansalliskokous voi hyväksyä alijäämäisen talousarvion (näin on tapahtunut vuodesta 1974 lähtien). Perustuslakineuvosto ei kuitenkaan voisi julistaa hyväksyttyä budjettia laittomaksi kuin tapauksissa, että siihen sisältyisi ilmeinen tulokertymää koskeva yli- tai aliarviointi (verrattuna siihen, mitä Ranskassa kutsutaan "asiantuntijoiden konsensukseksi") tai että siitä puuttuisi merkittävä lakisääteinen menoerä.

Sen sijaan kysymys siitä, onko jokin budjettiin otettu määräraha "tarpeelliseksi katsottuja menoja varten" kuuluu Ranskassa kansalliskokouksen ja senaatin päätäntävaltaan – valtiontaloudessa noudatettavien budjettikäytäntöjen mukaan kyse on poliittisesta harkintaja budjettivallan käytöstä, johon esim. perustuslakineuvosto ei sinällään voi puuttua.

[40]Komissio ja monet jäsenvaltiot esittivät erilaisia varauksia periaatteen kirjaamiseen VHA:een, vedoten mm. periaatteen noudattamisen vaikeuteen sekä epätietoisuuteen sen soveltamisen käytännön seurauksista. Kompromissiksi muodostui lopulta VHA:een sisällytetty "liudennettu muoto". Periaatteesta tuli näin osa yhteisöoikeutta, mutta sen tosiasiallinen soveltaminen jää nähtäväksi.

[41]Ei ole mikään yllätys, että EP esitti yhtenäisyyden periaatteen lujittamista "sisällyttämällä talousarvioon kaikki talousarvion ulkopuolelta rahoitettu Euroopan unionin toiminta" (tarkistuksen nro 21 perustelut - tarkistuksessa vaadittiin parlamentin pysyvän kannan mukaisesti mm. Euroopan kehitysrahaston sisällyttämistä yleiseen talousarvioon). Samalla EP vaati - ollakseen johdonmukainen - komission ehdotuksen 3 artiklan 1 kohdan muuttamista kuulumaan seuraavasti: "Talousarvio on säädös, jossa arvioidaan ja vahvistetaan joka vuosi Euroopan unionin ("yhteisöjen" tilalla) tulot ja menot".

Ehdotuksensa perusteluosassa komissio "muistuttaa sitoutuneensa Euroopan kehitysrahaston sisällyttämistä yleiseen talousarvioon. Sitä ei kuitenkaan ehdoteta sisällytettäväksi yleistä talousarviota koskevaan varainhoitoasetukseen, koska varainhoitoasetus ei ole se säädös, jolla tästä asiasta säädetään". Tätä kirjoitettaessa keskustelu EKR:n sisällyttämisestä yleiseen talousarvioon jatkuu komission 8.10.2003 hyväksymän tiedonannon (KOM(2003) 590 lopullinen) pohjalta. Samansuuntaisesti komission tiedonannossa, jossa käsitellään vuosien 2007-2013 rahoituskehyksiä, esitetään EKR:n "liittämistä" TA:oon (ks. KOM(2004) 101 lopullinen, 30). Euroopan parlamentti hyväksyi uusimman EKR:n yleiseen talousarvioon sisällyttämistä koskevan päätöslauselman täysistunnossaan 1.4.2004 (ks. EP 2003/2163, 46 k: "[EP] pyytää neuvostoa äänestämään yksimielisesti EKR:n budjetoinnin puolesta").

Varainhankinta- ja lainatoimenpiteiden täydellisemmän budjetoinnin osalta "komissio ei katso aiheelliseksi tämän toiminnan sisällyttämistä talousarvioon: vain lainanantotoimiin liittyvät takaukset sisältyvät jo talousarvioon".

Erillisvirastojen osalta "komissio katsoo (...), ettei erillisvirastojen talousarviotapahtumia ole syytä sisällyttää yhteisöjen yleiseen talousarvioon, koska tämä merkitsisi puuttumista niiden taloudelliseen itsenäisyyteen".

Lopulta VHA:n 4 artiklan 1 kohta hyväksyttiin seuraavassa muodossa: "Talousarvio on säädös, jossa arvioidaan ja vahvistetaan joka vuodeksi kaikki Euroopan yhteisöjen ja Euroopan atomienergiayhteisön tarpeellisiksi katsotut tulot ja menot" (ks. Taulukko 3). Erillisvirastoista ja niiden rahoituksesta, ks. esim. Saarilahti 2004, alaviite 12 ja Liite IV, vrt. myös Dussart 2002b, 97-111.

[42]Komissio mm. ehdotti (täsmennyksen lisäksi, jonka mukaan yhteisöt eivät voi ottaa lainaa TA:n alijäämän rahoittamiseen), että yhteisöt voisivat ottaa lainaa toimielinten käyttöön tulevien aineellisten hyödykkeiden hankintaa varten (jolloin näiden lainojen korot ja pääomasuoritukset tulisivat vuosittain talousarviosta suoritettaviksi; ehdotuksen 14 artiklan 2 kohta). Neuvosto torjui ajatuksen suoralta kädeltä.

[43]Vrt. VHA:n johdanto-osan kymmenes kappale: "EY:n perustamissopimuksen 277 artiklan ja Euratomin perustamissopimuksen 181 artiklan ensimmäisen kohdan nojalla on tarpeen vahvistaa talousarvion laatimisessa käytettävä laskentayksikkö, jota sovelletaan myös talousarvion toteuttamisessa ja tilinpäätöksessä".

[44]"The budget appropriations shall be used in accordance with the principles of economy and sound financial management".

[45]"The budget appropriations must be used in accordance with the principles of sound financial management, and in particular those of economy and cost-effectiveness. Quantified objectives must be identified and the progress of their realization monitored".

[46]Taloudellisuuden, tehokkuuden ja vaikuttavuuden periaatteiden sisällön täsmennykset lisättiin TTI:n aloitteesta (ks. TTI... 2001b, 11 k.). Parlamentti kannatti ajatusta, reunaehdoin: "Esittelijä pitää [taloudellisuuden, tehokkuuden ja taloudellisuuden tarkoituksen täsmentämistä] hyödyllisenä, mutta vaarana on, että teksti täyttyy tarpeettomista yksityiskohdista, jotka heijastavat ohimeneviä hallinnoinnin suuntauksia. Tärkeintä on, että kaikki toimielimet ja budjettivallan käyttäjä kehittävät järjestelmällistä toteutumisen seurantaa ja että niillä on käytettävissään kaikki seurannan edellyttämät tiedot. Yksityiskohdat voidaan määritellä soveltamissäännöissä tai budjettivallan käyttäjän toimesta talousarviossa".

[47]Vrt. myös johdanto-osan yhdestoista kappale: "Moitteettoman varainhoidon periaate on määritettävä viittaamalla taloudellisuuden, tehokkuuden ja vaikuttavuuden periaatteisiin ja varmistettava niiden noudattaminen seuraamalla ja arvioimalla tavoitteiden toteutumista erilaisten mittarien avulla. Toimielinten on toteutettava ennakko- ja jälkiarviointi komission määrittelemien suuntaviivojen mukaisesti".

[48]Ks. EP:n tarkistus nro 19 ("Kaikkien muiden säädösten, jotka liittyvät yleisen talousarvion toteutukseen tulojen tai menojen muodossa, on oltava tämän (varainhoito)asetuksen säännösten mukaisia. Euroopan komissio pitää näistä alisteisista säädöksistä luetteloa, jota se päivittää säännöllisesti, ja tiedottaa siitä budjettivallan käyttäjälle"), jota perusteltiin seuraavasti: "Parlamentin päätöslauselmassa maaliskuulta 1999 [ks. viite 18] ja esittelijän työasiakirjoissa on aina korostettu, että varainhoitoasetuksessa olisi täsmennettävä, että varainhoitoasetus menee kaikkien muiden varainhoitosäännösten edelle. Avoimuuden ja selkeyden lisäämiseksi komission olisi luetteloitava kaikki säädökset, jotka ovat alisteisia varainhoitoasetukselle". Vrt. myös tilintarkastustuomioistuimen lausunto nro 4/97 (TTI... 1998, 2-3).

[49]Ks. HT 1995, 295-296; 1996, 8-31; 2001, 409-426 ja 2002, 161-177. Poikkeuksen muodostaa moitteettoman varainhoidon periaate, josta ei sallita poikkeamia.

[50]TTI:n (1998, 14 k.) mukaan "(budjettiperiaatteisiin varainhoitoasetuksen monilla muutoksilla tehdyt erilaiset poikkeukset ovat johtaneet siihen, että) on muodostettu tai muodostunut lukuisia "helpottavia järjestelyjä", joiden on katsottu olevan hyödyksi varainhoidosta huolehtiville tahoille - mitä ei tosin ole vielä tapauksittain osoitettu - mutta jotka ovat pikemminkin vastoin tarkan varainhoidon periaatteita ja vaikeuttavat suuresti kirjanpitoa ja varainhoitoa, ja varsinkin niihin liittyviä tietotekniikan näkökohtia."

[51]Vrt. KOM(2000) 461 lopullinen, 9: "Varainhoitoasetuksissa ei myöskään ole aina lueteltu ja/tai määritelty riittävän tarkasti poikkeuksia eikä niissä ole täsmennetty riittävän selvästi, että eräitä poikkeuksia (kuten määrärahojen uudelleenkäyttö ja ennakkomaksujen palauttaminen) on tulkittava suppeasti".

[52]Vuosina 1982-2003 pääluokka III - Komissio - sisälsi osassa A komission hallinto- ja osassa B EU:n toimintamäärärahat.

[53]TTI:n lausunnon (TTI...2001b, 4k.) peruslähtökohtana oli, että : 1) yhteisön talousarviojärjestelmässä olisi noudatettava talousaravioperiaatteita, ja ainoastaan välttämättömät poikkeukset olisi sallittava, 2) talousarviojärjestelmän olisi oltava mahdollisimman yksinkertainen ja 3) talousarvion olisi sekä ennakkoarviona että toteutusvaiheessa heijastettava todellisia tapahtumia ja yhteisöjen taloudellista tilannetta – saman tulisi koskea myös tilinpäätöstä.

[54]Taulukkoa 4 on yksinkertaistettu erityisesti menotapahtumille sallittujen (usein teknisluonteisten) poikkeusten osalta, samalla kuin näiden tarkastelu on jätetty tämän artikkelin ulkopuolelle.

[55]Taulukot 5 ja 6 korvaavat HT:ssa 14 (1995): 4 sivulla 304 julkaistun Taulukon 1, joka sisältää eräitä epätarkkuuksia. Samalla on syytä tehdä vastaavat korjaukset sivujen 306-308 tekstiin.

[56]Erilaisia lisäbudjetteja ("Supplementary and/or amending budget/ budget rectificatif et/ou supplémentaire") koskevat suomenkieliset käännökset (kuten niin monet muutkin suomenkieliset käännökset) vaihtelevat asiakirjasta toiseen. Siten ennen vuotta 2003 näkee toisinaan käytettävän termejä "korjaava ja/tai täydentävä talousarvio", toisinaan taas termiä "lisä-

talousarvio". Artikkelissa käytetään vuoteen 2003, geneerisen käsitteen "lisäbudjetti" lisäksi, vuoden 1977 konsolidoidun varainhoitoasetuksen suomennoksen käsitteitä "täydentävät ja/tai korjaavat lisätalousarviot" (ks. myös HT 1995, 304-308).

[57]On huomattava, että vuonna 1997 hyväksyttyä täydentävää ja korjaavaa lisätalousarviota ei julkaistu virallisessa lehdessä.

[58]Yhteensä 72 lisäbudjettia 35 vuoden aikana.

[59]Keskimäärin 1,77 kappaletta vuodessa vuosina 1968-1989 ja 2,54 kappaletta vuodessa vuosina 1990-2002. Vuosina 1982, 1985 ja 1986 ei hyväksytty yhtään lisäbudjettia, sen sijaan vuotta 1993 ja ajanjaksoa 1995-1998 lukuun ottamatta vuosina 1990-2002 hyväksyttiin vuosittain vähintään kaksi lisäbudjettia. Syynä on ollut mm. EU:n toiminnan laajeneminen uusille aloille (ks. esim. Saarilahti 2004).

[60]Vuonna 2002 hyväksyttyjen kuuden täydentävän ja korjaavan lisätalousarvion sisältö on esitetty Liitteessä II.

[61]Vuoden 1977 varainhoitoasetuksessa, sellaisena kuin se on muutettu vuonna 1990, lisäbudjeteista säädettiin 15 artiklassa ja 16 artiklan 2 kohdassa. VHA:ssa niistä säädetään 37 ja 38 artiklassa.

[62]Vrt. VHA:n johdanto-osan kolmastoista kappale, jonka mukaan "(t)alousarvion laatimisen ja esitystavan osalta nykyisiä säännöksiä olisi yhtenäistettävä ja selkeytettävä poistamalla täydentävien ja korjaavien talousarvioiden välinen ero, jolla ei ole käytännön vaikutusta". "Lisäbudjettien" suomenkieliset käännökset yhdenmukaistunevat samalla kerralla (vrt. viite 56).

[63]Käsitettä "täydentävä ja korjaava lisätalousarvio" on käytetty myös tapauksissa, joissa lisäbudjetti olisi varainhoitoasetuksen määritelmän mukaan ollut ainoastaan "korjaava lisätalousarvio" (ks. HT 1995, 306). Siten EP käytti eräänä perusteena lisätä menoja neuvoston hyväksymään vain tuloja käsittelevään korjaavaan ja täydentävään lisätalousarvioesitykseen nro 2/2002 (ks. esim. Grossir 2003, 530-531) sitä, että neuvosto laati myös "täydentävän lisätalousarvioesityksen".

[64]Komission ehdotus tai muutettu ehdotus eivät sisältäneet mainittuja ehtoja.

[65]Vuoden 1977 varainhoitoasetuksen 1 artiklan 5 kohdan 3 alakohdassa (15 artiklan 4 kohta vuoden 1977 varainhoitoasetuksen vuoden 1990 muutoksen jälkeen) tyydytään toteamaan, että "Komissio toimittaa budjettivallan käyttäjälle [muiden toimielinten ja vastaavien] esittämät (lisäbudjetteja) koskevat pyynnöt" (ks. HT 1995, 306).

[66]Vuoden 1990 muutoksen mukaisen vuoden 1977 varainhoitoasetuksen 15 artiklan 3 kohdassa (vrt. myös vuoden 1977 varainhoitoasetuksen 1 artiklan 5 kohdan kolmas alakohta) todetaan sama asia monimutkaisemmin seuraavasti: "Jokainen alustava esitys täydentäväksi ja/tai korjaavaksi lisätalousarvioksi on esitettävä neuvostolle pääsääntöisesti viimeistään sinä päivänä, jona alustava talousarvioesitys seuraavan varainhoitovuoden talousarvioksi on esitettävä. Toimivaltaiset viranomaiset käsittelevät asian ottaen huomioon sen kiireellisyyden." SEY:n 272 artiklan 3 kohdan mukaan komission on toimitettava alustava talousarvioesitys neuvostolle viimeistään 1 päivänä syyskuuta sitä varainhoitovuotta edeltävänä vuonna, jota esitys koskee.

[67]VHA:n 37 artiklan 3 kohta säilyttää nk. nopeutetun käsittelyn mahdollisuuden (ks. vuoden 1990 muutoksen mukaisen vuoden 1977 varainhoitoasetuksen 15 artiklan 3 kohdan toinen alakohta; vrt. HT 1996, 306), joka tarkoittaa ainoastaan yhtä käsittelyä neuvostossa ja parlamentissa (EP ei siten voi tehdä tarkistuksia tai esittää muutoksia neuvoston käsittelyn tuloksiin).

Esimerkkinä viimeaikaisesta "nopeutetusta käsittelystä" voidaan mainita vuoden 2002 neljäs lisäbudjetti (ks. Liite II). Komissio laati alustavan korjaavan ja täydentävän talousarvioesityksen 17.7.2002. Neuvosto sai sen käsiteltäväkseen kaksi päivää myöhemmin. Vaikka komissio laati alustavaan esitykseensä lisäyksen heti kesälomien (elokuu, jolloin budjettivallan käyttäjä ei perinteisesti kokoonnu) jälkeen oikaisukirjelmällä 18.9. (ks. Taulukko 6) neuvosto laati lisäbudjettiesityksen 20.9. EP hyväksyi lisäbudjetin lopullisesti täysistuntokäsittelyssään kuusi päivää myöhemmin. Nopeutetusta käsittelystä sovittiin kolmikantakokouksessa 11.7. ja neuvoston vuoden 2003 TAE:n laadintaa (neuvoston I käsittely) edeltävässä talousarvioneuvottelukokouksessa 19.7.2002.

[68]Eli Euroopan parlamentille ja neuvostolle.

[69]Vrt. myös Asia C-284/90 (Euroopan yhteisöjen neuvosto vs Euroopan parlamentti), Kok. 1992, I-2277-2332.

[70]Neuvoston asetus (EY, Euratom) N:o 1150/2000, annettu 22 päivänä toukokuuta 2000, yhteisöjen omista varoista tehdyn päätöksen 94/728/EY, Euratom soveltamisesta (EYVL L 130, 31.5.2000, 1-12). Komissio esitti 1.7.2003 ehdotuksen asetuksen muuttamisesta saattaakseen asetuksen ajan tasalle uuden vuoden 2000 omia varoja koskevan päätöksen kanssa (ks. KOM(2003) 366 lopullinen). Pysyvien edustajien komitea pääsi muutoksesta yhteisymmärrykseen kokouksessaan 5.5.2004.

[71]Vrt. neuvoston pöytäkirjaan kirjattu VHA:n 15 artiklan 1 kohtaan liittyvä lausuma: "Euroopan parlamentti, neuvosto ja komissio sopivat siitä, että käsite "saldo" [Balance/ solde] tulee ymmärtää varainhoitovuoden ylijäämän tai alijäämän lopulliseksi määräksi, joka saadaan sen jälkeen kun tarvittavat tekniset mukautukset on tehty tulopuoleen. Kyseisiä mukautuksia ovat erityisesti talousarvion epätasapainoa koskevat oikaisut omista varoista tehdyn päätöksen mukaisesti". Siten komissio esim. sisällytti vuonna 2003 alustavasta ylijäämästä 10 miljoonaa euroa ensimmäiseen alustavaan lisäbudjettiesitykseensä (SEK(2003) 230 lopullinen) rahoittamaan mm. yhteisen kalastuspolitiikan uudistamisen ja yhteisön kalastusalusten romuttamiskustannuksia ja 350 000 euroa toiseen alustavaan lisäbudjettiesitykseensä (SEK(2003) 423 lopullinen)

kattamaan alueiden komitean lisämäärärahapyynnön - vuoden 2003 talousarvioon oli lisäksi kirjattu osaston 3 (Käytettävissä olevat ylijäämät; Surpluses, balances and adjustments/ excédents, soldes et ajustements) momentille 3 0 0 (Edellisen varainhoitovuoden käytettävissä oleva ylijäämä; Surplus available from the preceding financial year/exédent disponible de l'exercice précédant) miljardi euroa.

Budjettivallan käyttäjä ei kuitenkaan sisällyttänyt menoja lisätalousarvioihin nro 1/2003 ja 3/2003 (vaan hyväksyi ainoastaan muutoksia selvitysosiin), joten vuoden 2003 "saldolisäbudjettiin" nro 2/2003 kirjatun ylijäämän suuruudeksi muodostui lopulta 6 413,5 miljoonaa euroa (komission alustavassa lisätalousarvioesityksessä nro 3/2003 esittämän 6 403,1 miljoonan euroan sijasta).

On huomattava, että TA:n ylijäämä on muodostunut viime vuosina varsin merkittäväksi (11,6 miljardia euroa vuonna 2000, 15 miljardia euroa vuonna 2001, 7,4 miljardia euroa vuonna 2002 ja 5,47 miljardia euroa vuonna 2003; ks. EU:n talousarvio... 2004, 1).

[72]VHA:n 128 artiklan mukaan alustava konsolidoitu tilinpäätös on laadittava 31.3.t+1 mennessä. Alustava saldolisäbudjettiesitys on siten VHA:n 15 artiklan 3 kohdan mukaan alistettava neuvostolle viimeistään 15.4. t+1. On kuitenkin huomattava, että 181 artiklan 2 kohdan mukaisten siirtymäsäännösten mukaan uutta tilinpäätösten laatimisaikataulua sovelletaan varainhoitovuodesta 2005 lähtien. Siihen asti konsolidoitu tilinpäätös on laadittava 1.5.t+1 mennessä (VHA:n 181 artiklan 2 kohdan a) alakohta) ja komission on esitettävä alustava saldolisätalousarvioesitys 15.5.t+1 mennessä.

[73]Toisiinsa liittyvien saldo- ja tulokysymysten erotteleminen erillisiin lisätalousarvioihin ei ole ongelmatonta, kuten alustavaa lisätalousarvioesitystä nro 7/2004 koskeva lehdistötiedote (jossa joudutaan viittaamaan komissiossa vasta valmisteilla olevaan alustavaan lisätalousarvioesitykseen nro 8/2004 jotta voitaisiin osoittaa esim. jäsenvaltioiden EU:n käyttöön asettamien omien varojen määrien aleneminen) osoittaa (ks. EU:n talousarvio... 2004, 1-3).

[74]Kyseessä oli lisäys verrattuna vuoden 1977 varainhoitoasetuksen lisäbudjetteja käsittelevään 1 artiklan 5 kohtaan, eikä EP ollut koskaan salannut kielteisyyttään uutta varainhoitoasetuksen tekstiä kohtaan, vaikka parlamentti saikin kirjattua asetukseen ajatuksen, jonka mukaan neuvosto joutuu ennen päätöstään kysymään parlamentin kantaa (ks. HT 1995, 306).

[75]Lisäksi EP esitti tarkistuksessaan ehdotuksen 35 artiklan muuttamista siten, että se kuuluisi seuraavasti: "Lisätalousarvioihin sovelletaan EY:n perustamissopimuksen 272 artiklassa, EHTY:n perustamissopimuksen 78 artiklassa ja Euratomin perustamissopimuksen 177 artiklassa määrättyä menettelyä, aikataulua koskevia säännöksiä lukuun ottamatta, ja menettelyn jokaiselle vaiheelle asetettujen määräaikojen kestoa koskevia säännöksiä sovelletaan soveltuvin osin". EP perusteli tarkistustaan seuraavasti: "Tarkistuksen tavoitteena on (...) vahvistaa periaate, että lisätalousarvioesitystä koskeva menettely voidaan keskeyttää ainoastaan budjettivallan käyttäjän (Euroopan parlamentti ja neuvosto) suostumuksella. Lisäksi tarkennetaan, että menettelylle asetetut määrärajat ovat samat kuin yleiselle talousarviolle asetetut määräajat, vaikka aikataulu on tietysti toisenlainen".

[76]Itse artiklan muotoilu ei anna suoraa vastausta tulkintaongelmaan, sillä "se laatii" on ymmärrettävä lisätalousarvioesityksen oikeusperustaksi ("oikeudeksi laatia"), ei sinänsä "velvollisuudeksi laatia" (jossa tapauksessa kohdan tulisi kuulua "vakiintuneen kielenkäytön" mukaan esim. seuraavasti: "Jos neuvosto saa käsiteltäväkseen alustavan lisätalousarvioesityksen, sen tulee laatia ("on laadittava"; vrt. esim. SEY:n 272 artiklan 4 kohdan muotoilu: "Talousarvioesitys on toimitettava... ") esitys lisätalousarvioksi"). Vastaavanlainen tilanne vallitsee esim. vastuuvapauden osalta: SEY:n 26 artiklan 1 kohdan mukaan "Neuvoston määräenemmistöllä antamasta suosituksesta Euroopan parlamentti myöntää komissiolle talousarvion toteuttamista koskevan vastuuvapauden". "Myöntää" -verbistä huolimatta EP on ollut myös myöntämättä komissiolle vastuuvapautta, kuten varainhoitovuosien 1982 ja 1996 vastuuvapausprosessit osoittavat (ks. esim. Strasser 1985b, 611-644; Yataganas 1999, 842 k. ja Beurdeley 2000, 696-702). Kysymyksessä on siten hyvinkin "oikeus myöntää" vastuuvapaus.

[77]Pyynnön tarkoituksena oli lisätä 350 000 euroa AK:n menoarvion momentin 2 5 1 (Jäsenyyttä hakeneiden maiden edustajien kokouskulut) määrärahoihin. Komitean esittämien perustelujen mukaan "(l)isäys on tarkoitettu kattamaan kulut, jotka aiheutuvat ehdokasvaltioiden 95 tarkkailijan osallistumisesta alueiden komitean kolmeen täysistuntoon". AK:n mukaan riittävän tarkkojen tietojen puuttuessa tarkkailijoiden tosiasiallisesta tulopäivästä se ei ollut voinut ottaa näitä kuluja huomioon vuoden 2003 talousarviota koskevissa ennakkoarvioissa. Menolisäys oli tarkoitus kattaa ottamalla vastaava määrä varainhoitovuoden 2002 ylijäämästä (ks. viite 71).

[78]Komissio ei siten esim. liittänyt alustavaan esitykseen VHA:n 37 artiklan 2 kohdan sallimaa (myönteistä tai kielteistä) lausuntoa sen vedotessa toimielinten ja vastaavien budjettiautonomiaan niiden hallinnoidessa omaa TA:n pääluokkaansa. Samaan periaatteeseen vedoten komission edustajat myös katsoivat olevansa jäävejä "varmentamaan" VHA:n 37 artiklan sisältämien ehtojen (väistämättömien, poikkeuksellisten tai odottamattomien olosuhteiden olemassaolo) täyttymisen katsoen muiden toimielinten ja vastaavien mahdollisesta lisäbudjettitarpeesta päättämisen kuuluvan budjettivallan käyttäjälle.

[79]VHA:n 35 artiklan 2 kohdan mukaan "Neuvosto toimittaa talousarvioesityksen Euroopan parlamentille (...). Neuvosto liittää siihen perustelut ja täsmentää syyt, jos se poikkeaa alustavasta talousarvioesityksestä."

[80]Neuvosto perusteli kantaansa EP:n budjettival-

iokunnan kokouksessa 21.5.2003 edelleen seuraavasti: "The Council considers that, legally speaking, the new Financial Regulation cannot be interpreted to the effect that the Council, once a preliminary draft amending budget has been submitted to it, must, all all circumstances, establish a draft amending budget.

In fact, according to Article 37, paragraph 1, the Commission and both branches of the Budgetary Authority (i.e. the European Parliament and the Council), must ascertain that the adoption of an amending budget is justified by "unavoidable, exceptional or unforeseen circumstances".

In this specific case, as the Council has explained in its letter to the President of the European Parliament on 7th May 2003, these conditions have not been met. The Council was thus unable to establish a draft amending budget since the requested expenditure was not unavoidable, exceptional or unforeseen".

[81]EP:n budjettivaliokunta kääntyi asiassa myös parlamentin oikeudellisen yksikön puoleen mm. tiedustellen, onko neuvoston laatimalla kirjeellä sama juridinen asema kuin VHA:n 35 artiklan mukaisella menettelyllä (ja voiko parlamentti sen pohjalta esittää tarkistuksia), voidaanko neuvoston menettely katsoa VHA:n 35 ja 37 artikloiden (jotka COBU:n puheenjohtajan mukaan "vahvistavat vaatimusta olla keskeyttämättä lisäbudjettimenettelyä edellisen varainhoitoasetuksen 15 artiklan 5 kohtaan verrattuna") mukaiseksi ja missä määrin neuvoston menettely rajoittaa perustamissopimuksen 272 artiklan mukaista EP:n budjettivallan harjoittamista. Oikeudellisen yksikön 15.5.2003 antama vastaus oli varsin suoraviivainen: 1) VHA:n 38 artiklan 1 kohdan mukaan, jos komissio antaa neuvostolle käsiteltäväksi alustavan lisätalousarvioesityksen, neuvoston tulee laatia alustava lisätalousarvio, 2) lisätalousarvioesitys tulee saattaa parlamentin käsiteltäväksi, jotta EP voisi käyttää SEY:n 272 artiklan mukaista valtaansa, 3) neuvoston alustavaa lisätalousarvioesitystä koskevalla "hylkäyskirjeellä" ei voi korvata lisätalousarvioesityksen muodollista laatimista, 4) neuvoston päätös olla laatimatta lisätalousarvioesitystä on siten VHA:n vastainen ja sen seurauksena on estää Euroopan parlamenttia käyttämästä budjettivaltaansa (ks. COBU News N° V2003/11, 4).

[82]Kirjeen liitteenä oleva muistio perusteli kirjeen lähettämistä seuraavasti: " In accordance with Article 38 of the Financial Regulation of 25 June 2002, Council has to establish a Draft Amending Budget, even if it decides not to endorse the request itself. Indeed, a Draft Amending Budget must be referred to Parliament so that it can exert its rights as one branch of the Bud-getary Authority and adopt amendments, if it considers this appropriate. This follows not only from the wording, but also the legislative history of the Financial Regulation. A letter informing Parliament of Council's decision in this respect, without including the Draft Amending Budget, gives raise to consern.

In light of the above, Parliament's right to adopt amendments and adopt the budget itself as regards the Draft Amending Budget currently under consideration is affected by the fact that Council doesn't establish a Draft Amending Budget, which constitutes a breach of Article 38 of the Financial Regulation and disregards Parliament's rights as a branch of the Budgetary Authority.

The Commission has submitted the Preliminary Draft Amending Budget to Council as a branch of the Budgetary Authority. As such, Council has no discretionary power to block the budgetary process" (COBU News N° V2003/12, 20).

[83]Lisätalousarvioesityksen perusteluosaan neuvosto kirjasi seuraavan selvennyksen: "Neuvosto merkitsi tiedoksi Euroopan parlamentin sille 28.5.2003 osoittaman kirjeen. Toimielinten välisen hyvän yhteistyön säilyttämiseksi neuvosto kuitenkin hyväksyi esityksen lisätalousarvioksi nro 2, jossa selvitetään [momenttiin 2 5 1] otettujen määrärahojen kohdetta. Neuvosto varasi itselleen oikeuden esittää oikeudellisen kantansa myöhemmin".

[84]Nimikkeeksi tuli "Jäsenyyttä hakeneiden maiden edustajien osallistumiskulut" ja selvitysosaksi: "Määräraha on tarkoitettu kattamaan jäsenyyttä hakeneiden maiden alue- ja paikallisvaltuutettujen matka- ja oleskelukulut, kun he osallistuvat alueiden komitean kokouksiin".

[85]Vuoden 2004 TA:ssa pääluokka III jakautuu alaluokkien sijaan uuden ABB-esitystavan mukaisesti toimintalohkoihin osastoittain - osasto 06 sisältää energiaa ja liikennettä ja osasto 13 aluepolitiikkaa koskevat menot (ks. artikkelin toinen osa, luku 3.2.1).

[86]Komissio esitti vuonna 2003 yhteensä kahdeksan alustavaa lisäbudjettiesitystä, mutta EU:n solidaarisuusrahaston rahoituksesta 7.11.2002 tehdyssä Euroopan parlamentin, neuvoston ja komission välisessä sopimuksessa (ks. viite 89) määrätyssä kolmikantamenettelyssä, joka pidettiin 23.9.2003, EP ja neuvosto pääsivät sopimukseen siitä, että komission toimittamat alustavat esitykset lisätalousarvioiksi nro 5/2003 ja 6/2003 yhdistetään yhdeksi lisätalousarvioksi nro 5/2003 (ks. Taulukko 7).

[87]Alustava lisätalousarvioesitys nro 9/2004 käsittelee Kyproksen turkkilaisen yhteisön taloudellisen kehityksen edistämistä ja alustava lisätalousarvioesitys nro 10/2004 Euroopan tietosuojavaltuutetun toiminnan rahoittamista, täydennyksenä lisätalousarviolle nro 2/2004 (ks. Liite II).

[88]Joulukuussa 2002 hyväksytyn vuoden 2003 talousarvion loppusumma kohosi 99,686 miljardiin euroon maksusitoumuksiin ja 97,503 miljardiin euroon maksumääräyksiin käytettävinä määrärahoina. Vuoden 2004 TA:n (EU-25) loppusumma on puolestaan 111,3 ja 99,724 miljardia euroa.

[89]EU:n solidaarisuusrahaston perustamisasetus (Neuvoston asetus (EY) N:o 2012/2002), joka annettiin 11.11.2002, on julkaistu EYVL:ssä L 311, 14.11.2002, 3-8. Rahaston käyttöä säätelee 7.11.2002 allekirjoitettu vuoden 1999 TVS:n täydennys (ks. EYVL C 283, 20.11.2002, 1-2).

[90]Neuvostossa kokoontuneiden jäsenvaltioiden hallitusten edustajien 21.2.2002 tekemä päätös rahaston perustamisesta Euroopan unionin tulevaisuutta käsittelevän valmistelukunnan rahoittamiseksi ja sen varainhoitoa koskevista säännöistä on julkaistu EYVL:ssä L 60, 1.3.2002, 56-59. Valmistelukunnan rahoittamisesta 28.2.2002 solmittu toimielinten välinen sopimus on julkaistu EYVL:ssä C 54, 1.3.2002, 1-3.

[91]Tähän on omalta osaltaan vaikuttanut tilintarkastustuomioistuin toistuvine huomautuksineen (ks. esim. TTI... 2002b, 0.20 ja 1.11 kohta sekä TTI... 2003, 2.6-2.10 kohta ja komission vastaukset ao. kohtiin).

[92]Uuteen varainhoitoasetukseen liittyvä lisäbudjetti oli myös lisätalousarvio nro 6/2004, jolla huolehdittiin 23.12.2003 perustetun älykkään energiahuollon (toimeenpano)viraston rahoituksesta (ks. viite 9). On todennäköistä, että lisätalousarvio ei jää ainoaksi toimeenpanovirastojen perustamiseen liittyväksi lisäbudjetiksi.

[93]On muistettava, että EU:n budjettivuotena on kalenterivuosi (ks. Taulukko 3 ja luku 2.5.1).

[94]Lisätalousarvio nro 4/2004 käsitteli kokonaan ja lisätalousarvio nro 5/2004 osittain uusien henkilöstösääntöjen vaikutusten huomioon ottamista (ks. Liite II).

[95]Esim. Suomessa on onnistuttu pitämään viime aikoina vuosittain hyväksyttyjen lisäbudjettien määrä 1-3 kappaleessa. "Huippuvuosina" 1970-luvulla hyväksyttiin toisinaan jopa viisi lisäbudjettia vuodessa (ks. Saarilahti & Uusikylä 1992, 33-40). Vuonna 2003 Suomessa annettiin kaksi lisäbudjettiesitystä.

[96]On kuitenkin muistettava, että ensimmäisen osalta komissio pyysi alustavassa lisätalousarvioesityksessä 32 miljoonaa euroa maksusitoumus- ja 10 miljoonaa euroa maksumäärärahoina (sekä turvautumista vuoden 1999 TVS:n 24 kohdan mukaiseen joustovälineeseen) momentille B2-2 0 1 (Kiireellinen erityistoimenpide kalastusalusten romuttamiseksi) rahoittamaan (osana yhteisen kalastuspolitiikan uudistuspakettia) EY:n kalastusalusten romuttamista - sen enempää neuvosto kuin Euroopan parlamenttikaan eivät suostuneet ehdotukseen – sekä uuden alamomentin B3-3 0 6 5 (Prince - Euroopan unionin asema maailmassa; "p.m. " -merkintä) luomista EU:n tiedotus- ja viestintätoimien laajentamiseksi - EP torjui ehdotuksen vaikka neuvosto olisi ollut valmis sen hyväksymään - ja toisen osalta alueiden komitea pyysi alustavassa lisätalousarvioesityksessä yhteensä 350 000 euron korotusta talousarviossa hyväksyttyihin pääluokan VII määrärahoihin (ks. Liite II).

[97]EP olisi halunnut VHA:n 38 artiklan 1 kohdassa viittauksen ainoastaan VHA:n 35 artiklaan, joka käsittelee laadintamenettelyä, eikä ollenkaan viittausta 37 artiklaan. Neuvosto ei kuitenkaan suostunut parlamentin pyyntöön, vaan lisäsi tarkoituksella myös viittauksen "perusedellytyksiin".

[98]On huomattava, että sanamuotoa muutettiin myös tältä osin vuoden 1977 varainhoitoasetukseen vuoden 1990 muutokseen verrattuna (15 artiklan 4 kohta, ks. luku 3.1.1.2).

[99]Lisätalousarviot eroavat siten varsinaisista talousarvioista, jotka perustamissopimuksen mukaan tulee laatia vuosittain (SEY:n 273 artiklan mukaisine joustomahdollisuuksineen eli kahdestoistaosien järjestelmineen; ks. HT 2001, 420-423; 2002, 168). Toisaalta EP ja komissio voivat aina nostaa kanteen neuvostoa vastaan, jos se ei kykene toimittamaan talousarvioesitystä parlamentille perustamissopimuksen 272 [entinen 203] artiklan 4 kohdan perusteella viimeistään 5 päivänä lokakuuta t-1, kuten vuonna 1987 tapahtui (ks. Asiat 377/87 ja 383/87 (Euroopan Parlamentti vs Euroopan yhteisöjen neuvosto ja Euroopan komissio vs Euroopan yhteisöjen neuvosto), Kok. 1988, 4017-4049 ja 4051-4065).

LÄHTEET

COM European Commission/ Commission européenne
EYVJT Euroopan yhteisöjen virallisten julkaisujen toimisto
EYVL Euroopan yhteisöjen virallinen lehti
EUVL Euroopan unionin virallinen lehti
IREDE Institut de recherche européenne de droit économique
KOM Euroopan (yhteisöjen) komissio
OOPEC Office for Official Publications of the European Communities
RFFP Revue française de Finances publiques
RMC(&UE)Revue du Marché Commun (et de l'Union européenne)
TTI Yhteisöjen tilintarkastustuomioistuin
* Julkaisematon (Unpublished)

Beurdeley, L: Les motifs du refus de décharge relatif au budget général de l'Union européenne. RMC&UE 43 (2000): 443 (décembre). 696-702.

Camby, Jean-Pierre: Le Conseil constitutionnel et les principes du droit budgétaire. RFFP 13 (1995): 51. 51-64.

COBU News, Issue No V2003/11. Monday, 21 May 2003. *

COBU News, Issue No V2003/12. Monday, 16 June 2003. *

Destret, Christelle: L'émergence d'un nouveau concept : le principe de sincérité de la loi de finances. Dans Vincent Dussart & Pierre Esplugas (études coordonnées par): L'ordonnance du 2 janvier 1959 : 40 ans après. Études de l'IREDE – II. Presses de l'Université des sciences sociales de Toulouse. Toulouse 2000.

Discors, Dominique: La procédure budgétaire pour 1997 et ses enjeux institutionnels. RMC&UE 40 (1997): 413 (décembre). 682-705.

Discors, Dominique: La procédure budgétaire pour 1998. Une idylle interinstitutionnelle. RMC&UE 41 (1998): 423 (novembre-décembre). 681-703.

Dussart, Vincent: La réforme du Règlement financier

communautaire : un exemple de la modernisation du droit budgétaire. RFFP 20 (2002): 79 (septembre). 141-163. [2002a]

Dussart, Vincent: L'autonomie financière des Agences européennes. 97-111. Dans Jean-François Couzinet (études coordonnées par): Les Agences de l'Union européenne. Recherche sur les organismes communautaires décentralisés. Actes de la Journée Guy Isaac du 8 juin 2001. Études de l'IREDE – III. Presses de l'Université des Sciences sociales de Toulouse. Toulouse 2002. [2002b]

EU:n talousarvio 2004: ylijäämä alentaa kaikkien 25 jäsenvaltion maksuosuuksia. Lehdistötiedote IP/04/635. Bryssel 12. toukokuuta 2004.

Euroopan unionin toiminnan rahoitus. KOM. Budjettipääosasto. EYVJT. Luxemburg 2002.

European Governance. Preparatory Work for the White Paper. COM. OOPEC. Luxembourg 2002.

Fernández-Fábregas, F. & Lentz, J: Le budget 1991 - Le déroulement de la procédure budgétaire: ses incidentes et son aboutissement. RMC&UE 34 (1991): 346 (avril). 293-313.

Fernández-Fábregas, F. & Lentz, J: Le budget 1992, son cadre politique et financier, son établissement : incidents et aboutissement. RMC&UE 35 (1992): 360 (juillet-août). 637-657.

Fernández-Fábregas, F. & Lentz, J: Le budget 1993. Le déroulement de la procédure budgétaire : ses incidentes et son aboutissement. RMC&UE 36 (1993): 370 (juillet-août). 628-655.

Fernández-Fábregas, F. & Lentz, J: Le budget 1994. Le déroulement de la procédure budgétaire : ses incidentes et son aboutissement. RMC&UE 37 (1994): 381 (septembre-octobre). 505-527.

Fernández-Fábregas, F. & Lentz, J: Le budget 1995. Le déroulement de la procédure budgétaire : son environnement, ses incidentes et son aboutissement. RMC&UE 38 (1995): 388 (mai). 284-313.

Grossir, Jean-Paul: La procédure budgétaire pour 2001 : un long fleuve tranquille ? RMC&UE 44 (2001): 449 (juin). 374-393.

Grossir, Jean-Paul: La procédure budgétaire pour 2002 : la poursuite d'une entente cordiale entre les institutions. RMC&UE 45 (2002): 459 (juin). 373-393.

Grossir, Jean-Paul: Le budget 2003 : la fin d'une époque. RMC&UE 46 (2003): 471 (septembre). 530-541.

Henry, Pierre & Saarilahti, Ilkka: Le budget 2004 : le début d'une nouvelle ère. (Titre provisoire – à paraître) [2004] *

KOM(2000) 34 lopullinen: Toimielinjärjestelmän muuttaminen laajentumisen onnistumiseksi. Euroopan unionista tehdyn sopimuksen 48 artiklan mukainen komission lausunto jäsenvaltioiden hallitusten edustajien konferenssin järjestämisestä unionin perussopimusten tarkistamiseksi. Bryssel 26.1.2000.

KOM(2000) 200 lopull./2: Komission uudistaminen. Osat I ja II (toimintasuunnitelma). Valkoinen kirja. Bryssel 5.4.2000.

KOM(2000) 461 lopullinen: Ehdotus neuvoston asetukseksi (EY, EHTY, Euratom) Euroopan yhteisöjen yleiseen talousarvioon sovellettavasta varainhoitoasetuksesta (Komission esittämä). Bryssel 17.10.2000. [EYVL C 96 E, 27.3.2001, 1-39]

KOM(2001) 691 lopull./2: Muutettu ehdotus neuvoston asetukseksi (EY, EHTY, Euratom) Euroopan yhteisöjen yleiseen talousarvioon sovellettavasta varainhoitoasetuksesta (Komission esittämä). Bryssel 10.1.2002. [EYVL C 103E, 30.4.2002, 292-330]

KOM(2003) 366 lopullinen: Neuvoston asetus. Euroopan yhteisöjen omien varojen järjestelmästä tehdyn päätöksen 2000/597/EY, Euratom soveltamisesta annetun asetuksen (EY, Euratom) N:o 1150/2000 muuttamisesta. Komission ehdotus. Bryssel 1.7.2003.

KOM(2003) 590 lopullinen: Kohti AKT-maiden kanssa tehtävän yhteistyön täydellistä integroimista EU:n talousarvioon. Komission tiedonanto neuvostolle ja Euroopan parlamentille. Bryssel 8.10.2003.

KOM(2004) 101 lopullinen: Yhteisen tulevaisuuden rakentaminen. Politiikan haasteet ja rahoitusmahdollisuudet laajentuneessa unionissa 2007–2013. Komission tiedonanto neuvostolle ja Euroopan parlamentille. Bryssel 10.2.2004.

Komission kertomus eurooppalaisesta hallintotavasta. KOM. EYVJT. Luxemburg 2003.

Kööpenhaminan Eurooppa-neuvosto 12. ja 13. joulukuuta 2002. Puheenjohtajan päätelmät. 2002.

Les Agences de l'Union européenne. Recherche sur les organismes communautaires décentralisés. Études coordonnées par Jean-François Couzinet. Actes de la Journée Guy Isaac du 8 juin 2001. Études de l'IREDE – III. Presses de l'Université des Sciences sociales de Toulouse. Toulouse 2002.

Myllymäki, Arvo: Moitteettoman varainhoidon periaatteen toteuttaminen yhteisövarojen käytössä. Teoksessa Arvo Myllymäki & Jarmo Vakkuri (toim.): Tulos, normi, tilivelvollisuus. Näkökulmia tilintarkastukseen ja arviointiin. Tampere University Press. Vammala 2001.

Nicoll, William & Bryan-Kinns, Merrick: The Budget Council. In Martin Westlake & David Galloway (Eds): The Council of the European Union. Second Edition (First Edition in 1995). (To be published in 2004) *

Saarilahti, Ilkka: Talousarvio ja sen uudistaminen. Euroopan unionin yleisen talousarvion rakennemuutokset vuosina 1968-2003. Helsinki University Press. Helsinki 2004.

Saarilahti, Ilkka & Uusikylä, Petri: Vuotuinen joustavuus suomalaisessa budjetoinnissa. HT 11 (1992): 1. 24-46.

SEK(1998) 1228 lopull: Varainhoitoasetuksen uudelleenlaatiminen. Komission valmisteluasiakirja. Bryssel 22.7.1998. *

SEK(2000) 2000 lopullinen: Komission toimintojen ja henkilöresurssien vastaavuus. Komission tiedonanto. Bryssel 26.7.2000. *

SEK(2002) 1286 lopullinen: Oikaisukirjelmä nro 4 vuoden 2003 alustavaan talousarvioesitykseen. [Pääluokat I-VIII b]. Komission tiedonanto neuvostolle ja Euroopan parlamentille. Bryssel 28.11.2002. *

SEK(2003) 230 lopullinen: Alustava lisätalousarvioesitys nro 1 vuoden 2003 talousarvioon. Tulo- ja menotaulukot pääluokittain. Pääluokka III – Komissio. Bryssel, 26.2.2003. *

SEK(2003) 423 lopullinen: Alustava lisätalousarvioesitys nro 2 vuoden 2003 talousarvioon. Yleinen tulotaulukko. Tulo- ja menotaulukot pääluokittain. Pääluokka VII – Alueiden komitea. Bryssel 31.3.2003. *

SEK(2003) 552 lopullinen: Alustava lisätalousarvioesitys nro 3 vuoden 2003 talousarvioon. Yleinen tulotaulukko. Bryssel 13.5.2003. *

SEK(2003) 626 lopullinen: Alustava lisätalousarvioesitys nro 4 vuoden 2003 talousarvioon. Yleinen tulotaulukko. Bryssel 27.5.2003. *

SEK(2003) 803 lopullinen: Luonnos komission asetukseksi tiettyjä yhteisön ohjelmien hallinnointitehtäviä hoitavien toimeenpanovirastojen asemasta annetun neuvoston asetuksen (EY) N:o 58/2003 mukaisesta toimeenpanovirastojen varainhoitoa koskevasta malliasetuksesta. Bryssel 11.7.2003. *

Strasser, Daniel: Le budget 1979. Bilan d'une procédure. Difficultés politiques et juridiques. Perspectives pour une nouvelle année. RMC 22 (1979): 227 (juin). 240-262.

Strasser, Daniel: Le budget 1980. Environnement politique et financier. Rejet et établissement. Première expérience d'un régime de douzièmes provisoires. Analyse. RMC 23 (1980): 239 (août-septembre). 358-397.

Strasser, Daniel: Budget 1981. Son environnement politique et financier. La deuxième crise budgétaire. Les résultats de la procédure. Les perspectives pour une nouvelle année (Première partie). RMC 24 (1981): 248 (juin-juillet). 279-311. [1981a]

Strasser, Daniel: Budget 1981. Son environnement politique et financier, la deuxième crise budgétaire, les résultats de la procédure, les perspectives pour une nouvelle année (seconde partie). RMC 24 (1981): 252 (décembre). 561-605. [1981b]

Strasser, Daniel: Le budget 1982. Son environnement politique et financier. Les résultats de la procédure budgétaire. Les perspectives pour une année nouvelle. RMC 25 (1982): 258 (juin-juillet). 306-365.

Strasser, Daniel: Le budget 1983. Son environnement politique et financier, le trilogue, les deux procédures budgétaires, les perspectives pour une année nouvelle. RMC 26 (1983): 268 (juin-juillet). 307-362.

Strasser, Daniel: Le budget 1984, son environnement politique et financier, son établissement et son exécution, l'épuisement des ressources propres. RMC 27 (1984): 279 (juillet-août). 322-382.

Strasser, Daniel: Le budget 1985, son environnement politique et financier, son rejet et son établissement. La deuxième expérience d'un régime de douzièmes provisoires. RMC 28 (1985): 289 (juillet-août). 372-444. [1985a]

Strasser, Daniel: L'exercice par le Parlement européen de son pouvoir de décharge pour les exercices budgétaires 1981, 1982 et 1983 des Communautés européennes. RMC 28 (1985): 292 (décembre). 611-644. [1985b]

Strasser, Daniel: The finances of Europe. The budgetary and financial law of the European Communities. Seventh edition (Third English Edition. First Edition in English in 1977). EUP. COM. OOPEC. Luxembourg 1992. [1992a]

Strasser, Daniel: Les métamorphoses du budget général des Communautés européennes. Effets sur sa transparence. RFFP 10 (1992): 40. 150-161. [1992b]

TTI. Lausunto N:o 4/97 ehdotuksesta neuvoston asetukseksi (Euratom, EHTY, EY) Euroopan yhteisöjen yleiseen talousarvioon sovellettavan 21 päivänä joulukuuta 1977 annetun varainhoitoasetuksen muuttamisesta. EYVL C 57, 23.2.1998, 1-29.

TTI. Lausunto nro 1/2001 ehdotuksesta neuvoston asetukseksi yhteisen maatalouspolitiikan rahoituksesta annetun neuvoston asetuksen (EY) N:o 1258/1999 sekä useiden muiden yhteistä maatalouspolitiikkaa koskevien asetusten muuttamisesta. EYVL C 55, 21.2.2001, 1-4. [2001a]

TTI. Lausunto nro 2/2001 ehdotuksesta neuvoston asetukseksi Euroopan yhteisöjen yleiseen talousarvioon sovellettavasta varainhoitoasetuksesta. EYVL C 162, 5.6.2001, 1-97. [2001b]

TTI. Lausunto nro 2/2002 muutetusta ehdotuksesta neuvoston asetukseksi Euroopan yhteisöjen yleiseen talousarvioon sovellettavasta varainhoitoasetuksesta. EYVL C 92, 17.4.2002, 1-12. [2002a]

TTI. Vuosikertomus varainhoitovuodelta 2001. EYVL C 295, 28.11.2002, 1-313 ja Liitteitä. [2002b]

TTI. Vuosikertomus varainhoitovuodelta 2002. EUVL C 286, 28.11.2003, 1-360 ja Liitteitä.

TTI. Lausunto nro 9/2003 komission asetusluonnoksesta, joka koskee tiettyjä yhteisön ohjelmien hallinnointitehtäviä hoitavien toimeenpanovirastojen asemasta annetun neuvoston asetuksen (EY) N:o 58/2003 mukaista toimeenpanovirastojen varainhoidon malliasetusta. EUVL C 19, 23.1.2004, 1-2.

Van Craeyenest, Félix & Saarilahti, Ilkka: Le nouveau règlement financier applicable au budget général de l'Union européenne : un maillon essentiel dans la réforme de la Commission. RMC&UE 46 (2004): 474 (janvier). 30-51. [2004a]

Van Craeyenest, Félix & Saarilahti, Ilkka: Essai de typologie des organismes de l'Union européenne : nouvelles espèces en voie d'apparition ? (Titre provisoire – à paraître) [2004b] *

Yataganas, Xenophon: L'exécution et le contrôle budgétaires. Titre V. 329-448. Dans: Les finances de l'Union européenne. Commentaire J. Mégret. Le droit de la CE et de l'Union européenne, Vol. 11. Deuxième édition (Première édition en 1982). Editions de l'Université de Bruxelles. Bruxelles 1999.

Yksinkertaistamista käsittelevän työryhmä 9:n loppuraportti. Eurooppa-valmistelukunta. Sihteeristö. CONV 424/02. WG IX 13. Bryssel 29. marraskuuta 2002. *

LIITE I. Vuoden 1977 varainhoitoasetus ja sen muutokset (Lähde/ *Source* : Saarilahti 2004)
ANNEX I. The 1977 Financial Regulation and its amendments

Päivämäärä *Adoption date*	**Asetus* N:o** *Regulation* No*	**EYVL L** *OJEC L*	**Muutossarja**** *"Train"***	**Koskee erityisesti** *Deals especially with*
21.12.1977	3560/77	356, 31.12.1977, 1-30		Vuoden 1977 varainhoitoasetus/ *1977 Financial Regulation*
25.6.1979	1252/79	160, 28.6.1979, 1-3		Määrärahasiirtoja sekä tutkimus- ja investointimenoja/ *Carry-overs and research and investment appropriations*
16.12.1980	[1176/80]	345, 20.12.1980, 23-24		ECUn käyttöä/ *Use of ECU*
7.6.1988** *	1600/88	143, 10.6.1988, 1-2		Euroopan maatalouden ohjaus- ja tukirahaston (EMOTR) tukiosastoa/ *EAGGF Guarantee Section (EAGGF-G)*
24.6.1988	2049/88	185, 15.7.1988, 3-5		Vuotuisperiaatteen vahvistamista, neg. varausta ja EMOTR-tukiosastoa/ *Annuality, neg. reserve and EAGGF-G*
13.3.1990	610/90	70, 16.3.1990, 1-27		VHA:n kokonaisuudistus/ *Global amendment of the Financial Regulation*
25.7.1994	1923/94	198, 30.7.1994, 4-5	1b** **	Talous- ja sosiaalikomiteaa, alueiden komiteaa sekä oikeusasiamiestä/ *ESC, CoR and Ombudsman*
31.10.1994	2730/94	293, 12.11.1994, 7-8	2	Lainatakuu- ja hätäapuvarausta/ *Reserve for guaranteeing loans and Emergency aid reserve*
18.9.1995	2333/95	240, 7.10.1995, 1-8	1** **	TTI:ta, valvontaa, EFTA-maita** ** * ja hankintasopimuksia/ *ECA, control, EFTA countries and public contracts*
18.9.1995	2334/95	240, 7.10.1995, 9-11	3	Sakkoja, varainhoidon valvojia, saatavien perintää ja tilinpäätöstä/ *Fines, financial controller, recovery of debts etc.*
18.9.1995	2335/95	240, 7.10.1995, 12-13	5	Tukimuksen ja teknologisen kehittämisen määrärahoja/ *Appropriations concerning research and technological dev.*
22.9.1997	2444/97	340, 11.12.1997, 1-2	6	EMOTR-tukiosastoa/ *EAGGF-G*
23.11.1998	2548/98	320, 28.11.1998, 1-5	7	SEM 2000:n II vaiheen toimeenpanoa/ *Implementation of Phase II of SEM 2000*
17.12.1998	2779/98	347, 23.12.1998, 3-4	8	Euron käyttöönottoa/ *Introduction of the euro*
13.12.1999	2673/1999	326, 18.12.1999, 1-2	8b** ** **	Talous- ja sosiaalikomiteaa, alueiden komiteaa sekä oikeusasiamiestä/ *ESC, CoR and Ombudsman*
9.4.2001	762/2001	111, 20.4.2001, 1-3	*"Fast track"*	Sisäisen tarkastuksen tehtävän erottamista varainhoidon ennakkovalvonnan tehtävästä/ *Separation of the internal audit function from the* ex ante *financial control function*

* Neuvoston asetus EHTY, EY, Euratom (pois lukien 16.12.1980)/ *Council Regulation ECSC, EC, Euratom (except on 16.12.1980)*
** Vasta vuoden 1990 kokonaisuudistuksen jälkeisiä muutosehdotuksia on kutsuttu muutossarjoiksi (*"trains" [de modification]*). Muutossarjojen numerointi perustuu komission ehdotuksiin. Komissio veti takaisin neljännen muutossarjan 25.6.1997/ *Only amendments proposed after the 1990 global amendment have been called "trains" [of amendments]. The numbering of "trains" corresponds to the proposals of the Commission. The Commission withdrew the "Fourth train" on 25 June 1997*
** * "Väliaikainen" muutos/ *"Temporary" amendment*
** ** Maastrichtin sopimuksen seurauksena (voimaan 1.11.1993)/ *Following the entry into force of the Treaty of Maastricht (on 1.11.1993)*
** ** * Osallistuminen Euroopan talousalueen rahoitukseen/ *Participation of EFTA countries to the financing of the European Economic Area*
** ** ** Amsterdamin sopimuksen seurauksena (voimaan 1.5.1999)/ *Following the entry into force of the Treaty of Amsterdam (on 1.5.1999)*

LIITE II. VUOSINA 2002-2004[1] HYVÄKSYTYT LISÄBUDJETIT

ANNEX II. SUPPLEMENTARY AND AMENDING BUDGETS ADOPTED IN 2002-2004[1]

Vuonna 2002 hyväksytyt täydentävät ja korjaavat lisätalousarviot käsittelivät seuraavia asioita:

- 1/2002: Laekenin Eurooppa-neuvoston (14-15.12.2001) koolle kutsuman EU:n tulevaisuutta käsittelevän Eurooppa-valmistelukunnan ("konventin") rahoittamista (uusien budjettikohtien luominen ja määrärahasiirtojen toteuttaminen EP:n [uusi artikla 3 7 2 (Osuus Euroopan unionin tulevaisuutta käsittelevän valmistelukunnan rahastosta; miljoona euroa)], neuvoston [uusi alamomentti 2 8 0 9 (Rahoitusosuus Euroopan unionin tulevaisuutta käsittelevän valmistelukunnan rahastosta); 300 000 euroa] ja komission [uusi alamomentti 2 8 0 9; 2,6 miljoonaa euroa] pääluokissa rahoitusosuuksien suorittamiseksi tarkoitusta varten perustettuun rahastoon; ks. artikkelin viite 90).
- 2/2002: 1.3.2002 voimaan tulleen EY:n omia varoja koskevasta järjestelmästä tehdyn päätöksen 2000/597/EY, Euratom soveltamista kokonaisuudessaan (päätöstä ryhdyttiin soveltamaan osittain jo 1.1.2001 ja 1.1.2002) ja 10 miljardin euron ottaminen tuloina alustavasti talousarvioon varainhoitovuodelta 2001 siirrettävänä ylijäämänä (ks. artikkelin viite 71).
- 3/2002: Vuoden 2001 ylijäämän (yhteensä 15 002,5 miljoonaa euroa) loppuosan (3 802,5 miljoonaa euroa) kirjaamista vuoden 2003 talousarvioon (ks. artikkelin viite 71), ulkosuhteisiin liittyviä hankkeita koskevan takuurahaston ylijäämän palautusta (372,46 miljoonaa euroa), vuoden 2001 perinteisten omien varojen keräämiskustannusten mukauttamista omista varoista tehdyn uuden päätöksen mukaisesti, Yhdistyneen kuningaskunnan hyväksi tehdyn korjauksen (varainhoitovuoden 1998 lopullinen laskelma ja tarkistettu laskelma vuodelle 2001) sekä tulli- ja BKTL-maksujen ajantasaistamista, uusien budjettikohtien perustamista (p.m. –merkintä) EHTY:n perustamissopimuksen voimassaolon päättymiseen liittyvän hiili- ja teräsalan tutkimusrahaston maksuosuutta (momentti 6 1 1 2) sekä Norjan ja Islannin Eurodac-hankkeen maksuosuutta (momentti 6 4 0 0) varten, sakoista saatavien tulojen kirjaamista momentille 7 1 0 0, eräiden EHTY:lle kuuluvien tehtävien siirtymisestä Euroopan talous- ja sosiaalikomitealle aiheutuvien kulujen jne. huomioon ottamista (mm. uuden momentin 2 6 2 [Neuvoa-antavan valiokunnan (hiili, teräs, teollisuuden muutokset) organisoinnista aiheutuvat kulut] luominen), 1,3 miljoonan euron kirjaamista momentille 2 3 4 (Vahingonkorvaukset), selvitysosan muutosta tilintarkastustuomioistuimen pääluokassa sekä talous- ja sosiaalikomitean henkilöstötaulukon muuttamista.
- 4/2002: Rahoitusnäkymien otsakkeessa 4 (Ulkoiset toimet) jäljellä olevan 70 miljoonan euron marginaalin ottamista käyttöön avun antamiseksi Afganistanille (vuoden 2002 talousarviota koskevaa neuvoston toista käsittelyä edeltävän talousarvioneuvottelukokouksen (21.11.2001) päätelmien mukaisesti) ja vastaanottorakenteen luomista EU:n solidaarisuusrahastolle (oikaisukirjelmän avulla, ks. artikkelin viite 67. Osasto B2-4 (Euroopan unionin solidaarisuusrahasto – jäsenvaltiot) ja luku B7-0 9 (Euroopan unionin solidaarisuusrahasto – valtiot, joiden kanssa liittymisneuvottelut on aloitettu) varustettiin p.m. –merkinnällä rahaston perustamista koskevaa neuvoston asetusta ja rahoitusta koskevaa toimielinten välistä sopimusta odotellessa). Lisäksi muutettiin budjettikohdan B5-3 0 0 1 (Sisämarkkinoiden toteuttaminen ja kehittäminen) selvitysosaa.
- 5/2002: 728 miljoonan euron (maksusitoumusmäärärahoina) kirjaamista vuoden 2002 talousarvioon (599 miljoonaa euroa osastolle B2-4 ja 129 miljoonaa euroa luvulle B7-0 9) 15.11.2002 pidetyssä kolmikantakokouksessa saavutetun Euroopan unionin solidaarisuusrahaston käyttöä ja joustomekanismiin turvautumista koskevan yhteisymmärryksen mukaisesti rahoittamaan Saksaa (444 miljoonaa), Itävaltaa (134 miljoonaa), Tsekin tasavaltaa (129 miljoonaa) ja Ranskaa (21 miljoonaa) vuonna 2002 vaivanneista suurtulvista aiheutuneita menoja.
- 6/2002: Hallintomenojen "aikaistamistoimenpiteitä" (vuodelta 2003 vuodelle 2002)

19.7.2002 pidetyssä talousarvioneuvottelukokouksessa saavutetun yhteisymmärryksen mukaisesti (jonka mukaan otsakkeen 5 (Hallintomenot) osalta ei turvauduta vuoden 1999 TVS:n 24 kohdan mukaiseen joustovälineeseen laajentumisen valmistelusta vuonna 2003 aiheutuvien lisätarpeiden kattamiseksi).

Vuonna 2003 hyväksytyt lisätalousarviot käsittelivät seuraavia asioita:

- 1/2003: Alueiden komitean (pääluokka VII) lisämäärärahapyyntöä (350 000 euroa). Lopulta budjettivallan käyttäjä muutti ainoastaan momentin 2 5 1 nimikettä (nimikkeeksi tuli "Jäsenyyttä hakeneiden maiden edustajien osallistumiskulut") ja selvitysosaa (joka muuttui muotoon: "Määräraha on tarkoitettu kattamaan jäsenyyttä hakeneiden maiden alue- ja paikallisvaltuutettujen matka- ja oleskelukulut, kun he osallistuvat alueiden komitean kokouksiin").
- 2/2003: Varainhoitovuoden 2002 talousarvion toteuttamisesta seuranneen lopullisen ylijäämän kirjaamista talousarvioon[2].
- 3/2003: Osaston A-3 (Toimielimen suorittamista erikoistehtävistä aiheutuvat menot) luvun A-3 0 (Yhteisön tukitoimet) momentin A-3 0 1 (Unionin laajuisesti vaikuttavat laitokset ja yhdistykset) alamomentin A-3 0 1 4 nimikkeen (uusi nimike: Euroopan korkeakoulukeskus) ja selvitysosan muuttamista keskuksen eurooppalaista ihmisoikeuksia ja demokratisointia käsitelevän maisterikoulutusohjelman osalta). Alun perin komissio oli pyytänyt myös 32 miljoonaa euroa maksusitoumus- ja 10 miljoonaa euroa maksumäärärahoina (sekä turvautumista vuoden 1999 TVS:n 24 kohdan mukaiseen joustovälineeseen) momentille B2-2 0 1 (Kiireellinen erityistoimenpide kalastusalusten romuttamiseksi) rahoittamaan (osana yhteisen kalastuspolitiikan uudistuspakettia) EY:n kalastusalusten romuttamista – budjettivallan käyttäjä ei suostunut ehdotukseen katsoen sen olevan ennenaikainen – sekä uuden alamomentin B3-3 0 6 5 (PRINCE – Euroopan unionin asema maailmassa; p.m. –merkintä) luomista – EP torjui ehdotuksen vaikka neuvosto olisi ollut valmis sen hyväksymään.
- 4/2003: TA:n tulopuolen muuttamista seuraavasti: ulkosuhteisiin liittyvän takuurahaston ylijäämän palauttaminen (263, 33 miljoonaa euroa), tullimaksuista saatavien tulojen tarkistaminen alaspäin 9 479,8 miljoonalla eurolla sekä alv- ja BKTL-varojen määräytymisperusteiden ajantasaistaminen (4 361,1 miljardia euroa ja 9 394,7 miljardia euroa), budjettiepätasapainon korjauksen tarkistaminen varainhoitovuosien 1999 ja 2002 korjauksen lopullisen laskelman perusteella (5 475 708 275 euroa), momentin 1 1 1 (Sokerin varastointimaksut) nimikkeen ja siihen liittyvä perusteluosan muuttaminen sokerialan yhteisestä markkinajärjestelystä tehdyn neuvoston asetuksen (EY) N:o 1260/2001 mukaisesti[3], määrärahojen lisääminen yleisen tulotaulukon momentille 4 0 0 (10 727 euroa) ja momentille 4 0 1 (8 028 euroa) määrien täsmäyttämiseksi pääluokassa VIII olevien määrien kanssa ja artiklan 5 8 0 (Sekalaiset korvaukset) muuttaminen (käyttötarkoitukseensa sidottu tulo) korvaamalla budjetoitu määrä (300 000 euroa) p.m. –merkinnällä.
- 5/2003[4]: EU:n solidaarisuusrahaston varojen käyttöönottamispäätöksen jälkeen (maksusitoumusmäärärahoina) yhteensä 8 626 000 euron sisällyttämistä TA:oon Espanjan hyväksi (Prestige-aluksen aiheuttama öljyvahinko), 47 624 000 euroa Italian hyväksi (maanjäristys Molisen ja Puglian alueilla sekä Etnan purkaus) ja 48 539 000 euroa Portugalin hyväksi (metsäpalot).
- 6/2003: Budjettitulojen (eli jäsenvaltioiden maksuosuuksia) vähentämistä viidellä miljardilla eurolla vuotta 2000 edeltäneiden rakennerahastojen ohjelmien maksamatta olevia maksusitoumuksia varten talousarvioon otettujen maksumäärärahojen vähennyksen johdosta. Lisäksi lisättiin selvitys budjettikohtaan B7-8 1 1 (Osallistuminen kansainvälisiin toimiin ympäristöalalla).
- 7/2003: Alun perin vuodelle 2004 merkittyjen komission vuokramenojen (yhteensä 21,9 miljoonaa euroa) aikaistamista vuodelle 2003, tarkoituksena pyrkimys varmistaa, että vuonna 2004 voidaan rahoittaa uusia menoja (kuten palkkojen tarkistaminen) ja jättää suurempi liikkumavaraa otsakkeen 5 (Hallinto) enimmäismäärän alle.

Vuoden 2004 syyskuun loppuun mennessä hyväksytyt lisätalousarviot käsittelivät seuraavia asioita:

- 1/2004: EU:n laajentumisen huomioon ottamista (siirtyminen EU-15 koskevasta talousarviosta[5] EU-25:n talousarvioon[6]).
- 2/2004: Määrärahojen ottamista talousarvion pääluokan VIII B budjettikohtiin 22.12.2003 nimitetyn Euroopan tietosuojavaltuutetun toiminnan rahoittamiseksi (yhteensä 1 272 000 euroa) sekä viidentoista toimen lisäämistä pääluokan henkilöstötaulukkoon.
- 3/2004: Maksusitoumusmäärärahoina yhteensä 21 917 000 euron siirtämistä EU:n solidaarisuusrahastoa koskeviin budjettikohtiin käytettäväksi Maltan tulvien (960 000 euroa), Espanjan metsäpalojen (1 330 000 euroa) ja Ranskan tulvien (19 625 000 euroa) aiheuttamien kustannusten kattamiseksi 16.3.2004 kolmikantamenettelyssä saavutetun yhteisymmärryksen mukaisesti.
- 4/2004: Euroopan yhteisöjen virkamiehiin sovellettavien henkilöstösääntöjen ja yhteisöjen muuta henkilöstöä koskevien palvelussuhteen ehtojen tarkistusten aiheuttamien muutosten huomioon ottamista (henkilöstötaulukkojen muutos, uuden alamomentin (1 1 1 5, Sopimussuhteiset toimihenkilöt) luominen henkilöstösääntöuudistuksen yhteydessä luodun uuden henkilöstöryhmän sijoittamiseksi sekä eräiden TA:n selvitysosien ja viittausten oikeusperustoihin ajantasaistaminen).
- 5/2004: Palkkoihin ja eläkkeisiin tarvittavien määrärahojen mukauttamista palkkojen mukautuksesta vuoden 2003 lopussa tehtyjen päätösten perusteella sekä yhteisön säännöstön julkaisemisen uusien jäsenvaltioiden kielillä rahoittamista. Neuvoston pääluokan osalta lisätalousarvio sisälsi erilaisia toimia koskevia muutoksia (mukaan luettuna uusien toimien perustamisia). Lisätalousarvio sisälsi myös eräiden budjettikohtien selvitysosia koskevia usein teknisluonteisia mukautuksia.
- 6/2004: Komission päätöksellä 23.12.2003 perustetun älykkään energiahuollon viraston rahoitusta.
- 7/2004: Varainhoitovuoden 2003 talousarvion toteuttamisesta syntyneen lopullisen ylijäämän (5 469,8 miljoonaa euroa) ottamista talousarvioon (joka syntyi ennakoitua suuremmista kertyneistä tuloista (+850 miljoonaa), ennakoitua pienemmistä menoista (+4 728,8 miljoonaa euroa) ja valuuttakurssimuutoksista (-109 miljoonaa euroa).
- 8/2004: Maatalous- ja tullimaksuista saatavien tulojen tarkistamista (+865,1 miljoonaa ja -9 981,8 miljoonaa) sekä rajaamattomien alv- ja BKTL-varojen määräytymisperusteiden ajantasaistamista (+46 713,0 miljoonaa ja -98 980,9 miljoonaa euroa verrattuna talousarvioon otettuihin arvioihin), takuurahaston ylijäämän palauttamista (223,16 miljoonaa euroa) ja budjettiepätasapainon korjausta varainhoitovuosien 2000 ja 2003 korjauksen lopullisen laskelman perusteella.

VIITTEET

[1]Syyskuun 2004 loppuun mennessä. Vrt. myös artikkelin Taulukko 7/ Until 30.9.2004. See also Table 7.

[2]Komission esittämä ylijäämän suuruus oli 7 413 481 988,34 euroa (josta miljardi euroa oli otettu vuoden 2003 talousarvioon momenttiin 3 0 0 – Edellisen varainhoitovuoden käytettävissä oleva ylijäämä). Samaan aikaan otettiin huomioon ennakoitua pienemmistä tuloista (ja erityisesti omien varojen saldosta) johtuva alijäämä, yhteensä 1 287 350 612 euroa, ennakoitua pienemmistä menoista syntyvä ylijäämä, yhteensä 8 953 648 924 euroa, sekä valuuttakurssimuutoksista johtuva alijäämä, yhteensä 252 816 324 euroa. Budjettivallan käyttäjä lisäsi ylijäämän määrään 10,350 miljoonaa euroa (eli määrärahat, joita ei oltu otettu huomioon lisäbudjeteissa nro 1/2003 ja 3/2003, ks. artikkelin viite 71).

[3]EYVL L 178, 30.6.2001, 1-45. Asetuksella poistettiin varastointikustannusten tasausjärjestelmä markkinointivuodesta 2001/2002 alkaen ja momenttia 1 1 1 käytetään vastedes sokerin varastointimaksuihin.

[4]Käsittää komission alustavat lisätalousarvioesitykset nro 5/2003 ja 6/2003 (ks. artikkelin viite 86).

[5]Yhteensä 99,529 miljardia euroa maksusitoumuksiin ja 94,618 miljardia euroa maksumääräyksiin käytettävinä määrärahoina.

[6]Yhteensä 111,3 miljardia euroa maksusitoumuksiin ja 99,724 miljardia euroa maksumääräyksiin käytettävinä määrärahoina.

VI. EU:n uusi varainhoitoasetus yleisen talousarvion joustavuuden kannalta. Toinen osa – vuotuinen sisäinen jousto.

***Hallinnon tutkimus 24 (2005): 1.* 14-47.**

EU:n uusi varainhoitoasetus yleisen talousarvion joustavuuden kannalta

Toinen osa – vuotuinen sisäinen jousto

Saarilahti Ilkka

Artikkelin ensimmäinen osa on julkaistu Hallinnon tutkimuksessa 23 (2004): 3, 14-47[1].

ABSTRACT

The new Financial Regulation of the European Union and Budgetary Flexibility - Part II. Annual Internal Flexibility

This is the second part of a series of three articles analysing the effects of the new Financial Regulation (FR), adopted on 25 June 2002, on the various forms of budgetary flexibility existing on the expenditure side of the General budget of the European Union. Part One, which dealt with annual external flexibility, was published in Administrative Studies vol. 23 (2004): 3, 14-47.

This Part Two deals more specifically with questions related to structural flexibility of the budget, transfers of appropriations during the budgetary year, legal bases, budgetary discipline and provisional appropriations. It also presents the various methods of implementation of the General budget.

From the point of view of flexibility, the most important changes introduced by the FR are the transition to an activity-based budgeting (ABB) presentation concerning Section III - Commission - of the General budget from 2004 onwards, (in part subsequent) new rules - summarized in Annex III to the article - concerning transfers of appropriations allowing inter alia a new flexibility of 10 per cent in transfers of appropriations between Titles concerning staff and administrative expenditure and in transfers of appropriations between Chapters within one Title (i.e. one Policy area) concerning operational expenditure (see Annex III), and the new methods of implementation of the budget (e.g. through executive agencies).

Concerning reserves, the FR identifies two cases where their constitution is allowed (absence of a basic act or doubts concerning the adequacy of appropriations). The FR also introduces, in the context of the new activity-based management, a new measure of flexibility concerning the management of statutory posts compared to what is authorised in the budget.

Keywords: Activity-based budgeting, Budget reform, Budgetary flexibility, General budget of the European Union, Financial Regulation

3.2 SISÄINEN JOUSTO

3.2.1 Rakennejousto

3.2.1.1 Yleisen talousarvion rakenne ja esitystapa

Merkittävin VHA:n mukanaan tuoma yleisen talousarvion rakenteeseen liittyvä muutos koskee siirtymistä ABB (Activity-based budgeting eli toimintoperusteinen budjetointi) -muotoiseen esitystapaan komission pääluokassa (PI III) vuoden 2004 TA:sta lähtien (ks. alla). Koska toimintoperusteiseen budjetointiin siirtymisen taustaa ja sisältöä on käsitelty laajemmin toisaalla [2], rajoitutaan tässä artikkelissa esittelemään vain ABB-esitystavan pääpiirteet.

ABB-esitystapa merkitsi ensinnäkin siirtymistä PI III:ssa yksinomaisesti menojen luokitteluun käyttötarkoituksen (Use/ destination) mukaan [3] – muissa pääluokissa budjettivallan käyttäjällä säilyi VHA:n 41 artiklan 1 kohdan mukaisesti mahdollisuus luokitella tulot ja menot (ja PI III:ssa komission tulot) myös niiden lajin (Type/ nature) mukaan [4]. Vastaavasti PI III:sta poistui samalla vuoden 1982 TA:sta lähtien sovellettu pääluokan jako kahteen osaan, A ja B [5] (ks. HT 1995, 298-299).

Siten VHA:n 41 artiklan 2 kohdan mukaan:

"Komission pääluokan menotaulukko perustuu budjettivallan käyttäjän vahvistamaan budjettinimikkeistöön [6], jossa menot luokitellaan niiden käyttötarkoituksen mukaan.

Osasto vastaa toimintalohkoa ja luku pääsääntöisesti toimintoa.

Kussakin osastossa voi olla toimintamäärärahoja ja hallintomäärärahoja.

Osaston sisällä hallintomäärärahat kootaan yhteen lukuun [7]."

VSS:n 27 artiklassa täsmennetään, miten hallintomäärärahoja tulee käsitellä ABB-muotoisessa esityksessä:

"Kun talousarvion pääluokan menotaulukko perustuu nimikkeistöön, jossa menot luokitellaan niiden käyttötarkoituksen mukaan, hallintomäärärahat jaetaan eri luokkiin osastoittain seuraavan luokittelun mukaisesti:

a) henkilöstötaulukon [8] mukaista henkilöstöä koskevat menot: näitä menoja varten osoitetaan määrärahat ja ilmoitetaan toimien määrä;

b) ulkopuolista henkilöstöä (kuten ylimääräistä ja vuokrahenkilöstöä) koskevat menot ja muut hallintomenot (kuten edustus- ja kokouskulut);

c) rakennuksia koskevat menot ja muut niihin liittyvät menot, kuten siivous ja kunnossapito, vuokrat, televiestintä, vesi, kaasu ja sähkö;

d) tukimenot.

Kaikille osastoille yhteiset komission hallintomenot esitetään myös erillisenä yhteenvetona menolajin mukaan luokiteltuina."

Ensimmäinen VHA:n 41 artiklan 2 kohdan mukaista esitystapaa noudattava TA oli VHA:n 181 artiklan 1 kohdan mukaisesti [9] joulukuun 18. päivänä 2003 hyväksytty vuoden 2004 yleinen talousarvio [10]. Vuoden 2004 TA:n pääluokan III muodostaa yhteensä 31 osastoa [11], joista jokainen edustaa (periaatteessa) erityistä toiminta(politiikka)lohkoa (Policy area/ domaine politique). Toimintalohkot (joiden on periaatteessa tarkoitus vastata myös komission pääosastojen jaottelua, ks. Euroopan unionin... 2002, 171) säilyvät samoina vuoden 2005 yleisessä talousarviossa [12] (ks. Taulukko 9).

"Osasto XX" ei ole toimintalohko tai osasto muiden osastojen tapaan, vaan kyseessä on (vrt. myös VSS:n 27 artiklan toinen kohta; ks. yllä) PI III:n eri toimintalohkoihin kohdennettujen hallintomenojen yhteenvedosta. "Varsinaiset" osastot voidaan ryhmitellä seuraavasti:

- Osastot 01-24 sisältävät kaikki EU:n toimintapolitiikkoja koskevat menot (mukaan luettuina hallintomenot) toimintalohkoittain ryhmiteltyinä,
- Osastot 25-29 sisältävät komission horinsontaalisia tukitoimintoja koskevat menot,
- Osasto 30 sisältää kaikkia toimielimiä ja vastaavia koskevat eläkemenot,
- Osasto 31 sisältää pääosan [13] pääluokkaan III otetuista varausmäärärahoista ja varauksista.

Hallintomenot on kirjattu VHA:n 41 artiklan 2 kohdan neljännen alakohdan vaatimusten mukaisesti eri osastojen alkuun erillisiin "... toimintalohkon hallintomenot" -lukuihin 01 [14]. Nämä luvut

Taulukko 9. Toimintalohkot yleisen talousarvion pääluokassa III – Komissio – vuosina 2004 ja 2005/ Policy areas in Section III – Commission – of the 2004 and 2005 General budgets.

XX	***Toimintalohkoihin kohdennetut hallintomenot*** *Administrative expenditure allocated to policy areas* *Dépenses administratives par domaine politique*	*16*	**Lehdistö ja viestintä** *Press and communication* *Presse et communication*
01	**Talous- ja rahoitusasiat** *Economic and financial affairs* *Affaires économiques et financières*	*17*	**Terveys- ja kuluttaja-asiat** *Health and consumer protection* *Santé et protection des consommateurs*
02	**Yritystoiminta** *Enterprise* *Entreprises*	*18*	**Vapauteen, turvallisuuteen ja oikeuteen perustuva alue*** *Area of freedom, security and justice** *Espace de liberté, de sécurité et de justice**
03	**Kilpailu** *Competition* *Concurrence*	*19*	**Ulkosuhteet** *External relations* *Relations extérieures*
04	**Työllisyys- ja sosiaaliasiat** *Employment and social affairs* *Emploi et affaires sociales*	*20*	**Kauppa** *Trade* *Commerce*
05	**Maatalous ja maaseudun kehittäminen** *Agriculture and rural development* *Agriculture et développement rural*	*21*	**Kehitysyhteistyö ja suhteet AKT-valtioihin (maihin)** *Development and relations with ACP States (Countries)* *Développement et relations avec les Etats (pays) ACP*
06	**Energia ja liikenne** *Energy and transport* *Energie et transports*	*22*	**Laajentuminen** *Enlargement* *Elargissement*
07	**Ympäristö** *Environment* *Environnement*	*23*	**Humanitaarinen apu** *Humanitarian aid* *Aide humanitaire*
08	**Tutkimus** *Research* *Recherche*	*24*	**Petostentorjunta** *Fight against fraud* *Lutte contre la fraude*
09	**Tietoyhteiskunta** *Information society* *Société de l'information*	*25*	**Komission politiikkojen koord. ja oikeudellinen tuki** *Commission's policy coordination and legal advice* *Coord. des politiques de la Com. et conseil juridique*
10	**Suora tutkimustoiminta** *Direct research* *Recherche directe*	*26*	**Hallinto** *Administration* *Administration*
11	**Kalatalous** *Fisheries* *Pêche*	*27*	**Talousarvio** *Budget* *Budget*
12	**Sisämarkkinat** *Internal market* *Marché intérieur*	*28*	**Varainhoidon valvonta** *Audit* *Audit*
13	**Aluepolitiikka** *Regional policy* *Politique régionale*	*29*	**Tilastotiedot** *Statistics* *Statistiques*
14	**Verotus ja tulliliitto** *Taxation and customs Union* *Fiscalité et union douanière*	*30*	**Eläkkeet** *Pensions* *Pensions*
15	**Koulutus ja kulttuuri** *Education and culture* *Education et culture*	*31*	**Varaukset** *Reserves* *Réserves*

* EUVL:ssä julkaistussa vuoden 2004 TA:ssa virheellisesti "*Oikeus- ja sisäasiat*"
* *In the 2004 General budget published in the OJEU, incorrectly "Justice and home affairs"*
* *Dans le budget géréral pour 2004 tel que publié au JO, l'intitulé ("Justice et affaires intérieures") est incorrect*

jakautuvat puolestaan momentteihin seuraavasti (vrt. VSS:n 27 artiklan ensimmäisen kohdan; ks. yllä):

- momentti 01 (Menot ... toimintalohkon palveluksessa olevasta henkilöstöstä),
- momentti 02 (Ulkopuolinen henkilöstö ja muut hallintomenot ... toimintalohkossa [15]),
- momentti 03 (Kiinteistöt ja niihin liittyvät menot ... toimintalohkossa),
- momentti 04 (... toimintalohkoon kuuluvien toimenpiteiden tukimenot).

Lukujen 01 momentteihin 01 on sisällytetty VSS:n 27 artiklan ensimmäisen kohdan a alakohdan mukaisesti henkilöstötaulukon mukaista henkilöstöä koskevat menot. Muuta henkilöstöä koskevat ja muut hallintomenot on merkitty momenteille 02.

Momenteilta 04 [16] rahoitetaan erilaisia hallinto- ja teknisen tuen menoja, ja momentit sisältävät siten esim. entiset nk. "B... A –budjettikohdat" [17], rakennerahastojen "minibudjetit" jne. Toisin sanoen nämä ovat menoja, jotka rahoitetaan muiden rahoitusnäkymien otsakkeiden kuin hallintomenojen rahoitukseen tarkoitetun otsakkeen 5 varoin (ks. esim. Saarilahti 2004, luku 4.4 ja Liite II). Myös esim. uusia toimeenpanovirastoja koskevat budjettikohdat sisällytetään näille momenteille [18].

EU:n tutkimushenkilöstöä, ulkopuolista tutkimushenkilöstöä sekä tutkimustoimien muita hallintomenoja koskevat menot on kerätty osastojen 08 (Tutkimus) ja 10 (Suora tutkimustoiminta) lukujen 01 momentteihin 05. Menot rahoitetaan rahoitusnäkymien otsakkeesta 3 (Sisäiset politiikat). Momentteja 05 (nimeltään "... toimintalohkoon kuuluvan tutkimustoiminnan tukimenot") löytyy myös osastoista 02 (Yritystoiminta), 06 (Energia ja liikenne), 09 (Tietoyhteiskunta) ja 11 (Kalatalous).

Eräiden osastojen lukuihin 01 on momenteista 06 eteenpäin on koottu erilaisia "erityisiä hallintomenoja". Näitä löytyy luonnollisesti eniten osastosta 26 (Hallinto) [19].

Kuvioon 1 on koottu yhteenveto siitä, miten pääluokan III entisten A ja B osien menot toimintoperusteisessa budjetoinnissa jakautuvat.

Taulukossa 10 on puolestaan esitetty, miten

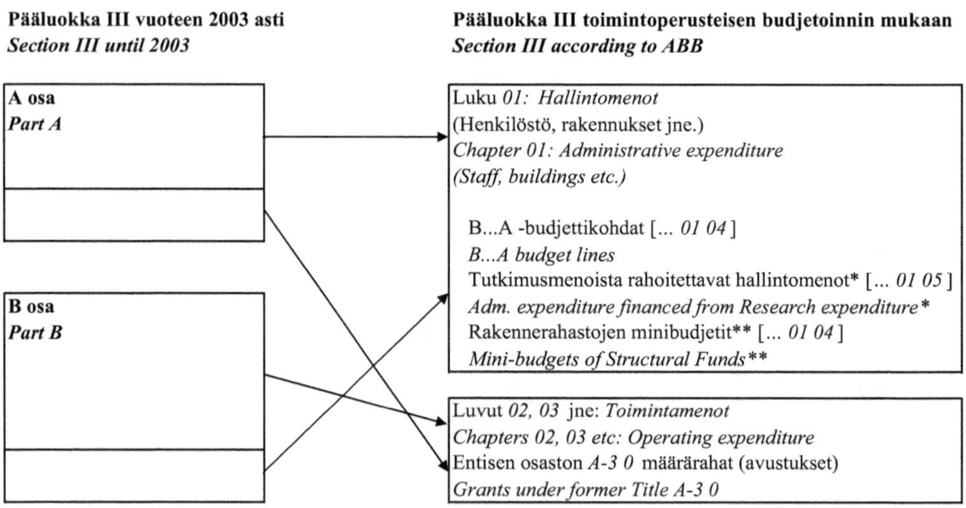

* Entinen alaluokka *B6* (*Tutkimus ja teknologinen kehittäminen*)/ *Former Subsection B6 (Research and technological development)*
** Entinen osasto *B2-1* (*Rakennerahastot*)/ *Former Title B2-1 (Structural Funds)*

Kuvio 1. Pääluokan III – Komissio – A ja B osien menojen jakautuminen toimintoperusteisessa budjetoinnissa/ Split of expenditure formerly under Section III – Commission – Parts A and B according to ABB.

PI III:n budjettinimikkeistö on kehittynyt yleisen talousarvion luontivuodesta 1968. Verrattuna vuoteen 2003, siirtyminen ABB-muotoiseen esitystapaan PI III:ssa johti ensinnäkin alaluokkien poistumiseen ja osastojen määrän vähenemiseen (27 kappaleella). Toisaalta niin lukujen kuin etenkin alamomenttien määrä kasvoi tuntuvasti [20]. Kolmanneksi budjettikohtien [21] määrä kasvoi yli 160 kappaleella. On kuitenkin vaikea verrata suoraan vuosien 2003 ja 2004 yleisiä talousarvioita, sillä esim. henkilöstömenojen jakaminen eri toimintalohkoille moninkertaisti henkilöstömäärärahoja sisältävien budjettikohtien määrän verrattuna siihen, että kaikki komission hallintomenot olivat keskitetysti PI III:n A osassa. Toisaalta vertailu ei ota huomioon esim. toimintapolitiikoissa tapahtuneita muutoksia (joilla on usein suoria heijastusvaikutuksia budjettinimikkeistöön; ks. esim. Saarilahti 2004, luku 7). On lisäksi huomattava, että PI III:n liitteiden budjettinimikkeistö yksinkertaistui huomattavasti – liitteiden lukumäärä sen sijaan lisääntyi vuoden 2004 TA:ssa edelliseen vuoteen verrattuna (mt. Liite II).

Siirtyminen toimintoperusteiseen budjetointiin aiheutti niin ikään sen, että komission oli muutettava budjettivallan käyttäjälle toimittamansa informaation laatua sekä lisättävä sen määrää, jotta voitaisiin arvioida asianmukaisesti kunkin toiminta-alan menot, tavoitteet ja saavutetut tulokset (ks. esim. Van Craeyenest & Saarilahti 2004a, 41 k, vrt. myös yhteys uuteen seurattavuusperiaatteeseen; ks. ensimmäinen osa, luku 2.5.1). Siten VHA:n 27 artiklan 3 kohdassa [22] todetaan, että: "(k)aikille talousarvion kattamille toiminnan aloille on vahvistettava erityiset mitattavissa ja toteutettavissa olevat, asiaan kuuluvat ja ajallisesti määrätyt tavoitteet. Näiden tavoitteiden toteuttamista valvotaan toiminnoittain vahvistettujen tulosindikaattoreiden avulla, ja menosta vastaavat hallinnot toimittavat tiedot budjettivallan käyttäjälle. Nämä 33 artiklan 2 kohdan d alakohdassa tarkoitetut tiedot toimitetaan vuosittain viipymättä ja ne esitetään myöhemmin alustavan talousarvioesityksen liiteasiakirjoissa".

VHA:n 27 artiklan 4 kohta kuuluu: "Päätöksenteon tehostamiseksi toimielimet arvioivat ohjelmia tai toimintoja etu- ja jälkikäteen komission määrittämien suuntaviivojen mukaisesti. Arviointia sovelletaan kaikkiin ohjelmiin ja toimiin, joista aiheutuu huomattavia menoja, ja arviointien tulokset ilmoitetaan menosta vastaaville hallinnoille sekä lainsäädäntö- ja budjettivallan käyttäjille".

VHA:n 33 artiklan 2 kohdan d alakohdassa todetaan (vrt. myös artikkelin luku 3.2.7): "Komissio liittää alustavaan talousarvioesitykseen (...) tietoja kaikkien ennalta vahvistettujen tavoitteiden toteuttamisesta toimintokohtaisesti sekä indikaattoreilla mitatuista uusista tavoitteista. Arviointien tuloksia tarkastellaan ja käytetään niiden hyötyjen osoittamiseksi, joita ehdotetulla talousarviota koskevalla muutoksella voidaan saada aikaan".

Informaation (ja moitteettomaan varainhoidon) merkityksen korostuminen ilmenee uudessa VHA:ssa 130 artiklan vaatimusten (jotka koskevat yleisestä talousarviosta tehdyistä takauksista ja niihin liittyvistä riskeistä tehtävää kertomusta) lisäksi myös mm. 131 artiklan määräyksistä, joiden mukaan komission on toimitettava Euroopan parlamentille, neuvostolle ja tilintarkastustuomioistuimelle:

- kerran kuukaudessa sekä tulojen että määrärahoja koskevien menojen osalta talousarvion toteuttamista koskevat numerotiedot, jotka on ryhmitelty ainakin luvuittain. Näihin tietoihin sisältyvät myös tiedot edellisiltä varainhoitovuosilta siirrettyjen määrärahojen käytöstä (numerotiedot on toimitettava "kuukauden päättymistä seuraavien kymmenen arkipäivän kuluessa"),
- kolme kertaa vuodessa (kolmenkymmenen arkipäivän kuluessa 31 päivästä toukokuuta, elokuuta ja joulukuuta) kertomus talousarvion toteuttamisesta sekä tulojen että menojen osalta; tiedot jaotellaan luvuittain, momenteittain ja alamomenteittain. Myös tässä kertomuksessa esitetään tiedot edellisiltä varainhoitovuosilta siirrettyjen määrärahojen käytöstä.

Muita suoraan tai epäsuorasti toimintoperusteiseen budjetointiin tai johtamiseen liittyviä VHA:n artikloita ovat esim. 59 artiklan 7 kohta (tulojen ja menojen hyväksyjän vuotuinen toimintakertomus) sekä 85-87 artiklat (sisäinen tarkastus), vrt. myös luku 3.2.2.

3.2.1.2 Yleiseen talousarvioon otetut määrärahat

Erilaisten TA:oon otettujen määrärahojen osalta varainhoitoasetuksen uudistamisen yhteydessä käytiin keskusteluja ennen kaikkea negatiivisista määrärahoista, varauksista (ks. luku 3.2.5, jossa käsitellään myös negatiivista varausta) ja jak-

Taulukko 10. Pääluokan III – Komissio – budjettinimikkeistön kehitys vuosina 1968-2004/ Development of the budgetary nomenclature of Section III – Commission – in 1968-2004.

Vuosi/ *Year*	1968	1985	1995	2003	2004**
Hallintomäärärahat/ *Administrative appropriations*					
Osastoja/ *Titles*	3	3	6	8	
Lukuja/ *Chapters*	18	18	28	31	
Momentteja/ *Articles*	77	93	104	97	
Alamomentteja/ *Items*	88	150	172	186	
Budjettikohtia/ *Budget lines* *	136	205	228	212	
Toimintamäärärahat/ *Operating appropriations*					
Alaluokkia/ *Subsections*	-	-	9	9	
Osastoja/ *Titles*	3	10	53	50	
Lukuja/ *Chapters*	31	71	140	142	
Momentteja/ *Articles*	37	279	384	486	
Alamomentteja/ *Items*	7	403	372	293	
Budjettikohtia/ *Budget lines* *	41	570	642	715	
Yhteensä/ *Total*					
Alaluokkia/ *Subsections*	-	-	9	9	-
Osastoja/ *Titles*	6	13	59	58	31
Lukuja/ *Chapters*	49	89	168	173	185
Momentteja/ *Articles*	114	372	488	583	588
Alamomentteja/ *Items*	95	553	544	479	689
Budjettikohtia/ *Budget lines* *	177	775	870	927	1 091
Liitteet/ *Annexes*					
Yhteensä/ *Total*	0	4	5	10	14
Tulo- ja menotaulukoita/ ** *	-	1 *(a)*	1 *(a)*	6 *(b)*	6 *(b)*
Osastoja/ *Titles*	-	3	4	19	6
Lukuja/ *Chapters*	-	16	17	87	13
Momentteja/ *Articles*	-	47	52	258	22
Budjettikohtia/ *Budget lines* *	-	89	96	423	67

* Momentteja tai alamomentteja/ *Operating level budget lines (Articles or Items)*
** Luvut eivät sisällä osastoa *XX* / *Figures do not include Title XX*
** * *Statements of revenue and expenditure*
(a) Julkaisutoimisto (EYVJT)/ *Official Publications Office (OOPEC)*
(b) EYVJT, OLAF, EPSO, PMO, OIB, OIL/ *OOPEC, OLAF, EPSO, PMO, OIB, OIL*

sottamattomista määrärahoista (ks. kolmas osa, luku 4.1).

Tilintarkastustuomioistuin kritisoi negatiivisia tuloja, negatiivisia menoja ja negatiivisia varauksia lausunnossaan nro 4/97 mm. seuraavasti:

"Negatiiviset määrät heikentävät avoimuutta ja vaikeuttavat entistä enemmän talousarvion luettavuutta ja ymmärrettävyyttä. Koska nämä negatiiviset määrät on kytketty tiettyyn tarkoitukseen ja koska positiivisten otsakkeiden määrät pienentyvät niiden vaikutuksesta, tietyt tulot ja tietyt menot kumoavat toisensa, mikä on vastoin talousarviota koskevaa yleiskattavuusperiaatetta [yleiskatteisuusperiaatetta]. Vastaavanlaista arvostelua on esitettävä tapauksista, joissa tiettyyn tarkoitukseen kytkettyjä negatiivisia varauksia käytetään siten, että ne kumotaan erityisten positiivisten määrärahojen avulla siirtoja tekemällä.

Negatiivisten määrien olemassaolo talousarviossa on näin ollen kiellettävä poikkeuksetta. Ei riitä, että tätä varten poistetaan säännökset, joissa sallitaan tietyt negatiiviset määrät, sillä komissio on omavaltaisesti perustanut muita negatiivisia määriä, joista ei ole säädetty varainhoitoasetuksessa: tarvitaan yksi ainoa ja yksinkertainen säännös, jonka mukaan yksikään talousarvioon otetuista määristä ei voi olla negatiivinen" (TTI... 1998, 1.13 ja 1.14 kohta; vrt. myös TTI... 2001a).

Komissio yhtyi osittain TTI:n näkemykseen ja ehdotti negatiivisten tulojen ja menojen (ks. HT 1995, 296) kieltämistä (ehdotuksen 39 artikla) siten, että jäsenvaltiot pidättäisivät nk. perinteisten omien varojen keräämiskustannukset tilityksistään EU:lle ja että negatiiviset menot katsottaisiin käyttötarkoitukseensa sidotuiksi tuloiksi (ks. KOM(2001) 691 lopull./2, 2.3.4 ja 2.7.1 kohta). Sen sijaan komissio ei esittänyt negatiivisten varausten kieltämistä (ks. luku 3.2.5.2). On niin ikään huomattava, että luopuminen negatiivisista menoista olisi vaatinut useiden yhteistä maatalouspolitiikkaa koskevien asetusten (mm. YMP:n rahoituksesta annetun neuvoston asetuksen (EY) N:o 1258/1999; ks. COM(2000) 494 final, vrt. Van Craeyenest & Saarilahti 2004a, 113 k.) muuttamista [23].

Lopulta neuvosto hyväksyi ehdotuksen kieltää negatiiviset tulot (VHA:n 42 artiklan ensimmäinen kohta). Neuvoston omien varojen järjestelmästä 29.9.2000 tehdyn päätöksen (ks. EYVL L 253, 7.10.2000, 42-46) nojalla perityt omat varat merkitään siten vuoden 2003 TA:sta lähtien [24] talousarvioon nettomääräisinä siten, että niistä on vähennetty päätöksen 2 artiklan 3 kohdan mukaiset jäsenvaltioiden perinteisten omien varojen keräämiskustannuksina pidättämät määrät eli 25 % todetuista maksuista.

Negatiivisten menojen kohtalosta käytiin neuvostossa huomattavasti kiivaampia keskusteluja aina VHA:n lopulliseen hyväksymiseen saakka etenkin Ruotsin ollessa voimakkaasti negatiivisten menojen järjestelmän jatkamista vastaan [25]. Lopulta kompromissiksi muodostui, että negatiiviset menot eivät poistu vuoden 2003 alusta, mutta että VHA:n 180 artiklan 1 kohtaan kirjataan periaate, jonka mukaan "(m)ikäli neuvosto ei 31 päivään joulukuuta 2006 mennessä pääse mahdollisen komission ehdotuksen perusteella yhteisymmärrykseen jostain muusta tavasta käsitellä talousarviossa negatiivisia maatalousmenoja, nämä korvataan 1 päivästä tammikuuta 2007 alkaen EMOTR:n määrärahoihin kokonaan osoittavilla tuloilla" [26]. Samalla neuvoston pöytäkirjaan kirjattiin lausuma, jonka mukaan "Neuvosto sitoutuu uusien rahoitusnäkymien tarkastelun rinnalla tarkastelemaan uudelleen kysymystä maatalouden negatiivisista menoista [VHA:n] 184 artiklan säännösten [27] pohjalta voidakseen tehdä asiasta päätöksen viimeistään vuonna 2006" [28].

Neuvoston pöytäkirjaan kirjattiin myös VHA:n 18 artiklan 1 kohdan c alakohtaan liittyen seuraava lausuma: "Euroopan parlamentti, neuvosto ja komissio sopivat siitä, että kullekin toimielimelle ominaiset ja 18 artiklan 1 kohdan c alakohdassa tarkoitetut käyttötarkoitukseensa sidotut tulot kirjataan talousarvioon toimielimen omaan pääluokkaan. Käyttötarkoitukseensa sidottujen tulojen ja niihin liittyvien menojen kirjaamista koskevat yksityiskohtaiset säännöt määritellään soveltamissäännöissä [10-12 artikla]". Näin mm. turvataan toimielinten ja vastaavien budjettiautonomia talousarviopääluokkansa hallinnoinnissa (vrt. viite 4).

3.2.2 Määrärahojen siirrot varainhoitovuonna

Kuten vuoden 1977 varainhoitoasetuksessa (vuonna 1977 annetun varainhoitoasetuksen, sellaisena kuin se on vuonna 1990 muutettuna, 26 artiklan 5 kohta, ks. HT 1996, 10-12; 2002, 176-177), VHA:n 24 artiklan mukaan määrärahasiirroista päättäminen varainhoitovuonna kuuluu budjettivallan käyttäjälle siten, että parlamentti päättää lopullisesti ei-pakollisia menoja ja neuvosto pakollisia menoja koskevista siirroista [29]. Tämä on perusteltua sikäli, että siirroilla poiketaan budjettivallan käyttäjän hyväksymästä talousarviosta. Niin ikään "alustavat määrärahat" –osaston määrärahoja voidaan käyttää VHA:n 43 artiklan 1 kohdan toisen alakohdan mukaisesti vasta budjettivallan käyttäjän päättämän siirtomenettelyn jälkeen (ks. luku 3.2.5.1). Myös tämä on ymmärrettävää, etenkin jos määrärahojen varaukseen ottamisen perusteena on ollut tietoinen "budjettivallan käyttö" eikä esim. pelkkä perussäädöksen puuttuminen talousarviota laadittaessa (ks. HT 2002, 163-164 ja Saarilahti 2004, luvut 6 ja 7) [30].

Verrattuna edelliseen varainhoitoasetukseen, VHA tuo kuitenkin mukanaan uusia merkittäviä joustoelementtejä. Tärkeimmät niistä ovat (VHA:n

22 artiklan 1 kohdan ja 23 artiklan 1 kohdan ensimmäisen alakohdan b alakohdan mukaisesti) kaikille toimielimille ja vastaaville annettu mahdollisuus siirtää henkilöstö- ja hallintomäärärahoja – tiettyjen reunaehtojen vallitessa – osastosta toiseen tai (VHA:n 23 artiklan 1 kohdan c alakohdan mukaisesti) komissiolle annettu mahdollisuus siirtää toimintamäärärahoja – tiettyjen reunaehtojen vallitessa – luvusta toiseen (saman osaston sisällä) enintään kymmenen prosentin rajoissa varainhoitovuoden määrärahoista sekä muille toimielimille kuin komissiolle [31] (VHA:n 22 artiklan 1 kohdan mukaisesti) suotu mahdollisuus siirtää määrärahoja luvusta toiseen – jälleen tietyin reunaehdoin (ks. alla).

Komissio esitti ehdotuksessaan (ehdotuksen 21 artiklan 1 kohdan b alakohta), että se voisi pääluokassaan ilmoitusvelvollisuuden täytettyään tehdä vapaasti määrärahasiirtoja henkilöstö- ja hallintomenojen osalta osastosta (eli toimintalohkosta) toiseen, kun kyseessä ovat luonteeltaan "samanlaiset määrärahat". Perusteluna käytettiin ennen kaikkea toimintoperusteiseen budjetointiin siirtymistä. Ehdotus olisi niin EP:n kuin neuvoston katsontakannan mukaan kuitenkin suonut komissiolle liian suuren joustomahdollisuuden (eli liian suuren mahdollisuuden poiketa hyväksytystä talousarviosta), joten budjettivallan käyttäjä torjui esityksen sellaisenaan.

Toimintamenojen osalta komissio esitti (ehdotuksen 21 artiklan 1 kohdan c alakohta) voivansa suorittaa – ilmoitusvelvollisuuden jälkeen – määrärahasiirtoja saman osaston (eli yhden toimintalohkon) luvusta toiseen siten, että kultakin momentilta voitaisiin siirtää enintään kymmenen prosenttia sille alun perin otetuista määrärahoista (vrt. myös HT 2002, 163). Vaikka budjettivallan käyttäjä hyväksyikin ehdotuksen kymmenen prosentin rajasta, uuteen varainhoitoasetukseen (23 artiklan 1 kohdan toiseen alakohtaan) sisällytettiin EP:n vaatimuksesta, joka halusi säilyttää TA:n toimeenpanon valvonnassaan, budjettivallan käyttäjälle mahdollisuus "pysäyttää" asianmukaisesti perustelluista syistä aiottu siirto ja vaatia VHA:n 24 artiklan mukaisen "normaalimenettelyn" (eli budjettivallan päättämän siirtomenettelyn) soveltamista. Sama sääntö (ja kymmenen prosentin joustomahdollisuus) ulotettiin koskemaan myös komission sekä muiden toimielinten ja vastaavien henkilöstö- ja hallintomäärärahasiirtoja osastosta toiseen (ks. alla).

Muiden toimielinten ja vastaavien osalta komissio ehdotti (ehdotuksen 20 artikla), että määrärahasiirrot osastosta toiseen tulisi aina ja joka tapauksessa alistaa budjettivallan käyttäjän päätettäväksi. Sen sijaan muille toimielimille ehdotettiin vapautta suorittaa pääluokassaan määrärahasiirtoja ei pelkästään momentilta toiselle, kuten aikaisemmin (ks. HT 2002, 176-177), vaan myös luvusta toiseen, budjettivallan käyttäjälle tehdyn ilmoituksen jälkeen.

Neuvoston aloitteesta komission henkilöstö- ja hallintomenoille suotu kymmenen prosentin "joustomahdollisuus" osastojen välisissä siirroissa (täyden siirtovapauden sijaan, ks. yllä) ulotettiin koskemaan myös muita toimielimiä ja vastaavia. Toisaalta budjettivallan käyttäjä hyväksyi komission esittämän siirtomenettelyn luvusta toiseen.

On huomattava, että muiden toimielinten kuin komission ja vastaavien pääluokat koostuvat tyypillisesti (ks. esim. Saarilahti, luku 4) neljästä osastosta siten, että ensimmäinen osasto sisältää henkilöstöä koskevat menot, toinen osasto kiinteistöistä, tarvikkeista ja sekalaisia hallinnosta johtuvia menoja ja kolmas osasto toimielimen suorittamista erityistehtävistä aiheutuvat menot. Neljäs osasto (nimeltään osasto 10, "Muut menot") sisältää ennen kaikkea erilaisia varausmäärärahoja (mt. luku 7).

Jos muille toimielimille kuin komissiolle ja vastaaville hyväksytty määrärahasiirtojärjestelmä onkin yleisesti ottaen aikaisempaa joustavampi, siirroissa momentilta toiselle budjettivallan käyttäjä voi nykyisin kuitenkin vaatia (erotuksena edellisen varainhoitoasetuksen määräyksiin [32]) VHA:n 24 artiklan soveltamista.

VHA:n mukaan (22 artiklan 2 kohta) muiden toimielinten kuin komission ja vastaavien on siten ilmoitettava kymmenen prosentin "joustomarginaalin" rajoissa sekä luvusta toiseen tai momentilta toiselle tehtävistä siirroista kolme viikkoa aikaisemmin budjettivallan käyttäjälle, jolla on tänä aikana mahdollisuus "asianmukaisesti perustelluista syistä" kieltää siirto ja pyytää VHA:n 24 artiklan mukaisen (normaali)menettelyn soveltamista. Menettely on siten sama kuin komissiota koskeva (henkilöstö- ja hallintomäärärahojen siirtoihin osastosta toiseen ja toimintamäärärahojen siirtoihin luvusta toiseen kymmenen prosentin rajoissa sovellettava) VHA:n 23 artiklan 1 kohdan toisen alakohdan menettely (ks. yllä).

VHA:n uudistama määrärahojen siirtomenettely varainhoitovuonna [33] on esitetty yhteenvedonomaisesti Liitteessä III [34]. On valitettavaa, että uuden varainhoitoasetuksen siirtoja koskevien artikloiden 22–24 muotoilu ei ole selvin mahdollinen. Artikloista myös selvästi puuttuu kohtia (vrt. komissiota koskeva 23 artiklan 2 kohta ("Komissio voi omassa pääluokassaan esittää budjettivallan käyttäjälle myös muita kuin 1 kohdan c alakohdassa tarkoitettuja määrärahasiirtoja"), joka ilmiselvästi puuttuu muita toimielimiä ja vastaavia koskevasta 22 artiklasta [35]). Jos tähän vielä lisätään VHA:n muihin kuin artikloihin 22–24 kirjatut erityissäännöt (ks. maatalous-, rakennerahasto- ja tutkimusmäärärahoja koskeva 26 artiklan 1 kohta, joka viittaa VHA:n toisen osan osastoihin I, II, III ja V kirjattuihin poikkeuksiin (ks. alla), määrärahasiirtoihin "alustavat määrärahat" –osastosta tai osastoon liittyvä 43 artiklan 1 kohdan toinen alakohta ja 2 kohta sekä lainatakuu- ja hätäapuvarausta koskeva 26 artiklan 2 kohta; vrt. myös 23 artiklan 2 kohta) sekä eri kieliversioissa esiintyvät eroavaisuudet [36] on ymmärrettävää, ettei artikloiden soveltaminen ainakaan heti VHA:n voimaantulon jälkeen ole aina osoittautunut ongelmattomaksi.

"Alustavat määrärahat" –osastosta tai osastoon sekä lainatakuu- ja hätäapuvarauksen käyttöön liittyvät määrärahojen siirtomenettelyt on kuvattu yksityiskohtaisemmin luvuissa 3.2.5.1 ja 3.2.5.4.

VHA:n toisen osan I osaston mukaisiin EMOTR:n tukiosastoa koskeviin määrärahasiirtoihin sovellettavan VHA:n 153 artiklan 1 ja 2 kohdan, III osaston tutkimusmäärärahojen siirtoja säätelevien 160 artiklan 2 kohdan ja 161 artiklan 4 kohdan sekä V osaston yhteisön virastojen määrärahoja koskeviin osastoihin sovellettavan 172 artiklan 3 kohdan sisältö on esitetty Liitteessä III. Rakennerahastomäärärahojen siirrot, jotka voidaan tehdä VHA:n toisen osan II osaston 158 artiklan nojalla, on kuvattu liitettä yksityiskohtaisemmin EUVL:ssä L 53, 23.2.2004, II/1490.

Edellä selostettuun VHA:n 22 artiklan 2 kohdan ja 23 artiklan 1 kohdan toisen alakohdan mukaiseen ehdotettujen määrärahasiirtojen "pysäyttämiseen" ja VHA:n 24 artiklan mukaiseen siirtomenettelyyn siirtymiseen on kuitenkin turvauduttu tätä kirjoitettaessa suhteellisen harvoin, vain muutaman kerran vuodessa. Toisaalta "siirtoilmoitusten" tarkastelumenettely on budjettivallan käyttäjällä erilainen: jäsenvaltioiden edustajien on neuvoston budjettikomiteassa [37] pyydettävä erikseen, että ilmoitus otetaan käsiteltäväksi (jonka jälkeen neuvosto päättää, pyytääkö se VHA:n 24 artiklan mukaisen menettelyn soveltamista). EP:n budjettivaliokunta (jolle parlamentti on delegoinut päätösvaltansa määrärahasiirtojen suhteen) sen sijaan käsittelee jokaisen saapuneen ilmoituksen. Kysymys on yhtä kaikki – ja ennen kaikkea EP:n tapauksessa – "valvotusta joustosta".

VSS:n 17 artiklan 1 ja 2 kohdassa määritellään tarkemmin määrärahasiirtojen "kymmenen prosentin laskentasäännöt" sovellettaessa VHA:n 22 ja 23 artikloita:

"1. Varainhoitoasetuksen 22 artiklan 1 kohdassa ja 23 artiklan 1 kohdan ensimmäisen alakohdan b ja c alakohdassa tarkoitetut prosenttiosuudet lasketaan, kun määrärahasiirtopyyntö esitetään.

2. Varainhoitoasetuksen 22 artiklan 1 kohdan ja 23 artiklan 1 kohdan ensimmäisen alakohdan b ja c alakohdassa esitettyä enimmäismäärää laskettaessa on otettava huomioon kaikki määrärahasiirrot, joilla on määrä siirtää budjettikohdasta määrärahoja, sekä budjettikohdasta aiemmin tehdyt määrärahasiirrot."

Käytännössä laskelmassa käytetään perustana nk. laskentapohjaa, joka on suuruudeltaan kymmenesosa kohtaan otetusta määrärahasta, sellaisena kuin se on mahdollisesti muutettuna lisäbudjettimenettelyllä. Jokainen siirto kohdasta pienentää pohjaa, sen sijaan määrärahasiirrot kohtaan eivät sitä kasvata. VHA:n 24 artiklan mukaisen menettelyn mukaisesti tehdyt siirrot eivät pienennä laskentapohjaa mutta sen ylittävä siirto (tai siirron osa) on aina tehtävä 24 artiklan mukaisesti.

Määrärahojen nk. kokonaissiirtojen (eli nk. Notenboom-menettelyn [38]) osalta EP esitti tarkistuksessaan nro 41, että menettelystä säädettäisiin VHA:ssa erillisessä artiklassa seuraavasti:

"Komissio voi varainhoitovuoden lopulla ja viimeistään 1 päivänä joulukuuta kyseistä vuotta ehdottaa budjettivallan käyttäjälle määrärahojen kokonaissiirtoa [39], joka koskee samanaikaisesti useita talousarvion lukuja.

Kokonaissiirron tavoitteena on mahdollistaa mukautuminen varainhoitovuonna ilmenneisiin toteutusedellytyksiin ja tarpeisiin, jotta voidaan varmistaa etenkin maksusitoumusmäärärahojen ja maksumäärärahojen välisen suhteen asianmukainen kehitys ja taloudenhoidon moitteettomuus. Komissio ja budjettivallan käyttäjä varmistavat, että kokonaissiirtoon liittyvissä toimissa vältetään liiallinen ero kyseisiin budjettikohtiin alun perin otettuihin määrärahoihin nähden."

Komissio ei kuitenkaan sisällyttänyt tarkistusta muutettuun ehdotukseensa eikä neuvosto hyväksynyt sitä.

Taulukkoon 11 on koottu esimerkin vuoksi budjettivallan käyttäjän päättämät tai toimielinten ja vastaavien ilmoitusvelvollisuuden täytettyään tekemät määrärahasiirrot vuonna 2003. Taulukko ei sisällä komission pääluokassa tehtyjä määrärahasiirtoja, sillä ne suoritettiin vuonna 2003 viimeisen kerran VHA:n 181 artiklan 1 kohdan kolmannen alakohdan mukaisesti edellisen varainhoitoasetuksen 26 artiklan 3 ja 4 kohdan sääntöjä noudattaen [40]. "Moniosaiset" (so. useita toisiinsa suoraan liittymättömiä budjettikohtia koskevat) siirrot on taulukossa laskettu erillisiksi siirroiksi.

VHA:n määrärahasiirtomenettelyihin tuomien muutoksen merkitystä ei ole syytä vähätellä, sillä Taulukossa 11 esitetyt siirrot suoritettiin lähes yksinomaan VHA:n 22 artiklan menettelyn mukaisesti budjettivallan käyttäjän asettuessa vastustamaan ilmoitettua siirtoa ainoastaan kolmasti. Nämä siirrot koskivat pääluokkia VI (Talous- ja sosiaalikomitea) ja VII (Alueiden komitea).

Toimintoperusteisen johtamisen ja budjetoinnin periaatteen mukaisesti komissiolle sekä muille toimielimille ja vastaavilla (vaikka ne eivät noudatakaan ABB-esitystapaa pääluokassaan) annettiin niin ikään mahdollisuus tehdä niille myönnettyjen toimien rajoissa henkilöstötaulukkoihinsa (ks. viite 8) muutoksia, jotka koskevat enintään kymmenen prosenttia toimista, lukuun ottamatta palkkaluokkiin A1, A2 ja A3 [41] kuuluvia toimia. Edellytys kuitenkin on, että muutokset eivät vaikuta täyttä varainhoitovuotta vastaavien henkilöstömäärärahojen määrään ja että ne eivät ylitä henkilöstötaulukossa myönnettyjen toimien kokonaismäärää (ks. VHA:n 47 artiklan 1 kohta). On huomattava, että komissio ehdotti vain palkkaluokkiin A1 ja A2 (pääjohtajat ja johtajat) kuuluvien toimen rajaamista muutosmahdollisuuksien ulkopuolelle. Neuvosto vähensi joustoa lisäämällä listaan myös A3 ("päälliköt") -palkkaluokkaan kuuluvat toimet.

Kolme viikkoa ennen muutosten tekemistä kunkin toimielimen ja vastaavan tulee ilmoittaa aikeistaan budjettivallan käyttäjälle. EP tai neuvosto [42] voivat tämän määräajan kuluessa, esitetyistä asianmukaisesti perustelluista syistä, estää toimielimiä tekemästä muutoksista. Muutokset on tällöin mahdollista tehdä budjettivuonna vain lisäbudjettimenettelyä noudattaen.

Kiinteistöjensä hallinnointivapauden osalta toimielimet ja vastaavat olivat sitoutuneet vuoden 1973 varainhoitoasetuksen (ks. EYVL L 116, 1.5.1973, 1-73) hyväksymisen yhteydessä pyytämään budjettivallan käyttäjän etukäteissuostumusta ennen merkittäviä kiinteistöhankkeita (kuten kiinteistöjen hankintaa tai pitkäaikaisia vuokrasopimuksia) koskevien sopimusten allekirjoittamista (ks. esim. Van Craeyenest & Saarilahti 2004a, 140 c) k.). Perusteena oli se, että

Taulukko 11. Määrärahojen siirrot varainhoitovuonna 2003 (pois lukien pääluokka III – Komissio)/ Transfers of appropriations in 2003 Section III – Commission – excluded.

Pääluokka/ *Section*	**I**	**II**	**IV**	**V**	**VI**	**VII**	**VIII A**	**Yhteensä *Total***
Osasto -> osasto *Title -> Title*	1	10	-	1	5	-	-	**17**
Luku -> luku *Chapter -> Chapter*	21	9	9	4	1	6	5	**55**
Artikla -> artikla *Article -> Article*	4	17	4	4	4	5	3	**41**
Yhteensä/ *Total*	**26**	**36**	**13**	**9**	**10**	**11**	**8**	**113**

I: Parlamentti/ *Parliament*
II: Neuvosto/ *Council*
IV: Tuomioistuin/ *Court of Justice*
V: Tilintarkastustuomioistuin/ *Court of Auditors*
VI: Talous- ja sosiaalikomitea/ *Economic and Social Committee*
VII: Alueiden komitea/ *Committee of the Regions*
VIII A: Oikeusasiamies/ *Ombudsman*

hankinnoista tai vuokrista voi aiheutua tuntuvia, pitkäaikaisia talousarvioseuraamuksia.

Neuvosto "sisällytti" sitoumuksen VHA:een tarkentaen samalla sen sisältöä ja yleistä kantavuutta [43]. Siten VHA:n 179 artiklan 3 kohdan mukaan:

"Toimielimet toimittavat hyvissä ajoin molemmille budjettivallan käyttäjille tiedot jokaisesta kiinteistöhankkeesta, jolla voi olla huomattavaa taloudellista vaikutusta talousarvioon.

Molemmat budjettivallan käyttäjät ilmoittavat välittömästi asianomaiselle toimielimelle aikomuksestaan antaa asiasta tälle lausunto. Jos vastausta ei anneta, asianomainen toimielin voi käynnistää suunnitellun hankkeen hallinnollisen riippumattomuutensa perusteella, jollei Euroopan yhteisön perustamissopimuksen 282 artiklasta ja Euroopan atomienergiayhteisön perustamissopimuksen 185 artiklasta muuta johdu yhteisön edustuksen osalta.

Kun molemmat budjettivallan käyttäjät ovat ilmoittaneet aikomuksestaan antaa asiasta lausunto, ne toimittavat sen asianomaiselle toimielimelle kahden viikon kuluessa ilmoituksesta".

On huomattava, että tosin kuin erillisvirastojen tapauksessa (ks. viite 43), VHA antaa budjettivallan käyttäjälle eksplisiittisen mahdollisuuden keskeyttää hankkeen eteneminen.

3.2.3 *Normijousto*

Oikeusperustojen (oikeusperusteiden) osalta VHA:lla jatketaan, kuten vuoden 1977 varainhoitoasetusta vuonna 1990 muutettaessa [44], sen tilanteen "konsolidoimista", joka oli pitkien ristiriitojen jälkeen vakiintunut vuosien 1998 [45] ja 1999 toimielinten välisten sopimusten solmimisen seurauksena (ks. esim. Discors 1999a, 74-85; 1999b, 49-56 tai Saarilahti 2004, luku 3.9). Samalla VHA:ssa täydennetään määräyksiä erityisesti II ja III pilarin menojen osalta (ks. esim. Van Craeyenest & Saarilahti 2004a, 57 e) k.). Siten VHA:n osaston IV ("Talousarvion toteuttaminen") artiklaan 49 on koottu ensimmäistä kertaa keskeiset perussäädöksiä [46] koskevat periaatteet ja säännöt. Tähän liittyvät VSS:ssä annetut täydentävät säännöt perussäädösten ilmenemismuodoista, määrärahojen enimmäismääristä ja komission erityistoimivaltuuksista. Tämä mahdollistaa mm. enimmäismäärien joustavamman ajantasaistamisen esim. uuden TVS:n solmimisen tai sen muuttamisen tapauksessa verrattuna tilanteeseen, että enimmäismäärät olisivat VHA:ssa [47].

VHA:n 49 artiklan 1 kohta (joka noudattaa vuoden 1999 TVS:n II osan F-otsakkeen [48] 36 kohtaa sitä tarkentaen ja laajentaen II ja III pilarin menoihin; ks. ensimmäinen osa, luvut 2.3 ja 2.5.1) kuuluu:

"Talousarvioon yhteisöjen toimintaa varten osoitettuja määrärahoja voidaan käyttää vasta kun on annettu perussäädös. Samoin Euroopan unionista tehdyn sopimuksen (jäljempänä "SEU") V ja VI osaston määräysten täytäntöönpanosta aiheutuvien, Euroopan yhteisöjen talousarvioon otettavien toimintamenojen toteuttaminen edellyttää, että sitä ennen on annettu perussäädös.

Euroopan yhteisön perustamissopimuksen ja Euroopan atomienergiajärjestöstä tehdyn sopimuksen sekä SEU:n V ja VI osaston määräysten soveltamisen alalla "perussäädös" on johdettuun oikeuteen kuuluva säädös, joka muodostaa yhteisön tai unionin toiminnan ja sitä vastaavan, talousarvioon otetun menon käytön oikeudellisen perustan. Suositukset ja lausunnot, päätöslauselmat, päätelmät, julistukset ja muut säädökset, joilla ei ole oikeudellisia vaikutuksia, eivät ole tässä artiklassa tarkoitettuja perussäädöksiä.

Komissio vahvistaa soveltamissäännöissä luettelon, jossa esitetään, missä muodossa Euroopan yhteisön perustamissopimuksen ja Euroopan atomienergiajärjestön perustamissopimuksen nojalla annetut perussäädökset voivat olla, sekä SEU:n V ja VI osaston asiaa koskevan soveltamisen alan osalta".

VHA:n 49 artiklan 1 kohdan kolmannessa alakohdassa mainittu luettelo on esitetty VSS:n 31 artiklasta ("Perussäädösten ilmenemismuodot") seuraavasti:

"1. Yhteisön "perussäädös" voi olla, sellaisena kuin se määritellään varainhoitoasetuksen 49 artiklan 1 kohdassa, muodoltaan asetus, direktiivi, EY:n perustamissopimuksen 249 artiklassa tarkoitettu päätös tai sui generis -päätös [49].

2. Yhteiseen ulko- ja turvallisuuspolitiikkaan liittyvissä asioissa perussäädös voi olla jokin Euroopan unionista tehdyn sopimuksen 13 artiklan 2 kohdassa, 14 artiklassa ja 23 artiklan 2 kohdassa mainittu asiakirja.

3. Poliisiyhteistyöhön ja oikeudelliseen yhteistyöhön liittyvissä asioissa perussäädös voi

olla jokin Euroopan unionista tehdyn sopimuksen 34 artiklan 2 kohdassa mainittu asiakirja".

Toisaalta 49 artiklan 2 kohdassa sisällytetään varainhoitoasetukseen vuoden 1999 TVS:n II osan F-otsakkeen 37 kohta – jossa käsitellään tapauksia, jossa talousarvioon kirjattuja määrärahoja voidaan käyttää ilman, että sitä ennen on annettu perussäädöstä – sellaisenaan seuraavasti:

"Ilman perussäädöstä, edellyttäen, että rahoitettavat toimet kuuluvat yhteisön tai [lisäyksenä TVS:n 37 kohtaan] unionin toimivaltaan, voidaan kuitenkin käyttää:

a) määrärahat kokeiluluonteisiin pilottihankkeisiin, joiden tarkoituksena on toiminnan toteutettavuuden ja sen hyödyllisyyden selvittäminen. Vastaavat maksusitoumusmäärärahat voidaan ottaa talousarvioon vain kahdeksi peräkkäiseksi varainhoitovuodeksi;

b) määrärahat toimintaan, jolla valmistellaan yhteisön tulevia toimia koskevia ehdotuksia. Valmistelutoimissa noudatetaan yhdenmukaista lähestymistapaa, ja ne voivat olla muodoltaan erilaisia. Vastaavat maksusitoumusmäärärahat voidaan ottaa talousarvioon enintään kolmeksi peräkkäiseksi varainhoitovuodeksi. Lainsäädäntömenettely on saatettava päätökseen ennen kolmannen varainhoitovuoden päättymistä. Lainsäädäntömenettelyn aikana määrärahojen sitomisessa on otettava huomioon valmistelutoimen erityispiirteet suunniteltujen toimintojen, tavoitteiden ja edunsaajien osalta. Näin ollen ei suoritettujen varojen määrä voi suuruudeltaan vastata lopullisen toiminnan rahoittamiseen tarkoitettuja varoja.

   Alustavan talousarvioesityksen yhteydessä komissio esittää budjettivallan käyttäjälle a ja b alakohdassa tarkoitetuista toimista kertomuksen, johon sisältyy tulosten arviointi sekä arvio suunnitelluista jatkotoimista; [50]

c) määrärahat kertaluonteisiin tai pysyviin toimiin, joita komissio toteuttaa niiden tehtävien perusteella, jotka Euroopan yhteisön perustamissopimuksen ja Euroopan atomienergiajärjestöstä tehdyn sopimuksen nojalla johtuvat sen muista institutionaalisista oikeuksista kuin b alakohdassa tarkoitetusta lainsäädännöllisestä aloiteoikeudesta sekä sille suoraan perustamissopimusten nojalla kuuluvasta erityisestä toimivallasta ja jotka luetellaan soveltamissäännöissä; [51]

d) määrärahat kunkin hallinnollisesti itsenäisen toimielimen toimintaan."

On myös syytä huomata, että Eurooppa-valmistelukunta ehdotti [52], että lainsäädännön ja talousarvion (ja sen toteuttamisen) välinen "yhteys" kirjattaisiin perustamissopimukseen. Siten ehdotuksessaan sopimukseksi Euroopan perustuslaista valmistelukunta esitti, että I osan VII osastoon (joka koskee unionin varainhoitoa) sisällytettäisiin periaate, jonka mukaan: "Talousarvioon otettujen menojen toteuttaminen edellyttää, että ensin on annettu oikeudellisesti velvoittava säädös, joka toimii oikeusperustana unionin toiminnalle ja menon toteuttamiselle [perustuslain] III-318 artiklassa tarkoitetun eurooppalain mukaisesti. Säädöksen on oltava muodoltaan eurooppalaki, eurooppapuitelaki, eurooppa-asetus tai eurooppapäätös" (52 artiklan 4 kohta [53]; ks. EUVL C 169, 18.7.2003, 20).

Brysselissä 17.-18.6.2004 kokoontunut hallitusten välinen konferenssi hyväksyi esitetyn artiklan seuraavassa muodossa:

"Talousarvioon otettujen menojen toteuttaminen edellyttää, että ensin on annettu oikeudellisesti velvoittava unionin säädös, joka toimii oikeusperustana sen toiminnalle ja vastaavan menon toteuttamiselle III-412 artiklassa tarkoitetun eurooppalain mukaisesti, lukuun ottamatta siinä säädettyjä poikkeuksia" (I-53 artiklan 4 kohta; EUVL C 310, 16.12.2004, 36).

Näin vanha neuvoston vaatimus siitä, että ennen kuin talousarvioon otettuja määrärahoja voidaan toteuttaa tarvitaan perussäädös, on – edellytyksellä, että perustuslaki ratifioidaan – kirjautumassa primaarilainsäädäntöön.

3.2.4 Budjettikuri ja rahoitusnäkymät

Euroopan parlamentti esitti, että uudessa varainhoitoasetuksessa käsiteltäisiin myös rahoitusnäkymiä. Siten tarkistuksessaan nro 49 parlamentti ehdotti seuraavan artiklan lisäämistä VHA:een: "Komissio ja budjettivallan käyttäjä voivat sopia monivuotisesta menosuunnitelmasta, josta käytetään nimitystä "rahoitusnäkymät". Tässä suunnitelmassa voidaan asettaa enimmäismääriä tärkeimmille menoluokille. Jos rahoitusnäkymistä päästään sopimukseen, budjettivallan käyttäjät sopivat, että kun kyseessä ovat muut kuin perussopimuksista tai niiden nojalla annetuista säädöksistä johtuvat pakolliset menot, ne hyväksyvät tällaisen sopimuksen ajaksi sellaiset menojen enimmäislisäykset, jotka perustuvat rahoitusnäkymien enimmäismäärien rajoissa laadittuihin talousarvioihin" [54]. Ehdotettua artiklaa ei kuitenkaan sisällytetty VHA:een koska neuvosto katsoi, ettei olemassa olevaa tilannetta ole tarve muuttaa.

Tilanne kuitenkin muuttuu, jos Brysselissä 17.-18.6.2004 kokoontuneen HVK:n hyväksymä ehdotus sopimukseksi Euroopan perustuslaista tulee voimaan esitetyssä muodossa. Ehdotuksen monivuotista rahoituskehystä koskeva I-55 artikla kuuluu:

"1. Monivuotisella rahoituskehyksellä pyritään takaamaan, että unionin menot kehittyvät hallitusti sen käytettävissä olevien omien varojen rajoissa. Monivuotisessa rahoituskehyksessä vahvistetaan maksusitoumusmäärärahoja koskevien vuotuisten ylärajojen sitovat määrät menoluokittain III-402 artiklan mukaisesti.

2. Monivuotinen rahoituskehys vahvistetaan neuvoston eurooppalailla. Neuvosto tekee ratkaisunsa yksimielisesti saatuaan Euroopan parlamentin kaikkien jäsentensä enemmistöllä antaman hyväksynnän.

3. Unionin vuotuinen talousarvio laaditaan monivuotista rahoituskehystä noudattaen.

4. Eurooppa-neuvosto voi yksimielisesti tehdä eurooppapäätöksen, jonka mukaan neuvosto voi 2 kohdassa tarkoitetun eurooppalain antaessaan tehdä ratkaisunsa määräenemmistöllä" (EUVL C 310, 16.12.2004, 37).

On luonnollista, että rahoituskehyksiä ja niiden toimeenpanoa ja toteuttamista tullaan tällöin käsittelemään uuden sopimuksen III-412 artiklan 1 kohdan a alakohdan perusteella annetussa uudessa varainhoitoasetuksessa (ks. EUVL C 310, 16.12.2004, 178).

3.2.5 Varaukset

3.2.5.1 Alustavat määrärahat

Varausten ja varausmäärärahojen kirjaamista yleiseen talousarvioon vuosina 1968-2003 (so. ennen VHA:n voimaantuloa) on käsitelty yksityiskohtaisemmin esim. teoksessa Saarilahti 2004, luku 5.

Alustavien määrärahojen osalta VHA:n 43 artiklan 1 kohdassa säädetään, että jokaiseen talousarvion pääluokkaan voi kuulua "alustavat määrärahat" -osasto [55]. VHA määrittää aikaisempaa tarkemmin tapaukset, joissa määrärahoja voi kirjata osastoon.

Komissio oli ehdotuksessaan (40 artiklan 1 kohta) esittänyt, että osastoon voi kirjata määrärahoja seuraavissa tapauksissa:

a) toimenpiteeltä puuttuu oikeusperusta talousarviota laadittaessa,

b) ei ole varmuutta siitä, riittävätkö budjettikohtiin otetut toimintamäärärahat tai tarvitaanko niitä.

EP oli tarkistuksessaan nro 52 ehdottanut kolmannen tapauksen lisäämistä:

c) ei ole varmuutta budjettikohtiin otettujen toimintamäärärahojen toteutusmahdollisuudesta VHA:ssa vahvistetun moitteettoman varainhoidon periaatteen mukaisesti.

Parlamentti perusteli tarkistustaan seuraavasti: "Vuonna 1999 annetussa päätöslauselmassa [ks. ensimmäinen osa, viite 18] varoitettiin jo komission tai neuvoston yrityksestä rajoittaa parlamentin vapautta varausten käytön suhteen. Tästä syystä on tarkennettava, että tämä varausväline on tärkeä moitteettoman taloudenhoidon varmistamiseksi".

VHA:n 43 artiklan 1 kohta hyväksyttiin lopulta seuraavassa muodossa (on huomattava, että b alakohta puhuu ainoastaan "määrärahoista"):

"["Alustavat määrärahat" –osastoon] otetaan määrärahoja kahdessa seuraavassa tapauksessa:

a) kyseiseltä toimenpiteeltä puuttuu perussäädös talousarviota laadittaessa;

b) on vahvoja epäilyjä määrärahojen riittävyydestä tai mahdollisuudesta toteuttaa kyseisiin budjettikohtiin otettuja määrärahoja moitteettoman varainhoidon mukaisin edellytyksin.

Tämän osaston määrärahoja voidaan käyttää ainoastaan 24 artiklassa mukaan tehdyn määrärahasiirron jälkeen."

Komissio oli ehdottanut (ehdotuksen 40 artiklan 1 kohta) tuntuvasti joustavampaa siirtomenettelyä "alustavat määrärahat" –osastosta "operatiivisille budjettikohdille", eli mahdollisuutta turvautua myös VHA:n 22 ja 23 artiklan mukaiseen siirtomenettelyyn. Parlamentti halusi kuitenkin säilyttää tällaiset siirrot tiukasti budjettivallan käyttäjän valvonnassa, ja sai neuvoston taipumaan kannalleen. Siirrot on siten aina tehtävä VHA:n 24 artiklan mukaisen siirtomenettelyn mukaisesti (ks. luku 3.2.2 ja Liite III).

Toisaalta TA:n toimeenpanon joustavuuden kasvattamiseksi komissio esitti (ehdotuksen 40 artiklan 2 kohta), että jos TA:n toteutuksessa "ilmenee vakavia vaikeuksia, komissio voi varainhoitovuoden kuluessa siirtää määrärahoja osastoon "alustavat määrärahat"".

EP ei kuitenkaan tältäkään osin ollut näin suuren joustavuuden kannalla, vaan katsoi, että budjettivallan käyttäjän tulee päättää myös määrärahojen siirroista "alustavat määrärahat" –osastoon.

Parlamentti esitti komission ehdottaman artiklan kohdan muotoilua seuraavasti (tarkistus nro 53):

"Jos toteutuksessa ilmenee vakavia vaikeuksia, komissio voi varainhoitovuoden kuluessa ehdottaa määrärahojen siirtämistä osastoon "alustavat määrärahat". Budjettivallan käyttäjä päättää näistä siirroista [hyväksytyn VHA:n 24 artiklassa] säädetyin edellytyksin.

Komission ehdotuksesta budjettivallan käyttäjä voi päättää ennen kyseisen varainhoitovuoden joulukuun 1 päivää osastoon "alustavat määrärahat" täten siirrettyjen määrärahojen käytöstä joko

- niihin budjettikohtiin kohdistuvalla siirrolla, joista määrärahat on otettu, jos ilmenee, ettei toteutusvaikeuksia enää esiinny;
- tai muihin kuin niihin budjettikohtiin kohdistuvalla siirrolla, joista määrärahat on otettu, moitteettoman taloudenhoidon tai määrärahojen toteutuksen asianmukaisen kehityksen varmistamiseksi tai siksi, että komissio katsoo, etteivät määrärahat ehkä riitä."

EP perusteli tarkistustaan seuraavasti: "Jos vakavia toteutusvaikeuksia ilmenee, on mielekästä ottaa käyttöön mahdollisuus keskeyttää jonkin budjettikohdan toteutus siirtämällä määrärahoja budjettikohdasta varaukseen. Budjettivallan käyttäjän pitäisi päättää näistä siirroista. Se päättää myös varaukseen siirrettyjen määrärahojen mahdollisesta käytöstä".

Neuvosto hyväksyi lopulta myös määrärahojen siirtomenettelyn "alustavat määrärahat" –osastoon EP:n tarkistuksen mukaisesti. Siirrot "alustavat määrärahat" –osastosta "operatiivisille budjettikohdille" ja päinvastoin tapahtuvat siten saman (VHA:n 24 artiklan mukaisen) menettelyn mukaisesti. Muilta osin neuvosto hyväksyi komission ehdotuksen. VHA:n 43 artiklan 2 kohta kuuluu siten: "Jos toteuttamisessa ilmenee vakavia vaikeuksia, komissio voi varainhoitovuoden kuluessa ehdottaa määrärahojen siirtämistä osastoon "alustavat määrärahat". Budjettivallan käyttäjä päättää näistä siirroista 24 artiklassa säädetyin edellytyksin".

3.2.5.2 Negatiivinen varaus

Ehdotuksessaan uudeksi varainhoitoasetukseksi (41 artikla), ja tilintarkastustuomioistuimen kielteisestä kannasta huolimatta (ks. luku 3.2.1.2 [56]), komissio esitti 24.6.1988 tehdyllä vuoden 1977 varainhoitoasetuksen muutoksella asetukseen kirjatun (ks. HT 1996, 24) negatiiviseen varaukseen [57] turvautumisen mahdollisuuden säilyttämistä. Komissio perusteli kantaansa seuraavasti: "Budjettivallan käyttäjä on perustanut negatiivisen varauksen helpottaakseen budjettimenettelyyn osallistuvien toimielinten yhteisymmärrykseen pääsyä, ja kokemus on osoittanut siitä olevan hyötyä" (KOM(2000) 461 lopullinen, 12). EP hyväksyi komission näkökannan.

Neuvostossa negatiivisen varauksen säilyttäminen aiheutti sen sijaan varsin kiivaita keskusteluja eräiden jäsenvaltioiden vaatiessa loppuun asti luopumista varaukseen turvautumismahdollisuudesta niiden katsoessa, että varaus on niin TA:n seurattavuus- kuin talousarvion totuudenmukaisuusperiaatteenkin vastainen. Enemmistö jäsenvaltioista oli kuitenkin valmis kannattamaan varauksen säilyttämistä, perustellen kantaansa (varauksen "hyödyllisyyden" budjettineuvotteluissa ohella) mm. varauksen "edullisuudella" esim. vuoden 1999 TVS:n 24 kohdan mukaiseen joustovälineeseen (ks. luku 3.2.5.4) turvautumiseen verrattuna. Lopulta neuvosto sisällytti VHA:een artiklan, joka (vuoden 1977 varainhoitoasetuksen, sellaisena kuin se on muutettuna vuonna 1990, 19 artiklan 5 kohdan mukaisesti; ks. HT 1996, 24-25) säätää:

"Komission talousarvion pääluokkaan voi kuulua "negatiivinen varaus", jonka enimmäismäärä on 200 miljoonaa euroa. Tämä varaus, joka otetaan erilliseen osastoon, voi koskea sekä maksusitoumusmäärärahoja että maksumäärärahoja.

Varaus on otettava käyttöön ennen varainhoitovuoden loppua 22, 23 ja 25 artiklassa säädetyn menettelyn mukaan tehtävillä määrärahasiirroilla" (VHA:n 44 artikla).

Verrattuna edelliseen varainhoitoasetukseen on huomattava, että negatiivinen varaus tulee ottaa erilliseen osastoon eikä lukuun, kuten aikaisemmin edellytettiin. Toisaalta siirrot tehdään uusittujen määrärahasiirtosääntöjen mukaan (ks. luku 3.2.2).

Negatiiviseen varaukseen kielteisesti suhteutuneiden jäsenvaltioiden (mm. Suomen) vaatimuksesta neuvoston pöytäkirjaan kirjattiin kuitenkin seuraava lausuma: "Neuvosto toteaa, että 44 artiklassa tarkoitettu negatiivinen varaus on poikkeus seurattavuutta ja talousarvion totuudenmukaisuutta koskeviin talousarvioperiaatteisiin. Näin ollen neuvosto ilmoittaa, että negatiivisen varauksen tarpeellisuutta on tulevaisuudessa tarkasteltava uudelleen 184 artiklan [ks. ensimmäinen osa, viite 17] pohjalta".

Taulukkoon 12 on koottu negatiivisen varauksen käyttö vuoteen 2004. Vaikka budjettitoimielimet keskustelivatkin useana vuotena varauksen käyttämisen mahdollisuudesta, varaukseen on lopulta turvauduttu ainoastaan kuutena vuotena (joista yhtenä lisäbudjettien avulla). On lisäksi huomattava, että varainhoitovuoden 1997 talousarviossa varaus oli merkitty alun alkaenkin kahdelle momentille (ks. HT 2002, loppuviite 32). TTI arvosteli käytäntöä lausunnossaan nro 4/97 sillä perusteella, että vuoden 1977 varainhoitoasetuksen, sellaisena kuin se on muutettuna vuonna 1990, 19 artiklan 5 kohdassa säädettiin ainoastaan yhdestä negatiivisesta varauksesta (ks. TTI... 1998, Liitteen 1.12 kohta).

3.2.5.3 Rahoitusvaraus

Neuvoston 26 päivänä syyskuuta 2000 talousarvion kurinalaisuudesta antaman asetuksen (EY) N:o 2040 9 artiklan 2 kohdan mukaisesti (EYVL L 244, 29.9.2000, 30) rahoitusvaraus [58] (ks. HT 1996, 25-26) poistettiin varainhoitovuodesta 2003 alkaen. Neuvosto ei siten enää kirjannut varausta koskevia säännöksiä VHA:een komission ehdotuksesta huolimatta [59]. Perusteluina poistamiseen käytettiin mm. maatalouden maailmanmarkkinahintojen heilahtelujen tasaantumista aikaisempaan verrattuna ja siitä johtuvaa parempaa maataloustuotteiden hintojen ennustettavuutta sekä yleistä EY:n maatalousmenojen alentunutta "herkkyyttä" Yhdysvaltain dollarin kurssin muutoksille yhteisen maatalouspolitiikan erilaisten uudistusten seurauksena [60] (ks. esim. Fouilleux 2003, 316-364).

Maatalousvaliokuntansa aloitteesta EP esitti puolestaan (tarkistus nro 54) erityisen varauksen ennakoimattomia menoja varten [61] luomista. Parlamentti perusteli ehdotustaan seuraavasti: "Maatalousvaliokunta on pitkään kehottanut luomaan jonkintyyppisen varauksen, joka antaa Euroopan yhteisölle mahdollisuuden reagoida maatalouden kriiseihin, joista on muodostumassa

Taulukko 12. Negatiivisen varauksen käyttö vuosina 1968-2004 (miljoonaa ecua/ euroa)/ Use of the negative reserve in 1968-2004 (million ecus/ euros).

Vuosi *Year*	Budjettikohta* *Budget line**	MSM *CA*	MMR *PA*	EYVL, L-sarja *OJEC, Series L*	Ks. esim. *See e.g.*
1986		150	-	214, 4.8.1986, 337	Strasser 1992a, 153-154
1987		181,1	88,9	86, 30.3.1987, 933	Strasser 1992a, 154
1990	*[B-] 10 3*	38,4	-	24, 29.1.1990, 104-105	Nicoll & Lentz 1990, 279
1992	*B0-4 2 0-3*	*40+10* **	*50*	*** *	Fernández-Fábregas & Lentz 1993, 629
1996	*B0-4 2*	200	100	22, 29.1.1996, 1618-1619	*HT 2002*, loppuviite 32
1997	*B0-4 5 1-2*	126	96	44, 14.2.1997, 1253-1254	Discors 1997, 696

* Pääluokka III/ *Section III* ** Poisto lisäbudjetilla nro 3/92/ *Cancelled with SAB No 3/92*

*** * Lisäbudjeteilla nro 2/92 (EYVL L 174, 29.6.1992, 18-19) ja 3/92 (EYVL L 349, 30.11.1992, 118-119)/ *With SAB No 2/92 and 3/92*

vuotuinen ilmiö. Tämän säännöksen lisääminen antaisi yhteisölle mahdollisuuden toteuttaa maatalouden, ympäristön tai maaseudun kehittämisen kannalta tarpeellisia toimenpiteitä jos ja kun tarvetta ilmenee" [62]. Neuvosto kuitenkin katsoi, että olemassaolevat rahoitus- ja joustomekanismit riittävät vastaamaan myös maatalousmenojen erityistarpeisiin, eikä se siten hyväksynyt tarkistusta.

3.2.5.4 Hätäapu- ja lainatakuuvaraus

VHA:n 45 artiklan 1 kohdan mukaisesti komissiota koskevassa talousarvion pääluokassa säilyy kaksi "erityisvarausta", kolmansien maiden hyväksi annettavaa hätäapua koskeva varaus sekä yhteisöjen kolmansien maiden hyväksi toteutettavia toimia varten myöntämiä lainoja ja lainatakuita koskeva varaus [63] (ks. HT 1996, 26-27).

Varausten käyttöä koskevien määrärahasiirtojen osalta komissio esitti, että jos budjettivallan käyttäjät eivät pääse yksimielisyyteen komission määrärahasiirtoesityksestä poikkeavasta määrästä, "ne pidättyvät esityksen käsittelystä ja sen katsotaan tulleen hyväksytyksi" (ehdotuksen 24 artiklan 2 kohta).

Neuvosto kuitenkin sisällytti VHA:een siirtomenettelyä käsittelevän vuoden 1999 TVS:n 23 kohdan viidennen alakohdan sellaisenaan [64].

Toisaalta neuvosto halusi välttää aikaisemmin sille ongelmallisiksi osoittautuneet "moniosaiset" siirrot, jossa siirto hätäapuvarauksesta "operatiiviselle" budjettikohdalle oli osaa laajempaa siirtopakettia vaatimalla, että jokainen hätäapua koskevan varauksen käyttämistä koskeva siirtoehdotus on esitettävä erikseen.

Siten lopullisesti hyväksytyssä muodossaan VHA:n 26 artiklan 2 kohdassa säädetään:

"Budjettivallan käyttäjä päättää komission esityksestä määrärahasiirroista, joiden tarkoituksena on käyttää yhteisöjen kolmansien maiden hyväksi myöntämiä lainoja ja lainatakuita koskevaa varausta sekä hätäapua koskevaa varausta. Hätäapua koskevan varauksen käyttämistä koskeva siirtoehdotus on esitettävä erikseen kunkin toimen osalta [65].

Tässä tapauksessa sovelletaan 24 artiklan 2 ja 3 kohdassa säädettyä menettelyä [ks. luku 3.2.2]. Jos budjettivallan käyttäjät eivät hyväksy komission ehdotusta eivätkä pääse kyseisten varausten käyttämistä koskevaan yhteiseen kantaan, ne pidättäytyvät päättämästä määrärahojen siirtoa koskevasta komission ehdotuksesta".

Uudelleenkirjoituksesta huolimatta (ja toisin kuin VHA:n 24 artiklan mukaisissa pakollisia ja ei-pakollisia määrärahoja sisältävissä määrärahasiirroissa ("virements mixtes"), joissa jos EP ja neuvosto vähentävät esitettyä määrää eri tavalla, toisen toimielimen hyväksymän alemman määrän katsotaan tulleen hyväksytyksi tai jos jompikumpi toimielin kieltäytyy hyväksymästä määrärahasiirtoa, sitä ei saa tehdä; ks. luku 3.2.2 ja Liite III) hätäapua sekä yhteisöjen kolmansien maiden hyväksi myöntämiä lainoja ja lainatakuita koskevan varauksen käytössä noudatetaan edelleenkin käytännössä nk. negatiivista yhteispäätösmenettelyä, ts. komission esityksen katsotaan tulleen hyväksytyksi, ellei budjettivallan käyttäjä pääse yhteisymmärrykseen toisenlaisesta menettelystä tai määrästä (ks. HT 1996, 27).

Merkittävin hätäapuvaraukseen liittyvä muutos ei liity VHA:een, vaan vuonna 2002 saavutettuun budjettitoimielinten väliseen yhteisymmärrykseen varauksen käytön laajentamisesta siviilikriisien hallintaan. Yhteisymmärrykseen päästiin komission ehdotettua ensin uuden joustovälineen luomista siviilikriisinhallintatoimien rahoittamista varten (ks. KOM(2001) 647 lopullinen). Neuvosto – jossa ehdotus kulki "superjoustavuuden" ("Superflexibility") nimellä – oli vahvasti komission esitystä vastaan, sillä jäsenvaltiot katsoivat poikkeuksetta, että olemassaolevat rahoituslähteet ja joustovälineet riittävät hyvin vastaamaan myös siviilikriisien luomiin erityistilanteisiin. Näitä lähteitä ja välineitä ovat mm:

- rahoitusnäkymien otsakkeen 4 (Ulkoinen toiminta) määrärahojen uudelleenjako (Reallocation of appropriations/ réaffectation des crédits),
- otsakkeen 4 ylärajan alle jätetyn (eli enimmäismäärään sisältyvän) liikkumavaran (Margin available under the ceiling/ marge disponible sous le plafond) käyttö – tämä voidaan tehdä budjettiprosessin vaiheesta riippuen joko alustavassa talousarvioesityksessä, talousarvioesityksessä, oikaisukirjelmällä tai (TA:n ollessa hyväksytty) lisäbudjetin tai määrärahasiirtojen avulla,
- nopean toiminnan järjestelmään (Rapid reaction mechanism/ mécanisme de réaction

Taulukko 13. Hätäapuvarauksen käyttö vuosina 2000-2004 (miljoonaa euroa)/ Use of Emergency aid reserve in 2000-2004 (million euros).

Vuosi *Year*	TA* *Budget**	MSM/ *CA* Käytetty *Used*	MSM/ *CA* Käyttämättä *Remaining*	MMR/ *PA* Käytetty *Used*	MMR/ *PA* Käyttämättä *Remaining*	Siirrot nro *Transfers No*	Pääasiallinen maantieteellinen kohde *Main geographical destination*
2000	203	180	23	180	23	48	Jugoslavia
2001	208	50	158	40	168	39, 55, 59	Afganistan, Kaukasus, Lähi-Itä
2002	213	174	39	33	180	24, 41, 55	Afganistan, Pakistan, Iran, eteläinen Afrikka, Lähi-Itä
2003	217	115	102	79	138	9, 14, 18	Irak, eteläinen Afrikka, Etiopia
2004	221	0	221	0	221	-	-

* MSM=MMR. Momentti *B7-9 1 0* vuosina 2000-2003, momentti *31 02 42* vuonna 2004/ *CA=PA. Article B7-9 1 0 in 2000-2003, Article 31 02 42 in 2004*

rapide) turvautuminen (momentti 19 02 05, 28 miljoonaa euroa maksusitoumus- ja 33,8 miljoonaa euroa maksumäärärahoina esim. vuoden 2004 TA:ssa),

- vuoden 1999 TVS:n 24 kohdan mukaisen joustovälineen (Flexibility instrument/ instrument de flexibilité; enintään 200 miljoonaa euroa maksusitoumus- ja maksumäärärahoina) käyttöönotto,
- negatiiviseen varaukseen turvautuminen (ks. luku 3.2.5.2).

Hätäapua koskevan varauksen käytön laajentamisesta sovittiin lopulta vuoden 2003 talousarvioesityksen laadintaa (neuvoston I käsittely) edeltävässä talousarvioneuvottelukokouksessa 19.7.2002. Neuvoston kokouksen pöytäkirjaan merkittiin seuraava lausuma yhteisestä ulko- ja turvallisuuspolitiikasta (YUTP) sekä hätäapuvarauksesta:

"Euroopan parlamentti, neuvosto ja komissio ovat yhtä mieltä siitä, että siviilitoimet on rahoitettava rahoitusnäkymien puitteissa.

Euroopan parlamentti, neuvosto ja komissio viittaavat toimielinten sopimuksen, jota sovelletaan täysimääräisesti, 23 kohtaan ja ovat yhtä mieltä hätäapua koskevan varauksen käytöstä humanitaariseen apuun ja olosuhteiden sitä edellyttäessä siviilikriisinhallintaan.

Parlamentti ja neuvosto pyrkivät osana talousarviota 2003 koskevaa kokonaissopimusta yhteisymmärrykseen YUTP:n määrärahoista vuodeksi 2003 ottaen huomioon tarpeen rahoittaa huomattavia uusia vaatimuksia ja perustamissopimuksen määräyksiä noudattaen Euroopan parlamentin asianmukaisesta osallistumisesta, kun on kysymys tämän kaltaisista YUTP:n mukaisista toimenpiteistä."

Hätäapuvarauksen käytöstä vuosina 1993 - 1999, ks. HT 2002, loppuviite 34. Varauksen käyttö vuosina 2000-2004 on esitetty Taulukossa 13. On huomattava, että vuonna 2004 varaukseen ei turvauduttu lainkaan.

Lainatakuuvarauksen [66] käyttö luontivuodesta 1994 lähtien on puolestaan koottu Taulukkoon 14.

3.2.6 Muut keinot

Eräänä varainhoitoasetuksen uudistamisen johtoajatuksena oli yleisen talousarvion eri toteuttamis- ja hallinnointitapojen selkiyttäminen [67]. Komission hallinnonuudistukseen kuului keskeisenä osana mm. eräiden toimeenpanotehtävien siirtäminen esim. uusille toimeenpanovirastoille (ks. artikkelin ensimmäinen osa, luku 1; vrt. esim. Euroopan unionin... 2002, 271-275, European... 2002, 137-193 tai Salmon & Saarilahti 2005). Myös näiden uudistusten huomioon ottaminen johti uusien säännösten kirjaamiseen VHA:een.

Talousarvion erilaiset toteuttamistavat niitä koskevine uusine ja uusittuine VHA:n artikloineen on koottu Kuvioon 2.

Eri tapojen yksityiskohtaisempi esittely on valitettavasti jätettävä tämän artikkelin ulkopuolelle [68]. Yhteenvetona voidaan todeta, että:

- Talousarvion tulojen ja menojen toteuttaminen kuuluu komissiolle "(varainhoito)asetuksen mukaisesti, omalla vastuullaan ja annettujen määrärahojen rajoissa" – jäsenvaltiot toimivat yhteistyössä komission kanssa siten, että määrärahat käytetään moitteettoman varainhoidon periaatteen mukaisesti (VHA:n 48 artikla; ks. myös SEY:n 274 artiklan ensimmäinen kohta ja VHA:n 5 artiklan 2 kohta);
- Komissio voi toteuttaa talousarviota VHA:n 53 artiklan mukaan:

Taulukko 14. Lainatakuuvarauksen käyttö vuosina 1994-2004 (miljoonaa ecua/ euroa)/ Use of the reserve for loan guarantees in 1994-2004 (million ecus/ euros).

Vuosi *Year*	TA* *Budget*	Budjettikohta *Budget line*	Siirretty** *Transferred***	Käyttämättä *Remaining*
1994	318	*B0-2 3 0*	293,7	24,3
1995	323	*B0-2 3 0*	250,8	72,3
1996	326	*B0-2 3 0*	235,4	90,6
1997	329	*B0-2 3 0*	286,1	42,9
1998	338	*B0-2 3 0*	272,4	65,6
1999	346	*B0-2 3 0*	300,1	45,9
2000	203	*B0-2 3 0*	186,3	16,7
2001	208	*B0-2 3 0*	207,2	0,8
2002	213	*B0-2 3 0*	170,5	42,5
2003	217	*B0-2 3 0*	147,9	69,1
2004	221	*01 04 01 13*	181,9	39,1

* Jaksottamaton määräraha/ *Non-differentiated appropriation*

** Lainatakuuvarauksesta -rahastoon siirretyt määrärahat/ *Amounts transferred from the Reserve to the Fund*

A) Keskitetysti:

a) suoraan eri yksikköjensä (pääosastot jne.) toimesta (nk. suora hallinnointi) tai

b) epäsuorasti "ulkoistamalla" [69] TA:n toimeenpanotehtäviä (VHA:n 54-57 artikla):

i) VHA:n 55 artiklassa tarkoitettujen toimeenpanovirastojen avulla,

ii) VHA:n 185 artiklassa tarkoitettujen yhteisöjen perustamien elinten [70] avulla,

iii) VHA:n 54 artiklan 2 kohdan c alakohdan mukaisesti yhteisöjen, jotka suorittavat julkisen palvelun tehtäviä, avulla,

B) Yhteistyössä jäsenvaltioiden kanssa (nk. yhteinen hallinnointi; VHA:n toisen osan I ja II osasto [71]) tai hajautetusti (kolmansien maiden kanssa, nk. hajautettu hallinnointi; VHA:n toisen osan IV osasto [72]),

C) Yhteistyössä kansainvälisten järjestöjen kanssa (VSS:n 43 artikla).

Käytettäessä suoraan hallinnointiin perustuvaa hallinnointitapaa (Direct management/ gestion directe) komissio ja sen yksiköt huolehtivat toimien toteuttamiseksi tarvittavasta hallinnointityöstä ilman, että jäsenvaltiot tai EU:n ulkopuoliset maat, joissa maksun saajat sijaitsevat, osallistuvat hallinnointiin. Näin hallinnoidaan hallintomäärärahoja (rahoitusnäkymien otsake 5) ja osaa toimintamäärärahoista, ennen kaikkea otsakkeeseen 3 kuuluvia sisäisiä politiikkoja ja tiettyjä otsakkeeseen 4 kuuluvia ulkoisia toimia.

Jäsenvaltioiden kanssa toteutettavaa yhteistä hallinnointia (Shared management/ gestion partagée) sovelletaan nykyisin huomattavaan osaan talousarviota eli EMOTR:n tukiosastoon ja rakennerahastoihin (otsakkeet 1 ja 2, joita koskevat menot edustavat nykyisin noin 80 % TA:n loppusummasta). Riippumaton asiantuntijakomitea määritteli yhteisen hallinnoinnin seuraavasti: "yhteisellä hallinnolla tarkoitetaan sellaisten yhteisön ohjelmien hallintoa, joissa komissiolla ja jäsenvaltiolla on erilaisia hallinnollisia tehtäviä, jotka ovat toisistaan riippuvaisia ja perustuvat lainsäädäntöön, ja joissa sekä komission hallinnon että kansallisen hallinnon on hoidettava omat tehtävänsä, jotta yhteisön politiikka voidaan panna menestyksekkäästi täytäntöön" (Riippu-

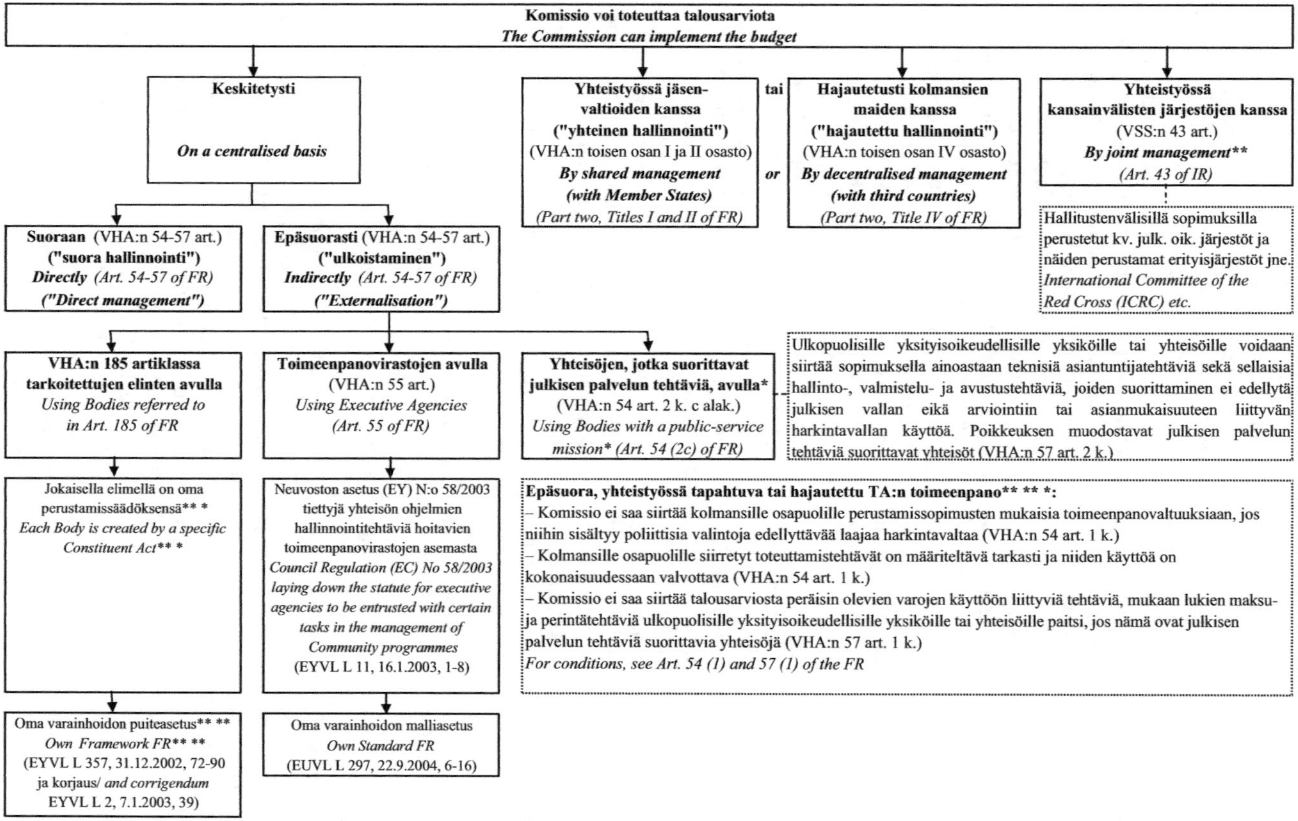

* Kansalliset virastot/ *National Offices* ** *With international organisations* ** * Kuudentoista erillisviraston perustamissäädökset saatettiin ajan tasalle VHA:n kanssa kesällä 2003 (ks. EUVL L 245, 29.9.2003, 1-46)/ *The Constituent Acts of sixteen Community bodies were modified in 2003 in order to take into account the new FR (see OJEU L 245, 29.9.2003, 1-46)* ** ** Koskee vain niitä erillisvirastoja, jotka saavat TA:sta suoritettavaa avustusta/ *Applies only to those Community bodies which actually receive grants charged to the General budget* ** ** * Vrt. myös VHA:n 53 artiklan 5 kohta: Kun toteuttaminen tapahtuu yhteistyössä jäsenvaltioiden kanssa tai hajautetusti, komissio toteuttaa tilien tarkastamis- ja hyväksymismenettelyjä tai tekee rahoitus-korjauksia varmistaakseen, että varat käytetään ao. lainsäädännön mukaisesti ja että sen on mahdollista kantaa lopullinen vastuu TA:n toteuttamisesta SEY 274 artiklan mukaisesti

Kuvio 2. Yleisen talousarvion toteuttamistavat vuoden 2002 VHA:n mukaan/ Methods of implementation of the General budget according to the 2002 Financial Regulation.

maton... 1999b, 3.2.2. kohta). Tällöin TA:ta joko kokonaan tai osittain rahoitettavia menoja hallinnoidaan jäsenvaltioissa unionin lainsäädännön mukaisesti ja kansallisia rakenteita käyttäen. Samalla tarkastetaan mm. menojen tukikelpoisuus.

Hajautettua hallinnointia (Decentralised management/ gestion décentralisée) on käytetty erityisesti liittymistä valmistelevien ohjelmien yhteydessä (otsake 7, vajaa 2 % yleisen talousarvion menoista). Tällöin osaa menoista hallinnoidaan yhdessä EU:n ulkopuolisten maiden kanssa.

Kuvioon 3 on puolestaan koottu erilaisia olemassa tai perusteilla olevia elimiä, virastoja ja vastaavia, jotka osallistuvat nykyisin TA:n toteuttamiseen.

Kuvion vasempaan reunaan listattujen erilaisten nk. yhteisön virastojen toimintaa säädellään VHA:n toisen osan V osastosta (171-176 artikla; vrt. ensimmäinen osa, luku 2.3 ja Van Craeyenest & Saarilahti 2004a, 135-138 k.).

VHA:n 171 artiklan 1 kohdan mukaan yhteisön virastoilla tarkoitetaan "yhden tai useamman toimielimen eri alojen erityistehtävien suorittamista varten perustamia hallintorakenteita" [73]. VHA:n 172-174 artiklassa säädetään yhteisön virastojen määrärahojen budjetoinnista (määrärahat otetaan sille tarkoitettuun budjettikohtaan TA:n komissiota koskevaan pääluokkaan (ks. viite 19) ja eritellään yksityiskohtaisesti pääluokkaan kuuluvassa liitteessä), henkilöstötaulukosta (jonka tulee olla komission henkilöstötaulukon liitteenä), määrärahasiirroista (joita viraston johtaja voi vapaasti suorittaa virastoa koskevassa osastossa; ks. Liite III), tilinpäätöksestä (virastojen tilinpäätökset ovat kiinteä osa yhteisöjen tilinpäätöstä), viraston johtajan ja johtokunnan toimivallasta sekä kustannuslaskennasta.

Kuvioon 3 merkittyjen [74] "erillisvirastojen", joiden määrä on ollut viime vuosina voimakkaasti kasvussa, joukossa on eroteltava Alicantessa sijaitseva sisämarkkinoilla toimiva yhdenmukaistamisvirasto, Anger'ssa toimiva yhteisön kasvilajikevirasto sekä Luxemburgiin sijoitettu EU:n elinten käännöskeskus, jotka eivät saa yleisestä talousarviosta suoritettavaa avustusta, ja joihin ei sovelleta VHA:n 185 artiklaa (ks. viite 70). Nämä virastot eivät siten osallistu TA:n toimeenpanoon. EU:n erillisvirastoja (jotka ovat osa yhteisöjen perustamista elimistä) on käsitelty tarkemmin mm. teoksessa Van Craeyenest & Saarilahti 2004b. Erillisvirastojen rahoituksesta, ks. esim. Dussart 2002b, 97-111, vrt. ensimmäisen osan viite 41.

Kuvion 3 oikeassa yläkulmassa listatut kolme tähän mennessä perustettua toimeenpanovirastoa (ks. myös ensimmäinen osa, luku 1 ja sen viite 9) ovat VHA:n 55 artiklan 1 kohdan mukaisesti "yhteisön oikeuden mukaisia komission päätöksellä perustettuja oikeushenkilöitä, joille voidaan siirtää kokonaan tai osittain yhteisön ohjelman tai hankkeen toimeenpano komission puolesta ja komission vastuulla toimeenpanovirastojen perustamista ja niiden toimintaa koskevat edellytykset ja yksityiskohtaiset säännöt määrittävien yhteisön ohjelmien hallinnointiin liittyvien tiettyjen tehtävien toteuttamisesta vastaavien toimeenpanovirastojen perussäännöstä annetun neuvoston asetuksen [ks. luku 1] mukaisesti". VHA:n 55 artiklan 2 kohdan mukaan "Vastaavien toimintamäärärahojen toteuttamista koskeva toimivalta siirretään viraston johtajalle".

Kuvion 3 oikeaan alalaitaan omaan laatikkoonsa on merkitty eräät SEU:n toisen ja kolmannen pilarin säädöksin perustetut erilaiset virastot [75] jne. jotka – Eurojustia lukuun ottamatta, jolle suoritetaan avustusta yleisestä talousarviosta – ovat nekin rahoituksensa puolesta TA:n ulkopuolella (ts. niiden toiminta on suoraan jäsenvaltioiden rahoittama; ks. esim. Van Craeyenest & Saarilahti 2004b). Myös Euroopan poliisiakatemialle [76] (CEPOL) ryhdytään suorittamaan avustusta yleisestä talousarviosta vuodesta 2005 alkaen.

Kuvion 3 vasemmassa alareunassa mainitut humanitaarisen avun toimisto (ECHO), elintarvike- ja eläinlääkintätoimisto (FVO) sekä EuropeAid -yhteistyötoimisto (AIDCO) poikkeavat niin ikään muista kuvioon merkityistä virastoista ja toimistoista.

Englannin- ja ranskankielisestä nimityksestä "Office" huolimatta – suomenkielinen nimitys "toimisto" on onnistuneempi – ECHO, FVO ja AIDCO ovat komission "sisäisiä toimistoja" ("Internal Commission office/ office interne de la Commission"), jotka kuitenkin eräin osin eroavat esim. komission pääosastoista. Komission mukaan (in KOM(2002) 264 lopullinen, 7) em. toimistot ovat "joko täysin riippumattomia ylemmästä hallinnollisesta yksiköstä ja raportoivat suoraan vastuussa olevalle komission jäsenelle (ECHO) tai hallintoneuvostolle (AIDCO), tai ne voivat olla osa komission pääosastoa (FVO)". Käytännössä

Ei oikeushenkilöllisyyttä
No legal personality

Yhteisön virastot (VHA:n 171-176 art.)
European Offices (Art. 171-176 of FR)

Toimielinten väliset virastot*
Interinstitutional Offices*

Julkaisutoimisto (EYVJT/ OPOCE), Luxemburg [1970]
Official Publications Office (OOPEC), Luxembourg
EY:n henkilöstövalintatoimisto (EPSO), Bryssel [2003]
EC Personnel Selection Office, Brussels

Euroopan petostentorjuntavirasto (OLAF), Bryssel [2000]
European Anti-fraud Office, Brussels
- Toimintaan *sovelletaan* VHA:n 171-173 art. ja 175 art. 1 k. säännöksiä (VHA:n 171 art. 2 k. ja 176 art.)
- *Art. 171-173 and 175 (1) "shall apply to the operation of OLAF" (Art. 171 (2) and 176 of FR)*

Komission virastot*
Commission Offices*

Henkilökohtaisten etuuksien hallinto- ja maksutoimisto (PMO), Bryssel [2003]
Office for the Administration and Payment of Individual Entitlements, Brussels
Infrastruktuuri- ja logistiikkatoimisto (OIB), Bryssel [2003]
Infrastructure and Logistics Office, Brussels
Infrastruktuuri- ja logistiikkatoimisto (OIL), Luxemburg [2003]
Infrastructure and Logistics Office, Luxembourg

* TA:ssa PI III:n liitteitä/ *Annexes to Section III*

Erikoistapauksia/ *Special cases***:**
Humanitaarisen avun toimisto (ECHO), Bryssel [1991]
European Community Humanitarian Aid Office, Brussels
Elintarvike- ja eläinlääkintätoimisto (FVO), Grange [1997]
Food and Veterinary Office, Grange
Yhteistyötoimisto EuropeAid (AIDCO), Bryssel [2001]
EuropeAid Co-operation Office, Brussels

Oikeushenkilöllisyys
Legal personality

"Erillisvirastot"
Community Agencies

Eur. ammatillisen koulutuksen kehittämiskeskus, Thessaloniki [1975]
Cedefop, Thessaloniki
Euroopan elin- ja työolojen kehittämissäätiö, Dublin [1975]
European Foundation, Dublin
Euroopan koulutussäätiö, Torino [1990]
European Training Foundation, Turin
Euroopan ympäristökeskus, Kööpenhamina [1990]
European Environment Agency, Copenhagen
Euroopan huumausaineiden ja niiden väärinkäytön seurantakeskus, Lissabon [1993]
Eur. Monitoring Centre for Drugs and Drug Addiction, Lisbon
Euroopan lääkearviointivirasto, Lontoo [1993]
Eur. Agency for the Evaluation of Medicinal Products, London
EU:n elinten käännöskeskus, Luxemburg [1994]** *
*Translation Centre for Bodies of the EU, Luxembourg*** *
Sisämarkkinoilla toimiva yhdenmukaistamisvir., Alicante [1994]** *
*Office for Harmonisation in the Internal Market, Alicante*** *
Yhteisön kasvilajikevirasto, Angers [1994]** *
*Community Plant Variety Office, Angers*** *
Euroopan työturvallisuus- ja työterveysvirasto, Bilbao [1995]
European Agency for Safety and Health at Work, Bilbao
Euroopan rasismin ja muukalaisvihan seurantakeskus, Wien [1997]
European Monitoring Centre for Racism and Xenophobia, Vienna
Euroopan jälleenrakennusvirasto, Thessaloniki [2000]
European Agency for Reconstruction, Thessaloniki
Euroopan elintarviketurvallisuusviranomainen, Parma [2002]
European Food Safety Authority, Parma
Euroopan lentoturvallisuusvirasto, Köln [2002]
European Aviation Safety Agency, Cologne
Euroopan meriturvallisuusvirasto, Lissabon [2002]
European Maritime Safety Agency, Lisbon
Euroopan verkko- ja tietoturvavirasto, Kreikka [2004]
European Network and Information Security Agency, Greece
Euroopan rautatievirasto, Lille-Valenciennes** **
*European Railway Agency, Lille-Valenciennes*** ***

Toimeenpanovirastot
Executive Agencies

Älykkään energiahuollon virasto, Bryssel [1/04-12/08]
Intelligent Energy Executive Agency, Brussels
Kansanterveysalan toimintaohjelman virasto [2005-10]
Ex. Ag. for the Public Health Programme, Luxembourg
Koulutuksen ja kulttuurin alan toimeenpanovir. [2005-08]
Executive Agency for Education and Culture, Brussels

Euroopan operatiivisesta ulkorajayhteistyöstä huolehtiva virasto** **
*European Agency for the Management of Operational Cooperation at the External Borders*** ***
Tautien ehkäisyn ja valvonnan eurooppalainen keskus, Ruotsi** **
*European Centre for Disease Prevention and Control, Sweden*** ***
Yhteisön kalastuksenvalvontavirasto, Vigo** **
*Community Fisheries Control Agency, Vigo*** ***

Erikoistapauksia ** */ *Special cases*** ** *:**
Euroopan unionin satelliittikeskus, Torrejón [2001]
European Union Satellite Centre, Torrejón
EU:n turvallisuusalan tutkimuslaitos, Pariisi [2001]
European Union Institute for Security Studies, Paris
Euroopan puolustusvirasto, Bryssel [2004]
European Defence Agency, Brussels
Euroopan poliisivirasto (Europol), Haag [1995]
European Police Office, The Hague
Euroopan poliisiakatemia (CEPOL), Bramshill [2000]
European Police College (EPC), Bramshill
Eurojust, Haag [2002]
Eurojust, The Hague

** Ks. luku 3.2.6/ *See COM(2002) 264 final, 7*
** * Itserahoitteinen/ *Self financed*
** ** Perusteilla/ *In the process of being established*
** ** * SEU:n II ja III Pilari/ *II and III Pillar of TEU*

Kuvio 3. Euroopan unionin virastot ja laitokset/ Agencies and bodies of the European Union.

FVO on oikeudellisesti "terveys- ja kuluttaja-asioiden pääosasto", eikä se varsinaisesti poikkea muista komission pääosastoista (mts. 7).

On lopuksi syytä kiinnittää huomiota erilaisiin VHA:een kirjattuihin rajoitteisiin, jotka koskevat komission mahdollisuuksia luovuttaa kolmansille tahoille perustamissopimuksessa sille suoraan annettua TA:n toimeenpanovaltaa (ks. esim. Saarilahti 2004, Kuvio 2). Keskeisimmät rajoitteet on koottu yhteenvedonomaisesti Kuvioon 3 [77] (ks. myös Van Craeyenest & Saarilahti 2004a, 56-68 k. [78]).

3.2.7 Yhteenveto

Uudelleenlaaditussa VHA:ssa komission pääluokan osalta siirryttiin yksinomaan toimintoperusteiseen esitystapaan varainhoitovuodesta 2004. TA:n rakenteen osalta tätä voidaan pitää suurimpana yksittäisenä muutoksena sitten yleisen talousarvion luomisen vuonna 1968. ABB-esitystavasta saatuja kokemuksia analysoidaan tarkemmin artikkelin yhteenvetoluvussa (kolmas osa, luku 5). Tässä yhteydessä on syytä painottaa, että toimintoperusteinen budjetointiin liittyen VHA:ssa korostuu budjettivallan käyttäjälle sekä talousarvion laadinta-, toteutus- että vastuuvapausvaiheessa toimitetun informaation määrän ja laadun merkitys. Esim. TA:n laadintavaiheessa keskeiselle sijalle ovat nousseet VHA:n 33 artiklan 2 kohdan d alakohdan mukaiset (ks. luku 3.2.1.1) "toimintokohtaiset selvitykset" [79]. Neuvoston budjettikomitea tarkasteli selvityksiä (keskittyen erityisesti 33 toimintokohtaisen selvityksen otokseen) varsin seikkaperäisesti vuoden 2005 budjetin valmisteluprosessin aikana, todeten mm. seuraavaa:

- selvitysten sisältö on parantunut, mutta selvityksissä on edelleenkin kehittämisen varaa. Siten esim. toimintakuvauksia olisi täsmennettävä ja toimien perusteluja olisi parannettava erityisesti yhteisön lisäarvon osalta. Erityisesti olisi luovuttava pelkistä viittauksista oikeusperustoihin toimien perustelemiseksi,
- selvityksiin sisältyvät tavoitteet on joissakin tapauksissa esitetty aivan liian yleisluonteisesti, ja niitä olisi huomattavasti täsmennettävä erityisesti toimien arvioitujen tulosten ja seurausten osalta,
- toimia koskevat arvioinnit ovat usein kesken,
- erityisesti vuodeksi 2005 pyydettyjen määrärahojen perustelut ovat osoittautuneet riittämättömiksi, ja niitä olisi siten täydennettävä.

Rahoitusselvitykset [80] todettiin yleensä riittävän yksityiskohtaisiksi, mutta niiltä todettiin usein puuttuvan yhteys toimintokohtaisiin selvityksiin erityisesti varojen ja tavoitteiden suhteen osalta.

EP:n budjettivaliokunta tarkasteli puolestaan toimintokohtaisia selvityksiä kokouksessaan 20.9.2004 vuoden 2005 TA:n yleisesittelijän laatiman työasiakirja pohjalta, ollen monilta osin neuvostoa(kin) kriittisempi selvitysten sisällön suhteen (ks. Työasiakirja... 2004, 1-7).

Jos negatiiviset tulot katosivatkin uuden varainhoitoasetuksen myötä TA:sta (ks. luku 3.2.1.2), VHA ei edelleenkään kiellä negatiivisia menoja tai turvautumista negatiiviseen varaukseen.

Negatiivista varausta voidaan pitää lähinnä "hätävararatkaisuna" tilanteessa, jossa budjettisopuun ei päästä muilla keinoilla. Varaukseen ei ole turvauduttu vuoden 1997 jälkeen ja sen ylläpitäminen (eräiden jäsenvaltioiden voimakkaasta vastustuksesta huolimatta, ks. luku 3.2.5.2) onkin nähtävä ennen kaikkea ylimääräisen jouston mahdollisuuden säilyttämisenä mahdollisia tulevia vaikeita talousarvioneuvotteluvuosia silmälläpitäen.

Negatiivisten menojen säilyttämisellä on sen sijaan suurempia suoria vuotuisia talousarviovaikutuksia (ks. esim. TTI... 2001a, 1-4). Jos VHA:n 180 artiklan ja neuvoston pöytäkirjaan merkityn lausuman ad VHA:n 42 artikla (ks. luku 3.2.1.2) oikeudellinen merkitys jääkin nähtäväksi on nykyisin vallitsevan näkemyksen mukaan varsin epätodennäköistä, että negatiivisten menojen järjestelmää enää jatkettaisiin vuoden 2007 jälkeen.

Varainhoitoasetuksen uudistamisen eräänä keskeisenä johtoajatuksena oli EU:n yleisen talousarvion toimeenpanon parantaminen mm. pyrkimällä vähentämään kaikenlaista "mikrohallinnointia" ja siihen johtavia käytäntöjä (ks. HT 2002, 164). Halu TA:n toteuttamisen joustavoittamiseen ilmeneekin hyvin uusituissa määrärahojen siirtosäännöissä budjettivuonna. VHA:n luomat uudet siirtosäännöt on esitetty kokoavasti artikkelin Liitteessä III. Edellisen varainhoitoasetuksen mukaiset siirtosäännöt on kuvattu puolestaan HT:ssa 21 (2002): 2, s. 176-177.

VHA:n johdanto-osan seitsemäs kappale

toteaa uusituista siirtosäännöistä: "toimielinten on voitava siirtää joustavasti määrärahoja. (...) Lisäksi on yhtenäistettävä määrärahojen siirtomenettelyjä kaikkien toimielinten välillä, jotta voidaan säätää, että henkilöstö- ja hallintomäärärahasiirroista päättää kukin toimielin itse. Toimintamenoja koskevien määrärahasiirtojen osalta komissio voi siirtää määrärahoja saman osaston [eli yhden toimintalohkon] luvusta toiseen siten, että kustakin budjettikohdasta voidaan siirtää enintään kymmenen prosenttia kyseisessä kohdassa olevista varainhoitovuoden määrärahoista". Aivan näin joustaviksi ei uusia määrärahojen siirtosääntöjä sentään luotu, sillä budjettivallan käyttäjä yhtäältä piti toimielinten (ja vastaavien) henkilöstö- ja hallintomäärärahasiirrot päätösvallassaan, jos ne koskevat yli kymmentä prosenttia osaston varainhoitovuoden määrärahoista tai alustavia määrärahoja, tai valvonnassaan, jos ne koskevat suurinta osaa muita siirtoja (ks. luku 3.2.2). Toisaalta myös toimintamenoja koskevien määrärahasiirtojen kohdalla luvusta toiseen budjettivallan käyttäjällä säilyi mahdollisuus vaatia turvautumista VHA:n 24 artiklan mukaiseen (budjettivallan käyttäjän päättämään) siirtomenettelyyn, vaikka siirrot tapahtuisivatkin saman osaston sisällä. On lisäksi kiistatonta, että monet sektorikohtaiset erityismääräykset tekevät siirtojärjestelmästä aiottua monimutkaisemman, vaikka siirtomenettelyt esim. rakennerahasto-, tutkimus- ja yhteisön virastojen määrärahojen osalta ovatkin suhteellisen joustavia.

Määrärahojen siirtosäännöissä VHA:ssa tapahtuneiden lukuisten TA:n vuotuisen sisäisen joustavuuden kannalta tärkeiden muutosten takia sääntöjä käsitellään edelleen kolmannen osan yhteenvetoluvussa 5.

Uutta joustavuutta edustavat toimielimille ja vastaaville niin ikään sallitut kymmenen prosentin rajoissa tehdyt muutokset henkilöstötaulukoihinsa. VHA:n johdanto-osan viidennessätoista kappaleessa uutta joustoa perustellaan seuraavasti: "Toimielinten on voitava hallinnoida henkilöstösääntöjen alaisia virkoja joustavasti suhteessa budjettivallan käyttäjän myöntämien virkojen ja toimien määrään erityisesti uuden, keinojen sijasta tuloksiin keskittyvän hallintomallin mukaisesti". Myös tätä joustavuutta säädellään siten, että ensinnäkin sitä rajoittavat tietyn varainhoitovuoden talousarviomäärärahat sekä virkojen ja toimien hyväksytty enimmäismäärä – joustava hallinnointi ei myöskään koske kaikkein ylimpiä palkkaluokkia. Toisaalta budjettivallan käyttäjällä on aina mahdollisuus estää "asianmukaisesti perustelluista syistä" toimielimiä ja vastaavia tekemästä siirtoa kolmen viikon kuluessa ilmoituksesta (VHA:n 47 artiklan 1 kohdan kolmas alakohta; ks. luku 3.2.2).

Vuoden 1999 toimielinten väliseen sopimukseen sisältyvien perussäädöksiä koskevien periaatteiden ja sääntöjen (mukaan luettuina perussäädösten ilmenemismuodot, määrärahojen enimmäismäärät ja komission erityistoimivaltuudet; ks. luku 3.2.3) kirjaaminen varainhoitoasetukseen (ja VHA:n soveltamissääntöihin) ei sinänsä muuta aikaisempaa tilannetta tai vallitsevia käytäntöjä, mutta omalta osaltaan korostaa tosiasiaa, että kaikista "pehmeät oikeuslähteet" -nimityksistä ("soft law", ks. luku 3.2.4) huolimatta TVS sitoo sen allekirjoittaneita toimielimiä (eli EU:n kielenkäytön mukaan sopimus on "binding"). Aika, jolloin voitiin ajatella, että toimielimet voisivat joustavasti olla noudattamatta TVS:n kohtia ilman, että esim. EY:n tuomioistuin voisi tätä sanktioida, on siten auttamattomasti ohi. Toisaalta perussäädöksissä on kyse mitä ilmeisimmin yleisen talousarvion toimeenpanosta joten on luonnollista, että niitä koskevista kysymyksistä säädetään TA:n toteuttamista käsittelevässä osastossa (ks. ensimmäinen osa, luku 2.3).

Sen sijaan periaatteista, jotka koskevat varainhoitoa koskevien säännösten sisällyttämiseen säädöksiin (ks. esim. Saarilahti 2004, luku 3.9) säädellään edelleenkin TVS:ssa (vuoden 1999 TVS:ssa sen E-osan kohdissa 33-35). Tämä on perusteltua sikäli, että ne koskevat niin lainsäädäntö- kuin budjettivallankin käyttöä, eivätkä yksinomaan esim. talousarvion toteuttamista.

Pakollisten ja ei-pakollisten menojen osalta (ks. HT 1996, 12-17; 2002, 164-165) VHA ei tuo mukanaan uudistuksia [81] vaan näiden suhteen on odotettava Euroopan perustuslakisopimusesityksen ratifioinnin kohtaloa PM/ EI-PM -erottelun poistuessa kokonaan jos sopimus tulee voimaan. Uusi perustuslaki merkitsee samalla merkittäviä muutoksia budjettivallan jakoon EU:ssa.

VHA luettelee aikaisempaa tarkemmin tapaukset (kaksi kappaletta: perussäädöksen puute tai epävarmuus määrärahojen riittävyydestä; ks. luku 3.2.5.1), jolloin määrärahoja voidaan kirjata varauksiin. Varauksiin kirjaamiskäytännöt säilyivät kuitenkin vuoden 2004 talousarvioprosessin aikana vielä varsin samanlaisina kuin edellisen varainhoitoasetuksen aikana (ks. Saarilahti 2004, luvut 3.7 ja 6). Siten EP esim. jatkoi nk. horinsontaalisten tarkistusten [82] käytäntöään, eli parlamentti kirjasi varauksiin tietyn prosenttiosuuden samantyyppisten budjettikohtien määrärahoista saadakseen komission toimimaan tiettyjen, kohtien perusteluosaan kirjattujen ehtojen mukaisesti.

Vuoden 2004 TA:ssa (EU-25) pääluokan III osaston 31 (Varaukset), joka sisältää pääosan komission pääluokkaan otetuista varausmäärärahoista ja varauksista [83] (ei kuitenkaan esim. lainatakuuvarausta, ks. viite 13), loppusumma kohoaa noin 608,584 miljoonaan euroon maksusitoumus- ja 455,981 miljoonaan euroon maksumäärärahoina [84], eli noin 0,55 ja 0,46 %:iin yleisen talousarvion loppusummasta.

Toisaalta VHA:n 43 artiklan 1 kohta, jonka mukaan jokaiseen talousarvion pääluokkaan voi kuulua osasto "alustavat määrärahat" (ks. luku 3.2.5.1), on tulkittava laajasti: siten esim. vuoden 2004 TA:ssa muissa pääluokissa kuin pääluokassa III "alustavat määrärahat" on kirjattu entiseen malliin erilliseen lukuun (luku 10 0) "Muut menot" nimiseen osastoon [85].

Tässä vaiheessa on vielä liian aikaista ennustaa, miten uusi varainhoitoasetus tulee tosiasiassa muuttamaan EU:n määrärahojen kirjaamiskäytäntöjä varauksiin. Toisaalta on ennenaikaista yrittää vastata kysymykseen, kuinka VHA lopulta vastaa EP:n huoleen siitä, että varauksiin kirjattuja määrärahoja jää vuosittain runsaasti käyttämättä. Parlamentin haluamat siirtosäännöt "alustavat määrärahat" -osastosta tai -osastoon (ks. luku 3.2.5.1) merkitsevät, että budjettivallan käyttäjä (ja erityisesti parlamentti) haluaa säilyttää tiukan valvonnan siihen, miten varauksiin kirjattuja määrärahoja käytetään. VHA:een kirjatut entistä tarkemmat säännöt talousarvion toteuttamisen seurannasta ja valvonnasta (ks. luku 3.2.1.1, vrt. esim. Van Craeyenest & Saarilahti 2004a, erit. 96-97 k.) auttanevat budjettivallan käyttäjää myös tässä suhteessa.

VHA:n kokonaisuudistuksen keskeisenä ajatuksena ollut TA:n toimeenpanon joustavuuden lisääminen näkyy myös TA:n erilaisten toteuttamistapojen moninaisuuden lisääntymisenä (ks. luku 3.2.6). Siten esim. erilaiset yhteisön virastot, uudet toimeenpanovirastot jne. avaavat omalta osaltaan uusia mahdollisuuksia hallinnoida esim. EU:n eri ohjelmia. Toteuttamistapojen tarkempi erittely on kuitenkin valitettavasti jätettävä tämän artikkelin ulkopuolelle. On kuitenkin syytä kiinnittää huomiota erilaisiin komissiolle asetettuihin rajoitteisiin delegoida sille kuuluvia julkisen vallan tehtäviä, jos niihin sisältyy harkintavaltaa. Jokaisessa tapauksessa on erikseen kyettävä varmistamaan, että komissiolla säilyy sille SEY:n 274 artiklan mukaan kuuluva lopullinen vastuu TA:n toteuttamisesta.

VIITTEET

1 Artikkelissa esitetyt mielipiteet ovat tekijän omia eivätkä siten välttämättä edusta työnantajan kantaa tai näkemyksiä.

2 Ks. esim. Euroopan unionin... 2002, 170-173, vrt. myös esim. Saarilahti 2004, Liite II. Mielenkiintoisena yksityiskohtana voidaan mainita, että toimintoperusteiseen budjetointiin siirtyminen sai pitkälti alkunsa HAUS:n vuoden 1997 joulukuussa komissiolle luovuttamasta raportista (Turning... 1997, 1-38).

3 Vrt. VHA:n johdanto-osan neljästoista kappale: "On säädettävä, että komissiota koskevassa talousarvion pääluokassa määrärahat ja varat voidaan esittää käyttötarkoituksen mukaan ryhmiteltyinä ("toimintoperusteinen budjetointi"); näin voidaan lisätä talousarvion hallinnoinnin avoimuutta suhteessa moitteettoman varainhoidon tavoitteisiin ja erityisesti tehokkuuteen ja vaikuttavuuteen".

4 VHA:n 41 artiklan 1 kohdan mukaan luokittelu tapahtuu osastoihin, lukuihin, momentteihin ja alamomentteihin. VHA:n 41 artiklan 2 kohdan mukaan komission pääluokan menotaulukko "perustuu budjettivallan käyttäjän vahvistamaan budjettinimikkeistöön" (Budgetary nomenclature/ nomenclature budgétaire). Verrattuna edelliseen varainhoitoasetukseen VHA ensinnäkin lisää alamomentit (Items/ postes) eksplisiittisesti budjettinimikkeistölistaukseen (vrt. esim. Saarilahti 2004, luku 3.3, vrt. myös VHA:n 21 artikla). Toisaalta vuoden 1990 muutoksen mukaisen vuoden 1977 varainhoitoasetuksen 22 artiklan 2 kohdan (jonka mukaan "Komissio uskoo [toimielimille ja vastaaville] tarpeellisen toimivallan niitä vastaavien talousarvion pääluokkien toteuttamiseksi") sanamuotoa muutettiin VHA:ssa vastaamaan paremmin toimielinten ja vastaavien budjettiautonomiaa oman pääluokkansa hallinnoinnissa (ks. esim. Gabolde & Perron 2000, 1815). VHA:n 50 artiklan mukaan "Komissio tunnustaa muiden toimielinten toimivallan toteuttaa niitä koskevia talousarvion pääluokkia".

5 PI III:n A osassa esitettiin vuosina 1982-2003 komission henkilöstö- ja hallintomenot ja B osassa EU:n toimintamenot alaluokkiin jaettuina (vuoden 1991 TA:sta lähtien; ks. esim. Saarilahti 2004, luvut 4.3-4.4).

6 Uudesta varainhoitoasetuksesta puuttuu maininta, jonka mukaan budjettinimikkeistön vahvistaminen

tapahtuu talousarviomenettelyn aikana (vrt. vuoden 1990 muutoksen mukaisen vuoden 1977 varainhoitoasetuksen 19 artiklan 3 kohta). Tämä ei kuitenkaan merkitse muutosta vuoden 1977 varainhoitoasetuksen luomaan menettelyyn verrattuna (ks. esim. Van Craeyenest & Saarilahti 2004a, 49 k.).

[7] Periaate, että kullekin toimintalohkolle kohdennetut (eli eri osastoihin merkityt) hallintomäärärahat kootaan yhteen erilliseen lukuun, oli keskeisiä budjettivallan käyttäjän vaatimuksia laadittaessa uutta varainhoitoasetusta.

[8] Henkilöstötaulukko (Establishment plan/ tableau des effectifs) muodostaa VHA:n 47 artiklan 1 kohdan mukaisesti kussakin toimielimessä ja vastaavassa (mukaan luettuina VHA:n 185 artiklassa tarkoitetuissa elimissä) ehdottoman ylärajan nimityksille. On huomattava, että esim. erilaiset sopimuspohjaiset työsuhteet eivät sisälly henkilöstötaulukkoon.

[9] VHA:n 181 artiklan 1 kohdan ensimmäisen alakohdan mukaisesti komission menot luokitellaan käyttötarkoituksen mukaisesti ensimmäisen kerran varainhoitovuonna 2004. VHA:n 181 artiklan 1 kohdan toisen alakohdan mukaisesti komission pääluokkaan kuului siten viimeisen kerran A ja B osa varainhoitovuonna 2003 (ks. viite 5).

[10] EUVL L 53, 23.2.2004, I/1-593 (osa I) ja II/1-1565 (osa II) ja oikaisu EUVL:ssä L 76, 12.3.2004, 1-55 ja L 272, 20.8.2004, 16. Toukokuun ensimmäisenä päivänä 2004 tapahtuneen laajentumisen vaikutukset sisällytettiin liittymisasiakirjan mukaisesti yleiseen talousarvioon 9.3.2004 hyväksytyllä lisätalousarviolla nro 1/2004 (ks. ensimmäinen osa, luvut 3.1.2 ja 3.1.3 sekä Liite II). "Konsolidoitu" talousarvio EU-25:lle (eli 18.12.2003 hyväksytty yleinen talousarvio varainhoitovuodeksi 2004, sellaisena kuin se on muutettuna lisätalousarviolla nro 1/2004) julkaistiin tiedoksi ja komission "omalla vastuulla" EUVL:ssä C 105, 30.4.2004, 1-593 (osa I) ja 1-1587 (osa II). Osa I sisältää yleisen tulotaulukon ja muiden toimielinten kuin komission ja vastaavien tulot ja menot (eli pääluokat I, II sekä IV-VIII B) ja osa II pääluokan III - Komissio - tulot ja menot liitteineen. Vuoden 2004 budjettiprosessista, ks. esim. Henry & Saarilahti 2004.

[11] PI III:n osastojen kohdalla luovuttiin siten EU:ssa aikaisemmin voimassa olleesta nk. kymmenjärjestelmäluokittelusta (ks. HT 1995, 299). Luokittelu asetti EU:n budjettinimikkeistöjärjestelmälle rajoitteita erityisesti tilanteessa, jossa unionin kompetenssi kasvoi uusille aloille (ks. esim. Saarilahti 2004, luku 4.4).

[12] Vuoden 2004 TA:ssa osaston 18 nimenä säilyi alustavassa talousarvioesityksessä esiintynyt nimike "Oikeus- ja sisäasiat" budjettivallan käyttäjän hyväksymästä tarkistuksesta huolimatta. Vuoden 2005 TA:ssa nimike oikaistiin tarkistuksen mukaiseksi ("Vapauteen, turvallisuuteen ja oikeuteen perustuva alue").

[13] Poikkeuksen muodostaa esim. lainatakuuvaraus (ks. luku 3.2.5.4), joka on otettu osaston 01 (Talous- ja rahoitusasiat) alamomentille 01 04 01 13.

[14] Osaston 24 (Petostentorjunta) luku 01 eroaa muiden osastojen luvuista 01 sikäli, että se sisältää vain momentin 24 01 06 (nimeltään "Petostentorjuntavirasto (OLAF)"). Tämä selittyy sillä, että OLAF:n tulo- ja menotaulukko esitetään yksityiskohtaisemmin PI III:n liitteessä. Myös osastojen 30 (Eläkkeet) ja 31 (Varaukset) luvut 01 poikkeavat rakenteeltaan muiden osastojen vastaavista luvuista osastojen erityislaatuisuuden takia.

[15] Osastossa 08 (Tutkimus) momentin nimi on "Ulkopuolinen henkilöstö ja muut hajautetusti hallinnoidut menot tutkimustoiminnan toimintalohkossa".

[16] Momentti 04 puuttuu osastoista 01 (Talous- ja rahoitusasiat), 03 (Kilpailu), 08 (Tutkimus), 10 (Suora tutkimustoiminta), 24 (Petostentorjunta), 28 (Varainhoidon valvonta), 30 (Eläkkeet) ja 31 (Varaukset).

[17] Vuoden 2003 TA:ssa "B... A -budjettikohtien" loppusumma oli noin 238 miljoonaa euroa maksusitoumus- ja noin 211 miljoonaa euroa maksumäärärahoina. Näillä määrärahoilla rahoitettiin mm. nk. entisten teknisen tuen toimistojen (Technical assistance offices TAO/ bureaux d'assistance technique BAT; ks. esim. SEC(1998) 1217/6 ja SEC(1999) 981), tilapäisen tukihenkilöstön ja asiantuntijoiden sekä erilaisten selvitysten, asiantuntijakokousten ja julkaisujen rahoittamiseen tarkoitettuja menoja. Vuoden 2005 TA:ssa erilaiset hallinnollisen tuen menot (rahoitusnäkymien otsakkeen 2 (Rakennetoimet) "minibudjetit" sekä otsakkeiden 3 (Sisäiset politiikat) ja 4 (Ulkoiset toimet) entiset "B... A -budjettikohdat") kohosivat noin 360 miljoonaan euroon.

[18] Alamomentti 06 01 04 30 (otsake 3) älykkään energiahuollon virastolle (Intelligent Energy Executive Agency/ Agence exécutive pour l'énergie intelligente; ks. ensimmäinen osa, viite 9), alamomentti 17 01 04 30 (otsake 3) kansanterveysalan toimintaohjelman virastolle (2003 2008; Executive Agency for the Public Health Programme (2003 2008)/ Agence exécutive pour le programme de santé publique (2003 2008) sekä alamomentit 15 01 04 30 (otsake 3), 15 01 04 32 (otsake 5) ja 19 01 04 30 (otsake 4) koulutuksen ja kulttuurin alan toimeenpanovirastolle (Executive Agency for Education and Culture/ Agence exécutive pour l'éducation et la culture; ks. luku 3.2.6).

[19] Ks. erityisesti momentit 26 01 09 (Julkaisutoimiston hallinnollinen tuki), 26 01 11 (Euroopan unionin virallinen lehti), 26 01 20 - 23 (neljän yhteisön viraston eli Euroopan henkilöstövalintatoimiston (EPSO), henkilökohtaisten etuuksien hallinto- ja maksutoimiston (PMO) sekä Brysselin ja Luxemburgin infrastruktuurija logistiikkatoimistojen tuet (OIB ja OIL); ks. luku 3.2.6) ja 26 01 50 (Henkilöstöpolitiikka ja -hallinto). Viimeksi mainittu momentti sisältää mm. kolmentoista Eurooppa-koulun ja johtokunnan edustajan toimiston menot.

[20] VHA:n 41 artiklan toisen kohdan mukaan ABB-muotoisessa esitystavassa luvun tulisi pääsääntöisesti vastata toimintoa (Activity/ activité; ks. yllä). Jos laskuista jätetään pois osastot 30 (Eläkkeet) ja 31 (Varaukset; yhteensä kolme lukua) sekä otetaan huomioon,

että henkilöstö- ja hallintomenoja koskevia lukuja 01 on osastoissa 01-29 (ks. yllä), esim. vuoden 2004 TA erittelee noin 150 erilaista EU:n toimintoa.

[21] Budjettikohdalla tarkoitetaan momentteja tapauksessa, jossa niitä ei ole jaettu alamomentteihin, ja alamomentteja muissa tapauksissa. Taulukossa on laskettu mukaan vuoden 1968 TA:n kaksi erityisosastoa sekä varauksia koskevat luvut (ks. Saarilahti 2004, luku 6). Pääluokka III jaettiin A ja B osaan vuoden 1982 yleisessä talousarviossa. Alaluokat otettiin käyttöön pääluokassa III vuoden 1991 TA:ssa.

[22] On huomattava, että VHA:n 27 artiklan 3 ja 4 kohdan vaatimukset koskevat kaikkia toimielimiä ja vastaavia. VHA:n vaatimuksia täsmennetään VSS:n 21 artiklassa.

[23] On niin ikään huomattava, että vuoden 1999 TVS:n 10 kohdan kolmannen alakohdan mukaan rahoitusnäkymät eivät kata niitä budjettikohtia, jotka rahoitetaan käyttötarkoitukseensa sidotuilla tuloilla (Assigned revenue/ recettes affectées).

[24] Vuoden 2001 TA:ssa negatiiviset tulot (Osasto 1 (Omat varat), luku 1 9 (Omien varojen kannosta jäsenvaltioille aiheutuvat kulut)) kohosivat noin 1 734 miljoonaan ja vuoden 2002 TA:ssa noin 1 766 miljoonaan euroon.

[25] Käytännössä Ruotsi (joka sai taustatukea mm. Saksalta) halusi, että negatiivisista menoista muodostettaisiin TA:n yleisiä (eikä käyttötarkoitukseensa sidottuja) tuloja. Esimerkiksi vuonna 1999 negatiivisia menoja olivat: petosten ja sääntöjenvastaisuuksien seurauksena takaisin perityt summat (yhteensä 60 miljoonaa), 2) vuoden 1994 talousarviota koskevasta kurinalaisuudesta tehdyn päätöksen (ks. EYVL L 293, 12.11.1994, 17) 13 artiklan perusteella ennakoihin tehdyt korjaukset (126 miljoonaa), julkisen varastoinnin myynneistä kertyvät "voitot" (286 miljoonaa), maidon liikatuotannosta perittävä lisämaksu (498 miljoonaa) sekä tilien tarkastamista ja hyväksymistä koskevien päätösten taloudelliset seuraukset (606 miljoonaa euroa; ks. COM(2000) 494 final, 2). Vrt. tilintarkastustuomioistuimen kanta (in TTI... 1998, 1.12 kohta): "Joissakin tapauksissa nämä negatiiviset määrät ovat nykyisen varainhoitoasetuksen mukaisia: esimerkkeinä ovat negatiivinen varaus (...) ja EMOTR:n tukiosaston tilien tarkastaminen ja hyväksyminen (...). Joissakin tapauksissa negatiiviset määrät perustuvat talousarviomenettelyyn, eikä niistä ole vastaavia säännöksiä varainhoitoasetuksessa: esimerkkeinä ovat joidenkin markkinajärjestelyjen yhteydessä perityt yhteisvastuumaksut sekä perinteisten omien varojen kantamisesta jäsenvaltioille aiheutuvat kulut".

[26] VHA:n 180 artiklan 2 kohdassa luetellaan lisäksi, mitä muutoksia VHA:een tulee tehdä jos negatiiviset menot päätetään korvata käyttötarkoitukseensa sidotuilla tuloilla. Esimerkkinä käyttötarkoitukseensa sidotuista tuloista (VHA:n 18 artiklan 2 kohdan mukaisesti), ks. esim. 20.12.2000 tehdyn neuvoston päätöksen eurooppalaisten audiovisuaalisten teosten kehittämisen, levityksen ja myynninedistämisen tukemista koskevan ohjelman täytäntöönpanosta (Media Plus - Kehittäminen, levitys ja myynninedistäminen) (2001-2005) 6 artikla (EYVL L 336, 30.12.2000, 86).

[27] Artiklassa käsitellään VHA:n tarkistamista (ks. ensimmäinen osa, viite 17).

[28] Voidaan kuitenkin kysyä, mikä on VHA:n 180 artiklan 1 kohtaan kirjatun periaatteen juridinen arvo (ks. Van Craeyenest & Saarilahti 2004a, 113 k.).

[29] Sekä pakollisia ja ei-pakollisia menoja koskevissa määrärahasiirroissa (nk. virements mixtes) siirto katsotaan hyväksytyksi, jos EP ja neuvosto eivät kumpikaan tee kielteistä päätöstä. Jos budjettivallan käyttäjä vähentää ehdotettua määrää eri tavalla, toisen käyttäjän hyväksymän alemman määrän katsotaan tulleen hyväksytyksi. Jos jompikumpi budjettivallan käyttäjä kieltäytyy hyväksymästä määrärahasiirtoa, sitä ei saa tehdä (VHA:n 24 artiklan 4 kohta).

[30] VHA:ssa säilyy periaate, jonka mukaan määrärahoja saadaan siirtää ainoastaan budjettikohtiin, joihin on TA:ssa vahvistettu määräraha tai jotka on varustettu p.m. -merkinnällä (ks. esim. Saarilahti 2004, luku 3.7). Käyttötarkoitukseensa sidottuja tuloja vastaavat määrärahat (ks. luku 3.2.1.2) saadaan siirtää ainoastaan, jos kyseiset tulot pysyvät sidottuina käyttötarkoitukseensa (VHA:n 25 artiklan 1 ja 2 kohta). EP ja neuvosto lisäksi jatkoivat nk. herrasmiessopimuksen (ks. HT 2002, 176-177 tai Saarilahti 2004, alaviite 80) soveltamista toistensa pääluokkia koskevien määrärahasiirtojen osalta neuvoston pöytäkirjaan merkityn VHA:n 22 artiklaan liitetyn lausuman mukaisesti.

[31] On muistettava, että VHA:n 41 artiklan 2 kohdan neljännen alakohdan mukaan komission hallintomäärärahat kootaan eri osastoissa yhteen lukuun (ks. luku 3.2.1.1), joten jos PI III:n henkilöstö- ja hallintomenoja halutaan siirtää luvusta toiseen, määrärahoja on siirrettävä toimintalohkolta toiselle, jolloin on toimittava osastojen välisiä siirtoja koskevien VHA:n sääntöjen mukaan. Edellisen varainhoitoasetuksen mukaan komissio sen sijaan pystyi pääluokkansa A osassa siirtämään määrärahoja luvusta toiseen vapaasti ilmoitusvelvollisuuden täytettyään (ks. HT 2002,176-177).

[32] Vuonna 1977 annetun varainhoitoasetuksen, sellaisena kuin se on vuonna 1994 muutettuna, 26 artiklan 2 kohdan mukaan toimielin (pois lukien komissio) tai vastaava päätti vapaasti siirroista momentilta toiselle ilmoitettuaan siirrosta budjettivallan käyttäjälle ja komissiolle.

[33] Komission osalta uusia siirtomenettelyjä alettiin pääosin soveltaa VHA:n 181 artiklan 1 kohdan kolmannen alakohdan mukaisesti varainhoitovuodesta 2004.

[34] VSS:n 19 artiklan mukaisesti kaikkiin määrärahasiirtoesityksiin ja tietoihin, joita budjettivallan käyttäjälle toimitetaan VHA:n 22 ja 23 artiklan mukaisesti tehdyistä määrärahasiirroista, on liitettävä mukaan riittävät ja yksityiskohtaiset perustelut, joista käy ilmi määrärahojen toteutuminen sekä tarvearvio varainhoitovuoden loppuun - perustelut on annettava sekä budjettikohdista, joiden määrärahoja lisätään, että budjettikohdista, joiden määrärahoja vähennetään.

[35] Komissio on joutunut sisällyttämään kohdan VHA:n soveltamissääntöihin (16 artiklan 1 kohta; vrt. myös VSS:n 16 artiklan 2 kohta). Tämä ei kuitenkaan ole hyvän lainsäädännön laadun mukaista 22.12.1998 solmitun toimielinten välisen sopimuksen merkityksessä (ks. EYVL C 73, 17.3.1999, 1-4). Toisaalta komission henkilöstö- ja hallintomenojen siirtoja osastosta toiseen kymmenen prosentin ylittävältä osalta säädellään VSS:n 16 artiklan 1 kohdassa, vaikka VSS:n 16 artikla liittyykin VHA:n 22 artiklaan, joka koskee muita toimielimiä kuin komissiosta (jonka siirtomenettelyistä säädetään VHA:n 23 artiklassa).

[36] Esim. suomenkielisessä VHA:ssa 22 artiklan 1 kohta voi antaa virheellisesti kuvan, että muut toimielimet kuin komissio ja vastaavat voisivat tehdä määrärahasiirtoja luvusta toisen tai momentilta toiselle enintään kymmenen prosentin rajoissa kyseisen varainhoitovuoden määrärahoista. Tosiasiassa VHA:n mukaan toimielin (tai vastaava) voi vapaasti siirtää määrärahoja luvusta toisen tai momentilta toiselle edellytyksellä, että aikeesta annetaan tieto budjettivallan käyttäjälle kolme viikkoa etukäteen (joka voi "asianmukaisesti perustelluista syistä" vaatia VHA:n 24 artiklan mukaisen siirtomenettelyn soveltamista; ks. Liite III).

[37] Budjettikomitea (Budget committee/ comité budgétaire) on neuvoston työryhmä, joka valmistelee budjettiasiat pysyvien edustajien komitealle (Coreper II) ja neuvostolle (ks. esim. Lewis 2000, 277-278 tai Nicoll & Bryan-Kinns 2004, 106-107).

[38] Menettely, joka on saanut nimensä COBU:n entisen hollantilaisen varapuheenjohtajan mukaan, juontaa juurensa vuonna 1976 EP:n aloittamista TA:n tosiasiallista toteutusta koskevista "keskusteluista" (ks. Strasser 1992a, 294). Tällöin tarkasteltiin ennen kaikkea parlamentin korotusmarginaalinsa (ks. HT 1996, 16) perustella budjettiin ottamien määrärahojen käyttöastetta. EP otti tavakseen tarkastella joka vuosi TA:n toimeenpanon etenemistä elokuun loppuun mennessä. Komissio alkoi puolestaan laatia tarkastelua varten erityistä työasiakirjaa, jossa laajemmin käytiin läpi eri budjettikohtien käyttöasteita sekä erilaisten, etenkin parlamentin kannalta keskeisten budjettiin otettujen määrärahojen käytössä kohdattuja ongelmia. Samalla komissio pyrki ennakoimaan, minkälaiseksi käyttöaste muodostuu vuoden lopulla. Havaittujen ongelmien korjaamiseksi komissio ryhtyi lisäksi esittämään erityisiä "määrärahasiirtopyyntöpaketteja", joita alettiin kutsua "kokonais(määräraha)siirroiksi" ("koontosiirroiksi"; Total transfers/ virements totaux tai globaux).

Siitä lähtien kun vuonna 1982 annettiin yhteinen julistus, joka koskee erilaisia toimia talousarviomenettelyn parantamiseksi (ks. HT 1996, 13), siirrot ovat koskeneet ennen kaikkea julistuksen 3 c) kohdan mukaisia siirtoja (ks. esim. Saarilahti 2004, luku 3.9). Lopulta 1980-luvun loppupuolella siirtopyyntöjen esittämisajankohtaa myöhennettiin ja siirtoja alettiin kutsua nimellä "Global tai omnibus transfers/ virements globaux".

Alkujaan siirrot koskivat sekä maksusitoumus- että maksumäärärahoja. Nykyisin ne koskevat yksinomaan maksumäärärahoja. Erotuksena "alkuperäiseen menettelyyn" puhutaankin toisinaan nk. Bourlanges tai Notenboom/ Bourlanges -menettelystä siirtokäytännön muuttaneen EP:n entisen ranskalaisen talousarvioyleisesittelijän mukaan.

Vuoden 1999 TVS:n Liitteen III (Toimielinten välinen yhteistyö talousarviosta koskevissa asioissa) 5 kohdan mukaisesti kokonaismäärärahasiirrosta keskustellaan nykyisin ennen EP:n talousarvioesityksen ensimmäistä käsittelyä pidetyssä kolmikantakokouksessa, jossa budjettitoimielimet TVS:n liitteen mukaisesti mm. "vaihtavat mielipiteitä (...) kuluvan vuoden talousarvion toteuttamiskehityksestä".

[39] Omnibus transfer/ virement global. EP perusteli tarkistusesitystään seuraavasti: "(N)iiden kokemusten perusteella, jotka on saatu viimeisimpien varainhoitovuosien talousarvioiden toteuttamisen yhteydessä, tarkistuksessa ehdotetaan, että varainhoitoasetukseen sisällytetään määrärahojen kokonaissiirtoa koskeva menettely samalla, kun rajoitetaan komission mahdollisuuksia käyttää väärin tätä välinettä budjettivallan käyttäjän päätösten kiertämiseksi".

[40] Komissio esitti vuonna 2003 budjettivallan käyttäjälle yhteensä 50 määrärahasiirtopyyntöä. Kuusi ehdotuksista koski pakollisia menoja sisältäviä budjettikohtia ja kolme (mukaan luettuna "kokonaissiirto" nro 27/2003) sekä pakollisia että ei-pakollisia menoja sisältäviä budjettikohtia ("virements mixtes", ks. luku 3.2.2). Kolme siirtoa (nro 9, 14 ja 18/2003) liittyi hätäapu- ja kaksi siirtoa (nro 13 ja 38/2003) lainatakuuvarauksen käyttöön (ks. luku 3.2.5.4). EU:n solidaarisuusrahaston käyttöön (ks. ensimmäinen osa, viite 89) liittyi kaksi siirtoa (nro 25 ja 28/2003). Määrärahasiirtoehdotusta nro 34/2003, jolla oli tarkoitus lisätä luvun B7-6 3 alamomentille B7-6 3 1 1 (Köyhyyteen liittyvien sairauksien (HI-virus/aids, malaria ja tuberkuloosi) torjuminen kehitysmaissa) 3,5 miljoonaa euroa maksusitoumusmäärärahoina siirtämällä määrärahat luvusta B0-4 0 (Alustavat määrärahat), ei hyväksytty.

[41] Uusien henkilöstösääntöjen mukaan (ks. ensimmäinen osa, viite 6) palkkaluokkiin A*16/ AD16, A*15/ AD15 ja A*14/ AD14 kuuluvat toimet.

[42] Henkilöstötaulukkojen muutokset EP:n ja neuvoston pääluokissa tehdään "herrasmiessopimusta" noudattaen neuvoston pöytäkirjaan merkityn VHA:n 22 artiklaan liitetyn lausuman mukaisesti (vrt. viite 30).

[43] Samanlainen periaate kirjattiin myös erillisvirastojen perustamissäädöksiin (kesällä 2003 olemassaolevien erillisvirastojen osalta; ks. ensimmäinen osa, luku 1 ja sen viite 11) seuraavasti: "Johtokunta [tai vastaava] ilmoittaa budjettivallan käyttäjälle mahdollisimman pian aikomuksestaan toteuttaa hankkeita, joilla voi olla huomattavaa taloudellista vaikutusta talousarvion rahoittamiseen, erityisesti kiinteistöihin liittyviä hankkeita, kuten kiinteistöjen vuokraus tai hankinta. Johtokunta ilmoittaa asiasta komissiolle. Kun jompikumpi budjettivallan käyttäjä on ilmoittanut aikomuksestaan antaa lausunto, se toimittaa sen johtokunnalle kuuden viikon kuluessa hankkeesta ilmoittamisesta".

[44] Varainhoitoasetukseen otettiin sitä vuonna 1990 muutettaessa vuonna 1982 annetulla yhteisellä julistuksella (joka käsittelee erilaisia toimia talousarviomenettelyn parantamiseksi; ks. HT 1996, 13) luodut käytännöt, jotka koskevat oikeusperustojen ja varainhoitoa koskevien säännösten säädöksiin sisällyttämistä (ks. esim. Van Craeyenest & Saarilahti 2004a, 57 k.).

[45] Lokakuun 13. päivänä 1998 tuomioistuimen Asiassa C-106/96 (Yhdistynyt kuningaskunta vs Euroopan yhteisöjen komissio, Kok. 1998, I-2729-2761; vrt. myös Asiat C-239/96 ja C-240/96; Kok. 1996, I-4475-4494) antaman tuomion jälkeen EP:n, neuvoston ja komission välillä solmittu toimielinten välinen sopimus koski talousarvion toteuttamista ja oikeusperustoja (Interinstitutional Agreement of 13 October 1998 (between the European Parliament, the Council and the Commission) on legal bases and implementation of the budget/ Accord interinstitutionnel du 13 octobre 1998 (entre le Parlement européen, le Conseil et la Commission) sur les bases légales et l'exécution du budget; EYVL C 344, 12.11.1998, 1-4).

[46] Oikeusperusta (oikeudellinen perusta; Legal base/ base légale) on EU:n yleisen talousarvion yhteydessä yleiskäsite puhuttaessa talousarvioon otettujen määrärahojen käytön edellytyksenä olevista säädöksistä (vrt. esim. vuoden 1999 TVS:n II osan F-otsakkeen nimi, viite 48). On myös huomattava, että esim. TA:n selvitysosissa käytetään nykyisin käsitettä "oikeusperusta" (Legal basis/ bases légales).

Perussäädöksillä (Basic act/ acte de base) tarkoitetaan joko yleisesti johdannaisen (eli johdetun) oikeuden säädöstä tai erityisesti VHA:n 49 artiklan 1 kohdan mukaisesti talousarvioon EU:n toimintaa varten osoitettujen määrärahojen käyttöön oikeuttavia oikeudellisia perusteita (ks. luku 3.9). Johdannaisen oikeuden säädös voi olla joko perustamissopimuksen artiklaan perustuva nk. ensimmäisen asteen säädös (acte de premier degré; ks. Asiat 11/70, 25/70 ja 26/70, Kok. 1970, 1125-1158, 1161-1181 ja 1183-1195) tai toimeenpanosäädös (acte d'exécution).

Oikeusperustalla (oikeammin oikeusperuste tai laillinen perusta (base juridique - englanniksi käytetään myös tässä yhteydessä termiä "Legal base")) voidaan kirjallisuudessa tarkoittaa myös perustamissopimuksen artiklaa, joka antaa lainsäätäjälle oikeuden toimia ("donne un pouvoir d'action au législateur") ja joka säätää säädöksen "tarkoituksen" ja "sisällön" ("but" et "contenu" de l'acte) sekä hyväksymismenettelyn (procédure). Lainsäätäjä on joko neuvosto (tai Maastrichtin sopimuksesta lähtien yhteispäätösmenettelyn tapauksessa neuvosto yhdessä EP:n kanssa) tai komissio perustamissopimuksessa määrätyissä tapauksissa.

[47] VSS on komission asetus, jonka muuttamiseen tarvitaan komission päätös toimielinten lausunnon jälkeen (neuvoston pöytäkirjaan VHA:n hyväksymisen yhteydessä merkityn lausuman ad 183 artikla mukaisesti). VHA on puolestaan neuvoston asetus, jonka hyväksymismenettelyä säätelee SEY:n 279 artikla (ks. ensimmäinen osa, luku 2.1; ks. myös Van Craeyenest & Saarilahti 2004a, alaviitteet 5 ja 24).

[48] Vuoden 1999 TVS:n II osan ("Toimielinten välisen yhteistyön parantaminen talousarviomenettelyn aikana") F-otsakkeen nimi on "Oikeusperustat" (Legal bases/ bases légales).

[49] Entscheidung tai Beschluss.

[50] Vuoden 1999 TVS:n 37 kohdan mukaisesti VHA:n 49 artiklan 2 kohdan a ja b alakohdan mukaiset määrärahojen enimmäismäärät pilottihankkeille ja valmistelutoimille kunakin varainhoitovuonna on esitetty VSS:n 32 artiklassa (32 miljoonaa euroa pilottihankkeille sekä 30 miljoonaa euroa uusille valmistelutoimille - jälkimmäisiä määrärahoja saa sitoa varainhoitovuotena enintään 75 miljoonaa euroa).

[51] VSS:n 33 artikla ("Perustamissopimusten mukaiset komission erityiset toimivaltuudet").

[52] Ehdotus pohjautuu Eurooppa-valmistelukunnan asettaman yksinkertaistamista käsittelevän työryhmän suosituksiin. Työryhmän loppuraportin (Yksinkertaistamista... 2002, II osan G kohta) mukaan "Perustamissopimuksen 270 artiklan lisäksi olisi lisättävä vuoden 1998 toimielinten välisessä sopimuksessa [ks. viite 45] vakiinnutettu määräys, jonka mukaan yhteisön toimintaa varten talousarvioon otettujen määrärahojen toteuttaminen edellyttää, että ensin annetaan perussäädös. Se on johdettuun oikeuteen kuuluva säädös, joka toimii oikeusperustana yhteisön toiminnalle ja sitä vastaavan, talousarvioon otetun menon toteuttamiselle. Se voisi olla muodoltaan "laki", "puitelaki", "päätös" tai "asetus"".

[53] Vrt. myös Eurooppa-valmistelukunnan esityksen 52 artiklan 5 kohta: "Talousarvion kurinalaisuuden turvaamiseksi unioni ei anna sellaisia säädöksiä, joilla saattaa olla huomionarvoisia vaikutuksia talousarvioon, ellei se esitä vakuuksia sille, että ehdotus tai toimenpide voidaan rahoittaa unionin omilla varoilla ja [perustuslain] 54 artiklassa tarkoitetussa monivuotisessa rahoituskehyksessä vahvistettuja menojen enimmäismääriä noudattaen" (EYVL C 169, 18.7.2003, 20). Esitys noudattelee Maastrichtin sopimuksessa hyväksytyn (ks. Strasser 1994, 198-200) 201 a artiklan (nykyisin 270 artikla) sanamuotoa. Brysselin vuoden 2004 HVK hyväksyi artiklan seuraavassa muodossa: "Talousarvion kurinalaisuuden turvaamiseksi unioni ei anna sellaisia säädöksiä, joilla saattaa olla huomionarvoisia vaikutuksia talousarvioon, ellei se esitä vakuuksia sille, että näistä säädöksistä aiheutuvat menot voidaan rahoittaa unionin omilla varoilla ja I-55 artiklassa tarkoitettua monivuotista rahoituskehystä noudattaen (I-53 artiklan 5 kohta; EUVL C 310, 16.12.2004, 36-37).

[54] Parlamentti perusteli tarkistustaan seuraavasti: "Nyt kun Nizzan sopimuksessa ehdotetaan viittausta rahoitusnäkymiin (rakennetoimia koskeva 161 artikla), on hyvä miettiä tämän toimielinten yhteistyövälineen määritelmän esittämistä varainhoitoasetuksessa. Maaliskuussa 1999 annetussa päätöslauselmassa [ks. ensimmäinen osa, viite 18] ja esittelijän työasiakirjoissa

on aina tähdennetty, että olisi mietittävä ns. pehmeitä oikeuslähteitä (soft law) ja niiden mahdollista sisällyttämistä varainhoitoasetukseen. Toukokuussa 1999 tehdyn toimielinten välisen sopimuksen 12 kohdan ensimmäinen alakohta näyttää muodostavan yhden parlamentin kannalta hyödyllisimmistä varainhoitoasetukseen sisällytettävistä säännöksistä ilman, että kuitenkaan koskettaisiin toimielinten väliseen tasapainoon tai perustamissopimuksessa tunnustettuihin parlamentin erioikeuksiin ja vapauksiin". Vuoden 1999 TVS:n 12 kohdan ensimmäinen alakohdan mukaan: "Budjettivallan käyttäjät sopivat hyväksyvänsä vuosien 2000-2006 rahoitusnäkymien ajaksi sellaiset ei-pakollisten menojen enimmäislisäykset, jotka perustuvat rahoitusnäkymien ylärajojen puitteissa laadittuihin talousarvioihin".

[55] "Provisions" title/ titre "crédits provisionnels".

[56] Vrt. myös TTI... 2001a, 14 ja 77 d) kohta: "Negatiivisen varauksen käsite vaikeuttaa huomattavasti hyväksyttyjen kokonaismäärärahojen selkeää ja tarkkaa esittämistä ja on samalla (...) avoimuusperiaatteen [seurattavuusperiaatteen] vastainen. (...) Olisi luovuttava ajatuksesta muodostaa negatiivinen varaus, sillä sen avulla on mahdollista hyväksyä talousarvio, joka ylittää sallitun kokonaismäärän" (Apparent total amount authorised/ montant total autorisé apparent).

[57] Negative reserve/ réserve négative. Negatiivisen varauksen tarkoituksena on muodostaa TA:n menoja sisältävään osaan negatiivinen määrärahaerä, jota ei ole tarkoitettu käytettäväksi maksusitoumuksia ja maksuja varten, vaan joka korvataan ja peruutetaan käyttämättä jääneiden määrärahojen siirroilla (ks. HT 2002, loppuviite 32).

[58] Monetary reserve/ réserve monétaire. Rahoitusvarauksen suuruus oli vuosina 1988-1994 yhteensä 1 000, vuosina 1995-2001 yhteensä 500 ja vuonna 2002 yhteensä 250 miljoonaa ecua/euroa (ks. EYVL L 185, 15.7.1988, 36; C 331, 7.12.1993, 6 ja C 172, 18.6.1999, 12). Varauksen asteittaisesta poistamisesta sovittiin Agenda 2000 -neuvottelujen yhteydessä. TTI (1999, 19 kohta) oli ollut lausunnossaan nro 9/99 ehdotuksesta neuvoston asetukseksi talousarvion kurinalaisuudesta rahoitusvarauksen asteittaista pienenemistä ja poistumista vastaan katsoen sen olevan "varovaisuuden periaatteen" (Principle of/ principe de prudence) vastaista niin kauan kuin Maailman kauppajärjestö (WTO) ei kiellä vientitukia kokonaan.

[59] Komissio ehdotti siirtymä- ja loppusäännöksiin (VHA:n kolmas osa; ks. ensimmäinen osa, luku 2.3 ja Taulukko 2) seuraavaa artiklaa: "Komission pääluokkaan kuuluu EMOTR:n tukiosaston määrärahojen yhteydessä väliaikainen valuuttavaraus, jonka perustamista, käyttöä ja rahoitusta koskevista edellytyksistä säädetään talousarviota koskevasta kurinalaisuudesta tehdyssä neuvoston päätöksessä ja yhteisöjen omista varoista tehdyssä neuvoston päätöksessä sekä sen mukaisesti annetuissa säännöksissä" (ehdotuksen 169 artikla). Nykyisin EU:n maatalousmenojen budjetoinnissa pidetään peukalosääntönä, että yhden sentin muutos Yhdysvaltain dollarin kurssissa suhteessa euroon aiheuttaa noin 20-25 miljoonan euron muutoksen EY:n maatalousmenoihin. Siten vahvistunut Yhdysvaltain dollari pienentää EU:n sisämarkkina- ja maailmanmarkkinahintojen välistä euroina ilmaistua eroa. Tämän seurauksena vientitukien määrä alenee samalla, kun eräiden maailmanmarkkinahintoihin perustuvien tukien loppusumma pienenee. Tästä puolestaan seuraa EMOTR-tukiosaston menojen aleneminen.

[60] Talousarvion kurinalaisuudesta annetun asetuksen johdanto-osan kuudennessatoista kappaleessa perustellaan rahoitusvarauksen poistamista seuraavasti: "Yhteisen maatalouspolitiikan asteittainen uudistaminen aiheuttaa sen, että [maatalous]menot eivät ole yhtä alttiita euron ja dollarin pariarvon vaihteluille, minkä vuoksi rahoitusvaraus voidaan poistaa asteittain".

[61] Reserve for unforeseen expenditure/ réserve pour imprévus.

[62] EP:n esittämä varausta koskeva artikla (tarkistus nro 55) kuului seuraavasti: "Maatalousmenojen osalta komission pääluokka voi sisältää "varauksen ennakoimattomia menoja varten", joka otetaan erityiseen osastoon ja joka sidotaan ennalta tiettyihin osastoihin tai lukuihin. Nämä määrärahat rahoitetaan omista varoista poikkeuksellisesti vasta, kun budjettivallan käyttäjä päättää siirrosta. Kummatkin budjettivallan käyttäjät vahvistavat yhteisymmärryksessä ehdot määrärahojen ottamiselle "varaukseen ennakoimattomia menoja varten" ja varauksen käytölle.

Budjettivallan käyttäjä päättää tähän varaukseen otettavien vuosittaisten määrärahojen määrän rahoitusnäkymien otsakkeen 1 rajoissa". Parlamentti perusteli edelleen uutta artiklaa seuraavasti: "Tämä tarkistus vastaa maaliskuussa 1999 annetussa päätöslauselmassa (23 kohdassa) [ks. ensimmäinen osa, viite 18] ilmaistua toivomusta, joka nousi esiin myös talousarvion kurinalaisuutta koskevan asetuksen laatimisen yhteydessä. Tavoitteena on omata käytettävissä oleva varaus, jotta voidaan reagoida eri alojen ennakoimattomiin tapahtumiin. Toisista varauksista poiketen näiden määrärahojen rahoituksessa käytetään omia varoja vasta, kun päätös niiden siirrosta tehdään. Varaus katetaan rahoitusnäkymien otsakkeen 1 rajoissa". Ottaen huomioon, että alaotsakkeessa 1a (Yhteisen maatalouspolitiikan menot paitsi maaseudun kehittäminen) on kyse ei-pakollisista menoista (jotka kuuluvat neuvoston lopullisen päätösvaltaan; ks. HT 1996, 12-17), neuvoston kielteinen kanta ei tullut yllätyksenä.

[63] Reserve for emergy aid for third countries/ réserve pour aide d'urgence en faveur de pays tiers ja Reserve relating to Community loans and loan guarantees to third countries/ réserve relative aux opérations de prêts et de garanties de prêts accordés par les Communautés pour des opérations en faveur des pays tiers. Varausten perustamista, käyttöä ja rahoitusta koskevista edellytyksistä säädetään talousarvion kurinalaisuudesta annetussa neuvoston asetuksessa (viimeisin: Neuvoston asetus (EY) N:o 2040/2000, annettu 26 päi-

vänä syyskuuta 2000, talousarvion kurinalaisuudesta; Council Regulation (EC) No 2040/2000 of 26 September 2000 on budgetary discipline/ règlement (CE) No 2040/2000 du Conseil du 26 septembre 2000 concernant la discipline budgétaire; EYVL L 244, 29.9.2000, 27-32; 15-18 artikla) sekä yhteisöjen omia varoja koskevasta järjestelmästä tehdyn päätöksen soveltamisesta annetussa neuvoston asetuksessa (ks. ensimmäinen osa, viite 70. Lopulta 16.11.2004 annettu asetus (EY, Euratom) N:o 2028/2004 on julkaistu EUVL:ssa L 352, 27.11.2004, 1-7). Lainatakuurahaston ja -varauksen "nivoutumisesta" toisiinsa, ks. esim. Euroopan unionin... 2002, 336-338. Lainatakuurahasto (täydelliseltä nimeltään takuurahasto ulkosuhteisiin liittyville hankkeille; Guarantee Fund [for external actions]/ fonds de garantie [relatif aux actions extérieures]) perustettiin neuvoston 31.10.1994 antamalla asetuksella (EY, Euratom) No 2728/94 (EYVL L 293, 12.11.1994, 1-3). Asetus muutettiin 25.5.1999 asetuksella (EY, Euratom) No 1149/1999 (EYVL L 139, 2.6.1999, 1-2). EU:n laajentuminen otettiin huomioon neuvoston 22.12.2004 antamalla asetuksella (EY, Euratom) No 2273/2004 (EUVL L 396, 31.12.2004, 28-29).

[64] Varausten käytössä noudatetaan niin ikään vuoden 1999 TVS:n 23 kohdan kolmannen ja neljännen alakohdan sääntöjä: määrärahojen uudelleenkohdistamismahdollisuuksien selvittäminen ennen ehdotusta hätäapuvarauksen käyttämiseksi sekä kolmikantamenettely (ks. EYVL C 172, 18.6.1999, 5 ja Liite III). Tosiasiassa esim. lainatakuuvarausta käytettäessä on aina turvauduttu "yksinkertaistetussa muodossa" käytyyn kolmikantamenettelyn (mikä käytännössä tarkoittaa sitä, että menettely on käyty samalla, kun määrärahasiirtoesitystä on käsitelty EP:ssa ja neuvostossa).

[65] VSS:n 20 artiklan mukaan hätäapuvarauksesta tehtävien määrärahasiirtopyyntöjen tulee lisäksi sisältää seuraavat tiedot: a) mahdollisimman tuoreet tiedot määrärahojen toteutumisesta ja arviot loppuvuoden tarpeesta koskien budjettikohtaa, jonka määrärahoja siirrolla esitetään lisättäväksi, b) ulkoisia toimia koskevia budjettikohtia koskien määrärahojen käyttö siirtoesitystä edeltävän kuukauden loppuun mennessä sekä arviot loppuvuoden tarpeesta ja loppuvuoden tarvearvioiden ja alkuperäisten arvioiden välinen vertailu sekä c) selvitys mahdollisuudesta kohdentaa määrärahoja uudelleen.

[66] "Lainavaraus ja takaus yhteisön ulkopuolisten maiden hyväksi ja näissä maissa myönnettäville lainoille" -budjettikohta. Esim. vuonna 2003 siirrettiin lainatakuurahastoon (momentille B0-2 4 0 - Uuteen toimintaan liittyvät maksut takuurahastoon) momentilta B0-2 3 0 kahdella määrärahasiirrolla (siirrot nro 13 ja 38/2003) yhteensä 147,92 miljoonaa euroa (ks. Taulukko 14). Ensimmäinen siirto (suuruudeltaan 145,67 miljoonaa euroa) liittyi yhteisön takauksen myöntämiseen Euroopan investointipankille ja Moldovalle annetulle keskipitkän aikavälin rahoitusavulle. Toinen siirto (2,25 miljoonaa euroa) koski puolestaan makrotaloudellisen lisärahoitusavun antamista Serbia ja Montenegrolle. Vuodesta 2004 kohta on kirjattu osastoon 01 (Talous- ja rahoitusasiat; ks. luku 3.2.1.1).

[67] Lausunnossaan nro 4/97 tilintarkastustuomioistuin oli arvostellut komissiota mm. alihankinnan epäasianmukaisesta käytöstä TA:n toimeenpanon yhteydessä (ks. TTI... 1998, Liitteen 4.8-4.17 kohta). Neuvosto puolestaan lisäsi vuoden 1977 varainhoitoasetuksen vuoden 1998 marraskuun muutoksen yhteydessä (muutoksen tarkoituksena oli mm. sisällyttää varainhoitoasetukseen SEM 2000 -työn II vaiheen mukaisia uudistuksia; ks. artikkelin ensimmäinen osa, Liite I) 22 artiklan (joka käsitteli talousarvion toteuttamista) 2 kohtaan uuden alakohdan. Sen mukaan: "Komissio ja muut toimielimet eivät saa missään muodossa eikä millään perusteella siirtää ulkopuolisille yksiköille tai elimille sellaisia talousarvion toteuttamiseen liittyviä tehtäviä, jotka tarkoittavat Euroopan yhteisöille kuuluvien julkisten tehtävien hoitoa ja erityisesti siltä osin, kuin on kyse niiden toimivallasta sopimusten tekemiseen". Vrt. myös komission muutetun ehdotuksen 2.5.1 kohta: "Tilintarkastustuomioistuin on toivonut eri vastuualueiden selkeyttämistä sen mukaan, minkälainen toteuttamistapa on kyseessä. Se haluaisi myös muistuttaa erityisen säännöksen avulla, että talousarvion toteuttamisesta vastaa viime kädessä komissio. (EP) on pyytänyt komissiota täsmentämään, mitä tehtäviä toimeenpanovirastot voivat hoitaa komission nimissä ja sen vastuulla. Parlamentti on myös esittänyt toiveen siitä, että komissio määrittelisi varainhoitoasetuksen soveltamissääntöjä koskevassa ehdotuksessaan tällaisille elimille siirretyn toimeenpanovallan käyttöä koskevat edellytykset ja yksityiskohtaiset säännöt. Parlamentti on myös hyväksynyt tarkistuksen, jonka tarkoituksena on vahvistaa komission valvontatoimia ja vaatia sitä toimittamaan budjettivallan käyttäjälle kahdesti vuodessa katsaus talousarvion toteuttamisesta siirretyn toimeenpanovallan välityksellä. (Neuvosto) on yhtynyt tähän näkemykseen ja pyytänyt erityisesti, että varainhoitoasetuksessa kiellettäisiin siirtämästä talousarvion toteuttamista koskevaa toimeenpanovaltaa yksityisoikeuden alaan kuuluville oikeushenkilöille" (KOM(2001) 691 lopull./2, 12). Myös esim. vuonna 1999 asetettu nk. riippumaton asiantuntijakomitea kiinnitti erityisesti toisessa kertomuksessaan laajaa huomiota talousarvion hallinnointitapoihin ja hallinnoinnissa ilmenneisiin puutteisiin (ks. Riippumaton... 1999b, erityisesti luvut 2 ja 3).

[68] Yleisen talousarvion toteuttamistavoista, ks. esim. Craig 2003, Van Craeyenest & Saarilahti 2004a, 56-68 k. tai The EU Budget... 2004, 139-140. Erilaisista virastoista jne, ks. myös esim. Vos 2000a; 2000b, Distributed... 2002, Les Agences... 2002, OECD... 2002, 1-139 tai Della Cananea 2004.

[69] "Externalisation". On huomattava, että oikeushenkilöllisyyden omaavia VHA:n 185 artiklassa tarkoitettuja yhteisöjen perustamia elimiä (ks. viite 70) ja VHA:n 55 artiklassa tarkoitettuja toimeenpanovirastoja pidetään "kolmansina osapuolina" suhteessa komissioon (josta nimitys "ulkoistaminen"). Ulkoistamiseen käytet-

tiin 1990 luvun loppuun myös nk. teknisen tuen toimistoja (ks. viite 17) eli yksityisoikeudellisia yhteisöjä, joille oli annettu joko teknisiä tehtäviä tai useamman pienimuotoisen toimenpiteen hallinnointitehtäviä, kuten maksujen suorittaminen edunsaajille. Tätä ulkoistamistapaa on arvosteltu mm. siitä, että julkisten palvelujen piiriin kuuluvia tehtäviä annettiin yksityisille toimijoille ja siitä, että komission valvontamekanismit osoittautuivat eräissä tapauksissa varsin puutteellisiksi (vrt. myös viite 78).

[70] VHA:n 185 artiklassa puhutaan "yhteisöjen perustami(sta) elimi(stä) [Bodies set up by the Communities/ organismes créés par les Communautés], joilla on oikeushenkilöllisyys ja jotka todellisuudessa saavat talousarviosta suoritettavaa avustusta".

[71] Ensiksi mainittu koskee maatalousmenoja (EMOTR:n tukiosastoa) ja toinen rakennerahastoja (ks. ensimmäinen osa, Taulukko 2). VHA:n toisen osan I ja II osaston (148-154 ja 155-159 artikla) sisällöstä, ks. esim. Van Craeyenest & Saarilahti 2004a, 113-119 k.

[72] Osasto koskee ulkoisten toimien menoja (ks. ensimmäinen osa, Taulukko 2). VHA:n toisen osan IV osaston (162-170 artikla) sisällöstä, ks. esim. Van Craeyenest & Saarilahti 2004a, 123-134 k.

[73] VHA:n 171 artiklan 2 kohdan mukaan VHA:n toisen osan V osaston säännöksiä (pois lukien VHA:n 174 artiklan sekä 175 artiklan 2 kohdan säännökset VHA:n 176 artiklan mukaisesti) sovelletaan myös Euroopan petostentorjuntavirastoon (OLAF).

[74] Kuvioon 3 on merkitty ainoastaan toiminnassa olevat erillisvirastot tai ne virastot, joiden perustamissuunnitelmat ovat tätä kirjoitettaessa edenneet jo pitkälle. Siten kuviosta puuttuu mm. Suomeen perustettavaksi suunniteltu Euroopan kemikaalivirasto (European Chemicals Agency/ Agence européenne des produits chimiques) tai Brysselin Eurooppa-neuvoston 13.12.2003 tekemän päätöksen mukaisesti Luxemburgiin sijoitettava Euroopan syyttäjävirasto (European Prosecutor's Office/ Parquet européen), jos virasto päätetään perustaa (ks. Brysselin... 2003 ja EUVL N:o L 29, 3.2.2004, 15). Eurooppa-neuvosto päätti niin ikään laajentaa Wienissä toimivan Euroopan rasismin ja muukalaisvihan seurantakeskuksen toimeksiantoa, jotta se toimisi ihmisoikeusvirastona (Human Rights Agency/ Agence des droits de l'homme).

[75] EU:n turvallisuusalan tutkimuslaitos sekä EU:n satelliittikeskus perustettiin SEU:n 14 artiklaan perustuvalla neuvoston yhteisellä toiminnalla 20.7.2001 (EYVL L 200, 25.7.2001, 1-11) ja Euroopan puolustusvirasto yhteisellä toiminnalla 12.7.2004 (EYVL L 245, 17.7.2004, 17-28). Europol perustettiin 26.7.1995 neuvoston SEU:n K.3 artiklan 2 kohdan c alakohdan pohjalta tehdyn yleissopimuksen perusteella (EYVL C 316, 27.11.1995, 1-32) ja Eurojust 28.2.2002 neuvoston SEU:n 31 artiklan ja 32 artiklan 2 kohdan c alakohdan pohjalta tekemällä päätöksellä (EYVL L 63, 6.3.2002, 1-13).

[76] CEPOL (eli EPC) perustettiin Tampereen Eurooppa-neuvoston (15.-16.10.1999) päätelmien seurauksena (Tampereen... 1999, 47 kohta) neuvoston SEU:n 30 artiklan 1 kohdan c alakohdan ja 34 artiklan 2 kohdan c alakohdan pohjalta tekemällä päätöksellä 22.12.2000 (EYVL L 336, 30.12.2000, 1-3). Päätöksellä ei annettu CEPOLille oikeushenkilöyttä eikä sille määrätty pysyvää kotipaikkaa. Poliisiakatemian talousarvio päätettiin rahoittaa (vuoteen 2005 asti) kokonaan jäsenvaltioiden rahoitusosuuksilla. Brysselin Eurooppa-neuvoston 13.12.2003 tekemän päätöksen pohjalta (ks. viite 74) neuvosto sääti 26.7.2004, että CEPOLin kotipaikka on Bramshill (EUVL L 251, 27.7.2004, 20). Euroopan poliisiakatemian sui generis -luonne aiheutti kuitenkin ongelmia käytännön toiminnassa ja 1.10.2004 komissio teki ehdotuksen neuvoston päätökseksi CEPOLin perustamisesta Euroopan unionin elimeksi (ks. KOM(2004) 623 lopullinen). Perusteluosan mukaan "ehdotuksen tehtävä on mm. luoda CEPOLille parempi oikeudellinen kehys oikeushenkilöyden, pysyvän kotipaikan, yhteisön talousarviosta järjestettävän rahoituksen, selkeiden henkilöstösääntöjen ja tehostetun hallintorakenteen avulla" (mts. 1). Poliisiakatemialle annettiin oikeushenkilöys 28.7.2004 (ks. EUVL L 251, 27.7.2004, 19).

[77] Vrt. VHA:n johdanto-osan kuudestoista ja seitsemästoista kappale: "Eri toteuttamisjärjestelyissä on varmistettava, että Euroopan yhteisöjen varojen suojaamismenettelyjä noudatetaan riippumatta siitä, mikä yksikkö on vastuussa talousarvion tai sen osan toteuttamisesta ja taattava, että lopullinen vastuu talousarvion toteuttamisesta on komissiolla Euroopan yhteisön perustamissopimuksen 274 artiklan mukaisesti". "Talousarvion toteuttamisesta vastaavana komissio ei voi siirtää sille kuuluvia julkisen vallan tehtäviä, jos niihin sisältyy harkintavaltaa. [VHA:ssa on] täsmennettävä, mitä tehtäviä voidaan siirtää. Lisäksi on täsmennettävä, että talousarvion toteuttamistehtävää ei saa antaa yksityisoikeudellisille yhteisöille yksityiskohtaisesti määriteltyjen ehtojen mukaisesti toimivia, julkisen palvelun tehtäviä suorittavia yhteisöjä lukuun ottamatta; ne voivat suorittaa ainoastaan teknisiä asiantuntijatehtäviä, hallintotehtäviä tai muita valmistelu- ja avustustehtäviä".

[78] Vrt. myös TTI... 1998, erityisesti Liitteen 4.8-4.17 kohta, jossa tilintarkastustuomioistuin tuomioistuimen 13.6.1958 keskeisissä Asioissa 9/56 ja 10/56 (Meroni ym. vs EHTY:n korkea viranomainen; Kok. 1958, osa IV, 43-44 ja 81-82) antaman tuomion mukaisesti kiinnitti huomiota komission tehtävien delegointiin ja erityisesti alihankintaan liittyviin erilaisiin ongelmiin (ongelmat eivät ole uusia, ks. esim. Noël & Etienne 1967, 127-133, vrt. myös Lenaerts 1993, 23-49 tai Van Craeyenest & Saarilahti 2004b).

[79] Activity statement/ fiche d'activité. Komissio perusteli selvitysten merkitystä vuoden 2005 alustavaa talousarviota niitä koskevassa työasiakirjassa (Working document... 2004, 3) seuraavasti: "The (working document) comprises the totality of the Activity statements for the Commission's Activities, including information on objectives, indicators, outputs and outcomes

for each of them as required by the Financial Regulation. These Activity Statements contain the main justification element of the Preliminary Draft Budget for 2005, focusing on performance information at the Activity level, in contrast with the previous practice based on input-related information at the budget article or item level (i.e. budget line). This shift in the budgeting approach is central to the application of Activity Based Management (ABM) in the Commission.

The Activity Statements permit a greater degree of integration of the budgetary element in the Activity based Management (ABM)/ Strategic Planning and Programming (SPP) cycle of the Commission. This one allows the establishment of a common set of objectives/ indicators to be utilised for the budgeting, implementation and reporting processes. To this extent, and in the context of the budgetary procedure, the Activity Statements become one of the cornerstones of the new approach.

The statements provide details not only of the resources that are dedicated to the Activities, but also of associated objectives and indicators, as well as other information such as anti fraud measures and evaluation matters. (This working document) also includes Activity Statements without financial resources, which are new to the budgetary documents since the introduction of Activity Based Budgeting".

[80] VHA:n 28 artiklan 1 kohdan (vrt. vuoden 1977 varainhoitoasetuksen 3 artikla) mukaan "(j)okaiseen lainsäätäjälle esitettävään ehdotukseen, joka saattaa vaikuttaa talousarvioon sekä henkilöstön määrään, on sisällytettävä rahoitusselvitys (sekä VHA:n 27 artiklan 4 kohdan mukaiset arvioinnit)". Rahoitusselvityksen (Financial statement/ fiche financière) tarkempi sisältö sekä ajan tasalle saattaminen on määritelty VHA:n 28 artiklan 2 ja 3 kohdassa. Vuoden 2005 alustavaa talousarviota koskevassa työasiakirjassa (Working document... 2004, 5; ks. viite 79) komissio toteaa rahoitus- ja toimintokohtaisten selvitysten suhteesta: "The shift of focus from the budget line to the Activity has involved a certain degree of rationalisation of the information given as justification for requests at the budget line level. The information provided for the Activity is not repeated for the budget lines included in that Activity, and therefore, the corresponding Financial Statements include information about the budget line which is not found anywhere else. As a result Financial Statements have been considerably simplified with respect to the past and are complementary to the politically more relevant Activity Statements".

[81] EP:n ja neuvoston välisten ristiriitojen minimoimiseksi pakollisten ja ei-pakollisten menojen yksityiskohtaisemmasta käsittelystä on sovittu toimielinten välisissä sopimuksissa, viimeksi 6.5.1999 (ks. vuoden 1999 TVS:n 30-32 kohta ja Liite IV).

[82] Horizontal amendments/ amendements horizontaux, ks. esim. Grossir 2001, 384; 2002, 382 ja Henry & Saarilahti 2004.

[83] Vuoden 2004 TA:n PI III:n osastossa 31 on eritelty varaukset hallintomenoja (luku 31 01) ja "rahoitustukea" varten (luku 31 02). Lukuun 31 01 sisältyy: 1) hallinnollinen varaus (eli talousarviossa varauksiin merkityt hallintomäärärahat; momentti 31 01 40; 16 miljoonaa euroa), 2) varaus ennakoimattomia menoja varten (momentti 31 01 42; p.m. -merkintä) sekä 3) varaus, josta "katetaan kansallisiksi valuutoiksi vaihtamisen jälkeen ilmenevät määrärahavajaukset, jotka johtuvat TA:n laadintahetkellä käytettyjen euron vaihtokurssien eroista toteuttamishetkellä käytettäviin kansallisten valuuttojen vaihtokursseihin nähden" (momentti 31 01 43; p.m. -merkintä). Lukuun 31 02 sisältyy puolestaan: 1) talousarviossa varauksiin merkityt toimintamäärärahat (eriteltynä jaksotettuihin ja jaksottamattomiin määrärahoihin sekä pakollisiin ja ei-pakollisiin menoihin; momentit 31 02 40 ja 31 02 41) sekä 2) varaus hätäapua varten (momentti 31 02 42; 221 miljoonaa euroa maksusitoumus- ja maksumäärärahoina; ks. luku 3.2.5.4).

[84] Noin 589,986 miljoonaan euroon maksusitoumus- ja 445,614 miljoonaan euroon maksumäärärahoina EU-15:n TA:ssa.

[85] "Muut menot" -osasto sisältää luvun 10 0 sekä kaikissa muissa pääluokissa paitsi pääluokassa III myös luvun 10 1 ennakoimattomia menoja varten. PI I:ssa on luku 10 2 varausta EP:n jäsenten ohjesääntöä varten ja luku 10 3 varausta laajentumista varten, PI II:ssa on luku 10 2 kiinteistöjä koskevia alustavia määrärahoja varten ja luku 10 3 yhteisön säännöstön julkaisemista koskevia alustavia määrärahoja varten sekä PI VI:ssa ja VII:ssa on luku 10 2 varausta rakennusten käyttöönottoa varten (kaikissa p.m. -merkintä; ks. myös Saarilahti 2004, luku 6).

LÄHTEET

COM European Commission / Commission européenne
ELR European Law Review
EYVJT Euroopan yhteisöjen virallisten julkaisujen toimisto
EYVL Euroopan yhteisöjen virallinen lehti
IREDE Institut de recherche européenne de droit économique
KOM Euroopan (yhteisöjen) komissio
OECD Organisation for Economic Co-operation and Development
OOPEC Office for Official Publications of the European Communities
RFFP Revue française de Finances publiques
RMC(&UE) Revue du Marché Commun (et de l'Union européenne)
TTI Euroopan yhteisöjen tilintarkastustuomioistuin
* Julkaisematon (Unpublished)

Brysselin Eurooppa-neuvosto 12. ja 13. joulukuuta 2003. Puheenjohtajan päätelmät. *

COM(2000) 494 final: Proposal for a Council Regulation amending Regulation (EC) No 1258/1999 on the financing of the common agricultural policy as well as various other Regulations relating to the common agricultural policy. Brussels 26.7.2000.

Craig, Paul: The constitutionalisation of Community administration. ELR 28 (2003): 6 (December). 840-864.

Della Cananea, Giacinto (Ed.): European Regulatory Agencies. Study Group for European Policies, Initiative pour des Services d'Utilité Publique en Europe. Collection ISUPE. Ed. Rive Droite. Paris. April 2004.

Discors, Dominique: La procédure budgétaire pour 1997 et ses enjeux institutionnels. RMC&UE 40 (1997): 413 (décembre). 682-705.

Discors, Dominique: La procédure budgétaire à la lumière des principes généraux encadrant le budget. Titre IV. 263-327. Dans: Les finances de l'Union européenne. Commentaire J. Mégret. Le droit de la CE et de l'Union européenne, Vol. 11. Deuxième édition (Première édition en 1982). Editions de l'Université de Bruxelles. Bruxelles 1999. [1999a]

Discors, Dominique: La loi et le budget, l'expérience européenne. RFFP 17 (1999): 68 (décembre). 49-56. [1999b]

Distributed Public Governance. Agencies, Authorities and other Government Bodies. OECD. Paris 2002.

Dussart, Vincent: L'autonomie financière des Agences européennes. 97-111. Dans Jean-François Couzinet (études coordonnées par): Les Agences de l'Union européenne. Recherche sur les organismes communautaires décentralisés. Actes de la Journée Guy Isaac du 8 juin 2001. Études de l'IREDE - III. Presses de l'Université des Sciences sociales de Toulouse. Toulouse 2002. [2002b]

Euroopan unionin toiminnan rahoitus. KOM. Budjettipääosasto. EYVJT. Luxemburg 2002.

European Governance. Preparatory Work for the White Paper. COM. OOPEC. Luxembourg 2002.

Fernández-Fábregas, F. & Lentz, J: Le budget 1993. Le déroulement de la procédure budgétaire : ses incidentes et son aboutissement. RMC&UE 36 (1993): 370 (juillet-août). 628-655.

Fouilleux, Eve: La Politique Agricole Commune et ses réformes. Une politique européenne à l'épreuve de la globalisation. L'Harmattan. Paris 2003.

Gabolde, Emmanuel & Perron, Christophe: Art. 268-280 (Dispositions financières). 1799-1837. Dans Philippe Léger (sous la direction de): Union européenne. Communauté européenne. Commentaire article par article des traités UE et CE. Helbing & Lichtenhahn, Dalloz, Bruylant. Bâle 2000.

Grossir, Jean-Paul: La procédure budgétaire pour 2001 : un long fleuve tranquille ? RMC&UE 44 (2001): 449 (juin). 374-393.

Grossir, Jean-Paul: La procédure budgétaire pour 2002 : la poursuite d'une entente cordiale entre les institutions. RMC&UE 45 (2002): 459 (juin). 373-393.

Henry, Pierre & Saarilahti, Ilkka: Le budget 2004 : le début d'une nouvelle ère. (Titre provisoire - à paraître). [2004] *

KOM(2000) 461 lopullinen: Ehdotus neuvoston asetukseksi (EY, EHTY, Euratom) Euroopan yhteisöjen yleiseen talousarvioon sovellettavasta varainhoitoasetuksesta (Komission esittämä). Bryssel 17.10.2000. [EYVL C 96 E, 27.3.2001, 1-39]

KOM(2001) 647 lopullinen: Siviilikriisinhallintatoimien rahoitus. Komission tiedonanto neuvostolle ja Euroopan parlamentille. Bryssel 28.11.2001.

KOM(2001) 691 lopull./2: Muutettu ehdotus neuvoston asetukseksi (EY, EHTY, Euratom) Euroopan yhteisöjen yleiseen talousarvioon sovellettavasta varainhoitoasetuksesta (Komission esittämä). Bryssel 10.1.2002. [EYVL C 103E, 30.4.2002, 292-330]

KOM(2002) 264 lopullinen: Uudentyyppinen toimisto tukitehtävien ja hallinnollisten tehtävien hoitamiseksi Euroopan komissiossa. Komission tiedonanto. Bryssel 28.5.2002.

KOM(2004) 623 lopullinen: Ehdotus neuvoston päätökseksi Euroopan poliisiakatemian (CEPOL) perustamisesta Euroopan unionin elimeksi (komission esittämä). Bryssel 1.10.2004.

Lenaerts, Koen: Regulating the regulatory process: "delegation of powers" in the European Community. ELR 18 (1993). 23-49.

Les Agences de l'Union européenne. Recherche sur les organismes communautaires décentralisés. Études coordonnées par Jean-François Couzinet. Actes de la Journée Guy Isaac du 8 juin 2001. Études de l'IREDE - III. Presses de l'Université des Sciences sociales de Toulouse. Toulouse 2002.

Lewis, Jeffrey: The methods of community in EU decision-making and administrative rivalry in the Council's infrastructure. Journal of European Public Policy 7 (2000): 2 (June). 261-289.

Nicoll, William & Bryan-Kinns, Merrick: The Budget Council. 102-112. In Martin Westlake & David Galloway (Eds): The Council of the European Union. Third Edition (First Edition in 1995). John Harper Publishing. London 2004.

Nicoll, W. & Lentz, J: Le budget 1990, le déroulement de la procédure budgétaire : ses incidentes et son aboutissement. RMC 33 (1990): 336 (avril). 269-282.

Noël, Emile & Etienne, Henri: Quelques considérations sur la déconcentration et la délégation du pouvoir de décision dans la Communauté économique européenne. RMC 10 (1967): 100 (mars). 127-133.

OECD Journal on Budgeting 2 (2002): 1, 1-139.

Riippumaton asiantuntijakomitea. Toinen kertomus komission uudistamisesta. Huonon hallinnon, sääntöjenvastaisuuksien ja petosten torjunnan nykyisen käytännön analyysi ja asiaa koskevia ehdotuksia. Osat I ja II. 10.9.1999. [1999b]

Saarilahti, Ilkka: Talousarvio ja sen uudistaminen. Euroopan unionin yleisen talousarvion rakennemuutokset vuosina 1968-2003. Helsinki University Press. Helsinki 2004.

Salmon, Jacques & Saarilahti, Ilkka: Les agences exécutives. (Titre provisoire - à paraître). [2005] *

SEC(1998) 1217/6: Soutien extérieur pour la mise en oeuvre des programmes communautaires (Bureau d'assistance technique et dépenses d'appui). Communication de M. LIIKANEN, en accord avec M. le PRESIDENT. Bruxelles 17.7.1998. *

SEC(1999) 981: Principes régissant le recours aux Bureaux d'assistance technique (BAT). Communication de M. LIIKANEN, en accord avec Mme GRADIN. Bruxelles 23.6.1999. *

Strasser, Daniel: The finances of Europe. The budgetary and financial law of the European Communities. Seventh edition (Third English Edition. First Edition in English in 1977). EUP. COM. OOPEC. Luxembourg 1992. [1992a]

Strasser, Daniel: Les dispositions financières du Traité de Maastricht. RFFP 12 (1994): 45. 195-213.

Tampereen Eurooppa-neuvosto 15. ja 16. lokakuuta 1999. Puheenjohtajan päätelmät. 1999. *

The EU Budget. Presentation of DG Budget Activities and organisation. Directorate-General for the Budget. COM. Brussels September 2004. *

TTI. Lausunto N:o 4/97 ehdotuksesta neuvoston asetukseksi (Euratom, EHTY, EY) Euroopan yhteisöjen yleiseen talousarvioon sovellettavan 21 päivänä joulukuuta 1977 annetun varainhoitoasetuksen muuttamisesta. EYVL C 57, 23.2.1998, 1-29.

TTI. Lausunto nro 9/99 ehdotuksesta neuvoston asetukseksi (EY) talousarvion kurinalaisuudesta. EYVL C 334, 23.11.1999, 1-3.

TTI. Lausunto nro 1/2001 ehdotuksesta neuvoston asetukseksi yhteisen maatalouspolitiikan rahoituksesta annetun neuvoston asetuksen (EY) N:o 1258/1999 sekä useiden muiden yhteistä maatalouspolitiikkaa koskevien asetusten muuttamisesta. EYVL C 55, 21.2.2001, 1-4. [2001a]

TTI. Lausunto nro 2/2001 ehdotuksesta neuvoston asetukseksi Euroopan yhteisöjen yleiseen talousarvioon sovellettavasta varainhoitoasetuksesta. EYVL C 162, 5.6.2001, 1-97. [2001b]

Turning the Commission Priorities into Action. Integrating Resources to Activities and Priorities. Final report. Finnish Institute of Public Management. 31.12.1997. *

Työasiakirja vuoden 2005 toimintoselvityksistä. Vuoden 2005 talousarviomenettely. PE 346.993 Budjettivaliokunta. Bryssel 17.8.2004. *

Van Craeyenest, Félix & Saarilahti, Ilkka: Le nouveau règlement financier applicable au budget général de l'Union européenne : un maillon essentiel dans la réforme de la Commission. RMC&UE 46 (2004): 474 (janvier). 30-51. [2004a]

Van Craeyenest, Félix & Saarilahti, Ilkka: Essai de typologie des organismes de l'Union européenne : nouvelles espèces en voie d'apparition ? (Titre provisoire - à paraître). [2004b] *

Vos, Ellen: Reforming the European Commission: What role to play for EU Agencies? Common Market Law Review (2000): 37. 1113-1134. [2000a]

Vos, Ellen: Les agences et la réforme de l'administration européenne. Revue française d'administration publique (2000): 95 (juillet-septembre). 393-410. [2000b]

Working document Part I - Activity Statements. Preliminary Draft General Budget of the European Commission for the Financial Year 2005. Section III - Commission. COM. Brussels May 2004. *

Yksinkertaistamista käsittelevän työryhmä 9:n loppuraportti. Eurooppa-valmistelukunta. Sihteeristö. CONV 424/02. WG IX 13. Bryssel 29. marraskuuta 2002. *

LIITE III. Määrärahasiirrot varainhoitovuonna (perusperiaatteet) vuoden 2002 varainhoitoasetuksen mukaisesti
APPENDIX III. Transfers of appropriations (basic principles) according to the 2002 Financial Regulation

Pääluokka* ***Section****	**Siirto (a)** ***Transfer (a)***	**Hyväksyy** ***Approved by***	**Menettely ja ehdot** ***Procedure and conditions***	**VHA** ***FR***
I – EP ***EP***	Kaikki *All*	EP *EP*	"Herrasmiessopimus" (b) *"Gentlemen's Agreement" (b)*	22 ja 24 art. *Art. 22 and 24*
II – Neuvosto ***Council***	Kaikki *All*	Neuvosto *Council*	"Herrasmiessopimus" (b) *"Gentlemen's Agreement" (b)*	22 ja 24 art. *Art. 22 and 24*
III – Komissio Henkilöstö- ja hallintomenot ***Commission Expenditure on staff and administration***	Osasto -> osasto (> 10 %) *Title -> Title (> 10 %)*	Budjettivalta *Budgetary authority*	VHA:n 24 artiklan mukainen menettely** *Transfer according to the procedure set out in Art. 24 of the FR*	23 art. 2 k. *Art. 23 (2)*
	Osasto -> osasto (< 10 %) *Title -> Title (< 10 %)*	Komissio *Commission*	Tieto budjettivallalle 3 viikkoa ennen siirron tekemistä. Asianmukaisesti perustelluista syistä budjettivalta voi vaatia VHA:n 24 artiklan mukaisen menettelyn** soveltamista *Inform Budgetary authority 3 weeks in advance. In the event of duly justified reasons the Budgetary authority can ask for the application of Art. 24 of the FR*	23 art. 1 b) k. 23 art. 1 k. 2. al. *Art. 23 (1b)* *Art. 23 (1 sub 2)*
	Luku -> luku *Chapter -> Chapter*	– –	VHA:n 41 artiklan 2 kohdan neljännen alakohdan mukaan komission hallintomäärärahat kootaan osaston sisällä yhteen lukuun *According to Art. 41 (2 sub 4) of the FR, administrative appropriations for a Title are grouped in a single Chapter*	
	Momentti -> momentti *Article -> Article*	Komissio *Commission*	Hallintomäärärahat kokoavan luvun *01* sisällä *Within the Chapter regrouping administrative appropriations*	23 art. 1 a) k. *Art. 23 (1a)*
	Alamomentti -> alamomentti *Item -> Item*	Komissio *Commission*	Kunkin momentin sisällä *Within Articles*	23 art. 1 a) k. *Art. 23 (1a)*
Toimintamenot ***Operational expenditure***	Osasto -> osasto *Title -> Title*	Budjettivalta *Budgetary authority*	VHA:n 24 artiklan mukainen menettely** *Transfer according to the procedure set out in Art. 24 of the FR*	23 art. 2 k. *Art. 23 (2)*
	Luku -> luku (> 10 %) (d) *Chapter -> Ch (> 10 %) (d)*	Budjettivalta *Budgetary authority*	VHA:n 24 artiklan mukainen menettely** *Transfer according to the procedure set out in Art. 24 of the FR*	23 art. 2 k. *Art. 23 (2)*
	Luku -> luku (< 10 %) (e) *Chapter -> Ch (< 10 %) (e)*	Komissio *Commission*	Tieto budjettivallalle 3 viikkoa ennen siirron tekemistä. Asianmukaisesti perustelluista syistä budjettivalta voi vaatia VHA:n 24 artiklan mukaisen menettelyn** soveltamista *Inform Budgetary authority 3 weeks in advance. In the event of duly justified reasons the Budgetary authority can ask for the application of Art. 24 of the FR*	23 art. 1 c) k. *Art. 23 (1c)*
	Momentti -> momentti *Article -> Article*	Komissio *Commission*	Saman luvun sisällä *Within each Chapter*	23 art. 1 a) k. *Art. 23 (1a)*
	Alamomentti -> alamomentti *Item -> Item*	Komissio *Commission*	Kunkin momentin sisällä *Within Articles*	23 art. 1 a) k. *Art. 23 (1a)*
Erityissäännöt ***Special rules***	EMOTR:n tukiosasto *EAGGF-Guarantee*	Komissio *Commission*	VHA:n 23 artiklan mukaiset siirrot on tehtävä viim. 31.1.*t+1* (tieto budjettivallalle) *Decisions pursuant to Art. 23 to be made by 31.1.t+1 (information to Budget authority)*	153 art. 1 k. *Art. 153 (1)*
		Budjettivalta *Budgetary authority*	Muut siirrot: esitys budjettivallalle viimeistään 10.1.*t+1* (VHA:n 24 artiklan mukainen menettely** pois lukien määräaika: 3 viikkoa) *Other transfers: proposal to the Budgetary authority by 10.1.t+1 (procedure provided for in Art. 24 of the FR save time limit of 3 weeks)*	153 art. 2 k. *Art. 153 (2)*
	Rakennerahastot (f) *Structural Funds (f)*	Komissio *Commission*	Voi tehdä siirtoja osastosta toiseen edellyttäen, että määrärahat on osoitettu saman tavoitteen toteuttamiseen *May make transfers from one Title to another provided that the appropriations in question are for the same objective*	158 art. *Art. 158*
	Tutkimus *Research*	Komissio *Commission*	Voi tehdä siirtoja osastosta toiseen edellyttäen, että määrärahat käytetään samaan tarkoitukseen *May make transfers from one Title to another provided that the appropriations are for the same purpose*	160 art. 2 k. *Art. 160 (2)*
	Suora tutkimustoiminta *Direct Research*	Komissio *Commission*	Voi tehdä siirtoja luvusta toiseen siten, että siirrettävien määrärahojen määrä on enintään 15 % sen budjettikohdan määrärahoista, josta siirto tehdään *May make transfers between Chapters of up to 15 % of the appropriations in the line related to direct research from which the transfer is made*	161 art. 4 k. *Art. 161 (4)*
	Lainatakuu- ja hätäapu-varaus *Loan guarantee and Emergency aid reserves*	Budjettivalta (g) *Budgetary authority (g)*	Kolmikantamenettely (mahd. yksinkertaistetussa muodossa – vuoden 1999 TVS:n 23 k.) Hätäapuvaraus: siirtoehdotus on esitettävä erikseen kunkin toimen osalta (h) *Trialogue procedure (if necessary in a simplified form; IIA of 6.5.1999, Point 23)* *Emergency aid reserve: separate proposal for each individual operation (h)*	26 art. 2 k. *Art. 26 (2)*
	Yhteisön virastot *European Offices*	Viraston johtaja *Director of Office*	Voi suorittaa vapaasti siirtoja virastoa koskevassa osastossa (Pl III:n liite) (i) *May make freely transfers within the Title of the Office (Annexed to Section III) (i)*	172 art. 3 k. *Art. 172 (3)*
IV-VIII – Muut toimielimet tai vast. ***Other institutions or bodies***	Osasto -> osasto (> 10 %) *Title -> Title (> 10 %)*	Budjettivalta *Budgetary authority*	VHA:n 24 artiklan mukainen menettely** *Transfer according to the procedure set out in Art. 24 of the FR*	[VSS 16 art. 1 k.] [c] *[IR Art. 16 (1)]*
	Osasto -> osasto (< 10 %) *Title -> Title (< 10 %)*	Toimielin tai vastaava *Institution or body*	Tieto budjettivallalle 3 viikkoa ennen siirron tekemistä. Asianmukaisesti perustelluista syistä budjettivalta voi vaatia VHA:n 24 artiklan** mukaisen menettelyn soveltamista *Inform Budgetary authority 3 weeks in advance. In the event of duly justified reasons the Budgetary authority can ask for the application of Art. 24 of the FR***	22 art. 1 ja 2 k. 24 art. *Art. 22 (1 and 2)* *Art. 24*
	Luku -> luku *Chapter -> Chapter*	Toimielin tai vastaava *Institution or body*	– " –	– " –
	Momentti -> momentti *Article -> Article*	Toimielin tai vastaava *Institution or body*	– " –	– " –
	Alamomentti -> alamomentti *Item -> Item*	Toimielin tai vastaava *Institution or body*	Kunkin momentin sisällä *Within Articles*	[VSS 16 art. 2 k.] *[IR Art. 16 (2)]*
Kaikki (b) ***All (b)***	Alustavat määrärahat -osasto *"Provisions" Title*	Budjettivalta *Budgetary authority*	VHA:n 43 artiklan 1 kohdan toisen alakohdan ja 2 kohdan mukaan määrärahasiirto osastosta tai osastoon on tehtävä VHA:n 24 artiklan mukaisen menettelyn** mukaisesti *According to Art. 43 (1 sub 2 and 2) transfers from and to the Title are to be done in accordance with the procedure laid down in Art. 24 of the FR*	

* Muissa pääluokissa kuin Pl III:ssa vain henkilöstö- ja hallintomenoja/ *Outside Section III only expenditure on staff and administration*

** PM: Neuvosto EP:ia kuultuaan määräenemmistöllä 6 viikon kuluessa (pl. kiireelliset tapaukset). Jos neuvosto ei tee ratkaisua määräajassa, siirtoehdotus katsotaan hyväksytyksi.
EPM: EP kuultuaan neuvostoa (määräenemmistö) 6 viikon kuluessa (pl. kiireelliset tapaukset). Jos EP ei tee ratkaisua määräajassa, siirtoehdotus katsotaan hyväksytyksi.
PM ja EPM (nk. *virement mixte*): Siirto katsotaan hyväksytyksi, jos neuvosto ja EP eivät ole tehneet kielteistä päätöstä 6 viikon kuluessa. Jos budjettivallan käyttäjä vähentää ehdotettua siirtomäärää, alhaisempi määrä katsotaan hyväksytyksi. Jos toinen toimielimistä ei hyväksy siirtoa, sitä ei voida tehdä

(a) Budjettikohta, jolta/ jolle määräraha siirretään. Siirrot pääluokkien välillä eivät ole mahdollisia/ *Transfers between Sections are not possible*

(b) Budjettivallan käyttäjät eivät puutu toistensa pääluokkien määrärahasiirtoihin/ *The two arms of the Budgetary authority do not intervene in each other's transfers*

[c] Ks. tekstiosan alaviite 34 (d) Mukaan luettuna luvusta toiseen eri osastojen välillä (VHA:n 23 artiklan 2 kohta)/ *Incl. between Chapters between different Titles (Art. 23 (2))*

(e) Saman osaston sisällä/ *Within the same Title* (f) Ks. EUVL/ *See OJEU* N:o L 53, 23.2.2004, II/1490

(g) "Negatiivinen yhteispäätösmenettely" (komission esitys katsotaan hyväksytyksi ellei budjettivallan käyttäjä pääse sopuun eri määrästä)/ *"Negative co-decision" (The proposal of the Commission is deemed approved unless the Budgetary authority agrees on a different amount)*

(h) Vuoden 1999 TVS:n I osan 23 kohdan 3 alakohdan mukaan määrärahojen uudelleenkohdentamismahdollisuudet on selvitettävä ensin/ *The proposal has to be preceeded by an examination of the scope for reallocating appropriations (IIA of 6.5.1999, Point 23 (3))*

(i) Komissio toimittaa tiedon määrärahasiirroista *ex post* budjettivallan käyttäjälle/ *Commission informs the Budgetary authority of all tranfers* ex post

VII. EU:n uusi varainhoitoasetus yleisen talousarvion joustavuuden kannalta. Kolmas osa – ylivuotinen jousto.
Luku VI teoksessa *Euroopan unionin finanssihallinnon modernisointi*. Helsinki University Press. Helsinki 2006. 211-236.

Chapter VI. Multiannual flexibility

This Chapter deals with changes introduced by the new Financial Regulation of 25 June 2002 concerning the system of commitments and payments (see Chart 4, page 214), the system of carry-overs (see Chart 5, page 220), the possibility of an extension of the budgetary year, the system of additional and complementary periods and the system of provisional twelfths.

The new Financial Regulation has without contest brought important changes concerning flexibility during the establishment and the execution of the general budget. Especially important in this respect are the new ABB presentation of Section III – Commission – of the budget, the new system of transfers of appropriations, changes made to the system of expenditure operations and the new methods of implementation. At the same time, it must be recognised that certain important aspects of flexibility leave room for further improvement. In this context, the Chapter also analyses amendments that the Commission proposes to make to the Financial Regulation following experiences gained from its application until now.

Chapitre VI. Flexibilité multiannuelle

Ce chapitre se concentre sur les changements introduits par le nouveau règlement financier du 25 juin 2002 dans le système des engagements et des paiements (voy. Graphique 4, page 214), le système des reports de crédits (voy. Graphique 5, page 220), la possibilité d'une prolongation de l'exercice, le système des périodes additionnelles et complémentaires et le système des douzièmes provisoires.

Le nouveau règlement financier modifie en profondeur les principes de la flexibilité lors de l'établissement et de l'exécution du budget général. De ce point de vue, sont particulièrement importants la nouvelle présentation par activités (ABB) de la Section III – Commission – du budget, le nouveau système de virements de crédits, les changements apportés au système des opérations de dépenses et les nouveaux modes d'exécution du budget. En même temps, il convient de souligner que certains aspects importants de la flexibilité laissent encore à désirer. Dans ce contexte, le chapitre analyse aussi les amendements que la Commission propose d'apporter au règlement financier du 25 juin 2002 à la lumière de l'expérience acquise dans son application au jour le jour.

4. EUROOPAN UNIONIN YLEISEN TALOUSARVION YLIVUOTINEN JOUSTO

4.1 Jaksotetut ja jaksottamattomat määrärahat sekä maksusitoumus- ja maksumäärärahat

Suurin yksittäinen kiista ylivuotisen jouston osalta uutta varainhoitoasetusta laadittaessa käytiin, kuten oli odotettavissa (ks. sivu 132 ja sen alaviite 92), jaksottamattomien määrärahojen kohtalosta.

Seuraten tilintarkastustuomioistuimen kantaa komissio ehdotti[1] kaikkien yleisen talousarvion määrärahojen jaksottamista (ehdotuksen 6 artiklan ja muutetun ehdotuksen 7 artiklan 1 kohta). Ranska, saaden taustatukea mm. Irlannilta, vastusti kuiten-

* Käsikirjoitus on valmistunut elokuussa 2005.

[1] Komission ehdotus kummitteli EYVL:ssä julkaistussa VHA:n tekstissä (ks. ensimmäinen osa, alaviite 2). Huolimatta EMOTR:n tukiosaston määrärahoja koskevasta 149 artiklan 1 kohdasta 2 kohdassa kuitenkin määrätään, että "(s)iirretyt maksumäärärahat, joita ei ole käytetty ennen varainhoitovuoden loppua, peruutetaan". Toisaalta englanninkielisessä virallisessa lehdessä todettiin myös hallintomäärärahojen kohdalla virheellisesti, että "hallintomäärärahat ovat jaksotettuja määrärahoja" ("*Administrative appropriations shall be differentiated appropriations*"; VHA:n 179 artiklan 1 kohta). Virheet korjattiin pääosin tammikuussa 2003 julkaistulla oikaisulla (ks. sivu 144, alaviite 2). Tosin 149 artiklan 2 kohdan viittaus *maksu*määrärahoihin jäi muuttamatta englanninkielisessä versiossa.

VHA:n 14 artiklan 1 kohdassa todetaan samaan aikaan tasapainoperiaatteen yhteydessä, että "(t)alousarvion tulojen ja maksumäärärahojen on oltava tasapainossa". Ottaen huomioon, että myös jaksottamattomat määrärahat säilyivät TA:ssa, olisi ollut oikeampaa puhua "maksumääräyksiin käytettävistä määrärahoista" (ks. sivu 30).

kin tiukasti luopumista jaksottamattomista määrärahoista maatalousmenojen yhteydessä. Perusteluna oli mm. maatalousmenojen maksujen takaaminen ja RAL:n kasvaminen, jos TA:n jaksotettuja määrärahoja lisätään entisestään (ks. sivut 132-133). Jaksottamattomat määrärahat jäivät siten edelleen käyttöön maatalous- ja hallintomenojen yhteydessä (ks. myös alaviite 31).

Uuden varainhoitoasetuksen 7 artiklan 1 kohdan mukaan TA koostuu "jaksotetuista määrärahoista, jotka ovat maksusitoumusmäärärahoja tai maksumäärärahoja, ja jaksottamattomista määrärahoista". VHA:n toisen osan I osaston 149 artiklan 1 kohdassa säädetään, että "EMOTR:n tukiosastossa on joka varainhoitovuosi jaksottamattomia määrärahoja" ja VI osaston 179 artiklan 1 kohdassa että, "(h)allintomäärärahat ovat jaksottamattomia määrärahoja".

VHA:n 7 artiklan 2 ja 3 kohdan mukaan:

"2. Maksusitoumusmäärärahat kattavat tietyn varainhoitovuoden aikana tehtyjen oikeudellisten sitoumusten kokonaiskustannukset, jollei 77 artiklan 2 kohdasta tai 166 artiklan 2 kohdasta[2] muuta johdu.

3. Maksumäärärahat kattavat tietyn varainhoitovuoden ja/tai sitä edeltävien varainhoitovuosien aikana tehtyjen oikeudellisten sitoumusten toteuttamiseen tarvittavat maksut[3]."

Artiklan 4 kohdan mukaan edellä määrätty ei kuitenkaan rajoita erityissäännösten soveltamista EMOTR:n tukiosaston, ulkoisten toimien ja hallintomäärärahoja käsittelevien varainhoitoasetuksen toisen osan osastojen I, IV ja VI mukaisesti (ks. sivu 149). Toisaalta 7 artiklan 1 ja 2 kohdan säännöt eivät estä sitomasta kaikkia määrärahoja kerralla tai jakamasta talousarviositoumuksia vuotuisiin osiin (ks. alla).

Pitkälti tuomioistuimen ja tilintarkastustuomioistuimen toistuvien huomautusten takia (ks. sivut 96-97 ja 132-133) uudessa VHA:ssa on niin ikään pyritty määrittelemään aikaisempaa paremmin käsitteet talousarviositoumus ja oikeudellinen sitoumus. Asetuksessa on niin ikään käsitelty entistä tarkemmin menoihin sitoutumista (*Commitment of expenditure/ engagement des dépenses*) sekä pyritty luomaan sitoutumiselle entistä selkeämmät säännöt ja rajat.

Ehdotuksessaan (*KOM(2000) 461 lopullinen*, B.2 kohta) komissio perusteli varainhoitoasetukseen ehdotettuja muutoksia määrärahojen sitomisen osalta seuraavasti:

"Sitoumuksen käsitteen nykyinen määrittely on aiheuttanut jatkuvasti ongelmia talousarvion toteuttamisessa ja kirjanpidossa. Ehdotuksessa pyritään määrittelemään aiempaa selkeämmin yhtäältä talousarviositoumus (määrärahojen varaaminen tiettyyn käyttötarkoitukseen) ja toisaalta oikeudellinen sitoumus (kolmansille annettu sitoumus). Talousarviositoumus on menotapahtuman ensimmäinen vaihe. Sitoumuksen käsitettä voidaan käyttää tämän tapahtuman kahdessa eri vaiheessa. Ensimmäinen vaihe (kokonaissitoumus) on merkki siitä, että on tarkoitus toteuttaa menotapahtuma, jonka edunsaaja ei vielä ole tiedossa, tai joka kattaa useita yksittäisiä sitoumuksia, vaikka edunsaajat olisivatkin tiedossa. Toisessa vaiheessa (yksittäinen sitoumus) edunsaaja yksilöidään. Kokonaissitoumus on väline, jonka avulla talousarvion toteuttamista voidaan suunnitella. Komissio ehdottaa tämän vuoksi sen säilyttämistä. Määräaika, johon mennessä yksittäiset oikeudelliset sitoumukset on tehtävä, olisi kuitenkin määriteltävä tiukemmin kuin nykyisessä varainhoitoasetuksen 36 artiklan 2 kohdassa. Ne olisi tehtävä viimeistään seuraavan varainhoitovuoden (n+1) loppuun mennessä.

Ainoastaan ulkoisten toimien alalla voitaisiin määräaikaa, joka on asetettu rahoitus[sopimusten]

[2] VHA:n 77 artiklan 2 kohdassa käsitellään kokonaissitoumuksia ja toisen osan IV osaston 166 artiklan 2 kohdassa ulkoisia toimia koskevia erityissäännöksiä (ks. jäljempänä).

[3] VHA:n 8 artiklan 3 kohdan mukaan tietyksi varainhoitovuodeksi myönnettyjä määrärahoja saa käyttää ainoastaan kattamaan menot, joihin on sitouduttu ja jotka on maksettu saman varainhoitovuoden aikana sekä sellaisista sitoumuksista johtuvat määrät, jotka siirtyvät edellisiltä varainhoitovuosilta (ks. luku 4.2).

Vuoden 2002 varainhoitoasetuksessa myös luovutaan käsitteiden ennakkomaksut ja etumaksut (*Advance and payment on account/ avance et acompte*) erottamisesta VHA:n johdanto-osan 22. kappaleen mukaan "niiden epätäsmällisyyden vuoksi". Maksut on suoritettava vastedes ennakko-, väli- ja loppumaksuina, paitsi silloin kun ne maksetaan kertasuorituksina (*Pre-financing, interim payment, payment of the final balance and payment in one instalment/ préfinancement, paiement intermédiaire, paiement du solde final et versement en une seule fois*).

täytäntöönpanemisen edellyttämien yksittäisten oikeudellisten sitoumusten tekemiselle, jatkaa varainhoitovuoden n+3 loppuun (lukuun ottamatta valvontaa ja arviointia koskevia sopimuksia). Rahoitussopimukset yhdistetään yksittäisiksi oikeudellisiksi sitoumuksiksi, ja ne on tehtävä talousarviositoumuksen tekemistä seuraavan varainhoitovuoden loppuun mennessä [ehdotuksen] 71 artiklan 2 kohdan mukaisesti.

Ehdotuksen perusteella talousarviositoumukset voidaan edelleen jakaa eriin, jos tällaisesta käytännöstä säädetään asianomaisessa oikeusperustassa eli rakennerahastoihin ja kalastussopimuksiin sovellettavassa alakohtaisessa lainsäädännössä".

Muutetussa ehdotuksessaan (*KOM(2001) 691 lopull./2*, 2.5.4 kohta) komissio teki eräitä täsmennyksiä:

"Komissio on esittänyt sitoumuksen määritelmää, jossa erotettaisiin toisistaan yhtäältä talousarviositoumus (määrärahojen tiettyyn käyttötarkoitukseen) ja oikeudellinen sitoumus (kolmansille annettu sitoumus) ja toisaalta yksittäinen sitoumus (jossa sekä määrä että edunsaaja on määritelty) ja kokonaissitoumus (jossa ainakin yksi yksittäisen sitoumuksen tunnuspiirre on yksilöimättä).

Ensimmäisen täsmennyksen osalta tilintarkastustuomioistuin on ehdottanut määritelmää, johon sisältyy päätös tietyn rahasumman käyttämisestä tiettyyn tarkoitukseen, mikä pikemminkin hämmentäisi kuin selventäisi asioita, kuten Euroopan parlamentissa käydyissä alustavissa keskusteluissa on käynyt ilmi. Komissio ehdottaa näin ollen pitäytymistä sen alun perin ehdottaman määritelmän periaattees[sa], jota voitaisiin kuitenkin selkeyttää kolmessa vaiheessa:

1) päätös tietyn rahasumman käyttämisestä tiettyyn tarkoitukseen, jonka toimielin tekee sen toimeenpanovallan nojalla, jonka neuvosto on sille uskonut perustamissopimuksen 202 artiklan mukaisesti,

2) seuraavaksi talousarviositoumus (määrärahojen osoittaminen tiettyyn käyttötarkoitukseen),

3) ja lopulta oikeudellinen sitoumus (kolmansille annettu sitoumus).

Tilintarkastustuomioistuin on myös halunnut poistaa mahdollisuuden jakaa sitoumukset vuotuisiin eriin, silloin kun talousarviositoumukset koskevat toimia, joiden toteuttaminen jakautuu useammalle varainhoitovuodelle. Tältä osin komissio ei voi ottaa huomioon tilintarkastustuomioistuimen ehdotuksia, koska ne ovat rakennerahastoja ja kansainvälisiä kalastussopimuksia koskevan lainsäädännön vastaisia ja asettaisivat kyseenalaiseksi koko rahoitusnäkymien periaatteen.

Kaikki toimielimet ovat pyytäneet kokonaissitoumuksen määrittelemistä tiukemmin, ja komissio hyväksyykin ajatuksen, minkä vuoksi se on rajoittanut kokonaissitoumuksen ehdotuksessaan tapauksiin, joissa edunsaajaa ei ole yksilöity".

Käytännössä VHA:n 75 artiklan 1 kohdassa muistutetaan, että EU:n menotapahtumien perinteisen kulun mukaan "(k)aikista menoista tehdään sitoumus, joka vahvistetaan, hyväksytään ja maksetaan[4]" (ks. Kuvio 4).

VHA:n 75 artiklan 2 kohdan mukaan menoon sitoutumista edeltää *rahoituspäätös*[5] (*Financing decision/ décision de financement*), jonka tekee toimielin tai vastaava tai ne viranomaiset, joille päätöstä koskeva toimivalta on siirretty. Rahoituspäätöstä seuraavat puolestaan *talousarviositoumus* (*Budgetary commitment/ engagement budgétaire*; VHA:n 76 artiklan 1 kohdan ensimmäinen alakohta) ja *oikeudellinen sitoumus* (*Legal commitment/ engagement juridique*; VHA:n 76 artiklan 1 kohdan toinen alakohta).

Varainhoitoasetuksen mukaan "(t)alousarviositoumus on toimi [*Act(e)*], jolla maksuihin tarvittavat määrärahat varaudutaan suorittamaan talousarviosta myöhemmin oikeudellisen sitoumuksen

---

[4] "*Every item of expenditure shall be committed, validated, authorised and paid/ toute dépense fait l'objet d'un engagement, d'une liquidation, d'un ordonnancement et d'un paiement*". Vaiheiden erotteleminen perustuu tulojen ja menojen hyväksyjän sekä tilinpitäjän tehtävien erottamiseen toisistaan. Menotapahtumien neljästä vaiheesta on säädetty tarkemmin VHA:n 76 (menoihin sitoutuminen), 79 (menojen vahvistaminen), 80 (menojen hyväksyminen) ja 81 (menojen maksaminen) artiklassa. Vrt. myös VHA:n 12 artikla, jonka mukaan "(t)alousarvioon otetut määrärahat voidaan sitoa talousarvion lopullisen vahvistamisen jälkeen 1 päivästä tammikuuta alkaen, jollei toisen osan I tai VI osastossa säädetyistä (EMOTR:n tukiosastoa ja hallintomäärärahoja koskevista) poikkeuksista muuta johdu" (ks. luvun 4.2 loppu).

[5] Poikkeuksen muodostavat määrärahat, jotka voidaan toteuttaa ilman perussäädöstä. Nämä määrärahat on eritelty VHA:n 49 artiklan 2 kohdassa (ks. toinen osa, luku 3.2.3).

Kuvio 4. Menotapahtuman kulku.
Chart 4. The different phases of expenditure operations.
Graphique 4. Déroulement des opérations de dépenses.

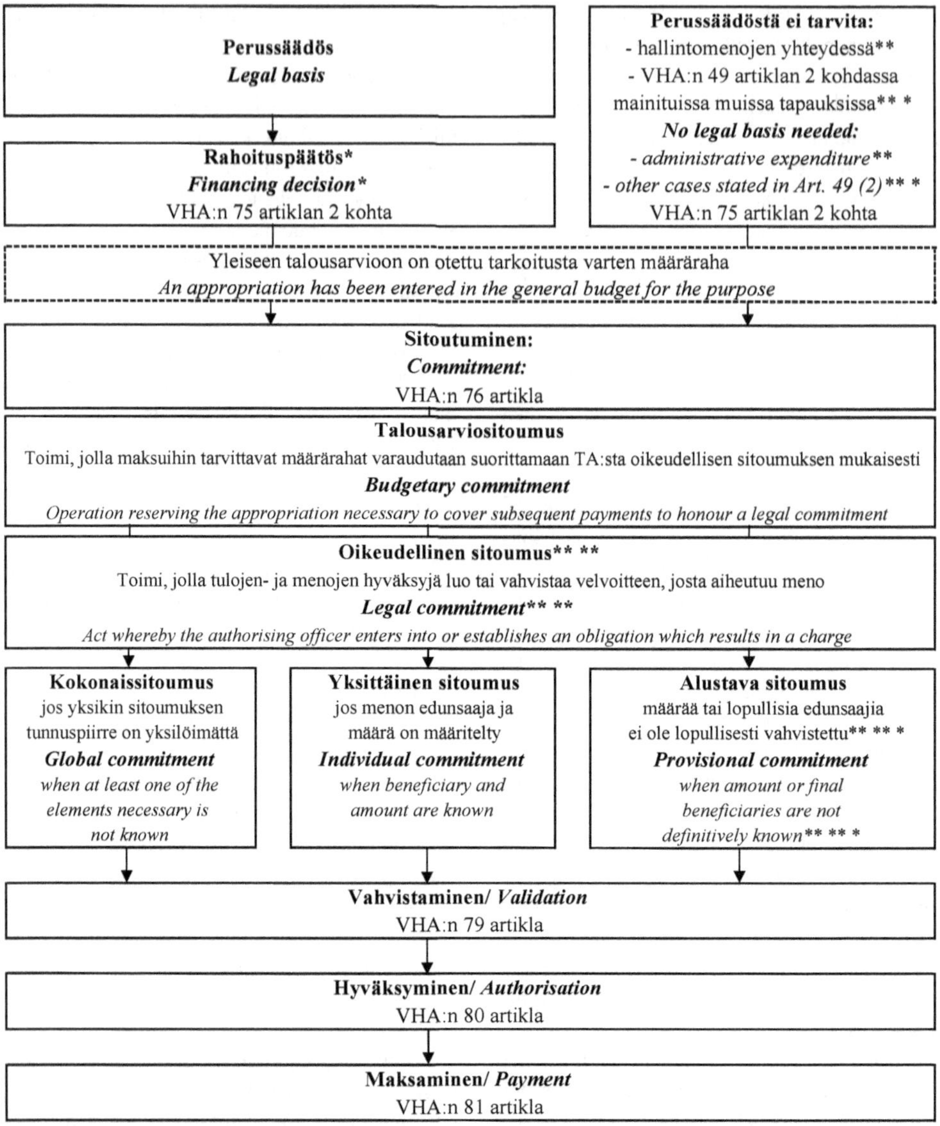

* Mahdollista jakaa vuotuisiin eriin, jos perussäädös sen sallii/ *Annual instalments possible, if permitted by the basic act* ** Mahdollista jakaa vuotuisiin eriin/ *Annual instalments possible* ** * Pilottihankkeet, valmistelevat toimet ja komission erityiset institutionaaliset oikeudet/ *Pilot projets, preparatory actions and specific prerogatives of the Commission* ** ** Sopimus, avustussopimus, rahoitussopimus tai vastaava/ *Contract, grant agreement, financing agreement or other* ** ** * Juoksevat hallintomenot (ks. VSS:n 96 artikla) ja EMOTR:n tukiosaston menot/ *Routine administrative expenditure (see Art. 96 of IR) and EAGGF-Guarantee Section expenditure*

mukaisesti. Oikeudellisen sitoumuksen tekeminen on (puolestaan) toimi, jolla tulojen ja menojen hyväksyjä luo tai vahvistaa velvoitteen [*Charge*], josta aiheutuu meno. Talousarviositoumuksen ja oikeudellisen sitoumuksen tekee sama tulojen ja menojen hyväksyjä (paitsi VSS:n 94 artiklassa määritellyissä erityistapauksissa)".

Uudessa VHA:ssa säädetään yksittäisistä, kokonais- ja alustavista talousarviositoumuksista (*Individual, global and provisional budgetary commitment/ engagement budgétaire individuel, global et provisionnel*) seuraavasti (vrt. Kuvio 4):

"Talousarviositoumus on yksittäinen, jos menon edunsaaja ja määrä on määritelty.

Talousarvioon tehdään kokonaissitoumus, jos ainakin yksi yksittäisen sitoumuksen tunnuspiirre on yksilöimättä.

Talousarviositoumus on alustava, jos se on tarkoitettu kattamaan 150 artiklassa tarkoitettuja (EMOTR:n tukiosaston) menoja[6] tai juoksevia hallintomenoja[7], joiden määrää tai lopullisia edunsaajia ei ole lopullisesti vahvistettu" (76 artiklan 2 kohta[8]).

Talousarviositoumusten jakamisesta vuotuisiin eriin (*Budgetary commitment in annual instalments/ engagement budgétaire par tranches annuelles*) VHA:n 76 artiklan 3 kohdassa säädetään, että "(u)seamman kuin yhden varainhoitovuoden aikana toteutettavia toimia koskevat talousarviositoumukset voidaan jakaa usealle eri varainhoitovuodelle vuotuisiin eriin ainoastaan silloin kun perussäädöksessä niin säädetään ja jos on kyse hallintomenoista. Talousarviositoumuksen jakamisesta vuotuisiin eriin mainitaan erikseen oikeudellisessa sitoumuksessa paitsi jos on kyse henkilöstömenoista".

VHA:n 77 artiklassa säädetään:

"1. Tulojen ja menojen hyväksyjän on tehtävä talousarviositoumus jokaisesta toimenpiteestä, josta aiheutuu meno talousarvioon, ennen kuin hän voi tehdä oikeudellisen sitoumuksen kolmansiin osapuoliin nähden.

2. Jollei toisen osan IV osaston (ulkoisten toimien menoja koskevista) erityissäännöksistä muuta johdu[9], talousarvioon tehtävät kokonaissitoumukset kattavat niihin liittyvien yksittäisten oikeudellisten sitoumusten kokonaiskulut vuoden $n + 1$ joulukuun 31 päivään saakka.

Yksittäisiin tai alustaviin talousarviositoumuksiin liittyvät yksittäiset oikeudelliset sitoumukset tehdään viimeistään 31 päivänä joulukuuta vuonna *n*, jollei 76 artiklan 3 kohdasta tai (hallintomäärärahoja koskevan) 179 artiklan 2 kohdasta[10] muuta johdu.

Ensimmäisessä ja toisessa alakohdassa tarkoitettujen ajanjaksojen päätyttyä toimivaltainen tulojen ja menojen hyväksyjä purkaa käyttämättömiä määriä koskevat talousarviositoumukset.

Toimivaltainen tulojen ja menojen hyväksyjä kirjaa ennen kokonaissitoumuksen perusteella tehdyn yksittäisen oikeudellisen sitoumuksen allekirjoittamista sen määrän talousarviokirjanpitoon vähentämällä sen kokonaissitoumuksesta.

3. Useamman kuin yhden varainhoitovuoden aikana toteutettavia toimia koskeviin oikeudellisiin sitoumuksiin ja niitä vastaaviin talousarviositoumuksiin sisältyy moitteettoman varainhoidon periaatteen mukaisesti määräpäivä, johon mennessä toteuttaminen on saatettava päätökseen, paitsi silloin kun on kyse henkilöstömenoista.

Ne osat tällaisista sitoumuksista, joita ei ole käytetty kuuden kuukauden kuluttua määräajan päättymisestä, peruuntuvat 11 artiklan mukaisesti[11].

---

[6] EMOTR:n tukiosaston toiminta perustuu siihen, että komissio korvaa jäsenvaltioille YMP:sta aiheutuneet menot (vrt. sivu 24, alaviite 10). Komission päätökset, joissa vahvistetaan nämä suoritukset, ovat VHA:n 150 artiklan 2 kohdan mukaan "alustavia kokonaissitoumuksia, jotka tehdään EMOTR:n tukiosastoon otettujen määrärahojen kokonaismäärän puitteissa".

[7] Ks. jäljempänä.

[8] Kokonaissitoumuksia ja alustavia sitoumuksia koskevia määräyksiä (mm. rahoitussopimusten osalta; *Financing agreement/ convention de financement*) tarkennetaan VSS:n 91 ja 92 artiklassa.

[9] Säännökset on esitetty VHA:n 166 artiklassa (ks. alaviite 14).

[10] VHA:n toisen osan VI osan 179 artiklan 2 kohdan mukaisesti: "Hallintomenot sopimuksista, jotka ylittävät varainhoitovuoden keston joko paikallisen käytännön takia tai kaluston hankkimiseen liittyvistä syistä, otetaan sen varainhoitovuoden talousarvioon, jonka aikana ne [suoritetaan; *Is effected/ sont effectuées*]".

[11] VHA:n 11 artiklan mukaisesti: "Määrärahojen vapautuminen (*Decommitment / dégagement*), joka aiheutuu niillä rahoitettavan toiminnan osittaisesta tai täydellisestä toteuttamatta jättämisestä ja joka tapahtuu sen varainhoidon jälkeisten varainhoitovuosien aikana, jota varten määrärahat on otettu talousarvioon, joh-

Jos oikeudellinen sitoumus ei tämän jälkeen ole aiheuttanut yhtään maksua kolmen vuoden aikana, toimivaltainen tulojen ja menojen hyväksyjä peruuttaa sen[12]."

Kuten 77 artiklasta hyvin ilmenee, vuoden 2002 VHA:ssa pyrittiin jatkamaan maksamatta olevien määrien (RAL) kuriin saattamista vuoden 1977 VHA:n vuoden 1998 lokakuun muutoksen mukaisesti (ks. Van Craeyenest & Saarilahti 2004a, 76 b) kohta[13]).

Erityisesti 77 artiklan 3 kohdan sisällöstä käytiin varainhoitoasetuksen hyväksymisen yhteydessä kiivaita neuvotteluja, eräiden jäsenvaltioiden ollessa halukkaita rajoittamaan vieläkin tiukemmin aikaa, jonka kuluessa talousarvioon tehtyjen kokonaissitoumusten perusteella voidaan tehdä yksittäisiä oikeudellisia sitoumuksia tai tiukentamaan tätäkin enemmän yksittäisten sitoumusten peruuntumisesta säädettyä aikaa. Toisaalta keskusteluja käytiin kohdan ulottamisesta myös VHA:n toiseen osaan, joka sisältää tiettyjen alojen erityissäännöksiä[14] (ks. ensimmäinen osa, luku 2.3).

RAL:t on muutenkin otettu EU:ssa erityistarkkailun kohteeksi[15]. Siten kesäkuussa 2000 valmistuneen työasiakirjan jälkeen (ks. sivu 133) komission yksiköt[16] esittivät 15.11.2000 erityisen selvityksen, jossa ne linjasivat strategiaansa RAL:n kuriin

---

taa määrärahojen peruuntumiseen (*Cancellation/ annulation*), sanotun kuitenkaan rajoittamatta 157 artiklan soveltamista". VHA:n toisen osan II osaston 157 artiklassa käsitellään rakennerahastoja, koheesiorahastoa sekä liittymistä valmistelevia rakenne- ja maataloustoimenpiteitä (ks. ensimmäinen osa, alaviite 29) koskevien sidottujen määrärahojen purkamista "ilman eri toimenpiteitä" ja uudelleen käyttöön ottamista (jotka tapahtuvat rakennerahastoista, koheesiorahastosta sekä liittymistä valmistelevista rakenne- ja maataloustoimenpiteistä annettujen säädösten mukaan; *Automatical decommitment and making available again/ dégagement d'office et reconstitution*).

[12] VSS:n 93 artiklan mukaisesti: "Jos oikeudellista sitoumusta koskevasta talousarviositoumuksesta ei ole suoritettu yhtään varainhoitoasetuksen 81 artiklassa tarkoitettua maksua kolmen vuoden kuluttua oikeudellisen sitoumuksen allekirjoittamisesta, kyseisestä talousarviositoumuksesta puretaan oikeudellista sitoumusta vastaava määrä".

[13] Ks. myös VHA:n johdanto-osan 21. kappale: "On määriteltävä menoon liittyvät talousarviositoumuksen ja oikeudellisen sitoumuksen käsitteet ja niiden toteuttamisedellytykset. Lepäävien sitoumusten määrän pitämiseksi vähäisenä on tarpeen rajoittaa aikaa, jonka kuluessa talousarvioon tehtyjen kokonaissitoumusten perusteella voidaan tehdä yksittäisiä oikeudellisia sitoumuksia. Lisäksi on säädettävä näiden yksittäisten sitoumusten peruuntumisesta siinä tapauksessa, että sitoumus ei ole aiheuttanut yhtään maksua kolmen vuoden aikana".

[14] Niin kutsuttua *Sunset clause* –periaatetta ei voitu ulottaa varainhoitoasetuksessa esim. koskemaan koheesiorahastoa tai liittymistä edeltävää rakennepolitiikan välinettä (ISPA), sillä siitä säädetään näitä koskevissa neuvoston asetuksissa (ks. sivu 133, alaviite 95). Komissio kuitenkin ehdotti vuosien 2007-2013 rahoituskehyksiin liittyvissä asetusehdotuksissa "*n+2*" –säännön ulottamista eräissä tapauksissa myös koheesiorahastoon (ks. *KOM(2004) 492 lopullinen*, VII osaston ("Taloushallinto") I luvun ("Varainhoito") 7 jakso ("Maksusitoumuksen vapauttaminen automaattisesti")). Keskustelut asiasta jatkuvat tätä kirjoitettaessa neuvostossa, eräiden jäsenvaltioiden vastustaessa tiukasti ehdotusta niiden vedotessa koheesiorahaston rahoittamien hankkeiden erityisluonteeseen. Toiset jäsenvaltiot taas haluavat selvennyksiä siihen, miten "*n+2* sääntöä" olisi sovellettava (esim. peruuntuvatko määrärahat vai voidaanko ne ottaa uudelleen käyttöön ja jos, niin millä edellytyksillä).

Ulkoisten toimien osalta VHA:n toisen osan IV osaston 166 artiklassa säädetään "*n+3* säännöstä" seuraavasti:

"1. Toteutettavista toimista:

a) komissio tekee yhteisöjen nimissä rahoitussopimuksen edunsaajana olevan kolmannen maan tai maiden tai niiden nimeämien yhteisöjen, jäljempänä "edunsaajat", kanssa; tai

b) tehdään avustussopimus [*Contract or grant agreement/ contrat ou convention de subvention*] niiden toteuttamisesta vastaavien kansallisten tai kansainvälisten julkisoikeudellisten yhteisöjen tai luonnollisten tai oikeushenkilöiden kanssa.

Tämän kohdan a ja b alakohdassa säädetyissä sopimuksissa määritellään edellytykset, joiden mukaan toimeksisaajan on hallinnoitava ulkoista apua.

2. Rahoitussopimukset 1 kohdan a alakohdassa tarkoitettujen edunsaajina olevien kolmansien maiden kanssa tehdään viimeistään vuoden n + 1 joulukuun 31 päivänä vuoden n ollessa se vuosi, jonka aikana talousarviositoumus on tehty. Sopimukset, joilla vuoden n talousarviositoumuksiin liittyvät rahoitussopimukset pannaan täytäntöön, tehdään viimeistään kolmen vuoden kuluessa talousarviositoumuksen päivämäärästä. Tarkastusta ja arviointia koskevat yksittäiset sopimukset voidaan tehdä myöhemmin."

[15] RAL:n teoreettinen muodostuminen on esitetty sivulla 236.

[16] *Services of the Commission / services de la Commission.* Menettelyllä vältettiin se, että komission kollegiona olisi ollut hyväksyttävä selvitys.

saattamiseksi vuoden 2003 loppuun mennessä (*Stratégie*... 2000). Strategiaa käsiteltiin seuraavana päivänä pidetyssä kolmikantakokouksessa.

Tämän seurauksena budjettivallan käyttäjä hyväksyi talousarvioneuvottelukokouksessa 23.11.2000 lausuman, jonka mukaan:

"Euroopan parlamentti ja neuvosto ovat tyytyväisiä komission aloittamiin toimiin (...) talousarvion toteuttamisen tehostamiseksi. Ne panevat tyytyväisinä merkille 15 päivänä marraskuuta 2000 annetun kertomuksen jäljellä olevista maksusitoumuksista. Näin ollen ne pyytävät komissiota antamaan 30 päivään kesäkuuta 2001 mennessä kertomuksen, johon sisältyvät seuraavat seikat:

1) edistyminen jäljellä olevien maksusitoumusten vähentämisessä normaalitasolle joulukuuhun 2003 mennessä,

2) edistyminen hankkeiden elinkaaren yksinkertaistamisessa,

3) edistyminen ohjelmien täytäntöönpanon parantamisessa ja

4) edistyminen sitoumusten keston rajoittamisessa (...)".

Pyydettyä komission kertomusta käsiteltiin kolmikantakokouksessa 15.10. ja talousarvioneuvottelukokouksessa 21.11.2001. Neuvottelukokouksessa parlamentti, neuvosto ja komissio pääsivät virallisesti sopimukseen siitä, että "mahdollisiksi epänormaaleiksi maksamatta oleviksi määriksi" ("*Potentially abnormal outstanding commitments/ montant restant à liquider potentiellement anormal*") määritellään:

1) ne käyttämättä jääneet maksusitoumukset ("lepäävät sitoumukset"; "*Dormant commitment/ engagement dormant*"), joiden osalta kahden viimeisen vuoden aikana ei ole suoritettu maksuja, ja

2) ne "vanhat sitoumukset" ("*Old commitment/ engagement ancien*"), jotka on otettu talousarvioon vähintään viideksi vuodeksi.

Kokouksessa myös hyväksyttiin erityinen toimintasuunnitelma "epänormaalien maksamatta olevien määrien poistamiseksi" ("*Action plan to eliminate abnormal outstanding commitments/ plan d'action visant à supprimer les montants restant à liquider anormaux*").

Talousarvioneuvottelukokouksessa hyväksytyn yhteisen lausuman mukaan:

"Komissio, parlamentti ja neuvosto pitävät tärkeänä maksamatta olevien määrien valvontaa ja epänormaalien maksamatta olevien määrien poistamista keskipitkällä aikavälillä. Ne painottavat tässä yhteydessä sitä, että epänormaaleja maksamatta olevia määriä vähennetään sekä korottamalla maksumääräyksiin käytettäviä määrärahoja että käyttämällä huomattavassa määrin hyväksi määrärahojen vapautumisia. (...) Budjettivallan käyttäjä merkitsee tiedoksi komission sitoumuksen esittää viimeistään vuoden 2003 alustavan talousarvioesityksen yhteydessä toimintasuunnitelman, jonka mukaan kaikki varainhoitovuoden 2002 alussa todetut mahdollisesti epänormaalit tapaukset tutkitaan. Suunnitelma sisältää [lausuman liitteenä mainitun yhteensä 35] budjettikohtien osalta:

- mahdollisesti epänormaalien tapausten lukumäärän 31. joulukuuta 2001 vallitsevan tilanteen mukaan sekä vastaavat määrät,
- niiden tapausten lukumäärän, jotka on tutkittu viimeisen 12 kuukauden aikana,
- muiden tapausten tutkimusaikataulun seuraavina ajankohtina:
    - 30 päivänä huhtikuuta 2002,
    - 31 päivänä elokuuta 2002,
    - 31 päivänä joulukuuta 2002,
    - 30 päivänä huhtikuuta 2003.

Budjettivallan käyttäjälle ilmoitetaan jokaisena raportoinnin määräpäivänä tutkimuksen tulokset ja tapauksia koskevat päätökset: maksut, asian loppuun saattaminen, määrärahojen vapautumiset ja erityiset seurantatoimet.

Budjettivallan käyttäjälle toimitetaan joka vuosi yhdessä alustavan talousarvioesityksen kanssa asiakirja sekä tavanmukaisten että epänormaalien maksamatta olevien määrien kehittymisestä otsakkeittain. Asiakirjassa on myös selvitettävä toimenpiteet, jotka komissio on toteuttanut maksamatta olevien määrien uudelleen esiintymisen välttämiseksi tulevaisuudessa".

Komissio esitti lausumassa pyydetyn toimintasuunnitelman sekä RAL:n kehitystä otsakkeittain käsittelevän asiakirjan alustavan version huhtikuussa 2002[17]. Komission mukaan RAL:n kokonaismäärä kasvoi vuosina 1996-2001 vajaasta 48 miljardista ecusta runsaaseen 86,7 miljardiin euroon (*Preliminary*... 2002, RAL-osan sivu 4). Vuonna 2001 "potentiaalisesti epänormaalin RAL:n" (*"Potentially abnormal RAL (PAR)/ RAL potentiellement anormal (RPA)*"; ks. sivu 133) määrä tutkituissa vuosien 2000-2006 RN:ien otsakkeiden *2* (*Rakennetoimet*), *3* (*Sisäiset politiikat*) ja *4* (*Ulkoiset toimet*) budjettikohdissa (yhteensä 2 489 sitoumusta[18]) kohosi noin 3 506 miljardiin euroon (noin 4 % RAL:n kokonaismäärästä, painopisteen ollessa edelleen otsakkeen *4* menoissa; mts. 21). On huomattava, että komissio arvioi RAL:n kohoavan (käyvin hinnoin) vuoden 2003 noin 104,8 miljardista eurosta[19] (*Report*... 2004, 35) voimassa olevan rahoitusnäkymäkauden lopussa vuonna 2006 yli 118 miljardiin euroon[20].

Lopuksi on huomattava, että vuoden 2002 varainhoitoasetuksen toisen osan VI osaston 178 artiklassa[21] säilytetään hallintomäärärahoilla vuoden 1977 VHA:n, sellaisena kuin se on vuonna 1990 muutettuna, 8 artiklan 2 kohdan mukainen poikkeus periaatteesta, jonka mukaan talousarvioon otetut määrärahat voidaan sitoa varainhoitovuoden ensimmäisestä päivästä lähtien, kun yleinen talousarvio on lopullisesti vahvistettu, sallimalla tehdä ennakkoon maksusitoumuksia seuraavaksi varainhoitovuodeksi varatuista määrärahoista. Samalla säilytetään mahdollisuus maksaa esim. vuokria seuraavan varainhoitovuoden määrärahoista (ks. sivu 31). Menettelyjen tarkoituksena on ennen kaikkea helpottaa juoksevien asioiden hoitoa (ks. Van Craeyenest & Saarilahti 2004a, 139 ja 140 kohta).

Marraskuun 15 päivästä *t-1* alkaen tehtävien vuoden *t* talousarviota koskevien *ennakkositoumusten* (*Advance commitment/ engagement anticipé*) mahdollisuus säilytettiin myös EMOTR:n tukiosaston määrärahojen osalta (VHA:n 150 artikla 3 kohta[22]).

4.2 Mahdollisuus siirtää määrärahoja varainhoitovuodesta toiseen

Lausunnossaan nro 2/2001, joka koskee ehdotusta neuvoston asetukseksi Euroopan yhteisöjen yleiseen talousarvioon sovellettavasta varainhoitoasetuksesta (*TTI*... 2001b, 7 kohta), tilintarkastustuomioistuin[23] muistutti määrärahojen siirtojen varainhoitovuodesta toiseen olevan ongelmallisia suhteessa perustamissopimuksessa määrättyyn yleisen talousarvion vuotuisuus(uus)periaatteeseen (ks. ensimmäinen

[17] Asiakirjan lopullinen versio on kesäkuulta 2002 (ks. *Preliminary*... 2002).

[18] Lausuman mukaisesti komissio kävi vuonna 2001 läpi yhteensä 1 480 sitoumusta, joita koskien suoritettiin 706 maksua (yhteensä yli 710 miljoona euroa) ja/tai 890 määrärahan vapauttamista (yhteensä vajaa 374 miljoonaa euroa).

[19] Josta PAR:n määrä olisi noin 14 359 miljoonaa euroa (vuosien 2000-2006 RN:ien otsakkeet *1-7*), otsakkeen *2* (*Rakennetoimet*) edustaessa yli 70 % määrästä (ks. *Report*... 2004, liite II).

[20] Yli 102 miljardia euroa vuoden 2004 hinnoin (ks. *Rahoituskehys*... 2004, liite VII).

Vrt. myös TTI (2004, 0.6 kohta, vrt. myös 2.16-2.22 kohta): "(M)aksattamatta olevien maksusitoumusten lisääntyvä määrä on suuri haaste unionille; maksattamatta olevilla maksusitoumuksilla [*Outstanding commitments/ engagements restant à liquider*] tarkoitetaan vielä toteutumattomia menoja, joista on tehty oikeudellinen sitoumus. Vuoden 2003 lopussa maksattamatta olevien maksusitoumusten määrä vastaa viiden vuoden maksuja tämänhetkisen toteutumisasteen mukaan laskettuna eli tilanne on huomattavasti huonompi kuin edellisellä rahoitusnäkymäkaudella vastaavana ajankohtana. Syynä tilanteeseen on liian kunnianhimoinen budjetointi sekä jäsenvaltioiden ja edunsaajavaltioiden vaikeudet käyttää niille myönnettyjä EU-varoja, mikä johtuu osittain siitä, että tarvittavien hallinnoinnin ja valvonnan vaatimusten mukaisten säännösten käyttöönotto on viivästynyt, ja osittain siitä, että yhteisön rahoitukseen oikeutettuja hankkeita on liian vähän".

[21] VHA:n toisen osan VI osaston 178 artiklassa säädetään:

"1. Juoksevista hallintomenoista voidaan kunkin vuoden 15 päivästä marraskuuta alkaen tehdä seuraavan varainhoitovuoden määrärahoja koskevia ennakkositoumuksia. Nämä eivät saa kuitenkaan ylittää neljäsosaa vastaavan budjettikohdan määrärahoista kuluvana varainhoitovuonna. Ne eivät saa kohdistua uusiin menoihin, joiden perustetta ei ole hyväksytty viimeisessä säännönmukaisesti vahvistetussa talousarviossa.

2. Oikeudellisten säännösten tai sopimukseen perustuvien määräysten nojalla ennalta suoritettavat menot, kuten vuokrat, voidaan maksaa 1 päivästä joulukuuta alkaen seuraavan varainhoitovuoden määrärahoista".

[22] VHA:n toisen osan I osaston 150 artiklan 3 kohdan mukaisesti: "EMOTR:n tukiosaston juoksevista hallintomenoista voidaan tehdä 15 päivästä marraskuuta alkaen seuraavan varainhoitovuoden talousarviota koskevia ennakkositoumuksia. Nämä sitoumukset eivät saa kuitenkaan olla enemmän kuin puolet kuluvan varainhoitovuoden vastaavista määrärahoista. Ne saavat koskea ainoastaan menoja, jotka perustuvat voimassa olevaan perussäädökseen".

[23] Tilintarkastustuomioistuin oli ollut kriittinen määrärahojen siirtoa kohtaan varainhoitovuodesta toi-

osa, luku 2.5.1). TTI:n mukaan "(m)äärärahojen siirtoja varainhoitovuodelta toiseen koskevat säännöt eivät enää ole välttämättömiä jaksotettujen määrärahojen järjestelmässä[24], koska tulevien varainhoitovuosien maksumäärärahat kattavat tehdyt sitoumukset tarvittaessa. Jos tietyistä budjettikohdista puuttuu tilapäisesti maksumäärärahoja, tilanne voitaisiin korjata väljentämällä määrärahasiirtoja budjettikohdasta toiseen koskevia sääntöjä (...), ja poikkeuksellisesti antamalla mahdollisuus määrärahojen lisäämiseen (lisä)talousarvion avulla. Kyseiset määrärahasiirrot varainhoitovuodelta toiseen eivät ole tarpeen, ja lisäksi niillä on vain vähäinen taloudellinen vaikutus. Ne mutkistavat kuitenkin hallintojärjestelmiä entisestään, etenkin tietokoneistettuja kirjanpitojärjestelmiä, ja ne saattavat jopa vaikeuttaa tilinpäätöksen lukemista. Määrärahasiirtojen avulla saavutettavaksi aiotut tavoitteet on mahdollista saavuttaa tavanomaisin talousarvion mukauttamis- ja toteuttamismekanismein".

Komissio kuitenkin katsoi, ettei se voi hyväksyä ehdotusta: "(komissio) muistuttaa, että määrärahasiirroista varainhoitovuodelta toiselle määrätään EHTY:n perustamissopimuksen 78 a artiklassa, EY:n perustamissopimuksen 271 artiklassa ja Euratomin perustamissopimuksen 175 artiklassa. Vaikka tällaiset määrärahasiirrot muodostavatkin poikkeuksen vuotuisuusperiaatteesta, kaikki jäsenvaltiot ovat hyväksyneet järjestelyn, ja se vastaa määrärahojen hallinnoinnissa esiintyviä tarpeita" (*KOM(2001) 691 lopull./2*, 2.3.2 kohta).

Käytännössä komissio esitti järjestelmän jatkamista seuraavalla tavalla:

"*Määrärahojen siirtäminen varainhoitovuode(sta) toise(en)*, perussopimuksissakin tunnustettu välttämätön hallinnointikeino, helpottuu kun talousarviosta poistetaan jaksottamattomat määrärahat[25]. Maksusitoumusmäärärahojen siirtämisestä päättää edelleen komissio; nämä määrärahat on käytettävä ennen kyseisen varainhoitovuoden maaliskuun 31 päivää.

Myös maksumäärärahojen siirtämisestä päättää komissio. Siirrot hyväksytään vain, jos niillä on tarkoitus kattaa voimassa olevia sitoumuksia ja silloin kun kyseisiin budjettikohtiin seuraava(ksi) varainhoitovuode(ksi) otetut määrärahat eivät riitä kattamaan tarvetta. Komissio käyttää ensin uudet määrärahat, jotta voidaan välttää perättäisistä määrärahasiirroista aiheutuva kierre.

Määrärahojen ottamisesta uudelleen käyttöön vapauttamisen jälkeen luovutaan yleisesti sovellettavana poikkeuksena, jotta voidaan selkeyttää menettelyjä, lisätä tilinpäätöksen avoimuutta ja ohjelmien laadinnassa ja toteuttamisessa noudatettavaa kurinalaisuutta. Menettely kuitenkin säilytetään rakennerahastoja koskevassa osastossa tapauksissa, joista säädetään rakennerahastoasetukseen liitetyssä komission [lausumassa] eli silloin kun kyseessä on komission virhe tai ylivoimainen este."

Vuoden 2002 varainhoitoasetuksessa lopulta kirjatuista yleisperiaatteista hyväksytyt erilaisten määrärahojen siirtomenettelyt varainhoitovuodesta toiseen on esitetty kokoavasti Kuviossa 5.

Vuoden 2002 VHA:n 9 artiklan 1 kohdan ensimmäinen alakohta sekä 6 kohta muistuttavat jo edellisiin varainhoitoasetuksiin kirjatuista yleisperiaatteista[26] (ks. sivut 99-105), joiden mukaan:

- jos määrärahoja ei ole käytetty sen varainhoitovuoden aikana, jota varten ne on otettu talousarvioon, ne peruutetaan, ja
- varauksiin otettuja tai henkilöstömenoihin[27] liittyviä määrärahoja ei saa siirtää.

VHA:n 9 artiklan 1 kohdan toisen alakohdan mukaisesti "(k)äyttämättömät määrärahat voidaan kuitenkin viimeistään 15 päivänä helmikuuta 2 ja 3 kohdan mukaisesti asianomaisen toimielimen

---

seen myös lausunnossaan n:o 4/97 ja esittänyt käytännössä järjestelmästä luopumista (ks. sivut 103-104). Kannanotossaan vuoden 2000 HVK:lle TTI esitti, että EU:ssa säilytettäisiin vain niin kutsutut automaattiset määrärahasiirrot (ks. sivut 134-135).

[24] TTI:n kanta liittyy komission ehdotukseen luopua jaksottamattomista määrärahoista (ks. luku 4.1). Vrt. myös *TTI*... 2003, 2.11 kohta ja *TTI*... 2004, 2.14 kohta.

[25] Ks. luku 4.1.

[26] VHA:ssa myös säilytetään (jaksottamattomien määrärahojen säilyessä VHA:ssa) komission ehdotuksesta poikkeavasti (ks. yllä) erottelu jaksottamattomia ja jaksotettuja määrärahoja koskevien siirtojen välillä.

[27] Henkilöstömenoilla (*Staff expenditure/ dépenses de personnel*) tarkoitetaan toimielinten jäsenten ja henkilöstön palkkoja (*Remunerations/ rémunérations*) ja korvauksia (*Indemnities/ indemnités*; ks. VSS:n 6

Kuvio 5. Määrärahojen siirrot varainhoitovuodesta toiseen vuoden 2002 VHA:n mukaan.
Chart 5. Carry-overs of appropriations according to the 2002 Financial Regulation.
Graphique 5. Report des crédits selon le règlement financier de 2002.

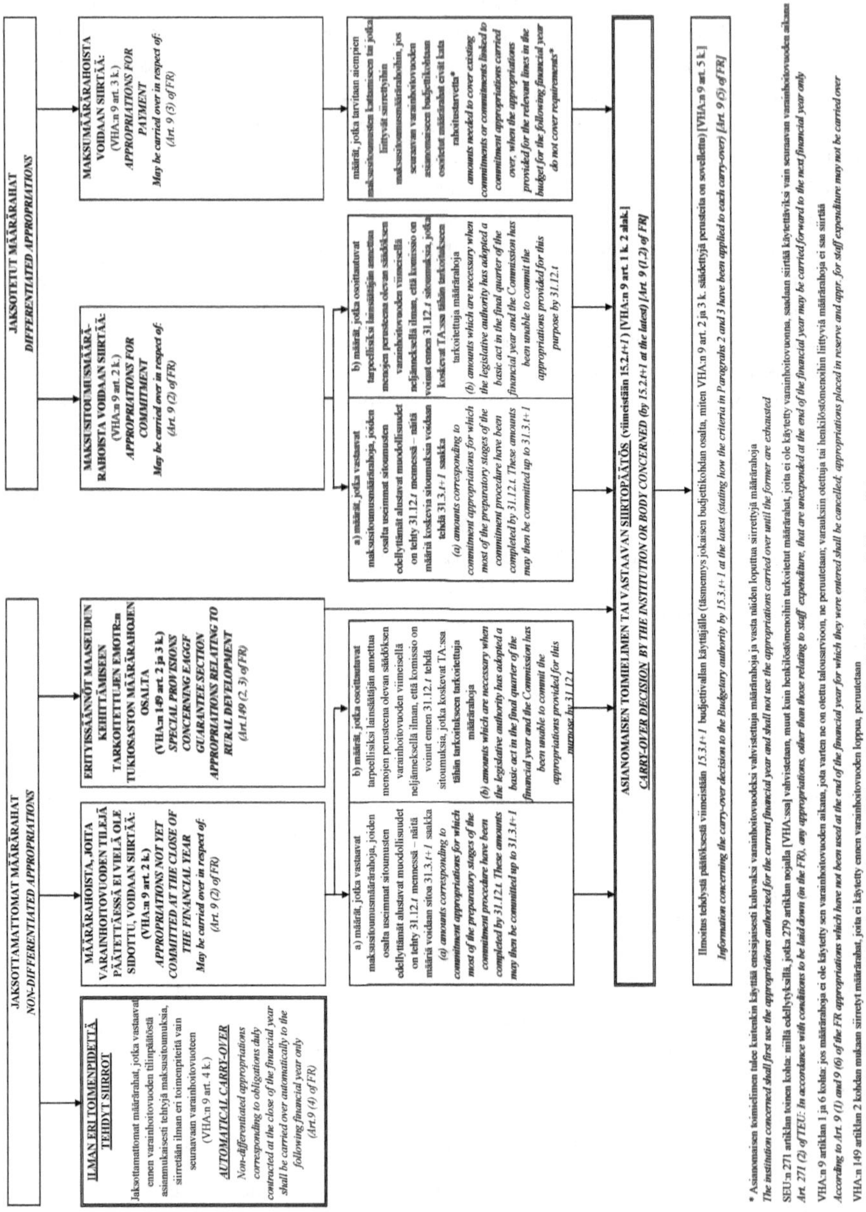

artiklan 6 kohta). Lainsäätäjä on perinteisesti halunnut sulkea näihin menoihin liittyvät määrärahat kaikkinaisten ylivuotisten siirtomahdollisuuksien ulkopuolelle niiden ”ennakoitavuuden” (”*certitude de la prévisibilité*”) takia verrattuna muihin yleiseen talousarvioon otettuihin määrärahoihin.

[28] VSS:n 6 artiklan 3 kohdassa säädetään, että jos näitä määrärahoja ei ole sidottu 31.3.*t+1* mennessä, ne

päätöksellä siirtää yksinomaan seuraavan varainhoitovuoden aikana käytettäviksi tai ne voidaan siirtää ilman eri toimenpiteitä 4 kohdan mukaisesti". Vuoden 2002 varainhoitoasetuksessa säilytetään siten ero yhtäältä "toimielinten tekemien (ei-automaattisten) siirtojen" (*Decisions of carry-over taken by the institutions/ décisions de reports prises par les institutions*) ja toisaalta "ilman eri toimenpidettä tehtävien siirtojen" (eli automaattisten siirtojen; *Automatical carry-over/ report de droit*) välillä. Budjettivallan käyttäjän tekemät siirrot poistuvat sen sijaan kokonaan (EP:n ja neuvoston omissa pääluokissaan tekemät siirrot lukuun ottamatta; vrt. sivut 99-103).

Toimielinten tekemien siirtojen osalta 9 artiklan 2 kohdassa säädetään, että jaksotettujen määrärahojen maksusitoumusmäärärahoista ja jaksottamattomista määrärahoista, joita varainhoitovuoden tilit päätettäessä ei vielä ole sidottu, voidaan siirtää:

a) määrät, jotka vastaavat maksusitoumusmäärärahoja, joiden osalta useimmat sitoumusten edellyttämät alustavat muodollisuudet on tehty 31.12.*t* mennessä. Näitä määriä voidaan sitoa 31.3.*t+1* saakka[28];

b) määrät, jotka osoittautuvat tarpeellisiksi lainsäätäjän annettua menojen perusteena olevan säädöksen varainhoitovuoden viimeisellä neljänneksellä ilman, että komissio on voinut ennen 31.12.*t* sitoa talousarviossa tähän tarkoitukseen tarkoitettuja määrärahoja[29].

VHA:n 9 artiklan 3 kohdassa säädetään jaksotettujen määrärahojen maksumäärärahoista lisäksi, että niistä voidaan siirtää määrät, jotka tarvitaan aiempien maksusitoumusten kattamiseen tai jotka liittyvät siirrettyihin maksusitoumusmäärärahoihin, jos seuraavan varainhoitovuoden asianomaiseen budjettikohtaan osoitetut määrärahat eivät kata rahoitustarvetta. Kuten edellisessäkin varainhoitoasetuksessa (ks. sivut 102-103), uuden varainhoitoasetuksen 9 artiklan 3 kohdan toisen lauseen mukaan asianomaisen toimielimen tulee kuitenkin käyttää ensisijaisesti kuluvalle varainhoitovuodelle vahvistettuja määrärahoja ja vasta näiden loputtua siirrettyjä määrärahoja.

Toisaalta asianomainen toimielimen tulee ilmoittaa viimeistään 15.3.*t+1* budjettivallan käyttäjälle tekemästään päätöksestä siirtää määrärahoja täsmentäen jokaisen budjettikohdan osalta, miten 9 artiklan 2 ja 3 kohdassa säädettyjä perusteita on sovellettu[30].

Automaattisten siirtojen osalta vuoden 2002 varainhoitoasetuksen 9 artiklan 4 kohdassa todetaan, että "(j)aksottamattomat määrärahat, jotka vastaavat ennen varainhoitovuoden tilinpäätöstä asianmukaisesti tehtyjä maksusitoumuksia, siirretään ilman eri toimenpiteitä vain seuraavalle varainhoitovuodelle".

Vuoden 2002 varainhoitoasetuksen toisen osan I osasto sisältää erityissäännöt EMOTR:n tukiosaston maaseudun kehittämiseen[31] tarkoitettujen määrärahojen siirtämisestä.

"peruutetaan ilman eri toimenpiteitä" (*Shall be automatically cancelled/ sont automatiquement annulés*). Komissio on toimitettava tieto budjettivallan käyttäjälle tällä tavoin peruutetuista määrärahoista ennen 15.4.*t+1* (ks. Taulukko 15).

Vuonna 2003 peruutettiin määrärahoja tällä tavoin 6,48 miljoonaa euroa. Määrärahat koskivat yhteensä 21 budjettikohtaa TA:n A osassa sekä B osan alaluokissa *B3* (*Koulutus, nuoret, kulttuuri, audiovisuaalinen ala, tiedottaminen ja muut sosiaaliset toimet*; 9 momenttia), *B5* (*Kuluttajansuoja, sisämarkkinat, teollisuus ja Euroopan laajuiset verkostot*; 6 momenttia) ja *B7* (*Ulkoiset toimet*; 4 momenttia). Peruuntuneet määrärahat edustivat noin 29 % budjettikohtiin siirretyistä määrärahoista (yhteensä 22,56 miljoonaa euroa).

Komissio tiedotti tästä budjettivallan käyttäjälle 12.4.2003 (*Appropriations...* 2003). Komissio liitti tiedotukseensa yksityiskohtaisemmat tiedot budjettikohdittain niistä peruuntuneista määrärahoista, jotka edustivat yli 10 % siirretyistä määrärahoista tai joiden loppusumma ylitti 100 000 euroa.

Peruuttaminen tapahtuu kirjanpitojärjestelmässä "automaattisesti". Siten etenkin EP:ssa herätti paljon keskustelua Kolumbialle (momentti *B7-3 1 2 – Apu Latinalaisen Amerikan maiden kotiseudultaan siirtymään joutuneille väestöryhmille*) tarkoitetun yhteensä 2 700 miljoonan euron peruuntuminen. Syynä oli, että sillä komissio päätti määrärahoista 31.3, tulojen ja menojen hyväksyjä saattoi tehdä sitoumuksen vasta 1.4.2003. Kirjanpitojärjestelmä "kieltäytyi enää hyväksymästä tapahtumaa, mikä aiheutti määrärahojen peruuntumisen".

[29] VSS:n 6 artiklan 4 kohdan mukaan näitä määrärahoja voidaan käyttää 31.12.*t+1* saakka.

[30] On huomattava, että toisen osan luvussa 3.2.2 mainittu neuvoston pöytäkirjaan merkitty lausuma "herrasmiessopimuksen" noudattamista VHA:n soveltamisen yhteydessä ei koske VHA:n 9 artiklaa. Siten EP ja neuvosto antavat toisilleen tiedoksi omissa pääluokissaan tekemät päätökset määrärahojen siirtämisestä varainhoitovuodesta toiseen.

[31] Agenda 2000:n yhteydessä sovittiin, että maaseudun kehittämisen rahoitus suoritetaan EMOTR:n tuki-

VHA:n 149 artiklan 2 ja 3 kohdan mukaan "(s)iirretyt (EMOTR:n tukiosaston) määrärahat, joita ei ole käytetty ennen varainhoitovuoden loppua, peruutetaan. (...) Maaseudun kehittämiseen liittyvistä EMOTR:n tukiosaston määrärahoista voidaan kuitenkin siirtää enintään 3 prosenttia yksinomaan seuraavan varainhoitovuoden aikana käytettäväksi, siltä osin kuin määrärahat ovat jääneet sitomatta. Siirto voidaan tehdä ainoastaan silloin, kun asianomaisiin budjettikohtiin seuraavaksi varainhoitovuodeksi osoitetut maksusitoumusmäärärahat eivät riitä varainhoitovuoden aikana vahvistettujen maaseudun kehittämisohjelmien toteuttamiseen. Komissio tekee siirtopäätöksen viimeistään 15 päivänä helmikuuta sinä varainhoitovuonna, jolle määrärahoja aiotaan siirtää, ja ilmoittaa asiasta budjettivallan käyttäjälle".

Varainhoitoasetuksen soveltamissääntöjen[32] 6 artiklassa ("Määrärahojen siirtäminen seuraavalle vuodelle") eritellään puolestaan tarkemmin siirtoihin liittyvät ehdot. Siten artiklan 1 ja 2 kohdan mukaan[33]:

"1. Varainhoitoasetuksen 9 artiklan 2 kohdan a alakohdassa tarkoitettuja maksusitoumusmäärärahoja voidaan siirtää seuraavalle vuodelle ainoastaan silloin kun sitoumuksia ei ole voitu tehdä varainhoitovuoden 31 päivään joulukuuta mennessä syistä, joihin tulojen ja menojen hyväksyjä ei ole voinut vaikuttaa, ja kun alustavat muodollisuudet ovat edenneet jo niin pitkälle, että sitoumus katsotaan voitavan tehdä viimeistään seuraavan vuoden 31 päivänä maaliskuuta.

2. Varainhoitoasetuksen 9 artiklan 2 kohdan a alakohdassa tarkoitetut alustavat muodollisuudet, jotka on saatava päätökseen varainhoitovuoden 31 päivään joulukuuta mennessä, jotta määrärahat voidaan siirtää seuraavalle varainhoitovuodelle, ovat erityisesti seuraavat:

a) varainhoitoasetuksen 76 artiklassa tarkoitetuista kokonaissitoumuksista rahoituspäätös tai tähän päivämäärään mennessä loppuun saatettu kunkin toimielimen sisäinen lausuntokierros, jonka päämääränä on saada kyseinen päätös hyväksyttyä,

b) varainhoitoasetuksen 76 artiklassa tarkoitetuista yksittäisistä sitoumuksista hankinta- ja avustussopimusten valmistelutoimet on saatava lähes valmiiksi. Tämä edellyttää sitä, että mahdollisten toimeksisaajien tai avustuksen saajien valintavaihe on saatu päätökseen."

Esimerkin vuoksi todettakoon, että Euroopan parlamentti päätti uuden VHA:n ensimmäisenä toimeenpanovuonna siirtää vuodelta 2002 vuodelle 2003 17.2.2003 tekemällään päätöksellä 3,3 miljoonaa euroa[34]. Neuvosto siirsi 1.1.2003 tekemällään päätöksellä 10,1 miljoonaa euroa[35]. Talous- ja sosiaalikomitea siirsi osaltaan 3.2.2003 tekemillään kahdella päätöksellä yhteensä 42 000 euroa[36].

Komissio päätti puolestaan 14.2.2003 tekemällään päätöksellä (*Määrärahasiirrot...* 2003) siirtää

---

osastosta (rahoitusnäkymien alaotsake "*1b*"). Alaotsakkeen määrärahat ovat siten jaksottamattomia määrärahoja. Tämä on aiheuttanut ongelmia mm. eläinlääkinnällisiä toimenpiteitä kattamaan tarkoitettujen määrärahojen yhteydessä (ks. luku 5).

Agenda 2000:sta, ks. esim. Baché 1999, 372-379, Chevalier 2000a, 441-460; 2000b, 524-532, Godet 2000, 273-298 tai Saarilahti 2005.

[32] VSS:n johdanto-osan viides kappale tyytyy toteamaan, että "vuotuisperiaatteen osalta olisi selkeytettävä varainhoitovuoden määrärahojen käsitettä sekä käsitettä sitoumusten edellyttämistä alustavista muodollisuuksista; jos nämä muodollisuudet saadaan päätökseen 31 päivään joulukuuta mennessä, maksusitoumusmäärärahat voidaan siirtää seuraavalle vuodelle mutta ne on käytettävä seuraavan varainhoitovuoden 31 päivään maaliskuuta mennessä".

[33] VSS:n 6 artiklan 3 kohdasta, ks. alaviite 28 ja 4 kohdasta, ks. alaviite 29. VSS:n 6 artiklan 5 kohta määrää, että seuraavalle varainhoitovuodelle siirretyt määrärahat on eroteltava kirjanpidossa muista määrärahoista.

[34] Siirto liittyi vuonna 2002 sovittuihin "aikaistamistoimenpiteisiin" (ks. sivu 173). Budjettivallan käyttäjälle lähetettiin tästä tieto 24.2.2003.

[35] Yhteensä 8,5 miljoonaa euroa momentilta *2 0 6* (*Kiinteän omaisuuden hankinta*) uuden rakennuksen ostoa varten, 1,2 miljoonaa euroa alamomentilta *2 1 0 0* (*Laitteiden ja ohjelmistojen hankinta*) tietoverkkojen infrastruktuurin korvaamista varten (osana aikaistamistoimenpiteitä) ja 405 500 euroa alamomentilta *3 3 2 0* (*Laitteiden ja ohjelmistojen hankinta*) salausjärjestelmien hankkimiseen. EP:lle lähetettiin tästä tieto 12.3.2003.

[36] Yhteensä 12 000 euroa momentilta *1 0 1* (*Tapaturma- ja sairausvakuutukset ja muut sosiaaliturvamaksut*) vakuutuksen ottoa varten komitean jäsenille ja 30 000 euroa momentilta *2 6 0* (*Rajatut kuulemiset, tutkimukset ja selvitykset*) uusien jäsenvaltioiden tarkkailijoiden matkakuluihin kattamaan osallistuminen TSK:n ylimääräiseen kokoukseen. Budjettivallan käyttäjälle lähetettiin tästä tieto 10.2.2003.

vuodelta 2002 vuoteen 2003 Pl III:n B osan jaksottamattomia määrärahoja 87,2 miljoonaa euroa sekä jaksotettuja määrärahoja 57,8 (MSM) ja 3 372,6 (MMR) miljoonaa euroa. Automaattisesti (eli ilman eri toimenpidettä) siirrettiin A osan, alaluokan *B1* (*EMOTR "tuki"*) ja kolmansia osapuolia koskevia määrärahoja 1 181,3 miljoonaa euroa.

Uuden VHA:n mukaiset ei-automaattiset määrärahojen siirrot varainhoitovuodesta toiseen on koottu Taulukkoon 15.

Määrärahojen vapautumisen (*Decommitment/ dégagement*) osalta VHA:n 11 artiklassa säädetään yleisperiaatteena, että "määrärahojen vapautuminen, joka aiheutuu niillä rahoitettavan toiminnan osittaisesta tai täydellisestä toteuttamatta jättämisestä ja joka tapahtuu sen varainhoitovuoden jälkeisten varainhoitovuosien aikana, jota varten määrärahat on otettu talousarvioon, johtaa määrärahojen peruuntumiseen [*Cancellation/ annulation*]"[37].

Rakennerahastoja, koheesiorahastoa sekä liittymistä valmistelevia rakenne- ja maataloustoimenpiteitä koskevat sen sijaan erityissäännöt. VHA:n toisen osan II osaston 157 artiklan ensimmäisen kohdan mukaan "(k)omissio purkaa [edellä mainittuihin menoihin] sidotut määrärahat ilman eri toimenpiteitä rakennerahastoista, koheesiorahastosta sekä liittymistä valmistelevista rakenne- ja maataloustoimenpiteistä annetuissa säännöksissä säädettyjen edellytysten mukaisesti".

VHA:n 157 artiklan toisen kohdan mukaan nämä määrärahat voidaan kuitenkin *ottaa uudelleen käyttöön* (*Make available again* eli nk. *reconstitution*), jos asiaan liittyy *yksin komission tekemä ilmeinen virhe* tai *ylivoimainen este*, joka vaikeuttaa vakavasti rakennerahastoista tuettujen toimenpiteiden toteuttamista[38]. Tätä varten komission tulee tarkastella vuoden *t-1* aikana purettuja maksusitoumuksia ja päättää viimeistään 15.2.*t*, tarvitseeko niitä koskevat määrärahat ottaa uudelleen käyttöön.

Komissio päätti yllä mainitulla 14.2.2003 teke-

Taulukko 15. Vuosina 2002-2005 tehdyt ei-automaattiset määrärahojen siirrot varainhoitovuodesta toiseen, määrärahojen ottaminen uudelleen käyttöön ja peruuntuneet määrärahat.
Table 15. Appropriations carried over following decisions taken by institutions, appropriations made available again or cancelled in 2002-2005.
Tableau 15. Reports non-automatiques, reconstitutions et annulations de crédits de 2002 à 2005.

	Pl *Section*	2002 -> 2003	2003 -> 2004	2004 -> 2005	VHA *FR*
Siirrot varainhoitovuodesta toiseen/ *Carry-overs*					
EJM/ *NDA*	I	3 302 900			9 art. 1 ja 2 k.
– " –	II	10 105 000			– " –
– " –	III	87 175 529	42 097 000	49 726 800	9 art. 1 ja 2 k., 149 art. 3 k.
JM – MSM/ *DA – CA*	III	57 578 153	113 483 364	160 716 912	
JM – MMR/ *DA – PA*		3 372 628 188	306 070 011	226 273 257	
EJM/ *NDA*	V			2 100 000	9 art. 1 ja 2 k.
– " –	VI	42 000			– " –
		2003	**2004**	**2005**	
Uudelleen käyttöön otetut maksusitoumusmäärärahat/ *Commitment appropriations made available again*					
EJM/ *NDA*	III	31 096 007	3 269 595	298 200	157 art.
Vapautuneet määrärahat yht. (milj. euroa) *Of decommitments of (mio euros)*		*39,696 (78,3 %)*	*7,158 (45,7 %)*	*3,081 (9,7 %)*	
Peruuntuneet määrärahat* (milj. euroa)/ ***Cancelled appropriations* (mio euros)***					
Yhteensä/ *Total*	III	6,5	0,2	2,7	VSS:n 6 art. 3 k.
Siirretty yhteensä/ *Of carry-overs of*		*22,6 (28,7 %)*	*31,3 (0,6 %)*	*161,4 (1,7 %)*	*Art. 6 (3) of IR*

* VSS:n 6 artiklan 3 kohdan toisen alakohdan mukaisten komission ilmoitusten mukaan/ *According to the information provided by the Commission according to Art. 6 (3) of the FR*

[37] Vrt. myös VHA:n johdanto-osan kuudes kappale: "Yleiskatteisuusperiaatteen osalta olisi poistettava mahdollisuus maksaa takaisin etumaksuja ja mahdollisuus määrärahojen uudelleenkäyttöön; nämä mahdollisuudet korvataan osittain käyttötarkoitukseensa sidotuilla tuloilla ja mahdollisuudella ottaa vapautettuja määrärahoja uudelleen käyttöön. Muutokset eivät koske rakennerahastoihin sovellettavia erityissääntöjä".

[38] Kyseessä on tiukennus vuoden 1990 muutoksen mukaisen vuoden 1977 VHA:n 7 artiklan 6 kohtaan, jonka mukaan vapautunutta määrärahaa vastaava maksusitoumusmääräraha voidaan (poikkeuksellisesti) ottaa uudelleen käyttöön *suunnitellun hankkeen toteuttamisen osoittautuessa välttämättömäksi*, jollei kuluvan varainhoitovuoden talousarviossa ole varoja tähän tarkoitukseen käytettäväksi (ks. sivu 103). VHA:n kolmannen osan 181 artiklan 5 kohdan mukaan varainhoitovuoden 2002 puretut maksusitoumusmäärärahat voidaan kuitenkin poikkeuksellisesti ottaa uudelleen käyttöön "vanhan järjestelmän" mukaan.

mällään päätöksellä ottaa varainhoitovuonna 2003 koheesiorahaston maksusitoumusmäärärahoja (momentti *B2-3 0 0*) uudelleen käyttöön 31,1 miljoonaa euroa[39] (*Määrärahasiirrot*... 2003). Kuten alaviitteessä 38 esitetään, tämä tapahtui kuitenkin vielä vuoden 1977 varainhoitoasetuksen, sellaisena kuin se on vuonna 2001 muutettuna, 7 artiklan 6 kohdan mukaan (ks. sivu 103). Taulukkoon 15 on koottu vuoden 2002 VHA:n 157 artiklan mukainen määrärahojen uudelleen käyttö.

4.3 Varainhoitovuoden jatkaminen ja ylimääräiset jaksot

Pitkälti TTI:n esittämän kritiikin seurauksena (ks. sivut 107 ja 135) uudessa VHA:ssa luovuttiin erilaisista ylimääräisistä jaksoista[40] (*Complementary periods/ périodes complémentaires*; ks. sivut 105-107). Toisaalta erilaiset sektorikohtaiset lisäkaudet (*Additional periods/ périodes additionnelles* tai *complémentaires*) pyrittiin karsimaan minimiin[41].

Lopulta VHA:ssa lisäkaudet rajoitettiin johdanto-osan kahdeksannen kappaleen mukaisesti tapauksiin, joissa "se on ehdottoman välttämätöntä, eli EMOTR:n maksuihin"[42].

Varainhoitoasetuksen toisen osan I osaston 152 artiklan mukaan EMOTR:n tukiosaston menot "kirjataan varainhoitovuoden tileille niiden maksujen perusteella, jotka komissio suorittaa jäsenvaltioille viimeistään kyseisen varainhoitovuoden 31 päivänä joulukuuta, edellyttäen, että tilinpitäjä saa maksumääräykset viimeistään seuraavan varainhoitovuoden 31 päivänä tammikuuta".

4.4 Väliaikaiset kahdestoistaosat

Uudessa varainhoitoasetuksessa jatkettiin väliaikaisten kahdestoistaosien järjestelmän toiminnan tarkentamista vuoden 1977 VHA:een ja sen muutoksiin verrattuna (ks. sivut 108-110). Samalla pyrittiin ottamaan huomioon tilintarkastustuomioistuimen lausunto, jossa esitettiin olemassaolevien säännösten (jotka TTI:n mukaan "ovat tarpeettoman mutkikkaita"; ks. *TTI*... 2001b, 8 kohta) yksinkertaistamista[43]. Neuvosto ei kuitenkaan halunnut ottaa määrärahojen siirtoja varainhoitovuonna tai alustavaa talousarvioesitystä huomioon laskettaessa sitoumusten tai maksujen määriä.

Väliaikaisia kahdestoistaosia käsitellään uuden VHA:n 13 artiklassa. Artiklan 1 kohdassa muistutetaan periaatteesta, jonka mukaan "(j)os talousarviota ei ole varainhoitovuoden alkaessa lopullisesti vahvistettu, sovelletaan Euroopan yhteisön perustamissopimuksen 273 artiklan ensimmäistä kohtaa, ja Euroopan atomienergiayhteisön perustamissopimuksen 178 artiklan ensimmäistä kohtaa tehtäessä maksusitoumuksia ja suoritettaessa maksuja menoista, joiden ottaminen tiettyyn budjettikohtaan olisi ollut mahdollista viimeistä asianmukaisesti vahvistettua talousarviota toteuttaessa".

VHA:n 13 artiklan 2 ja 3 kohdassa säädetään:

"2. Maksusitoumuksia voidaan tehdä luku luvulta enintään neljäsosalla kaikista asianomaiseen lukuun edelliseksi varainhoitovuodeksi hyväksytyistä määrärahoista lisättynä yhdellä kahdestoistaosalla kutakin kulunutta kuukautta kohti.

Maksaminen voidaan suorittaa kuukausittain

---

[39] Vuodesta 2001 vuoteen 2002 siirrettyjä määrärahoja peruuntui samalla yhteensä 830 miljoonaa euroa.

[40] Varainhoidon valvojien tehtävien lakkauttamisen myötä myös negatiivisen hyväksymismerkinnän kumoamiselle varattu lisäjakso (15.2.*t+1* saakka), samoin kuin koko hyväksymismerkintäjärjestelmäkin (*Approval of the Financial Controller/ visa du contrôleur financier*) luonnollisesti poistuivat VHA:sta.

[41] Luopumalla erilaisista määrärahojen "voimassaolon jatkamisista" saavutetaan komission mukaan myös se hyöty, että tilinpäätöksen esittämistä voidaan nopeuttaa (ks. *KOM(2000) 461 lopullinen*, 13).

[42] Poikkeuksen, jonka mukaan EMOTR:n tukiosaston määrärahojen voimassaoloa jatketaan 31.1.*t+1* saakka, jatkamista uudessa VHA:ssa perusteltiin maksujärjestelmän erityispiirteillä, sillä jäsenvaltiot rahoittavat tukiosaston menot ennakkoon (ks. alaviite 6). Tukiosaston menojen ottamiseksi yhteisöjen kirjanpitoon tarvitaan siten kuukauden lisäaika, koska ensinnäkin jäsenvaltioiden toimittamat tiedot on ehdittävä ottaa huomioon ja toiseksi varainhoitovuoden lopulla tarvittavat määrärahasiirrot (joita niin ikään koskevat erityissäännöt; ks. toinen osa, luku 3.2.2) on voitava ensin suorittaa. Vrt. myös hallintomäärärahoille varattu erityiskohtelu (luvut 4.1 ja 4.2).

[43] TTI (2001b, 27) ehdotti kahdestoistaosiin perustuvan hallinnointimekanismin yksinkertaistamista siten, että kahdestoistaosia määriteltäessä otettaisiin huomioon ainoastaan edeltävän varainhoitovuoden määrärahat. TTI pitäisi samalla voimassa vuosittaisen kokonaisrajoituksen, joka perustuisi edellisen vuoden TA:ssa (mukaan luettuina mahdolliset määrärahasiirrot), voimassa olevassa TAE:ssä tai tarvittaessa ATAE:ssä vahvistettuun *pienimpään* määrään.

luku luvulta enintään kahdestoistaosalla asianomaiseen lukuun edelliseksi varainhoitovuodeksi hyväksytyistä määrärahoista.

Valmisteltavassa talousarvioesityksessä varattuja määrärahoja ei saa ylittää.

3. Jos yhteisöjen toiminnan jatkuvuus ja hallinnon tarpeet sitä edellyttävät:

a) neuvosto voi määräenemmistöllä komission pyynnöstä ja Euroopan parlamenttia kuultuaan antaa luvan käyttää samanaikaisesti kaksi väliaikaista kahdestoistaosaa tai useampia väliaikaisia kahdestoistaosia niiden lisäksi, jotka ovat käytettävissä ilman eri toimenpiteitä 1 ja 2 kohdan säännösten mukaisesti, toisaalta maksusitoumusten tekemiseen ja toisaalta suoritettaviin maksuihin;

b) [ei-pakollisiin menoihin] sovelletaan Euroopan yhteisön perustamissopimuksen 273 artiklan kolmatta kohtaa, ja Euroopan atomienergiayhteisön perustamissopimuksen 178 artiklan kolmatta kohtaa[44].

Täydentävät kahdestoistaosat hyväksytään kokonaisina eikä niitä voida jakaa osiin."

VHA:n 13 artiklan 4 kohdassa säädetään lisäjoustomahdollisuudesta tarpeen niin vaatiessa:

"Jos jossain luvussa kahden tai useamman väliaikaisen kahdestoistaosan hyväksyminen 3 kohdassa määritellyissä tilanteissa ja siinä määriteltyjen menettelyjen mukaisesti ei riitä kattamaan menoja, jotka ovat tarpeellisia yhteisöjen toiminnan jatkuvuuden turvaamiseksi kyseisen luvun kattamalla alalla, edellisen varainhoitovuoden talousarvion vastaavaan lukuun otettujen määrärahojen määrän ylitys voidaan poikkeuksellisesti hyväksyä. Budjettivallan käyttäjä päättää asian 3 kohdassa määrättyä menettelyä noudattaen. Tässä tapauksessa ei kuitenkaan saa missään tapauksessa ylittää edellisen varainhoitovuoden talousarviossa käyttöön annettujen määrärahojen kokonaismäärää."

5. YHTEENVETO

Kuten luvuissa 1-4 on esitetty, vuoden 2002 varainhoitoasetus toi mukanaan useita tärkeitä muutoksia yleisen talousarvion eri joustomuotoihin. Keskeisiä esimerkkejä tästä ovat (vrt. myös ensimmäisen osan luku 3.1.3 ja toisen osan luku 3.2.7) uudet määrärahojen siirtosäännöt niin talousarviovuoden aikana[45] kuin talousarviovuodesta toiseen (ks. toinen osa, luku 3.2.2 ja kolmas osa, luku 4.2), vapaus tehdä tietty määrä muutoksia henkilöstötaulukoihin (ks. toinen osa, luku 3.2.2), uudistukset TA:n toteuttamistavoissa (ks. toinen osa, luku 3.2.6) sekä maksusitoumusjärjestelmään tehdyt tarkistukset (ks. luku 4.1). Kuten tutkimuksessa on esitetty, kyse on kuitenkin ennen kaikkea "valvotusta joustosta": budjettivallan käyttäjä on halunnut säilyttää monessa tapauksessa lopullisen päätäntävallan, kuten tärkeimpien määrärahasiirtojen tapauksessa (ks. toinen osa, luku 3.2.2; vrt. myös sivu 205, tähdellä merkitty alaviite). Toisaalta joustolle on asetettu tarkkoja ehtoja, kuten esim. komissiolle mahdollisuudessa luovuttaa TA:n toimeenpanovaltaa kolmansille osapuolille (ks. toinen osa, luku 3.2.6).

Uudessa VHA:ssa myös korostuvat erilaiset toimet maksamatta olevien määrien vähentämiseksi (ks. luku 4.1), mitkä omalta osaltaan ovat johtaneet ylivuotisen jouston vähentämispyrkimyksiin, kuten yllä määrärahojen siirtoja varainhoitovuodesta toiseen käsittelevässä luvussa 4.2 on esitetty.

VHA:ssa on niin ikään pyritty vähentämään erilaisia "mikrohallinnointiin" johtavia käytäntöjä (ks. sivu 129), samalla kun on pyritty karsimaan erilaisten poikkeusten määrää, joilla budjettiperi-

---

[44] SEY:n 273 artiklan (ja Euratom-sopimuksen 178 artiklan) 3 kohta kuuluu: "Jos [päätös antaa luvan menoihin, jotka johtavat siihen, että yksi kahdestoistaosa ylitetään] koskee menoja, jotka eivät ole tästä sopimuksesta tai sen nojalla annetuista säädöksistä johtuvia pakollisia menoja, neuvosto toimittaa päätöksen välittömästi Euroopan parlamentille tiedoksi; Euroopan parlamentti voi kolmenkymmenen päivän kuluessa jäsentensä enemmistöllä ja kolmella viidesosalla annetuista äänistä päättää toisin siitä menojen osuudesta, joka ylittää ensimmäisessä kohdassa tarkoitetun ["normaalin"] yhden kahdestoistaosan. Tältä osin neuvoston päätöstä lykätään, kunnes Euroopan parlamentti on tehnyt päätöksensä. Jos Euroopan parlamentti ei tee neuvoston päätöksestä poikkeavaa päätöstä mainitun ajan kuluessa, neuvoston päätöstä pidetään lopullisena".

[45] Vrt. esim. tilintarkastustuomioistuin joka katsoo, että "entistä suurempi liikkumavapaus budjettikohdasta toiseen tehtävien määrärahasiirtojen osalta on järkevä, etenkin jos ajatellaan, että talousarvion tulee perustua todellisiin toimiin" (*TTI*... 2004).

aatteista poikkeaminen sallitaan. On kuitenkin huomattava, että tilintarkastustuomioistuin[46] oli vuotta 2001 koskevassa kertomuksessaan mm. tältä osin varsin kriittinen uutta varainhoitoasetusta kohtaan:

"Tilintarkastustuomioistuin kannattaa uuden varainhoitoasetuksen sisältämää yleistä suuntausta, mutta asetukseen sisältyy yhä osatekijöitä, joita tilintarkastustuomioistuin pitää epätyydyttävinä. Tällaisia ovat muun muassa maksusitoumusten jakaminen keinotekoisesti vuosittaisiin eriin, tarpeettomat poikkeukset tietyillä aloilla ja eräät vähämerkityksiset säännökset (esimerkiksi määrärahojen siirtäminen varainhoitovuodesta toiseen). Ne tekevät hallinnointi- ja kirjanpitojärjestelmistä tarpeettoman monimutkaisia, ja niiden taloudelliset vaikutukset ovat vähäiset. (...) On vahinko, että uudelleenlaatimisen yhteydessä ei käytetty hyväksi tilaisuutta tehdä suurempia muutoksia" (*TTI*... 2002b, 0.18 kohta).

Merkittävin yksittäinen joustoja koskeva muutos on eittämättä siirtymien toimintoperusteiseen budjetointiin komission pääluokassa[47]. Kyseessä on samalla tarkasteluajanjaksolla 1968-2005 suurin yleisen talousarvion rakennemuutos.

Siirtyminen vuodesta 2004 yleisen talousarvion pääluokassa III toimintoperusteiseen budjetointiin[48], yhdessä uusien määrärahojen siirtoa ja henkilöstötaulukoiden muuttamista koskevien säännösten kanssa, lisäsi kiistatta komission vapausasteiden määrää talousarvion laadinnassa ja toteutuksessa. On kuitenkin huomattava, että tutkimuksessa puhutaan komission pääluokan yhteydessä tarkoituksella ABB-muotoisesta *esitystavasta*, sillä EU:ssa ei ole vielä tehty kaikkia toimintoperusteisen budjetoinnin vaatimia perustavanlaatuisia muutoksia talousarvion laadintaan ja sisältöön, vaan kyse on edelleen eräiltä osin vielä varsin keinotekoisesti toimivasta järjestelmästä[49]. Budjettivallan käyttäjä onkin kritisoinut komissiota mm. siitä, että sen on ollut käytännössä mahdotonta muuttaa toimintokohtaisia hallintomäärärahojen määriä, jotka perustuvat komission laatimiin erilaisiin "laskennallisiin avaimiin". Budjettivallan käyttäjä ei myöskään ole esim. onnistunut vähentämään (tai lisäämään) hallintomenoja samassa suhteessa kuin se on vähentänyt (tai lisännyt) toimintamenoja. Esim. neuvoston budjettikomitean kesäkuussa 2005 keskustelemaan työasiakirjan mukaan "komission hallintomäärärahojen jako eri toimintoihin perustuu "teoreettisiin" jakoavaimiin ["*Theoretical distribution keys/ clefs théoriques de répartition*"], joilla toisinaan on vain vähän tekemistä todellisten eri toimintalohkojen tarpeiden kanssa. Tämä on puolestaan johtanut fiktiiviseen hallintomäärärahojen jakoon pääluokan III osastojen välillä, mikä on vastoin toimintoperusteisen budjetoinnin perusteita". Komissio on puolustautunut mm. muistuttamalla, että henkilöstötaulukon mukaisten virkamiesten ja vastaavien jakamisessa eri pääosastoille on kyse komissiolle kuuluvasta hallinnollisesta autonomiasta.

Etenkin neuvosto (mutta myös EP:lla on ollut erilaisia ongelmia) on käytännössä luopunut toimintokohtaisesta hallintomäärärahojen käsittelystä ja tarkastelee komission (kuten muidenkin toimielinten ja vastaavien) hallintomäärärahoja talousarvioprosessin aikana – kuten aikaisemminkin – pitkälti ainoastaan kokonaistasolla[50]. Jos tämä antaakin komissiolle mahdollisuuden kohdentaa hallinto-

---

[46] Ks. myös *TTI*... 2004, 0.4-0.5 kohta, *Striking*... 2005 ja Raude 2005, 28. Vrt. niin ikään Gräßle 2005 (erit. s. 23-32), johon on koottu havaintoja ja opetuksia parlamentin näkökulmasta uuden varainhoitoasetuksen soveltamisesta.

EP:n budjettivaliokunta sekä talousarvion valvontavaliokunta järjestivät 14.6.2005 erityisen seminaarin (otsikolla "*Experiences with the implementation of the Financial Regulation in the EU institutions and in the decentralized bodies*") VHA:n toimeenpanosta saaduista kokemuksista.

[47] Eli siirtyminen menojen esittämiseen yksinomaan käyttötarkoituksen mukaan ryhmiteltyinä ja luopuminen PI III:n jakamista A osaan (hallintomäärärahat) ja B osaan (toimintamäärärahat), mikä oli käytäntö vuodesta 1982 (ks. sivu 29). Komission hallintomäärärahat on vastedes liitetty eri toimintalohkoihin (ks. toinen osa, luku 3.2.1.1). Erilaisia toimintoperusteisia budjetointeja käytetään nykyisin useissa jäsenvaltioissa, joten kyseessä on kansallisissa järjestelmissä jo varsin tunnetusta budjetointimallista. Viimeksi ABB:hen on siirtynyt Ranska vuodesta 2006.

[48] Muissa pääluokissa on toistaiseksi pitäydytty "perinteisessä esitystavassa", tosin EP ja neuvosto ovat omissa pääluokissaan uudistamassa tuntuvasti budjettinimikkeistöään vuoden 2006 TA:ssa.

[49] Erityisen hyvin tätä kuvaa vuoden 2005 ensimmäinen lisätalousarvio (ks. EUVL N:o L 113, 3.5.2005, 1-59), jolla muutettiin pääluokan III määrärahojen jakaumaa uuden komission nimityksen seurauksena muutetun salkkujaon mukaiseksi. Menoihin puututtiin siten komission sisäisten organisointitarpeiden pohjalta eikä toimintolähtöisesti.

[50] Ks. esim. Grossir 2001, 374-393; 2002, 373-393; 2003, 530-541 ja Saarilahti & Balsells Traver 2005.

määrärahojen lisäykset tai leikkaukset haluamallaan tavalla, se samalla kuitenkin tarkoittaa sitä, että budjettivallan käyttäjä ei ole täysin hyötynyt eräästä toimintoperusteisen budjetoinnin keskeisestä edusta eli mahdollisuudesta tarkastella ja päättää eri toimintapolitiikkojen *kokonais*kuluista. Samaan aikaan budjettivallan käyttäjän on ollut mahdotonta eritellä hallintomäärärahoja ja allokoida niitä ”todellisten tarpeiden” (tai esim. omien poliittisten painopistealueidensa) mukaan.

Myös toimintamäärärahojen osalta EU:ssa on ollut vaikeata luopua perinteisestä ohjelmakohtaisesta ajattelu- ja tarkastelutavasta. Ottaen huomioon esim. yhteispäätösmenettelyllä päätettyjen ohjelmien, eli sellaisten ohjelmien määrän lisääntyminen[51], joita koskevista rahoituspuitteista (*Financial framework/ enveloppe financière*; ks. Saarilahti 2004, luku 3.9) on päätetty jo lainsäädäntöprosessin aikana, myös toimintamäärärahojen osalta budjettivallan käyttäjän on ollut toisinaan vaikeata käyttää hyväkseen toimintoperusteisen budjetoinnin suomia uusia mahdollisuuksia (vrt. myös vaikeudet käyttää toimintoselvityksiä, toinen osa, luku 3.2.7).

Toimintoperusteisen budjetoinnin yhteys rahoitusnäkymiin on myös ollut ongelmana. Esim. kalastusmenoja rahoitetaan nykyisin peräti neljästä otsakkeesta (ks. esim. Böge 2005, 233). Toisaalta komission hallintomenot on koottu muiden toimielinten ja vastaavien hallintomenojen kanssa erilliseen otsakkeeseen *5*. Vuosia 2007-2013 koskevissa rahoituskehyksissä komissio ehdottaa sen hallintomenojen sisällyttämistä eri otsakkeisiin 1-4[52] (ks. *KOM(2004) 101 lopullinen*, 14-16). Tätä kirjoittaessa näyttää kuitenkin hyvin epätodennäköiseltä, että jäsenvaltiot hyväksyisivät ehdotuksen[53]. Ne muistuttavat hallintomenoja käsittävän ”kattavan kokonaistilanteen” säilyttämisen tärkeydestä ja vetoavat hallinnollisten menojen seurannan ja valvonnan näkökohtiin seuraavan kehyksen aikana (ks. *Rahoituskehys*... 2004, 20 kohta ja *Rahoitusnäkymät*... 2004, 130 kohta). Uusissa rahoituskehyksissä komissio pyrkii niin ikään karsimaan samaan aikaan eri otsakkeista rahoitettavien ohjelmien ja toimintojen määrää. Vaikka hallintomenot jätettäisiinkin pois tarkastelusta, täydelliseen yhden otsakkeen periaatteeseen tuskin kuitenkaan päästään. Tästä ovat esimerkkinä mm. ympäristömenot, joita edelleenkin rahoitettaisiin useista otsakkeista niiden ”monialaisuuden” vuoksi (ks. esim. *Rahoituskehys*... 2004, 55 kohta).

*

* *

Ensimmäiset ”virallisesti kirjatut” kokemukset (vrt. kuitenkin yllä siteerattu TTI:n kanta ja alaviite 46) VHA:n (ja VSS:n) soveltamisesta sisältyvät erityiseen kertomukseen[54] neuvostolle ja EP:lle, jonka komissio liitti 3.5.2005 esittämäänsä vuoden 2002 VHA:n (ensimmäiseen) muutokseen (ks. alla).

Mielenkiintoisena yksityiskohtana voidaan mainita, että nykyisin neuvostossa käytössä oleva niin kutsuttu *lump sum* –tarkastelu sai alkunsa Luxemburgin puheenjohtajuuskaudella vuoden 1997 toisella puoliskolla, mutta sitä kehitettiin paljon Suomen ensimmäisellä puheenjohtajuuskaudella vuoden 1999 toisella puoliskolla.

[51] Nykyisin esim. otsakkeen *3* (*Sisäiset politiikat*) määrärahoista noin 80-85 %:lla rahoitetaan ohjelmia, joista on päätetty yhteispäätösmenettelyllä. Jean-Paul Grossirin (2002, 390) laskelmien mukaan 80 % on myös se prosenttiosuus talousarvioon otetuista määrärahoista, jotka on ”ennalta määrätty” lainsäädännössä (*”prédéterminés par la législation communautaire en vigueur”*). Kyse on ennen kaikkea maatalous-, rakenne- ja suurimmasta osasta sisäisten politiikkojen menoista (kuten tutkimus- ja Euroopan laajuisia verkostoja koskevat menot).

[52] Tällöin otsakkeeseen *5* jäisivät muiden toimielinten ja vastaavien kuin komission hallinnolliset menot, kaikkien toimielinten eläkemenot sekä Eurooppa-kouluihin liittyvät menot.

[53] Ks. esim. *Rahoitusnäkymät*... 2005, 66 ja 67 kohta. Vrt. myös Euroopan parlamentin kanta (*in* Böge 2005, 39 kohta): ”(EP) haluaa säilyttää rakenteen, joka helpottaa budjettivallan käyttäjän suorittamaa komission hallintomenojen valvontaa, ja vastustaa näin ollen ehdotusta poistaa nämä menot otsakkeesta 5”. Parlamentti ilmaisee kuitenkin olevansa valmis tarkastelemaan komission hallintomenojen sisällyttämistä kunkin politiikan alalla edellytyksellä, että komission hallintomenoille ”vahvistettaisiin rahoitusnäkymistä riippumaton sitova yläraja ja että tätä ylärajaa voitaisiin nostaa ainoastaan budjettivallan käyttäjän päätöksellä käyttäen otsakkeen 5 liikkumavaraa tai mitä tahansa tulevassa toimielinten välisessä sopimuksessa tarjottuja mahdollisuuksia” (mt. 39 kohta).

[54] *KOM(2005) 181 lopullinen*, 47-52. Kertomus pohjautuu komission talousyksikköverkoston (*Réseau des unités financières*, RUF) laatimaan raporttiin VHA:n ja VSS:n antamisen jälkeen kohdatuista erilaisista hallinnointiongelmista (ks. *Rapport*... 2004). Kertomus sisältää myös muiden toimielinten ja vastaavien (sekä etenkin niiden hallintoyksiköiden) esittämiä kommentteja.

Kertomus perustuu vuoden 2002 varainhoitoasetuksen hyväksymisen yhteydessä neuvoston kokouksen pöytäkirjaan merkittyyn 85 artiklaan[55] liittyvään lausumaan[56], jonka mukaan "(k)omissio sitoutuu laatimaan ennen 1 päivää tammikuuta 2006 kertomuksen uuden varainhoitoasetuksen säännösten soveltamisesta ja erityisesti keskitetysti toteutettujen ennakkotarkastusten poistamisesta ja esittämään neuvostolle tarvittaessa soveltuvia ehdotuksia".

Tässä tutkimuksessa käsiteltyjä joustomuotoja esitetään kertomuksessa muutettavaksi tai tarkennettavaksi seuraavasti:

- *EP:n hallintoyksikkö* ehdottaa, että *määrärahasiirtoja luvusta toiseen ja momentilta toiselle* helpotettaisiin kuitenkin niin, että budjettivallan käyttäjällä säilyy edelleen mahdollisuus puuttua huomattaviin muutoksiin. *Henkilöstömenoihin* liittyvien määrärahojen siirtokielto *varainhoitovuodesta toiseen* tulisi rajoittaa koskemaan ainoastaan henkilöstölle maksettavia palkkoja ja muita korvauksia, samalla kun osa *avustuksista* (VHA:n ensimmäisen osan VI osasto) tulisi voida siirtää seuraavalle varainhoitovuodelle. EP:n muut yksiköt myös ehdottavat, että erilaisia VHA:n 60 artiklan 7 kohdan ja 122 artiklan vaatimia *kertomuksia ja selvityksiä* (ks. toinen osa, luku 3.2.1.1) yhdenmukaistettaisiin toimielinten välillä ja päällekkäisen tiedon määrää rajoitettaisiin[57].
- *neuvoston hallintoyksikkö* ehdottaa teknisiä muutoksia *juoksevia hallintomenoja koskevien ennakkositoumusten* laskentaperustaan (VHA:n 178 artikla[58]; ks. luku 4.1).
- *komission talousyksikköverkoston* mukaan talousarvion *toteuttamistapoja* koskevia VHA:n ensimmäisen osan IV osaston ja vastaavia toisen osan sääntöjä (ks. toinen osa, luku 3.2.6) tulisi yksinkertaistaa ja päivittää. Samalla olisi helpotettava ehtoja, joilla julkisen vallan tehtäviä voidaan siirtää kansallisille julkisoikeudellisille tai yksityisoikeudellisille yhteisöille[59].
- *tilintarkastustuomioistuimen hallintoyksikkö* katsoo, että *määrärahasiirtoja* (VHA:n 22 ja VSS:n 16 artikla) ja *juoksevia hallintomenoja koskevia ennakkositoumuksia* (VHA:n 178 artikla)

---

[55] VHA:n 85 artikla käsittelee uutta sisäisen tarkastuksen tehtävää (*Internal auditing function/ fonction d'audit interne*): "Kukin toimielin perustaa sisäisen tarkastuksen tehtävän, jota on hoidettava kansainvälisten standardien mukaisesti. Toimielimen nimeämä sisäinen tarkastaja vastaa toimielimelle talousarvion toteuttamisjärjestelmien ja -menettelyjen moitteettoman toiminnan tarkastamisesta. Sisäinen tarkastaja ei saa olla samalla tulojen ja menojen hyväksyjä eikä tilinpitäjä".

[56] On muistettava, että merkittävä komission uudistamiseen liittyvä VHA:n muutos (joka aloitettiin jo nk. *Fast-Track* –muutoksella; ks. sivu 136, alaviite 102) liittyi EU:n taloushallinnon henkilöstön tehtävien uudelleenmäärittelyyn. Tavoitteena oli ennen kaikkea tulojen ja menojen hyväksyjien suurempi vastuullistaminen (ks. esim. Van Craeyenest & Saarilahti 2004a, 6, 69 ja 149 kohta). Tähän liittyi puolestaan mm. luopuminen keskitetystä menojen ennakkotarkastuksesta (Ex-ante *financial control/ contrôle financier* ex-ante). Kyse oli kauaskantoisesta uudistuksesta ja eräiden jäsenvaltioiden (ja etenkin Espanjan ja Portugalin) ollessa varauksellisia loppuun asti, VHA:n hyväksymisen yhteydessä neuvoston kokouksen pöytäkirjaan merkittiin yllä mainittu "muutoksen vaikutusten tarkastelulausuma".

Toisaalta VHA:n kokonaisuudistukseen liittyi myös mm. erityisten avustusten myöntämistä koskevien oikeudellisten puitteiden luominen, yhteisöjen tilinpidon modernisoinnin jatkaminensekä keskeisten julkisia hankintoja koskevien säädösten sisällyttäminen varainhoitoasetukseen ja soveltamissääntöihin (ks. esim. mt. 81-98 kohta).

[57] EP:n hallintoyksikkö myös katsoo, että "tilinpäätös ei kuvasta monivuotisten menojen osalta oikeudellisten sitoumusten todellista luonnetta", ja ehdottaa siksi, että "otetaan käyttöön tarkat säännökset, jotka koskevat hallintobudjettien monivuotisia menoja" (*KOM(2005) 181 lopullinen*, 46).

[58] Neuvoston hallintoyksikön mukaan laskentapohja, joka nykyisellään on neljäsosa kuluvan varainhoitovuoden vastaavan *budjettikohdan* määrärahoista (VHA:n 178 artiklan 1 kohta), olisi varainhoidon tehostamiseksi yhtenäistettävä väliaikaisiin kahdestoistaosiin sovellettavan raja-arvon kanssa (eli neljäsosa kyseisen *luvun* vahvistetuista määrärahoista; VHA:n 13 artiklan 2 kohta). Yksikkö myös ehdottaa, että pohjaa ei sovellettaisi VHA:n 178 artiklan 2 kohtaan (joka koskee oikeudellisten säännösten tai sopimukseen perustuvien määräysten nojalla ennalta suoritettavia menoja, kuten vuokria, jotka voidaan maksaa 1 päivä joulukuuta alkaen seuraavan varainhoitovuoden määrärahoista; ks. luku 4.1).

[59] Komission talousyksikköverkosto myös esittää, että kun on erityisesti kyse talousarvion toteuttamistoimien *siirtämisestä*, yksityisoikeudellisilla yhteisöillä tulisi olla mahdollisuus tietyin edellytyksin mm. korvata seminaarien ja muiden tapahtumien osanottajille näiden matka- ja oleskelukuluja. "Jos komission yksiköt olisivat vastuussa kyseisistä tapahtumista, niiden olisi pakko hallinnoida suoraan useita pieniä maksutapahtumia, mihin niillä ei ole resursseja" (*KOM(2005) 181 lopullinen*, 45). RUF myös toivoo, että VHA:ssa tarkennettaisiin *komission päätoimipaikan ulkopuolella sovellettavia säännöksiä ja menettelyjä*, jotka koskevat edustustoja, lähetystöjä ja toimintamenoja.

koskevien artikloiden muotoilua olisi selkeytettävä (vrt. toinen osa, luku 3.2.2 sekä luku 4.1). Lisäksi olisi täsmennettävä VHA:n 179 artiklan 3 kohdassa tarkoitettua aikarajaa[60], joka liittyy budjettivallan käyttäjän ilmoitukseen toimielimille ja vastaaville aikomuksestaan antaa lausunto tiedotetuista kiinteistöhankkeista (ks. toinen osa, luku 3.2.3).

- *talous- ja sosiaalikomitea* esittää mm. epäilyjä suorituskykyä mittaavien indikaattorien (ks. ensimmäinen osa, luku 2.5.1 ja toinen osa, luku 3.2.6) mielekkyydestä hallintomenojen kannalta ja ehdottaa niiden poistamista. Komitea myös korostaa vaikeutta pitää kiinni kiinteistöhankkeiden kohdalla TA:n vuotuisperiaatteesta ja katsoo, että VHA:n uusien säännösten myötä velvoitteet laatia erilaisia kertomuksia ovat huomattavasti kasvaneet, ehdottaen (yhtyen siten EP:n hallintoyksikön kantaan) niiden "järkeistämistä" (*KOM(2005) 181 lopullinen*, 49). Talous- ja sosiaalikomitea sekä *alueiden komitea* ehdottavat lisäksi *määrärahasiirtoja* koskevien artikloiden 22 ja 24 muuttamista "toimielinten suuremman autonomian suuntaan".

*

* *

VHA:n 184 artiklan mukaan varainhoitoasetusta "tarkistetaan kolmen vuoden välein ja aina tarpeen mukaan Euroopan yhteisöjen perustamissopimuksen 279 artiklassa ja Euroopan atomienergiayhteisön perustamissopimuksen 183 artiklassa määrättyä menettelyä noudattaen". Neuvottelumenettelyyn turvaudutaan, jos Euroopan parlamentti sitä pyytää[61].

Kuten yllä on esitetty, komissio esitti ensimmäisen VHA:n muutosehdotuksen 3.5.2005 (*KOM(2005) 181 lopullinen*). Muutos käsittelee paljon muita kuin tutkimuksessa käsiteltyjä aiheita, etenkin taloushallinnon henkilöstön tehtäviä ja vastuualueita, julkisia hankintoja ja sopimuksia[62], avustuksia sekä kirjanpitoa[63] (ks. Van Craeyenest & Saarilahti 2004a, 69-98 kohta, vrt. alaviite 56). Muutos ei toisaalta ehdota puuttumista esim. toimintoperusteista budjetointia tai lisätalousarvioita suoraan sääteleviin VHA:n artikloihin 37-38 ja 41[64]. Komissio perustelee tätä mm. sillä, että "(*m*)*oitteeton varainhoito edellyttää vakaita sääntöjä.* (...) Jos sääntöjä muutetaan kovin usein ja ilman riittäviä perusteita, tällä voi olla *vahingollinen vaikutus* (...). Näistä syistä tarkistukset on rajattu vain välttämättömimpiin. (Toisaalta s)äännöksiä

Kertomus nostaa myös esiin ongelmia, jotka liittyvät mm. *vähäisiin hankintoihin ja avustuksiin sekä pieniin edunsaajiin* (talousyksikköverkosto ehdottaa säännösten asettamien vaatimusten suhteuttamista hankintojen ja avustusten suuruuteen sekä avustusten saajien kokoon ja erityispiirteisiin), *ennakkomaksuihin* (RUF esittää VHA:n ja VSS:n säännösten joustavaa tulkintaa tiettyä enimmäismäärää pienempien ennakkomaksujen osalta) sekä *vanhentumisaikaa* koskevien yhteisön sääntöjen puuttumiseen (verkosto toivoo yleisen vanhentumisjärjestelmän käyttöönottoa, jota sovellettaisiin kaikkiin yhteisön varoihin ja niin tuloihin kuin menoihin).

Komission talousyksikköverkosto esittää myös, että *rahoituspäätöstä* koskevat VSS:n säännökset "olisi tarkistettava perusteellisesti ja sitten vahvistettava, jotta voidaan varmistaa asianmukainen ja vakaa toimintaympäristö" (mts. 45).

[60] VHA:n 179 artiklan 3 kohdan toisessa kappaleessa käytetään termiä "välittömästi" (ks. toinen osa, luku 3.2.3).

[61] Ks. ensimmäinen osa, luku 2.1 ja sen alaviitteet 16 ja 17.

[62] VHA:n muutokseen tulee myös liittymään varainhoitoasetuksen soveltamissääntöjen muutos. Komissio hyväksyi ensimmäisen VSS:n muutoksen 20.7.2005. Muutoksessa otetaan huomioon ennen kaikkea 31.3.2004 annetun julkisia hankintoja koskevan direktiivin määräykset (ks. EYVL N:o L 134, 30.4.2004, 114-240), mutta siinä myös täydennetään soveltamissääntöjä mm. yhteisen ulko- ja turvallisuuspolitiikan perussäädösten osalta (31 artiklan 2 kohta). Muutos on julkaistu EUVL:ssä N:o L 201, 2.8.2005, 3-22.

[63] Muutoksessa yritetään myös yhdenmukaistaa hallinto- ja toimintamenojen käsitteiden käyttöä. Eri käsitteiden ehdotetut vastaavuudet ovat seuraavat:

Hallintomenot (hallintomäärärahat)	***Administrative expenditure (Administrative appropriations)***	***Dépenses administratives (crédits administratifs)***
Henkilöstömenot (henkilöstömäärärahat)	*Staff expenditure (Staff appropriations)*	*Dépenses de personnel (crédits de personnel)*
Hallintomenot (hallintomäärärahat)	*Operating expenditure (Operating appropriations)*	*Dépenses de fonctionnement (crédits de fonctionnement)*
Toimintamenot (toimintamäärärahat)	***Operational expenditure (Operational appropriations)***	***Dépenses opérationnelles (crédits opérationnels)***

Olisi toivottavaa, että erottelu yleistyisi myös muissa yhteyksissä, jotta väärinkäsitykset voitaisiin tulevaisuudessa minimoida (ks. sivu 22, alaviite 7), vaikka "hallintomenot" (hallintomäärärahat) kattavat kaksi eri ranskan- tai englanninkielistä käsitettä.

[64] Muutosehdotus ei myöskään puutu "saldolisätalousarvioita" käsittelevään VHA:n 15 artiklan 3 kohtaan (ks. ensimmäinen osa, luku 3.1.1.2).

olisi muutettava vain silloin, kun ongelmaa *ei voida ratkaista millään muulla tavalla* [kuten tulkitsevien huomautusten tai hallinnollisten toimenpiteiden avulla]. (...) Muutoksia säädöksiin olisi ehdotettava *ainoastaan todellisten ongelmien ratkaisemiseksi*" (*KOM(2005) 181 lopullinen*, 3-4).

Komissio asettaa tarkistuksen päätavoitteeksi[65] VHA:n:

1) sääntöjen *soveltamisen tehostamisen ja avoimuuden lisäämisen*[66],

2) *eräiden* (erityisesti julkisia hankintoja, avustuksia ja ennakkotarkastusta koskevien) *vaatimusten yksinkertaistamisen* ja

3) *yleisen talousarvion toteuttamista* koskevien sääntöjen *selkeyttämisen* ja *keventämisen.*

Aikataulun suhteen komissio esittää toivomuksen, että muutoksista päästäisiin sopimukseen siten, että ne tulisivat voimaan 1.1.2007. "Tämä osuu yksiin vuosia 2007-2013 koskevan rahoituskehyksen voimaantulon kanssa. Kyseiseen päivään mennessä on säädettävä myös soveltamissääntöihin tehtävistä muutoksista. Muutosasetusten antamisen jälkeen toimielimillä ja niiden yksiköillä on oltava riittävästi aikaa valmistautua muutoksiin ennen kuin asetukset tulevat voimaan" (mts. 4).

Tutkimuksessa käsiteltyjä eri joustomuotoja komissio ehdottaa muutettavaksi seuraavasti[67]:

Budjettiperiaatteiden osalta (VHA:n ensimmäisen osan II osasto; ks. ensimmäinen osa, luku 2) komissio ehdottaa ensinnäkin, että muutoksessa VHA:n 2 artiklassa korostettaisiin entisestään periaatetta, jonka mukaan kaikissa yleisen talousarvion toteuttamiseen liittyvissä säännöksissä on noudatettava VHA:ta. Kuten ensimmäisen osan luvussa 2.5 nähtiin, varainhoitoasetuksen ja muiden säädösten suhde ei kuitenkaan aina ole ongelmaton[68].

TA:n *yhtenäisyyden periaatteeseen* komissio ehdottaa teknistä muutosta ennakkorahoituksesta syntyvien korkotuottojen osalta[69].

Vuotuisperiaatteen osalta komissio katsoo, että "säännösten tehokkuutta ja läpinäkyvyyttä olisi lisättävä" (mts. 5). Siten *määrärahojen siirtojen osalta varainhoitovuodesta toiseen* komissio esittää, että jaksottamattomien määrärahojen siirtäminen seuraavalle vuodelle olisi sallittava erikoistapauksissa, joissa määrärahat käytetään maanviljelijöille suoraan suoritettaviin maksuihin. Toisaalta *menoi-*

[65] Komissio määrittelee lisäksi muutosehdotusten tavoitteeksi: 1) auttaa komissiota täyttämään perustamissopimuksen mukainen velvoitteensa toteuttaa talousarvio ja saavuttamaan yhteisön poliittiset tavoitteet, 2) tehostaa tai tukea moitteetonta varainhoitoa, 3) parantaa EU:n taloudellisten etujen suojaa petoksilta ja laittomalta toiminnalta sekä 4) edistää tilinpäätöstä koskevan myönteisen tarkastuslausuman (DAS) saamista (ks. *KOM(2005) 181 lopullinen*, 4).

[66] Komissio kuitenkin huomauttaa ehdotuksensa perusteluosassa, että "(m)onissa tapauksissa ei ole välttämättä tarvetta (VHA:n) sääntöjen muuttamiseen, mutta niiden tulkintaa ja soveltamista on selkeytettävä" (*KOM(2005) 181 lopullinen*, 3).

[67] Komissio esittää VHA:een myös joukon muutoksia, jotka liittyvät sen esittämiin rahoituskehyksiin vuosiksi 2007-2013 (ks. *KOM(2004) 101 lopullinen*) ja niihin liittyviin säädöksiin (ks. esim. ehdotuksen johdanto-osan neljäs kappale sekä toisen osan I ja II osastoa koskevat esitykset). Eräs esimerkki on lainatakuuvarausviittausten poistaminen VHA:sta (ks. toinen osa, luku 3.2.5.4). Johdanto-osan kahdeksastoista kappale perustelee ehdotusta seuraavasti: "Varainhoitoasetuksen 26, 45 ja 46 artiklaa olisi muutettava, koska yhteisöjen kolmansien maiden hyväksi myöntämiä lainoja ja lainatakuita koskeva varaus poistetaan ja käyttöön otetaan uusi varausjärjestelmä ulkosuhteisiin liittyviä takuurahaston hankkeita varten" (*KOM(2005) 181 lopullinen*, 13).

Esitettyihin muutoksiin liittyy myös mm. "maataloustukirahaston" (Euroopan maatalouden tukirahasto; *European Agricultural Guarantee Fund EAGF/ fonds européen agricole de garantie FEAGA*) ja "maaseuturahaston" (Euroopan maaseudun kehittämisen maatalousrahasto; *European Agricultural Fund for Rural Development EAFRD/ fonds européen agricole pour le développement rural FEADER*) perustamisen huomioon ottaminen (ks. EUVL N:o L 209, 11.8.2005, 1-25).

Muutoksia ei kuitenkaan käsitellä tässä luvussa, sillä vuosia 2007-2013 koskevia rahoituskehyksiä on tarkoitus tarkastella erillisessä tutkimuksessa sen jälkeen kun rahoitusnäkymistä on onnistuttu pääsemän sopimukseen (ks. sivun 131 kahdella tähdellä merkitty alaviite).

[68] On myös mielenkiintoista havaita, että muutoksen perusteluosassa komissio ehdottaa TA:n *totuudenmukaisuuden periaatteen* "laajentamista" sen korostamiseksi, että talousarvioon "on otettava riittävästi määrärahoja, jotta ne kattavat kaikki voimassaolevat oikeudelliset sitoumukset" (*KOM(2005) 181 lopullinen*, 5). Itse asetusehdotuksessa komissio ei kuitenkaan jostain syystä esitä vastaavaa VHA:n 5 artiklan muutosta.

[69] VHA:n 5 artiklan 4 kohdan mukaisesti ennakkorahoitus ja siitä syntyvät korkotuotot kuuluvat yhteisölle ja korot on perittävä takaisin vähintään kerran vuodessa. Säännön soveltamisala rajoittuu kuitenkin

hin sitoutuminen ennalta olisi sallittava poikkeustapauksissa 15.12.*t–1* jälkeen hätäaputoimia ja humanitaarisia avustustoimia varten[70]. Komissio ehdottaa niin ikään EMOTR:n tukiosaston juoksevia hallintomenoja (jotka otetaan vuoden *t* talousarvioon) koskevien *ennakkositoumusten* (jotka tehdään 15.11.*t-1* jälkeen) enimmäismäärään sovellettavien rajoitusten poistamista (VHA:n 150 artiklan 3 kohta; ks. luku 4.1 ja sen alaviite 22). Komissio myös esittää eläinlääkinnällisiin toimenpiteisiin osoitettavien jaksottamattomien määrärahojen, jotka maksetaan EMOTR:n tukiosastosta, muuttamista *jaksotetuiksi määrärahoiksi* menojen monivuotisen luonteen vuoksi (VHA:n 149 artiklan 1 kohta; ks. alaviite 31).

Yleiskatteisuusperiaatteen osalta komissio ehdottaa käyttötarkoitukseensa sidottuja tuloja koskevan luettelon täydentämistä (VHA:n 18 artikla).

Erittelyperiaatteen osalta komissio ehdottaa ennen kaikkea määrärahojen siirtämistä varainhoitovuonna koskevien sääntöjä yksinkertaistamista ja selkeyttämistä, "koska ne ovat osoittautuneet osin epäselviksi tai hankaliksi soveltaa" (*KOM(2005) 181 lopullinen*, 6; vrt. myös toinen osa, luku 3.2.2). Käytännössä komissio ehdottaa mm. seuraavia muutoksia[71]:

1) *Hallintomäärärahojen* siirtojen osalta "(i)lmoitusmenettelyn soveltaminen olisi (...) rajoitettava talousarvion kunkin osaston hallintomäärärahoja koskevien budjettikohtien välisiin määrärahasiirtoihin, joiden määrä on enemmän kuin 10 prosenttia koko varainhoitovuoden määrärahoista. Toisaalta komission olisi päätettävä itsenäisesti sellaisista talousarvion eri osastojen budjettikohtien välisistä määrärahasiirroista, jotka koskevat samanlaisia menoja" (ehdotuksen johdanto-osan seitsemästoista kappale, *KOM(2005) 181 lopullinen* 13). Komissio perustelee muutosehdotustaan sillä, että komission hallintomäärärahojen siirtoja koskevat säännöt "olisi sovitettava talousarvion uuteen toimintoperusteiseen (ABB) rakenteeseen" (mts. 6).

2) Komission tulisi voida itsenäisesti päättää *varauksiin otettujen määrärahojen siirtämisestä* (VHA:n 23 artiklan 1 kohdan toinen alakohta; ks. toinen osa, luku 3.2.5.1) sen jälkeen kun säädös on annettu tapauksissa, joissa varaukseen ottamisen perusteena on ollut, että rahoitettavalta toimenpiteeltä puuttuu perussäädös talousarviota laadittaessa. Komissio ilmoittaa ehdottaneensa muutosta "(t)ehokkuuden vuoksi" (mts. 6).

3) Muiden toimielinten kuin komission ja vastaavien osalta komissio ehdottaa, että niillä olisi oltava mahdollisuus tehdä määrärahasiirtoja saman luvun budjettikohtien välillä ilman ennakkoilmoitusta budjettivallan käyttäjälle. Komissio perustelee tätä "talousarviohallinnon yksinkertaistamise(lla)" (ehdotuksen johdanto-osan viidestoista kappale, mts. 13).

Lisäksi komissio esittää, että "ilmoitusmenettelyä" koskevissa VHA:n artikloissa 22 ja 23 tulisi osoittaa selvästi, mistä ajankohdasta budjettivallan käyttäjän päätökselle asetettu määräaika lasketaan[72] (ks. toinen osa, luku 3.2.2).

Lopuksi *seurattavuusperiaatteen* osan, TA:n julkaisuvaatimuksen osalta komissio tekee omat johtopäätöksensä havaituista viivästyksistä

VSS:n 3 artiklan mukaisesti komission keskitetysti hallinnoimiin avustuksiin. "Tämä rasittaa kohtuuttomasti sellaisia ohjelmia, joissa komission sisäinen hallinto vastaa perintämääräysten hoitamisesta. Siksi ehdotetaan, että koron määrä voitaisiin kuitata edunsaajalle suoritettavaa loppumaksua vastaan. Näin pidettäisiin kiinni periaatteista, joiden mukaan ennakkomaksut ovat yhteisön omaisuutta ja korkotuotoista on tehtävä tiliä. Yleissäännön rajoitukset olisi kirjattava soveltamissääntöjen sijasta itse varainhoitoasetukseen" (*KOM(2005) 181 lopullinen*, 5).

[70] Ehdotetun VHA:n 12 artiklaan toisen kohdan mukaan: "Poikkeuksellisissa ja asianmukaisesti perustelluissa tapauksissa määrärahoja voidaan (...) sitoa hätäapuun ja humanitaarisiin avustustoimiin seuraavan varainhoitovuoden talousarviosta kunkin vuoden joulukuun 15 päivästä alkaen. Tällaiset sitoumukset eivät saa kuitenkaan ylittää neljäsosaa vastaavan budjettikohdan määrärahoista viimeksi vahvistetussa talousarviossa" (*KOM(2005) 181 lopullinen*, 19).

[71] Samalla komissio esittää VHA:n määrärahasiirtoja koskevien artikloiden uudelleenlaadintaa havaittujen epäloogisuuksien ja puutteiden takia (ks. toinen osa, luvut 3.2.2 ja 3.2.7; vrt. ehdotuksen johdanto-osan kolmastoista kappale: "Varainhoitoasetuksen 22 artiklaa oli alun perin tarkoitus soveltaa muihin toimielimiin kuin komissioon, koska komissio soveltaa omaa järjestelmäänsä. Sen vuoksi kyseistä säännöstä olisi muutettava"; *KOM(2005) 181 lopullinen*, 13).

[72] Komissio esittää, että määräajan katsottaisiin alkavan siitä päivästä, jona toimielin tai vastaava *ilmoitti* budjettivallan käyttäjälle aiotusta siirrosta (ks. *KOM(2005) 181 lopullinen*, 20).

(ks. sivu 152, alaviite 35) ja esittää, että talousarvio tulisi julkaista *kolmen* kuukauden kuluessa päivästä, jona talousarvion lopullinen vahvistaminen on todettu (VHA:n 29 artiklan 2 kohdan toinen alakohta).

Komissio myös ehdottaa mm. käsitteen "toimintoselvitys" (*Activity statement/ fiche d'activité*) lisäämistä VHA:n 33 artiklan 2 kohdan d alakohtaan (ks. toinen osa, luku 3.2.7 ja sen alaviite 77) "toimintoperusteisen budjetoinnin yhden keskeisen käsitteen virallistamiseksi" (johdanto-osan yhdeksästoista kappale, *KOM(2005) 181 lopullinen*, 13). Samalla talousarvion sisältöä käsittelevässä 46 artiklassa mainitut maksujen erääntymisaikataulut olisi komission mukaan "sisällytettävä talousarvion sijasta alustavan talousarvioesityksen liiteasiakirjoihin, koska ne ovat talousarviomenettelyn kannalta epäolennaisia ja aiheuttavat turhaa työtä" (mts. 13).

TA:n erilaisten *toteuttamistapojen* osalta (VHA:n 53–57 artikla; ks. toinen osa, luku 3.2.6) komissio ehdottaa mm. seuraavia muutoksia:

a) olisi poistettava rajoitus, jonka mukaan talousarvion *toteuttamistehtävien jakaminen* on mahdollista ainoastaan EMOTR:n ja rakennerahastojen hallinnoinnissa, sillä varainhoitoasetuksen säännökset eivät vastaa nykyisiin säännöksiin perustuvaa käytäntöä ja jo esitettyjä ehdotuksia vuoden 2006 jälkeisiksi uusiksi perussäädöksiksi,

b) määritelmää ja vaatimuksia, jotka koskevat *talousarvion toteuttamista yhteistyössä* kansainvälisten järjestöjen kanssa, olisi selkeytettävä ja täydennettävä toimintatarpeita vastaaviksi,

c) olisi helpotettava tehtävien siirtämistä kansallisille julkisoikeudellisille yhteisöille (eli *kansallisille virastoille*) yksinkertaistamalla siirtämisen edellytyksiä ja perusteita. Asianomaisen säännöksen soveltamisalaa olisi laajennettava koskemaan myös kansainvälisiä julkisyhteisöjä,

d) olisi annettava säännökset välillisen keskitetyn hallinnoinnin erikoistapauksesta, jossa neuvosto nimittää *erityisneuvonantajia tai edustustonpäälliköitä* hoitamaan tiettyjä yhteisen ulko- ja turvallisuuspolitiikan alaan kuuluvia toimia,

e) olisi lievennettävä kieltoa, joka koskee talousarvion toteuttamistehtävien siirtämistä *yksityisoikeudellisille yhteisöille*, sillä kokemus on osoittanut sen olevan tarpeettoman ankara,

f) tarvitaan *yhteinen valvontakehys*. Sitä varten olisi tehostettava komission toteuttamia tarkastuksia, jotka koskevat hajautettua tai epäsuoraa keskitettyä hallinnointia (tai tarvittaessa hallinnointia yhteistyössä jäsenvaltioiden kanssa), säätämällä erityisesti jäsenvaltioiden velvollisuuksista jaetun hallinnointivastuun yhteydessä.

Komissio ehdottaa niin ikään (yllä mainitun lisäksi) joukon VHA:n toisen osan erityissäännösten (ks. ensimmäinen osa, luku 2.3) muutoksia, selvennyksiä ja korjauksia, mm:

a) EMOTR:n tukiosaston *alustavia maksusitoumuksia* olisi voitava tehdä vielä jäsenvaltioiden menoilmoitusten vastaanottamisesta laskettavan tavanomaisen kahden kuukauden määräajan päättymisen jälkeenkin, jos päätös määrärahasiirrosta on vireillä (VHA:n 151 artiklan 1 kohta; ks. luku 4.2),

b) rakennerahastojen osalta[73] *määrärahasitoumusten automaattista purkamista* koskevaa sääntöä olisi täydennettävä mm. komission tekemän ilmeisen virheen osalta (VHA:n 157 artikla; ks. luku 4.2),

c) tutkimuksen puiteohjelmassa olisi oltava mahdollista *ottaa vapautetut maksusitoumusmäärärahat uudelleen käyttöön* poikkeustapauksissa ja tarkkaan määritellyin edellytyksin (VHA:n 160 artikla; ks. luku 4.2). "Näin määrärahoja, jotka on alun perin osoitettu hankkeisiin, jotka jäävät osittain tai kokonaan toteuttamatta, voidaan hyödyntää riit-

[73] Komissio myös ehdottaa, että VHA:n toisen osan II osaston otsikkoa ja 155 artiklan 1 ja 3 kohtaa tarkistettaisiin siten, että viitataan rakennerahastoihin, koheesiorahastoon, kalatalousrahastoon ja maaseudun kehittämisrahastoon (vrt. sivu 149, alaviite 29). "Viittaukset liittymistä valmisteleviin rakennetoimenpiteisiin (ISPA) ja maataloustoimenpiteisiin (Sapard) olisi poistettava, koska niitä hallinnoidaan varainhoitoasetuksen 164 artiklan mukaisesti hajautetusti kolmansissa maissa, ja niiden toteuttaminen jatkuu pääosin samanlaisena kuin tähänkin asti" (ehdotuksen johdanto-osan 45. kappale; *KOM(2005) 181 lopullinen*, 17).

tävän laadukkaiden vaihtoehtoisten hankkeiden toteuttamisessa" (*KOM(2005) 181 lopullinen*, 10[74]).

Tätä kirjoitettaessa komission ehdotusta ei ole vielä virallisesti esitelty neuvostolle tai parlamentille[75], joten on vielä liian aikaista sanoa, mikä tulee olemaan budjettivallan käyttäjän lopullinen suhtautuminen esitettyihin VHA:n muutoksiin. Muutoksia koskevista neuvotteluista uhkaa kuitenkin tulla tiukkoja siitäkin huolimatta, että komissio haluaa esittää ehdotukset ennen kaikkea "teknisinä muutoksina". Samalla komissio korostaa mm. sitä, ettei se ole halunnut puuttua VHA:n perusperiaatteisiin, peruskäsitteisiin ja perusrakenteeseen (mts. 3; vrt. yllä). Komission esittämästä aikataulusta (muutosten toivotaan tulevan voimaan vuoden 2007 alusta) pystyttäneen kuitenkin pitämään kiinni, riippuen kuitenkin mm. parhaillaan käynnissä olevien rahoituskehysneuvottelujen etenemisestä[76].

---

[74] Ehdotusta perustellaan johdanto-osan 47. kappaleessa seuraavasti: "Määrärahat, jotka on vapautettu, koska hankkeet, joihin ne oli osoitettu, ovat jääneet kokonaan tai osittain toteutumatta, olisi voitava ottaa uudelleen käyttöön tarkkaan määritellyin edellytyksin. Tämän olisi oltava mahdollista tiukoin edellytyksin ja ainoastaan tutkimushankkeiden alalla, koska taloudellinen riski on tutkimushankkeissa suurempi kuin muilla aloilla" (*KOM(2005) 181 lopullinen*, 17).

[75] EP ryhtyi kuitenkin valmistelemaan kantojansa VHA:n muutokseen jo hyvissä ajoissa ennen kuin komissio julkisti ehdotuksensa. Budjettivaliokunnan ja talousarvion valvontavaliokunnan töiden tulokset on koottu tähän mennessä asiakirjoihin Gräßle & Pahor 2005a; 2005b; 2005c ja 2005d.

[76] Ks. sivun 131 kahdella tähdellä merkitty alaviite. Sen sijaan perustuslaillisen sopimuksen kohtalo tuskin tulee vaikuttamaan muutosesitysten käsittelyyn. Komissio huomauttaakin aiheellisesti ehdotuksensa perusteluosan 5.10 kohdassa: "Komission asetusehdotus on sen antamisajankohtana voimassa olleiden perussopimusten mukainen. Kun perustuslakisopimus on ratifioitu, tehdään ehdotus varainhoitoasetukseen tarvittavista uusista muutoksista" (*KOM(2005) 181 lopullinen*, 10).

LÄHTEET

COM	*European Commission / Commission européenne*
EP	Euroopan parlamentti
KOM	*Euroopan (yhteisöjen) komissio*
RTDE	*Revue trimestrielle de droit européen*
RMC(&UE)	*Revue du Marché commun (et de l'Union européenne)*
TTI	*Euroopan yhteisöjen tilintarkastustuomioistuin*
*	Julkaisematon (*Unpublished*)

Baché, Jean-Pierre: Agenda 2000 : les enjeux et les résultats de la négociation sur le calendrier financier pour la période 2000-2006. *RMC&UE 42 (1999): 429 (juin).* 372-379.

Boisson, Jean-Marie & Echinard, Yann: Le fédéralisme budgétaire : levier essentiel ou utopie ? 395-414. Dans: Joël Andriantsimbazovina & Christophe Geslot (Éd.): *Les Communautés et l'Union européennes face aux défis de l'élargissement.* Actes du colloque de Besançon, 17-18 octobre 2002. Travaux de la CEDECE. La Documentation française. Paris 2005.

Böge, Reimer: *Mietintö politiikan haasteista ja rahoitusmahdollisuuksista laajentuneessa unionissa 2007–2013.* EP. Politiikan haasteita ja rahoitusmahdollisuuksia laajentuneessa unionissa 2007–2013 käsittelevä väliaikainen valiokunta. PE 353.270. 19.5.2005. *

Chevalier, Jean-Pierre: L'Accord interinstitutionnel du 6 mai 1999 et les perspectives financières 2000-2006 : de nouvelles ambitions pour l'Union européenne ? 1ère partie. *RMC&UE 43 (2000): 440 (juillet-août).* 441-460. [2000a]

Chevalier, Jean-Pierre: L'Accord interinstitutionnel du 6 mai 1999 et les perspectives financières 2000-2006 : de nouvelles ambitions pour l'Union européenne ? 2ème partie. *RMC&UE 43 (2000): 441 (septembre).* 524-532. [2000b]

Godet, Romain: Le nouveau "code de procédure budgétaire" de l'Union européenne. L'accord interinstitutionnel sur la discipline budgétaire et l'amélioration de la procédure budgétaire du 6 mai 1999. *RTDE 36 (2000): 2 (avril-juin).* 273-298.

Grossir, Jean-Paul: La procédure budgétaire pour 2001 : un long fleuve tranquille ? *RMC&UE 44 (2001): 449 (juin).* 374-393.

Grossir, Jean-Paul: La procédure budgétaire pour 2002 : la poursuite d'une entente cordiale entre les institutions. *RMC&UE 45 (2002): 459 (juin).* 373-393.

Grossir, Jean-Paul: Le budget 2003 : la fin d'une époque. *RMC&UE 46 (2003): 471 (septembre).* 530-541.

Gräßle, Ingeborg: *Työasiakirja varainhoitoasetuksesta: yleiskatsaus vuoden 2002 uudistuksesta.* EP. Budjettivaliokunta. PE 353.522. 26.1.2005. *

Gräßle, Ingeborg & Pahor, Borut: *Työasiakirja 2. Varainhoitoasetuksen uudelleenlaatiminen – suunnitellun uudistuksen laajuus ja sisältö.* EP. Budjettivaliokunta ja talousarvion valvontavaliokunta. PE 355.817. 7.4.2005. [2005a] *

Gräßle, Ingeborg & Pahor, Borut: *Työasiakirja 3. Varainhoitoasetuksen uudistaminen – tärkeimmät uudistamistavoitteet.* EP. Budjettivaliokunta ja talousarvion valvontavaliokunta. PE 357.517. 7.4.2005. [2005b] *

Gräßle, Ingeborg & Pahor, Borut: *Working document N° 4 on "First analysis of the Commission's proposal for a regulation amending Regulation (EC, Euratom) No 1605/2002 on the Financial Regulation applicable to the general budget of the European Communities" – COM(2005(181)).* European Parliament. Committee on Budgets and Committee on Budgetary Control. PE 357.938. 18.5.2005. [2005c] *

Gräßle, Ingeborg & Pahor, Borut: *Työasiakirja nro 5. tutkimuksen puiteohjelman tukimenettelyistä ja varainhoitoasetuksesta.* EP. Budjettivaliokunta. PE 359.921. 2.6.2005. [2005d] *

KOM(2000) 461 lopullinen: *Ehdotus neuvoston asetukseksi (EY, EHTY, Euratom) Euroopan yhteisöjen yleiseen talousarvioon sovellettavasta varainhoitoasetuksesta (Komission esittämä).* Bryssel 17.10.2000. [EYVL N:o C 96 E, 27.3.2001, 1-39]

KOM(2001) 691 lopull./2: *Muutettu ehdotus neuvoston asetukseksi (EY, EHTY, Euratom) Euroopan yhteisöjen yleiseen talousarvioon sovellettavasta varainhoitoasetuksesta (Komission esittämä).* Bryssel 10.1.2002. [EYVL N:o C 103E, 30.4.2002, 292-330]

KOM(2004) 101 lopullinen: *Yhteisen tulevaisuuden rakentaminen. Politiikan haasteet ja rahoitusmahdollisuudet laajentuneessa unionissa 2007–2013.* Komission tiedonanto neuvostolle ja Euroopan parlamentille. Bryssel 10.2.2004.

KOM(2004) 492 lopullinen: *Neuvoston asetus Euroopan aluekehitysrahastoa, Euroopan sosiaalirahastoa ja koheesiorahastoa koskevista yleisistä säännöksistä (Komission ehdotus).* Bryssel 14.7.2004.

KOM(2005) 181 lopullinen: *Ehdotus neuvoston asetukseksi Euroopan yhteisöjen yleiseen talousarvioon sovellettavasta varainhoitoasetuksesta annetun neuvoston asetuksen (EY, Euratom) N:o 1605/2002 muuttamisesta. Komission kertomus neuvostolle ja Euroopan parlamentille uuden varainhoitoasetuksen säännösten soveltamisesta (Komission esittä-*

mä). Bryssel 3.5.2005.

Määrärahasiirrot: jaksottamattomat määrärahat ja jaksotetut määrärahat varainhoitovuodelta 2002 varainhoitovuodelle 2003 sekä maksusitoumusmäärärahojen ottaminen uudelleen käyttöön varainhoitovuonna 2003 – komission päätös. Bryssel 14.2.2003. *

Preliminary Draft General Budget of the European Commission for the Financial Year 2003. Budget Implementation: Implementation Plan for 2002 and RAL (Outstanding Commitments). Working document. COM. Directorate-General for the Budget. June 2002. *

Rahoituskehys vuosiksi 2007-2013. Analyyttinen selvitys Brysselin Eurooppa-neuvostolle 17.-18.6.2004. Euroopan unionin neuvosto. Asiakirja 10219/04. Bryssel 7.6.2004. *

Rahoitusnäkymät 2007-2013. Tilanneselvitys Eurooppa-neuvostolle. Euroopan unionin neuvosto. Asiakirja 16105/04. Bryssel 14. joulukuuta 2004. *

Rahoitusnäkymät 2007-2013 – Neuvottelupaketti. Puheenjohtajavaltion ilmoitus Eurooppa-neuvostolle. Euroopan unionin neuvosto. Asiakirja 10090/05. Bryssel 15. kesäkuuta 2005. *

Rapport sur les : Difficultés de gestion rencontrées suite à l'introduction du nouveau Règlement financier et de ses modalités d'exécution ; Solutions préconisées par le RUF. Réseau des unités financières. Groupe de travail RF + ME. Mai 2004. *

Raude, Vincent: Le nouveau règlement financier de l'Union européenne. *Les Notes Bleues de Bercy N° 289 (16 au 30 avril 2005).* 21-28.

Report on budgetary and financial management accompanying the Community accounts prepared by DG Budget. Financial Year 2004. Commission report pursuant to Art. 128 of the Financial Regulation. COM. Brussels. S.d. [2004] *

Saarilahti, Ilkka: *Talousarvio ja sen uudistaminen. Euroopan unionin yleisen talousarvion rakennemuutokset vuosina 1968-2003.* Helsinki University Press. Helsinki 2004.

Saarilahti, Ilkka: *L'Accord interinstitutionnel du 6 mai 1999 et les perspectives financières 2000-2006.* Conseil de l'Union européenne. Bruxelles 2005. *

Saarilahti, Ilkka & Balsells Traver, Marisa: Le budget général pour 2004 – le début d'une nouvelle ère. (*Titre provisoire – à paraître*). [2005] *

Stratégie relative aux restes à liquider. Document de travail des services de la Commission. 15.11.2000. *

Striking a Balance. Efficiency, Effectiveness and Accountability. The impact of the EU Financial Regulation on the relationship between the European Commission and NGOs. Report by F.M. Partners Limited. S.l. April 2005. *

TTI. Lausunto nro 2/2001 ehdotuksesta neuvoston asetukseksi Euroopan yhteisöjen yleiseen talousarvioon sovellettavasta varainhoitoasetuksesta. EYVL N:o C 162, 5.6.2001, 1-97. [2001b]

TTI. Vuosikertomus varainhoitovuodelta 2001. EYVL N:o C 295, 28.11.2002. [2002b]

TTI. Vuosikertomus varainhoitovuodelta 2002. EYVL N:o C 286, 28.11.2003.

TTI. Vuosikertomus varainhoitovuodelta 2003. EYVL N:o C 293, 30.11.2004.

Van Craeyenest, Félix & Saarilahti, Ilkka: Le nouveau règlement financier applicable au budget général de l'Union européenne : un maillon essentiel dans la réforme de la Commission. *RMC&UE 46 (2004): 474 (janvier).* 30-51. [2004a]

RAL:n muodostuminen (esimerkki) (Lähde: tilintarkastustuomioistuin)
Building up of RAL (example) *(Source: Court of Auditors)* / ***Formation du RAL (exemple)***

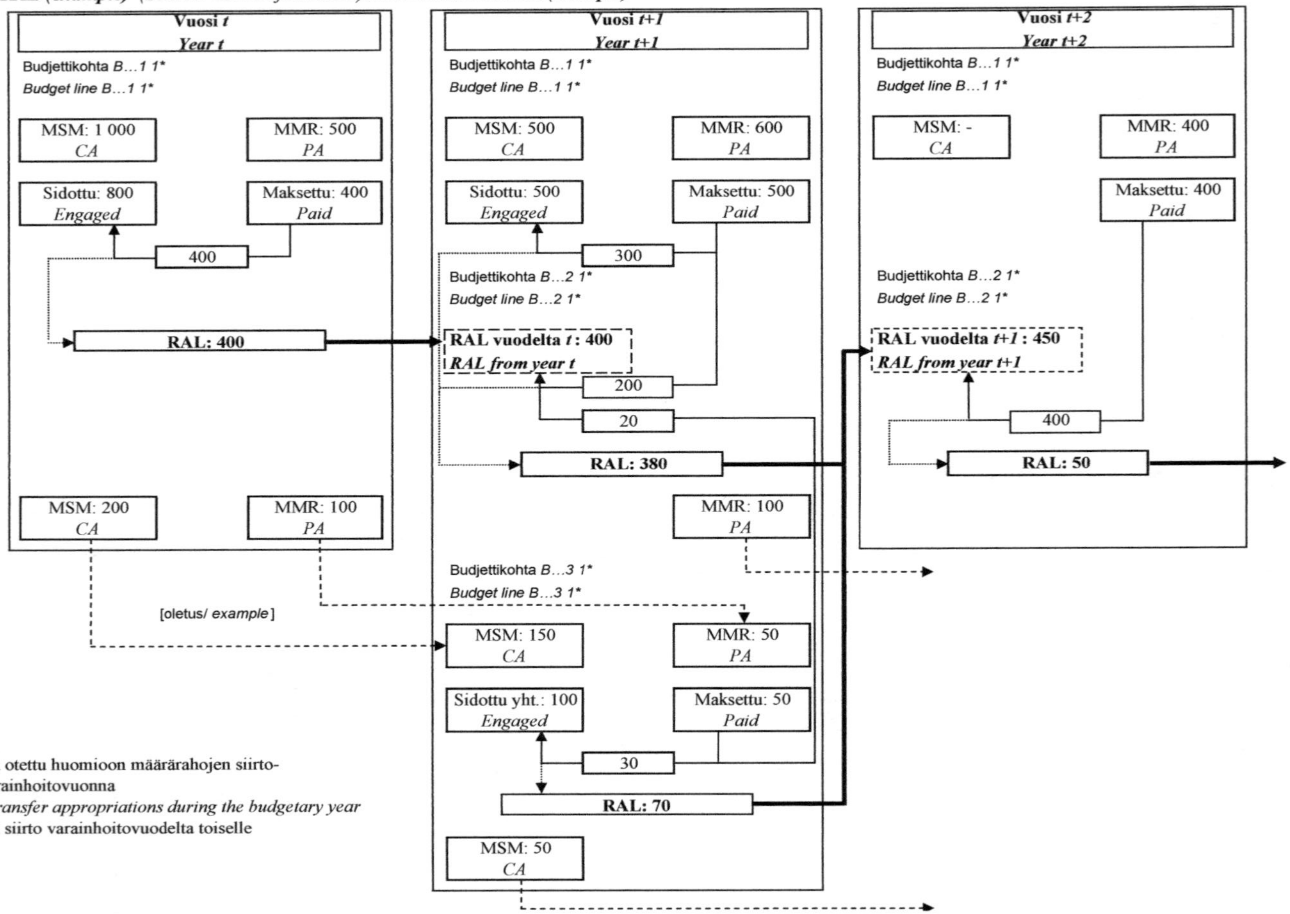

* Esimerkissä on otettu huomioon määrärahojen siirtomahdollisuus varainhoitovuonna
Possibility to transfer appropriations during the budgetary year
** Määrärahojen siirto varainhoitovuodelta toiselle

VIII. Le nouveau règlement financier applicable au budget général de l'Union européenne : un maillon essentiel dans la réforme de la Commission.

(Yhdessä Félix Van Craeyenestin kanssa)

***Revue du Marché commun et de l'Union européenne 47 (2004): 474 (janvier).* 30-51.**

Bruxelles, le 14 septembre 2004

Étude intitulée « *Le nouveau règlement financier applicable au budget général de l'Union européenne : un maillon essentiel dans la réforme de la Commission* »

- **Partage des tâches**

M. Félix VAN CRAEYENEST a été responsable de la rédaction des points 7 à 11, 16 à 44 et 99 à 109, ainsi que des notes en bas de page.

M. Ilkka SAARILAHTI a été responsable de la rédaction des autres points.

Les points 1 à 6 d'introduction et les points 148 à 150 de conclusion ont été rédigés de façon conjointe.

Félix VAN CRAEYENEST

Ilkka SAARILAHTI

14/9/04

LE NOUVEAU RÈGLEMENT FINANCIER APPLICABLE AU BUDGET GÉNÉRAL DE L'UNION EUROPÉENNE : UN MAILLON ESSENTIEL DANS LA RÉFORME DE LA COMMISSION

par **FÉLIX VAN CRAEYENEST** et **ILKKA SAARILAHTI**
Fonctionnaires au Secrétariat général du Conseil de l'Union européenne (1)

Le Conseil a arrêté le 25 juin 2002 un nouveau règlement financier applicable au budget général des Communautés européennes (2) (ci-après : le « RF »). Le RF introduit un certain nombre d'innovations importantes, notamment une redéfinition du rôle des acteurs financiers, avec comme objectif une plus grande responsabilisation surtout des ordonnateurs, l'introduction d'une nouvelle présentation budgétaire axée sur les activités, l'incorporation dans le règlement financier de la substance des directives communautaires sur les marchés publics, l'établissement d'un cadre législatif pour l'octroi de subventions et la mise en place des bases de la modernisation de l'encadrement comptable. Dans le présent article, les auteurs n'ont nullement l'intention d'épuiser le sujet, s'agissant d'une matière très vaste et souvent d'une haute technicité. Le but du présent article est plus modeste, et vise avant tout à informer le lecteur essentiellement sur les aspects nouveaux du RF qui, du fait qu'ils s'insèrent dans le cadre plus large de la réforme de la Commission, sont susceptibles d'intéresser les citoyens de l'Union européenne.

AVANT-PROPOS

1. En vertu de l'article 279 du traité CE (3) et de l'article 183 du traité Euratom, le règlement financier est arrêté par le Conseil, statuant à l'unanimité (4) sur proposition de la Commission et après consultation du Parlement européen (5) et avis de la Cour des comptes.

2. Le RF remplace, avec effet à compter du 1er janvier 2003, le règlement financier du 21 décembre 1977 (6), qui a été modifié quinze fois, dont une importante modification apportée en 1990 (7), à la suite de laquelle le règlement financier a fait l'objet de révisions portant sur des points particuliers dénommés « trains » (huit au total, le quatrième train n'ayant cependant pas abouti). La modification la plus récente est connue sous le nom de *Fast track* (8) (voy. ci-dessous première partie, point 69, c)).

(1) Les opinions exprimées dans le présent article reflètent les vues personnelles de leurs auteurs et n'engagent donc pas le Conseil de l'Union européenne.

(2) Règlement (CE, Euratom) n° 1605/2002 portant règlement financier applicable au budget général des Communautés européennes (JO L 248 du 16.9.2002, p. 1 et rectificatif au JO L 25 du 30.1.2003, p. 43).

(3) Des versions consolidées du traité sur l'Union européenne (TEU) et du traité instituant la Communauté européenne (traité CE) ont été publiées au JO C 325 du 24.12.2002, p. 1.

(4) À compter de 2007, à la suite de l'entrée en vigueur du traité de Nice, le règlement financier sera arrêté à la majorité qualifiée (article 279, paragraphe 1, deuxième alinéa du traité CE).

(5) La procédure de concertation instituée par la déclaration commune du 4 mars 1975 (JO C 89 du 22.4.1975, p. 1) est d'application automatique au règlement financier, bien que celui-ci n'a pas en tant que tel « d'implications financières notables ». Le Conseil s'est toutefois engagé en 1975 par une déclaration unilatérale à appliquer la procédure de concertation, au motif que le règlement financier est, par nature, une pièce essentielle du système budgétaire communautaire.

(6) JO L 356 du 31.12.1977, p. 1.

(7) Règlement n° 610/90 du 13 mars 1990 (JO L 70 du 16.3.1990, p. 1).

(8) Règlement (CE, CECA, Euratom) n° 762/2001 du Conseil, du 9 avril 2001, modifiant le règlement financier du 21 décembre 1977 applicable au budget général des Communautés européennes en ce qui concerne la séparation des fonctions d'audit interne et de contrôle financier ex ante (JO L 111 du 20.4.2001, p. 1).

La Présidence espagnole a finalisé en un temps record, à savoir au cours du premier semestre 2002, l'adoption de ce nouveau règlement financier « général » (9), conformément au souhait exprimé par le Conseil européen de Göteborg des 15 et 16 juin 2001, qui avait demandé que celui-ci soit prêt pour entrer en vigueur le 1er janvier 2003.

3. Le RF a été suivi (sur la base de son article 183) par le règlement (CE, Euratom) n° 2342/2002 de la Commission, du 23 décembre 2002, établissant les modalités d'exécution du règlement (CE, Euratom) n° 1605/2002 du Conseil portant règlement financier applicable au budget général des Communautés européennes (10) (ci-après: les « ME »), lesquelles ont ensuite donné lieu au sein des institutions et organes à l'adoption de règles internes complémentaires.

4. En outre, concernant les organismes communautaires:

a) la Commission a arrêté (sur la base de l'article 185 du RF), le 19 novembre 2002, le règlement (CE, Euratom) n° 2343/2002 de la Commission portant règlement financier-cadre des organismes visés à l'article 185 du règlement (CE, Euratom) n° 1605/2002 du Conseil portant règlement financier applicable au budget général des Communautés européennes (11);

b) le Conseil a modifié, le 18 juin 2003, les actes législatifs de base de douze organismes communautaires afin de les mettre en concordance avec le nouveau règlement financier. En outre, le Conseil, en codécision avec le Parlement européen, a modifié le 22 juillet 2003 les dispositions financières de quatre règlements instituant les organismes communautaires suivants: l'Agence européenne de la sécurité aérienne, l'Agence européenne pour la sécurité maritime, l'Agence européenne pour l'environnement et l'Autorité européenne de sécurité des aliments (12).

5. Ce dispositif est, par ailleurs, complété par le règlement (CE) n° 58/2003 du Conseil, du 19 décembre 2002, portant statut des agences exécutives chargées de certaines tâches relatives à la gestion de programmes communautaires (13). La Commission a, enfin, proposé le 11 juillet 2003 (sur la base de l'article 15 du règlement précité) un règlement portant règlement financier-type des agences exécutives (14).

*

* *

6. L'adoption du RF n'est pas une création *ex nihilo*, mais c'est d'abord une « consolidation » du règlement financier de 1977 et de ses modifications ultérieures, et notamment des « trains » évoqués ci-dessus (point 2). Bien entendu, le RF comporte aussi des aspects nouveaux en liaison avec la mise en œuvre, dans ses aspects financiers, du processus de réforme de la Commission (15), y inclus la réforme du Statut (16). Sous ce double angle de vues, il s'agit donc bien d'une véritable « refonte » qui prend en compte des considérations nouvelles telles que la Gouvernance (17), la responsabilisation des acteurs financiers et l'établissement du budget par activités (plus connu sous le sigle *Activity-Based Budgeting* – ABB (18)). En d'autres termes, l'« acquis » du règlement financier de 1977 et de ses modifications ultérieures est codifié dans le nouveau règlement financier. En même temps, et surtout, celui-ci comporte des éléments nouveaux qui ont un lien direct avec la réforme de la Commission.

*

* *

7. Dans un souci de simplification et de transparence, le législateur, sur proposition de la Commission (19), a autant que possible limité le texte de base aux principes essentiels, tout en renvoyant aux modalités d'exécution les dispositions de mise en œuvre qui, sur plusieurs points, ont désormais un caractère plus substantiel que cela n'avait été le cas dans le passé. Ainsi, le RF définit dans un encadrement rigoureux les règles essentielles de base, tout en laissant aux ME la définition des limites et conditions de leur mise en œuvre.

(9) *Le terme « général », dans le langage courant, signifie que le RF s'applique à l'établissement et à l'exécution du budget « général » de l'Union, qui lui-même est ainsi désigné au motif qu'il résulte de la fusion des budgets CECA, CEE et Euratom (à l'exclusion du « budget opérationnel CECA ») (voy. point 19). Par ailleurs, il existe aussi des règlements financiers dits « spécifiques » comme, par exemple, ceux des Fonds européens de développement (FED) (voy. le JO L 83 du 1.4.2003, p. 1 concernant le règlement financier applicable au 9ème FED), ceux des organismes communautaires (voy. points 4, a) et 146, a)) ou celui des agences exécutives (voy. point 5). Les règlements financiers spécifiques doivent être alignés sur le règlement financier général, tout en tenant compte des particularités des domaines concernés (voy. par exemple le point 9 du préambule du règlement financier concernant le 9ème FED : « Dans la mesure du possible, (le RF) doit être pris en compte, en tant qu'élément central de la réforme de la gestion interne de la Commission, pour l'établissement du règlement financier du FED » (ibid.)).*

(10) *JO L 357 du 31.12.2002, p. 1. La Commission a publié une présentation synoptique du RF et des modalités d'exécution (*Le règlement financier applicable au budget général des Communautés européennes et ses modalités d'exécution*, OPOCE, Luxembourg, 2003). Une version électronique est actuellement disponible sur le site de la DG Budget (à l'adresse: europa.eu.int/comm/budget/infos/publications_fr.htm).*

(11) *JO L 357 du 31.12.2002, p. 72 et rectificatif au JO L 2 du 7.1.2003, p. 39.*

(12) *JO L 245 du 29.9.2003, p. 1. Pour plus de précisions, voy. Bulletin de l'Union européenne, n° 6, 2003, points 1.7.6 et 1.7.7 (pp. 139/140).*

(13) *JO L 11 du 16.1.2003, p. 1.*

(14) *Voy. doc. SEC(2003) 803 final.*

(15) *Voy. à ce sujet:* Objectifs stratégiques 2000-2005. « Donner forme à la Nouvelle Europe ». *Communication de la Commission au Parlement européen, au Conseil, au Comité économique et social et au Comité des régions (doc. COM(2000) 154 final du 9 février 2000)* et Réforme de la Commission - Livre blanc - Parties I et II (Plan d'action) *(doc. COM(2000) 200 final/2 du 5 avril 2000).*

(16) *Le Statut des fonctionnaires et le régime applicable aux autres agents des Communautés européennes (RAA) font actuellement l'objet d'une proposition de modification de la Commission (voy. la* Proposition de règlement du Conseil modifiant le statut des fonctionnaires des Communautés européennes ainsi que le régime applicable aux autres agents de ces Communautés – *doc. COM(2002) 213 final du 24 avril 2002). Un accord politique a été atteint au niveau du Conseil le 19 mai 2003. La Commission a présenté une proposition modifiée le 18 novembre 2003 (voy. doc. COM (2003) 721 final).*

(17) *Voy. à ce sujet:* Gouvernance européenne. Travaux préparatoires au Livre blanc, *Commission européenne, OPOCE, Luxembourg, 2002.*

(18) *Sur l'ABB, voy. par exemple:* Les finances publiques de l'Union européenne, *Direction générale du budget, Commission européenne, OPOCE, Luxembourg, 2002, pp. 175-178.*

(19) *La proposition initiale de la Commission (doc. COM(2000) 461 final du 17.10.2000) a été publiée au JO C 96 E du 27.3.2001, p. 1 et la proposition modifiée (doc. COM(2001) 691 final du 21.12.2001) au JO C 103 E du 30.4.2002, p. 292. Sur la proposition initiale de la Commission voy. l'article de V. DUSSART : « La réforme du Règlement financier communautaire : un exemple de la modernisation du droit budgétaire »,* Revue française de Finances publiques, *n° 79, septembre 2002, pp. 141/163. Par ailleurs, P. CRAIG a publié une étude intéressante intitulée* The Constitutionalization of Community Administration *(Jean Monnet Working Paper 3/03, The Jean Monnet Program, New York School of Law, New York, 2003), où il analyse les innovations apportées par le RF notamment quant aux modes d'exécution du budget.*

*

* *

8. Avant d'entrer dans le fond du sujet, il convient d'abord de situer les dispositions financières du traité CE (articles 268 à 280) dans la structure du traité (points 9 et 10 ci-dessous) et d'indiquer ensuite quelle est la place du RF parmi ces dispositions financières (point 11).

9. Le système du traité est basé sur le principe d'attribution des compétences (article 5, premier alinéa et article 7, paragraphe 1 du traité CE), ce qui a conduit à une distinction essentielle entre d'une part, le budget, arrêté par l'autorité budgétaire (Parlement européen et Conseil) (article 272 du traité) qui est essentiellement une autorisation de dépenses (les recettes suivant les dépenses) et d'autre part, l'*acte de base* adopté par le législateur communautaire sur une base juridique appropriée du traité laquelle, selon la jurisprudence bien connue de la Cour de justice, est déterminée en fonction du *but* et du *contenu* de l'acte. Les actes de base (aussi dénommés *décisions de fond*) définissent le contenu de la politique communautaire en cause et donnent un fondement légal à l'exécution des dépenses correspondantes.

10. La Cour de justice a donné des précisions essentielles quant à l'articulation entre le budget et les actes de base qui constituent la législation matérielle :

a) il résulte du point 56 de l'arrêt *Salerno* du 11 juillet 1985 que : *ni le budget ni encore moins un commentaire explicatif, bien que nécessaire pour procéder à une dépense, ne peuvent se substituer aux dispositions statutaires concernant le recrutement de fonctionnaires* (20). Ce qui signifie que le budget est un instrument financier, certes indispensable pour assurer le financement d'une action communautaire, mais que c'est le législateur qui détermine le but et le contenu de celle-ci. La Cour a ensuite précisé au point 18 de son arrêt *Erasmus* du 30 mai 1989 que : *dans le système du traité, les conditions d'exercice du pouvoir normatif et celles du pouvoir législatif ne sont pas les mêmes* (21).

Enfin, dans son arrêt du 12 mai 1998, elle a tranché en termes parfaitement limpides la question dite des *bases légales* qui avait, pendant plus de vingt ans, fait l'objet de vives controverses entre les institutions. Ainsi, la Cour a précisé au point 26 de cet arrêt que : *l'exécution des dépenses communautaires relatives à toute action communautaire significative suppose non seulement l'inscription du crédit correspondant au budget de la Communauté, qui relève de l'autorité budgétaire, mais encore l'adoption préalable d'un acte de base autorisant lesdites dépenses, qui relève de l'autorité législative, alors que l'exécution des crédits budgétaires pour les actions communautaires qui ne relèvent de cette catégorie, à savoir les actions communautaires non significatives, ne nécessite pas l'adoption préalable d'un tel acte de base* (22).

b) s'agissant des rapports entre l'exercice par la Commission des *compétences d'exécution* qui lui sont attribuées conformément à l'article 202, troisième tiret du traité CE et l'exécution des crédits correspondants, la Cour a indiqué dans son arrêt du 24 octobre 1989 dans l'affaire 16/88 (*Commission contre Conseil*) que l'attribution par le Conseil à la Commission de *compétences d'exécution* (article 202, troisième tiret du traité) pour la mise en œuvre d'un programme concernant la recherche dans le secteur de la pêche, assortie d'une procédure de comité de gestion, ne portait pas atteinte au pouvoir d'exécuter le budget que la Commission tient directement de l'article 274 du traité (23).

Il résulte, en substance, de cette jurisprudence que le budget est un instrument pour permettre le financement des politiques de l'Union européenne, mais que celles-ci sont décidées par le législateur. Il y a donc une complémentarité « naturelle » entre le budget et la législation matérielle.

11. a) En ce qui concerne la place du règlement financier (article 279 du traité CE) parmi les dispositions financières du traité, il suffit de rappeler que la procédure budgétaire (adoption du budget par l'autorité budgétaire) est définie à l'article 272 du traité, que la Commission est responsable avec la coopération des États membres de l'exécution du budget (article 274 du traité), et que le règlement financier a pour objet essentiel de spécifier *les modalités relatives à l'établissement et à l'exécution du budget et à la reddition et à la vérification des comptes* (article 279, paragraphe 1, littera a) du traité). Ainsi, le règlement financier revêt une très grande importance, d'une part, pour l'autorité budgétaire au niveau de l'établissement du budget en vue du bon déroulement de la procédure budgétaire et, d'autre part, pour la Commission dans l'exercice du pouvoir qu'elle tient directement de l'article 274 du traité CE d'exécuter le budget sous sa propre responsabilité.

b) Sur le plan formel, il est hors de doute que le règlement financier ainsi que les modalités d'exécution constituent, aujourd'hui, de véritables règlements communautaires : en effet, il s'agit bien d'actes de *portée générale*, qui sont obligatoires dans tous leurs éléments et directement applicables dans tout État membre (article 249, deuxième alinéa du traité CE) (24), alors que le budget est un *Beschluss*, forme de décision qui a des effets juridiques à l'intérieur de la structure institutionnelle de la Communauté, mais qui à la différence de la décision formelle (*Entscheidung*) (article 249, quatrième alinéa du traité) n'est pas notifiée à des destinataires déterminés. Bien qu'étant formellement un *règlement* au sens du traité, le règlement financier ne saurait toutefois être qualifié d'*acte de base* proprement dit (voy. ci-dessus points 9 et 10), étant donné sa nature purement financière.

INTRODUCTION

12. Le RF se compose de trois parties et de seize titres :

— première partie : dispositions communes (huit titres) (articles 1er à 147) ;

— deuxième partie : dispositions particulières (six titres) (articles 148 à 179) ;

— troisième partie : dispositions transitoires et finales (deux titres) (articles 180 à 187).

En outre, il comprend en annexe, conformément à son article 186, un tableau de correspondance par articles avec le règlement financier du 21 décembre 1977 précité (voy. point 2).

13. Avec ses 187 articles, le RF comporte soixante-dix-sept articles de plus que le règlement financier du 21 décembre 1977 dans sa version originale et

(20) Affaires jointes 87, 130/77, 22/83, 9 et 10/84 (Recueil 1985, p. 2541).

(21) Affaire C-242/87 (Commission contre Conseil) (Recueil 1989, p. 1454).

(22) Affaire C-106/96 (Royaume-Uni contre Commission) (Recueil 1998, p. I-2729).

(23) Recueil 1989, pp. 3481 et suivantes.

(24) *Ce caractère a jadis été contesté au motif que le règlement financier n'avait qu'un caractère « interne » à la Communauté (voy. le règlement du 16 décembre 1980, publié en partie II au JO L. 345 du 20.12.1980, p. 23). Cette conception archaïque est aujourd'hui définitivement dépassée.*

quarante articles de plus que dans sa dernière version telle qu'elle résulte de la modification du 9 avril 2001 précitée (*Fast track*) (voy. point 2).

14. Pour la commodité de l'exposé, la présentation ci-dessous suit la structure et l'ordre des articles du RF.

I. — PREMIÈRE PARTIE: DISPOSITIONS COMMUNES

A - Titre I: objet

15. L'article premier du RF rappelle que pour son application, les organes (c'est-à-dire le Comité économique et social européen (section VI du budget général), le Comité des régions (section VII), le médiateur (section VIII A) et le contrôleur européen de la protection des données (section VIII B)) sont assimilés aux institutions des Communautés (c'est-à-dire au Parlement européen (section I), au Conseil (section II), à la Commission (section III), à la Cour de justice (section IV) et à la Cour des comptes (section V)). Ceci est la reconnaissance, pour les besoins de l'application du règlement financier, de l'autonomie administrative des organes institués par le traité.

16. L'article 2 du RF donne une indication nouvelle en ce qu'il prévoit que: *Toute disposition relative à l'exécution du budget en recettes ou en dépenses, figurant dans un autre acte législatif, doit respecter les principes budgétaires énoncés au titre II.*

Cet article, qui a son origine dans une suggestion de la Cour des comptes, a été repris par la Commission dans sa proposition modifiée et retenu par le Conseil. Il vise à éviter que le législateur communautaire n'insère dans des actes législatifs (autres que le règlement financier lui-même) des dispositions qui pourraient comporter des entorses aux principes budgétaires de base prévus par le règlement financier. L'*effet utile* de cette disposition est donc, en quelque sorte, de « discipliner » le législateur en vue d'éviter que par des « débordements », voire des « empiétements » éventuels, des atteintes ne soient portées aux principes budgétaires énoncés au titre II du RF. Toutefois, une telle disposition ne saurait donner de garantie absolue à cet égard, étant donné qu'en termes de hiérarchie de normes, il n'existe pas de primauté du règlement financier sur les actes législatifs matériels, mais plutôt un rapport de complémentarité (25). Il appartient donc au législateur d'être vigilant à cet égard, étant entendu toutefois que dans la mesure où des principes budgétaires de base sont posés par le traité lui-même, le législateur communautaire est tenu de les respecter au titre de la primauté du droit primaire sur le droit dérivé.

B - Titre II: les principes budgétaires

17. Le RF énumère à son article 3 les principes budgétaires qui doivent être respectés par l'autorité budgétaire au niveau de l'établissement du budget et par la Commission ainsi que par les États membres au niveau de son exécution. Ces principes, qui font l'objet d'un titre spécifique (titre II) de la première partie du RF sont: *l'unité et la vérité budgétaire* (articles 4 et 5), *l'annualité* (articles 6 à 13), *l'équilibre* (articles 14 et 15), *l'unité de compte* (article 16), *l'universalité* (articles 17 à 20), *la spécialité* (articles 21 à 26), *la bonne gestion financière* (articles 27 et 28) et *la transparence* (articles 29 et 30).

Chapitre 1: le principe d'unité et de vérité budgétaire

a) Le principe d'unité

18. L'article 4, paragraphe 1 du RF prévoit, conformément à l'article 268, premier alinéa du traité CE que: *Le budget est l'acte qui prévoit et autorise, pour chaque exercice, l'ensemble des recettes et des dépenses estimées nécessaires de la Communauté européenne et de la Communauté européenne de l'énergie atomique.*

19. Il est rappelé que le traité instituant la Communauté européenne du charbon et de l'acier (CECA) qui avait une durée de cinquante ans, a expiré le 23 juillet 2002 et que le *budget opérationnel CECA*, ainsi que les dépenses administratives de celle-ci, ont donc cessé d'exister (26), ce qui explique que le RF ne comporte plus le visa du traité CECA (celui-ci se justifiait antérieurement en raison du fait que les dépenses administratives de la CECA avaient été rattachées au budget général par le traité de fusion du 8 avril 1965).

20. Le RF (article 4, paragraphe 1) consacre le principe d'unité du budget. À noter toutefois que le Fonds européen de développement (FED) n'est pas budgétisé (27) (28), de même que les opérations d'emprunts et de prêts contractés par les Communautés (sauf l'inscription de la garantie) (voy. le paragraphe 3 dudit article). Le budget comporte aussi l'inscription des versements au Fonds de garantie relatif aux actions extérieures (29) (*ibid.*).

21. Le RF contient (article 4, paragraphe 2, a) une précision qui vise à englober dans les recettes et dépenses de la CE les dépenses administratives entraînées pour les institutions par les dispositions du TUE dans le domaine de la PESC et dans celui de la coopération policière et judiciaire en matière pénale, ainsi que les dépenses opérationnelles entraînées par la mise en œuvre desdites dispositions quand celles-ci sont à la charge du budget général (30).

b) Le principe de vérité budgétaire

22. Ce principe, bien connu notamment dans le droit allemand et dans le droit autrichien sous le nom de *Prinzip der Haushaltswahrheit*, a été à plusieurs reprises invoqué dans les débats budgétaires communautaires au cours des vingt dernières années comme faisant partie intégrante des principes budgétaires du droit de certains États membres (31).

(25) Sur cette problématique, voy. point 10 in fine. Voy. également les observations de la Cour des comptes dans son avis n° 4/97 sur la proposition de règlement (Euratom, CECA, CE) du Conseil modifiant le règlement financier du 21 décembre 1977 applicable au budget général des Communautés européennes du 10 juillet 1997 (point 12) (JO C 57 du 23.2.1998, pp. 2/3).

(26) Voy. décision du Conseil du 1er février 2003 fixant les dispositions nécessaires à la mise en œuvre du protocole, annexé au traité instituant la Communauté européenne, relatif aux conséquences financières de l'expiration du traité CECA et au Fonds de recherche du charbon et de l'acier (JO L 29 du 5.2.2003, p. 22). Voy. également les décisions du Conseil n° 2003/77/CE et n° 2003/78/CE (ibid., respectivement p. 25 et p. 28).

(27) Voy. à ce sujet la réponse du Conseil à la question écrite de D. ROD sur l'inscription du FED au budget communautaire (JO C 309 E du 12.12.2002, p. 113).

(28) Sur la régularité de la procédure pour l'adoption du règlement financier du FED, voy. l'arrêt de la Cour de justice du 2 mars 1994 dans l'affaire C-316/91 (Parlement européen contre Conseil) (Recueil 1994, p. I-625).

(29) Règlement (CE, Euratom) n° 2728/94 du Conseil du 31 octobre 1994 instituant un Fonds de garantie relatif aux actions extérieures (JO L 293 du 12.11.1994, p. 1), modifié par le règlement (CE, Euratom) n° 1149/1999 du 25 mai 1999 (JO L 139 du 2.6.1999, p. 1).

(30) Voy. à ce sujet l'article 268, deuxième alinéa du traité CE, ainsi que l'article 28, paragraphes 2 et 3 et l'article 41, paragraphes 2 et 3 du TUE.

(31) Il convient de rapprocher le principe de vérité budgétaire du principe de « sincérité », qui a été introduit dans le droit budgétaire français à la suite de la loi organique du 1er août 2001 (JORF du 2 août 2001, p. 1).

L'*effet utile* du principe de vérité budgétaire est que le budget doit refléter de façon aussi exacte que possible la vérité économique (on ne « badine » pas avec les chiffres...). Ce principe a, pour la première fois, trouvé une expression écrite, bien que timide, à l'article 5, paragraphe 3 du RF, qui figure dans le chapitre consacré au principe d'unité du budget: *Aucun crédit ne peut être inscrit au budget s'il ne correspond pas à une dépense estimée nécessaire.* Il y a donc désormais une disposition expresse relative à ce principe dans le droit communautaire. Il appartiendra à l'autorité budgétaire d'appliquer *in concreto* cette nouvelle disposition en cas de besoin.

Chapitre 2: le principe d'annualité

23. Le principe d'annualité est prévu à l'article 271, premier et deuxième alinéa du traité CE: *Les dépenses inscrites au budget sont autorisées pour la durée d'un exercice budgétaire* (qui correspond à l'année civile), sauf dispositions contraires du règlement financier. Dans les conditions déterminées par celui-ci *les crédits, autres que ceux que relatifs aux dépenses de personnel, qui seront inutilisés à la fin de l'exercice budgétaire pourront faire l'objet d'un report qui sera limité au seul exercice suivant* (32).

Selon l'article 6 du RF: *Les crédits inscrits au budget sont autorisés pour la durée d'un exercice budgétaire qui commence le 1er janvier et s'achève le 31 décembre* (voy. également l'article 272, paragraphe 1 du traité CE).

24. La distinction entre *crédits dissociés* et *crédits non dissociés*, innovation introduite par le règlement financier du 21 décembre 1977, est maintenue (article 7 du RF). La proposition de la Commission, qui visait à généraliser la dissociation des crédits, n'a pas été retenue par le Conseil. De même la Cour des comptes avait, dans son avis n° 4/1997 précité (point 2.18 de l'Annexe) plaidé pour la dissociation de tous les crédits.

25. Des précisions quant à l'impact du principe d'annualité en matière de ressources propres et de dépenses pour un exercice donné font l'objet de l'article 8 du RF.

26. La suggestion de la Cour des comptes qui visait à supprimer le mécanisme des reports de crédits (33) n'a été suivie ni par la Commission ni par le Conseil. Toutefois, le système des reports a été simplifié dans le sens d'une plus grande autonomie de chaque institution (articles 9 et 10 du RF).

27. L'article 11 du RF prévoit que: *Sans préjudice de l'article 157* (34), *les dégagements, à la suite de la non-exécution totale ou partielle des actions auxquelles les crédits ont été affectés, intervenant au cours des exercices ultérieurs par rapport à l'exercice pour lequel ces crédits ont été inscrits au budget, donnent lieu à l'annulation des crédits correspondants.*

28. S'agissant du régime des douzièmes provisoires, prévu à l'article 273 du traité CE, l'article 13 du RF comporte des précisions et clarifications utiles. En effet, il est apparu au premier semestre de l'exercice 1980, à la suite du rejet du projet de budget pour cet exercice voté en décembre 1979 par le Parlement européen nouvellement élu au suffrage universel (conformément à l'article 272, paragraphe 8 du traité CE), que les textes comportaient plusieurs lacunes et ambiguïtés. Celles-ci avaient pourtant déjà été partiellement levées lors de la modification du règlement financier de 1977 par le règlement n° 610/90 du 13 mars 1990 (35). Au cas où le budget de l'Union ne serait pas définitivement arrêté au début d'un exercice à venir (hypothèse que l'on ne saurait totalement exclure, malgré les accords interinstitutionnels du type de celui du 6 mai 1999 (36)), l'article 13 du RF ainsi clarifié conserve son utilité en vue d'assurer, dans des conditions satisfaisantes, la continuité du fonctionnement des institutions de l'Union.

Chapitre 3: le principe d'équilibre

29. Le traité CE à son article 268, troisième alinéa prévoit le principe d'équilibre des recettes et des dépenses. Il s'agit d'un principe bien connu dans le droit budgétaire des États membres (abstraction faite du recours de ceux-ci à l'emprunt) (voy. point suivant).

L'article 14, premier paragraphe du RF parle de *recettes* et de *crédits de paiement*, au motif que l'équilibre s'effectue au niveau des crédits de paiement (37) et non des crédits d'engagement.

30. a) Les Communautés (CE, Euratom) ne peuvent souscrire des emprunts. Ainsi, selon l'article 14, paragraphe 2 du RF: *Sans préjudice de l'article 46, paragraphe 1, point 4, la Communauté européenne et la Communauté européenne d'énergie atomique, ainsi que les organismes créés par les Communautés visés à l'article 185, ne peuvent souscrire des emprunts.*

b) Il s'agit là d'une question assez fondamentale et qui a été longtemps controversée, certaines institutions (Parlement européen, Commission et Cour des comptes) s'étant exprimées, dans le passé, en faveur de la possibilité, pour les institutions de l'Union, de recourir à l'emprunt.

c) Il est rappelé que la décision « ressources propres » du 29 septembre 2000 (38) prévoit (à son article premier, deuxième alinéa) que le budget de l'Union européenne est *sans préjudice des autres recettes, intégralement financé par les ressources propres des Communautés.* Cette disposition figurait déjà dans la première décision « ressources propres » du 21 avril 1970 (39). Il résulte du terme *intégralement* que le système des ressources propres des Communautés européennes a été conçu comme complet en ce sens que l'énumération des catégories de ressources propres qui figure à l'article 2, paragraphe 1 de la décision « ressources propres » du 29 septembre 2000 est limitative. Ce que confirme d'ailleurs pleinement le paragraphe 2 du même article, qui prévoit que toute nouvelle ressource propre supplémentaire ne saurait être instituée que dans le respect de la procédure de l'article 269 du traité CE, c'est-à-dire par décision unanime du Conseil qui doit ensuite être « adoptée » (dans le sens de « ratifiée ») par les États membres conformément à leurs règles constitutionnelles respectives (argument: *pour autant que...*). Ceci est une application du principe dit de *l'acte contraire.*

(32) Par « dépenses de personnel » on entend essentiellement les rémunérations et indemnités. Ces dépenses échappent à toute possibilité de report en raison de la certitude de la prévisibilité.

(33) Voy. l'avis de la Cour des comptes n° 2/2001 du 8 mars 2001, point 7 (JO C 162 du 5.6.2001, p. 1) et le rapport annuel relatif à l'exercice 2001, point 0.18 (JO C 295 du 28.11.2002, p. 1).

(34) Il s'agit d'un mécanisme concernant les Fonds structurels (voy. points 118 et 119).

(35) JO L 70 du 16.3.1990, p. 1.

(36) Voy. JO C 172 du 18.6.1999, p. 1 et rectificatif au JO C 303 du 20.10.1999, p. 6.

(37) Il eut été plus exact d'utiliser les termes « crédits pour paiements » étant donné que les crédits non dissociés ont été maintenus (voy. point 24). Sur le sens exact des notions de « crédits pour engagements » et de « crédits pour paiements », voy. le rapport annuel de la Cour des comptes relatif à l'exercice 2001, Annexe I (point 7) (JO C 295 du 28.11.2002, pp. VII/VIII) ou celui relatif à 2002, Annexe 1 (point 7) (JO C 286 du 28.11.2003, pp. VII/VIII)..

(38) JO L 253 du 7.10.2000, p. 42.

(39) Décision n° 70/243/CECA, CEE, Euratom (JO L 94 du 28.4.1970, p. 19).

Il découle de ce qui précède que les *autres recettes* ne représentent qu'une part faible du budget (par exemple, l'impôt sur le traitement des fonctionnaires etc.), l'essentiel étant constitué par les « ressources propres » (40). À ce sujet, le Conseil a adopté le 7 mai 1985, lors de l'adoption de la deuxième décision « ressources propres » (41), une déclaration selon laquelle les recettes provenant d'emprunts ne constituent pas des *autres recettes* au sens de la décision ressources propres (42). Cette déclaration était destinée à « verrouiller » le système, c'est-à-dire à « tuer dans l'œuf » toute velléité de financer des actions de la Communauté par le recours à l'emprunt, ce qui à terme aurait, à coup sûr, entraîné l'endettement des Communautés...

d) Reste la question de savoir s'il serait possible pour les institutions de l'Union européenne de recourir à l'emprunt, non pas pour financer telle ou telle politique de l'Union, mais pour permettre, par exemple, une acquisition immobilière. Force est de constater que l'article 14, paragraphe 2 du RF est parfaitement limpide, en ce qu'il exclut toute possibilité d'emprunt par les institutions pour quelque motif que ce soit. Cette disposition ne saurait toutefois empêcher la Communauté (ses institutions) d'acquérir à terme la propriété d'immeubles par d'autres moyens que l'emprunt direct.

e) Le Parlement européen a, par un amendement qui a été retenu par le Conseil lors de la concertation, proposé que l'interdiction d'emprunter s'applique aussi aux organismes communautaires visés à l'article 185 du RF qui reçoivent effectivement des subventions à la charge du budget général.

f) L'interdiction d'emprunts par les institutions n'est pas de nature à remettre en cause les opérations d'emprunts et de prêts qui ne sont pas budgétisées. Il s'agit d'ailleurs *d'opérations blanches*, seule la garantie étant budgétisée (43) (tel est le sens des termes *Sans préjudice de l'article 46, paragraphe 1, point 4*) (article 14, paragraphe 2 du RF, voy. ci-dessus point 30, a)).

31. L'article 15 du RF, qui complète l'article 7 de la décision « ressources propres » du 29 septembre 2000, traite de la question du solde en excédent ou en déficit. Une précision intéressante à signaler est que le paragraphe 3 prévoit explicitement que l'inscription, par le biais d'un budget rectificatif (voy. ci-dessous point 47), du solde final dans le budget après la remise des comptes est une opération en soi, en ce sens qu'il n'est pas possible de l'assortir d'éléments additionnels qui n'ont aucun rapport avec cette opération.

Chapitre 4: le principe d'unité de compte

32. Le principe d'unité de compte est la mise en œuvre de l'article 277 du traité CE. L'article 16, premier alinéa du RF stipule, comme il avait été déjà prévu au règlement (CE, CECA, Euratom) n° 2779/98 du Conseil du 17 décembre 1998 modifiant le règlement financier du 21 décembre 1977 (44), que cette unité de compte est l'*euro* en indiquant que: *Le budget est établi, exécuté et fait l'objet d'une reddition des comptes en euros.* Cette disposition a une portée très large, en ce qu'elle englobe non seulement l'établissement du budget, mais aussi son exécution, et notamment les comptes et tous les paiements et les recouvrements, qui sont désormais libellés en euros (même pour les pays hors zone euro, voire hors de l'Union européenne) (45).

Chapitre 5: le principe d'universalité

33. Bien qu'étant un principe de base, le principe d'universalité ne figure pas dans les dispositions financières du traité, mais à l'article 17 du RF qui prévoit la règle de non-affectation (des recettes aux dépenses).

Toutefois, on peut relever que l'article 6, première phrase de la décision « ressources propres » du 29 septembre 2000 (46) prévoit aussi une règle de non-affectation des ressources propres. D'un point de vue juridique, il est permis de se demander si cette disposition ne sort pas de l'objet même de la décision « ressources propres », qui est de définir les dispositions relatives au système des ressources propres, et notamment les procédures et modalités relatives à leur perception et à leur mise à la disposition de la Commission. Cette situation peut néanmoins s'expliquer par des raisons historiques qui remontent à la première décision « ressources propres » du 21 avril 1970.

34. L'article 18 du RF prévoit des exceptions au principe de non-affectation posé à l'article 17, en permettant que des recettes soient affectées à des dépenses spécifiques (47).

La liste des recettes affectées prévue est, comme toute dérogation, d'interprétation stricte. Il convient de signaler que l'article 18, paragraphe 2 permet également au législateur de créer lui-même des recettes affectées dans un *acte de base*, ce qui, à première vue, ne paraît pas en harmonie avec le nouvel article 2 du RF (voy. ci-dessus point 16). L'article 18, paragraphe 2 peut néanmoins s'expliquer par le souci du législateur de pouvoir prescrire lui-même que des recettes déterminées soient réservées à des besoins spécifiques qu'il définit dans tel ou tel programme.

35. a) Une question intéressante est de savoir si la Communauté peut recevoir des *dons*. Il résulte explicitement de l'article 18, paragraphe 1, point c) et de l'article 19 du RF que la réponse est affirmative, sous réserve de l'autorisation du Parlement européen et du Conseil (en leur qualité de branches de l'autorité budgétaire) dans le cas où l'acceptation de libéralités serait susceptible d'entraîner des charges – et donc des dépenses – pour le budget (une telle autorisation ressemble à la technique successorale de l'acceptation d'une succession sous bénéfice d'inventaire). De par leur essence même, des *dons* (ainsi que des *legs*) revêtent un caractère exceptionnel et ponctuel.

b) Dans ce contexte, on peut rappeler que les *avances intergouvernementales* non remboursables de 1984 et 1985, liées à la situation d'« épuisement » des ressources propres, constituaient des *dons* des États membres à la Communauté pour permettre d'équilibrer le budget en raison de l'insuffisance des ressources propres. Les États membres, avec une clef de répartition, ont ainsi apporté à la Communauté

(40) *Voy. le Commentaire J. MEGRET,* Le droit de la CE et de l'Union européenne, *vol. 11, « Les finances de l'Union européenne », Éd. de l'ULB, 1999, n° 307, p. 178.*

(41) *Décision n° 85/257/CEE, Euratom du 7 mai 1985 (JO L. 128 du 14.5.1985, p. 15).*

(42) Recueil des Traités, *édition 1987, OPOCE, Luxembourg, p. 1113.*

(43) *Voy. point 20.*

(44) *JO L. 347 du 23.12.1998, p. 3.*

(45) *Quant au deuxième alinéa de l'article 16 du RF, on renverra aux articles 7 à 9 des ME.*

(46) *JO L. 253 du 7.10.2000, p. 42.*

(47) *Voy. comme exemple de recette affectée, l'article 6 de la décision du Conseil, du 20 décembre 2000, portant sur la mise en œuvre d'un programme d'encouragement au développement, à la distribution et à la promotion des œuvres audiovisuelles européennes (MEDIA Plus – Développement, Distribution et Promotion) (2001-2005) (JO L. 336 du 30.12.2000, p. 86). L'affectation des recettes se fait par une technique de renvois croisés dans la partie « recettes » et la partie « dépenses » du budget.*

européenne, au titre de l'obligation de coopération loyale des États membres à l'égard de la Communauté (article 10 du traité CE), un « ballon d'oxygène » sous la forme d'un supplément de recettes, dans l'attente de l'entrée en vigueur de la décision « ressources propres » du 7 mai 1985.

36. L'article 20 du RF comporte des dispositions nouvelles de nature technique, dont l'analyse sortirait du cadre du présent article.

Chapitre 6: le principe de spécialité

37. Le principe de spécialité est posé par l'article 271, troisième alinéa du traité CE, selon lequel: *Les crédits sont spécialisés par chapitres groupant les dépenses selon leur nature ou leur destination, et subdivisés, pour autant que de besoin, conformément au (règlement financier).*

38. Selon l'article 21 du RF: *Les crédits sont spécialisés par titres et chapitres; les chapitres sont subdivisés en articles et postes.*

39. Dans sa proposition, la Commission avait estimé souhaitable de prévoir une plus grande flexibilité dans la gestion des crédits, en liaison avec l'ABB. Les nouvelles dispositions du RF relatives aux virements font l'objet des articles 22 à 24. En bref, l'autorité budgétaire décide des virements conformément à l'article 24 du RF (sous réserve des dérogations prévues à l'article 153 concernant le FEOGA, section « Garantie », à l'article 158 concernant les Fonds structurels et aux articles 160, paragraphe 2 et 161, paragraphe 4 concernant la Recherche) (voy. ci-dessous deuxième partie, points 117, 119, d), 121 et 122). Toutefois, l'article 23 du RF (qui sera applicable pour la première fois aux crédits de l'exercice 2004 (48)), permet à la Commission de procéder, aux conditions qu'il détermine, à des virements à l'intérieur de sa section du budget. En outre, chaque institution peut procéder, à l'intérieur de sa section du budget, à des virements aux conditions fixées à l'article 22 du RF.

Chapitre 7: le principe de la bonne gestion financière

40. Aux termes de l'article 274, premier alinéa du traité CE, la Commission exécute le budget *conformément au principe de la bonne gestion financière.* L'article 27, paragraphe 1 du RF prévoit que le respect de ce principe implique que les crédits soient utilisés *conformément aux principes d'économie, d'efficience et d'efficacité.* L'article 27, paragraphe 2 précise comme suit ces trois concepts:

Le principe d'économie prescrit que les moyens mis en œuvre par l'institution en vue de la réalisation de ses activités sont rendus disponibles en temps utile, dans les quantités et qualités appropriées et au meilleur prix.

Le principe d'efficience vise le meilleur rapport entre les moyens mis en œuvre et les résultats obtenus.

Le principe d'efficacité vise l'atteinte des objectifs spécifiques fixés et l'obtention des résultats escomptés.

41. Ainsi que l'a, à juste titre, souligné la Commission dans l'exposé des motifs de sa proposition initiale (49), ces principes supposent qu'avec l'aide de l'ABB, l'allocation de moyens à chaque activité doit permettre de définir son coût, ses objectifs et les résultats obtenus. À cet effet, le RF prévoit à l'article 27, paragraphe 3, première phrase que: *Des objectifs spécifiques, mesurables, réalisables, pertinents et datés sont fixés pour tous les secteurs d'activité couverts par le budget. La réalisation de ces objectifs est contrôlée par des indicateurs de performance établis par activité et des informations sont fournies à l'autorité budgétaire par les administrations chargées de la dépense.*

Il est précisé à la deuxième phrase de ce paragraphe que la Commission communique à l'autorité budgétaire dans les meilleurs délais, et au plus tard dans les documents accompagnant l'avant-projet de budget (APB), des informations sur les objectifs fixés pour les différentes activités, ceux-ci étant mesurés par des indicateurs (article 33, paragraphe 2, d) du RF).

42. L'article 27, paragraphe 4 du RF prévoit que les institutions procèdent à des évaluations *ex ante* et *ex post* qui s'appliquent à tous les programmes et activités qui entraînent des dépenses importantes. Les résultats de ces évaluations sont communiqués aux administrations chargées de la dépense, ainsi qu'au législateur communautaire et à l'autorité budgétaire.

43. L'article 28 du RF stipule que toute proposition de la Commission susceptible d'avoir une incidence budgétaire doit être accompagnée d'une fiche financière et de l'évaluation prévue à l'article 27, paragraphe 4 du RF (voy. point précédent). La Commission est tenue d'informer l'autorité budgétaire au cours de la procédure budgétaire de l'avancement des délibérations du législateur communautaire sur sa proposition en cause. La fiche financière doit également comporter des informations utiles afin de prévenir des risques de fraudes ou d'irrégularités. La fiche financière est un moyen indispensable pour permettre au législateur de statuer en toute connaissance de cause.

Chapitre 8: le principe de transparence

44. Selon l'article 29, paragraphe 1 du RF, le budget est arrêté, exécuté et fait l'objet d'une reddition des comptes *dans le respect du principe de transparence* (50). Ce principe n'a, toutefois, actuellement pas de base explicite dans les dispositions financières du traité. Mais, étant donné que le RF s'insère dans le contexte de la réforme de la Commission, il est tout à fait cohérent avec les objectifs de la nouvelle Gouvernance qu'il prenne en compte le souci de transparence lors de l'adoption et surtout au niveau de l'exécution du budget communautaire (51).

C – Titre III: établissement et structure du budget

Chapitre 1: établissement du budget

45. Il a été déjà fait état ci-dessus (voy. points 41 à 43) des informations fournies à l'autorité budgétaire, jointes à l'APB.

(48) De même que les articles 158 et 160, paragraphe 2 (voy. article 181, paragraphe 1, troisième alinéa du RF). Il existe, en outre, des dispositions spécifiques relatives aux virements de crédits provisionnels et aux virements portant sur la réserve pour aides d'urgence et sur la réserve pour garantie de prêts des pays tiers.

(49) Doc. COM(2000) 461 final du 17 octobre 2000.

(50) Le principe de transparence signifie, par exemple, que le budget général et les budgets rectificatifs, les états financiers consolidés et les rapports de la gestion financière établis par chaque institution sont publiés au Journal officiel (le budget et les budgets rectificatifs dans un délai de deux mois après la date du constat de leur arrêt définitif). Le budget général pour l'exercice 2003 a été publié (en deux volumes) au JO L 54 du 28.2.2003 et le volume IV (États consolidés sur l'exécution budgétaire et états financiers consolidés) des comptes annuels des Communautés européennes relatives aux opérations budgétaires de l'exercice 2001 au JO C 296 du 28.11.2002, p. 1. Il convient, en outre, de noter que la Cour des comptes fait un lien entre transparence et montants négatifs (voy. point 113).

(51) Il est rappelé que dans l'arrêt Les Verts *(affaire 296/83, point 7) (Recueil 1984, p. 3337), la Cour avait déjà indiqué que si une personne physique ou morale ne peut être directement concernée par l'adoption du budget (qui n'est qu'une autorisation de dépenses), elle pourrait l'être éventuellement par des actes d'exécution du budget.*

46. Les dispositions des articles 31 à 39 du RF correspondent, en substance, à celles du règlement financier précédent, sauf l'article 32 relatif à la transmission à la Commission par les organismes communautaires visés à l'article 185, de l'état prévisionnel de leurs recettes et dépenses (ce qui est un aspect d'une certaine reprise en mains par les institutions de l'Union de ces organismes) (voy. ci-dessous troisième partie, point 146).

47. Par ailleurs, le budget rectificatif et/ou supplémentaire (BRS) sera désormais dénommé simplement budget rectificatif (BR). À ce sujet, dans le souci de tenir compte d'un souhait du Parlement européen qui tient à pouvoir, en toutes circonstances, statuer sur un projet de budget rectificatif (PBR), le Conseil a accepté que le RF ne fasse désormais plus mention explicite du cas où: *s'il (le Conseil) estime qu'il n'y a pas lieu d'établir un projet de budget (rectificatif), il détermine sa position après un échange de vues avec le Parlement* (article 15, paragraphe 5 du règlement financier précédent). Cette suppression ne saurait toutefois par elle-même conduire à la conclusion que le Conseil serait, en toutes circonstances, juridiquement tenu d'établir un PBR. Une telle interprétation serait inexacte, au motif que l'article 38, paragraphe 1 prévoit expressément que le Conseil est tenu de vérifier si les critères prévus pour la Commission au stade de l'avant-projet de budget rectificatif à l'article 37 du RF (*en cas de circonstances inévitables, exceptionnelles ou imprévues*) sont remplis. Dans l'hypothèse – qui doit demeurer exceptionnelle – où le Conseil estimerait, contrairement à la Commission, que ces critères ne sont pas remplis, il ne serait pas tenu d'établir un PBR. Dans une telle hypothèse, le Conseil devrait toutefois, selon la jurisprudence de la Cour, expliquer au Parlement européen les raisons pour lesquelles il s'abstient d'établir un PBR (52).

Chapitre 2: structure et présentation du budget

48. a) L'article 41, paragraphe 1 du RF traite des recettes de la Commission et des recettes et des dépenses des autres institutions. Selon ce paragraphe, ces recettes et ces dépenses sont classées par l'autorité budgétaire en titres, chapitres, articles et postes suivant leur nature ou leur destination.

b) L'article 41, paragraphe 2 du RF traite des dépenses de la Commission (section III du budget) comme suit:

L'état des dépenses de la section de la Commission est présenté selon une nomenclature arrêtée par l'autorité budgétaire et comportant une classification par destination.

Un titre correspond à un domaine politique et un chapitre correspond, en règle générale, à une activité.

Chaque titre peut comporter des crédits opérationnels et des crédits administratifs.

Au sein d'un même titre, les crédits administratifs sont regroupés au sein d'un chapitre unique.

Cette nouvelle présentation met l'accent sur la *classification par destination*, qui est l'essence même de l'établissement du budget par activités (ABB), qui sera d'application effective à partir de la procédure budgétaire pour l'exercice 2004, actuellement en cours.

L'ABB a amené la Commission à proposer la disparition de la division de la section III – Commission du budget en partie A (crédits de fonctionnement) et en partie B (crédits opérationnels), les crédits administratifs étant désormais rattachés aux crédits opérationnels par domaine d'activité.

49. Il convient de relever que l'article 41 du RF (voy. point précédent) maintient la règle du règlement financier précédent selon laquelle la nomenclature budgétaire est arrêtée par l'autorité budgétaire, c'est-à-dire forcément (quoique le RF ne le dise plus explicitement) dans le cadre de la procédure budgétaire annuelle (et donc conformément à l'article 272 du traité CE) (53).

50. Les montants retenus par les États membres à titre des frais de perception des ressources propres traditionnelles (54) ne peuvent plus être « budgétisés » sous forme de *recettes négatives* (article 42 du RF) (ce qui veut dire que les ressources propres traditionnelles sont désormais budgétisées en termes « nets » (75 % des montants collectés prévisionnels)) (voy. également ci-dessous deuxième partie, point 113).

51. L'article 43, paragraphe 1 du RF comporte une précision intéressante au sujet des *crédits provisionnels* (voy. également ci-dessous point 57, c)), selon laquelle ceux-ci se justifient dans deux situations:

a) absence d'acte de base pour l'action concernée au moment de l'établissement du budget;

b) incertitude, fondée sur des motifs sérieux, sur la suffisance des crédits ou sur la possibilité d'exécuter, dans des conditions conformes à la bonne gestion financière, les crédits inscrits sur les lignes concernées.

52. La possibilité d'une *réserve négative* est maintenue (article 44 du RF), comme l'a proposé la Commission, qui a estimé que l'expérience a démontré son utilité en tant que moyen de faciliter un accord entre les deux branches de l'autorité budgétaire. La question de son maintien sera néanmoins réexaminée à l'occasion de la révision du RF prescrite par l'article 184 du RF (voy. ci-dessous troisième partie, point 145).

53. Sont maintenus par l'article 45 du RF les deux réserves suivantes:

— la réserve pour aides d'urgence en faveur de pays tiers, et

— la réserve relative aux opérations de prêts et de garanties de prêts accordés par les Communautés pour des opérations en faveur des pays tiers.

En revanche, il a été décidé, dans le contexte de la négociation de l'Agenda 2000, que la *réserve moné-*

(52) Il s'agit d'une application du principe de coopération loyale entre les institutions, ainsi que la Cour l'a rappelé mutatis mutandis dans ses arrêts du 12 juillet 1988 dans les affaires 377/87 (Parlement européen contre Conseil) et 383/87 (Commission contre Conseil) (Recueil 1988, pp. 4017 et 4051). Le Parlement européen et la Commission avaient, dans ces affaires, introduit chacun un recours en carence, en faisant grief au Conseil de ne pas avoir saisi le PE d'un projet de budget avant le 5 octobre, comme prévu à l'article 272, paragraphe 4, premier alinéa du traité CE. La Cour a indiqué que le Conseil était tenu, au titre de la coopération entre les institutions, d'informer le Parlement de la situation avant cette échéance.

(53) Depuis le règlement financier du 30 juillet 1968 applicable au budget général (voy. JO L 199 du 10.8.1968, p. 1) jusqu'au règlement financier du 25 avril 1973 (voy. JO L 116 du 1.5.1973, p. 1), la nomenclature faisait l'objet d'une Annexe au règlement financier dont celle-ci faisait partie intégrante. Tout changement de nomenclature requérait donc, en principe, une modification préalable de cette Annexe. L'abandon de ce système lors de l'adoption du règlement financier de 1977 résulte d'une concession du Conseil au Parlement européen, qui estimait qu'une telle Annexe avait, en quelque sorte, le caractère d'un « carcan » législatif de nature à l'empêcher d'exercer pleinement son pouvoir d'amendement concernant les dépenses non obligatoires. Le système actuel selon lequel la nomenclature relève de la procédure budgétaire annuelle a d'ailleurs favorisé une adaptation constante du budget aux besoins nouveaux, compte tenu notamment de l'extension des compétences communautaires.

(54) Article 2, paragraphe 1 a) et b) et paragraphe 3 de la décision « ressources propres » du 29 septembre 2000.

taire devait disparaître à partir de 2003 (55), ce qui explique que celle-ci n'est plus mentionnée dans le RF.

54. La structure du budget, en recettes et en dépenses, fait l'objet de l'article 46 du RF, qui correspond largement à l'article 20 du règlement financier précédent. S'agissant des commentaires (article 46, paragraphe 1, 1), littera g), le texte reste muet quant à leur nature juridique. La doctrine constante du Conseil à ce sujet, et qui a été consacrée par l'arrêt *Salerno* de la Cour de justice du 11 juillet 1985 précité (voy. point 10, a), est que les commentaires sont indicatifs (56), en ce sens qu'ils sont le « reflet » de la législation matérielle de base, sans pouvoir se substituer à celle-ci (sinon, l'autorité budgétaire pourrait, par le biais de commentaires prétendument *binding*, se substituer au législateur).

55. Le tableau des effectifs de chaque institution ou organisme mentionné à l'article 185 du RF (article 46, paragraphe 1, 3), litteras a) et d) constitue une *limite impérative* au-delà de laquelle aucune nomination ne peut être faite (article 47, paragraphe 1 du RF). Toutefois, la Commission a proposé que les institutions et organismes disposent désormais d'une certaine flexibilité dans la gestion de leur personnel. Ceci a été accepté par le législateur et apparaît à l'article 47 du RF, qui détermine les conditions de l'application de cette flexibilité et prévoit une procédure d'information préalable de l'autorité budgétaire, qui dispose d'une possibilité de blocage.

D – Titre IV: exécution du budget

Chapitre 1 : dispositions générales

56. Le rôle essentiel de la Commission et celui des États membres, tel qu'il est défini à l'article 274, premier alinéa du traité CE, est repris pratiquement tel quel à l'article 48, paragraphes 1 et 2 du RF (57). Le budget est exécuté par la Commission *dans la limite des crédits alloués* ce qui va de soi. Cette limite figure aussi à l'article 5, paragraphe 2 du RF.

57. a) La problématique des *bases légales*, qui a été déjà évoquée ci-dessus (points 9 et 10) nécessite, en raison de son importance, quelques considérations supplémentaires. Cette question, qui était déjà « épineuse » dans les années 1977 et 1978, a fait l'objet d'un premier *modus vivendi* lors de la déclaration commune du 30 juin 1982 relative à différentes mesures visant à assurer un meilleur déroulement de la procédure budgétaire (58). Celle-ci a prévu, à son point IV, 3, c), que:

L'exécution de crédits inscrits au budget pour toute nouvelle action communautaire significative nécessite l'arrêt préalable d'un règlement de base. Dans le cas où de tels crédits seraient inscrits au budget avant qu'une proposition de règlement n'ait été soumise, la Commission est invitée à présenter une proposition pour la fin de janvier au plus tard.

Le Conseil et le Parlement prennent l'engagement de tout mettre en œuvre afin que le règlement en question soit arrêté au plus tard à la fin mai.

Dans le cas cependant où le règlement ne pourrait être arrêté dans ce délai, la Commission soumet des propositions de rechange (virements) permettant d'assurer l'utilisation pendant l'année budgétaire des crédits dont il s'agit.

b) L'exigence d'un acte de base pour l'exécution des crédits pour toute action communautaire significative, qui figurait dans la déclaration commune de 1982 précitée, a été « hissée » au rang d'une norme de droit communautaire lors de l'adoption du règlement n° 610/90 modifiant le règlement financier du 21 décembre 1977. L'article 22, paragraphe 1, deuxième alinéa prévoyait que : *L'exécution des crédits inscrits au budget pour toute action communautaire significative nécessite l'arrêt préalable d'un acte de base, conformément à la procédure et aux dispositions du titre IV paragraphe 3 point c) de la déclaration commune du 30 juin 1982.*

c) Par la suite, la Cour de justice a été saisie de la question des bases légales dans l'affaire C-106/96 (*Royaume-Uni contre Commission*) et a statué par arrêt du 12 mai 1998, au sujet du programme de lutte contre la pauvreté et l'exclusion sociale (59). Le Conseil avait rejeté la proposition de programme dit « Pauvreté IV » (voy. doc. COM(93) 435 final du 22 septembre 1993), mais la Commission avait néanmoins entamé l'exécution du crédit correspondant sans disposer, à cet effet, d'un *acte de base*. La Cour a confirmé entièrement que l'inscription d'un crédit au budget est sans doute une condition nécessaire mais pas suffisante : pour que la Commission puisse exécuter le crédit, il est, en outre, nécessaire qu'un acte législatif soit préalablement arrêté par le législateur communautaire. Il y a lieu de préciser que l'adoption préalable d'un acte de base est une condition nécessaire pour l'exécution du crédit, mais pas pour son autorisation car rien n'empêche l'autorité budgétaire d'autoriser des crédits provisionnels dans l'attente d'un acte de base (voy. ci-dessus point 51, littera a).

d) Dans le *follow up* de cet arrêt de la Cour, les trois institutions ont signé, le 13 octobre 1998, un accord interinstitutionnel sur les bases légales et l'exécution du budget (60). Cet accord a été repris, en substance, dans l'accord interinstitutionnel du 6 mai 1999 sur la discipline budgétaire et l'amélioration de la procédure budgétaire (61) (Partie II, point F *Bases légales*, points 36 et 37 de cet AII).

e) L'article 49 du RF consolide l'acquis de l'accord interinstitutionnel précité. À cette occasion, le Conseil a tenu compte du fait que des dépenses opérationnelles sont à la charge du budget général dans les domaines couverts respectivement par le titre V (PESC) et titre VI (Coopération policière et judiciaire en matière pénale) du TUE et a procédé aux adaptations nécessaires.

58. Ainsi qu'il a été relevé ci-dessus (voy. point 7), le RF comporte les règles essentielles, tandis que les dispositions d'application sont renvoyées aux ME. Tel est le cas notamment au sujet des bases légales. En effet, l'article 49 du RF se borne à définir l'*acte de base* comme tout acte ayant des effets juridiques (62), et pour plus de précisions, habilite la

(55) *Formellement la réserve monétaire est supprimée à partir de l'exercice budgétaire 2003 par l'article 9, paragraphe 2 du règlement (CE) n° 2040/2000 du Conseil du 26 septembre 2000 concernant la discipline budgétaire (JO L. 244 du 29.9.2000, p. 27).*

(56) *La Cour de justice a utilisé les termes « commentaire explicatif » ce qui est synonyme* (Recueil 1985, p. 2541).

(57) *L'article 48, paragraphe 2* in fine *se lit : « conformément au principe de la bonne gestion financière » alors que l'article 274, premier alinéa, deuxième phrase du traité CE dit « aux principes de la bonne gestion financière ». Mais cette nuance rédactionnelle est, à première vue, sans portée réelle.*

(58) *JO C 194 du 28.7.1982, p. 1.*

(59) Recueil 1998, p. I-2745 *et ordonnances dans les affaires C-239/96 et C-240/96 du 24 septembre 1996* (Royaume-Uni contre Commission) (Recueil 1996, p. I-4475). *La décision n° 50/2002/CE du Parlement européen et du Conseil établissant un programme d'action communautaire pour encourager la coopération entre les États membres visant à lutter contre l'exclusion a été adoptée le 7 décembre 2001 (JO L. 10 du 12.1.2002, p. 1).*

(60) *JO C 344 du 12.11.1998, p. 1 et rectificatif au JO C 351 du 18.11.1998, p. 16.*

(61) *JO C 172 du 18.6.1999, p. 1 et rectificatif au JO C 303 du 20.10.1999, p. 6.*

(62) *Voy. à ce sujet, l'arrêt* AETR *du 31 mars 1971, point 42* (Recueil 1971, p. 2777).

Commission à établir dans les ME la liste des formes d'actes que peuvent revêtir les actes de base adoptés en vertu des traités CE et Euratom, ainsi que dans le domaine d'application respectif des titres V et VI du TUE (63).

L'article 49, paragraphe 2 du RF permet toutefois que des crédits soient exécutés sans acte de base, pour autant que les actions financées relèvent du domaine d'application des traités CE ou Euratom ou du TUE – titres V et VI (projets pilotes, actions préparatoires, actions de nature ponctuelle, actions relevant des prérogatives institutionnelles de la Commission ou de compétences spécifiques de celle-ci et crédits administratifs) (64).

59. En vertu de l'article 274, deuxième aliéna du traité CE, le RF *prévoit les modalités particulières selon lesquelles chaque institution participe à l'exécution de ses dépenses propres.* Ainsi, apparaît déjà en filigrane dans le traité lui-même, l'autonomie administrative des institutions (voy. également article premier, deuxième alinéa du RF). L'article 50 du RF prévoit que la Commission reconnaît aux autres institutions les pouvoirs nécessaires à l'exécution de leur propre section du budget. À noter toutefois que formellement il n'y a jamais eu de délégation expresse et écrite par la Commission aux autres institutions (dites « *petites institutions* »).

Chapitre 2: modes d'exécution

a) Présentation

60. Dans l'exposé des motifs de sa proposition modifiée du 21 décembre 2001 (65), la Commission a indiqué que la Cour des comptes *a souhaité une clarification sur les responsabilités qui découlent des différents modes d'exécution, et en particulier l'adoption d'une disposition rappelant que la Commission reste dans tous les cas responsable de l'exécution du budget* (voy. point 2.5, page 12).

61. À ce sujet, il y a lieu de rappeler que la Cour des comptes, dans son avis n° 4/97 du 10 juillet 1997, qui comportait en annexe des éléments d'analyse pour une rénovation de la réglementation financière (66), avait dénoncé l'abus de la sous-traitance (voy. les points 4.8 à 4.17, et en particulier le point 4.14, où elle se réfère à la jurisprudence *Meroni* (67)).

62. Le Conseil, lors de l'adoption du règlement n° 2548/98 du 23 novembre 1998 modifiant le règlement financier du 21 décembre 1977 (68) (septième train) avait tenu compte du souci de la Cour de comptes, en ajoutant à l'article 22, paragraphe 2 un nouvel alinéa rédigé comme suit: *La Commission et les autres institutions ne peuvent, sous quelque forme et à quelque titre que ce soit, déléguer à des entités ou organismes extérieurs des tâches d'exécution du budget impliquant des missions de service public européen, et notamment en ce qui concerne leur compétence de passer des marchés publics.*

63. Le souci de clarification des différents modes d'exécution du budget est exprimé, en termes clairs, au point 16 du préambule du RF, tandis qu'au point 17 de celui-ci, il est prévu que: *La responsabilité de la Commission pour l'exécution du budget lui interdit de déléguer des tâches de puissance publique comportant un pouvoir discrétionnaire d'appréciation. Le présent règlement doit rappeler ce principe et préciser le champ des tâches délégables. Il convient de préciser, en outre, que les organismes de droit privé, à l'exclusion de ceux investis d'une mission de service public et sous des conditions précises, ne doivent pouvoir effectuer aucun acte d'exécution du budget, mais seulement fournir des services d'expertise technique ou administrative ou accomplir des tâches préparatoires ou accessoires.*

64. En schématisant, les modes d'exécution du budget peuvent être présentés comme suit. Selon l'article 53 du RF, la Commission exécute le budget:

a) de manière centralisée:

— soit directement dans ses services;

— soit indirectement par voie d'*externalisation*, en confiant des tâches d'exécution budgétaire:

• à des *agences exécutives* (article 55 du RF) (69),

• à des organismes communautaires visés à l'article 185 du RF,

• à des organismes nationaux public ou des entités de droit privé investis d'une mission de service public;

b) en gestion partagée (avec les États membres) (voy. ci-dessous deuxième partie, points 113 à 117 et points 118/119) ou décentralisée (avec des pays tiers) (voy. deuxième partie, points 123 à 134);

c) en gestion conjointe avec des organisations internationales (*ibid.*) (70).

b) Analyse

65. Il convient d'appeler l'attention sur les limites mises par le RF aux possibilités pour la Commission de déléguer à des *tiers* son pouvoir d'exécution du budget.

66. L'article 54, paragraphe 1 du RF prévoit que: *La Commission ne peut pas confier à des tiers les pouvoirs d'exécution qu'elle détient en vertu des traités lorsqu'ils impliquent une large marge d'appréciation de nature à traduire des choix politiques. Les tâches d'exécution déléguées doivent être exactement définies et entièrement contrôlées dans l'usage qui en est fait.*

Il est évident que l'article 54, paragraphe 1, deuxième phrase du RF s'inspire, dans sa lettre et son esprit, directement des arrêts de la Cour de justice du 13 juin 1958 dans les affaires 9/56 et 10/56 (*Meroni & Co contre Haute Autorité de la CECA*) (71). Sur le plan de la terminologie, les agences exécutives et les organismes communautaires visés à l'article 185 du RF sont ici qualifiés de *tiers* par rapport à la Commission (d'où l'expression *externalisation*) (72).

(63) Article 31 des ME (« Formes que peuvent revêtir les actes de base »):

« 1. Dans le domaine communautaire, un acte de base peut revêtir la forme d'un règlement, d'une directive, d'une décision au sens de l'article 249 du traité CE ou d'une décision sui generis (*).

2. Dans le domaine de la politique étrangère et de sécurité commune, un acte de base peut revêtir l'une des formes mentionnées à l'article 13, paragraphe 2, à l'article 14 et à l'article 23, paragraphe 2, du traité sur l'Union européenne.

3. Dans le domaine de la coopération policière et judiciaire en matière pénale, un acte de base peut revêtir l'une des formes mentionnées à l'article 34, paragraphe 2, du traité sur l'Union européenne.

(*) Entscheidung ou Beschluss ».

(64) Voy. à ce sujet les articles 32 et 33 des ME.

(65) Doc. COM(2001) 691 final.

(66) JO C 57 du 23.2.1998, p. 1 (voy. spécialement pp. 23/24).

(67) Recueil 1958, vol. IV, pp. 43/44 et pp. 81/82.

(68) JO L. 320 du 28.11.1998, p. 1. Le septième train avait pour objectif d'inclure dans le règlement financier des modifications préparées dans le cadre du programme « Sound and efficient management (SEM) 2000 » lancé en 1995 (voy. à ce sujet par exemple le livre édité par R. LEVY: Managing, Monitoring and Evaluating the EU Budget, EIPA, Maastricht, 1999).

(69) Voy. point 5.

(70) Voy. également article 43 des ME.

(71) Voy. note 67.

(72) La Cour de justice avait cependant, à l'occasion d'un litige relatif à un agent du Centre européen pour le développement de la formation professionnelle (CEDEFOP), estimé dans son arrêt du 13.5.1982 dans l'affaire 16/81 (Alaimo contre Commission) (Recueil 1982, p. 1565) que le CEDEFOP (organisme communautaire qui était fondé sur l'article 235 du traité CE) faisait partie intégrante de la Communauté.

Il est prévu au paragraphe 2 *initio* dudit article que: *Dans les limites prévues au paragraphe 1, la Commission peut, lorsqu'elle exécute le budget de manière centralisée indirecte selon l'article 53, paragraphe 2, confier des tâches de puissance publique et notamment des tâches d'exécution budgétaire à:*

a) des agences de droit communautaire visées à l'article 55, ci-après dénommées « agences exécutives »;

b) des organismes créés par les Communautés et visés à l'article 185 pour autant qu'elle soit compatible avec la mission de l'organisme telle que définie par l'acte de base;

c) des organismes nationaux publics ou des entités de droit privé investis d'une mission de service public présentant les garanties financières suffisantes et respectant les conditions prévues dans les modalités d'exécution. Ces organismes ne peuvent être chargés de tâches d'exécution que:

i) si l'acte de base du programme ou de l'action concernée prévoit la possibilité de délégation et les critères de sélection des entités concernées, et

ii) si la délégation de tâches d'exécution budgétaire s'avère celle qui répond aux besoins de la bonne gestion financière découlant d'une analyse préalable et assure le respect du principe de non-discrimination, ainsi que la visibilité de l'action communautaire. Les tâches d'exécution ainsi confiées ne peuvent donner à conflit d'intérêts.

Quant à la question de savoir si la Commission pourrait confier des actes d'exécution du budget à des entités ou des organismes extérieurs de droit privé autres que ceux investis d'une mission de service public, l'article 57, paragraphe 2 du RF tranche, à bon escient, dans un sens extrêmement restrictif, compte tenu de l'expérience malheureuse des Bureaux d'assistance technique (BAT)...

67. Dans les cas de gestion partagée (avec les États membres) ou de gestion décentralisée (avec des pays tiers), l'article 53, paragraphe 5 du RF comporte des mécanismes appropriés pour permettre à la Commission *d'assumer sa responsabilité finale dans l'exécution du budget conformément à l'article 274 du traité CE (et à l'article 179 du traité Euratom).*

68. Au sujet de la gestion conjointe (par la Commission) avec des organisations internationales, l'article 43 des ME définit les raisons d'une telle gestion et indique, en outre, que les organisations visées sont:

a) les organisations de droit international public créées par des accords intergouvernementaux ainsi que les agences spécialisées créées par celles-ci;

b) le Comité international de la Croix Rouge (CICR);

c) la Fédération internationale des Sociétés nationales de la Croix Rouge et du Croissant Rouge.

Chapitre 3: acteurs financiers

69. a) Dans l'exposé des motifs de sa proposition initiale, la Commission a souligné que la modernisation du système de gestion, d'audit et de contrôle financier est un *élément clef* de la réforme de cette institution.

b) Pour sa part, la Cour des comptes, dans l'avis n° 4/97 du 10 juillet 1997 précité, avait déjà préconisé (point 16, c)) de:

— *redéfinir le statut et les attributions du contrôleur financier, dans la perspective où il exercerait des fonctions d'auditeur interne de l'Institution,*

— *indiquer plus clairement la teneur des attributions des ordonnateurs en matière de gestion financière et de contrôle financier. En effet, dans la perspective d'une diminution significative de la procédure du visa préalable, voire, à terme, de sa disparition, des dispositions supplémentaires s'imposent pour assurer la légalité, la régularité et la bonne gestion financière des actions communautaires et protéger les intérêts financiers des Communautés, notamment éviter aux fonctionnaires toute situation de conflit entre les intérêts du service et des intérêts tiers,*

— *dans la même perspective, renforcer les attributions du comptable* (73).

c) Dans l'attente d'une refonte du règlement financier, et à la suite des différentes mesures prises surtout dans le cadre du septième train (voy. le règlement n° 2548/98 du Conseil du 23 novembre 1998 précité) (point 62) (74), un autre pas dans cette direction a été franchi par l'adoption par le Conseil, le 9 avril 2001, du règlement n° 762/2001 modifiant le règlement financier de 1977 (75) (connu sous le nom de *Fast track*), qui a inclus dans le règlement financier alors en vigueur un nouvel article 24 bis visant essentiellement à séparer la fonction d'audit interne des autres fonctions attribuées au contrôleur financier.

Le règlement n° 762/2001 précisait au point 2 de son préambule que la séparation des fonctions aura pour conséquence que la fonction d'audit interne (depuis le septième train assurée par le contrôleur financier) sera désormais assurée par un auditeur interne indépendant. A cet effet, l'article 24 bis prévoyait que : *La Commission nomme un auditeur interne indépendant du contrôleur financier... L'audit interne comporte, en particulier, l'évaluation de l'efficacité des systèmes de gestion et de contrôle et la vérification de la régularité des opérations.* Le *Fast track* a, toutefois, maintenu les autres fonctions dans les mains du contrôleur financier, avant tout le contrôle financier ex ante (le « *visa préalable* »).

d) Le RF a abouti à une modernisation des règles relatives au rôle et à la responsabilité des acteurs financiers (ordonnateur, comptable et régisseur d'avances (76)). Ce nouveau dispositif comporte des dispositions relatives à l'auditeur interne, qui complètent le règlement *Fast track* précité. En outre, le RF met définitivement un terme à la fonction de contrôleur financier, en transférant à l'ordonnateur ce qui ne relève pas de l'auditeur interne.

70. a) Le rôle respectif des acteurs financiers *sensu lato* (77) selon le RF peut être résumé comme suit:

— *l'ordonnateur* est totalement responsable des opérations de recettes et de dépenses effectuées sous son autorité (article 60 du RF). Par rapport au règlement financier du 21 décembre 1977, sa responsabilité est donc renforcée par la suppression, d'une part, du visa préalable du contrôleur financier et, d'autre part, de la vérification de l'acquit libératoire par le comptable (c'est-à-dire de la « validation comptable ») (suppression des articles 51, troisième alinéa et 52 du règlement financier précédent) (voy. point 19 du préambule du RF);

— *le comptable*, sous réserve de ce qui précède, est chargé de la bonne exécution des paiements, de l'en-

(73) JO C 57 du 23.2.1998, p. 5.

(74) Voy. note 68.

(75) Voy. note 8.

(76) Voy. note 77.

(77) A signaler que l'auditeur interne n'est pas qualifié d'« acteur financier » au sens du RF, au motif qu'il n'est pas « impliqué dans les opérations financières » (point 19 in fine du préambule). Par delà cette finesse de langage, l'auditeur interne joue néanmoins un rôle d'acteur financier au sens large du terme.

caissement des recettes et du recouvrement des créances constatées, de la préparation et de la tenue des comptes, de la tenue de la comptabilité, de la définition des règles et des méthodes comptables ainsi que le plan comptable, de la définition et de la validation des systèmes comptables ainsi que, le cas échéant, de la validation des systèmes définis par l'ordonnateur et destinés à fournir ou justifier des informations comptables et de la gestion de la trésorerie (article 61 du RF);

— *l'auditeur interne*, désigné par chaque institution, est responsable envers celle-ci de la vérification du bon fonctionnement des systèmes et des procédures d'exécution du budget (article 85 du RF). Sa fonction est détaillée à l'article 86 du RF;

— *le régisseur d'avances*, désigné par le comptable, est responsable du fonctionnement d'une régie d'avances alimentée par le comptable (article 63 du RF).

b) Selon l'article 86, paragraphes 3 et 4 du RF: *L'auditeur interne fait rapport à l'institution de ses constatations et recommandations. Celle-ci assure le suivi des recommandations issues des audits. L'auditeur interne soumet, par ailleurs, à l'institution un rapport d'audit interne annuel indiquant le nombre et le type d'audits internes effectués, les recommandations formulées et les suites données à ces recommandations. L'institution transmet annuellement à l'autorité de décharge un rapport résumant le nombre et le type d'audits internes effectués, les recommandations formulées et les suites données à ces recommandations.*

c) Comme précédemment, les fonctions de l'ordonnateur et du comptable sont séparées et incompatibles entre elles (article 58 du RF). Leurs fonctions peuvent être déléguées aux conditions prévues respectivement aux articles 59, paragraphes 3 et 4 et 62.

d) Le RF comporte une innovation par rapport à l'article 279, paragraphe 1, littera b) du traité CE qui mentionne les *contrôleurs financiers*. Le RF n'est pas, pour autant, contraire au traité, au motif que la disposition précitée du traité est « neutre » quant aux fonctions exercées précédemment par le contrôleur financier et qui sont désormais exercées, dans le cadre de la réforme, par l'ordonnateur et l'auditeur interne (voy. le point 19 du préambule du RF). Toutefois, dans un souci de clarté, il conviendrait d'aligner, le moment venu (c'est-à-dire à l'occasion de la conférence intergouvernementale de 2003), cette disposition du traité sur le RF, pour la mettre en harmonie avec la nouvelle terminologie du RF.

Chapitre 4: responsabilité des acteurs financiers

71. Le RF comporte des règles générales sur la responsabilité des acteurs financiers (articles 64 et 65). Il s'agit de la responsabilité disciplinaire et pécuniaire, sans préjudice de poursuites pénales (78). Le RF a, en outre, prévu des règles spécifiques applicables respectivement aux ordonnateurs délégués et subdélégués (article 66), ainsi qu'aux comptables et aux régisseurs d'avances (articles 67 et 68).

72. Concernant l'auditeur interne, chaque institution est tenue de prévoir des règles particulières visant à garantir l'indépendance de sa fonction et à établir sa responsabilité (article 87, premier alinéa du RF). Si l'auditeur interne a qualité de fonctionnaire (au sens du Statut) ou d'autre agent (au sens du RAA), il engage sa responsabilité dans les conditions prévues au Statut et précisées à l'article 114 des ME.

Chapitre 5: opérations de recettes

73. Les articles 69 (79) à 74 du RF prévoient des dispositions relatives à la mise à disposition des ressources propres, à la prévision et à la constatation des créances, à l'ordonnancement des recouvrements et au recouvrement (80).

74. Il convient de souligner que le RF comporte des nouveautés importantes:

— l'article 72, paragraphe 2 dispose que l'institution peut formaliser la constatation d'une créance à charge de personnes autres que les États (donc, de particuliers) dans une décision qui forme titre exécutoire (voy. l'article 256 du traité CE);

— l'article 73, paragraphe 1, deuxième alinéa prévoit que le comptable procède au recouvrement par compensation des Communautés à l'égard de tout débiteur qui est lui-même titulaire à l'égard des Communautés d'une créance certaine, liquide et exigible (81).

Chapitre 6: opérations de dépenses

75. a) L'article 75, paragraphe 1 du RF prévoit que: *Toute dépense fait l'objet d'un engagement, d'une liquidation, d'un ordonnancement et d'un paiement.*

Il s'agit des quatre phases classiques du déroulement des opérations de dépense qui découlent du principe de séparation des fonctions de l'ordonnateur et du comptable (article 58 du RF). Ces quatre notions sont explicitées respectivement aux articles 76 (engagement), 79 (liquidation), 80 (ordonnancement) et 81 (paiement) du RF.

b) L'article 75, paragraphe 2 du RF comporte une disposition selon laquelle - sauf lorsqu'il s'agit de crédits qui peuvent être exécutés sans acte de base, à savoir les crédits relatifs à des projets pilotes, à des actions préparatoires, à des actions ponctuelles, voire permanentes, menées par la Commission en vertu de tâches qui découlent de ses prérogatives institutionnelles ou en vertu de compétences spécifiques qui lui sont attribuées directement par le traité (article 49, paragraphe 2 du RF) - l'engagement de la dépense est précédée d'une *décision de financement* par l'institution. La Commission a, à ce sujet, apporté une précision très intéressante au point 2.5.4 de l'exposé des motifs de sa proposition modifiée (p. 13), où elle a écrit avec raison que la décision de financement prise par la Commission relève des *compétences d'exécution* qui lui sont conférées conformément à l'article 202, troisième tiret du traité CE (82). Selon la Commission, l'engagement comporte désormais trois étapes, à savoir:

— la décision de financement (telle que décrite ci-dessus et qui s'analyse donc comme une *décision de fond*);

— l'engagement budgétaire (article 76, paragraphe 1, premier alinéa du RF), et

— l'engagement juridique (article 76, paragraphe 1, deuxième alinéa du RF).

(78) Voy. également point 20 du préambule du RF.

(79) Cet article renvoie sans le citer au règlement (CE, Euratom) n° 1150/2000 du Conseil du 22 mai 2000 portant application de la décision 94/728/CE, Euratom relative au système des ressources propres des Communautés (JO L 130 du 31.5.2000, p. 1). La Commission a présenté le 1.7.2003 une proposition de modification de ce règlement (voy. doc. COM (2003) 366 final).

(80) Ces dispositions sont précisées par les articles 76 à 89 des ME.

(81) Comp. avec les articles 1289 et suivants du Code civil belge (Codes Larcier, tome 1, p. 89).

(82) *Sur les rapports entre l'article 202, troisième tiret et l'article 274 du traité CE, voy. l'arrêt précité de la Cour de justice du 24 octobre 1989 dans l'affaire 16/88* (Commission contre Conseil) (Recueil 1989, p. 3481), *ainsi que les conclusions de l'avocat général TESAURO présentées le 4 juillet 1989 dans l'affaire 30/88* (Grèce contre Commission) (Recueil 1989, p. 3723) (voy. en particulier le point 28, pp. 3730/3731).

76. a) Étant donné qu'ils contiennent des règles nouvelles et des clarifications utiles par rapport au règlement financier précédent (voy. point 21 du préambule du RF), il y a lieu de citer ici *in extenso* les articles 76 et 77 du RF:

Article 76

1. L'engagement budgétaire consiste dans l'opération de réservation des crédits nécessaires à l'exécution de paiements ultérieurs en exécution d'un engagement juridique.

L'engagement juridique est l'acte par lequel l'ordonnateur crée ou constate une obligation de laquelle il résulte une charge.

L'engagement budgétaire et l'engagement juridique sont adoptés par le même ordonnateur, sauf cas dûment justifiés, prévus par les modalités d'exécution.

2. L'engagement budgétaire est individuel lorsque le bénéficiaire et le montant de la dépense sont déterminés.

L'engagement budgétaire est global, lorsque au moins l'un des éléments nécessaires à l'identification de l'engagement individuel reste indéterminé.

L'engagement budgétaire est provisionnel lorsqu'il est destiné à couvrir des dépenses visées à l'article 150 (83) *ou des dépenses courantes de nature administrative dont soit le montant, soit les bénéficiaires finals ne sont pas déterminés de manière définitive.*

3. Les engagements budgétaires pour des actions dont la réalisation s'étend sur plus d'un exercice ne peuvent être fractionnés sur plusieurs exercices en tranches annuelles que lorsque l'acte de base le prévoit et en matière de dépenses administratives. Lorsque l'engagement budgétaire est ainsi fractionné en tranches annuelles, l'engagement juridique mentionne ce fractionnement, sauf lorsqu'il s'agit de dépenses de personnel.

Article 77

1. Pour toute mesure de nature à provoquer une dépense à la charge du budget, l'ordonnateur compétent doit procéder préalablement à un engagement budgétaire avant de conclure un engagement juridique vis-à-vis de tiers.

2. Sous réserve des dispositions particulières du titre IV de la deuxième partie, les engagements budgétaires globaux couvrent le coût total des engagements juridiques individuels y afférents conclus jusqu'au 31 décembre de l'année n + 1.

Sous réserve des dispositions de l'article 76, paragraphe 3, et de l'article 179, paragraphe 2 (84), *les engagements juridiques individuels afférents à des engagements budgétaires individuels ou provisionnels sont conclus au plus tard le 31 décembre de l'année* n.

À l'expiration des périodes visées aux premier et deuxième alinéas, le solde non exécuté de ces engagements budgétaires est dégagé par l'ordonnateur compétent.

L'adoption de chaque engagement juridique individuel faisant suite à un engagement global fait l'objet, préalablement à sa signature, d'un enregistrement de son montant dans la comptabilité budgétaire par l'ordonnateur compétent, en imputation de l'engagement global.

3. Les engagements juridiques contractés pour des actions dont la réalisation s'étend sur plus d'un exercice ainsi que les engagements budgétaires correspondants comportent, sauf lorsqu'il s'agit de dépenses de personnel, une date limite d'exécution fixée en conformité avec le principe de bonne gestion financière.

Les parties de ces engagements non exécutées six mois après cette date font l'objet d'un dégagement, conformément à l'article 11 (85).

Lorsqu'un engagement juridique n'a ensuite donné lieu à aucun paiement pendant une période de trois ans, l'ordonnateur compétent procède à son dégagement.

b) Au vu de ces deux articles, il apparaît que le règlement n° 2548/98 du Conseil du 23 novembre 1998 précité, dont l'objectif était de contribuer à régler la question dite des *engagements dormants* (c'est-à-dire d'engagements dont on ne voit pas la fin...), fait aujourd'hui figure de « précurseur ».

c) À titre de remarque complémentaire, on ajoutera que la phrase qui fait l'objet de l'article 77, paragraphe 3, troisième alinéa du RF, aux termes de laquelle: *Lorsqu'un engagement juridique n'a ensuite donné lieu à aucun paiement pendant une période de trois ans, l'ordonnateur compétent procède à son dégagement*, qui ne figurait pas dans la proposition de la Commission, a suscité d'âpres débats. Elle complète utilement le nouveau dispositif prévu par le RF.

77. L'article 78 du RF définit la fonction de l'ordonnateur au niveau de l'engagement:

1. Lors de l'adoption d'un engagement budgétaire, l'ordonnateur compétent s'assure:

a) de l'exactitude de l'imputation budgétaire;

b) de la disponibilité des crédits;

c) de la conformité de la dépense au regard des dispositions des traités, du budget, du présent règlement et des modalités d'exécution, ainsi que de tous les actes pris en exécution des traités et des règlements;

d) du respect du principe de bonne gestion financière.

2. Lors de l'enregistrement d'une obligation juridique, l'ordonnateur s'assure:

a) de la couverture de l'obligation par l'engagement budgétaire correspondant;

b) de la régularité et de la conformité de la dépense au regard des dispositions des traités, du budget, du présent règlement et des modalités d'exécution, ainsi que de tous les actes pris en exécution des traités et des règlements;

c) du respect du principe de bonne gestion financière.

78. a) Les opérations de liquidation, d'ordonnancement et de paiement des dépenses sont décrites aux articles 79 à 82 du RF (86).

b) Ces opérations doivent être accomplies dans les délais fixés par les ME, sous peine d'intérêts de retard (article 83 du RF et 106 des ME).

Chapitre 7: systèmes informatiques

79. L'article 84 du RF maintient la possibilité d'apposer des signatures par procédure informatisée ou électronique en cas de gestion des recettes et des dépenses par des systèmes informatiques.

Chapitre 8: auditeur interne

80. Cette question a été traitée à propos des acteurs financiers (voy. ci-dessus points 69 et 70).

(83) Cet article fait référence aux dépenses du FEOGA, section « Garantie » (voy. point 115).

(84) Selon l'article 179, paragraphe 2 du RF: « Les dépenses de fonctionnement résultant de contrats couvrant des périodes dépassant la durée de l'exercice, soit conformément aux usages locaux, soit relatifs à la fourniture de matériel d'équipement sont imputées au budget de l'exercice au cours duquel elles sont effectuées » (voy. point 140, b)).

(85) Voy. point 27.

(86) Simultanément, les notions d'avance et d'acompte ont été supprimées car peu précises (voy. point 22 du préambule du RF). Désormais, les paiements doivent être effectués sous la forme de préfinancements, de paiements intermédiaires et de paiement du solde final lorsque l'intégralité du montant dû n'est pas versée en une seule fois (article 81 du RF).

E - Titre V : passation des marchés publics

81. Il a été mentionné ci-dessus (voy. point 7) que les auteurs du RF ont entendu se limiter à définir les principes essentiels, tout en laissant aux ME le soin d'arrêter les règles générales relatives à la mise en œuvre. Ceci est particulièrement vrai des marchés publics : le RF comporte 20 articles (articles 88 à 107) tandis que les ME prévoient 44 articles (articles 116 à 159).

82. Le règlement financier précédent disposait à son article 56 que : *Lors de la passation (par une institution communautaire) des marchés dont le montant atteint ou dépasse les seuils prévus par les directives du Conseil portant coordination des procédures de passation des marchés publics de travaux, de fournitures et de services, chaque institution doit se conformer aux mêmes obligations que celles qui incombent aux entités des États membres en vertu de ces directives.*

À ce sujet, il y a lieu de rappeler que les directives communautaires en matière de marchés publics sont adressées aux États membres (article 249, troisième alinéa du traité CE). Or, les institutions de l'Union européenne ne sauraient, par hypothèse, être soumises en tant que telles à une loi nationale prise en exécution d'une directive communautaire, qu'il s'agisse de marchés de travaux, de fournitures ou de services... Ce qui explique que l'article 56 du règlement financier précédent ait procédé par renvoi aux directives communautaires (argument : *aux mêmes obligations*).

83. À la lumière de l'exposé des motifs de la proposition initiale de la Commission (point C 1 c)), il apparaît que le législateur communautaire, pour des raisons de sécurité juridique, a choisi d'insérer dans le RF et surtout dans les ME la substance des directives communautaires 92/50/CEE (87) (services), 93/36/CEE (88) (fournitures) et 93/37/CEE (89) (travaux), telles que modifiées par la directive 97/52/CE (90), et modifiées en dernier lieu par la directive 2001/78/CE (91), plutôt que d'y renvoyer (92). Ceci est expliqué au point 24 du préambule du RF et au point 25 du préambule des ME.

84. a) À l'article 88, paragraphe 1 du RF, les marchés publics sont définis comme des *contrats à titre onéreux conclus par écrit par un pouvoir adjudicateur (...), en vue d'obtenir, contre le paiement d'un prix payé en tout ou en partie à la charge du budget, la fourniture de biens mobiliers ou immobiliers, l'exécution de travaux ou la prestation de services.*

Ces marchés comprennent :

a) les marchés portant sur l'achat ou la location d'un immeuble ;

b) les marchés de fournitures ;

c) les marchés de travaux ;

d) les marchés de services.

b) La mention, à l'article 88, paragraphe 1, littera a) du RF de marchés portant sur l'achat ou la location d'un immeuble indépendamment des trois catégories classiques de marchés publics (fournitures, travaux, services) peut se justifier par la pratique suivie par plusieurs institutions de l'Union en matière de politique immobilière, qui a parfois conduit à la conclusion de marchés publics de caractère complexe.

85. Un examen systématique et approfondi des dispositions du RF et des ME relatives à la passation des marchés publics sortirait du cadre du présent article et mériterait une étude séparée. Il est donc permis de se limiter à signaler que, dans le sens de la responsabilisation des ordonnateurs, il a été décidé de supprimer les commissions consultatives des achats et des marchés (CCAM) (articles 63 et 64 du règlement financier précédent).

F - Titre VI : subventions

86. La plupart des dispositions du titre VI de la première partie du RF intitulé *Subventions* (articles 108 à 120 (93)) sont nouvelles. En effet, depuis les origines jusqu'à l'adoption du RF, des subventions ont été octroyées, au cas par cas, sur une base purement budgétaire, sans cadre normatif (mis à part notamment l'article 87, dernier alinéa du règlement financier précédent).

87. La Commission a estimé qu'à l'occasion de la refonte du règlement financier, il y avait lieu désormais d'encadrer, par des dispositions plus étoffées de celui-ci, l'octroi de subventions à la charge du budget communautaire. Cette approche a été suivie par les auteurs du RF.

88. Les subventions sont définies à l'article 108, paragraphe 1 du RF comme des *contributions financières directes à la charge du budget, accordées à titre de libéralité en vue de financer :*

a) soit une action destinée à promouvoir la réalisation d'un objectif qui s'inscrit dans le cadre d'une politique de l'Union européenne ;

b) soit le fonctionnement d'un organisme poursuivant un but d'intérêt général européen ou un objectif qui s'inscrit dans le cadre d'une politique de l'Union européenne.

Les subventions font l'objet d'une convention écrite dans les conditions prévues à l'article 112, paragraphe 2 du RF. Chaque convention prévoit expressément le pouvoir de contrôle de la Commission et de la Cour des comptes, sur pièces et sur place, de tous les bénéficiaires (article 120, paragraphe 2).

89. a) L'octroi des subventions est soumis aux principes de transparence, d'égalité de traitement, de non-cumul, de non-rétroactivité et de cofinancement. La subvention ne peut avoir pour objet ou pour effet de donner lieu à profit pour le bénéficiaire (article 109 du RF).

b) Les subventions font l'objet d'une programmation annuelle, publiée en début d'exercice budgétaire, sous réserve de cas particuliers. Ce programme de travail est mis en œuvre par la publication d'appels à propositions, sauf exceptions.

Toutes les subventions octroyées au cours d'un exercice font l'objet d'une publication annuelle dans le respect des exigences de confidentialité et de sécurité (article 110 du RF).

c) La subvention d'une action ne peut financer l'intégralité des coûts de celle-ci. La subvention de fonctionnement d'un organisme poursuivant un but d'intérêt général ou un objectif qui s'inscrit dans le cadre d'une politique de l'Union européenne ne

(87) JO L 209 du 24.7.1992, p. 1.

(88) JO L 199 du 9.8.1993, p. 1.

(89) Ibid, p. 54.

(90) JO L 328 du 28.11.1997, p. 1.

(91) JO L 285 du 29.10.2001, p. 1.

(92) La Commission a proposé une nouvelle directive visant à remplacer les directives 92/50/CEE, 93/36/CEE et 93/37/CEE (JO C 29 E du 30.1.2001, p. 11 et JO C 203 E du 27.8.2002, p. 210). Les travaux sont actuellement à un stade avancé de la procédure de codécision prévue à l'article 251 du traité CE.

(93) Voy. également articles 160 à 184 des ME.

peut financer l'intégralité des dépenses de fonctionnement (principe de cofinancement) (article 113, paragraphe 1 du RF).

90. a) La Commission a estimé qu'il ne suffisait pas d'introduire dans le RF un titre VI nouveau intitulé *Subventions* (qui comporte des *modalités relatives à l'exécution* des crédits autorisant l'octroi de subventions) mais qu'il y avait lieu, en outre, d'adopter dans les différents domaines d'activités concernés, des *actes de base* au sens de l'article 49, paragraphe 1 du RF. À cet effet, elle a soumis le 27 mai 2003 une « Communication au Conseil et au Parlement européen concernant une proposition d'actes de base pour les subventions relevant actuellement de l'autonomie administrative de la Commission (partie A du budget) ou de la mise en œuvre de ses prérogatives institutionnelles: document d'introduction générale » (doc. COM (2003) 274 final), assortie de sept propositions législatives qui sont actuellement en cours d'examen des instances législatives et budgétaires. À titre de justification, la Commission indique que: *La nécessité d'adopter des propositions d'actes de base pour les subventions de la partie A qui en étaient dépourvues est apparue lorsque a été prise la décision de baser la construction du budget de la Commission sur l'approche ABB (Activity Based Budgeting), approche entérinée par l'art 41 du règlement financier* (94).

b) L'article 113, paragraphe 2 du RF prévoit que les subventions de fonctionnement d'un organisme poursuivant un but d'intérêt général ou un objectif qui s'inscrit dans le cadre d'une politique de l'Union européenne européen ont, en cas de renouvellement, un caractère dégressif: cette disposition s'appliquera pour la première fois à compter de l'exercice 2005 (article 181, paragraphe 3 du RF). Cette disposition transitoire est apparue nécessaire pour permettre au législateur de prendre, en temps utile, les *dispositions contraires* qu'autorise l'article 113, paragraphe 2 du RF en vue de déroger au principe de dégressivité.

91. En cas de non-respect par le bénéficiaire d'une subvention de ses obligations légales et conventionnelles, l'octroi de la subvention est suspendu et celle-ci est réduite ou supprimée dans les cas prévus à l'article 183 des ME après que le bénéficiaire a été mis en mesure de formuler ses observations (article 119 du RF).

G - Titre VII: reddition des comptes et comptabilité

Chapitres 1 et 3: reddition des comptes et comptabilité

92. Les articles 121 à 127 du RF traitent des comptes des Communautés (95), les articles 128 à 129 de la reddition des comptes et les articles 132 à 137 de la comptabilité (96). Il sortirait du cadre du présent article d'entrer dans une description technique et précise de ces articles. Il convient cependant de noter que le RF devrait permettre à la Commission de mener à bien la réforme de cette comptabilité (97).

93. Selon la partie *Évolution de la comptabilité des Communautés européennes* du volume IV des comptes annuels des Communautés européennes relatives aux opérations budgétaires de l'exercice 2001 (98):

Au cours des dernières années, la nécessité s'est fait jour de faire évoluer la comptabilité des Communautés européennes d'un système comptable centré sur la seule description des opérations de dépenses et recettes budgétaires sur base de caisse vers une comptabilité patrimoniale (99) *dont l'objectif est de présenter la situation financière des Communautés de manière plus complète, reflétant l'ensemble de ses avoirs, créances et de ses dettes, ainsi que des charges et des produits de l'exercice.*

(...) La Commission a déjà introduit au cours de ces dernières années des éléments de comptabilité d'exercice lors de la présentation des états financiers. Actuellement, ces informations ne sont pas issues en totalité d'un système comptable intégré. En effet, les services du comptable doivent recourir à des informations générées en dehors du système comptable par les différentes directions générales tant pour compléter le bilan financier que pour établir les annexes au bilan. Cette manière de faire ne peut garantir l'exhaustivité des données.

(...) De manière simplifiée, les réformes s'orientent vers les axes suivants:

1. maintien d'un reporting *de l'exécution budgétaire en caisse (sur base des encaissements/décaissements) et évolution vers une comptabilité générale basée sur le principe d'exercice. Ce système « dual » a aussi été retenu par plusieurs États membres;*

2. comptabilité intégrée: l'enrichissement de la comptabilité budgétaire devra permettre une comptabilisation correcte des transactions; ceci conduira à ne plus recourir à des recensements extra-comptables pour établir les états financiers;

3. développement de la comptabilité générale pour la faire évoluer d'une comptabilité basée sur des principes de caisse vers une comptabilité d'exercice, qui fournit une image plus fidèle de la réalité;

4. définition du périmètre de consolidation; adapter le périmètre de consolidation, conformément aux normes internationales;

5. en substance, les états financiers des Communautés européennes doivent évoluer pour s'aligner sur les standards internationaux. Ces états représentent l'aboutissement du système comptable. Leur objectif est de reflé-

(94) Point 2.1. du doc. COM (2003) 274 final, p. 2.

(95) Les comptes des Communautés comprennent: 1) les états financiers des institutions (tels que définis à l'article 126 du RF) et des organismes communautaires visés à l'article 185 du RF; 2) les états financiers consolidés (qui présentent de manière agrégée les informations financières figurant dans les états financiers); 3) les états sur l'exécution du budget des institutions et des budgets des organismes communautaires visés à l'article 185 (le contenu des états sur l'exécution budgétaire est défini à l'article 127 du RF) et 4) les états consolidés sur l'exécution du budget (qui présentent de manière agrégée les informations figurant dans les états sur l'exécution du budget) (article 121 du RF). Les articles 123 et 124 du RF explicitent les principes selon lesquels les comptes et les états financiers doivent être établis. En outre, selon l'article 122 du RF, les comptes des institutions et des organismes communautaires visés à l'article 185 sont accompagnés d'un rapport sur la gestion budgétaire et financière de l'exercice.

(96) L'article 132, premier paragraphe du RF définit la comptabilité des institutions comme « le système d'organisation de l'information budgétaire et financière permettant de saisir, classer et enregistrer des données chiffrées ». La comptabilité se compose d'une comptabilité générale (définie aux articles 134 à 136 du RF) et d'une comptabilité budgétaire (article 137) tenues par année civile en euros. Selon l'article 132, paragraphe 3, les données de la comptabilité générale et budgétaire sont arrêtées à la clôture de l'exercice budgétaire en vue de l'établissement des comptes. Par ailleurs, le paragraphe 4 dudit article permet la tenue, par l'ordonnateur délégué, d'une comptabilité analytique.

(97) Voy. à ce sujet la Communication de la Commission du 17.12.2002 sur la modernisation de la comptabilité des Communautés européennes (doc. COM(2002) 755 final).

(98) JO C 296 du 28.11.2002, p. 3.

(99) « Accrual accounting » ou comptabilité d'exercice.

ter l'image fidèle du patrimoine, de la situation financière, de l'exécution du budget, des résultats de l'entité et du cash flow *de l'année.*

94. Les articles 128 et 129 du RF introduisent les nouveaux délais pour la reddition des comptes applicables, pour la première fois, conformément à l'article 181, paragraphe 2.

95. Il est, en outre, spécifié à l'article 181, paragraphe 2, troisième alinéa du RF que les dispositions du titre VII s'appliquent progressivement *en fonction des possibilités techniques en vue de produire leur plein effet au titre de l'exercice 2005.*

Chapitre 2: information budgétaire en cours d'exécution

96. En liaison avec l'introduction de l'ABB et dans un souci de bonne gestion financière, le RF renforce l'importance accordée à l'information relative à l'exécution du budget.

97. En plus du rapport sur la situation des garanties budgétaires et des risques correspondants prévu à l'article 130 du RF, l'article 131 prévoit que la Commission transmet au Parlement européen, au Conseil et à la Cour des comptes:

— une fois par mois des données chiffrées, agrégées au minimum au niveau des chapitres, sur l'exécution du budget, tant pour ce qui concerne les recettes que les dépenses relatives à l'ensemble des crédits. Ces données comportent aussi des informations relatives à l'utilisation des crédits reportés (100) ;

— trois fois par an, dans les trente jours ouvrables qui suivent le 31 mai, le 31 août et le 31 décembre, un rapport sur l'exécution budgétaire, tant pour les recettes que pour les dépenses, détaillées par chapitres, articles et postes. Ce rapport comporte aussi des renseignements relatifs à l'exécution des crédits reportés des exercices précédents.

Chapitre 4: inventaire des immobilisations

98. Selon l'article 138, chaque institution et chaque organisme communautaire visé à l'article 185 du RF:

— tient *en nombre et en valeur*, conformément au modèle arrêté par le comptable de la Commission, des inventaires de toutes les immobilisations corporelles, incorporelles et financières constituant le patrimoine des Communautés;

— vérifie la concordance entre les écritures d'inventaire et la réalité, et

— publie d'une façon appropriée les ventes de biens meubles.

H - Titre VIII: contrôle externe et décharge

99. Il s'agit d'un titre nouveau qui reprend et développe des dispositions qui, dans le règlement financier précédent, figuraient au titre VI (*Reddition et vérification des comptes*) (articles 76 à 90).

Chapitre 1: contrôle externe

100. Dans son avis n° 2/2001 précité (101) (point 44), la Cour de comptes a souligné qu'il était inutile de répéter et d'expliciter dans le règlement financier les dispositions du traité relatives à son rôle en tant qu'auditeur externe. Par la suite, la Cour des comptes a rendu de sa propre initiative un deuxième avis n° 2/2002 (102), dans lequel elle a réitéré (points 5 à 8) son avis précédent, en avançant l'argument que les dispositions du traité la concernant (il s'agit essentiellement de l'article 248 du traité CE) ne devraient pas être reprises ou développées dans le règlement financier, afin d'éviter tout risque d'altérer la portée du traité quant à l'étendue de ses droits et obligations.

101. Il résulte des dispositions des articles 139 à 144 du RF que le Conseil, tout en tenant compte sur des points particuliers des préoccupations légitimes de la Cour des comptes, a suivi largement la Commission en adoptant une partie substantielle des dispositions proposées. Il a estimé, en effet, que le traité n'exclut pas que le règlement financier prévoie des modalités d'exercice par la Cour des comptes de la fonction de contrôle qui lui est attribuée par le traité, pour autant bien entendu que soit respectée la hiérarchie des normes, c'est-à-dire la primauté du traité sur le droit dérivé.

102. a) L'article 140, paragraphe 1 du RF prévoit que l'examen par la Cour des comptes de la légalité et de la régularité des recettes et des dépenses a lieu au regard des dispositions des traités, du budget, du RF, des ME ainsi que de tous actes pris en exécution des traités. Il convient de relever que les termes *de la légalité et la régularité des recettes et des dépenses* sont identiques à ceux du traité (article 248, paragraphe 2, premier alinéa). Quant à la précision selon laquelle cet examen de la Cour des comptes a lieu au regard des dispositions des traités, du budget, du RF, des ME, ainsi que de tous actes pris en exécution des traités, elle vise simplement à souligner que la Cour des comptes prend en considération tous les éléments d'appréciation pertinents (à savoir les traités, la législation de base, la réglementation financière et le budget lui-même).

b) L'article 140, paragraphes 2 et 3 ainsi que l'article 142 du RF visent à permettre à la Cour des comptes d'accomplir pleinement la mission qui lui est attribuée par le traité, y compris celle de s'assurer de *la bonne gestion financière*. Ces articles peuvent être regardés comme de simples modalités de mise en œuvre de l'article 248 du traité CE.

S'agissant, en particulier, des États membres (et de leurs instances), ces dispositions du RF se justifient au titre de la mise en œuvre, en matière financière, du principe général de coopération loyale posé par l'article 10 du traité CE.

103. En ce qui concerne l'article 143 du RF relatif au rapport annuel de la Cour des comptes, il y a lieu de signaler que les trois délais fixés respectivement par les paragraphes 2 et 5 ont été raccourcis d'un mois, comme proposé par la Commission, par rapport au règlement financier précédent, ceci en liaison avec la reddition des comptes et le déroulement de la procédure de décharge. Ces nouvelles dispositions s'appliqueront pour la première fois au titre de l'exercice 2005 (article 181, paragraphe 2 du RF).

L'article 143, paragraphe 6 comporte une disposition nouvelle, selon laquelle dès la transmission par la Cour des comptes de son rapport annuel aux autorités responsables de la décharge et aux autres institutions (voy. le paragraphe 5), la Commission communique immédiatement aux États membres concernés les éléments pertinents qui les concernent en tant que gestionnaires de fonds communautaires. Les États membres sont tenus de répondre à cette communication dans un délai de soixante jours. La Commission adresse à la Cour des comptes, au Parlement européen et au Conseil un document de synthèse avant le 15 février de l'exercice suivant.

(100) Selon l'article 131, paragraphe 1, troisième alinéa du RF, les données chiffrées doivent être transmises « dans les dix jours ouvrables qui suivent la fin de chaque mois ».

(101) JO C 162 du 5.6.2001, p. 1.

(102) JO C 92 du 17.4.2002, p. 1.

104. L'article 144 du RF comporte des dispositions spécifiques concernant les rapports spéciaux et les avis de la Cour des comptes.

Chapitre 2: décharge (103)

105. Il est rappelé que, sur le plan institutionnel, le pouvoir de décharge du Parlement européen (article 276 du traité CE), qui comprend celui de la refuser (voy. point suivant), celui de rejeter le projet de budget *pour des motifs importants* (article 272, paragraphe 8 du traité) et surtout celui d'adopter une motion de censure sur la gestion de la Commission (article 201 du traité) constituent trois « armes » essentielles dans les mains du Parlement européen.

106. a) L'article 276, paragraphe 1 du traité prévoit que: *Le Parlement européen, sur recommandation du Conseil, qui statue à la majorité qualifiée* (104), *donne décharge à la Commission sur l'exécution du budget.* Cet article du traité ne comporte pas de règle de vote (à la différence de l'article 272). Il est donc admis que c'est la règle de vote prévue à l'article 198 du traité, à savoir la majorité absolue des suffrages exprimés, qui est applicable, à défaut de *dispositions contraires* à l'article 276.

Quant au calendrier de la procédure de décharge, l'article 145, paragraphe 1 du RF prévoit que le Parlement européen donne décharge avant le 30 avril de l'année $n + 2$, et prévoit, à son paragraphe 2, des dispositions spécifiques pour le cas où cette date ne pourrait être respectée. Selon le paragraphe 3 dudit article: *Au cas où le Parlement européen ajourne la décision octroyant la décharge, la Commission s'efforce de prendre, dans les meilleurs délais, les mesures de nature à permettre et à faciliter la levée des obstacles à cette décision.*

b) Il a jadis été avancé que le Parlement européen serait juridiquement tenu de donner décharge à la Commission (argument: *donne*). Cette analyse est aujourd'hui abandonnée, compte tenu notamment du précédent de refus de décharge du Parlement européen à la Commission pour l'exercice 1982, intervenu le 14 novembre 1984 et surtout pour celui de 1996 (105). D'ailleurs, le règlement du Parlement européen comporte à son annexe V (106) des dispositions expresses relatives au refus de décharge. Ce qui confirme que l'article 145, paragraphe 1 du RF ne saurait être interprété comme prévoyant l'obligation pour le Parlement européen de donner en tout état de cause décharge. En d'autres termes, il ne s'agit pas d'une compétence liée.

À noter, sur le plan pratique, qu'un refus de décharge ne constitue d'ailleurs pas un obstacle à la clôture des comptes par décision *ad hoc* (107).

107. a) Aux termes de l'article 146, paragraphe 1 du RF: *La décision de décharge porte sur les comptes de la totalité des recettes et dépenses des Communautés, ainsi que sur le solde qui en découle et sur l'actif et le passif des Communautés décrits dans le bilan financier.*

b) En vue d'octroyer la décharge, le Parlement européen examine, à la suite du Conseil:

— les comptes, les états et le bilan financiers (108) (article 275 du traité CE);

— le rapport annuel de la Cour des comptes (109), ainsi que ses rapports spéciaux pertinents, accompagnés des réponses des institutions contrôlées;

— la déclaration d'assurance (DAS) concernant la fiabilité des comptes ainsi que la légalité et la régularité des opérations sous-jacentes (110) (article 248, paragraphe 1, deuxième alinéa du traité CE).

Il convient de rappeler que la création de la DAS remonte au traité de Maastricht (111).

108. Selon l'article 146, paragraphe 2 du RF: *La Commission soumet au Parlement européen, à la demande de celui-ci, toute information nécessaire au bon déroulement de la procédure de décharge pour l'exercice en cause, conformément à l'article 276 du traité CE.*

109. Une décision de décharge (112) est toujours accompagnée d'observations du Parlement européen agissant comme autorité de décharge. La recommandation du Conseil (au Parlement) est, pour sa part, assortie de commentaires. L'article 276, paragraphe 3 du traité CE (et l'article 147, paragraphe 1 du RF) prévoient que la Commission est tenue de tout mettre en œuvre pour: *donner suite aux observations accompagnant les décisions de décharge et aux autres observations du Parlement européen concernant l'exécution des dépenses ainsi qu'aux commentaires accompagnant les recommandations de décharge adoptées par le Conseil.* En outre, l'article 147, paragraphe 2, première phrase du RF précise ces dispositions en mentionnant expressément qu'elles s'adressent aussi aux « *petites institutions* » et ajoute à la deuxième phrase que les États sont tenus de coopérer avec la Commission à cet effet. Les rapports des institutions sont également transmis à la Cour des comptes (*ibid.* troisième phrase).

II. — DEUXIÈME PARTIE: DISPOSITIONS PARTICULIÈRES

110. La deuxième partie du RF est composée de six titres comportant les dispositions particulières concernant respectivement le Fonds européen d'orientation et de garantie agricole (FEOGA), section « Garantie » (titre I), les Fonds structurels (titre II), la Recherche (titre III), les Actions extérieures (titre IV), les Offices européens (titre V) et les Crédits administratifs (titre VI).

111. Sur le plan de la technique législative, les *Dispositions communes* qui font l'objet de la première partie du RF sont d'application à chacun de ces domaines, sous réserve des dérogations prévues aux différents titres spécifiques de la deuxième partie.

112. Il est à noter que ni les crédits de la PESC, ni ceux de la coopération policière et judiciaire en matière pénale ne font l'objet d'un titre spécifique

(103) Concernant la décharge des organismes communautaires visés à l'article 185 du RF, voy. point 146, b).

(104) Il s'agit de la majorité qualifiée dite « budgétaire » exprimant le vote favorable d'au moins dix membres du Conseil (article 205, paragraphe 2, deuxième alinéa, deuxième tiret du traité CE).

(105) Voy. sur la décharge pour l'exercice 1982 le commentaire J. MEGRET précité, n° 842, p. 399 et sur celle pour l'exercice 1996 l'article de L. BEURDELEY: « Les motifs du refus de décharge relatif au budget général de l'Union européenne », Revue du Marché commun et de l'Union européenne, n° 443, décembre 2000, pp. 696/702.

(106) JO L 61 du 5.3.2003, pp. 77/79.

(107) Voy. le commentaire J. MEGRET précité, n° 843, p. 400.

(108) Voy. note 50.

(109) Le rapport annuel de la Cour des comptes relatif à l'exercice 2002 est publié au JO C 286 du 28.11.2003, p. 1.

(110) Ibid, pp. 11-52.

(111) Sur la portée de la DAS, voy. l'étude de notre regretté collègue D. STRASSER: « Les dispositions financières du traité de Maastricht », Revue française de Finances publiques, n° 45, 1994, pp. 195/213.

(112) Les décisions et résolutions du PE concernant la décharge relative à l'exécution du budget général et des FED pour l'exercice 2001, ainsi que la clôture des comptes, sont publiées au JO L 148 du 16.6.2003, p. 1.

du RF, ce qui signifie que ces crédits sont gérés selon les règles de droit commun prévues à la première partie du RF.

A - Titre I: FEOGA, section « Garantie »

113. a) La Commission avait proposé de transformer les *dépenses négatives* en recettes affectées (113). Une telle réforme allait dans le sens de la position de la Cour des comptes qui, depuis l'institution du prélèvement laitier en 1977, estime que la technique de la dépense négative n'est pas acceptable sur le plan de l'orthodoxie budgétaire. La Cour des comptes a rappelé son point de vue dans son avis n° 4/97 du 10 juillet 1997 précité, où elle a précisé (aux points 1.13 et 1.14) que:

Tout montant négatif introduit un manque de transparence, une difficulté plus grande de lecture et de compréhension du budget. De plus, lorsque ces montants négatifs sont spécialisés et viennent réduire les montants de rubriques positives, il y a contraction entre certaines recettes et certaines dépenses, donc violation du principe d'universalité budgétaire. Une critique analogue doit être formulée lorsque des recettes négatives spécialisées sont appelées à être contractées par voie de virements avec des dotations de crédits positives particulières.

L'existence de tout montant négatif dans le budget doit donc être proscrite. À cet effet, il ne suffit pas d'abroger les dispositions qui en autorisent certains, puisque la Commission s'est permis d'en créer d'autres que le règlement financier ne prévoit pas: il faut de plus une disposition unique et simple prescrivant qu'aucun montant figurant au budget ne peut être négatif (114).

b) À l'occasion des travaux relatifs à la refonte du règlement financier, il est apparu que la suppression des dépenses négatives et leur éventuelle transformation en recettes affectées nécessitait une modification du règlement (CE) n° 1258/1999 du Conseil du 17 mai 1999 relatif au financement de la politique agricole commune (PAC) (115), ainsi que du règlement (CEE) n° 3950/92 du Conseil, du 28 décembre 1992, établissant un prélèvement supplémentaire dans le secteur du lait et des produits laitiers (116), modifié par le règlement (CE) n° 1256/1999 du Conseil du 17 mai 1999 (117).

c) Cette question n'a toutefois pas été tranchée lors de la refonte du règlement financier étant donné que le Conseil n'a pas statué sur la proposition de règlement du Conseil modifiant le règlement (CE) n° 1258/1999 du Conseil relatif au financement de la PAC ainsi que divers autres règlements concernant la PAC (et notamment dans le secteur laitier) (118).

d) Finalement, il a été entendu que la question des dépenses négatives agricoles serait revue ultérieurement, en liaison avec les futures perspectives financières pour la période *post* 2006.

e) Si le RF (article 42) n'interdit pas, pour l'instant, les dépenses négatives (comme proposé par la Commission), il prévoit, en revanche, que le budget ne peut comporter de recettes négatives (voy. ci-dessus première partie, point 50).

Par ailleurs, le Conseil a inséré dans les *Dispositions transitoires* (voy. ci-dessous troisième partie, point 141) un article 180 dont on peut se demander si, en substance, il ne s'agit pas plutôt d'une *programmation* dépourvue de tout caractère normatif.

114. a) Au reste, le Conseil a prévu à l'article 149, paragraphe 1 du RF que les crédits du FEOGA, section « Garantie » (119) sont, comme c'était déjà le cas dans le règlement financier précédent, des *crédits non dissociés* (voy. ci-dessus première partie, point 24).

b) Les paragraphes 2 et 3 dudit article contiennent les dispositions générales et des dispositions spécifiques concernant les reports de crédits du FEOGA, section « Garantie ».

115. Les articles 150 et 151 du RF comportent des dispositions particulières concernant les engagements et les paiements au titre du FEOGA, section « Garantie ».

116. L'article du 152 maintient une *période complémentaire* qui est la seule qui subsiste dans le RF et qui concerne les paiements du FEOGA, section « Garantie ».

117. L'article 153 traite des virements de crédits concernant le FEOGA, section « Garantie » et l'article 154 des décisions d'apurement des comptes.

B - Titre II: fonds structurels

118. La Commission a, dans l'exposé des motifs de sa proposition initiale (page 26) et de sa proposition modifiée (point 2.7.2, page 15), indiqué avec beaucoup de pertinence les raisons de l'insertion dans la deuxième partie du RF d'un titre spécifique sur les *Fonds structurels*.

119. a) Dans son avis n° 4/97 du 10 juillet 1997 précité, la Cour des comptes avait déjà déploré que les règlements sur les Fonds structurels (fondés sur les bases juridiques appropriées du traité CE) contenaient des dispositions budgétaires qui normalement devraient relever du règlement financier (fondé sur l'article 279 du traité) (voy. point 12 de cet avis).

b) Cette situation remonte d'ailleurs au premier règlement (CEE) n° 724/75 concernant le Fonds européen de développement régional (FEDER) du 18 mars 1975 (120), modifié par le règlement (CEE) n° 214/79 du 6 février 1979 (121), fondé sur l'article 235 du traité CE (actuel article 308) et qui déjà englobait des dispositions de nature budgétaire qui normalement auraient dû relever de l'article 209 du traité (actuel article 279).

c) La création du titre spécifique sur les Fonds structurels dans la deuxième partie du RF permet d'« ancrer » dans le RF les dérogations dont bénéficient les crédits relatifs aux Fonds structurels. À cet effet, l'article 155 du RF prévoit que les règles générales prévues à la première partie du RF s'appliquent aux dépenses effectuées par les services et les organismes visés par la réglementation de base sur les Fonds structurels, le Fonds de cohésion et les mesures structurelles et agricoles de pré-adhésion (122) *sous réserve des dérogations prévues au présent titre.*

(113) Voy. l'exposé des motifs de la proposition initiale de la Commission (doc. COM(2000) 461 final, pp. 13/14), ainsi que celui de la proposition modifiée (doc. COM(2001) 691 final, point 2.3.4, p. 9 et point 2.7.1, p. 15).

(114) JO C 57 du 23.2.1998, p. 9.

(115) JO L 160 du 26.6.1999, p. 103.

(116) JO L 405 du 31.12.1992, p. 1.

(117) JO L 160 du 26.6.1999, p. 73.

(118) JO C 337 E du 28.11.2000, p. 276.

(119) Il est rappelé que le FEOGA, section « Orientation » est un Fonds structurel, auquel s'appliquent les dispositions du titre II (voy. points 118 et 119).

(120) JO L 73 du 21.3.1975, p. 1.

(121) JO L 35 du 9.2.1979, p. 1.

(122) La réglementation actuelle en la matière fait l'objet des règlements (CE) n° 1260/1999 à n° 1268/1999 du Conseil du 21 juin 1999 (JO L 161 du 26.6.1999, p. 1). Le règlement n° 1260/1999 a été modifié en dernier lieu par le règlement (CE) n° 1105/2003 du Conseil du 26 mai 2003 (JO L 158 du 27.6.2003, p. 3). Le FEOGA, section « Orientation » fait l'objet du règlement (CE) n° 1257/1999 du Conseil du 17 mai 1999 (JO L 160 du 26.6.1999, p. 80).

d) Les articles 156 à 159 du RF précisent que la réglementation de base visée à l'article 155 s'applique en matière de paiements (article 156), de dégagements d'office des crédits engagés et de leur reconstitution éventuelle (article 157), de virements (article 158), et de gestion et sélection des projets ainsi que de contrôle (article 159).

C - Titre III: recherche

120. À la différence du titre II relatif aux Fonds structurels, le titre III (*Recherche*) n'est pas nouveau, le domaine de la recherche ayant antérieurement fait l'objet de règles spécifiques dans les règlements financiers précédents.

121. Comme conséquence de l'introduction de l'ABB, l'article 160 du RF prévoit que les crédits de recherche et de développement technologique *sont inscrits soit dans un des titres du budget relatif au domaine politique de la recherche par l'exécution d'actions directes ou indirectes, soit dans un chapitre relatif aux activités de recherche inséré dans un autre titre.* Ils sont mis en œuvre pour l'exécution d'actions définies à l'article 229 des ME, qui précise que les crédits de recherche et de développement technologique sont mis en œuvre par l'exécution d'actions directes, d'actions indirectes prévues dans le programme-cadre de recherche arrêté sur la base de l'article 166 du traité CE (123), ainsi que des actions visées à l'article 165 du traité CE par la participation à des programmes et par des activités concurrentielles menées par le Centre commun de recherche (CCR).

122. L'article 161 du RF traite des dispositions financières spécifiques applicables au CCR (règles concernant le financement (paragraphe 1), les recettes (paragraphe 2), la passation des marchés (paragraphe 3) et les virements de crédits à l'intérieur du titre du budget relatif au domaine politique de la recherche par actions directes (paragraphe 4)).

D - Titre IV: actions extérieures

Chapitre 1: dispositions générales

123. Un titre spécifique concernant les *Actions extérieures* a été inséré dans le règlement financier du 21 décembre 1977 par le règlement n° 610/90 du Conseil du 13 mars 1990 (124). Selon l'exposé des motifs de la proposition de la Commission, l'insertion d'un tel titre spécifique se justifiait par les particularités de ce secteur (voy. doc. COM(88) 838 final du 21 décembre 1988, pp. 22/23).

124. Ce titre prévoit des dérogations au droit commun de la gestion budgétaire (article 162, paragraphe 1 du RF).

Les crédits destinés aux actions extérieures sont mis en œuvre par la Commission:

a) soit dans le cadre d'aides octroyées à titre autonome;

b) soit dans le cadre d'accords conclus avec un ou des pays tiers bénéficiaires;

c) soit dans le cadre d'accords avec les organisations internationales visées à l'article 53 du RF.

Chapitre 2: mise en œuvre des actions

125. Selon l'article 163 du RF, les actions extérieures peuvent être exécutées:

— soit de façon centralisée par la Commission;

— soit de manière décentralisée par le ou les pays tiers bénéficiaires;

— soit conjointement avec des organisations internationales.

Les crédits communautaires destinés au financement des actions extérieures peuvent être complétés par des fonds provenant d'autres sources dans le but de réaliser un objectif conjoint.

126. Selon l'article 164 du RF, la Commission peut, dans le cadre de la gestion décentralisée, confier la gestion de certaines actions aux autorités des pays tiers bénéficiaires, à condition de constater, au préalable, que le ou les pays tiers concerné(s) sont en mesure d'appliquer, à la gestion des fonds communautaires, un certain nombre de critères mentionnés aux litteras a) à e). En outre, les autorités compétentes du pays tiers concerné doivent vérifier que l'exécution budgétaire a été correcte et s'engager à prendre les mesures appropriées en matière de prévention des irrégularités et des fraudes et de récupération des fonds indûment versés (article 53, paragraphe 6 du RF).

127. La Commission est tenue de contrôler la mise en œuvre des actions par les pays tiers ou les organisations internationales. Ce contrôle s'exerce *ex ante* et/ou *ex post*.

128. Aux termes de l'article 166 du RF, les actions extérieures donnent lieu:

a) soit à l'établissement d'une convention de financement entre la Commission, agissant au nom des Communautés, et le ou les pays tiers bénéficiaire(s) ou les organismes désignés par ceux-ci;

b) soit à un contrat ou une convention de subvention avec des organismes de droit public national ou international ou des personnes physiques ou morales, chargées de leur réalisation.

Dans les cas visés respectivement sub a) et b) ci-dessus, la convention ou le contrat définit les conditions de gestion de l'aide par le contractant.

129. Les conventions de financement entre la Commission et le (ou les) pays tiers bénéficiaire(s) ou les organismes désignés par celui-ci (ceux-ci) sont conclues au plus tard le 31 décembre de l'année *n + 1*, l'année *n* étant celle au cours de laquelle l'engagement budgétaire est intervenu. Les contrats et conventions individuels qui mettent en œuvre ces conventions de financement sont conclus au plus tard trois années à compter de la date de l'engagement budgétaire (les contrats et conventions individuels relatifs à l'audit et à l'évaluation peuvent être conclus ultérieurement).

Chapitre 3: passation des marchés

130. S'agissant des marchés publics, les dispositions de l'article 56 (qui figure dans les *Modes d'exécution* du budget) (voy. ci-dessus Première partie, points 60 à 68) et des articles 88 à 103 (Dispositions générales du titre V *Passation des marchés publics*) (voy. ci-dessus points 81 à 85) du RF sont applicables aux marchés couverts par le titre IV de la Deuxième partie du RF (*Actions extérieures*), sous réserve des dispositions spécifiques relatives aux seuils et aux modalités de passation des marchés extérieurs prévues par les modalités d'exécution (125).

131. Les procédures de passation de marché doivent être prévues dans les conventions de financement ou les conventions de subventions (voy. ci-dessus

(123) Décision n° 1513/2002/CE du Parlement européen et du Conseil du 27 juin 2002 relative au sixième programme-cadre de la Communauté européenne pour des actions de recherche, de développement technologique et de démonstration contribuant à la réalisation de l'espace européen de la recherche et à l'innovation (2002-2006) (JO L 232 du 29.8.2002, p. 1).

(124) JO L 70 du 16.3.1990, p. 1. Il s'agit du titre IX: « Dispositions particulières applicables aux aides extérieures ».

(125) Voy. articles 237 et 238 des ME.

points 128 et 129) (article 167, paragraphe 2 du RF).

132. Les règles de participation aux marchés extérieurs sont explicitées à l'article 168 du RF (126).

Chapitre 4: octroi des subventions

133. Selon l'article 169 du RF, une action extérieure, en dérogation au principe de cofinancement, peut être financée intégralement par le budget communautaire, si un tel financement s'avère indispensable à sa réalisation (127).

Chapitre 5: vérification des comptes

134. L'article 170 du RF stipule que chaque convention de financement ou convention de subvention doit prévoir expressément le pouvoir de contrôle de la Commission et celui de la Cour des comptes, sur pièces et sur place, de tous les contractants et sous-contractants ayant bénéficié de fonds communautaires.

E - Titre V: offices européens

135. Comme dans le cas du titre II *Fonds structurels* (voy. ci-dessus points 118 et 119), il s'agit d'un titre nouveau, qui reprend néanmoins certaines dispositions du titre XII (voy. note 129) de la partie I du règlement financier précédent. Selon l'article 171, paragraphe 1: *Sont considérés comme « offices européens » aux fins de l'application du présent titre, les structures administratives créées par une ou plusieurs institutions dans le but d'exécuter des tâches horizontales spécifiques*. Selon le paragraphe 2 dudit article: *Les dispositions du présent titre s'appliquent également à l'Office européen de lutte antifraude (OLAF).*

136. Ces offices ne sont pas dotés de la personnalité juridique, contrairement aux organismes communautaires visés à l'article 185 du RF et aux agences exécutives.

137. Concrètement, les offices européens visés au titre V du RF sont, outre l'OLAF qui a un statut spécial (128), essentiellement l'Office des publications officielles des Communautés européennes (OPOCE) (129), créé en 1969 par un accord entre les institutions (130), ainsi que l'Office de sélection du personnel des Communautés européennes (EPSO), créé en 2002 (131), qui est un exemple récent d'office interinstitutionnel. En 2002 ont été également créés l'Office de gestion et de liquidation des droits individuels et les Offices pour les infrastructures et la logistique (à Bruxelles et à Luxembourg) (132).

138. Sur le plan budgétaire, le principal intérêt de ces offices, dont les crédits sont inscrits sur une ligne budgétaire spécifique à l'intérieur de la section de la Commission (le détail figurant en Annexe à celle-ci) est de permettre une certaine flexibilité dans la gestion quotidienne.

F - Titre VI: crédits administratifs

139. L'article 178 du RF reprend pratiquement tel quel l'article 8, paragraphe 2 du règlement financier précédent qui visait à faciliter la gestion administrative.

140. a) L'article 179, paragraphe 1 maintient la situation selon laquelle les crédits administratifs sont des crédits non dissociés.

b) L'article 179, paragraphe 2, qui reprend l'article premier, paragraphe 3 du règlement financier précédent, prévoit que les dépenses de fonctionnement résultant de contrats couvrant une période dépassant la durée de l'exercice sont imputées au budget de l'exercice au cours duquel elles sont effectuées.

c) Lors de l'adoption du règlement financier du 25 août 1973 (133), les institutions s'étaient engagées à requérir l'autorisation préalable de l'autorité budgétaire pour la conclusion de tels contrats importants, notamment la location d'immeubles pour une longue durée.

d) Conscient du caractère incertain d'un tel engagement pris par les institutions en 1973, le Conseil a inséré à l'article 179 du RF un paragraphe 3 qui le confirme en substance et le développe, tout en clarifiant sa portée. Ce paragraphe se lit comme suit:

Les institutions informent, dans les meilleurs délais, les deux branches de l'autorité budgétaire de tout projet de nature immobilière susceptible d'avoir des incidences financières significatives sur le budget.

Les deux branches de l'autorité budgétaire notifient immédiatement à l'institution concernée leur intention de délivrer un avis à celle-ci. À défaut de réponse, l'institution concernée peut procéder à l'opération projetée au titre de son autonomie administrative, sous réserve de l'article 282 du traité CE et de l'article 185 du traité Euratom en ce qui concerne la représentation de la Communauté (134).

(126) Voy. aussi l'article 239 des ME.

(127) Voy. l'article 253 des ME.

(128) L'OLAF a été créé par la décision n° 1999/352/CE, CECA, Euratom de la Commission du 28 avril 1999 instituant l'Office européen de lutte antifraude (JO L 136 du 31.5.1999, p. 20). Cette décision institue l'OLAF en tant que service de la Commission au sein de laquelle il dispose d'une large autonomie. Toutefois, les missions de l'OLAF – enquêtes externes (auprès des États membres) et enquêtes internes (au sein des institutions, organes et organismes de l'Union) – lui sont attribuées directement par le règlement (CE) n° 1073/1999 du Parlement européen et du Conseil du 25 mai 1999 (ibid, p. 1) et par le règlement (Euratom) n° 1074/1999 du Conseil du 25 mai 1999 (ibid, p. 8). À noter que, dans deux arrêts du 10 juillet 2003 respectivement dans les affaires C-11/00 (Commission contre Banque centrale européenne) et C-15/00 (Commission contre Banque européenne d'investissement) (non encore publiés au Recueil), la Cour de justice a confirmé que la BCE et la BEI étaient bien des « organes » de la Communauté au sens du règlement (CE) n° 1073/1999 précité. L'OLAF est soumis dans son fonctionnement aux dispositions du titre V du RF, sauf aux dispositions des articles 174 (concernant la comptabilité analytique) et 175, paragraphe 2 (concernant les prestations à titre onéreux à des tiers), conformément à son article 176.

(129) Dans sa proposition initiale, la Commission avait suggéré de maintenir un titre spécifique concernant l'OPOCE (titre XII de la partie I du règlement financier précédent) et de créer un titre spécifique pour l'OLAF. La Cour des comptes et le Parlement européen, considérant que d'autres offices pourraient être créés à l'avenir, avaient suggéré de créer un titre commun pour les offices. Le Conseil a suivi cette approche.

(130) Décision du Parlement européen, du Conseil, de la Commission, de la Cour de justice et du Comité économique et social du 16 janvier 1969 portant installation de l'Office des publications officielles des Communautés européennes (JO L 13 du 18.1.1969, p. 19). Cette décision a été remplacée par la décision 2000/459/CEE, CECA, Euratom du Parlement européen, du Conseil, de la Commission, de la Cour de justice, de la Cour des comptes, du Comité économique et social et du Comité des régions du 20 juillet 2000 relative à l'organisation et au fonctionnement de l'Office des publications officielles des Communautés européennes (JO L 183 du 22.7.2000, p. 12).

(131) Décision du Parlement européen, du Conseil, de la Commission, de la Cour de justice, de la Cour des comptes, du Comité économique et social, du Comité des régions et du Médiateur du 25 juillet 2002 portant création de l'Office de sélection du personnel des Communautés européennes (JO L 197 du 26.7.2002, p. 53).

(132) Ces trois offices ont été créés par des décisions de la Commission du 6 novembre 2002 (JO L 183 du 22.7.2003, pp. 30/44).

(133) JO L 116 du 1.5.1973, p. 1.

(134) L'article 282 du traité CE, ainsi que l'article 185 du traité Euratom, aux termes desquels la Communauté « est représentée par la Commission » pour contracter et ester en justice dans le droit interne des États membres pour tout ce qui concerne la « vie civile » de la Communauté sont anachroniques. L'usage suivi de manière constante depuis 1961 jusqu'à ce jour est que l'institution concernée demande, au cas par cas, un « mandat » à la Commission pour pouvoir représenter la Communauté.

Lorsque les deux branches de l'autorité budgétaire ont notifié leur intention de délivrer un avis, elles transmettent celui-ci à l'institution concernée dans un délai de deux semaines à dater de cette notification.

Cette disposition vise essentiellement à éviter que, sous couvert d'autonomie administrative, les institutions ne s'engagent, à l'insu de l'autorité budgétaire, dans la conclusion d'opérations immobilières importantes.

III. — TROISIÈME PARTIE: DISPOSITIONS TRANSITOIRES ET FINALES

A - Titre I: dispositions transitoires

141. L'article 180 du RF traite de l'avenir des dépenses négatives agricoles (voy. ci-dessus deuxième partie, point 113).

142. L'article 181 traite:

— de la structure du budget de la section III - Commission (paragraphe 1) et des virements (selon les articles 23, 158 et 160, paragraphe 2 du RF) en 2003 (paragraphe 1);

— des délais concernant la reddition des comptes (articles 128, paragraphe 2 et 129) et de la présentation du rapport annuel de la Cour des comptes (article 143, paragraphes 2 et 5) (paragraphe 2);

— du renouvellement des subventions en faveur des organismes poursuivant un but d'intérêt général européen (article 113) (paragraphe 3);

— du rapport d'activités de l'ordonnateur délégué (article 60, paragraphe 7) (paragraphe 4), et

— de la reconstitution des crédits d'engagement dégagés au titre de l'exercice 2002 (paragraphe 5).

B - Titre II: dispositions finales

143. L'article 182 du RF confirme la disposition de l'article 138 du règlement financier précédent selon laquelle les deux branches de l'autorité budgétaire sont habilitées à obtenir *la communication de toutes informations et justifications pertinentes* pour les questions budgétaires relevant de leurs compétences respectives.

144. L'article 183 confère à la Commission la tâche d'arrêter les ME (voy. ci-dessus point 3). L'article 202, troisième tiret du traité CE ne permet pas d'assortir une telle habilitation à la Commission de l'obligation pour celle-ci de consulter les institutions. La Commission s'est toutefois engagée de son propre gré à les consulter avant d'arrêter des ME ou de les modifier (voy. préambule des ME).

145. Selon l'article 184: *Tous les trois ans et chaque fois que cela s'avère nécessaire, le (RF) fait l'objet d'un réexamen selon la procédure prévue par l'article 279 du traité CE et par l'article 183 du traité Euratom.* Cet article prévoit l'application *si le Parlement européen le demande* de la procédure de concertation instituée par la déclaration commune du 4 mars 1975 (135). Ainsi, il consacre dans le RF l'engagement unilatéral pris par le Conseil en 1975 évoqué dans la note 5. La portée de l'article 184 reste cependant incertaine: l'application de la procédure de concertation serait-elle devenue désormais une formalité substantielle au sens de l'article 230 du traité CE?

146. a) L'article 185 traite des organismes communautaires. Selon son paragraphe 1, la Commission arrête un règlement financier-cadre des organismes créés par les Communautés (voy. ci-dessus point 4, a)), dotés de la personnalité juridique et qui reçoivent effectivement des subventions à la charge du budget (136). La réglementation financière de ces organismes ne peut s'écarter du règlement financier-cadre que si les exigences spécifiques de leur fonctionnement le nécessitent et avec l'accord préalable de la Commission. L'expression « règlement financier-cadre » n'est sans doute pas très heureuse, le droit communautaire actuel ne connaissant pas formellement de règlement-cadre. Les auteurs du RF ont entendu éviter que chaque organisme n'adopte un règlement financier sans que soit assuré un minimum d'uniformité: telle est précisément la fonction du règlement financier-cadre, qui sert simplement de modèle. L'expression « règlement financier-type » aurait été plus heureuse.

b) Le paragraphe 2 dudit article prévoit que la même procédure de décharge que celle prévue à l'article 276 du traité (voy. ci-dessus première partie, points 105 à 109) s'applique à tous les organismes communautaires qui reçoivent effectivement des subventions à la charge du budget. Il s'agit là d'une vieille revendication du Parlement européen, qui estimait que le Conseil était allé trop loin dans le sens de l'autonomie des organismes communautaires dits de « deuxième génération » créés à partir de l'Agence européenne pour l'environnement à Copenhague en 1990, pour lesquels les actes de base avaient prévu une procédure de décharge propre (distincte de celle prévue à l'article 276 du traité CE pour le budget général). Le RF marque, à cet égard, un « revirement » en ce qu'il traduit la volonté du législateur d'une certaine reprise en mains de ces organismes par les institutions de l'Union (voy. également ci-dessus première partie, point 46).

c) Le paragraphe 3 dudit article prévoit que l'auditeur interne de la Commission exerce, à l'égard des organismes communautaires précités *les mêmes compétences que celles qui lui sont attribuées à l'égard des services de la Commission.*

d) Le paragraphe 4 dudit article dispose que les organismes précités appliquent les règles comptables mentionnées à l'article 133 du RF (voy. ci-dessus première partie, points 92 à 95), afin de permettre la consolidation de leurs comptes avec ceux de la Commission.

147. Enfin, les articles 186 et 187 du RF traitent de l'entrée en vigueur ainsi que de l'application à compter du 1er janvier 2003 du RF et abrogent le règlement financier précédent.

CONCLUSION

148. Il est sans doute prématuré de dresser un bilan de cette importante réforme financière et tel n'est d'ailleurs pas le but poursuivi par les auteurs du présent article (137). C'est, en effet, à la lumière de l'expérience acquise dans l'application du RF, et des

(135) JO C 89 du 22.4.1975, p. 1.

(136) Il résulte du terme « effectivement » que les organismes communautaires autofinancés à 100 % (par exemple l'Office de l'harmonisation dans le marché intérieur à Alicante) ne sont pas couverts.

(137) Pour ce qui la concerne, la Cour des comptes s'est exprimée au sujet du RF dans son rapport annuel relatif à 2001 comme suit (point 0.18): « La Cour soutient l'élan général insufflé par le nouveau règlement financier. Cependant, celui-ci contient toujours des éléments qu'elle ne juge pas satisfaisants. Il s'agit notamment des tranches annuelles artificielles en matière d'engagements, de dérogations inutiles dans certains domaines particuliers et de points marginaux (par exemple le report de crédits), qui rendent les systèmes de gestion et les systèmes comptables inutilement complexes et n'ont pas une grande incidence sur le plan de la gestion financière. (…) Il est regrettable que l'occasion de revoir le règlement de manière plus radicale n'ait pas été saisie » (JO C 295 du 28.11.2002, p. 7).

règlements qui forment avec lui un nouveau dispositif législatif (voy. ci-dessus points 3 à 5), que l'on pourra apprécier si l'objectif de la modernisation de la gestion financière poursuivi par la Commission – comme elle l'a souligné dans l'exposé des motifs de sa proposition – et notamment celui d'une *responsabilisation* accrue des acteurs impliqués dans les opérations financières, aura été atteint.

149. Dans les circonstances présentes, il apparaît que la mise en œuvre concrète du RF a d'ores et déjà des effets tangibles au sein des services de la Commission. Il est permis d'espérer que les signes d'« *énervement* », relevés dans la presse (138), de fonctionnaires de cette institution impliqués dans son application ne sont toutefois que passagers et qu'à plus long terme, le RF contribuera à une meilleure Gouvernance de l'Union. À cet égard, il est tout à fait clair qu'un meilleur encadrement des dépenses communautaires, au niveau de leur autorisation et surtout de leur exécution, constitue un moyen approprié pour faciliter la réalisation des objectifs de l'Union européenne (139) et pour lui permettre de *mener à bien ses politiques* (article 6, paragraphe 4 du TUE).

150. Un dernier mot pour saluer la collaboration loyale entre les trois institutions impliquées dans le processus législatif (Parlement européen, Conseil, Commission), sans laquelle il aurait été sans doute impossible de mener à bien, dans un délai aussi bref, l'adoption d'un règlement financier d'une telle ampleur

(138) Voy. l'article de Mme B. SPEZIALI intitulé « Les fonctionnaires européens sont au bord de la crise de nerfs » dans la Quinzaine européenne, n° 40 du 2 au 15 juin 2003, p. 1. Cet article souligne que certaines des nouvelles responsabilités découlant de la mise en œuvre du RF sont lourdes à porter.

(139) Voy. à ce sujet la « Déclaration commune : Une seule Europe » annexée à l'Acte final du traité relatif à l'adhésion à l'Union européenne de 2003 (JO L. 236 du 23.9.2003, p. 971).

ABRÉVIATIONS

ABB	*Activity-Based Budgeting* (établissement du budget par (sur la base des) activités)
AII	Accord interinstitutionnel
APB	Avant-projet de budget
CCR	Centre commun de recherche
CE	Communauté européenne
CECA	Communauté européenne du charbon et de l'acier
Euratom	Communauté européenne de l'énergie atomique
FED	Fonds européen de développement
FEDER	Fonds européen de développement régional
FEOGA	Fonds européen d'orientation et de garantie agricole
JO	*Journal officiel des Communautés européennes* (à partir du 1er février 2003: *Journal officiel de l'Union européenne*)
ME	Règlement (CE, Euratom) n° 2342/2002 de la Commission, du 23 décembre 2002, établissant les modalités d'exécution du règlement (CE, Euratom) n° 1605/2002 du Conseil portant règlement financier applicable au budget général des Communautés européennes
OPOCE	Office des publications officielles des Communautés européennes
PAC	Politique agricole commune
PBR	Projet de budget rectificatif
PESC	Politique étrangère et de sécurité commune
RAA	Régime applicable aux autres agents des Communautés européennes
RF	Règlement (CE, Euratom) n° 1605/2002 du Conseil, du 25 juin 2002, portant règlement financier applicable au budget général des Communautés européennes
TUE	Traité sur l'Union européenne

IX. Vuoden 2006 toimielinten sopimus ja vuosia 2007-2013 koskeva rahoituskehys. Luvut 16 ja 17 teoksessa *Euroopan unionin kehitys ja tulevaisuuden epävarmuus*. Robert Schuman Centre for Advanced Studies. European University Institute. Badia Fiesolana 2008. 285-340.

16. RAHOITUSNÄKYMÄT JA EU:N BUDJETTIKURIJÄRJESTELMÄN JOUSTAVUUDEN KEHITYS

16.1 Budjettikuri vs joustavuus

EU:n rahoitusnäkymien (rahoituskehyksen) eräänä keskeisenä tavoitteena on toteuttaa *talousarviota koskevaa kurinalaisuutta* (*budjettikuria*; *Budgetary discipline/ discipline budgétaire*) siten, että unionin menot, jotka on jaettu vuositasolla väljiin "menoluokkiin" ("otsakkeisiin", "alaotsakkeisiin" jne.), kehittyisivät hallitusti keskipitkällä aikavälillä pysyen samalla koko ajan "omien varojen" rajoissa (vuoden 1993 TVS:n 2 kohta, vuoden 1999 TVS:n 9 kohta ja vuoden 2006 TS:n 10 kohta).

Budjettikurijärjestelmän *joustavuus* ja sen eri joustomuodot eivät automaattisesti tai kaikissa tapauksissa vähennä kuria tai ole sen tavoitteita vastaan. Eri joustomuotoja voidaan siten esim. käyttää resurssien tehokkaan kohdentamisen välineenä sovittujen menokattojen *sisällä*. Tällöin joustavuus voidaan yleisellä tasolla määritellä komission ja budjettivallan käyttäjän käytössä olevana "pelivarana" (*Margin for manœuvre/ marge de manœuvre*), jolla voidaan vastata ennakoimattomiin tarpeisiin tai uusiin painopistealueisiin kunkin meno-otsakkeen sisällä, ja/tai mahdollisuutena muuttaa (mukauttaa) rahoitusnäkymien (-kehyksen) profiilia eri vuosina. Tällä on puolestaan vaikutuksia yleisen talousarvion keskipitkän aikavälin kehitykseen ja määrärahojen jakautumiseen vuositasolla. Komission mukaan "(j)oustavuutta tarvitaan keskipitkällä aikavälillä (jotta rahoitusnäkymiä voitaisiin pysyvästi mukauttaa vastaamaan uusiin poliittisiin prioriteetteihin, painopistealueisiin tai olosuhteisiin) ja vuositasolla (helpottamaan lyhyen aikavälin yleisen talousarvion hallinnointia). Joustavuus myös mahdollistaa mielekkään budjettikeskustelun[1]" (*Flexibility*... 2004, 1, vrt. myös *Flexibility*... 2003).

16.2 Rahoitusnäkymien joustavuuden eri osatekijät

Rahoitusnäkymien joustavuuteen vaikuttavat useat tekijät. Keskeisimmät ovat (ks. Saarilahti 2005b, 4-7, vrt. luvut 3, 6.6 ja 7.5):

1. rahoitusnäkymien kesto,
2. rahoitusnäkymien rakenne[2],
3. ennakoimattomiin menoihin varattu marginaali,
4. muutos-, tarkistus- ja mukautusmahdollisuudet,
5. mahdollisuudet siirtää määrärahoja otsakkeesta tai alaotsakkeesta toiseen tai ylittää otsake- tai alaotsakekohtainen enimmäismäärä,
6. erilaisten "toteutusvälineiden"[3] lukumäärä ja sisältö,
7. varausten ja rahastojen lukumäärä ja toiminta,
8. "enna(ko)lta määrättyjen" menojen osuus,
9. otsakkeisiin ja alaotsakkeisiin sisältyvä liikkumavara,
10. menojen uudelleenkohdentamismahdollisuudet eri otsakkeissa ja alaotsakkeissa.

Eri tekijät on ryhmitelty seuraavalla sivulla Taulukossa 44 sen mukaan, onko ne laskettava tämän tutkimuksen merkityksessä ennen kaikkea *vuotuisen* vai *ylivuotisen (monivuotisen) jouston* muotoihin sekä minkä *tasoista* joustoa[4] ne etupäässä edustavat.

Monivuotiseen joustoon liittyvät luonnollisesti ennen kaikkea *rahoitusnäkymien kestoon ja rakenteeseen* liittyvät kysymykset sekä kysymykset rahoitusnäkymien *muutoksista ja tarkistuksista*. Rahoitusnäkymien monivuotiseen joustoon liittyvät laajemmin myös esim. "to-

1 "*Flexibility also means leaving sufficient room for a meaningful budgetary debate/ la flexibilité permet également de laisser suffisamment de place pour avoir une discussion budgétaire qui ait un sens*" (*Flexibility*... 2004, 1).
2 Mukaan luettuna kysymys menojen ylärajasta (*Global expenditure ceiling/ plafond global de dépenses*).
3 Komission käyttämässä merkityksessä, ks. *KOM(2004) 101 lopullinen*, 33-36.
4 On huomattava, että Taulukon 44 "tasot" eroavat luvun 2.2 tarkastelutasoista.

Taulukko 44. Toimielinten (välisten) sopimusten ja rahoitusnäkymien pääasialliset joustomuodot.
Table 44. Main components of the flexibility of Interinstitutional Agreements and of Financial Perspectives.
Tableau 44. Principaux éléments de la flexibilité des accords interinstitutionnels et des perspectives financières.

	Monivuotinen/ *Pluriannual*	**Vuotuinen/ *Annual***
RN:ien taso ***FP level***	Rahoitusnäkymien kesto ja rakenne* *Duration and structure* of the FP*	Ennakoimattomiin menoihin varattu marginaali *Margin for unforeseen expenditure*
	Rahoitusnäkymien muutokset ja tarkistukset *Changes to and revision of the FP*	RN:ien mukautukset** *Adjustments of the FP***
		Mahdollisuudet siirtää määrärahoja otsakkeesta toiseen tai ylittää otsakekohtainen enimmäismäärä *Possibility to transfer appropriations between Headings or to exceed Headings*
Erityisvälineet ***Special instruments***	Toteutusvälineiden lukumäärä ja sisältö *Number and content of the various instruments*	Varaukset, rahastot ja niiden toiminta *Reserves, Funds and their functioning*
Budjettiprosessin taso ***Budget procedure level***	Rahoituspuitteiden ja -ohjeiden avulla "ennalta määrättyjen" menojen osuus	Otsakkeisiin sisältyvä liikkumavara *Margins available beneath the ceilings for the various Headings*
	Share of spending "predetermined" by the so-called amounts of reference	Menojen uudelleenkohdentaminen eri otsakkeissa *Reallocation of expenditure under the different Headings*

* Erilaiset menojen ylärajat, otsakkeiden ja alaotsakkeiden lukumäärä, erilaiset määrätyt käyttötarkoitukset jne./
Global and specific expenditure ceilings, number of Headings, sub-Headings and ceilings, amount of ring-fencing etc.
** Tekniset ja täytäntöönpanon edellytyksiin liittyvät mukautukset/ *Technical adjustments and adjustments connected with implementation*

teutusvälineiden" kuten *monivuotisten ohjelmien lukumäärää ja sisältöä* sekä *monivuotisten ohjelmien rahoituspuitteiden ja -ohjeiden* avulla *ennalta määrättyjen menojen* osuutta koskevat kysymykset. Muut joustomuodot on luonnollisempaa liittää *vuotuisen jouston* muotoihin, sillä ne koskevat vuosittain muuttuvia tekijöitä.

Rahoitusnäkymien tasoisilla tekijöillä tarkoitetaan tässä yhteydessä joustavuustekijöitä, jotka liittyvät ennen kaikkea rahoitusnäkymien "*yleisarkkitehtuuriin*" (kuten niiden *kestoon ja rakenteeseen*) ja jotka siten vaikuttavat niiden *kokonaistasolla*. Siten tähän ryhmään liittyvät kiistatta erilaiset kysymykset mahdollisuudesta *muuttaa, tarkistaa tai mukauttaa* rahoitusnäkymiä niiden voimassaolokauden aikana muuttuneita olosuhteita vastaaviksi tai kysymykset *ennakoimattomille menoille jätetyistä marginaaleista, otsake- tai alaotsakekohtaisten enimmäismäärien kokonaistasosta, mahdollisuudesta ylittää enimmäismäärät* tai *siirtää määrärahoja enimmäismäärästä toiseen.*

"*Erityisvälineidentasoiset tekijät*" (*Special instruments/ instruments spécifiques*) kattavat puolestaan toimielinten (välisiin) sopimuksiin ja rahoitusnäkymiin sisällytettyjä *erityisiä* joustomuotoja, kuten erilaisia *rahastoja, varauksia* sekä niiden *määrää ja toimintaa* koskevia kysymyksiä.

Vuotuisten budjettiprosessien tasoiset joustavuustekijät ovat puolestaan joustomuotoja, jotka ovat keskeisessä asemassa vuotuisten talousarvioprosessien aikana, kuten kysymykset *enimmäismäärien alle jätetyistä liikkumavaroista*, mahdollisuudesta *poiketa "ennalta määrättyjen" menojen määrästä* tai kysymykset määrärahojen *uudelleenkohdentamismahdollisuuksista* otsakkeiden tai alaotsakkeiden sisällä.

Ulkoisen jouston muotoja ovat luonnollisesti menettelyt, jotka voivat johtaa määrärahojen kokonaismäärän kasvuun koko kehyksen tasolla. Tällaisia ovat siten ennen kaikkea rahoitusnäkymien *muutokset ja tarkistukset, ennakoimattomiin menoihin varattuun marginaaliin* turvautuminen, tietyt rahoitusnäkymien *mukautukset* sekä otsake- tai alaotsakekohtaisten *enimmäismäärien ylittäminen* esim. joustovälineeseen turvautumalla. *Sisäisen jouston* muodoista merkittävimmät ovat otsakkeisiin ja alaotsakkeisiin sisältyvän *liikkumavaran* kasvattaminen tai *menojen uudelleenkohdentaminen.*

Teoriassa yllä luetelluista joustomuodoista voidaan todeta muun muassa seuraavaa (vrt. Saarilahti 2005b, 5-7):

1. rahoitusnäkymien kesto: yleisesti hyväksytyn näkemyksen mukaan *mitä lyhyempi* rahoitusnäkymien kesto on, sitä joustavampia näkymät (teoriassa) ovat. Toisin sanottuna: mitä pidemmän aikavälin rahoitusnäkymät kattavat, sitä enemmän tarvitaan keinoja, joilla yli ajan

kerääntyvät ja kertaantuvat ja jo sitäkin kautta lisääntyvät toimintaympäristön muutokset voidaan ottaa huomioon. Tätä kautta joustokysymysten merkitys korostuu.

2. rahoitusnäkymien rakenne: on luonnollista ajatella, että *mitä enemmän* otsakkeita, alaotsakkeita, "ylärajoja" ja "korvamerkitsemisiä" näkymät sisältävät (eli mitä pienempiin osiin menot on "karsinoitu"), sen joustamattomampia rahoitusnäkymät ovat. Toisaalta otsakkeet ja alaotsakkeet mahdollistavat EU:n keskipitkän aikavälin erilaisten painopistealueiden esiintuomisen ja korostamisen (ks. esim. *KOM(2004) 101 lopullinen*, 4-5). Menokatot (*Ceilings/ plafonds*) ovat (periaatteessa) otsakkeita ja alaotsakkeita joustavampia. Otsakkeilla ja alaotsakkeilla ei sen sijaan ole eroa joustavuuden kannalta (ks. luvut 6.6 ja 7.5).

3. ennakoimattomiin menoihin varattu marginaali: mitä *suurempi marginaali*, sen suurempi (teoreettinen) mahdollisuus EU:lla on vastata toimintaympäristön (etenkin ennakoimattomiin tai yllättäviin) muutoksiin rahoitusnäkymien voimassaolokautena. Keskeisen kysymys on, *millä edellytyksillä* marginaaliin voidaan turvautua ja *miten* se voidaan ottaa käyttöön.

4. rahoitusnäkymien muutos-, tarkistus- ja mukautusmahdollisuudet: mitä enemmän näitä menettelyjä on olemassa ja ennen kaikkea *mitä helpommin* näihin menettelyihin voi turvautua, sitä (teoriassa) joustavampi rahoituskehys.

5. mahdollisuudet siirtää määrärahoja otsakkeesta toiseen tai ylittää otsakekohtainen enimmäismäärä: *mitä enemmän* tällaisia mahdollisuuksia on olemassa, sen joustavampi rahoituskehys. Tällä perusteella neuvosto on perinteisesti ollut hyvin kriittinen kaikkia näitä menettelyjä kohtaan sen katsoessa niiden vievän pohjaa budjettikurilta (ks. luvut 6.6 ja 7.5, vrt. alla, kohdat 9 ja 10).

6. "toteutusvälineiden" lukumäärä ja sisältö: mitä *vähemmän* menojen toteuttamisen taustalla olevia oikeusperustoja (*Legal basis/ bases légales*) on ja mitä "*yksinkertaisempia*" ne ovat, sitä joustavampaa rahoitusnäkymien ja talousarvioiden toimeenpano (teoriassa) on. Edellä mainittuun liittyy myös kysymys "ennalta määrättyjen" menojen osuudesta: mitä suurempi osa menoista on "lakisääteisiä", mitä voimakkaammin esim. erilaisilla rahoituspuitteilla ja rahoitusohjeilla lyödään lukkoon monivuotisia menoja[5], mitä enemmän erityyppisillä rahoitussuunnittelun muodoilla säädellään niiden kehitystä ja mitä vähemmän lainsäätäjän toiveista voidaan poiketa, sen joustamattomampia rahoituskehykset tietenkin ovat.

7. varausten ja rahastojen lukumäärä ja toiminta: mitä *suurempi määrä* varauksia, rahastoja, varausmäärärahoja ja vastaavia on käytettävissä, (teoriassa) sen joustavammat rahoitusnäkymät. Edellä mainittua täytyy kuitenkin täydentää tarkastelemalla sitä, *mitä* tarkoitusta varten varaukset jne. on luotu ja *mitkä* ovat niihin turvautumiseen liittyvät erilaiset ehdot.

8. "ennalta määrättyjen" menojen osuus: ks. yllä, kohta 6.

9. otsakkeisiin sisältyvä liikkumavara: mitä *suurempi liikkumavara* otsakkeisiin ja alaotsakkeisiin on jätetty, sen paremmin voidaan vastata ennakoimattomiin tekijöihin – tämä on ollut etenkin neuvoston pysyvänä kantana koko rahoitusnäkymien voimassaolon ajan.

10. menojen uudelleenkohdentamismahdollisuudet eri otsakkeissa: menojen uudelleenkohdentamisia voidaan käyttää muihin joustomuotoihin turvautumisen vaihtoehtona – tämä on jälleen ollut etenkin neuvoston pysyvänä kantana. *Mitä helpompaa* uudelleenkohdentaminen on[6], sitä joustavampia rahoitusnäkymät (teoriassa) ovat.

Jäljempänä tarkastellaan, miten rahoitusnäkymät ovat kehittyneet edellä esitettyjen tekijöiden suhteen.

16.3 Joustavuuden kehitys vuosina 1968–2006

16.3.1 Vuodet 1968–1987[7]

Ennen ensimmäisiä, vuodet 1988-1992 kattavia rahoitusnäkymiä EY:n budjettijärjestelmän ja yleisen talousarvion joustavuudesta säädettiin etenkin perustamissopimuksen varainhoitoa koskevissa määräyksissä, "omia varoja" koskevissa päätöksissä (vuodesta 1971) sekä toisiaan seuraavissa varainhoitoasetuksissa (ks. luku 5.2). Yhteisöjen menot jakautuvat 1970-luvulta

5 Ks. esim. Saarilahti 2004a, luku 3.9.
6 Menojen uudelleenkohdentamismahdollisuuksia rajoittavat (rahoitusnäkymien rakenteen lisäksi) muun muassa erilaiset ja eriasteiset menojen ennakolta määräämiset (ks. kohta 6). Uudelleenkohdentaminen voi tapahtua joko TA:n laadintaprosessin aikana tai talousarviota toimeenpantaessa lisäbudjettien tai määrärahasiirtojen avulla.
7 Vuotta 1988 edeltäviä "budjettikurijärjestelmiä" on käsitelty tarkemmin luvuissa 6.6 ja 8.

pakollisiin ja ei-pakollisiin menoihin jälkimmäisten kasvuvauhdin olleessa tiukasti säännelty (ks. luku 6.5). Etenkin neuvosto pyrki luomaan erilaisia budjettikurijärjestelmiä onnistumatta kuitenkaan saamaan etenkään Euroopan parlamenttia niihin mukaan (ks. luku 6.6).

16.3.2 Delors I -paketti (1988–1992)

Vuoden 1988 TVS:n ja vuodet 1988-1992 kattavien rahoitusnäkymien eri joustomuodot on käsitelty tarkemmin luvuissa 6.6 ja 7.5.1. Ne on tiivistetty Taulukkoon 45.

Taulukko 45. Vuoden 1988 toimielinten välisen sopimuksen ja vuodet 1988–1992 kattavien rahoitusnäkymien pääasialliset joustomuodot.

Table 45. Main components of the flexibility of the IIA of 29 June 1988 and of the Financial Perspective 1988-1992.

Tableau 45. Principaux éléments de la flexibilité de l'AII du 29 juin 1988 et des perspectives financières 1988-1992.

	Monivuotinen/ Pluriannual	**Vuotuinen/ Annual**
RN:ien taso ***FP level***	**Rahoitusnäkymien kesto ja rakenne:** ***Duration and structure of the FP:*** - 5 vuotta (TVS:n 19 kohta) *- 5 years (Point 19 of the IIA)* - 6 otsaketta ja 2 menokattoa *- 6 Headings and 2 Ceilings* TVS: 19 kohtaa ja 1 liite *IIA: 19 Points and 1 Annex* **Rahoitusnäkymien muutokset ja tarkistukset:** ***Changes to and revision of the FP:*** - 7 kertaa (TVS:n 4 ja 12 kohta*) *- 7 times (Points 4 and 12 of the IIA*)*	**Ennakoimattomiin menoihin varattu marginaali:** ***Margin for unforeseen expenditure:*** - 0,03 % **Rahoitusnäkymien mukautukset:** ***Adjustments of the FP:*** - tekninen mukautus vuosittain (TVS:n 9 kohta*) *- Technical adjustment annually (Pt 9 of the IIA*)* - täytäntöönpanon edellytyksiin liittyvä mukautus (TVS:n 10-11 kohta*) *- Adjustments connected with the conditions of implementation (Points 10-11 of the IIA*)* **Mahdollisuudet siirtää määrärahoja otsakkeesta toiseen tai ylittää otsakekohtainen enimmäismäärä:** ***Possibility to transfer appropriations between Headings or to exceed Headings:*** - hyvin rajoitetut mahdollisuudet* *- Very limited possibilities**
Erityisvälineet ***Special instruments***	**Toteutusvälineiden lukumäärä ja sisältö:** ***Number and content of the various instruments:*** - rajoitettu määrä ohjelmia ***- Limited number of programmes***	**Varaukset ja niiden toiminta:** ***Reserves and their functioning:*** - rahoitusvaraus (TVS:n 14 kohta*) (käytetty 2 kertaa*) *- Monetary reserve (Point 14 of the IIA*) (Used twice*)*
Budjettiprosessin taso ***Budget procedure level***	**Rahoituspuitteiden ja -ohjeiden avulla "ennalta määrättyjen" menojen osuus** *:** ***Share of spending "predetermined" by the so-called amounts of reference** *:*** - ei yhteispäätösmenettelyllä päätettyjä ohjelmia - ei systemaattista rahoitussuunnittelua** ** *- No co-decided multiannual programmes* *- No systematic financial programming** ***	**Otsakkeisiin sisältyvä liikkumavara:** ***Margins available beneath the ceilings for the various Headings:*** - vuosittain** (yleisperiaate*) *- Annually** (General principle*)* **Menojen uudelleenkohdentaminen eri otsakkeissa:** ***Reallocation of expenditure under the different Headings:*** - vuosittain (yleisperiaate*) *- Annually (General principle*)*

* Käsitelty tutkielman Osassa II/ *Treated in Part II of the Study*
** Lukuun ottamatta "etuoikeutettuja ei-pakollisia menoja" (TVS:n 17 kohta)/ *Excl. "privileged NCE" (Pt 17 of the IIA)*
** * Ks./ *See* Saarilahti 2004a, luku 3.9
** ** Rahoitussuunnittelu aloitettiin vuonna 1991 (ks. *SEC(1991) 60 final*)/ *Financial programming started in 1991*

Taulukon 45 tiedot on esitetty rahoitusnäkymien *keston*, *yleisrakenteen* (eli otsakkeiden ja alaotsakkeiden määrän), *tarkistusten ja laajentumisiin mukauttamisten* sekä yhteispäätösmenettelyllä päätettyjä monivuotisia ohjelmia koskevien *rahoituspuitteiden* merkityksen kasvun osalta sivulla 290 Kuviossa 26.

Delors I -paketista saadut kokemukset on esitetty tarkemmin luvuissa 7.5.1 ja 8.

16.3.3 Delors II -paketti (1993–1999)

Myös vuoden 1993 TVS:n ja vuodet 1992-1999 kattavien rahoitusnäkymien eri joustomuodot ja niiden käyttö ja toiminta on käsitelty yksityiskohtaisemmin Osassa II, luvuissa 7.5 ja 8. Ne on tiivistetty Taulukkoon 46.

Taulukko 46. Vuoden 1993 toimielinten välisen sopimuksen ja vuodet 1993–1999 kattavien rahoitusnäkymien pääasialliset joustomuodot.

Table 46. Main components of the flexibility of the IIA of 29 October 1993 and of the Financial Perspective 1993–1999.

Tableau 46. Principaux éléments de la flexibilité de l'AII du 29 octobre 1993 et des perspectives financières 1993–1999.

	Monivuotinen/ *Pluriannual*	**Vuotuinen/ *Annual***
RN:ien taso ***FP level***	**Rahoitusnäkymien kesto ja rakenne:** ***Duration and structure of the FP:*** - 7 vuotta (TVS:n 24 kohta) *- 7 years (Point 24 of the IIA)* - 6 otsaketta ja 5 alaotsaketta (ja "p.m."** *) *- 6 Headings and 5 sub-Headings (1 "p.m."** *)* - vuonna 1994 lisättin otsake 7 ja alaotsake "2c" *- In 1994 a Heading 7 and sub-H. "2c" were added* TVS: 25 kohtaa, 3 liitettä ja 9 julistusta *IIA: 25 Points, 3 Annexes and 9 Declarations* **Rahoitusnäkymien muutokset ja tarkistukset:** ***Changes to and revision of the FP:*** - 1 kerta (TVS:n 4 ja 11-13 kohta*) *- 1 time (Points 4 and 11-13 of the IIA*)* **Rahoitusnäkymien mukautus laajentumiseen:** ***Adjustment of the FP to cater for enlargement:*** - 13.12.1994 (TVS:n 24 (2) kohta*) *- 13 December 1994 (Point 24 (2) of the IIA*)*	**Ennakoimattomiin menoihin varattu marginaali:** ***Margin for unforeseen expenditure:*** - 0,00 - 0,01 %** **Rahoitusnäkymien mukautukset:** ***Adjustments of the FP:*** - tekninen mukautus vuosittain (TVS:n 9 kohta*) *- Technical adjustment annually (Pt 9 of the IIA*)* - täytäntöönpanon edellytyksiin liittyvä mukautus (TVS:n 10 kohta*) *- Adjustments connected with the conditions of implementation (Point 10 of the IIA*)* **Mahdollisuudet siirtää määrärahoja otsakkeesta toiseen tai ylittää otsakekohtainen enimmäismäärä:** ***Possibility to transfer appropriations between Headings or to exceed Headings:*** - hyvin rajoitetut mahdollisuudet* *- Very limited possibilities**
Erityisvälineet ***Special instruments***	**Toteutusvälineiden lukumäärä ja sisältö:** ***Number and content of the various instruments:*** - ohjelmien määrän kasvu *- Increase in number of programmes*	**Varaukset ja niiden toiminta (TVS:n 15 kohta*):** ***Reserves and their functioning (Point 15 of the IIA*):*** - rahoitusvaraus (turvauduttu 2 kertaa*) *- Monetary reserve (used twice*)* - hätäapuvaraus (ei käytetty vuonna 1997*) *- Emergency Aid reserve (not used in 1997*)* - lainatakuuvaraus (käytetty joka vuosi*) *- Loan Guarantee reserve (used every year*)*
Budjettiprosessin taso ***Budget procedure level***	**Rahoituspuitteiden ja -ohjeiden avulla "ennalta määrättyjen" menojen osuus** ** *:** ***Share of spending "predetermined" by the so-called amounts of reference** ** *:*** - Yhteispäätösmenettelyllä päätetyt ohjelmat - Systemaattinen rahoitussuunnittelu *- Co-decided multiannual programmes* *- Systematic financial programming*	**Otsakkeisiin sisältyvä liikkumavara:** ***Margins available beneath the ceilings for the various Headings:*** - vuosittain** ** (TVS:n 19 kohta*) *- Annually** ** (Point 19 of the IIA*)* **Menojen uudelleenkohdentaminen eri otsakkeissa:** ***Reallocation of expenditure under the different Headings:*** - vuosittain (yleisperiaate; vrt. myös 13 kohta*) *- Annually (General principle, see also Pt 13*)*

* Käsitelty tutkielman Osassa II/ *Treated in Part II of the Study*
** Laajentumiseen mukautetut rahoitusnäkymät: 0 - 0,03 %/ *In FP adjusted following enlargement: 0 - 0,03 %*
** * Ulkoisen toiminnan menoille/ *For total external expenditure*
** ** Lukuun ottamatta otsaketta 2 (TVS:n 21 kohta)/ *Except Heading 2 (Point 21 of the IIA)*
** ** * Ks./ *See* Saarilahti 2004a, luku 3.9

Taulukon 46 tiedot on jälleen esitetty eräiden joustomuotojen osalta Kuviossa 27 seuraavalla sivulla.

Delors II -paketista saatuja kokemuksia on käsitelty luvussa 8 sekä esim. teoksessa *Euroopan unionin...* 2002, 61-72.

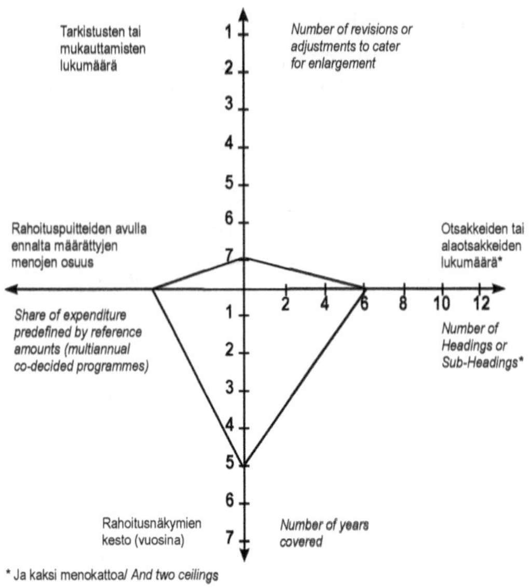

Kuvio 26. Vuoden 1988 toimielinten välisen sopimuksen ja vuodet 1988–1992 kattavien rahoitusnäkymien keskeiset joustomuodot.
Figure 26. Main components of the flexibility of the IIA of 29 June 1988 and of the Financial Perspective 1988–1992.
Graphique 26. Principaux éléments de la flexibilité de l'AII du 29 juin 1988 et des perspectives financières 1988–1992.

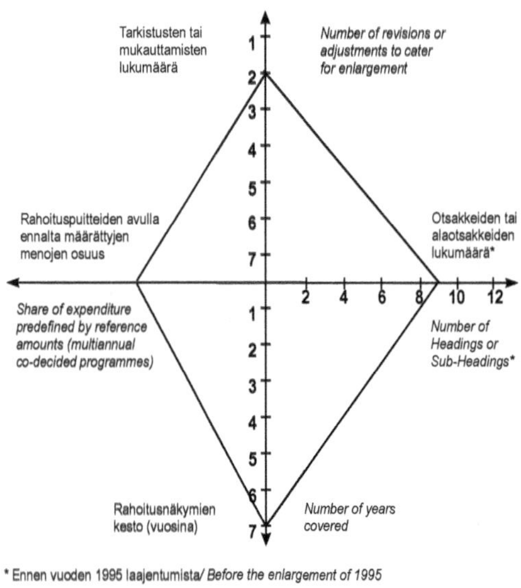

Kuvio 27. Vuoden 1993 toimielinten välisen sopimuksen ja vuodet 1993–1999 kattavien rahoitusnäkymien keskeiset joustomuodot.
Figure 27. Main components of the flexibility of the IIA of 29 October 1993 and of the Financial Perspective 1993–1999.
Graphique 27. Principaux éléments de la flexibilité de l'AII du 29 octobre 1993 et des perspectives financières 1993–1999.

16.3.4 Agenda 2000 -paketti (2000–2006)

Vuoden 1999 Euroopan parlamentin, neuvoston ja komission välinen toimielinten sopimus tehtiin pitkien neuvottelujen jälkeen 6.5.1999[8]. Sopimus sisältää EU:n rahoitusnäkymät (*Financial Perspective/ perspectives financières*) vuosiksi 2000–2006 EU:n viidelletoista ja EU:n rahoituskehyksen (*Financial Framework/ cadre financier*) kahdellekymmenelleyhdelle jäsenvaltiolle[9]. Vuoden 1999 TVS:n sisältö on esitetty Taulukossa 47. Rahoitusnäkymät EU-15:lle ja rahoituskehys EU-21:lle on esitetty seuraavalla sivulla Taulukossa 48.

Taulukko 47. Vuoden 1999 toimielinten välisen sopimuksen sisältö.
Table 47. Content of the IIA of 6 May 1999.
Tableau 47. Contenu de l'AII du 6 mai 1999.

Sisältö		Kohdat
Johdanto		**1-7**
I osa	**Rahoitusnäkymät 2000-2006: Määritelmä ja soveltamista koskevat yksityiskohtaiset säännöt**	**8-26**
A	Rahoitusnäkymien sisältö ja luonne	8-14
B	Rahoitusnäkymien vuosittainen mukautus	15-18
	Tekninen mukautus	*15*
	Täytäntöönpanon edellytyksiin liittyvä mukautus	*16-18*
C	Rahoitusnäkymien tarkistus	19-21
D	Rahoitusnäkymien mukauttamista tai tarkistamista koskevan yhteisen päätöksen tekemättä jättämisen seuraukset	22
E	Varaukset	23
F	Joustoväline	24
G	Rahoitusnäkymien mukauttaminen laajentumiseen	25
H	Rahoitusnäkymien voimassaolo ja seuraukset rahoitusnäkymiä koskevan päätöksen tekemättä jättämisestä	26
II osa	**Toimielinten välisen yhteistyön parantaminen talousarviomenettelyn aikana**	**27-40**
A	Toimielinten välinen yhteistyömenettely	27
B	Talousarvion laatiminen	28-29
C	Menojen luokittelu	30-31
D	Ei-pakollisten menojen suurin sallittu korottaminen, jos rahoitusnäkymiä koskeva päätös jätetään tekemättä	32
E	Varainhoitoa koskevien säännösten sisällyttäminen säädöksiin	33-35
F	Oikeusperustat	36-37
G	Kalastussopimuksiin liittyvät menot	38
H	Yhteisen ulko- ja turvallisuuspolitiikan (YUTP) rahoittaminen	39-40
Liite I	EU:n viidentoista jäsenvaltion rahoitusnäkymä 2000-2006	
Liite II	EU:n kahdenkymmenenyhden jäsenvaltion rahoituskehys 2000-2006	
Liite III	Toimielinten välinen yhteistyö talousarviota koskevissa asioissa	
Liite IV	Menojen luokittelu	
Liite V	Luettelo EY:n perustamissopimuksen ja Euratomin perustamissopimuksen artikloista, joissa komissiolle annetaan suoraan erityistoimivalta ja joilla on rahoitusvaikutuksia talousarvion pääluokan III – komissio – B-osaan (Toimintamäärärahat)	
Liite VI	Kalastussopimuksista johtuvien menojen rahoittaminen	

Julistukset (9 kpl)

Alla on käsitelty yhteenvedonomaisesti[10], miten eri tutkimuksen kohteeksi valitut joustomuodot ovat kehittyneet.

16.3.4.1 Rahoitusnäkymien kesto ja rakenne

Vuoden 1999 TVS:een liittyvät *rahoitusnäkymät* (EU-15) solmittiin sopimuksen I osan mukaan *seitsemäksi* vuodeksi. Sopimukseen I osan H-jakson (26 kohta) kirjattiin lisäksi menettely jota tulee noudattaa (ellei sopimusta sitä ennen irtisanota), jos vuoden 2006 jälkeisiä rahoitusnäkymiä koskeva päätös jää tekemättä[11]. TVS:n II osan (ks. Taulukko 47) soveltamiselle ei sen sijaan asetettu voimassaoloaikaa.

---

8 EYVL N:o C 172, 18.6.1999, 1-22 ja oikaisu C 322, 10.11.1999, 8.

9 Vuoden 2000 TVS ja vuosien 2000-2006 rahoitusnäkymät on esitelty tarkemmin esim. seuraavissa kirjoissa ja artikkeleissa: Baché 1999, 372-379, Chevalier 2000a, 441-460; 2000b, 524-532; 2006, Godet 2000, 273-298 ja *Euroopan unionin*... 2002, 73-89.

10 Käsittely pohjautuu tutkimukseen Saarilahti 2005b.

11 TVS:n 26 kohdan mukaan "(k)omissio esittää 1 päivään heinäkuuta 2005 mennessä ehdotuksia uusiksi keskipitkän ajan rahoitusnäkymiksi. Jos uusista rahoitusnäkymistä ei päästä sopimukseen ja jollei jokin tämän sopimuksen osapuolista torju erikseen nykyisiä rahoitusnäkymiä, voimassa olevien rahoitusnäkymien viimeisen vuoden ylärajoja mukautetaan tämän sopimuksen 15 kohdan mukaisesti soveltamalla näihin määriin edellisen kauden aikana todettua keskimääräistä korotusta unionin laajentumisesta johtuvien mukautusten lisäksi. Korotus ei voi kuitenkaan olla suurempi kuin kyseiselle vuodelle arvioitu yhteisön BKTL:n kasvuvauhti".

Taulukko 48. Vuosia 2000–2006 koskevat rahoitusnäkymät EU-15:sta ja rahoituskehys EU-21:lle (maksusitoumuksiin käytettävät määrärahat, miljoonaa euroa vuoden 1999 hinnoin) (Lähde: EYVL N:o C 172, 18.6.1999, 12-15 ja oikaisu C 322, 10.11.1999, 8).

Table 48. The Financial Perspective 2000 to 2006 for EU-15 and the Financial Framework for EU-21 (appropriations for commitments, million euros at 1999 prices) (Source: OJEC No C 172, 18.6.1999, pp. 12-15).

Tableau 48. Les perspectives financières de 2000 à 2006 pour UE-15 et le cadre financier pour UE-21 (crédits pour engagements, millions d'euros, prix 1999).

EU:n viidentoista jäsenvaltion rahoitusnäkymä/ *Financial Perspective (EU-15)*

Maksusitoumuksiin käytettävät määrärahat/ *AFC*	2000	2001	2002	2003	2004	2005	2006
1. **Maatalous** /*Agriculture*	**40 920**	**42 800**	**43 900**	**43 770**	**42 760**	**41 930**	**41 660**
YMP:n menot (paitsi maaseudun kehittäminen) /*CAP (not including rural development)*	36 620	38 480	39 570	39 430	38 410	37 570	37 290
Maaseudun kehittäminen ja liitännäistoimenpiteet /*Rural development and accompanying measures*	4 300	4 320	4 330	4 340	4 350	4 360	4 370
2. **Rakennetoimet** /*Structural operations*	**32 045**	**31 455**	**30 865**	**30 285**	**29 595**	**29 595**	**29 170**
Rakennerahastot /*Structural Funds*	29 430	28 840	28 250	27 670	27 080	27 080	26 660
Koheesiorahasto /*Cohesion Fund*	2 615	2 615	2 615	2 615	2 515	2 515	2 510
3. **Sisäiset politiikat**[1] /*Internal policies*[1]	**5 930**	**6 040**	**6 150**	**6 260**	**6 370**	**6 480**	**6 600**
4. **Ulkoiset toimet** /*External action*	**4 550**	**4 560**	**4 570**	**4 580**	**4 590**	**4 600**	**4 610**
5. **Hallinto**[2] /*Administration*[2]	**4 560**	**4 600**	**4 700**	**4 800**	**4 900**	**5 000**	**5 100**
6. **Varaukset** /*Reserves*	**900**	**900**	**650**	**400**	**400**	**400**	**400**
Rahoitusvaraus /*Monetary reserve*	500	500	250	0	0	0	0
Hätäapuvaraus /*Emergency aid reserve*	200	200	200	200	200	200	200
Lainatakuuvaraus /*Loan guarantee reserve*	200	200	200	200	200	200	200
7. **Liittymistä edeltävä tuki** /*Pre-accession aid*	**3 120**	**3 120**	**3 120**	**3 120**	**3 120**	**3 120**	**3 120**
Maatalous /*Agriculture*	520	520	520	520	520	520	520
Liittymistä valmisteleva rakennepolitiikan väline /*Pre-accession structural instruments*	1 040	1 040	1 040	1 040	1 040	1 040	1 040
Phare (hakijamaat) /*PHARE (applicant countries)*	1 560	1 560	1 560	1 560	1 560	1 560	1 560
Maksusitoumuksiin käytettävät määrärahat yhteensä /*Total appropriations for commitments (AFC)*	**92 025**	**93 475**	**93 955**	**93 215**	**91 735**	**91 125**	**90 660**
Maksumääräyksiin käytettävät määrärahat yhteensä /*Total appropriations for payments*	**89 600**	**91 110**	**94 220**	**94 880**	**91 910**	**90 160**	**89 620**
Maksumääräyksiin käytettävät määrärahat prosentteina BKTL:sta/ *Appropriations for payments (% GNP)*	1,13 %	1,12 %	1,13 %	1,11 %	1,05 %	1,00 %	0,97 %
Liittymiseen käytettävät varat (maksumääräyksiin käytettävät määrärahat)/ *Available for accession (appropriations for payments)*			**4 140**	**6 710**	**8 890**	**11 440**	**14 220**
Maatalous /*Agriculture*			1 600	2 030	2 450	2 930	3 400
Muut menot /*Other expenditure*			2 540	4 680	6 440	8 510	10 820
Maksumääräyksiin käytettävien määrärahojen enimmäismäärä/ *Ceiling on appropriations for payments*	**89 600**	**91 110**	**98 360**	**101 590**	**100 800**	**101 600**	**103 840**
Maksumääräyksiin käytettävien määrärahojen enimmäismäärä prosentteina BKTL:sta/ *Ceiling on appropriations for payments as % of GNP*	1,13 %	1,12 %	1,18 %	1,19 %	1,19 %	1,13 %	1,13 %
Ennakoimattomiin menoihin varattu marginaali /*Margin for unforeseen expenditure*	0,14 %	0,15 %	0,09 %	0,08 %	0,08 %	0,14 %	0,14 %
Omien varojen enimmäismäärä /*Own resources ceiling*	1,27 %	1,27 %	1,27 %	1,27 %	1,27 %	1,27 %	1,27 %

1 Kauden 2000-2002 aikana tutkimukseen käytettävien menojen määrä on Euroopan parlamentin ja neuvoston päätöksen N:o 182/1999/EY 2 artiklan ja neuvoston päätöksen1999/64/Euratom (EYVL L 26, 1.2.1999, s. 1 ja s. 34) 2 artiklan mukaisesti 11 510 miljoonaa euroa käypinä hintoina ilmaistuna. /*In accordance with Article 2 of Decision No 182/1999/EC of the European Parliament and of the Council and Council Decision 1999/64/Euratom (OJ L 26, 1.2.1999, p. 1 and p. 34), theamount of expenditure available during the period 2000 to 2002 for research amounts to EUR 11 510 million at current prices.*

2 Eläkemenojen osalta tämän otsakkeen enimmäismääriin sisältyvät määrät lasketaan vähentämällä työntekijöiden maksuosuudet asianomaiseen järjestelmään kauden 2000-2006 osalta 1100 miljoonan euron enimmäismäärän puitteissa vuoden 1999 hintoina ilmaistuina. /*The expenditure on pensions included under the ceilings for this heading is calculated net of staff contributions to the relevant scheme, within the limit of EUR 1 100 million at 1999prices for the period 2000 to 2006.*

EU:n kahdenkymmenenyhden jäsenvaltion rahoituskehys /*Financial Framework (EU-21)*

Maksusitoumuksiin käytettävät määrärahat/ *AFC*	2000	2001	2002	2003	2004	2005	2006
1. **Maatalous** /*Agriculture*	**40 920**	**42 800**	**43 900**	**43 770**	**42 760**	**41 930**	**41 660**
YMP:n menot (paitsi maaseudun kehittäminen) /*CAP (not including rural development)*	36 620	38 480	39 570	39 430	38 410	37 570	37 290
Maaseudun kehittäminen ja liitännäistoimenpiteet /*Rural development and accompanying measures*	4 300	4 320	4 330	4 340	4 350	4 360	4 370
2. **Rakennetoimet** /*Structural operations*	**32 045**	**31 455**	**30 865**	**30 285**	**29 595**	**29 595**	**29 170**
Rakennerahastot /*Structural Funds*	29 430	28 840	28 250	27 670	27 080	27 080	26 660
Koheesiorahasto /*Cohesion Fund*	2 615	2 615	2 615	2 615	2 515	2 515	2 510
3. **Sisäiset politiikat**[1] /*Internal policies*[1]	**5 930**	**6 040**	**6 150**	**6 260**	**6 370**	**6 480**	**6 600**
4. **Ulkoiset toimet** /*External action*	**4 550**	**4560**	**4570**	**4580**	**4590**	**4600**	**4610**
5. **Hallinto**[2] /*Administration*[2]	**4 560**	**4600**	**4700**	**4800**	**4900**	**5000**	**5100**
6. **Varaukset** /*Reserves*	**900**	**900**	**650**	**400**	**400**	**400**	**400**
Rahoitusvaraus /*Monetary reserve*	500	500	250	0	0	0	0
Hätäapuvaraus /*Emergency aid reserve*	200	200	200	200	200	200	200
Lainatakuuvaraus /*Loan guarantee reserve*	200	200	200	200	200	200	200
7. **Liittymistä edeltävä tuki** /*Pre-accession aid*	**3 120**	**3 120**	**3 120**	**3 120**	**3 120**	**3 120**	**3 120**
Maatalous /*Agriculture*	520	520	520	520	520	520	520
Liittymistä valmisteleva rakennepolitiikan väline /*Pre-accession structural instruments*	1 040	1 040	1 040	1 040	1 040	1 040	1 040
Phare (hakijamaat) /*PHARE (applicant countries)*	1 560	1 560	1 560	1 560	1 560	1 560	1 560
8. **Laajentuminen** /*Enlargement*			**6 450**	**9 030**	**11 610**	**14 200**	**16 780**
Maatalous /*Agriculture*			1 600	2 030	2 450	2 930	3 400
Rakennetoimet /*Structural operations*			3 750	5 830	7 920	10 000	12 080
Sisäiset politiikat /*Internal policies*			730	760	790	820	850
Hallinto /*Administration*			370	410	450	450	450
Maksusitoumuksiin käytettävät määrärahat yhteensä /*Total appropriations for commitments (AFC)*	**92 025**	**93 475**	**100 405**	**102 245**	**103 345**	**105 325**	**107 440**
Maksumääräyksiin käytettävät määrärahat yhteensä /*Total appropriations for payments*	**89 600**	**91 110**	**98 360**	**101 590**	**100 800**	**101 600**	**103 840**
Josta laajentuminen /*Of which: enlargement*			4 140	6 710	8 890	11 440	14 220
Maksumääräyksiin käytettävien määrärahojen enimmäismäärä prosentteina BKTL:sta/ *Ceiling on appropriations for payments as % of GNP*	1,13 %	1,12 %	1,14 %	1,15 %	1,11 %	1,09 %	1,09 %
Ennakoimattomiin menoihin varattu marginaali /*Margin for unforeseen expenditure*	0,14 %	0,15 %	0,13 %	0,12 %	0,16 %	0,18 %	0,18 %
Omien varojen enimmäismäärä /*Own resources ceiling*	1,27 %	1,27 %	1,27 %	1,27 %	1,27 %	1,27 %	1,27 %

1 Kauden 2000-2002 aikana tutkimukseen käytettävien menojen määrä on Euroopan parlamentin ja neuvoston päätöksen N:o 182/1999/EY 2 artiklan ja neuvoston päätöksen 1999/64/Euratom (EYVL L 26, 1.2.1999, s. 1 ja s. 34) 2 artiklan mukaisesti 11 510 miljoonaa euroa käypinä hintoina ilmaistuna. /*In accordance with Article 2 of Decision No 182/1999/EC of the European Parliament and of the Council and Council Decision 1999/64/Euratom (OJ L 26, 1.2.1999, p. 1 and p. 34), the amount of expenditure available during the period 2000 to 2002 for research amounts to EUR 11 510 million at current prices.*

2 Eläkemenojen osalta tämän otsakkeen enimmäismääriin sisältyvät määrät lasketaan vähentämällä työntekijöiden maksuosuudet asianomaiseen järjestelmään kauden 2000-2006 osalta 1 100 miljoonan euron enimmäismäärän puitteissa vuoden 1999 hintoina ilmaistuina. /*The expenditure on pensions included under the ceilings for this heading is calculated net of staff contributions to the relevent scheme, within the limit of EUR 1 100 million at 1999 prices for the period 2000 to 2006.*

Vuosia 2000–2006 koskevat rahoitusnäkymät sisälsivät *seitsemän* otsaketta[12]. Kaksi otsaketta oli jaettu kahteen alaotsakkeeseen[13] ja yksi alaotsake kolmeen alaotsakkeeseen[14]. Otsake 7 sisälsi lisäksi (TVS:n 11 kohdan toisen alakohdan mukaisesti) kolme ohjeellista "ylärajaa"[15] (*Ceiling/ plafond*)[16].

EU:n laajentumisen yhteydessä vuonna 2004 näkymiin (EU-25) lisättiin uusi otsake *8* (*Korvaukset*). Samalla muutettiin otsakkeen *7* nimi ("*Liittymistä edeltävästä tuesta*" "*Liittymistä edeltäväksi strategiaksi*"; ks. alla ja Saarilahti & Balsells Traver 2006a, 91-92).

Tässä yhteydessä on syytä myös mainita kysymys rahoitusnäkymien kattavuudesta (vrt. luku 17). On selvää, että sillä näkymät kattavat vain yleiseen talousarvioon sisältyviä toimintoja ja toimia (ks. esim. Saarilahti 2004a, 13-16) esim. Euroopan kehitysrahastojen (EKR) menot eivät sisälly otsakkeiden enimmäismääriin. Myös vuonna 2002 useita EU:n ja Keski-Euroopan maita kesällä vaivanneiden vakavien tulvien seurauksena 11.11.2002 perustettu uusi Euroopan unionin solidaarisuusrahasto[17] *(European Union Solidarity Fund/ fonds de solidarité de l'Union européenne)* jätettiin EU:n jäsenvaltioiden aloitteesta rahoitusnäkymien ulkopuolelle. Rahaston käyttöä sääteli vuoden 1999 TVS:n täydennys (*Supplement/ complément)*, joka allekirjoitettiin 7.11.2002 (EYVL N:o C 283, 20.11.2002, 1-2).

16.3.4.2 Ennakoimattomiin menoihin varattu marginaali

Vuosia 2000–2006 koskevissa rahoitusnäkymissä ennakoimattomiin menoihin varattu marginaali vaihteli *0,08 %:sta 0,15 %:iin*[18]. Laajentumiseen mukautetuissa näkymissä marginaal vaihteli *0,13 %:sta 0,18 %:iin* (ks. Taulukko 48).

16.3.4.3 TVS:n ja rahoitusnäkymien muutokset, tarkistukset, mukauttamiset ja mukautukset

Toimielinten välisten sopimusten ja rahoitusnäkymien *muutoksia* (*Change/ modification*), *tarkistuksia* (*Revision/ révision*), *mukauttamisia* (*Adjustment/ adaptation*) sekä *mukautuksia* (*Adjustment/ adaptation* tai *ajustement*) käsittelevät TVS:n kohdat ja menettelyt[19] ovat säilyneet perusperiaatteiltaan samankaltaisina toisiaan seuraavissa sopimuksissa, tosin sääntöjä on tarkennettu vuosien saatossa (ks. luvut 6.6 ja 7.5.2.3 ja 7.5.2.4). Eri menettelyt ovat seuraavat:

a) Muutokset toimielinten väliseen sopimukseen ja rahoitusnäkymiin

Mahdolliset *muutokset* toimielinten välisiin sopimuksiin ja rahoitusnäkymiin (silloin kun

---

12 Otsake *1*: *Maatalous*, otsake *2*: *Rakennetoimet*; otsake *3*: *Sisäiset politiikat*, otsake *4*: *Ulkoiset toimet*, otsake *5*: *Hallinto*, otsake *6*: *Varaukset* ja otsake *7*: *Liittymistä edeltävä tuki*. EU-21:n rahoituskehys sisälsi myös otsakkeen *8* (*Laajentuminen*).Otsake *5* on sikäli erikoinen, että sen loppusumma ei sisällä kaikkia eläkemenoja rahoitusnäkymätaulukon alaviitteen (²) mukaisesti.

13 Otsake *1*: *YMP-menot (paitsi maaseudun kehittäminen)* (alaotsake *1a*) ja *Maaseudun kehittäminen* (alaotsake *1b*) sekä otsake *2*: *Rakennerahastot* (alaotsake *2a*) ja *Koheesiorahasto* (alaotsake *2b*).

14 Otsake *6*: *rahoitusvaraus* (2000–2002), *hätäapuvaraus* ja *lainatakuuvaraus*.

15 *Maatalous*, *Liittymistä valmisteleva rakennepolitiikan väline* ja *Phare (hakijamaat)*.

16 Rahoitusnäkymätaulukossa eritellään lisäksi *Liittymiseen käytettävät varat* maksumääräyksiin käytettävinä määrärahoina.EU-21:n rahoituskehyksen otsake *8* sisälsi seuraavat neljä alajaottelua: *Maatalous*, *Rakennetoimet*, *Sisäiset politiikat* ja *Hallinto*.

17 Solidaarisuusrahaston perustamisasetus (neuvoston asetus (EY) N:o 2012/2002) on julkaistu EYVL:ssä N:o L 311, 14.11.2002, 3-8. Rahaston käyttö vuosina 2000–2006 oli:

Taulukko 49. Euroopan unionin solidaarisuusrahaston käyttö vuosina 2002-2006 (miljoonaa euroa).
Table 49. Use of the European Union Solidarity Fund from 2002 to 2006 (million euros).
Tableau 49. Recours au Fonds de solidarité de l'Union européenne de 2002 à 2006 (millions d'euros).

Vuosi *Year*	**MSM** *CA*	**MMR** *PA*	**Kohdemaat** *Benefiting Countries*	**Ks. esim.** *See e.g.*
2002	728,0	0	Saksa, Itävalta, Tšekki, Ranska	Grossir 2003, 531-532
2003	104,8	0	Espanja, Italia, Portugali	Saarilahti & Balsells Traver 2006a, 101
2004	21,9	0	Malta, Ranska, Espanja	Saarilahti & Balsells Traver 2006b, 256
2005	98,6	92,9	Slovakia, Ruotsi, Baltian maat	Saarilahti & Balsells Traver 2006c, 532
2006	106,4	106,4	Itävalta, Bulgaria, Romania	Saarilahti & Balsells Traver 2007, 304

18 Rahoituskehyksessä: 0,12 – 0,18 % (ks. Taulukko 48).

19 Perusperiaatteena on, että neuvosto hyväksyy komission esittämät *mukautukset* määräenemmistöllä ja EP jäsentensä enemmistöllä ja kolmella viidesosalla annetuista äänistä.

niitä eivät kata mitkään sopimukseen sisältyvät erityismenettelyt) on hyväksyttävä kuten uusi sopimus, eli EP:ssa annettujen äänten ehdottomalla enemmistöllä, neuvostossa yksimielisesti ja komissiossa äänten enemmistöllä. Vuoden 1999 TVS:ssa muutoksia (perusperiaatteet) käsitellään Johdanto-osan 4 kohdassa.

b) Rahoitusnäkymien tarkistukset

Vuoden 1988 TVS:ssa II osan 12 kohdassa määrättiin yksinkertaisesti, että budjettivallan käyttäjä voi tarkistaa rahoitusnäkymiä yhteisellä päätöksellä komission ehdotuksesta[20]. Tarkistukset, joiden on pysyttävä rahoitusnäkymiin sisältyvän ennakoimattomia menoja varten varatun marginaalin sisällä, hyväksytään neuvostossa budjettimääräenemmistöllä ja EP:ssa jäsenten enemmistöllä ja kolmella viidesosalla annetuista äänistä[21].

Vuoden 1993 TVS:ssa tarkistuksia koskeviin TVS:n kohtiin lisättiin ensinnäkin periaate, että tarkistuksiin tulisi turvautua vain silloin, "kun on ryhdyttävä alun perin ennakoimattomiin toimenpiteisiin" (II osan 11 kohta). Komission tarkistusehdotus on lisäksi "pääsääntöisesti esitettävä ja hyväksyttävä ennen kyseisen varainhoitovuoden tai kyseisten varainhoitovuosien talousarviomenettelyn aloittamista" (12 kohdan ensimmäinen alakohta).

Vuoden 1993 TVS:n II osan 13 kohdan mukaan:

"Toimielimet tarkastelevat komission ehdotuksesta mahdollisuuksia kohdistaa menot uudelleen tarkistettavana olevaan otsakkeeseen sisältyvien ohjelmien kesken erityisesti ennakoidun määrärahojen vajaakäytön perusteella.

Kyseisen otsakkeen olemassa olevan ylärajan rajoissa olisi pyrittävä osoittamaan määrä, joka on merkittävä osa uudesta suunnitellusta menosta sekä absoluuttisella arvoltaan että suhteelliselta osuudeltaan.Toimielimet tarkastelevat lisäksi mahdollisuuksia korvata otsakkeen ylärajan ylittäminen alentamalla jonkin toisen otsakkeen ylärajaa.Toimielimet sitoutuvat kuitenkin siihen, ettei rahoitusnäkymien pakollisten menojen tarkistus vähennä muihin kuin pakollisiin menoihin käytettävää määrää[22].Tarkistettaessa on aina säilytettävä asianmukainen suhde maksusitoumusten ja maksumääräysten välillä."

Vuoden 1999 TVS:ssa eroteltiin rahoitusnäkymien tarkistukset sen mukaan, ovatko ne *enintään 0,03 % yhteisön BKTL:sta ennakoimattomiin menoihin varatun liikkumavaran sisällä*, vai eivät. Jälkimmäisen tapauksen yhteydessä neuvoston päätöksen on oltava *yksimielinen* (I osan 20 kohdan toinen ja kolmas alakohta).

Otsakkeen *2* (*Rakennetoimet*), joka määriteltiin *menotavoitteeksi*, määrärahat jätettiin eksplisiittisesti menojen uudelleenkohdistamistarkastelun ulkopuolelle (I osan 21 kohdan ensimmäinen alakohta).

TVS:n 21 kohdan neljännessä ja viidennessä alakohdassa säädettiin lisäksi otsakkeen *7* (vuoteen 2004 *Liittymistä edeltävä tuki*, sitten *Liittymistä edeltävä strategia*) menojen erityiskohtelusta[23]. Vuosien 2000–2006 rahoitusnäkymiä *tarkistettiin* kaksi kertaa, molemmilla kerroilla 0,03 %:n rajan alla pysyen.

Ensimmäinen tarkistus tehtiin 19.5.2003 rahoitusnäkymiä laajentumiseen mukautettaessa[24] (ks. alla, kohta *c)*). Näkymien otsaketta *3* (*Sisäiset politiikat*) koskeva enimmäismäärän korostus on koottu Taulukkoon 50 seuraavalla sivulla.

---

20 Vuoden 1988 TVS:n II osan 8 kohdan toisen alakohdan mukaan mikään pakollisten menojen tarkistus ei kuitenkaan saa merkitä ei-pakollisiin menoihin käytettävän määrän vähenemistä. Periaate säilyi myös seuraavissa sopimuksissa (vuoden 1993 TVS:n II osan 13 kohdan neljäs alakohta ja vuoden 1999 TVS:n I osan 21 kohdan kuudes alakohta).

21 Eli perustamissopimuksen 203 [Amsterdamin sopimuksesta lähtien 272] artiklan 9 kohdan viidennen alakohdan äänestyssääntöjä noudattaen.

22 Ks. luku 6.5.

23 Vuoden 1999 TVS:n I osan 21 kohdan neljännen ja viidennen alakohdan mukaan: "Rahoitusnäkymien otsakkeissa 1-6 käytettävissä olevia määriä ei voida koskaan käyttää rahoitusnäkymien otsakkeen 7 (liittymistä edeltävään) tukeen eikä liittymistä edeltävään tukeen varattuja menoja voida vastaavasti käyttää otsakkeisiin 1-6. (...) Liittymiseen varattuja määriä voidaan käyttää ainoastaan laajentumisesta suoraan aiheutuvien menojen kattamiseen eikä niitä voida käyttää rahoitusnäkymien otsakkeiden 1-7 ennakoimattomiin menoihin. Vastaavasti otsakkeisiin 1-7 jaotelluilla määrillä ei voida täydentää uusien jäsenvaltioiden liittymiseen varattua rahoitusta".

24 Rahoitusnäkymien tarkistus ja siihen johtaneet tekijät on käsitelty laajemmin artikkelissa Saarilahti & Balsells Traver 2006a, 91-92.

Taulukko 50. Vuosia 2000–2006 koskevien rahoitusnäkymien (EU-25) tarkistus vuonna 2003 (otsakkeen 3 (*Sisäiset politiikat*) enimmäismäärän korotus, maksusitoumuksiin käytettävät määrärahat, miljoonaa euroa) (Lähde: ks. EUVL N:o L 147, 14.6.2003, 31-32).

Table 50. The revision of the Financial Perspective 2000-2006 of 19 May 2003 (EU-25) (Increase of Heading 3 (Internal policies), appropriations for commitments, million euros) (Source: See OJEU No C 147, 14.6.2003, pp. 31-32).

Tableau 50. La révision des perspectives financières pour 2000–2006 du 19 mai 2003 (UE-25) (Augmentation de la rubrique 3 (Politiques internes), crédits pour engagements, millions d'euros).

Vuosi *Year*	V. 1999 hinnoin *In 1999 prices*	V. 2004 hinnoin *In 2004 prices*	Käyvin hinnoin *In current prices*
2004	50	55	55
2005	190	211	214
2006	240	266	276
Yhteensä/ *Total*	**480**	**532**	**545**

Toisen kerran rahoitusnäkymiä tarkistettiin 7.9.2005[25] maatalousmenojen "mukauttamisen" (*Agricultural "modulation"/ "modulation" agricole*) mahdollistamiseksi niiden periaatteiden mukaisesti, jotka neuvosto sopi syyskuussa 2003 Yhteisen maatalouspolitiikan (YMP) uudistamisesta. Tällöin siirrettiin kaikkiaan 655 miljoonaa euroa (vuoden 2006 hinnoin) alaotsakkeesta *1a* (*YMP-menot (paitsi maaseudun kehittäminen)*) alaotsakkeeseen *1b* (*Maaseudun kehittäminen ja liitännäistoimenpiteet*) muuttamatta otsakkeen *1* (*Maatalous*) kokonaismäärää[26] (ks. Saarilahti & Balsells Traver 2006c, 535).

c) Rahoitusnäkymien mukauttaminen

Vuoden 1993 TVS:n tapaan (ks. luvut 7.5.2.3 ja 7.5.2.4) vuoden 1999 sopimukseen sisällytettiin säännöt rahoitusnäkymien *mukauttamisesta laajentumiseen* (*Adjustment to cater for enlargement/ adaptation en fonction de l'élargissement*) tarkentaen kuitenkin sääntöjä ja menettelytapoja.

Ensinnäkin vuoden 1999 TVS:n I osan 25 kohdassa annetaan neuvoston ja EP:n äänestyssäännöt (säännöt ovat samat kuin rahoitusnäkymiä tarkistettaessa enintään 0,03 %:n rajan sisällä tai niitä mukauttaessa, ks. kohdat *b)* ja *d)*).

Toiseksi, toisin kuin vuosien 1993–1999 rahoitusnäkymät, vuosia 2000–2006 koskevat näkymät laadittiin sekä EU-15:lle että (tuolloin oletetulle) EU-21:lle[27] (ks. edellä).

Käytännössä rahoitusnäkymien mukauttaminen vuoden 2004 laajentumiseen (joka saatiin päätökseen 1.5.2004 ja joka koski kymmentä uutta jäsenvaltioita) osoittautui varsin raskaaksi menettelyksi. Menettelyä vaikeutti entisestään se, että liittymisasiakirjan liitteeseen XV[28] (eli primaarilainsäädäntöön) oli kirjattu laajenemiseen liittyvien maksusitoumusmäärärahojen enimmäismääriä, mitä Euroopan parlamentti piti vakavana budjettivaltansa loukkauksena[29]. Mukauttamismenettely saatiin lopulta päätökseen 19.5.2003. Se sisälsi otsakkeen *7* nimityksen muutoksen (ks. edellä), Turkille myönnettyjen avustusten siirtyminen otsakkeesta *4* (*Ulkoiset*

---

25 EUVL N:o L 269, 14.10.2005, 24-29.

26 On huomattava, että komissio ehdotti rahoitusnäkymien tarkistamista maatalouden "mukauttamisen" takia ensimmäisen kerran jo lokakuussa 2004. Samalla komissio esitti rahoitusnäkymien tarkistamista Pohjois-Irlannin rauhanprosessia rahoittavan "Peace"-ohjelman takia. Budjettivallan käyttäjä ei kuitenkaan hyväksynyt komission ehdotusta (ks. Saarilahti & Balsells Traver 2006b, 259).

27 Vuoden 1999 TVS:n I osan 25 kohdan mukaan: "Jos unioni laajenee siten, että siihen liittyy uusia jäsenvaltioita rahoitusnäkymien kattaman ajanjakson aikana, Euroopan parlamentti ja neuvosto mukauttavat yhdessä komission ehdotuksesta rahoitusnäkymät laajentumisen aiheuttamien rahoitustarpeiden huomioon ottamiseksi EY:n perustamissopimuksen 272 artiklan 9 kohdan viidennessä alakohdassa tarkoitettujen äänestyssääntöjen mukaisesti. Kyseessä oleviin otsakkeisiin tehtävät muutokset eivät saa ylittää määriä, jotka esitetään tämän sopimuksen erottamattoman osan muodostavassa liitteessä II olevassa ohjeellisessa rahoituskehyksessä [ks. Taulukko 48], joka perustuu olettamukseen unionin laajentumisesta kuudella uudella jäsenvaltiolla vuodesta 2002 alkaen. Lisämäärärahojen tarve katetaan rahoitusnäkymissä tähän tarkoitukseen varatuilla määrärahoilla ja tarvittaessa turvautumalla omiin varoihin, jotka lisääntyvät unionin laajentumisen myötä kasvaneen yhteisön BKTL:n johdosta".

28 EUVL N:o L 236, 23.9.2003, 925.

29 Rahoitusnäkymien mukauttamista vuoden 2004 laajentumiseen ja siinä kohdattuja erilaisia ongelmia on käsitelty laajemmin *in* Saarilahti & Balsells Traver 2006a, 91-92, ks. myös Nicoll & Bryan-Kinns 2004, 109.

toimet) otsakkeeseen 7, sekä uuden otsakkeen 8 (*Korvaukset*) luomisen[30]. Mukauttamiseen liittyi myös näkymien tarkistaminen (ks. edellä). Mukautetut ja tarkistetut rahoitusnäkymät niin vuoden 1999 kuin vuoden 2004 hintoina on esitetty Taulukossa 51[31].

Taulukko 51. Vuoden 2004 laajentumiseen mukautetut ja tarkistetut rahoitusnäkymät (EU-25, maksusitoumuksiin käytettävinä määrärahoina, miljoonaa euroa, vuoden 1999 hintoina) (Lähde: EUVL N:o L 147, 14.6.2003, 27 ja 29).
Table 51. The Financial Perspective for 2000–2006 revised and adapted following the enlargement of 1 May 2004 (EU-25, appropriations for commitments, million euros, 1999 prices) (Source: OJEU No C 147, 14.6.2003, pp. 27 and 29)
Tableau 51. Les perspectives financières pour 2000–2006 révisées et adaptées suite à l'élargissement du 1er mai 2004 (UE-25, crédits pour engagements, millions d'euros, prix 1999).

1a. Rahoitusnäkymät (25 jäsenvaltiota) laajentumiseen mukautettuina (1999 hintoina) *(miljoonaa euroa)*

Maksusitoumuksiin käytettävät määrärahat/ ***AFC***	**2000**	**2001**	**2002**	**2003**	**2004**	**2005**	**2006**
1. **Maatalous** /*Agriculture*	**40 920**	**42 800**	**43 900**	**43 770**	**44 657**	**45 677**	**45 807**
1a. Yhteinen maatalouspolitiikka /*Common Agricultural Policy*	36 620	38 480	39 570	39 430	38 737	39 602	39 612
1b. Maaseudun kehittäminen /*Rural development*	4 300	4 320	4 330	4 340	5 920	6 075	6 195
2. **Rakennetoimet** /*Structural operations*	**32 045**	**31 455**	**30 865**	**30 285**	**35 665**	**36 502**	**37 940**
Rakennerahastot /*Structural Funds*	29 430	28 840	28 250 2	27 670	30 533	31 835	32 608
Koheesiorahasto /*Cohesion Fund*	2 615	2 615	615	2 615	5 132	4 667	5 332
3. **Sisäiset politiikat** /*Internal policies*	**5 930**	**6 040**	**6 150**	**6 260**	**7 877**	**8 098**	**8 212**
4.U**lkoiset toimet** /*External action*	**4 550**	**4 560**	**4 570**	**4 580**	**4 590**	**4 600**	**4 610**
5. **Hallinto**[1] /*Administration*[1]	**4 560**	**4 600**	**4 700**	**4 800**	**5 403**	**5 558**	**5 712**
6. **Varaukset** /*Reserves*	**900**	**900**	**650**	**400**	**400**	**400**	**400**
Rahoitusvaraus /*Monetary reserve*	500	500	250	0	0	0	0
Hätäapuvaraus /*Emergency aid reserve*	200	200	200	200	200	200	200
Lainatakuuvaraus /*Loan guarantee reserve*	200	200	200	200	200	200	200
7. **Liittymistä edeltävä tuki** /*Pre-accession aid*	**3 120**	**3 120**	**3 120**	**3 120**	**3 120**	**3 120**	**3 120**
Maatalous /*Agriculture*	520	520	520	520			
Liittymistä valmisteleva rakennepolitiikan väline /*Pre-accession structural instruments*	1 040	1 040	1 040	1 040			
Phare (hakijamaat) /*PHARE (applicant countries)*	1 560	1 560	1 560	1 560			
8 **Korvaukset** /*Compensation*					1 273	1 171	940
MAKSUSITOUMUKSIIN KÄYTETTÄVÄT MÄÄRÄRAHAT YHTEENSÄ/ *Total appropriations for commitments (AFC)*	**92 025**	**93 475**	**93 955**	**93 215**	**102 985**	**105 128**	**106 741**
MAKSUMÄÄRÄYKSIIN KÄYTETTÄVÄT MÄÄRÄRAHAT YHTEENSÄ/ *Total appropriations for payments*	**89 600**	**91 110**	**94 220**	**94 880**	**100 800**	**101 600**	**103 840**
Maksumääräyksiin käytettävien määrärahojen enimmäismäärä prosentteina BKTL:sta (BKT 95)/ *Ceiling on appropriations for payments as % of GNP*	1,07 %	1,08 %	1,11 %	1,10 %	1,08 %	1,06 %	1,06%
Ennakoimattomiin menoihin varattu marginaali /*Margin for unforeseen expenditure*	0,17 %	0,16%	0,13 %	0,14 %	0,16 %	0,18 %	0,18 %
Omien varojen enimmäismäärä /*Own resources ceiling*	1,24 %	1,24%	1,24 %	1,24 %	1,24 %	1,24 %	1,24 %

[1] Eläkemenojen osalta tämän otsakkeen enimmäismäärään sisältyvät määrät lasketaan vähentämällä nistä työntekijöiden maksuosuudet asianomaiseen järjestelmään kauden 2000-2006 osalta 1 100 miljoonan euron enimmäismäärän puitteissa vuoden 1999 hintoina ilmaistuna.

2a. Rahoitusnäkymät (25 jäsenvaltiota) laajentumiseen mukautettuina (2004 hintoina) *(miljoonaa euroa)*

Maksusitoumuksiin käytettävät määrärahat/ ***AFC***	**Käypinä hintoina**					**2004**	
	2000	**2001**	**2002**	**2003**	**2004**	**2005**	**2006**
1. **Maatalous** /*Agriculture*	**41 738**	**44 530**	**46 587**	**47 378**	**49 305**	**50 431**	**50 575**
1a. Yhteinen maatalouspolitiikka /*Common Agricultural Policy*	37 352	40 035	41 992	42 680	42 769	43 724	4 735
1b. Maaseudun kehittäminen /*Rural development*	4 386	4 495	4 595	4 698	6 536	6 787	6 840
2. **Rakennetoimet** /*Structural operations*	**32 678**	**32 720**	**33 638**	**33 968**	**41 035**	**41 685**	**42 932**
Rakennerahastot /*Structural Funds*	30 019	30 005	30 849	31 129	35 353	36 517	37 028
Koheesiorahasto /*Cohesion Fund*	2 659	2 715	2 789	2 839	5 682	5 168	5 904
3. **Sisäiset politiikat** /*Internal policies*	**6 031**	**6 272**	**6 558**	**6 796**	**8 722**	**8 967**	**9 093**
4.U**lkoiset toimet** /*External action*	**4 627**	**4 735**	**4 873**	**4 972**	**5 082**	**5 093**	**5 104**
5. **Hallinto**[1] /*Administration*[1]	**4 638**	**4776**	**5 012**	**5 211**	**5 983**	**6 154**	**6 325**
6. **Varaukset** /*Reserves*	**906**	**916**	**676**	**434**	**442**	**442**	**442**
Rahoitusvaraus /*Monetary reserve*	500	500	250	0	0	0	0
Hätäapuvaraus /*Emergency aid reserve*	203	208	213	217	221	221	221
Lainatakuuvaraus /*Loan guarantee reserve*	203	208	213	217	221	221	221
7. **Liittymistä edeltävä tuki** /*Pre-accession aid*	**3 174**	**3 240**	**3 328**	**3 386**	**3455**	**3455**	**3455**
Maatalous /*Agriculture*	529	540	555	564			
Liittymistä valmisteleva rakennepolitiikan väline /*Pre-accession structural instruments*	1 058	1 080	1 109	1 129			
Phare (hakijamaat) /*PHARE (applicant countries)*	1 587	1 620	1 664	1 693			
8. **Korvaukset** /*Compensation*					1410	1299	1041
MAKSUSITOUMUKSIIN KÄYTETTÄVÄT MÄÄRÄRAHAT YHTEENSÄ/ *Total appropriations for commitments (AFC)*	**93 792**	**97 189**	**100 672**	**102 145**	**115 434**	**117 526**	**118 967**
MAKSUMÄÄRÄYKSIIN KÄYTETTÄVÄT MÄÄRÄRAHAT YHTEENSÄ/ *Total appropriations for payments*	**91 322**	**94 730**	**100 078**	**102 767**	**111 380**	**112 260**	**114 740**
Maksumääräyksiin käytettävien määrärahojen enimmäismäärä prosentteina BKTL:sta (BKT 95)/ *Ceiling on appropriations for payments as % of GNP*	1,07 %	1,08 %	1,11 %	1,10 %	1,08 %	1,06 %	1,06%
Ennakoimattomiin menoihin varattu marginaali /*Margin for unforeseen expenditure*	0,17 %	0,16%	0,13 %	0,14 %	0,16 %	0,18 %	0,18 %
Omien varojen enimmäismäärä /*Own resources ceiling*	1,24 %	1,24%	1,24 %	1,24 %	1,24 %	1,24 %	1,24 %

[1] Eläkemenojen osalta tämän otsakkeen enimmäismäärään sisältyvät määrät lasketaan vähentämällä nistä työntekijöiden maksuosuudet asianomaiseen järjestelmään kauden 2000-2006 osalta 1 100 miljoonan euron enimmäismäärän puitteissa vuoden 1999 hintoina ilmaistuna.

30 Uusi otsake oli tarkoitettu ottamaan vastaan uusille jäsenvaltioille myönnetyt talousarviokorvaukset, joiden tarkoituksena oli estää, että valtioista tulisi bruttomaksajia heti jäsenyytensä alussa.

31 Mukauttamisen yhteydessä otettiin myös yhdeksi vaihtoehdoksi niiden talousarviovaikutusten huomioon ottaminen, jota mahdollinen Kyproksen kysymyksen poliittinen ratkaisu toisi mukanaan (ks. EUVL N:o L 147, 14.6.2003, 28 ja 30). Näitä taulukoita ei kuitenkaan tilan säästämiseksi ole esitetty Taulukossa 51.

296

d) Rahoitusnäkymien tekniset mukautukset

Rahoitusnäkymien vuosittaisiin teknisiin mukauttamisiin sisältyy aina pieni joustoelementti sikäli, että näkymät on laadittu perusvuoden hinnoin. Siten vuosien 1988-1992 rahoitusnäkymät laadittiin vuoden 1988 rahassa ja vuosien 1993-1999 rahoitusnäkymät vuoden 1992 rahassa (ks. luvut 6.6 ja 7.5). Agenda 2000:n mukaiset rahoitusnäkymät ja rahoituskehys laadittiin vuoden 1999 hintoina.

Vuoden 1999 TVS:ssa näkymien vuosittaisesta teknisestä mukautuksesta määrätään seuraavasti (I osan 15 kohta):

"Komissio tekee joka vuosi ennen varainhoitovuoden n+1 talousarviomenettelyä maatalouden menolinjausta koskevat laskelmat ja seuraavan teknisen mukautuksen rahoitusnäkymiin bruttokansantulon (BKTL) ja hintojen muutosten mukaisesti:

a) arvioi uudelleen ylärajat sekä maksusitoumuksiin käytettävien määrärahojen ja maksumääräyksiin käytettävien määrärahojen kokonaismäärät vuoden n+1 hinnoin, rahoitusvarausta lukuun ottamatta;

b) laskee omien varojen enimmäismäärään jäävän liikkumavaran.

Komissio tekee tämän teknisen mukautuksen uusimpien käytettävissä olevien taloutta koskevien tietojen ja ennusteiden perusteella. Rahoitusnäkymien otsakkeen 1 (maatalous) ylärajaa koskeva tekninen mukautus tehdään kuitenkin kahden prosentin vuosideflaattorin avulla. Rakennerahastoja koskevan alaotsakkeen ylärajan tekninen mukautus perustuu rakennerahastoasetuksissa vahvistettuun kiinteään deflaattoriin, jota käytetään vastaavien tukitoimien määrittelyssä[32].

Komissio tarkistaa tarvittaessa vuosien 2004–2006 määrärahojen indeksiin sitomisen tuoreimpien tietojen perusteella tehtävänä teknisenä mukautuksena 31 päivään joulukuuta 2003 mennessä. Aiempien vuosien määrärahoihin ei tehdä mukautuksia jälkikäteen.

Tämän mukautuksen tulokset ja perustana olevat talousennusteet toimitetaan budjettivallan käyttäjille.

Tämän jälkeen ei tehdä muuta kyseessä olevaa vuotta koskevaa teknistä mukautusta varainhoitovuoden aikana eikä jälkeenpäin tehtävänä korjauksena sitä seuraavina vuosina".

Ison-Britannian punnan hintakehityksestä suhteessa euroon aiheutui ongelmia erityisesti vuoden 2005 talousarvioprosessin aikana, kun inflatoidut rahoitusnäkymät jäivät tuntuvasti alle sen, mitä rahoitussuunnittelussa oli otaksuttu[33] (ks. Saarilahti & Balsells Traver 2006b, 254-276).

e) Rahoitusnäkymien mukautus täytäntöönpanon edellytyksiin

Vuosien 2000–2006 rahoitusnäkymiin liittyi yksi *mukauttaminen toteuttamisedellytyksiin rakennetoimien* osalta.

Vuoden 1999 TVS:n I osan 17 kohdan mukaan: "Varainhoitovuonna 2001 tehtävän mukautuksen yhteydessä ja rakennetoimia koskevan ohjelman vahvistamisen viivästyessä budjettivallan käyttäjät sitoutuvat komission ehdotuksesta antamaan luvan siirtää seuraaville vuosille varainhoitovuonna 2000 käyttämättä jääneitä määrärahoja vastaavien menojen ylärajoja nostamalla".

Ottaen huomioon viivästykset vuosia 2000–2006 koskevien rakennerahasto-ohjelmien hyväksymismenettelyissä komissio ehdotti rahoitusnäkymien mukauttamista 15.3.2001 (EYVL N:o C 180 E, 26.6.2001, 244-246). Kolmikantakokouksessa 29.3.2001 käytyjen neuvottelujen seurauksena neuvosto ja EP hyväksyivät mukauttamisen TVS:n 18 kohdan äänestyssääntöjä noudattaen[34] 27.4. ja 2.5.2001 (EYVL N:o L 246, 15.9.2001, 28-32; ks. esim. Grossir 2002,

---

32 Rakennerahastosäännöksissä säädettiin niin ikään 2 %:n vuosideflaattorista alaotsakkeen "*2a*" (*Rakennerahastot*) menoille.

33 Komissio oli rahoitussuunnittelussaan varautunut 2 %:n hintojen nousuun. Käytännössä hintojen nousu jäi 0,3 %:iin. Eniten ongelmia aiheutui rahoitusnäkymien otsakkeille *3* (*Sisäiset politiikat*; -134 miljoonaa euroa), *4* (*Ulkoiset toimet*; -76 miljoonaa euroa) ja *5* (*Hallinto*; -94 miljoonaa euroa verrattuna alkuperäiseen rahoitussuunnitteluun; ks. Saarilahti & Balsells Traver 2006b, 258).

34 Vuoden 1999 TVS:n I osan 18 kohdan mukaan EP:n ja neuvoston on tehtävä päätöksensä rahoitusnäkymien mukauttamisesta täytäntöönpanon edellytyksiin vuoden *t* toukokuun 1 päivään mennessä "perustamissopimuksen 272 artiklan 9 kohdan viidennessä alakohdassa tarkoitettujen äänestyssäännösten mukaisesti".On huomattava, että päätökseen ei sisälly maksumääräyksiin käytettävien määrärahojen siirtoa seuraaville vuosille (ks. Grossir 2002, 377).

376-377). Komission ehdotus ja budjettivallan käyttäjän päätös on esitetty Taulukossa 52.

Taulukko 52. Vuosien 2000–2006 rahoitusnäkymien mukauttaminen toteuttamisedellytyksiin, allekirjoitettu 3.5.2001 (alaotsake *2a* (*Rakennerahastot*), maksusitoumukseen käytettävät määrärahat, miljoonaa euroa, käypinä hintoina) (Lähde: EYVL N:o L 246, 15.9.2001, 28).

Table 52. Adjustment on 3 May 2001 of the Financial Perspective 2000–2006 to take account of the conditions of implementation (sub-Heading 2a (Structural Funds), appropriations for commitments, million euros, in current prices) (Source: OJEC No L 246, 15.9.2001, p. 28).

Tableau 52. Adaptation du 3 mai 2001 des perspectives financières 2000–2006 aux conditions d'exécution (sous-rubrique 2a (Fonds structurels), crédits pour engagements, millions euros, à prix courants).

Vuosi/ *Year*	2002	2003	2004	2005	2006
Komission ehdotus *Proposal of the Commission*	1 157	1 286	1 427	1 216	1 067
EP:n ja neuvoston päätös *Decision of EP and Council*	870	1 178	1 642	1 396	1 067

16.3.4.4 Mahdollisuudet ylittää otsakekohtaiset enimmäismäärät

Vuoden 1999 toimielinten väliseen sopimukseen otettiin vaikeiden neuvottelujen jälkeen Euroopan parlamentin vaatimuksesta[35] uusi erityinen *joustoväline* (*Flexibility instrument/ instrument de flexibilité*), jonka avulla voidaan ylittää otsakkeiden tai alaotsakkeiden rahoitusnäkymissä määrätyt enimmäismäärät.

Joustovälineestä ja sen käytöstä määrätään vuoden 1999 TVS:n I osan F-jaksossa (24 kohta) seuraavasti:

”Joustovälineen vuosittainen enimmäismäärä on yhteensä 200 miljoonaa euroa ja siitä on tarkoitus rahoittaa tietylle varainhoitovuodelle osoitettujen varojen rajoissa tarkasti määriteltyjä menoja, joita ei voida kattaa yhden tai useamman muun otsakkeen ylärajojen [enimmäismäärien] rajoissa käytettävissä olevista määristä.

Vuosittaisesta varojen määrästä voidaan käyttämättä jäänyt osa siirtää eteenpäin n+2 vuotta. Jos välineestä päätetään irrottaa varoja, käyttöön otetaan ensin siirretyt määrärahat aikajärjestyksessä. Se osa vuoden n vuosittaisesta määrästä, jota ei käytetä vuoden n+2 kuluessa, peruutetaan.

Sääntönä on, että joustovälinettä ei pidä käyttää samoihin tarpeisiin kahtena peräkkäisenä varainhoitovuotena. Komissio ehdottaa joustovälineen käyttämistä tutkittuaan mahdollisuudet kohdentaa määrärahat uudelleen sen otsakkeen sisällä, johon lisämenoja tarvitaan.

Ehdotus koskee kyseisen välineen käytön perusteita, ja siinä eritellään täytettävät tarpeet ja niihin tarvittavat varat. Kyseistä varainhoitovuotta koskeva ehdotus voidaan tehdä vuosittaisen talousarviomenettelyn aikana. Komission ehdotus liitetään alustavaan talousarvioesitykseen tai se sisältyy varainhoitoasetuksen mukaisesti annettavaan asianmukaiseen budjettivälineeseen.

Budjettivallan käyttäjät tekevät päätöksen joustovälineen käyttämisestä yhteisellä sopimuksella EY:n perustamissopimuksen 272 artiklan 9 kohdan viidennessä alakohdassa tarkoitettujen äänestyssääntöjen mukaisesti[36]. Yhteinen sopimus tehdään tämän sopimuksen II osan A-jaksossa ja liitteessä III esitetyssä neuvottelumenettelyssä[37]”.

---

35 Kyseessä oli siten neuvoston myönnytys EP:lle. Muita neuvoston myönnytyksiä verrattuna Eurooppa-neuvostossa Berliinissä 24-25.3.1999 saavutettuun sopuun (ks. Berliinin... 1999, osa I) ja joilla turvattiin se, että EP suostui allekirjoittamaan uuden toimielinten sopimuksen, olivat otsakkeen *3* (*Sisäiset politiikat*) enimmäismäärän korottaminen yhteensä 1,6 miljardilla eurolla sekä *implisiittinen* otsakkeen *5* (*Hallinto*) enimmäismäärän korottaminen 1,1 miljardilla eurolla vuoden 1999 hintoina (joka saavutettiin ottamalla huomioon työntekijöiden maksuosuudet eläkejärjestelmään; ks. rahoitusnäkymätaulukon ”alaviite (²)”). Muistin vuoksi:
- vuoden 1988 Delors I -pakettia solmittaessa budjettitoimielimet päättivät erityisen rahoitusnäkymätaulukon liittämisestä toimielinten väliseen sopimukseen neuvottelujen kuluessa, joten eri toimielinten rahamääräisiä ”myönnytyksiä” on käytännössä mahdotonta arvioida (ks. luku 6.6),
- vuoden 1993 Delors II -paketissa lopullisesti hyväksytty rahoitusnäkymätaulukko vastaa Edinburghin Eurooppa-neuvoston päätelmiä EP:n ”saavutusten” liittyessä erityisesti talousarviota koskevaan toimielinten väliseen yhteistyömenettelyyn (ks. luku 7.5.2).

36 Eli neuvosto määräenemmistöllä ja EP jäsentensä enemmistöllä ja kolmella viidesosalla annetuista äänistä.

37 Vuoden 1999 TVS:n II osan A jaksossa budjettitoimielimet sopivat ”talousarviota koskevan toimielinten välisen yhteistyömenettelyn” jatkamisesta (*Interinstitutional collaboration in the budgetary sector/ collaboration inter-*

On huomattava, että joustovälineen käyttöön tarvitaan budjettivallan käyttäjän *yhteinen* päätös. Vuodesta 2000 yhdeksi keskeiseksi talousarviomenettelyn aikana nousseeksi kysymykseksi onkin muodostunut kysymys joustovälineeseen turvautumisesta sekä sen kohteesta ja määrästä. Neuvottelut ovat osoittautuneet varsin raskaiksi menettelyiksi ja kuten Baas (2007, 1295) osuvasti huomauttaa, ne ovat pitkälti korvanneet aikaisemmat keskustelut rahoitusnäkymien tarkistamisesta ja muuttamisesta. Samalla joustovälineneuvottelut ovat olleet avain budjettisovun löytymiseen molempien budjettivallan käyttäjien välillä vuotuisten budjettimenettelyjen aikana (ks. Grossir 2001, 378-390; 2002, 378-390; 2003, 533-538, Nicoll & Bryan-Kinns 2004, 107-109, Saarilahti & Balsells Traver 2006a, 93-96; 2006b, 259-270; 2006c, 535-550).

Joustovälineeseen turvautuminen vuoden 1999 TVS:n aikana on esitetty Taulukossa 53.

Taulukko 53. Joustovälineen käyttö vuosina 2000-2006 (maksusitoumusmäärärahat, milj. euroa).
Table 53. Use of the flexibility instrument in 2000-2006 (commitment appropriations, million euros).
Tableau 53. Recours à l'instrument de flexibilité de 2000 à 2006 (crédits d'engagement, millions d'euros).

Vuosi *Year*	Määrä *Amount*	Yhteensä *Total*	Kohde *Target*	Otsake *Heading*	Päiväys *Date*	EYVL/ EUVL N:o *OJEC/ OJEU No*	Ks. esim. *See e.g.*
2000	200	200	Kosovon jälleenrakennus/ *Reconstruction of Kosovo*	4	16.12.1999	C 41, 14.2.2000, 1-3	
2001	200	200	Serbian jälleenrakennus/ *Reconstruction of Serbia*	4	14.12.2000	L 246, 15.9.2001, 27	Grossir 2001, 387
2002	170+30	200	Kalastuksen toiminta-alan muutokset ja raja-alueet *Restructuration in the fisheries sector and Border regions*	2	13.12.2001	L 53, 23.2.2002, 28-29	Grossir 2002, 387-388
2003	12	12	Kalastuksen toiminta-alan muutokset *Restructuration in the fisheries sector*	2	19.12.2002	L 53, 28.2.2003, 43-44	Grossir 2003, 536
2004	95	95	Irakin jälleenrakennus *Reconstruction of Iraq*	4	18.12.2003	L 54, 23.2.2004, 1-2	Saarilahti & Balsells Traver 2006a, 96
2005	45+40+100+15*	200	Peace II-ohjelma, erillisvirastot ja Irak; Tsunami* *Peace II programme, Agencies and Iraq; Tsunami**	2, 3, 4	16.12.2004 7.9.2005	 L 269, 14.10.2005, 23	Saarilahti & Balsells Traver 2006b, 269-270 Saarilahti & Balsells Traver 2006c, 549-550
2006	95+100+40+40	275	Tsunami, Irak, sokeriuudistus (AKT-maat) ja YUTP *Tsunami, Iraq, Sugar reform (ACP countries) and CFSP*	4	15.12.2005		Saarilahti & Balsells Traver 2006c, 550

* Lisätalousarvio nro 3/2005 (EUVL N:o L 270, 14.10.2005, 1-16)/ *Amending budget No 3/2005*

Kiistaa EP:n, neuvoston ja komission välillä on myös aiheuttanut TVS:n 24 kohdan muotoilu, erityisesti sääntö[38], jonka mukaan joustovälinettä ei pidä käyttää samoihin tarpeisiin kahtena peräkkäisenä varainhoitovuotena (neljäs kappale). Käytännössä kuten Taulukosta 53 ilmenee, Espanjan ja Portugalin kalastuksen toiminta-alan muutoksia sen seurauksena, että Marokon kanssa suunniteltu kalastussopimus jäi toteutumatta ja Irakin jälleenrakennusta rahoitettiin peräkkäisinä vuosina.

Vuoden 2006 talousarvioprosessin aikana jouduttiin niin ikään ratkaisemaan TVS:n 24 kohdan toisen kappaleen sanamuodon tulkinnasta syntynyt erimielisyys (käyttämättä jääneen osa siirtäminen eteenpäin $n+2$). Eräät jäsenvaltioiden olivat tiukasti sitä mieltä, että vuosittain joustovälinettä ei voi käyttää kuin 200 miljoonaa euroa. Toiset sen sijaan olivat taipuvaisia hyväksymään EP:n ja komission puolustaman näkemyksen, jonka mukaan joustoväline voi kohota enintään 600 miljoonaan eroon sillä edellytyksellä, että siihen ei turvauduta kahteen vuoteen. Lopulta vuoden 2006 budjettiprosessissa budjettivallan käyttäjä myöntyi käyttämään joustovälinettä yhteensä 275 miljoonan euron edestä, eli neuvosto hyväksyi EP:n ja komission kannan (ks. Saarilahti & Balsells Traver 2006c, 546-550 ja Taulukko 54 seuraavalla sivulla).

16.3.4.5 Toteutusvälineiden lukumäärä ja sisältö

On selvää, että rahoitusnäkymien joustavuuden tarkasteluun tulee myös liittää laajempi kysymys yleisiin talousarvioihin otettujen määrärahojen käytön mahdollistavien erilaisten oikeusperustojen määrästä ja sisällöstä (ks. Saarilahti 2004a, luku 3.9). Siten esim. mitä yksityiskohtaisempia säädösten varainkäyttöä koskevat säännökset ovat, sen vähemmän joustovaraa ne (teoriassa) jättävät määrärahojen toimeenpanolle. Toisaalta kuten luvuissa 5.2 ja 10 on esitetty,

institutionnelle en matière budgétaire; ks. luvut 6.6, 7.5 ja 8). Yhteistyötä koskevat yksityiskohtaiset säännöt ovat vuoden 1999 TVS:n liitteessä III.

38 Oikeampi käännös olisi ollut "pääsääntöisesti" ("*As a rule/ en règle générale*").

Taulukko 54. Joustovälineen käytettävissä olevien määrärahojen kehitys vuosina 2000–2006 (maksusitoumusmäärärahoina, miljoonaa euroa).

Table 54. Resources available for the flexibility instrument in 2000-2006 (commitment appropriations, million euros).

Tableau 54. Évolution des ressources de l'instrument de flexibilité disponibles de 2000 à 2006 (crédits d'engagement, millions d'euros).

Vuosi/ Year	2000	2001	2002	2003	2004	2005	2006
Edelliseltä vuodelta siirretty käyttämätön määrä (n-2) *Resources carried forward from previous year (n-2)*	-	0	0	0	0	93	93
Edelliseltä vuodelta siirretty käyttämätön määrä (n-1) *Resources carried forward from previous year (n-1)*	-	0	0	0	188	200	200
Joustovälineen vuosittainen enimmäismäärä *New resources made available*	200	200	200	200	200	200	200
Määrärahoja käytettävissä yhteensä *Total resources available*	200	200	200	200	388	493	493
Joustovälineeseen turvautuminen* *Resources deployed**	200	200	200	12	95	200	275
Saldo *Balance*	0	0	0	188	293	293	218
Määrät, joita ei voida siirtää eteenpäin "n+2" säännön nojalla *Resources rendered unavailble for carry forward by "n+2 rule"*	0	0	0	0	0	0	-
Määrä, joka voidaan siirtää *Resulting balance carried forward to next year*	0	0	0	188	293	293	-

* Ks. edellinen Taulukko/ *See previous Table*

esim. varainhoitoasetuksen säännöksillä ei ole "etusijaa" muihin säädöksiin kirjattujen säännösten rinnalla. Aina oikeusperustoja uudistettaessa (esim. valmistauduttaessa uuteen rakennerahasto- tai rahoitusnäkymäkauteen) yhtenä yleisimmin esiintuoduista ja useaan otteeseen korostetuista lähtökohdista on ollut yhteisölainsäädännön ja -normiston "yksinkertaistaminen" (*Simplification*). Näin oli myös Agenda 2000 -työn yhteydessä (ks. *COM(97) 2000 final*, 73-74). Käytännössä hyväksytystä normistosta on usein kuitenkin tullut paljon monimutkaisempi ja yksityiskohtia säätelemään pyrkivä kuin mitä komissio ja lainsäätäjä alunperin lienevät tarkoittaneet. Tällä on ollut heijastusvaikutuksia myös finanssihallintopuolelle, koska muun muassa rahoitussuunnittelu ja talousarvion toimeenpano ovat vaikeutuneet esim. rakennerahasto-ohjelmien hyväksymisten tai rahoitushakemusten käsittelyjen myöhästyessä. Osoitus tästä ovat muun muassa eräinä vuosina toteutuneet erittäin huomattavat ylijäämät[39].

16.3.4.6 Varausten lukumäärä ja toiminta

Agenda 2000-neuvottelujen yhteydessä sovittiin, että rahoitusvaraus puolitetaan vuonna 2002 (250 miljoonaan euroon) ennen sen poistamista seuraava vuotena (ks. luvut 6.7.3 ja 11.8.3). Hätäapuvarauksen ja lainatakuuvarauksen koko sovittiin 200 miljoonaksi euroksi vuoden 1999 hinnoin koko ajanjaksoksi 2000–2006. Varausten käyttöön ei tehty muutoksia (ks. luvut 6.7.4 ja 11.8.4).

Hätäapuvarauksen käyttö vuosina 2000–2006 on esitetty seuraavalla sivulla Taulukossa 55. Lainatakuuvaraukseen turvautuminen on puolestaan koottu Taulukkoon 56.

16.3.4.7 "Ennalta määrättyjen" menojen osuus

Budjettitoimielimet antoivat 6.3.1995 erityisen julistuksen varainhoitoa koskevien säännösten sisällyttämisestä säädöksiin[40] (ks. Saarilahti 2004a, luku 3.9). Julistuksessa muun muassa otettiin huomioon Maastrichtin sopimuksen (189 b artikla) luoma uusi päätöksentekomenettely, EP:n ja neuvoston yhteispäätösmenettely (*Codecision procedure/ procédure de codécision*; ks. esim. Terrenoire 1994, 97-104).

---

39 Vuoden 2000 ylijäämä kohosi 11,6 miljardiin ja vuoden 2001 ylijäämä peräti 15,0 miljardiin euroon. Vuonna 2002 ylijäämä oli vielä 7,4 miljardia ja vuonna 2003 lähes 5,5 miljardia, kunnes se laski 2,7 miljardiin vuonna 2004 ja 2,4 miljardiin euroon vuonna 2005. Viime vuosien positiivista kehitystä selittää osaltaan vuoden 2002 VHA:n uusien säännösten voimaan tulo (ks. esim. Van Craeyenest & Saarilahti 2004, 30-51).

40 *Declaration by the European Parliament, the Council and the Commission of 6 March 1995 on the incorporation of financial provisions into legislative acts/ déclaration du Parlement européen, du Conseil et de la Commission du 6 mars 1995 concernant l'inscription de dispositions financières dans les actes législatifs* (EYVL N:o C 102, 4.4.1996, 4. Teksti kumoaa alun perin EYVL:ssä N:o C 293, 8.11.1995, 4 julkaistun version).

Taulukko 55. Hätäapuvarauksen käyttö vuosina 2000–2006 (miljoonaa euroa).
Table 55. Use of the emergency aid reserve in 2000–2006 (million euros).
Tableau 55. Recours à la réserve pour aides d'urgence de 2000 à 2006 (million euros).

Vuosi *Year*	Määrä *Amount*	Maksusitoumusmäärärahat *Commitment appropriations*		Maksumäärärahat *Payment appropriations*		Ks. esim. *See e.g.*
		Käytetty/ *Used*	%	Käytetty/ *Used*	%	
2000	203	180	*88,7*	180	*88,7*	Grossir 2001, 376-377
2001	208	50	*24,0*	40	*19,2*	Grossir 2002, 375-376
2002	213	174	*81,7*	33	*15,5*	Grossir 2003, 531
2003	217	115	*53,0*	79	*36,4*	Saarilahti & Balsells Traver 2006a, 101
2004	221	0		0		Saarilahti & Balsells Traver 2006b, 256
2005	223	200	*89,7*	100	*44,8*	Saarilahti & Balsells Traver 2006c, 532
2006	*229*	*180*	*78,6*	*72*	*31,4*	Saarilahti & Balsells Traver 2007, 303

Taulukko 56. Lainatakuuvarauksen käyttö vuosina 2000–2006 (miljoonaa euroa).
Table 56. Use of the loan guarantee reserve in 2000–2006 (million euros).
Tableau 56. Recours à la réserve pour garanties de prêts de 2000 à 2006 (million euros).

Vuosi *Year*	Määrä *Amount*	Käytetty *Used*	%	Ks. esim. *See e.g.*
2000	203	186,3	*91,8*	
2001	208	207,2	*99,6*	
2002	213	170,5	*80*	
2003	217	147,9	*68,2*	Saarilahti & Balsells Traver 2006a, 101
2004	*221*	181,9	*82,3*	Saarilahti & Balsells Traver 2006b, 256
2005	*223*	140,1	*62,8*	Saarilahti & Balsells Traver 2006c, 532
2006	*229*	127,6	*55,7*	Saarilahti & Balsells Traver 2007, 303

Julistuksen keskeisin sisältö otettiin vuoden 1999 toimielinten välinen sopimuksen II osan E-jaksoon (33-35 kohta, ks. Taulukko 47), joka korvasi TVS:n 7 kohdan mukaisesti vuoden 1995 julistuksen 1.1.2000 lähtien[41].

Vuoden 1999 TVS:n II osan 33 kohdan mukaan: "Yhteispäätösmenettelyssä hyväksyttäviä monivuotisia ohjelmia koskeviin säädöksiin sisältyy säännös, jolla lainsäätäjä vahvistaa kyseisen ohjelman rahoituspuitteet ohjelman koko voimassaoloajaksi. Budjettivallan käyttäjä pitää tätä määrää ensisijaisena ohjeenaan vuosittaisessa talousarviomenettelyssä.

Budjettivallan käyttäjä ja komissio alustavaa talousarvioesitystä laatiessaan sitoutuvat olemaan poikkeamatta tästä määrästä, jollei ilmene uusia objektiivisia ja pysyviä seikkoja, joille on selkeät ja täsmälliset perusteet, ja ottavat erityisesti suoritettujen arviointien perusteella huomioon ohjelman toteuttamisesta saadut tulokset."

Vuoden 1999 TVS:n II osan 34 kohdan mukaan: "Monivuotisia ohjelmia koskevat säädökset, joita ei hyväksytä yhteispäätösmenettelyssä, eivät sisällä "tarpeelliseksi arvioitua määrää".

Jos neuvosto aikoo antaa rahoitusohjeen, sillä on lainsäätäjän tahtoa[42] ilmaiseva luonne, eikä se vaikuta perustamissopimuksessa määriteltyyn budjettivallan käyttäjän toimivaltaan. Tämä säännös mainitaan kaikissa säädöksissä, joihin sisältyy tällainen rahoitusohje.

Jos kyseisestä määrästä on sovittu 4 päivänä maaliskuuta 1975 annetun Euroopan parlamentin, neuvoston ja komission yhteisen julistuksen mukaisessa neuvottelumenettelyssä[43], sitä

41 On huomattava, että vuoden 2002 varainhoitoasetus (49 artikla) ja VHA:n soveltamissäännöt (31-33 artikla) sisällyttävät vuoden 1999 TVS:n II osan 33 kohdan sisällön EU:n johdettuun oikeuteen (ks. luku 10).
42 Vuoden 2001 talousarvioprosessin aikana budjettivallan käyttäjät sopivat kuitenkin keskenään suoraan rahoitusohjeesta (ks. Grossir 2001, 390).
43 Ks. Liite VI.

pidetään tämän sopimuksen 33 kohdan mukaisena ohjeellisena määränä."

Vuonna 2002 yli neljä viidesosaa otsakkeen 3 (*Sisäiset politiikat*) menoista perustui yhteispäätösmenettelyllä päätettyihin ohjelmiin (ks. esim. Grossir 2002, 390).

EP ja neuvosto pääsivät vuoden 1999 TVS:n 33 kohdan kolmannen alakohdan pohjalta ja edellisen aloitteesta 30 marraskuuta 2005 sopuun kuuden otsakkeen 3 (*Sisäiset politiikat*) yhteispäätösmenettelyllä päätetyn ohjelman rahoituspuitteiden ylittämisestä kaikkiaan 100 miljoonalla eurolla vuoden 2006 yleisessä talousarviossa (ks. Saarilahti & Balsells Traver 2006c, 543).

16.3.4.8 Otsakkeiden enimmäismääriin sisältyvä liikkumavara

Etenkin neuvosto on korostanut riittävien liikkumavarojen jättämistä eri otsakkeiden ja alaotsakkeiden alle keinona varautua yllättäviin ja ennakoimattomiin tilanteisiin, budjettikurin vaatimukset huomioon ottaen. Vuoden 1993 TVS:ssa periaate kytkettiin myös varainhoidon moitteettomuuden vaatimukseen (III osan 19 kohta).

Vuoden 1999 TVS:ssa riittävien liikkumavarojen jättämisen periaate todetaan II osan 12 kohdan toisessa alakohdassa seuraavasti: "Varmistaakseen varainhoidon moitteettomuuden toimielimet huolehtivat mahdollisuuksien mukaan siitä, että talousarviomenettelyn yhteydessä ja talousarviota hyväksyttäessä eri otsakkeiden lukuun ottamatta otsaketta 2 (rakennetoimet), ylärajoihin [enimmäismääriin] sisältyy riittävästi liikkumavaraa".

Käytännössä kysymys liikkumavaroista on noussut keskeiseksi kysymykseksi vuotuisissa budjettiprosesseissa[44], samoin kuin "negatiivisten liikkumavarojen" (*"Negative" margin/ marge "négative"*) eli enimmäismäärien ylityksen rahoittaminen muun muassa joustovälineeseen turvautumalla (ks. luku 16.3.4.4).

Taulukkoon 57 seuraavalla sivulla on koottu liikkumavarojen kehitys budjettiprosessin aikana vuosina 2000–2006[45].

Taulukosta 57 ilmenee hyvin muun muassa budjettitoimielinten erilainen suhtautuminen liikkumavaroihin sekä joustovälineeseen turvautumisen määrä eri vuosina. Siinä myös korostuu etenkin otsakkeen 4 (*EU maailmanlaajuisena toimijana*) enimmäismäärän ongelmallisuus myös rahoitusnäkymäkaudella 2000–2006 (vrt. *Heading 4*... 2005).

16.3.4.9 Menojen uudelleenkohdentamismahdollisuudet otsakkeissa ja alaotsakkeissa

Menojen uudelleenkohdentaminen rahoitusnäkymien eri otsakkeissa ja alaotsakkeissa on ollut yksi keskeisimmistä keinoista löytää määrärahoja uusien tarpeiden rahoittamiseksi. Toisaalta myös esim. ennen turvautumista hätäapuvaraukseen tai joustovälineeseen on selvitettävä (vuoden 1999 TVS:n I osan 23 kohdan kolmannen alakohdan ja 24 kohdan neljännen alakohdan mukaisesti) mahdollisuudet määrärahojen uudelleen kohdentamiseen.

Menojen uudelleenkohdentamisen merkitystä on korostanut etenkin neuvosto, jonka pysyvänä kantana on ollut, että kyseessä on yksi toimielinten välisten sopimusten budjettikuriin liittyvistä keskeisistä periaatteista. Muut toimielimet ovat perinteisesti omaksuneet varauksellisemman kannan eivätkä ole halunneet sulkea pois *a priori* lisärahoitukseen turvautumisen mahdollisuutta (ks. luku 8). Käytännössä vuotuisissa budjettineuvotteluissa on usein noussut keskeiseksi kysymykseksi, vastataanko tapauskohtaisiin uusiin, yllättäviin tapahtumiin lisärahoituksella vai turvautumalla "*reprioretisointeihin*" ja olemassa olevien tarpeiden uudelleenarviointiin[46].

---

44 Ks. esim. Grossir 2001, 378-390; 2002, 378-390; 2003, 533-538, Nicoll & Bryan-Kinns 2004, 107-109, Saarilahti & Balsells Traver 2006a, 93-96; 2006b, 259-270; 2006c, 540-551; 2007, 311-325.

45 Taulukon 57 luvut on kerätty virallisista lehdistä sekä seuraavista lähteistä: Grossir 2002, 392-393; 2003, 539-540, Saarilahti & Balsells Traver 2006a, 106-109; 2006b, 274-276; 2006c, 555-557, vrt. myös *Heading 4*... 2005, 1-3.

46 Ks. esim. Grossir 2001, 378-390; 2002, 378-390; 2003, 533-538, Nicoll & Bryan-Kinns 2004, 107-109, Saarilahti & Balsells Traver 2006a, 93-96; 2006b, 259-270; 2006c, 540-551; 2007, 311-325.

Taulukko 57. Liikkumavarat vuosina 2000–2006 (miljoonia euroja ja prosentteja).

Table 57. Margins in 2000–2006 (million euros and percents).

Tableau 57. Les marges de 2000 à 2006 (millions d'euros et pourcents).

	2000			2001			2002			2003			2004a			2005			2006		
Otsake/ *Heading:*	A	B	C	A	B	C	A	B	C	A	B	C	A	B	C	A	B	C	A	B	C
1. Maatalous/ ***Agriculture***	614,0	1 212,0	744,1	1 362,3	984,8	1 232,3	2 336,2	1 565,2	2 331,9	2 597,6	2 548,2	2 597,6	2 523,7	2 540,2	2 523,7	987,6	1 762,6	1 762,6	1 567,3	1 355,7	1 567,3
%	1,5	2,9	1,8	3,1	2,2	2,8	5,0	3,4	5,0	5,5	5,4	5,5	5,1	5,2	5,1	1,9	3,4	3,4	3,0	2,6	3,0
1a YMP:n menot/ *CAP expenditure*	614,0	1 212,0	744,1	1 362,3	984,8	1 232,3	2 336,2	1 565,2	2 331,9	2 597,6	2 548,2	2 597,6	2 523,7	2 540,2	2 523,7	987,6	1 762,6	1 762,6	1 567,3	1 355,7	1 567,3
%	1,6	3,2	1,8	3,4	2,4	2,8	5,6	3,7	5,0	6,1	6,0	6,1	5,9	5,9	5,9	2,2	4,0	4,0	3,5	3,0	3,5
1b Maaseudun kehittäminen ja liitännäistoim. *Rural development and accompanying measures*	0,0	0,0	0,0	0,0	0,0	0,0	0,0	0,0	0,0	0,0	0,0	0,0	0,0	0,0	0,0	0,0	0,0	0,0	0,0	0,0	0,0
%	0,0	0,0	0,0	0,0	0,0	0,0	0,0	0,0	0,0	0,0	0,0	0,0	0,0	0,0	0,0	0,0	0,0	0,0	0,0	0,0	0,0
2. Rakennetoimet/ *Structural operations*	0,0	0,0	0,0	0,0	0,0	0,0	-197*	0,0	-200**	-59,0*	0,0	-12,0**	0,0	0,0	0,0	2,5	17,5	17,5	62,0	62,0	62,0
%	0,0	0,0	0,0	0,0	0,0	0,0		0,0			0,0		0,0	0,0	0,0	0,0	0,0	0,0	0,1	0,1	0,1
3. Sisäiset politiikat/ *Internal policies*	93,8	222,4	3,9	136,3	208,2	39,8	68,0	110,8	0,2	79,5	122,0	0,2	107,5	138,4	38,2	53,4	108,7	-40,0**	166,3	210,1	12,3
%	1,6	3,7	0,1	2,2	3,3	0,6	1,0	1,7	0,0	1,2	1,8	0,0	1,2	1,6	0,4	0,6	1,2		1,8	2,2	0,1
4. Ulkoiset toimet/ *External action*	-158,5*	15,513	-178,0** *	-214,1*	184,9	-193,7**	127,5	100,4	70** **	60,1	80,1	22,6	-74,0*	-14,1*	-94,6**	-50,0*	79,4	-100,0** ***	-163,5*	41,7	-275,0**
%		0,3			3,9		2,6	2,1	1,4	1,2	1,6	0,5					1,6			0,8	
5. Hallinto/ *Administration*	73,0	134,1	94,3	11,7	79,6	34,7	-7,4*	51,9	2,2	-55,3*	16,5	100,0	70,7	128,4	117,2	-21,0*	59,6	8,8	10,2	130,1	51,6
%	1,5	2,8	2,0	0,2	1,6	0,7		1,0	0,0		0,3	1,8	1,1	2,1	1,9		0,9	0,1	0,2	1,9	0,8
6. Varaukset/ *Reserves*	0,0	0,0	0,0	0,0	0,0	0,0	0,0	0,0	0,0	0,0	0,0	0,0	0,0	0,0	0,0	0,0	0,0	0,0	0,0	0,0	0,0
%	0,0	0,0	0,0	0,0	0,0	0,0	0,0	0,0	0,0	0,0	0,0	0,0	0,0	0,0	0,0	0,0	0,0	0,0	0,0	0,0	0,0
7. Liittymistä edeltävä tuki (strategia)/ *Pre-accession*	7,3	7,3	7,3	0,0	0,0	0,0	0,0	0,0	0,0	0,0	0,0	0,0	1 722,7	1 722,7	1 722,7	1 397,0	1 391,0	1 391,0	1 085,4	1 085,4	1 085,4
%	0,2	0,2	0,2	0,0	0,0	0,0	0,0	0,0	0,0	0,0	0,0	0,0	49,9	49,9	49,9	40,2	40,1	40,1	30,4	30,4	30,4
8. Korvaukset/ *Compensation*													0,5	0,5	0,5	0,0	0,0	0,0	0,5	0,5	0,5
%													0,0	0,0	0,0	0,0	0,0	0,0	0,0	0,0	0,0
Liikkumavara yhteensä/ *Total margin*	**629,6**	**1 591,4**	**871,6**	**1 296,1**	**1 457,5**	**1 113,2**	**2 327,2**	**1 828,4**	**2 204,3**	**2 622,9**	**2 766,8**	**2 629,3**	**4 351,1**	**4 516,1**	**4 307,7**	**2 369,5**	**3 418,7**	**3 039,9**	**2 728,3**	**2 885,4**	**2 504,1**
%	0,7	1,7	0,9	1,3	1,5	1,1	2,3	1,8	2,2	2,6	2,7	2,6	3,8	3,9	3,7	2,0	2,9	2,5	2,2	2,3	2,0

a EU-25

* Enimmäismäärän ylitys ("negatiivinen" liikkumavara)/ *"Negative" margin*

** Turvautuminen joustovälineeseen (ks. luku 16.3.4.4)/ *Use of Flexibility instrument*

** * Turvautuminen joustovälineeseen ja "negatiivisen" liikkumavaran kasvattaminen 20 miljoonalla eurolla lisäbudjetilla nro 1/2000/ *Use of Flexibility instrument and increase of "negative margin" by 20 million euros by Amending budget No 1/2000*

** ** Liikkumavaran käyttöönotto lisäbudjetilla 4/2002/ *Use of margin by Amending budget No 4/2002*

** *** Joustovälineen käyttö ja "negatiivisen liikkumavaran" kasvattaminen lisätalousarviolla nro 3/2005 (ks. Taulukko 53)/ *Use of flexibility instrument and increase of "negative margin" by Amending budget No 3/2005*

A: Alustava talousarvioesitys/ *Preliminary Draft Budget* B: Talousarvioesitys (neuvoston I käsittely)/ *Draft Budget (Council's First Reading)* C: Hyväksytty yleinen talousarvio/ *Adopted general budget*

16.4 Yhteenveto

Vuoden 1999 TVS:n ja vuodet 2000–2006 kattavien rahoitusnäkymien joustomuodoista ja niihin turvautumisesta on tiivistelmä Taulukossa 58.

Taulukko 58. Vuoden 1999 toimielinten välisen sopimuksen ja vuodet 2000–2006 kattavien rahoitusnäkymien pääasialliset joustomuodot.
Table 58. Main components of the flexibility of the IIA of 6 May 1999 and of the Financial Perspective 2000–2006.
Tableau 58. Principaux éléments de la flexibilité de l'AII du 6 mai 1999 et des perspectives financières 2000–2006.

	Monivuotinen/ ***Pluriannual***	**Vuotuinen/** ***Annual***
RN:ien taso ***FP level***	**Rahoitusnäkymien kesto ja rakenne:** ***Duration and structure of the FP:*** - 7 vuotta (TVS:n 5 kohta)/ *7 Years (Point 5 of the IIA)* - 7 otsaketta ja 7 alaotsaketta** (EU-15) *- 7 Headings and 7 sub-Headings** (EU-15)* - vuonna 2003 poistui 1 alaotsake (rahoitusvaraus) *- in 2003, one sub-Heading ceased to exist* - vuonna 2004 lisättin otsake 8 (EU-25) *- In 2004 a Heading 8 was added (EU-25)* TVS (1999): 2 osaa, 40 kohtaa, 6 liitettä ja 9 julistusta *IIA (1999): 2 Parts, 40 Pts, 6 Ann. and 9 Declar.* **Rahoitusnäkymien muutokset ja tarkistukset** *:** ***Changes to and revision of the FP** *:*** - Tarkistus: 19.5.2003 ja 7.9.2005 (TVS:n 19-21 k.) *- Revision: 19 May 2003 and 7 September 2005 (Points 19-21 of the IIA)* **Rahoitusnäkymien mukautus laajentumiseen:** ***Adjustment of the FP to cater for enlargement:*** - 19.5.2003 (TVS:n 25 kohta)/ *19 May 2003 (Point 25 of the IIA)*	**Ennakoimattomiin menoihin varattu marginaali:** ***Margin for unforeseen expenditure:*** - 0,08 - 0,15 % (EU-15)* **Rahoitusnäkymien mukautukset:** ***Adjustments of the FP:*** Tekninen mukautus: vuosittain (TVS:n 15 kohta) *Technical adjustments: annually (Pt 15 of the IIA)* Täytäntöönpanon edellytyksiin liittyvä mukautus: - ei tehty (TVS:n 16 kohta) *Adjustments connected with implementation:* *- not done (Point 16 of the IIA)* Rakennerahastoihin liittyvä mukautus: - 2.5.2001 (TVS:n 17 kohta) *Adjustement related to Structural Funds:* *- 2 May 2001 (Point 17 of the IIA)* **Mahdollisuudet siirtää määrärahoja otsakkeesta toiseen tai ylittää otsakekohtainen enimmäismäärä:** ***Possibility to transfer appropriations between Headings or to exceed Headings:*** - Joustoväline (TVS:n 24 kohta) (Käytetty joka vuosi) *- Flexibility instrument (Point 24 of the IIA) (Used every year)*
Erityisvälineet ***Special instruments***	**Toteutusvälineiden lukumäärä ja sisältö:** ***Number and content of the various instruments:*** - ohjelmien määrän kasvu *- Increase in number of programmes*	**Varaukset ja niiden toiminta (TVS:n 23 kohta):** ***Reserves and their functioning (Point 23 of the IIA):*** - rahoitusvaraus (poistui vuonna 2003) *- Monetary reserve (repealed in 2003)* - hätäapuvaraus (ei käytetty vuonna 2004) *- Emergency Aid reserve (not used in 2004)* - lainatakuuvaraus (käytetty joka vuosi) *- Loan Guarantee reserve (used every year)* [P.m: EU:n solidaarisuusrahasto** ** *] *[P.m.: EU Solidarity Fund** ** *]*
Budjetti prosessin taso ***Budget procedure level***	**Rahoituspuitteiden ja -ohjeiden avulla "ennalta määrättyjen" menojen osuus (TVS:n 33-35 k.):** ***Share of spending "predetermined" by the reference amounts etc. (Points 33-35 of the IIA):*** - 30.11.2005 kuuden rahoituspuitteen korottaminen 100 milj. eurolla v. 2006 TA:ssa (TVS:n 33 k. 3 alak.) *- 30 Nov. 2005 increase of 6 financial frameworks by 100 mio euros in 2006 budget (Pt 33 (3) of IIA)*	**Otsakkeisiin sisältyvä liikkumavara:** ***Margins available beneath the ceilings for the various Headings:*** - vuosittain** ** (TVS:n 12 kohta)/ *Annually** ** (Point 12 of the IIA)* **Menojen uudelleenkohdentaminen eri otsakkeissa:** ***Reallocation of expenditure under the different Headings:*** - vuosittain (yleisperiaate, vrt. myös TVS:n 21 k.) *- Annually (General principle, see also Pt 21 of IIA)*

* Laajentumiseen mukautetut rahoitusnäkymät: 0,13 - 0,18 %/ *In FP adjusted following enlargement: 0,13 - 0,18 %*
** Lisäksi kolme ohjeellista ylärajaa otsakkeessa 7 (TVS:n 11 kohdan toinen alakohta)/ *Three indicative ceilings under Heading 7 (Point 11 (2) of the IIA)*
** * Erotettava 0,03 %:n rajan ylittävät ja alittavat tarkistukset (TVS:n 20 kohdan toinen ja kolmas alakohta)/ *A distiction is made between a revision up to and above 0,03 % (Point 20 (2 and 3) of the IIA)*
** ** Lukuun ottamatta otsaketta 2 (TVS:n 12 kohdan 2 alakohta)/ *Except Heading 2 (Point 12 (2) of the IIA)*
** ** * *RN:ien ulkopuolella (v. 1999 TVS:n lisäys [6 kohtaa])/ Outside the FP (Supplement to the IIA of 1999 [6 Points])*

Kuviossa 28 on Kuvioiden 26 (luku 16.3.2) ja 27 (luku 16.3.3) tapaan kerätty yhteen eräät keskeiset joustomuodot.

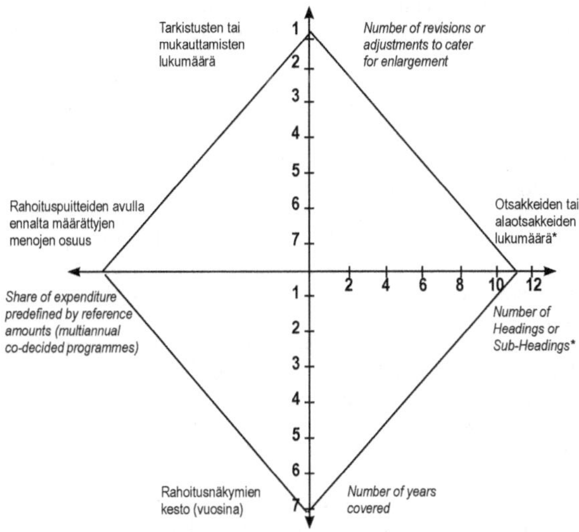

* Ennen vuoden 2004 laajentumista ja pois lukien otsakkeen 7 kolme ohjeellista ylärajaa/ *Before the enlargement of 2004 and without the threeindicative ceilings of Heading 7*

Kuvio 28. Vuoden 1999 toimielinten välisen sopimuksen ja vuodet 2000–2006 kattavien rahoitusnäkymien keskeiset joustomuodot.
Figure 28. Main components of the flexibility of the IIA of 6 May 1999 and of the Financial Perspective 2000–2006.
Graphique 28. Principaux éléments de la flexibilité de l'AII du 6 mai 1999 et des perspectives financières 2000–2006.

Komissio kiteyttää (*Flexibility*... 2004, 2-3) eri joustojen kehityksen Delors I -paketista (1988–1992) Agenda 2000 -pakettiin (2000–2006) seuraavasti:

"Joustavuuden eri muotojen kehittymiseen ovat yhtäältä vaikuttaneet "omien varojen" katon[47] ja ennakoimattomille menoille varatun marginaalin kehitys, rahoitusnäkymien keston

---

47 "Omien varojen" katto on kehittynyt vuodesta 1988 seuraavasti:

Taulukko 59. "Omien varojen" katon kehitys vuodesta 1988.
Table 59. Evolution of the ceiling of "Own resources" from 1988.
Tableau 59. Évolution du plafond des "ressources propres" depuis 1988.

Vuodet/ *Years*	**1988–1992**	**1993–1999**	**2000–2006**	**2007–2013**
Maksumääräyksiin käytettävät määrärahat *Appropriations for commitments*	1,15 -> 1,20	1,20 -> 1,27	1,27 [1,24*]	1,24
Maksusitoumuksiin käytettävät määrärahat *Appropriations for payments*	1,20	1,335	1,335 [1,31*]	1,31

* Laskentatavan muutos EKT-95 -järjestelmän mukaiseksi (EYVL N:o L 310, 30.11.1996 ja *KOM(2001) 801 lopull.)/ Change in mode of calculation (ESA-95)*

On huomattava, että kaudella 2000-2006 esitetty 1,27 % on laskettu vanhan Euroopan kansantalouden tilinpitojärjestelmän (EKT; *European system of integrated economic accounts (ESA)/ système européen de comptes économiques intégrés (SEC)*) mukaan. Vuoden 2000 omia varoja koskevassa päätöksessä (EYVL N:o L 253, 7.10.2000, 42-46) määrätään, että käsite *bruttokansantulo* (BKTL) on määriteltävä siten, että se on yhdenmukainen *bruttokansantulon* (englanninkielinen termi *Gross National Income GNI*) kanssa, sellaisen kun komissio sen laskee EKT-95:tä sovellettaessa. EKT-95:n mukaisesti tämä vastaa 1,24 % BKTL:sta (vrt. Neuvoston asetus (EY) N:o 2223/96, annettu 25.6.1996, Euroopan kansantalouden tilinpito- ja aluetilinpitojärjestelmästä yhteisössä; EYVL N:o L 310, 30.11.1996, 1-400). Vuoden 2000 "omia varoja" koskevan päätöksen yhteydessä vahvistettiin, että prosenttiosuutena BKTL:sta ilmaistuna omien varojen enimmäismäärää on mukautettava siten, että EKT-95-mukaisen laskutoimituksen yhteisöjen käytettävissä olevien varojen määrä säilyy muuttumattomana. Komissio teki mukautuksen joulukuussa 2001 (*KOM(2001) 801 lopullinen*).

pidentyminen (viidestä seitsemään vuoteen), otsakkeiden ja alaotsakkeiden määrän lisääntyminen sekä rahoituspuitteilla varustettujen yhteispäätösmenettelyllä päätettyjen monivuotisten ohjelmien merkityksen kasvu. Toisaalta siihen ovat vaikuttaneet erilaisten joustovälineiden luominen rahoitusnäkymien sisällä (varaukset) tai niiden ulkopuolella (joustoväline, EU:n solidaarisuusrahasto).

Rahoitusnäkymien tarkistuksiin turvauduttiin jotenkin liioitellusti [”*somewhat excessively*”] Delors I -paketin aikana, kerran Delors II paketin aikana (1993–1999) ja kerran Agenda 2000 -paketin aikana (toukokuussa 2003 mukautettaessa rahoitusnäkymiä laajentumiseen).

Yhteispäätösmenettelyllä päätettyjen monivuotisten ohjelmien määrän ja toiminta-alan kasvu vähentävät talousarvion joustavuutta rahoitusnäkymäkaudella, sillä näihin ohjelmiin sisältyy ennalta määrättyjä monivuotisia määrärahoja (niin kutsutut ”rahoituspuitteet”), joissa poikkeustapauksia lukuun ottamatta pitäydytään tiukasti vuotuisten budjettiprosessien aikana[48]. Tämän seurauksena entistä suurempi osa rahoitusnäkymien otsakkeista on etukäteen ”korvamerkitty”, mikä puolestaan vähentää liikkumavaraa uusien toimien ja/tai ennakoimattomia tapahtumien suhteen.

Agenda 2000:n ansiosta on tähän mennessä pystytty vastaamaan EU:n yleiseen talousarvioon kohdistuneisiin odottamattomiin tilanteisiin, vaikka tämä onkin tapahtunut talousarvion selkeyden ja seurattavuuden kustannuksella, eikä resurssien kohdentaminen välttämättä ole tehostunut. Rahoitusnäkymien entistä suurempi tarkistusten vastustaminen on johtanut jatkuviin turvautumisiin joustovälineeseen jopa keskipitkän aikavälin tarkistusten tekemiseen ja solidaarisuusrahaston perustamiseen. Joustoväline on kuitenkin vuoden 1999 toimielinten välisessä sopimuksessa luotu *ad-hoc* väline, jonka käyttöön ei ole varauduttu rahoitusnäkymätaulukossa. Sen käyttö ei vaadi tekemään mitään valintoja kilpailevien uusien määrärahatarpeiden välillä päätettyjen menokattojen sisällä eikä se siksi välttämättä johda resurssien tehokkaimpaan jakoon sovittujen rahoituskehysten kannalta. EU:n solidaarisuusrahastosta sovittiin erityisessä vuoden 1999 TVS:n täydentävässä toimielinten välisessä sopimuksessa eikä sitäkään varten käyttöön otettuja määrärahoja ole sisällytetty rahoitusnäkymätaulukkoon”[49].

Toisaalta on muistettava, että Agenda 2000:n päätavoitteeksi asetettiin (kuten edellistenkin TVS:ten yhteydessä, ks. luvut 6.6 ja 7.5) talousarviota koskevan kurinalaisuuden eli budjettikurin säilyminen, menojen hallittu kasvu ja talousarviomenettelyä koskeva toimielinten yhteistyö. ”Nämä tavoitteet on saavutettu. Euroopan unionin talousarvio on hyväksytty ajallaan joka vuosi, ja budjettivallan käyttäjät ovat yhdessä tarkistaneet Agenda 2000:ta niin, että kymmenen uuden jäsenvaltion liittymisestä aiheutuva lisärahoitustarve on pystytty kattamaan[50]” (*KOM(2004) 498 lopullinen*, 2).

17. VUODEN 2006 TOIMIELINTEN SOPIMUS JA VUOSIA 2007–2013 KOSKEVA RAHOITUSKEHYS

17.1 Vuoden 2006 toimielinten sopimuksen ja vuosien 2007–2013 rahoituskehyksen valmistelu

Komissio hyväksyi esityksensä vuosia 2007–2013 koskevaksi rahoituskehykseksi (RK) helmikuussa 2004 (*KOM(2004) 101 lopullinen*). Ehdotuksensa uudeksi toimielinten sopimukseksi (TS) komissio teki heinäkuussa 2004 (*KOM(2004) 498 lopullinen*). Samoissa yhteyksissä ja aikaisimmista käytännöistä poiketen komissio myös esitti lähes kaikki kautta 2007–2013 koskevat uudet säädösehdotukset, sillä suuri osa EU:n ohjelmista ja toimista päättyivät vuoden 2006 lopussa (ks. esim. Saarilahti & Balsells Traver 2006b, 256-257).

48Ks. Grossir, 2001, 378-388; 2002, 378-390; 2003, 533-537 ja Saarilahti & Balsells Traver 2006b, 259-268; 2006c, 540-551; 2007, 311-321.

49Komission on vieläkin kriittisempi joustovälinettä ja sen käyttöä kohtaan ehdotuksessaan TVS:n uusimisesta heinäkuussa 2004: ”Nykyinen joustoväline ja Euroopan unionin solidaarisuusrahasto jouduttiin perustamaan rahoitusnäkymien ulkopuolelle, jotta todetut tarpeet voitaisiin täyttää. Joustovälinettä on käytetty sen alkuperäisestä tarkoituksesta poikkeavalla tavalla, mikä saattaa heikentää koko järjestelmän uskottavuutta ja vaikeuttaa toimielinten budjettiyhteistyötä. Komissio katsoo, että budjettikuria voitaisiin vahvistaa perustamalla näitä avoimemmat välineet, jotka sisällytetään kokonaan rahoituskehykseen” (*KOM(2004) 498 lopullinen*, 3).

50Ks. Saarilahti & Balsells Traver 2006a, 88-113.

Koska komission ehdotukset ja esitykset koskivat niin lainsäädäntö- kuin budjettivallan käyttöä, työskentely *neuvostossa* järjestettiin "yleisten asioiden" neuvoston alaisuuteen tämän horisontaalisen ja koordinoivan roolin takia. Tämä on luonnollista myös siksi, että YAN valmistelee Eurooppa-neuvoston istunnot[51] (ks. esim. Westlake & Galloway 2004, 47-56).

Yleisten asioiden neuvoston työskentelyä valmisteli normaaliin tapaan pysyvien edustajien komitea (Coreper II). *Irlannin puheenjohtajuuskaudella* (vuoden 2004 ensimmäinen puolisko) perustettiin erityinen "*ad hoc*" -työryhmä[52] avustamaan pysyvien edustajien komiteaa ja valmistelemaan sen työskentelyä. Työryhmä toimi aktiivisesti myös *Alankomaiden puheenjohtajuuskaudella* (vuoden 2004 toinen puolisko). *Luxemburgin puheenjohtajuuskaudella* (vuoden 2005 ensimmäinen puolisko) ryhmä muutettiin puheenjohtajavaltion tukiryhmäksi[53] (*Friends of the Presidency/ amis de la présidence*).

Rinnan rahoituskehyspaketin valmistelun kanssa neuvoston eri kokoonpanoja avustavat työryhmät ryhtyivät käsittelemään eri lainsäädäntöehdotuksia neuvoston normaalien työtapakäytäntöjen mukaisesti. Säädöksiin liittyvät rahoitusta käsittelevät kohdat Coreper II kuitenkin pidätti itsellään.

Irlannin puheenjohtajuuskaudella rahoituskehystyössä keskityttiin ennen kaikkea avoimien kysymysten kartoittamiseen (ks. *Rahoituskehys*... 2004). *Alankomaiden puheenjohtajuuskaudella* työskentelyssä omaksuttiin niin kutsuttu modulipohjainen lähestymistapa (*Building block approach/ approche par modules*; ks. *Rahoitusnäkymät*... 2004).

Luxemburgin puheenjohtajuuskaudella palattiin perinteisempään lähestymistapaan eli samaan, jota käytettiin Agenda 2000:sta sopimisen yhteydessä. Esim. valmistelutyön tulokset järjestettiin "neuvottelupaketiksi" (*Negotiating box/ cadre de négociation*) Eurooppa-neuvoston päätelmien muodossa (ks. *Rahoitusnäkymät*... 2005). Samaa työskentelytapaa käytettiin *Yhdistyneen kuningaskunnan puheenjohtajuuskaudella* (vuoden 2005 toinen puolisko), jonka loppupuolella saavutettiin sopu Eurooppa-neuvoston kokouksessa 15.-16.12.2005 Brysselissä[54] (ks. *Brysselin*... 2005b, 6 kohta ja *Rahoituskehykset*... 2005).

Ecofin-neuvostoa pidettiin koko ajan "ajan tasalla" neuvottelujen etenemisestä, mutta varsinaista päätäntävaltaa neuvosto ei talous- ja finanssiministereiden kokoonpanossa käyttänyt[55].

---

51 Kuten luvussa 6.6 on esitetty, rahoituskehysten muodollinen hyväksymisprosessi on lyhyesti seuraava: Eurooppa-neuvostossa saavutetun *yhteisymmärryksen* ("konsensus") jälkeen neuvosto hyväksyy EP:n ja komission kanssa neuvotellun TS:n ja siihen liittyvän rahoituskehyksen *yksimielisesti*. Euroopan parlamentti päättää puolestaan TS:sta ja rahoituskehyksestä *annettujen äänten ehdottomalla enemmistöllä* ja komissio *jäsentensä enemmistöllä*. Vuosien 2007-2013 rahoituskehystä koskevien neuvottelujen eteneminen on kuvattu yksityiskohtaisemmin esim. teoksissa Meszarits & Wukovitsch 2006, Rey 2006 tai *Relations*... 2007, 10-18.

52 Suomeksi ryhmän nimi käännetään ehkä hieman harhaanjohtavasti "väliaikaiseksi työryhmäksi". "*Ad hoc*" nimessä viittaa kuitenkin ennen kaikkea tehtävien erityisluonteisuuteen, ei niinkään niiden temporaalisuuteen. Siten työryhmään (kuten puheenjohtajavaltion tukiryhmäänkin) nimetyt neuvoston pääsihteeristön virkamiehet olivat hallinnollisesti suoraan neuvoston apulaispääsihteerin alaisuudessa.

53 Verrattuna "väliaikaiseen työryhmään" tukiryhmän jäsenmäärä on rajoitetumpi samalla kun esim. työskentelykielinä käytettään – pysyvien edustajien komitean tapaan – vain englantia, ranskaa ja saksaa. *Ad hoc* -ryhmä kokoontui 17 ja tukiryhmä 16 kertaa.

54 Eurooppa-neuvoston "yhteisymmärrykseen" sisältyy seuraavat kaksi kohtaa (kohdat 6 ja 7) toimielinten välisen sopimuksen uusimisesta: "Nykyiset rahoituspuitteet ja toimielinten välinen sopimus ovat pitkälti onnistuneet tavoitteessaan eli ne ovat varmistaneet budjettikurin, menojen kasvun hallitulla tavalla ja budjettimenettelyjen sujuvuuden. Euroopan parlamentin, neuvoston ja komission välillä tehtävässä uudessa sopimuksessa on pyrittävä samoihin tavoitteisiin, ja sen olisi tarjottava mahdollisuus tarvittavaan joustoon, jotta budjettikurin ja määrärahojen tehokkaan kohdentamisen välillä vallitsisi tyydyttävä tasapaino. Varmistaakseen moitteettoman varainhoidon toimielimet huolehtivat mahdollisuuksien mukaan siitä, että alaotsaketta 1 b lukuun ottamatta eri otsakkeiden ja alaotsakkeiden ylärajoihin sisältyy vuosittain riittävästi liikkumavaraa. Lisäksi uusittua sopimusta pitäisi käyttää myös nykyisten budjettiasioita koskevien eri sopimusten ja yhteisten lausumien päivittämiseen ja yksinkertaistamiseen.
Tähän mennessä käydyn toimielinten välisen vuoropuhelun perusteella Eurooppa-neuvosto pyytää neuvostoa, yhteisen kannan pohjalta ja mikäli saavutetaan hyväksyttävät ehdot, pyrkimään yhteisymmärrykseen Euroopan parlamentin ja komission kanssa uudesta toimielinten välisestä sopimuksesta, jossa nämä päätelmät on otettu huomioon. Tässä yhteydessä Eurooppa-neuvosto panee merkille, että komissio tulee tekemään konkreettisia ehdotuksia rahoituskehysten joustavuuden lisäämiseksi" (*Rahoituskehykset*... 2005, 4).

55 Kuten luonnollista on, Ecofin-neuvosto keskittyi ennen kaikkea rahoituskehyksen tulopuoleen ja erilaisiin joustavuutta koskeviin kysymyksiin. Neuvoston kokoukset eivät johtaneet kirjallisiin päätelmiin.

Töiden eteneminen Euroopan unionin neuvostossa ja Eurooppa-neuvostossa on syntetisoitu Taulukossa 60.

Taulukko 60. Vuoden 2006 toimielinten sopimuksen ja vuosia 2007–2013 koskevan rahoituskehyksen hyväksyminen Euroopan unionin neuvostossa.

Table 60. Adoption of the IIA of 17 May 2006 and of the Financial Framework 2007–2013 in the Council of the European Union.

Tableau 60. Adoption de l'AII du 17 mai 2006 et du cadre financier pour 2007–2013 au Conseil de l'Union européenne.

Irlanti (vuoden 2004 ensimmäinen puolisko)	
"Ad hoc" -työryhmä	*9 kokousta**
Coreper II	*7 kokousta**
"Yleisten asioiden" neuvosto	*3 kokousta**
Komission tiedonanto *(KOM(2004) 101 lopullinen)*	10.2.2004
Ehdotus TVS:n uudistamisesta *(KOM(2004) 498 lopullinen)*	14.7.2004
Eurooppa-neuvoston kokous (Bryssel)	17.-18.6.2004
Analyyttinen selvitys (Asiak. 10219/04 CADREFIN 11)	
Alankomaat (vuoden 2004 toinen puolisko)	
"Ad hoc" -työryhmä	*8 kokousta*
Coreper II	*8 kokousta*
"Yleisten asioiden" neuvosto	*6 kokousta*
Ecofin-neuvosto	3 kokousta
Eurooppa-neuvoston kokous (Bryssel)	16.-17.12.2004
Tilanneselvitys (Asiak. 16105/04 CADREFIN 163)	
Luxemburg (vuoden 2005 ensimmäinen puolisko)	
Puheenjohtajavaltion tukiryhmä	*12 kokousta*
Coreper II	*10 kokousta*
"Yleisten asioiden" neuvosto	*8 kokousta*
Ecofin-neuvosto	2 kokousta
Eurooppa-neuvoston kokous (Bryssel)	16.-17.6.2005
Neuvottelupaketti (Asiak. 10090/05 CADREFIN 130)	
Yhdistynyt kuningaskunta (vuoden 2005 toinen puolisko)	
Puheenjohtajavaltion tukiryhmä	*2 kokousta*
Coreper II	*6 kokousta*
"Yleisten asioiden" neuvosto	*5 kokousta*
Komission puheenjohtajan kirje	20.10.2005
Eurooppa-neuvoston kokous (Bryssel)	15.-16.12.2005
Sopu rahoituskehyksestä (Asiak. 15915/05 CADREFIN 268)	
Itävalta (vuoden 2006 ensimmäinen puolisko)	
Puheenjohtajavaltion tukiryhmä	*1 kokous*
Coreper II	*6 kokousta*
"Yleisten asioiden" neuvosto	*2 kokousta*
EP:n päätölauselma *(Asiak. 2005/2237(INI))*	18.1.2006
Kolmikantakokous (Bryssel)	*23.1.2006*
Komission puheenjohtajan kirje	1.2.2006
Tarkistettu TS-ehdotus *(KOM(2006) 31 lopullinen)*	1.2.2006
Komission valmisteluasiakirja *(KOM(2006) 75 lopullinen)*	15.2.2006
Kolmikantakokous (Bryssel)	*21.2.2006*
Kolmikantakokous (Bryssel)	*21.3.2006*
Kolmikantakokous (Strasbourg)	*4.4.2006*
Komissio hyväksyy toimielinten sopimuksen (Bryssel)	**
Neuvosto hyväksyy toimielinten sopimuksen (Bryssel** *)	15.5.2006
EP hyväksyy toimielinten sopimuksen (Strasbourg** **)	17.5.2006
Toimielinten sopimuksen allekirjoittaminen (Strasbourg)	17.5.2006

* Kertaa asialistalla, mukaan luettuina epäviralliset kokoukset
** Kirjallinen menettely
** * "A"-asiana
** ** 440 puolesta, 190 vastaan ja 14 tyhjää

Edellä kuvattu työskentelytapa vaikutti jäsenvaltioiden tapaan muodostaa positionsa, sillä toisin kuin vuoden 2002 VHA:n tapauksessa (ks. luvut 9-15) se tapahtui nyt selkeästi ulkoministeriöiden ja/tai pääministereiden kanslioiden johdolla. Siten tässä tutkimuksessa käsiteltyjä aiheita koskevat kannat muodostettiin "laajojen poliittisten näkökohtien" yhteydessä, mikä antaa mielenkiintoisen lisän johtopäätösten tekoon (ks. luku 18).

Euroopan parlamentti muodosti erityisen väliaikainen valiokunnan (nimeltään *Politiikan haasteita ja rahoitusmahdollisuuksia laajentuneessa unionissa 2007–2013 käsittelevä väliaikainen valiokunta*) puheenjohtajansa johdolla rahoitusnäkymäkeskusteluja ja -neuvotteluja vaten[56]. Neuvottelut uudesta toimielinten sopimuksesta käytiin kuitenkin EP:n budjettivaliokunnan johdolla. Lainsäädäntöehdotukset käsiteltiin normaaliin tapaan sektoraalisissa valiokunnissa.

Myös *Euroopan komissiossa* rahoitusnäkymätyö säilyi horisontaalisuutensa ja merkittävyytensä takia komission puheenjohtajan (ja toimielinten välisistä suhteista vastaavan varapuheenjohtajan) suorassa alaisuudessa, komission pääsihteeristön yhteyteen perustetun erityisryhmän muodostaessa keskeisen "esikuntatasoisen" toimijan. Toimielinten sopimusta neuvoteltaessa substanssivastuu siirtyi vahvasti budjettipääosastolle, sektoraalisten pääosastojen vastatessa luonnollisesti alaansa koskevien lainsäädäntöehdotusten valmistelusta ja hyväksymisprosesseista.

17.2 Vuoden 2006 toimielinten sopimuksen sisältö ja keskeiset uudistukset

17.2.1 Vuoden 2006 toimielinten sopimuksen keskeiset uudistukset[57]

Vuoden 2006 toukokuun 17 päivänä Strasbourgissa allekirjoitetun toimielinten sopimuksen[58] (TS) sisältö on esitetty seuraavalla sivulla Taulukossa 61.

Edellisiin toimielinten välisiin sopimuksiin verrattuna[59] on huomattava, että vuoden 2006 TS on jälleen aikaisempaa pitempi: se sisältää 3 osaa, 49 kohtaa, 4 liitettä ja 13 julistusta[60]. Toisaalta on syytä kiinnittää huomiota sopimuksen nimen muuttumiseen[61]. Tämä liittyy III osaan (nimeltään "EU:n varojen moitteeton hoito"), joka on uusi (ks. alla).

A. TS:n johdanto (1-8 kohta) sisältää kolme mainitsemisen arvoista uudistusta verrattuna vuoden 1999 TVS:een:

1) Sopimuksen 1 ja 6 kohdassa mainitaan sopimuksen uusi *III osa* (44-49 kohta), jonka ottaminen toimielinten sopimukseen oli *conditio sine qua non* Euroopan parlamentille. Neuvoston suostumus parlamentin vaatimukseen johti, paitsi sopimuksen nimen muutoksen, myös käsittelemään TS:ssa EU:n varojen moitteettoman hoidon lisäksi myös esim. rahoitusvälineitä (ks. alla). Toisaalta on huomattava, että osaan III sisältyy kohtia, joita olisi ollut luonnollisempi

---

56 Viimeisen mietintönsä neuvottelukunta omaksui toukokuussa 2005 (Böge 2005) ja viimeisen päätöslauselmansa kesäkuussa 2005 (Asiak. *P6_TA-PROV(2005)0224*). EP omaksui viimeisen neuvottelukunnan aloitteen pohjalta laaditun päätöslauselmansa 18.1.2006. Se koski Eurooppa-neuvostossa joulukuussa 2005 saavutettua sopua (Asiak. *2005/2237(INI)*).

57 Joustomuotoja koskevat uudistukset on esitetty luvussa 17.3. Vuoden 2006 TS:sta, ks. myös esim. Lefebre 2006, 445-451, Montagnon 2006, 441-444, Wilms 2006, 85-110, Saarilahti & Balsells Traver 2007, 304-309 tai Fitoussi & Le Cacheux 2007, 161-207.

58 Euroopan parlamentin, neuvoston ja komission välinen toimielinten sopimus talousarviota koskevasta kurinalaisuudesta ja moitteettomasta varainhoidosta (*Interinstitutional Agreement [of 17 May 2006] between the European Parliament, the Council and the Commission on budgetary discipline and sound financial management/ accord interinstitutionnel [du 17 mai 2006] entre le Parlement européen, le Conseil et la Commission sur la discipline budgétaire et la bonne gestion financière*; EUVL N:o C 139, 14.6.2006, 1-17).

59 Ks. luvut 6.6 (Taulukko 11), 7.5 (Taulukko 20) ja 16.3.4 (Taulukko 47).

60 Vuoden 2006 TS:een liittyvät 13 julistusta ovat: 1) komission julistus toimielinten sopimuksen toiminnan arvioinnista, 2) yhteinen julistus toimielinten sopimuksen 27 kohdasta, 3) julistus rahoituskehyksen tarkistuksesta (kaksi julistusta), 4) julistus demokraattisesta valvonnasta ja ulkoisten toimien johdonmukaisuudesta, 5) komission julistus demokraattisesta valvonnasta ja ulkoisten toimien johdonmukaisuudesta, 6) julistus varainhoitoasetuksen tarkistamisesta, 7) komission julistus varainhoitoasetuksen tarkistamisesta, 8) julistus uusista rahoitusvälineistä, 9) Euroopan parlamentin julistus tuen vapaaehtoisesta mukauttamisesta, 10) komission julistus [maatalous]tuen vapaaehtoisesta mukauttamisesta, 11) Euroopan parlamentin julistus Natura 2000:sta, 12) Euroopan parlamentin julistus yksityisestä yhteisrahoituksesta ja arvonlisäverosta kasvua ja työllisyyttä edistävän koheesion tukemiseksi ja 13) Euroopan parlamentin julistus vapauden, turvallisuuden ja oikeuden alueen rahoittamisesta. Julistukset, jotka auttavat toimielimiä pääsemään sopuun toisinaan hyvinkin vaikeista kysymyksistä, on julkaistu EUVL:ssä N:o C 139, 14.6.2006, 16-17. Tutkimuksen kannalta keskeisimpiä julistuksia käsitellään luvuissa 17.2.2-17.4. Julistuksesta 10, ks. *Budgetary aspects...* 2006.

61 Myös rahoitusnäkymät (*Financial Perspective/ perspectives financières*) muuttuvat muotoon "(monivuotinen) rahoituskehys" (*(Multiannual) Financial Framework/ cadre financier (pluriannuel)*). Samaa nimeä käytetään perustuslaillisessa sopimuksessa (*Multiannual Financial Framework/ cadre financier pluriannuel*; artikla I-55) ja käytettiin myös EU-21:n osalta vuoden 1999 TVS:ssa (ks. luku 16.3.4).

Taulukko 61. Vuoden 2006 toimielinten sopimuksen sisältö.
Table 61. Content of the IIA of 17 May 2006.
Tableau 61. Contenu de l'AII du 17 mai 2006.

Sisältö		**Kohdat**
Johdanto		**1-8**
I osa	**Rahoituskehys: Määritelmä ja täytäntöönpanomääräykset**	**9-30**
A	Rahoituskehyksen sisältö ja soveltamisala	9-15
B	Rahoituskehyksen vuosittaiset mukautukset	16-20
	Tekniset mukautukset	*16-17*
	Täytäntöönpanon edellytyksiin liittyvät mukautukset	*18*
	Vuoden 2013 jälkeisiä maksumäärärahoja koskevien ennakkoarvioiden päivittäminen	*19*
	Liiallisen julkisen talouden ylijäämään liittyvät mukautukset	*20*
C	Rahoituskehyksen tarkistus	21-23
D	Rahoituskehyksen mukauttamista tai tarkistamista koskevan yhteisen päätöksen tekemättä jättämisen seuraukset	24
E	Hätätapuvaraus	25
F	Euroopan unionin solidaarisuusrahasto	26
G	Joustoväline	27
H	Globalisaatioon mukautumista tukeva eurooppalainen rahasto	28
I	Rahoituskehyksen mukauttaminen laajentumisen edellyttämällä tavalla	29
J	Rahoituskehyksen voimassaolo ja seuraukset rahoituskehyksen puuttumisesta	30
II osa	**Toimielinten välisen yhteistyön parantaminen talousarviomenettelyn aikana**	**31-43**
A	Toimielinten välinen yhteistyömenettely	31
B	Talousarvion laatiminen	32-33
C	Menojen luokittelu	34-35
D	Ei-pakollisten menojen suurin sallittu korottaminen, jos rahoituskehys puuttuu	36
E	Varainhoitoa koskevien säännösten sisällyttäminen säädöksiin	37-40
F	Kalastussopimuksiin liittyvät menot	41
G	Yhteisen ulko- ja turvallisuuspolitiikan (YUTP) rahoittaminen	42-43
III osa	**EU:n varojen moitteeton hoito**	**44-49**
A	Yhteisön varojen tehokkaan ja yhdennetyn sisäisen valvonnan varmistaminen	44
B	Varainhoitoasetus	45
C	Rahoitussuunnitelmat	46
D	Virastot ja Eurooppa-koulut	47
E	Rakennerahastojen, koheesiorahaston, maaseudun kehittämisrahaston ja Euroopan kalastusrahaston mukauttaminen niiden käyttöedellytyksiin	48
F	Uudet rahoitusvälineet	49
Liite I	**Rahoituskehys 2007-2013**	
Liite II	**Toimielinten välinen yhteistyö talousarviota koskevissa asioissa**	
Liite III	**Menojen luokittelu**	
Liite IV	**Kalastussopimuksista johtuvien menojen rahoittaminen**	
Julistukset (13 kpl)		

käsitellä TS:n osassa I, kuten kysymystä rakennerahastojen jne. määrärahojen mukauttamista käyttöedellytyksiin (kohta 48),

2) TS:n 4 kohdassa varaudutaan epäsuorasti – jälleen EP:n vaatimuksesta – EU:n perustuslaillisen sopimuksen mahdolliseen voimaantuloon (ks. alla) ja

3) TS:n 8 kohdassa sovitaan siitä, että uusi toimielinten sopimus tulee voimaan 1.1.2007[62] ja korvaa samalla vuoden 1999 TVS:n. Lisäksi TS:een sisällytetään vuoden 1999 TVS:n täydennys, joka koskee Euroopan solidaarisuusrahastoa ja josta sovittiin vuonna 2002 (26 kohta; ks. alla).

B. Ellei oteta lukuun eri joustomuotojen uudistuksia, joita käsitellään erikseen luvussa 17.3, TS:n *I osa* ("Rahoituskehys", 9-30 kohta) sisältää useiden "teknisluonteisten" päivitysten lisäksi vain *yhden* muutoksen, joka koskee vuoden 1999 TVS:n I osan 12 kohdan muotoilua[63].

Vuoden 1999 TVS:n 12 kohdan ensimmäinen alakohdan mukaan: "Budjettivallan käyttäjät sopivat hyväksyvänsä vuosien 2000-2006 rahoitusnäkymien ajaksi sellaiset ei-pakollisten menojen enimmäislisäykset, jotka perustuvat rahoitusnäkymien ylärajojen puitteissa laadittuihin talousarvioihin".

Vuoden 2006 TS:n 13 kohdan ensimmäisessä alakohdassa asia ilmaistaan uudella tavalla seuraavasti: "Tekemällä tämän sopimuksen budjettivallan käyttäjät hyväksyvät rahoituskehyk-

62 Aikaisempien vuosien tapaan toimielimet ryhtyivät kuitenkin soveltamaan uutta toimielinten sopimusta heti sen allekirjoittamisen jälkeen. Tämä on tietenkin luonnollista vuoden 2007 yleisen talousarvion hyväksymiseen tähtäävän prosessin aikana (ks. Saarilahti & Balsells Traver 2007, alaviite 2).

63 Vuoden 1988 TVS:n IV osan 15 kohta ja vuoden 1993 TVS:n III osan 17 kohta.

sen koko voimassaoloajaksi sellaiset ei-pakollisten menojen lisäykset, jotka perustuvat rahoituskehyksessä vahvistettujen ylärajojen puitteissa laadittuihin talousarvioihin".

Kohdan uudella sanamuodolla EP halusi estää sen, että neuvosto, vetoamalla SEY:n 272 artiklan 9 kohtaan ja sen mukaiseen ei-pakollisten menojen korotuksen enimmäismäärään (KEM; ks. luku 6.5 ja Liite XIII), voisi kiistää parlamentin toisen käsittelyn lopputuloksen[64]. Kyseessä oli EP:n toinen *conditio sine qua non* uuden TS:n allekirjoittamiselle (ks. esim. Sousa Pinto 2006, 6).

C. Vuoden 2006 TS:n II osa ("Toimielinten välisen yhteistyön parantaminen talousarviomenettelyn aikana", 31-43 kohta) sisältää pieniä tarkennuksia ja lisäyksiä edelliseen TVS:een verrattuna (vrt. myös uutta TVS:n liitettä II käsittelevä kohta, luku 17.2.2):

1) TS:n uuden 32 kohdan mukaan komission on otettava huomioon alustavaa talousarvioesitystä tehdessään myös "jäsenvaltioiden toimittamat rakennerahastoja koskevat ennusteet[65]" (a) -kohta). Kohdassa myös mainitaan uudet VHA:n 27 artiklan 3 kohdassa ja 33 artiklan 2 kohdan d alakohdassa tarkoitetut indikaattorit ja toimintoselvitykset (*Activity statement/ fiche d'activité*; ks. luku 11.10),

2) TS:n 33 kohdassa korostetaan talousarvion toteuttamismahdollisuuksien (*Possibilities for implementing the budget/ possiblités d'exécution du budget*) huomioon ottamista. Tässä yhteydessä mainitaan komission vuoden 2003 talousarvioprosessin yhteydessä käyttöön ottama niin kutsuttu toteutettavuuskirje[66] (*Executability letter/ lettre d'exécutabilité*), jossa pyritään arvioimaan EP:n ensimmäisessä käsittelyssä tekemien tarkistusten ja muutosehdotusten vaikutuksia,

3) TS:n yhteisen ulko- ja turvallisuuspolitiikan rahoittamista koskeviin 42 ja 43 kohtiin sisältyy merkittäviä muutoksia verrattuna vuoden 1999 TVS:n 39 ja 40 kohtiin:

Ensinnäkin 42 kohdassa säädetään YUTP:aa varten käytettävissä olevista varoista seuraavasti: "Toimielimet ovat yhtä mieltä siitä, että YUTP:tä varten on käytettävissä jaksolla 2007-2013 vähintään 1 740 miljoonaa euroa"[67]. *Ehdotettu* luvun *19 03* (*Yhteinen ulko- ja turvalli-*

---

64 Tähän liittyen EP hyväksyi vuoden 2007 talousarvioesityksen toisen käsittelyn yhteydessä 14.12.2006 varmemmaksi vakuudeksi seuraavan julkilausuman (nimeltään "*Euroopan parlamentin julkilausuma maksuja koskevasta budjettikurista*"): "Euroopan parlamentti muistuttaa, että vuoden 2006 toukokuun 17 päivänä tehdyn toimielinten sopimuksen 12 ja 13 kohdassa määrätään, että jokainen monivuotisessa rahoituskehyksessä ilmoitettu absoluuttinen määrä on yleisen talousarvion menojen yläraja kyseisen vuoden osalta.
Vuosia 2007-2013 koskevassa rahoituskehyksessä olevien, vuotuisten enimmäismäärien noudattaminen merkitsee siis, että ei-pakollisten menojen korotuksen enimmäismäärä vuotuisessa talousarviossa on automaattisesti hyväksytty (*acceptation d'office)*.
Ellei toimielinten sopimuksen 12 ja 13 kohtaa noudateta, Euroopan parlamentti tulkitsee sen sopimuksen rikkomiseksi. Budjettikurin toteuttamiseksi Euroopan parlamentti on sitoutunut noudattamaan toimielinten sopimuksen 12 ja 13 kohdan määräyksiä koko rahoituskehyskauden".
Neuvoston pysyvänä kantana on ollut, ettei toimielinten sopimus voi muuttaa perustamissopimuksessa määrättyjä menettelytapoja, unohtamatta kuitenkaan toimielinten välisen "vilpittömän yhteistyön" *(Sincere cooperation/ coopération loyale)* vaatimuksia.

65 Neuvosto ei hyväksynyt komission alun perin esittämää määrettä "tarkat [*Accurate/ précis*] ennusteet".

66 Vuoden 2006 TS:n 33 kohdan mukaan: "Toimielimet välttävät mahdollisuuksien mukaan ottamasta talousarvioon vähäisiä toiminnasta aiheutuvia menoeriä.
Budjettivallan käyttäjät sitoutuvat myös ottamaan huomioon talousarvion toteuttamismahdollisuuksien arvioinnin, jonka komissio suorittaa talousarvioesitystensä ja meneillään olevan talousarvion toteuttamisen yhteydessä.
Ennen talousarvioesityksen toista käsittelyä neuvostossa komissio lähettää Euroopan parlamentin budjettivaliokunnan puheenjohtajalle kirjeen, joka sisältää komission huomautukset Euroopan parlamentin ensimmäisessä käsittelyssä talousarvioesitykseen hyväksyttyjen tarkistusten toteutettavuudesta, sekä toiselle budjettivallan käyttäjälle kirjeen jäljennöksen. Budjettivallan käyttäjät ottavat nämä huomautukset huomioon liitteessä II olevassa C osassa määrätyn neuvottelumenettelyn yhteydessä".

67 Sen sijaan yleiseen talousarvioon vuosittain otettavien menojen määrästä sovitaan edelleen (vuoden 1999 TVS:n 39 kohdan ensimmäisen alakohdan periaatteiden mukaisesti) seuraavasti: "Euroopan yhteisöjen yleiseen talousarvioon Euroopan unionista tehdyn sopimuksen 28 artiklan mukaisesti otettujen YUTP:n menojen osalta toimielimet pyrkivät liitteessä II olevassa C osassa määrätyn neuvottelumenettelyn avulla ja komission laatiman alustavan talousarvioesityksen pohjalta pääsemään vuosittain sopimukseen yhteisöjen talousarvioon menoina otettavien YUTP:n toimintamenojen määrästä sekä tämän summan osoittamisesta YUTP:tä koskevan talousarvion luvun eri momenteille tämän kohdan neljännessä alakohdassa ehdotetulla tavalla. Jollei sopimusta tehdä, katsotaan, että Euroopan parlamentti ja neuvosto ottavat talousarvioon edellisessä talousarviossa otetun määrän tai, jos tämä on pienempi, alustavassa talousarvioesityksessä ehdotetun määrän" (TS:n 42 kohdan ensimmäinen alakohta).

suuspolitiikka) talousarvionimikkeistö on hieman erilainen kuin edellisen TVS:n aikana[68].

TS:n 43 kohdassa säädellään puolestaan YUTP:aa koskevasta informaatiosta aikaisempaa yksityiskohtaisemmin. Kohdassa myös otetaan huomioon sen EP:n ja neuvoston yhteisen lausuman sisältö[69], joka hyväksyttiin 30.11.2005 järjestetyssä kolmikantakokouksessa (jolloin EP ja neuvosto pääsivät yhteisymmärrykseen vuoden 2006 yleisestä talousarviosta; ks. Saarilahti & Balsells Traver 2006c, 543). Neuvoston puheenjohtajan tuleekin vastedes kuulla Euroopan parlamenttia vuosittain erityisen neuvoston laatiman "ennakoivan asiakirjan" (*Forward-looking document/ document prévisionnel*) pohjalta, jossa "käsitellään YUTP:n tärkeimpiä näkökohtia ja perusvalintoja sekä niiden Euroopan unionin yleiseen talousarvioon aiheuttamia taloudellisia vaikutuksia ja arvioidaan vuonna n-1 aloitettuja toimenpiteitä".

4) Euroopan parlamentti pyrki myös laajentamaan YUTP:n menoihin liittyvät vuoden 2006 TS:n 42 ja 43 kohdan mukaiset menettelyt vapauden, turvallisuuden ja oikeuden alueen (eli oikeus- ja sisäasioita koskeviin) menoihin. Sillä neuvosto ei hyväksynyt parlamentin vaatimuksia, EP liitti asiaa käsittelevän julistuksen vuoden 2006 TS:een[70] tehden samalla selväksi, että parlamentti tulee palaamaan asiaan rahoituskehyksen uudelleentarkastelun yhteydessä (ks. luku 17.2.3).

D) Kuten yllä on esitetty, vuoden 2006 TS:een sisällytettiin Euroopan parlamentin painokkaasta vaatimuksesta[71] III osa, nimeltään "EU:n varojen moitteeton hoito". Uusi osa koostuu seuraavista kuudesta kohdasta:

1) TS:n 44 kohdassa käsitellään EU:n varojen "tehokkaan ja yhdennetyn sisäisen valvonnan varmistamista"[72],

---

68 TS:n 42 kohdan neljännessä alakohdassa esitetty nimikkeistö (luvun *19 03* momentit) on seuraavanlainen: 1) kriisinhallintaoperaatiot, konfliktien ehkäisy ja ratkaiseminen ja konfliktin jälkeinen vakauttaminen sekä rauhanprosessien ja turvallisuuskehityksen seuranta ja täytäntöönpano, 2) asesulku ja aseistariisunta, 3) kiireelliset toimenpiteet, 4) valmistelu- ja seurantatoimenpiteet ja 5) Euroopan unionin erityisedustajat. Kyseessä on vain "esitys", kuten vuoden 2007 talousarvioprosessi osoittaa (ks. Saarilahti & Balsells Traver 2007, 312-320).
Kiireellisille toimenpiteille voidaan varata enintään viidesosa luvun *19 03* määrärahoista.

69 Julistuksessa sovittiin erityisistä neuvottelukokouksista, joissa "neuvoston puheenjohtaja antaa Euroopan parlamentille tietoja (...) YUTP:stä käytävän säännöllisen poliittisen vuoropuhelun puitteissa". TS:n 43 kohdan mukaisesti kokouksia tulee järjestää vähintään *viidesti* vuodessa ja niiden "ajankohdasta on sovittava viimeistään ennen neuvoston toista käsittelyä järjestettävässä neuvottelukokouksessa". Kokouksiin osallistujat määritettiin myös tarkasti.

70 TS:een liitetyn EP:n julistuksen nro 13 mukaan: "Euroopan parlamentti katsoo, että komission olisi alustavaa talousarvioesitystä esittäessään annettava tarkka arvio vapauden, turvallisuuden ja oikeuden aluetta varten suunnitelluista toimista ja että näiden toimien rahoittamisesta olisi keskusteltava toimielinten sopimuksen liitteessä II määrättyjen menettelyjen puitteissa". Toimista ja niiden rahoittamisesta keskusteltiin ensimmäisen kerran 10.7.2006 pidetyssä kolmikantakokouksessa Helsingissä (ks. Saarilahti & Balsells Traver 2007, 313).

71 EP:n ajatuksia tuki omalta osaltaan komission puheenjohtaja kirjeessään EP:n puhemiehelle ja neuvoston puheenjohtajalle 1.2.2006 (ks. Taulukko 60). Kirje, jossa "kommentoidaan tiettyjä seikkoja, jotka eivät sisälly toimielinten sopimusta koskevaan ehdotukseen, mutta joilla on merkitystä tulevissa neuvotteluissa" (*KOM(2006) 75 lopullinen*, 2), saattoi komission tarkistettua TS-ehdotusta (*KOM(2006) 36 lopullinen*). Komission tarkensi ajatuksiaan valmisteluasiakirjassa, jonka se hyväksyi 15.2.2006 (*KOM(2006) 75 lopullinen*).

72 Vuoden 2006 TS:n 44 kohdan mukaan: "Toimielimet ovat yhtä mieltä siitä, että on tarpeen tehostaa sisäistä valvontaa hallinnollista taakkaa lisäämättä, mikä edellyttää peruslainsäädännön yksinkertaistamista. Tässä yhteydessä ensisijaiseksi asetetaan moitteeton varainhoito, jolla pyritään myönteisen tarkastuslausuman saamiseen jäsenvaltioiden kanssa yhteistyössä hallinnoitavien varojen osalta. Asiaankuuluvissa perussäädöksissä voidaan tarvittaessa antaa tätä varten säännöksiä. Osana rakennerahastoja koskevaa lisävastuutaan jäsenvaltioiden asianomaiset tarkastusviranomaiset laativat kansallisia perustuslaillisia vaatimuksia noudattaen arvioinnin siitä, missä määrin hallinnointi- ja valvontajärjestelmät ovat yhteisön lainsäädännön mukaisia.Sen vuoksi jäsenvaltiot sitoutuvat laatimaan asianmukaisella kansallisella tasolla vuotuisen yhteenvedon saatavilla olevista tarkastuksista ja ilmoituksista".
Seitsemän maan valtuuskunnat antoivat seuraavan kohtaa koskevan lausuman neuvoston pöytäkirjaan: "Espanjan, Belgian, Ranskan, Saksan, Kreikan, Italian ja Liettuan valtuuskunnat katsovat, että toimielinten sopimuksen III osan 44 kohdassa tarkoitetut perussäädökset ovat eri politiikanalojen yksittäisiä asetuksia, joiden varoja hallinnoidaan yhteistyössä ja joihin sisältyy säännöksiä kulloistenkin varojen moitteettoman hoidon varmistamiseksi. Valtuuskunnat katsovat myös, että tämän kohdan sisällön perusteella jäsenvaltioille ei aseteta kyseisissä asetuksissa asetetuista velvollisuuksista poikkeavia velvollisuuksia. Nämä valtuuskunnat katsovat myös, että tällä kohdalla ei muuteta perustamissopimuksen 274 artiklassa vahvistettua komission täyttä vastuuta yhteisön talousarvion toteuttamisesta eikä perustamissopimuksen 276 artiklan määräyksiä, joiden mukaan ainoastaan komission on tultava Euroopan parlamentin kuultavaksi menojen käytöstä tai varainkäytön valvonnan järjestelmien toiminnasta". Kohta oli siten erityisen kiistanalainen toimielinten sopimusta koskevien neuvottelujen aikana ja sillä oli heijastusvaikutuksia niin vuoden 2007 (ks. Saarilahti & Balsells Traver 2007, 302-328) ja vuoden 2008 talousarvioprosessiin (ks. Saarilahti 2008a, 175-193) kuin vuoden 2002 varainhoitoasetuksen ensimmäiseen muutokseen vuonna 2006 (ks. Saarilahti & Krašovec 2008). TS:n 44 kohta ja lausuma korostavat myös erityisen hyvin niitä ongelmia, jotka liittyvät tilintarkastustuomioistuimen mahdollisuuksiin antaa varaukseton tarkastuslausuma ("*Non qualified DAS/ DAS non qualifiée*") – eli EU:n kielenkäytössä

2) 45 kohta käsittelee yleiseen talousarvioon sovellettavaa varainhoitoasetusta. Sen mukaan "(t)oimielimet ovat yhtä mieltä siitä, että tämä sopimus pannaan täytäntöön ja talousarvio toteutetaan noudattaen moitteetonta varainhoitoa, joka perustuu taloudellisuuden, tehokkuuden, vaikuttavuuden, taloudellisten etujen suojaamisen, hallinnollisten kustannusten oikeasuhteisuuden ja menettelyjen helppokäyttöisyyden periaatteisiin. Toimielimet toteuttavat asianmukaiset toimenpiteet erityisesti varainhoitoasetuksessa" [73].

Budjettitoimielimet myös vahvistavat, että VHA hyväksytään Euroopan parlamentin, neuvoston ja komission yhteisellä julistuksella 4 päivänä maaliskuuta 1975 vahvistetun neuvottelumenettelyn mukaisesti (ks. luku 10.1 ja Liite VI),

3) 46 kohta käsittelee "rahoitussuunnitelmia". Kohtaa käsitellään alla joustomuotojen tarkastelun yhteydessä luvussa 17.3.2.8,

4) 47 kohta käsittelee EU:n virastoja[74] ja Eurooppa-kouluja. Kohdan mukaan:

"Laatiessaan ehdotusta uuden viraston perustamiseksi komissio arvioi kyseiseen meno-otsakkeeseen kohdistuvia talousarviovaikutuksia. Näiden tietojen perusteella ja rajoittamatta kyseisen viraston perustamiseen sovellettavia lainsäädännöllisiä menettelyjä budjettivallan käyttäjät sitoutuvat budjettiyhteistyön nimissä pääsemään hyvissä ajoin sopimukseen kyseisen viraston rahoituksesta.

Vastaavaa menettelyä sovelletaan suunniteltaessa uuden Eurooppa-koulun perustamista"[75],

5) 48 kohtaa, nimeltään "Rakennerahastojen, koheesiorahaston, maaseudun kehittämisrahaston ja Euroopan kalastusrahaston mukauttaminen niiden käyttöedellytyksiin", käsitellään luvussa 17.3.2.3 ja

6) 49 kohta käsittelee "uusia rahoitusvälineitä". Kohtaan liittyy myös EP:n ja neuvoston julistus nro 8.

E. Lopuksi on huomattava, että TS ei enää sisällä eräitä vuoden 1999 TVS:n *oikeusperustoja (Legal bases/ bases légales)*, valmistelutoimia, pilottihankkeita tai komission erityistoimivaltaa koskevia kohtia[76], sillä niistä säädetään vuodesta 2002 VHA:ssa (49 artikla) ja VSS:ssä (31-33 artikla; ks. luku 17.2.2). Toisaalta sopimuksessa ei enää mainita *maataloutta koskevaa ohjetta*[77] (*Agricultural guideline/ ligne directrice agricole*), sillä maatalousmenojen kehityksestä säädetään (vuoteen 2013) rahoitusnäkymissä[78]. Samalla maatalousmenot ovat komission mukaan "muuttuneet entistä ennustettavammiksi, kun pääpaino on siirtynyt markkinatoimenpi-

"positiivinen tarkastuslausuma" ("*Positive DAS/ DAS positive*") – tilien luotettavuudesta sekä tilien perustana olevien toimien laillisuudesta ja asianmukaisuudesta (ks. esim. Van Craeyenest & Saarilahti 2004, 107 kohta).

73 Vuoden 2002 VHA:n ja sen soveltamissääntöjen tarkistamista vuonna 2006 käsitellään TS:een liittyvässä julistuksessa nro 6 seuraavasti: "Toimielimet sitoutuvat varainhoitoasetuksen tarkistuksen yhteydessä parantamaan talousarvion toteuttamista ja lisäämään yhteisön rahoituksen näkyvyyttä ja kansalaisten siitä saamaa hyötyä asettamatta kuitenkaan kyseenalaiseksi varainhoitoasetuksen uudelleenlaatimisessa vuonna 2002 saavutettua edistystä. Ne pyrkivät myös mahdollisuuksien mukaan varainhoitoasetuksen ja sen soveltamissääntöjen tarkistamista koskevien neuvottelujen loppuvaiheessa saavuttamaan oikean tasapainon taloudellisten etujen suojaamisen ja hallinnollisia kustannuksia koskevan suhteellisuusperiaatteen sekä käyttäjäystävällisten menettelyjen välillä.
Varainhoitoasetuksen tarkistus tehdään komission muutetun ehdotuksen perusteella Euroopan parlamentin, neuvoston ja komission yhteisellä julistuksella 4 päivänä maaliskuuta 1975 vahvistetun neuvottelumenettelyn mukaisesti, samassa hengessä, jonka ansiosta vuonna 2002 päästiin sopimukseen. Toimielimet pyrkivät myös tiiviiseen ja rakentavaan toimielinten väliseen yhteistyöhön, jotta soveltamissäännöt voidaan hyväksyä ripeästi rahoitusmenettelyjen yksinkertaistamiseksi ja huolehtia samalla yhteisön taloudellisten etujen korkeatasoisesta suojaamisesta.Euroopan parlamentti ja neuvosto ovat vakaasti sitoutuneet viemään varainhoitoasetusta koskevat neuvottelut päätökseen, niin että se voi, jos mahdollista, tulla voimaan 1 päivänä tammikuuta 2007".
Vuoden 2002 VHA:n ensimmäistä muutosta käsitellään tarkemmin artikkelissa Saarilahti & Krašovec 2008.

74 Euroopan parlamentti tulkitsee käsitettä "virasto" laajasti kuten vuoden 2008 talousarvioprosessi osoittaa, jolloin TS:n 47 kohtaa sovellettiin muun muassa niin kutsuttuihin yhteisiin yrityksiin (*Joint enterprise/ entreprise commune*) sekä Euroopan innovaatio- ja teknologiainstituuttiin (ks. Saarilahti 2008a, 175-193).

75 Komissio toimitti ensimmäiset TS:n 47 kohdan mukaiset arvionsa heinäkuussa 2006. Ne koskivat Euroopan perusoikeusvirastoa, kemikaalivirastoa ja tasa-arvoinstituuttia. Budjettitoimielimet keskustelivat komission arvioista ensimmäistä kertaa kolmikantakokouksessa 18.10.2006 (ks. Saarilahti & Balsells Traver 2007, alaviite 34).

76 Vuoden 1999 TVS:n II osan 36 kohta ja Liite V.

77 Ohjeesta säädetään neuvoston budjettikuria koskevassa päätöksessä (EYVL N:o L 244, 29.9.2000, 27-32). Komissio esitti 9.8.2006 neuvoston päätöksen kumoamista "tarpeettomana" (*KOM(2006) 448 lopullinen*). Neuvosto kumosi päätöksen taannehtivasti vasta 22.10.2007 vuoden 2007 alusta alkaen (EUVL N:o L 282, 26.10.2007, 3-4).

78 EU:n maatalousmenojen kurinalaisuutta koskevat säännökset sisältyvät lisäksi neuvoston 21.6.2005 antamaan asetukseen (EY) N:o 1290/2005 yhteisen maatalouspolitiikan rahoituksesta (ks. erit. 18-20 artikla; EUVL N:o L 209, 11.8.2005, 1-25).

teistä maanviljelijöille annettavaan suoraan tukeen ja maatalouden kehittämistoimenpiteisiin" (*KOM(2004) 498 lopullinen*, 4).

17.2.2 *Vuoden 2006 toimielinten sopimuksen liitteet*

Vuoden 2006 TS sisältää neljä liitettä:

1) *Liite I*, joka on esitetty Taulukossa 62 seuraavalla sivulla, sisältää vuosia 2007–2013 koskevan rahoituskehyksen. Kehyksen sisältöä tarkastellaan luvussa 17.3.2[79],

2) *Liite II* sisältää kohtia, jotka liittyvät toimielinten välistä yhteistyötä talousarvioasioissa koskeviin asioihin. Liite sisältää kolme suurempaa muutosta[80] verrattuna samaa asiaa käsittelevään liitteeseen III vuoden 1999 TVS:ssa:

- Euroopan parlamentin ensimmäistä käsittelyä edeltävän kolmikantakokouksen koolle kutsumisesta täytyy tehdä erillinen pyyntö[81], kun taas vuoden 1999 TVS:n Liitteen III B osan 5 kohdan mukaan kokous oli automaattinen;
- valmistelutoimien ja pilottihankkeiden käsittelystä annetaan aikaisempaa tarkemmat säännöt[82];
- valmistelutoimien ja pilottihankkeiden enimmäismäärille määritellään uudet katot[83]. Samalla muut toimia ja hankkeita koskevat yksityiskohdat on jätetty pois, sillä niistä säädellään vuoden 2002 varainhoitoasetuksen 49 artiklan 2 kohdassa[84],

3) *Liite III* sisältää (samoin kuin vuoden 1999 TVS:n Liite IV) EU:n menojen luokittelun[85].

---

79 On huomattava, että EP sai korotettua joulukuussa 2005 Brysselin Eurooppa-neuvoston sopiman rahoituskehyksen loppusumman kolmikantakokouksessa Strasbourgissa 4.4.2006 saavutetun sovun mukaisesti bruttomääräisesti yhteensä neljällä miljardilla eurolla (vuoden 2004 hinnoin). Luku sisältää alaotsakkeen *1a* (*Kasvua ja työllisyyttä edistävä kilpailukyky*) enimmäismäärän korotuksen 2 100 miljoonalla eurolla, alaotsakkeen *1b* (*Kasvua ja työllisyyttä edistävä koheesio*) korotuksen 300 miljoonalla eurolla, otsakkeen *2* (*Luonnonvarojen suojelu ja hallinta*) korotuksen 100 miljoonalla eurolla, alaotsakkeen *3b* (*Kansalaisuus*) korotuksen 500 miljoonalla eurolla ja otsakkeen *4* (*EU maailmanlaajuisena toimijana*) korotuksen 1 000 miljoonalla eurolla. EP oli esittänyt yli 12 miljardin euron korotusta (ks. Böge 2007, 6-8). On kuitenkin muistettava, että samaan aikaan hätäapuvaraus siirrettiin rahoituskehyksen ulkopuolella (-1 547 miljoonaa euroa) ja otsakkeen *5* (*Hallinto*) enimmäismäärää "alennettiin" 500 miljoonalla eurolla poistamalla henkilöstön eläkejärjestelmään suorittamat maksut Taulukon 62 alaviitteen 1 mukaisesti. Siten nettomääräisesti EP:n saavuttama korotus on noin kaksi miljardia euroa (vrt. *Green light*... 2006, kohta "*Where does the extra money come from?*"). On samalla myös muistettava EIP:n lainanantomahdollisuuksien vahvistaminen yhteensä 2,5 miljardilla eurolla.

80 TS:n Liite II ei sen sijaan sisällä komission esittämää ajatusta "kolmikantaisesta vuoropuhelusta", joka käytäisiin ennen ATAE:n esittämistä ja jossa muun muassa arvioitaisiin mahdolliset rahoituskehyksen tarkistustarpeet (ks. luku 17.3.1).

81 TS:n Liitteen II C osan 4 kohdan mukaan: "Ennen Euroopan parlamentin ensimmäistä käsittelyä voidaan tarvittaessa pitää uusi kolmikantakokous komission kirjallisesta ehdotuksesta tai joko Euroopan parlamentin budjettivaliokunnan puheenjohtajan tai budjettineuvoston puheenjohtajan kirjallisesta pyynnöstä. Toimielimet päättävät yhteisesti kolmikantakokouksen pitämisestä sen jälkeen kun talousarvioesitys on hyväksytty neuvostossa ja ennen kuin Euroopan parlamentin budjettivaliokunta on äänestänyt ensimmäisessä käsittelyssä tehtävistä tarkistuksista".

82 TS:n Liitteen II D osan ensimmäisen kohdan mukaan: "Jotta komissio voi arvioida hyvissä ajoin sellaisten budjettivallan käyttäjän suunnittelemien tarkistusten toteutettavuutta, joilla luodaan uusia tai jatketaan entisiä valmistelutoimia tai pilottihankkeita, budjettivallan käyttäjät ilmoittavat komissiolle aikeistaan tältä osin kesäkuun puoliväliin mennessä; näin asiasta voidaan keskustella alustavasti jo neuvottelukokouksessa neuvoston ensimmäisen käsittelyn yhteydessä. Noudatetaan myös C osassa määrätyn neuvottelumenettelyn seuraavia vaiheita sekä tämän sopimuksen 36 kohdan määräyksiä tarkistusten toteutettavuudesta".
EP, neuvosto ja komissio tarkastelivat tämän mukaisesti vuoden 2007 toimia ja hankkeita ensimmäisen kerran kolmikantakokouksessa Helsingissä 10.7.2006 ja talousarvioneuvottelukokouksessa Brysselissä 14.7.2006 (ks. Saarilahti & Balsells Traver 2007, 312-313).

83 TS:n Liitteen II D osan toisen kohdan mukaan: "Toimielimet sopivat lisäksi pilottihankkeille myönnettävien määrärahojen kokonaismäärän rajoittamisesta 40 miljoonaan euroon varainhoitovuoden aikana. Ne sopivat myös uusille valmistelutoimille myönnettävien määrärahojen kokonaismäärän rajoittamisesta 50 miljoonaan euroon varainhoitovuoden aikana sekä valmistelutoimien toteuttamiseen tosiasiallisesti sidottujen määrärahojen kokonaismäärän rajoittamisesta 100 miljoonaan euroon".

84 Samalla tavalla vuoden 1999 TVS:n Liite IV poistettiin, sillä kysymystä komission erityistoimivallasta käsitellään vuodesta 2002 VSS:n 33 artiklassa.

85 Luokittelusta säädetään TS:n 34-35 kohdassa ja 33 kohdan sanamuoto muutettiin vastaaman paremmin perustamissopimuksen sanamuotoa ("Toimielimet katsovat, että pakollisia menoja ovat menot, jotka välttämättä johtuvat perussopimuksista tai niiden nojalla annetuista säädöksistä", vrt. SEY:n 272 artiklan 9 kohta). Vuoden 1999 TVS:ssa vastaava kohta 30 kuului: "Toimielimet katsovat, että pakollisia menoja ovat menot, jotka budjettivallan käyttäjän on otettava talousarvioon perussopimuksista tai niiden nojalla annetuista säädöksistä johtuvan oikeudellisen sitoumuksen täyttämiseksi".

Taulukko 62. Vuosia 2007–2013 koskeva rahoituskehys (EU-27, maksusitoumuksiin käytettävät määrärahat, miljoonaa euroa vuoden 2004 hintoina) (Lähde: EUVL N:o C 139, 14.6.2006, 10).
Table 62. The Financial Framework 2007–2013 (EU-27, appropriations for commitments, million euros at 2004 prices) (Source: OJEU No C 139, 14.6.2006, p. 10).
Tableau 62. Le cadre financier pour 2007–2013 (UE-27, crédits pour engagements, millions d'euros, prix de 2004).

Rahoituskehys 2007-2013 (miljoonaa euroa vuoden 2004 hintoina)
Financial framework 2007-2013 (million euros in 2004 prices)

Maksusitoumuksiin käytettävät määrärahat ***Appropriations for commitments***	**2007**	**2008**	**2009**	**2010**	**2011**	**2012**	**2013**	**Yht./ *Total* 2007-2013**
1. Kestävä kasvu ***Sustainable Growth***	**51 267**	**52 415**	**53 616**	**54 294**	**55 368**	**56 876**	**58 303**	**382 139**
1a Kasvua ja työllisyyttä edistävä kilpailukyky *Competitiveness for Growth and Employment*	8 404	9 097	9 754	10 434	11 295	12 153	12 961	74 098
1b Kasvua ja työllisyyttä edistävä koheesio *Cohesion for Growth and Employment*	42 863	43 318	43 862	43 860	44 073	44 723	45 342	308 041
2. Luonnonvarojen suojelu ja hallinta ***Preservation and Management of Natural Resources***	**54 985**	**54 322**	**53 666**	**53 035**	**52 400**	**51 775**	**51 161**	**371 344**
josta: markkinoihin liittyvät menot ja suorat tuet *of which: market related expenditure and direct payments*	43 120	42 697	42 279	41 864	41 453	41 047	40 645	293 105
3. Kansalaisuus, vapaus, turvallisuus ja oikeus ***Citizenship, freedom, security and justice***	**1 199**	**1 258**	**1 380**	**1 503**	**1 645**	**1 797**	**1 988**	**10 770**
3a Vapaus, turvallisuus ja oikeus *Freedom, Security and Justice*	600	690	790	910	1 050	1 200	1 390	6 630
3b Kansalaisuus *Citizenship*	599	568	590	593	595	597	598	4 140
4. EU maailmanlaajuisena toimijana ***EU as a global player***	**6 199**	**6 469**	**6 739**	**7 009**	**7 339**	**7 679**	**8 029**	**49 463**
5. Hallinto1 ***Administration1***	**6 633**	**6 818**	**6 973**	**7 111**	**7 255**	**7 400**	**7 610**	**49 800**
6. Korvaukset ***Compensations***	**419**	**191**	**190**					**800**
Maksusitoumuksiin käytettävät määrärahat yhteensä ***Total appropriations for commitments***	**120 702**	**121 473**	**122 564**	**122 952**	**124 007**	**125 527**	**127 091**	**864 316**
prosentteina BKTL:sta *as a percentage of GNI*	1,10%	1,08%	1,07%	1,04%	1,03%	1,02%	1,01%	1,048%
Maksumääräyksiin käytettävät määrärahat yhteensä ***Total appropriations for payments***	**116 650**	**119 620**	**111 990**	**118 280**	**115 860**	**119 410**	**118 970**	**820 780**
prosentteina BKTL:sta *as a percentage of GNI*	1,06%	1,06%	0,97%	1,00%	0,96%	0,97%	0,94%	1,00%
Käytettävissä oleva liikkumavara *Margin available*	0,18%	0,18%	0,27%	0,24%	0,28%	0,27%	0,30%	0,24%
Omien varojen enimmäismäärä prosentteina BKTL:sta Own Resources Ceiling as a percentage of GNI	1,24%	1,24%	1,24%	1,24%	1,24%	1,24%	1,24%	1,24%

1 Tämän otsakkeen enimmäismääriin sisältyvistä eläkemenoista on vähennetty henkilöstön eläkejärjestelmään suorittamat maksut, joiden enimmäismäärä jaksolla 2007-2013 on 500 miljoonaa euroa vuoden 2004 hintoina.
The expenditure on pensions included under the ceiling for this heading is calculated net of the staff contributions to the relevant scheme, wihin the limit of EUR 500 million at 2004 prices for the period 2007-2013.

EP:n, neuvoston ja komission sopima luokittelu on esitetty Taulukossa 63 seuraavalla sivulla.

Ainoa muutos vuoden 1999 TVS:een verrattuna on, että EP:n vaatimuksesta kalastussopimusten osalta määriteltiin eksplisiittisesti, että vain EU:n ja kolmansien maiden kanssa *tehtyihin* (eli allekirjoitettuihin, ei neuvottelujen alla oleviin) sopimuksiin liittyvät menot ovat pakollisia menoja[86]. Samalla on kuitenkin huomattava, että kalastussopimuksista johtuvien menojen rahoittamista käsittelevän vuoden 2006 TS:n Liitteen IV A osan toisessa alakohdassa todetaan, että "rahamäärät, jotka liittyvät asianomaisen varanhoitovuoden tammikuun 1 päivän jälkeen voimaan tuleviin uusiin tai uudistettaviin sopimuksiin, sisällytetään budjettikohtaan 40 02 41 02 – Varaukset/ Jaksottamattomat määrärahat (pakolliset menot[87])" ja

86 EP:n perinteisenä kantana on ollut, että niin kauan kuin kalastussopimuksiin liittyvät menot ovat TVS:n kalastussopimuksista säätelevien liitteiden (vuoden 1999 TVS:n Liite VI ja TS:n Liite IV) mukaisesti varauksessa, ne ovat ei-pakollisia menoja. Neuvoston pysyvä kanta sitä vastoin on, että menojen luonne (pakollinen vai ei-pakollinen) riippuu määrärahojen aiotusta käyttötarkoituksesta, ei siitä, onko määräraha varauksessa vai budjettikohdassa.
87 Tekijän alleviivaus.

Taulukko 63. EU:n menojen luokittelu vuoden 2006 toimielinten sopimuksen Liitteen III mukaan (Lähde: EUVL N:o C 139, 14.6.2006, 13).

Table 63. Classification of expenditure according to Annex III of the IIA of 17 May 2006 (Source: OJEU No C 139, 14.6.2006, p. 13).

Tableau 63. Classification des dépenses selon l'Annexe III de l'AII du 17 mai 2006.

Otsake/ *Heading 1*	**Kestävä kasvu**	
1a	Kasvua ja työllisyyttä edistävä kilpailukyky	EPM
1b	Kasvua ja työllisyyttä edistävä koheesio	EPM
Otsake/ *Heading 2*	**Luonnonvarojen suojelu ja hallinta**	EPM
	Lukuun ottamatta	
	- markkinatoimenpiteisiin ja suoriin tukiin kohdistuvia YMP:n menoja, mukaan lukien kalatalouden hyväksi toteutettavat markkinatoimenpiteet ja kolmansien kanssa tehdyt kalastussopimukset	*PM*
Otsake/ *Heading 3*	**Kansalaisuus, vapaus, turvallisuus ja oikeus**	EPM
3a	Vapaus, turvallisuus ja oikeus	EPM
3b	Kansalaisuus	EPM
Otsake/ *Heading 4*	**EU maailmanlaajuisena toimijana**	EPM
	Lukuun ottamatta	
	- EU:n kolmansien kanssa tekemistä kansainvälisistä sopimuksista johtuvia menoja	*PM*
	- maksuosuuksia kansainvälisille järjestöille tai elimille	*PM*
	- lainanannon takuurahastoon suoritettavia maksuosuuksia	*PM*
Otsake/ *Heading 5*	**Hallinto**	EPM
	Lukuun ottamatta	
	- eläkkeitä ja erorahoja	*PM*
	- palkanlisiä ja sekalaisia työsuhteen päättymisestä johtuvia menoja	*PM*
	- oikeudenkäyntikuluja	*PM*
	- vahingonkorvauksia	*PM*
Otsake/ *Heading 6*	**Korvaukset**	PM

PM: pakolliset menot/ *Compulsory expenditure (CE)* EPM: ei-pakolliset menot/ *Non-compulsory expenditure (NCE)*

4) *Liite IV* koskee kuten yllä on jo todettu vuoden 1999 TVS:n Liitteen VI tapaan[88] EU:n ja kolmansien maiden välisistä kalastussopimuksista johtuvien menojen rahoittamista.

17.2.3 Vuoden 2006 toimielinten sopimuksen uudelleentarkastelu

Keskeinen osa Eurooppa-neuvostossa joulukuussa 2005 saavutettua vuosia 2007–2013 kattavaa rahoituskehystä koskevaa sopua oli mahdollisuus *tarkastella rahoituskehystä uudelleen* (*Review/ réexamen*) vuosina 2008–2009 (ks. esim. Saarilahti & Balsells Traver 2007, 308).

Eurooppa-neuvoston päätelmien mukaisesti:

"Eurooppalaiset elävät kiihtyvän muutoksen ja mullistusten aikaa. Yhä nopeampi globalisoituminen ja nopeat teknologian muutokset tarjoavat kaiken aikaa uusia mahdollisuuksia ja asettavat uusia haasteita. Tässä tilanteessa Eurooppa-neuvosto katsoo, että EU:n on tehtävä kokonaisvaltainen rahoituskehysten uudelleenarviointi niin tulojen kuin menojenkin osalta nykyaikaistamisen jatkamiseksi ja tehostamiseksi jatkuvasti.

Eurooppa-neuvosto pyytää näin ollen komissiota tekemään kokonaisvaltaisen ja laaja-alaisen uudelleentarkastelun, joka kattaa kaikki EU:n menot – yhteinen maatalouspolitiikka mukaan lukien – ja varat – Yhdistyneen kuningaskunnan jäsenmaksualennus mukaan lukien – ja esittämään siitä kertomuksen kaudella 2008–2009. Kyseisen uudelleentarkastelun pohjalta Eurooppa-neuvosto voi tehdä päätöksiä kaikkien tarkastelun kattamien asioiden osalta. Uudelleentarkastelu otetaan huomioon myös valmisteltaessa seuraavia rahoituskehyksiä" (*Rahoituskehykset* ... 2005, 79-80 kohta).

Rahoituskehyksen uudelleentarkastelua käsitellään vuoden 2006 TS:een liitetyssä julistuksessa nro 3 seuraavasti:

"1. Eurooppa-neuvoston päätelmien mukaisesti komissiota on pyydetty tekemään koko-

---

88 Vuoden 1999 TVS:n Liite VI perustuu puolestaan EP:n, neuvoston ja komission 12.12.1996 antamaan yhteiseen julkilausumaan kalastussopimuksia koskevan budjettivallan käyttäjälle suunnatun tiedotuksen parantamisesta (*Joint Statement of 12 December 1996 on improving the provision of information to the Budget authority on fisheries agreements/ déclaration commune, du 12 décembre 1996, concernant l'amélioration de l'information de l'autorité budgétaire sur les accords de pêche*; EYVL N:o C 20, 20.1.1997, 109).

naisvaltainen ja laaja-alainen tarkistus, joka kattaa kaikki EU:n menot, mukaan lukien yhteinen maatalouspolitiikka, ja varat, mukaan lukien Yhdistyneen kuningaskunnan jäsenmaksualennus,– ja esittämään siitä kertomus kaudella 2008–2009. Tähän tarkistukseen tulisi liittyä toimielinten sopimuksen toiminnan arviointi. Euroopan parlamentti on mukana tarkistuksessa menettelyn kaikissa vaiheissa seuraavien periaatteiden mukaisesti:

– komission tarkistuksen esittämistä seuraavan tarkasteluvaiheen aikana huolehditaan siitä, että Euroopan parlamentin kanssa käydään tarvittavat keskustelut toimielinten välisen tavanomaisen poliittisen vuoropuhelun puitteissa ja että Euroopan parlamentin kannat otetaan asianmukaisesti huomioon;

– joulukuussa 2005 antamiensa päätelmien mukaisesti Eurooppa-neuvosto ”voi tehdä päätöksiä kaikkien tarkistuksen kattamien asioiden osalta”. Euroopan parlamentti on mukana kaikissa virallisissa seurantavaiheissa asiaankuuluvien menettelyjen mukaisesti ja kaikin sille kuuluvin oikeuksin.

2. Osana tarkistuksen laatimiseen johtavaa kuulemis- ja mietintämenettelyä komissio sitoutuu käyttämään tilanneanalyysissään hyväkseen Euroopan parlamentin kanssa käytäviä perinpohjaisia keskusteluja. Komissio panee myös merkille Euroopan parlamentin aikomuksen pyytää Euroopan parlamentin ja kansallisten parlamenttien edustajien kokousta tarkastelemaan omien varojen järjestelmää. Komissio katsoo tällaisen kokouksen tulosten olevan panos edellä tarkoitettuun kuulemismenettelyyn. Komissio tekee ehdotuksensa täysin omalla vastuullaan”.

Rahoituskehyksen uudelleentarkasteluvaatimus saattaa merkitä sitä, että kehystä voidaan soveltaa sellaisenaan vain vajaat toista vuotta (ks. Saarilahti & Balsells Traver 2007, 308). Toisaalta ”uudelleentarkastelussa” saattaa piillä iso kiista ei vain jäsenvaltioiden, vaan myös EP:n ja neuvoston välillä ottaen huomioon Eurooppa-neuvoston päätelmien sisältö[89].

17.3 Vuoden 2006 toimielinten sopimuksen joustomuodot

17.3.1 Komission joustomuotojen uudistamisesitykset

Esityksessään vuosia 2007–2013 koskevaksi rahoituskehykseksi *(KOM(2004) 101 lopullinen,* IV osan[90] kohta C; ks. luku 17.1) komissio käsitteli joustavuutta koskevia eri tekijöitä seuraavasti:

”Vuoteen 2013 ulottuvalla kymmenen vuoden jaksolla pitäisi olla mahdollista mukauttaa etenemissuunnitelmassa määriteltyjä painopisteitä tietyissä rajoissa.

- Menojen enimmäismäärien tarkistamiseen käytetyn menettelyn olisi edelleen oltava pääasiallinen väline, jolla rahoituskehystä mukautetaan, kun poliittisissa painopisteissä tapahtuu olennaisia ja kestäviä muutoksia. Viimeksi kuluneen vuosikymmenen aikana on kuitenkin ollut lähes mahdotonta turvautua tarkistuksiin. Siksi vuosien kuluessa on syntynyt erilaisia tapauskohtaisia välineitä ja järjestelyjä, joiden avulla on voitu kattaa uudet painopisteet tai kiireelliset tarpeet. Komissio ehdottaa, että ennen kunkin alustavan talousarvioesityksen esittämistä arvioidaan tarpeet esimerkiksi parlamentin, neuvoston ja komission välisen *kolmikantaisen vuoropuhelun* avulla.
- Vuotuisen talousarviomenettelyn olisi mahdollistettava riittävä joustavuus sovitun rahoituskehyksen rajoissa, jotta komissio ja budjettivallan käyttäjä voivat toimia nopeasti, kun esiintyy lyhytaikaisia hätätilanteisiin liittyviä kriisejä tai odottamattomia poliittisia tai taloudellisia tapahtumia. Komissio ehdottaa, että uudessa rahoituskehyksessä nykyisiin välineisiin yhdistetään uusi *uudelleenkohdentamista koskeva joustavuus* [*Reallocaton flexibility/ flexibilité de réaffectation*], jolla korvataan tähänastinen ”joustoväline”. Uuden järjestelyn ansiosta komissio voisi tietyissä rajoissa kohdentaa määrärahoja uudelleen meno-otsakkeiden välillä lukuun ottamatta monivuotisiin ohjelmiin liittyviä, koheesiotoimiin ja maaseudun kehittämiseen tarkoitettuja määrärahoja. Nämä on pakostikin kohdennettava ennalta jäsenvaltioiden välillä kauden alussa.
- Lisäksi komissio ehdottaa, että parannetaan menojen sopeuttamista muuttuneisiin olosuhteisiin perustamalla kestävää kasvua käsittelevään meno-otsakkeeseen (1a) *kasvun mukaut-*

89 Rahoituskehyksen uudelleentarkastelua käsitellään myös luvussa 17.3.2.1. Uudelleentarkastelua, sen sisältöä ja yleisen talousarvion ”modernisointia” tarkastellaan yksityiskohtaisemmin esim. teoksessa Saarilahti 2008c.

90 Osa on nimeltään ”Uusi rahoituskehys (2007-2013)”.

tamiseen tarkoitettu rahasto [*Growth adjustment Fund/ fonds d'ajustement à la croissance*], jotta kestävän kehityksen etenemissuunnitelmassa määritettyjen kasvu- ja koheesiotavoitteiden kohdalla edistyttäisiin mahdollisimman hyvin, jotta olisi käytettävissä tarpeeksi joustonvaraa tilanteissa, joissa etenemissuunnitelmassa edistytään näiden tavoitteiden kohdalla epätasaisesti ja jotta voidaan toteuttaa tarvittavat mukautukset sellaisissa ennakoimattomissa tapauksissa, joilla on huomattava tai vaikeasti ennakoitavissa oleva vaikutus kasvuun ja työllisyyteen. Rahaston ansiosta unioni voisi reagoida kriiseihin, jotka johtuvat talouden ja kaupan alan kansainvälisestä kehityksestä. Kevään Eurooppa-neuvostolle tehdään vuotuinen arviointi etenemissuunnitelmassa aikaansaaduista tuloksista, ja arvioinnin pohjalta puututaan etenemissuunnitelman tavoitteiden saavuttamisessa havaittuihin poikkeamiin täydentämällä rahoitusohjelmia kilpailukykyä tai koheesiota käsittelevissä alaotsakkeissa ja kannustamalla investointeihin ja julkiseen tukeen tärkeimmissä hankkeissa.

Kasvua ja työllisyyttä edistävä kilpailukyky -meno-otsaketta (1a) varten on käytettävissä enintään 1 miljardi euroa vuodessa. Lisäksi ehdotetaan, että käytetään kahdesta koheesiovälineestä (EAKR ja ESR) sidottuja mutta "n+2" –säännön noudattamisen jälkeen käyttämättä jääneitä varoja enintään 1 miljardi euroa vuodessa lisäämällä kyseinen määrä *kasvun mukauttamiseen tarkoitettuun rahastoon*."

Komissio tarkensi esityksiään ehdotuksessaan uudeksi toimielinten sopimukseksi (*KOM(2004) 498 lopullinen*, 3-4; ks. luku 17.1) seuraavasti:

"Komissio esittää seuraavia toimenpiteitä, joiden avulla voidaan kohdata tulevat haasteet ja saavuttaa tasapaino budjettikurin ja tehokkaan resurssien kohdentamisen välillä.

(1) Menokaton tarkistaminen on alun perin ollut tärkein keino tarkistaa rahoituskehystä, kun poliittiset painopisteet muuttuvat merkittävästi ja pysyvästi. *Tarkistusmenettelyn* alkuperäisen tehtävän palauttamiseksi komissio ehdottaa, että rahoitustarpeita tarkasteltaisiin säännöllisesti esimerkiksi ennen alustavan talousarvioesityksen antamista pidettävissä Euroopan parlamentin, neuvoston ja komission kolmikantakokouksissa.

Joustovälinettä on käytetty ahkerasti Agenda 2000 -kaudella, mikä osoittaa, että sen perustaminen oli oikea ratkaisu. Se ei kuitenkaan enää täytä alkuperäistä tarkoitustaan, vaan sitä on usein käytetty epäsuorana keinona ulkoisten toimien menokaton korottamiseksi. Etääntyminen järjestelmän alkuperäisistä tavoitteista saattaa heikentää sen uskottavuutta ja jäytää toimielinten yhteistyötä budjettiasioissa. Siksi komissio esittää nykyisen joustovälineen korvaamista uudella *kohdentamisjoustolla* [*Reallocaton flexibility/ flexibilité de réaffectation*], mikä antaisi budjettivallan käyttäjälle rajoitetun mahdollisuuden siirtää komission ehdotuksesta määrärahoja meno-otsakkeiden välillä, kunhan enimmäismäärärahojen kokonaismäärää ei ylitetä.

(2) Komissio esittää *kasvutavoiterahaston perustamista* [*Growth adjustment Fund/ fonds d'ajustement à la croissance*] rahoituskehyksen mukauttamiseksi taloudelliseen tilanteeseen. Rahastolle voidaan ottaa jopa miljardi euroa alaotsakkeesta 1a (kasvua ja työllisyyttä edistävä kilpailukyky). Rahaston käyttöön voidaan ottaa n+2 -sääntöä soveltaen lisäksi rakennepoliittisten välineiden käyttämättömiä määrärahoja tilanteen mukaan enintään miljardi euroa vuodessa.

(3) Ehdotettu uusi menoluokitus lisää joustavuutta ja tehostaa resurssien jakoa, koska siinä vältetään rajoittamasta määrärahojen käyttötarkoitusta tarpeettomasti.

Agenda 2000:n menoluokitus on suurelta osin sama kuin jo kaikkein ensimmäisissä rahoitusnäkymissä. Se jakautuu kahdeksaan meno-otsakkeeseen (jos alaotsakkeet lasketaan mukaan, otsakkeita on 11). Resurssien rajaaminen ja kohdentaminen lukuisiin otsakkeisiin ja alaotsakkeisiin tekee järjestelmästä jäykän ja saattaa estää resurssien käytön tehostamiseksi tarvittavat mukautukset, mikä vaikeuttaa perimmäisen tavoitteen saavuttamista eli unionin politiikan toteuttamista määrärahojen avulla.

Budjettikohtien lukumäärän supistaminen on laajojen poliittisten päämäärien mukaista ja turvaa lisäksi tarvittavan liikkumavaran sellaisten muutosten varalta, joita ei aina pystytä tarkasti ennakoimaan vuosia aikaisemmin. Komissio ehdottaa, että vuosien 2007-2013 rahoituskehykseen otetaan viisi meno-otsaketta, jotka esitetään liitteessä I olevassa rahoituskehystä koskevassa taulukossa.

(4) Lopuksi komissio esittää, että budjettikurin ja talousarvion seurattavuuden parantamiseksi rahoituskehykseen sisällytetään Euroopan yhteisvastuun ja nopean toiminnan rahoitusväline [*European Solidarity and Rapid Reaction instrument/ instrument de solidarité européenne et de réaction rapide*]. Sen edeltäjä, Euroopan solidaarisuusrahasto, luotiin rahoitusnäkymien

318

ulkopuolelle, mikä osoitti, että jos rahoitusnäkymät eivät ole tarpeeksi joustavat, on keksittävä keinot kiertää ne. Komissio katsoo, että tätä välinettä toki tarvitaan edelleen, mutta esittää, että se sisällytettäisiin monivuotiseen rahoituskehykseen".

Komission tilanneanalyysi on varmaan oikeaan osunut: neuvoston haluttomuus tarkistaa rahoitusnäkymiä niiden voimassaolon aikana on johtanut, paitsi vuosittaiseen joustovälineeseen turvautumiseen vuosina 2000-2006 ja tähän liittyviin ongelmiin (ks. luku 17.3.2.4), myös erilaisten "*ad hoc*" välineiden luomiseen (vrt. EU:n solidaarisuusrahaston luominen vuonna 2002) ja vuotuisten tapauskohtaisten erityisjärjestelyihin turvautumiseen (vrt. hätäapuvarauksen soveltamisalan laajentaminen vuonna 2002[91]), joiden avulla on pyritty vastaamaan uusiin, usein kiireellisiin tarpeisiin. Komission entistä joustavamman rahoituskehyksen puolustaminen lienee myös odotettua[92] (vrt. luku 2).

Kuten seuraavassa luvussa 17.3.2 esitetään, hyvistä perusteista huolimatta *yhtäkään* komission esittämistä uusista erityisistä joustomuodoista ei kuitenkaan sisällytetty *sellaisenaan* uuteen toimielinten sopimukseen. Siten TS:een ei sisälly sen enempää "kolmikantaista vuoropuhelua"[93] kuin joustovälinettä korvaavaa "kohdentamisjoustoa", "kasvutavoiterahastoa" tai EU:n solidaarisuusrahaston laajentamista "Euroopan yhteisvastuun ja nopean toiminnan rahoitusvälineeksi" ja sen sisällyttämistä rahoituskehykseen. Uusi rahoituskehys myös sisältää muun muassa enemmän otsakkeita kuin komission alun perin ehdottamat viisi meno-otsaketta (ks. luku 17.3.2.1).

17.3.2 Vuoden 2006 toimielinten sopimuksen joustomuodot

Luvussa 17.3.2 tarkastellaan, miten *tarkastelun kohteeksi valitut eri joustomuodot* (ks. luku 16.2) ovat kehittyneet vuoden 2006 toimielinten sopimuksessa. Lisäksi luvussa esitellään lyhyesti komission esittämät *kohdentamisjousto* ja *kasvutavoiterahasto*, sillä ne edustavat komission ajattelua siitä, miten EU:n budjettikurijärjestelmää olisi tullut kehittää. Euroopan parlamentin neuvottelujen aikana esiin tuomat pääkannat (ks. myös Böge 2005; 2006) on esitetty eri kohtien käsittelyn yhteydessä.

"EU-15":n jäsenvaltioiden suhtautumista eri joustomuotojen esitettyihin muutoksiin tarkastellaan puolestaan luvuissa 17.5 ja 17.6.

17.3.2.1 Rahoitusnäkymien kesto ja rakenne

Komission mukaan (*KOM(2004) 101 lopullinen*, 37) rahoituskehyksen kattaman *ajanjakson* "on oltava tarpeeksi pitkä, jotta se antaa talousarvion rajoissa johdonmukaiset mahdollisuudet toteuttaa uudistettujen yhteisön politiikkojen käyttöönotto sekä kahdentoista[94] uuden jäsenvaltion mukaantulo kaikilta osin.

Komission ja Euroopan parlamentin toimikausi on viisi vuotta. Tulevissa rahoituskehyksissä olisi otettava entistä johdonmukaisemmin huomioon tämä toimielinten toimintarytmiin liittyvä lähtökohta. Kukin komissio osallistuisi sen rahoituskehykseen kuuluvan osan valmiiksi saamiseen, joka kyseisen komission on toteutettava. Saamiensa kokemusten perusteella komissio olisi myös vastuussa seuraavan rahoituskehyksen perustan laatimisesta. Parlamentti hyväksyisi vuotuiset talousarviot ja seuraisi niiden toteuttamista hyväksymänsä rahoituskehyksen yhteydessä.

Komissio ehdottaa kuitenkin siirtymäjärjestelynä seitsenvuotista jaksoa vuodesta 2007 vuoteen 2013, ennen kuin siirrytään tavanomaiseen viiden vuoden sykliin. Siirtymäjärjestelyä tarvitaan, sillä maatalouden markkinaperusteisten menojen ja suorien maksujen (EU-25) kehittyminen on määritetty vuoteen 2013 asti, ja toisaalta tarvitaan aikaa rakennerahastojen nykyistä

---

91 Vastauksena komission ehdotukseen luoda uusi joustoväline siviilikriisinhallintatoimien rahoittamista varten (ks. osa II, luku 11.8.4).
Erilaisia erityisjärjestelyjä ja -menettelyjä on käsitelty tarkemmin vuosien 2000-2006 vuotuisia talousarviomenettelyjä käsittelevissä artikkeleissa (ks. Grossir 2001, 374-593; 2002, 373-393; 2003, 530-541 ja Saarilahti & Balsells Traver 2006a, 88-113; 2006b, 254-276; 2006c, 530-551).

92 Mielenkiintoinen on myös komission yllä kirjattu näkemys solidaarisuusrahaston luomisen syistä, jonka mukaan "jos rahoitusnäkymät eivät ole tarpeeksi joustavat, on keksittävä keinot kiertää ne" (*KOM(2004) 498 lopullinen*, 4, vrt. myös Jones 2006).

93 Vuoropuhelu oli tarkoitus pitää ennen ATAE:n esittämistä. Sen aikana muun muassa arvioitaisiin mahdolliset rahoituskehyksen tarkistustarpeet.

94 "EU-10" (ks. luku 5.5) sekä Bulgaria ja Romania.

toteuttamista varten samoin kuin kaikkien toimielinten osalta tehtäviä mukautuksia varten”.

Komission ”siirtymäjärjestelyehdotuksen” mukaisesti budjettitoimielimet sopivat, että EU:n uusi rahoituskehys kattaa (kuten vuosien 1993–1999 ja 2000–2006 rahoitusnäkymät) *seitsemän* vuoden jakson (2007–2013). Euroopan parlamentti yhtyi komission ajatuksen, jonka mukaan kehyksen tulisi paremmin liittyä sen toimikauden pituuteen ja oli alussa viiden vuoden kannalla (vrt. ensimmäiset rahoitusnäkymät 1988–1992), mutta hyväksyi lopulta seitsemän vuoden jakson, semminkin kun Eurooppa-neuvoston hyväksymään kehykseen liittyy ajatus erityisestä *uudelleentarkastelusta* vuosina 2008–2009 (*Review/ réexamen*; ks. luku 17.2.3).

Rahoituskehyksen *rakenteen* osalta komissio esitti, että kehys, jonka tulisi ”osoittaa EU:n keskipitkän aikavälin uudet tavoitteet” muodostuisi *viidestä* otsakkeesta[95], *kahdesta* alaotsakeesta[96] ja *yhdestä* ylärajasta[97].

Komission mukaan *(KOM(2004) 101 lopullinen,* 37-38):

”Nykyinen tapa luokitella menot rahoitusnäkymissä on lähinnä perintöä ensimmäisten rahoitusnäkymien ja niitä seuranneiden rahoitusnäkymien laadintatavasta. (...) Resurssien rajaaminen ja kohdentaminen lukuisiin otsakkeisiin ja alaotsakkeisiin tekee järjestelmästä jäykän ja estää resurssien asianmukaisen mukauttamisen ja resurssien käytön vaikuttavuuden lisäämisen unionin poliittisten päämäärien saavuttamiseksi.

Talousarviota koskevan kurinalaisuuden (kylläkin oikeutettu) tavoite jättää varjoonsa lopullisen päämäärän, jonka mukaan talousarviovarojen on palveltava poliittista/taloudellista tavoitetta.

Budjettikohtien lukumäärän supistaminen on laajojen poliittisten päämäärien mukaista ja takaa lisäksi tarvittavan liikkumavaran sellaisten muutosten varalta, joita ei aina pystytä tarkasti ennakoimaan kymmenen vuotta aikaisemmin.

Komissio ehdottaa uuteen rahoituskehykseen viittä pääasiallista meno-otsaketta:

(1) Ensimmäisen otsakkeen tavoitteena on kilpailukyvyn ja koheesion parantaminen kestävää kasvua varten, ja otsake jakautuu kahteen alaotsakkeeseen:

1a. *Kasvua ja työllisyyttä edistävä kilpailukyky.* Tähän alaotsakkeeseen kuuluvat menot koskevat seuraavia aloja: tutkimus- ja kehitystoiminta; yleissivistävä ja ammatillinen koulutus; EU:n verkkojen turvallisuus ja kestävyys; tuki integroituneille yhtenäismarkkinoille ja liitännäispolitiikoille; sosiaalipoliittisen ohjelman toteuttaminen.

1b. *Kasvua ja työllisyyttä edistävä koheesio* -alaotsakkeen menoilla on tarkoitus edistää vähiten kehittyneiden jäsenvaltioiden ja alueiden lähentymistä, täydentää EU:n kestävän kehityksen strategiaa heikommassa asemassa olevien alueiden ulkopuolella ja tukea alueiden välistä yhteistyötä.

(2) *Luonnonvarojen kestävä hallinta ja suojelu.* Otsake kattaa yhteiseen maatalous- ja kalastuspolitiikkaan[98] liittyvien menojen lisäksi myös ympäristöön liittyvät menot.

(3) *Unionin kansalaisuus, vapaus, turvallisuus ja oikeus* -otsakkeeseen kuuluvat toimet kohdistuvat vapauden, oikeus- ja sisäasioiden sekä kansalaisuuden aloille[99].

(4) *Euroopan unioni kansainvälisenä toimijana*[100].

---

95 Otsake *1*: *Kestävä kasvu* (*Sustainable growth/ croissance durable*), *2*: *Luonnonvarojen suojelu ja hallinta* (*Sustainable management and protection of natural resources/ développement durable et protection des ressources naturelles*), *3*: *Kansalaisuus, vapaus, turvallisuus ja oikeus* (*Citizenship, freedom, security and justice/ citoyenneté, liberté, sécurité et justice*), *4*: *EU maailmanlaajuisena toimijana* (*The EU as a global partner/ l'UE en tant que partenaire mondial*) ja *5*: *Hallinto* (*Administration*).

96 Alaotsake *1a*: *Kasvua ja työllisyyttä edistävä kilpailukyky* (*Competitiveness for growth and employment/ compétitivité pour la croissance et l'emploi*) ja *1b*: *Kasvua ja työllisyyttä edistävä koheesio* (*Cohesion for growth and employment/ cohésion pour la croissance et l'emploi*).

97 YMP:n menoille nimikkeellä ”Markkinoihin liittyvät menot ja suorat tuet” (*Market related expenditure and direct payments/ dépenses de marché et paiements directs*).

98 ”Rakennerahastoihin nykyisin kuuluvat EMOTR:n ohjausosaston sekä kalatalouden ohjausvälineen varat siirretään tähän otsakkeeseen. Vastaavat siirretyt määrät otetaan kuitenkin edelleen mukaan laskettaessa rakennerahastojen ja koheesiorahaston neljän prosentin ”kattoa” uusien jäsenvaltioiden osalta”.

99 ”Otsakkeeseen kuuluvat myös rajojen turvaaminen ja turvapaikkapolitiikka, aktiivinen kansalaisuus, instituutioiden kehittäminen, julkisten hyödykkeiden saatavuus, elintarviketurvallisuus, kansanterveys ja kuluttajansuoja, kulttuuri ja audiovisuaaliala, nuoriso, kansalaisille tiedottaminen ja vuoropuhelu kansalaisten kanssa”.

100 ”Tähän otsakkeeseen sisältyvät kaikki ulkoiset toimet, myös liittymistä valmistelevat välineet, naapuruuspolitiikka, köyhyyden vähentäminen, siviilikriisien ehkäiseminen ja hallinta. Siihen sisällytetään myös nykyiset *hätäapu- ja lainatakuuvaraukset* [ja Euroopan kehitysrahasto sen jälkeen kun se on otettu mukaan EU:n talousarvioon]”.

(5) Komission hallintomenot yhdistetään suoraan toimintamenoihin. Tämä vastaa toimintoperusteista hallintomallia, jota käytetään jo perustana laadittaessa vuotuista talousarviota. Vastaavasti hallintomenot sisällytetään kunkin edellä mainitun neljän otsakkeen määrärahoihin. Jäljelle jäävään *Hallinto*-otsakkeeseen otetaan menot, jotka koskevat muita toimielimiä kuin komissiota samoin kuin eläkkeitä ja Eurooppa-kouluja."

Komission esittämät otsakkeet, alaotsakkeet ja yläraja säilyivät hyväksytyssä rahoituskehyksessä, tosin eräitä menoja siirrettiin otsakkeesta ja alaotsakkeesta toiseen (ks. Saarilahti & Balsells Traver 2007, 307-308) ja neuvoston aloitteesta budjettivallan käyttäjä lisäsi uuden otsakkeen ja kaksi alaotsaketta seuraavasti[101]:

1) Uusi otsake *6* (*Korvaukset*; *Compensations*) sisältää vuosiksi 2007-2009 Bulgarialle ja Romanialle jäsenyysneuvottelujen aikana sovittujen menot[102] (ks. mts. 312) ja

2) Uudet alaotsakkeet luotiin jakamalla komission ehdottama otsake *3* kahtia, "vapauden, turvallisuuden ja oikeuden" menoille (alaotsake *3a*) sekä "kansalaisuuden" menoille (alaotsake *3b*)[103].

Budjettivallan käyttäjä ei myöskään odotusten mukaisesti suostunut komission ehdotukseen, jonka mukaan sen hallintomenot toimintoperusteisen budjetoinnin mukaisesti (ks. luku 11.4.1) olisi otettu otsakkeisiin *1-4* ja että rahoituskehyksen otsakkeeseen *5* olisi otettu vain muiden toimielinten kuin komission hallintomenot. Komission ehdotuksesta poiketen myös sen hallintomenot on siten kirjattu rahoituskehyksen otsakkeeseen *5* (*Hallinto*) kuten kaikissa aikaisemmissakin rahoitusnäkymissä.

Verrattuna vuosien 2000-2006 rahoitusnäkymiin on huomattava:

- vuosia 2007-2013 koskeva rahoituskehys on laadittu vuoden 2004 hinnoin[104] mikä tarkoittaa, että kehys tulee "mukauttaa teknisesti" vuosittain (ks. luku 17.3.2.3),
- kehys on laadittu EU-27:lle[105] mikä tarkoittaa sitä, että jos Unioniin liittyy muita jäsenvaltioita ennen vuotta 2013, se tulee "mukauttaa laajentumiseen" (ks. luku 17.3.2.3),
- maksusitoumuksiin käytettävien määrärahojen[106] (sallitun enimmäismäärän) osuus EU:n yhteenlasketusta BKTL:sta laskee 1,10 %:sta (vuonna 2007) 1,01 %:iin (vuonna 2013), ollen rahoituskehyskaudella keskimäärin 1,048 % (ks. Taulukko 62),
- maksumääräyksiin käytettävien määrärahojen osuus BKTL:sta laskee 1,06 %:sta (vuonna 2007) 0,94 %:iin (vuonna 2013), ollen keskimäärin 1,00 % (ks. Taulukko 62)[107],
- rahoitusnäkymien 2000-2006 otsake *6* (*Varaukset*) häviää sillä *hätäapuvaraus* siirtyy rahoituskehyksen ulkopuolelle ja *lainatakuuvarauksesta* muodostetaan budjettikohta otsakkeeseen *4*[108] (ks. luku 17.3.2.6),

---

101 EP muun muassa esitti erillisen alaotsakkeen tai ylärajan luomista EU:n erillisvirastoille ja Eurooppa-kouluille, keinona hillitä niitä koskevien menojen kasvua (ks. Böge 2006, 36). Neuvosto ja komissio eivät kuitenkaan tähän suostuneet, ensin mainittu vedoten lainsäädäntövaltaansa ja jälkimmäinen ehdotuksen toimeenpanosta aiheutuvien "vaikeiden hallinnointiongelmien" takia. TS:n III osaan lisättiin kuitenkin EP:n vaatimuksesta uusi 47 kohta, joka käsittelee virastoja ja Eurooppa-kouluja (ks. luku 17.2.1).

102 Vuoden 2007 TA:n momentti *27 02 02* (*Tilapäiset ja kertaluonteiset korvaukset uusille jäsenvaltioille*; *Temporary and lump-sum compensation for the new Member States*/ *compensation temporaire et forfaitaire en faveur des nouveaux États membres*; 444,65 miljoonaa euroa).

103 Näin menettelemällä eräät jäsenvaltiot (kuten Italia ja Kreikka) halusivat turvata oikeus- ja sisäasioiden (eli SEU:n III pilarin) menot (*"Ringfencing*/ *délimitation"*).

104 Vuosien 2000-2006 alkuperäiset rahoitusnäkymät oli laadittu vuoden 1999 hinnoin.

105 "EU-25" plus Bulgaria ja Romania. Vuosien 2000-2006 alkuperäiset rahoitusnäkymät oli laadittu EU-15:lle (ja rahoituskehys EU-21:lle, ks. luku 16.3.4).

106 Kuten luvussa 5.4 on jo esitetty, aikaisemmista toimielinten sopimuksista poiketen vuoden 2006 TS ei enää erottele maksusitoumuksiin käytettäviä määrärahoja ja maksusitoumusmäärärahoja tai maksumääräyksiin käytettäviä määrärahoja ja maksumäärärahoja, vaan käyttää käsitteitä ristiin (ks. esim. TS:n 11 kohta vs TS:n Liite I). Johdannossa esitetyn periaatteen mukaisesti myös luvussa 17 käytetään kuitenkin käsitteitä "maksusitoumuksiin käytettävät määrärahat" ja "maksumääräyksiin käytettävät määrärahat" silloin, kun ilmiselvästi ollaan rahoituskehyksen tai yleisen talousarvion kokonaistasolla.

107 Komissio esitti alun perin, että maksusitoumuksiin käytettävät määrärahat edustaisivat enimmillään keskimäärin 1,26 % ja maksumääräyksiin käytettävät määrärahat 1,14 % unionin yhteenlasketusta BKTL:sta (luvut sisältävät Euroopan kehitysrahaston ja EU:n solidaarisuusrahaston). Komissio ehdotti omien varojen ylärajan pitämistä maksumääräyksiin käytettävinä määrärahojen osalta 1,24 %:ssa BKTL:sta (1,31 % BKTL:sta maksusitoumuksiin käytettävinä määrärahoina; ks. *KOM(2004) 101 lopullinen*, 32).

108 Otsakkeen *6* kolmas varaus *rahoitusvaraus* lakkautettiin jo vuonna 2003 (ks. luku 11.8.3).

- näkymien otsake 7 (*Liittymistä edeltävä tuki* vuoteen 2004, siitä eteenpäin *Liittymistä edeltävä strategia*) jää pois menojen siirtyessä otsakkeeseen 4 (*EU maailmanlaajuisena toimijana*) ja
- näkymien otsake 8 (*Korvaukset*), jonka menot oli tarkoitettu "EU-10":n maille, häviää.

Rahoituskehyksen *kattavuuden* osalta on ensinnäkin huomattava, että komission ehdotuksesta huolimatta (ks. *KOM(2004) 101 lopullinen*, 30) *Euroopan kehitysrahastojen* menoja ei edelleenkään sisällytetty talousarvioon. Ne ovat siten kuten aikaisemminkin ja eräiden jäsenvaltioiden (esimerkiksi Ranskan) toiveesta huolimatta kehyksen ulkopuolella[109].

Toisaalta vaikka *EU:n solidaarisuusrahaston* käyttöä säätelevä vuoden 1999 TVS:n täydennys sisällytettiinkin TS:een (26 kohta, ks. luku 17.2.1), rahasto vastoin komissio ehdotusta pidettiin edelleenkin rahoituskehyksen ulkopuolella (ks. luku 17.3.2.7).

Vuosien 1993 ja 1999 toimielinten välisistä sopimuksista poiketen myös *hätäapuvaraus* jätettiin kolmikantakokouksessa Strasbourgissa 4.4.2006 saavutetun *ad referendum* -sovun mukaisesti rahoituskehyksen ulkopuolelle (TS:n 25 kohta; ks. esim. Saarilahti & Balsells Traver 2007, 305).

Uusi *globalisaatioon mukautumista tukeva eurooppalainen rahasto* (*"Euroopan globalisaatiorahasto"* EGR) on puolestaan erityistapaus, sillä sen määrärahat perustuvat ylärajaan *t-1* nähden jääneeseen liikkumavaraan ja/tai peruuntuneisiin maksusitoumusmäärärahoihin[110] (TS:n 28 kohta; ks. luku 17.3.2.7).

Lopuksi on syytä mainita vielä eräs rahoitusnäkymien rakenteeseen liittyvä joustoelementti, eli kysymys eri budjettikohtien "*sijoittamisesta*" eri otsakkeiden ja alaotsakkeiden alle[111]. Menojen jakamisessa otsakkeisiin ja alaotsakkeisiin on kyse ennen kaikkea *poliittisesta* kysymyksestä (ks. luku 6.6) ja budjettivallan käyttäjällä on siten tiettyyn rajaan asti mahdollisuus etenkin uusien budjettikohtien tapauksessa välttää esim. rahoitusnäkymien tarkistus sijoittamalla kohdat niiden otsakkeiden alla, joissa on vielä liikkumavaraa. Viimeaikainen esimerkki tästä on vuoden 2008 talousarvioprosessin aikana käyty keskustelu Euroopan innovaatio- ja teknologiainstituutin (ETI; *European Institute of Innovation and Technology EIT/ institut européen d'innovation et de technologie IET*) rahoituksesta[112] (ks. Saarilahti & Ghignone 2008).

17.3.2.2 Ennakoimattomiin menoihin varattu marginaali

Vaikeat rahoituskehysneuvottelut ja jäsenvaltioiden taloudellinen tilanne huomioon ottaen (ks. esim. Montagnon 2006, 441-444 tai Fitoussi & Le Cacheux 2007, 161-207) Eurooppa-neuvostossa joulukuussa 2005 Ison-Britannian puheenjohtajuuskauden lopulla saavutettu sopu merkitsee, että rahoituskehykseen otettujen sekä maksusitoumuksiin että maksumääräyksiin käytettävien määrärahojen osuus suhteessa EU:n jäsenvaltioiden yhteenlaskettuun bruttokansantuloon laskee. Edellisten osalta osuus laskee 1,10 %:sta vuonna 2007 1,01 %:iin vuonna 2013 ja jälkimmäisten osalta 1,06 %:sta vuonna 2007 0,94 %:iin vuonna 2013[113] (ks. Taulukko 62). Ottaen huomioon, että omien varojen enimmäismäärä pidetään samana kuin edellisellä kaudella (eli 1,24 % BKTL:sta[114]), tämä merkitsee samalla *ennakoimattomille menoille varatun marginaalin*[115] kas-

---

109 Erityisesti Euroopan parlamentti on ollut perinteisesti voimakkaasti ajamassa Euroopan kehitysrahastojen sisällyttämistä yleiseen talousarvioon (ks. esim. Asiak. *PE 2003/2163*, 46 kohta: "(EP) pyytää neuvostoa äänestämään yksimielisesti EKR:n budjetoinnin puolesta").

110 Sillä rahoituskehys säätelee vain yleisestä talousarviosta rahoitettavia toimia on luonnollista, että sen ulkopuolella ovat esim. EY:n lainanottoon ja -antoon liittyvät toimenpiteet (pois lukien takaukset), perustamissopimuksilla luotujen itsenäisten oikeushenkilöiden (kuten Euroopan keskuspankin (EKP) ja Euroopan investointipankin (EIP)) talousarviot tai hallitustenvälinen rahoitus. EU:n erillisvirastot ovat luvuissa mukana vain Unionin tuen (*Contribution*) osalta (ks. Saarilahti 2004a, 13-15). Rahoituskehys ei myöskään kata niitä budjettikohtia, jotka rahoitetaan vuoden 2002 VHA:n 18 artiklassa tarkoitetuilla käyttötarkoitukseensa sidotuilla tuloilla (ks. luku 11.4.1).

111 Klassinen esimerkki ovat keskustelut luonteeltaan "hallinnollisten" menomomenttien sijoittaminen otsakkeen 5 (*Hallinto*) vs muiden otsakkeiden alle (ks. luvut 6.6 ja 8). Kysymystä "hallinnollisten" määrärahojen sijoittamisesta rahoituskehyksen otsakkeiden ja alaotsakkeiden alle käsiteltiin vuoden 2008 budjettiprosessin aikana esim. EU:n erillisvirastojen avustusten suhteen (ks. Saarilahti & Ghignone 2008).

112 Ongelma ratkaistiin lopulta rahoituskehyksen tarkistamisella, joka tehtiin ennen kaikkea "Galileo"-ohjelman rahoittamiseksi (ks. luku 17.4).

113 *Keskimäärin* rahoituskehykseen otetut maksusitoumuksiin käytettävät määrärahat edustavat ajanjaksolla 2007-2013 yhteensä 1,048 % ja maksumääräyksiin käytettävät määrärahat 1,00 % BKTL:sta (ks. Taulukko 62).

114 Neuvoston päätös (2007/436/EY, Euratom), tehty 7 päivänä kesäkuuta 2007, Euroopan yhteisöjen omien varojen järjestelmästä, 3 artikla (EUVL N:o L 163, 23.6.2007, 19).

115 Eli *käytettävissä oleva liikkumavara* (*Margin available/ marge disponible*), kuten sitä kutsutaan rahoituskehystaulukossa (ks. Taulukko 62).

vua (vuoden 2007 *0,18 %:sta* vuoden 2013 *0,30 %:iin*; ks. Taulukko 62). Liikkumavara vuosina 2007-2013 on siten *keskimäärin 0,24 %* BKTL:sta.

Komissio oli alun perin ehdottanut liikkumavaraksi keskimäärin *0,10 %* BKTL:sta[116] (*KOM(2004) 101 lopullinen*, 32).

EP:n teoreettisena perinteisenä kantana on ollut, että marginaalin määrää tärkeämpää on, *miten* siihen voidaan turvautua. Käytännössä parlamentti ajoi voimakkaasti mutta tuloksetta ajatusta, jonka mukaan neuvoston olisi voitava tehdä päätös marginaaliin turvautumisesta *määräenemmistöllä* turvautumisen määrästä riippumatta (ks. luku 17.3.2.3).

17.3.2.3 TS:n ja rahoituskehyksen muutokset, tarkistukset, mukauttamiset ja mukautukset

a) Toimielinten sopimuksen ja rahoituskehyksen muutokset

Vuoden 1999 toimielinten välisen sopimuksen *muutoksia* käsittelevä kohta 4 sisällytettiin vuoden 2006 toimielinten sopimukseen sellaisenaan (5 kohta), vain kirjoitusasultaan hieman päivitettynä. *Tarkistuksia* ja *mukautuksia* koskevia sääntöjä muutettiin alla esitetyillä tavoilla (kohdat *b) – e)*):

b) Rahoituskehyksen tarkistukset

Vuoden 2006 toimielinten sopimuksen rahoituskehyksen *tarkistuksia* koskeviin kohtiin 21-23[117] ei tehty eräitä "teknisluonteisia" päivityksiä lukuun ottamatta muutoksia[118] verrattuna vuoden 1999 TVS:n 19-21 kohtaan (ks. luku 16.3.4.3) komission esityksistä (ks. esim. esitys "kolmikantaisesta vuoropuhelusta", luku 17.3.1) ja EP:n painokkaista vaatimuksista huolimatta.

Kyllästyneenä neuvoston "pysyvään kantaan", jonka mukaan se on systemaattisesti esim. kaikkia rahoitusnäkymien tarkistuksia vastaan (ks. esim. Baas 2007, 1293-1295[119]), Euroopan parlamentti ajoi rahoituskehysneuvottelujen aikana voimakkaasti "kevennettyjen menettelyjen" ("*Lighter procedures/ procédures allégées*") käyttöönottoa muun muassa kehyksen tarkistuksista päätettäessä.

EP:n esitysten mukaan nämä "yksinkertaistetut päätöksentekomenettelyt" sisältäisivät muun muassa seuraavat osaset (ks. esim. Böge 2005):

- päätöksenteko noudattaisi perustamissopimuksen 272 artiklaan kirjattua periaatetta, jonka mukaan EP päättää ei-pakollisista menoista ja neuvosto pakollisista menoista,
- päätöksenteko seuraisi käytännössä VHA:een kirjattuja määrärahasiirtomenettelyjä[120],
- päätöksentekomenettelyä sovellettaisiin, paitsi rahoitusnäkymien tarkistuksiin, myös kaikkien toimielinten sopimuksessa mainittujen rahastojen ja varausten sekä joustovälineen (ks. luvut 17.3.2.4-17.3.2.7) käyttöönottoon[121], tiettyjen maksimimäärien rajoissa.

---

116 Alhaisimmillaan liikkumavara olisi ollut vuonna 2008 (0,01 %) ja korkeimmillaan vuonna 2010 (0,16 % BKTL:sta).

117 Muistin vuoksi vuoden 2006 TS:n I osan 23 kohta asettaa seuraavat ehdot rahoituskehyksen tarkistuksille (vrt. vuoden 1993 TVS:n I osan 13 kohta ja vuoden 1999 TVS:n I osan 21 kohta; luku 16.3.4.2):
- toimielinten on tarkasteltava mahdollisuuksia kohdistaa menoja uudelleen tarkistettavana olevaan otsakkeeseen (tai alaotsakkeeseen) sisältyvien ohjelmien kesken odotettavissa olevan määrärahojen vajaakäytön perusteella. Kyseisen otsakkeen (alaotsakkeen) ylärajan puitteissa olisi pyrittävä osoittamaan määrä, joka on merkittävä osa uusista suunnitelluista menoista sekä absoluuttiselta arvoltaan että suhteelliselta osuudeltaan,
- toimielinten on tarkasteltava lisäksi mahdollisuuksia korvata jonkin otsakkeen ylärajan ylittäminen alentamalla jonkin toisen otsakkeen ylärajaa,
- rahoituskehyksen pakollisten menojen tarkistus ei saa vähentää ei-pakollisiin menoihin käytettävää määrää,
- tarkistuksissa on aina säilytettävä asianmukainen suhde maksusitoumusten ja maksumääräysten välillä.

118 Tämä vastaa myös komission kantaa, joka ei esittänyt kohtiin eräitä päivityksiä lukuun ottamatta muutoksia (ks. *KOM(2004) 498 lopullinen*, 20-22 kohta).

119 Vrt. myös vuoden 2004 kokemukset *in* Saarilahti & Balsells Traver 2006a, 91-99.

120 On huomattava, että vuoden 1977 VHA:sta lähtien (ks. luku 6.4) EP:lla on "lopullinen sananvalta" ei-pakollisten menojen (eli suurinta osaa edustavien yleisen talousarvion määrärahojen) suhteen. Erityistilanteen muodostavat samaan aikaan pakollisia ja ei-pakollisia määrärahoja koskevat siirrot ("*virements mixtes*"; ks. luku 11.5 ja Liite XVII, vrt. Euroopan globalisaatiorahastoon turvautuminen; luku 17.3.2.7).

121 Käytännössä ennen ehdotuksen tekemistä turvautumisesta erilaisiin TS:n sisältämiin joustovälineisiin, komission olisi EP:n esityksen mukaan systemaattisesti selvitettävä seuraavat mahdollisuudet seuraavassa järjestyksessä: 1) määrärahojen *uudelleenkohdentamismahdollisuudet* otsakkeiden ja alaotsakkeiden *sisällä*, 2) määrärahojen *uudelleenkohdentamismahdollisuudet* otsakkeiden ja alaotsakkeiden *välillä*, 3) turvautuminen EP:n esittämiin "*uusiin rahoituslähteisiin*" (ks. luvut 17.3.2.4 ja 17.3.2.7) ja 4) jäsenvaltioiden EU:n käyttöön saattamien *uusien varojen käyttö*.

Euroopan parlamentti oli kuitenkin valmis rajaamaan rahoituskehyksen *tarkistukset* koskemaan ainoastaan seuraavaa kolmea tapausta:

- enimmäismäärien muuttaminen, kun määrärahoja *ei* osoiteta tietylle (toiminta)politiikalle,
- enimmäismäärien muuttaminen tietyn (toiminta)politiikan rahoittamiseksi *yli* kolmen vuoden ajaksi,
- rahoituskehyksen *rakenteen* muutos.

Samalla kuitenkin parlamentti esitti, että neuvostossa luovuttaisiin yksimielisyyden vaatimuksesta tarkistamispäätöksissä, jotka ylittävät *0,03 %* EU:n BKTL:sta (ks. luku 16.3.4.3). Niin ikään, molempien budjettivallan käyttäjien tulisi voida pyytää komissiota käynnistämään kehyksen tarkistamismenettelyn, joko kun komissio esittää vuotuisen toimintastrategiapäätöksensä (*Annual Policy Strategy Decision/ décision de stratégie politique annuelle*; ks. luku 1.2.2) tai alustavan talousarvioesityksen esittämisen jälkeen.

Neuvosto oli tiukasti kaikkia Euroopan parlamentin esityksiä vastaan, eikä niistä lopulta sisällytetty yhtäkään uuteen toimielinten sopimukseen.

TS:n lisättiin kuitenkin (parlamentin vaatimuksesta) uusi 4 kohta, jonka mukaan jos "perustamissopimukseen tehdään vuosien 2007-2013 rahoituskehyksen voimassaoloaikana tarkistus, jolla on vaikutuksia talousarvioon, tarvittavat mukautukset tehdään vastaavasti". Näin toimielinten sopimuksessa varauduttiin epäsuorasti perustuslaillisen sopimuksen mahdolliseen voimaantuloon, muodossa tai toisessa.

On myös muistettava, että vuosia 2007-2013 koskevaan rahoituskehykseen liittyy joulukuun 2005 Brysselin Eurooppa-neuvoston päätelmien mukaisesti mahdollisuus *tarkastella niitä uudelleen* (*Review/ réexamen*) vuosina 2008-2009 (ks. luku 17.2.3).

c) Rahoituskehyksen mukauttamiset

Vuoden 2006 TS:ssa säilyy vuoden 1999 TVS:n I osan 25 kohdan periaate (ks. luku 16.3.4.3), jonka mukaan rahoituskehystä voidaan *mukauttaa laajentumisen edellyttämällä tavalla* (I osan 29 kohta[122]).

d) Rahoituskehyksen vuosittaiset mukautukset

i) Tekniset mukautukset

Komissio esitti, että kahden prosentin kiinteän vuosittainen deflaattorin käyttö (jota sovellettiin vuoden 1999 TVS:n aikana maatalous- ja rakennerahastomenoihin eli noin 80 %:iin yleisen talousarvion menoista) ulotettaisiin koskemaan kaikkia menoja – näin voitaisiin välttyä muun muassa vuoden 2005 talousarvioprosessin aikana kohdatuilta yllätyksiltä (ks. Saarilahti & Balsells Traver 2006b, 254-271).

Eräiden jäsenvaltioiden, kuten Saksan ja Yhdistyneen kuningaskunnan, vastustuksesta huolimatta budjettitoimielimet hyväksyivät esityksen *ad referendum* kolmikantakokouksessa 4.4.2006 Strasbourgissa.

Kahden prosentin kiinteän vuosittainen deflaattorin käyttöperiaate on kirjattu TS:n I osan 16 kohtaan. Vuosittaista teknistä mukautusta koskevat säännöt säilyivät muilta osin samanlaisina kuin edellisessä toimielinten välisessä sopimuksessa (ks. luku 17.3.2.3).

Tämän lisäksi vuoden 2006 TS:n I osan 17 kohtaan sisällytettiin uusi säännös *mukautuksesta*, jonka komission tulee tehdä vuoden 2011 teknisen mukautuksen yhteydessä jos ilmenee, että jonkin jäsenvaltion vuosien 2007-2009 *kumulatiivinen bruttokansantulo poikkeaa enemmän kuin ±5 %* sopimusta laadittaessa käytetystä arviosta[123].

---

122 TS:n 29 kohdan mukaan: "Jos uusia jäsenvaltioita liittyy unioniin rahoituskehyksen kattaman ajanjakson aikana, Euroopan parlamentti ja neuvosto mukauttavat yhdessä komission ehdotuksesta ja [toimielinten sopimuksen] 3 kohdan mukaisesti rahoituskehystä laajentumisneuvottelujen tuloksesta johtuvien rahoitustarpeiden huomioon ottamiseksi".

123 TS:n 17 kohdan mukaan: "Jos todetaan, että jonkin jäsenvaltion vuosien 2007–2009 kumulatiivinen bruttokansantulo poikkeaa enemmän kuin ±5 prosenttia tätä sopimusta laadittaessa muodostetusta kumulatiivista bruttokansantuloa koskevasta arviosta, komissio mukauttaa vuotta 2011 koskevan teknisen mukautuksen yhteydessä määriä, jotka kyseiselle jäsenvaltiolle on osoitettu koheesiota tukevista varoista kyseisen kauden aikana. Tällaisten mukautusten positiivinen tai negatiivinen kokonaisnettovaikutus saa olla enintään 3 miljardia euroa. Jos nettovaikutus on positiivinen, lisävarojen kokonaismäärä rajoitetaan alaotsaketta 1 B varten vuosiksi 2007-2010 vahvistettuihin enimmäismääriin nähden käyttämättä jääneeseen osuuteen. Tarvittavat mukautukset

ii) Rahoituskehyksen mukautukset täytäntöönpanon edellytyksiin

Vuoden 1999 TVS:n I osan 16 kohdan mukaisesti (ks. luku 17.3.2.3) komissiolla säilyy vuoden 2006 TS:n I osan 18 kohdan mukaan mahdollisuus ehdottaa maksumääräyksiin käytettävien määrärahojen määrän mukautusta suhteessa maksusitoumuksiin käytettäviin määrärahoihin "täytäntöönpanon edellytykset huomioon ottaen".

TS:n III osan kohtaan 48 sisältyy niin ikään mahdollisuus (vuoden 1999 TVS:n I osan 17 kohdan tapaan, ks. luku 17.3.2.3) *rakennerahastojen, koheesiorahaston, maaseudun kehittämisrahaston ja Euroopan kalastusrahaston mukauttaminen käyttöedellytyksiin*[124]. Kohta otettiin vuoden 2006 toimielinten sopimukseen Espanjan ja Portugalin aloitteesta[125].

e) Rahoituskehyksen muut mukautukset

Vuoden 2006 TS:een sisältyy komission ehdotuksesta myös kaksi uutta mukautusmahdollisuutta, yhtäältä mahdollisuus päivittää vuonna 2010 *vuoden 2013 jälkeisiä maksumäärärahoja koskevia ennakkoarvioita* (TS:n I osan 19 kohta[126]) ja toisaalta *liialliseen julkisen talouden ylijäämään* liittyvät mukautukset (TS:n I osan 20 kohta[127]). Kohtien tosiasiallinen soveltaminen jää nähtäväksi.

17.3.2.4 Mahdollisuudet siirtää määrärahoja otsakkeesta toiseen tai ylittää otsakekohtaiset enimmäismäärät

a) "Kohdentamisjousto"[128]

Komissio esitti alkuperäisessä ehdotuksessaan, että uudessa toimielinten sopimuksessa luovuttaisiin vuoden 1999 TVS:ssa luodusta joustovälineestä (ks. luku 16.3.4.4) ja että väline korvattaisiin mahdollistamalla rahoituskehyksen otsakkeiden ja alaotsakkeiden väliset rajalliset määrärahojen siirrot enimmäismäärien rajoissa. Komissio pohjasi kantansa muun muassa joustovälineen käytöstä saatuihin kokemuksiin[129].

Komission alkuperäisessä ehdotuksessa uudeksi toimielinten sopimukseksi (*KOM(2004) 498 lopullinen*, 14) joustovälineen korvaajaksi esitettyä *kohdentamisjoustoa* (*Reallocaton flexibility/ flexibilité de réaffectation*) käsiteltiin seuraavasti (26 kohta):

"Kohdentamisjouston vuosittainen enimmäismäärä on yhteensä 200 miljoonaa euroa ja siitä on tarkoitus rahoittaa tietylle varainhoitovuodelle osoitettujen varojen rajoissa tarkasti määriteltyjä menoja, joita ei voida kattaa yhden tai useamman muun otsakkeen enimmäismäärien rajoissa käytettävissä olevista määristä.

Se mahdollistaa määrärahojen rajallisen uudelleenkohdentamisen otsakkeiden välillä vuotuisten ylärajojen mukaisesti (...). Komissio tekee ehdotuksen kohdentamisjouston käyt-

---

jaetaan tasasuhtaisesti vuosiksi 2011–2013, ja asianomaisia enimmäismääriä mukautetaan vastaavasti".

124 TS:n 48 kohdan mukaan: "Jos rakennerahastoista, koheesiorahastosta, maaseudun kehittämisrahastosta ja Euroopan kalastusrahastosta annetaan uudet säännöt ja hyväksytään uudet ohjelmat 1 päivän tammikuuta 2007 jälkeen, budjettivallan käyttäjät sitoutuvat antamaan komission ehdotuksesta luvan siirtää seuraaville vuosille varainhoitovuonna 2007 käyttämättä jääneitä määrärahoja vastaavien menojen ylärajoja nostamalla.
Euroopan parlamentti ja neuvosto tekevät päätökset vuoden 2007 käyttämättä jääneiden määrärahojen siirtoa koskevista komission ehdotuksista ennen 1 päivää toukokuuta 2008 [toimielinten sopimuksen] 3 kohdan mukaisesti [eli neuvosto tekee ratkaisunsa määräenemmistöllä ja EP jäsentensä enemmistöllä sekä kolmella viidesosalla annetuista (SEY:n 272 artiklan 9 kohdan viidennessä alakohdan mukaisesti)]".

125 Komissio ehdotti alun perin julistusta. Kohta kuuluisi sisältönsä puolesta toimielinten sopimuksen I osaan, ei III osaan.

126 TS:n 19 kohdan mukaan: "Komissio päivittää vuoden 2013 jälkeisiä maksumäärärahoja koskevia ennakkoarvioita vuonna 2010. Päivityksessä otetaan huomioon jo toteutuneet maksusitoumus- ja maksumäärärahat sekä ennakkoarviot toteuttamisesta. Lisäksi siinä otetaan huomioon säännöt, jotka on annettu sen varmistamiseksi, että maksumäärärahat kehittyvät hallitusti suhteessa maksusitoumusmäärärahoihin, sekä Euroopan unionin bruttokansantuloa (BKTL) koskevat kasvuennusteet".

127 TS:n 20 kohdan mukaan: "Jos koheesiorahastoon liittyvän talousarviositoumuksen jäädyttäminen päättyy liiallisia alijäämiä koskevassa menettelyssä, neuvosto päättää komission ehdotuksesta ja asiaa koskevan perussäädöksen mukaisesti jäädytettyjen sitoumusten siirtämisestä seuraaville vuosille. Jäädytettyjä, vuonna n tehtyjä sitoumuksia ei voida siirtää vuoden n + 2 jälkeisille vuosille".

128 Joustomuoto **ei** sisälly vuoden 2006 toimielinten sopimukseen komission esityksestä huolimatta.

129 Vrt. joustovälineen käyttöön usein liittyvät vaikeat neuvottelut *in* Grossir 2001, 374-393; 2002, 373-393; 2003, 530-541 ja Saarilahti & Balsells Traver 2006a, 88-113; 2006b, 254-276; 2006c, 535-551.

tämisestä tutkittuaan mahdollisuudet kohdentaa määrärahat uudelleen sen otsakkeen sisällä, johon lisämenoja tarvitaan.

Kyseistä varainhoitovuotta koskeva ehdotus voidaan tehdä vuosittaisen talousarviomenettelyn aikana. Komission ehdotus liitetään alustavaan talousarvioesitykseen tai se sisältyy varainhoitoasetuksen mukaisesti annettavaan asianmukaiseen budjettivälineeseen.

Päätös kohdentamisjouston käyttöön ottamisesta tehdään 3 kohdan mukaisesti budjettivallan käyttäjien yhteisellä sopimuksella. Yhteinen sopimus tehdään tämän sopimuksen II osan A jaksossa ja liitteessä II esitetyssä neuvottelumenettelyssä".

Komissio halusi sulkea alaotsakkeen *1b* (*Kasvua ja työllisyyttä edistävä koheesio*) menot kohdentamisjoustolta menojen ollessa "ennalta kohdennettuja määrärahoja" (ks. *The reallocation*... 2004, 1-4).

Jos Euroopan parlamentti olisikin ollut halukas keskustelemaan tästä uudesta joustomuodosta, neuvostossa jäsenvaltioiden ehdoton enemmistö vastusti tiukasti alusta alkaen kaikkinaisia enimmäismäärien välisiä siirtomahdollisuuksia katsoen näiden olevan perustavanlaatuisesti budjettikurin ja rahoituskehyksen perimmäisen tarkoituksen vastaisia. "Kohdentamisjoustoa" ei siten sisällytetty vuoden 2006 toimielinten sopimukseen.

b) Joustoväline

Useiden jäsenvaltioiden komission "kohdentamisjoustoa" vastaan esittämästä vastustuksesta johtuen (ks. yllä, a) kohta) ja Brysselin Eurooppa-neuvostossa joulukuussa 2005 saavutetun sovun jälkeen[130] komissio esitti tarkistetussa ehdotuksessaan (*KOM(2006) 36 lopullinen*, 17-18) vuoden 1999 TVS:ssa luodun *joustovälineen* säilyttämistä, mutta sen vuotuisen enimmäismäärän kasvattamista 700 miljoonaan euroon. Samalla komissio esitti joustovälineelle "monivuotisuusmahdollisuutta" (*Multiannuality/ multiannualité*; 28 kohta). Tämän mukaisesti vuonna *t* tehdyllä päätöksellä voitaisiin sitoutua myös vuoden *t+1* jälkeisiin menoihin.

Euroopan parlamentti oli ennen kaikkea valmis korvaamaan joustovälineen "yksinkertaistetuilla rahoitusnäkymien tarkistamismenettelyillä" (ks. luku 17.3.2.3) tai "uudentyyppisellä joustovarauksella"[131].

Kun parlamentti kuitenkin huomasi, että neuvosto ei tule suostumaan näihin uudistuksiin, se alkoi tarkastella mahdollisuutta hyväksyä – osana "pakettiratkaisua"[132] – vuoden 1999 TVS:n yhteydessä luodun joustovälineen olemassaolon jatkamisen. EP kuitenkin esitti komissiota huomattavasti suurempaa välineen enimmäismäärän korottamista ja muutoksia sen toimintatapaan. Parlamentti myös halusi suurempaa selvyyttä välineen käyttötarkoitukseen, yksinkertaisempaa päätöksentekomenettelyä (ks. luku 17.3.2.3), sekä joustovälineen käytön selkeää erottamista rahoituskehysten muutos- ja tarkistuspäätöksistä[133].

---

130 Brysselin Eurooppa-neuvoston (15.-16.12.2005) päätelmien 6 ja 7 kohdan mukaan ("Toimielinten välisen sopimuksen uusiminen"): "Nykyiset rahoituspuitteet ja toimielinten välinen sopimus ovat pitkälti onnistuneet tavoitteessaan eli ne ovat varmistaneet budjettikurin, menojen kasvun hallitulla tavalla ja budjettimenettelyjen sujuvuuden. Euroopan parlamentin, neuvoston ja komission välillä tehtävässä uudessa sopimuksessa on pyrittävä samoihin tavoitteisiin, ja sen olisi tarjottava mahdollisuus tarvittavaan joustoon, jotta budjettikurin ja määrärahojen tehokkaan kohdentamisen välillä vallitsisi tyydyttävä tasapaino. Varmistaakseen moitteettoman varainhoidon toimielimet huolehtivat mahdollisuuksien mukaan siitä, että alaotsaketta 1 b lukuun ottamatta eri otsakkeiden ja alaotsakkeiden ylärajoihin sisältyy vuosittain riittävästi liikkumavaraa. Lisäksi uusittua sopimusta pitäisi käyttää myös nykyisten budjettiasioita koskevien eri sopimusten ja yhteisten lausumien päivittämiseen ja yksinkertaistamiseen.Tähän mennessä käydyn toimielinten välisen vuoropuhelun perusteella Eurooppa-neuvosto pyytää neuvostoa, yhteisen kannan pohjalta ja mikäli saavutetaan hyväksyttävät ehdot, pyrkimään yhteisymmärrykseen Euroopan parlamentin ja komission kanssa uudesta toimielinten välisestä sopimuksesta, jossa nämä päätelmät on otettu huomioon. Tässä yhteydessä Eurooppa-neuvosto panee merkille, että komissio tulee tekemään konkreettisia ehdotuksia rahoituskehysten joustavuuden lisäämiseksi".

131 "G*eneral flexibility reserve/ instrument; réserve/ mécanisme général(e) de flexibilité*". Välineen keskeisenä osana olisi käyttämättömien määrärahojen ("*Underspends*") uudelleenkäyttö (ks. *Elements*... 2006).

132 Lopulliseen "sopupakettiin" kuuluivat muun muassa uuden III osan lisääminen TS:een, rahoituskehyksen kasvattaminen kahdella–neljällä miljardilla eurolla (laskentatavasta riippuen; ks. luku 17.2.2) verrattuna vuoden 2005 joulukuun Brysselin Eurooppa-neuvoston päätökseen, YUTP:aa koskevat uudet säännöt TS:n II osan 42 ja 43 kohdassa sekä EP:n kantojen huomioon ottaminen vuoden 2002 varainhoitoasetuksen vuoden 2006 muutostyössä (ks. luvut 17.2.1 ja 17.2.2 sekä Meszarits & Wukovitsch 2006, 21-27, Saarilahti 2008a, 108-118; 2008c ja Saarilahti & Krašovec 2008).

133 EP:n mukaan tähän päästäisiin muun muassa säätämällä, että joustovälineellä voidaan puuttua esim. vain yksittäisten *ohjelmien* rahoittamiseen maksimissaan kolmen vuoden ajan (erotuksena rahoituskehyksen *tarkistuksiin*,

Budjettitoimielimet pääsivät lopulta kolmikantakokouksessa Strasbourgissa 4.4.2006 sopuun joustovälinettä koskevan vuoden 1999 TVS:n I osan 24 kohdan säilyttämisestä uudessa toimielinten sopimuksessa *sellaisenaan, yhdellä* poikkeuksella. Poikkeus koskee välineen käytön "periaatteellisen" rajoittamisen (samoihin tarpeisiin kahtena peräkkäisenä varainhoitovuotena[134]) poistamista.

Vuoden 2006 TS:n I osan joustovälinettä koskeva kohta (27 kohta) kuuluu siten:

"Joustovälineen vuosittainen enimmäismäärä on yhteensä 200 miljoonaa euroa (nykyhintoina), ja siitä on tarkoitus rahoittaa tietylle varainhoitovuodelle osoitettujen varojen rajoissa tarkasti määriteltyjä menoja, joita ei voida kattaa yhden tai useamman muun otsakkeen enimmäismäärien rajoissa käytettävissä olevista määristä.

Käyttämättä jäänyt osa vuosittaisesta määrästä voidaan siirtää enintään vuodelle n + 2 saakka. Jos joustovälineestä päätetään irrottaa varoja, käyttöön otetaan ensin siirretyt määrärahat aikajärjestyksessä. Se osa vuoden n vuosittaisesta määrästä, jota ei käytetä vuoden n + 2 kuluessa, peruuntuu.

Komissio tekee ehdotuksen joustovälineen käyttämisestä tutkittuaan kaikki mahdollisuudet kohdentaa määrärahat uudelleen sen otsakkeen sisällä, johon lisämenoja tarvitaan.

Ehdotus koskee joustovälineen käytön perusteita, ja siinä eritellään täytettävät tarpeet ja varojen määrä. Kyseistä varainhoitovuotta koskeva ehdotus voidaan tehdä vuosittaisen talousarviomenettelyn aikana. Komission ehdotus liitetään alustavaan talousarvioesitykseen, tai se sisältyy varainhoitoasetuksen mukaisesti annettavaan asianmukaiseen budjettivälineeseen.

Budjettivallan käyttäjät tekevät yhdessä päätöksen ottaa joustoväline käyttöön 3 kohdan mukaisesti. Sopimus tehdään liitteessä II olevassa C osassa määrätyssä neuvottelumenettelyssä".

"N+2" -säännön osalta toimielinten sopimuksen liitettiin tarkentava yhteinen julistus nro 2, jonka mukaan:

"Komissio antaa vuotuisen budjettimenettelyn yhteydessä budjettivallan käyttäjälle tiedot määrästä, joka on käytettävissä toimielinten sopimuksen 27 kohdassa tarkoitettua joustovälinettä varten.

Päätös, jonka mukaan joustovälineestä otetaan käyttöön yli 200 miljoonaa euroa, edellyttää aina päätöstä määrärahojen siirtämisestä seuraavalle vuodelle".

17.3.2.5 Toteutusvälineiden lukumäärä ja sisältö

Komissio kiinnitti esityksessään vuosia 2007-2013 koskevaksi rahoituskehykseksi erityistä huomiota *toteutusvälineiden tehokkuuteen* ja esityksessä on kokonainen osa (osa III) välineistä ja hallintomallista (*Instruments and Governance/ instruments et gouvernance*) otsikolla "Tavoitteisiin pääsyn takaaminen" (*KOM(2004) 101 lopullinen*, 33-36). Komission mukaan:

"Politiikan onnistuminen riippuu toteutusvälineiden tehokkuudesta ja yleensäkin talouden hallintomallin tarkoituksenmukaisuudesta. Tämä tarkoittaa asianmukaista tehtävänjakoa unionin ja jäsenvaltioiden välillä, asianmukaista yhteisten tavoitteiden painottamista ja johdonmukaisuutta, mukana olevien toimijoiden välistä yksituumaisuutta ja yhteistyötä sekä toteutusvälineiden johdonmukaisuuden ja selkeyden tarkistamista. (...)

Jotta suorituskyky saataisiin mahdollisimman hyväksi, yhteistyön ja kumppanuuden lujittamisen lisäksi tarvitaan myös *aiempaa yksinkertaisempia välineitä, joilla korvataan nykyiset* monimutkaiset päätöksentekovaltuudet ja politiikan välineet paikallis- ja aluetasolta kansalliselle ja EU:n tasolle asti".

"Välineitä yksinkertaistamalla parempiin tuloksiin" -otsikon alla komissio korostaa muun muassa seuraavien periaatteiden huomioon ottamisen tärkeyttä uusia kauden 2007–2013 ohjelmia suunniteltaessa ja toteutettaessa:

- budjettivälineiden valinnassa on otettava huomioon yksinkertaisuutta ja johdonmukaisuutta koskevat perusteet. On syytä yksinkertaistaa mahdollisimman paljon talousarvion rakennetta, välttää päällekkäisiä välineitä ja tarjota rahoituksen saajille ja hallinnointiin osallistuville viranomaisille "yhden luukun toimintamalli",
- strategisten tavoitteiden sekä rahoitusohjelmien puitteiden määrittelyn tulee säilyä komission poliittisena tehtävänä, mutta komission on rajoitettava niiden tapausten määrää, joissa

---

ks. luku 17.3.2.3).

134 Vuoden 1999 TVS:n I osan 24 kohdan kolmas alakohdan mukaan "Sääntönä on, että joustovälinettä ei pidä [*"should not, as a rule/ en règle générale"*] käyttää samoihin tarpeisiin kahtena peräkkäisenä varainhoitovuotena"). Kuten luvussa 16.3.4.4 on esitetty, periaatteesta poikettiin toistuvasti jo vuoden 1999 TVS:n aikana (ks. Taulukko 53).

sillä pysyy välitön toteuttamis- ja hallinnointivastuu,
- resurssimäärän on pysyttävä oikeassa suhteessa verrattuna resurssien käytöstä johtuvaan hallinnolliseen kuormitukseen.
Näiden näkökohtien perusteella komissio esittää seuraavien periaatteiden noudattamista: *"Yksi väline kutakin politiikanalaa kohden, yksi rahoituslähde kutakin ohjelmaa kohden.* EU:n rahoitusvälineet vakiinnutetaan ja järkiperäistetään niin pitkälti kuin mahdollista, jotta *kullakin* toimintamenoista *vastaavalla politiikanalalla* on vain *yksi rahoitusväline*, joka kattaa kaikki sen tukitoimet. Pieniä budjettikohtia yhdistetään kyseisen yhden rahoitusvälineen yhteyteen, vaikka väline vaatii useita oikeusperustoja.
Komissio harkitsee, onko sen omana työnä hoitamalle suoralle hallinnoinnille vaihtoehtoja. Politiikan vaikuttavuuden ja kustannusvaikuttavuuden tapauskohtaisen arvioinnin perusteella olisi käytävä selville, mitkä toimet olisi a) hallinnoitava suoraan perinteisissä ydinosastoissa, b) hallinnoitava toimistoissa tai toimeenpanovirastoissa, jotka toimivat komission valvonnassa, c) annettava hallinnoitavaksi EU:n tasolla "perinteisille" virastoille, jotka ovat toiminnallisesti riippumattomia komissiosta tai d) hallinnoitava hajautetusti yhteistyössä jäsenvaltioiden ja/tai alueiden kanssa" (mts. 35[135]).
Käytännössä erilaisten toteutusvälineiden lukumäärän karsiminen ja sisällön yksinkertaistaminen riippuu pitkälti *lainsäätäjän*, ei komission tai budjettivallan käyttäjän tahdosta. Siten, kuten niin usein aikaisemminkin, vuosia 2007–2013 koskevien lopulta hyväksyttyjen säädösten ja säännösten sisältö muodostui eräiltä osin mutkikkaammiksi kuin mitä komissio alun perin esitti[136]. Ei kuitenkaan voi kiistää, että esim. uudet ulkoisia toimia tai rakennerahastoja koskevat säädökset sisältävät merkittäviä uudistuksia moitteettoman varainhoidon sekä esim. hallinnointi- ja valvontajärjestelmien kannalta. Samalla toteutusvälineiden lukumäärää on karsittu tuntuvasti kauteen 2000-2006 verrattuna (ks. esim. Saarilahti 2008c).

17.3.2.6 Varausten lukumäärä ja toiminta

a) Hätäapuvaraus

Hätäapuvarauksen osalta suurin muutos vuoden 2006 TS:ssa verrattuna vuoden 1999 TVS:een on, että kolmikantakokouksessa 4.4.2006 saavutetun yhteisymmärryksen mukaisesti varaus on rahoituskehyksen ulkopuolella[137]. Perusteena vastoin komission alkuperäistä ehdotusta ja tahtoa tehdylle päätökselle on, että näin saatiin lisättyä määrärahoja EP:n haluamiin otsakkeisiin ja alaotsakkeisiin kasvattamatta rahoituskehyksen menojen ylärajaa[138].

Varauksen vuosittaiseksi suuruudeksi vuosina 2007–2013 sovittiin 221 miljoonaa euroa vuoden 2004 hintoina (TS:n I osan 25 kohdan ensimmäisen alakohdan viimeinen lause). Varaus otetaan yleiseen talousarvioon täysimääräisenä maksusitoumusmäärärahoina[139].

Sillä neuvosto ei hyväksynyt EP:n esittämiä ajatuksia "kevennetyistä päätöksentekomenettelyistä" (ks. luku 17.3.2.3), myös hätäapuvarauksen käyttöön liittyvät menettelyt säilyvät

---

135 Yleisen talousarvion eri hallinnointitavoista, ks. luku 11.9 sekä Van Craeyenest & Saarilahti 2004, 60-68 kohta. Hallinnointitapoihin vuoden 2002 VHA:een vuoden 2006 muutoksessa tehtyjä uudistuksia käsitellään puolestaan artikkelissa Saarilahti & Krašovec 2008, vrt. myös luku 15.

136 Koheesiorahasto- ja rakennerahastosäädösten osalta jo esim. siksi, että joulukuun 2005 Eurooppa-neuvoston niitä koskevat päätelmät muodostuivat varsin seikkaperäisiksi (ks. *Rahoituskehykset*... 2005, 13-59 kohta). Eurooppa-neuvoston päätelmien 17 kohta ("Varojen käytön parantaminen") kuuluu kuitenkin: "Monilla uudistuksilla parannetaan rakennerahastovarojen käyttöä kannustamalla ohjelmatyössä strategisempaan lähestymistapaan, lisäämällä vastuualueiden hajauttamista ja tehostamalla hallinnointi- ja valvontajärjestelmiä. Tässä yhteydessä koheesiorahaston työskentely liitetään rakennerahastotukea koskevaan ohjelmatyöhön tarkoituksena varmistaa suurempi yhdenmukaisuus eri rahastojen välillä".

137 TS:n I osan 25 kohdan toisen alakohdan mukaisesti "(varausta v)astaavat maksusitoumusmäärärahat otetaan talousarvioon ylittämällä tarvittaessa liitteessä I [rahoituskehys 2007-2013] vahvistetut enimmäismäärät".

138 Toisin muotoiltuna jättämällä hätäapuvaraus rahoituskehyksen ulkopuolelle luotiin (vuoden 2004 rahassa) yli 1,5 miljardin euron neuvottelumarginaali suhteessa Brysselin joulukuun 2005 Eurooppa-neuvoston päätelmiin.

139 Vuoden 2007 yleisessä talousarviossa momentti *40 02 42* (234,5 miljoonaa euroa maksusitoumusmäärärahoina ja "p.m." maksumäärärahoina; ks. Saarilahti & Balsells Traver 2007, 312). On huomattava, että budjettikohta "kuuluu" otsakkeeseen *4*, mutta maksusitoumusmäärärahojen määrää ei oteta huomioon liikkumavaraa laskettaessa.
Neuvoston asetuksen (EY, Euratom) N:o 1150/2000, annettu 22 päivänä toukokuuta 2000, yhteisöjen omista varoista tehdyn päätöksen 94/728/EY, Euratom soveltamisesta 10 artiklan 3 kohdan kahdeksannen alakohdan mukaan jos "talousarvion toteutustilanne ei edellytä tuloutuksia (...) hätäapua koskevaan varaukseen varainhoitovuoden tulojen ja menojen välisen tasapainon varmistamiseksi, komissio voi kokonaan tai osaksi jättää tuloutukset tekemättä" (eli olla pyytämättä jäsenvaltioita saattamaan uusia "omia varoja" yhteisöjen käyttöön; EYVL N:o L 130, 31.5.2000, 5).

ennallaan (kolmikantamenettely, ”negatiivinen yhteispäätösmenettely” sekä vaatimus selvittää ensin määrärahojen uudelleenkohdentamismahdollisuudet; ks. luku 11.8.4 ja Liite XVII).

Käyttökokemusten perusteella varauksen soveltamisalaa sen sijaan laajennettiin hieman jälleen aikaisempaan verrattuna (vrt. luvut 6.7.4 ja 11.8.4), neuvoston epäilevästä suhtautumisesta huolimatta (ks. luvut 17.5 ja 17.6). Vuodesta 2007 lähtien hätäapuvarausta voidaan käyttää vastaamaan ”nopeasti kolmansien maiden yksittäisiin avuntarpeisiin, jotka koskevat ensisijaisesti humanitaarisia toimia ja tilanteen edellyttäessä siviilikriisinhallintaa ja väestönsuojelua, kun nämä tarpeet johtuvat tapahtumista, joita ei voitu ennakoida talousarviota laadittaessa” (TS:n I osan 25 kohdan ensimmäinen alakohta).

b) Lainatakuuvaraus

Uudesta toimielinten sopimuksesta puuttuvat kaikki viittaukset *lainatakuuvaraukseen*, sillä niin neuvosto kuin Euroopan parlamenttikin hyväksyivät komission ehdotuksen, jonka mukaan ”määrärahojen ottaminen yleiseen talousarvioon ilman varaukseen liittyviä erityisjärjestelyjä riittää lainatakuurahaston tarpeisiin” (*KOM(2004) 498 lopullinen*, 15; vrt. myös *KOM(2005) 130 lopullinen*, 1-3). Lainatakuuvaraus poistui yleisestä talousarviosta vuonna 2008[140] neuvoston asetuksen N:o 89/2007 muuttamisesta[141] tullessa voimaan.

c) Muut varaukset

Neuvottelujen aikana EP esitti suurta määrää uusia varauksia ”kevennettyine päätöksentekomenettelyineen” (ks. luku 17.3.2.3) keinona joustavoittaa rahoituskehystä. Suuri osa oli parlamentin ”sektoraalisten” valiokuntien esittämiä, ja niistä voidaan mainita muun muassa:

- *kilpailukykyvaraus (Reserve for competitiveness/ réserve pour la compétitivité)* alaotsakkeeseen *1a (Kasvua ja työllisyyttä edistävä kilpailukyky)*, 7 miljardia euroa ,
- *koheesiovaraus (Reserve for cohesion/ réserve pour la cohésion)* alaotsakkeeseen *1b (Kasvua ja työllisyyttä edistävä koheesio)*, 3 miljardia euroa ja
- *”jakamaton yleisvaraus” (”Non-allocated reserve for flexibility/ réserve non-allouée de flexibilité”)*, 3,5 miljoonaa euroa (ks. esim. Meszarits & Wukovitsch 2006, 17).

Neuvosto ei kuitenkaan suostunut näihin ehdotuksiin.

Edellä mainittujen lisäksi parlamentti esitti varattavaksi rahoituskehyksen ulkopuolelle 6,2 miljardia euroa EU:n solidaarisuusrahastolle, 3 miljardia euroa lainatakuuvaraukselle ja 1,5 miljardia euroa uudentyyppiselle hätäapuvaraukselle, vrt. myös ajatus niin kutsutusta uudentyyppisestä ”joustovarauksesta” (luku 17.3.2.4).

17.3.2.7 Rahastot ja niiden toiminta

a) Euroopan unionin solidaarisuusrahasto

Vuoden 2006 toimielinten sopimuksen I osan 26 kohtaan (F-jakso) otettiin *Euroopan unionin solidaarisuusrahastoa* koskeva vuoden 1999 TVS:n täydennys (ks. luku 16.3.4.1). Rahaston tarkoituksena on ”tarjota nopeasti taloudellista apua asiaa koskevassa perussäädöksessä[142] määritellyissä suurkatastrofeissa, jotka tapahtuvat jonkin jäsenvaltion tai ehdokasmaan alueella”. Rahasto jäi vastoin komission ehdotusta[143] neuvoston tahdosta rahoituskehyksen ulkopuo-

---

140 Momentti *01 04 01 13* (*Lainavaraus ja takaus yhteisön ulkopuolisten maiden hyväksi ja näissä maissa myönnettäville lainoille*; 200 miljoonaa euroa, jaksottamaton määräraha) säilyi vuoden 2007 yleisessä talousarviossa, sillä neuvoston päätös oikeusperustasta viivästyi (ks. Saarilahti & Balsells Traver 2007, 303-304 ja alaviite 38). Momentille kirjatut varat siirrettiin vuoden 2007 aikana muille budjettikohdille (ks. Saarilahti 2008a, 171-172)
Maksuille lainatakuurahastoon (ks. luku 6.7.4) merkittiin vuoden 2007 talousarvioon lisäksi ”vastaanottorakenne” (ks. Saarilahti 2004a, 29-30) alamomentille *01 04 01 14* (*Uuteen toimintaan liittyvät maksut takuurahastoon*, ”p.m.”).

141 Neuvoston asetus (EY, Euratom) N:o 89/2007, annettu 30 päivänä tammikuuta 2007, takuurahaston perustamisesta ulkosuhteisiin liittyville hankkeille annetun asetuksen (EY, Euratom) N:o 2728/94 muuttamisesta (EUVL N:o L 22, 31.1.2007, 1-2).

142 EYVL N:o L 311, 14.11.2002, 3-8.

143 Alkuperäisessä toimielinten sopimusta koskevassa ehdotuksessaan komissio esitti rahaston kehittämisestä ”yhteisvastuun ja nopean toiminnan rahoitusvälineeksi”. Rahaston uudeksi nimeksi olisi tämän mukaisesti tullut ”Euroopan yhteisvastuun ja nopean toiminnan rahoitusväline” (*”European Solidarity and Rapid Reaction instrument/ instrument de solidarité européenne et de réaction rapide*”; *KOM(2004) 498 lopullinen*, 15). Ehdotus ei kuitenkaan saavuttanut kannatusta etenkään neuvostossa.
Rahaston sisällyttämistä rahoituskehykseen komissio perusteli ja käsitteli muun muassa seuraavasti: ”Johdonmu-

lelle[144] (ks. luku 17.3.2.1).

Rahaston käyttöön vuosittain osoitettavien määrärahojen yläraja on (nykyhinnoin) miljardi euroa. Kunkin vuoden lokakuun 1 päivänä on kuitenkin oltava jäljellä vähintään neljäsosa vuosittain käytössä olevien varojen määrästä, jotta voidaan kattaa varainhoitovuoden lopulla mahdollisesti syntyvät tarpeet. Sitä osuutta vuotuisesta määrästä, jota ei ole otettu talousarvioon, ei saa siirtää seuraaville vuosille.

Poikkeustapauksissa ja jos rahastossa asiaa koskevassa perussäädöksessä määritellyn katastrofin tapahtumisvuonna jäljellä olevat rahoitusvarat eivät riitä kattamaan budjettivallan käyttäjän tarpeelliseksi katsoman avun määrää, komissio voi ehdottaa erotuksen rahoittamista seuraavaa vuotta varten käytettävissä olevista vuosimääristä. Talousarvioon kunakin vuonna rahastoa varten otettava vuosimäärä ei kuitenkaan missään olosuhteissa saa ylittää yllä mainittua yhtä miljardia euroa.

Kun asiaa koskevassa perussäädöksessä säädetyt edellytykset solidaarisuusrahaston varojen käyttöön ottamiseksi täyttyvät, komissio tekee ehdotuksen rahaston käytöstä. Jos määrärahoja on mahdollista kohdentaa uudelleen sen otsakkeen sisällä, johon lisämenoja tarvitaan, komissio ottaa tämän huomioon tehdessään tarvittavan ehdotuksen varainhoitoasetuksen mukaisesti asianmukaisen budjettivälineen avulla.

Budjettivallan käyttäjät tekevät *yhdessä* päätöksen ottaa solidaarisuusrahasto käyttöön TS:n 3 kohdan mukaisesti[145]. Samaan aikaan kun komissio esittää solidaarisuusrahaston käyttöönottoa koskevan ehdotuksensa, se aloittaa kolmikantamenettelyn, tarvittaessa yksinkertaistetussa muodossa, jotta budjettivallan käyttäjät voivat sopia solidaarisuusrahaston käyttötarpeesta ja tarvittavasta määrästä.

b) Euroopan globalisaatiorahasto

Uusi *globalisaatioon mukautumista tukeva eurooppalainen rahasto (European Globalisation Adjustment Fund/ fonds européen d'ajustement à la mondialisation)* perustuu komission esittämään kasvutavoiterahastoon (*Growth Adjustment Fund/ fonds d'ajustement à la croissance;* ks. alla, kohta *c)*). Komissio kuitenkin muutti ehdotustaan suuresti komission puheenjohtajan budjettivallan käyttäjälle sekä jäsenvaltioiden ja hallitusten päämiehille 20.10.2005 osoittamassa kirjeessään[146] . [147]

---

kaisuuden ja avoimuuden vuoksi on tarpeen sisällyttää solidaarisuusrahasto rahoituskehykseen. Tämä tehdään lisäämällä solidaarisuusrahasto ja vastaavat varat koheesio-otsakkeeseen (1b). Kuten hätäapu- ja lainatakuuvarausten tapauksessa, jotka on tarkoitus liittää Euroopan unioni kansainvälisenä toimijana -otsakkeeseen, uusi luokittelu ei sanelisi ennalta vastaavia talousarviomenettelyjä eikä erityisiä hallinnointimenetelmiä. Varoja käytettäisiin vain tarpeen mukaan" (*KOM(2004) 101 lopullinen*, 38).

144 Tämä ilmaistaan TS:n I osan 26 kohdan neljännessä alakohdassa seuraavasti (vrt. hätäapuvaraus, luku 17.3.2.6): "(Solidaarisuusrahaston käyttöä v)astaavat maksusitoumusmäärärahat otetaan talousarvioon tarvittaessa ylittämällä liitteessä I [rahoituskehys 2007-2013] vahvistetut asianomaisten otsakkeiden enimmäismäärät".
Vuoden 2007 yleisessä talousarviossa on solidaarisuusrahastoa varten merkitty momenteille *13 06 01* ja *13 06 02* "p.m." sekä maksusitoumus- että maksumäärärahoina. Kyseessä on siten jälleen puhdas "vastaanottorakenne". Momentit kuuluvat otsakkeisiin *3b* (*Kansalaisuus*) ja *4* (*EU maailmanlaajuisena toimijana*).

145 Tämän mukaisesti neuvosto tekee ratkaisunsa määräenemmistöllä ja Euroopan parlamentti jäsentensä enemmistöllä sekä kolmella viidesosalla annetuista äänistä (eli SEY:n 272 artiklan 9 kohdan viidennessä alakohdassa määrättyjen äänestyssääntöjen mukaisesti).

146 Kirjeellä pyrittiin edesauttamaan rahoitusnäkymäneuvottelujen uudelleenkäynnistämistä Brysselissä 16.-17.6.2005 pidetyn Eurooppa-neuvoston kokouksen jälkeen. Kokouksessa ei päästy sopuun uudesta rahoituskehyksestä ennen kaikkea Ison-Britannian vastustuksesta johtuen. Puheenjohtajavaltion Luxemburgin "viimeistä sovintoesitystä" vastustivat myös Espanja, Alankomaat, Suomi ja Ruotsi (ks. esim. Meszarits & Wukovitsch 2006, 16-19).

147Komission puheenjohtajan kirje sisälsi myös ajatuksia, joita ei hyväksytty rahoituskehysneuvottelujen kuluessa, kuten rakennerahasto-, koheesio- ja maaseudun kehittämisvarojen "korvamerkitseminen" kilpailukykyä edistäville toimille tai maaseudun kehittämiseen tarkoitettujen varojen kasvattaminen prosentilla vuodessa.
Kirjeessä myös tuettiin EP:n ajamaa ulkoisten toimien suurempaa "demokraattista valvontaa ja koherenssia" (*"Increased democratic scrutiny and coherence of external action"*) sekä kesäkuun 2005 Eurooppa-neuvoston kokouksessa esiin tuotua ajatusta EU:n yleisen talousarvion "perustavanlaatuisesta uudelleentarkastelusta" (otsikolla *"Modernising the budget: a roadmap for review"*) seuraavasti: *"There is a broad consensus on the need for a fundamental review of the EU budget. This will take time, but it also needs to be carefully planned: the European Council should set out the precise parameters and the timetable for this review.*
There is already a built-in agenda of sectoral reviews pre-programmed for the coming years: for the operation of the CAP in 2008, and for the Lisbon strategy in the same year. But a more over-arching review is also needed. The Union should commit itself to carrying out a comprehensive review of all aspects of the organisation of the EU budget expenditure, revenue and structure with a view to ensuring that the budget is equipped to respond to the challenges of the future. The review would be launched by a White Paper on modernisation of spending and

Monien jäsenvaltioiden varsin epäilevästä suhtautumisesta huolimatta (ks. luvut 17.5 ja 17.6) Brysselin Eurooppa-neuvosto hyväksyi ajatuksen päästessään joulukuussa 2005 sopuun rahoituskehyksestä. Tämän perusteella komissio sisällytti rahaston tarkistettuun TS-ehdotukseensa (29 kohta; *KOM(2006) 36 lopullinen*, 18). Myös Euroopan parlamentti hyväksyi ajatuksen uuden rahaston perustamisesta[148].

Sillä rahasto edustaa täysin uudenlaista joustovälinettä (ks. myös esim. *Financing*... 2006), TS:n I osan 28 kohtaa (H-jakso) lainataan tässä *in extenso*:

”Globalisaatioon mukautumista tukevasta eurooppalaisesta rahastosta on tarkoitus tarjota lisätukea työntekijöille, jotka kärsivät maailmankaupassa tapahtuneiden suurten rakennemuutosten seurauksista, ja auttaa kyseisiä työntekijöitä pääsemään takaisin työmarkkinoille.

Rahaston varojen vuosittainen enimmäismäärä on 500 miljoonaa euroa (nykyhintoina), joka voidaan ottaa edellisen vuoden kokonaismenojen enimmäismäärään nähden jäljellä olevasta liikkumavarasta ja/tai kahden edellisen vuoden aikana peruutetuista maksusitoumusmäärärahoista, lukuun ottamatta rahoituskehyksen otsakkeeseen 1 B liittyviä tällaisia määrärahoja.

Määrärahat otetaan Euroopan unionin yleiseen talousarvioon varauksena tavanomaisessa talousarviomenettelyssä heti kun komissio on yksilöinyt riittävät liikkumavarat ja/tai peruuttanut määrärahat toisen alakohdan mukaisesti.

Kun asiaa koskevassa perussäädöksessä säädetyt edellytykset globalisaatioon mukautumista tukevan eurooppalaisen rahaston varojen käyttöön ottamiseksi täyttyvät, komissio tekee ehdotuksen rahaston käytöstä. Budjettivallan käyttäjät tekevät yhdessä päätöksen ottaa globalisaatioon mukautumista tukeva eurooppalainen rahasto käyttöön 3 kohdan mukaisesti.

Samaan aikaan kun komissio esittää rahaston käyttöönottoa koskevan ehdotuksensa, se aloittaa kolmikantamenettelyn, tarvittaessa yksinkertaistetussa muodossa, jotta budjettivallan käyttäjät sopivat rahaston käyttötarpeesta sekä tarvittavasta määrästä, ja esittää budjettivallan käyttäjille asianomaisia budjettikohtia koskevan määrärahasiirtoehdotuksen.

Globalisaatioon mukautumista tukevaan eurooppalaiseen rahastoon liittyvät määrärahasiirrot tehdään varainhoitoasetuksen 24 artiklan 4 kohdan mukaisesti.

Vastaavat maksusitoumusmäärärahat otetaan talousarvioon asianomaiseen budjettikohtaan tarvittaessa ylittämällä liitteessä I vahvistetut enimmäismäärät.”

Ensinnäkin kiinnittyy huomio (rahaston koon lisäksi) siihen, että rahaston määrärahat muodostuvat:

- edellisen vuoden kokonaismenojen enimmäismäärään nähden jäljellä olevasta liikkumavarasta eli *ylärajaan nähden jääneestä liikkumavarasta*[149] *ja/tai*
- kahden edellisen vuoden aikana *peruutetuista maksusitoumusmäärärahoista*.

Rahoituskehyksen alaotsakkeen *1b* määrärahat on kuitenkin jätetty tällaisten määrärahojen ”uudelleenkierrätysmahdollisuuden” ulkopuolelle ensisijaisesti siksi, että määrärahat ovat ”menotavoitteita” (ks. luku 17.3.2.9) ja toissijaisesti siksi, että niitä koskevat omat erityiset rakennerahasto- ja koheesiorahastosäädöksissä annetut säännökset (vrt. myös TS:n III osan 48 kohta).

Toisaalta määrärahat otetaan yleiseen talousarvioon *varauksena* (*Provision*) tavanomaisessa talousarviomenettelyssä vasta kun komissio on yksilöinyt riittävät liikkumavarat ja/ tai peruut-

---

revenue to be put forward by the Commission early in 2009”.

148 Eräänä keskeisenä julkilausuttuna EP:n tavoitteena rahoituskehysneuvottelujen aikana oli erilaisten menettelyjen kehitteleminen käyttämättömien määrärahojen (”*Underspends*”) ”uudelleenkäyttämisen” mahdollistamiseksi, keinona vähentää ylijäämien määrää, mitä monet parlamentin jäsenet pitivät EU:n varojen ”asiattomana palauttamisena jäsenvaltioille” (ks. luku 8). Komission esittämä Globalisaatioon mukautumista tukeva eurooppalainen rahasto nähtiin yhdeksi tällaiseksi keinoksi.Muita EP:n ajamia (ja neuvoston jyrkästi torjumia) keinoja (”uusia rahoituslähteitä”) olivat muun muassa ”uudentyyppinen joustovaraus” (ks. luku 17.3.2.4) sekä uuden *ad hoc* -budjettikohdan (nimeltään ”*Edellisten vuosien saldo*; *Balance of previous years/ solde des années précédentes*”) luominen yleisen talousarvion menopuolelle, rahoituskehyksen ulkopuolelle. Budjettikohdalle kirjattaisiin maksusitoumus- ja maksumäärärahoja vuonna *t* vuoden *t-1* ylijäämästä, ja siltä voisi siirtää määrärahoja tarpeen mukaan muille budjettikohdille komission esityksestä, voimassa olevia määrärahasiirtosääntöjä noudattaen (vrt. EP:n ehdottamat ”kevennetyt päätöksentekomenettelyt”, luku 17.3.2.3), täydennettyinä TS:een kirjatuilla menettelyillä, jos siirto johtaisi otsake- tai alaotsakekohtaisen enimmäismäärän ylittämiseen.

149 ”*Any margin existing under the global expenditure ceiling of the previous year/ marge existant sous le plafond global de dépenses de l'année précédente*”.

tanut määrärahat. Vuoden 2007 yleisessä talousarviossa rahastoa koskee kaksi budjettikohtaa[150], jotka molemmat kuuluvat alaotsakkeeseen *1a* (*Kasvua ja työllisyyttä edistävä kilpailukyky*).

Samoin kuin Euroopan unionin solidaarisuusrahaston tapauksessa (ks. yllä, kohta a)) budjettivallan käyttäjät tekevät *yhdessä* päätöksen globalisaatioon mukautumista tukevan eurooppalaisen rahaston käytöstä TS:n 3 kohdan mukaisesti. Samalla komission on aloitettava kolmikantamenettely, joka voidaan kuitenkin myös käydä "yksinkertaistetussa muodossa". On huomattava, että rahaston käyttöön liittyvät määrärahasiirrot tehdään kuten pakollisia ja ei-pakollisia määrärahoja koskevat siirrot ("*virements mixtes*"; ks. luku 11.5 ja Liite XVII).

Varmemmaksi vakuudeksi TS:n I osan 28 kohdan viimeiseen alakohtaan on kirjattu periaate, jonka mukaan rahastoa vastaavat maksusitoumusmäärärahat otetaan yleiseen talousarvioon asianomaiseen budjettikohtaan "tarvittaessa ylittämällä liitteessä I [rahoituskehys 2007-2013] vahvistetut enimmäismäärät". Tällä estetään se, että määrärahojen "uudelleenkierrätystä" voitaisiin vastustaa sillä perustella, että näin ylitetään asianomaisena vuonna otsakkeen *1a* (*Kasvua ja työllisyyttä edistävä kilpailukyky*) enimmäismäärä[151].

Lainsäädäntövalta antoi rahastoa koskevan asetuksen 20.12.2006[152]. Samalla rahaston viralliseksi nimeksi tuli *Euroopan globalisaatiorahasto* (EGR).

c) "Kasvutavoiterahasto"[153]

Komissio esitti alkuperäisessä uutta toimielinten sopimusta koskevassa ehdotuksessaan erityisen *kasvutavoiterahaston* (*Growth Adjustment Fund/ fonds d'ajustement à la croissance*) luomista. Ehdotuksen 27 kohdan mukaan (*KOM(2004) 498 lopullinen*, 16-17):

"Alaotsake 1a, *Kasvua ja työllisyyttä edistävä kilpailukyky*, sisältää määrärahat kasvutavoiterahastoa varten. Niiden vuotuinen enimmäismäärä on miljardi euroa. Lisäksi voidaan ottaa käyttöön n+2 -säännön mukaisesti kahden koheesiovälineen (Euroopan aluekehitysrahasto ja Euroopan sosiaalirahasto) sidottuja mutta käyttämättä jääneitä määrärahoja tilanteen mukaan enintään miljardi euroa vuodessa.

Kasvutavoiterahaston tarkoituksena on sopeuttaa menot paremmin muuttuviin olosuhteisiin, jotta kasvu- ja koheesiotavoitteet voitaisiin toteuttaa mahdollisimman hyvin, tekemällä menoihin mukautukset, joita tarvitaan kasvuun ja työllisyyteen merkittävästi vaikuttavien odottamattomien tapahtumien vuoksi. Rahaston ansiosta unioni voi reagoida kriiseihin, jotka johtuvat kansainvälisestä kehityksestä talouden ja kaupan alalla. Kun kevään Eurooppa-neuvostossa on tehty vuotuinen arviointi siitä, miten etenemissuunnitelman tavoitteiden toteuttamisessa on edistytty, kasvutavoiterahaston avulla korjataan etenemissuunnitelman tavoitteiden saavuttamisessa havaittuja puutteita lisäämällä tarvittaessa kilpailukykyä tai koheesiota käsitteleviin alaotsakkeisiin kuuluvien rahoitusohjelmien määrärahoja ja edistämällä investointeja ja julkista tukea keskeisille hankkeille.

Komissio tekee kasvutavoiterahaston määrärahojen käyttöönottoa koskevan ehdotuksen, kun käyttöönoton edellytykset täyttyvät. Päätös kasvutavoiterahaston käyttöön ottamisesta hyväksytään 3 kohdan mukaisesti tehtävällä budjettivallan käyttäjien yhteisellä päätöksellä.

Samanaikaisesti määrärahasiirtoa tai rahaston käyttöönottopäätöstä koskevan ehdotuksen esittämisen kanssa komissio aloittaa kolmikantamenettelyn, mahdollisesti yksinkertaistetussa muodossa, jotta budjettivallan käyttäjät voivat päästä yksimielisyyteen rahaston käyttötarpeesta sekä tarvittavasta määrästä".

Rahaston tavoitteena oli siten lisätä alaotsakkeeseen *1a* (*Kasvua ja työllisyyttä edistävä kilpailukyky*) sisältyvien Lissabonin strategiaa tukevien välineiden ja toimien määrärahoja. Ongelmaksi muodostui (rahaston koon lisäksi) ennen kaikkea sen rahoittaminen myös sidotuilla mutta "*n+2*" –säännön[154] perusteella käyttämättä jääneillä määrärahoilla. Käytännössä

---

150 Momentti *04 05 01* (*Euroopan globalisaatiorahasto (EGR)*): "p.m." maksusitoumus- ja maksumäärärahoina sekä momentti *40 02 43* (*Varaus Euroopan globalisaatiorahastoa varten*): 500 miljoonaa euroa maksusitoumus- ja "p.m." maksumäärärahoina.

151 Globalisaatioon mukautumista tukeva eurooppalainen rahasto on siten sekin rahoituskehyksen ulkopuolella, ainakin jos asiaa tarkastellaan *käyttövuoden* näkökulmasta.

152 Euroopan parlamentin ja neuvoston asetus (EY) N:o 1927/2006 Euroopan globalisaatiorahaston perustamisesta (EUVL N:o L 406, 30.12.2006, 1-6 ja oikaisu L 48, 22.2.200, 82-88).

153 Joustomuoto **ei** sisälly vuoden 2006 toimielinten sopimukseen komission esityksestä huolimatta.

154 Sääntö kirjattiin ensimmäistä kertaa neuvoston asetukseen (EY) N:o 1260/1999 rakennerahastoja koskevista yleisistä säännöksistä (31 artiklan 2 kohta; EYVL N:o L 161, 26.6.1999, 26-27).

tämä olisi merkinnyt "menotavoitteiksi" merkittyjen koheesiovarojen (ks. luku 17.3.2.9) siirtämistä toiseen alaotsakkeeseen[155]. Erityisesti "koheesiomaiden" voimakkaan vastustuksen takia komission ehdotus ei koskaan saanut laajempaa kannatusta neuvostossa eikä kasvutavoiterahastoa sisällytetty uuteen toimielinten sopimukseen, vaan sen sijaan luotiin uusi Euroopan globalisaatiorahasto (ks. yllä, kohta b)).

17.3.2.8 "Ennalta määrättyjen" menojen osuus

Rahoitussuunnittelusta[156] saatujen kokemusten perusteella komissio esitti alkuperäisessä ehdotuksessaan uudeksi toimielinten sopimukseksi, että yhteispäätösmenettelyllä päätettyjä monivuotisia ohjelmia koskeviin *rahoituspuitteisiin*[157] (*Financial framework/ enveloppe financière*) sallittaisiin uusi poikkeamisvara. Komission mukaan "lisäys on välttämätön, jotta vuotuiseen talousarvioon saataisiin joustovaraa suhteessa yhteispäätösmenettelyllä hyväksyttyihin ohjeellisiin määriin. Joustovara olisi kuitenkin rajoitettava viiteen prosenttiin, mikä mahdollistaisi vähäiset tarkistukset" (*KOM(2004) 498 lopullinen*, 21).

Käytännössä komissio esitti toimielinten sopimuksen 36 kohdan muotoilua seuraavanlaiseksi: "Yhteispäätösmenettelyssä hyväksyttäviä monivuotisia ohjelmia koskeviin säädöksiin sisältyy säännös, jolla lainsäätäjä vahvistaa kyseisen ohjelman rahoituspuitteet. Budjettivallan käyttäjä pitää tätä määrää ensisijaisena ohjeenaan vuosittaisessa talousarviomenettelyssä.

Alustavaa talousarvioesitystä laatiessaan budjettivallan käyttäjä ja komissio sitoutuvat olemaan poikkeamatta tästä määrästä enempää kuin viisi prosenttia, jollei ilmene uusia objektiivisia ja pysyviä seikkoja, joille on selkeät ja täsmälliset perusteet, ja ottavat erityisesti suoritettujen arviointien perusteella huomioon ohjelman toteuttamisesta saadut tulokset.

Tätä kohtaa ei sovelleta koheesiomäärärahoihin, jotka on hyväksytty yhteispäätösmenettelyllä ja kohdennettu ennalta jäsenvaltiokohtaisesti ja joille on vahvistettu ohjelman koko voimassaoloaikaa koskevat rahoituspuitteet".

Tarkistetussa ehdotuksessaan komissio esitti EP:n aloitteesta liikkumavaran kasvattamista 10 %:iin (*KOM(2006)36 lopullinen*, 22).

Kolmikantakokouksessa Strasbourgissa 4.4.2006 budjettitoimielimet päättivät hyväksyä *ad referendum* komission alunperin ehdottaman *5 %*:n liikkumavaran. Toisaalta neuvoston vaatimuksesta uuden toimielinten sopimuksen II osan 37 kohdan kolmannen alakohdan loppuun lisättiin lause, jonka mukaan liikkumavaran on pysyttävä otsake- ja alaotsakekohtaisten enimmäismäärien puitteissa. Samalla liikkumavaran tulee koskea koko ohjelman kestoa.

Lopullisesti hyväksytyssä muodossaan TS:n 37 artikla kuuluu:

"Kuhunkin yhteispäätösmenettelyssä hyväksyttäviä monivuotisia ohjelmia koskevaan säädökseen sisältyy säännös, jolla lainsäätäjä vahvistaa kyseisen ohjelman rahoituspuitteet.

Budjettivallan käyttäjä pitää tätä määrää ensisijaisena ohjeenaan vuosittaisessa talousarviomenettelyssä.

Alustavaa talousarvioesitystä laatiessaan budjettivallan käyttäjä ja komissio sitoutuvat olemaan poikkeamatta tästä määrästä enempää kuin viisi prosenttia kulloinkin kyseeseen tulevan ohjelman koko keston aikana, jollei ilmene uusia objektiivisia ja pitkäkestoisia seikkoja, joille on selkeät ja täsmälliset perusteet, ja ottavat erityisesti suoritettujen arviointien perusteella huomioon ohjelman toteuttamisesta saadut tulokset. Mikään edellä tarkoitetusta poikkeamisesta seurauksena oleva lisäys ei saa ylittää asianomaisen otsakkeen kulloistakin enimmäismäärää, sanotun kuitenkaan rajoittamatta tässä sopimuksessa tarkoitettujen välineiden käyttöä[158].

Tätä kohtaa ei sovelleta koheesiomäärärahoihin, jotka on hyväksytty yhteispäätösmenettelyllä ja kohdennettu ennalta jäsenvaltiokohtaisesti ja joille on vahvistettu ohjelman koko voimassaoloaikaa koskevat rahoituspuitteet".

Toisaalta vuoden 2006 toimielinten sopimukseen sisällytettiin se yhteinen julkilausuma, jon-

155 Ks. *The Growth Adjustment Fund...* 2004, 1-3, jossa rahaston ajateltu toiminta on esitelty edellä kuvattua seikkaperäisemmin.

156 *Financial programming/ programmation financière*. Vrt. vuoden 2006 talousarvioprosessista saadut kokemukset *in* Saarilahti & Balsells Traver 2006c, 535-551.

157 Erotuksena "ei-yhteispäätösmenettelyllä" päätettyjen monivuotisten ohjelmien *rahoitusohjeille* (*Financial reference/ référence financière*; ks. Saarilahti 2004a, 40-44).

158 Viimeinen, pilkun jälkeinen lauseenpätkä lisättiin EP:n vaatimuksesta.

ka budjettitoimielimet hyväksyivät 16.7.2004[159], ajanjaksolle 2007–2013 päivitettynä. TS:n III osan 46 kohdan[160] mukaan:

”Komissio toimittaa kahdesti vuodessa, ensimmäisen kerran touko-kesäkuussa (yhdessä alustavan talousarvioesityksen mukana seuraavien asiakirjojen kanssa) ja toisen kerran joulu-tammikuussa (talousarvion vahvistamisen jälkeen), rahoituskehyksen otsakkeita 1 A, 2 (ympäristö ja kalastus), 3 A, 3 B ja 4 koskevan täydellisen rahoitussuunnitelman. Asiakirjassa, joka on jäsennelty otsakkeiden, toimintalohkojen ja budjettikohtien mukaisesti, olisi yksilöitävä:

a) voimassa oleva lainsäädäntö monivuotiset ohjelmat ja vuotuiset toimet erotellen:
- monivuotisten ohjelmien osalta komission olisi ilmoitettava noudatettu hyväksymismenettely (yhteispäätös ja kuuleminen), kesto, ohjeelliset määrät ja hallintomenoihin myönnetty osuus;
- vuotuisten toimien (pilottihankkeet ja valmistelutoimet, virastot) ja komission toimivaltansa nojalla rahoittamien toimien osalta komission olisi esitettävä monivuotiset arviot ja (pilottihankkeiden ja valmistelutoimien osalta) liitteessä II olevassa D osassa vahvistettuihin enimmäismäärin nähden käytettävissä olevat liikkumavarat;
b) valmisteilla olevat lainsäädäntöehdotukset: vireillä olevat komission ehdotukset budjettikohdittain (alempi taso), luvuittain ja toimintalohkoittain. Olisi löydettävä järjestely taulukkojen päivittämiseksi aina uuden ehdotuksen hyväksymisen jälkeen rahoitusvaikutusten arvioimiseksi.

Komission olisi tarkasteltava, miten voidaan suorittaa ristiviittaukset rahoitussuunnitelman ja komission lainsäädäntösuunnitelman välillä tarkempien ja luotettavampien ennusteiden esittämiseksi. Komission olisi kunkin lainsäädäntöehdotuksen osalta ilmoitettava, sisältyykö se touko-joulukuun suunnitelmaan. Budjettivallan käyttäjälle olisi ilmoitettava erityisesti:

a) kaikki hyväksytyt uudet säädökset, jotka eivät kuitenkaan sisälly touko–joulukuun asiakirjaan (ja asianomaiset määrät);
b) kaikki valmisteilla olevat lainsäädäntöehdotukset, jotka on esitetty mutta eivät sisälly touko–joulukuun asiakirjaan (ja asianomaiset määrät);
c) komission vuotuisessa lainsäädäntöohjelmassa ennakoitu lainsäädäntö ja ilmoitus toimista, joilla todennäköisesti on rahoitusvaikutuksia (kyllä/ei).

Tarpeen mukaan komission olisi ilmoitettava, mitä muutoksia uudet lainsäädäntöehdotukset aiheuttavat suunnitelmaan.
Komission toimittamien tietojen pohjalta olisi tämän sopimuksen mukaisten kolmikantakokousten yhteydessä aina laadittava tilannearvio”.
Kohta osoittaa budjettivallan käyttäjän ja etenkin Euroopan parlamentin entistä suuremman halun puuttua komission lainsäädäntöesitysten budjettivaikutuksiin sekä niiden seurantaan. Toisaalta on korostettava rahoitussuunnittelun ”indikatiivista luonnetta” ja sen yhteyttä rahoitusta koskevien selvitysten (eli rahoitusselvitysten[161]) sisältämiin tietoihin ehdotettujen toimien budjettivaikutuksista (ks. esim. Saarilahti & Ghignone 2008).

17.3.2.9 Otsakkeiden enimmäismääriin sisältyvä liikkumavara

Edellisten toimielinten välisten sopimusten periaate liikkumavarojen säilyttämisen tärkeydestä säilyy sellaisenaan myös vuoden 2006 toimielinten sopimuksessa. Siten TS:n I osan 13 kohdan toisen alakohdan mukaan: ”Varmistaakseen varainhoidon moitteettomuuden toimielimet huolehtivat mahdollisuuksien mukaan siitä, että talousarviomenettelyn kuluessa ja talousarviota hyväksyttäessä eri otsakkeiden, lukuun ottamatta rahoituskehyksen alaotsaketta 1 B (Kasvua ja työllisyyttä edistävä koheesio), ylärajoihin [enimmäismääriin] jätetään riittävästi liikkumavaraa”.

---

159 Lausuma hyväksyttiin vuotta 2005 koskevaa talousarviota koskevan neuvottelukokouksen aikana (ks. Saarilahti & Balsells Traver 2006b, 261; 2007, 307).
160 Jakso C. Suomenkielinen TS käyttää III osan C-jaksosta nimitystä ”Rahoitussuunnitelmat”. Parempi käännös olisi kenties ollut vakiintunut käsite ”rahoitussuunnittelu”.
161 *Financial statement/ fiche financière.* Vuoden 2002 VHA:n 28 artiklan 1 kohdan (vrt. vuoden 1977 VHA:n 3 artikla) mukaan ”(j)okaiseen lainsäätäjälle esitettävään ehdotukseen, joka saattaa vaikuttaa talousarvioon sekä henkilöstön määrään, on sisällytettävä rahoitusselvitys (sekä vuoden 2002 VHA:n 27 artiklan 4 kohdan mukaiset arvioinnit)”. Rahoitusselvityksen tarkempi sisältö sekä ajan tasalle saattaminen on määritelty vuoden 2002 VHA:n 28 artiklan 2 ja 3 kohdassa.

On huomattava että kuten aikaisemminkin (ks. luku 16.3.4.8), "koheesiomenot" säilyvät "menotavoitteina".

Vuosien 2007 ja 2008 talousarvioprosessien mukaiset otsake- ja alaotsakekohtaiset liikkumavarat[162] on esitetty Taulukossa 64.

Taulukko 64. Liikkumavarat vuosina 2007 ja 2008
(Lähde/ *Source*: Saarilahti & Balsells Traver 2007, 331-334, Saarilahti 2008a, 198-200).
Table 64. Margins in 2007 and 2008.
Tableau 64. Les marges en 2007 et 2008.

	2007			2008		
Otsake/ *Heading*:	**A**	**B**	**C**	**A**	**B**	**C**
1. Kestävä kasvu/ *Sustainable Growth*	122,3	136,1	50,0	87,6	354,0	-188,9*
%	0,2	0,3	0,1	0,2	0,6	
1a Kasvua ja työllisyyttä edistävä kilpailukyky/ *Competitiveness for Growth and Employment*	121,9	135,7	49,8	76,6	343,0	-200,0*
%	1,4	1,5	0,6	0,8	3,5	
1b Kasvua ja työllisyyttä edistävä koheesio/ *Cohesion for Growth and Employment*	0,4	0,4	0,2	11,1	11,1	11,1
%	0,0	0,0	0,0	0,0	0,0	0,0
2. Luonnonvarojen suojelu ja hallinta/ *Preservation and management of natural resources*	1 133,4	1 879,9	2 100,8	2 524,2	3 077,3	3 758,9
%	1,9	3,2	3,6	4,3	5,2	6,4
3. Kansalaisuus, vapaus, turvallisuus ja oikeus/ *Citizenship, freedom, security and justice*	98,6	124,7	26,6	72,5	91,3	19,1
%	7,7	9,8	2,1	5,3	6,7	1,4
3a Vapaus, turvallisuus ja oikeus/ *Freedom, Security and Justice*	65,7	75,3	13,2	56,0	60,3	19,0
%	10,3	11,8	2,1	7,5	8,1	2,5
3b Kansalaisuus/ *Citizenship*	32,9	49,4	13,4	16,5	31,1	0,2
%	5,2	7,8	2,1	2,7	5,0	0,0
4. EU maailmanlaajuisena toimijana/ *EU as a global player*	111,0	219,66	0,1	329,8	112,2	-70,0**
%	1,7	3,3	0,0	4,7	1,6	
5. Hallinto/ *Administration*	160,8	285,2	172,6	170,6	266,8	173,1
%	2,3	4,0	2,4	2,3	3,6	2,3
6. Korvaukset/ *Compensations*	0,4	0,4	0,4	0,4	0,4	0,4
%	0,1	0,1	0,1	0,2	0,2	0,2
Liikkumavara yhteensä/ *Total margin*	**1 625,5**	**2 645,8**	**2 350,2**	**3 185,0**	**3 902,0**	**3 692,6**
%	**1,3**	**2,1**	**1,8**	**2,4**	**2,9**	**2,8**

* Turvautuminen joustovälineeseen (200 miljoonaa euroa)/ *Use of Flexibility instrument (200 million euros)*
** Turvautuminen joustovälineeseen/ *Use of Flexibility instrument*
A: Alustava talousarvioesitys/ *Preliminary Draft Budget*
B: Talousarvioesitys (neuvoston I käsittely)/ *Draft Budget (Council's First Reading)*
C: Hyväksytty yleinen talousarvio/ *Adopted general budget*

On erityisesti huomattava, ettei vuoden 2007 talousarvioprosessin aikana turvauduttu lainkaan joustovälineeseen. Toisaalta on huomattava otsakkeen *4* (*EU maailmanlaajuisena toimijana*) erittäin pieni liikkumavara vuonna 2007 (67 000 euroa). Vuonna 2008 palattiin "normaalimpaan" käytäntöön, ja budjettitoimielimet sopivat joustovälineen käytöstä (70 miljoonaa euroa maksusitoumusmäärärahoina) otsakkeessa *4* rahoittamaan YUTP:n menoja. Joustovälinettä käytettiin myös alaotsakkeen *1a* (*Kasvua ja työllisyyttä edistävä kilpailukyky*) menoille rahoittamaan Euroopan maailmanlaajuisen satelliittinavigointijärjestelmän ohjelmia "Galileo" ja "Egnos" (200 miljoonaa euroa maksusitoumusmäärärahoina; ks. Saarilahti 2008a, 188).

17.3.2.10 Menojen uudelleenkohdentamismahdollisuudet otsakkeissa ja alaotsakkeissa

Vuoden 2006 toimielinten sopimus ei tuo periaatteeseen mitään uutta, vaan edellisen toimielinten välisen sopimuksen mukaisesti (ks. luku 16.3.4.9) se säilyy budjettikuriin liittyvänä yleisenä periaatteena, jonka soveltamista tulisi tarkastella erikseen jokaisen TS:n kohdan toimeenpanon yhteydessä.

---

162 On myös huomattava, että ylärajaan *t-1* nähden jäänyt liikkumavara voidaan tästedes käyttää uuden Euroopan globalisaatiorahaston tarpeisiin (ks. luku 17.3.2.7).

17.3.2.11 Muut jouston muodot: yleisen talousarvion rakennejousto

Vuoden 2006 TS:n 33 kohdan viimeinen alakohta sisältää yleisen talousarvion rakennejouston kannalta mielenkiintoisen lisän. Kohdan mukaan "(v)arainhoidon moitteettomuuden varmistamiseksi, ja koska budjettinimikkeistön osastojen ja lukujen nimiin tehtävät merkittävät muutokset vaikuttavat varainhoitoa koskevaan komission yksiköiden raportointivastuuseen, budjettivallan käyttäjät sitoutuvat keskustelemaan komission kanssa kaikista tällaisista merkittävistä muutoksista neuvottelumenettelyn yhteydessä". Sillä kohtaa ei sovellettu vuosien 2007 ja 2008 talousarvioprosessien aikana sen tosiasiallinen merkitys jää edelleen nähtäväksi.

17.4 Vuoden 2006 toimielinten sopimuksen ja vuosien 2007–2013 rahoituskehyksen joustavuus

Vuoden 2006 TS:n ja vuodet 2007–2013 kattavan rahoituskehyksen eri joustomuodot on syntetisoitu seuraavalla sivulla Taulukossa 65.

Lukuun ottamatta rahoituskehyksen *rakenteeseen* liittyviä tekijöitä, joiden merkitystä ei sovi aliarvioida kehyksen joustavuuden kannalta (ks. luku 17.3.2.1) voidaan todeta, että vuoden 2006 TS:ssa ja siihen liittyvässä vuosia 2007–2013 koskevassa rahoituskehyksessä ei tapahtunut *huomattavia* muutoksia suhteessa vuoden 1999 TVS:n ja siihen liittyvien vuosia 2000 –2006 koskevien rahoitusnäkymien joustavuuteen[163].

Näin voidaan todeta siitäkin huolimatta, että Euroopan parlamentin eräänä keskeisenä julkilausuttuna tavoitteena oli EU:n rahoitusnäkymien "joustavoittaminen" ei pelkästään edellisen kauden kokemusten perusteella, vaan myös siksi, että parlamentti halusi "kompensoida" joulukuun 2005 Eurooppa-neuvoston sopimat komission esittämää "huomattavasti alhaisemmat menokatot yksinkertaisemmilla menettelyillä ylittää katot" (ks. Böge 2006).

Käytännössä esim. rahoituskehyksen *muutoksia, tarkistuksia*[164], *mukauttamisia* ja *mukautuksia* koskevat menettelyt (mukaan luettuina päätöksentekomenettelyt EP:n tavoitteista huolimatta) säilyvät samanlaisina kuin edellisessä TVS:ssa (ks. luku 17.3.2.3[165]). Toisaalta vuoden 1999 TVS:ssa luotu *joustoväline* jatkaa olemassaoloaan käytännössä sellaisenaan, eikä sitä esim. korvattu tai täydennetty komission esittämällä "kohdentamisjoustolla" (ks. luku 17.3.2.4).

EU:n solidaarisuusrahasto pysyy tavoitteiltaan ja määrältään samanlaisena kuin aikaisemmin. Rahasto myös säilyy rahoituskehyksen ulkopuolella[166] (ks. luku 17.3.2.7).

Euroopan globalisaatiorahasto on sen sijaan uusi joustoelementti. Rahasto on sitäkin mielenkiintoisempi, sillä sen määrärahat perustuvat ylärajaan *t-1* nähden jääneeseen liikkumavaraan ja/tai peruuntuneisiin maksusitoumusmäärärahoihin (ks. luku 17.3.2.7). Se on siten samalla ainoa TS:een sisällytetty väline, joka vastaa EP:n ajamia ajatuksia luoda uuteen toimielinten sopimukseen menettelyjä käyttämättömien määrärahojen ("*Underspends*") uudelleenkäyttämiseksi (ks. luku 17.3.2.7).

Rahaston tosiasiallinen merkitys[167] ja käyttö rahoituskehyskaudella jää kuitenkin nähtäväksi[168].

---

163 On huomattava, että myös rahoitusnäkymien ajateltu *kesto* säilyi samana kuin vuosina 1993-1999 ja 2000-2006, vrt. kuitenkin ajatus niiden *uudelleentarkastelusta* (*Review- réexamen*) vuosina 2008-2009 (ks. luku 17.2.3).

164 On huomattava, että komissio esitti vuoden 2006 TS:n vuosia 2007-2013 koskevan rahoituskehyksen muuttamista ja tarkistamista (Amendment and revision/ modification et révision) jo lokakuussa 2007, ennen kaikkea *Global Navigation Satellite System* (GNSS) -ohjelmiin ("Egnos" ja "Galileo") sekä Euroopan innovaatio- ja teknologiainstituuttiin liittyvien rahoitusongelmien takia (ks. *COM(2007) 549 final/2*). Budjettitoimielimet pääsivät *ad referendum* sopuun rahoituskehyksen tarkistamisesta sopimuksen 21-23 kohdan perustella talousarvioneuvottelukokouksessa, joka edeltää neuvoston vuoden 2008 talousarvioesityksen toista käsittelyä, 23.11.2007 Brysselissä (ks. Saarilahti 2008a, 186-204). EP ja neuvosto allekirjoittavat päätöksen RK:n muuttamisesta 18.12.2007 Brysselissä (EUVL N:o L 6, 10.1.2008, 7-8).

165 Kahden prosentin kiinteän vuosittaisen deflaattorin käyttö ja mahdolliseen liialliseen julkisen talouden ylijäämään liittyvät mukautukset (ks. luku 17.3.2.3) ovat uusia menettelyjä.

166 On huomattava, ettei vuosia 2007-2013 koskevaan rahoituskehykseen sisällytetä muitakaan komission esittämiä rahastoja, kuten Euroopan kehitysrahastoja (ks. luku 17.3.2.1 ja *KOM(2004) 101 lopullinen*, 30). Tietynasteista yksinkertaistamista edustaa tietenkin EU:n solidaarisuusrahastoa koskevien kohtien ottaminen uuteen TS:een TVS:n "täydennyksen" sijaan (ks. luvut 16.3.4.2 ja 17.3.2.7).

167 Tässä yhteydessä on muistutettava rahaston luomiseen liittyneistä suurista varauksista etenkin eräiden jäsenvaltioiden keskuudessa (ks. luku 17.3.2.7).

168 Globalisaatiorahaston ensimmäisestä toimintavuodesta saatuja kokemuksia tarkastellaan esim. artikkelissa Saarilahti & Ghignone 2008.

Taulukko 65. Vuoden 2006 toimielinten sopimuksen ja vuosia 2007–2013 koskevan rahoituskehyksen pääasialliset joustomuodot.

Table 65. Main components of the flexibility of the IIA of 17 May 2006 and of the Financial Framework 2007–2013.

Tableau 65. Principaux éléments de la flexibilité de l'AII du 17 mai 2006 et du cadre financier pour 2007–2013.

	Monivuotinen/ *Pluriannual*	**Vuotuinen/ *Annual***
RN:ien taso ***FP level***	**Rahoituskehyksen kesto ja rakenne:** ***Duration and structure of the FF:*** - 7 vuotta (TS:n 4 kohta) *- 7 Years (Point 4 of the IIA)* - 6 otsaketta, 4 alaotsaketta ja 1 menokatto *- 6 Headings, 4 sub-Headings and 1 Ceiling* TS: 3 osaa, 49 kohtaa, 4 liitettä ja 13 julistusta** * *IIA: 3 Parts, 49 Pts, 4 Annexes and 13 Declar.** ** **Rahoituskehyksen muutokset ja tarkistukset** **:** ***Changes to and revision of the FF** **:*** - TS:n 5 ja 21-23 kohta *- Point 5 and 21-23 of the IIA* **Rahoituskehyksen mukautus laajentumiseen:** ***Adjustment of the FF to cater for enlargement:*** - TS:n 29 kohta *- Point 29 of the IIA*	**Ennakoimattomiin menoihin varattu marginaali:** ***Margin for unforeseen expenditure:*** - 0,18 -> 0,30 %* **Rahoituskehyksen mukautukset:** ***Adjustments of the FF:*** Tekninen mukautus: vuosittain** (TS:n 16 kohta) *Technical adjustments: annually** (Point 16 of the IIA)* Erityistapaus: vuoden 2011 mukautus (TS:n 17 kohta) *Special case: adjustment for year 2011 (Point 17 of IIA)* Täytäntöönpanon edellytyksiin liittyvä mukautus: TS:n 18 kohta *Adjustments connected with implementation: Point 18 of the IIA* Vuoden 2013 jälkeisiä MMR koskevien ennakkoarvioiden päivittäminen: TS:n 19 kohta *Updating of forecasts for payment appropriations after 2013: Point 19 of the IIA* Liialliseen julkisen talouden ylijäämään liittyvät mukautukset: TS:n 20 kohta *Adjustements connected with excessive governement deficits: Point 20 of the IIA* Rakennerahastoihin liittyvä mukautus: TS:n 48 kohta *Adjustment related to Structural Funds: Point 48 of IIA* **Mahdollisuudet siirtää määrärahoja otsakkeesta toiseen tai ylittää otsakekohtainen enimmäismäärä:** ***Possibility to transfer appropriations between Headings or to exceed Headings:*** - Joustoväline (TS:n 27 kohta) *- Flexibility instrument (Point 27 of the IIA)*
Erityisvälineet ***Special instruments***	**Toteutusvälineiden lukumäärä ja sisältö:** ***Number and content of the various instruments:*** - erityinen huomio näiden määrään ja yksinkertaisuuteen *- Special attention to number and simplification*	**Varaukset ja niiden toiminta:** ***Reserves and their functioning:*** Hätäapuvaraus** ** ** (TS:n 25 kohta) *Emergency Aid reserve** ** ** (Point 25 of the IIA)* Lainatakuuvaraus: uudet säännöt *Loan Guarantee reserve: new rules* **Rahastot ja niiden toiminta:** ***Funds and their functioning:*** EU:n solidaarisuusrahasto** ** ** (TS:n 26 kohta) *EU Solidarity Fund** ** ** (Point 26 of the IIA)* Globalisaatioon mukautumista tukeva eurooppalainen rahasto** ** ** * (TS:n 28 kohta) *European Globalisation Adjustment Fund** ** ** * (Point 28 of the IIA)*
Budjettiprosessin taso ***Budget procedure level***	**Rahoituspuitteiden ja -ohjeiden avulla "ennalta määrättyjen" menojen osuus (TS:n 37-40 k.):** ***Share of spending "predetermined" by the reference amounts etc. (Points 37-40 of the IIA):*** - Uusi 5 %:n joustovara (TS:n 37 kohdan 2 alak.) *- New 5 % flexibility (Point 37 (2) of IIA)*	**Otsakkeisiin sisältyvä liikkumavara:** ***Margins available beneath the ceilings for the various Headings:*** - vuosittain** ** * (TS:n 13 kohta) *- Annually** ** * (Point 13 of the IIA)* **Menojen uudelleenkohdentaminen eri otsakkeissa:** ***Reallocation of expenditure under the different Headings:*** - vuosittain (yleisperiaate, vrt. myös TS:n 23 kohta) *- Annually (General principle, see also Point 23 of IIA)*

* Keskimäärin 0,24 % ajanjaksolla 2007-2013/ *0,24 % on average for the period 2007-2013*
** Kahden prosentin kiinteän vuosittaisen deflaattorin käyttö/ *Fixed deflator of 2 % a year*
** * Julistus nro 3 sisältää kaksi julistusta/ *Declaration No 3 contains two declarations*
** ** Erotettava 0,03 %:n rajan ylittävät ja alittavat tarkistukset (TS:n 22 kohdan toinen ja kolmas alakohta)/ *A distiction is made between a revision up to and above 0,03 % (Point 22 (2 and 3) of the IIA)*
** ** * Lukuun ottamatta alaotsaketta 1b (TS:n 13 kohdan 2 alakohta)/ *Except sub-Heading 1b (Point 13 (2) of the IIA)*
** ** ** Rahoituskehyksen ulkopuolella/ *Outside the Financial Framework*
** ** ** * Rahoitus perustuu enimmäismääriin käyttämättä jääneisiin liikkumavaroihin ja/tai peruuntuneisiin maksusitoumusmäärärahoihin/ *Financed by way of margins existing under ceilings of previous years and/or from cancelled CA*

Myös yhteispäätösmenettelyllä päätettyjä monivuotisia ohjelmia koskeviin *rahoituspuitteisiin sisältyvä 5 %:n lisäjoustovara* on uutta. Sen avulla voidaan aikaisempaa paremmin ottaa huomioon esim. ohjelmien toimeenpanon tosiasiallinen eteneminen. Toisaalta joustovarasta voi muodostua vaikeakin neuvotteluongelma etenkin rahoitusnäkymäkauden loppupuolella, vuoden 2006 talousarvioprosessiesimerkin mukaisesti (ks. Saarilahti & Balsells Traver 2006c, 530-551).

Uutta ovat myös *hätäapuvarauksen* ottaminen rahoituskehyksen ulkopuolella – menettelyllä edesautettiin rahoitusnäkymäsovun syntymistä EP:n kanssa – sekä *lainatakuuvarauksen* korvaaminen – komission esityksen mukaisesti – "tavanomaisella budjettikohdalla" (ks. luku 17.3.2.6). Näillä uudistuksilla on kuitenkin vain rajallista merkitystä rahoituskehyksen joustavuuden kannalta.

Mainitsemisen arvoista on myös *ennakoimattomiin menoihin varatun marginaalin* kasvu ajanjaksolla 2007-2013 sekä erilaisten *toteutusvälineiden* määrän pieneneminen ja sisällön ainakin tietynasteinen "yksinkertaistaminen" verrattuna edelliseen rahoitusnäkymäkauteen (ks. Saarilahti 2008c).

Kuviossa 29 seuraavalla sivulla on Kuvioiden 26 (luku 16.3.2), 27 (luku 16.3.3) ja 28 (luku 16.4) tapaan kerätty yhteen eräät joustomuodot.

Joustomuotojen pienet, "inkrementalistiset" muutokset edelliseen kauteen verrattuna eivät sinällään ole yllättäviä, vaan ovat pikemminkin sääntö kuin poikkeus toisiaan seuraavissa toimielin välisissä sopimuksissa ja niihin liittyvissä rahoitusnäkymissä (ks. luvut 6.6, 7.5 ja 16, vrt. myös esim. Baas 2007, 1283-1304). Tällaiset "pienet muutokset" ovat seurausta useasta tekijästä. Yhtäältä on muistettava jäsenvaltioiden perinteinen varovaisuus etenkin 1990-luvulta lähtien kaikkia sellaisia muutoksia tai uudistuksia kohtaan, jotka voivat toimia – tavalla tai toisella – budjettikurin yleistä periaatetta vastaan[169]. Tämän mukaisesti neuvosto on ollut varsin haluton keskustelemaan mistään perustavanlaatuisista joustomuotojen muutoksista.

Toisaalta on muistettava jäsenvaltioiden "taloudelliset ja poliittiset realiteetit"[170], jotka sen lisäksi, että ne vaikeuttivat sovun syntymistä Eurooppa-neuvostossa kesäkuussa 2005[171], eivät ollut omiaan lisäämään neuvoston jäsenten suopeutta sellaisia menettelyjä kohtaan, jotka mahdollisesti johtaisivat sovittujen menokattojen ylityksiin.

Ei myöskään pidä vähätellä erilaisten "institutionaalisten" tai "poliittisten" tekijöiden vaikutusta: budjettitoimielinten (jotka ovat kaukana monoliittisista toimijoista joina ne toisinaan halutaan esittää) sisäiset kiistat, EP:n ja komission vaihtuminen vuonna 2004 (mikä osaltaan vaikeutti näiden toimielinten tavoitteiden asetantaa ja saavuttamista), koettu tai todellinen "johtajuuden" tai "suunnan" puute (ks. esim. Rey 2006) tai "yleinen mielipideilmasto" Euroopan unionissa (erityisesti Ranskan ja Alankomaiden vuoden 2005 kansanäänestysten) jälkeen), kaikki voivat olla tekijöitä, jotka omalta osaltaan selittävät, paitsi rahoituskehyksen määrärahakattojen yleisen kehityksen, myös eri joustomuodoissa tapahtuneita muutoksia – tai muutosten puutetta.

On niin ikään syytä muistaa rahoituskehykseen "sisäänrakennettu" ajatus niiden *uudelleentarkastelusta* (ks. luku 17.2.3), mikä voi myös johtaa eri joustomuotojen muutoksiin vuosien 2008-2009 jälkeen. Toisaalta EU:n laajentuminen tai reformisopimuksen voimaantulo voivat myös tuoda mukanaan muutoksia TS:n 4 ja 29 kohdan mukaisesti (ks. luku 17.3.2.3).

On lopuksi syytä huomata, että EU:n kokonaismenojen on tarkoitus *laskea* suhteessa yhteenlaskettuun BKTL:oon rahoituskehyskauden aika – tällaista "ohjelmoitua" yleisen talousarvion supistamista ei tapahtunut koskaan rahoitusnäkymien olemassaoloaikana.

Kuvioon 30 seuraavalla sivulla on koottu Kuvioissa 26 (luku 16.3.2), 27 (luku 16.3.3), 28 (luku 16.4) ja 29 (luku 17.4) lähemmän tarkastelun kohteeksi valittujen eri joustomuotojen kehitys vuosina 1988–2007.

---

169 Vrt. myös Eurooppa-neuvoston päätelmät, joiden mukaan "olemassa olevat joustomuodot riittävät hyvin" (ks. luku 17.1).

170 Vrt. Saksan, Alankomaiden, Yhdistyneen kuningaskunnan, Ranskan, Ruotsin ja Itävallan valtion- ja hallitusten päämiesten komission puheenjohtajalle 15.12.2003 lähettämä kirje, jossa pyydettiin rajoittamaan EU:n menot prosenttiin EU:n bruttokansantulosta ("*Average expenditure during the next financial perspective should in our view be stabilised around current expenditure levels, and should not exceed 1,0 % of GNI*"). Jäsenvaltioiden suhtautumista joustomuotojen muutoksiin vuoden 2006 TS:n ja vuosien 2007-2013 rahoitusnäkymäneuvottelujen aikana on tarkasteltu lähemmin luvussa 17.5.

171 "Taloudellisia realiteetteja" ei kuitenkaan pidä ottaa huomioon vain 2000-luvulla, ks. luku 8.

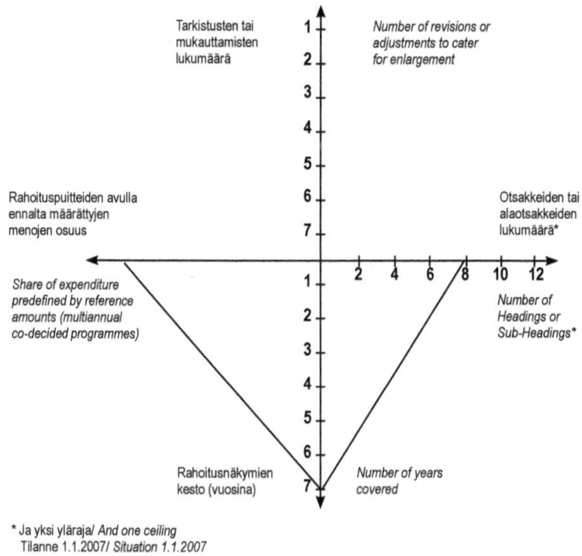

Kuvio 29. Vuoden 2006 toimielinten sopimuksen ja vuosia 2007–2013 koskevan rahoituskehyksen keskeiset joustomuodot.

Figure 29. Main components of the flexibility of the IIA of 17 May 2006 and of the Financial Framework 2007–2013.

Graphique 29. Principaux éléments de la flexibilité de l'AII du 17 mai 2006 et du cadre financier pour 2007–2013.

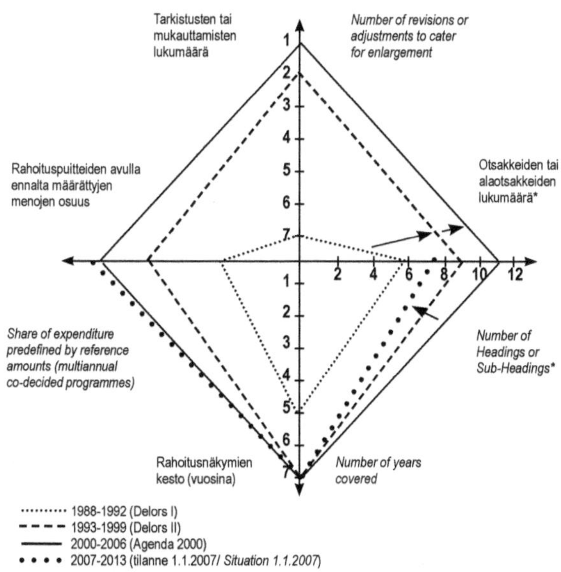

Kuvio 30. Eräiden toimielinten (välisten) sopimusten joutavuuden muotojen kehitys vuosina 1988–2007.

Figure 30. Development of a number of selected components of flexibility in the Interinstitutional Agreements from 1988 to 2007.

Graphique 30. Développement de certains éléments de flexibilité dans les accords interinstitutionnels de 1988 à 2007.

339

Kuvio 30 on laadittu siten että mitä suurempi vinoneliö, sitä (teoriassa) joustamattomampi rahoitusnäkymäkausi[172]. Siten kaikkien tarkastelun kohteeksi valittujen tekijöiden osalta joustamattomuus lisääntyi toisiaan seuraavien rahoitusnäkymäkausien myötä. Tähän ovat syynä niin entistä yksityiskohtaisemmat toimielinten väliset sopimukset ja rahoitusnäkymätaulukot kuin neuvoston kasvava haluttomuus tarkistaa näkymiä sopimusten voimassaoloaikana tai yhteispäätösmenettelyllä päätettyjen monivuotisten ohjelmien määrän (ja niin suhteellisen kuin absoluuttisenkin budjettiosuuden) kasvu.

Vuoden 2006 TS ja vuosia 2007–2013 koskeva rahoituskehys toi ensimmäistä kertaa muutoksen sen karsiessa otsakkeiden ja alaotsakkeiden määrää. Toisaalta tätä kirjoitettaessa joulukuussa 2007 on vielä liian aikaista ennakoida uuden toimielinten sopimuksen tosiasiallista toimeenpanoa koko aikajaksolla 2007–2013[173].

172 On lisäksi huomattava, että ennen vuotta 1988 EY:n menot jakautuivat periaatteessa *kahteen* luokkaan (pakolliset ja ei-pakolliset menot) eivätkä ne olleet sidottuja monivuotisiin rahoitusnäkymiin.

173 On kuitenkin muistettava, että budjettitoimielimet sopivat ensimmäisestä rahoituskehyksen tarkistuksesta jo vuoden 2007 lopulla (ks. yllä).

LÄHTEET

COBU	Commission des budgets du PE/ Committee on Budgets of the EP
COM	European Commission/ Commission européenne
EP	Euroopan parlamentti/ European Parliament
EPAP	European Press Academic Publishing
EUI	European University Institute
PE	Parlement européen
RMC(&UE)	*Revue du Marché commun* (*et de l'Union européenne*)
RSCAS	Robert Schuman Centre for Advanced Studies
*	Julkaisematon (*Unpublished*)

Baas, Auke: 1982 – 2007 : 25 Ans d'Accords Interinstitutionnels Budgétaires. *European Business Law Review 18 (2007): 6 (December)*. 1283-1304.

Baché, Jean-Pierre: Agenda 2000 : les enjeux et les résultats de la négociation sur le cadre financier pour la période 2000-2006. *RMC&UE 42 (1999): 429 (juin)*. 372-379.

Berliinin Eurooppa-neuvosto 24.-25. maaliskuuta 1999. Puheenjohtajan päätelmät. S.l. 1999. *

Brysselin Eurooppa-neuvosto 16.-17. kesäkuuta 2005. Puheenjohtajan päätelmät. Asiak. 10255/1/05 REV 1. *S.l.* [2005a] *

Brysselin Eurooppa-neuvosto 15.-16. joulukuuta 2005. Puheenjohtajan päätelmät. Asiak. 15914/1/05 REV 1. *S.l.* [2005b] *

Budgetary aspects of compulsory and voluntary modulation. Note. EP. Directorate General Internal Policies of the Union. Budgetary Affairs. Budgetary Support Unit. PE 373.839. 25 July 2006. *

Böge, Reimer: *Mietintö politiikan haasteista ja rahoitusmahdollisuuksista laajentuneessa unionissa 2007-2013.* EP. Politiikan haasteita ja rahoitusmahdollisuuksia laajentuneessa unionissa 2007-2013 käsittelevä väliaikainen valiokunta. PE 353.270. 19.5.2005. *

Böge, Reimer: *Mietintö toimielinten sopimuksesta, talousarviota koskevasta kurinalaisuudesta ja moitteettomasta varainhoidosta.* EP. Budjettivaliokunta. PE 372.062. 27.4.2006. *

Böge, Reimer: *Working document on the 2007-2013 Multiannual Financial Framework review: first reflections.* EP. COBU. PE 392.301. 31.8.2007. *

Chevalier, Jean-Pierre: L'Accord interinstitutionnel du 6 mai 1999 et les perspectives financières 2000-2006 : de nouvelles ambitions pour l'Union européenne ? 1ère partie. *RMC&UE 43 (2000): 440 (juillet-août)*. 441-460. [2000a]

Chevalier, Jean-Pierre: L'Accord interinstitutionnel du 6 mai 1999 et les perspectives financières 2000-2006 : de nouvelles ambitions pour l'Union européenne ? 2ème partie. *RMC&UE 43 (2000): 441 (septembre)*. 524-532. [2000b]

Chevalier, Jean-Pierre: *Les Accords Interinstitutionnels en matière budgétaire : une pièce maîtresse de l'évolution du système financier européen.* Centre de Finances Publiques. Université de Poitiers. Poitiers 2006. *

COM(97) 2000 final: *Agenda 2000. For a Stronger and Wider Union.* COM. Brussels 15 July 1997.

COM(2007) 549 final/2: *Communication from the Commission to the European Parliament and the Council concerning the revision of the multiannual financial framework (2007-2013). Proposal for a decision of the European Parliament and of the Council amending the Interinstitutional Agreement of 17 May 2006 on budgetary discipline and sound financial management as regards the multiannual financial framework (presented by the Commission)*. Brussels 4 October 2007.

Elements arising from a technical assessment of the proposals from the European Parliament. COM. Brussels April 2006. *

Euroopan unionin toiminnan rahoitus. Kolmas painos (toinen suomenkielinen painos). Ensimmäinen painos 1989 (ensimmäinen suomenkielinen painos 1995). KOM, budjettipääosasto. EYVJT. Luxemburg 2002.

Financing the Globalisation Fund. Note. EP. Directorate General Internal Policies of the

Union. Budgetary Affairs. Budgetary Support Unit. PE 371.838. 15 June 2006. *

Fitoussi, Jean-Paul & Le Cacheux, Jacques (sous la direction de): *L'état de l'Union européenne 2007. L'Europe des biens publics.* Fayard. Presses de Sciences Po. Paris 2007.

Flexibility for the next financial framework. Financial framework post-2006 – Working Group "Resources". Budget. COM. Brussels 20 June 2003. *

Flexibility within the multiannual financial framework. Fiche no. 3. Multiannual Financial Framework 2007-2013. Working Document of the Commission Services. COM. Brussels 14 April 2004. *

Godet, Romain: Le nouveau "code de procédure budgétaire" de l'Union européenne. L'accord interinstitutionnel sur la discipline budgétaire et l'amélioration de la procédure budgétaire du 6 mai 1999. *Revue trimestrielle de droit européen 36 (2000): 2 (avril-juin).* 273-298.

Green light for 2007-2013 Financial Perspective. Ref. 20060404IPR07021. Info Budget. EP. 5 April 2006.

Grossir, Jean-Paul: La procédure budgétaire pour 2001 : un long fleuve tranquille ? *RMC&UE 44 (2001): 449 (juin).* 374-393.

Grossir, Jean-Paul: La procédure budgétaire pour 2002 : la poursuite d'une entente cordiale entre les institutions. *RMC&UE 45 (2002): 459 (juin).* 373-393.

Grossir, Jean-Paul: Le budget 2003 : la fin d'une époque. *RMC&UE 46 (2003): 471 (septembre).* 530-541.

Heading 4 – Information on the margin over the present period. Fiche no. 78. Multiannual Financial Framework 2007-2013. Working Document of the Commission Services. COM. Brussels 14 February 2005. *

Jones, Fabia: *Impact des catastrophes naturelles sur le budget communautaire 2003-2005.* PE. Direction-Générale Politiques Internes de l'Union. Affaires budgétaires. Bruxelles 22 février 2006. *

KOM(2001) 801 lopullinen: Komission tiedonanto neuvostolle ja parlamentille: omien varojen ja maksusitoumusmäärärahojen enimmäismäärien mukauttaminen päätöksen 2000/597/ EY, Euratom voimaantulon johdosta. Bryssel 28.12.2001.

KOM(2004) 101 lopullinen: Yhteisen tulevaisuuden rakentaminen. Politiikan haasteet ja rahoitusmahdollisuudet laajentuneessa unionissa 2007–2013. Komission tiedonanto neuvostolle ja Euroopan parlamentille. Bryssel 10.2.2004.

KOM(2004) 498 lopullinen: Ehdotus talousarviota koskevasta kurinalaisuudesta ja talousarviomenettelyn parantamisesta tehdyn toimielinten sopimuksen uusimisesta. Bryssel 14.7.2004.

KOM(2005) 130 lopullinen: Ehdotus neuvoston asetuksen takuurahaston perustamisesta ulkosuhteisiin liittyville hankkeille annetun asetuksen (EY, Euratom) N:o 2728/94 muuttamisesta. Bryssel 5.4.2005.

KOM(2006) 36 lopullinen: Tarkistettu ehdotus talousarviota koskevasta kurinalaisuudesta ja talousarviomenettelyn parantamisesta tehdyn toimielinten sopimuksen uusimisesta. Komission valmisteluasiakirja. Bryssel 1.2.2006.

KOM(2006) 75 lopullinen: Toimielinten väliset neuvottelut: Ehdotus talousarviota koskevasta kurinalaisuudesta ja talousarviomenettelyn parantamisesta tehdyn toimielinten sopimuksen uusimisesta. Komission valmisteluasiakirja. Bryssel 15.2.2006.

KOM(2006) 448 lopullinen: Ehdotus: Neuvoston asetus talousarvion kurinalaisuudesta annetun asetuksen (EY) N:o 2040/2000 kumoamisesta (komission esittämä). Bryssel 9.8.2006.

Lefebvre, Maxime (sous la coordination de): *Quel budget européen à l'horizon 2013 ? Moyens et politiques d'une Union élargie.* Centre des Etudes Européennes de Strasbourg. Institut français des relations internationales. Paris 2004. (Published in English under the title: *What kind of European Budget for 2013? Means and Policies of an Enlarged Union*).

Lefebvre, Maxime: Le budget européen 2007-2013 : une négociation d'étape. *RMC&UE 49 (2006): 500 (juillet-août).* 445-451.

Meszarits, Veronika & Wukovitsch, Florian: *A new budget for the EU. The negotiations on the financial framework 2007-2013 from a member state and presidency perspective.* Working Paper 9/2006. BMF. Federal Ministry of Finance. Vienna December 2006.

Montagnon, Anne: L'accord sur le cadre financier 2007-2013. *RMC&UE 49 (2006): 500 (juillet-août).* 441-444.

Nicoll, William & Bryan-Kinns, Merrick: The budget procedure. 102-112. In Martin Westlake & David Galloway (Eds.): *The Council of the European Union.* Third Edition (First Edition in 1995). John Harper Publishing. London 2004.

Rahoituskehykset 2007-2013. Puheenjohtajavaltion ilmoitus Eurooppa-neuvostolle. Asiakirja 15915/05 CADREFIN 268. Bryssel 19.12.2005. *

Rahoituskehys vuosiksi 2007-2013: analyyttinen selvitys Eurooppa-neuvostolle (Bryssel, 17.-18.6.2004). Euroopan unionin neuvosto. Asiakirja 10219/04 CADREFIN 11. Bryssel 7.6.2004. *

Rahoitusnäkymät 2007-2013. Puheenjohtajavaltion tilanneselvitys Eurooppa-neuvostolle. Euroopan unionin neuvosto. Asiakirja 16105/04 CADREFIN 163 ja COR 1. Bryssel 14.12.2004. *

Rahoitusnäkymät 2007-2013. Puheenjohtajavaltion ilmoitus Eurooppa-neuvostolle. Euroopan unionin neuvosto. Asiakirja 10090/05 CADREFIN 130, COR 2 ja ADD 1. Bryssel 15.6.2005. *

Relations financières avec l'Union européenne. Annexe au projet de loi de finances pour 2007. République française. Paris 2007.

Rey, Guillaume: *Presidencies in Perspective. The Netherlands, Luxembourg and UK Presidencies and the EU Financial Perspectives 2007-2013.* Master Thesis. College of Europe. Bruges 2006. *

Saarilahti, Ilkka: *Talousarvio ja sen uudistaminen. Euroopan unionin yleisen talousarvion rakennemuutokset vuosina 1968-2003.* Helsinki University Press. Helsinki 2004. [2004a]

Saarilahti, Ilkka: *L'Accord interinstitutionnel du 6 mai 1999 et les perspectives financières 2000-2006.* Conseil de l'Union européenne. Bruxelles 2005. [2005b] *

Saarilahti, Ilkka: *Les procédures budgétaires de l'Union européenne de 2004 à 2008. Du règlement financier de 2002 et de l'élargissement de 2004 à l'élargissement de 2007 et au nouveau cadre financier pour 2007-2013.* RSCAS. EUI. EPAP. Florence 2008. [2008a]

Saarilahti, Ilkka: *40 vuotta Euroopan unionin budjetointia – yleisen talousarvion kehitys vuosina 1968-2008.* RSCAS. EUI. EPAP. Florence 2008. [2008b]

Saarilahti, Ilkka: *The New Financial Framework for 2007-2013 and the Future of the Policies of the European Union.* RSCAS. EUI. Badia Fiesolana 2008. *(Manuscript).* [2008c] *

Saarilahti, Ilkka & Balsells Traver, Marisa: Les innovations des procédures budgétaires communautaires. Première partie : Le budget général pour 2004 – le début d'une nouvelle ère. *RMC&UE 49 (2006): 495 (février).* 88-113. [2006a]

Saarilahti, Ilkka & Balsells Traver, Marisa: Les innovations des procédures budgétaires communautaires. Deuxième partie : Le budget général pour 2005 – une année de stabilisation. *RMC&UE 49 (2006): 497 (avril).* 254-276. [2006b]

Saarilahti, Ilkka & Balsells Traver, Marisa: Les innovations des procédures budgétaires communautaires. Troisième partie : Le budget général pour 2006 – la dernière année de l'"Agenda 2000". *RMC&UE 49 (2006): 501 (septembre).* 530-557. [2006c]

Saarilahti, Ilkka & Balsells Traver, Marisa: Les innovations des procédures budgétaires communautaires. Quatrième partie : Le budget général pour 2007 – la première année du nouveau cadre financier pour 2007-2013. *RMC&UE 50 (2007): 508 (avril).* 302-334.

Saarilahti, Ilkka & Ghignone, Piera: Les innovations des procédures budgétaires communautaires. Cinquième partie : Le budget général pour 2008 – une année de révision du cadre financier pour 2007-2013. *RMC&UE 51 (2008): 521 (septembre).* 507-534.

Saarilahti, Ilkka & Ghignone, Piera: Les innovations des procédures budgétaires communautaires. Sixième partie : Le budget général pour 2009 – une année de modification de l'accord interinstitutionnel du 17 mai 2006. *RMC&UE 52 (2009): 533 (décembre).* 670-691.

Saarilahti, Ilkka & Krašovec, Boštjan: The Pursuit of the Reform of the European Commission: The First Revision of the Financial Regulation of 25 June 2002. (*To be published*). [2008] *

SEC(1991) 60 final: *La programmation financière.* Bruxelles 16 janvier 1991. *

Sousa Pinto, Sérgio: *Mietintö talousarviota koskevaa kurinalaisuutta ja moitteetonta varainhoitoa koskevan toimielinten sopimuksen tekemisestä.* EP. Perussopimus-, työjärjestysja toimielinasioiden valiokunta. PE 371.888. 26.4.2006. *

Terrenoire, Alain: *Le Parlement européen cet inconnu.* Collection "Documents". Le cherche midi éditeur. Paris 1994.

The Growth Adjustment Fund – budgetary aspects. Point 27 of the Commission proposal on the renewal of the Interinstitutional Agreement (IIA) on budgetary discipline and improvement of the budgetary procedure. Working Document of the Commission Services. Brussels 22 September 2004. *

The reallocation flexibility proposed by the Commission. Fiche no 4. Multiannual Financial Framework 2007-2013. Working Document of the Commission Services. COM. Brussels 24 March 2004. *

Van Craeyenest, Félix & Saarilahti, Ilkka: Le nouveau règlement financier applicable au budget général de l'Union européenne : un maillon essentiel dans la réforme de la Commission. *RMC&UE 47 (2004): 474 (janvier).* 30-51.

Westlake, Martin & Galloway, David (Eds.): *The Council of the European Union.* Third Edition (First Edition in 1995). John Harper Publishing. London 2004.

Wilms, Günter: Las nuevas perspectivas financieras 2007-2013. ¿Abriendo nuevas perspectivas para la Unión Europea? *Cuadernos de Integración Europea (2006): 4 (Marzo).* 85-110.

EPAP International Politics

Antonio De Chiara	*Multinational Corporations*
Roberto di Quirico (Ed.)	*Europeanisation and Democratisation*
Virgil Hawkins	*The Silence of the UN Security Council*
Jan van der Harst	*The Atlantic Priority*
S. Baroncelli, G. Varvesi	*Europe in Progress*
Xiaojie Xu	*Petro Dragon' s Rise*
Minoru Nakano	*New Japanese Political Economy and Political Reform*
Ryuji Mukae	*Japan' s Refugee Policy: To be of the World*
Hugo Fazio Vengoa	*El arco latino de la Unión Europea*
Aldo Olano	*El Peru del Siglo XX*
Ilkka Saarilahti	*Les procédures budgétaires de l'Union européenne de 2004 à 2008*
Ilkka Saarilahti	*40 Years of EU Budgeting - The Development of the General Budget from 1968 to 2008*
Elena Baracani	*Democratization and Hybrid Regimes. International Anchoring and Domestic Dynamics in European post-Soviet States*
Silvia Niccolai Ilenia Ruggiu	*Dignity in Change Exploring the Constitutional Potential of EU Gender and Anti-Discrimination Law*
Ilkka Saarilahti	*Les procédures budgétaires de l'Union européenne de 2009 à 2011*

European Press Academic Publishing (EPAP)
http://www.e-p-a-p.com
http://www.europeanpress.eu
orders@e-p-a-p.com

www.ingramcontent.com/pod-product-compliance
Lightning Source LLC
LaVergne TN
LVHW021115300926
849160LV00010B/745